WBGU

Wissenschaftlicher Beirat der Bundesregierung
Globale Umweltveränderungen

Unsere gemeinsame digitale Zukunft

Mitglieder des WBGU

Prof. Dr. Dirk Messner (Vorsitzender)
Direktor des Instituts für Umwelt und menschliche Sicherheit der Universität der Vereinten Nationen (UNU-EHS) und Co-Direktor des Centre for Advanced Studies on Global Cooperation Research, Universität Duisburg-Essen

Prof. Dr. Sabine Schlacke (Vorsitzende)
Professorin für Öffentliches Recht und Geschäftsführende Direktorin des Instituts für Umwelt- und Planungsrecht an der Westfälischen Wilhelms-Universität Münster

Prof. Dr. Martina Fromhold-Eisebith
Leiterin des Lehrstuhls für Wirtschaftsgeographie an der RWTH Aachen

Prof. Dr. Ulrike Grote
Direktorin des Instituts für Umweltökonomik und Welthandel der Gottfried Wilhelm Leibniz Universität Hannover und Senior Fellow am Zentrum für Entwicklungsforschung (ZEF), Bonn

Prof. Dr. Ellen Matthies
Professorin für Umweltpsychologie an der Otto-von-Guericke-Universität Magdeburg

Prof. Dr. Karen Pittel
Direktorin des Zentrums für Energie, Klima und Ressourcen des ifo Instituts, Leibniz-Institut für Wirtschaftsforschung und Professorin für Volkswirtschaftslehre, insbesondere Energie, Klima und erschöpfbare natürliche Ressourcen an der Ludwig-Maximilians-Universität München

Prof. Dr. Dr. h.c. Hans Joachim Schellnhuber
Direktor Emeritus des Potsdam-Instituts für Klimafolgenforschung (PIK)

Prof. Dr.-Ing. Ina Schieferdecker
Leiterin des Fraunhofer-Instituts für Offene Kommunikationssysteme (FOKUS) in Berlin, Professorin für Quality Engineering von offenen verteilten Systemen an der TU Berlin und Direktorin des Weizenbaum-Instituts für die vernetzte Gesellschaft

Prof. Dr. Uwe Schneidewind
Präsident und wissenschaftlicher Geschäftsführer am Wuppertal Institut für Klima, Umwelt, Energie gGmbH und Professor für Innovationsmanagement und Nachhaltigkeit („Sustainable Transition Management") an der Bergischen Universität Wuppertal

WBGU

Wissenschaftlicher Beirat der Bundesregierung
Globale Umweltveränderungen

Unsere gemeinsame digitale Zukunft

Wissenschaftlicher Beirat der Bundesregierung Globale Umweltveränderungen (WBGU)
Geschäftsstelle
Luisenstraße 46
10117 Berlin
Tel.: 030 2639480
Email: wbgu@wbgu.de
www.wbgu.de

Redaktionsschluss: 12.04.2019

Zur sprachlichen Gleichbehandlung: Als Mittel der sprachlichen Darstellung aller sozialen Geschlechter und Geschlechtsidentitäten wird in diesem Gutachten bei allen Bezeichnungen, die auf Personen bezogen sind, die Sternchenform (z.B. Leser*innen) verwendet.

Zitierweise für diese Publikation: WBGU – Wissenschaftlicher Beirat der Bundesregierung Globale Umweltveränderungen (2019): Unsere gemeinsame digitale Zukunft. Berlin: WBGU.

Leitautor*innen: Martina Fromhold-Eisebith, Ulrike Grote, Ellen Matthies, Dirk Messner, Karen Pittel, Hans Joachim Schellnhuber, Ina Schieferdecker, Sabine Schlacke, Uwe Schneidewind

Mitautor*innen: Karoline Augenstein, Robyn Blake-Rath, Katharina Bohnenberger, Agata Bossy, Marcel J. Dorsch, Marian Feist, Juliana Gärtner, Maja Göpel, Ulrike Jürschik, Karen Krause, Carsten Loose, Reinhard Messerschmidt, Maximilian Müngersdorff, Inge Paulini, Nele Petrusjanz, Johannes Pfeiffer, Benno Pilardeaux, Teresa Schlüter, Gesa Schöneberg, Astrid Schulz, Benjamin Stephan, Paul Szabo-Müller, Hannah Wallis, Nora Wegener

Bibliographische Information der Deutschen Bibliothek
Die Deutsche Bibliothek verzeichnet diese Publikation in der Deutschen Nationalbibliografie; detaillierte bibliografische Daten sind im Internet über http://dnb.ddb.de abrufbar.

ISBN 978-3-946830-02-3

Das diesem Bericht zu Grunde liegende F&E-Vorhaben wurde im Auftrag des Bundesministeriums für Bildung und Forschung und des Bundesministeriums für Umwelt, Naturschutz und nukleare Sicherheit unter dem Förderkennzeichen 01RI0708A4 durchgeführt. Die Verantwortung für den Inhalt liegt bei den Autor*innen.

Gestaltung: WERNERWERKE GbR, Berlin
Titelbilder: ©gettyimages: Marcia Straub „An Abstract Image of the Woods“ und Flashpop „Group of children wearing virtual reality headsets“

Herstellung: WBGU
Satz: WBGU
Druck und Bindung: Ruksaldruck, Berlin

FSC www.fsc.org
MIX
Papier aus verantwortungsvollen Quellen
FSC® C104247

Mitarbeiter*innen des Beirats

Wissenschaftlicher Stab der Geschäftsstelle

Prof. Dr. Maja Göpel
(Generalsekretärin; ab September 2017)

Dr. Inge Paulini
(Generalsekretärin; bis April 2017)

Dr. Carsten Loose
(Stellvertretender Generalsekretär)

Marcel J. Dorsch, M.A. Dipl.-Päd. (Univ.)
(ab Mai 2017)

Dr. Reinhard Messerschmidt (ab Mai 2017)

Dr. Benno Pilardeaux
(Medien- und Öffentlichkeitsarbeit)

Dr. Teresa Schlüter (bis April 2019)

Dipl. Ing. Dipl. Jur. Gesa Schöneberg
(bis August 2017)

Dr. Astrid Schulz

Dr. Benjamin Stephan (bis Februar 2017)

Verlagsmanagement, Administration und Assistenz in der Geschäftsstelle

Viola Märtin, Dipl.-Kulturarbeiterin (FH)
(Sekretariat, Veranstaltungsmanagement)

Mario Rinn, B.Sc.
(Systemadministration, Grafik)

Martina Schneider-Kremer, M.A.
(Verlagsmanagement)

Wissenschaftliche Mitarbeiter*innen der Mitglieder des WBGU

Dr. Karoline Augenstein
(Wuppertal Institut für Klima, Umwelt, Energie GmbH; bis Mai 2017)

Robyn Blake-Rath, M.A.
(Leibniz Universität Hannover; ab März 2019)

Katharina Bohnenberger
(Wuppertal Institut für Klima, Umwelt, Energie GmbH; ab Juni 2017 bis April 2019)

Dipl.-Jur. Agata Bossy (Institut für Umwelt- und Planungsrecht – IUP, Münster; bis April 2017)

Dr. Marian Feist
(United Nations University, Bonn; ab Februar 2018)

Juliana Gärtner, M.Phil.
(Potsdam-Institut für Klimafolgenforschung – PIK; ab Februar 2017)

Ulrike Jürschik, Dipl.-Jur.
(Institut für Umwelt- und Planungsrecht – IUP, Münster; ab Mai 2017)

Karen Krause, M.Sc.
(Otto-von-Guericke-Universität Magdeburg; ab April 2019)

Dr. Maximilian Müngersdorff
(Deutsches Institut für Entwicklungspolitik – DIE, Bonn; bis Dezember 2017)

Nele Petrusjanz, M.Sc.
(Leibniz Universität Hannover; bis Februar 2019)

Dr. Johannes Pfeiffer
(Zentrum für Energie, Klima und Ressourcen des ifo Instituts, München)

Paul Szabo-Müller, M.A.
(Geographisches Institut der RWTH Aachen)

Dr. Hannah Wallis
(Otto-von-Guericke-Universität Magdeburg; bis März 2019)

Nora Wegener, M.A.
(Fraunhofer-Institut für Offene Kommunikationssysteme FOKUS, Berlin; ab März 2017)

Danksagung

Der Beirat dankt allen externen Gutachter*innen für die Zuarbeit und wertvolle Hilfe. Im Einzelnen flossen folgende Expertisen und Stellungnahmen, die auf der WBGU-Website verfügbar sind, in das Gutachten ein:

- Prof. Dr. Wolfram Burgard (Technische Fakultät, Autonome Intelligente Systeme der Universität Freiburg): Künstliche Intelligenz, 2018.
- Prof. Dr. Dr. h.c. mult. Niels Birbaumer (Institut für Medizinische Psychologie und Verhaltensneurobiologie der Universität Tübingen): Technologien und Visionen der Mensch-Maschine-Entgrenzung, 2018.
- Prof. Dr. Jeanette Hofmann (Wissenschaftszentrum Berlin – WZB): Internet Governance, 2018.
- Dr. A. R. Köhler, Jens Gröger und Ran Liu (Öko-Institut e.V.): Kurzgutachten Energie- und Ressourcenverbräuche der Digitalisierung, 2018.
- Prof. em. Dr.-Ing. Dr. h.c. mult. Paul J. Kühn (Universität Stuttgart, Institut für Kommunikationsnetze und Rechnersysteme – IKR): Informationstechnische Gestaltung einer nachhaltigen Digitalisierung, 2018.
- Constanze Kurz und Frank Rieger (Chaos Computer Club e. V. – CCC): Netzpolitische Handlungsoptionen für eine nachhaltige Digitalisierung, 2018.

Wertvolle Anregungen erhielt der Beirat während seiner Intensivtagung im Mai 2018 in Nauen und während seiner regulären Sitzungen durch Expertenanhörungen: Prof. Dr. Jeanette Hofmann (Wissenschaftszentrum Berlin – WZB); Prof. Dr. Nick Bostrom (University of Oxford, Future of Humanity Institute); Prof. Dr. Sabine Trepte (Universität Hohenheim, Lehrstuhl für Medienpsychologie).

Am 18. Oktober 2018 hatte der Beirat während der Expertenanhörung „Verhältnis Mensch–Maschine" Gelegenheit zum Austausch mit: Dr. Aljoscha Burchardt (Deutsches Forschungszentrum für Künstliche Intelligenz GmbH – DFKI, Sachverständiger der Enquete-Kommission „Künstliche Intelligenz") und Dr. Jan Alexandersson (Deutsches Forschungszentrum für Künstliche Intelligenz GmbH – DFKI, CEO Startup „ki elements").

Im Fachgespräch „Digitalisierung" mit Vertreter*innen der Forschungs-Community am 14. Dezember 2017 in Berlin konnte das Thema des Gutachtens vertieft werden: Dr. Christian Anton (Leopoldina); Dr. Stefan Brandt (Futurium); Prof. Dr. Martin Grötschel (Berlin-Brandenburgische Akademie der Wissenschaften – BBAW); Dr. Rüdiger Haum (Futurium); Dr. Karl Eugen Huthmacher (BMBF); Dr. Susanne Kadner (acatech); Prof. Dr. Paul J. Kühn (Universität Stuttgart); Dr. Ulf Lange (BMBF); Prof. Dr. Armin Reller (Universität Augsburg); Dr. Christoph Revermann (Büro für Technikfolgen-Abschätzung beim Deutschen Bundestag – TAB); Prof. Dr. Jürgen Roßmann (RWTH Aachen); Dr. Stefan Schneider (BMBF).

Einer Vertiefung des Themas diente auch die Veranstaltung „WBGU im Gespräch: Gut Leben Digital – die Umweltperspektive" am 16. März 2018: Dr. Harald Bajorat (BMU); Dr. Stefan Bergheim (Zentrum für gesellschaftlichen Fortschritt); Hubertus Drinkuth (Systain Consulting GmbH); Vivian Frick, M.Sc. (Institut für ökologische Wirtschaftsforschung – IÖW); Walter Kahlenborn (adelphi); Kai Kallweit (Bitkom); Michael Marten (BMU); Dr. Carsten Neßhöver (Sachverständigenrat für Umweltfragen – SRU); Nilgün Parker (BMU); Vera Scholz (Deutsche Gesellschaft für Internationale Zusammenarbeit – GIZ); Philipp Sommer (Deutsche Umwelthilfe e. V.); Max Thinius (Futurologe); Charlotte von Möllendorff (NABU); Dr. Ulf Lange (BMBF).

Dank gebührt auch den Podiumsgästen der WBGU-Gesprächsrunde „Digitalisierung und Nachhaltigkeit – Welche Zukunft wollen wir gestalten?" am 20. Juni 2018: Markus Beckedahl (netzpolitik.org); Joana Breidenbach (betterplace.org); Christian Kulick (Bitkom); Prof. Dr. Judith Simon (Universität Hamburg).

Im Rahmen des World Cafés „Das digitalisierte Anthropozän" am 20. Juni 2018 moderierten Sascha Wolff und Susanne Mira Heinz mit ihren Gästen Reflexionen und Einsichten zur Digitalisierung: Klaus Milke (Germanwatch); Prof. Dr. Sabine Trepte (Universität Hohenheim, Lehrstuhl für Medienpsychologie); Prof. Dr. Katharina Zweig (Technische Universität Kaiserslautern, Algorithm Accountability Lab).

Dank gilt auch den Diskutant*innen des WBGU-Panels zu „Digitalisierung als Hebel für die Vision einer nachhaltigen EU", das am 11. Oktober 2018 im Rahmen der 26. Jahreskonferenz des Netzwerks der Europäischen Umwelt und Nachhaltigkeitsräte EEAC in Berlin stattfand: Dieter Janecek (MdB, Deutscher Bundestag); Dr. Harry Lehmann (Umweltbundesamt – UBA); Max Thinius (Futurologe).

Auch das Colloquium „Fragilität und Autonomie technischer Systeme" am 19. Oktober 2018, das der WBGU gemeinsam mit INFRANEU ausgerichtet hat, lieferte wertvolle Ergebnisse und Denkanstöße: Staatssekretär a.D. Ulrich Arndt (INFRANEU-Hauptverband e.V.);

Arslan Brömme (Vattenfall GmbH); Rudolf Gurland (T-Systems International GmbH, Telekom Security); Oliver Haase (Berliner Stadtreinigung – BSR); Hermann Kühne (Berliner Wasserbetriebe – BWB); Friedrich-Wilhelm Menge (Berliner Verkehrsbetriebe – BVG); Andrea Pieper (GASAG AG); Ingo Schwarzer (Deutsche Bahn AG, DB Systel); Jens Wiesner (Bundesamt für Sicherheit in der Informationstechnik – BSI).

Danken möchte der Beirat darüber hinaus jenen Personen, die durch Gespräche, Kommentare, Beiträge, Beratung, Recherche oder Peer Reviews einzelner Teile des Gutachtens dem Beirat wertvolle Dienste erwiesen haben: Dipl.-Math. Thilo Ernst, Dipl.-Ing. Karsten Isakovic, M. Sc. Fabian Kirstein, Dipl.-Inf. Nadja Menz, Prof. Dr. rer. nat. Adrian Paschke, Dipl.-Inf. Jaroslav Svacina, Dipl.-Ing. Jens Tiemann und Dipl.-Phys. Stephan Waßerroth (Fraunhofer-Institut für Offene Kommunikationssysteme – FOKUS); Dr. Benjamin Stephan (Greenpeace Deutschland); Dr. Mandy Singer-Brodowski (Institut Futur); Adrian Heilmann, Dr. Frank Hellmann, Claudia Köhler, Aylin Mengi, Julia Stanoeva und Amelie Thürmer (Potsdam-Institut für Klimafolgenforschung – PIK); Dr. Daniel Voelsen (Stiftung Wissenschaft und Politik – SWP); Dr. Diana Serbanescu und Dr. Stefan Ullrich (Weizenbaum-Institut für die Vernetzte Gesellschaft); Dr. Holger Berg und Dr. Henning Wilts (Wuppertal Institut für Klima, Umwelt, Energie; Geschäftsfeld „Kreislaufwirtschaft“).

Adrian Drümer (Vattenfall GmbH), Detlef Gerhard (T-Systems International GmbH, Telekom Security), Olivier Haase (Berliner Stadtreinigung – BSR), Hermann Kühne (Berliner Wasserbetriebe – BWB), Friedrich-Wilhelm Menge (Berliner Verkehrsbetriebe – BVG), Andreas Pieper (GASAG AG), Ingo Schwarzer (Deutsche Bahn AG, DB Systel), Jens Wiemer (Bundesamt für Sicherheit in der Informationstechnik – BSI).

Danken möchte der Beirat darüber hinaus jenen Personen, die durch Gespräche, Kommentare, Beratung, Recherche oder Peer Reviews einzelner Teile des Gutachtens dem Beirat wertvolle Dienste erwiesen haben: Dipl.-Math. Thilo Ernst, Dipl.-Ing. Faruk Isaković, M. Sc. Fabian Kirstein, Dipl.-Inf. Nadja Menz, Prof. Dr. rer. nat. Adrian Paschke, Dipl.-Inf. Jaroslav Syomar, Dipl.-Ing. Jens Tiemann und Dipl.-Phys. Stephan Wehrroth (Fraunhofer-Institut für Offene Kommunikationssysteme – FOKUS), Dr. Benjamin Stephan (Greenpeace Deutschland), Dr. Mandy Singer-Brodowski (Institut Futur), Adrian Hellmann, Dr. Frank Heumann, Claudia Köhler, Aylin Mengi, Julia Simkova und Amelie Thürmer (Potsdam-Institut für Klimafolgenforschung – PIK), Dr. Daniel Voelsen (Stiftung Wissenschaft und Politik – SWP), Dr. Georg Seebauer und Dr. Stefan Ullrich (Weizenbaum-Institut für die vernetzte Gesellschaft), Dr. Holger Berg und Dr. Henning Wilts (Wuppertal Institut für Klima, Umwelt, Energie gGmbH, Kreislaufwirtschaft).

Inhaltsverzeichnis

Kästen

Tabellen

Abbildungen

Akronyme

acatech	Deutsche Akademie der Technikwissenschaften
ACM	Association for Computing Machinery *Erste Wissenschaftliche Gesellschaft für Informatik (gegründet 1947)*
ADM	Algorithmic Decision Making *Prozesse algorithmischer Entscheidungsfindung*
AGI	Artificial General Intelligence *KI, die in allen Domänen besser als der Mensch oder zumindest gleichwertig ist*
AIIB	Asiatische Infrastruktur-Investitionsbank
APC	Association for Progressive Communications
AR	Augmented Reality *Erweiterte Realität*
ASIC	Application-specific integrated circuit *Anwendungsspezifische integrierte Schaltung*
B2B	Business-to-Business *Kauf und Verkauf von Produkten im Internet zwischen Unternehmen*
B2C	Business-to-Consumer *Kauf und Verkauf von Produkten im Internet zwischen Unternehmen und Konsumenten*
BCI	Brain Computer Interface *Gehirn-Computer-Schnittstelle*
BECCS	Bioenergy with Carbon Capture and Storage *Bioenergie mit CO_2-Abscheidung und -Speicherung*
BGBl	Bundesgesetzblatt
BMBF	Bundesministerium für Bildung und Forschung
BMU	Bundesministerium für Umwelt, Naturschutz und nukleare Sicherheit
BMWi	Bundesministerium für Wirtschaft und Energie
BNE	Bildung für nachhaltige Entwicklung
BRICS	Gruppe der Staaten Brasilien, Russland, Indien, China und Südafrika
BSI	Bundesamt für Sicherheit in der Informationstechnik
C2C	Consumer-to-Consumer *Kauf und Verkauf von Produkten im Internet zwischen Konsumenten*
CA	Capability Approach *Befähigungsansatz*
CAPS	Collective Awareness Platforms for Sustainability and Collective Action (EU-Projekt)
CAVs	Connected Autonomous Vehicles
CBD	Convention on Biological Diversity *Biodiversitätskonvention, auch: Übereinkommen über die biologische Vielfalt*
CDP	Carbon Disclosure Project *Instrument der Nachhaltigkeitsberichterstattung*
CITES	Convention on International Trade in Endangered Species of Wild Fauna and Flora *Übereinkommen über den internationalen Handel mit gefährdeten frei lebenden Tieren und Pflanzen (auch Washingtoner Artenschutzabkommen)*
CO_2	Kohlendioxid

CPU	Central Processing Unit *Hauptprozessor*
CRISPR	Clustered Regularly Interspaced Short Palindromic Repeats *Abschnitte sich wiederholender DNA*
CSER	Corporate Socio-Environmental Responsibility *Unternehmerische Gesellschaftsverantwortung*
DAC	Direct Air Capture *Herausfiltern von CO_2 aus der Umgebungsluft*
DART 2020	Deutsche Antibiotika-Resistenzstrategie
DNS	Domain Name System
DRM	Digital Rights Management *Digitale Rechteverwaltung*
DSGVO	Datenschutz-Grundverordnung (EU)
DSI	Digitale Sequenz-Informationen
EBV	Essenzielle Biodiversitätsvariablen
ECOSOC	Economic and Social Council (UN) *Wirtschafts- und Sozialrat der Vereinten Nationen*
EEG	Elektroenzephalografie
EITI	Extractive Industries Transparency Initiative *Initiative für Transparenz im rohstoffgewinnenden Sektor*
EMAS	Eco-Management and Audit Scheme *Gemeinschaftssystem für das freiwillige Umweltmanagement und die Umweltbetriebsprüfung*
EOSC	European Open Science Cloud (European Commission) *Datenbasis für offene Wissenschaft*
EPOS	European Public Open Spaces *Projekt zur Konzipierung öffentlicher Freiräume in der digital vernetzten Öffentlichkeit*
EU	Europäische Union
EZ	Entwicklungszusammenarbeit
FabLab	Fabrication Laboratory *Fabrikationslabor*
FAIR	Findable, Accessible, Interoperable and thus Reusable (GO FAIR Initiative) *Initiative für offene Forschungsdaten*
FAO	Food and Agriculture Organization of the United Nations *Ernährungs- und Landwirtschaftsorganisation der Vereinten Nationen*
FIfF	Forum InformatikerInnen für Frieden und gesellschaftliche Verantwortung
FONA	Rahmenprogramm Forschung für nachhaltige Entwicklung (BMBF)
FSC	Forest Stewardship Council *Zertifizierungssystem für Waldwirtschaft*
F&E	Forschung und Entwicklung
GAFAM	Google, Amazon, Facebook, Apple und Microsoft
GEO BON	Group on Earth Observations Biodiversity Observation Networks *Übergeordnetes globales Netzwerk von Biodiversitätsobservatorien*
GG	Grundgesetz
GPU	Grafikprozessor
GrCH	Charta der Grundrechte der Europäischen Union
HLPF	High-level Political Forum (ECOSOC) *Hochrangiges Politisches Forum für Nachhaltige Entwicklung*
HOCH^{N}	Nachhaltigkeit an Hochschulen (BMBF)
HTTP	Hypertext Transfer Protocol *Hypertext-Übertragungsprotokoll*
ICANN	Internet Corporation for Assigned Names and Numbers *Gesellschaft zur Vergabe von einmaligen Namen und Adressen im Internet*
IDM	Information Delivery Manual *Methodik zur Beschreibung von Informationsanforderungen von Lebenszyklusprozessen*

IDS	Intrusion Detection System *Angriffserkennungssystem*
IEA	Internationale Energieagentur
IEEE	Institute of Electrical and Electronics Engineers *Weltweiter Berufsverband von Ingenieuren*
IGF	Internet Governance Forum (UN)
IKT	Informations- und Kommunikationstechnologien
INDC	Intended Nationally Determined Contributions *Ziele von Staaten zur Treibhausgas-Emissionsminderung*
IoT	Internet of Things *Internet der Dinge*
IPBES	Intergovernmental Science-Policy Platform on Biodiversity and Ecosystem Services (UNEP, UNESCO, FAO und UNDP) *Weltbiodiversitätsrat; Zwischenstaatliches Gremium zur wissenschaftlichen Politikberatung zu den Themen biologische Vielfalt und Ökosystemleistungen*
IPCC	Intergovernmental Panel on Climate Change (WMO, UNEP) *Zwischenstaatlicher Ausschuss für Klimaänderungen*
IRENA	Internationale Agentur für Erneuerbare Energie
ISO	Internationale Organisation für Normung
ISSC	International Social Science Council (UNESCO) *Internationaler Rat für Sozialwissenschaften*
IT	Informationstechnologie
TU	International Telecommunication Union *Internationale Fernmeldeunion*
KI	Künstliche Intelligenz
KIC	Digital Sustainability Knowledge and Innovation Community (WBGU Empfehlung) *Kooperative Wissens- und Innovationsgemeinschaft mit der Industrie*
KMU	Kleine und mittelgroße Unternehmen
LDCs	Least Developed Countries *Am wenigsten entwickelte Länder*
MaaS	Mobility as a Service *Mobilität als Dienstleistung*
MINT	Mathematik, Informatik, Naturwissenschaft und Technik
NAZCA	Non-state Actor Zone for Climate Action (UN) *Portal für Klimaschutzprojekte nicht staatlicher Akteure*
NDB	New Development Bank (BRICS) *Neue Entwicklungsbank*
NetzDG	Netzwerkdurchsetzungsgesetz
NFC	Near-Field Communication *Nahfeldkommunikation*
NNMI	National Network for Manufacturing Innovation *Netzwerk von US-Forschungsinstituten zur Entwicklung von Fertigungstechnologien*
NRO	Nichtregierungsorganisationen
OECD	Organisation for Economic Co-operation and Development *Organisation für Wirtschaftliche Zusammenarbeit und Entwicklung*
OER	Open Educational Resources *Freie Lern- und Lehrmaterialien*
ÖPNV	Öffentlicher Personennahverkehr
OZG	Onlinezugangsgesetz
PAN	Personal Area Networks *Persönliches Netzwerk aus Kleingeräten*
REDD+	Reducing Emissions from Deforestation and Forest Degradation (UNFCCC) *Verringerung von Emissionen aus Entwaldung und Waldschädigung*

RFID	Radiofrequency Identification *Identifizierung mit Hilfe elektromagnetischer Wellen*
RGGI	Regional Greenhouse Gas Initiative (USA)
RRI	Responsible Research and Innovation *Verantwortungsvolle Forschung und Innovation*
SDGs	Sustainable Development Goals (UN) *Ziele nachhaltiger Entwicklung*
SHS	Solar-Home-Systeme
TCP/IP	Transmission Control Protocol/Internet Protocol *Gruppe von Netzwerkprotokollen*
UAS	Unmanned Aerial System *Unbemannte Flugsysteme*
UAV	Unmanned Aerial Vehicles *Unbemannte Flugfahrzeuge*
UDP	User Datagram Protocol *Verbindungsloses Netzwerkprotokoll*
UN	United Nations *Vereinte Nationen*
UNCCD	United Nations Convention to Combat Desertification *Übereinkommen der Vereinten Nationen zur Bekämpfung der Wüstenbildung*
UNCED	United Nations Conference on Environment and Development *Konferenz der Vereinten Nationen über Umwelt und Entwicklung, auch: „Rio-Konferenz“*
UNCTAD	United Nations Conference on Trade and Development *Konferenz der Vereinten Nationen für Handel und Entwicklung*
UNDP	United Nations Development Programme *Entwicklungsprogramm der Vereinten Nationen*
UNEP	United Nations Environment Programme *Umweltprogramm der Vereinten Nationen*
UNESCO	United Nations Educational, Scientific and Cultural Organization *Organisation der Vereinten Nationen für Erziehung, Wissenschaft und Kultur*
UNFCCC	United Nations Framework Convention on Climate Change *Rahmenübereinkommen der Vereinten Nationen über Klimaänderungen*
UNGIS	United Nations Group on the Information Society *Gruppe innerhalb der Vereinten Nationen zur Informationsgesellschaft*
UNICEF	United Nations Children's Fund *Kinderhilfswerk der Vereinten Nationen*
VPN	Virtual Private Network *Virtuelles privates Netzwerk*
VR	Virtuelle Realität
W-LAN	Wireless Local Area Network *Lokales Funknetz*
WAN	Wide Area Networks *Rechnernetz über Länder bzw. Kontinente*
WBGU	Wissenschaftlicher Beirat der Bundesregierung Globale Umweltveränderungen
WCMC	World Conservation Monitoring Centre (UNEP) *Weltüberwachungszentrum für Naturschutz*
WHO	World Health Organization *Weltgesundheitsorganisation*
WTO	World Trade Organization *Welthandelsorganisation*
WSIS	World Summit on the Information Society *Weltgipfel zur Informationsgesellschaft*
WWW	World Wide Web

Zusammenfassung

„Die" Digitalisierung wird oft als gewaltiger Umbruch bezeichnet, der auf unsere Gesellschaften zukommt und dem es sich anzupassen gilt. Dieser Lesart setzt der WBGU entgegen, dass die Digitalisierung so gestaltet werden muss, dass sie als Hebel und Unterstützung für die Große Transformation zur Nachhaltigkeit dienen und mit ihr synchronisiert werden kann. Digitalisierung wird vom WBGU umfassend als die Entwicklung und Anwendung digitaler sowie digitalisierter Techniken verstanden, die sich mit allen anderen Techniken und Methoden verzahnt und diese erweitert. Sie wirkt in allen wirtschaftlichen, sozialen und gesellschaftlichen Systemen tiefgreifend und entfaltet eine immer größere transformative Wucht, die den Menschen, die Gesellschaften und den Planeten zunehmend fundamental beeinflusst und daher gestaltet werden muss. So wie der Brundtland-Bericht mit dem Titel „Unsere gemeinsame Zukunft" 1987 das Konzept der nachhaltigen Entwicklung entworfen hat, skizziert der WBGU in diesem Gutachten „Unsere gemeinsame digitale Zukunft" das Konzept der *digitalisierten Nachhaltigkeitsgesellschaft*.

Dieses Gutachten stellt die bisher größte Herausforderung dar, der sich der WBGU seit seiner Gründung im Rio-Jahr 1992 gestellt hat: in intellektueller, in politischer und in ethischer Hinsicht. Denn der WBGU dehnt den Analyseraum über seinen Kernkompetenzbereich hinaus aus, weil das künftige Schicksal der planetarischen Umwelt massiv vom Fortgang der digitalen Revolution abhängen wird. Er mischt sich in einen gesellschaftlichen Diskurs ein, der immer hektischer geführt wird, weil es um die globale Innovationsführerschaft im 21. Jahrhundert geht. Und er versucht, Antworten auf Kernfragen zu finden – Fragen nach der mittelfristigen Zukunft, ja sogar nach dem schieren Fortbestand des *Anthropos* auf der Erde. Nur wenn es gelingt, die digitalen Umbrüche in Richtung Nachhaltigkeit auszurichten, kann die Nachhaltigkeitstransformation gelingen. Digitalisierung droht ansonsten als Brandbeschleuniger von Wachstumsmustern zu wirken, die die planetarischen Leitplanken durchbrechen. Nachhaltigkeitspioniere müssen die Chancen von Digitalisierung nutzen und zugleich deren Risiken einhegen. Ignorieren oder vernachlässigen diejenigen, die versuchen, Nachhaltigkeitstransformationen voranzubringen, die Digitalisierungsdynamiken, wird die Große Transformation zur Nachhaltigkeit auf der Strecke bleiben. Der WBGU plädiert also für die Fortsetzung und Beschleunigung der Großen Transformation mit digitalen Mitteln. Zudem wird deutlich, dass Digitalisierung unsere Gesellschaften so tiefgreifend verändern wird, dass auch unser Nachhaltigkeitsverständnis radikal weiterentwickelt werden muss. Der WBGU zeigt Richtungen für die nächste Generation von Nachhaltigkeitsparadigmen auf und geht dabei weit über die Perspektiven der Agenda 2030 hinaus.

Einen solchen Epochenbruch in der Menschheitsgeschichte einzuordnen und zugleich handfeste Politikberatung zu betreiben, ist ambitioniert und spannungsgeladen. Doch selbst wenn man mit manchen Einschätzungen dieser grundlegenden Veränderungen daneben liegen sollte, kann dies nutzbringend sein, indem man ein wenig Licht auf die Wege vorauswirft, welche Kundigere nun rasch beschreiten sollten.

Dies ist gewissermaßen eine Warnung: Dieses Gutachten des WBGU versucht, *eine Ganzheitsbetrachtung der Digitalisierung im Kontext der nachhaltigen Entwicklung unserer vielfach bedrohten Zivilisation zu leisten, die bisher kaum vorliegt*. Dies ist ein enormer Anspruch, der – wenn überhaupt – nur mit Schwächen, Verallgemeinerungen und Auslassungen erfüllt werden kann. Entsprechend ist das Gutachten zu lesen.

Um aber eine wohlwollende und gewinnbringende Rezeption zu erleichtern, weicht auch der Aufbau dieses WBGU-Gutachtens vom Üblichen ab: Der eigentlichen Zusammenfassung ist diesmal ein erzählerischer Essay vorangestellt. Dieser versucht nicht nur den Gedankenbogen des Gutachtens vorzuzeichnen, sondern auch die immense thematische Landschaft anzudeuten, die neben lichten Ebenen und sich abzeichnenden neuen Möglichkeitsräumen für Nachhaltigkeitsreformen auch tiefe Abgründe umfasst. Das Narrativ handelt auf diesem Terrain von den digitalen Möglichkeiten und Gefährdungen der Bewahrung dessen, was die Evolution bis zum Eintritt der Erde ins Anthropozän hervorgebracht hat, und von der denkbaren Schöpfung neuer digitaler Wesenheiten bzw. der möglichen Substitution humaner durch maschinelle Intelligenz. Danach folgt eine Zusammenfassung der Kernbotschaften des Gutachtens, der einzelnen Kapitel sowie der Handlungs- und Forschungsempfehlungen.

Bewahrung und Schöpfung im Digitalen Zeitalter

Albert Einstein revolutionierte im frühen 20. Jahrhundert die Physik – das ist allgemein bekannt. Er besaß zudem die seltene Gabe, komplexe Sachverhalte innerhalb und außerhalb der Wissenschaft mit einem einzigen Satz auszudrücken. Ihm wird nicht zuletzt die folgende berühmte Feststellung zugeschrieben:

Probleme können nicht mit derselben Denkweise gelöst werden, die sie hervorgebracht hat!

Natürlich handelt es sich hier um eine aphoristische Vereinfachung kritischer Aspekte der gesellschaftlichen Wirklichkeit. Nichtsdestotrotz stellt sie einen idealen Ausgangspunkt dar für ein Zusammendenken der beiden wohl wichtigsten Entwicklungen der jüngeren Moderne, nämlich der wachsenden Bedrohung der natürlichen Lebensgrundlagen der Menschheit einerseits und der explosiven Fortschritte im Bereich der Informations- und Kommunikationstechnologien andererseits.

Erstere Entwicklung liefert gewissermaßen die raison d'être des WBGU seit seiner Gründung durch die Bundesregierung im Jahr 1992. Im Zentrum der Analyse der zivilisatorischen Schädigung der natürlichen Lebensgrundlagen und der daraus resultierenden Selbstbedrohung der Menschheit steht die Klimakrise, die sich unablässig verschärft und deren allumfassende Dimension die Forschung gerade in den letzten Jahren aufgedeckt hat. Auch die rapide Verschmutzung und Versauerung der Meere, der fortschreitende Verlust biologischer Vielfalt und die Degradation fruchtbarer Böden werden wissenschaftlich immer detaillierter dokumentiert und zunehmend in Zusammenhängen verstanden.

Der Sonderbericht des Weltklimarates (IPCC) zur Sinnhaftigkeit und Machbarkeit der Begrenzung der anthropogenen Erderwärmung auf 1,5 °C (IPCC, 2018) argumentiert überzeugend, dass durch diese Begrenzung schwerer Schaden von Natur und Kultur in zahlreichen Weltgegenden abgewendet werden könnte. Zugleich bestätigt er aber auch, dass dieser Erfolg – wenn überhaupt – nur mit einer raschen und tiefgreifenden Transformation der immer noch von fossilen Energieträgern dominierten Wirtschaftsweise erzielt werden kann. Eine kürzlich erschienene Metastudie einer internationalen Forschergruppe (Steffen et al., 2018) weist sogar darauf hin, dass das Klimasystem möglicherweise nicht stabil in der Nähe der 2 °C-Leitplanke „geparkt" werden kann. Aufgrund selbstverstärkender Prozesse (wie der Freisetzung von Treibhausgasen aus tauenden Permafrostböden in Sibirien und Alaska) könnte es zum unkontrollierbaren Weggleiten des Systems in eine „Heißzeit" kommen. Was gleichbedeutend mit einer Rückverschiebung der globalen Umwelt um ca. 15 Mio. Jahre in geologischer Zeit mit einer Erdtemperaturerhöhung um 5–6 °C und einem Meeresspiegelanstieg um bis zu 60 m wäre. Kipp-Prozesse ähnlicher Art könnten durch anthropogene Störungen vermutlich auch in der Biosphäre und der Pedosphäre ausgelöst werden.

Diese und andere jüngere Veröffentlichungen machen deutlich, dass die Umsetzung des Pariser Klimaübereinkommens, der Aichi-Ziele für Biodiversität und die Regeneration von Böden *Mindestmaßnahmen* zur Bewahrung der natürlichen Lebensgrundlagen der Menschheit darstellen.

Dabei ist die akute Umweltkrise nur eine der vielen Nachhaltigkeitsherausforderungen, welche die industrielle Moderne hervorgebracht hat. Strategien zu ihrer Bewältigung sind untrennbar mit Fragen nach sozialer Gerechtigkeit und gesellschaftlicher Kohäsion verbunden. Ein einigermaßen angemessener Zielkatalog für diesen Komplex an Herausforderungen wird von den Nachhaltigkeitszielen („Sustainable Development Goals", SDGs) der Vereinten Nationen abgebildet. Sie berücksichtigen neben kritischen Umwelt- und Ressourcenaspekten auch zahlreiche sozioökonomische Dimensionen, den zukunftsfähigen Umbau unserer Industrien und Städte, die Armutsbekämpfung, den Abbau von Ungleichheiten und Konflikten und nicht zuletzt die Chancengleichheit aller Menschen auf ein gelungenes, gutes Leben – unabhängig von Geschlecht, Alter, körperlicher Verfasstheit oder Herkunft (UN, 2018c).

Der WBGU hat in diesem Zusammenhang ein deutlich einfacheres Orientierungssystem („normativer Kompass") entwickelt (WBGU, 2016a, b), das bisher die Begriffe „Teilhabe", „Eigenart" und „Erhaltung der natürlichen Lebensgrundlagen" umfasst und in diesem Gutachten explizit durch die unabdingbare Kategorie „Würde" ergänzt wird (Abb. 1). Leider ist festzustellen, dass die Weltgesellschaft gegenwärtig, trotz der Fortschritte bei einigen Unterzielen, im großen Ganzen den richtigen Kurs verfehlt, ganz gleich, welches Navigationssystem man zu Rate zieht.

Die zweite oben angesprochene Entwicklung wird mit dem eher schwammigen Begriff „Digitalisierung" benannt, obgleich sie nichts weniger als eine zivilisatorische Revolution darstellt. Dass mit der Einführung der elektronischen Datenverarbeitung in den 1950er-Jahren ein neues Zeitalter begann, ist mittlerweile geläufig, aber was in diesem Zeitalter wann und wie noch geschehen wird, ist Gegenstand teilweise naiver Fortschrittsfantasien, erbitterter Kontroversen und zunehmend angstbeladener Szenarien. Kontroversen entzünden sich besonders an der massenhaften Sammlung privater Daten, der Manipulation kommunikativer Räume und der Diskriminierung durch algorithmisch

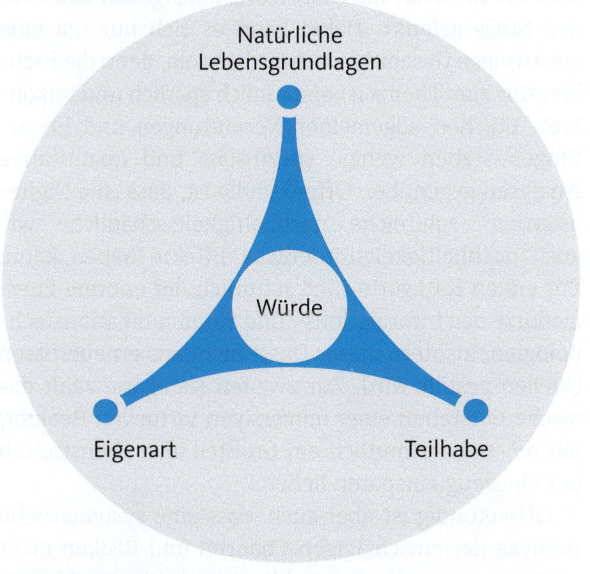

Abbildung 1
Normativer Kompass für die Große Transformation zur Nachhaltigkeit in einer digitalisieren Gesellschaft. Die Transformation kann durch ein Zusammenwirken und eine Balance von folgenden drei Dimensionen erreicht werden:

- *„Erhaltung der natürlichen Lebensgrundlagen"*: Planetarische Leitplanken einhalten sowie lokale Umweltprobleme vermeiden bzw. lösen.
- *„Teilhabe"*: Universelle Mindeststandards für substanzielle, politische und ökonomische Teilhabe gewährleisten.
- *„Eigenart"*: Wert von Vielfalt als Ressource für gelingende Transformation sowie Bedingung für Wohlbefinden und Lebensqualität anerkennen.

Die Menschenwürde war bislang implizit der normative Ausgangspunkt des WBGU. Ohne die drei Kompassdimensionen ist sie nicht zu realisieren, aber im Digitalen Zeitalter wird sie durch zahlreiche Herausforderungen zunehmend brisanter. Deshalb benennt der WBGU die Unantastbarkeit, die Achtung sowie den Schutz der *Würde* explizit als Orientierungshilfe im Sinne der Transformation zur Nachhaltigkeit.
Quelle: WBGU; Grafik: Wernerwerke, Berlin

gesteuerte Systeme. Denn aus dem imaginierten freien, gleichen, weltweiten Netz ist in der Realität eine von ökonomischen und geopolitischen Interessen getriebene und softwarebasierte Cybersphäre geworden. Gängige Dystopien haben insbesondere mit der technischen Erschaffung unterschiedlicher Formen der „Künstlichen Intelligenz" (KI) zu tun, wobei sich allerdings bereits über die Begrifflichkeit trefflich streiten lässt. Tatsache ist jedoch, dass bei strategischen Spielen wie Schach oder Go selbstlernende maschinelle Systeme vom Typ Neuronale Netze inzwischen die weltbesten menschlichen Gegner*innen mühelos aus dem Feld schlagen. Und das ist nur die Spitze des digitalen Eisberges, wie dieses Gutachten erläutern wird.

Zunächst erscheint es uns jedoch wichtig, diese atemberaubende Dynamik in den größeren planetarischen Zusammenhang zu stellen. Die Geschichte der menschlichen Zivilisation ist von zwei Steilstufen geprägt, die in den Jahrtausenden nach dem Ende der letzten Eiszeit (also ab 11.000 vor heute) bzw. in den eineinhalb Jahrhunderten vor dem Ersten Weltkrieg (also ab 1760 u.Z.) erklommen wurden. Im ersten Falle, während der sogenannten Neolithischen Revolution, konnten die metabolisch-physiologischen Möglichkeiten des *Homo sapiens* durch Pflanzenmanagement und Tierhaltung sprunghaft ausgeweitet werden. Im zweiten Falle, während der Industriellen Revolution, konnten die manuellen Fähigkeiten des Menschen durch Mechanisierung und fossile Brennstoffe verhundertfacht werden. Mit der sich nun vollziehenden digitalen Revolution werden schließlich bestimmte kognitive Leistungen unserer Spezies, die als einzige von vielen Millionen Arten der Erde über technische Intelligenz verfügt, ersetzt bzw. weit übertroffen.

Ist damit die Bühne bereitet für einen Schöpfungsakt ohne erdgeschichtliche oder religiöse Vorlage? Könnte dieser Akt „übernatürliche" physiologische, manuelle und kognitive Fähigkeiten neu zusammenbringen und damit das Humane selbst transzendieren? Damit wäre möglicherweise eine ganz neue Epoche der Evolution auf unserem Planeten in Gang gebracht. So verstiegen sich diese Vorstellung für viele auch anhören mag, so ernsthaft wird sie in bestimmten Kreisen bereits diskutiert. Der WBGU setzt sich mit ihr in diesem Gutachten in den Kapiteln 6 und 7 auseinander, wobei erstmals die Bedeutung dieser Utopie bzw. Dystopie für die großen Fragen der Nachhaltigkeit explizit erörtert wird.

Zuvor gilt es jedoch sorgfältig auszuloten, welche Perspektiven die digitale Revolution für die zeitgerechte Bewältigung der akuten globalen Umweltkrise eröffnet, welche unserer Zivilisation und damit auch allen „Human-Enhancement"-Spekulationen ein baldiges Ende bereiten könnte. Denn im Sinne des Eingangszitats von Einstein kann man sagen, dass mit Kybernetik und Informations- und Kommunikationstechnologie eine neue Denkweise in die Welt gekommen ist, systemisch und vernetzt. Sie könnte helfen die Probleme zu lösen, welche die „alte", industrielle Denkweise hervorgebracht hat – neben all den großartigen Errungenschaften der Moderne. Dieses alte Denken ist inzwischen praktisch zum Dogma geronnen und beharrt auf Spezialisierung, Separation und Linearisierung. Eine ganzheitliche Herangehensweise ist jedoch erforderlich, um „den Wald vor lauter Bäumen zu sehen", Nebenwirkungen zu erkennen und Kreisläufe zu schließen. Dafür kann gerade das Paradigma, das den fortschrittlichen digitalen Konzepten und Applikationen zugrunde liegt, die notwendigen Voraussetzungen schaffen, zumal es in enger Wechselwirkung mit den Komplexitätswissenschaften entstanden ist.

Wenn wir Einsteins Feststellung jetzt aber um einen logischen Schritt ergänzen, dann sollte die „neue" Denkweise nicht nur eine bessere Welterklärung liefern, sondern auch bei der Lösung der realen Probleme helfen, die das an seine Grenzen stoßende, konventionelle Modell aufgetürmt hat. In der heute vorherrschenden Digitalisierungseuphorie, die selbst die peripheren Winkel des Planeten erfasst, wird gerade dem Methodenarsenal der KI jede denkbare – und undenkbare – Wunderleistung zugetraut. In der Tat handelt es sich dabei möglicherweise um die mächtigsten Werkzeuge, die jemals von unserer Zivilisation angefertigt wurden.

Was läge deshalb näher, als diese Werkzeuge schleunigst und im großen Stil auf die drängendsten Herausforderungen anzuwenden, mit denen diese Zivilisation jemals konfrontiert war? Also insbesondere auf die menschengemachte Erderwärmung, die den Rahmen für alle anderen aktuellen Umweltkrisen aufspannt? Sollte uns nicht dort die Maschinenintelligenz weiterhelfen, wo der Menschenverstand offensichtlich versagt?

Der WBGU ist in seinem Gutachten diesen Fragen nachgegangen und zu einer doppelten Schlussfolgerung gekommen: Auf der einen Seite muss nüchtern festgestellt werden, dass die Digitalisierung von Wirtschaft und Alltag sich bislang nur marginal an Nachhaltigkeitsaspekten orientiert. Es mangelt zwar nicht an rhetorischen Bezügen, insbesondere durch die Anwendung des Begriffs „smart" auf jedes klimafreundlich zu transformierende Teilsystem der Industriegesellschaft: Smart Grids, Smart Cities, Climate-smart Agriculture usw. Die digitalen Ressourcen und Projekte werden jedoch bisher überwiegend für konventionelles Wachstum auf etablierten Märkten im internationalen Wettbewerb eingesetzt. Sinn und Zweck des digitalen Fortschritts in diesen Zusammenhängen ist nicht in erster Linie die Nachhaltigkeit; Aspekte wie Unterhaltung, Bequemlichkeit, Sicherheit und nicht zuletzt kurzfristige finanzielle Gewinne dominieren. Im Großen wirken Digitalisierungsprozesse heute eher als Brandbeschleuniger bestehender nicht nachhaltiger Trends, also der Übernutzung natürlicher Ressourcen und wachsender sozialer Ungleichheit in vielen Ländern.

Auf der anderen Seite kann – und muss – werden, was noch nicht ist. Denn die Digitalisierung offeriert ein ungeheures Spektrum an Möglichkeiten zur Unterstützung der Großen Transformation zur Nachhaltigkeit (WBGU, 2011), von der Sensorik bis hin zur selbstorganisierten Systemoptimierung. Um die enorme Spannbreite der Potenziale und Risiken im Kontext von Digitalisierung und Nachhaltigkeit zu verdeutlichen hat der WBGU drei Dynamiken konzipiert (Abb. 2). In der Ersten Dynamik „Digitalisierung für Nachhaltigkeit" wird der Blick auf die Umsetzung der Agenda 2030 mit den SDGs gelenkt. Dabei kann es sich nur um eine einstweilige Gesamtbewertung handeln, denn die Fachliteratur zum Thema ist erstaunlich spärlich und unkonkret. Etlichen allgemeinen Vermutungen und Erwartungen stehen wenige spezifische und quantitative Analysen gegenüber. Offenkundig ist, dass „die Digitalisierung" zahlreiche nachhaltigkeitsschädliche wie auch nachhaltigkeitsförderliche Effekte haben kann. Zur ersten Kategorie zählt natürlich der enorme Energiedurst der Informations- und Kommunikationstechnologien, insofern dieser Durst nicht aus erneuerbaren Quellen gestillt wird. Zur zweiten Kategorie zählt das rasche Entstehen einer immersiven virtuellen Realität, mit der sich vermutlich ein Großteil aller Dienstreisen per Flugzeug einsparen ließen.

Offenkundig ist aber auch, dass eine systematische Analyse der einschlägigen Chancen und Risiken nicht existiert, weder für Deutschland noch für den Globus. Insofern identifiziert der WBGU hier nicht nur große Handlungsdefizite, sondern auch eine eklatante Forschungslücke. Der Beirat fordert ein, die beiden Kardinalherausforderungen „Erhaltung der natürlichen Lebensgrundlagen" und „digitale Revolution" endlich gemeinsam zu betrachten. Dafür müssen wirksame politische Anreize und Prozesse geschaffen werden.

Wenn wir nun vom Eingangszitat noch einen Schritt weitergehen, stellt sich unmittelbar die Frage, welche *neuen* Probleme die Denkweise hervorbringt, mit der sich die *alten* Probleme möglicherweise lösen lassen. Diese analytische Wendung ist mehr als berechtigt, wie die Chronik der Innovationen und ihrer Folgewirkungen belegt. Niemand wird bestreiten, dass die Erfindung des Buchdrucks mit beweglichen Lettern zu Beginn der Neuzeit (also gegen 1450 u. Z.) die Grundlage für die spätere Aufklärung und die Demokratisierung des Wissens schuf. Aber neben der Bibel wurden auch Flugblätter produziert, mit denen überwiegend Hass gesät und die entsetzlichen Religionskriege in Deutschland mit vorbereitet wurden. Was sich heute in den internetgestützten „sozialen Medien" abspielt, wirkt wie eine Wiederholung der Geschichte, allerdings auf einem unvergleichlich höheren technischen Niveau. Die mechanische Nutzung fossiler Brennstoffe hat die industrielle Massenproduktion hervorgebracht und damit viel Wohlstand geschaffen, genauso aber das maschinelle Töten in unzähligen regionalen Konflikten und zwei Weltkriegen ermöglicht.

Man könnte somit aus der Innovationsgeschichte die Vermutung ableiten, dass es so etwas wie ein „retardierendes Moment" gibt, dass also disruptive technische Neuerungen zunächst eher Fluch als Segen für die Gesellschaft als Ganzes bringen. Es wäre naiv zu meinen, dass diesmal alles anders wäre, zumal die digitale

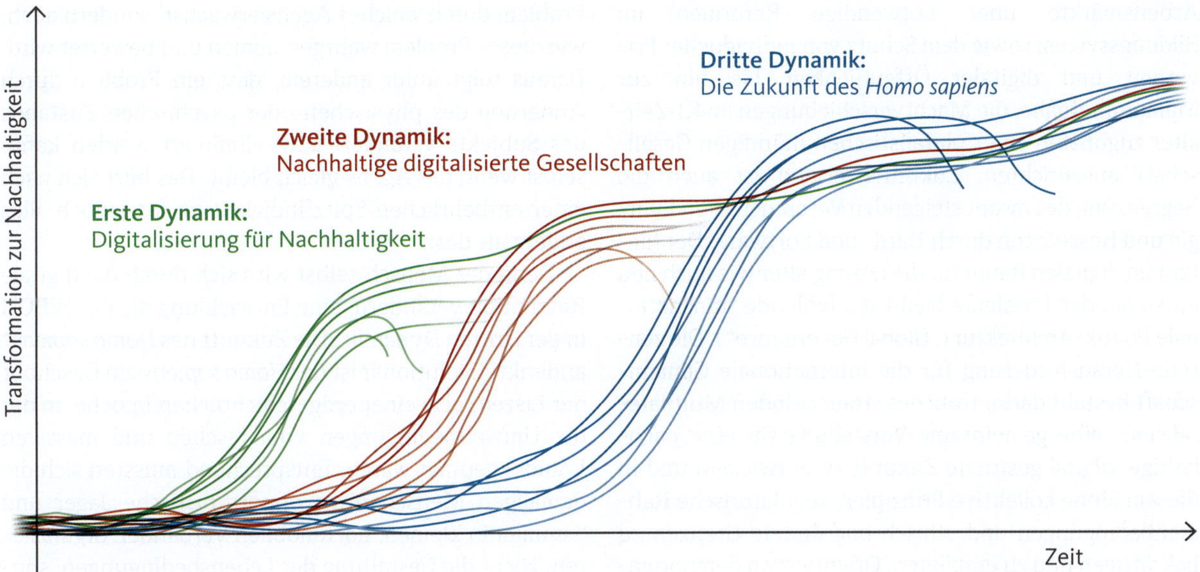

↑ Nachhaltigkeit digital unterstützen
- Planetarische Leitplanken einhalten (Klima, Natur, Böden, Ozeane)
- Soziale Kohäsion sichern (gegen Hunger, Armut, Ungleichheit; für Zugang zu Wasser, Gesundheit, Bildung, Energie)

↓ Ökologische und gesellschaftliche Disruption
- Mehr Emissionen und Ressourcennutzung
- Mehr Ungleichheiten
- Mehr Machtkonzentration
- Erosion von Bürgerrechten und Privatheit
- Erosion der Steuerungsfähigkeit des Staates

↑ Neuer Humanismus
- Vernetzte Weltgesellschaft als Weiterentwicklung von Aufklärung und Humanismus
- Entwicklung von Welt(umwelt)-bewusstsein
- Kooperationskultur, Empathie, globale Solidarität

↓ Digital ermächtigter Totalitarismus
- Ausgehöhlte Demokratien und digital ermächtigte Autokratien
- Massive Ungleichheiten, Elitenherrschaft, Totalüberwachung und Freiheitsverlust
- Umweltzerstörung und Verlust sozialer Kohäsion

↑ Selbstbewusstsein des *Homo sapiens* stärken
- Bewahrung des biologischen Menschen in seiner natürlichen Umwelt
- Ethisch reflektierte Weiterentwicklung des Menschen
- Mensch-Maschine-Kollaboration gestalten

↓ Entgrenzung von Mensch und Maschine
- Missbrauch im Verhältnis Mensch-Maschine
- Superintelligenz
- Künstliche Evolution des Menschen

Abbildung 2
Drei Dynamiken des Digitalen Zeitalters.
Die Grafik zeigt den positiven Fall einer gelungenen Einhegung der Dynamiken durch Zielsetzung und Gestaltung. Alle drei Dynamiken laufen bereits heute parallel an, wenn auch mit unterschiedlicher Intensität; es handelt sich also nicht um eine strenge zeitliche Abfolge. Jede Dynamik besteht aus unterschiedlich verlaufenden Teilpfaden. Die Bezeichnung der Dynamiken spiegelt die jeweils erforderlichen Handlungsprioritäten wider.
Die Texte unterhalb der Abbildung geben Stichworte zu den *Potenzialen* (↑: obere Reihe) und den *Risiken* (↓: untere Reihe) der drei Dynamiken.
Quelle: WBGU; Grafik: Wernerwerke, Berlin

Revolution alle früheren technischen Fortschrittsphasen hinsichtlich Durchgriff, Reichweite und Geschwindigkeit wohl in den Schatten stellen wird. Statt auf die freiwillige Selbstzähmung von Technologieentwicklern und politökonomischen Interessen zu hoffen, müssen gemeinwohlorientierte und demokratische Staaten sowohl eine starke antizipative Kapazität aufbauen als auch ein strategisches Bündel von Institutionen, Gesetzen und Maßnahmen schaffen. Nur so können die digitalen Kräfte nutzbar gemacht und zugleich eingehegt werden. Den Blick auf diese Herausforderung, das Digitale Zeitalter selbst im Sinne einer humanistischen, nachhaltigen Weltgesellschaft zu gestalten, wirft der WBGU mit der Zweiten Dynamik „Nachhaltige digitalisierte Gesellschaften“.

Relevante Felder reichen vom Umgang mit den inzwischen breit diskutierten Veränderungen der globalen Arbeitsmärkte über notwendige Reformen im Bildungssystem sowie dem Schutz von individueller Privatheit und digitaler Öffentlichkeit bis hin zur Mammutaufgabe, die Machtverschiebungen im KI-Zeitalter zugunsten einer pluralistischen mündigen Gesellschaft auszurichten. Zukunftsweisend ist auch die Begrenzung des rasant steigenden Verbrauchs von Energie und Ressourcen durch Hard- und Software. Der Elefant im digitalen Raum für die Lösung alter wie auch neu entstehender Probleme bleibt die fehlende transnationale Politik-Architektur („Global Governance"). Die zentrale Herausforderung für die internationale Gemeinschaft besteht darin, trotz des strauchelnden Multilateralismus eine gemeinsame Vorstellung für eine nachhaltige, digital gestützte Zukunft zu entwickeln und in diesem Sinne kollektive Prinzipien, regulatorische Rahmenbedingungen und ethisch-begründete Grenzen zu bekräftigen und zu etablieren. Orientiert an den normativen Grundsätzen der Gewährleistung natürlicher Lebensgrundlagen, gesellschaftlicher Teilhabe, individueller Eigenart und unverletzbarer menschlicher Würde entwickelt der WBGU zu diesen Themenfeldern weitreichende Handlungsempfehlungen.

Als Interimszusammenfassung kann man festhalten, dass dem gestaltenden Staat im Digitalen Zeitalter eine zumindest doppelte Großaufgabe zukommt: nämlich einerseits, die enormen Potenziale der neuartigen Informations- und Kommunikationstechnologien zum Zwecke der Nachhaltigkeitstransformation zu erschließen („alte Probleme") und andererseits möglichen, ja wahrscheinlichen Auswüchsen des Innovationsschubs vorzubeugen („neue Probleme"). In beiderlei Hinsicht gibt es ganz unterschiedliche Philosophien des öffentlichen Handelns bzw. Nichthandelns. Das zeitgenössische „amerikanische Modell" sieht von regulativen Eingriffen weitgehend ab und setzt darauf, dass die Kräfte des Marktes letztlich auch die Maximierung des Gemeinwohls garantieren. Das zeitgenössische „chinesische Modell" setzt dagegen auf hierarchische Planung und Kommandowirtschaft, zumindest in Bereichen von strategischer nationaler Bedeutung. Der WBGU ist der festen Überzeugung, dass beide politischen Philosophien der beschriebenen Doppelverantwortung nicht gerecht werden können. Es ist ein dritter, zivilgesellschaftlicher Weg in der Tradition von Aufklärung und Humanismus, der angemessen erscheint. Ein gemeinschaftlich agierendes Europa könnte diesen in die globalen Aushandlungen einbringen und in Kooperation mit ähnlich gesinnten Staaten vorleben.

Damit kommen wir zum letzten Schritt, den das Einstein-Zitat vorzeichnet. Wenn pauschal von „Problemen" die Rede ist, dann muss man sich klarmachen, dass diese durch *Passiv-Aktiv-Beziehungen* definiert sind: Nicht nur ist zu fragen, welchem Subjekt welches Problem durch welches Agens erwächst, sondern auch, wie dieses Problem wahrgenommen und bewertet wird. Daraus folgt unter anderem, dass ein Problem durch Änderung des physischen oder psychischen Zustands des Subjekts verändert bzw. eliminiert werden kann, selbst wenn das Agens gleich bleibt. Das hört sich nach einer entbehrlichen Spitzfindigkeit an, ist jedoch alles andere als das:

Denn der Mensch selbst wird sich durch die digitale Revolution verändern, eine Entwicklung die der WBGU in der Dritten Dynamik „Die Zukunft des *Homo sapiens*" andenkt. Evolutionär ist der *Homo sapiens* ein Geschöpf der Eiszeit, also einer erdgeschichtlichen Epoche, in der die Umweltbedingungen vom raschen und massiven Wandel geprägt waren. Entsprechend mussten sich die damaligen Menschen als opportunistische Jäger und Sammler in kleinen, hochmobilen Verbänden organisieren. Nicht die Gestaltung der Lebensbedingungen, sondern die perfekte Anpassung an die vorgefundenen Umstände war der komparative Vorteil jener besonderen Spezies. Dieser Vorteil wurde durch den Übergang zur sesshaften Agrikultur teilweise eliminiert; mit der Änderung der Lebensweise gingen sogar physiologische und kognitive Rückschritte einher. Individuell dürfte der neolithische Mensch schwächer und krankheitsanfälliger gewesen sein als seine frühen Vorfahren. Diese Nachteile wurden jedoch auf dem Niveau der Gesamtpopulation durch neue Möglichkeiten (wie die Vorratshaltung) aufgewogen, so dass die Bevölkerung deutlich wachsen konnte. Ähnliches vollzog sich beim Durchschreiten der Industriellen Revolution, die schließlich im 20. Jahrhundert die „Große Beschleunigung" (Steffen et al., 2015a) des gesellschaftlichen Metabolismus und der Populationsdynamik herbeiführte.

Vieles spricht dafür, dass die sich gerade erst entfaltenden digitalen Innovationen den Menschen in seinen Qualitäten und das Zusammenleben der Menschen in seinen Strukturen noch viel durchgreifender verwandeln dürften – natürlich abhängig davon, wie jene Innovationen begleitet, geleitet, beschränkt oder gar unterbunden werden. Hier liegt also die tiefstgründige Frage des Digitalen Zeitalters. Wie schon oben angedeutet, müssen sich alle Beantwortungsversuche an der zentralen Kategorie „Würde" orientieren, die den bisherigen Wertekompass des WBGU ergänzt.

Die aktuellen Debatten um Themen wie „Künstliche Intelligenz" und „Mensch-Maschine-Interaktionen" finden in einem sich immer stärker aufladenden Spannungsfeld zwischen Hoffnung, Horror und Hype statt und ignorieren die Einbettung der entstehenden Konglomerate in die natürliche Umwelt weitestgehend. Die Wissenschaft kann sich aber nicht einfach diesem

Feld entziehen, sondern muss sich – im Sinne eines erweiterten, den Menschen selbst einbeziehenden Nachhaltigkeitsbegriffs – mit den dominierenden utopischen bzw. dystopischen Diskursen und ihren Treibern auseinandersetzen. Diese Auseinandersetzung gehört für den Beirat explizit zur wissenschaftsbasierten Deliberationskultur einer offenen demokratischen Gesellschaft, die für die Europäische Union nach wie vor richtungsweisend ist.

Im vollen Bewusstsein der spekulativen Natur der folgenden Überlegungen möchte der WBGU drei hoffnungsorientierte Gedankenspiele in den entsprechenden Diskursraum einbringen:

1. Die Menschheit kommt zu sich selbst

Ob und wann die Entwicklung *universeller* KI gelingt, ist ungewiss. Nichtsdestotrotz steht bereits fest, dass KI die kognitiven Leistungen unserer Spezies in Teilbereichen weit übertrifft. Aber die entsprechenden Fähigkeiten machen keinesfalls den ganzen Menschen aus. Die informationstechnologischen Errungenschaften könnten nicht zuletzt unsere Aufmerksamkeit und Wertschätzung auf die nicht unmittelbar kognitiven Kapazitäten lenken, die oft pauschal als emotionale und soziale Intelligenz bezeichnet werden. Diese waren vermutlich mindestens so zivilisationsbildend wie die Leistungen des Messens, Rechnens und Dokumentierens. KI würde uns möglicherweise eine gewisse Emanzipation von den Letzteren erlauben und eine stärkere Hinwendung zu Fähigkeiten wie Empathie, Fürsorge und Solidarität gestatten. Anders als in den „harten" Klischeevorstellungen vom Supermenschen mit Computergehirn in einer stählernen Welt wäre damit eine „weiche" Vision des gesellschaftlichen Fortschritts umrissen.

2. Der Mensch schafft sich Gefährten

Je weiter KI auf immer breiteren Anwendungsgebieten fortschreitet, desto vielfältiger und intimer werden sich die Berührungspunkte, Schnittstellen bzw. Scharniere zwischen Technik und Mensch entwickeln. Dies kann zu symbiotischen Verbindungen führen, die aber wohl anders ausfallen dürften als in gängigen „Cyborg"-Träumen imaginiert. Möglicherweise entstehen auch KI-befähigte Wesenheiten, die zu wohlintegrierten, loyalen Begleitern des Menschen in Gesellschaften werden, die lebenswerter sind als die heutigen. Beispielsweise könnten uns digitale Assistenten in mittlerer Zukunft immer mehr von monotonen Tätigkeiten befreien (z.B. durch Übernahme logistischer Aufgaben), uns beim Lernen und Verstehen unterstützen (z.B. durch Synthese und Interpretation der überbordenden Informationsfülle) und letztendlich dazu beitragen, dass wir uns selbst und unsere Umwelt stärker wertschätzen (z.B. durch Diagnostik und Spiegelung). Eine solche Perspektive stößt etwa im ostasiatischen Kulturkreis auf deutlich geringere Skepsis als in westlichen Gesellschaften und befördert ein Weltbild, das den Menschen nicht kategorisch von Natur und Technik abgrenzt.

3. Der Mensch erfindet seine Meister

Die Spekulationen über die künftigen Fortschritte bei KI-relevanten Technologien gehen weit auseinander: Welche *ontologische Qualität* diese hervorbringen könnten, bleibt höchst umstritten. Insbesondere bei der Debatte um „Artificial General Intelligence" (AGI) oder gar „Superintelligenz" scheiden sich die (menschlichen) Geister. Die Emergenz von KI-Systemen *mit Bewusstsein* wird jedoch schon länger diskutiert. Unter der Annahme dieser Möglichkeit wäre es nur folgerichtig zu fragen, ob dann nicht auch *beseelte* künstliche Entitäten mit selbständiger Willensbildung und Reproduktion in einer späteren Phase der digitalen Revolution formiert werden könnten.

Der WBGU hat sich auch mit diesem – aus heutiger Sicht für viele Expert*innen jenseits des Silicon Valley abwegigen – Gedankenspiel auseinandergesetzt und nach möglichen gesellschaftlichen Handlungsoptionen gesucht. Die intuitiv „vernünftige" Option wäre ein generelles Moratorium, das F&E-Anstrengungen zur Schaffung bewusster und damit leidensfähiger Systeme grundsätzlich untersagt. Die aktuellen Kontroversen um bestimmte Verfahren der Reproduktionsmedizin und der synthetischen Biologie können hier wertvolle Fingerzeige liefern.

Aber ist ein solches lückenloses und vor allem globales Moratorium überhaupt realisierbar? Während dieser Text geschrieben wird, wird vielleicht gerade in einem abgeschirmten Forschungslabor irgendwo auf der Welt der Versuch unternommen, ein KI-System mit „Gefühlen" auszustatten. Insofern ist der WBGU zu dem Schluss gekommen, zumindest den Diskurs über eine alternative Option zu empfehlen:

Wenn die zivilisatorische Entwicklung seit dem Neolithikum offenbar selbstorganisiert auf die Substitution und Transzendierung der humanen (physiologischen, manuellen und kognitiven) Fähigkeiten gerichtet ist, kann dann die Schaffung einer neuen Wesenheit *durch den Menschen* nicht als der geradezu unvermeidliche nächste Sprung in der planetarischen Evolution aufgefasst werden? Solche Überlegungen stoßen auf Entsetzen, aber auch auf Begeisterung, je nachdem in welchen Kreisen man sie vorträgt.

Doch obgleich der Schutz der Würde des Menschen eine quintessenzielle Herausforderung bleibt, ist es ebenso wichtig, die Gattung *Homo* als Produkt des fundamental offenen Prozesses „Leben" zu verstehen. Könnte, hoffnungsvoll gedacht, die Verbindung der sozialen und emotionalen Intelligenz des Menschen mit den uns überlegenen kognitiven Fähigkeiten von Maschinen eine Ko-Evolution ermöglichen, deren Geschöpfe sogar *größere Humanität* besitzen als wir selbst?

Soweit die Gedankenspiele. Explizit empfiehlt der WBGU in diesem Hauptgutachten, die aktuellen Herausforderungen der Digitalisierung regulativ einzuhegen und in den Dienst der Großen Transformation zur Nachhaltigkeit zu stellen. Gleichzeitig muss jedoch schon heute damit begonnen werden, die Zukunft des Menschen im post-industriellen Zeitalter demokratisch und gemeinwohlorientiert vorzudenken. Dabei sollte insbesondere in den Bereichen Forschung und Entwicklung sowie multilateraler Politik dafür Sorge getragen werden, dass keine irreversiblen Weichenstellungen erfolgen und der Raum für zukünftige gesellschaftliche Gestaltung so weit wie möglich offen bleibt.

In Einsteins Sinne stehen wir vor der Herkulesaufgabe, die ökologischen und sozialen Herausforderungen der Gegenwart generell und auch mit Hilfe digitaler Mittel zu meistern und dabei die mit diesen neuen Werkzeugen einhergehenden Probleme zu antizipieren und weitestgehend zu vermeiden. Dabei ist der Schutz der Würde des Menschen die ultimative Herausforderung.

Die Gestaltungsaufgaben: Große Transformation zur Nachhaltigkeit im Schatten digitaler Umbrüche

Mit den Arbeiten zur Großen Transformation zur Nachhaltigkeit geht es dem WBGU darum, Entwicklungspfade zu nachhaltigen Gesellschaften zur Diskussion zu stellen, die innerhalb der planetarischen Leitplanken verlaufen und allen Menschen, auch zukünftigen Generationen, ein menschenwürdiges, gutes Leben und eine langfristige Zukunft bieten sollen (WBGU, 2011). Diese Transformation umfasst tiefgreifende Veränderungen der Infrastrukturen, Produktionsprozesse, Investitionen, Regulierungssysteme und Lebensstile sowie ein neues Zusammenspiel von Politik, Gesellschaft, Wissenschaft, Wirtschaft und Individuen. Mit der Verabschiedung der Agenda 2030 mit den 17 SDGs (2015), dem Pariser Klimaübereinkommen (2015) sowie den Aichi-Zielen für Biodiversität (2010) existieren mittlerweile internationale Vereinbarungen, die Transformationen in Richtung Nachhaltigkeit einfordern. Die Umsteuerung zur Nachhaltigkeit verläuft dennoch deutlich langsamer als notwendig. Unsere Ökonomien und Gesellschaften befinden sich noch immer auf Kollisionskurs mit dem Erdsystem. Zudem unterminieren soziale Fliehkräfte den Zusammenhalt und die Stabilität vieler Gesellschaften. Wie der digitale Wandel die Nachhaltigkeitstransformationen erleichtert, erschwert oder auch zu ganz neuen Anforderungen an nachhaltige Gesellschaften sowie zu veränderten Nachhaltigkeitsverständnissen führt, ist bisher nur unzureichend erforscht. Insofern benennt der WBGU im Gutachten nicht nur massive Handlungsdefizite, sondern ebenso eklatante Forschungslücken und stellt Kernbotschaften heraus.

Digitalisierungs- und Nachhaltigkeitsforschung verbinden (S. 25)

Digitalisierung für Umsetzung der Agenda 2030 nutzen

Die Analysen des WBGU zeigen, dass Digitalisierungsdynamiken massive Auswirkungen auf alle 17 SDGs der Agenda 2030 haben. Die Debatte um die Umsetzung der SDGs kann nicht mehr ohne ein entsprechendes Verständnis der Potenziale und Risiken der Digitalisierung für die gesamte Agenda 2030 geführt werden.

Eine doppelte Kurskorrektur ist notwendig

Die erste Kurskorrektur erfordert eine tiefgreifende Veränderung der Diskussion zur Großen Transformation zur Nachhaltigkeit, da diese bisher die fundamentalen Dynamiken der Digitalisierung, der Chancen und Risiken etwa von algorithmenbasierten Entscheidungsprozessen, oder der Verschränkung unserer physischen Welt mit virtuellen Räumen kaum berücksichtigt. Sie finden sich weder in der 2015 im Rahmen der UN verabschiedeten Agenda 2030, noch in der deutschen Nachhaltigkeitsstrategie von 2017 und ebenso nicht im 2011 erschienenen WBGU-Gutachten zur Großen Transformation.

Natürliche Lebensgrundlagen erhalten (S. 19)

Die zweite Kurskorrektur muss bei den ökonomischen, gesellschaftlichen und politischen Digitalpionier*innen und auf Seiten der Digitalisierungsforschung stattfinden, denn Digitalisierung wird hier bisher kaum mit den großen Nachhaltigkeitsherausforderungen des Anthropozäns verknüpft. Die Digitalisierung sollte nachhaltig gestaltet und als mächtiges Instrumentarium zur Erreichung der Nachhaltigkeitsziele genutzt werden! Die Akteure der Nachhaltigkeit und der Digitalisierung benötigen einen kraftvollen, gemeinsamen Anlauf, um eine Trendwende zur digitalisierten Nachhaltigkeitsgesellschaft einzuleiten.

Es muss schnell gehandelt werden – Digitalisierung, planetarische Leitplanken und soziale Kohäsion verbinden

Das Gutachten zeigt, dass Digitalisierung dazu beitragen kann, planetarische Leitplanken einzuhalten. Dekarbonisierung, Kreislaufwirtschaft, umweltschonendere Landwirtschaft, Ressourceneffizienz und Emissionsreduktionen, Monitoring und Schutz von Ökosystemen könnten durch digitale Innovationen leichter und schneller erreicht werden als ohne sie. Die rasche und umfassende Mobilisierung dieser Möglichkeiten einer digital getriebenen Nachhaltigkeitstransformation ist daher ein Imperativ. Digitalisierung kann zudem gesellschaftliche Modernisierungspotenziale erschließen. Weltumspannendes Wissen, weltumspannende Kommunikation, weltgesellschaftliche Vernetzung in virtuellen und hybriden Räumen können Nachhaltigkeitstransformationen beschleunigen, menschliche Teilhabe verbessern, Weltumweltbewusstsein stärken und eine transnational vernetzte Gesellschaft hervorbringen, in der sich globale Kooperationskulturen entwickeln.

Der WBGU zeigt jedoch auch, dass es *per se* keine Technologiedeterminierung für die großen Herausforderungen der Menschheit gibt. Die Digitalisierung der vergangenen Dekaden – das Internet, die vielfältigen Endgeräte, die zunehmende Produktionsautomatisierung und Produktvernetzung – ist einhergegangen mit immer weiter steigenden Energie- und Ressourcenverbräuchen sowie globalen Produktions- und Konsummustern, die die Ökosysteme noch massiver belasten. Die technischen Innovationsschübe übersetzen sich nicht automatisch in Nachhaltigkeitstransformationen, sondern müssen eng mit Nachhaltigkeitsleitbildern und -politiken gekoppelt werden.

Armutsbekämpfung und inklusive Entwicklung vorantreiben (S. 19)

Ebenso sind die gesellschaftlichen Innovationspotenziale der digitalen Transformation keine Selbstläufer. Derzeit scheinen unsere Gesellschaften eher durch die Geschwindigkeit und Tiefe technologischer Umbrüche und deren Nutzung durch mächtige, insbesondere private, aber auch staatliche Akteure überfordert zu sein. Fake News; Social Credit Scores; Erosion zivilisatorischer Standards im Internet; Vertrauensverlust in datengetriebene Angebote; Probleme von Regierungen, Unternehmen, die in digitalen Räumen agieren, angemessen zu besteuern; Politik, die durch die Anforderungen beschleunigter Digitalisierung überfordert scheint – all dies sind nur einige pathologische Effekte ungehemmter Entwicklungen.

Digitalisierung zur Unterstützung von Nachhaltigkeitstransformationen – eine enorme (inter-)nationale Gestaltungsaufgabe

Bisher sind die Digitalkompetenzen in Ministerien, Parlamenten, Stadtverwaltungen, Nichtregierungsorganisationen, Nachhaltigkeitsforschungsinstituten, Medien und internationalen Organisationen stark unterentwickelt. Um Gestaltungsfähigkeiten überhaupt herzustellen, bedarf es eines Modernisierungsschubes in all den genannten Bereichen, um digitale Kompetenzen zu schaffen und diese mit den Anforderungen der Nachhaltigkeitstransformation zu verbinden. Gelingt dies nicht, werden sich technologie- und kurzfristorientierte Eigendynamiken durchsetzen; die Verknüpfung der digitalen mit der Nachhaltigkeitstransformation wird dann nicht gelingen. Es sind umfassende Modernisierungsanstrengungen für öffentliche Institutionen nötig, wie sie beispielsweise Anfang der 1970er-Jahre durchgeführt wurden, unterstützt durch umfassende wissenschaftliche Begleitforschungsprogramme (Scharpf, 1972; Mayntz et al., 1978). Damals ging es darum, öffentliche Institutionen darauf vorzubereiten wirtschaftliche, technologische, soziale sowie umweltpolitische Entwicklungen zu verzahnen und gesellschaftliche Teilhabe auszubauen; heute geht es darum, umfassende Digitalisierungskompetenzen zu schaffen und diese mit den Nachhaltigkeitstransformationen zu verbinden.

Das Digitale Zeitalter als neue Gesellschaftsformation entsteht – Große Transformation zur Nachhaltigkeit über 2030 hinausdenken

Der WBGU identifiziert fünf Kerncharakteristika des Digitalen Zeitalters, die es ermöglichen, Entwicklungstrends und Richtung des Wandels zu verstehen. Deutlich wird, dass es nicht ausreicht, digitale Instrumente zur Umsetzung der Nachhaltigkeitsziele einzusetzen. Die digitalen Umbrüche verändern das Spielfeld gesellschaftlicher Entwicklung grundlegend. Die Große Transformation zur Nachhaltigkeit kann nur noch unter diesen sich wandelnden Bedingungen des Digitalen Zeitalters, die von den Architekten der Agenda 2030 kaum berücksichtigt wurden, stattfinden.

- *Vernetzung*: Technische Systeme sowie Personen, Dinge, Prozesse und Organisationen werden auf unterschiedlichen Handlungsebenen immer omnipräsenter miteinander vernetzt. Diese Entwicklung kann Austauschbeziehungen, Kooperations- und Lernmöglichkeiten multiplizieren und schafft qualitativ neuartige, auch grenzüberschreitende ökonomische, soziale, kulturelle, institutionelle und politische Vernetzungsstrukturen. Die Vernetzung kann die Anfälligkeit interdependenter Infrastrukturen und Prozesse erhöhen.

- *Kognition*: Universelle Intelligenz ist das Alleinstellungsmerkmal des Menschen in der uns bekannten Welt. Mit dem Internet der Dinge (IoT) sowie Methoden von Big Data und KI werden zunehmend technische Systeme geschaffen, die rechnergestützt wahrnehmen, lernen, analysieren, bewerten und so beispielsweise Kunst und Texte schaffen oder Sprache und Gesichter erkennen und imitieren können. Im Silicon Valley wird u. a. vermutet, dass KI-Systeme in 5–15 Jahren eigenständige Leistungen erbringen können, die Nobelpreise rechtfertigen würden. Solche Systeme könnten vieles verändern – und zwar grundlegend: unser Menschenbild, die Wirtschaft, Arbeitsmärkte, Lernprozesse, unser Wissen, unseren Umgang mit Technik, Gesellschaft und Natur.
- *Autonomie*: Autonome, datenbasiert selbstständig Entscheidungen treffende, technische Systeme werden bereits in der Industrie eingesetzt, um Produktionsabläufe zu steuern, in öffentlichen Umgebungen, um die öffentliche Sicherheit zu erhöhen, oder (bereits in vielen Kontexten) um menschliches Verhalten zu prognostizieren und zu überwachen. Solche autonomen technischen Systeme werden zukünftig vielfältig einsetzbar sein: im Verkehr (autonomes Fahren), im Bankensystem, im Sozialwesen, in der Justiz, in politischen Aushandlungsprozessen. Sie können Muster erfassen, die Menschen aufgrund der großen Datenmengen oder Komplexität verborgen bleiben. Sie können dazu beitragen, fundiertere ökonomische, politische und soziale Entscheidungen zu treffen, aber auch gesellschaftlichen Kontrollverlust, Machtmissbrauch oder die Unterminierung von Privatheit und Freiheit zur Folge haben.
- *Virtualität*: Mit der virtuellen Welt entstehen neue Räume für menschliche Gesellschaften: Menschen können sich in virtuellen Räumen unabhängig von ihrem physischen Standort treffen und auf entfernte Objekte zugreifen und sie verändern. Avatare und Social Bots können zu Begleitern der Menschen werden. So können das Erdsystem, Ökosysteme und weit entfernte Kulturen unmittelbar erfahrbar gemacht werden. Die Gestaltung dieser virtuellen wie auch hybriden Räume ist zugleich eine große Herausforderung. Dies verdeutlicht schon das dystopische Beispiel des Versinkens von Menschen in virtuelle (Spiel-)Welten, die Naturbezug nur noch suggerieren, während die reale Natur zunehmend degeneriert.
- *Wissensexplosion*: Digitale Methoden modernisieren jede Art der quantitativen und qualitativen Forschung. Bereits jetzt findet sich fast für jede tradierte Wissenschaftsdisziplin eine digitale Ausprägung, die mit eSciences, Digital Humanities usw. bezeichnet wird. Datenerfassung und -verarbeitung sowie Modellbildung, Simulation und Visualisierung bieten neue Zugänge für das Verständnis und die Gestaltung unserer natürlichen und gesellschaftlichen Realitäten. Zudem bieten digitale Methoden neuartige Zugänge zu Wissen, Bildung und einen weltumspannenden Austausch.

Diese fünf Charakteristika werden nicht nur unsere Ökonomien und technischen Infrastrukturen verändern, sondern auch den *Homo sapiens* selbst. Das Anthropozän – das Zeitalter des Menschen – bisher ein Begriff, der unterstreicht, dass die Menschen zur größten Veränderungskraft im Erdsystem geworden sind, bekommt eine erweiterte Bedeutung: im *digitalen Anthropozän* schafft sich der Mensch Werkzeuge, mit denen er nun auch sich selbst fundamental transformieren kann und zwar durch eine immer engere Mensch-Maschine-Kooperation mit digitalisierter Technik und das immer engere Zusammenspiel mit KI bis hin zu technologischen Dystopien von „Human Enhancement“ als einer technologisch gestützten Optimierung des Menschen.

Zugleich werden Entwicklungen denkbar und möglich, die gerade aus der Sicht von Nachhaltigkeitstransformationen von großer Bedeutung sind: global vernetzte Zivilgesellschaften, das Entstehen eines Welt(umwelt)bewusstseins, durch Digitalisierung unterstützte Kreislaufwirtschaft, der universelle Zugang zum explodierenden Wissen oder neue Chancen für Entwicklungs- und Schwellenländer, rasch auf neue digitalisierte Infrastrukturen zu setzen. Die Tiefenstrukturen unserer Gesellschaften werden sich durch Digitalisierung im 21. Jahrhundert also ähnlich grundlegend verändern wie die Treiber der Industriellen Revolution zur fundamentalen Verwandlung der Welt im 19. Jahrhundert führten. Adam Smith, der – was oft vergessen wird – nicht nur Ökonom, sondern auch Moralphilosoph war, argumentierte in seinem „Wohlstand der Nationen“ (1776), dass Märkte und radikale Veränderungen nur funktionieren könnten, ohne Gesellschaften zu destabilisieren, wenn die Autonomie der Marktdynamiken durch die Normen und Werte der Gesellschaften gezügelt würden. Dies gilt erst recht für die digitalen Umbrüche. Ohne eine Einbettung des digitalen Wandels in starke Normen- und Wertesysteme werden sich die dystopischen Potenziale der digitalen Gesellschaft durchsetzen.

Für Nachhaltigkeit der Digitalisierung Rahmenbedingungen und Grenzen setzen (S. 18)

Von Karl Polanyi, Émile Durkheim und Max Weber kann man zudem lernen, dass Normen und Werte letztlich nur in Gesellschaften verankert und vor den Interessen der mächtigsten Akteure geschützt werden können, wenn den Veränderungen angemessene Institutionen geschaffen werden, die individuelles und kollektives Handeln in gesellschaftlich verabredete Bahnen lenken. Vor diesem Hintergrund diskutiert der WBGU Digitalisierung nicht nur als Prozess technologischen Wandels, sondern insbesondere aus normativer Perspektive und als gesellschaftliche Gestaltungsaufgabe.

Systemrisiken im Digitalen Zeitalter vermeiden

Um die Potenziale der Digitalisierung heben zu können, muss man sich der möglichen Systemrisiken im Digitalen Zeitalter bewusst sein. Digitale Systemrisiken sind denkbare großskalige Veränderungen in unseren Gesellschaften, die jeweils für sich genommen bereits Destabilisierungen unserer Gesellschaften auslösen könnten. Domino- und kumulative Verstärkereffekte würden sich entsprechend breitenwirksam multiplizieren.

Arbeit der Zukunft gestalten und Abbau von Ungleichheit fördern (S. 20)

Manche dieser Gefährdungen sind unumstritten (z.B. Disruptionen auf den Arbeitsmärkten), die Größenordnung der Veränderungen ist jedoch offen. Die Eintrittswahrscheinlichkeiten anderer Systemrisiken sind signifikant (z.B. Überschreitung planetarischer Leitplanken, digitaler Autoritarismus, weiterer Machtzuwachs großer Digitalunternehmen), während andere Eintrittswahrscheinlichkeiten aus heutiger Sicht eher niedrig sind (z.B. Akzeptanz von Human Enhancement zur Schaffung eines optimierten *Homo sapiens*). Doch auch letztere Systemrisiken sind nicht zu vernachlässigen, denn würde der Schadensfall eintreten, hätten sie umfassende Auswirkungen auf die Zukunft der Zivilisation. Der WBGU identifiziert Systemrisiken im Digitalen Zeitalter wie die folgenden:

- Überschreitung planetarischer Leitplanken durch digital getriebene, ressourcen- und emissionsintensive Wachstumsmuster.
- Entmachtung des Individuums, Gefährdung der Privatheit und Unterminierung digitalisierter Öffentlichkeiten durch digital ermächtigten Autoritarismus bzw. Totalitarismus.
- Unterminierung von Demokratie und Deliberation durch normativ und institutionell nicht eingebettete automatisierte Entscheidungsunterstützung oder -findung.
- Dominanz von Unternehmen, die sich staatlicher Kontrolle entziehen, angetrieben durch weitere datenbasierte Machtkonzentration.
- Disruption der Arbeitsmärkte durch umfassende Automatisierung datengetriebener Tätigkeiten und Gefahr zunehmender „Irrelevanz der menschlichen Arbeitskraft“ für die Wirtschaft.
- Vertiefte Spaltung der Weltgesellschaft durch eingeschränkten Zugang und Nutzung digitaler Potenziale hauptsächlich durch wohlhabende Minderheiten der Weltgesellschaft.
- Missbrauch der Technisierung des Menschen auf Grundlage von Human-Enhancement-Philosophien und -Methoden.

Es ist zudem wichtig, sich zu vergegenwärtigen, dass die digitalen Umwälzungen auf Gesellschaften treffen, die bereits durch Globalisierung, den Aufstieg neuer Mächte, Fluchtbewegungen und autoritäre Populismen verunsichert sind. Die Bugwellen der Digitalisierung treffen zusammen mit der aktuellen Krise Europas und des Westens sowie mit Frontalangriffen gegen eine kooperations- und regelbasierte multilaterale Weltordnung. Die Systemrisiken des Digitalen Zeitalters könnten sich mit den bereits existierenden Fliehkräften in vielen Gesellschaften verschränken und diese verstärken.

Weichenstellungen für einen europäischen Weg zur digitalisierten Nachhaltigkeitsgesellschaft

Die Europäische Union (EU) sollte eine Vorreiterrolle für die Integration von Nachhaltigkeit und Digitalisierung wahrnehmen.

EU als Vorreiterin für eine digitalisierte Nachhaltigkeitsgesellschaft etablieren (S. 23)

Gerade durch die Verstärkung technologischer Innovationen und deren systematische Verbindung mit nachhaltigkeitsorientierten sozialen, kulturellen und institutionellen Innovationen könnte die EU dem globalen Technologiewettlauf eine besondere Prägung geben und die Suche nach Pfaden zur digitalisierten Nachhaltigkeitsgesellschaft prägen. In Teilbereichen der Regulierung von Digitalisierung ist die EU bereits Vorreiterin. Im Bereich des Datenschutzes und des Schutzes der Privatsphäre ist die Datenschutzgrundverordnung (EU, 2016) weltweit bislang einzigartig.

Privatsphäre schützen (S. 21)

Sie verkörpert ein Europa, das Grundrechte gegenüber kommerzieller wie staatlicher Datensammelwut verteidigt. Die EU arbeitet zudem an einem europäischen Datenraum, der Bürger*innen und Unternehmen ein hoch entwickeltes, gut funktionierendes, transparentes System öffentlicher Daten, Informationen, Dienste und Standards bieten soll. Dieses System soll auch dazu beitragen, Wettbewerbsfähigkeit und Datenschutz zusammenzuführen, um im besten Falle Wettbewerbsvorteile für Unternehmen aus dem EU-Raum – z.B. im Wettbewerb mit China und den USA – zu schaffen. Die EU hat ebenso eine Vorreiterrolle im Bereich der Nachhaltigkeitspolitik (z.B. ist Umweltschutz als EU-Ziel in der Grundrechtecharta verankert, und die EU arbeitet derzeit an einem neuen Umweltaktionsprogramm und einer Dekarbonisierungsstrategie als Beitrag zum Pariser Übereinkommen). Die EU ist jedoch (noch) keine Pionierin, wenn es um die dringend notwendige, umsetzungsorientierte Verzahnung von Nachhaltigkeit und Digitalisierung geht. Überlegungen, wie ethische Grundsätze für KI ausgestaltet werden könnten oder wie digitaler Wandel für die Verwirklichung der SDGs genutzt werden sollte, stehen noch am Anfang.

Für einen *europäischen Weg zu digitalisierten Nachhaltigkeitsgesellschaften* schlägt der WBGU Weichenstellungen auf fünf unterschiedlichen Bühnen vor, um den tiefen Umbruch für Nachhaltigkeit im Digitalen Zeitalter zu meistern. Gelingen kann dieser Weg nur dann, wenn die Weichenstellungen auf den fünf Bühnen miteinander verzahnt werden.

1. *Neuer Humanismus für das Digitale Zeitalter – das normative Fundament unserer Gesellschaften erneuern:* Der WBGU entwickelt einige Grundzüge eines neuen Humanismus für das Digitale Zeitalter, um die fundamentalen und gefährdeten Errungenschaften von Humanismus und Aufklärung der vergangenen zwei Jahrhunderte zu verteidigen und zugleich attraktive Zukunftsperspektiven für eine digitalisierte Nachhaltigkeitsgesellschaft zu schaffen. Unsere Hoffnung ist, dass Europa zu einer solchen zivilisatorischen Anstrengung in der Lage sein könnte.

Gesellschaftlichen Diskurs zu neuen normativen Fragen beginnen (S. 23)

2. *Charta für den Übergang zur digitalisierten Nachhaltigkeitsgesellschaft:* Gesellschaftliche Diskurse für einen neuen Humanismus brauchen einen Startpunkt. Der WBGU hat auf der Grundlage seiner Analysen und Diskussionen wesentliche Prinzipien und Leitplanken für die digitalisierte Nachhaltigkeitsgesellschaft in einer Charta verdichtet. Zu ihnen gehören der Schutz des Planeten sowie die Bewahrung der Integrität des Menschen und menschlicher Würde. Sie umfasst zudem die Unterstützung lokaler und globaler Fairness, Gerechtigkeit sowie Solidarität unter den Bedingungen digitaler Umwälzungen. Schließlich beinhaltet die Charta die Stärkung von Welt(umwelt)bewusstsein und von Kulturen und Ordnungen globaler Kooperation durch Nutzung digitaler Möglichkeiten sowie die Entwicklung von KI, welche menschliche Entfaltungsmöglichkeiten, gesellschaftliche Lernfähigkeit und soziale Kohäsion unterstützt. Die Charta kann Ausgangspunkt zur Erneuerung der Nachhaltigkeitsparadigmen werden und unsere gemeinsame digitale Zukunft national, europäisch und global ins Zentrum der Anstrengungen stellen. Die Charta knüpft an die Agenda 2030 an und geht zugleich über sie hinaus, um normative Grundlagen unserer Gesellschaften im Digitalen Zeitalter zu markieren.
3. *Bausteine einer handlungsfähigen Verantwortungsgesellschaft:* Wissenschaft und Bildung sind Grundlagen für Freiheit, für Teilhabe und für Eigenart der Einzelnen im Sinne zukunftsorientierter und kreativer Teilhabegesellschaften. Die Anforderungen an unsere Gesellschaften können nicht nur durch einzelne Politikinstrumente (wie CO_2-Steuer, Ressourcenbepreisung oder eine neue Weltwettbewerbs-

Zukunftsbildung und digitale Mündigkeit vorantreiben (S. 20)

ordnung) „gelöst" werden. Vielmehr müssen handlungsfähige Verantwortungsgesellschaften entwickelt und gestärkt werden, damit die skizzierten Umbrüche gemeistert und gestaltet werden können. Der WBGU sieht hier folgende zentrale Bausteine, die – in ihrer Gesamtheit und wenn sie klug verbunden werden – die Architektur von handlungsfähigen Verantwortungsgesellschaften ergeben. Zu all diesen Grundlagen einer handlungsfähigen Verantwortungsgesellschaft schlägt der WBGU konkrete Reformpakete vor:

- Menschen müssen befähigt werden, die anstehenden Umbrüche zu verstehen und mitzugestalten. Umfassende Bildung für nachhaltige Entwicklung im Digitalen Zeitalter ist der Schlüssel hierzu.
- Wissenschaft sollte Zukunftswissen zur Gestaltung digitalisierter Nachhaltigkeit und nachhaltiger Digitalisierung erarbeiten. So wie vor vier Dekaden die Herkulesaufgabe bewerkstelligt wurde, Klima- und Erdsystemforschung mit sozialwissenschaftlichen sowie ökonomischen Disziplinen zu den heute etablierten Nachhaltigkeitswissenschaften zusammenzuführen, gilt es nun, diese rasch und eng mit der Digitalisierungsforschung zu verzahnen.
- Staaten müssen selbst fähig sein zu gestalten: Staaten und öffentliche Institutionen müssen in ihre eigenen Fähigkeiten investieren, um digitale Kompetenzen für den Übergang zur Nachhaltigkeitsgesellschaft auf- bzw. auszubauen.
- Die Schaffung von Experimentierräumen und Diskursarenen in Deutschland und Europa würde es ermöglichen, Innovationen vorzubereiten und zu beschleunigen, Zukunft vorzudenken und Beispiele für Zukunftsgestaltung zu entwickeln.

Ökonomische und politische Machtverschiebungen regulieren (S. 22)

- Die neuen Machtkonstellationen müssen eingehegt werden, um demokratische Teilhabe zu sichern. Wichtige Beispiele angesichts der hohen globalen Mobilität der Digitalwirtschaft sind die internationale Harmonisierung des Wettbewerbsrechts und der Unternehmensbesteuerung sowie grenzüberschreitend klar regulierte, diskriminierungsfreie und im Sinne der Interoperabilität standardisierte Austauschprozesse in virtuellen Räumen.
- Die digitalen Veränderungen haben prinzipiell weltumspannende Wirkung, so dass globale, regel- und fairnessbasierte Ordnungsmodelle nötig sind, die eine Verbindung von digitalen und Nachhaltigkeitstransformationen, wie sie in der Charta des WBGU vorgeschlagen werden, ermöglichen. Nur wenn die EU einen gemeinsamen Weg in diese Richtung entwickelt, können europäische Gesellschaften Einfluss auf die globale Neuordnung der Zukunft nehmen.
- Digitalisierung wird die Chancen der Gesellschaften in Entwicklungs- und Schwellenländern fundamental verändern, zum Guten wie zum Schlechten. Die internationale Kooperation für nachhaltige Entwicklung und die Zusammenarbeit Deutschlands und der EU mit den Vereinten Nationen und anderen multilateralen Akteuren muss daher in diese Richtung dringend ausgebaut werden.

4. *Technologische Game Changer können Nachhaltigkeitstransformationen beschleunigen:* Die Digitalisierung bietet einen enormen Instrumenten- und Methodenkasten, der für die Nachhaltigkeitsziele effektiv und effizient zum Einsatz gebracht werden muss. Beispiele für technologiegetriebene Game Changer, die die EU rasch voranbringen sollte, um in Kooperation und Wettbewerb mit anderen Staaten und den Vereinten Nationen Veränderungsprozesse in den europäischen Gesellschaften und in der Weltwirtschaft auszulösen, sind:

- Die erweiterten Möglichkeiten einer digitalisierten Erdfern- und -nahbeobachtung und die dafür benötigte Sensorik, Geräte und Infrastrukturen sollten weltweit ausgebaut und für ein umfassendes und echtzeitnahes Monitoring der natürlichen Erdsysteme, ihres Zustände und ihrer Entwicklung ertüchtigt werden. Daraus resultierende internationale digitale Gemeingüter sollen als Ausgangspunkt für die Etablierung und Realisierung von Diensten und Anwendungen für ein Welt(umwelt)bewusstsein genutzt werden.
- Darauf aufbauend sollten die Nationalstaaten im Kontext der UN ein weltweit abgestimmtes und interoperables System einer digitalen SDG-Indikatorik aufzubauen, um so die Aktualität, Transparenz, Vergleichbarkeit und Überprüfbarkeit digitalisierter nationaler und internationaler SDG-Reports zu verbessern.

Digitale Gemeingüter etablieren und absichern (S. 22)

- Parallel dazu sollten die für die SDG-Indikatorik und die Erdbeobachtung erfassten nachhaltigkeits- und umweltorientierten Daten als digitale Gemeingüter zugänglich gemacht werden.

Öffentlich-rechtliche IKT bereitstellen (S. 22)

- Nicht zuletzt sollten IKT-Infrastrukturen als Teil der öffentlich-rechtlichen Daseinsfürsorge diskriminierungsfrei bereitgestellt werden und so Teilhabe und die Herausbildung von „Qualitätsmedien" auch im digitalen Raum begünstigt werden.
- Unter Nutzung digitaler Technologien sollten weltweit Prozesse und Infrastrukturen etabliert werden, die eine Erfassung von Emissions- und Ressourcenfußabdrücken in traditionellen Wirtschaftszweigen wie auch der Digitalwirtschaft über die gesamte Wertschöpfungskette hinweg ermöglichen.
- Die vielfältigen Potenziale von KI sollten für Nachhaltigkeitsfragen zum Einsatz kommen. Es geht beispielsweise darum, Stoffkreisläufe, Produktionsabläufe, Lieferketten, Nutzungskontexte und Konsummuster besser zu verstehen, wesentliche Trigger und Muster zu bestimmen sowie Optimierungspotenziale zu identifizieren und umzusetzen.
- Die Nutzung der Digitalisierung zur Ermittlung ökologischer Kenngrößen und Zusammenhänge (z. B. SDG-Erreichung, Footprints, Stoffkreisläufe) schafft die Informationsbasis für eine effiziente Regulierung des Verbrauchs von Umweltressourcen. Insbesondere für das zentrale Ziel der Dekarbonisierung kann Digitalisierung den Unterschied machen, da sie neben ihrer zentralen Rolle in der Realisierung der Energieversorgung mit erneuerbaren Energien zudem dezidierte erzeugungs- und verbrauchsorientierte Regulierungen ermöglicht. Diese können im Zusammenspiel mit Wirtschaftspolitiken zur Dekarbonisierung Wirkung entfalten.

Fragilität und Autonomie technischer Systeme beachten (S. 21)

- Keine dieser an die Digitalisierung gebundenen Hebel werden jedoch wirkmächtig, wenn nicht die Resilienz, Cybersicherheit und Vertrauenswürdigkeit digitalisierter Infrastrukturen, ihre Langlebigkeit und Robustheit sowie auch eine dem Menschen vorbehaltene Entscheidungshoheit bei gesellschaftsrelevanten Automatismen mit KI umfassend gewährleistet werden.

5. *Nachhaltigkeit und Resilienz der Wirtschaft stärken:* Digitalisierungsprozesse eröffnen nicht nur Chancen eine grüne Ökonomie voranzubringen, sondern auch die Diversität und Resilienz von Wirtschaftsstrukturen zu stärken, indem die Privatwirtschaft durch weitere Wirtschaftsformen ergänzt wird. Digitalisierung wird auch von genossenschaftlichen, öffentlichen oder gemeinwohlorientierten Unternehmen genutzt, um neue Geschäftsmodelle hervorzubringen. Diese entstehende Diversität knüpft erneut an die alten Stärken der europäischen Nachkriegsökonomien an: eine starke Privatwirtschaft, die Vielfalt von Unternehmensformen sowie in Institutionen und Normensysteme eingebettete Märkte. Um die Potenziale der Digitalisierung zu nutzen ist es wichtig, neue Gleichgewichte zwischen unternehmerischem Wettbewerb, staatlicher Rahmensetzung, gesellschaftlicher Verantwortung und Gemeinwohlorientierung zu finden. Die durch das Pariser Klimaübereinkommen, die Agenda 2030 sowie die vom WBGU skizzierte Charta für die digitalisierte Nachhaltigkeitsgesellschaft gesetzten Leitplanken und Werte könnten so zur Richtschnur der Erneuerung Europas werden.

Digitalisierung am Gemeinwohl orientieren (S. 18)

Immanuel Kant hatte die Aufklärung im Kern als „Veränderung der Denkungsart der Menschen" analysiert. Auf einer neuen Zivilisationsstufe im Digitalen Zeitalter stehen wir im Ringen um nachhaltige, global wie virtuell vernetzte, digitalisierte Gesellschaften und um Suchprozesse in Richtung eines neuen Humanismus vor einer ähnlichen Herausforderung: *der Weiterentwicklung unserer Zivilisation, auf einem endlichen Planeten, im digitalen Anthropozän.*

Ein Überblick über das Gutachten

Es folgt ein Überblick über die Abfolge der einzelnen Kapitel und die inhaltlichen Schwerpunkte des Gutachtens.

Nachhaltigkeit im Zeitalter der Digitalisierung

Nach der Einleitung (Kap. 1) bettet das *Kapitel 2* „Nachhaltigkeit im Zeitalter der Digitalisierung" das Thema des Gutachtens in die Nachhaltigkeitsperspektive des WBGU ein und legt dessen normative Basis in Form eines „normativen Kompasses" dar. Dieser wird explizit auf das Fundament der Aufklärung und die Achtung der Menschenwürde bezogen, um diesbezüglichen Herausforderungen der Digitalisierung gerecht zu werden. Zunächst wird Digitalisierung in Bezug zur Großen Transformation zur Nachhaltigkeit gebracht. Anschließend werden die drei Dimensionen des normativen Kompasses des WBGU, *Erhaltung der natürlichen Lebensgrundlagen*, *Teilhabe* und *Eigenart* erläutert. Die menschliche *Würde* ist expliziter Ausgangspunkt und Zielbild des normativen Kompasses, da sie im Digitalen Zeitalter besondere Brisanz erhält und ihr Schutz eine zentrale Gestaltungsaufgabe darstellt.

Das Digitale Zeitalter verstehen

Das *Kapitel 3* „Das Digitale Zeitalter verstehen" liefert Grundlagenwissen und erarbeitet einen konzeptionellen Blick auf die Facetten des Digitalen Zeitalters. Damit der digitale Wandel in den Dienst der Großen Transformation zur Nachhaltigkeit gestellt werden kann, müssen die Potenziale und Risiken der digitalen Technologien und Lösungen verstanden werden und weltweit an den SDGs ausgerichtet werden. Das Kapitel liefert dazu eine Analyse der historischen Entwicklung hin zum Digitalen Zeitalter, dessen Grundfunktionen, Schlüsseltechnologien und wesentliche Charakteristika, sowie absehbare Veränderungen für zentrale Lebensbereiche der menschlichen Zivilisation, d.h. für Umwelt, Mensch, Gesellschaft, Wirtschaft und Technik. Deutlich wird, dass Digitalisierungsdynamiken die Bedingungen, unter denen die Transformation zur Nachhaltigkeit stattfinden muss, tiefgreifend verändern. Eine Auswertung aktueller Berichte internationaler Organisationen zeigt, dass die Gestaltung des Digitalen Zeitalters in Richtung Nachhaltigkeit mit großen Unsicherheiten verbunden ist, so dass eine anpassungsfähige Governance notwendig ist. Bisher vorgeschlagene Chartas für das Digitale Zeitalter zeigen Ansätze für einen entsprechenden Handlungsrahmen, vernachlässigen jedoch den spezifischen Konnex zwischen Digitalisierung und Nachhaltigkeit.

Akteurskonstellationen im digitalen Wandel

In *Kapitel 4* „Akteurskonstellationen im digitalen Wandel" wird die Frage nach den Gestalter*innen des Digitalen Zeitalters aufgeworfen. Nach einer Einführung zu den theoretischen Grundlagen der Gestaltbarkeit einer Transformation zur Nachhaltigkeit folgt eine Analyse: Verschieben sich Handlungs- und Gestaltungsspielräume zu Gunsten oder zu Lasten einzelner Akteursgruppen mit Blick auf eine nachhaltige und digitale Transformation? Neben Individuen, Wirtschaft, insbesondere Digitalunternehmen, und Zivilgesellschaft nimmt der WBGU die Tech-Communities in den Blick, die nach Auffassung des WBGU im Digitalen Zeitalter eine herausgehobene Rolle spielen. Im Rahmen des Mehrebenensystems von Städten und Gemeinden, Staaten und internationalen Organisationen sowie quer dazu agierenden transnationalen Akteursgruppen identifiziert der WBGU erhebliche Machtverschiebungen. Sie führen teils zu Blockaden und nicht nachhaltigen Pfadabhängigkeiten, insbesondere aufgrund der fehlenden oder zu geringen Steuerung und Gestaltung durch Staaten und die internationale Gemeinschaft. Zugleich eröffnen vor allem neue Akteure wie Digitalunternehmen oder die Tech-Communities Potenziale für Nachhaltigkeitstransformationen, die traditionelle Unternehmen bislang nicht aufweisen.

Schauplätze des digitalen Wandels

Angesichts der großen Breite der beiden Themen Digitalisierung und Nachhaltigkeit wendet der WBGU in *Kapitel 5* „Schauplätze des digitalen Wandels" einen exemplarischen Ansatz an (Kasten 1). Das Kapitel veranschaulicht an konkreten Beispielen Stand, Perspektiven und Herausforderungen der Digitalisierung angesichts der notwendigen, weltweiten Transformation zur Nachhaltigkeit. Die Schauplätze spiegeln den wissenschaftlichen Sachstand wider, haben direkte Bezüge zum Thema Nachhaltigkeit und sind für die Transformation zur Nachhaltigkeit besonders bedeutsam. Sie liefern somit einen vielfältigen Eindruck der Gestaltbarkeit der Digitalisierung im Dienst der Nachhaltigkeitstransformation. Dabei geht es zum einen um Themen an der direkten Schnittstelle zwischen Umwelt und Digitalisierung, die z.B. mit Energie- und Ressourcenverbrauch und Landnutzung zu tun haben. Hinzu kommen Schauplätze, die das Zusammenspiel von Digitalisierung und zentralen sozialen und ökonomischen Dimensionen der Nachhaltigkeit ausleuchten (z.B. Arbeit der Zukunft, internationale Arbeitsteilung, digital unterstützte Mobilität). Schließlich werden Themen angesprochen, die derzeit zwar bereits in der Debatte sind, aber erst längerfristig gesellschaftliche Auswirkungen haben werden (z.B. Entwicklung eines Weltbewusstseins). Aus diesen thematischen „Tiefbohrungen" resul-

Kasten 1

Schauplätze des digitalen Wandels

Die „Schauplätze des digitalen Wandels" sollen exemplarisch einen vielfältigen Eindruck von der Gestaltbarkeit der Digitalisierung im Dienst der Großen Transformation zur Nachhaltigkeit geben. Im Gutachten werden konkrete Themen knapp vorgestellt und analysiert sowie jeweils Handlungs- und Forschungsempfehlungen abgeleitet.

Industrieller Metabolismus

Digitalisierung verändert die energetischen und stofflichen Austauschbeziehungen (Metabolismus) in Unternehmen und Wertschöpfungsketten. Bei digitalen Geräten überwiegen derzeit die Umweltrisiken (z.B. Elektroschrott). In der Produktion bieten digitalisierte, im Sinne von Industrie 4.0 koordinierte Fertigungsprozesse Potenziale für höhere Ressourceneffizienz. Digitale Plattformen könnten eine enge Verknüpfung der Stoffströme zwischen Unternehmen ermöglichen. Die globalen Nachhaltigkeitsimplikationen und der Beitrag zur Kreislaufwirtschaft sind ambivalent zu bewerten und verlangen vertiefte Analysen.

Neue Ansätze des nachhaltigen Wirtschaftens

Digitale Technologien ermöglichen neue, kollektiv organisierte und gemeinwohlorientierte Wirtschaftsformen. Dazu zählen neue Geschäftsmodelle (nachhaltiges digitales Unternehmertum bzw. grüne digitale Startups) und Unternehmensformen (Plattformkooperativen), alternative Produktionsformen (Prosumer, Commons-based Peer Production) sowie partizipative Wertschöpfung (Sharing-Ökonomie). Verbundene Potenziale zu heben, erfordert passende rechtliche Rahmenbedingungen, wie auch entsprechende Wirtschaftsförderung und den Aufbau von Infrastrukturen.

Nachhaltiges Konsumverhalten

Der Einsatz digitaler Technologien kann Konsument*innen dabei unterstützen, auf nachhaltige Weise zu konsumieren (z.B. durch suffiziente und ressourcenschonende Nutzung, Wiederverwenden, Reparieren und Teilen). Der Fokus liegt auf Entscheidungen der Konsument*innen über Art, Menge und Nutzung der Produkte. Es werden nachhaltigkeitsrelevante Formen „digitalisierten Konsums" vorgestellt und Herausforderungen und Potenziale des digitalisierten Konsums für die Erhaltung natürlicher Lebensgrundlagen aufgezeigt.

Onlinehandel

Onlinehandel nimmt rasant zu. Negativen Umwelteffekten durch Lieferdienste, Verpackungsmüll oder Retouren stehen positive Effekte durch reduzierte Privatfahrten oder optimierte Logistik gegenüber. Der Großteil des Umsatzes im Onlinehandel konzentriert sich derzeit auf wenige Unternehmen, die den stationären Handel verdrängen. Die Möglichkeiten sinken, die Einhaltung von Umwelt- und Sozialstandards am Herkunftsort zu kontrollieren. Kommunen und Städte sollten Strategien entwickeln, um auf die Verdrängung des stationären Einzelhandels zu reagieren.

Elektroschrott in einer Kreislaufwirtschaft

Digitalisierung ist ein Treiber für Ressourcenextraktion und schnell wachsende Mengen von Elektroschrott und toxischem Abfall. Um diesen Trend umzukehren, müssen Ziele der Kreislaufwirtschaft wie Ressourcenschonung, Langlebigkeit, Reparaturfreundlichkeit und Recycling bereits in Geschäftsmodelle und Produktdesigns integriert werden. Klare Regulierung und Anreizsetzung, gesellschaftliche Verankerung sowie eine Forschungsoffensive sind Hebel, um Potenziale zu heben, die digitale Technik entlang des gesamten Produktlebenszyklus bietet.

Digitalisierung für Klimaschutz und Energiewende

Digitale Lösungen unterstützen die Integration fluktuierender erneuerbarer Energien in die Energiesysteme und können den Zugang zu moderner Energie in netzfernen Regionen befördern. Problematisch können direkt und indirekt durch die Digitalisierung ausgelöste Steigerungen der Energienachfrage sein. Langfristige Ziele müssen klar und verlässlich gesetzt werden, um Investitionen und Innovationen für den Klimaschutz zu nutzen. Die Sicherheit der zunehmend komplexen Energiesysteme sowie der Datenschutz sollten von Anfang an mitbedacht werden.

Smart City und nachhaltige Stadtentwicklung

Nachhaltige Stadtentwicklung unter dem Einsatz digitaler Technologien setzt voraus, dass Kommunen und Stadtgesellschaften ihre Gestaltungshoheit gegenüber der Digitalwirtschaft bewahren und eine eigene Technologiesouveränität aufbauen. Eine wachsende Zahl von Städten investiert aktiv in dezentrale digitale urbane Plattformen, offene Architekturen und Gemeinwohlorientierung. Setzt sich dieser Trend durch, besteht berechtigte Hoffnung, dass der digitale Wandel für eine inklusive, nachhaltige Stadtentwicklung genutzt werden kann.

Urbane Mobilität

Digital gestützte Innovationen im Verkehrsbereich werden derzeit in vielen Städten erprobt und lassen disruptive Veränderungen erahnen. Offen sind vielfach der Umgang mit Daten sowie Fragen der Haftung. Die Lösung zentraler Probleme urbaner Verkehrssysteme (z.B. hohe CO_2- und Luftschadstoffemissionen, Flächenverbrauch, Lärmbelastung, steigende Fahrt- und Transportzeiten sowie Unfallrisiken) ist aber keine rein technologische Frage, sondern wird sich an der passenden Einbettung digitaler Lösungen in übergreifende Konzepte nachhaltiger urbaner Mobilität entscheiden.

Präzisionslandwirtschaft

Landnutzung ist ein zentrales Nachhaltigkeitsthema für Ernährungssicherung und Naturschutz. Die Digitalisierung darf nicht die Trends in der industriellen Landwirtschaft verstärken. Sie sollte dafür eingesetzt werden, dass Umweltschäden durch Düngemittel- und Pestizideinträge sinken sowie die Diversität von Anbauformen und Landschaftsgestaltung gefördert wird. Vertrauenswürdige Datensysteme, der Fokus auf Datenhoheit sowie Open Data und Open Source können helfen, zunehmenden Kontrollverlust sowie Abhängigkeit der Landwirt*innen von Agrarunternehmen zu verhindern.

Landwirtschaft in Entwicklungsländern

Kleinbauern und -bäuerinnen bewirtschaften den größten Teil der weltweiten Agrarflächen. Präzisionslandwirtschaft ist sehr kapitalintensiv und daher für die kleinbäuerliche Landwirtschaft in Entwicklungsländern weniger geeignet. Dennoch kann die Digitalisierung über verbesserten Zugang zu Informationen, Beratung und Bildung eine Steigerung der Effizienz, der Produktivität und der Nachhaltigkeit von Kleinbetrieben ermöglichen. Der Zugang zu Mobilkommunikation und die Organisation der Kleinbetriebe in Genossenschaften spielen dabei eine zentrale Rolle.

Monitoring biologischer Vielfalt

Die Digitalisierung verändert den Naturschutz auf fundamentale und transformative Weise. Digital gestütztes Monitoring von Ökosystemen kann die Treiber der Biodiversitätskrise nicht direkt beeinflussen, aber es ist eine Quelle wertvollen Wissens und eröffnet neue Möglichkeiten bei der Überwachung von Managementregeln und Verboten, die eine Übernutzung biologischer Ressourcen verhindern sollen. Die Vision eines globalen Systems für das Monitoring biologischer Vielfalt mit teilautomatisierten Bestandsaufnahmen von Arten und Ökosystemleistungen wird realistischer.

Kollektives Weltbewusstsein

Erdsystembewahrendes Handeln einzelner Menschen kann durch entsprechendes Problembewusstsein sowie konkretes Handlungswissen motiviert werden. Neue digitale Möglichkeiten, etwa Interaktivität, Gaming, virtuelles Naturerleben oder bürgerwissenschaftliche Projekte (Citizen Science) bieten neue Chancen zur Umweltbewusstseinsbildung. Perspektivisch erwächst daraus eine neue Bereitschaft zu globaler Kooperation und einem starken Weltbürgerbewusstsein.

Öffentlicher Diskurs

Digitale Technologien verändern wie wir kommunizieren, wie wir gesellschaftliche Debatten wahrnehmen und wie wir daran teilnehmen können. Neue Partizipationsformen, algorithmische Vorstrukturierung von Medieninhalten, die Nutzung sozialer Medien und neue Formen der Redaktion von Inhalten restrukturieren den öffentlichen Diskurs. Neue Kompetenzen sowie adäquate rechtliche und institutionelle Rahmenbedingungen sind notwendig, damit auch langfristig die Fundamente demokratischer Meinungsbildung und journalistischer Qualität erhalten werden können.

Scoring

Scoring-Verfahren bilden menschliches Verhalten durch einen Zahlenwert ab. Sie werden in immer mehr gesellschaftlichen Kernbereichen (z.B. Gesundheitsversorgung, Strafverfolgung) als Entscheidungsgrundlage eingesetzt, oft ohne Wissen der Betroffenen. Potenziale für eine objektivere Entscheidungsfindung werden durch mangelnde Transparenz über Einsatzgebiete, Methoden und Daten sowie fehlender Aufsicht unterwandert. Individuen sollten ein Recht auf rationale Entscheidungsbegründung erhalten. Wie Scoring gesellschaftliche Normen und moralische Standards beeinflusst, sollte ein zentrales Forschungsthema sein.

Zukunftsbildung

Die Digitalisierung wird bisher bei Bildungsangeboten nicht systematisch einbezogen. Die geplanten Förderungen von Digitalkompetenzen und Infrastruktur (z.B. im DigitalPakt Schule) erscheinen notwendig, aber nicht hinreichend. Das Zusammendenken von Digitalisierung und Nachhaltigkeit erfordert vielfältige Initiativen im Kontext Bildung. Der WBGU zeigt, wie Bildung im Sinne einer „Zukunftsbildung" gestaltet werden könnte, welche Risiken kompensiert werden sollten (etwa sog. „Fake News") und wo Potenziale für solidarische Lebensqualität gehoben werden können.

Öffentlich-rechtliche IKT

Informations- und Kommunikationstechnologien (IKT) haben gesellschaftlich stark an Bedeutung gewonnen und beeinflussen zunehmend das Leben der Bürger*innen. Der öffentlichen Hand kommt eine Verantwortung für den Betrieb und die Inhalte einer öffentlich-rechtlichen IKT zu. Diese ist eine wichtige Voraussetzung für gleichberechtigte Teilhabe am gesellschaftlichen Leben, für die Bereitstellung von und den Zugang zu digitalen Gemeingütern und auch Standortfaktor für Innovation, Wettbewerb, Beschäftigung und nachhaltiges Wirtschaftswachstum.

Digitale Technik als Gender-Bender?

Geschlechtergerechtigkeit ist trotz wachsender politischer Aufmerksamkeit in keinem Land der Welt erreicht. Bestehende Genderungleichheiten und Stereotypen werden in soziotechnischen Systemen wie dem Internet reproduziert, was zu neuer Benachteiligung führen kann. Gleichstellungsmaßnahmen, auch jenseits des zweigeschlechtlichen Verständnisses, sind weiterhin notwendig. Emanzipatorisches Potenzial bietet digitale Technik durch Informationszugang und Vernetzung, Aufdeckung von Diskriminierung und Sensibilisierung in digitalen Experimentierräumen.

Selbstvermessung des Körpers

Angebote zur digitalen Selbstvermessung stellen Menschen Informationen über ihren eigenen Körper bereit und bieten den Vergleich zu anderen. Der WBGU zeigt daran beispielhaft die Implikationen der Digitalisierung des Gesundheitswesens sowie der allseitigen Datenerhebung und -verfügbarkeit. Der potenziell besseren Informationsbasis für Nutzer*innen stehen starke Qualitätsdefizite mit Blick auf Datenschutz, -qualität, -erhebung und -verarbeitung gegenüber. Zudem könnten Privatsphäre, persönliche Freiheit und Selbstbestimmung der Nutzer*innen eingeschränkt werden.

Internationale Arbeitsteilung

Der fortschreitende digitale Strukturwandel in der internationalen Arbeitsteilung wird zu einer Neujustierung der Rolle von Entwicklungs- und Schwellenländern führen. Eindeutige Schlussfolgerungen zur Wirkung der Digitalisierung auf die internationale Organisation von Wertschöpfungsketten sind derzeit nur eingeschränkt möglich. Hohen potenziellen Verlusten von Arbeitsplätzen durch digital gestützte Automatisierung und Prozesse der Rückverlagerung von Produktion stehen neue Zugänge zu Märkten vor allem durch digitale Plattformen gegenüber.

Arbeitswelten der Zukunft

Arbeitsmärkte werden durch Digitalisierung und Nachhaltigkeitstransformation tiefgreifend umgestaltet. Beschäftigungen werden dem Menschen auch in Zukunft erhalten bleiben. Offen ist, wie diese gesellschaftlich eingebettet und organisiert werden können, damit die Funktionen von Erwerbsarbeit heute – Sicherung von Lebensunterhalt und gesellschaftlicher Teilhabe sowie Grundlage von Selbstwertgefühl – in Zukunft gewährleistet werden. Digitaler Wandel und Nachhaltigkeitstransformation bieten aber Chancen, neue Leitbilder für nachhaltigere Arbeitswelten zu entwickeln und zu etablieren.

Digitale Gemeingüter

In Anlehnung an Gemeingüter im Allgemeinen sind digitale Gemeingüter Daten, Informationen, Bildungs- und Wissensartefakte im Gemeinwohlinteresse, die öffentlich und barrierefrei zur Verfügung stehen. Sie sind vor ausgrenzender Inanspruchnahme zur Profitmaximierung und vor Missbrauch zu schützen. Dazu sind sowohl organisatorische, regulatorische als auch finanzielle Weichenstellungen wie Bereitstellungspflichten nötig, um Gemeinwohlorientierung mittels digitaler Gemeingüter auszuprägen.

tiert nicht nur konkretes Material für Handlungs- und Forschungsempfehlungen, sondern sie sind auch eine der wesentlichen Quellen, aus denen sich die Perspektive auf das Themenfeld insgesamt und die Botschaften des WBGU speisen.

Zukunftsentwürfe und Visionen zu Digitalisierung und Nachhaltigkeit

Das *Kapitel 6* „Zukunftsentwürfe und Visionen zu Digitalisierung und Nachhaltigkeit" veranschaulicht in knapper, narrativer Form verschiedene Diskurs- und Möglichkeitsräume. Das Kapitel fügt ausgewählte Elemente aus wissenschaftlichen und populärwissenschaftlichen Quellen zu utopischen bzw. dystopischen Erzählungen zusammen, die bereits heute angelegte Veränderungstrends in die Zukunft fortschreiben und illustrativ greifbar machen. Utopische und dystopische Aspekte sind jedoch nicht immer trennscharf, und die Einordnung unterliegt subjektiver Einschätzung und kulturellen Präferenzen. Die dystopischen Visionen verdeutlichen aber mögliche Grenzüberschreitungen, etwa die autoritäre Totalüberwachung der Menschen durch digital aufgerüstete staatliche Institutionen. Diese müssen heute schon antizipiert werden, um die Gefährdung von Nachhaltigkeitszielen frühzeitig im Ansatz erkennen sowie einhegen zu können.

Synthese

In *Kapitel 7* „Synthese" wird der Zusammenhang zwischen digitalem Wandel und der Transformation zur Nachhaltigkeit mit seinen fundamentalen Fragen in die Zukunft entwickelt. Es werden folgende drei „Dynamiken des Digitalen Zeitalters" vorgestellt, die unterschiedliche, aber akute Handlungsbedarfe anschaulich machen (Abb. 2):

- *Erste Dynamik: „Digitalisierung für Nachhaltigkeit" – Digitalisierung nutzen, um das Erdsystem zu schützen und soziale Kohäsion zu sichern:* Hier steht die Agenda 2030 mit den SDGs im Zentrum. Dabei geht es darum, dass die Digitalisierung einerseits wertvolle Beiträge leistet, um globale Umwelt- und Entwicklungsprobleme besser und schneller zu lösen. Andererseits kann Digitalisierung aber auch bestehende Nachhaltigkeitsprobleme massiv verstärken und ohne Gegensteuerung zu schweren gesellschaftlichen Verwerfungen führen.
- *Zweite Dynamik: „Nachhaltige digitalisierte Gesellschaften" – einen neuen Humanismus verwirklichen und digitalen Totalitarismus verhindern:* Hier geht es um den Umgang mit den fundamentalen gesellschaftlichen Umbrüchen, die durch den digitalen Wandel ausgelöst werden. Auch hier zeigen sich positive und negative Entwicklungsmöglichkeiten mit entsprechenden Gestaltungsherausforderungen. Im positiven Fall gibt dies Hoffnung, dass die Digitalisierung uns einer humanistischen Vision für eine nachhaltige Weltgesellschaft des Digitalen Zeitalters näher bringt. Sie birgt aber im negativen Fall das Risiko, dass ausgehöhlte Demokratien und digital ermächtigte Autokratien die vorherigen Nachhaltigkeitserrungenschaften wieder zunichte machen.
- *Dritte Dynamik: „Die Zukunft des Homo sapiens – Diskurse zu Grenzziehungen":* In dieser Dynamik geht es um die fundamentalste aller Nachhaltigkeitsfragen: die Zukunftsfähigkeit und Identität des Menschen selbst, eingebettet in die Gesellschaft sowie in die durch ihn umgestaltete Umwelt. Hier stellt der WBGU futuristisch anmutende, aber bereits heute sehr aktuelle Fragen.

Die zentrale Herausforderung für die Weltgemeinschaft besteht darin, eine gemeinsame Vorstellung für eine nachhaltige digital unterstützte Zukunft zu entwickeln.

Global Governance

In *Kapitel 8* „Global Governance für die globale Transformation zur Nachhaltigkeit im Digitalen Zeitalter" werden erste Vorschläge unterbreitet, wie sich die Weltgemeinschaft auf gemeinsame Leitkonzepte, Prinzipien, regulatorische und institutionelle Rahmenbedingungen sowie ethisch begründete Grenzen verständigen kann. Der EU kommt dabei eine besondere Rolle zu: zum einen bei der Entwicklung eines eigenen nachhaltigen digital unterstützten Zukunftsmodells, das sich von den existierenden Modellen in China und den USA unterscheidet, und zum anderen als Akteur auf der internationalen Ebene, der auf ein geteiltes Verständnis im multilateralen Verbund hinarbeitet. Der WBGU nimmt eine erste tentative Einschätzung von Nachhaltigkeitswirkungen und -potenzialen digitaler Technologien entlang der SDGs vor, regt eine Weiterentwicklung des bestehenden Nachhaltigkeitsverständnisses an und legt als Anstoß für globale Prozesse eine Charta für „Unsere gemeinsame digitale Zukunft" vor.

Das Gutachten schließt mit *Kapitel 9* „Handlungsempfehlungen" und *Kapitel 10* „Forschungsempfehlungen" ab, die im Folgenden zusammengefasst werden.

Handlungsempfehlungen

Das Digitale Zeitalter bringt neue Herausforderungen für den Schutz der Grund- und Menschenrechte mit sich. Im Digitalen verändern sich die Schutzräume und Ausübungsmöglichkeiten dieser Rechte, so dass hier neue Vergewisserungen erforderlich sind. Die Menschenwürde ist dabei der zentrale unveränderliche Referenzpunkt. Die Unantastbarkeit der Menschenwürde dient in diesem Gutachten explizit als Orientierungshilfe für die nachhaltige Gestaltung der Digitalisierung. Eng damit verknüpft ist die Sicherstellung der Gemeinwohlorientierung und die Einbettung der digitalen Revolution in eine Strategie nachhaltiger Entwicklung. Dafür sind geeignete Rahmensetzungen und Grenzziehungen notwendig. Ohne aktive Gestaltung birgt der globale digitale Wandel zudem das Risiko, die Gefährdung der natürlichen Lebensgrundlagen der Menschheit weiter zu verstärken. In seinem Impulspapier „Digitalisierung: Worüber wir jetzt reden müssen" hat der WBGU (2018a) Fragenkomplexe formuliert, die in den folgenden Handlungsempfehlungen wieder aufgegriffen werden.

Erhaltung der natürlichen Lebensgrundlagen

Derzeit verstetigt die Digitalisierung bestehende Trends zu steigenden Emissionen, steigenden Ressourcenverbräuchen, Übernutzung von Böden und Zerstörung von Ökosystemen und führt zur Produktion von immer mehr Elektroschrott. Die notwendige Trendwende in Richtung einer vollständigen Entkopplung der Digitalisierung von Emissionen und Belastung von Ökosystemen zeichnet sich nicht ab, obwohl zahlreiche internationale Abkommen bereits Ziele zur Erhaltung der natürlichen Lebensgrundlagen formulieren. Diese müssen konsequent mit konkreten Politiken und Instrumenten auf nationaler Ebene und darüber hinaus unterlegt werden. Der WBGU empfiehlt:

- *Digitalisierung zur umfassenden Bepreisung von Umweltgütern nutzen:* Die vielfältigen Potenziale der Digitalisierung zum Monitoring sollten genutzt werden, um Ressourcenverbrauch und Schädigungen natürlicher Lebensgrundlagen umfassend durch Steuern und Abgaben zu erfassen, eine Entkopplung wirtschaftlicher Entwicklung von Umweltschäden zu erreichen sowie zugleich unerwünschte Rebound-Effekte von Umweltpolitiken zu vermeiden.
- *Digitalisierung für Dekarbonisierung und Klimaschutz im Energiesektor einsetzen:* Potenziale digitaler Technologien sollten für den Umstieg auf erneuerbare Energiesysteme genutzt werden. Energie- und Ressourceneffizienz sollten als explizite Innovationsziele für digitale Technologien und Anwendungen etabliert werden.
- *Kreislaufwirtschaft, Ressourcennutzung und toxische Stoffe:* Im Sinne der Kreislaufwirtschaft sollte vorausschauendes Produktdesign von Elektrogeräten Langlebigkeit und Reparaturfreundlichkeit einbeziehen sowie umwelt- und gesundheitsschädigende Ressourcennutzung vermeiden. Elektroschrott sollte effektiv recycelt und der illegale Export unterbunden werden.
- *Nachhaltige Landnutzung und Schutz von Ökosystemen sicherstellen:* In der Landwirtschaft sollte Digitalisierung eingesetzt werden, um u.a. den Einsatz von Düngemitteln und Pestiziden zu verringern sowie um Anbauformen und Landschaftsgestaltung zu diversifizieren. Digital unterstütztes Monitoring hilft beim Schutz von Ökosystemen.
- *Welt(umwelt)bewusstsein und nachhaltigen Konsum durch Digitalisierung unterstützen:* Digitale Informationspflichten zu externen Effekten von Produkten und Dienstleistungen sollten eingeführt und leicht zugänglich gemacht werden (z.B. über Footprints). Gemeinwohlorientierte Plattformen mit Nachhaltigkeitsfokus sollten gefördert und die mit virtuellen Räumen und weltweiten Kommunikationsnetzwerken verbundenen Chancen genutzt werden, um transnationale Vernetzungen voranzubringen. Universitäten und Kommunen könnten Experimentierräume schaffen, um in virtuellen Räumen Weltumweltbewusstsein erfahrbar zu machen.
- *Unternehmen aktiv in die Gestaltung einer digitalisierten nachhaltigen Zukunftswirtschaft einbinden:* Es sollten Anreize zur Transparenz der Wertschöpfungsketten geschaffen werden (wie z.B. Zertifikate und Produktlabels). Die öffentliche Beschaffung sollte entsprechend an Nachhaltigkeitszielen ausgerichtet werden.

Armutsbekämpfung und inklusive Entwicklung

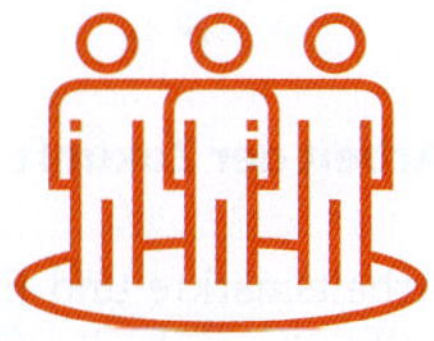

Die Nutzung digitaler Technologien für Armutsbekämpfung und inklusive Entwicklung kann nur gelingen, wenn die dafür notwendige analoge Grundlage vorhanden ist und der Technologieeinsatz in eine Strategie für eine digitalisierte Nachhaltigkeitsgesellschaft integriert wird. Digitalisierung beeinflusst die Umsetzung aller 17 SDGs. Sie sollte daher zu einer Querschnittsaufgabe der Entwicklungspolitik werden, was voraussetzt, dass entsprechende Kompetenzen aufgebaut werden. Insbesondere sollten die digitalen Möglichkeiten für Ressourcen- und Klimaschutz umfassend genutzt werden. In der Zusammenarbeit mit Schwellenländern sollte es stärker um Dialog, Wissenschaftskooperation und Global Governance gehen. Vor diesem Hintergrund setzt der WBGU beispielhaft Schwerpunkte bei den Themen Infrastrukturen und Bildung, Stadtentwicklung und Mobilität sowie bei verbesserten Datenanwendungen in der Entwicklungszusammenarbeit. Der WBGU empfiehlt:

- *Analoge Basis wie Infrastrukturen und Bildung stärken:* Die Nutzung digitaler Technologien zur Armutsbekämpfung bedarf zunächst der Überwindung der digitalen Kluft durch den Ausbau von Infrastrukturen, der Schaffung bezahlbarer Zugänge sowie der Förderung digitaler Kompetenzen.
- *Entwicklungszusammenarbeit durch Digitalisierung verbessern:* Potenziell können mit der Integration datenbasierter Anwendungen in die Entwicklungszusammenarbeit neue Lösungsansätze entwickelt werden. Beispiele sind die Koordination humanitärer Hilfe nach einem Seuchenausbruch, die Kontrolle von Fangquoten in der Fischereiwirtschaft oder Monitoring-Systeme zur Messung von Entwicklungsfortschritten.
- *Digitalisierung der Städte an Nachhaltigkeitskriterien ausrichten und inklusiv gestalten:* Damit die Nutzung digitaler Technologien in der Stadtentwicklung im Interesse des Gemeinwohls gelingt, müssen Kommunen und Stadtgesellschaften Gestaltungshoheit bewahren, Technologiesouveränität entwickeln und sich zu kooperativen Plattformanbietern entwickeln.
- *Nutzung digitaler Technologien in Strategien nachhaltiger und inklusiver Mobilität einbetten:* Städte sollten Leitbilder einer digital unterstützen, nachhaltigen urbanen Mobilität entwickeln, die Gesundheit und Lebensqualität ins Zentrum stellen. Digitale Lösungen sollten genutzt werden um individuellen motorisierten Verkehr zu vermeiden, den Zugang zu perspektivisch emissionsfreier öffentlicher Mobilität zu verbessern und den Rad- und Fußverkehr sicherer zu machen.

Arbeit der Zukunft und Abbau von Ungleichheit

Arbeitsmärkte und Erwerbsarbeit wie auch die internationale Arbeitsteilung in ihrer heutigen Form verändern sich derzeit tiefgreifend. Beschäftigung wird den Menschen jedoch auch in Zukunft erhalten bleiben. Die gemeinsame Betrachtung des digitalen Wandels und der Transformation zur Nachhaltigkeit bietet Chancen, Leitbilder für eine nachhaltige Arbeit der Zukunft zu etablieren. Der WBGU empfiehlt:

- *Steuer- und Abgabensystemen reformieren:* Steuer- und Abgabensysteme sollten als zentrale Hebel zur Gestaltung beider Prozesse gesellschaftlichen Wandels genutzt werden. Steuerliche Belastungen von Arbeitseinkommen können im Rahmen einer umfassenden sozial-ökologischen Steuerreform unter Beibehaltung staatlicher Finanzierungsspielräume reduziert werden, wenn Umweltgüter konsequent bepreist werden.
- *Sicherung und Förderung sozialer Standards für Arbeitsschutz:* Anknüpfend an den globalen Dialogprozess der internationalen Arbeitsorganisation „The Future of Work We Want" sollte eine internationale Initiative forciert werden, um Verständigung über (Mindest)Standards für Arbeitsschutz und soziale Absicherung zu erzielen sowie auch für Menschen in digitalen Beschäftigungsverhältnissen eine geeignete Interessenvertretung zu verhandeln.
- *Neue Mechanismen der Verteilung entwickeln:* Neue Verteilungs- und alternative Beteiligungskonzepte wie ein (bedingungsloses) Grundeinkommen oder eine direktere Beteiligung an Unternehmensgewinnen sollten umfassend auf ihre individuellen und gesellschaftlichen Anreizwirkungen hin überprüft werden. Dazu sollte interdisziplinär gearbeitet und auch die systemischen Implikationen, wie etwa notwendige Reformschritte zur Finanzierung derartiger Mechanismen, berücksichtigt werden.
- *Erweiterten Arbeitsbegriff und neue Leitbilder etablieren:* Bewusst aufgewertet werden sollten Tätigkeiten und Fähigkeiten, die zum Erhalt der natürlichen Lebensgrundlagen beitragen (z.B. ehrenamtliche Arbeit) oder ein besseres Miteinander ermöglichen, indem sie Eigenart sowie gesellschaftliche Teilhabe (Abb. 1) fördern. Dazu können zeitliche oder finanzielle Freiräume und Anreize geschaffen werden, oder diese Tätigkeiten in formale Arbeitsmärkte integriert werden.
- *Internationale Arbeitsteilung – Technologietransfer vorantreiben:* Fortschreitender Strukturwandel wird zu einer Neujustierung der Rolle von Entwicklungs- und Schwellenländern führen. Zum Erhalt von Arbeitsplätzen in Entwicklungs- und Schwellenländern sollte gezielt Technologietransfer betrieben werden.

Zukunftsbildung

Bildung versetzt Menschen in die Lage, produktive Tätigkeiten auszuführen und gesellschaftliche Innovationen und Transformationen denken wie umsetzen zu können. Dafür müssen Bildungsinhalte und -formate zu den zentralen gesellschaftlichen Herausforderungen passen und digitale Mündigkeit befördern. Außerdem sind die gerechte Teilhabe an hochwertiger formaler Bildung sowie die Eröffnung von Bildungsangeboten in Sektoren und Orten mit intensiven Veränderungsprozessen zentral. Die Nutzung digitaler Möglichkeiten kann Zugang und Vermittlung signifikant verbessern, gleichzeitig bleiben direkte Erfahrungen unersetzlich. Der WBGU empfiehlt:

- *Bildungspakt für Zeiten tiefer Umbrüche und digitaler Durchdringung von Gesellschaften aufsetzen:* Ein neuer Bildungspakt für das 21. Jahrhundert sollte die umfassenden inhaltlichen Dimensionen und persönlichen Kompetenzkonzepte aus der Bildung für nachhaltige Entwicklung und Global Citizenship mit Onlinemedienbildung, digitaler Intelligenz und Technikverständnis zusammenführen. Dies bedient gleichermaßen Kompetenzforderungen wie sie für digitaler, agiler und komplexer werdende Arbeitsumfelder formuliert werden.
- *Bildung als Zukunftsinvestition ernst nehmen:* Durch die Nationale Plattform und die Fachforen des Weltaktionsprogramms sind Strukturen etabliert worden, in denen eine Ausweitung des inhaltlichen Kanons sowie strategischer Maßnahmen und Projekte verhandelt werden kann. Notwendige Qualifizierungsmaßnahmen und Investitionen sollten nun in enger Zusammenarbeit mit Vorreitern aus der Praxis definiert und in einer Roadmap über z.B. 10 Jahre festgeschrieben werden. Dafür müssen deutlich mehr Mittel als im „DigitalPakt Schule" mobilisiert und durch entsprechende Evaluationsformate eine Ambitionsspirale nach oben gewährleistet werden.
- *Weiterführung Weltaktionsprogramm Bildung für nachhaltige Entwicklung prominent unterstützen:* Nach dem Review des SDG 4 „Inklusive, gleichberechtigte und hochwertige Bildung gewährleisten und Möglichkeiten lebenslangen Lernens für alle fördern" im High Level Political Forum 2019 sollten auch in der internationalen Zusammenarbeit nach dem Monitoring die Umsetzungsbarrieren in den Mittelpunkt gestellt und eine institutionelle wie finanzielle Verstärkung für die Erreichung der Ziele angestrebt werden.
- *Zukunftsorientierung in Entscheidungsprozessen stärken:* Gesellschaftliche Verständigung über plausible, mögliche und wünschenswerte Zukünfte und deren politische wie technologische Gestaltung braucht einen reflektierten Umgang mit Trends und Herausforderungen. Antizipation und „Futures Literacy" sollten als neues Forschung- und Bildungsthema gezielt gefördert und in existierenden Gremien gestärkt oder entsprechende Zukunftsgremien geschaffen werden.

Big Data und Privatsphäre

Sowohl die Potenziale für eine gemeinwohlorientierte Nutzung von Daten als auch die technischen Voraussetzungen für eine totalitäre Diktatur sind im Zeitalter von Big Data auf historisch wohl größtem Niveau. Um die Basis freier, demokratischer, friedlicher und langfristig souveräner Gesellschaften dauerhaft zu verteidigen und zu bewahren ist es unabdingbar, Datenschutz, Manipulationsfreiheit und informationelle Selbstbestimmung sowohl national als auch global zu befördern. Der WBGU empfiehlt:

- *Nachhaltigkeit bei der Datennutzung stärker in den Fokus rücken:* Bei der Formulierung nationaler Strategien oder Unternehmensstrategien, die den Umgang mit Daten betreffen, sollten Nachhaltigkeitsaspekte konsequent mitberücksichtigt werden.
- *„United Nations Privacy Convention" aushandeln:* Für das weltweite Menschenrecht auf Privatsphäre (Art. 12 der Allgemeinen Erklärung der Menschenrechte; Art. 17 des Internationalen Pakts über bürgerliche und politische Rechte) sollte eine „United Nations Privacy Convention" ausgehandelt werden. Wirksamer Privatsphärenschutz sollte als Querschnittsthema in allen Bereichen verankert werden.
- *Individuelle Privatheit und digitale Öffentlichkeit nachhaltig schützen – digitalen Totalitarismus verhindern*: Demokratisch nicht kontrollierte (Massen)überwachung sollte abgelehnt werden, da sie die Grundlagen der Demokratie bedroht. Datenschutz und Datensicherheit sollten technisch und organisatorisch gewährleistet werden, zum Beispiel durch strikte Umsetzung von Datensicherheit und Datenschutz by design und by default.
- *Digitalen Strukturwandel der Öffentlichkeit gemeinwohlorientiert und innovativ gestalten*: Informationelle Selbstbestimmung sollte für die gesamte Gesellschaft gewährleistet werden. Darüber hinaus ist eine breitere europäische bis globale Öffentlichkeit im Dienste des Gemeinwohls zu stärken.

Fragilität und Autonomie technischer Systeme

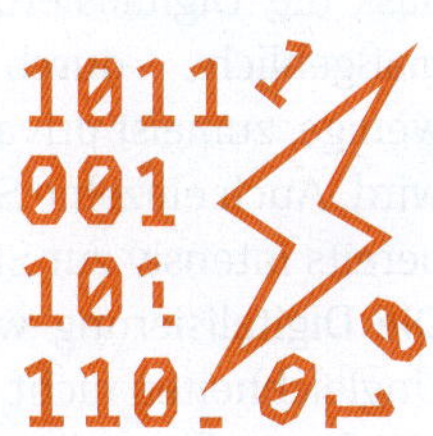

Digitale Technologien übernehmen zunehmend komplexe Kontroll- und Steuerungsaufgaben, von deren Verlässlichkeit Gesellschaften und Individuen abhängig sind. Es ist daher von höchster Bedeutung, die

Sicherheit der Systeme gegenüber kriminellen Tätigkeiten, Manipulation und Spionage, aber auch organisatorischen und technischen Mängeln und Ausfällen in den Fokus zu nehmen. Eine Übertragung von Entscheidungen auf automatisierte Systeme in gesellschaftlichen Kernbereichen sollte nur methodisch und demokratisch abgesichert erfolgen und den Betroffenen gegenüber nachvollziehbar sein. Der WBGU empfiehlt:

> *Sicherheit der Digitalisierung als Voraussetzung für die Transformation zur Nachhaltigkeit:* Grundsätzlich sollten bereits bei der Entwicklung von Software- und Hardware-Sicherheitsanforderungen mitbedacht werden (Security by Design). Es sollte ein europäisches Register für technische Systeme sowie deren Ausfälle und Schäden entwickelt werden.

> *Big Data und algorithmische Entscheidungen – einklagbare Rechte schaffen:* Intransparenz und methodische Schwächen können zu verzerrten algorithmischen Entscheidungen führen. Daher sind Nachvollziehbarkeit der Entscheidungsunterstützung und -findung auch dann nötig, wenn eine Entscheidung nur in Teilen automatisiert ist. Um die Durchsetzbarkeit zu erhöhen, sollten derartige Entscheidungen durch Betroffene gerichtlich überprüfbar sein.

> *Algorithmische Entscheidungsfindung regulieren:* Es braucht mehr Transparenz über Verfahren, eine zivilgesellschaftliche Beteiligung, eine Verbesserung der Aufklärung von Betroffenen und staatliche Aufsicht im Rahmen algorithmischer Entscheidungsfindung. Informations- und Kennzeichnungspflichten für Entscheidungsverantwortliche, eine präventive Kontrolle durch Erlaubnisvorbehalt für technische Systeme in kritischen Anwendungsbereichen und Haftungsregeln sollten diskutiert und etabliert werden.

Ökonomische und politische Machtverschiebungen

Digitale Technologien verschieben Macht und Einfluss zwischen Staaten, Unternehmen und Bürger*innen. Dabei wirken starke Netzwerk- und Skaleneffekte, die dazu führen, dass die Digitalisierung heute maßgeblich durch einige wenige, zumeist privatwirtschaftliche Akteure gestaltet wird. Auch einzelne Staaten nutzen die digitale Technik bereits intensiv zur Steigerung ihrer staatlichen Macht. Die Digitalisierung wird nur dann bestehende soziale Ungleichheiten nicht verschärfen, wenn alle Menschen gleichermaßen die Chance bekommen, an ihren Potenzialen teilzuhaben. Der WBGU empfiehlt:

> *Öffentlich-rechtliche IKT und digitale Gemeingüter schaffen:* Alle Menschen sollten als Teil der Daseinsvorsorge diskriminierungs- und barrierefreien Zugang zu IKT-Infrastrukturen sowie zu verlässlichen und qualitativ hochwertigen Daten, Informationen, Diensten und Wissen sowie digitalen Gemeingütern bekommen. Netzneutralität und Reduzierung der Diskriminierung sollte gesichert werden.

> *Wettbewerb auf digitalisierten Märkten stärken:* Wettbewerbsrechtliche Regelungen und Verfahren zur Bestimmung von Marktmacht und deren Missbrauch sollten weiterentwickelt und international abgestimmt werden. Die Rolle von Daten für wirtschaftliche Machtkonzentration sollte adressiert werden.

> *Staatliche Machtkonzentration im Hinblick auf die Analyse großer Datenmengen einhegen:* Das Beispiel China zeigt die Gefahren durch Machtkonzentration bei Verschränkung von staatlicher und wirtschaftlicher Macht mit digitalen Werkzeugen. Auch Bürger*innen westlicher Staaten sind durch datenbasierte Überwachung und Machtmissbrauch von privater wie staatlicher Seite gefährdet. Zivilgesellschaftliche Initiativen sollten auf allen Governance-Ebenen gestärkt werden, um Menschen- und Bürgerrechte aktiv einzufordern.

Global Governance für die nachhaltige Gestaltung des Digitalen Zeitalters

Es fehlt eine robuste Verankerung des Themas „Digitalisierung und Nachhaltigkeit" in der Global-Governance-Architektur sowie die Verständigung auf einen gemeinsamen Handlungsrahmen durch die internationale Staatengemeinschaft. Auch hat sich für die global operierende und sich sehr dynamisch entwickelnde internationale Digitalwirtschaft noch keine geeignete Global Governance entwickelt. Die EU sollte eine tragende Rolle spielen, indem sie eine zukunftsweisende Vision und Strategie für eine digital unterstützte Nachhaltigkeitsgesellschaft entwickelt und umsetzt. Der WBGU empfiehlt:

> *UN-Gipfel „Nachhaltigkeit im Digitalen Zeitalter" mit dem Ziel der Verabschiedung einer Charta anberaumen:* Deutschland und die EU sollten sich 30 Jahre nach der UN-Konferenz über Umwelt und Entwicklung für einen UN-Gipfel zum Thema „Nachhaltigkeit im digitalen Zeitalter" im Jahr 2022 einsetzen („UN Conference for a Sustainable Digital Age"). Ein zen-

trales Ergebnis des UN-Gipfels könnte die Verabschiedung einer Charta der internationalen Staatengemeinschaft „Unsere gemeinsame digitale Zukunft“ sein. Zur Vorbereitung des UN-Gipfels sollte eine „Weltkommission für Nachhaltigkeit im digitalen Zeitalter“ nach dem Vorbild der „Brundtland-Kommission“ berufen werden.

- *Stärkere institutionelle Verankerung des Themas Digitalisierung im UN-System sicherstellen:* Zur Einbettung in Arbeits- und Strategiebildungsprozesse käme ein UN-Mechanismus zur systemweiten Koordination („UN Digitalization“) in Betracht. Die verhandlungstechnisch aufwändigste, aber potenziell durchsetzungsfähigste Option wäre die Aushandlung einer „UN-Rahmenkonvention für digitale Nachhaltigkeit und nachhaltige Digitalisierung“. Zudem sollte in regelmäßigen Sachstandberichten der wissenschaftliche Erkenntnisstand zu allen nachhaltigkeitsrelevanten Aspekten der digitalen Transformation aufgearbeitet werden. Dafür sollte ein Gremium, ähnlich IPCC oder IPBES, eingerichtet werden.
- *Wettbewerbsvorteile durch „EU-Strategie für Nachhaltigkeit im digitalen Zeitalter“ schaffen:* Ein eigenes Modell für eine digitalisierte Nachhaltigkeitsgesellschaft würde der EU die Chance bieten, sich international als nachhaltiger Lebens- und Wirtschaftsraum zu profilieren. Gerade die Gewährleistung von Datenschutz sowie die Verknüpfung von Digitalisierung und Nachhaltigkeit zu einem Leitbild der „digitalisierten Nachhaltigkeitsgesellschaft“ können dabei von Unternehmen und Bürger*innen als Grundlage zukunftsfähiger Standortvorteile wahrgenommen werden. Wirksame europäische Datenschutzinstrumente sollten so gestaltet sein, dass sie sich als internationale Standards eignen, um eine notwendige Adaption über europäische Grenzen hinaus zu erleichtern. Angesichts der vielen nicht vorhersehbaren und schnellen technologischen Entwicklungen sollten zudem „Europäische Reallabore für eine nachhaltige und digitale Zukunft“ eingerichtet werden.

Neue normative Fragen – Die Zukunft des *Homo sapiens*

Vom Menschen geschaffene digitale Technologien beeinflussen und verändern nicht nur den Planeten irreversibel, sondern auch den Menschen und die vorherrschenden Menschenbilder. Das Verhältnis von Mensch, Maschine und Umwelt

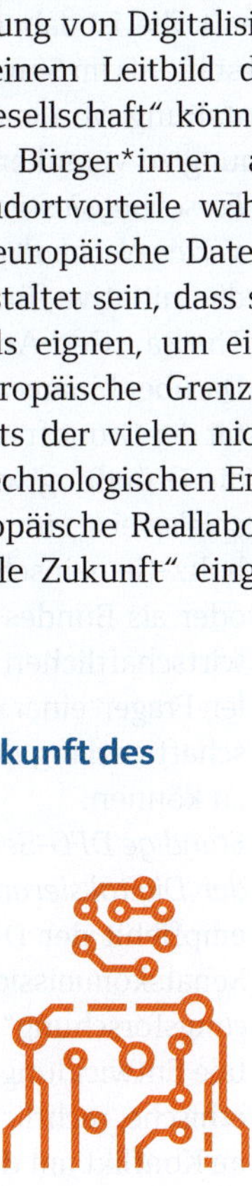

ist dabei dynamisch, denn alle drei Komponenten sind durch Technik als Menschenwerk veränderlich. So entstehen fundamentale ethische Fragen, die gesamtgesellschaftlich erörtert werden müssen. Der WBGU empfiehlt:

- *Forschungsethik, Datenschutz und Abschaltmöglichkeit bei Gehirn-Computer-Interfaces und Gehirn gesteuerten Neuroprothesen verankern:* Hier besteht dringender Handlungsbedarf, da unabhängig vom Entwicklungsstand bereits heute digital ansteuerbare Prothesen und Implantate zu kurativen Zwecken eingesetzt werden. Entgegen der heute zumeist üblichen Praxis sollten Verschlüsselung oder Abschaltfunktionen zwingend vorgesehen werden.
- *Zulassungsstandards und „Frühwarnsysteme“ für Produkte und Dienstleistungen im Bereich der Mensch-Maschine-Interaktion:* Es sollte eine Kennzeichnungspflicht für Kommunikation mit einem maschinellen „Gegenüber“ etabliert werden. Aufgrund der potenziell weitreichenden Folgen für die psychische Integrität sollten zudem generell für soziotechnische Innovationen, d.h. Produkte und Dienstleistungen im Zusammenhang mit Mensch-Maschine-Interaktion, entsprechende Zulassungsstandards festgelegt werden. Weiterhin sind eine neue, stärker antizipierende Technikfolgenabschätzung sowie Frühwarnsysteme im Hinblick besonders verletzliche Zielgruppen zu entwickeln.
- *Verständnis zum Verhältnis „Mensch – Maschine – Umwelt“ kontinuierlich anpassen:* Als Voraussetzung für Transparenz des technischen Entwicklungsstands und seiner Potenziale wie Risiken ist ein kontinuierliches Monitoring der technischen Entwicklungen, insbesondere zu Mensch-Maschine-Interaktionen und Schnittstellen nötig. Zudem ist zur kritischen und verantwortungsbewussten Antizipation künftiger Potenziale und Risiken technologischer Entwicklungen im Vergleich zu einem einseitig technologieorientierten ein breiteres Zukunftsverständnis nötig. Flankierend zur auszubauenden Bildung für digitale Mündigkeit sollten auch in der Wissenschaft selbst die Grundlagen im Sinne von Zukunftsforschung, Prognose und Technikwandel weiterentwickelt werden.
- *Effektive und inklusive Diskursarenen schaffen:* Zur Diskussion digitalethischer Themen im Kontext eines breiten Nachhaltigkeitsverständnisses sollten „Diskursarenen“ aufgebaut werden. Diese sollten Wissenschaft, Politik, Wirtschaft und potenzielle Nutzer*innen mit einbeziehen.

Tabelle 1
Weiterentwicklung des deutschen Forschungssystems zur Darstellung der Herausforderungen der digitalen Transformation im Anthropozän.
Quelle: WBGU

Stärkung der Transformationsforschung	Stärkung der transformativen Forschung
Grundlagenorientierte Forschung zu Transformationsprozessen im Digitalen Zeitalter	**Transdisziplinäre und anwendungsorientierte Forschung für den digitalen Wandel**
Forschungsinstitute zu den Grundfragen der digitalisierten Nachhaltigkeit gründen Impulse zur Weiterentwicklung grundlagenorientierter Forschung: › Einrichtung DFG-Senatskommission „Nachhaltigkeit in der Digitalisierungsforschung" › Universitäre und F&E-Leitlinien	Forschungsprogramme für Nachhaltigkeit bzw. Digitalisierung gegenseitig erweitern und transdisziplinär weiterentwickeln: › Horizon Europe › Future Earth › Hightech-Strategie 2025 › BMBF-FONA › Energieforschungsprogramm Impulse für nachhaltige Digitalisierung in der industriellen Forschung: › Nachhaltigkeitslinien für F&E › Nachhaltigkeitsorientierte Zielindikatorik

Forschungsempfehlungen

Das deutsche Wissenschaftssystem sollte sowohl strukturell als auch programmatisch weiterentwickelt werden, um das für digitalisierte Nachhaltigkeitsgesellschaften benötigte Wissen zu erarbeiten, bereitzustellen und die Rolle der Wissenschaft als Diskurs- und Reflexionsraum zu stärken. Wichtig sind dafür sowohl eine „Transformationsforschung", welche versucht, die Bedeutung der Digitalisierung für fundamentale gesellschaftliche Veränderungsprozesse besser zu verstehen, als auch eine „transformative Forschung", die mit ihren Forschungsergebnissen Transformationsprozesse zu einer nachhaltigen Entwicklung anstößt und mit katalysiert (WBGU, 2011:23f.). Der Beitrag der Wissenschaft liegt sowohl darin, entsprechende Diskurse anzuregen und diese fachlich zu fundieren als auch darin, neue Technologien für eine digitalisierte Nachhaltigkeit zu erarbeiten und sie für die Anwendung vorzubereiten. Tabelle 1 gibt einen Überblick über die Impulse, die der WBGU zur Weiterentwicklung grundlagenorientierter und angewandter Forschung, bestehender Forschungsprogramme wie auch für eine nachhaltige Digitalisierung in der Wirtschaft vorschlägt. Diese werden im Folgenden näher erläutert.

Impulse zur Weiterentwicklung grundlagenorientierter Forschung

Da es sich sowohl bei Digitalisierung als auch bei Nachhaltigkeit um Querschnittsthemen handelt, sollten beide Themen von den zentralen Akteuren im Wissenschaftssystem auf die Agenda gesetzt und weiterverbreitet werden (Impulse für eine grundlagenorientierte Transformationsforschung für digitalisierte Nachhaltigkeitsgesellschaften). Damit zielt der WBGU auf ein wirkmächtiges inter- und transdisziplinäres Mainstreaming dieser Themen in allen relevanten Bereichen der Wissenschaft selbst sowie im Austausch mit der Wirtschaft und Gesellschaft. Ziel ist dabei, sowohl ein breites Nachhaltigkeitsverständnis im Sinne der SDGs als auch eine nachhaltige Gestaltung von mit Digitalisierung verknüpfter Forschung zu verankern und sukzessive auszubauen.

- *Forschungsinstitute zu den Grundfragen der digitalisierten Nachhaltigkeit gründen:* Der WBGU unterstützt die Initiative für ein neues Max-Planck-Institut zum Thema „Geo-Anthropologie" (Rosol et al., 2018). Darüber hinaus regt der WBGU wegen der Komplexität der Grundfragen zur digitalisierten Nachhaltigkeit die Gründung weiterer Forschungsinstitute an, beispielsweise in der Leibniz-Gemeinschaft, Helmholtz-Gemeinschaft oder Fraunhofer-Gesellschaft oder als Bundes- oder Landesinstitute, um frei von wirtschaftlichen und politischen Zwängen an zentralen Fragen einer digitalisierten Nachhaltigkeitsgesellschaft entlang der verschiedenen Facetten forschen zu können.
- *Ständige DFG-Senatskommission für Nachhaltigkeit in der Digitalisierungsforschung einrichten:* Der WBGU empfiehlt der DFG die Einrichtung einer ständigen Senatskommission „Nachhaltigkeit in der Digitalisierungsforschung". Die Senatskommission soll auf digitale Entwicklungen hinweisen, die wissenschaftliche, ethische, rechtliche und soziale Fragen aufwerfen und im Konflikt mit der Erhaltung der natürlichen Lebensgrundlagen stehen. Sie soll außerdem auf Lücken in

den forschungspolitischen und öffentlichen Diskursen hinweisen.

- *Leitlinien zu Nachhaltigkeit und Digitalisierung in Universitäten und Hochschulen formulieren und weiterentwickeln:* Universitäten und Hochschulen sollten für ihre eigene Praxis Leitlinien für einen nachhaltigen Umgang mit digitalen Methoden und Werkzeugen im Universitäts- und Hochschulbetrieb erarbeiten bzw. ergänzen und umsetzen. Dazu sollte der Austausch mit Fakultäten, die zum Thema Digitalisierung forschen, gesucht werden. Das BMBF-Projekt „Nachhaltigkeit an Hochschulen" (HOCH^N) sollte um das Thema Digitalisierung ergänzt werden.

Forschungsprogramme zu Nachhaltigkeit und Digitalisierung wechselseitig verschränken und transdisziplinär weiterentwickeln

Der WBGU plädiert für eine wechselseitige Neuausrichtung der derzeitigen Forschungsschwerpunkte: Zum einen sollte die Digitalisierungsforschung Nachhaltigkeitsaspekte konsequent mitdenken, zum anderen sollte die Nachhaltigkeitsforschung in Bezug auf Digitalisierung weiterentwickelt und durch Einbezug von Reallaboren und Experimentierräumen auch transdisziplinär ausgerichtet werden. Damit können bestehende Wissenslücken gefüllt und mehr Erkenntnisse zu Potenzialen und Risiken der Digitalisierung für die Transformation zu einer nachhaltigen Wirtschafts- und Gesellschaftsstruktur gewonnen werden.

- *Horizon Europe – digitalisierte Nachhaltigkeit in Europa verankern:* Angesichts der hohen gesellschaftlichen Relevanz sollte das Paradigma von „Responsible Research and Innovation" für Forschung zu Digitalisierung und Nachhaltigkeit als Standard implementiert werden. Weiterhin empfiehlt der WBGU, Forschung zu fundamentalen globalen Herausforderungen (Grand Challenges) strukturell in das kommende Forschungsrahmenprogramm aufzunehmen und dieses stärker auf Themen nachhaltiger Entwicklung der Digitalisierung und digitalisierter Nachhaltigkeit zu fokussieren. Der WBGU schlägt zusätzlich am geplanten Europäischen Innovations- und Technologieinstitut den Aufbau einer „Digital Sustainability Knowledge and Innovation Community" (KIC) als kooperative Wissens- und Innovationsgemeinschaft mit der Industrie vor.
- *Future Earth – Nachhaltigkeitsforschung in Richtung Digitalisierung erweitern:* Bei Future Earth sollten Digitalisierungsfragen als wichtiger Baustein integriert, ein globales Projekt zu „eSustainability" begonnen und ein Knowledge-Action Network „Digitalization" geschaffen werden.
- *Hightech-Strategie 2025 – Digitalisierung und Nachhaltigkeit stärker zusammendenken:* Nachhaltigkeit sollte als Querschnittthema in der Hightech-Strategie verankert und konsequent mit Digitalisierung zusammengedacht werden. Als neues globales Entwicklungsparadigma sollten der Wohlfahrtsbegriff und die SDGs im Vordergrund der Hightech-Strategie stehen und der Fokus nicht vorrangig auf dem Wachstumsbegriff und der internationalen Wettbewerbsfähigkeit liegen. Soziale, ökologische und kulturelle Dimensionen von Innovationen sollen als Strategieelemente zum Erreichen von Wohlfahrt weiter gestärkt werden. Nachhaltige Digitalisierung, im Sinne ihrer sicheren, ressourcenschonenden und energieeffizienten Gestaltung, soll als Bedingung für jedes digital gestützte Umsetzungsprojekt manifestiert werden. Digitalisierung für Nachhaltigkeit, im Sinne der Entwicklung von digital gestützten, an den SDGs orientierten Lösungen, sollte als konkrete Mission der Hightech-Strategie ergänzt werden.
- *FONA^4 mit Digitalisierung verknüpfen:* Das vierte Rahmenprogramm „Forschung für nachhaltige Entwicklung" des BMBF (FONA^4) sollte genutzt werden, um das Thema Digitalisierung in der Programmatik der Nachhaltigkeitsforschung zu stärken und weiterzuentwickeln. Dazu sollte (1) der Zusammenhang zwischen Digitalisierung und der Agenda 2030 zum Forschungsthema gemacht werden, (2) die Digitalisierung zur effektiven Umsetzung der Nachhaltigkeitsziele berücksichtigt und verstärkt Wertediskussionen geführt werden, (3) die Thematik einbezogen werden, dass durch Digitalisierung fundamentale gesellschaftliche Änderungen angestoßen werden, so dass die Transformation zur Nachhaltigkeit neu durchdacht werden muss.
- *Energieforschungsprogramm der Bundesregierung breiter denken:* Im Rahmen von F&E-Projekten für Energietechnologien und -systeme sollten nicht nur Marktpotenziale, sondern auch gesellschaftliche und umweltbezogene Nachhaltigkeitswirkungen mitgedacht werden. Gesellschaftliche und strukturelle Voraussetzungen in Entwicklungs- und Schwellenländern zur Gestaltung nachhaltiger Energiesysteme sollten in der Forschungsförderung sowohl bei der Entwicklung neuer Energietechnologien als auch bei der Untersuchung der notwendigen Rahmenbedingungen stärker berücksichtigt werden.

Impulse für eine nachhaltige Digitalisierung in der industriellen Forschung

Die jährlichen F&E-Ausgaben in Deutschland stammen zu zwei Dritteln aus der Privatwirtschaft. Sie konzentrieren sich vor allem auf Branchen der hochwertigen Technologien (BMBF, 2018a). Unternehmen sind daher wichtige Akteure, um auf eine nachhaltige Digitalisierung hinzuwirken.

- *In unternehmensinterne Forschung Ethik- und Nachhaltigkeitsaspekte integrieren:* Für eine verantwortungsvolle Innovationsgestaltung empfiehlt der WBGU in der privatwirtschaftlichen Hightech-Entwicklung – im Sinne von Responsible Research and Innovation (RRI) – Ethik und Nachhaltigkeitsdimensionen systematisch zu berücksichtigen. Dazu sollten Unternehmen zum einen Leitlinien erarbeiten, die Ethik und Nachhaltigkeitsaspekte konsequent in die unternehmensinterne Forschung integrieren. Zum anderen sollten sie über entsprechende Aus- und Weiterbildungsangebote Entwickler*innen für eine kritische Auseinandersetzung mit bewussten (z.B. privacy by design) und unbewussten (z.B. Genderstereotypen) Werteinschreibungen in Technologien befähigen. Flankierend ist Forschung zur Verknüpfung von Design- und Professionsethos (wie beispielsweise die Initiative der IEEE zum „Ethically Aligned Design") zu unterstützen. Die Forschungsförderung sollte Unternehmen entsprechende Anreize bieten.
- *Nachhaltigkeitsorientierte Zielindikatorik:* Mit dem Instrumentarium, das die Digitalisierung bietet, sind in Unternehmen umfangreiche Beobachtungs- und Analyseaufgaben realisierbar. Um Nachhaltigkeitsvorgaben effizienter in Produktionsprozesse integrieren zu können, sollten Unternehmen eine nachhaltigkeitsorientierte Zielindikatorik entwickeln. Dazu könnten Unternehmen gezielt Daten zu Ressourcenflüssen und Energieverbrauch nutzen. Zudem sollten sie die Entwicklung von Monitoring-, Warn- und Prognosesystemen zu Einhaltung bestehender Grenzwerte vorantreiben.

Inhaltliche Forschungsempfehlungen für einen nachhaltig gestalteten digitalen Wandel

Gemessen an der Geschwindigkeit und Breite der digitalen Entwicklung existiert noch zu wenig belastbares Wissen über die Wirkung digitaler Technologien auf das Erdsystem, die Gesellschaften und den Menschen. So sind gesellschaftspolitische Diskurse über die Auswirkungen der Digitalisierung – beispielsweise in Bezug auf die Arbeit der Zukunft oder den Energie- und Ressourcenverbrauch – durch widersprüchliche Einschätzungen und hohe Unsicherheit gekennzeichnet. Gleichermaßen sind auch die Potenziale der Digitalisierung für die Realisierung der SDGs und die Frage, wie durch digital gestützte Bildungsmaßnahmen Wissen und Handeln für die Große Transformation zur Nachhaltigkeit gefördert werden kann, erst in Ansätzen erforscht. Der WBGU schlägt die folgenden übergeordneten Forschungslinien vor, um mehr Wissen für einen digitalen nachhaltigen Wandel zu schaffen:

- *Forschung zur Digitalisierung für Nachhaltigkeit (Erste Dynamik)*: Wie können digitale Technologien, digitalisierte Infrastrukturen und digitalisierte Systeme und Endgeräte nachhaltig gestaltet werden, insbesondere mit Blick auf ihren Energie- und Ressourcenverbrauch sowie die Etablierung einer Kreislaufwirtschaft? Wie kann die Digitalisierung als Instrument zur Umsetzung der SDGs und zur Dekarbonisierung des heutigen Wirtschafts- und Gesellschaftssystems eingesetzt werden?
- *Forschung für nachhaltige digitalisierte Gesellschaften (Zweite Dynamik)*: Wie können handlungsfähige Gesellschaften erhalten werden, die in der Lage sind, die systemverändernde Wirkmacht sowie die damit verbundenen Unsicherheiten der Digitalisierung einzuordnen und proaktiv nachhaltig zu gestalten sowie den nicht intendierten Folgen erfolgreich zu begegnen? Wichtige Forschungsaufgaben sind die Untersuchung von Systemrisiken und -potenzialen, die Entwicklung neuer Teilhabeformen im Kontext der Arbeit der Zukunft, die Gestaltung der Mensch-Maschine-Interaktionen und die Befähigung des Individuums in digitalisierten Nachhaltigkeitsgesellschaften. Die Forschungsmittel zu den Auswirkungen KI auf die digitalisierte Nachhaltigkeitsgesellschaft sollten deutlich erhöht werden.
- *Forschung zur Zukunft des Homo sapiens (Dritte Dynamik)*: Durch den digitalen Wandel wird das Menschsein selbst zum Thema nachhaltiger Entwicklung. Inwieweit sind alte und neue Menschenbilder angesichts einer möglichen Verschränkung von Mensch und Technik sowie der zunehmenden Kooperation von Mensch und Maschine zu hinterfragen? Wie kann der Erhalt menschlicher Würde sichergestellt werden?

Eine zeitnahe Umsetzung der Handlungs- und Forschungsempfehlungen wird es erlauben, die Potenziale des digitalen Wandels für die Große Transformation zur Nachhaltigkeit zu nutzen und seine Risiken einzuhegen. Dieses WBGU-Gutachten versteht sich dahingehend als Anstoß für lang anstehende Diskussionen und Initiativen auf allen Ebenen und mit allen Akteursgruppen.

Einleitung

1

Der digitale Wandel ist epochal und stößt die Tür zu einem neuen Zeitalter menschlicher Entwicklung auf. Big Data, Künstliche Intelligenz, das Internet der Dinge, Cybersicherheit und andere digitale Anwendungen werden gesellschaftliche Normen- und Wertesysteme tiefgreifend verändern, aber auch neue Chancen und Risiken eröffnen – ähnlich wie zuvor die Entwicklung der komplexen menschlichen Sprache (vor etwa 70.000 Jahren), die Neolithische Revolution (vor etwa 11.000 Jahren), die Entstehung der Städte (vor etwa 5.000 Jahren), die Erfindung der Druckerpresse (vor 550 Jahren) und die technologisch-gesellschaftlichen Umwälzungen seit dem Beginn der Industriellen Revolution. Die Digitalisierung verändert Lebens- und Arbeitsbedingungen, Produktionsmuster und internationale Arbeitsteilung, Kommunikation und Informationsverbreitung (und die damit verbundenen Möglichkeiten der Manipulation), die internationale Zusammenarbeit sowie nicht zuletzt auch internationale Machtkonstellationen grundlegend durch neue global agierende Akteure. Sie ist aber auch ein wesentlicher Beschleuniger des Energie- und Ressourcenverbrauchs. Ob es gelingen wird, die neuen technologischen Möglichkeiten für eine global nachhaltige Entwicklung nutzbar zu machen, ist offen und gleichzeitig die Gestaltungsaufgabe der kommenden Jahrzehnte: Wie können digitale Technologien in den Dienst der globalen Nachhaltigkeit gestellt werden?

Mit dieser Sichtweise und einem langfristigen Blick deutlich über das Jahr 2030 (dem Zieljahr der Sustainable Development Goals – SDGs) hinaus unterscheidet sich das WBGU-Gutachten von den meisten vorliegenden globalen Studien zum Thema „Digitalisierung und Nachhaltigkeit". In diesen Studien werden digitale Technologien lediglich als Instrument gesehen, während die weitreichendere Bedeutung für die Neuorganisation von Gesellschaften und Zukunftsgestaltung jenseits von 2030 jedoch kaum thematisiert werden. Gleiches gilt für die Frage, welche digitalen Entwicklungstrends vermieden werden sollten, damit die natürlichen Lebensgrundlagen erhalten und die soziale Kohäsion unserer Gesellschaften gewahrt bleiben. Vor diesem Hintergrund werden im vorliegenden Gutachten die zentralen Fragen globaler Nachhaltigkeitspolitik im Kontext des digitalen Wandels neu gestellt: Wie kann gutes Leben für bald 10 Mrd. Menschen in den Grenzen des Erdsystems gelingen? Welche ökonomischen, technologischen, institutionellen, sozialen, kulturellen und normativen Innovationen sind lokal und global notwendig, um Wohlstand, menschliches Wohlbefinden, Demokratie und Sicherheit in den Grenzen des Erdsystems zu ermöglichen? Wie können die lokalen und globalen Ökosysteme stabilisiert werden? Wie können Wohlfahrtsgewinne in Industrie-, Schwellen- und Entwicklungsländern systematisch vom Ressourcenverbrauch und der Belastung von Ökosystemen entkoppelt werden, um Kipppunkte im Erdsystem zu vermeiden? Wie kann eine umfassende Dekarbonisierung der Weltwirtschaft bis Mitte des Jahrhunderts gelingen, um die globale Erwärmung deutlich unter 2 °C zu stabilisieren? Wie können solch umfassende Transformationen zur Nachhaltigkeit überhaupt in einem derart engen Zeitfenster gelingen? Wie könnte ein solcher Wandel lokal, national, regional und global gestaltet werden?

Um diese Fragen zu beantworten und Lösungen zu entwickeln, bedarf es eines Brückenschlages zwischen den Digitalisierungs- und den Nachhaltigkeitsnetzwerken – in Wissenschaft, Wirtschaft und Politik gleichermaßen. Beide Netzwerke sind bisher kaum miteinander verbunden, werden aber in Zukunft aufeinander angewiesen sein, wenn ein Übergang zur Nachhaltigkeit unter den Bedingungen des digitalen Wandels gelingen soll. So ist die stark technologieorientierte Digitalisierungsforschung ein wichtiger Treiber fundamentalen gesellschaftlichen und ökonomischen Wandels; sie beschäftigt sich bisher jedoch, wie die umfassende Literaturauswertung des WBGU zeigt, nur am Rande mit den zentralen Fragen der Nachhaltigkeitsforschung. Umgekehrt sind die vielfältigen Auswirkungen digitaler Technologien auf die Transformation zur Nachhaltigkeit ein bisher wenig von der Nachhaltigkeitsforschung behandeltes Thema. Welche Potenziale haben digitale Technologien für die Transformation zur Nachhaltigkeit, insbesondere für nachhaltige Mobilität, Ressourcen- und

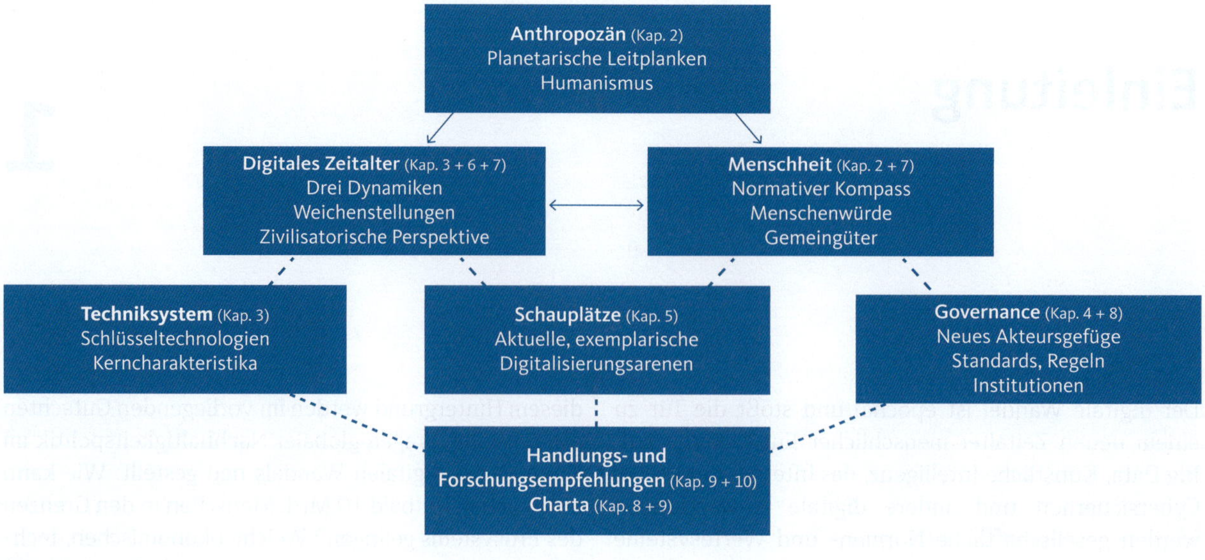

Abbildung 1-1
Übersicht über die Themen des Gutachtens.
Quelle: WBGU

Rohstoffbedarf, Klimaschutz, nachhaltige Landnutzung oder Armutsbekämpfung? In diese Lücke stößt das vorliegende Gutachten.

Da digitale Technologien die Veränderung des Menschen in einer bisher ungekannten Qualität ermöglichen und der Mensch im Zentrum aller Nachhaltigkeitsüberlegungen steht, hat der WBGU in diesem Gutachten den thematischen Radius seiner Überlegungen deutlich über das Thema „Umwelt und Entwicklung" erweitert. Daher werden auch grundlegende normative Fragen wie die nach der menschlichen Würde angesprochen.

Die Gestaltung der Transformation zur nachhaltigen Gesellschaft im sich schnell wandelnden Digitalen Zeitalter ist zudem mit hohen Unsicherheiten verbunden und keine reine Umsetzungsfrage. Daher werden in diesem Gutachten auch die Herausforderungen des Handelns unter Unsicherheit sowie die Rolle von Wissenschaft und Forschung bei dieser globalen Gestaltungsaufgabe thematisiert und dafür Empfehlungen vorgelegt. Strategische Vorausschau oder Technikfolgenabschätzung sind für die Politikgestaltung wichtige Elemente.

Die Nutzung digitaler Technologien für global nachhaltige Entwicklung ist schließlich eine neue und bisher wenig beleuchtete Herausforderung für Global Governance und die Politikgestaltung auf nationaler, regionaler und lokaler Ebene. Das Gutachten zeigt, dass – obwohl global vielfach Initiativen entstanden sind – das internationale Institutionengefüge nur unzureichend für die Gestaltung des globalen digitalen Wandels ausgestattet ist. An dieser Stelle reichen die Überlegungen des WBGU zurück bis zur Entstehung des Brundtland-Berichts 1987 und des Erdgipfels von Rio de Janeiro 1992 und stellt sich die Frage, wie ein ähnlicher Aufbruch und paradigmatischer Wandel für das Thema „Digitalisierung und Nachhaltigkeit" initiiert und gestaltet werden könnte.

Aufbau des Gutachtens

Nach dieser Einleitung folgt in Kapitel 2 „Nachhaltigkeit im Zeitalter der Digitalisierung" die Einbettung des Gutachtenthemas in die Nachhaltigkeitsperspektive des WBGU. Dabei spielen die Einhaltung planetarischer Leitplanken und die soziale Kohäsion eine zentrale Rolle (Abb. 1-1). Die normative Basis des Gutachtens wird in Form eines „normativen Kompasses" dargelegt und Bezüge zur Aufklärung sowie zur Achtung der Menschenwürde hergestellt.

Das Kapitel 3 „Das Digitale Zeitalter verstehen" liefert Grundlagenwissen und erarbeitet einen konzeptionellen Blick auf die Facetten des Digitalen Zeitalters. Das Kapitel liefert dazu eine Analyse der historischen Entwicklung hin zum Digitalen Zeitalter, dessen Grundfunktionen, Schlüsseltechnologien und wesentliche Charakteristika, sowie absehbare Veränderungen für zentrale Lebensbereiche der menschlichen Zivilisation, d.h. für Erdsystem, Wirtschaft, Gesellschaft, Mensch und Technik. Zu den Leitfragen gehören: Wie verändern sich diese Lebensbereiche im Digitalen Zeitalter? Welche Technologien sind aus Nachhaltigkeitssicht und aus ethischer Sicht besonders zu beachten? Wie thematisieren internationale Organisationen aus dem Bereich „Umwelt und Entwicklung" den digitalen Wandel?

In Kapitel 4 „Akteurskonstellationen im digitalen Wandel" untersucht der WBGU, wie Digitalisierung die Handlungs- und Gestaltungsfähigkeit verschiedener

Akteure verändert, wie sie sich auf ihre Steuerungskraft in der Gestaltung globaler Nachhaltigkeit auswirkt und wie die Akteure ihrerseits die Digitalisierung beeinflussen.

Das Kapitel 5 „Schauplätze des digitalen Wandels" wendet sich exemplarisch 21 ausgewählten Handlungsfeldern zu, die für die Transformation zur Nachhaltigkeit besonders bedeutsam sind. Dabei geht es zum einen um Themen an der direkten Schnittstelle zwischen Umwelt und Digitalisierung, die z. B. mit Energie- und Ressourcenverbrauch oder mit Landnutzung zu tun haben. Hinzu kommen Schauplätze, die das Zusammenspiel von Digitalisierung und zentralen sozialen und ökonomischen Dimensionen der Nachhaltigkeit ausleuchten (z. B. Arbeitswelten der Zukunft, internationale Arbeitsteilung, digital unterstützte Mobilität). Schließlich werden Themen angesprochen, die derzeit zwar bereits in der Debatte sind, aber erst längerfristig gesellschaftliche Auswirkungen haben werden (z. B. Entwicklung eines kollektiven Weltbewusstseins für nachhaltige Entwicklung).

In Kapitel 6 „Zukunftsentwürfe und Visionen zu Digitalisierung und Nachhaltigkeit" werden mögliche Zukunftsszenarien des digitalen Wandels dargestellt. Dabei werden denkbare utopische und dystopische Entwicklungen beschrieben sowie ihre Chancen und Risiken gegenübergestellt.

In Kapitel 7 „Digitalisierung und Nachhaltigkeit – Synthese" wird der Zusammenhang zwischen Digitalisierung und Nachhaltigkeit mit seinen fundamentalen Fragen und seiner Dynamik in die Zukunft aufgezeigt. Es werden drei „Dynamiken des Digitalen Zeitalters" vorgestellt. Für diese drei Dynamiken werden handlungsleitende Prinzipien vorgestellt.

Kapitel 8 „Global Governance für die Transformation zur Nachhaltigkeit im Digitalen Zeitalter" befasst sich mit den zentralen Herausforderungen für die internationale Nachhaltigkeitspolitik und legt konkrete Vorschläge für politische Entscheidungsträger*innen und Gesellschaften vor. Dabei werden Vorschläge unterbreitet, wie sich die Weltgemeinschaft auf gemeinsame Leitkonzepte, Prinzipien, regulatorische und institutionelle Rahmenbedingungen sowie ethisch begründete Grenzen verständigen kann.

Mit Handlungs- und Forschungsempfehlungen (Kap. 9 und 10) schließt das Gutachten ab.

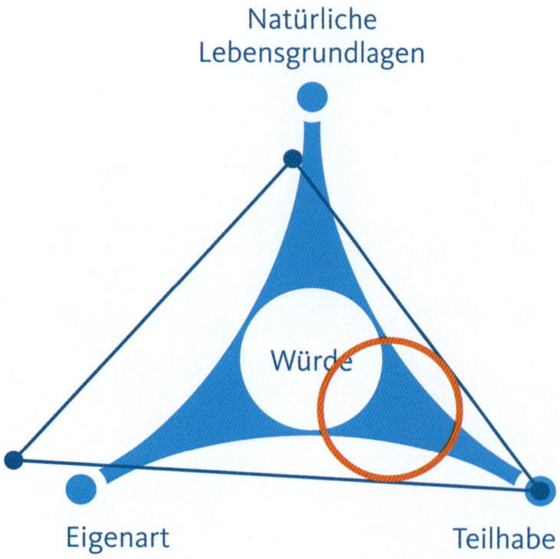
Natürliche Lebensgrundlagen
Würde
Eigenart
Teilhabe

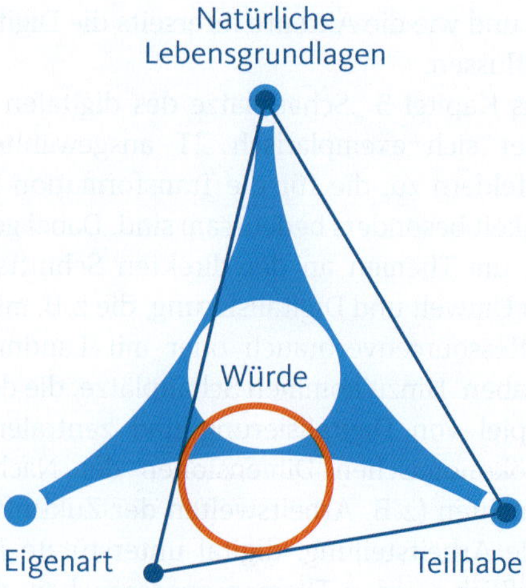
Natürliche Lebensgrundlagen
Würde
Eigenart
Teilhabe

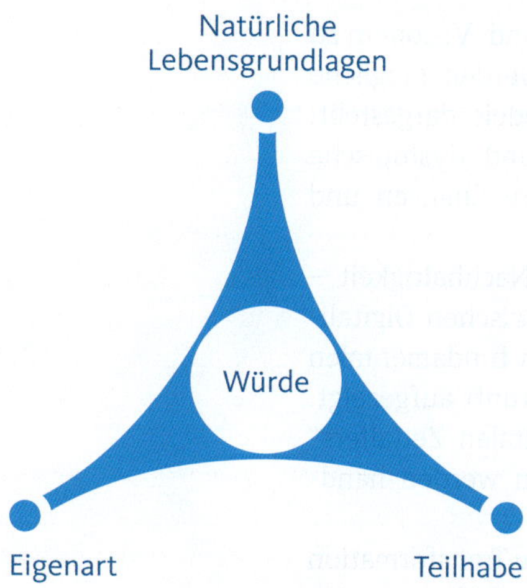
Natürliche Lebensgrundlagen
Würde
Eigenart
Teilhabe

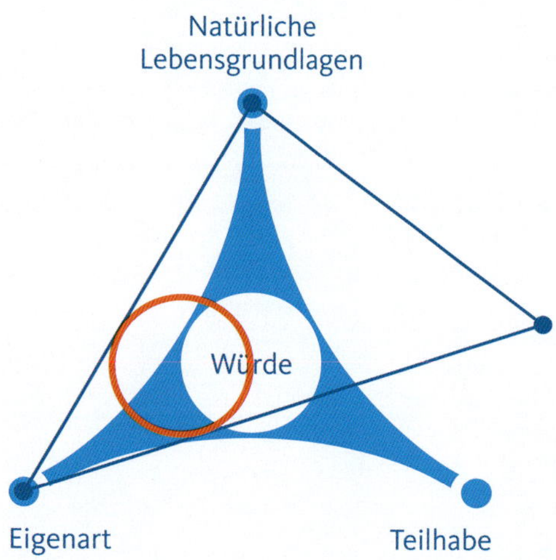
Natürliche Lebensgrundlagen
Würde
Eigenart
Teilhabe

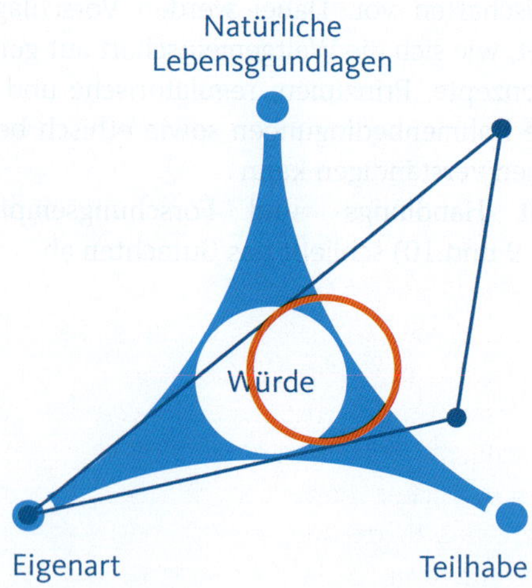
Natürliche Lebensgrundlagen
Würde
Eigenart
Teilhabe

Nachhaltigkeit im Zeitalter der Digitalisierung 2

Der WBGU betrachtet das Thema Digitalisierung aus einer Nachhaltigkeitsperspektive, die sich explizit auf das Fundament einer kritisch reflektierten Aufklärung und die Achtung der Menschenwürde bezieht. Er schlägt einen „normativen Kompass" vor, dessen Dimensionen erstens die Erhaltung der natürlichen Lebensgrundlagen, zweitens Teilhabe sowie drittens Eigenart umfassen. Die menschliche Würde ist expliziter Ausgangspunkt und Zielbild des normativen Kompasses, da sie im Digitalen Zeitalter besondere Brisanz erhält und ihr Schutz eine zentrale Gestaltungsaufgabe darstellt.

2.1 Ein umfassendes Transformationsverständnis muss den Megatrend Digitalisierung in den Blick nehmen

Im Jahr 2015 bereiteten zwei bedeutende Weltkonferenzen den Weg zur Großen Transformation zur Nachhaltigkeit. In New York wurden in der Agenda 2030 17 Ziele für nachhaltige Entwicklung (Sustainable Development Goals, SDGs; Kasten 2.1-1) vereinbart und in Paris das verbindliche Ziel festgelegt, die Erderwärmung auf deutlich unter 2 °C zu begrenzen. Beide Abkommen, die Agenda 2030 und das Übereinkommen von Paris, definieren ein klares Zielsystem und schaffen die Grundlage für einen weltumspannenden Transformationsprozess. Ausgehend von dem Erfordernis, die natürlichen Lebensgrundlagen zu erhalten, versteht der WBGU die *Große Transformation zur Nachhaltigkeit* als einen beide Zielsysteme integrierenden globalen Modernisierungsprozess hin zu einer klimaverträglichen Gesellschaft (WBGU, 2011; WBGU, 2016b).

Im Verständnis des WBGU sind Ziele einer jeden Transformation die Grundlage für weitere tiefgreifende gesellschaftliche Debatten. Wandel findet als gesamtgesellschaftlicher Lern- und Suchprozess statt, den Akteure aus Wirtschaft, Politik und Zivilgesellschaft, Bürger*innen und Konsument*innen mitgestalten. Der WBGU betrachtet gesellschaftliche Partizipation und den breiten Diskurs zwischen allen Akteuren als Voraussetzungen für eine demokratisch legitimierte Transformation. Ohne gemeinsam (weiter)entwickelte Leitbilder, die die Zukunft neu beschreiben, und ohne eine Verständigung über normative Grundlagen kann es keine gestaltete Große Transformation geben (WBGU, 2011).

Zur Orientierung in den komplexen Transformationsprozessen hat der WBGU einen normativen Kompass als Leitbild für die Große Transformation zur Nachhaltigkeit vorgeschlagen (WBGU, 2016a). Dieser berücksichtigt neben der Erhaltung der natürlichen Lebensgrundlagen und der Teilhabe auch Diversität und Gestaltungsfreiräume als grundlegende Bedingungen für ein Transformationsgeschehen, was unter dem Begriff „Eigenart" gefasst wird (Kap. 2.2).

Schnelle technologische und soziokulturelle Veränderungen im Zuge der Digitalisierung können diese normative Basis stark beeinflussen. Digitale Lösungen verändern bereits jetzt grundlegend gesellschaftliche Systeme wie Arbeit oder die Informations- und Wissensverbreitung. Dennoch wird die Digitalisierung im Zusammenhang mit der Großen Transformation kaum berücksichtigt, in den SDGs kommt sie nur am Rande vor. Der WBGU betrachtet im vorliegenden Gutachten nicht nur die Auswirkungen der Digitalisierung auf die „Erhaltung natürlicher Lebensgrundlagen", sondern

Kasten 2.1-1

Transformation unserer Welt: die Agenda 2030 für nachhaltige Entwicklung

Im September 2015 wurde auf einem UN-Gipfel in New York die „Agenda 2030 für nachhaltige Entwicklung“ von allen Mitgliedsstaaten verabschiedet (UNGA, 2015). Gemeinsam mit dem im selben Jahr verabschiedeten Pariser Klimaübereinkommen ist sie multilateraler Meilenstein und zentraler Referenzpunkt der globalen Anstrengungen für einen Wandel hin zu einer inklusiven, verantwortlichen und emissionsarmen Lebens- und Wirtschaftsweise weltweit. Die Agenda 2030 ist ein Aktionsplan der internationalen Staatengemeinschaft für Mensch, Planet, Wohlstand, Frieden und Partnerschaft, die als fünf handlungsleitende Prinzipien die Agenda 2030 rahmen (im Englischen geläufig als „5Ps“: People, Planet, Prosperity, Peace, Partnership):

- *Menschen:* Beendigung von Armut und Hunger in all ihren Formen und Dimensionen; Entfaltung der Potenziale der Menschen in Würde, Gleichheit und in einer gesunden Umwelt.
- *Planet:* Schutz des Planeten vor Schädigung, etwa durch nachhaltigen Konsum, nachhaltige Produktion, nachhaltige Bewirtschaftung natürlicher Ressourcen sowie umgehender Maßnahmen gegen den Klimawandel, damit die Erde die Bedürfnisse der heutigen und kommenden Generationen decken kann.
- *Wohlstand:* Ermöglichung eines von Wohlstand geprägten und erfüllten Lebens für alle Menschen, sowie wirtschaftlichen, sozialen und technischen Fortschritts in Harmonie mit der Natur.
- *Frieden:* Förderung friedlicher, gerechter und inklusiver Gesellschaften, die frei von Furcht und Gewalt sind. Frieden ist Bedingung für nachhaltige Entwicklung und nachhaltige Entwicklung ist Bedingung für Frieden.
- *Partnerschaft:* Mobilisierung einer mit neuem Leben erfüllten Globalen Partnerschaft für nachhaltige Entwicklung, begründet auf einem Geist verstärkter globaler Solidarität, insbesondere ausgerichtet an den Bedürfnissen der Ärmsten und Schwächsten unter Beteiligung aller Länder, aller Interessensträger und aller Menschen.

Herz und Kernstück für die Umsetzung dieser konkreten Vision ist ein Katalog von 17 Zielen für nachhaltige Entwicklung (Sustainable Development Goals - SDGs) mit 169 zugehörigen Zielvorgaben, die integriert und unteilbar sind. Die SDGs verknüpfen alle drei klassischen Dimensionen von Nachhaltigkeit und integrieren ökologische, soziale und ökonomische Aspekte nachhaltiger Entwicklung. Die SDGs lauten (UNGA, 2015):

SDG 1 Armut in allen ihren Formen und überall beenden.
SDG 2 Den Hunger beenden, Ernährungssicherheit und eine bessere Ernährung erreichen und eine nachhaltige Landwirtschaft fördern.
SDG 3 Ein gesundes Leben für alle Menschen jeden Alters gewährleisten und ihr Wohlergehen fördern.
SDG 4 Inklusive, gleichberechtigte und hochwertige Bildung gewährleisten und Möglichkeiten lebenslangen Lernens für alle fördern.
SDG 5 Geschlechtergleichstellung erreichen und alle Frauen und Mädchen zur Selbstbestimmung befähigen.
SDG 6 Verfügbarkeit und nachhaltige Bewirtschaftung von Wasser und Sanitärversorgung für alle gewährleisten.
SDG 7 Zugang zu bezahlbarer, verlässlicher, nachhaltiger und moderner Energie für alle sichern.
SDG 8 Dauerhaftes, inklusives und nachhaltiges Wirtschaftswachstum, produktive Vollbeschäftigung und menschenwürdige Arbeit für alle fördern.
SDG 9 Eine widerstandsfähige Infrastruktur aufbauen, inklusive und nach- haltige Industrialisierung fördern und Innovationen unterstützen.
SDG 10 Ungleichheit in und zwischen Ländern verringern.
SDG 11 Städte und Siedlungen inklusiv, sicher, widerstandsfähig und nachhaltig gestalten.
SDG 12 Nachhaltige Konsum- und Produktionsmuster sicherstellen.
SDG 13 Umgehend Maßnahmen zur Bekämpfung des Klimawandels und seiner Auswirkungen ergreifen.
SDG 14 Ozeane, Meere und Meeresressourcen im Sinne nachhaltiger Entwicklung erhalten und nachhaltig nutzen.
SDG 15 Landökosysteme schützen, wiederherstellen und ihre nachhaltige Nutzung fördern, Wälder nachhaltig bewirtschaften, Wüstenbildung bekämpfen, Bodendegradation beenden und umkehren und dem Verlust der biologischen Vielfalt ein Ende setzen.
SDG 16 Friedliche und inklusive Gesellschaften für eine nachhaltige Entwicklung fördern, allen Menschen Zugang zur Justiz ermöglichen und leistungsfähige, rechenschaftspflichtige und inklusive Institutionen auf allen Ebenen aufbauen.
SDG 17 Umsetzungsmittel stärken und die Globale Partnerschaft für nachhaltige Entwicklung mit neuem Leben erfüllen.

Die Agenda 2030 hat als neue nachhaltige Entwicklungsagenda die Millenium-Entwicklungsziele (Millenium Development Goals – MDGs) abgelöst. Mit ihrem umfänglichen Zielsystem ist es gelungen, klassische Entwicklungsziele wie die Überwindung von Armut und Hunger mit klassischen Umweltzielen wie der Erhaltung von Ökosystemen zu verbinden und integriert weiterzuentwickeln. Damit ist die Agenda 2030 auch eine wichtige Global-Governance-Innovation: Erstmals haben sich Staaten in dieser Breite und Konkretion auf einen universellen, d.h. für alle gültigen, politischen Aktionsplan verpflichtet. Anders als in früheren Entwicklungsagenden werden nicht mehr nur Entwicklungs- und Schwellenländer adressiert und zum Handeln aufgefordert; die titelgebende „Transformation unserer Welt“ geht alle an, auch Industrieländer.

Auch wenn die Universalität der Agenda 2030 ein wichtiger Durchbruch ist, so ist ihr Zielsystem völkerrechtlich doch unverbindlich. Dessen Umsetzung liegt in der Verantwortung der Nationalstaaten sowie einer intensivierten Zusammenarbeit in bestehenden und neuen Globalen Partnerschaften – explizit inklusive der Beiträge eines breitgefächerten Akteursspektrums von (sub-)nationalen Regierungen, lokalen Behörden, Organisationen der Zivilgesellschaft und Philanthropie, von Wissenschaft und Hochschulen, Kleinstunternehmen, Genossenschaften bis zu multinationalen Unternehmen. Auch Kinder sowie junge Frauen und Männer werden als „entscheidende Träger des Wandels“ direkt adressiert, die in den 17 SDGs nun eine Plattform fänden, „um unerschöpfliches Potenzial für Aktivismus zur Schaffung einer besseren Welt einzusetzen“ (UNGA, 2015:13). Die Agenda 2030 ist deshalb, ähnlich wie das Pariser Klimaübereinkommen, ein zentraler Versuch der Staaten- und Weltgemeinschaft, eine globale Gemeinwohlperspektive zu definieren und als Fluchtpunkt globaler Kooperation zu etablieren (Messner und Scholz, 2018).

Dabei bleibt die Umsetzung bisher enttäuschend: das zentrale Governance-Instrument beschränkt sich auf kurze, freiwillige nationale Berichterstattung zu Anstrengungen und Fortschritten im Rahmen der jährlichen Plenarsitzungen des Hochrangigen Politischen Forums für nachhaltige Entwicklung der UN (High-level Political Forum on Sustainable Development – HLPF). Zwar sind bis 2019 bereits über 150 freiwillige nationale Reviews eingegangen (UN, 2019). Handlungsdruck und systematische Rechenschaftspflicht bestehen in diesem Rahmen bisher aber nur unzureichend – weshalb der Überprüfungsmechanismus genauso wie die Beteiligung nicht staatlicher Akteure reformiert und substanziell verbessert werden sollten (Beisheim, 2018; Kap. 9.3.1, 4.2.8).

Wenngleich also die aktuell noch schleppende Umsetzung ein – in der internationalen Politik bekanntes – Problem darstellt, sollte man die Bedeutung der Agenda 2030 nicht schmälern. Sie ist mit ihrem universellen Zielkatalog nicht nur Leitbild globaler Nachhaltigkeitspolitik und zentrales Paradigma globaler Governance, sondern fordert damit auch nachdrücklich eine polyzentrische Verantwortungsarchitektur für die „Transformation unserer Welt“ ein (Kap. 4).

Digitaler Wandel kann dabei für die Erreichung der SDGs ebenfalls eine wichtige Rolle spielen, dabei bieten sich neue Möglichkeiten sowie neue Risiken (Kap. 8.2).

auch die Herausforderungen für „Teilhabe“ und „Eigenart“ (Kap. 2.2). Als Ausgangspunkt und Zielbild verweist der WBGU außerdem auf die Einhegung technischer und gesellschaftlicher Entwicklungen zum Schutze der Menschenwürde.

2.1.1 Digitalisierung stellt die Große Transformation zur Nachhaltigkeit vor grundlegende Herausforderungen

Mit dem Digitalisierungsgutachten nimmt der WBGU technologische Entwicklungen als Ausgangspunkt seiner Analyse. Digitalisierung wirkt auf die physischen Kopplungsprozesse zwischen Infrastrukturen und Erdsystem. Sie bietet damit theoretisch ein enormes Potenzial für die nachhaltige Nutzung von Ressourcen und für die Erhaltung natürlicher Lebensgrundlagen. Dekarbonisierung kann etwa durch intelligente Vernetzung und Einspeiseregelungen für erneuerbare Energien vorangetrieben und die Umwelt durch Präzisionslandwirtschaft geschont werden. Jedoch stellen digitale Technologien nicht nur die fundamentale Infrastruktur zur Steuerung des industriellen Metabolismus bereit, sondern verbrauchen selbst Ressourcen (Rosol et al., 2018). Zudem gibt es Wechselwirkungen zwischen gesellschaftlichen und ökonomischen Prozessen und digitalen Infrastruktursystemen. Abhängig von den ökonomischen Rahmenbedingungen können sich gesellschaftliche Bereiche wie Beschäftigungsbedingungen (z.B. Automatisierung von Arbeit) und soziale und finanzielle Ressourcen von Individuen verändern. Als Beschleuniger existierender und wenig nachhaltiger Produktionsformen und Konsummuster birgt Digitalisierung also ebenso Gefahren für die Große Transformation und droht das Überschreiten planetarischer Leitplanken zu begünstigen.

Ausgehend von den verschiedenen Wechselwirkungen der Nachhaltigkeitsziele mit rasanten Technologieentwicklungen und Veränderungen für Gesellschaft, Ökonomie, Techniksysteme und Individuen setzt sich der WBGU mit „drei Dynamiken des Digitalen Zeitalters“ auseinander:

Die *Erste Dynamik* (Kap. 7.2) betrifft das konkrete Zusammendenken von Digitalisierung und Großer Transformation. Digitalisierung hat einerseits das Potenzial, globale Umwelt- und Entwicklungsprobleme besser und schneller zu lösen. Andererseits kann Digitalisierung – ohne Gestaltung und Gegensteuerung – bereits bestehende Umweltprobleme und Ungleichheiten verstärken (Kap. 5; Tab. 5.1-1).

Mit der *Zweiten Dynamik* (Kap. 7.3) nimmt der WBGU sich abzeichnende Veränderungen in gesellschaftlichen und ökonomischen Bereichen in den Blick (beispielsweise die Zukunft der Arbeit oder digitalisierte Bildung). Grundfragen zu Gesellschaftsformen, etwa zum Umgang mit Daten, Privatheit, Sicherheit, Gesundheit, Ungleichheit, Rechtstaatlichkeit, Wohlbefinden oder Gemeinwohl, gewinnen durch digitale Technik an Relevanz.

In der aufscheinenden *Dritten Dynamik* (Kap. 7.4) geht es um Ungewissheiten und spannungsgeladene Debatten zu fiktiven Zukünften des Menschen, die sich um Digitalisierung ranken (z.B. Kehl und Coenen, 2016). Hier werden Fragen aufgeworfen, in denen es um das Menschenbild und die *conditio humana*, also den Menschen selbst geht (Kasten 2.1.1-1, Kasten 2.1.1-2).

2.1.2 Ein Zusammendenken von Digitalisierung und Großer Transformation lenkt den Blick auf den Menschen selbst

Aufgrund der möglichen Konsequenzen der Digitalisierung für Individuum und Gesellschaft ist es nötig, dass der WBGU seinen normativen Ausgangspunkt noch expliziter als bisher als Orientierungspunkt in die Debatte einführt und eine gesellschaftliche Gestaltung

Kasten 2.1.1-1

Technikethik und verantwortungsbewusste Informatik

Bei der Lösung von Problemen mit Hilfe von Technik wurden und werden oft neue, zum Teil nicht vorhersehbare Probleme geschaffen (Grunwald, 2012:81). Somit ist die Widersprüchlichkeit der Aufklärung im Hinblick auf ihre gesellschaftlichen und technologischen Resultate kritisch zu hinterfragen. Nur der Mensch trägt die Verantwortung für die von ihm geschaffenen Technologien und ihre Folgen, daher gilt auch hier das Prinzip Verantwortung des Philosophen Hans Jonas, demzufolge menschliche Handlungswirkungen mit der Sicherung „des echten menschlichen Lebens auf Erden“ vereinbar sein müssen und „die würdige Existenz [...] Verpflichtung aller (technisch oder politisch) Handelnden“ ist (Jonas, 1979). Im Kontext der Digitalisierung erinnerte schon Joseph Weizenbaum (1986) Informatiker*innen an ihre Macht, „den weltpolitischen Zustand in eine lebensfördernde Richtung zu wenden“. Informationsverarbeitung kann im Extremfall sowohl Leben retten (etwa in der Medizin), als auch töten (etwa im Drohnenkrieg) – insofern gilt es im Sinne einer Aufklärung 2.0, diese Macht größtmöglich zu befördern (Ullrich, 2014:698). Es bedarf also einer „Aufklärung über digitale Aufklärung“, welche imstande ist, vom „digitalen Zeitgeist einen denkerischen Abstand zu nehmen, anstatt sich nur um ihre Verbreitung zu bemühen“ (Capurro, 2017:IX). Digitalisierung ist Menschenwerk und sollte durch proaktive Technikgestaltung Zielen folgen, die der Allgemeinheit sowie menschlicher Würde und Mündigkeit dienen. Wenn mit Methoden der Informatik viele Bereiche der Welt zunehmend erfolgreich modelliert werden, ändert dies nichts daran, dass es sich um Modelle handelt, welche die Realität immer vereinfachend abbilden. Deren numerische und damit berechenbare Abbildung in Datensätzen wird problematisch, wenn das Modell inadäquat und seine Vereinfachung zu grob ist, wodurch es essenzielle Elemente ignoriert oder gar verzerrt darstellt (Ito, 2018). Sind Menschen das Objekt der Abbildung, besteht die Gefahr jedoch nicht nur darin, dass sie auf Basis einzelner Verhaltensdaten unzureichend kategorisiert und damit auf einzelne Aspekte ihrer Existenz reduziert werden. Vielmehr werden die somit als bloßes Objekt wahrgenommenen Individuen nicht als ganzes wahrgenommen, sondern nur in diejenigen Teilen, die sich im Modell abbilden lassen, während der Rest ignoriert wird. Mit einem auf Würde und Freiheit ausgerichteten Menschenbild ist dies, wie z.B. in defizitärer Software zur „Prognose“ von Rückfälligkeit Strafgefangener oder im Hinblick auf exzessive Anwendung von Scoring-Verfahren, nicht vereinbar (Ullrich, 2018:11). Kurz gesagt ist daher im aufklärerischen Sinn die Frage zu stellen, „ob wir die Technik haben, die wir brauchen“, sowie „ob wir die Technik brauchen, die wir haben“ (Kornwachs, 2009:39). Anders ausgedrückt: Die Technik muss um des Menschen willen da sein, nicht der Mensch um der Technik willen.

der Digitalisierung einfordert.

Mit der Digitalisierung keimt die Hoffnung auf, dass neue technologische und gesellschaftliche Durchbrüche der vollen Entfaltung zivilisatorischer und menschlicher Potenziale dienen könnten. Der WBGU schlägt vor, die vielfältigen Herausforderungen der Interaktion von Digitalisierung und Großer Transformation als Chance zu nutzen, um den Blick auf den Menschen und seine Entwicklungsmöglichkeiten zu richten. In der zweiten Hälfte des vergangenen Jahrhunderts wurde in der sich damals entwickelnden humanistischen Psychologie gezeigt, dass Menschen Zufriedenheit und Wohlbefinden daraus schöpfen, sie selbst sein bzw. werden zu können (Rogers, 1963). Es wurde – abgrenzend zum Ansatz der Psychoanalyse – den Menschen ein selbstreflektives Verständnis ihrer Bedürfnisse und die Möglichkeit von Entwicklung aus sich heraus zugetraut (Maslow, 1974; Rogers, 2002). Die hier verkürzt dargestellte Tradition des psychologischen Humanismus knüpft an moderne humanistische Strömungen an (Kasten 7.3-2).

Der WBGU greift diese positive Vorstellung von Selbstwerdung durch Selbstreflexion auf, die in der humanistischen Psychologie als Voraussetzung sowohl von Empathie als auch von Kreativität gesehen wird – in dem Sinne, dass Menschen prinzipiell offen für Erfahrungen sind, ihre Ideen und Impulse ausdrücken, und sich und ihre Umwelt aktiv gestalten können (Maslow, 1974). Mit der Digitalisierung beginnt eine erneute Phase, in der menschliche Neugier, Vielfalt und Körperlichkeit von materiellen Einschränkungen und Zwängen befreit und die Bedingungen für eine weitgehende Überwindung von Mangel und Konflikt und für Selbstwerdung endlich für alle Menschen geschaffen werden können. Die Vision des WBGU ist hier die einer vertieften Vermenschlichung des Menschen mit Hilfe technischer Systeme. Digitale Technologien ermöglichen und universalisieren schon heute transnationale Kommunikation, Vernetzung und Informations- wie Wissenszuwachs auf nie dagewesene Weise. Die im Humanismus angelegte Überzeugung, dass vernunftbegabte Menschen durch das Reflektieren und Ausleben ihrer Bedürfnisse auch zu Kooperation und Zivilisation fähig werden (so wie auch in der Allgemeinen Erklärung der Menschenrechte von den Vereinten Nationen 1948 formuliert; UN, 1948) ist für den WBGU Ausgangspunkt für die Hoffnung, dass Digitalisierung diese im Menschen angelegten Fähigkeiten stärken und sogar zu noch besserer Entfaltung bringen kann.

Diese emanzipatorische Hoffnung eines *neuen Humanismus mit Digitalisierung* kann nur als gesellschaftlicher Such- und Gestaltungsprozess legitimiert und realisiert werden. Der WBGU sieht daher eine große Notwendigkeit in der Schaffung von Diskursräumen für die demokratische Selbstverständigung über mögliche Zukünfte (Schöppner, 2016). Er schlägt vor, Digitalisierung und die damit verknüpften gesellschaftlichen Diskurse über Bildung und Transformation als Chance zu begreifen, um die Zukunftsfähigkeit von Gesellschaften in den Blick zu nehmen. Es gilt nicht, den Menschen für eine veränderte digitale Umwelt vorzubereiten, sondern die Rahmenbedingungen für die Entfaltung der menschlichen Potenziale in einer digitalisierten und ökologischen Umwelt zu schaffen.

Konkret bedeutet dies, Menschen zur Zukunftsgestaltung zu befähigen und das aktuelle Bildungsverständnis zu reflektieren. Historisch betrachtet ging mit jeder großen Transformation von Gesellschaften meist auch eine Transformation von Regeln und Normen, des Denkens, der Kommunikationsformen und der Kultur einher. Oft waren diese immateriellen Veränderungen den strukturellen vorgelagert: menschliche Beobachtung, Reflexion und Imagination treiben Abweichungen, Experimente und Innovationen an.

Der Report des International Social Sciences Council (ISSC) von 2013 und der UNESCO hat dazu den Begriff der Futures Literacy (Zukunftsfähigkeit) eingeführt: „die Fähigkeit der Menschen, sich Zukünfte vorstellen zu können, die nicht auf versteckten, unhinterfragten und manchmal fraglichen Annahmen zu vergangenen oder heutigen Systemen basieren" (ISSC und UNESCO, 2013:69). Imaginationsfähigkeit und Bewertung von Zukünften wird von individuellen Weltanschauungen intentional agierender Akteure und auch von Machtstreben, Interessen und Gerechtigkeitsempfinden beeinflusst. Die zentrale Umsetzungsidee von Zukunftsfähigkeit ist die der Reflexion: „die systematische Herausstellung von blinden Flecken, um in der Imagination unbekannter Zukünfte sowie der kritischen Auseinandersetzung mit Aktivitäten in der Gegenwart mit neuen Beschreibungen (frames) experimentieren zu können" (ISSC und UNESCO, 2013). Zukunft wird hier nicht als ein möglichst genau zu prognostizierender Zustand begriffen, der auf uns zukommt und auf den es sich vorzubereiten gilt. Zukunft gilt als ein vorstrukturiertes, aber langfristig offenes Ergebnis der heutigen Entscheidungen und Handlungen. Dadurch ist Zukunft auch nicht singulär, sondern es sind viele verschiedene Zukünfte denkbar. Die Auseinandersetzung mit Zukunftsgestaltung umfasst damit sowohl plausible als auch mögliche und wünschenswerte Zukünfte. Um notwendige oder strukturell forcierte Transformationsprozesse möglichst demokratisch und konfliktarm zu gestalten ist also ein Bewusstsein für diese selektive Wirkung von Paradigmen und Annahmen über die Welt wichtig. Positiv gewendet ließe sich formulieren, dass der Grad der Reflexionsfähigkeit und Bildung in einer Gesellschaft ihre Transformationsfähigkeit bzw. Zukunftsfähigkeit direkt beeinflusst.

2.2 Der normative Kompass des WBGU im Digitalen Zeitalter

Der WBGU hat 2016 einen *normativen Kompass* (WBGU, 2016a) als erweiterte normative Grundlage der Großen Transformation zur Nachhaltigkeit (WBGU, 2011; Kap. 2.1) vorgelegt und dort mit Blick auf die transformative Kraft der Städte ausbuchstabiert. Dieser Kompass wird im vorliegenden Gutachten auf die spezifischen Herausforderungen der Digitalisierung angewandt. Grundorientierungen des Kompasses sind die Erfordernisse der Erhaltung der natürlichen Lebensgrundlagen sowie der Sicherung von Teilhabe und Eigenart.

2.2.1 Erhaltung der natürlichen Lebensgrundlagen

Die Erhaltung der natürlichen Lebensgrundlagen ist ein Kernkonzept der Großen Transformation zur Nachhaltigkeit und bildet eine der drei Dimensionen des vom WBGU entwickelten normativen Kompasses (WBGU, 2016a: 145). Diese Dimension umfasst zum einen die Einhaltung planetarischer Leitplanken, deren Überschreiten heute oder in Zukunft intolerable Folgen mit sich brächte. Zum anderen beinhaltet sie die Vermeidung lokaler Umweltprobleme, deren Auswirkungen in komplexer Wechselwirkung mit globalen Umweltveränderungen stehen können (WBGU, 2016a).

Die Digitalisierung beeinflusst aktuelle Lebens- und Wirtschaftsweisen grundlegend und verändert damit auch unsere Möglichkeiten, die natürlichen Lebensgrundlagen zu erhalten und langfristig solidarische Lebensqualität auf unserem Planeten zu sichern. Die unterschiedlichen Effekte der Digitalisierung auf Ressourcen- und Energieverbrauch gilt es kritisch in ihrer Auswirkung auf die geophysikalischen, biologischen und atmosphärischen Prozesse des Planeten und lokaler Umwelten zu prüfen (z. B. Kap. 5.2.1, 5.2.6). Eine umfängliche, globale Einschätzung dieser Effekte ist derzeit nicht möglich, nicht zuletzt aufgrund der schwierigen Datenlage (Köhler et al., 2018). Jedoch ist ihre steigende Relevanz, vor allem in Anbetracht der Dringlichkeit globaler und lokaler ökologischer Probleme, unumstritten. Es ist daher notwendig, die Digitalisierung aktiv so zu gestalten, dass planetarische Leitplanken und lokale Umweltveränderungen berücksichtigt werden. Zwei Kernfragen resultieren aus diesem Anspruch: Inwiefern können erstens die Chancen der Digitalisierung dazu beitragen, die natürlichen Lebensgrundlagen zu erhalten? Wie kann zweitens verhindert

Kasten 2.1.1-2

Überwindung des Menschen? Menschenbilder im Trans- und Posthumanismus

Trans- und Posthumanismus sind philosophische Strömungen, die die traditionelle Konzeption des Menschseins neu überdenken (Tab. 2.1.2-1). Im Unterschied zum humanistischen Ideal, das den mündigen Menschen durch Kultur und Bildung „vom Tier und Barbaren" zu emanzipieren sucht, ist es Ziel des Transhumanismus, die Möglichkeiten des wissenschaftlichen und technologischen Fortschritts zu nutzen, um die menschlichen Fähigkeiten zu erweitern und dadurch eine neue Evolutionsstufe des Menschen einzuleiten. Beim technologischen Posthumanismus wiederum steht die Überwindung des Menschen und seiner Körperlichkeit durch die Schaffung einer technikbasierten Spezies im Vordergrund. Der kritische Posthumanismus distanziert sich von diesen Denkrichtungen. Er konzentriert sich auf die kritische Weiterentwicklung des humanistischen Weltbilds, wobei er die im Humanismus angenommene besondere Stellung des Menschen negiert und den Menschen in einem Kontinuum von Natur, Kultur und Technik betrachtet.

Transhumanismus wurde begrifflich bereits Anfang des 19. Jahrhunderts geprägt und hat sich als Denkrichtung seit den 1950er Jahren zu einer Bewegung entwickelt (Loh, 2018:34ff.). Diese ist jedoch ebenso heterogen wie die vielen Ausrichtungen und Ansätze, die der Begriff einschließt (Coeckelbergh, 2018: 81). Unter den Anhängern dieser Bewegung haben insbesondere wirtschaftsliberale und libertäre Vertreter des Silicon Valley (z.B. Kurzweil, Thiel) viel Aufmerksamkeit bekommen (Kehl und Coenen, 2016).

Transhumanist*innen vertreten die These, dass Fortschritte in Bereichen wie der KI, Nanotechnologie, Biotechnologie oder Neurotechnologie die natürlichen Fähigkeiten der Menschen zu einer neuen Evolutionsstufe ausdehnen werden. Die Transformation in ein posthumanes Wesen werde durch aufkommende Technologien wie regenerative Medizin zur Verbesserung menschlicher Eigenschaften (wie Gesundheit und Intelligenz) erfolgen. Die Logik der Verbesserung, Körperbeherrschung und Entleiblichung hat den Diskurs zum Human Enhancement geprägt, dessen Ziel die Überwindung bestehender Grenzen von Körper und Geist ist (Kehl und Coenen, 2016). Technologischer Posthumanismus orientiert sich dagegen an noch spekulativeren Technologien wie einer Übertragung des Bewusstseins auf Computersysteme (mind uploading) zur Überwindung menschlicher Leiblichkeit und der ewigen Existenz des individuellen Geistes (Ferrando, 2014). Weiterhin thematisieren Vertreter*innen beider Strömungen die Erschließung neuer Lebensräume, beispielsweise des Weltalls, durch auf dortige Lebensumgebungen eingestellte Menschen oder gar künstliche Superintelligenz.

Die Ideen dieser beiden nicht immer trennscharfen Strömungen werden kontrovers diskutiert, nicht nur bezüglich ihres mängelbezogenen Menschenbilds, sondern auch bezüglich einer „philosophischen Unbedarftheit" und argumentativen Widersprüchlichkeit (Loh, 2018:15). Häufig mangelt es an der philosophischen Grundeinsicht in die Grenzen von menschlicher Erfahrung und Wissen und der erkenntnistheoretischen Tugend einer entsprechenden Bescheidenheit (Coeckelbergh, 2018:92). Kritisiert werden weiterhin das oft defizitäre Verständnis menschlichen Glücks und die wahrscheinliche Überschätzung technischer Möglichkeiten: „Der Transhumanismus basiert zumeist auf einer utilitaristischen Ethik, deren zentrale Orientierung an der Nützlichkeit – für den Einzelnen oder für eine Gemeinschaft – nicht unter dem Vorbehalt einer wie auch immer definierten Menschenwürde steht" (Schöppner, 2016:47). Die Erfahrung von und das Verhalten zu Leiden sei vielmehr „eine wesentliche Dimension eines von vielen geteilten menschlichen Selbstverständnisses" (Schöppner, 2016:47). Weiterhin würde die vorgebliche Überwindung der menschlichen Verletzlichkeit im Prozess zwangsläufig neue Verletzlichkeiten hervorbringen und damit weiteres physisches oder psychisches Leiden schaffen (Coeckelbergh, 2013a: 19ff.).

Sowohl Transhumanismus als auch der technologische Posthumanismus blenden „weitestgehend aus, dass sich der Mensch als ‚die Menschen' [...] nicht vollständig kontrollieren,

Tabelle 2.1.2-1
Typologie Humanismen der Gegenwart.
Quelle: modifiziert auf Basis von Loh, 2018:14, 31

	Humanismus	Transhumanismus	Technologischer Posthumanismus	Kritischer Posthumanismus
Methode/ Menschenbild	Aufklärung, Mündigkeit; Kultur und Bildung als subjektive Tätigkeiten	Mensch als Objekt technologischer „Verbesserung" zu Mensch X.0	Überwindung des Menschen durch Kreation einer technikbasierten Spezies	Weiterentwicklung des humanistischen Menschenbilds und Kritik am Trans- und technologischen Posthumanismus
Rolle der Technik	Ambivalent	Medium und Mittel	(Vorrangig) Ziel und Zweck	Kernkategorie der Kritik
Post-humanes Wesen	–	Mensch X.0	(Primär) künstliches neues Wesen	Neues Verständnis vom Menschen
Körper und Geist	Im Einklang	Werden transformiert	Überwindung des Körpers („alles ist Information")	Im Einklang
Emanzipation	Vom Tier und „Barbaren"	Vom Menschen 1.0	Vom Menschen *per se*	Vom humanistischen Menschenbild

kalkulieren und prognostizieren lässt“ (Loh, 2018:79). Mit derartiger Vereinfachung „geht einerseits eine Art Trivial-Anthropologie einher, andererseits ein sogar häufig explizit zum Ausdruck gebrachter Fatalismus“ (Loh, 2018:80). Methoden des Human Enhancement (Themenkasten 5.3-2) stehen humanistischer Bildung im Kern konträr entgegen, da Transhumanismus im Gegensatz zum Humanismus „den Menschen zu einem passiven Objekt der Gestaltung degradiert“ (Loh, 2018:84; siehe auch Damberger 2016). Darüber hinaus begehen Visionen des zukünftigen Posthumanen einen erkenntnistheoretischen Kategorienfehler, da sich der Zielpunkt menschlicher Selbsttransformation außerhalb des menschlichen Erfahrungshorizonts befindet. Die Reduzierung von Geist auf Information im technologischen Posthumanismus wirft wiederum die Frage danach auf, ob sich die Essenz eines Menschen tatsächlich in Information ausdrücken lässt (Damberger, 2016:32ff.). Auch ist fraglich, ob bei der Vision von Mind Uploading die Kopie einer Person noch „das Original“ ist.

Die seit den 1990er Jahren aufkommende Perspektive des kritischen Posthumanismus (Braidotti, 2014; Mol, 2002) sieht dagegen auf dem geisteswissenschaftlichen Fundament digitaler Umweltwissenschaft ein Kontinuum von Natur, Kultur und Technik. Das „post“ bezieht sich deshalb nicht auf eine futuristische Welt „nach“ dem Menschen, sondern steht jenseits von Anthropozentrismus für einen neuen Humanismus, welcher der Vielfältigkeit der Menschen in ihrer Umwelt gerechter wird. Das posthumane Subjekt wird als komplex, verkörpert, eingebettet, relational und affektiv verstanden und entfaltet Wirkmacht (Agency) und Bewusstsein aus kollaborativen, mehr-als-menschlichen Prozessen (Braidotti, 2014; Haraway, 1991; Bennett, 2010). Im Zeitalter digitaler und ökologischer Transformationen sind differenzierte Analysen dieser Verknüpfungen notwendig, um „kritisch und kreativ darüber nachzudenken, wer oder was wir im Prozess des Werdens eigentlich sind“ (Braidotti, 2014:17).

Diese posthumane Sensibilität ermöglicht es somit, sich mit den komplexen ethischen und politischen Fragen der Digitalisierung und der ökologischen Krisen auseinanderzusetzen, ohne auf die mentalen Schranken der historisch prägenden Dualismen von Körper und Geist, Natur und Kultur sowie Natur und Technik zurück zu fallen. In diesen ethischen Diskussionen stehen durchaus humanistische Werte von Gerechtigkeit und individueller sowie kollektiver Freiheit und Verantwortung im Mittelpunkt (Braidotti, 2014; Rose, 2017). Es geht nicht darum, die Errungenschaften der Aufklärung und des Humanismus umzukehren, sondern diese auszuweiten, um der Vielzahl an menschlich-techno-ökologischen Realitäten gerechter zu werden. Posthumanismus im kritischen Sinn „bedeutet also nicht, gleichgültig gegenüber den Menschen oder entmenschlicht zu sein“, sondern beinhaltet im Gegenteil „eine neue Verbindung ethischer Werte mit dem Wohl der Gemeinschaft in einem umfassenderen Sinn, der auch unsere territorialen und ökologischen Wechselbeziehungen einschließt“ (Braidotti, 2014:193). Im kritischen Posthumanismus geht es auch um die Frage, ob nicht nur der *Homo sapiens*, sondern auch andere Lebewesen oder sogar ganze Ökosysteme ein Recht auf Existenz in Würde haben sollten (Holland und Linch, 2016; Whatmore, 2002).

werden, dass mit der Digitalisierung einhergehende, rapide Veränderungsprozesse zur Verstärkung der ökologischen Krisen führen? Zur Beantwortung dieser Fragen bietet die Nachhaltigkeitsdimension des normativen Kompasses eine grundlegende Orientierungshilfe.

2.2.1.1 Planetarische Leitplanken für globale Umweltveränderungen

Das seit 1994 vom WBGU entwickelte Konzept der planetarischen Leitplanken (Kasten 2.2.1-1) bezeichnet „quantitativ definierbare Schadensgrenzen, deren Überschreitung heute oder in Zukunft intolerable Folgen mit sich brächte, so dass auch großer Nutzen in anderen Bereichen diese Schäden nicht ausgleichen könnte“ (WBGU, 2011:34). Das Konzept wurde von Rockström et al. (2009) und Steffen et al. (2015b) als „planetary boundaries“ aufgegriffen und teils sogar als politisches Ziel übernommen (z.B. den Stopp der globalen Erwärmung unterhalb der 2°C-Klimaschutzleitplanke im Pariser Übereinkommen). In seinen Gutachten entwickelte der WBGU planetarische Leitplanken für spezifische Bereiche, u.a. Klima (WBGU, 1995, 1997), Armut (WBGU, 2005) und Meere (WBGU, 2006). Der WBGU bezieht sich auf folgende sechs Leitplanken (Kasten 2.2.1-1; WBGU, 2014b):

- Klimawandel auf höchstens 2°C begrenzen,
- Ozeanversauerung auf 0,2 pH-Einheiten begrenzen,
- Verlust von biologischer Vielfalt und Ökosystemleistungen stoppen,
- Land- und Bodendegradation stoppen,
- Gefährdung durch langlebige Schadstoffe (z.B. Quecksilber, Plastik, spaltbares Material) begrenzen,
- Verlust von Phosphor stoppen.

Die Ressourcen- und Energieeffekte der Digitalisierung wirken sich substanziell auf die Möglichkeit aus, die planetaren Leitplanken einzuhalten. Kritisch zu prüfen ist beispielsweise die Auswirkung der Digitalisierung auf die Möglichkeit, die 2°C-Klimaleitplanke einzuhalten, Land- und Bodendegradation zu stoppen und nachhaltigere Konsummuster zu etablieren. Neben den erhofften Effizienzgewinnen und Möglichkeiten der Ressourcenschonung durch Kreislaufwirtschaft oder Dematerialisierung sind auch Rebound-Effekte zu berücksichtigen, sowie mögliche Steigerungen der Energienachfrage oder negative Konsequenzen neuartiger Stoffströme, denen vorgebeugt werden sollte (Köhler et al., 2018; Arvidsson und Sandén, 2017).

Die technischen Entwicklungen bieten Potenziale für unser Verständnis des Erdsystems mit seinen komplexen Wechselwirkungen, Kipppunkten und planetarischen Leitplanken. Beispiele sind Echtzeitmessungen

Kasten 2.2.1-1

Planetarische Leitplanken

Das vom WBGU seit 1994 entwickelte Konzept der planetarischen Leitplanken verfolgt den Ansatz, solche Zustände des Erdsystems zu identifizieren, die unbedingt vermieden werden sollten, um die natürlichen Lebensgrundlagen der Menschheit nicht zu gefährden. Der WBGU hat seitdem Leitplanken für ganz unterschiedliche Bereiche des globalen Wandels vorgeschlagen und begründet, beispielsweise für Klimawandel, biologische Vielfalt, Ozeanversauerung, Meeresspiegelanstieg und Bodenschutz (WBGU, 1997, 2000, 2006, 2009b). Das Konzept wurde von Rockström et al. (2009) und Steffen et al. (2015b) mit dem Begriff „planetary boundaries" aufgegriffen und weiterentwickelt. Auch in der internationalen Politik finden sich Ansätze wieder, die der Idee planetarischer Leitplanken entsprechen – so etwa das im Übereinkommen von Paris vereinbarte Ziel, den globalen Temperaturanstieg auf deutlich unterhalb von 2 °C zu begrenzen.

Der WBGU hat Leitplanken als quantitativ definierbare Schadensgrenzen beschrieben, deren Überschreitung heute oder in Zukunft intolerable Folgen mit sich brächte, so dass auch ein großer Nutzen in anderen Bereichen diese Schäden nicht ausgleichen könnte (WBGU, 2011:34). Dabei ist allerdings erstens zu beachten, dass Leitplanken keine scharfen Systemgrenzen darstellen, bei denen diesseits der Leitplanke alle Schäden abgewendet werden könnten und jenseits der Leitplanke unmittelbar schwere Schäden oder Katastrophen zu erwarten wären. Zweitens ist die Quantifizierung der Leitplanken immer eine normative Setzung, da die Abgrenzung zwischen tolerablen und nicht tolerablen Folgen notwendigerweise wertgeleitet ist. Die Wissenschaft kann hier begründete Vorschläge vorlegen, die Entscheidung über die Setzung von Leitplanken sollte aber einem demokratischen Prozess unterliegen.

Der WBGU hat, aufbauend auf diesen Arbeiten, 2014 in einem Politikpapier ein Set von sechs Leitplanken vorgeschlagen und ausführlich begründet (WBGU, 2014b). In diesem Papier findet sich auch eine ausführliche Diskussion der Hintergründe des Leitplankenkonzepts. Die vorgeschlagenen Leitplanken sind:

1. *Klimawandel auf höchstens 2 °C begrenzen:* Um diese Leitplanke einzuhalten, sollten Emissionen von CO_2 spätestens Mitte des Jahrhunderts weltweit auf Null gebracht werden, und auch die Emissionen anderer Treibhausgase begrenzt werden.
2. *Ozeanversauerung auf 0,2 pH-Einheiten begrenzen:* Auch die Einhaltung dieser Leitplanke erfordert eine Absenkung der CO_2-Emissionen auf Null. Andere Treibhausgase hingegen beeinflussen die Ozeanversauerung nicht.
3. *Verlust von biologischer Vielfalt und Ökosystemleistungen stoppen:* Hierfür sollten die unmittelbaren anthropogenen Treiber des Verlusts biologischer Vielfalt, z. B. die Konversion natürlicher Ökosysteme, spätestens 2050 auf Null gebracht werden.
4. *Land- und Bodendegradation stoppen:* Die Netto-Landdegradation sollte bis 2030 weltweit und in allen Ländern gestoppt werden.
5. *Gefährdung durch langlebige Schadstoffe (z. B. Quecksilber, Plastik, spaltbares Material) begrenzen:* Die substituierbare Nutzung sowie die anthropogenen Quecksilberemissionen sollten bis 2050 gestoppt werden. Bis dahin sollte auch die Freisetzung von Plastikabfall in die Umwelt weltweit gestoppt werden. Die Produktion von Kernbrennstoffen sowohl für den Einsatz in Kernwaffen als auch für den Einsatz in zivil genutzten Kernreaktoren sollte bis 2070 eingestellt werden.
6. *Verlust von Phosphor stoppen:* Die Freisetzung nicht rückgewinnbaren Phosphors sollte bis 2050 gestoppt werden, weltweit sollte seine Kreislaufführung erreicht werden.

von Temperatur, Salzgehalt und Strömungen der Weltmeere, die für die Klima- und Meereswissenschaften unabdinglich geworden sind (z. B. Roemmich et al., 2009). Seit den 1990er Jahren verfolgen Wissenschaftler eine Maximalversion dieses Fortschritts. Unter dem Schlagwort „Digital Earth" hoffen sie, jeder Person digitalen Zugang zu einem wissenschaftlich fundierten Modell der Erde zu geben, welches historische und zukünftige Veränderungen des Planeten detailliert greif- und verstehbar macht (Goodchild et al., 2012; Kap. 3.3.5.1).

2.2.1.2
Lokale Umweltprobleme

Neben globalen Leitplanken müssen auch spezifische Umweltprobleme im Blick behalten werden – auch und gerade, wenn sich ihre Effekte nur im lokalen Kontext zeigen oder auf einzelne Staaten, Regionen oder auch (z. B. marginalisierte) Bevölkerungsgruppen beschränken. Häufig stehen lokale Umweltveränderungen in Wechselwirkung mit globalen Phänomenen, werden durch diese verstärkt oder können sie ihrerseits verstärken (WBGU, 2016a:145). Zahlreiche zunehmend globalisierte Wirtschaftsprozesse haben bereits heute konkrete Auswirkungen auf lokale Umweltsysteme, wie beispielsweise in der Textilprodxuktion, im Bergbau oder bei der Aluminiumproduktion. Vielfach folgen Auswirkungen wie diese dem Schema der Externalisierungsgesellschaft (Lessenich, 2016), demzufolge die Kosten des Lebensstils der wohlhabenderen Länder und Bevölkerungsgruppen überwiegend den ärmeren Ländern und Bevölkerungsgruppen in Rechnung gestellt werden.

Solche lokalen oder regionalen Belastungen von Ökosystemen, die in einer global aggregierten Perspektive unsichtbar werden, können auch durch Digitalisierung entstehen oder befördert werden. Der Abbau kritischer Rohmaterialien für Informations- und Kommunikationstechnologien wie seltene Erden-Elemente, Edelmetalle und rare Halbleitermaterialien hat beispielsweise sehr differenzierte Auswirkungen auf lokale Ökosysteme und Bevölkerungsgruppen (Yang et

Kasten 2.2.2-1

Menschliche Grundfähigkeiten

Das Teilhabekonzept des WBGU basiert neben den Menschenrechten ausdrücklich auf dem Capabilities Approach (CA), der auf Amartya Sen (1985) und Martha Nussbaum (1999) zurückgeht (WBGU, 2016a: 149, 156). Der CA konzeptualisiert und analysiert individuelles Wohlergehen primär über Tätigkeiten oder Fähigkeiten des Menschen. Er verkörpert damit einen universellen Zugang zu grundlegenden menschlichen Verwirklichungschancen, welcher gleichzeitig offen genug bleibt, um ihrer Vielfalt gerecht zu werden. Gemeinsame Basis ist der Schutz der Menschenwürde – ungeachtet vom Lebenskontext. Individuelles Wohlergehen wird im gesellschaftlichen Kontext an möglichen Fähigkeiten und Tätigkeiten ausgerichtet, wobei individuelle Freiheit im Sinne eines selbstbestimmten Lebens die zentrale normative Kategorie darstellt (Graf, 2017: 312). Aufgrund seiner globalen Perspektive wurde der CA auch Grundlage des Human Development Index der UN.

Über Sens (1985) eher ergebnisoffenes Verfahren hinausgehend betont Nussbaum (1999) die zentralen Fähigkeiten, das Leben (1) in seiner eigenen Umgebung und in eigenem Kontext, (2) in voller Länge lebenswert und bei guter Gesundheit und Ernährung, (3) unter angemessener Bedürfnisbefriedigung sowie Nutzung der fünf Sinne (sofern vollständig vorhanden) zu leben und (4) dabei unnötigen Schmerz zu vermeiden, aber auch (5) in Verbundenheit mit der gesamten Natur zu leben und pfleglich mit ihr umzugehen. Es gilt daher entsprechend, auch Digitalisierung zur Maximierung menschlicher Lebensqualität zu gestalten. So wäre z.B. bezüglich Transhumanismus, Neuro- oder Body Enhancement (im Vergleich zur Heilung) zu klären, wo im Rahmen der Menschenwürde jeweils Grenzen zu dystopischen Pfaden zu ziehen sind und was demgegenüber individueller Präferenz und der jeweiligen Eigenart überlassen bleibt (Kap. 2.2.3).

al., 2013). Auch steigt durch die hohe Innovationsfrequenz der digitalen Wirtschaft und durch die geplante Obsoleszenz digitaler Endgeräte der globale Elektro- und Elektronikschrott kontinuierlich (Kap. 5.2.5). Lokale Umweltprobleme werden in Zukunft durch die Weiterentwicklung und Verbreitung von Technologien wie Wearable Computing, Pervasive Computing und das Internet der Dinge wahrscheinlich verstärkt (Köhler et al., 2018). Aufgrund der Wucht und Geschwindigkeit, mit der digitale Innovationen den globalen Energie- und Ressourcenverbrauch verändern, sind die planetarischen Leitplanken und das Vermeiden lokaler Umweltprobleme wichtige normative Richtungsweiser für die Gestaltung der Digitalisierung im Sinne der Großen Transformation zur Nachhaltigkeit.

2.2.2
Teilhabe – die Basis für gutes Leben

Gesellschaftliche Teilhabe für alle Menschen ist ein wesentliches Ziel der Großen Transformation zur Nachhaltigkeit, denn ohne sie „sind weder gutes Leben noch nachhaltige Entwicklung möglich" (WBGU, 2016a: 147). Teilhabe zielt darauf, allen Menschen gleiche Chancen zu eröffnen, sich gesellschaftlich einzubringen und zu verwirklichen. Der WBGU stützt sein Konzept auf die Menschenrechte sowie den Capabilities Approach (Kasten 2.2.2-1).

2.2.2.1
Substanzielle Teilhabe als Basiskategorie

Substanzielle Teilhabe bildet das Fundament für ökonomische und politische Teilhabe. Sie schließt grundlegende Verwirklichungschancen und gesellschaftliche Mitgestaltung und damit Mindestvoraussetzungen für ein menschenwürdiges Leben ein. Basierend auf den Menschenrechten und im Einklang mit den entsprechenden Zielen der Agenda 2030 für nachhaltige Entwicklung beinhalten diese aus Sicht des WBGU (2016a: 148) den qualitativ und quantitativ adäquaten Zugang zu:

- Nahrung,
- sauberem Trinkwasser,
- sanitären Anlagen,
- Wohnraum, Gesundheitsversorgung,
- Bildung,
- modernen Energie- und Telekommunikationsdienstleistungen,
- Mobilität,
- Abfallentsorgung,
- gesunder Umwelt,
- Sicherheit.

Im Hinblick auf die Digitalisierung ist darüber hinaus zunächst die Ermöglichung gleichwertiger Teilhabe an IKT-Infrastrukturen und der virtuellen Welt mit den dort verfügbaren Daten, Informationen und Wissensartefakten zentral. Wird diese nicht ausreichend gewährleistet, leidet letztlich die politische und ökonomische Teilhabe. Der Zugang zur öffentlichen IKT, der kontinuierliche Ausbau von Breitbandnetzen und öffentlichen Informationsangeboten sowie Netzneutralität im Sinne gleichberechtigter Datenpakete statt eines Mehrklasseninternets sind daher wichtige Voraussetzungen substanzieller Teilhabe (Kap. 5.3.5). Gleiches gilt für zuverlässige und sichere Infrastrukturen und Informationen. Zudem müssen die Bedingungen für Mündigkeit, Informationsfreiheit und Bildung im Sinne digitaler Kompetenz, Selbstbestimmung und Souveränität gewährleistet werden, um Problemen wie etwa der Fragmentierung digitaler Öffentlichkeit, der Diskursmacht großer Konzerne oder der Manipulation von Nutzer*innen entgegenzuwirken und ökonomische wie politische Teilhabe zu ermöglichen. Letztlich läuft substanzielle Teilhabe auf die Möglichkeit hinaus, auch im Digitalen Zeitalter die Welt erkennen und mitgestalten zu können, da ansonsten eine „strukturelle Marginalisierung" der Betroffenen zu befürchten ist, wenn sie aus der digital durchdrungenen Welt ausgeschlossen werden (Apprich, 2015: 76).

2.2.2.2 Ökonomische Teilhabe für In- statt Exklusion

Eng verwoben mit substanzieller Teilhabe bedeutet ökonomische Teilhabe nicht nur die Integration in ein Wirtschaftssystem, sondern vor allem Zugang zu formellen und informellen Märkten (WBGU, 2016a: 150). Während im WBGU-Hauptgutachten zur Urbanisierung insbesondere der Arbeits- und Immobilienmarkt hervorgehoben wurden, beeinflusst die Digitalisierung die Dynamiken des Wirtschaftssystems an sich. Bei der Gestaltung dieses epochalen Wandels geht es weiterhin darum, soziale Ungleichheit zu verringern und Exklusion zu verhindern. Im globalen Kontext (UNIDO, 2017: 19) ebenso wie jeweils national zeichnen sich bereits weitere ökonomische Spaltungen der Gesellschaft im Zuge der Digitalisierung ab (Couldry und Mejias, 2018). Fragen z. B. nach dem Wert von Daten, deren Eigentum und Kontrolle sind hier ebenso zu stellen wie nach der zukünftigen Rolle von Erwerbsarbeit und neuen Systemen zur Vergütung und sozialen Sicherung. Ebenso zeichnet sich ab, dass sich das Finanz- und das Währungssystem durch neue Technologien weiter verändern werden. Bei diesen Veränderungen sind Sicherheit und Transparenz im Hinblick auf durch Algorithmen geprägte Entscheidungsprozesse relevant (SVRV, 2018). Da sich das Ungleichgewicht zwischen der Macht der wichtigsten IKT-Konzerne und einzelnen Nutzer*innen sowie der Netzgemeinschaft zukünftig eher zu verschärfen als zu reduzieren droht, sind auch hier weitere gesellschaftliche Debatten nötig (Kap. 9).

2.2.2.3 Politische Teilhabe als demokratische Grundlage

Politische Teilhabe ist nicht nur Voraussetzung für die Große Transformation zur Nachhaltigkeit und die Entwicklung eines neuen Gesellschaftsvertrags (WBGU, 2011; Messner, 2015), sondern erfüllt auch im Sinne der Mitgestaltung der digitalisierten Gesellschaft eine zentrale Rolle. Die Minimalanforderungen politischer Teilhabe (WBGU, 2016a: 152) – Wahl-, Informations- und Mitwirkungsrecht sowie Kollektivrechte und Rechtsschutz – werden bereits gegenwärtig erheblich von der Digitalisierung betroffen. Zentral ist hierbei zunächst der neue Strukturwandel der Öffentlichkeit (Imhof, 2011; Fraser, 2010; Capurro, 2017) durch Phänomene wie digitale Filterblasen (Pariser, 2011), Echokammern und die Verbreitung von „Fake News" in sozialen Medien oder die kontinuierliche Herausforderung klassischer journalistischer Geschäftsmodelle (Kap. 5.3.2). Neben der für die politische Willensbildung und Teilhabe nötigen Informations- sowie Redefreiheit sind auf kollektiver Ebene vor allem ein gruppenbezogenes Recht auf Privatsphäre und Datenschutz ebenso relevant wie eine verlässliche juristische Basis insbesondere im internationalen und globalen Kontext. Weitere Herausforderungen bestehen bei der direkteren Anbindung an Entscheidungsfindungsprozesse innerhalb und jenseits gefestigter Nationalstaaten (z. B. direkte Demokratie, E-Government, Governance des Internet, aber auch Transnationalisierung, Glokalisierung, globale Stakeholder-Prozesse).

2.2.3 Eigenart als Fundament für selbstwirksame Individuen und transformationsfähige Gesellschaften

Der WBGU (2016a) hat bereits in seinem letzten Hauptgutachten verdeutlicht, dass die Ermöglichung von Vielfalt und die Anerkennung von Diversität transformationsrelevant sind. Die Kompassdimension der *Eigenart* betont diesen Wert von Vielfalt sowohl als Ressource für Transformation als auch als wichtige Bedingung für Wohlbefinden und Lebensqualität.

Drei Bedingungen dafür sind: die Möglichkeit zur *Selbstwirksamkeit*, zur *sozialen Kohäsion* und zur *Identität*. Selbstwirksam erleben sich Menschen bei der (Mit-)Gestaltung des eigenen Lebensumfelds, also bei der konkreten Erfahrung, wirksam zu sein im eigenen Handeln (Bandura, 1977). Soziale Kohäsion, d. h. der Zusammenhalt gesellschaftlicher Gruppen, ist eine wichtige Ressource für die erfolgreiche Auseinandersetzung mit Anforderungen und sozialer Unterstützung. Sozialer Zusammenhalt entsteht im zwischenmenschlichen Austausch, in der Erfahrung gemeinsam zu leben, sich auszutauschen und sich verbunden zu fühlen (Diener und Seligman, 2004; Kahnemann und Krüger, 2006). Für Identität ist die Identifikation mit Gruppen ebenso relevant wie die Möglichkeit der Abgrenzung von ihnen. Wichtige Voraussetzung hierfür ist die Möglichkeit der Regulation von Privatheit. Privatheit definierte Westin (1970) als Anspruch von Individuen, Gruppen oder Institutionen, zu entscheiden, wann, wie und in welchem Ausmaß Informationen über sie an andere weitergegeben werden. Diesen Privatheitsbegriff aufgreifend wies der Psychologe Altman (1976) der Privatheitsregulation, also der Selbstbestimmung darüber, welche Selbstinteressen und Selbstausdrücke wem offenbart werden können, eine wesentliche Bedeutung für psychische Integrität und Wohlbefinden zu. Die Möglichkeit der Privatheitsregulation ist damit eine wichtige Voraussetzung für die Realisierung von Eigenart.

2.2.3.1
Eigenart als Leitbild zum Schutz der individuellen Entfaltungsfreiheit

Eigenart und die Bedingungen für Lebensqualität können im Digitalen Zeitalter sowohl in Frage gestellt als auch massiv gestärkt werden. Für Individuen ergeben sich teils erhebliche Herausforderungen.

So ist das Verschwinden von Eigenart Kern vieler dystopischer Zukunftsvorstellungen (Kap. 6), in denen Digitalisierung und technischer Fortschritt häufig in uniformen Post-Privacy-Gesellschaften münden, wo allgegenwärtige Überwachung und das Bestrafen von Abweichung nicht nur direkten Uniformitätsdruck erhöhen, sondern auch indirekt die Selbstzensur verstärken und damit Eigenart bedrohen.

Risiken wie der Verlust von Privatheit und Schutzräumen, Intransparenz darüber, wie private Daten genutzt und automatisierte Entscheidungen getroffen werden oder die Logik des Nicht-Vergessens in der digitalen Umwelt können die Identitätsentwicklung erschweren und einen Uniformitätsdruck erzeugen. Ist das Spiel mit verschiedenen Identitäten, das Sich-Ausprobieren in eingehegten Schutzräumen konstitutiv für die eigene Identitätsbildung von Kindheit bis ins hohe Alter, so droht mit der digitalen Transparenz eine wachsende sprichwörtliche Schere im Kopf. In diesem Zusammenhang erzeugt auch die Vorstellung, dass Informationen im Netz dauerhaft gespeichert werden (Nicht-Vergessen) vermutlich eine stärkere Kontrolle der Selbstdarstellung, also Einschränkung von Diversität.

Es sind aber auch Zukünfte vorstellbar, die von einer vollendeten Ermöglichung von Eigenart erzählen, also von Kreativität und umfassender Identitätsentwicklung. Dies betrifft etwa die Vorstellung einer Gesellschaft, in der Menschen Raum für sinn- und identitätsstiftende Tätigkeiten haben. Im Internet kann wegen seiner Möglichkeiten für Anonymität ein zusätzliches Spielfeld des Sich-Ausprobierens und des Erprobens von Identität entstehen. Gerade weil die digitalen Technologien vielen Menschen Räume für Kreativität, neue Ausdrucksformen und Selbstwirksamkeit bieten, sollten im Sinne der Eigenart gangbare Wege gefunden werden, diese Potenziale zu stärken und gleichzeitig die Gefahren effektiv einzuhegen.

Digitalisierung eröffnet also Wege für viele verschiedene mögliche Welten, und es ist diese Spannung, weshalb der Schutz von Privatheit, Autonomie und Selbstbestimmung zu Kernforderungen von Eigenart werden. Psychische Gesundheit und positiv erlebte Beziehungen erfordern die permanente Aushandlung von Kontaktaufnahme und Rückzug und damit auch die Bestimmung über das Ausmaß der Information über die eigene Person, das an andere weitergegeben werden darf (Trepte und Reinecke, 2011; Trepte und Masur, 2017). Privatheitsverletzungen entstehen, wenn Menschen hier nicht handlungsfähig sind und etwa Informationen unwillentlich oder unautorisiert veröffentlicht und für andere Zwecke verwendet werden.

Menschen und Gesellschaften sollten daher dort aushandlungs- und diskursfähig sein, wo die Anwendung technologischer Entwicklungen von Staaten, Unternehmen oder anderen Individuen ihre Privatheit, Autonomie und Selbstbestimmung berührt. Die spezielle Schutzpflicht der Eigenart übersetzt sich also für viele Bereiche einer sich digitalisierenden Welt z. B. ganz konkret als Schutz individueller und gruppenbezogener Privatheit, als Recht auf Vergessen sowie als wirksamer Datenschutz und wirksame Datensicherheit. Menschen sollten ein Recht haben auf Zeiten, Orte, Handlungen oder Lebensbereiche, die nicht überwacht werden und wo keine Daten erfasst werden.

Dieser Schutz von Privatheit wird aktuell am ehesten mit dem juristischen Begriff des Schutzes der Privatsphäre abgedeckt. Privatsphäre im rechtlichen Sinne gem. Art. 7 der Charta der Grundrechte der Europäischen Union (GrCH) umfasst „die Identität und Entwicklung der Person, sowie das Recht, Beziehungen zu anderen Personen und der Außenwelt zu knüpfen und zu pflegen" (Sydow, 2018). Das Bundesverfassungsgericht umschreibt das im deutschen Grundgesetz (Art. 2 Abs. 1, 1 Abs. 1 GG) verankerte allgemeine Persönlichkeitsrecht, aus dem das Recht auf Privatsphäre abgeleitet wird, wie folgt: Es habe die Aufgabe, die engere persönliche Lebenssphäre und die Erhaltung ihrer Grundbedingungen zu gewährleisten, die sich durch die traditionellen Freiheitsgarantien nicht abschließend erfassen lassen (BVerfG, 1969; BVerfG, 1973). Das umfasst die Integrität der Persönlichkeit in geistig-seelischer und räumlichen – auch virtuell-räumlichen – Beziehung (Murswiek und Rixen, 2018). Der menschen- und grundrechtlich verankerte Schutz der Privatsphäre ist mithin Voraussetzung bzw. Bedingung für Privatheit. Wird die Privatsphäre verstanden als Rechtsposition verletzt, kann individuelle Privatheit bedroht sein.

Im privaten und im öffentlichen Raum sind derzeit viele Fragen des Schutzes der Privatheit aus Perspektive der Eigenart noch ungelöst.

2.2.3.2
Eigenart als gesellschaftspolitisches Leitbild

Die Dimension der Eigenart erhält bezogen auf systemische Veränderungsprozesse im Kontext der Digitalisierung eine enorme Bedeutung. In völlig neuer Qualität kann jede*r unter Nutzung der digitalen Möglichkeiten für das Management von Interessensgruppen (für spezielle Hobbies oder für spezielle Bedarfe), für kreatives Schaffen (in Text, Audio, Video und neuartigen Kombinationen), für digital gestütztes Wirken (mittels neuartiger digitalisierter Geschäftsmodelle) oder für die Selbstdarstellung (in Mode oder in den eigenen digitalen Abbildern) seine bzw. ihre Eigenart entfalten. Den Potenzialen stehen Risiken gegenüber: Menschen können durch die Nutzung von IKT entweder zum transparenten und passiven User degradiert oder als individuelle Person mit substanzieller Datensouveränität und starkem Recht auf Privatsphäre ausgestattet werden (SVRV, 2017). Im besten Sinne können durch Digitalisierung Potenziale eröffnet werden, z. B. Produktion und Konsum radikal zu dezentralisieren und zu diversifizieren (bis hin zu den Visionen einer vernetzten Commons-Wirtschaft). In dieser Vernetzung von Verschiedenem, in der Summe der Diversität lokaler, regionaler oder transnationaler Sub- und Gegenöffentlichkeiten liegt das Versprechen eines freien globalen Netzes (Kap. 5.3.2).

2.3
Würde als Ausgangspunkt und Zielbild des normativen Kompasses

Menschenwürde – als zentrales Element der aufklärerischen und humanistischen Denkweise – war bislang implizit der grundlegende normative Ausgangspunkt des WBGU (Abb. 2.3-1). Ohne die Erhaltung natürlicher Lebensgrundlagen ist würdevolles Leben auf der Erde gegenwärtig und auch für zukünftige Generationen grundsätzlich nicht möglich (Steffen et al., 2015b). Für ein würdevolles Leben benötigen Individuen grundlegende Verwirklichungschancen und die Möglichkeit gesellschaftlicher Mitgestaltung, also ein Mindestmaß an Teilhabe. Die Eigenart des Individuums zu schützen bedeutet auch, es als mit Menschenwürde ausgestattet wertzuschätzen und dabei grundsätzliche Kategorien wie Verletzlichkeit oder Endlichkeit als Teil menschlicher Eigenart anzuerkennen.

Der WBGU benennt die Unantastbarkeit der Menschenwürde und die hieraus resultierende Achtung und den Schutzanspruch in diesem Gutachten explizit als Orientierungshilfe für die Gestaltung der Digitalisierung im Sinne der Großen Transformation.

Nach Artikel 1 der Allgemeinen Erklärung der Menschenrechte sind „alle Menschen […] frei und gleich an Würde und Rechten […] geboren“ (UN, 1948). Der Begriff der Menschenwürde ist bislang weder philosophisch noch rechts- oder geschichtswissenschaftlich abschließend geklärt (Debes, 2017). Fest steht aber, dass der Schutz der Menschenwürde durch seine Verankerung in der UN-Menschenrechtserklärung, der europäischen Grundrechtecharta, etlichen staatlichen Verfassungen (z. B. Deutschland, Kolumbien, Russland) und als Bestandteil des Völkergewohnheitsrechts global und allgemein gültig ist (Dreier, 2013; zum Begriff und Schutz der Menschenwürde in der deutschen Verfassung siehe Kasten 2.3-1). Zudem hat die Menschenwürde die Geschichte auf vielfältige Weise, auch jenseits der europäischen Aufklärung, geprägt (Debes, 2017), so bereits bei den Römern (*dignitas*; Griffin, 2017), im

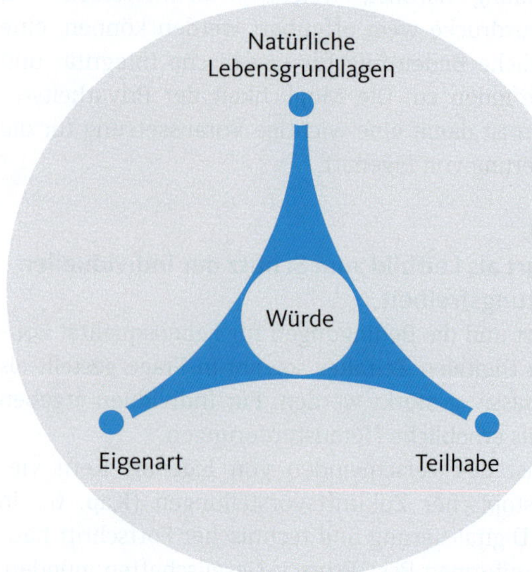

Abbildung 2.3-1
Normativer Kompass für die Große Transformation zur Nachhaltigkeit in einer digitalisierten Gesellschaft. Die Transformation kann durch ein Zusammenwirken und eine Balance von folgenden drei Dimensionen erreicht werden:
- *„Erhaltung der natürlichen Lebensgrundlagen“:* Planetarische Leitplanken einhalten sowie lokale Umweltprobleme vermeiden bzw. lösen.
- *„Teilhabe“:* Universelle Mindeststandards für substanzielle, politische und ökonomische Teilhabe gewährleisten.
- *„Eigenart“:* Wert von Vielfalt als Ressource für gelingende Transformation sowie Bedingung für Wohlbefinden und Lebensqualität anerkennen.

Die Menschenwürde war bislang implizit der normative Ausgangspunkt des WBGU. Ohne die drei Kompassdimensionen ist sie nicht zu realisieren, aber im Digitalen Zeitalter wird sie durch zahlreiche Herausforderungen zunehmend brisanter. Deshalb benennt der WBGU die Unantastbarkeit, die Achtung sowie den Schutz der *Würde* explizit als Orientierungshilfe im Sinne der Transformation zur Nachhaltigkeit.
Quelle: WBGU; Grafik: Wernerwerke, Berlin

Kasten 2.3-1

Die Würde des Menschen im deutschen Grundgesetz

Art. 1 Abs. 1 des deutschen Grundgesetzes (GG) statuiert:

„Die Würde des Menschen ist unantastbar. Sie zu achten und zu schützen ist Verpflichtung aller staatlicher Gewalt."

Die Würde des Menschen ist oberster Verfassungswert, „tragendes Konstitutionsprinzip" und damit die wichtigste Wertentscheidung des Grundgesetzes (Jarass, 2018).

Die Menschenwürde wird durch das Grundgesetz absolut geschützt („unantastbar"): eine Verletzung der Menschenwürde steht also nicht der Abwägung gegen andere kollidierende Verfassungsgüter offen, wie es bei anderen Grundrechten (z.B. Gesundheitsschutz, Art. 2 Abs. 2 S. 1 GG) der Fall ist. Deshalb ist der Begriff der Würde in Art. 1 Abs. 1 S. 1 GG sehr eng auszulegen: Nur der Kern dessen, was das Menschsein ausmacht, wird absolut geschützt, die Menschenwürdegarantie statuiert gewissermaßen Tabugrenzen (Höfling, 2018). Nicht geschützt werden Tiere oder Gegenstände. Ob bereits die befruchtete Eizelle im Mutterleib geschützt ist oder erst ihre Nidation in der Gebärmutter (so das Bundesverfassungsgericht), ist umstritten. Jeder Mensch besitzt Würde, ohne dass es auf ein Bewusstsein oder ein bestimmtes Verhalten ankommt. Auch nach dem Tod kommt Menschen ein postmortaler Würdeschutz zu.

Zum Schutz der Menschenwürde verpflichtet ist die gesamte staatliche Gewalt, d.h. Gesetzgebung, Regierung, Verwaltung und Rechtsprechung. Auch darf „deutsche Hoheitsgewalt die Hand nicht zu Verletzungen der Menschenwürde durch andere Staaten reichen" (BVerfG, 2015).

Eingriffe in den Kernbereich der Menschenwürde

Aufgrund der nationalsozialistischen Verbrechen hat der historische Verfassungsgeber die Menschenwürde an den Anfang des Grundgesetzes gestellt und damit verdeutlicht, dass der Mensch im Fokus des Grundgesetzes steht und nicht der Staat (Jarass, 2018). Nach dem Bundesverfassungsgericht ist es mit der Menschenwürde nicht vereinbar, den Menschen „zum bloßen Objekt der Staatsgewalt zu machen". Jedem Menschen komme ein „sozialer Wert- und Achtungsanspruch" zu (BVerfG, 2004) allein aufgrund seines Menschseins (Jarass, 2018).

Was zum Kernbereich der Menschenwürde gehört, ist nicht abschließend festgelegt. Zum Objekt staatlichen Handelns wird der Mensch, wenn er erniedrigt, gebrandmarkt oder geächtet wird, ihm also der Achtungsanspruch als Mensch aberkannt wird. Dementsprechend verletzen Folter, Sklaverei und Leibeigenschaft oder Stigmatisierung die Menschenwürde. Es ist nicht nur die körperliche, sondern auch die psychische, seelische und intellektuelle Integrität vor staatlichen Eingriffen geschützt. Geklärt ist auch, dass das staatliche Beobachten und Abhören von Kernbereichen privater Lebensgestaltung gegen die Menschenwürde verstößt (BVerfG, 2004). Ungeklärt ist, welche digitalen Anwendungen, die umfangreiche Schlussfolgerungen und Erkenntnisse über private Lebensgestaltung zulassen, nun in diesen Kernbereich eindringen.

Die Menschenwürde kann auch durch staatliches Unterlassen verletzt werden. So hat das Bundesverfassungsgericht in seinem Hartz-IV-Urteil (BVerfG, 2010) klargestellt, dass jedem Menschen ein Recht auf ein Existenzminimum für seine physische Existenz zusteht. Dazu gehören Nahrung, Kleidung, Hausrat, Unterhalt menschlicher Beziehungen sowie ein Mindestmaß an Teilhabe am gesellschaftlichen, kulturellen und politischen Leben. Ob hierzu auch ein Anspruch auf Teilhabe in Form von digitalen Medien zählt, ist ebenfalls nicht geklärt.

Die Menschenwürde wird ferner verletzt, wenn einem Menschen die prinzipielle Gleichheit mit anderen Menschen aberkannt wird, d.h. vor Recht und Gesetz gibt es keine Menschen zweiter Klasse. Die Menschenwürde ist mithin ein Antidiskriminierungsgebot (Dreier, 2013). Je mehr gesellschaftliche Interaktionen im digitalen Raum stattfinden, desto wichtiger ist es, dieses Antidiskriminierungsgebot auch dort umzusetzen.

Die Menschenwürde enthält auch Rechte: so das Recht auf Selbstdarstellung (nach außen; durch digitale Technik befördert) und Selbstabgrenzung (nach innen; durch digitale Technik gefährdet; Höfling, 2018).

Auf der Ebene des internationalen Rechts werden und wurden Abkommen angestrebt, die Bedrohungen der menschlichen Würde durch rasche biotechnische Fortschritte, die auch von digitaler Technik profitieren, einschränken sollen (Dreier, 2013). Es gibt ein bereits in Kraft getretenes Menschenrechtsübereinkommen des Europarates zur Biomedizin. Ob und inwieweit bei möglicher künftiger Technisierung des Menschen (Themenkasten 5.3-2) der aus dem Würdegebot resultierende Achtungsanspruch verlustig gehen kann, ist bislang nicht diskutiert.

Zwar sind Private nicht unmittelbar durch Art. 1 Abs. 1 GG verpflichtet (Jarass, 2018). Der Staat muss jedoch privatrechtliche und öffentlich-rechtliche Vorschriften erlassen, um die Beeinträchtigung der Würde des Menschen durch Private zu verhindern, er hat diesbezüglich also eine Schutzpflicht (Jarass, 2018). D.h. auch die durch Digitalisierung entstehenden Gefährdungen der Menschenwürde hat der Staat zu verhindern und entsprechende gesetzgeberische Vorkehrungen zu treffen. Da der technische Wandel der letzten Jahrzehnte primär von wenigen digitalen Konzernen getrieben wird, welche damit zunehmend wirtschaftliche und gestalterische Macht gewonnen haben, ist diese staatliche Verantwortung besonders zu betonen und einzufordern.

ostasiatischen Raum (Wong, 2017) und in islamischer und christlicher Glaubenslehre (Shah, 2017).

2.3.1 Brisanz der Würde im Digitalen Zeitalter

Das anbrechende Digitale Zeitalter bringt neue Herausforderungen für den Schutz der Menschen- und Grundrechte mit sich. Im Digitalen verändern sich die Schutzräume und Ausübungsmöglichkeiten von Menschen-

und Grundrechten, so dass hier neue Vergewisserungen erforderlich sind. Die Menschenwürde ist als Ursprung aller anderen Grund- und Menschenrechte der zentrale unveränderliche Referenzpunkt (Kap. 4.3). Die erneute Brisanz der Achtung und des Schutzes menschlicher Würde im Digitalen Zeitalter wird anhand einiger beispielhafter Potenziale und Risiken erläutert und später in verschiedenen Schauplätzen vertieft (Kap. 5.3).

So argumentieren beispielsweise europäische Bürger*innen in ihrem Vorschlag einer Charta der Digitalen Grundrechte, dass keine technische Entwicklung die Würde des Menschen beeinträchtigen dürfe (Zeit-Stiftung, 2018). Aus der Entstehungsgeschichte ergibt sich, dass mit dieser technologieneutralen Formulierung heute insbesondere Gefährdungen der Menschenwürde durch Big Data, KI, Vorhersage und Steuerung menschlichen Verhaltens, Massenüberwachung, Einsatz von Algorithmen, Robotik und Mensch-Maschine-Verschmelzung sowie Machtkonzentration bei privaten Unternehmen adressiert werden sollen (Zeit-Stiftung, 2016).

Auch die Auswirkungen der Digitalisierung auf soziale und ökologische Rahmenbedingungen (digitales Anthropozän) zeigen die Dringlichkeit einer normativen Rückbesinnung auf die Würde. Wie von Capurro (2017) skizziert, kann zum Beispiel digitale Kommunikation Menschen auf der Flucht deutlich unterstützen, andererseits ermöglichen neue Technologien staatliche oder private Überwachung auf nie dagewesene Weise. Ebenso profitiert unser Verständnis des globalen Klimas ungemein von verbesserten Supercomputern, Modellen, Simulationen sowie KI (Jones, 2017), und der digitale Wandel verspricht Effizienzgewinne und Ressourcenoptimierung. Angesichts der hohen Geschwindigkeit des digitalen Wandels und möglicher Pfadabhängigkeiten besteht jedoch auch die Gefahr eines gesteigerten Ressourcenverbrauchs, der nicht zukunftsfähig mit würdevollem Leben auf der Erde vereinbar wäre.

Würde ist zudem gefährdet, wenn in Kernbereiche menschlicher Integrität (körperlich, psychisch, seelisch) und Identität eingegriffen und Autonomie unterwandert wird (Christl und Spiekermann, 2016). Solche Gefährdungen können beispielsweise durch Scoring (Fourcade, 2016; Kap. 5.3.3), den Einsatz automatisierter Entscheidungsfindung und -unterstützung (Kasten 4.3.3-1) und andere umfangreiche Datenzusammenführungen (z.B. Kap. 5.3.7) entstehen, wenn auf deren Grundlage nicht nachvollziehbare Entscheidungen über Individuen getroffen werden. Ebenso fundamental bleibt der Schutz des Lebens selbst, etwa im Kontext möglicher kriegerischer Auseinandersetzungen mit automatisierten oder autonomen Waffensystemen bis hin zu neuen bedrohlichen Möglichkeiten der digital unterstützten Massenvernichtung (Delahaye, 2017).

Die Gewährleistung von Würde für alle Menschen und für zukünftige Generationen auf der Erde ist somit ein zentraler ethischer Richtungsweiser für die Gestaltung der Digitalisierung im Einklang mit der Großen Transformation zur Nachhaltigkeit.

2.3.2 Zwei zentrale Aspekte der Würde: Schutz vor Objektifizierung und substanzielle individuelle Rechte

Zwei Aspekte des Begriffs der Menschenwürde sind für den WBGU im Hinblick auf Digitalisierung zentral:

Zum einen bezieht sich die Würde des Menschen auf den *Schutz jeder Person* vor *Objektifizierung*, also vor grundlegenden Angriffen auf ihre Subjektivität (Kasten 2.3-1). Diese Definition geht auf Immanuel Kants Menschheitsformel des Kategorischen Imperativs zurück. Er argumentierte, dass jeder Mensch, als vernunft- und moralfähiges Wesen, nie als reines Mittel zum Zweck, also als Objekt zu sehen sei, sondern immer als Zweck-an-sich oder Selbstzweck (Kant, 1919). Insoweit verbietet das Recht auf Menschenwürde Erniedrigung und Ächtung etwa durch Folter oder Sklaverei. Durch die Auseinandersetzungen der letzten zwei Jahrhunderte konnten im Kant'schen Würdebegriff noch bestehende Diskriminierungen, wie insbesondere Rassismus und Frauenfeindlichkeit, überwunden und das Konzept, wie in der UN-Menschenrechtscharta, auf alle Menschen ausgeweitet werden.

Zum anderen schützt die Garantie der menschlichen Würde Individuen nicht nur vor staatlichen Eingriffen (Negativdefinition), sondern *aus der Menschenwürde resultieren auch substanzielle individuelle Rechte* (Positivdefinition). Dieser zweite Aspekt des Würdebegriffs wird etwa in Artikel 22 der UN-Menschenrechtscharta (UN, 1948) benannt, wonach jede Person „wirtschaftliche, soziale und kulturelle Rechte“ hat, welche für ihre „Würde und die freie Entwicklung [ihrer] Persönlichkeit unentbehrlich sind“. Der WBGU hat diesen zweiten positiven Würdeaspekt in den Kompassdimensionen Teilhabe (Kap. 2.2.3) und Eigenart (Kap. 2.2.4) bereits vertieft.

Negativ- und Positivdimension des Schutzes der Menschenwürde stehen in einem Spannungsverhältnis. Die Unantastbarkeit der Menschenwürde beinhaltet einerseits, dass Individuen voraussetzungslos und von Geburt an Träger von Würde sind und somit bestimmte Eingriffe abwehren können. Allerdings müssen bestimmte Voraussetzungen erst geschaffen werden um ein würdevolles Leben für Individuen zu gewähr-

Kasten 2.3.2-1

Menschen als Subjekt und Objekt in den Humanwissenschaften: Spannungen und aufklärerisches Potenzial

In den Humanwissenschaften ist der Widerspruch zwischen der Betrachtung des Menschen als wissenschaftlichem Objekt und der Hinwendung zum Menschen als Subjekt grundsätzlich angelegt (Foucault in Dreyfus und Rabinow, 1982). Sobald etwa in der Philosophie, Soziologie und insbesondere Psychologie allgemeine Gesetzmäßigkeiten zur Erklärung menschlicher Funktionen angenommen werden und Aussagen über „den Menschen" getroffen werden (etwa zu begrenzter Rationalität oder sozialer Determiniertheit), macht man ihn zum Objekt. Gleichzeitig erwächst aus dieser Perspektive ein Potenzial der Überwindung von Begrenztheit und damit ein aufklärerisches Element. Das wird am Rosenthal-Effekt deutlich. Erst nachdem Rosenthal und Jacobson (1968) gezeigt hatten, wie Stereotype die Wahrnehmung der Lehrer*innen von ihren Schüler*innen und somit die Interaktion mit ihnen prägten, konnte ein proaktiver, Stereotype überwindender kompensatorischer Interaktionsstil gefordert werden.

In der Psychologie wird schon seit Jahrzehnten diskutiert, unter welchen Bedingungen und für welche Problemstellungen es verantwortbar ist, Menschen zum Objekt zu machen (z.B. Groeben und Scheele, 1977). Eine Folgerung ist, dass Formen des Objektifizierens immer explizit begründet und diskutiert werden sollten. Zulässig sind sie dort, wo über Menschen Aussagen allgemein auf einer Metaebene getroffen werden (z.B. junge Männer in Deutschland haben ein höheres Risiko kriminell zu werden als andere Altersgruppen). Kritisch sind Objektifizierungen, wenn Rückschlüsse auf ein spezifisches Individuum gezogen werden, besonders wenn unklar ist, ob Begründungen verstanden und freiwillig zugestimmt wurde (z.B. bei Kindern, Woodhead und Faulkner, 2000). Aus dieser Betrachtungsweise heraus sind etwa Big-Data-Analysen, bei denen Rückschlüsse auf einzelne Individuen getroffen werden, in vielen Fällen als unzulässige Formen des Objektifizierens zu bezeichnen.

Auch auf individueller Ebene hat die Unterscheidung von Subjekt- und Objektperspektive eine Verankerung in den Humanwissenschaften. In Therapien werden Theorien über Subjekt/Selbst-Objektbeziehungen genutzt, um Patient*innen zu befähigen, Grenzen und Probleme zu überwinden, subjektives Erleben und Empfinden gegenüber anderen abzugrenzen und zu reflektieren (z.B. Butcher et al., 2009).

Diskussionen über das Verhältnis zwischen Subjekt und Objekt haben das Potenzial, dass Menschen mögliche Fehler und Begrenztheiten für sich und andere aufdecken und reflektieren können, ob in der Forschung oder für das persönliche Wohlbefinden. Diese Gleichzeitigkeit der Subjekt- und Objektperspektive, ihr Potenzial und Spannungsverhältnis, sollte auch in Digitalisierungsprozessen systematisch reflektiert werden: Datenanalysen sind etwa statthafte Hilfsmittel, Menschen, Wissenschaftler*innen bedienen sich ihrer als Heuristik im Sinne einer Orientierung. Gleichzeitig sollte berücksichtigt werden, dass Menschen im Sinne ihrer individuellen Würde durch die Anwendung solcher Heuristiken nicht benachteiligt werden dürfen.

leisten (Schulz-Nieswandt, 2017:29). Sichtbar wird dieses Spannungsverhältnis bei der Frage nach der Grenze zwischen Privatheit und Öffentlichkeit, die im Digitalen Zeitalter zwischen Individuum, Staat und Markt neu austariert werden muss. Einerseits scheint der gesetzgeberische Schutz der Privatheit vor staatlichen oder ökonomischen Eingriffen existenziell notwendig um Eingriffe in die Menschenwürde zu verhindern, Menschen also beispielsweise nicht als reines Objekt staatlicher Gewalt oder wirtschaftlicher Gewinnchancen digitaler Konzerne zu sehen. Andererseits ermöglicht dieser Rückzug des Staates aus der zunehmend digitalisierten privaten Welt von Individuen auch Ungleichheitbehandlungen und Gewalttaten durch Dritte, welche die Würde vieler Personen wiederum beschneiden. Vor allem im Kontext der Digitalisierung sind diese Spannungen zwischen Privatheit und Öffentlichkeit und zwischen der Würde als Abwehranspruch und Schutzgebot nicht zu eliminieren, sondern zu gestalten (Schulz-Nieswandt, 2017:63).

Nicht nur in den Rechtswissenschaften sondern auch in den Humanwissenschaften wird die Objektifizierung des Menschen spätestens seit Foucault thematisiert und reflektiert (z.B. Foucault in Dreyfus und Rabinow, 1982). Aus dieser systematischen Reflexion sowohl des aufklärerischen Potenzials der Objektifizierung des Menschen als Erkenntnisobjekt als auch der Bedrohung der Integrität des Individuums durch Objektifizierung (Kasten 2.3.2-1) können Leitlinien für den Umgang mit Algorithmen und Big Data abgeleitet werden.

2.4 Folgerungen

Die Große Transformation muss die Digitalisierung in den Blick nehmen, nicht allein um hier liegende Potenziale und Gefährdungen für die Erhaltung natürlicher Lebensgrundlagen auszuschöpfen bzw. einzuhegen. Der Megatrend Digitalisierung berührt alle transformationsrelevanten gesellschaftlichen Bereiche und kann diese im Positiven wie Negativen verstärken. Dadurch gewinnt die Gestaltung der Großen Transformation und die Vergewisserung ihrer normativen Grundlagen nochmals an Relevanz.

Der WGBU legt für diese umfassende Transformation einen normativen Kompass für nachhaltige Entwicklung zugrunde und zeigt exemplarisch, wie sich Digitalisierung im Spannungsfeld der drei Kompassdimensionen Erhaltung natürlicher Lebensgrundlagen, Teilhabe und Eigenart gestalten lässt. Mit Digitalisierung verändern sich außerdem Schutzräume und Ausübungsmöglichkeiten von Grundrechten, so dass hier neue Vergewisserungen erforderlich sind. Der WBGU stellt seinen normativen Kompass hierfür explizit auf das Fundament der Achtung der Menschenwürde als Ursprung aller anderen Grund- und Menschenrechte.

Schließlich bergen digitale Technologien auch ein enormes Potenzial für gesellschaftliche Entwicklungsprozesse. Sie ermöglichen in nie dagewesener Weise transnationale Kommunikation, Vernetzung und Informations- wie Wissenszuwachs. Perspektivisch könnte dies die menschliche Fähigkeit zu vertiefter Kooperationskultur und wechselseitiger globaler Solidarität beflügeln.

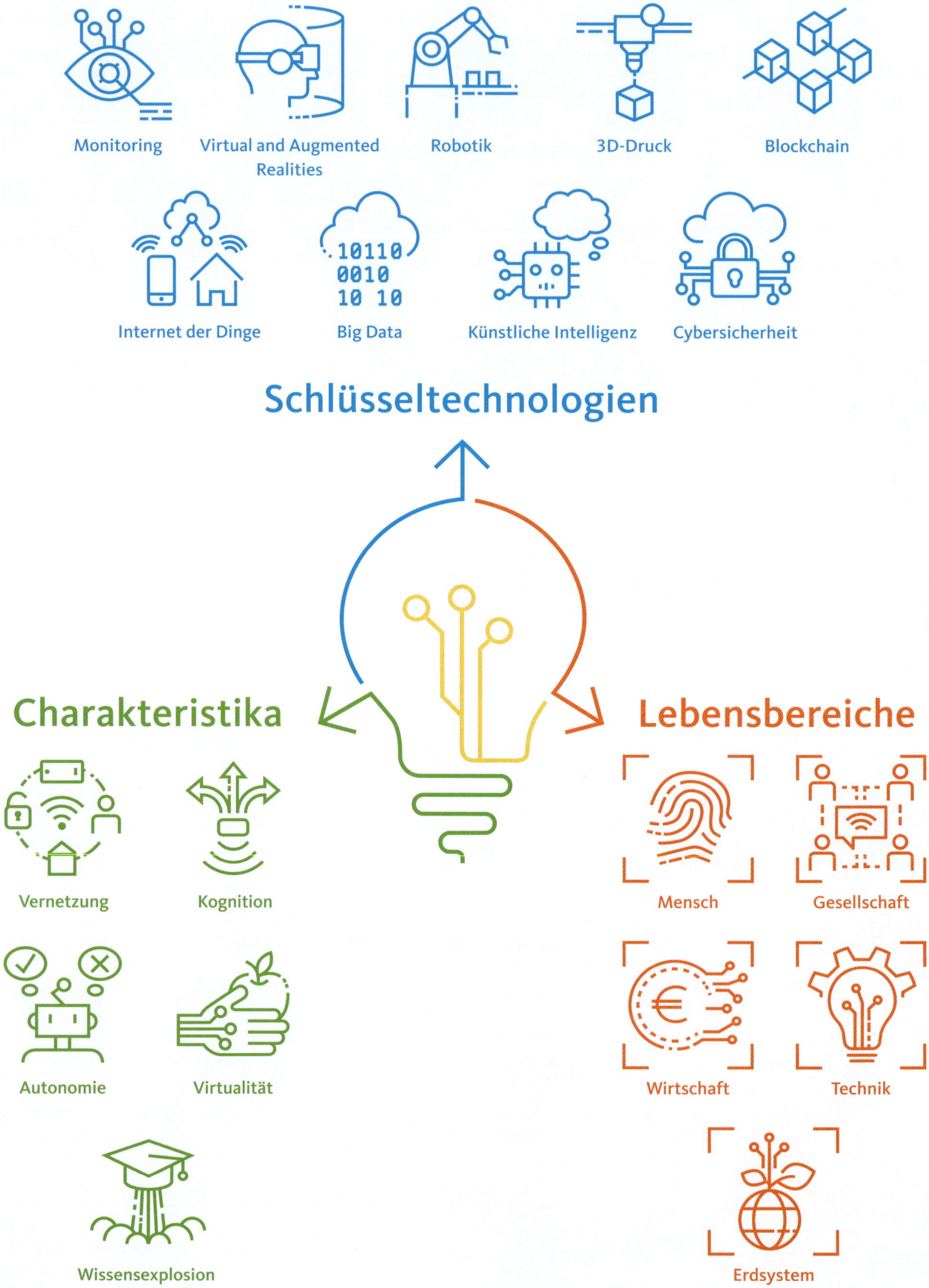
Monitoring
Virtual and Augmented Realities
Robotik
3D-Druck
Blockchain
Internet der Dinge
10110
0010
10 10
Big Data
Künstliche Intelligenz
Cybersicherheit
Schlüsseltechnologien
Charakteristika
Lebensbereiche
Vernetzung
Kognition
Autonomie
Virtualität
Wissensexplosion
Mensch
Gesellschaft
Wirtschaft
Technik
Erdsystem

Das Digitale Zeitalter verstehen 3

Damit der digitale Wandel in den Dienst der Nachhaltigkeit gestellt werden kann, müssen die Potenziale und Risiken verstanden werden. Der WBGU liefert eine Analyse der historischen Entwicklung hin zum Digitalen Zeitalter, dessen Grundfunktionen, Schlüsseltechnologien und wesentliche Charakteristika sowie resultierende absehbare Veränderungen für zentrale Lebensbereiche der menschlichen Zivilisation. Die Gestaltung des Digitalen Zeitalters in Richtung Nachhaltigkeit ist mit großen Unsicherheiten verbunden, so dass eine anpassungsfähige Governance notwendig ist.

Mit der Digitalisierung öffnen sich Türen für die nächste Epoche der menschlichen Zivilisation. Damit der digitale Wandel weltweit an den UN-Nachhaltigkeitszielen (SDGs, Kasten 2.1-1) ausgerichtet werden kann, müssen die Potenziale und Risiken der digitalen Technologien und Lösungen verstanden und sie als Instrumente der Großen Transformation zur Nachhaltigkeit genutzt und gestaltet werden. Dieses Kapitel fasst die Entwicklung zum Digitalen Zeitalter, wichtige Grundbegriffe und Schlüsseltechnologien, seine wesentlichen Charakteristika sowie die absehbaren Veränderungen in der menschlichen Zivilisation und den bisherigen Stand der Analysen zu Nachhaltigkeit im Digitalen Zeitalter zusammen.

3.1 Entwicklung zum Digitalen Zeitalter

Der WBGU nähert sich zunächst der Frage nach den Eigenschaften des Digitalen Zeitalters aus verschiedenen Perspektiven: (1) der Entwicklungsgeschichte der menschlichen Zivilisation, um Parallelen und Unterschiede des aktuellen Wandels herzuleiten, (2) der informationsgeschichtlichen Entwicklung, um die Quantitäten und Qualitäten des Digitalen Zeitalters herauszuarbeiten und (3) der wirtschaftlichen Entwicklung, welche die bislang sichtbare Wucht des Digitalen Zeitalters verdeutlicht.

Dabei wird *Digitalisierung* vom WBGU umfassend als die Entwicklung und Anwendung digitaler sowie digitalisierter Techniken verstanden, die sich mit allen anderen zivilisatorischen Techniken und Methoden verzahnt und diese erweitert. Die Digitalisierung wirkt in allen wirtschaftlichen, sozialen und gesellschaftlichen Systemen tiefgreifend und entfaltet eine immer größere transformative Wucht, die nicht nur den Planeten, sondern auch unsere Gesellschaften und den Menschen selbst zunehmend fundamental beeinflusst und die daher gestaltet werden muss.

3.1.1 Der Mensch und seine Entwicklung als Ausgangspunkt

Mit einer *vom Menschen selbst* und seinen Fähigkeiten ausgehenden Sicht wird in diesem Kapitel die Evolution der menschlichen Zivilisation im Hinblick auf den digitalen Wandel betrachtet. Für die Entwicklung der menschlichen Zivilisation waren zum einen die sich ständig weiterentwickelnden menschlichen Fähigkeiten wie Sprache und Kultur sowie zum anderen die zunehmende Systematisierung und Technisierung der Arbeits- und Lebensprozesse entscheidend. Der *Homo sapiens* entwickelte komplexe Sprachen, die konzeptionelle, abstrakte und zukünftige Inhalte vermitteln können und lässt mittels ausgeprägter Lern-

und Kooperationsfähigkeiten immer komplexere soziale Systeme entstehen – von den ersten menschlichen Gemeinschaften über kleine Siedlungen bis hin zu Städten, Nationalstaaten, global agierenden Unternehmen und Produktionssystemen, den UN sowie weltumspannenden kulturellen, politischen, sozialen und wissenschaftlichen Netzwerken.

Ebenso entscheidend war menschheitsgeschichtlich die sukzessive und immer raffiniertere Erweiterung und teilweise Substitution eben dieser Fähigkeiten im Umgang mit der Welt. So ist die erste große Transformation der Menschheit, die *Neolithische Revolution*, charakterisiert durch Mechanisierung menschlicher *physischer* Kraft im Übergang von Jäger- und Sammlergesellschaften zur Sesshaftigkeit, zur Tier- und Pflanzenzucht, zur Entwicklung geschliffener Steingeräte und zum Ackerbau. War diese Transformation zeitlich noch über einige Jahrtausende gestreckt, führte die zweite große Transformation, die *Industrielle Revolution*, im Zusammenhang mit der Aufklärung in nur einem Jahrhundert zu massiven Veränderungen. Ausgehend von England in der zweiten Hälfte des 18. Jahrhunderts erfassten Industrialisierungsprozesse sukzessive ganz Europa und die Welt, mit erheblichen Auswirkungen auf individuelle, wirtschaftliche, gesellschaftliche und nicht zuletzt erdsystemische Konfigurationen (WBGU, 2011:87ff.).

Entscheidendes Element war wiederum eine neue Stufe der Technisierung von Arbeits- und Lebensprozessen durch die Nutzung fossiler Energieträger. Die Substitution und Multiplikation menschlicher und tierischer Muskelkraft durch die Verbrennung fossiler Energieträger war Grundlage des Übergangs von handwerklicher und bäuerlicher zu großskaliger industrieller Produktion. Zudem erweiterten technische Innovationen, insbesondere die Elektrifizierung, die manuellen Fähigkeiten des Menschen, z.B. durch Werkzeugmaschinen. Folge waren nie gekannte Umwälzungen der Produktion, Produktivitätsexplosionen, aber auch fundamentale Umgestaltungen der wirtschaftlichen und sozialen Verhältnisse, Bevölkerungswachstum und eine zunehmende Umweltzerstörung. Erst in langen, tiefgreifenden sozialen und politischen Auseinandersetzungen in den Gesellschaften und infolge von zwei Weltkriegen entstanden nachholend einhegende Ordnungssysteme: Industrielle Marktdynamiken wurden gelenkt durch Demokratie, welche Machtkonzentrationen begrenzte, soziale Sicherungssysteme, die soziale Exklusion und die Folgen permanenten ökonomischen Strukturwandels abfederten, und Umweltregulierungen, um die Zerstörung natürlicher Lebensgrundlagen zu begrenzen.

Im Jahr 2011 empfahl der WBGU, die *Große Transformation zur Nachhaltigkeit* aktiv gestaltend voranzutreiben, um Erdsystemwandel und die fortschreitende Erosion der natürlichen Grundlagen menschlicher Zivilisation abzuwenden (WBGU, 2011). Mittlerweile zeichnet sich jedoch bereits ein weiterer, immer wirkmächtigerer *Wandel durch Digitalisierung* ab, der die Menschheit als Ganzes herausfordert und in dem nun vor allem die *kognitiven* Fähigkeiten des Menschen vermittelt durch Computer enorm erweitert werden. Vom Menschen geschaffene Künstliche Intelligenzen (KI), algorithmenbasierte Systeme (Kap. 3.2.3) und selbstlernende autonome Systeme können bisherige Denk- und Entscheidungsprozesse erweitern oder ersetzen sowie unsere gegenwärtigen Denk-, Wirtschafts- und Gesellschaftsweisen herausfordern und weltweit neu konfigurieren. Auch für das Digitale Zeitalter werden daher einhegende Ordnungssysteme nötig sein.

Es ist zu fragen, wie sich die zunehmend digitalisierte Automatisierung auf die Arbeitsmärkte und die internationale Arbeitsteilung auswirken (Kap. 5.3.8). Kommt es zu einer Verstärkung der nationalen und internationalen Ungleichheitstrends? Können Wohlstand weltweit und Erdsystemstabilität im Digitalen Zeitalter besser miteinander vereinbart werden als bisher? Wirkt Digitalisierung als Brandbeschleuniger oder als mächtiges Instrumentarium für die Zielerreichung der Agenda 2030? In wessen Interessen werden „intelligente" Systeme konzipiert und angewendet, wer kontrolliert ihre Anwendung und vor allem: Wer wird durch ihre Anwendung kontrolliert oder manipuliert? Und vorausgedacht: Wie wird die Interaktion, Kooperation und Kollaboration von soziotechnischen, selbstlernenden Systemen mit den Menschen und der Umwelt gestaltet werden? Was macht den Menschen und die menschliche Zivilisation im Digitalen Zeitalter mit seinen vielfältigen digitalisierten Automatismen, intelligenter Robotik und KI aus? Schon heute ist klar, dass die Konzepte nachhaltiger und zivilisatorischer Entwicklung im Digitalen Zeitalter überdacht und weiterentwickelt, aber auch verteidigt werden müssen. Die UN müssen bereits für die Agenda 2030 Digitalisierung einhegen und nutzen, aber auch über das Zieljahr 2030 hinaus ins Blickfeld nehmen. Es ist nötig nach Wegen zu suchen, um die Große Transformation zur Nachhaltigkeit mit Mitteln der Digitalisierung gelingen zu lassen (WBGU, 2018a).

3.1.2
Der Weg zur digital vernetzten Gesellschaft im Anthropozän

Der WBGU analysiert Digitalisierung als einen durch technologischen Fortschritt verursachten und mit der Gesellschaft verschränkten, gestaltbaren und zu gestaltenden soziotechnischen Umbruch. Die Digitalisierung wirkt nicht vorbestimmend auf die Gesellschaft. Allerdings erzeugen rein technikzentrierte Lösungsansätze häufig unerwartet neue Probleme in Gestalt ihrer „Nebenwirkungen“ (Mainzer, 2016:217). Diese treiben neue Problemlösungszyklen und sind gleichzeitig auch Triebkraft für weitere Innovationen und ökonomische Prosperität (Mokyr, 2013:292). Insofern handelt es sich auch bei der digitalen Transformation weder um eine vollständig rationale Gestaltung von Technik noch um deren unkontrolliert voranschreitende Entwicklung, denn Gestaltung und Entwicklung sind von Menschen verantwortete und realisierte Prozesse (Grunwald, 2012:31ff.; Grunwald, 2018; Kehl und Coenen, 2016). Weder ist die Gesellschaft in Bezug auf technischen Fortschritt einseitig prägend noch umgekehrt. Dennoch sind „technologische Neuerungen stark von ihrem sozialen Entstehungskontext geprägt“, weshalb „wirksame Möglichkeiten ihrer politisch-rechtlichen Rahmung“ existieren (Misterek, 2017:3). Nachfolgend werden daher überblicksartig die relevantesten Entwicklungspfade von Gesellschaft, Wirtschaft, Technik und Umwelt in Bezug auf die Digitalisierung herausgearbeitet.

Grundsätzlich reicht der Einfluss von Informations- und Kommunikationstechnologien auf Gesellschaft und Umwelt bis weit vor die Moderne zurück: Angefangen von den Keilschrifttafeln im antiken Mesopotamien, über die Papyrusrollen im Römischen Reich und mittelalterliche Codizes bis hin zu modernen Drucklettern, zur Seekabeltelegraphie oder der heutigen IKT-Infrastruktur werden immer kleinteiliger und schneller operierende Wege der Nachrichten- und Informationsübermittlung bei gleichzeitiger Mobilisierung immer größerer gesellschaftlicher und materieller Systeme genutzt (Rosol et al., 2018).

Der wirtschaftliche Boom nach dem Zweiten Weltkrieg im Übergang von der Kriegswirtschaft zur Konsumgesellschaft und von der Kohle zum Erdöl führte zur „Großen Beschleunigung“ (Steffen et al., 2004, 2015a; Mathiesen et al., 2015), die sich als exponentieller Anstieg vieler sozioökonomischer und erdsystemischer Schlüsselindikatoren manifestierte. Fortschritte in den Bereichen der Informationstheorie, Computertechnik, Halbleiterphysik und der Kybernetik konnten sich wechselseitig inspirieren. Bruttosozialprodukt, Düngemittelverbrauch und Bevölkerungswachstum nahmen enorm zu. Anthropozän (Crutzen und Stoermer, 2000), „Große Beschleunigung“ und Digitalisierung sind insofern miteinander verknüpft (Rosol et al., 2018). Technologische Treiber der Digitalisierung waren ab Mitte der 1970er Jahre hauptsächlich die fortlaufende Entwicklung integrierter Schaltkreise („Mikrochips“), leistungsfähige Kommunikationstechnologien und sind in der jüngsten Gegenwart Big Data (Kap. 3.3.2) und KI (Kap. 3.3.3).

3.1.2.1 Von den ersten Computern zur digitalen Vernetzung

Mit der Einführung integrierter Schaltkreise (Integrated Circuits) wurde in den 1950er Jahren des vergangenen Jahrhunderts das Fundament für die sich kontinuierlich weiterentwickelnde Mikroelektronik geschaffen. Die mit einem photolithografischen Druckverfahren auf Siliziumchips projizierten Schaltungen benötigten von Jahr zu Jahr immer weniger Platz und erlaubte dadurch komplexere Designs. Dies ermöglichte ab den 1970er Jahren programmierbare Mikroprozessoren, deren Geschwindigkeit und Speicherkapazitäten seitdem um einen Milliardenfaktor zugenommen haben (Burckhardt, 2017:60f.). Dabei wurden die ersten digitalen Computer der 1950er Jahre „in enger Kooperation zwischen staatlichen und privatwirtschaftlichen Organisationen entwickelt, mussten durch ein Team von Spezialisten bedient werden und waren äußerst kostspielig“, während sich ab 1960 deutlich günstigere schrankgroße „Minicomputer“ vor allem an nordamerikanischen Universitäten verbreiteten, die „von Einzelpersonen bedient werden konnten und durch neue Ein- und Ausgabeschnittstellen (z.B. Bildschirme) die Interaktion mit dem Nutzer vereinfachten“ (Schrape, 2016:12).

Zudem führte die im Kontext der Systemkonkurrenz zwischen Ost- und Westblock und insbesondere in Folge des „Sputnik-Schocks“ durch den starken Vorsprung der UdSSR in der Raumfahrt 1958 gegründete und dem US-Verteidigungsministerium zugeordnete Advanced Research Projects Agency (ARPA) zur Entwicklung des ARPANET ab 1968. Diese vernetzte Kommunikationsinfrastruktur von zunächst nur vier Universitäten basierte auf dem Konzept der Paketvermittlung von Daten, also der Zerlegung längerer Nachrichten in einzelne Datenpakete – einem Grundprinzip des heutigen Internets. „Dass sich jedoch ausgerechnet aus dem ARPANET einmal ‚das Internet‘ ergeben würde“ war damals nicht absehbar (Lang, 2017:10). Dessen aus militärischen Motiven heraus festgelegte dezentrale Architektur und das auf Ausfälle, Resilienz und Robustheit ausgelegte Übertragungsprotokoll TCP/IP (Transmission Control Protocol/Internet Protocol) beinhalteten bereits die Grundlagen des heutigen Internets in Bezug auf Unabhängigkeit von Subnetzen und Fehlertoleranz. Dennoch dauerte es noch mehr als 20 Jahre, bis in den 1980er Jahren eine Version entwickelt war, die auf breite Akzeptanz stieß und als Standardprotokoll durchgesetzt wurde. Ein weiterer zentraler Schritt war die Entwicklung des Hypertext-Übertragungsprotokolls (Hypertext Transfer Protocol – HTTP) zur Übertragung von Daten auf der Anwendungsschicht und zum Verweisen zwischen Daten durch Verknüpfungen. Die von Tim Berners-Lee initiierte Entwicklung führte letztendlich zum World Wide Web (WWW), das gemeinhin heute als das Internet verstanden wird, obwohl es letztendlich nur den Zugang zu den Anwendungen, Diensten und Daten für Endnutzer*innen darstellt (Schrape, 2016: 14f.).

In den Folgejahren eröffneten der neue Technologiesektor und das Internet ökonomische Potenziale. Die Grundlagen für die Entstehung eines Dienstleistungssektors im Internet und dessen Boom in den 1990er Jahren waren nach Lang (2017: 17) „im Wesentlichen drei Faktoren": erstens extrem leichter Zugang für IKT-Unternehmen zu Krediten aufgrund der Niedrigzinspolitik der USA, zweitens „offene Architektur, freie Software und patentfreie Protokolle" sowie drittens „staatliche Investitionen in Infrastruktur". Die hohen Erwartungen in globale Wachstumspotenziale der IKT-Branche führten jedoch zur im Jahr 2000 geplatzten Spekulationsblase der New- bzw. Dotcom-Economy (Goodnight und Green, 2010; Pierrakis, 2010). Aktienverfall, Liquiditätsprobleme und Insolvenzen trugen zu steigender Marktkonzentration bei und „Google, Amazon, eBay, Paypal sind als unternehmerische Sieger aus dieser Zeit hervorgegangen" (Lang, 2017: 18).

Mit der Entwicklung des Internets zum Massenmedium „konnte sich schließlich das dynamische Netzwerk als Leitmetapher unserer Zeit durchsetzen. Dieser Aufstieg zeigte sich schon bald in der politischen, kulturellen und ökonomischen Welt, die sich in den frühen 1990er Jahren als Netzwerk imaginierte" (Apprich, 2015: 127). Auch ist auf dieser Basis eine moderne Form der datengetriebenen vernetzten „Intelligenz" heute Wirklichkeit geworden (Rosol et al., 2018; Kap. 3.3).

3.1.2.2 Entstehung und Expansion sozialer Plattformen

Der Aufstieg der Vernetzung zur neuen sozialen Leitmetapher ging mit der Herausbildung einer „neuen sozialen Struktur" einher, welche „in allen bedeutenden Dimensionen der sozialen Organisation und Praxis aus Netzwerken besteht" (Castells, 2017: XXII). Vor dem Hintergrund einer zunehmend globalisierten Wirtschaft, der Forderung der Gesellschaft nach individueller Freiheit und offener Kommunikation und schließlich den Fortschritten im IKT-Bereich entstanden digital vernetzte Gesellschaften, welche die Entwicklung gänzlich neuer Informations-, Medien- und Automatisierungssysteme erlaubten (Apprich, 2015: 67). Dabei führte bezüglich letzterer die „zunächst technische und später zunehmend auch wirtschaftliche Dynamik des Silicon Valley […] in den 1990er-Jahren" zur Herausbildung einer „kalifornischen Ideologie", die die Wirkungen der IKT technikdeterministisch gedeutet und gesellschaftlichen Wandel auf technische Neuerungen zurückgeführt hat (Misterek, 2017: 4f.). Digitalisierung wird so von einigen Akteuren wie IKT-Unternehmen als zwangsläufiger zivilisatorischer Evolutionsschritt gedeutet, wobei Chancen betont und Risiken möglichst ausgeblendet werden (Barbrook und Cameron, 1996). Diese bis hin zum „Trans-" oder „Posthumanismus" (Kasten 2.1.2-1) gesteigerte technikdeterministische Ideologie ging zunächst mit utopischen, gar emanzipatorischen Visionen wie z. B. steigender Transparenz und Demokratisierung einher (Kehl und Coenen, 2016). Seit den Enthüllungen Edward Snowdens im Jahr 2013 zur globalen Dauerüberwachung digitaler Informationsflüsse durch die US-amerikanische NSA und weitere Geheimdienste ist jedoch das „technikdeterministische Narrativ einer besseren Zukunft verstärkt in Bedrängnis geraten" (Misterek, 2017: 1f.).

Jenseits der Visionen und Absichten der Akteure, die positive wie negative Aspekte der Entwicklung zur digital vernetzten Gesellschaft verantworten, entstand deren eigentliche Dynamik und globale Dimension jedoch durch eine zunehmende Kommerzialisierung. Entsprechende Angebote wurden zunächst primär für die jüngere Generation entwickelt und beworben. Das verhalf „E-Commerce" und Onlinehandel und den dortigen Marktführern zu starkem Wachstum. Zahlreiche private (und teils öffentliche) Infrastrukturinvestitionen erfolgten im Hinblick auf die steigende Nachfrage.

Der Ausbau von Breitbandzugängen und die technischen Weiterentwicklungen rund um multimediale Plattformen führten zur Verlagerung großer Anteile klassischer Medien- und Kommunikationsformate aus Radio, Fernsehen und Druckmedien ins Internet. Weitere Software-Innovationen ermöglichten interaktive Anwendungen und soziale Plattformen, die sich rasch unter den Schlagworten „Web 2.0" oder neue Medien verbreiteten (O'Reilly, 2007). Seither nehmen multimediale Inhalte und insbesondere Videodaten einen Großteil der über das Internet versendeten Daten ein, beispielsweise wurden nach dem Cisco Visual Networking Index (Cisco, 2019) pro Monat 6.821 Petabyte Video und 4.691 Petabyte Non-Video in 2017 und in 2018 bereits pro Monat 12.051 Petabyte Video und 6.959 Petabyte Non-Video und damit nahezu doppelt so viele Video- wie Non-Video-Daten übertragen.

Bis Mitte der 2000er Jahre wurden somit die Grundsteine für den *Aufstieg global agierender IKT-Unternehmen* und deren datengetriebene, plattformbasierte Geschäftsmodelle gelegt (Schrape, 2016: 15). Für ihr Kerngeschäft erschließen und aggregieren diese Unternehmen Daten und bieten im Gegenzug entsprechende Geräte und Dienste an: Google/Alphabet, Apple, Face-

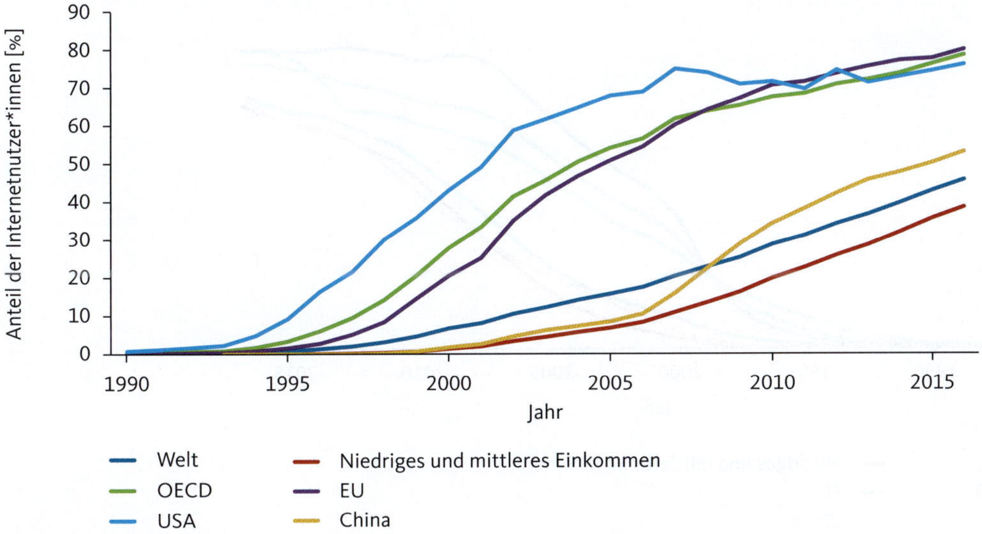

Abbildung 3.1.3-1
Anteil der Internetnutzer*innen an der Gesamtbevölkerung (in %).
Quelle: World Bank, 2018b

book, Amazon und Microsoft (auch kurz GAFAM genannt oder als „Big Five" bezeichnet) stellen inzwischen die zentralen infrastrukturellen Grundlagen der Web-Welt bereit. Sie prägen damit den Erfahrungsraum vieler Webnutzer*innen auf elementare Weise mit. Diese Anbieterkonzentration kann dabei zu einer „mediengeschichtlich singulären Konzentration privatwirtschaftlicher Verfügungsmacht über Interaktionsdaten und Infrastrukturen, mit der letztlich eine Privatisierung des Schutzes persönlicher Daten einhergeht" führen (Schrape, 2016:17). Während bereits mehr als die Hälfte der Weltbevölkerung über soziale Plattformen vernetzt sind, hat eine umfassende Etablierung von Plattformen zum Beispiel in Produktion, Mobilität, Politik und Verwaltung gerade erst begonnen.

3.1.3 Wirtschaftliche Entwicklung zum Digitalen Zeitalter

Der technische Fortschritt bei IKT und deren Verbreitung in Wirtschaft und Gesellschaft werden bereits seit den 1980er Jahren von einer Diskussion um ihre gesamtwirtschaftliche Bedeutung begleitet. Zwar spiegelt sich die allgemeine Wahrnehmung einer breiten technologischen Revolution deutlich in Indikatoren einzelwirtschaftlicher Entwicklungen wie z.B. der Entwicklung des Marktwertes der größten Internetkonzerne und der gesellschaftlichen Verbreitung der Technologien wie z.B. der Zahl der Internetnutzer*innen wider. Allerdings sind auf gesamtwirtschaftlicher Ebene die Bedeutung von IKT und die Wirkung auf Produktivität und Wirtschaftswachstum bisher nicht in gleichem Maße offensichtlich.

Einzelwirtschaftliche Bedeutung und gesellschaftliche Durchdringung von IKT

Die in Kapitel 3.1.2 beschriebene Bedeutung von IKT hinsichtlich der Ausbreitung neuer Medien spiegelt sich direkt in der rasanten Entwicklung der Zahl der Internetnutzer*innen und Mobilfunkverträge wider (Abb. 3.1.3-1, 3.1.3-2). Auch wenn die Statistiken nach wie vor zum Teil deutliche Vorsprünge bei der Verbreitung von IKT-Angeboten in den Industrieländern aufweisen, ist die Entwicklung in den Entwicklungsländern nicht weniger dynamisch. Nicht erkennbar sind in den aggregierten Statistiken allerdings Unterschiede zwischen Regionen bzw. Staaten aber auch zwischen gesellschaftlichen Gruppen.

Auffallend ist zudem die zunehmende Entkopplung von Internetzugang und Computerbesitz (Abb. 3.1.3-3), die insbesondere in Entwicklungsländern zu beobachten und auf die zunehmende Bedeutung mobiler Internetzugänge zurückzuführen ist. Der Internetzugang über Mobiltelefone ist in der Regel nicht nur günstiger als über an das Festnetz gebundene Geräte wie PCs, sondern auch unabhängiger von nicht in allen Ländern umfassend ausgebauten Telekommunikations- und Stromnetzen. Aus entwicklungspolitischer Perspektive ist die Mobilkommunikation ein typisches Beispiel für eine überspringende Entwicklung (Leapfrogging): Sie ermöglicht in Entwicklungsländern vielen Menschen erstmalig Teilhabe an Telekommuni-

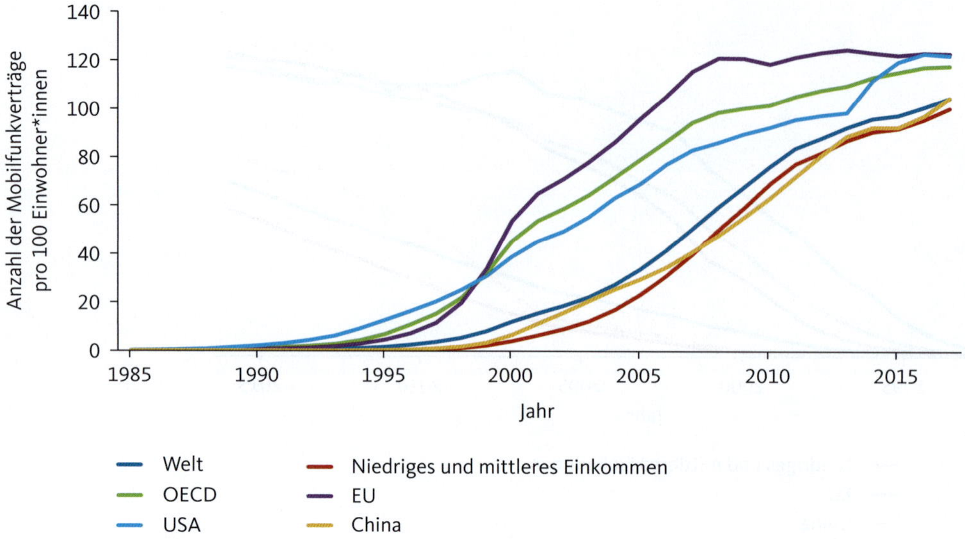

Abbildung 3.1.3-2
Entwicklung der Anzahl an Mobilfunkverträgen je 100 Einwohner*innen.
Quelle: World Bank, 2018b

kation und über mobile Internetzugänge Teilhabe an Bank- oder Versicherungsdiensten, ohne dass dazu, wie historisch bedingt in den Industrieländern geschehen, eine kapitalintensivere leitungsgebundene Netzinfrastruktur aufgebaut werden müsste (World Bank, 2016).

Die zunehmende Durchdringung von Wirtschaft und Gesellschaft mit IKT wurde durch teilweise massive Preisrückgänge bei IKT-Geräten begünstigt, die auf erheblichen technischen Entwicklungsfortschritten beruhten: Digitalelektronik in Form von Rechen-, Speicher- und Übertragungskapazitäten wurde im Zeitverlauf immer leistungsfähiger, immer kompakter in der Bauweise und zugleich immer kostengünstiger in der Herstellung. Einer der bekanntesten Indikatoren für die hohe Innovationsdynamik im Bereich der Digitalelektronik ist das Moore'sche Gesetz. Es geht auf die Vorhersage von Gordon E. Moore, einem Mitgründer von Intel, aus dem Jahr 1965 zurück. Ursprünglich besagte es, dass sich die flächenbezogene Anzahl der Komponenten bzw. Transistoren auf integrierten Schaltkreisen jährlich verdoppelt, in seiner zehn Jahre später selbst korrigierten Form alle 18 Monate (Moore, 1965; Flamm, 2018). Diese Vorhersage hat seit den 1960er Jahren Bestand und drückt sich aufgrund der logarithmischen Skalierung im linearen Verlauf in Abbildung 3.1.3-4a aus. Die Erfolge in der Miniaturisierung der Digitalelektronik wurden begleitet von erheblich zunehmenden Rechenkapazitäten: In standardisierten Testverfahren steigerten (Mikro-)Prozessoren ihre Ergebnisse beispielsweise in der zweiten Hälfte der 1990er Jahre jährlich um ca. 60% und um immer noch gut 15% in den Jahren von 2005 bis 2016 (Flamm, 2018). Die Zunahme der Leistungsfähigkeiten von Computern insgesamt über das 20. Jahrhundert ist nicht weniger beeindruckend: Je nach zugrunde gelegter Messung der Rechenkapazität ergeben sich gegenüber manuellen Rechenverfahren Steigerungen um Faktoren zwischen 1.700–76.000 Mrd. (Nordhaus, 2007). Die erhebliche Senkung der Produktionskosten von Digitalelektronik im Zeitverlauf zeigt sich beispielsweise anhand von Speicherkosten je Gigabyte Datenvolumen, wie Abbildung 3.1.3-4b für die Jahre von 1982 bis 2018 verdeutlicht.

All diese Entwicklungen übertrugen sich auf die Marktpreise von IKT-Komponenten und -Ausstattungen sowie auf die Preise von Rechenoperationen generell. So verbilligten sich in den Jahren 2000 bis 2018 IKT-Ausstattungsgüter, zu denen Computer und zugehörige Hardware zählen, in den Ländern der Eurozone und den USA um über 80% (Abb. 3.1.3-5). Preisrückgänge in ähnlicher Größenordnung ergeben sich auch für die Vergangenheit aus Schätzungen, nach denen der (reale) Preis von IKT-Ausstattungen zwischen 1970 und 1989 um über 80% und zwischen 1989 und 2007 nochmals um über 77% sank (Crafts, 2018). Standardisierte Rechenoperationen verbilligten sich über den Zeitraum von 1940 bis 2014 um durchschnittlich 53% jährlich (Nordhaus, 2017). Über die vergangenen Jahre wird eine Abschwächung dieser Dynamiken beobachtet, so etwa bei den Preisen für Mikroprozessoren, deren Preise Ende der 1990er Jahre unter Berücksichtigung von Qualitätsverbesserungen in Form von Leistungs- und Effizienzgewinnen noch um über 70% jährlich fielen, in den Jahren von 2010 bis 2013 dagegen nur noch um knapp 3% (Flamm, 2018: Tab. 6). Die Fortschreibung des Moore'schen Gesetzes und der darauf aufbauenden Entwicklungen bei Kosten und Leistungs-

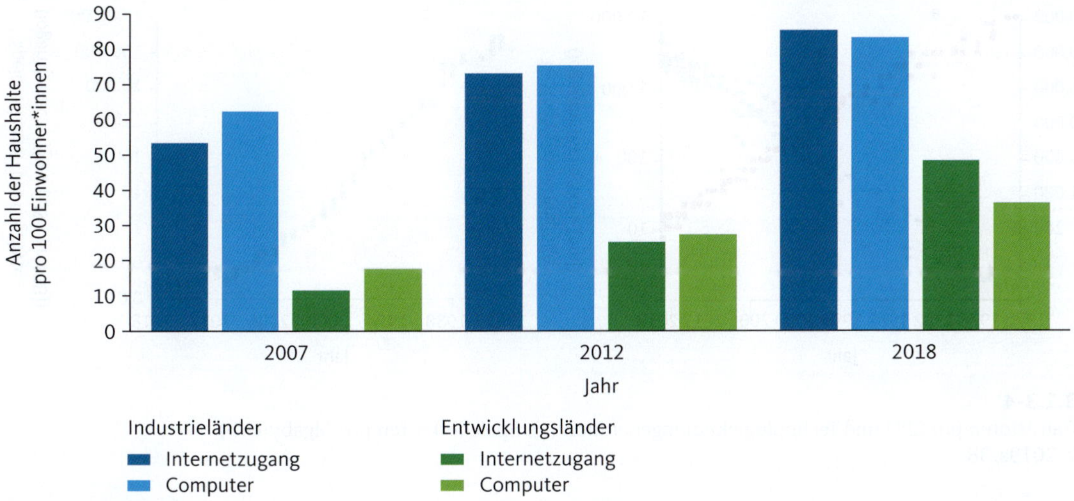

Abbildung 3.1.3-3
Entwicklung der Anteile der Haushalte mit Internetzugang und Computer in Industrieländern (blau) und Entwicklungsländern (grün) in ausgewählten Jahren.
Quelle: ITU, 2018

kapazitäten in die Zukunft erscheint mit den gegenwärtigen technischen Ansätzen und Architekturen daher nicht mehr gesichert (Flamm, 2018). Der Prozessorhersteller Intel kündigte bereits 2016 ein absehbares Ende in wenigen Jahren an, da die weitere Verkleinerung an physikalische Grenzen stößt (Walsh, 2018: 181).

Dieser Preisverfall und die technologischen Fortschritte haben dazu beigetragen, dass räumliche Entfernungen ihre Bedeutung für Produktionsstrukturen teils deutlich verändert, aber dennoch nicht vollständig verloren haben (World Bank, 2016: 57ff.). Insbesondere erlaubte die schnellere und kostengünstigere Kommunikation seit den 1980er Jahren die Aufspaltung mehrstufiger Produktionsketten und deren internationale Verteilung gemäß länderspezifischer Standortvorteile (z.B. Rohstoffvorkommen, Lohnhöhe, Marktnähe). Auch Handelsvolumina und (ausländische) Direktinvestitionen stiegen erheblich an, Handelsbeziehungen wurden vertieft und Entwicklungsländer stärker in neu entstehende, globale Wertschöpfungsketten integriert (Kap. 5.3.8). Preisverfall und Leistungsexplosion im Bereich der Digitalelektronik bedeuteten auch eine erhebliche Verbilligung von Rechenoperationen und darauf basierenden Anwendungen im Vergleich zu Arbeit (Nordhaus, 2007). Beispielhaft und zentral mit Blick auf die bisherige, digital gestützte Automatisierung von Arbeitsprozessen sind die Entwicklungen bei Industrierobotern. Um Qualitäts- bzw. Leistungsverbesserungen bereinigt lag deren Preis im Jahr 2005 in den sechs größten Industrieländern bei nur noch einem Fünftel des Preises von 1990, was nicht zuletzt zur starken Verbreitung von Industrierobotern beitrug (Graetz und Michaels, 2018).

Die zunehmende Durchdringung von Wirtschaft und Gesellschaft mit digitalen Technologien führte zu einem Bedeutungsgewinn des Digital- bzw. Technologiesektors gegenüber anderen Sektoren. Ein Indikator dafür ist die Entwicklung von Unternehmenswerten. Betrachtet man die weltweit am höchsten bewerteten Unternehmen, nahm noch im Jahr 2009 mit Exxon Mobile ein Unternehmen aus dem Bereich fossiler Ressourcen den Spitzenplatz ein, und auch auf den folgenden Plätzen waren Unternehmen unterschiedlicher Sektoren vertreten (Tab. 3.1.3-1). Dieses Bild hat sich in der Zwischenzeit grundlegend gewandelt. Die Spitzenplätze werden heute von Vertretern des Digital- bzw. Technologiesektors dominiert, zum Teil von Unternehmen, die 2009 noch überhaupt nicht unter den 100 wertvollsten Unternehmen der Welt vertreten waren (Abb. 3.1.3-6; OECD, 2019b).

Einfluss von IKT auf die gesamtwirtschaftliche Entwicklung

Obwohl Digitalunternehmen heute einzelwirtschaftlich, gemessen an ihrer Marktkapitalisierung, zu den größten Unternehmen der Welt zählen und digitale Technologien rasant in vielen Lebensbereichen und Wirtschaftsfeldern Einzug finden, spiegelt sich diese Dynamik bisher nur eingeschränkt auf Ebene gesamtwirtschaftlicher Indikatoren wider.

Die rein statistischen Anteile des IKT-Sektors an der gesamten Wertschöpfung bewegen sich in den meisten Ländern zwischen 4 und 8% und damit zum Teil deutlich unter den Anteilen, die etwa auf Industrie oder verarbeitendes Gewerbe entfallen (z.B. in der EU im Jahr 2017 nach OECD-Daten: Industrie inklusive Energie 19,6%, verarbeitendes Gewerbe 16,4%; Abb. 3.1.3-5a; OECD, 2017c). Ähnlich niedrig liegen die Anteile des IKT-Sektors in Bezug auf Beschäftigung,

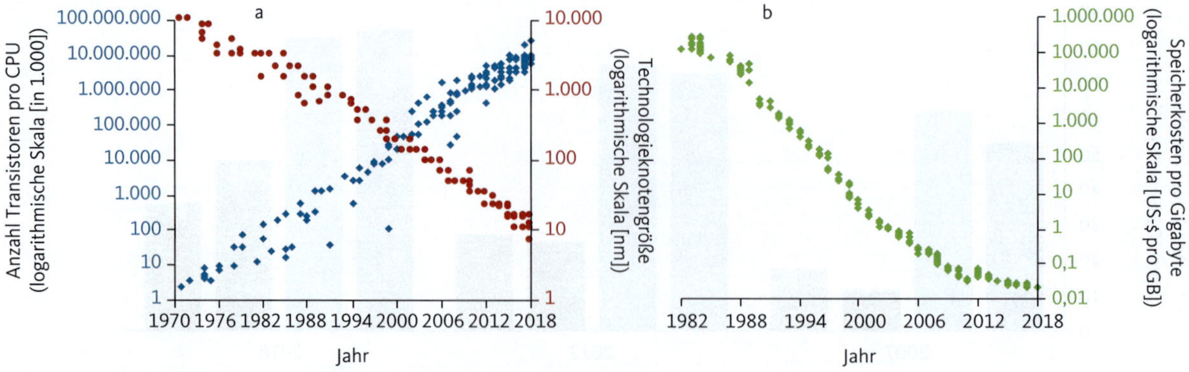

Abbildung 3.1.3-4
Anzahl von Transistoren pro CPU und Technologieknotengeneration (a), Speicherkosten pro Gigabyte (b).
Quelle: OECD, 2019a: 38

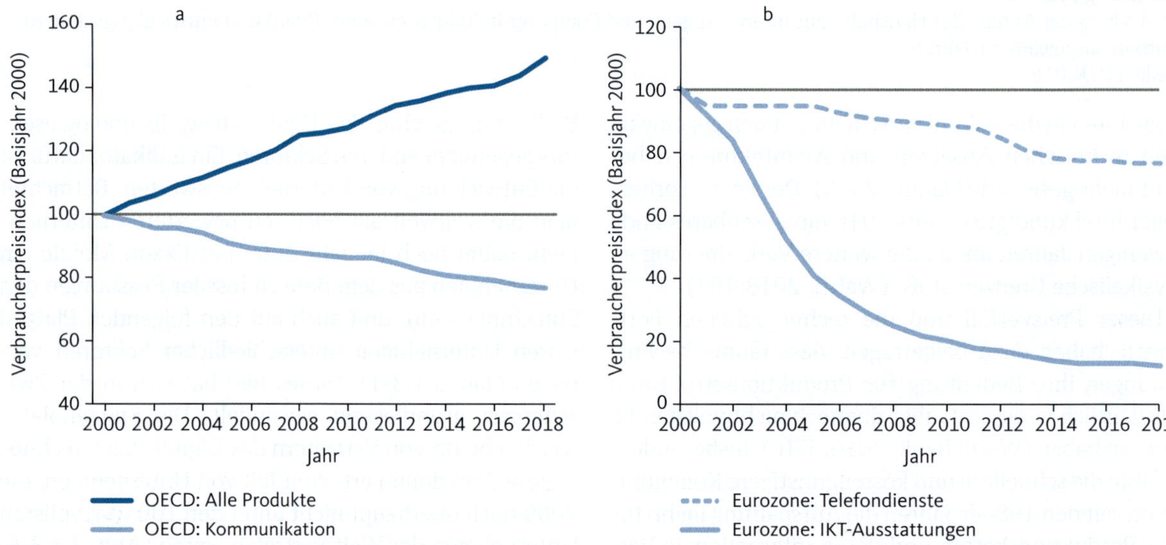

Abbildung 3.1.3-5
Vergleich der (Konsumenten-)Preisentwicklung: Warenkorb aller Güter vs. IKT-Güter und -Dienstleistungen (a); Vergleich der Preisentwicklung von Telefoniediensten und IKT-Geräten in den Ländern der Eurozone (b), Zeitraum von 2000 bis 2018.
Quelle: OECD, 2019a: 38

vor allem aufgrund der geringen Arbeitsintensität des Sektors. Die Kapitalintensität des IKT-Sektors spiegelt sich in den im Vergleich zu ihren Wertschöpfungsanteilen hohen Anteilen an der gesamten Investitionstätigkeit wider (Abb. 3.1.3-5b). Allerdings ist weder die genaue Ab- bzw. Eingrenzung des IKT-Sektors eindeutig (IMF, 2018), noch erfassen beispielsweise die Wertschöpfungsanteile die wirtschaftliche Bedeutung digitaler Technologien vollständig. Ähnlich wie etwa im Fall des Energiesektors ergibt sich diese z. B. auch durch IKT-Anwendungen in anderen Sektoren (z. B. Industrie, Einzelhandel, Landwirtschaft).

Ein Nachweis der wirtschaftlichen Bedeutung digitaler Technologien für Wachstum von Wirtschaft und Produktivität gelingt bislang nur eingeschränkt. Untersuchungen kausaler Zusammenhänge sind mit methodischen Problemen sowie mangelhafter Datenverfügbarkeit behaftet (World Bank, 2016) und zeigen bislang eher schwache Einflüsse (Stanley et al., 2018). Wachstumszerlegungen bzw. „Growth-Accounting"-Studien legen nahe, dass im Zeitraum von 1995 bis 2014 etwa 20% des globalen Wirtschaftswachstums auf Investitionen in IKT zurückzuführen ist (World Bank, 2016: 56f.), wobei der Beitrag zum Wirtschaftswachstum zumindest für die USA im Zeitverlauf gestiegen ist. Simulationen des US-Wachstumspfades kommen auf einen IKT-Wachstumsbeitrag von 5% während der 1980er Jahre, von 10% während der 1990er und mehr als 30% seit dem Jahr 2000 (Eden und Gaggl, 2018: 27).

Aktuell fallen zunehmende Wachstumsbeiträge von

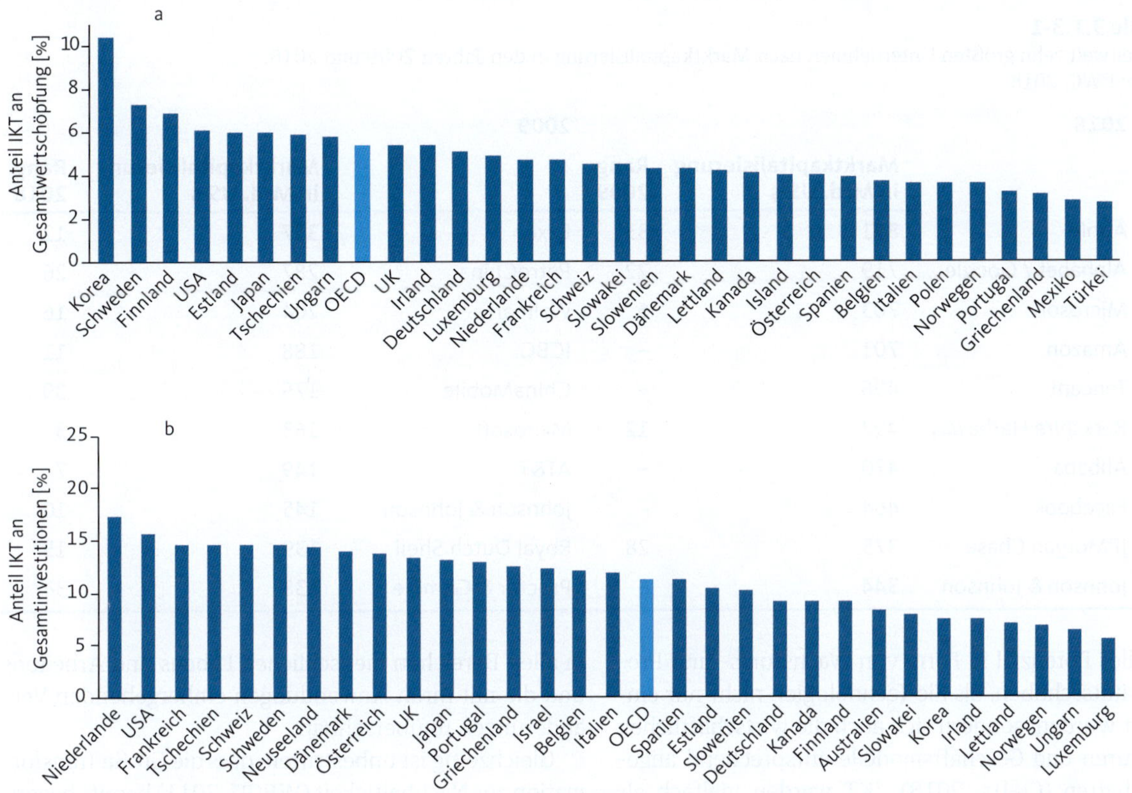

Abbildung 3.1.3-6
(a) Anteil des IKT-Sektors an der Wertschöpfung in verschiedenen OECD-Ländern; (b) Anteil der IKT-Investitionen an den gesamten Investitionen in verschiedenen OECD-Ländern.
Quelle: (a) OECD, 2017c: Abb. 3.3; (b) OECD, 2017c: Abb. 5.2

IKT mit einem sich eher verlangsamenden Wachstum von Wirtschaft und (Arbeits-)Produktivität zusammen (Crafts, 2018; Paqué, 2016). Diese Beobachtung entfacht eine Diskussion um die Bedeutung der digitalen Technologierevolution im Vergleich zu früheren technologischen Revolutionen (Gordon, 2014, 2018) und um das Solow-Paradox: Robert Solow hatte bereits in den 1980er Jahren auf die scheinbare Paradoxie zurückgehender Wachstumsraten einerseits und wahrgenommener Produktivitätsanstiege durch Computertechnologien andererseits hingewiesen: „You can see the computer age everywhere but in the productivity statistics" (Solow, 1987).

Für die schwache Entwicklung von Wirtschaftsleistung und Produktivität gerade in entwickelten Volkswirtschaften werden verschiedene Erklärungen angeführt (Crafts, 2018; Brynjolfsson et al., 2018). Auch in diesem Zusammenhang können beispielsweise Probleme in der statistischen Erfassung eine Rolle spielen (Jorgenson, 2018; Brynjolfsson et al., 2019a, b), vor allem da viele digitale Produkte und Dienste unentgeltlich angeboten werden und damit in den gesamtwirtschaftlichen Statistiken nicht direkt erfasst werden, aber zum Wohlstand beitragen. Derartige Probleme scheinen allerdings, wenn überhaupt, nur teilweise die beobachtete Entwicklung zu erklären und den scheinbaren Widerspruch zwischen technologischer Dynamik und schwacher wirtschaftlicher Entwicklung aufzulösen (Syverson, 2017).

Unklar ist aber auch generell, ob sich in der Abschwächung von Wachstum und Produktivität nicht ein langfristiger Trend in entwickelten Volkswirtschaften widerspiegelt, der ohne den digitalen Fortschritt noch stärker ausgefallen wäre. Beispielsweise gibt es Anzeichen dafür, dass zwischenzeitliche Anstiege im Produktivitätswachstum der USA in den 1990er Jahren im Wesentlichen auf die hochproduktive Computerindustrie zurückzuführen waren, ohne die der Rückgang des Produktivitätswachstums noch stärker ausgefallen bzw. sogar negativ geworden wäre (Aum et al., 2018).

Völlig neu ist ein scheinbarer Widerspruch zwischen beobachteter technologischer Entwicklung und zeitnahem Aufscheinen in gesamtwirtschaftlichen Indikatoren nicht: Auch während der ersten und zweiten Industriellen Revolution entfalteten Dampfmaschine und Elektrizität teils erst mit erheblicher Verzögerung

Tabelle 3.1.3-1
Die weltweit zehn größten Unternehmen nach Marktkapitalisierung in den Jahren 2009 und 2018.
Quelle: PWC, 2018

	2018			2009		
		Marktkapitalisierung in Mrd. US-$	Rang 2009		Marktkapitalisierung in Mrd. US-$	Rang 2018
1	Apple	851	33	Exxon	337	12
2	Alphabet / Google	719	22	PetroChina	287	26
3	Microsoft	703	6	Walmart	204	16
4	Amazon	701	–	ICBC	188	11
5	Tencent	496	–	ChinaMobile	175	39
6	Berkshire Hathaway	492	12	Microsoft	163	3
7	Alibaba	470	–	AT&T	149	7
8	Facebook	464	–	Johnson & Johnson	145	10
9	JPMorgan Chase	375	28	Royal Dutch Shell	139	15
10	Johnson & Johnson	344	8	Procter & Gamble	138	34

ihr volles Potenzial in Form von Wachstums- und Produktivitätsschüben, als die Technologien nicht nur eingesetzt wurden, sondern sich auch die wirtschaftlichen Strukturen und Geschäftsmodelle entsprechend angepasst hatten (Crafts, 2018). IKT werden vielfach als General-Purpose-Technologien gesehen, für die ähnlich der Elektrizität eine erhebliche Breitenwirkung und das Potenzial zu langanhaltenden technologischen und wirtschaftlichen Impulsen kennzeichnend sind (Bresnahan, 2010; Brynjolfsson et al., 2018). Im Vergleich zu den früheren Industriellen Revolutionen vollzog sich der technologische Wandel im Bereich der IKT bislang bereits schneller und hatte stärkeren Einfluss, etwa mit Blick auf die Arbeitsproduktivität (Crafts, 2018: 453). Ob digitale Technologieentwicklungen auf längere Sicht ähnlich weitreichende Impulse bringen wie die vorherigen Industriellen Revolutionen, ist aus ökonomischer Sicht bislang aber (noch) nicht zu beantworten (Aghion et al., 2017).

3.1.4
Fazit: Das Digitale Zeitalter zeichnet sich ab

Bislang ist jedes Zeitalter der menschlichen Zivilisation mit einem Technologieschub einhergegangen und wurde essenziell durch ihn angestoßen und geprägt. Die Stimmen mehren sich, dass die Digitalisierung ebenso einen solchen grundlegenden Technologieschub darstellt und dies aktuell eine erste Ausprägung eines Digitalen Zeitalters ist. Jedoch sind empirische Analysen in solchen Übergangssituationen noch schwer durchzuführen und Befunde daher vorläufig. Dennoch sind die Generalität digitaler Technologien mit ihren Anwendungen in allen Bereichen menschlichen Lebens und Arbeitens und die mit ihren Anwendungen einhergehenden Veränderungen unübersehbar.

Gleichzeitig ist unbestritten, dass die Große Transformation zur Nachhaltigkeit (WBGU, 2011) bereits begonnen hat und im gesellschaftlichen Mainstream angekommen ist (WBGU, 2016a: 138). In einigen Teilbereichen sind, wenn auch nicht immer schnell genug, durchaus Fortschritte sichtbar, in anderen jedoch nicht oder zu geringe. In dieser Situation bietet Digitalisierung Chancen und Risiken und kann so nicht nur zum Instrument für die Große Transformation werden, sondern muss ebenso zu einem im Sinne der Großen Transformation zu gestaltenden Objekt werden. Damit rückt auch eine an den Klima- und Nachhaltigkeitszielen ausgerichtete Gestaltung der digitalen und digitalisierten Technosphäre ins Zentrum der Betrachtung. Darüber hinaus zeichnen sich mit dem nächsten Schub der Gestaltung der Umwelt durch den Menschen (das Anthropozän) mit neuartigen technologischen Mitteln auch neue Möglichkeiten der Gestaltung des Menschen durch den Menschen ab – sowohl mit Chancen, etwa bei Therapien und Heilung, als auch mit Risiken für den Menschen als biologisches Wesen, seine Eigenart, gesellschaftliche Teilhabe und Menschenwürde.

3.2
Ausgewählte Grundbegriffe und -funktionen der Digitalisierung

In der Digitalisierungsdebatte werden informatische oder informationstechnische Begriffe teilweise fehlerhaft und auch falsch genutzt (Kasten 3.3-1). Um Verständnislü-

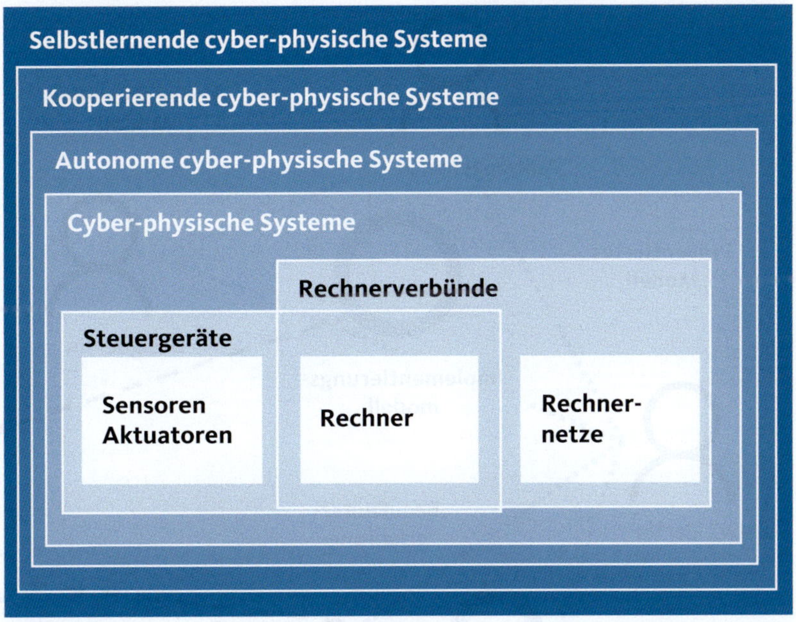

Abbildung 3.2.1-1
Arten softwarebasierter Systeme: Vernetzte Rechner ergeben Rechnerverbünde. Rechner mit Sensorik bzw. Aktuatorik ergeben Steuergeräte (z. B. im Automobil, Flugzeug oder Roboter), die im Verbund cyber-physische Systeme genannt werden. Jüngste und aktuelle Entwicklungen untersuchen die Autonomie, die Kooperation und das Selbstlernen dieser Systeme.
Quelle: WBGU

cken zu schließen, werden in diesem Kapitel ausgewählte Grundbegriffe und Grundfunktionen der Digitalisierung allgemeinverständlich erläutert und erste Reflexionen zur Interaktion von Mensch und Digitalisierung gegeben. Sie bilden ein Fundament für die darauffolgende Beschreibung von Schlüsseltechnologien, daraus folgenden Charakterisierungen des Digitalen Zeitalters und ersten Analysen seiner Wirkungen im ökologischen, ökonomischen und gesellschaftlichen Kontext.

3.2.1 Merkmale und Grundfunktionen digitaler soziotechnischer Lösungen

Um Digitalisierung besser zu verstehen, wird nachfolgend ein kurzer Exkurs zu grundlegenden Merkmalen und Funktionen einer digitalen Lösung gegeben, also zu ihren Aufgaben, Wirkweisen und prinzipiellen Möglichkeiten.

Jede digitale Lösung nutzt Rechenmaschinen. Eine der ersten, noch mechanischen Rechenmaschinen war das Sprossenrad, das auf Gottfried Wilhelm Leibniz (1646–1716) zurückgeht. Heutige Rechenmaschinen sind elektronisch und nutzen auf Halbleitern basierte Digitalelektronik. Für die Interaktion mit der Umwelt mittels Sensorik und Aktuatorik werden Analog-Digital- bzw. Digital-Analog-Wandler genutzt, die proportional von einer Messgröße abhängige Spannungen in numerische Messwerte umwandeln bzw. umgekehrt (Lee und Seshia, 2017:180). Die Digitalrechner (Computer) sind weit verbreitet, und es gibt zahlreiche unterschiedliche Typen: Nano-, Mikro- und Minicomputer, Hochleistungs- und Supercomputer, Computerfarmen, Desktop-Computer, Laptops, Smart Pads, Smart Phones sowie eingebettete Steuergeräte, Smart Cards und andere Ein-Chip-Systeme. In der Tat sind die meisten Computer nicht etwa offensichtlich (heimische) PCs, sondern finden sich im Verborgenen in „eingebetteten Systemen" (ES; Lee und Seshia, 2017:x). Circa 98% der produzierten Mikroprozessoren befinden sich in ES (BITKOM, 2010:7–8). Darunter „versteht man Computersysteme, die in Geräten, Anlagen und Maschinen eingebettet sind und spezielle Anwendungen abarbeiten." (itwissen.info, 2013). ES sind spezialisierte Minicomputer, die oft nur eine oder wenige Funktionen erfüllen und dazu eine hierauf ausgelegte Soft- und Hardware enthalten (ESI, 2019).

Obwohl das Moore'sche Gesetz, nach dem sich die Komplexität der in der Digitalelektronik genutzten integrierten Schaltkreise bei vergleichbaren Kosten ca. alle 1,5 Jahre verdoppelt (Moore, 1965), seit den 1960er Jahren Bestand hat, erreicht die Halbleitertechnik mittlerweile physikalische Grenzen der weiteren Verdichtung und damit der weiteren Leistungssteigerung. Auch im Hinblick darauf werden alternative Modelle für Rechenmaschinen erforscht, um eine nächste Stufe der Leistungsfähigkeit von Computern erreichen zu können, z. B. Quantencomputer (Kap. 3.2.6).

Die Hardware der Computer, also die Rechen-, Speicher- und Übertragungseinheiten sowie die Ein- und Ausgabegeräte eines Computers, werden mittels Software programmiert, die die logische Wirkweise eines Computers in Form von Algorithmen (Rechenvorschriften, Kap. 3.2.3) definiert. Software wird im Wesentlichen durch Transformatoren (z. B. Compiler) für Laufzeitumgebungen (z. B. für die Java-Programmiersprache) der Hardware aufbereitet und unter

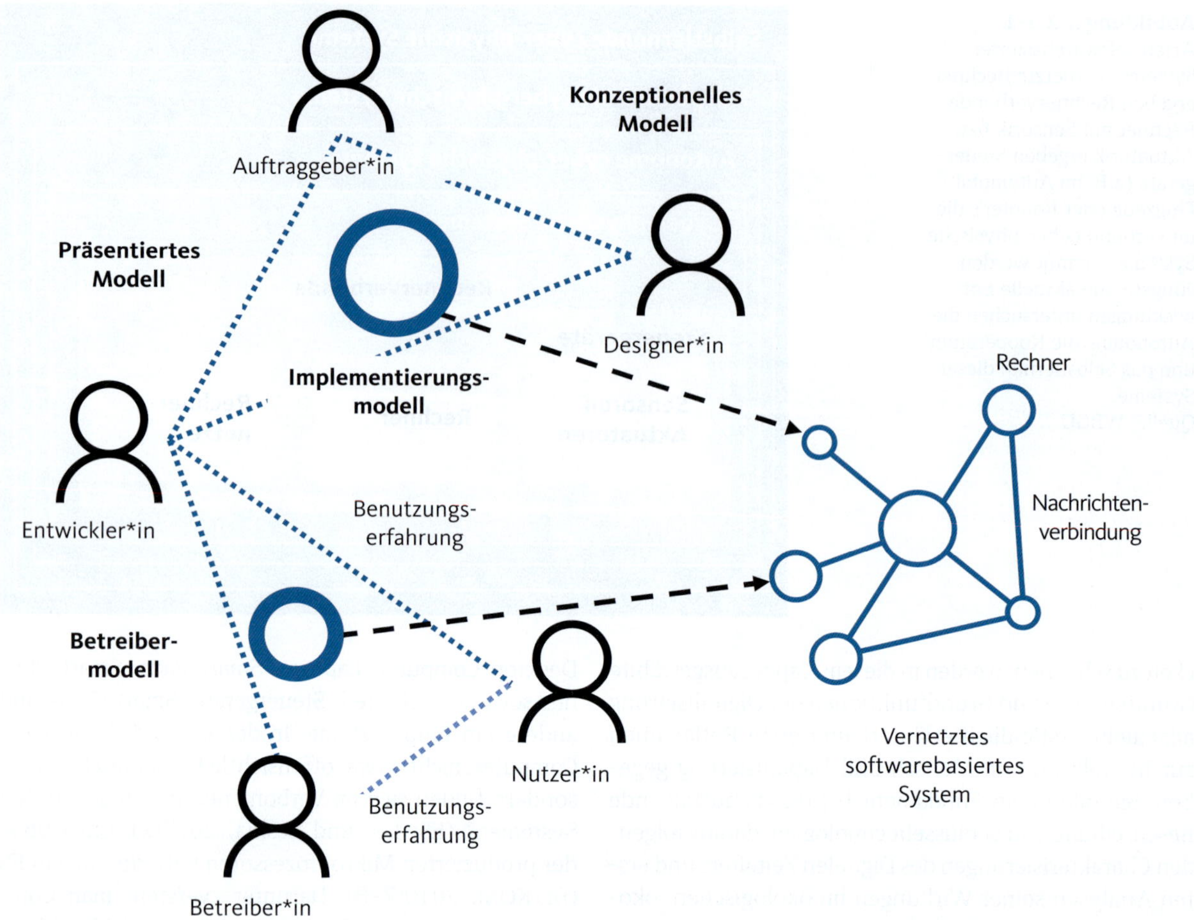

Abbildung 3.2.1-2
Die Akteure eines vernetzten softwarebasierten Systems im Entwicklungs- und Nutzungskontext. Ein softwarebasiertes, oftmals vernetztes System, auch digitales vernetztes System genannt, ist den Nutzer*innen heutzutage typischerweise über graphische Nutzeroberflächen zugänglich. Die involvierten Rechner und darüber angebotene Dienste werden von den Betreiber*innen entsprechend eines Betreibermodells konfiguriert, gewartet und angeboten. Die Optionen des Betreibermodells werden durch die Funktionen des softwarebasierten Systems bestimmt, wie sie im konzeptionellen Modell entworfen und den Auftraggeber*innen gegenüber präsentiert und von den Entwickler*innen implementiert werden.
Quelle: WBGU

Nutzung von Betriebssystem und Treibern zur Ausführung gebracht.

Solche softwarebasierten Systeme sind nicht an einen einzelnen Computer gebunden, sondern können ebenso eine Menge vernetzter Computer nutzen, die jeweils verschiedene Aufgaben für die Präsentation, Steuerung, Geschäftslogik sowie auch den Datenzugriff oder die Datenhaltung übernehmen (Abb. 3.2.1-1). Auf spezifische Computerarchitekturen, Software-Architekturen, System-Architekturen und Netzarchitekturen wird hier nicht eingegangen, sondern auf weiterführende Literatur verwiesen (Bourque und Fairley, 2014; Knuth, 2011; Goodfellow et al., 2016). Die Akteure in Entwicklung und Betrieb von softwarebasierten Systemen sind in Abbildung 3.2.1-2 schematisch und ihre Nutzungskontexte in Abbildung 3.2.1-3 dargestellt.

Die softwarebasierten, teils vernetzten Systeme verarbeiten Daten (Kap. 3.2.2) entsprechend der programmierten Berechnungsvorschriften – den Algorithmen (Kap. 3.2.3). Die Daten können fest einprogrammiert sein, über Software-Parameter genutzt werden oder als Trainingsdaten die Berechnungsvorschrift „kalibrieren“. Dabei werden Daten nicht nur gemeinhin erfasst und durch Berechnungen syntaktisch weiterbearbeitet, sondern ebenso in ihrer Bedeutung semantisch analysiert und durch logisches Schließen oder maschinelles Lernen verarbeitet, um Entscheidungen vorzubereiten oder zu treffen. Dazu werden Daten zudem erhoben, aggregiert, transportiert, transformiert, kombiniert bzw. visualisiert. Das geschieht sowohl mit einzelnen Werten als auch mit einfachen Zahlenreihen oder komplexen Simulationsmodellen oder 3D-360°-Visualisierungen und -Animationen in multimedialen Räumen.

Wie Abbildung 3.2.1-3 zeigt, umfassen die Grundfunktionen digitaler Systeme das Rechnen, Speichern, Kommunizieren, Wahrnehmen, Interagieren und

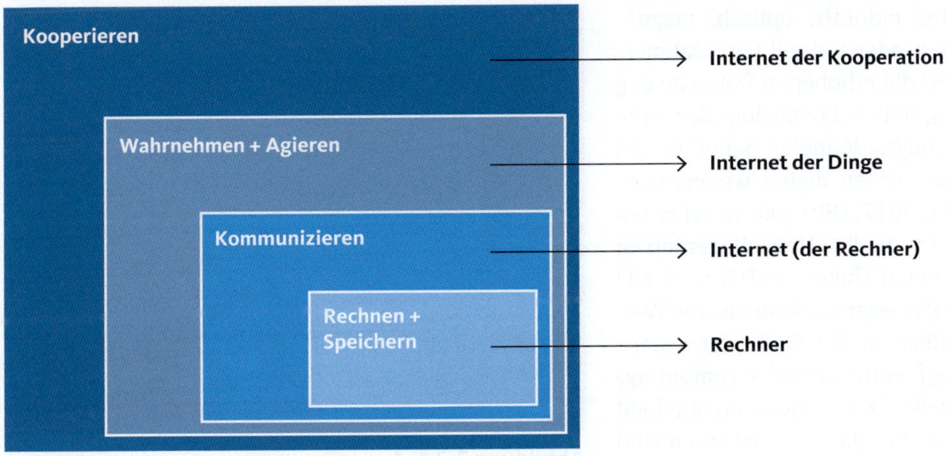

Abbildung 3.2.1-3
Grundfunktionen digitaler Systeme in ihrer zeitlichen und zukünftigen Entwicklung. Die Grundfunktionen digitaler Systeme umfassen in der Reihenfolge ihrer historischen und zukünftigen Entwicklung (1) das Rechnen mit Daten und (2) das Speichern von Daten, (3) Kommunizieren (Weiterleiten von Daten) sowie (4) Wahrnehmen (Erfassen von Daten). In der Umgebung kann (5) agiert und mit der Umgebung und ihren Akteuren (6) kooperiert werden. Dies entspricht letztlich dem Entwicklungspfad von einfachen Rechnern über das etablierte Internet der Rechner zum anlaufenden Internet der Dinge (Internet of Things – IoT; Kap. 3.3.1) und dem bevorstehenden Internet der Kooperation.
Quelle: WBGU

Kooperieren. Dies entspricht letztlich dem Entwicklungspfad von einfachen Rechnern über das etablierte Internet der Rechner zum anlaufenden Internet der Dinge und dem bevorstehenden Internet der Kooperation.

Das (1) *Rechnen* erfolgt auf Prozessoren, die auf verschiedenen Prozessorarchitekturen basieren, beispielsweise der wohlbekannten Von-Neumann-Architektur mit „single instruction, single data" oder die weniger bekannten Architekturen mit „multiple instruction, multiple data". Prozessoren werden oftmals parallel in Verbünden genutzt („multi-core" bei gleichartigen Prozessoren und „many-core" bei verschiedenen Prozessoren).

Die für das Rechnen nötigen Daten werden vorübergehend über Sensoren oder Netze beziehungsweise persistent über interne und externe (2) *Speicher gesichert* und so wiederum vorübergehend weitergegeben oder persistent bereitgestellt.

Für die (3) *Kommunikation* – sowohl für den Austausch von Informationen als auch die Interaktion – zwischen Computern werden Kommunikationsnetze genutzt. Sie unterscheiden sich beispielsweise nach den prinzipiellen physikalischen Übertragungswegen (drahtgebunden oder drahtlos, z.B. Local Area Networks – LAN bzw. Wireless Local Area Networks – W-LAN) und ihren Reichweiten – von sehr kurzen in Personal Area Networks (PAN) bis hin zu sehr großen Reichweiten in Wide Area Networks (WAN). Für die Übertragung in diesen Kommunikationsnetzen werden Kommunikationsprotokolle wie das Transmission Control Protocol (TCP) oder das User Datagram Protocol (UDP) genutzt, die auf verschiedenen logischen Protokollebenen von der Physik über Bits und Bytes bis hin zu logischen Verbindungen, Transaktionen und Applikationslogiken den Datenaustausch steuern und absichern. Beispielsweise ist das heutige Internet als Netz von Netzen ausgelegt, bei dem sich drei wesentliche Arten von Netzen unterscheiden lassen: *Backbones* sind die Kernnetze von Internetdienstanbietern (Internet Service Providern – ISP) und zwischen diesen. *Intranets* (lokale Netze) werden von Unternehmen, Organisationen, wissenschaftlichen oder anderen Einrichtungen sowie von Kommunen oder Privatpersonen genutzt. Diese erhalten über Zugangsnetze (Access Networks) Zugang zum Internet. Die Hardware-Struktur des weltweiten Internets, in der der prinzipielle Datentransport mit Internetprotokollen und ihren Anwendungen möglich ist, besteht aus Leitungen, Sendern bzw. Empfängern, Netzknoten wie Switches, Gateways, Routern und Servern. Sie kann durch Overlay-Netze ergänzt werden, die es erlauben, logische Netzstrukturen mit oftmals eigenen Adressräumen und Protokollstacks für dezidierte Kommunikationsanforderungen und Dienstgüten wie Durchsatz (beispielsweise in Mbit/s), Verzögerung (beispielsweise in ms) oder Bitfehlerraten (in fehlerhaften Bits je übertragenen Bits) zu realisieren. Mit Hilfe von Konzepten zur Virtualisierung von Netzfunktionen und zur Definition von Netzen mittels Software können solche Overlay-Netze flexibler aufgesetzt und betrieben werden.

Die Fähigkeit zum (4) *Wahrnehmen* wird durch Sensoren realisiert, die unter Nutzung verschiedener Messverfahren wie mechanisch, thermoelektrisch, resistiv, piezoelektrisch, kapazitiv, induktiv, optisch, magnetisch oder optomagnetisch oder virtuell (zur Datenerhebung aus dem Internet) die erhobenen Daten analog oder digital zur Verfügung stellen. Für analoge Sensoren werden zudem Analog-Digital-Wandler benötigt, um gemessene physikalische Größen digital weiterzuverarbeiten (Lee und Seshia, 2017: 180). Die so erfassten Daten aus der realen oder virtuellen Umwelt werden im Internet der Dinge (Internet of Things – IoT: Kap. 3.3.1) an die vernetzten softwarebasierten Systeme zur Weiterverarbeitung unmittelbar an der Stelle der Datenerhebung (fog computing), mittelbar (edge computing) oder entfernt von der Stelle der Datenerhebung (cloud computing) weitergeleitet. Beispiele für Sensoren sind Geschwindigkeitsmesser im Auto, Temperaturmesser in Gebäuden, Kameras im öffentlichen Raum oder verschiedene Umweltsensoren (z. B. zur Luftqualitätsmessung). Heutzutage enthält bereits ein typisches Smartphone vielfältige Sensoren wie Beschleunigungssensor, Rotationssensor, GPS-Sensor, Magnetfeldsensor, Kamera, Mikrofon, Helligkeitssensor, Annäherungssensor, Barometer, Hygrometer, Pulsmesser, Thermometer, Eye Tracker oder Fingerabdrucksensor.

Das (5) *Agieren* wird über Aktuatoren realisiert, die über erzeugte Bewegung, Verformung oder Information Wirkungen in der realen bzw. virtuellen Umwelt erzeugen. Während also Sensoren physikalische Größen messen, beeinflussen Aktuatoren sie (Lee und Seshia, 2017: 179; Gunes et al., 2014: 4245f.). Es gibt Aktuatoren, die auf mechanischen (beispielsweise pneumatischen oder hydraulischen), elektromechanischen, biologischen, optischen, thermischen, elektronischen oder wiederum digitalen Prinzipien beruhen. Sie werden digital oder analog gesteuert, wobei für letztere Digital-Analog-Wandler für die Informationen aus dem Steuergerät benötigt werden. „Die bekanntesten Aktuatoren sind die Elektromotoren und Elektromagnete" (Gerke, 2012: 5). Ein Aktuator im Smartphone ist beispielsweise die Vibrationsmotorik.

Ein- und Ausgabegeräte der Computer, die mit Sensoren zur *Wahrnehmung* bzw. Aktuatoren zur *Beeinflussung der Umgebung* ausgestattet sind, nutzen verschiedenste physikalische, chemische oder biologische Messverfahren, die mit Analog-Digital- oder Digital-Analog-Wandlern mit dem Computer verbunden werden. Auch die wohlbekannten Eingabegeräte Tastatur und Maus können als Sensoren und Monitore als Aktuatoren verstanden werden. Touch Panels oder Smart Glasses, die sowohl zur Ein- als auch zur Ausgabe genutzt werden, fungieren gleichzeitig als Sensor und als Aktuator. Den Nutzer*innen werden die Ergebnisse über Ausgabekomponenten beziehungsweise Ausgabegeräte zur Verfügung gestellt (Abb. 3.2.1-4).

Das (6) *Kooperieren* bezieht sich auf Mensch-Maschine-Interaktionen, Maschine-Maschine-Interaktionen und Maschine-Umwelt-Interaktionen. Alle drei Interaktionen erfahren rund um autonome Systeme wie Roboter in der Industrieautomatisierung oder automatisiertes Fahren neue Entwicklungen in der Gestaltung der Kooperationsformen. So wird beispielsweise in der Mensch-Roboter-Interaktion zwischen Formen der Kooperation und der Kollaboration unterschieden. Formen der Kooperation werden in physikalisch dauerhaft getrennten Arbeitsräumen mit virtuellen Schutzzäunen oder auch in gemeinsam nutzbaren Arbeitsräumen realisiert, wobei verschiedene Beschränkungen für Bahngeschwindigkeit und Impulskräfte definiert sind und geeignete Arbeitsraumüberwachung genutzt wird. Bei der Mensch-Roboter-Kollaboration findet dagegen ein bewusster, gewollter Kontakt zwischen Mensch und Roboter statt, wobei beide gleichzeitig an einem Projekt arbeiten und ihre Bewegungen gemeinsam koordinieren können, z. B. durch Handführen.

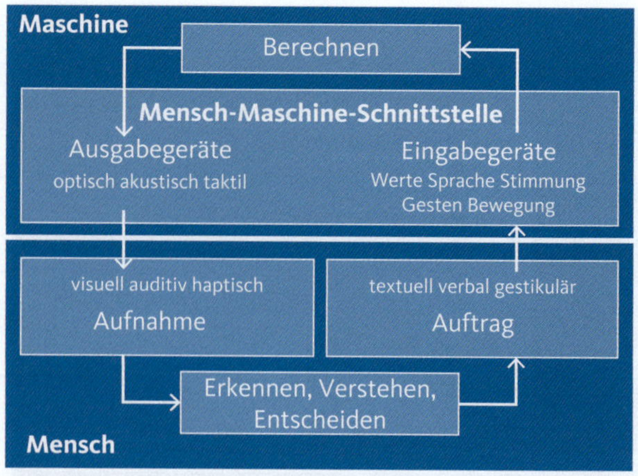

Abbildung 3.2.1-4
Mensch-Maschine-Interaktion. Über Mensch-Maschine-Schnittstellen erhalten Maschinen von den Nutzer*innen textuelle, verbale oder gestikuläre Aufträge, die über Eingabegeräte vermittelt und dann berechnet werden. Die Ergebnisse werden visuell, haptisch oder auditiv über Ausgabegeräte an die Nutzer*innen gegeben. Die Aufträge, die Maschinen von anderen Maschinen über Maschine-Maschine-Schnittstellen erhalten, sind hier nicht dargestellt.
Quelle: WBGU (in Erweiterung von Schlick et al., 2018)

3.2.2 Daten, Metadaten, Datenkataloge und Datenräume

Informationstechnisch sind Daten Repräsentationen von Informationen in digitalisierter Form, die (maschinen-)lesbar und bearbeitbar sind und (weiter-)verarbeitet, gespeichert, übertragen und (re-)interpretiert werden können. Gemeinhin werden Daten in Bitfolgen repräsentiert und können mit Hilfe darüberliegender Beschreibungen korrekter Zeichenfolgen (Syntax), Beschreibungen korrekter Wertemengen (Typsystem) oder Beschreibungen logischer Zusammenhänge zwischen den Werten und Wertemengen (Ontologie) verstanden werden (Krcmar, 2015). Daten können vielfältig kategorisiert werden:

- Nach ihrer Struktur in unstrukturierte Daten (d.h. sie besitzen keine vorgegebene Struktur; z.B. Texte), semistrukturierte Daten (d.h. Daten in einer Kombination von vorgegebenen und nicht vorgegebenen Strukturen, z.B. Dokumente mit festen Inhaltsangaben und freien Inhalten) oder strukturierte Daten (d.h. Daten, die vollständig einer vorgegebenen Struktur folgen, z.B. Daten, die in einer Maschine-zu-Maschine-Kommunikation genutzt werden);
- nach ihren Inhalten wie Umweltdaten, Mobilitätsdaten, Energiedaten usw.;
- nach ihrem Bezug auf Individuen wie personenbezogene Daten (d.h. Daten, die sich direkt auf eine Person beziehen), personenbeziehbare Daten (d.h. Daten, die sich mittelbar einer Person zuordnen lassen), nicht personenbezogene oder nicht personenbeziehbare Daten;
- nach der Quelle wie sensorgenerierte, verhaltensgenerierte, gemessene oder empirisch erfasste Daten;
- nach ihrer Originalität in Basisdaten (englisch auch raw data genannt, z.B. unmittelbare Messergebnisse) und abgeleitete Daten (d.h. Daten, die aus anderen Daten entstehen) oder aggregierte Daten (d.h. Daten, die aus der Kombination mehrerer Daten erzeugt werden);
- nach ihrer Beständigkeit in transiente oder persistente Daten;
- nach ihrer Aktualität in Echtzeit-, Nahe-Echtzeit- oder historische Daten;
- nach ihrer Beschaffenheit in diskrete Daten (d.h. Daten zu abzählbar vielen Zeitpunkten) oder kontinuierliche Daten (d.h. Daten zu jedem Zeitpunkt, diese werden auch als Datenströme bezeichnet).

Des Weiteren werden Daten, die andere Daten in ihrer Struktur und ihren Inhalten beschreiben, als Metadaten bezeichnet. So umfassen beispielsweise die (Inhalts-) Daten eines Telefonats das eigentliche Gespräch. Wer wann mit wem und wo das Gespräch geführt hat, ist in den Metadaten hinterlegt.

Über Metadaten werden Daten kategorisierbar und auffindbar. In den Metadaten können zudem Urheber- und Nutzungsrechte, Verantwortlichkeiten oder Speicherorte und Versionen der Daten geführt werden (Klessmann et al., 2012:424ff.). So wie Bücher mittels ihrer bibliographischen Angaben in Bibliothekskatalogen verwaltet werden, werden Daten mittels ihrer Metadaten in Datenkatalogen verwaltet. Auch Datenkataloge unterliegen wiederum Urheber- und Nutzungsrechten und können in ihrer Gesamtheit als Daten verstanden werden, die wiederum mittels Metadaten beschrieben werden (Krcmar, 2015).

Mit Datenkatalogen und den zugehörigen Daten können Datenräume gebildet werden, so dass für Bereitstellende, Bearbeitende oder Anwendende gemeinsame Technologien, Werkzeuge und Prozesse zur Datenverarbeitung zur Verfügung stehen. Solche Datenräume können innerhalb einer Organisation, organisationsübergreifend oder der allgemeinen Öffentlichkeit zur Verfügung gestellt werden (Schieferdecker et al., 2018; Kap. 5.2.7.4).

Für kommerzielle Datenräume, in denen Daten und darauf aufbauende Dienste verkauft werden, hat sich der Begriff des Datenmarktplatzes etabliert. Beispiele sind Mobilitätsdatenmarktplätze, Energiedatenmarktplätze oder Marktplätze für Geoinformationen. Für allgemein zugängliche Datenräume wird oftmals der Begriff der Datenportale verwendet. Aus gesellschaftlicher Sicht sind regionale Datenräume von besonderem Interesse, da sie Übergänge zwischen den verschiedenen Datenangeboten der öffentlichen Hand, von Unternehmen, der Wissenschaft und Politik bieten können (Schieferdecker et al., 2018) und vielfach regionale gesellschaftliche und wirtschaftliche Interaktionen widerspiegeln.

In sozialen Plattformen, bei denen vielfach Mehrwert aus den verhaltensgenerierten Daten der Plattformnutzer*innen gezogen wird, werden aktuell weder die Daten, Metadaten noch die zugrundeliegenden kommerziellen Prozesse expliziert. Sie entziehen sich so weitestgehend Transparenz- und Kontrollmöglichkeiten. Qualitativ hochwertige Daten, Metadaten und Datenkataloge bergen ein hohes Informations-, Wissens- und Wirtschaftspotenzial. Sie unterliegen daher typischerweise besonderen Datensicherheitsanforderungen bezüglich Zugriffsmöglichkeiten bzw. Verschlüsselung. Personenbezogene und personenbeziehbare Daten unterliegen zudem Datenschutzanforderungen, z.B. durch die Datenschutz-Grundverordnung (DSGVO) der EU. Noch gibt es kein einheitliches weltweites Regime für Daten, das Datenqualität, Datensicherheit, Datenschutz und Datenhandel gleichermaßen abdeckt. Auf europäischer Ebene wurden mit der DSGVO erste Schritte für mehr Datensouveränität von Plattformnutzer*innen und Anwendungsnutzer*innen mit den dahinterliegenden kommerziellen Datenmarktplätzen unternommen. Die Diskussionen zum Wert von Daten und einer möglichen Bepreisung ist weltweit im Gange (Lim et al., 2018; Seibert und Gründinger, 2018; van Lieshout, 2015), um die mit den Daten verbundenen Geschäfte nahtloser in bestehende Wirtschafts- und Steuerungsstrukturen einzubinden. Die EU arbeitet an einem europäischen Datenraum und hat dazu mit der DSGVO oder der PSI-Richtlinie (Richtlinie über die Weiterverwendung von Informationen des öffentlichen Sektors) erste Regularien entwickelt.

3.2.3
Ein kurzer Einstieg in Algorithmus, Berechenbarkeit und Heuristiken

Neben Daten (Kap. 3.2.2, 3.3.2) und KI (Kap. 3.3.3) ist derzeit der Begriff der Algorithmen in aller Munde. Gemeinhin wird mit diesem Begriff die zunehmende Automatisierung durch Digitalisierung verbunden, die bis in systemrelevante gesellschaftliche Bereiche wie Finanzwirtschaft (etwa im Hochfrequenzhandel), die Polizeiarbeit (z.B. automatisierte Videoüberwachung und Gesichtserkennung) oder Sozialsysteme (beispielsweise bei automatisierten Sozialbescheiden) reicht.

Allgemein ist ein Algorithmus eine Handlungsvorschrift zur Lösung eines gegebenen Problems (genauer gesagt einer Problemklasse). Algorithmen sind also immer explizit und wohl definiert, auch wenn sich entlang konkreter Daten und Berechnungen nicht immer die jeweilige Ausprägung dieser Handlungsvorschrift in der Anwendung eines Algorithmus nachvollziehen lässt.

Algorithmen gab es schon vor der Digitalisierung. Sie wurden beispielsweise im alten Ägypten zur Errichtung rechter Winkel mit der Zwölfknotenschnur im Bauwesen (Cantor, 1894:64) oder in der Antike zur Bestimmung des größten gemeinsamen Teilers mit dem Euklidischen Algorithmus (Ziegenbalg et al., 1996:60ff.) genutzt. Mit der Entwicklung von Rechenmaschinen erfolgte jedoch durch Alan Turing (Turing, 2008), Alonzo Church (Church, 1962), Noam Chomsky (Chomsky und Lightfoot, 2002), Andrei Markov (Markov, 1954) u.a. eine mathematische Formalisierung des Begriffs Algorithmus. Mathematisch entspricht ein Algorithmus einer berechenbaren Funktion; informationstechnisch ist ein Algorithmus eine deterministische Berechnungsvorschrift. Nach heutigem Stand sind alle Definitionen von Algorithmen gleich mächtig, können also dieselbe Klasse an Berechnungsaufgaben (Problemklassen) lösen und mittels der Turing-Maschine realisiert werden, einem grundlegenden Berechnungsmodell von Alan Turing von 1936 (Eberbach et al., 2004; Siegelmann, 1995). Die Church-Turing-These besagt, dass die Klasse der Turing-berechenbaren Funktionen mit der Klasse der intuitiv berechenbaren Funktionen übereinstimmt, also mit einer Turing-Maschine berechnet werden kann. Mathematisch wird Berechenbarkeit durch μ-rekursive Funktionen charakterisiert (Cooper, 2017). Computertechnisch werden Algorithmen, die logischen Berechnungsvorschriften, durch Programme in Software oder Hardware inklusive der benötigten Daten realisiert. An dieser Stelle ist es wichtig darauf hinzuweisen, dass verifizierte und validierte, also als korrekt nachgewiesene Algorithmen falsch in Software, Hardware bzw. Daten realisiert oder falsch konfiguriert und genutzt werden können, so dass der letztendlich genutzte Algorithmus falsche Ergebnisse liefern kann. Selbst wenn ein Algorithmus korrekt ist, bedeutet das noch lange nicht, dass er korrekt realisiert oder betrieben wird.

Die Grenzen der Berechenbarkeit werden aktuell in zwei Richtungen ausgelotet: zum einen wird erwartet, dass Quantum Computing (Kap. 3.2.6) mit seinen „Qubits“ ein potenziell neues Berechnungsmodell erfordert – obwohl Quantum Computing mit der bestehenden Rechnerinfrastruktur simuliert werden kann. Zum anderen nutzen Machine-Learning-Methoden (Kap. 3.3.3) insbesondere statistische Verfahren für die Klassifikation von Daten, die sich augenscheinlich mit heutigen Rechnerinfrastrukturen realisieren lassen, aber dennoch einen anderen Zugang zur Berechenbarkeit bedeuten könnten. So wird auch nach einem besseren Verständnis der Nichtberechenbarkeit gesucht (Soare, 2007; Cooper und Piergiorgio, 2003; Cooper, 2012; Kasten 3.2.3-1).

3.2.4
Eine kurze Geschichte von Automatisierung und Künstlicher Intelligenz

Während der Begriff „Automat“ im Sinne eines selbstständig (autonom) agierenden Apparats bereits in der Antike im literarischen Kontext geprägt war, wurde Automatisierung seit Anfang der Neuzeit technisch-naturwissenschaftlich praktisch realisiert. Von den Konstruktionsplänen Leonardo da Vincis über durch Uhrwerke angetriebene Spielautomaten im Barock bis hin zur Mensch-Maschinen-Metaphorik des französischen Arztes und Philosophen Julien Offray de La Mettrie wurde im Zeitalter der Mechanik der erste Grundstein für ein naturalistisch-deterministisches Welt- und Menschenbild gelegt. Letzteres kulminierte nicht zuletzt im Leibniz'schen Wahlspruch „Calculemus!“ und damit einer das Denken und Wissen auf Rechnen reduzierenden Universalmathematik und ersten mechanischen Rechenmaschinen. Der nächste bedeutende Schritt hin zur (algorithmenbasierten) sequenziellen Programmsteuerung erfolgte in den Stoffmanufakturen des 18. Jahrhunderts, zunächst durch Walzen und später hölzerne Lochkarten, welche zu verschiedenen Webmustern führten. Dieses Prinzip wurde wiederum durch die (niemals gebaute) „analytical engine“ des englischen Mathematikers, Philosophen und Erfinders

Kasten 3.2.3-1

Nichtberechenbare Probleme

Sowohl theoretische als auch praktische Nichtberechenbarkeit spielen im Zusammenhang mit den Möglichkeiten und Grenzen der Digitalisierung eine Rolle (Cooper, 2017:78). Nach heutigem Verständnis gibt es einerseits nicht berechenbare Probleme, die auf einen ersten Blick gar nicht so kompliziert klingen. Andererseits gibt es Probleme, die zwar berechenbar sind, deren Berechnung aber sehr aufwändig ist, sodass man mit heutiger IKT schnell zu Größenordnungen von Jahren, Jahrzehnten oder gar Jahrhunderten für die Berechnung einer Lösung kommt. Mit anderen Worten: Selbst wenn vieles mittels Digitalisierung automatisiert werden kann, gibt es auch relevante Problemklassen, die nicht automatisierbar sind (und auch nicht sein werden), da es keine oder keine effizienten Algorithmen gibt. Derartige Hinweise sind immer dann wichtig, wenn über die prinzipiellen Möglichkeiten der KI im Vergleich zur menschlichen Intelligenz diskutiert wird: (Mathematisch) geht vieles, aber eben nicht alles mit der Digitalisierung.

Zu den nicht berechenbaren Problemen gehört beispielsweise das Halteproblem (Cooper, 2017:78): Es gibt kein Programm, das für beliebige Programme und beliebige Eingaben entscheidet, ob der Programmaufruf dieses Programms mit diesen Eingaben jemals anhält. Zudem gibt es Problemklassen, die sehr aufwändig in ihrer Berechnung sind – die nicht polynomialen Probleme (kurz NP). Selbst die polynomial lösbaren Probleme (kurz P), zu denen auch die linear berechenbaren Probleme gehören, können in der Berechnung einer Lösung sehr aufwändig sein, so ihre Berechnungspolynomiale aufwändige Potenzen enthalten. Die Frage, ob die Klasse der polynomial-lösbaren Problemklasse gleich der nicht polynomial-lösbaren Problemklasse ist (also ob P = NP ist), ob es also auch für alle NP-vollständigen Probleme Algorithmen in Polynomialzeit gibt, ist eine offene Frage der Mathematik, theoretischen Informatik und der Komplexitätstheorie. Sie gehört zu den sieben Millennium-Problemen der Mathematik. Jedoch wird vermutet, dass es nicht effizient lösbare Problemklassen gibt, also dass P ≠ NP ist: Das sind die NP-vollständigen Problemklassen (Priese und Erk, 2018:450ff.). Zu diesen gehören auch allgemein verständliche Probleme, von denen man gemeinhin von einer einfachen Lösbarkeit ausgeht, wie das Rucksackproblem oder das Problem des Handlungsreisenden. Für den Handlungsreisenden wird eine kürzeste Route für eine Menge von Städten gesucht, so dass jede Stadt außer der ersten nur einmal besucht wird und die erste Stadt auch die letzte ist (Cooper, 2017:205; Priese und Erk, 2018:485).

Wiederum wichtig zu verstehen ist, dass es trotz der NP-Vollständigkeit von Problemklassen oft möglich ist, effiziente exakte oder heuristische Verfahren zur Lösung kleinerer Problemgrößen zu finden und so für typische Fragestellungen trotz der NP-Vollständigkeit effizient Lösungen zu berechnen wie für das Problem des Handlungsreisenden (Wendt, 2013:16ff.).

Charles Babbage auf Rechenmaschinen übertragen. Die mit Babbage zusammenarbeitende Mathematikerin Lady Ada Lovelace sah bereits voraus, diese würden auch andere Dinge außer Zahlen bearbeiten und z.B. Musik komponieren, dabei jedoch immer nur Befehle befolgen (Mainzer, 2016:7ff.)

Die elektrotechnischen Fortschritte zum Ende des 19. Jahrhunderts ermöglichten neuartige Systeme wie die Hollerithmaschinen (elektromechanische Maschinen zum Be- und Verarbeiten von Lochkarten) oder auch den ersten Schachautomaten 1911, welcher jedoch nur ein Endkampfszenario beherrschte. In den dreißiger Jahren des 20. Jahrhunderts wurde mit der Entwicklung universeller programmgesteuerter Computer eine Grundlage für den Durchbruch der Digitalisierung gelegt: Nun konnten Computer für jedweden Algorithmus zur Lösung berechenbarer Probleme (Kap. 3.2.3) genutzt werden.

Mit der universellen Programmierbarkeit wurde auch der Einstieg in die Forschung zur KI (Kap. 3.3.3) möglich. Während ihre erste Phase in den 1950er und 1960er Jahren noch von euphorischen Erwartungen geprägt war, folgte wenig später angesichts der praktischen Ergebnisse die theoretische Fundierung von (Nicht-)Berechenbarkeit im Hinblick auf die Problemlösungsfähigkeiten von Computern.

Da spezialisierte Anwendungen bessere Ergebnisse brachten, erfolgte in der zweiten Phase bis Mitte der 1970er Jahre eine Spezialisierung der Programmierung und Anwendung. Typisch für diese Phase „ist die Konstruktion von spezialisierten Systemen, Methoden zur Wissensrepräsentation und ein Interesse an natürlichen Sprachen" (Mainzer, 2016:12). Ab Mitte der 1970er bis Mitte der 1980er Jahre wurde sich dann in einer dritten Phase vermehrt auf wissensbasierte Expertensysteme fokussiert. Diese KI-Programme ziehen nach Speicherung von Spezialwissen automatisch diagnostische oder problemlösende Schlussfolgerungen, ohne jedoch wie der Mensch über kontextübergreifendes Hintergrundwissen zu verfügen: „E. A. Feigenbaum, einer der Pioniere dieser Entwicklung, verglich Mitte der (19)80er Jahre die Entwicklung wissensbasierter Expertensysteme mit der Geschichte der Automobilindustrie. In der Welt der KI wäre es sozusagen 1890, als die ersten Automobile auftraten. Sie waren handbetriebene pferdelose Wagen, aber bereits Automobile, d.h. selbstbewegliche Fahrzeuge. So wie seinerzeit Henry Ford die ersten Prototypen für die Massenproduktion weiterentwickelte, so würden nach Feigenbaum auch wissensbasierte Systeme in die Massenproduktion gehen. Wissensbasierte Systeme wurden also als ‚Automobile des Wissens' verstanden" (Mainzer, 2016:13).

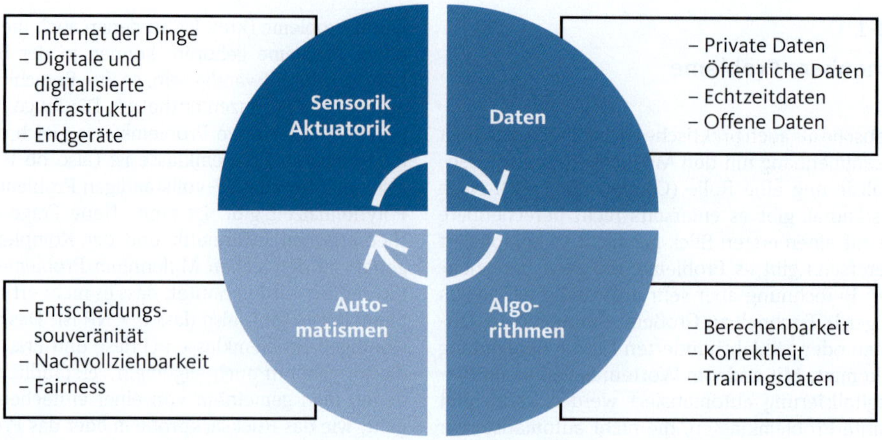

Abbildung 3.2.5-1
Elemente eines algorithmenbasierten Systems. Mittels der Sensorik, die über das Internet der Dinge (Kap. 3.3.1) im Allgemeinen oder digitale bzw. digitalisierte Infrastrukturen bzw. Endgeräte im Besonderen genutzt werden kann, entstehen private oder öffentliche Daten (Kap. 3.2.2), auch in Echtzeit, die gegebenenfalls offen als Open Data bereitgestellt werden. Algorithmen (Kap. 3.2.3) nutzen diese Daten in ihren Berechnungen und auch als Trainingsdaten (Kap. 3.3.3). Die Algorithmen sind in ihrer Leistungsfähigkeit durch Fragen der Berechenbarkeit begrenzt und u. U. durch die (In-)Korrektheit ihrer Berechnungslogik, Daten, Implementierung oder Anwendung. Automatismen für die Entscheidungsunterstützung oder -findung können über die Aktuatorik auf die Umgebung zurückwirken.
Quelle: WBGU

3.2.5
Algorithmenbasierte Systeme im gesellschaftlichen Kontext

Jede digitale bzw. digitalisierte Lösung nutzt Hard- und Software, deren Logik in Algorithmen definiert und durch Daten ausgedrückt wird. Sie sind algorithmenbasierte Systeme und werden auch algorithmische Systeme genannt. Sie werden zunehmend in die Entscheidungsunterstützung bzw. -findung in gesellschaftskritischen (beispielsweise bei Wahlen), in geschäftskritischen sowie für die Eigenart (Kap. 2.2.3; beispielsweise im Onlinehandel, Kap. 5.2.4) relevanten oder in selbstbestimmungsrelevanten Bereichen (beispielsweise in Onlinemedien) einbezogen. Damit wächst die Diskussion um nötige Leitplanken für den Entwurf, die Entwicklung und den Betrieb dieser soziotechnischen Systeme, die im Zusammenspiel von Technik und gesellschaftlicher Einbettung verstanden werden müssen. Diese adressieren technische Eigenschaften (wie Korrektheit, Verlässlichkeit, Robustheit oder Cybersicherheit), betriebliche, organisatorische oder regulatorische Rahmenbedingungen für den Einsatz der Systeme (wie die Regeln für algorithmenbasierte Systeme, die im Folgenden kurz beschrieben werden) sowie ethische Leitlinien für den Entwurf und die Entwicklung der Systeme (wie dem ACM Code of Ethics; ACM Ethics, 2018).

Abbildung 3.2.5-1 zeigt die prinzipielle Funktionsweise algorithmenbasierter Systeme. Diese Systeme erhalten bereits im Design, aber insbesondere im Betrieb und der Nutzung eine gesellschaftliche Einbettung, einen gesellschaftlichen Konnex. Sie sind soziotechnische Systeme, die weder rein technisch noch rein soziologisch verstanden werden können, sondern immer im Zusammenspiel von gesellschaftlichen, sozialen, ökonomischen und ökologischen Relationen. Aus Nutzungs- und Anwendungssicht stehen derzeit insbesondere Nachvollziehbarkeit, Erklärbarkeit und Fairness algorithmenbasierter Systeme und letztendlich die Entscheidungssouveränität der Menschen im Vordergrund gesellschaftlicher Auseinandersetzungen (Kasten 4.3.3-1; Kap. 8.3.3). Um diese Eigenschaften algorithmenbasierter Systeme zuverlässig zu realisieren, werden derzeit verschiedene Regelwerke wie AI4People (Floridi et al., 2018) die Algo.Rules (Bertelsmann-Stiftung und iRights.Lab, 2019) oder die „Richtlinien für vertrauenswürdige KI" der EU High-Level Expert Group on Artificial Intelligence aufgestellt (EU-Kommission, 2019c; Kasten 3.2.5-1).

Alle drei in Kasten 3.2.5-1 exemplarisch aufgeführten Regelwerke sind sowohl angesichts fortlaufender gesellschaftspolitischer Diskurse und Kontroversen als auch rapider technologischer Weiterentwicklungen als dynamisch aktualisierbare Dokumente angelegt. Ihre Operationalisierung ist national, europäisch und international ein offenes Feld für die Implementierung und Regulierung. Hier besteht dringender Handlungsbedarf, denn so wichtig fortlaufende Diskurse sind, bleiben sie wirkungslos, wenn sie nicht parallel zu jeweils im zeitlichen Kontext bestmöglichen Umsetzungen führen, welche einseitig interessengeleitete Einflussnahmen unterbinden.

3.2.6 Quantum Computing als zukünftige Computergeneration

Trotz der rasanten technologischen Entwicklung funktionieren heutige Computer „letztlich nach den gleichen Grundprinzipien wie die frühen Rechenmaschinen“ (Homeister, 2015). Man kann daher „die Etappen des Wegs vom Zahnrad über Relais, Röhre und Transistor zum miniaturisierten Schaltkreis als verschiedene technische Umsetzungen der gleichen Idee betrachten“, während die Entwicklung von Quantencomputern (Aharonov, 1999; Feynman, 1986) auf eine „ganz neue Art des Rechnens“ zielt: „Während in einem klassischen Computer ein Bit entweder auf 0 oder auf 1 gesetzt ist, kann ein Quantenbit beide Werte gleichzeitig annehmen, anders ausgedrückt, sich in zwei Zuständen gleichzeitig befinden“, der Superposition (Homeister, 2015: 1f.).

Das Rechnen mit Qubits (kurz für Quantenbits) ist inhärent probabilistisch und wird statistisch ausgewertet. Grundlegendes Berechnungsmodell ist dabei die probabilistische Turing-Maschine, eine Erweiterung der Turing-Maschine um zufällige Ausführungen. Gemäß der erweiterten Church-Turing-These, nach der jedwede Berechenbarkeit gegenseitig mit polynomialem Aufwand simulierbar ist, ist die probabilistische Turing-Maschine ebenso universell (Nielsen und Chuang, 2002). Sie würde also dem jetzigen Verständnis der Berechenbarkeit (Kap. 3.2.3) entsprechen. Wie die Church-Turing-These ist auch die erweiterte These noch nicht bewiesen.

Durch das Prinzip der Verschränkung können mehrere Qubits miteinander korreliert werden, wodurch beim Quantum Computing größere Lösungsräume durchsucht werden. Mit solchen n-Qubits kann Quantum Computing einen 2^n-großen Lösungsraum effizient mit polynomialem Aufwand lösen. Damit wird eine größere Problemklasse als P (Kap. 3.2.3) durch Quantum Computing effizient lösbar (beispielsweise die Faktorisierung großer Zahlen mit dem Shor-Algorithmus; Shor, 1994). Hier liegt der große Geschwindigkeitsvorteil gegenüber klassischen Computern, wodurch beispielsweise komplexe Klimamodelle effizienter berechnet werden können. Die mit Quantum Computing in Polynomialzeit lösbaren Problemklassen werden als Bounded-Error Quantum Polynomial Time (BQP) bezeichnet. Es wird vermutet, ist aber ebenso offen, dass $NP \neq BQP \neq P$ ist (Arora und Barak, 2009). Zudem wurden weitere Problemklassen identifiziert, die mit Quantum Computing effizienter lösbar sind (Deutsch und Jozsa, 1992). Lösungen für das Faktorisieren ganzer Zahlen, Routensuchen in Netzwerken oder das Rucksackproblem sind mit Quantum Computing effizient berechenbar.

Algorithmen für Quantum Computing werden als Quantum Circuits, also Berechnungssequenzen mit Quantum Gates, die Boolesche Operationen auf Qubits ausführen, formalisiert und realisiert oder eben auf konventionellen Rechnerinfrastrukturen simuliert. Für die physikalische Realisierung von Quantum Gates wurden lange Zeit elektronenbasierte Ansätze verfolgt, was bisher nicht über einige Dutzend Qubits skaliert werden konnte. Stattdessen hoffen heute viele Wissenschaftler*innen auf photonenbasierte Schaltkreise, die in der jüngeren Zeit große Fortschritte zu machen scheinen (Rudolph, 2017).

Im Hinblick auf die Von-Neumann-Architektur für Computer werden Quantum Circuits um Komponenten etwa zur Fehlerkorrektur ergänzt. Sie können Ergebnisse aber nicht speichern. So übernehmen Quantum Computer letztendlich „nur“ Berechnungsaufgaben, wie der zentrale Prozessor (Central Processing Unit – CPU) oder eine anwendungsspezifische integrierte Schaltung (Application-Specific Integrated Circuit – ASIC), so dass klassische Computer in den allermeisten Anwendungsfällen vorerst nicht durch Quantum Computer ersetzt werden, sondern nur in den spezifisch berechnungsintensiven.

3.2.7 Fazit: Digitalisierung in a Nutshell

Dieses Kapitel vermittelt die zentralen technischen, konzeptionellen und methodischen Grundlagen der Digitalisierung. All jenes, was in mehreren Jahren in Ausbildungsberufen und Studiengängen zur Informatik, Technischen Informatik, Angewandten Informatik usw. vermittelt und in weiteren Jahren der aktiven Aneignung vertieft wird, ist hier auf nur wenigen Seiten mit dem Anspruch möglichst allgemeiner Verständlichkeit kondensiert worden, wobei Auswahl und Tiefe der Beschreibung eine Herausforderung an sich darstellt. Wie auch die theoretische Informatik zeigt, gibt es grundlegende Konzepte rund um Algorithmen und Berechenbarkeit, Daten und Metadaten sowie soziotechnische und algorithmenbasierte Systeme, die für ein Grundverständnis der digitalen Möglichkeiten erläutert werden. Diese bilden jeweils die Grundlagen für Schlüsseltechnologien der Digitalisierung, die in Kapitel 3.3 beschrieben werden. Dass sich auch technologisch noch nicht die Menge der Grundbegriffe und -funktionen abschließend bestimmen lässt, zeigt der kurze Ausblick auf Quantum Computing, das nach heutigem Stand eine nächste qualitative Stufe digital gestützter Berechnungen ermöglichen wird.

Allerdings wird trotz der Fortschritte in der Erweiterung der menschlichen Intelligenz durch technische

Kasten 3.2.5-1

Aktuelle Regelwerke für den Einsatz von KI und algorithmenbasierten Systemen im Überblick

AI4People

Bei AI4People handelt es sich um ein im Februar 2018 begonnenes Multi-Stakeholder-Forum, welches „alle Akteure zusammenbringt, die Interesse haben, gesellschaftliche Auswirkungen von KI (Artificial Intelligence – AI) zu gestalten – einschließlich der Europäischen Kommission, des Europäischen Parlaments, zivilgesellschaftlicher Organisationen, Industrie und Medien" (Floridi et al., 2018: 5; eigene Übersetzung). Das Ergebnis ist ein „living document", dessen Präambel lautet im aktuellen Stand (Floridi et al., 2018) wie folgt:

„We believe that, in order to create a Good AI Society, the ethical principles identified in the previous section should be embedded in the default practices of AI. In particular, AI should be designed and developed in ways that decrease inequality and further social empowerment, with respect for human autonomy, and increase benefits that are shared by all, equitably. It is especially important that AI be explicable, as explicability is a critical tool to build public trust in, and understanding of, the technology.

We also believe that creating a Good AI Society requires a multistakeholder approach, which is the most effective way to ensure that AI will serve the needs of society, by enabling developers, users and rule-makers to be on board and collaborating from the outset. Different cultural frameworks inform attitudes to new technology. This document represents a European approach, which is meant to be complementary to other approaches. We are committed to the development of AI technology in a way that secures people's trust, serves the public interest, and strengthens shared social responsibility.

Finally, this set of recommendations should be seen as a ‚living document'. The Action Points are designed to be dynamic, requiring not simply single policies or one-off investments, but rather, continuous, ongoing efforts for their effects to be sustained."

Algo.Rules

„Bei den Algo.Rules handelt es sich um einen Katalog an formalen Kriterien, die beachtet werden müssen, um eine gesellschaftlich förderliche Gestaltung und Überprüfung von algorithmischen Systemen zu ermöglichen und zu erleichtern. Sie legen eine Grundlage für ethische Erwägungen und für die Um- und Durchsetzung rechtlicher Rahmenbedingungen. Diese Kriterien sollen bereits bei der Entwicklung der Systeme mitgedacht und „by design" implementiert werden. Die einzelnen Algo.Rules sind interdependent und als Gesamtkomplex zu betrachten. Interessierte sind dazu eingeladen, die Algo.Rules gemeinsam mit uns weiterzugestalten, sie zu übernehmen, anzupassen, zu erweitern und vor allem Wege zu suchen, sie in der Praxis anzuwenden. Die Algo.Rules sind dynamisch angelegt und sollen insbesondere hinsichtlich ihrer konkreten Umsetzung weiter verfeinert werden" (Bertelsmann-Stiftung und iRights.Lab, 2019). Bei Redaktionsschluss dieses Gutachtens war der Wortlaut folgendermaßen:

1. „Kompetenz aufbauen: Die Funktionsweise und die möglichen Auswirkungen eines algorithmischen Systems müssen verstanden werden.
2. Verantwortung definieren: Für die Auswirkungen des Einsatzes eines algorithmischen Systems muss stets eine natürliche oder juristische Person verantwortlich sein.
3. Ziele und erwartete Wirkung dokumentieren: Die Ziele und die erwartete Wirkung des Einsatzes eines algorithmischen Systems müssen vor dessen Einsatz dokumentiert und abgewogen werden.
4. Sicherheit gewährleisten: Die Sicherheit eines algorithmischen Systems muss vor dessen Einsatz getestet und fortlaufend gewährleistet werden.
5. Kennzeichnung durchführen: Der Einsatz eines algorithmischen Systems muss gekennzeichnet sein.
6. Nachvollziehbarkeit sicherstellen: Die Entscheidungsfindung eines algorithmischen Systems muss stets nachvollziehbar sein.
7. Beherrschbarkeit absichern: Ein algorithmisches System muss während seines gesamten Einsatzes gestaltbar sein und bleiben.
8. Wirkung überprüfen: Die Auswirkungen eines algorithmischen Systems müssen regelmäßig überprüft werden.
9. Beschwerden ermöglichen: Fragwürdige oder die Rechte einer betroffenen Person beeinträchtigende Entscheidungen eines algorithmischen Systems müssen erklärt und gemeldet werden können."

Ethics Guidelines for Trustworthy AI (High-Level Expert Group on Artificial Intelligence der EU-Kommission

Vertrauenswürdige KI basiert für die High-Level Expert Group on Artificial Intelligence der EU-Kommission (EU-HLEG; EU-Kommission, 2019c) auf drei notwendigen und im Idealfall trotz möglicher Zielkonflikte im Einklang befindlicher Komponenten: erstens Gesetzeskonformität, zweitens Ethik sowie drittens Robustheit, um „sogar im Fall guter Absichten keinen nicht intendierten Schaden zuzufügen" (EU-Kommission, 2019c: 35; eigene Übersetzung). Die normativen Grundlagen lauten dabei wie folgt:

- „Develop, deploy and use AI systems in a way that adheres to the ethical principles of: *respect for human autonomy, prevention of harm, fairness and explicability.* Acknowledge and address the potential tensions between these principles.
- Pay particular attention to situations involving more vulnerable groups such as children, persons with disabilities and others that have historically been disadvantaged or are at risk of exclusion, and to situations which are characterised by asymmetries of power or information, such as between employers and workers, or between businesses and consumers.
- Acknowledge that, while bringing substantial benefits to individuals and society, AI systems also pose certain risks and may have a negative impact, including impacts which may be difficult to anticipate, identify or measure (e.g. on democracy, the rule of law and distributive justice, or on the human mind itself.) Adopt adequate measures to mitigate these risks when appropriate, and proportionately to the magnitude of the risk" (EU-Kommission, 2019c: 2).

Darüber hinaus finden sich in der aktuellen Fassung Abschnitte zu Anforderungen und technischen sowie nicht technischen Methoden zur Umsetzung sowie zur Evaluation. Der an der EU-HLEG beteiligte Philosoph Thomas Metzinger ging jedoch in einem hierzu verfassten zweisprachigen Op-Ed beim Tagesspiegel mit dem aktuellen Resultat hart ins Gericht. Dort beklagte er unter dem Titel „Ethics washing made in Europe" (Metzinger, 2019a) die Zusammensetzung der Gruppe, fehlende nicht verhandelbare ethische Prinzipien angesichts der Entschärfung roter Linien und bezeichnet die Richtlinien als „lauwarm, kurzsichtig und vorsätzlich vage", da sie schwierige Probleme durch Rhetorik übertünchten, elementare Rationalitätsprinzipien verletzten und vorgäben, „Dinge zu wissen, die in Wirklichkeit einfach niemand weiß" (Metzinger, 2019b). Demgegenüber zeigte sich beim aus der finalen Fassung verschwundenen Abschnitt zu Langzeitrisiken, dass auch ihm selbst letzterer Vorwurf gemacht werden könnte: „Dort hatten Metzinger und andere auf die Gefahr verwiesen, Systeme könnten irgendwann so intelligent werden, dass sie sich verselbständigen, ein eigenes Bewusstsein entwickelten oder sogar eine eigene Moral. Diese aus der Science Fiction bekannten Szenarien seien zwar sehr unwahrscheinlich, räumt Metzinger ein. Trotzdem sollte man auch solche Risiken nicht außer Acht lassen. Anderen Mitgliedern der Gruppe ging das zu weit. Vor allem die Informatikerin Virginia Dignum und der Philosoph Luciano Floridi [...] hatten mit Rücktritt gedroht, sollten die Bedenken im Dokument bleiben" (Köver und Fanta, 2019).

Mittel mit großer Wahrscheinlichkeit gelten: „More computation does not makes us more ‚intelligent', only more computationally powerful." (Ito, 2018). Die intelligente Nutzung neuer Technologien erweist sich gerade im Zeitalter massiv zunehmender Berechnungskapazitäten als wesentliche Herausforderung für die Gestaltung soziotechnischer Systeme. Da nur berechnet werden kann, was vorher berechenbar modelliert wurde, gilt es, implizite Annahmen der Berechnungen sichtbar zu machen. Nur dann wird klar, was in einer Berechnung jeweils (nicht) enthalten ist und inwieweit sich daraus Probleme, etwa im Hinblick auf verzerrte Kategorien oder partielle Daten, ergeben: „Wir müssen immer fragen, was in diese Systeme schon jeweils eingeschrieben ist, bevor wir im Zuge der weiteren Entwicklung noch weitere Modelle einschreiben" (Guagnin und Pohle, 2019: 18).

3.3 Schlüsseltechnologien der Digitalisierung (auch) im Nachhaltigkeitskontext

Der Fokus dieses Kapitels liegt auf einer Auswahl digitaler Technologien mit erwartetem hohem disruptiven Potenzial für die Große Transformation zur Nachhaltigkeit. Die aufgrund ihrer Relevanz und im Einklang mit einschlägigen Berichten (Kap. 3.6.1, 3.6.2) herausgegriffenen und hier beschriebenen Technologien können die Große Transformation befördern und beschleunigen, aber auch negativ beeinflussen. Insbesondere führen die zunehmende Erfassung und Steuerung der natürlichen und technischen Umwelt sowie die damit verbundene Vergrößerung der Datenbasis durch das Internet der Dinge (Internet of Things – IoT) und die so entstehenden umfassenden Datenmengen (Big Data) zu neuen Dynamiken der Digitalisierung, die wiederum zu qualitativ neuartigen Ergebnissen der Künstlichen Intelligenz (KI) führen und erneut auf gestiegenen Rechen-, Speicher- und Übertragungskapazitäten basieren (Kühn, 2018). Bei jeder digitalen Lösung sind dabei Vertrauenswürdigkeit, Zuverlässigkeit und daher insbesondere Cybersicherheit zentral. Die genannten vier Technologien Internet der Dinge (Kap. 3.3.1), Big Data (Kap. 3.3.2), KI (Kap. 3.3.3) und Cybersicherheit (Kap. 3.3.4) werden als Schlüsseltechnologien gesehen, da sie sich gegenseitig bedingen und sich verstärken. Auch weitere Technologien wie Monitoring, Augmented und Virtual Realities, Robotik, additive Fertigung bzw. 3D-Druck und Blockchain- bzw. Distributed-Ledger-Technologien haben Bedeutung für Nachhaltigkeit und werden ebenfalls kurz erläutert und bewertet (Abb. 3.3-1).

Wie Grundbegriffe und -funktionen der Digitalisierung (Kap. 3.2) sind auch aktuelle Debatten zu deren Schlüsseltechnologien oft durch begriffliche Unschärfe gekennzeichnet. Dies führt häufig zu Missverständnissen, etwa durch unsachgemäße Übertragung alltagssprachlicher in wissenschaftliche Begriffe oder unterschiedliche Begriffsverständnisse verschiedener Disziplinen und teilweise zu einem vermenschlichenden Sprachgebrauch (Kasten 3.3-1).

Ein klares Verständnis der aktuellen Schlüsseltechnologien der Digitalisierung ist daher unabdingbar, auch um deren jeweilige Potenziale und Risiken angemessen einschätzen zu können. Die nachfolgenden Kapitel bieten einen kompakten Überblick dieser soziotechnischen Systeme, eingebettet in ein breites Verständnis von Nachhaltigkeit (Kap. 2).

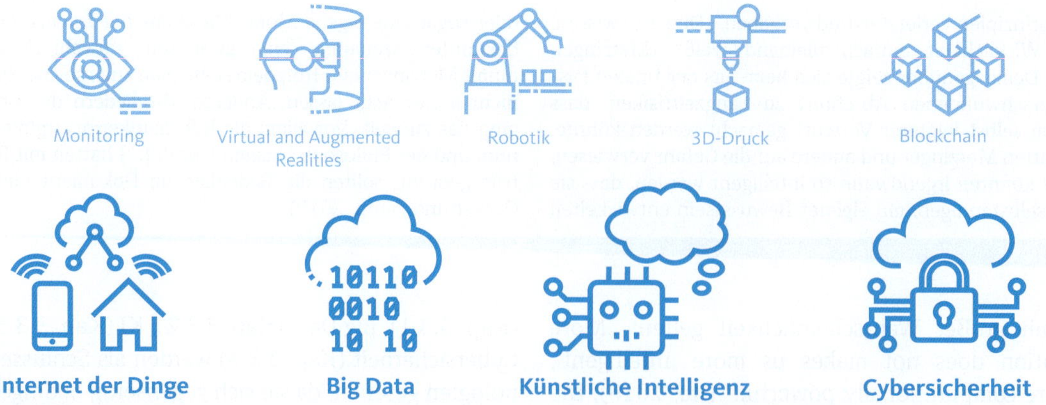

Abbildung 3.3-1
Die wesentlichen aktuellen, das Techniksystem verändernden digitalen Technologien. Schlüsseltechnologien sind Internet der Dinge, Big Data, Künstliche Intelligenz und Cybersicherheit, weitere für die Nachhaltigkeit wichtige Technologien sind Monitoring, Virtual and Augmented Realities, Robotik, 3D-Druck sowie Blockchain- und Distributed-Ledger-Technologien.
Quelle: WBGU

3.3.1 Internet der Dinge

Das Internet der Dinge (Internet of Things – IoT) ist ein Konzept, das die zunehmende Vernetzung und damit Verschmelzung digitaler und physischer Infrastrukturen in Interaktion mit der natürlichen, analogen und künstlichen, digitalisierten Umwelt beschreibt (Horvath, 2012:1; Fraunhofer FOKUS, 2016:4; Lackes, 2017; Atzori et al., 2010:2787). Die Idee dazu entstand bereits in den 1990er Jahren. Zunächst beschrieb Mark Weiser (Weiser, 1991) mit dem ubiquitous computing die Zukunft der Computer im 21. Jahrhundert in Form allgegenwärtiger, kleiner, leichter und vernetzter Geräte. Der Begriff „Internet der Dinge" wurde später zur Jahrtausendwende erstmals von Kevin Ashton verwendet, um realen Gegenständen eine digitale Identität zuzuweisen, z.B. über QR-Codes oder Radiofrequenzidentifikation (Radio-Frequency Identification – RFID; Fraunhofer FOKUS, 2016:4; Li et al., 2015:243f.). Seitdem haben zahlreiche weitere technologische Entwicklungen zur zunehmenden Realisierung der IoT-Vision beigetragen (Li et al., 2015:244). Daher ist das IoT keine einzelne Technologie, sondern basiert auf der Verknüpfung vieler Technologien, die teils in eigenen Kapiteln dieses Gutachtens vorgestellt werden.

Beim IoT handelt es sich technologisch betrachtet um Gegenstände bzw. Dinge jeder Art, die mittels physischer Identitätsträger wie Barcodes, QR-Codes, RFID oder Smartcards mit einer eindeutigen Identität versehen werden und sich über Kommunikationstechnologien wie Bluetooth, Near-Field Communication (NFC) oder Mobilfunk mit dem Internet oder auch untereinander vernetzen können (Horvath, 2012:1; Fraunhofer FOKUS, 2016:4; Lackes, 2017; Li et al., 2015:243f.). Neuere Standards wie die 5. Mobilfunkgeneration (5G) und das Internetprotokoll der 6. Generation (IPv6) sind daher wichtige Voraussetzungen für den Durchbruch des IoT (Atzori et al., 2010:2787). Die Bandbreite der zu vernetzenden Objekte ist dabei vielfältig und reicht von Haushalts- und Heimgeräten wie Fernseher, Fenster, Heizungen und Türen über Objekte in der Industrie, im Gesundheitswesen (z.B. medizinische Sensoren oder Geräte, assistiertes Wohnen) bis hin zur gesamten öffentlichen Infrastruktur (z.B. vernetzter Autoverkehr, intelligente Stromnetze, Gebäude; Horvath, 2012:1; Li et al., 2015:253ff.). Systeme, bei denen der Schwerpunkt auf der „Kopplung von physischen, biologischen bzw. bautechnischen Komponenten" (Janiesch, 2017) durch (Netzwerke aus) Sensoren zur digitalen Erfassung und Aktuatoren zur physischen Beeinflussung liegt, werden insbesondere in der Wissenschaft auch als cyber-physische Systeme bezeichnet (Gunes et al., 2014:4248). Daher kommen nicht nur Technologien zur Lokalisierung, sondern auch zur Positionierung von Dingen zum Einsatz (Fleisch, 2014; Sprenger und Engemann, 2015). Für das einwandfreie Zusammenspiel der vielfältigen Sensoren, Aktuatoren, Geräte und Softwarekomponenten ist nicht zuletzt eine geeignete Architektur erforderlich, welche die IoT-Elemente zweckdienlich zusammenführt (Li et al., 2015:246ff.). Dabei spielt auch die Verlagerung von Anwendungen in die Cloud eine wichtige Rolle, wie auch die Anwendung von Big Data (Kap. 3.3.2) und maschinellem Lernen (Fraunhofer FOKUS, 2016:5).

Während im Hinblick auf den Stand der Umsetzung das IoT um das Jahr 2010 noch überwiegend als

Vision bezeichnet wurde (Horvath, 2012:2; BCS und OII, 2013; Atzori et al., 2010:2793) und sich auch heute die Mehrzahl der Anwendungen noch in einem jungen Stadium befinden (Li et al., 2015:243), wird für das nahende Jahr 2020 erwartet, dass weltweit 20 Mrd. „Dinge" miteinander vernetzt sein werden (Gartner Inc., 2017). Da die Auswirkungen des IoT denen des Internets vergleichbar oder gar noch revolutionärer sein sollen (Hoepner et al., 2016:70), ist ein Blick auf die Potenziale und Risiken für Nachhaltigkeit dringend geboten.

Potenziale und Risiken

Das IoT wird als eine zentrale Lösung für gesellschaftliche Herausforderungen der heutigen Zeit angesehen (z.B. Geisberger und Broy, 2012; Li et al., 2015:253). Anwendungen für das IoT reichen z.B. von der Industrieproduktion über den Verkehrs- und Logistiksektor, das Gesundheitswesen, den Umwelt-, Energie- und Agrarsektor bis in den persönlichen Lebensbereich der Menschen (Atzori et al., 2010:7ff.; Fraunhofer FOKUS, 2016:9ff.; Li et al., 2015:253ff.). So werden beispielsweise Sensoren in der Landwirtschaft eingesetzt, um den Feuchtigkeits- und Wärmegehalt des Bodens zu messen. Mit Hilfe der erfassten Sensordaten können Landwirt*innen aus der Ferne erkennen, ob sie Maßnahmen etwa zur Bodenwässerung oder zum Schutz der Pflanzen gegen Pilzbefall ergreifen müssen (Gropp, 2016; Kap. 5.2.9). Auf diese Weise ist es möglich, Arbeitsprozesse zu verbessern und zu erleichtern sowie Ressourcen zu schonen. Ähnliche Vorteile birgt der Einsatz des IoT im Gesundheitswesen, etwa zur Überwachung des Gesundheitszustandes von Patient*innen oder deren Unterstützung im Wohnumfeld (Atzori et al., 2010:9; Li et al., 2015:253ff.). Im Energiesektor werden bereits Anwendungen des IoT zur bedarfsgerechten Steuerung der Energieversorgung in „Smart Grids" eingesetzt (Fraunhofer FOKUS, 2016:10; Kap. 5.2.6).

In der Industrie sind „Industrie 4.0" bzw. „Smart Manufacturing" wohl die bekanntesten Anwendungsfelder, aber nicht mit dem (industriellen) IoT gleichzusetzen (Liao et al., 2018:4523). Bei Industrie 4.0 geht es um einen tiefgreifenden unternehmensinternen und -externen Veränderungsprozess, der zum Ziel hat, eine weitgehend automatisierte, dezentralisierte, flexible und vernetzte Produktion sowie Nachverfolgung und Steuerung ganzer Wertschöpfungsketten bzw. -Systeme zu ermöglichen (Neugebauer et al., 2016; OECD, 2016b:81; Li et al., 2015:253). Aus Nachhaltigkeitssicht könnten sich dadurch u.a. Chancen für die Kreislaufwirtschaft ergeben (Kap. 5.2.1, 5.2.2, 5.2.5).

Im Bereich Mobilität erfolgt auf Basis des IoT eine umfassende Neuorganisation von Verkehrsflüssen. Dies betrifft sowohl den Personen- als auch den Güterverkehr bzw. die Logistik insgesamt, wo durch RFID schon der Durchbruch gelungen ist. IoT-Technologien sollen hier unter anderem die Vernetzung von Verkehrsmitteln untereinander oder mit der Verkehrsinfrastruktur ermöglichen, was bis hin zum autonomen Fahren führen soll (Kap. 5.2.8). Viele der genannten Anwendungsfelder konzentrieren sich insbesondere auf das *städtische Umfeld*, aber existieren heute meist noch isoliert nebeneinander. In der Vision der Smart City werden sie und weitere per IoT miteinander vernetzt (Fromhold-Eisebith, 2017; Geisberger und Broy, 2012; Kap. 5.2.7). Ein Beispiel ist die Vernetzung von Energieversorgung und Elektromobilität im Rahmen der Sektorkopplung (Kap. 5.2.6).

Neben diesen Potenzialen bestehen auch ebenso zahlreiche Herausforderungen und Risiken. Aus technischer Sicht müssen etwa Probleme wie fehlende Interoperabilität und unzureichende Cybersicherheit in den IoT-Infrastrukturen sowie bei Schnittstellen und Protokollen und ihren Standards behoben werden (Li et al., 2015:243). Gesellschaftliche Herausforderungen betreffen u.a. Fragen von informationeller und persönlicher Selbstbestimmung bis hin zur Würde des Menschen und ethischen Aspekten bei der Interaktion zwischen (teil-)autonomen, intelligenten Systemen und Dingen (Bendel, 2016:109f.). Auch aus Umweltsicht bestehen erhebliche Gefahren, etwa in Form steigenden Energieverbrauchs und zunehmenden Elektroschrotts durch die immer zahlreicher werdenden digitalen bzw. digitalisierten „Dinge" (Kap. 5.2.5, 5.2.6), die als Rebound-Effekte etwaige Nachhaltigkeitsgewinne zunichtemachen könnten.

Im Spannungsfeld von Nachhaltigkeitspotenzialen und kommerziellen Interessen ist zu hinterfragen, ob letztgenannte nicht die eigentlich treibenden Kräfte der IoT-Entwicklung sind (Günthner et al., 2008) und welche Konsequenzen dies für die Realisierung ersterer hat. Einerseits gehören zu den ökonomischen Vorteilen etwa verbesserte Möglichkeiten des Monitorings und der Kontrolle von Objekten und Infrastrukturen durch das kontinuierliche und automatisierte Sammeln von Daten sowie der Prozessautomatisierung und damit Prozessoptimierung. So hofft man etwa, durch die Vielzahl der gesammelten Daten bessere Entscheidungen fällen zu können, da Zusammenhänge hergestellt und treffendere Prognosen erstellt werden könnten (Fraunhofer FOKUS, 2016:12). Andererseits stellt etwa Kagermann (2017:244) für Industrie 4.0 fest: „Der Wandel durch Industrie 4.0 muss jedoch aktiv gestaltet werden. Dabei handelt es sich nicht nur um ein industriepolitisches Thema. Industrie 4.0 adressiert auch die ökologischen und sozialen Herausforderungen: Ressourceneffizienz und Umweltschutz, demographischer

Kasten 3.3-1

Vermenschlichung und irreführender Sprachgebrauch

Bei der Benennung der Leistung digitaler Systeme werden häufig Begriffe verwendet, mit denen zuvor primär menschliche Fähigkeiten beschrieben wurden; prominente Beispiele sind KI oder maschinelles Lernen (Rehak, 2016; Kap. 3.3.3). Begriffe wie „Intelligenz" oder „Lernen" sind in vielfältigen wissenschaftlichen, insbesondere philosophisch und psychologisch geprägten Diskursen verankert. Sie sind in der Regel mit vielen begleitenden Konnotationen „aufgeladen", die sich aus den technischen Leistungen selbst gar nicht ableiten lassen. So werden mit „Lernen" menschliche Leistungen (etwa Neugier, Spontanität) assoziiert, die Kompetenz und Selbstbestimmung (Deci und Ryan, 2000, 2008) oder der menschlichen Willensfreiheit dienen. Computer besitzen jedoch jenseits von Spekulationen etwa durch Gedankenexperimente (Bostrom, 2014) keinen freien Willen und entsprechende begriffliche Assoziationen sind im Feld maschinellen „Lernens" inadäquat, denn hier geht es bislang primär um Modellierung, Berechnung und Optimierung (Walsh, 2018).

Begriffliche Aufladungen und übersteigerte Assoziationen waren und sind oft durchaus beabsichtigt, wie etwa beim Begriff der KI für die Bewerbung eines Forschungsprojektes (Kap. 3.3.3). Problematisch ist ein solcher Sprachgebrauch, da damit übertriebene Erwartungen und Ängste geweckt werden können (Burchardt, 2018) und künftige Entwicklungsmöglichkeiten angedeutet werden, die sich nicht in technischen Begriffen beschreiben lassen. So wird mit dem Begriff der „Superintelligenz" (Bostrom, 2014) eine kommende mögliche Überlegenheit technischer Systeme angedeutet, deren Bedrohungspotenzial sich technisch nicht genau beschreiben und daher auch nicht genau bewerten lässt (Kap. 7.4). Teil von Bedrohungsszenarien ist oft auch die Zuschreibung von „Zielen" oder gar „Bewusstsein" an technische Systeme. Bei letzterem handelt es sich jedoch um einen Begriff, der einer sehr differenzierten Auseinandersetzung bedarf. In diesem Zusammenhang spielt die Erkennbarkeit von technischen Systemen als solchen eine wichtige Rolle (Kasten 9.3.1-1).

Damals wie heute wirkt die Informationsverarbeitungssprache auf die Geisteswissenschaften, speziell die Kognitionspsychologie – und nicht wie vielleicht zu erwarten umgekehrt. So wurde von Informationsverarbeitungsmodellen zur Erklärung psychischer Phänomene wie Wahrnehmung (als Informationsaufnahme), Verarbeitung (mittels des Arbeitsgedächtnisses) und Erinnern (als Speicherung) gesprochen. Begrifflichkeiten und Metaphern von Informationstechnik und Kognition sind dann ko-evolviert (Winograd und Flores, 1986). Es wurde eine Nähe von Informatik und Kognitionswissenschaften gesehen: Annahmen über Wahrnehmungsprozesse, Repräsentation und weitere Verarbeitungsschritte wurden modelliert und programmiert. Die Funktionstüchtigkeit der Annahmen wurde getestet, wobei manchmal der Unterschied zwischen definiertem Modell und Realität vergessen wurde – ein Phänomen, das auch heute in Diskussionen zu Grenzen zwischen Mensch und Maschine zu beobachten ist. Um Risiken und Potenziale digitaler Technik einschätzen zu können, sollten Entscheider*innen sich deshalb auch mit dem zu Grunde liegenden Sprachgebrauch auseinandersetzen. Beispiele für metaphorisch verwendete und disziplinär unterschiedlich aufgeladene Begriffe sind etwa KI, maschinelles Lernen und Superintelligenz, aber auch cognitive computing oder gar neuronale Netze, die eben nicht aus Neuronen, sondern aus vereinfachten Modellen von Neuronen bestehen (Kap. 3.3.3). Einige dieser Begriffe greifen wir hier exemplarisch auf.

Beispiel Intelligenz und maschinelles Lernen

In Disziplinen wie der Psychologie und Kognitionswissenschaften gibt es eine lange Tradition von Diskursen zur angemessenen Definition von menschlicher Intelligenz (Intelligenztheorien, z.B. Spearman, 1904; Thurstone, 1924; Wechsler, 1958; Cattell, 1987; Sternberg, 2013). „Emotionale" Aspekte sind in diesen Theorien meist nicht enthalten. In den Theorien geht es überwiegend um „Kognition", also Wahrnehmung und Aufmerksamkeit, Aufnahme von Information, Merkfähigkeit und Problemlösen. Der Intelligenzbegriff erweist sich auch aus philosophischer Sicht als „verwaschen [...], weil es keine befriedigende Theorie der Intelligenz gibt" (Kornwachs, 2009: 37). Jenseits der in Kontroversen um die in Intelligenztests deutlich werdende Unschärfe im Hinblick auf Menschen, führt die Anwendung auf Computer sowohl in der Wissenschaft als auch in der Öffentlichkeit oft zu vermenschlichenden Fehlinterpretationen oder umgekehrt einer technizistischen Reduktion des Menschlichen im Sinne einer „Mensch-Maschine", die menschliche Eigenschaften ausblendet oder gar entwertet (Ullrich, 2017: 188). Forschung zur KI entstand erst in den späten 1950er Jahren. Lernen ist dabei nicht im Sinne des Lernens von Menschen gemeint, sondern es geht hier eher um Charakterisieren, Klassifizieren oder Optimieren durch Maschinen. Mit dem Begriff „Maschinelles Lernen" wird seit den 1990er Jahren eine Teilmethodik in der KI bezeichnet, bei der unter Einsatz neuer mathematischer und probabilistischer Methoden mit „Trainingsdaten" (Big Data) etwa zur Mustererkennung und Bildverarbeitung „trainiert" wird. Forschung zu menschlichem Gedächtnis, Intelligenz, KI und maschinellem Lernen können dabei in einer reziproken Beziehung zueinander stehen: „what we learn about human intelligence suggests extensions to the theory of machine intelligence, and vice versa." (Cohen und Feigenbaum, 2014).

Beispiel Empathie

Der Kern von Empathie ist das „sich in andere Personen einfühlen bzw. mitfühlen". Empathie ermöglicht es, mit positiven Gefühlen wie Freude, aber auch Leiden anderer mitzuschwingen. Der Begriff Empathie erfuhr besondere Aufmerksamkeit, als zuerst bei Affen (Rizzolatti et al., 1996) später bei Menschen (Botvinick et al., 2005) „Spiegelneuronen" entdeckt wurden. Auch bei technischen Entwicklungen wie Avataren und Robotern wird teils von „empathischen Systemen" gesprochen (z.B. die BMBF-Projekte EmpaT – visuelles empathisches Trainingssystem für Bewerbungen oder SenseEmotion – Emotionsmanagement für Senior*innen). Mit „Empathie" ist hier die Nachahmung eines emotionalen Feedbacks gemeint, etwa dass der Avatar „mitlächelt" oder die eigenen Bewegungen verfolgt. Der Avatar selber ist nicht empathisch, löst aber durch (programmierte oder selbsterlernte) Reaktionen im Menschen Gefühle von empathischem Verstandenwerden aus. Studienteilnehmer*innen reagieren auch empathisch, wenn einer Roboterhand Schmerzen zugefügt werden (Suzuki et al., 2015). Selbst bei minimaler Vermenschlichung, etwa wenn ein Gegenstand mit einem menschlichen Namen versehen wird, reagieren Versuchsteilnehmende empathisch (neuronale Reaktion bei „schmerzhafter" Stimulation des menschlich benannten Gemüses; Vaes et al., 2016).

Beispiel Bewusstsein

Bewusstsein ist ein uraltes Problem, das Forscher*innen in der Philosophie und Psychologie und den Neurowissenschaften weiterhin beschäftigt. Vereinfacht kann Bewusstsein als ein Zustand des Erkennens von inneren Ereignissen und der äußeren Umwelt verstanden werden. Wachbewusstsein umfasst etwa Wahrnehmungen, Gedanken, Gefühle und Wünsche. Das Selbstbewusstsein wird als die höchste Stufe des Bewusstseins bezeichnet und benennt das Erkennen des autobiografischen Charakters, der persönlichen Geschichte und Identität (Zimbardo und Gerrig, 2004). Noch unklar sind jedoch Spekulationen über ein künstliches Bewusstsein, nicht zuletzt weil wir – selbst wenn wir dieses modellieren könnten – es immer noch mit einem Modell zu tun hätten. Die diesem Modell zu Grunde liegenden Annahmen und Werteinschreibungen und deren potenziell gravierende Konsequenzen wären dann zu hinterfragen – ebenso, wie die in heutigen Modellierungen der Welt durch soziotechnische Systeme (Kap. 3.2).

Wandel und Urbanisierung sowie demokratische Partizipation und bessere Arbeit. Entsprechend breit muss das Thema Industrie 4.0 diskutiert und durch die wichtigsten Stakeholder aus Wirtschaft, Wissenschaft, Politik – aber auch die Zivilgesellschaft begleitet werden.".

Als Risiken des IoT werden insbesondere Fragen des Datenschutzes und der Datensicherheit diskutiert. So wird das IoT auch als „Datenerhebungs- und -korrelationsmaschine" (Fraunhofer FOKUS, 2016:15) beschrieben. Die miteinander verknüpften Dinge erheben – unter Umständen für die Nutzer*innen unwissentlich – auch eine Vielzahl von Daten mit direktem oder indirektem Personenbezug, die missbräuchlich verwendet werden können, indem etwa Nutzer*innenprofile erstellt oder Personen überwacht werden (Coetzee und Eksteen, 2011:5; Weber, 2010:24). Wenn Datenerfassung durch Geräte und Anwendungen funktionaler Bestandteil des öffentlichen Lebens wird, könnte effektiver und nachvollziehbarer Datenschutz kaum mehr umsetzbar sein (Leopoldina, 2018:43). Zudem erzeugt die vermeintliche Dezentralisierung durch die allseitige Vernetzung paradoxerweise ökonomische und politische Konzentrationstendenzen, sowohl bei privaten Akteuren wie den großen Technologiekonzernen (GAFAM bzw. „Big Five") als auch in autoritären Staaten wie China oder Russland, da die Hintergrundinfrastruktur wie Daten- und Rechenzentren sowie Cloud-Anwendungen hoch zentralisiert auf wenige Akteure und Orte konzentriert sind (Sprenger und Engemann, 2015).

Im Zusammenhang mit dem IoT wird zudem ein erhöhtes Risiko für Cyberangriffe diskutiert, welches sich durch die Vernetzung der Dinge und Systeme ergibt (Li et al., 2015:255; Convington und Carskadden, 2013:7; Atzori et al., 2010). Im Mittelpunkt derartiger Angriffe stehen dabei, wie Ereignisse in der Vergangenheit zeigten, Konsumgüter (z. B. PKW-Bremsen, Heizsysteme, Smart-Home-Lösungen), Industrieanlagen sowie kritische Infrastrukturen wie Krankenhäuser, Energie- oder Transportsysteme (Hofmann, 2017:14). Ungenügend gesicherte Systeme, Netze und Infrastrukturen können folglich weitreichende Schäden nicht nur für die Anwender*innen selbst, sondern auch für Dritte verursachen (Hofmann, 2017:14). Neben einer erhöhten Abhörgefahr, die durch die drahtlose Kommunikation von Systemen des IoT besteht, werden auch die geringen Energie- und Rechenkapazitäten von Komponenten des IoT thematisiert, die eine Implementierung komplexer Sicherheitssysteme zum Schutz der Systeme erschwert (Atzori et al., 2010:15). So steigt etwa durch die neuen, automatisierten Interaktionsformen die Angriffsfläche und -tiefe auf Infrastrukturen (Hoepner et al., 2016:70). Ferner wird von Herstellern an notwendigen Komponenten zur Sicherheit der Systeme gespart, da die auf Basis von Sicherheitslücken erzeugten Schäden von den Nutzer*innen (bzw. deren Versicherungen) und nicht den Herstellern getragen werden (Hofmann, 2017:14). Darüber hinaus erschweren die Vielfalt, Komplexität und die hohe Geschwindigkeit, mit der sich Produkte des IoT verändern, sowie die Internationalität der Märkte die Schaffung verbindlicher Qualitäts- und Sicherheitsstandards (Hofmann, 2017:14).

Gelingt es, die Risiken des IoT zu meistern, ist es jedoch das Fundament für die Lieferung von Daten (Kap. 3.3.2), die für eine weitere Automatisierung und Entscheidungsunterstützung (Kap. 3.3.3) benötigt werden und bietet mittels der Aktuatorik und Steuerungskreise und -systeme die Instrumente für die Optimierung der Technosphäre.

3.3.2 Big Data

Big Data entwickelt sich gegenwärtig vom Hype zur Basistechnologie (FZI, 2018). Diese Entwicklung lässt sich auch als „Datafication" (deutsch auch „Verdatung" genannt) im Sinne von Prozessen beschreiben, welche die physische Welt zunehmend und zum Teil in Echtzeit in Form großer Mengen maschinenlesbarer und quantifizierbarer Daten

(Kap. 3.2.2) abbilden (Reimsbach-Kounatze, 2015).

Das weltweit erzeugte Datenvolumen könnte sich laut Schätzungen des US-amerikanischen Beratungsunternehmens International Data Corporation alle zwei Jahre verdoppeln und sich im Jahr 2025 weltweit auf 180.000 Mrd. Gigabytes belaufen (IDC, 2014; Press, 2017). Wurden viele Daten bislang durch aufwändige Erhebungsverfahren wie Befragungen oder Experimente gewonnen, kann heute jeder Gegenstand im IoT (Kap. 3.3.1) mit einer Netzverbindung und einem Sensor in eine Datenquelle umfunktioniert werden. Der Einsatz von Sensoren steigt rasant. Sie werden u.a. in den Bereichen Sicherheit, Gesundheitsvorsorge (in Zukunft eventuell auch im Inneren des Körpers als „Smart Pills"), Umwelt sowie Transport eingesetzt und erlauben eine detaillierte Darstellung der gemessenen Prozesse und Objekte in Echtzeit.

So ermöglichen Kameras die Beobachtung des öffentlichen Raums (in London waren bereits im Jahr 2004 40% des öffentlichen Raumes videoüberwacht; Kees, 2015) oder auch das Monitoring von Naturräumen (Steenweg et al., 2016; Kap. 5.2.11). Sensoren im Smartphone generieren Daten, mit denen auf Stimmung, Stress-Level, soziodemographische Merkmale, Rauchgewohnheiten, Schlafmuster, physische Bewegungen und vieles mehr geschlossen wird (World Bank, 2016). Zudem steigt die Verfügbarkeit von Daten, die nicht für einen bestimmten Zweck erhoben werden, sondern quasi als Nebenprodukt digitaler Prozesse entstehen. Die zunehmende Digitalisierung hat zur Folge, dass jede soziale Interaktion eine Datenspur hinterlässt. Bei der Nutzung des Mobiltelefons, Internets oder einer beliebigen Anwendung, die auf das Internet aufgesetzt ist, entstehen beispielsweise Kommunikations- und Verbindungsdaten, Log-Dateien von Webseiten oder auch Gesundheitsdaten. In der öffentlichen Verwaltung können Arbeitsmarktdaten aus dem Meldeverfahren der Sozialversicherung gewonnen oder Verkehrsdaten aus den von Toll Collect gesammelten Mautdaten abgeleitet werden (Sarreither, 2015). Die so entstehenden Daten erlauben Anwendungen, die über den Kontext hinausgehen, in dem sie anfallen. Mobilfunkdaten, beispielsweise, werden für Verkehrs-Monitoring und -planung genutzt (Schmidt und Männel, 2017). Da die Mobilfunkdurchdringung in den meisten OECD Ländern bei über 100% liegt, ist dort bereits eine Vollerhebung von z.B. Aufenthaltsorten und Bewegungsmustern möglich.

Eher als Leitmotiv oder gar Slogan und weniger als klar definierter Begriff wird „Big Data" aktuell unterschiedlich interpretiert (Pietsch und Wernecke, 2017). Die frühe Definition nach Laney (2001) auf Basis der drei Vs umfasste als kennzeichnende Merkmale großes Datenvolumen (Volume), hohe Heterogenität hinsichtlich Datentypen und -quellen (Variety) und hohe Geschwindigkeit der Datengenerierung bzw. -verarbeitung (Velocity). Andere Autor*innen sprechen von „fünf Vs", einschließlich der Datenqualität (Veracity) sowie des Mehrwerts, den die Datenanalyse verspricht (Value), von sieben oder gar weiteren Vs (Eckert et al., 2014:6f.). Unabhängig davon, wie viele Vs eine solche Definition umfasst, ist sie nur wenig geeignet, um die fundamentalen erkenntnistheoretischen und methodologischen Herausforderungen abzubilden, die Big Data und datenintensive Wissenschaft („Data Science") im Hinblick auf die Erhebung und Verarbeitung großer Datenmengen mit sich bringen (Pietsch und Wernecke, 2017:39). Mit Big Data werden oft große Potenziale für Wirtschaft, Wissenschaft und Gesellschaft etwa für optimierte Planung und Steuerung von Prozessen verbunden (Eckert et al., 2014:5; Lohr, 2012). Teils wird auch von „evidenzbasierter Entscheidungsfindung" gesprochen, ohne potenzielle Risiken und Probleme hinreichend zu berücksichtigen. So sehen „Wissenschaftler aus verschiedenen Disziplinen eine Reihe gesellschaftlicher, ethischer und rechtlicher Probleme [...] von Datenschutz und Sicherheit über Transparenz und Rechenschaftspflicht bis hin zu Problemen der Verzerrung und Diskriminierung" (Rieder und Simon, 2018:162). Trotz solcher Bedenken wird die historische Einbettung von Big Data in eine lange Kultur der Messung und Quantifizierung vergleichsweise selten thematisiert.

Für ein besseres Verständnis „der Normen und Werte, die dem derzeitigen Datenhype zugrunde liegen", wurde jüngst ein definitorisches Umdenken jenseits der Vs vorgeschlagen (Rieder und Simon, 2018:163): „Statt einer eng gefassten Definition von Big Data in rein technischen Begrifflichkeiten [...] scheint es produktiver zu sein, den Begriff als die terminologische Manifestation eines komplexen soziotechnischen Phänomens zu betrachten, das auf einem Zusammenspiel aus technologischen, wissenschaftlichen und kulturellen Faktoren beruht".

Potenziale und Risiken

In eben diesem soziotechnischen Kontext zeigen sich auch Potenziale und Risiken von Big Data auf präzisere Art und Weise, insbesondere im Hinblick auf den „weit verbreiteten Glauben, dass umfassende Datensätze eine höhere Form von Intelligenz und Wissen bieten, die zuvor unmögliche Erkenntnisse bringen kann" (Boyd und Crawford, 2012). Zweifelsohne hat Big Data ein großes Innovationspotenzial bei der automatisierten Mustererkennung – aber nur, wenn mit ethischen und erkenntnistheoretischen Grenzen verantwortungsbewusst und methodisch kompetent umgegangen wird. Andernfalls erzeugt ein Datensatz – unabhängig von seiner Größe –

nicht automatisch neue oder bessere Erkenntnisse, sondern irrelevante, irreführende oder gar falsche. Insofern ist die bislang weit verbreitete Praxis im Umgang mit Big Data aus wissenschaftlicher Sicht oft unzureichend, denn: „Anstelle der bloßen Sammlung von Massendaten beziehungsweise der Datenmassen muss der Fokus auf die tatsächlich wertvollen Inhalte stehen. Anstelle explorativer Analysen muss die zielgerichtete Auswertung und Anwendung sowie der Einsatz von Schutzmaßnahmen [...] stehen", welche Konzepte wie Privatheit und Sicherheit „by Design" und „by Default" umsetzen (Federrath, 2018: 18). Nur wenn diese Kernelemente und Arbeitsschritte obligatorischer Bestandteil von Big-Data-Technologien sind, kann daraus Smart Data werden. Ein solches Konzept von Smart Data, wie es etwa von der Begleitforschung des Smart-Data-Programms des BMWi vertreten wird (Begleitforschung Smart Data, 2018), geht über ein rein technisches Verständnis hinaus. Dieses zielt angesichts oft heterogener und schlecht annotierter Datensätze auf Big Data, welche entweder mit einer klaren semantischen Struktur erzeugt werden oder deren Strukturierung im Nachhinein erfolgt, um schnellere und besser nachvollziehbare Entscheidungen für Datenanalyseanwendungen zu ermöglichen. Durch ein darüber hinaus gehendes Verständnis entsteht auch „Vertrauen und Akzeptanz in die Smart-Data-Lösungen, von denen wir künftig alle profitieren werden – sei es in der Medizin, der Industrie oder der Mobilität" (Federrath, 2018: 18). Letztlich kann das Vertrauen der Anwender*innen über Erfolg oder Misserfolg von Big Data entscheiden (Kranich, 2018: 32ff.), insbesondere angesichts des Anteils von Big Data an dem historisch wohl größten Vorhandensein technischer Möglichkeiten für eine totalitäre Diktatur (Grunwald, 2018: 57; Zuboff, 2018). Insofern besteht „angesichts von Big Data eine Verpflichtung, darüber nachzudenken, dass man sowohl eine Verantwortung für das Tun hat, aber auch dafür, wenn wir gute Dinge unterlassen" (Dabrock, 2018: 41). Dies gilt ebenso für KI, welche sich gegenwärtig kaum von Big Data trennen lässt, da letztere als Trainingsdaten für maschinelles Lernen dienen.

3.3.3 Künstliche Intelligenz

Der Begriff der Künstlichen Intelligenz (KI) wurde 1956 im Rahmen des Forschungsprojektes Dartmouth Summer Research Project on Artificial Intelligence geprägt, die von John McCarthy organisiert wurde. Die grundlegende These war, „dass jeder Aspekt von Lernen oder andere Eigenschaften der Intelligenz so präzise beschrieben werden können, dass man sie mit Hilfe von Maschinen simulieren kann" (Burgard, 2018: 2). Damals wie heute ist KI angesichts der ungenügenden Definition menschlicher Intelligenz (Kornwachs, 2009) auch für KI-Forscher*innen „kein ganz unproblematischer Begriff" (Walsh, 2018: 23) und weckt in der Öffentlichkeit häufig überzogene Erwartungen und Ängste (Burchardt, 2018; Kasten 3.3-1). Ebenso wie bei „Intelligenz" gibt es bis heute keine einheitliche Definition von KI, sondern plurale Verständnisse. Allgemein geht es dabei zunächst um „eine Forschungsfrage, die auf die selbstständige Lösung von Problemen durch technische Systeme abzielt" (Djeffal, 2018). Grundsätzlich zeichnen sich intelligente Systeme also durch die Fähigkeit aus, selbstständig und effizient Probleme zu lösen (Mainzer, 2016: 2).

KI bezeichnet entsprechend aus ihrer begriffsgeschichtlichen Genese „eine Disziplin innerhalb der Informatik, die sich mit der Entwicklung von Softwaresystemen befasst, welche Funktionen bereitstellen, deren Ausführung das erfordert, was typischerweise mit dem Wort Intelligenz bezeichnet wird" (Burgard, 2018). Solche algorithmenbasierten, mit Daten ausgeprägten bzw. maschinell trainierten Funktionen können rein softwareseitig, aber auch gekoppelt mit Hardware z. B. in der Robotik realisiert werden. KI erweist sich somit als „Sammelbegriff für diejenigen Technologien und ihre Anwendungen, die durch digitale Methoden auf der Grundlage potenziell sehr großer und heterogener Datensätze in einem komplexen und die menschliche Intelligenz gleichsam nachahmenden maschinellen Verarbeitungsprozess ein Ergebnis ermitteln, das gegebenenfalls automatisiert zur Anwendung gebracht wird" (Datenethikkommission, 2018: 1). Der von Alan Turing 1950 vorgeschlagene „Turing-Test" (Kasten 3.3.3-1) ist zumindest nach seiner Intention entgegen verbreiteter Missverständnisse „kein Test, den ein Computer praktisch bestehen muss", um als „intelligent" gelten zu können (Walsh, 2018: 69), sondern zeigt vielmehr, wie leicht Menschen ab einem gewissen Grad einer Maschine Intelligenz oder andere Fähigkeiten zuschreiben.

Der Turing-Test verdeutlicht aber die damals wie heute erkennbare menschliche Neigung, Programme als intelligenter einzuschätzen, als sie sind, wenn sich diese, zumindest auf den ersten Blick, unserem Niveau von intelligentem Verhalten nähern. Dabei „erliegen wir dem Fehlschluss, sie für menschenähnlich zu halten. Je mehr Aufgaben Computer von uns übernehmen, desto bereitwilliger glauben wir daran, dass sie intelligenter sind, als sie in Wahrheit sind" (Walsh, 2018: 78). Offenbar werden Maschinen oftmals überschätzt, da Menschen versucht sind, Bezüge zu ähnlichen menschlichen Leistun-

Kasten 3.3.3-1
Turing-Test und ELIZA

Beim Turing-Test handelt es sich um ein Gedankenexperiment des britischen Mathematikers und KI-Pioniers Alan Turing aus dem Jahr 1950, bei dem ein Mensch über eine Computerschnittstelle entweder mit einer realen Person oder einer Software zur Konversationssimulation verbunden ist. Sollte es dabei nicht möglich sein, Mensch und Maschine voneinander zu unterscheiden, hätte der Computer den „Test" bestanden. Dabei ging es Turing entgegen der Rezeption der letzten Jahrzehnte jedoch ausdrücklich nicht darum, Computer praktisch auf „Intelligenz" zu testen, sondern lediglich im Kontext seiner Zeit „Klarheit darüber zu gewinnen, was man unter einer denkenden Maschine versteht und was ihre Existenz bedeuten würde" (Walsh, 2018:69). Deutlich wird dabei vielmehr, dass subjektive menschliche Intelligenzzuschreibung bei menschlicher Interaktion mit einer Softwaresimulation kein gutes Kriterium für die „Intelligenz" darstellt. So ergibt sich auch die Notwendigkeit, für Menschen kenntlich zu machen, wann sie mit Maschinen interagieren.

Dies zeigte auch das von Joseph Weizenbaum 1964 bis 1966 entwickelte Sprachanalysesystem ELIZA, heute würde man Chat-Bot sagen, das in simulierten psychotherapeutischen Gesprächen die Aussagen der Patient*innen syntaktisch in Fragen umkehrt, ohne ein semantisches Verständnis zu haben (Walsh, 2018:47ff.). Mittels Offenlegung des Programmquelltextes hoffte Weizenbaum, dass Nutzer*innen dessen relativ einfache Struktur durchschauten (auch wenn es damalig ein großer Schritt in der Sprachanalyse darstellte) und verstanden, dass Computer keine echte Unterhaltung führen können, sondern nur eine syntaktische Simulation, die als solche interpretiert werden kann. An dieser Situation hat sich bis heute im Prinzip nichts geändert, auch aktuelle digitale Assistenten (Alexa, Cortana, Siri) oder aktuelle (psycho-) „therapeutische" Chat-Bots sind nichts weiter als technisch verfeinerte Simulationen einer Konversation ohne eigentliches Sprachverstehen.

gen herzustellen und einer, nicht fundierten Vermenschlichung der Maschinen Vorschub leisten. Eine solche Vermenschlichung kann Emotionen wie Sympathie oder Angst hervorrufen (Kasten 3.3-1).

Potenziale und Risiken

In den meisten Anwendungsbereichen von KI geht es ohnehin nicht darum, menschliche Fähigkeiten möglichst genau nachzuahmen. Auf einzelnen Gebieten ist (nicht nur die digitale) Technologie den Menschen weit überlegen. Schon allein durch die Geschwindigkeit der Datenverarbeitung und die höhere Speicherkapazität können KI-Systeme z.B. schneller rechnen, Texte übersetzen, Muster erkennen und voraussagen sowie größere Datenmengen bewältigen als Menschen. Sie bleiben dabei aber nur „ein Werkzeug, das die Möglichkeiten des Menschen erweitert und seine Entscheidungen unterstützt" und haben trotz teils erfolgreicher Anwendungen etwa in der Medizin „dabei absolut kein Verständnis für medizinische Zusammenhänge und können auch keine Erklärungen zu den Diagnosen liefern" (Burchardt, 2018:13). So lösen KI-Systeme viele Probleme anders als der Mensch, weshalb nach dem Moravec'schen Paradoxon viele für Menschen einfache Handlungen für KI schwierig und für Menschen schwierige Aufgaben von KI oft einfach umsetzbar sind (Moravec, 1988). Dabei löst ein KI-basiertes System immer nur eine Einzelaufgabe (beispielsweise Schach) und ist nicht universell einsetzbar (z.B. für Schach, Spracherkennung und Bildklassifikation). Dementsprechend zeigen sich bei der Anwendung von KI spezifische Probleme und Fehlerquellen, die gesonderter wissenschaftlicher Aufmerksamkeit bedürfen. Da diese häufig gar nicht in den KI-Verfahren selbst, sondern in deren unsachgemäßer Anwendung oder den zu Grunde liegenden Daten verankert sind, werden hier die Grenzen der Informatik zwangsläufig überschritten (Mainzer, 2016; Broussard, 2018).

KI ist nicht nur als soziotechnisches System in ihre gesellschaftlichen Anwendungen eingebettet, sondern auch in die Vorstellungen der Akteure über die gegenwärtige und zukünftige Welt. Dies zeigen sowohl die Wirkmächtigkeit von Diskursen aus der Science Fiction im Silicon Valley (Kehl und Coenen, 2016), aber auch oftmals implizite philosophische Annahmen über die Berechenbarkeit der Welt (Pietsch et al., 2017) – vom „allgemeinen Problemlöser" bis hin zu Spekulationen über verschiedene Stufen einer künftigen „Superintelligenz" (Bostrom et al., 2016; Kap. 7.4). Ähnlich wie heute war die erste Phase der KI-Forschung von Mitte der 1950er bis Mitte der 1960er Jahre von Euphorie getrieben, etwa als im Rahmen des General-Problem-Solver-Programms analog zu Leibniz' „Mathesis Universalis" allgemeine Problemlösungsverfahren für Computer formuliert werden sollten, was jedoch scheiterte (Mainzer, 2016:11). Das Leibniz'sche „Calculemus" im Sinne mathematischer Lösbarkeit von Meinungsverschiedenheiten ließe sich durchaus auch als „böse Satire gegenüber seinen Zeitgenossen" (Ullrich, 2017:153) deuten. Dennoch sind auch heute noch derartige Vorstellungen einer „KI-Weltformel" in populärwissenschaftlichen Schriften zu beobachten, etwa bei Spekulationen über einen „Master-Algorithm" (Domingos, 2015), eine mit der Menschheit zur „Singularität" (Kurzweil, 2005) verschmelzende KI oder gar einen in Folge von „Dataismus" (Brooks, 2013) entstehenden „Homo Deus" (Harari, 2015; Kap. 7.4). All diesen Vorstellungen gemeinsam ist die Idee einer vollständig berechenbaren Welt, einschließlich der Biologie, Biochemie und Physik und des Menschen selbst. Diese wird jedoch aus der Philosophie, aber auch Informatik bereits fundamental kritisiert (z.B. Królikowski et al., 2017; Mainzer, 2018; Ullrich, 2019).

Nach dem Scheitern des General-Problem-Solver-Programms angesichts enttäuschender praktischer Ergebnisse war die zweite Phase von Mitte der 1960er bis Mitte der 1970er Jahre durch spezialisierte Systeme für spezifische Anwendungsfelder, etwa bei mathematischen Problemen oder im Bereich natürlicher Sprachen, sowie Methoden zur Wissensrepräsentation gekennzeichnet. In der dritten Phase ab Mitte der 1970er bis Mitte der 1980er Jahre wurden dann verstärkt Expertensysteme entwickelt, die Wissen (z.B. in Form von Fakten und Regeln) über ein bestimmtes Gebiet speichern und automatisiert Schlussfolgerungen ziehen konnten (Mainzer, 2016:12). Allerdings verfügten diese nur über regelbasiert dargestelltes Spezialwissen, ohne jegliche Verknüpfung zu allgemeinem Welt- bzw. Hintergrundwissen und damit ohne den „Sinn für das Ganze als Basis richtiger Entscheidungen" (Mainzer, 2016:53f.).

Dieser Zugang änderte sich in den 1990er Jahren mit dem Einsatz neuer mathematischer, insbesondere statistischer Methoden, mit denen maschinelles Lernen begann. Dieses hat sich, nicht zuletzt durch Big Data (Kap. 3.3.2), in den letzten Jahren zum prominentesten Ansatz der KI entwickelt, wobei „Lernen" bei ersterem nicht weniger missverständlich ist als „Intelligenz" bei letzterem. Beispielsweise ist Reinforcement Learning als Methode des maschinellen Lernens (Kaelbling et al., 1996) die Grundlage für die Lösung von Klassifikationsproblemen, ermöglicht Mustererkennung und Bildverarbeitung und auf dieser Basis Gesichts- bzw. Spracherkennung. Beim Reinforcement Learning erfolgt eine schrittweise Bewertung bei der Verwirklichung des Zieles, indem „bei jedem Teilschritt eine Rückmeldung der Umgebung [erfolgt], wie gut oder schlecht er dabei ist, das Ziel zu realisieren. Seine Strategie ist es, diese Rückmeldungen zu optimieren" (Mainzer, 2016:119) und der Algorithmus „lernt" sozusagen hinzu (Burgard, 2018). Dafür benötigt das System große Mengen entsprechender Trainingsdaten, d.h. Daten oder Beispiele, an denen das Lernen erfolgen kann.

Als zentral für den jüngsten Durchbruch maschinellen Lernens können die beschleunigte Berechnungen durch GPU-Computer angesehen werden, welche die Rechenleistung von Grafikprozessoren und umfangreiche Datenmengen mittels IoT (Kap. 3.3.1) und Big Data (Kap. 3.3.2) nutzen. Grundlegende Verfahren sind jedoch die Ende der 1950er Jahre zunächst praktisch kaum brauchbaren Modelle künstlicher neuronaler Netze, die auf einer bereits über zehn Jahre zuvor (McCulloch und Pitts, 1943) erstmalig modellierten vereinfachten Struktur einer Nervenzelle (Neuron) basieren. Heutiges „Deep Learning" (Goodfellow et al., 2016), welches mehrschichtige neuronale Netze bezeichnet, zeigt jedoch nicht zuletzt dank massiv gesteigerter Rechenleistung, Speicherkapazität und Datenbasis „eine beeindruckende Leistung, die vielfach andere altbewährte Techniken in den Schatten stellt" (Walsh, 2018:95). Diese statistische Technik zur Klassifikation von Datenmustern mittels einer Vielzahl von Schichten künstlicher neuronaler Netze (Marcus, 2018:3) ist jedoch kaum mit menschlichem „Lernen" vergleichbar. Künstliche neuronale Netze bestehen aus Input- und Output-Einheiten, zwischen denen sich eine variable Zahl versteckter Ebenen befindet, wobei sich deren Tiefe im Sinne von Deep Learning auf die große Zahl ihrer möglichen Verknüpfungen bezieht. Ein typischer Anwendungsfall solcher Netze wären beispielsweise Bilddaten handschriftlicher Zahlen, die dann auf der Inputseite stehen, während der Output die numerischen Kategorien von 1 bis n sind, denen diese zugeordnet sind.

Neben Bilderkennung wird Deep Learning auch in der Spracherkennung und -verarbeitung sowie im Lernen komplexer Spielregeln zunehmend erfolgreich angewandt. Allerdings gelten die Erfolge immer nur in bestimmten Domänen bzw. Kontexten und sofern nicht versucht wird, die KI mittels mehr oder minder subtiler, teils für menschliche Sinne nicht erkennbarer Manipulation (adversarial examples) zu täuschen (Kasten 3.3.3-2). Zudem ist die Genauigkeit von Deep-Learning-Verfahren (Schmidhuber, 2015) zwar gegenüber traditionellen Verfahren maschinellen Lernens enorm gewachsen, doch übertrifft sie nur in speziellen Anwendungen die der menschlichen Klassifikationen. Deep Learning steht vielmehr gegenwärtig zahlreichen Herausforderungen gegenüber (Marcus, 2018:6ff.; Kasten 3.3.3-2).

Es wäre also trotz spektakulärer Fortschritte bei ausgewählten domänenspezifischen KI-Anwendungen „falsch, nun anzunehmen, das maschinelle Lernen hätte denkende Maschinen in greifbare Nähe gerückt und Techniken wie Deep Learning fehlte nur noch etwas Feinschliff und das Problem der Intelligenz sei geknackt" (Walsh, 2018:95). Bei allen heutigen Anwendungen handelt es sich um spezialisierte KI, die „schwache" KI. Das Bestreben, die gleichen intellektuellen Fähigkeiten zu erreichen wie Menschen oder eine andere „größere" Intelligenz, verkörpert dagegen der Begriff „starke" KI. Darüber, ob und wann eine „starke" KI als domänenübergreifend der menschlichen Intelligenz überlegene Form realisierbar wäre und sie dabei gar ein künstliches Bewusstsein ausbildet (Searle, 1980, 1990), lässt sich aus heutiger

Kasten 3.3.3-2

Anwendungsmöglichkeiten und -grenzen von KI bzw. Deep Learning

Spiele

Erfolgsmeldungen, wie etwa KI habe eigenständig gelernt, Schach oder Go zu spielen, haben zum verzerrten öffentlichen Bild über ihre Leistungsfähigkeit beigetragen. Aus technischer Sicht ist dieses Anwendungsfeld wesentlich nüchterner zu bewerten. Spiele sind für die KI-Forschung ein beliebtes Testfeld mit einer relativ einfachen, für KI idealen Welt. Das liegt an präzisen Regeln, der trotz für menschliche Spieler*innen teils hohen Komplexität immer noch begrenzten Zahl möglicher Aktionen und der einfachen Bewertung von Erfolg. Demgegenüber ist die reale Welt weitaus weniger geordnet, nicht immer präzise geregelt und teils sogar durch eine unbegrenzte Zahl möglicher Handlungsoptionen gekennzeichnet. Auch deren Bewertung ist meist keineswegs so klar und dualistisch. Der Aufwand, große Mengen an qualitativ hinreichenden Trainingsdaten zu gewinnen, ist um ein Vielfaches größer als in einem Spiel. Wenn neuronale Netze gegen sich selbst oder gegeneinander antreten, um am Ende genau dieses (aber kein anderes) Spiel besser zu spielen als menschliche Spieler*innen, optimieren sie lediglich den Spielverlauf, verstehen jedoch keine einzige Spielregel im menschlichen Sinn (Walsh, 2018: 118ff.; Marcus, 2018).

Maschinelles Sehen

Maschinelles Sehen umfasst grundsätzlich mehrere allgemeine Teilaufgaben (Erkennung von Objekten, Analyse von Bewegungen, Positionsbestimmung). Darüber hinaus existieren spezialisierte Anwendungen wie optische Zeichenerkennung (insbesondere Verkehrszeichen), Gesichtserkennung oder Erkennung räumlicher Elemente (scene labelling). Im Bereich der Bilderkennung werden, weitestgehend mit Deep Learning, auch in der realen Welt durchaus gute Fortschritte erzielt. Allerdings sind Abbildungen, wie etwa im AI Index (Shoham et al., 2018: 47) zum ImageNet-Wettbewerb, bei dem KI bereits 2014 dem Menschen vermeintlich überlegen war, keineswegs verallgemeinerbar. Zwar ist die Fehlerrate der jeweiligen Gewinner stark gesunken (von 28,2 % 2010 auf 3,57 % 2015), allerdings wird es nach Walsh (2018: 113) „wohl noch eine Weile dauern, bis die menschliche Leistungsfähigkeit erreicht wird", angesichts von Fehlerraten von bis zu 20% bei der „Top-1-Genauigkeit, die den Prozentsatz der Bilder misst, bei denen das wahrscheinlichste Label falsch zugeordnet wurde". Adversarial examples (Hosseini und Poovendran, 2018: 5; Eykholt et al., 2018: 7) zeigen, dass bereits minimale Änderungen, seien es bewusste Manipulationen oder andere Bedingungen als im (diesbezüglich unvollständigen) Trainingsdatensatz, die Fehlerraten bis hin zum Totalausfall massiv erhöhen können.

Dass die Folgen eines unzureichend trainierten neuronalen Netzes gravierend sein können, zeigt nicht nur das obige Beispiel manipulierter Verkehrszeichen, welche in Großstädten oft kaum in reiner Form existieren. Diverse, auch tödliche Unfälle im Bereich des autonomen Fahrens von einem nicht erkannten weißen LKW bis hin zur Kollision mit der Mittelleitplanke in einer Baustelle haben gezeigt, dass eine KI nur Objekte in Kontexten erkennen kann, mit denen sie trainiert wurde. Auf der anderen Seite warnen mittlerweile auch große Technologiekonzerne vor den gesellschaftlichen Risiken der Gesichtserkennung. Ganz unabhängig davon wie gut diese unter realen Bedingungen funktioniert, handelt es sich im Hinblick auf eine mögliche Überwachung um eine Risikotechnologie (Kees, 2015). Dabei ist Deep Learning jedoch nicht nur anfällig für Manipulationen, sondern auch ein mögliches Mittel zur Manipulation von Bildern, Video- oder Audiomaterial. Gut gemachte Fälschungen, z. B. Videos, in denen Politiker*innen komplett andere Inhalte äußern als im Original (deep fakes), sind nicht nur ein neues Mittel zur Desinformation oder gar Verleumdung (etwa bei der Montage von Gesichtern in pornografischen Videos), sondern auch eine Herausforderung sowohl im Bereich der Gesichtserkennung als auch für das neue Forschungsfeld, das sich der technischen Erkennung von deep fakes zuwendet (Korshunov und Marcel, 2018; Li und Lyu, 2018).

Maschinelle Sprachverarbeitung

Die maschinelle Verarbeitung natürlicher Sprache umfasst die Teilbereiche Spracherkennung und maschinelle Übersetzung, aber auch Textzusammenfassung und das Beantworten von Fragen. In den ersten beiden Teilbereichen sind die Fortschritte zumindest für die international prominentesten Sprachen mit einem entsprechend großen Pool an Trainingsdaten dank Deep Learning bereits so gut, dass Sprachsteuerung von Geräten wie Smartphones oder digitalen Assistenten im Alltag vieler Menschen der westlichen Welt angekommen sind. Auch maschinelle Übersetzung erzielt je nach Sprachkombination (z. B. Englisch versus Französisch) und Kontext in vielen Bereichen durchaus gute Resultate. Bei unterschiedlich strukturierten Sprachen, semantischer Komplexität und der Übersetzung kompletter Absätze sowie der Verschriftlichung längerer gesprochener Texte sind jedoch noch Herausforderungen zu lösen (Walsh, 2018: 115ff.).

Gegenwärtige Herausforderungen bei Deep Learning

Zu betonen ist zunächst der enorme Datenbedarf: Bislang sind Tausende, Millionen oder gar Milliarden von Trainingsbeispielen nötig, deren Zuordnung bislang zu großen Teilen von Menschen übernommen wird. Weiterhin wird die mangelnde Prozesstransparenz seit Jahren intensiv diskutiert. Angesichts von Millionen oder gar Milliarden Parametern zu Relationen innerhalb neuronaler Netze stimmt die Mehrheit der Forscher*innen der Bezeichnung Deep Learning als einer „Black Box" zu, deren Prozesse und Ergebnisse für Menschen nicht nachvollziehbar sind. Um diese Intransparenz aufzubrechen, hat sich ein eigener Forschungsbereich „Explainable AI" entwickelt. Obwohl generell der Unterscheidung von Korrelation und Kausalität etwa im Hinblick auf algorithmische Entscheidungsfindung eine große Bedeutung zukommt, wird sie bislang in der Literatur zu Deep Learning abgesehen von wenigen Ausnahmen erstaunlich wenig beachtet (Marcus, 2018). Dies könnte der Tatsache geschuldet sein, dass das, was dort von Maschinen gelernt wird, insbesondere hochkomplexe Korrelationen sind. Dabei wird Vorwissen bislang minimiert und es wäre unklar, wie es adäquat in das System integriert werden könnte. Antworten auf komplexe offene Fragen finden sich nicht in Trainingsdatensätzen. Inferenzprobleme, bei denen die Antwort auf eine gegebene Frage nicht explizit im Text vorhanden oder auf mehrere Sätze im Text verteilt ist, bereiten daher bislang große Schwierigkeiten. Die Verknüpfung von regelbasierter KI und auf maschinellem Lernen basierter KI ist daher ebenso ein aktuelles Forschungsgebiet. Deep Learning ist darüber hinaus blind für dynamische Veränderungen, da es am besten in hochgradig statischen Welten mit stabilen Regeln funktioniert, wie z. B. bei Spielen. Soziale Welten wie Politik oder Wirtschaft sind jedoch auch im Hinblick auf ihre Regeln einem ständigen Wandel unterworfen und entziehen sich so – zumindest bis dato – den KI-Systemen (Marcus, 2018).

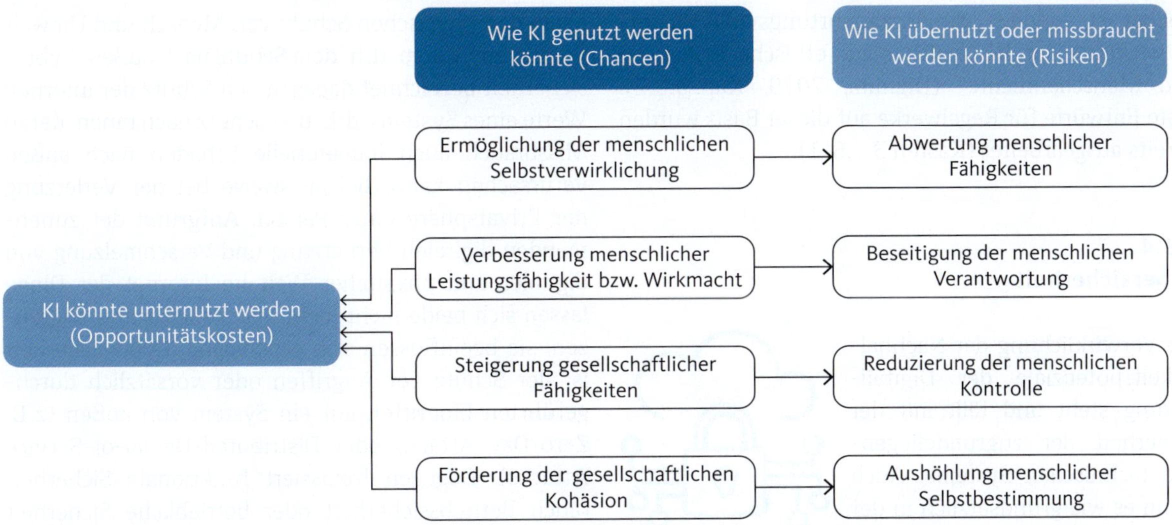

Abbildung 3.3.3-1
Überblick über die vier Kernchancen von KI, vier korrespondierende Risiken und die Opportunitätskosten für ungenutzte Potenziale der KI.
Quelle: Floridi et al., 2018

Sicht wissenschaftlich nur spekulieren. Das gleiche gilt für die Artificial General Intelligence (AGI). Im Unterschied zur „Superintelligenz" (Bostrom et al., 2016), die mit Verstand, Bewusstsein und selbst gesetzten Zielen assoziiert wird, könnte die AGI auch ohne diese Eigenschaften jedes von Menschen lösbare Problem gleich gut oder besser lösen (Walsh, 2018: 130ff.). Die vorerst gescheiterte Idee eines allgemeinen Problemlösers erweist sich zumindest auf visionärer Ebene als stark wirkmächtig (Kap. 6). Demgegenüber geraten jedoch die aktuell drängenden Fragen zur Gestaltung von KI als soziotechnisches System aus dem Blick: Wer wird wann, wie und wo positive oder negative Auswirkungen der Anwendung von KI spüren? Angst, Ignoranz, falsche Befürchtungen oder Überreaktionen könnten statt einer „Good AI Society" (Floridi et al., 2018; Abb. 3.3.3-1) zur Unternutzung von KI führen, die ihre Potenziale verschenkt, wenn Gefahren durch Übernutzung oder Missbrauch der Technologie zugeschrieben werden und nicht ihren gesellschaftspolitischen Gestaltungsbedingungen, etwa durch falsch gesetzte Anreize.

Demgegenüber bietet eine vertrauensfördernde (EU-Kommission, 2019c) und verantwortungsbewusste Nutzung von KI zunehmende Potenziale für eine Erweiterung menschlicher Intelligenz und Verbesserung der Handlungsfähigkeit im Sinne von „augmented intelligence" oder „smart agency" sowie für menschliches Wohlbefinden und die Würde des Menschen, aber auch die Erhaltung natürlicher Lebensgrundlagen (Floridi et al., 2018; Cath et al., 2017). Die Forschung hierzu und insbesondere zum letztgenannten Thema steht gegenwärtig jedoch erst am Anfang (Kap. 10; Hilty und Aebischer, 2015). Etwas weiter fortgeschritten, aber ebenfalls noch in der Anfangsphase ist das Forschungsgebiet „Explainable AI", welches auf Verfahren zur Herstellung von Transparenz des bisher oft als „Black Box" angesehenen und angewandten Deep Learnings abzielt (Kasten 3.3.3-2). Letztendlich könnte mit Explainable AI sowohl eine weitere Entzauberung von KI sowie vor allem ein großer erkenntnistheoretischer und methodologischer Fortschritt erreicht werden. Gegenwärtig „schummelt" KI in über 50% der von einem interdisziplinären Team getesteten Fälle (Lapuschkin et al., 2019), wenn sie auf Basis falscher Prämissen (etwa Schienen als Indikator für die Erkennung eines Zuges) zu richtigen Kategorisierungen gelangt. Für den Test wurden mehrere häufig verwendete Trainingsdatensätze für Bilderkennung sowie einfache Computerspiele herangezogen. Im ernüchternden Fazit wird hervorgehoben, dass übliche Evaluationsmetriken für derartige Umgehungsstrategien blind sind, weshalb „die gegenwärtige breite und manchmal ziemlich unreflektierte Anwendung maschinellen Lernens in allen industriellen und wissenschaftlichen Domänen" zu hinterfragen sei (Lapuschkin et al., 2019: 7). Aus Sicht des Autorenteams sind solche Analysen aus dem Bereich Explainable AI ein erster bedeutender Schritt zur künftigen Entwicklung vertrauenswürdiger, fairer und zurechnungsfähiger KI-Systeme im Einklang mit regulatorischen Anforderungen wie z.B. der EU-DSGVO (Lapuschkin et al., 2019: 7). Angesichts dieser methodischen Defizite sowie des hohen Energiebedarfs für Verarbeitung und Speicherung von Daten ist der gegenwärtig entscheidende Schritt zur Weiterentwicklung von KI eben nicht ein vermeintlicher internationaler „Wettlauf" um maschinelles Lernen, dessen Endpunkt nur schwer vorstellbar ist, sondern „die verantwortungsvolle Weiterentwicklung der KI, gestützt auf ethische Prinzipien und Menschenrechte" (Dignum, 2019; Kap. 9.3.2). Erste Entwürfe für Regelwerke auf dieser Basis wurden bereits ausgearbeitet (Kasten 3.2.5-1).

3.3.4 Cybersicherheit

Die Verwirklichung der Nachhaltigkeitspotenziale der Digitalisierung steht und fällt mit der Sicherheit der zugrundeliegenden technischen Systeme. Auch wenn es wie grundsätzlich in der Gesellschaft im IKT-Bereich keine hundertprozentige Sicherheit geben kann, ist diese doch angesichts der zunehmenden Vernetzung essenziell und lässt sich zumindest größtmöglich anstreben und umsetzen. Ohne Untertreibung handelt es sich bei Cybersicherheit (auch IT-Sicherheit genannt) um eine notwendige Bedingung für das Funktionieren aller anderen in diesem Kapitel 3.3 dargestellten Technologien. Wie bereits eingangs deutlich wurde, insbesondere beim in derzeitiger Umsetzung notorisch unsicher realisierten Internet der Dinge (Kap. 3.3.1), steht und fällt die fortschreitende Digitalisierung mit dem Thema Cybersicherheit. Der Begriff Cybersicherheit bezieht sich auf den gesamten Bereich der Sicherheit in der Informations- und Kommunikationstechnik (BSI, 2019a) und beschreibt das Ziel, die Risiken, die sich aus dem IT-Einsatz aufgrund von Bedrohungen und Schwachstellen ergeben, mittels angemessener Sicherheitsmaßnahmen auf ein tragbares Maß zu senken (BSI, 2019a).

Szenarien, in denen (mangelhafte) Cybersicherheit eine Rolle spielt, umfassen kriminelle Tätigkeiten wie Datendiebstähle, absichtliche Manipulation von Systemen oder Spionagetätigkeiten. Cybersicherheit wird durch organisatorische und technische Mängel beeinträchtigt, etwa bei Bedien- oder Konfigurationsfehlern, Sicherheitslücken durch fehlerhafte Software, technischem Versagen und fehlerhaften Reaktionen technischer Systeme durch Konstruktions- und Designfehler oder höhere Gewalt, z.B. bei katastrophenbedingten Ausfällen von (Teil-)Systemen (Menz et al., 2015:7; Festag et al., 2016:46f.). Mit anderen Worten sind vielzitierte Hacker-Angriffe nur eines von vielen Problemen.

Im Allgemeinen wird in der Sicherheitsdiskussion zwischen funktionaler Sicherheit (safety) und Cybersicherheit (auch Informationssicherheit, security) unterschieden. Funktionale Sicherheit bezeichnet vor allem den physischen Schutz von Mensch und Umwelt vor einem System, d.h. dem Schutz nach außen. Cybersicherheit bezeichnet dagegen den Schutz der internen Werte eines Systems, d.h. den Schutz nach innen, deren Missbrauch auch immaterielle Schäden nach außen verursachen kann, beispielsweise bei der Verletzung der Privatsphäre einer Person. Aufgrund der zunehmenden digitalen Vernetzung und Verschmelzung von digitaler und physischer Welt im Internet der Dinge lassen sich beide nicht mehr klar voneinander abgrenzen; sie beeinflussen sich gegenseitig. Cybersicherheit ist der Schutz vor Angriffen oder vorsätzlich durchgeführten Eingriffen auf ein System von außen (z.B. Zero-Day Attacks oder Distributed-Denial-of-Service Attacks). Dagegen fokussiert funktionale Sicherheit (auch Betriebssicherheit oder betriebliche Sicherheit genannt) auf den Schutz von Mensch und Umwelt vor möglichen negativen Wirkungen eines Systems (z.B. durch technische Störungen oder fehlerhafte Systeme; Menz et al., 2015:3, 7f.). Wenn z.B. die Bremswirkung eines Fahrzeugs durch einen Hackerangriff über die Bluetooth-Schnittstelle im Fahrzeug beeinträchtigt wird, reduziert dieser Cybersicherheitsangriff (security) unmittelbar die funktionale Sicherheit (safety) des Fahrzeugs (Checkoway et al., 2011).

Im Folgenden liegt der Fokus auf Cybersicherheit, wobei im Hinblick auf Daten insbesondere Datensicherheit, Datenschutz und allgemeiner Informationssicherheit relevante, verwandte Begriffe sind. Auch wenn eine exakte Abgrenzung der Begriffe nur schwer möglich ist, da sie je nach Verfasser*in und Kontext unterschiedlich interpretiert werden können, sollen folgende Definitionen als Orientierung dienen:

- Zu den klassischen Schutzzielen der Informationssicherheit gehören Vertraulichkeit, Integrität und Verfügbarkeit. *Vertraulichkeit* meint den Schutz von Daten, Informationen und Ressourcen vor dem Zugriff Unbefugter. *Integrität* bezieht sich auf den Schutz von Daten, Informationen und Ressourcen vor unerlaubten Veränderungen. Der Aspekt der *Verfügbarkeit* bezieht sich dagegen darauf, dass der Zugriff auf Daten, Informationen und Ressourcen bei Bedarf möglich sein soll (Sackmann, 2014).
- Für den *Datenschutz*, mit dem natürliche Personen vor der Verletzung ihrer Persönlichkeitsrechte geschützt werden, werden weitere Ziele wie *Authentizität* (sichere Identifikation der Urheberin bzw. des Urhebers), *Verbindlichkeit* (Unbestreitbarkeit der Urheberschaft), *Transparenz* (Nachvollziehbarkeit, Überprüfbarkeit und Bewertung der Datenverarbeitung), *Nichtverkettbarkeit* (keine Datenverknüpfung über den ursprünglichen Zweck hinaus) oder *Intervenierbarkeit* (Möglichkeit der Wahrnehmung des

Datenschutzes durch Betroffene) genannt (Opiela et al., 2016: 10).

› Die *Datensicherheit*, bei der es um den Schutz technischer Systeme und insbesondere den Schutz der Daten vor Verlust oder Zerstörung bzw. Manipulation durch Unbefugte – und damit wiederum bei personenbezogenen Daten ebenso um den Datenschutz geht – wird durch Schwachstellen in Software, Schadsoftware, Identitätsdiebstähle und gezielte komplexe Angriffe herausgefordert (Rescorla, 2005).

Um den Personenbezug von Daten unwiderruflich aufzuheben, bieten sich Verfahren zur *Anonymisierung*, wie Randomisierung und Generalisierung an. Während mit Randomisierung Technologien bezeichnet werden, die die direkte Verbindung von Daten zu einer bestimmten Person verhindern, werden unter Generalisierung Technologien verstanden, die die Reduktion von Informationen mittels Veränderung von Größenskalen und Größenordnungen erlauben (Hoepner, 2017: 19). Technologien der *Pseudonymisierung* ermöglichen es, dass personenbezogene Daten durch eine Zuordnungsvorschrift so verändert werden, dass einzelne Informationen ohne Kenntnis oder Verwendung der Zuordnungsvorschrift nicht mehr einer Person zugeordnet werden können (Ernestus et al., 2019).

Es gibt vielfältige Mechanismen für eine sichere Vernetzung, einen sicheren Internetzugang, die Client- und Serversicherheit oder mobile Sicherheit. Ein Beispiel ist Perimetersicherheit, die den Schutz durch Abgrenzung etwa durch Firewalls bezeichnet. Als Firewall wird ein Sicherungssystem aus soft- bzw. hardwaretechnischen Komponenten bezeichnet, mit dem Netze vor unbefugten Netzwerkeingriffen geschützt werden (BSI, 2019d). Ein Angriffserkennungssystem (Intrusion Detection System – IDS) ermöglicht, das Eindringen oder den Versuch des Eindringens unbefugter Personen oder Computer in ein Computersystem oder Netzwerk zu erkennen (Heasman und Movle, 2009). Ein Angriffspräventionssystem (Intrusion Prevention System – IPS) erkennt Angriffe und verhindert diese bzw. wehrt sie ab. Perimetersicherheit ist in vielen Systemen und Anwendungen nur teilweise oder gar nicht möglich, weshalb die Resilienz von Systemen an Bedeutung gewinnt (Hoepner et al., 2016). Resilienz bezeichnet die Fähigkeit von Systemen mit widrigen Ereignissen, d.h. menschlich, technisch oder natürlich verursachten Katastrophen (z.B. terroristische Anschläge, industrielle Großunfälle) oder Veränderungsprozessen mit katastrophalen Folgen (z.B. Extremwetterlagen im Zuge des Klimawandels) umzugehen, ihnen vorzubeugen, sich vor ihnen zu schützen, sie zu verkraften und sich ihnen anzupassen (Scharte et al., 2014: 121f.) und so auf eine „Minimierung von potenziellen oder bereits eingetretenen Schäden für leibliches und materielles Wohlergehen der Bevölkerung [hinzuwirken]“ (Scharte et al., 2014: 54). Um Resilienz zu gewährleisten, wird im Sinne des resilience engineering der frühzeitige Einbezug technologischer Konzepte für Sicherheitsprobleme in Planungs- und Implementationsaktivitäten bei gesellschaftlichen Projekten gefordert (Scharte et al., 2014: 125). Auf diese Weise soll es möglich sein, kritische Teilkomponenten technischer Systeme im Schadensfall auch außerhalb der Standardanforderungen kontrolliert im Betrieb zu halten. Zu den technologischen Lösungen zur Erhöhung der Resilienz einzelner Infrastrukturen gehören etwa selbstheilende, adaptive Übertragungsnetze oder durch energieautarke, automatisierte Sensornetzwerke smart gestaltete Bauwerke (Scharte et al., 2014: 125).

Um in ihren Wirkungsklassen passende Sicherheitsmaßnahmen entsprechend der benötigten Sicherheitsstufen zu konzipieren und so die Angriffsfläche für Cyberattacken gering zu halten, wird *Security by Design* angewendet, so dass bereits bei der Entwicklung von Soft- und Hardware Sicherheitsanforderungen mitgedacht werden, um Sicherheit unabhängig von den jeweiligen Nutzer*innen und den konkreten Einsatzfällen sicherzustellen (Hoepner et al., 2016: 100).

Beispielsweise sind digitale Identitäten und mögliche Identitätsdiebstähle Gegenstand der Betrachtung in Security by Design. Identitätsdiebstähle zielen auf digitale Identitäten ab, die „sämtliche Vorgänge, bei denen sich Menschen, Objekte und Prozesse über bestimmte Attribute online authentisieren, um die eigene Identität zu belegen“ (Bundesdruckerei, 2019) umfassen. Digitale Identitäten sorgen für den Schutz technischer Systeme und Infrastrukturen und stellen die Vertrauenswürdigkeit und Sicherheit sensibler Daten sicher (Rieger, 2015: 6). Beispielsweise benötigen auch Objekte im IoT (Kap. 3.3.1) eine eindeutige Identität, um sie zu identifizieren und darzustellen, mit ihnen kommunizieren und sie steuern zu können (Hoepner et al., 2016: 54).

Um die Identität einer Person oder von IT-Komponenten und den berechtigten Zugriff dieser auf Daten, Informationen und andere Ressourcen sicherzustellen, bieten sich Technologien des *Identitätsmanagements* (IdM) an. Unter IdM wird die Verwaltung der für die Identifikation und Authentisierung nötigen Informationen verstanden (BSI, 2016: 170). „Ein IdM-System stellt die Funktionen zur Speicherung, Verwaltung, Abfrage und zum Schutz der Identitätsinformationen“ zur Verfügung (Fraunhofer FOKUS, 2017: 137f.). Zu den Herausforderungen des IdM gehört es, den Schutz von Identitäten zu gewährleisten und gleichzeitig eine Personalisierung in digitalen Räumen zu ermöglichen (Hoepner et al., 2016: 54f.).

Bei der Nutzung von Diensten ist sicherzustellen,

Kasten 3.3.4-1
Kryptographie

Bei klassischen kryptographischen Verfahren ohne Einsatz elektronischer Rechner wurden die Zeichenreihenfolge verändert (Transposition) bzw. Zeichen ersetzt (Substitution). Diese Verfahren gelten inzwischen als unsicher. Bei modernen kryptographischen Verschlüsselungsverfahren wird dagegen mit einzelnen Bits gearbeitet, so dass die Anzahl möglicher Veränderungen erhöht und auch eine nicht textliche Datenverarbeitung möglich ist. Die modernen kryptographischen Verfahren lassen sich in symmetrische und asymmetrische Verfahren untergliedern. Bei symmetrischen Verfahren wird ein einziger geheimer Schlüssel pro Kommunikationsbeziehung für die Ver- und Entschlüsselung genutzt. Bei asymmetrischen Verfahren wird dagegen je Nutzer*in ein privater und ein öffentlicher Schlüssel generiert (Jahnke, 2014).

Mit dem öffentlichen Schlüssel des Empfangenden verschlüsselte Dateien können dann lediglich mit dem entsprechenden privaten Schlüssel entschlüsselt werden. Der private Schlüssel des Sendenden wiederum erlaubt, Daten digital zu signieren. Mit Hilfe des öffentlichen Schlüssels kann die Ursprünglichkeit (Authentizität) der Daten überprüft werden. Zur sicheren Nachrichtenübermittlung können Kommunikationspartner*innen ihre digitalen Zertifikate austauschen, mit dem Ergebnis Nachrichten so zu verschlüsseln, dass lediglich die Gegenseite die Nachricht entschlüsseln und die digitale Signatur des Sendenden prüfen kann. Ein digitales Zertifikat besteht aus dem öffentlichen Schlüssel des Nutzers bzw. der Nutzerin sowie weiteren Informationen, etwa zur ausstellenden Person des Zertifikats und dem Gültigkeitszeitraum des Zertifikats. Zur Vereinfachung und Ermöglichung des Zertifikatsaustauschs bei sich einander unbekannten Kommunikationspartner*innen werden Public-Key-Infrastrukturen (PKI) eingesetzt (BSI, 2019c).

Unter einer Public-Key-Infrastruktur wird eine Hierarchie digitaler Zertifikate verstanden, die auf asymmetrischer Verschlüsselung basiert. Zunächst wird ein Wurzelzertifikat (root certificate) mit einem privaten und öffentlichen Schlüssel bei einer für alle Kommunikationspartner*innen vertrauenswürdigen Zertifizierungsstelle (Certificate Authority – CA) generiert, das als Vertrauensanker fungiert (BSI, 2019c).

Zwischen dem bzw. der potenziellen Zertifikatsnutzer*in und der CA ist eine Registrierungsstelle (Registration Authority – RA) geschaltet, die die Identität des potenziellen Zertifikatnutzers bzw. der -nutzerin erfasst und authentifiziert und die Zertifikatsanfrage an die CA weiterleitet (GBS, 2016). Die weiteren Zertifikate werden dann mit dem zum Wurzelzertifikat gehörenden privaten Schlüssel signiert oder aber einem anderen privaten Schlüssel, dessen zugehöriges Zertifikat mit dem privaten Schlüssel des Wurzelzertifikats signiert wurde. Eine Signatur wird dabei nur dann von der Zertifizierungsstelle ausgestellt, wenn spezielle, durch die CA definierten Anforderungen (z.B. Nachweise über die Identität der potenziellen Zertifikatsnutzer*in und die sichere Speicherung des Schlüssel durch diese*n) erfüllt sind (BSI, 2019c). Mittels PKI kann die Integrität und Vertraulichkeit von Informationen sowie deren Authentizität (Identifikation und Unabstreitbarkeit) hergestellt werden.

Ein Anwendungsfall, in dem eine PKI zum Einsatz kommen kann, ist die sichere Kommunikation in virtuellen privaten Netzen (Virtual Private Networks – VPN; itwissen.info, 2017). VPN sind Netze, die physisch innerhalb eines anderen Netzes (z.B. dem Internet) betrieben werden, aber logisch von diesem getrennt sind. Sie ermöglichen, dass mittels kryptographischer Verfahren die Integrität und Vertraulichkeit von Daten bei der Übertragung in nicht vertrauenswürdigen Netzen (z.B. dem Internet) gewährleistet werden. Es wird zwischen drei Arten von VPN unterschieden: (1) Site-to-Site-VPN, bei dem zwei Computernetze über ein VPN verbunden werden, (2) End-to-End-VPN, bei dem zwischen zwei Endgeräten ein VPN erstellt wird und (3) End-to-Site-VPN oder Remote-Access-VPN, bei dem zwischen einem Endgerät und einem Netz ein VPN aufgebaut wird (BSI, 2016:332).

dass ausschließlich legitime Zugriffe zugelassen werden. Der Überprüfungsvorgang, ob ein*e Nutzer*in die beim Anmeldeversuch behauptete Identität tatsächlich besitzt, heißt Authentifizierung. Der Nutzende belegt dabei seine Legitimität durch Vorweisen eines oder mehrerer Authentifizierungsfaktoren, wie z.B. Nutzernamen plus Passwort (Wissen), Smartcard (Besitz) plus PIN (Wissen) – auch Zwei-Faktor-Authentifizierung genannt – oder biometrische Merkmale wie z.B. Fingerabdruck oder Irisgeometrie (Rieger, 2015:5).

Neben dem Identitätsmanagement gibt es das *Berechtigungsmanagement* (access management), womit Prozesse bezeichnet werden, die für die Zuweisung, den Entzug und die Kontrolle der Rechte einer Benutzerin bzw. eines Benutzers hinsichtlich des Zutritts, Zugangs oder Zugriffs auf Informationen oder Dienste notwendig sind. Beide Verfahren setzen sich aus organisatorischen und technischen Maßnahmen zusammen und können mittels IT-Anwendungen in der Durchführung unterstützt werden. Um ein möglichst hohes Maß an Sicherheit zu gewährleisten, gilt es mit der Erteilung von Rechten sparsam und aufgabenbezogen umzugehen. Hintergrundsysteme erlauben die Speicherung und Auswertung und damit Nachvollziehbarkeit stattgefundener Aktivitäten (BSI, 2016:170).

Zum Schutz vor unbefugtem Datenzugriff oder -missbrauch können *kryptographische Methoden, Verfahren und Werkzeuge* genutzt werden. Ziel der Kryptographie ist der Schutz vor Manipulation und unbefugtem Lesen von Informationen oder zur Authentifizierung einer Person, z.B. durch unkenntlich machen mit Hilfe eines Chiffrierschlüssels (Kasten 3.3.4-1). Unter Verwendung eines, möglicherweise anderen, Dechiffrierschlüssels kann der verschlüsselte Text wieder in Klartext umgewandelt werden (Jahnke, 2014).

Potenziale und Risiken
Mit Blick auf das Thema Cybersicherheit lässt sich festhalten, dass angesichts der IT-Bedrohungen (z.B. durch Schadsoftware) und der wachsenden digitalen Verwundbarkeit durch manipulierte Betriebssysteme oder Netzknoten die Absicherung der zunehmend digital vernetzten kritischen Infrastrukturen wie der Energie- oder Wasserversorgung weiter an Bedeutung gewinnt. Zudem sind gezielte Sicherheitsmaßnahmen (wie Security by Design oder BSI IT-Grundschutz) erforderlich, welche wiederum durch Sicherheitszertifikate (beispielsweise ISO Common Criteria) abgesichert werden können. Des Weiteren haben massive Identitätsdiebstähle, bekanntgewordene und nicht demokratisch legitimierte Überwachungsaktivitäten oder digital verursachte Versorgungsausfälle zu einem Vertrauensverlust in den Gesellschaften weltweit geführt. Der Einsatz digitaler Technologien zur Erreichung von Nachhaltigkeitszielen muss daher auf einer wohl fundierten Cybersicherheitsstrategie beruhen. Zu ihrer effektiven Umsetzung und damit der Wiederherstellung von Vertrauenswürdigkeit und zur Risikoreduktion angesichts der zunehmenden digitalen Vernetzung müssen die nötigen Mittel und Ressourcen zur Verfügung stehen.

3.3.5 Weitere relevante Technologien

Nach der ausführlichen Beschreibung der Schlüsseltechnologien in den vorangegangenen Kapiteln werden nachfolgend weitere, im Zusammenhang mit Nachhaltigkeit ebenfalls relevante Technologien kompakt dargestellt. Zu diesen gehören Monitoring und Modellierung (Kap. 3.3.5.1), Augmented und Virtual Realities (Kap. 3.3.5.2), Robotik (Kap. 3.3.5.3), 3D-Druck und additive Fertigung (Kap. 3.3.5.4) sowie Blockchain und Distributed-Ledger-Technologien (Kap. 3.3.5.5).

3.3.5.1 Monitoring und Modellierung

Bei Monitoring handelt es sich um die systematische Beobachtung (in der Erdbeobachtung Überwachung genannt) von Objekten, Prozessen oder Umgebungen, beispielsweise in Bezug auf ihre Eigenschaften, ihr Verhalten oder die Einhaltung von Grenzwerten. Es kann der Erfassung von Daten für den Erkenntnisgewinn dienen oder auch die Grundlage von Steuerungsprozessen sein. Eine besondere Bedeutung für die Nachhaltigkeit hat das Monitoring von Erdsystem und Umweltbedingungen, das durch den zunehmenden Einsatz von IKT eine rasante Ausweitung erfährt. Die Kombination lange etablierter Monitoring-Technologien (z.B. Fernerkundung durch Satelliten) mit neuen Möglichkeiten der Datenerfassung (z.B. durch vernetzte Sensoren des IoT; Kap. 3.3.1) und neuen Möglichkeiten der Datenauswertung wird bereits unter dem Begriff „Smart Earth" diskutiert (Bakker und Ritts, 2018). Hunderte von Terabyte an Erdsystemdaten werden täglich generiert, während die Kapazität, diese sinnvoll auszuwerten, bei weitem nicht Schritt hält (Reichstein et al., 2019). Monitoring profitiert von automatisierter Datenerfassung und -auswertung, und die zunehmende Digitalisierung und Vernetzung erlaubt die Zusammenführung großer Datenmengen, während die Interpretation dieser Daten häufig aufwändige Modellierungen erfordert.

Fernerkundung basiert in der Regel auf der Auswertung elektromagnetischer Wellen (z.B. Licht, Infrarot- oder UV-Strahlung, Radiowellen) oder auch Schallwellen, aus denen dann Rückschlüsse auf die beobachteten Objekte gezogen werden. Fernerkundung kann von Satelliten aus erfolgen, von fliegenden oder schwimmenden Plattformen wie z.B. Drohnen oder auch vom Boden aus. Die Systeme können aktiv sein, d.h. sie senden Strahlung aus und analysieren die reflektierten Anteile (z.B. Radar); überwiegend funktionieren sie aber passiv, d.h. reflektiertes Sonnenlicht oder die vom beobachteten Objekt selbst ausgehende Strahlung wird analysiert. Die Qualität der erzielten Information über die beobachteten Objekte hängt zu einem erheblichen Teil von der Leistungsfähigkeit der (in der Regel rechnergestützten) Auswertung ab sowie von der Verfügbarkeit ergänzender Informationen, etwa aus *In-situ*-Messungen.

In-situ-Messungen bezeichnen solche Messungen, die unmittelbar vor Ort durchgeführt werden. Dabei können verschiedenste Detektoren zum Einsatz kommen, die chemische und physikalische Parameter erfassen. Beispiele sind Temperatur, Druck, Helligkeit, Beschleunigung, pH-Wert oder Luftfeuchtigkeit. Im Zuge der Digitalisierung hat die Verbreitung von Sensoren extrem zugenommen, die zunehmend auch über das Internet vernetzt sind und Daten in nahezu Echtzeit zur Verfügung stellen (Kap. 3.3.1). Sensoren sind heute fast überall zu finden: in der Verkehrsinfrastruktur, in Ozeanbojen, in Bäumen und im Boden, an Fahrzeugen und in Smartphones (Gabrys, 2016:7). Allein Smartphones enthalten bereits eine Vielzahl an Sensoren wie Kameras, Mikrophone, Beschleunigungs- und Drucksensoren, die sich auch für bürgerwissenschaftliche Projekte (Citizen-Science-Projekte) eignen (Cartwright, 2016).

Im Klimabereich spielen Messungen und Simulationen schon sehr lange eine wichtige Rolle. Satelliten können verschiedene atmosphärische Komponenten wie CO_2, Ozon oder Aerosole mit fast globaler Abdeckung permanent beobachten, benötigen aber ergänzend Messungen vom Boden oder aus der Luft, da sie etwa kleinskaligere Prozesse und Stoffflüsse nicht auflösen können (Kulmala, 2018). In der Diskussion ist beispielsweise derzeit die Möglichkeit, aus Messdaten (Kombinationen von *In-situ*-Messungen mit boden- und satellitenbasierten Fernerkundungsdaten), die zunächst nur die Konzentrationen von Treibhausgasen messen, mit Hilfe inverser Modellierung (d.h. Rechenmethoden, die ein beobachtetes Ergebnis auf seine Ursachen zurückführen sollen) auch ein vollständiges Bild der Emissionen zu erhalten. Die zunehmenden Datenmengen in Kombination mit stärkerer Rechenleistung lassen erwarten, dass sich dies in einigen Jahren von Forschungsprojekten und Pilotbetrieb hin zu stabilen Monitoring-Systemen entwickeln kann.

Auf EU-Ebene ist derzeit das gemeinsam von der EU-Kommission und der Europäischen Weltraumagentur ESA betriebene Erdbeobachtungsprogramm „Copernicus“ zentral, das sich unter anderem auf ein eigens geschaffenes Netz europäischer Satelliten stützt, aber auch Daten nationaler und kommerzieller Satelliten sowie Messstationen nutzt (ESA, 2019). Teile des Systems befinden sich noch im Aufbau. Ziel des Programms ist es, eine Vielzahl von Daten aus Fernerkundungs- und *In-situ*-Messungen zusammenzuführen und über so genannte Dienste Informationen für verschiedene Nutzergruppen zeitnah zur Verfügung zu stellen. „Kerndienste“ sind die Landüberwachung, Überwachung der Meere, Katastrophen- und Krisenmanagement, Überwachung der Atmosphäre, Überwachung des Klimawandels sowie Sicherheitsdienste (Überwachung von Grenzen, Ressourcen und kritischer Infrastruktur sowie Kontrolle internationaler Abkommen). Auch auf globaler Ebene bestehen bereits viele Beobachtungssysteme, etwa das bei der World Meteorological Organization (WMO) angesiedelte Global Climate Observing System (GCOS) oder das Global Ocean Observing System (GOOS), die kontinuierlich weiterentwickelt werden, um neue Technologien einzubinden, bessere regionale Abdeckungen zu erreichen und Zugang zu Daten zu ermöglichen.

Digital unterstützte Technik wird ebenso zunehmend für das Monitoring biologischer Vielfalt und den Naturschutz eingesetzt (Kap. 5.2.11). Hier reichen die Möglichkeiten von der räumlich und zeitlich hochaufgelösten Beobachtung von Landnutzungsänderungen durch Analysen von Satellitendaten (Hansen et al., 2013) bis hin zur Verfolgung einzelner Wildtiere. In vielen Fällen werden die Tiere selbst als Träger für Sensoren genutzt, die dann etwa über Satelliten ausgelesen werden können (Curry, 2018). Weitere Bereiche, in denen Monitoring bereits heute eine große Rolle spielt, sind neben industriellen Prozessen z.B. der Verkehr (Kap. 5.2.8), Gebäude (Kap. 5.2.7), Landwirtschaft (Kap. 5.2.9) oder auch der menschliche Körper (Kap. 5.3.7).

Echtzeit-Monitoring-Systeme können die Grundlage für Frühwarnsysteme bilden, etwa Unterwassersensoren, die Warnungen vor Tsunamis ermöglichen können (Witze, 2019). Die zunehmende Verfügbarkeit von Datenströmen und Datenanalysen in Echtzeit lässt zudem Echtzeitregulierungen im Umweltbereich möglich erscheinen, d.h. Regulierung, die auf unvorhergesehene Entwicklungen reagieren kann (Bakker und Ritts, 2018). Die Auswertung und Nutzung der Daten erfordert allerdings erhebliche (Energie-)Ressourcen und hält derzeit mit der immer kostengünstiger werdenden Datenerhebung oftmals nicht Schritt. Welchen qualitativen Mehrwert KI (Kap. 3.3.3) hierzu liefern kann, ist eine offene Forschungsfrage. Zudem entstehen Fragen der Zugänglichkeit, Interoperabilität und Qualität von Daten und Auswertungsergebnissen.

Vorstellungen in der Forschung gehen bis dahin, die menschliche Umwelt möglichst vollständig mit Sensoren zu erfassen, umfassend zu modellieren und als virtuelles Abbild oder Virtual bzw. Augmented Reality (Kap. 3.3.5.2) zur Verfügung zu stellen, und damit die reale Welt in eine „browsebare Umgebung“ zu verwandeln (Zuboff, 2018:242; Paradiso, 2017). Diese vermeintliche digitale Allwissenheit kann aber ihre Kehrseiten haben. So ist nicht immer klar, ob und wie die Privatsphäre der Menschen gesichert werden kann, die sich in den beobachteten Regionen befinden, oder die mit beobachteten Objekten, Pflanzen, Tieren oder Prozessen interagieren. Sensoren sind heutzutage häufig so klein, dass sie nicht erkennbar sind. Zudem haben Sensortechnologien selbst einen ökologischen Fußabdruck und generieren nicht zuletzt erhebliche Mengen an Elektroschrott (Kap. 5.2.5).

3.3.5.2 Augmented und Virtual Realities

Unter virtuellen Welten werden erweiterte Realität (Augmented Reality – AR) und virtuelle Realität (Virtual Reality – VR) zusammengefasst. AR und VR haben angesichts des Preisverfalls elektronischer Hardware wie Displays, Grafikprozessoren, Trackingsysteme, CPUs und Kamerasysteme bei gleichzeitiger Funktionalitätssteigerung in vielen Bereichen außerhalb der Unterhaltungsbranche an Bedeutung gewonnen (Dörner et al., 2016:31, 37). Hierzu gehören neben dem Militär etwa die Automobilindustrie, die Wissenschaft, die Medizin, der Bildungssektor und viele andere Bereiche, in denen Simulationen notwendig sind (Brill, 2009:2; Kaminski,

2016:274; van Looy, 2017:54ff.).

AR beschreibt eine interaktive Umgebung, in der über Endgeräte (z.B. Smartphones, spezielle Brillen, PCs oder Fernseher) virtuelle Inhalte in korrekter Perspektive in das Umfeld der Nutzerin bzw. des Nutzers eingeblendet werden und so die Realität erweitern (Dörner et al., 2016:33). Die Realitätsnähe wird dadurch verstärkt, dass die Darstellung bei Bewegung der Nutzer*innen in Echtzeit an die neue Perspektive angepasst wird. AR dient dazu, dass Nutzer*innen über eine Schnittstelle auf für sie wichtige Daten, Informationen und Bilder zugreifen können (van Looy, 2017:52). Ein Beispiel für eine AR-Anwendung sind Head-up-Displays, die in Flugzeugen oder Autos eingesetzt und mit Hilfe derer wichtige Informationen im Flugzeug auf eine zusätzliche Glasscheibe oder im Auto auf die Windschutzscheibe projiziert werden. Dies kann etwa die zulässige Geschwindigkeit, die effizienteste Strecke zum Ziel oder der Abstand zum vorausfahrenden Fahrzeug sein. Bei AR werden großvolumige Daten aus unterschiedlichen Quellen mit leistungsfähigen Ausgabemöglichkeiten (z.B. Animationen, Text, Sprache) intelligent verbunden. Dies geschieht unter Einsatz von Technologien wie Big Data, Analytics als einem Teilbereich von Big Data, der zur Verhaltensvorhersage oder -auswertung dient, oder etwa mittels cognitive computing als einem Teilbereich der KI, der eine Simulation menschlicher Denkprozesse ermöglicht (Winkelhake, 2017:69). AR-Systeme bestehen aus Hardware- und Softwarekomponenten. Hierzu gehören Eingabesysteme, die zur Erfassung der realen Umgebung eingesetzt werden, wie z.B. Kameras, Sensoren, Tastaturen, Touchscreens sowie mechanische Geräte. Verarbeitungssysteme dienen der Verfolgung der Situation sowie dem Einbezug virtueller Elemente und weiterer Daten zur Darstellung der Gesamtsituation. Ausgabesysteme stellen für die bzw. den Betrachtenden die Gesamtsituation dar. Hierzu gehören z.B. Datenbrillen, Monitore oder Kontaktlinsen mit Display (Winkelhake, 2017:70).

Während mit Hilfe von AR-Anwendungen die Wirklichkeit erweitert wird, gehen VR-Anwendungen einen Schritt weiter. Hier wird die reale Welt ausgeblendet und eine vollkommen andere, virtuelle Welt geschaffen (van Looy, 2017:57). Unter VR versteht der WBGU hier „eine von Computern und entsprechenden Programmen simulierte Welt, die dem Nutzer durch spezielle Techniken und Schnittstellen vermittelt wird und mit der er interagieren kann" (Brockhaus, 2017). Die Interaktion mit der VR, etwa die Möglichkeit, sich in dieser zu bewegen oder sie in begrenztem Umfang zu beeinflussen, wird über Ein- und Ausgabegeräte ermöglicht. Dies sind z.B. Datenhandschuhe, Ganzkörperanzüge oder Head-Mounted-Displays wie VR-Brillen, Ortungssysteme, Ohrhörer, Interaktions- und Navigationsgeräte oder auch Geräte, die Gesten erfassen oder die Haptik der Nutzer*innen ansprechen (Rizzo et al., 2002:244; Schreier, 2002:43). Technologien wie Sensoren und Verfahren des maschinellen Sehens dienen dazu, die Position der Nutzerin bzw. des Nutzers im Verhältnis zu ihrer bzw. seiner Umgebung zu bestimmen. Darauf aufbauend werden Position, Perspektive und Orientierung der virtuellen Inhalte berechnet und präsentiert (Dörner et al., 2016:33). Dies kommt beispielsweise in intelligenten Fabriken der Industrie 4.0 zum Einsatz und unterstützt die Interaktion von Mensch und Maschine (Kap. 5.2.1)

Die Immersion, also „das Gefühl der Benutzer, sich in der virtuellen Umgebung zu befinden" (Brill, 2009:6), wird mit Hilfe der genannten Ein- und Ausgabetechnologien ermöglicht. Sie hängt laut Brill (2009:6) zum einen von der Übereinstimmung zwischen realer und virtueller Welt ab, zum anderen von dem Maß, in dem Nutzer*innen die virtuelle Welt beeinflussen können. Im Vordergrund steht, dass Nutzer*innen die Darstellung als real akzeptieren. Weniger relevant ist, ob die Darstellung tatsächlich vollkommen realistisch ist (Brill, 2009:6f.).

Die Ein- und Ausgabetechnologien lösen Reize aus, die verschiedene Sinne der Nutzer*innen ansprechen, z.B. die visuelle, auditive, olfaktorische, thermorezeptive oder haptische Wahrnehmung (Dörner et al., 2016:30). Bei Multi-User-VR können mehrere Nutzer*innen mit Hilfe von Avataren Teil virtueller Welten werden (Lattemann, 2013). Ein Avatar ist eine grafische Darstellung, Animation oder etwa Karikatur, durch die die Nutzer*in ganz oder teilweise verkörpert wird (Duden, 2017). Für Single-User-VR reicht hingegen die perspektivisch korrekte und interaktive Darstellung von in der Hand gehaltenen Interaktionsgeräten und die Nachführung der Sicht aufgrund der Übereinstimmung mit der körpereigenen Positionswahrnehmung aus, um eine Präsenz zu erzeugen.

Potenziale und Risiken

Nach van Looy (2017:56) könnte die VR „eine ähnliche transformative Wirkung entfalten, wie zuvor das Internet, und vielleicht wird VR sogar das Internet revolutionieren […]." Generell haben virtuelle Welten das Potenzial, die Möglichkeiten der realen Welt zu erweitern oder neue Welten zu kreieren (Welzel, 2017). So bietet VR etwa körperlich eingeschränkten Personen die Möglichkeit, in der virtuellen Welt als körperlich unversehrte Person aufzutreten und auf diese Weise physiologische Einschränkungen zu überwinden. Neue Möglichkeitsräume entstehen auch im Hinblick auf die individuelle Selbstdarstellung. Insgesamt werden mittels VR neue Handlungs- und Gestaltungspotenziale und Potenziale der physischen Entgrenzung möglich (Zweck, 2006:24).

Im Bildungsbereich können VR- und AR-Anwendungen anschaulich Wissen vermitteln (van Looy, 2017:57). Sie können z.B. in der Medizin zu Trainingszwecken zur Vorbereitung auf schwierige Operationen eingesetzt werden. Auf diese Weise lassen sich Operationen risikoarm an virtuellen Patient*innen erproben (van Looy, 2017:54, 57). Außerdem können VR-Technologien zur Behandlung psychologischer Krankheiten eingesetzt werden. Bei einer Angststörung können Nutzer*innen in eine virtuelle Welt versetzt werden, in der sie mit ihren Ängsten konfrontiert werden (van Looy, 2017:58). Bei Bauprojekten können mit Hilfe von VR und AR Entwürfe realitätsnäher visualisiert und Planungsfehler vermieden bzw. kostengünstiger beseitigt werden (Dörner et al., 2016:31). Auch virtuelle Prototypen können mit Hilfe von AR erstellt werden (van Looy, 2017:54). VR kann zudem zur Visualisierung von Zuständen in Krisengebieten eingesetzt werden. So produzierten die UN und UNICEF unter dem Namen „Clouds over Sidra" eine 360°-VR-Dokumentation. Diese ermöglicht es Zuschauer*innen, Einblick in das Leben in einem Flüchtlingscamp zu erhalten. Nach Veröffentlichung des Videos stiegen die Spenden bei UNICEF um 100% (van Looy, 2017:59).

VR wird dementsprechend das Potenzial zugeschrieben, Empathie und prosoziale Einstellungen zu fördern, indem Nutzer*innen die Möglichkeit gegeben wird, die Perspektive von Individuen einer Fremdgruppe einzunehmen und sich in deren Erfahrungswelt besser hineinzuversetzen und diese verstehen zu können (Hagendorff, 2016a:25f.). VR kann soziale Kohäsion jedoch ebenso verringern, weil das Eintauchen in eine virtuelle Realität eine Isolation der Nutzer*innen notwendig macht. VR-Nutzer*innen können ihres sozialen Kontextes enthoben werden, mit potenziellen Negativfolgen für die soziale Kohäsion (Hagendorff, 2016a:25). In der Literatur wird zudem angenommen, dass VR auch kulturelle Wirkungen entfalten werde (Zweck, 2006:40f.). So sei davon auszugehen, dass die Art und Weise der Gestaltung einer VR Auswirkungen auf Strukturen, Hierarchien, Kommunikations- und Interaktionsprozesse sowie das Denken der Nutzer*innen haben könne. Weitere Risiken ergeben sich mit Blick auf Sicherheitsfragen. Im Zuge der Verbreitung von AR-Brillen wird beispielweise der Aspekt des Datenschutzes kritisch gesehen, weil die Möglichkeit besteht, dass ohne Wissen der Träger*innen über AR-Brillen Fotos gemacht oder Videos aufgezeichnet werden oder auf andere sensible Daten zugegriffen wird.

3.3.5.3 Robotik

Robotik bzw. Robotertechnik „beschäftigt sich mit dem Entwurf, der Gestaltung, der Steuerung, der Produktion und dem Betrieb von Robotern, z.B. von Industrie- oder Servicerobotern. Bei menschenähnlichen Robotern geht es auch um die Herstellung von Gliedmaßen und Haut, um Mimik und Gestik sowie um natürlichsprachliche Fähigkeiten" (Bendel, 2016:191f.). Übergeordneter Sinn und Zweck ist dabei, „die Entwicklung von Systemen, welche die Automatisierung menschlicher Tätigkeitsfelder vorantreiben" (Kehl und Coenen, 2016:120). Bereits an dieser Stelle wird deutlich, wie sehr sich etwa in Bezug auf mögliche Grade angestrebter Autonomie z.B. Industrie- oder gar Teleroboter von menschenähnlichen Robotern unterscheiden. Insofern ist die Definition des Begriffs „Roboter" keineswegs geklärt, obwohl er seit seiner Prägung durch den Künstler Josef Capek und seinen Bruder Karel Capek 1920/21 im Sinne von humanoiden Apparaturen, die menschliche Arbeit oder Serviceleistungen übernehmen (Sombetzki, 2016:357), mit fiktionalen, utopischen und mythischen Assoziationen immer mehr in der Alltagssprache verankert wurde (Kasten 3.3.5-1). Insofern markiert die Robotik auch anthropologische Grenzfragen zur Reflexion und Klärung des Menschenbildes (Kap. 2).

Potenziale und Risiken

Da der Preis für Industrieroboter heute in vielen Ländern niedriger ist als der Jahreslohn der zu ersetzenden Arbeiter*innen, existieren in Folge der Fortschritte in der Robotik etwa in Japan „dunkle Fabriken", in denen zum Teil sogar Industrieroboter zur Produktion von Industrierobotern eingesetzt werden. In vielen der immer noch weitaus zahlreicheren Fabriken mit menschlichen Belegschaften haben Industrieroboter bereits seit vielen Jahren aufgrund schnellerer und präziserer Ausführung Fließbandtätigkeiten wie etwa Schweißen oder Lackieren übernommen. Auch in Lagerhäusern, der Landwirtschaft oder im Bergbau nimmt die Präsenz von Industrierobotern zu (Walsh, 2018:108). Jedoch sind auch gegenläufige Trends erkennbar: Nach erheblichen Qualitätsproblemen hat Toyota auf ein hybrides Konzept der Kollaboration von Mensch und Maschine in der Produktion umgestellt (Bork, 2019).

Ein weiteres, aktuelles Anwendungsgebiet ist das automatisierte Fahren, bei dem Autos auf Autobahnen oder im Normalfall im Stadtverkehr selbst fahren oder gar im vollautomatischen Betrieb ohne jegliches menschliche Eingreifen betrieben werden können. Neben den sich daraus ergebenden Potenzialen und

Kasten 3.3.5-1

Typologie des Roboterbegriffs

Technische Definitionen, wie etwa „Roboter sind sensomotorische Maschinen zur Erweiterung der menschlichen Handlungsfähigkeit" (Christaller et al., 2001:19), sind nach Remmers (2018b) häufig entweder zu unspezifisch oder zu eng gefasst. So umfasst der Begriff die Realität der Robotik von Industrie- über Service-, Haushalts- und Pflegerobotern bis hin zu Nanorobotern, sozialen Robotern, den aktuellen Stand anthropomorpher Robotik, aber auch ferngesteuerte Maschinen (Telerobotik) ebenso wie vor allem aus der Science Fiction bekannte Visionen (Kehl und Coenen, 2016). Auch unterscheidet sich der Grad an Mensch-Maschine-Interaktion zum Teil gravierend. Wie Kehl und Coenen (2016:100) betonen, lassen sich die drei typischerweise mit Robotern verbundene Kriterien „Autonomie, Verkörperung und (Künstliche) Intelligenz […] nicht zuletzt aufgrund ihrer Unbestimmtheit, einer Vielzahl von Systemen zuschreiben". So umfasst zum Beispiel Autonomie (Lin et al., 2012) weder die klassische Industrie- noch die Telerobotik adäquat, zumal der Autonomiebegriff aus philosophischer Sicht mehrdeutig und unscharf ist. Dies betrifft auch die damit verbundene Zuschreibung intentionaler Eigenschaften, die zumindest für eine handlungstheoretische Interpretation nötig wäre. Roboter handeln nicht im eigentlichen Sinne, weil ihren Bewegungen keine Absicht zugrunde liegt, sie also keine echten (d.h. freien) Entscheidungen treffen und nicht über Intentionalität verfügen. Nach Remmers (2018b) lassen sich Roboter aber durchaus als Maschinen verstehen, deren Funktionen in Anlehnung an Handlungen interpretiert werden. Dieses kompakte Verständnis, welches kein vermeintliches Wesen des Roboters beschreibt, sondern die Zuschreibung durch den Menschen, basiert auf einer zweiteiligen Definition (Remmers, 2018a), der zufolge Roboter erstens „technologische Werkzeuge zur Simulation oder räumlichen Übertragung von Handlungen" darstellen sowie zweitens „sich von rein automatisierten Systemen dadurch unterscheiden, dass sie in Interaktionen bestimmte Einstellungen seitens des Menschen voraussetzen, wie sie normalerweise nur Personen (oder Tieren) gegenüber eingenommen werden".

Risiken für neuartige Mobilitätskonzepte (Kap. 5.2.8) geht es um die Vermeidung oder zumindest Verringerung von Unfällen, insbesondere mit Personenschäden. Dabei besteht das Risiko, dass ein unreflektierter flächendeckender Auf- bzw. Umbau einer vernetzten Mobilitätsinfrastruktur dazu führt, dass sich wiederum Menschen dieser anpassen müssen, obwohl im Sinne des Gemeinwohls die Infrastrukturen an menschliche Bedürfnisse anzupassen sind, etwa im Hinblick auf das Leben in Städten (Kap. 5.2.7; Daum, 2018). Ebenso handelt es sich bei der autonomen Mobilität um eine Dual-Use-Technologie, denn automatisierte Fahrzeuge und Waffensysteme sind aus technischer Sicht in vielen Aspekten nicht weit voneinander entfernt: „Mittlerweile entwickeln und erproben Militärs den Einsatz von Robotern auf jedem denkbaren Kriegsschauplatz – in der Luft, an Land sowie zur See und unter Wasser. Ein Wettrüsten zur Automatisierung des Krieges ist im Gange" (Walsh, 2018:109). Bereits die „nur" ferngesteuerte und nicht voll automatisierte Drohnenkriegsführung ist seit langem tödliche Realität. Aus dem Hause Kalashnikov existiert seit jüngstem eine auch „für kleine Armeen" vergleichsweise preisgünstige „Kamikaze-Drohne" (Bünte, 2019). Die weitere Miniaturisierung und Automatisierung solcher Waffensysteme wird von der Rüstungsindustrie stark vorangetrieben und unabhängig davon, in welchem Medium sich diese bewegen werden, ist davon auszugehen, dass sie die Welt, ebenso wie heutige Drohnen (Kasten 3.3.5-2), nicht sicherer machen werden.

3.3.5.4
3D-Druck und additive Fertigung

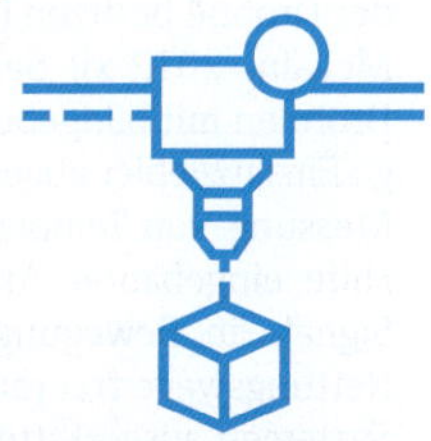

Mit dem Begriff additive Fertigung werden verschiedene Verfahren bezeichnet, bei denen „das gewünschte Bauteil auf der Grundlage eines digitalen 3D-Modells durch gezieltes schichtweises Auftragen des Ausgangsmaterials sukzessive aufgebaut" wird (Caviezel et al., 2017:9). Da der Fertigungsprozess einige Gemeinsamkeiten mit dem 2D-Druck aufweist, wird umgangssprachlich auch der Begriff „3D-Druck" verwendet (Bourell, 2016:2). Additive Fertigung erfolgt computergestützt in drei Phasen: Datenaufbereitung (z.B. 3D-Modell), Auftragen der Materialien (Druck) sowie Nachbearbeitung (Caviezel et al., 2017:29; acatech, 2016:12; ÖFIT, 2016). Das Schichtbauprinzip ermöglicht es, komplexe geometrische Strukturen herzustellen, die mit konventionellen subtraktiven Fertigungsverfahren (hier wird das Material abgetragen, z.B. durch Fräsen, Bohren, Drehen) nicht oder nur aufwändig realisiert werden können (Bauer et al., 2016:4). Die derzeit kommerziell wichtigsten Verfahren sind z.B. das Strangablegeverfahren (fused deposition modelling) und das Laserstrahlschmelzen (acatech, 2016:6). Die verschiedenen additiven Fertigungsverfahren unterscheiden sich hinsichtlich der Ausgangsmaterialien („Filamente" wie z.B. Kunststoffe, Metalle, Keramik, Baustoffe); Größe und Geometrie der Werkstücke; Genauigkeit, Geschwindigkeit und Kosten der Fertigung sowie der Eigenschaften und Einsatzzwecke der Produkte (Caviezel et al., 2017:12, 79).

Kasten 3.3.5-2

Drohnen – Robotik in der Luft

Ein aktuell viel untersuchte Roboterart sind Drohnen (Flugroboter). Der Einsatz von Drohnen hat sich im Zuge der Miniaturisierung und Preissenkung sensorischer Geräte stark erhöht (Sandbrook, 2015). Als Drohnen werden allgemein wiederverwendbare unbemannte Flugfahrzeuge (Unmanned Aerial Vehicles – UAV) bzw. Flugsysteme (Unmanned Aerial System – UAS) bezeichnet. Letztere schließen neben dem Fluggerät auch die Steuerungsstation am Boden sowie Kommunikationssysteme ein. Die folgenden Ausführungen beziehen sich auf Drohnen in Form unbemannter Luftfahrtgeräte bzw. -systeme, die entweder autonom fliegen oder von einem Piloten bzw. einer Pilotin (fern-)gesteuert werden (Sandbrook, 2015; Finn und Wright, 2012:184) und zu militärischen aber auch zivilen Zwecken eingesetzt werden können. Drohnen unterscheiden sich u.a. hinsichtlich ihres Gewichts, der maximalen Flughöhe, Reichweite, Ausdauer, Geschwindigkeit, den Produktionskosten, der möglichen Tragflächenbelastung und ihrer Größe – sie können so groß wie ein Insekt sein oder aber der Größe eines Flugzeugs entsprechen (Finn und Wright, 2012:184; Sandbrook, 2015; Hassanalian und Abdelkefi, 2017:100). Drohnen können Kameras, Sensoren, Aktuatoren (u.a. auch Waffen), Kommunikations-Hardware (z.B. Lautsprecher) oder Nutzerschnittstellen zur Bedienung der Drohne besitzen (Finn und Wright, 2012:184; Beard und McLain, 2012:xi; Sandbrook, 2015). In der Regel werden Drohnen mit bildgebenden Sensoren und mit auf das jeweilige Einsatzgebiet abgestimmten Sonden ausgestattet, etwa zur Messung von Temperatur, Luftfeuchtigkeit oder Druck. Mit Hilfe eingebauter Aktuatoren können Drohnen elektrische Signale in Bewegungen umwandeln und so beispielsweise Rettungswege frei räumen. Drohnen, die mit signalgebenden Systemen ausgestattet sind, können etwa vor Gefahren warnen (Schmoll, 2017).

Drohnen sind vielseitig einsetzbar. Im militärischen Kontext werden sie zur Aufklärung und Zielortung, Zieldarstellung und zur Bekämpfung von Radargeräten und weiteren Bodenzielen (bis hin zu einzelnen Menschen) verwendet (Brockhaus, 2016). Vielfach werden Drohnen aber auch zu zivilen Zwecken eingesetzt, etwa in der Logistik, in der Landwirtschaft, im Film- und Unterhaltungssektor, in den Bereichen „Sicherheit" und „Katastrophenschutz" oder im Umweltsektor in der Klimaforschung (Beard und McLain, 2012:xi, Brockhaus, 2016) und im Ökosystem-Monitoring (Kap. 5.2.11). Auch an lebensfeindlichen Orten, wie z.B. dem Weltall oder in Wüsten lassen sich Drohnen verwenden. Facebook experimentierte mit einer solargetriebenen Drohne, die über drei Monate in der Luft bleiben und Menschen in abgelegenen Orten mit Zugang zum Internet versorgen sollte (Winkelhake, 2017:76; Herbig, 2019). Neben dem Einsatz an Orten, die dem Menschen nicht zugänglich sind, oder in Gefahrensituationen, können sie auch zur Entlastung von Tätigkeiten eingesetzt werden. So wurde in der Vergangenheit etwa die Verwendung von Drohnen in der Landwirtschaft oder zum Transport von Paketen erprobt. Der Vorteil von Drohnen besteht in ihrer Präzision, Konstanz und Robustheit, mit der sie in unterschiedlichen Situationen arbeiten.

In ethischer Hinsicht kann der Drohneneinsatz problematisch sein, insbesondere die Nutzung von Drohnen in kriegerischen Auseinandersetzungen. Große mediale Aufmerksamkeit erhielt das Thema im Zuge der gezielten Tötungen von Terrorverdächtigen mit Hilfe von Drohnen durch die USA (Steinke, 2013). Drohnenkritiker*innen führen an, dass durch den Drohneneinsatz die Hemmschwelle zum Töten gesenkt werde (Hickmann, 2013). Bei der gezielten Tötung von Terrorverdächtigen wird zudem angemerkt, dass diese ohne vorherigen Gerichtsprozess hingerichtet würden (Steinke, 2013). Allerdings werden in der Debatte auch Argumente für den Drohneneinsatz vorgebracht. Mit Hilfe von Drohnen ließe sich nach Ansicht von Befürworter*innen die Anzahl ziviler Opfer verringern, weil sich Ziele mit höherer Präzision treffen ließen (Brockhaus, 2016). Andererseits weisen Kritiker*innen des Drohneneinsatzes darauf hin, dass bei Angriffen immer wieder auch Zivilist*innen zu Schaden kämen und sich oftmals keine klare Unterscheidung treffen lasse, ob es sich um Zivilist*innen oder Kämpfer*innen handelt (Steinke, 2013). Risiken bestehen auch mit Blick auf eine mögliche illegale Nutzung von Drohnen für terroristische Zwecke, wie etwa für Anschläge oder Luftangriffe auf Gegner*innen. Aufgrund der Überwachungsmöglichkeiten durch Drohnen kann ihre Nutzung zudem zur Verletzung bürgerlicher Freiheiten beitragen, wie dem Recht auf Privatsphäre und der Diskriminierung und Marginalisierung von Personengruppen (Finn und Wright, 2012:189f.), auch bzw. vor allem, wenn vermehrt Laien Drohnen nutzen.

Trotz solcher Unterschiede im Detail haben die Verfahren Gemeinsamkeiten: Auf Abruf können Einzelstücke, Kleinserien, Pilotserien oder Ersatzteile gefertigt werden, was die Entwicklungs- und Produktionszeiten verkürzt und die Realisierung von Leichtbaukonzepten und komplexen Geometrien oder individualisierten Produkten ermöglicht (Bauer et al., 2016:17). Dies lässt sich auch in der Entwicklung der additiven Fertigung ablesen, die in vier sich überlappenden und ergänzenden Phasen stattfand bzw. stattfindet (Rayna und Striukova, 2016:216f.). Additive Fertigung wird schon seit ca. 30 Jahren in der Industrie eingesetzt, erstens seit den 1990er Jahren bei der Produktentwicklung (rapid prototyping), zweitens dann bei der Herstellung von Werkzeugen und Gussformen (rapid tooling) und drittens seit der Jahrtausendwende zunehmend auch bei der Fertigung von Endprodukten (rapid manufacturing bzw. direct digital manufacturing) wie kleinen Bauteilen, Kleinserien, Unikaten in der Schmuckindustrie oder in der Medizin- bzw. Dentaltechnik (Caviezel et al., 2017:10, 29; acatech, 2016:10; Rayna und Striukova, 2016:216f.). In der vierten Phase hält additive Fertigung in Form vergleichsweise günstiger „3D-Drucker" seit ca. 10 Jahren als personal bzw. home fabrication auch vermehrt Einzug in Privathaushalte sowie Orte des Experimentierens und der dezentralen kollaborativen Produktion, z.B. Schulen, Universitäten, Makerspaces, FabLabs und offenen Werkstätten

(Caviezel et al., 2017: 14, 29f.; Kohtala, 2015). Spezialisierte Onlineplattformen oder zunehmend auch stationäre Geschäfte sind weitere wichtige Angebote (Rayna und Striukova, 2016: 217).

Potenziale und Risiken

Additive Fertigung schafft eine besondere Verbindung zwischen der „digitalen" und „physischen" Welt und hat daher vielfältige Nachhaltigkeitsimplikationen. Additive Fertigung weist im Vergleich zu konventionellen Produktionsweisen sowohl Vor- als auch Nachteile für die Nachhaltigkeit auf. Chancen werden vor allem in einer verbesserten Ressourceneffizienz durch verbesserte Produkte und Prozesse, verlängerten Produktlebensdauern (u.a. durch Reparaturfähigkeit) sowie Rekonfiguration zu kürzeren, einfacheren und lokaleren Wertschöpfungsketten gesehen (Ford und Despeisse, 2016: 1573). Additive Fertigung erfordert weniger Materialinput und erzeugt weniger Produktionsabfälle (Gebler et al., 2014: 166), wodurch sie Potenzial für die Transformation zur (digitalen) Kreislaufwirtschaft birgt (EEA, 2017b: 17; Kap. 5.2.1). Die Nutzung dieser Chancen ist mit einigen Herausforderungen nachhaltiger Fertigung verknüpft, die zusammen mit generellen technologischen und ökonomischen Erfordernissen anzugehen sind (Weller et al., 2015: 44ff.). Dies betrifft etwa die Umweltwirkungen der verwendeten Filamente (Ford und Despeisse, 2016: 1573; Kellens et al., 2017: 5) oder die Auswahl und Gestaltung des Verfahrens und zugehöriger Prozesse (Kellens et al., 2017: 8). Zu berücksichtigen ist insbesondere der spezifische Energieverbrauch, der denjenigen konventioneller Produktionsverfahren um ein bis zwei Größenordnungen übertreffen kann und über eine „nachhaltige" Anwendung bzw. den Lebenszyklus kompensiert werden muss (Kellens et al., 2017: 15). Auch der Rechtsrahmen wird herausgefordert, sowohl in Bezug auf Produkthaftung, den Schutz des geistigen Eigentums (z.B. gegen Diebstahl von Produktdesigns) als auch die Sicherheit und Gesundheit von Personen, die beispielsweise durch privat hergestellte Waffen oder Schadstoffemissionen bei der Produktion gefährdet werden könnten (Kellens et al., 2017: 14; Bourell, 2016: 14; Kietzmann et al., 2015: 213). Additive Fertigung eröffnet als wesentliches Element der dezentralen digitalen Produktion grundsätzlich auch Teilhabemöglichkeiten (z.B. in FabLabs; Kap. 5.2.2), doch besteht auch die Gefahr einer zunehmenden digitalen Kluft. Letzteres berührt vor allem die Zukunft der Arbeit bzw. die internationale Arbeitsteilung (Kap. 5.3.8, 5.3.9), weil es zur Umverteilung von Arbeit zwischen Beschäftigten verschiedener Qualifikationsstufen oder zwischen Ländern kommen kann, wenn eine Relokation bzw. Reorganisation der Produktion durch multinationale Unternehmen mit Hilfe additiver Fertigung erfolgt (Gebler et al., 2014: 166; Rehnberg und Ponte, 2017: 19). Bei der Heimanwendung ist noch unklar, ob eine ähnliche Verbreitung wie etwa bei PCs, (Papier-)Druckern oder Internet-Routern stattfinden wird (Rayna und Striukova, 2016: 216). Dies gilt ebenso für unerwünschte Wirkungen bzw. Rebound-Effekte, wie sie bei den genannten Vergleichsbeispielen als steigende Elektroschrottmenge sowie Energie- oder Papierverbrauch aufgetreten sind.

3.3.5.5 Blockchain und Distributed-Ledger-Technologie

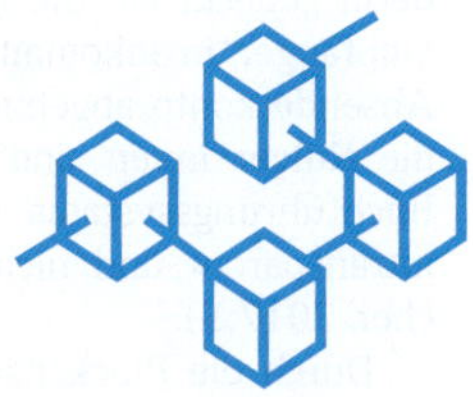

Blockchain, oder etwas allgemeiner Distributed-Ledger-Technologie („verteiltes Register"), gilt als Innovation, von der anzunehmen ist, dass sie weitreichende gesellschaftliche und technologische Veränderungen zur Folge haben kann (Schlatt et al., 2016). Neben Kryptowährungen gibt es zahlreiche Anwendungsmöglichkeiten in anderen gesellschaftlich oder wirtschaftlich relevanten Sektoren. Dazu zählen etwa die Katastererstellung, die Sicherung von Gesundheitsdaten oder Wahlen (Schlatt et al., 2016: 5, 30; Boucher, 2017: 18f.). Einschätzungen, ob diese Technologie tatsächlich in großem Umfang dazu genutzt werden wird oder werden sollte, variieren jedoch stark (Chapron, 2017; Boucher, 2017). Distributed-Ledger-Technologie erlaubt es, eine bestimmte Eigenschaft digitaler Objekte, nämlich ihre nahezu unbegrenzte und kostenlose Kopierbarkeit, zu überwinden und digitale Objekte zu schaffen, die es nur ein einziges Mal gibt bzw. die eindeutig identifizierbar sind (Schwab, 2018: 88). Daher ermöglicht die Technologie unter anderem die Schaffung von Kryptowährungen wie z.B. Bitcoin (Kasten 3.3.5-3), die aber nur eine von vielen denkbaren Anwendungen sind. Mit Hilfe kryptographischer Methoden werden dezentral in einem Peer-to-Peer-Netzwerk Transaktionen der entsprechenden digitalen Objekte verifiziert und gespeichert. Es gibt also keine einzelne zentrale Vertrauensperson bzw. -institution, die die Kontrolle über die Prozesse ausübt (Intermediär). Die Rolle des Intermediärs, etwa einer Bank, wird gewissermaßen vom Programmcode erfüllt (Zimmermann und Hoppe, 2018: 39), während die dezentrale Verifikation und Speicherung im Netzwerk Transparenz und Nachvollziehbarkeit für alle Beteiligten verspricht.

Die Distributed-Ledger-Technologie erlaubt darüber hinaus die Einrichtung von Smart Contracts, d.h. die Verbindung von programmierbaren Aktionen und Transaktionen (Schwab, 2018: 88). Beispielsweise kann automatisch erkannt werden, ob die im Vertrag festge-

Kasten 3.3.5-3
Bitcoin

Die bekannteste Anwendung der Blockchain-Technologie sind Kryptowährungen, wobei vor allem Bitcoin breit in der Öffentlichkeit diskutiert wird. Bitcoin ist eine öffentliche Blockchain ohne Zugriffsbeschränkungen. Bislang erfolgen im Finanzwesen Protokollierung, Durchführung und Absicherung von Finanztransaktionen überwiegend über Vermittler, die Banken (Welzel et al., 2017:7). Als zentrale Instanzen, auf die alle involvierten Parteien vertrauen, sind solche Intermediäre dafür verantwortlich, die Transaktionseingänge und -ausgänge zu protokollieren, durchzuführen und abzusichern (Boucher, 2017:5). So stellt etwa eine Bank sicher, dass bei einer Überweisung das Konto des Absenders bzw. der Absenderin gedeckt ist, die Zahlung bei dem oder der Zahlungsempfänger*in ankommt und der überwiesene Betrag auf dem Absenderkonto abgebucht wird (Welzel et al., 2017:7). Für die Nutzer*innen sind die Funktionsweise des klassischen Buchführungssystems und die verwendeten Daten dabei intransparent und nicht vollständig nachvollziehbar (Boucher, 2017:5).

Durch die Blockchain-Technologie kann für Bitcoins die Abwicklung von Transaktionen dagegen dezentral und transparent durch die Nutzer*innen selbst erfolgen, und sie damit potenziell vereinfachen und beschleunigen (Welzel et al., 2017:7). Die Rechtmäßigkeit einer Transaktion wird dabei von den Teilnehmer*innen der Blockchain sichergestellt (Boucher, 2017:5). Durch eine dezentrale Aufzeichnung auf dem eigenen PC und dem aller anderen Nutzer*innen kann jede*r Teilnehmer*in alle durchgeführten Transaktionen nachvollziehen. Die Absicherung von Transaktionen erfolgt auf Basis einer Kombination technischer Verfahren, die automatisch und im Namen der Nutzer*innen durchgeführt wird. Zu diesen gehören digitale Signaturen (Verschlüsselung), Lösung von Kodierungsaufgaben und Peer-to-Peer-Netzwerke (Computernetzwerke ohne Intermediär; Schlatt et al., 2016:8; Welzel et al., 2017:7). Voraussetzung, um bei der Blockchain für Bitcoins teilzunehmen, ist die Installation einer bestimmten Software und die Bereitstellung von Rechnerleistung (Stratmann, 2017).

Nutzer*innen, die eine Transaktion durchführen möchten, müssen diese zunächst digital signieren und sich somit verifizieren (Kryptographie; Kap. 3.3.4). Jede Transaktion wird zusammen mit anderen Transaktionen in einem Block aufgezeichnet, der an die bereits bestehenden Blöcke angeschlossen wird. Die Blöcke sind chronologisch über eine kryptografische Signatur miteinander verknüpft, so dass die Kette der Blöcke, die Blockchain, alle bisherigen Transaktionen enthält (Schlatt et al., 2016:7). Die Buchführung, also die Prüfung und Protokollierung von angestoßenen Transaktionen, wird von „Minern" übernommen. Diese erstellen neue Transaktionsblöcke und kontrollieren getätigte Transaktionen (Welzel et al., 2017:8).

Das Mining, also der Prozess der Erstellung neuer Blöcke durch Lösung eines kryptografischen Rätsels (des Hashwertes) ist komplex und rechenintensiv. Der Aufwand der Erstellung neuer Blöcke soll sicherstellen, dass die Blockchain manipulationssicher ist, weil nicht ohne weiteres neue, falsche Transaktionen hinzugefügt werden können. Für den Aufwand der Erstellung eines neuen Blocks erhält der Miner eine Gegenleistung, z.B. in Form einer finanziellen Aufwandsentschädigung wie etwa Bitcoins (Boucher, 2017:5; Welzel et al., 2017:9). Ein neuer Block wird von den anderen Nutzer*innen nur dann akzeptiert, wenn zuvor sichergestellt wurde, dass alle Transaktionen korrekt sind. Die korrekten Transaktionen werden wieder auf der Liste offener Transaktionen ergänzt (Welzel et al., 2017:9). Die bereits erwähnte Verknüpfung der Blöcke über den Hashwert gewährleistet die Manipulationssicherheit der Blockchain.

legten Voraussetzungen erfüllt sind. Anschließend wird die korrespondierende Vertragserfüllung, etwa die Zahlung einer Gegenleistung, durch das Programm in Gang gesetzt (Welzel et al., 2017:25). Die Verifizierung von Transaktionen durch das Netzwerk erfolgt bei Bitcoin sowie den meisten anderen Blockchain-Anwendungen über den „proof of work", bei dem Teilnehmer*innen des Netzwerks unter hohem Rechen- und Energieaufwand um die Verifizierung konkurrieren, die ihnen eine Gegenleistung verspricht (Schwab, 2018:91; Kasten 3.3.5-3). Derzeit werden weitere Methoden entwickelt, die auf einen geringeren Energieverbrauch abzielen (CLI, 2018:85), darunter etwa die Proof-of-Stake-Methode, bei der nur jeweils ein*e Teilnehmer*in des Netzwerks eine Rechenleistung erbringen muss (Zimmermann und Hoppe, 2018). Derzeit ist aber noch unklar, welche Methoden sich zukünftig durchsetzen können.

Potenziale und Risiken

In der Diskussion um Blockchain bzw. Distributed-Ledger-Technologie wird insbesondere die Manipulationssicherheit und Transparenz von Transaktionen hervorgehoben. Auch sind Informationen gegenüber einer Einflussnahme, z.B. in Form von Zensur und Kontrolle, geschützt (Welzel et al., 2017:19, 26; Purvis, 2017). Ausfälle von Servern sind weniger schwerwiegend, da die Verifikation der digitalen Signaturen und die Datenbankeinträge nicht mehr zentral bei nur einer Instanz vorgehalten werden, sondern Kopien dezentral auf dem Server jedes Teilnehmers bzw. jeder Teilnehmerin gespeichert werden. Insofern garantiert die Blockchain eine hohe Ausfallsicherheit und damit verbunden eine hohe Datenverfügbarkeit (Schlatt et al., 2016:35).

Mögliche Anwendungsbeispiele der Technologie finden sich so z.B. im Bereich der Beurkundung, der Registerführung oder der Verwaltung von Grundbüchern. Die Technologie ermöglicht etwa, die Rechtmäßigkeit von Eigentumsverhältnissen durch die Protokollierung in der Blockchain transparent und nachvollziehbar nachzuweisen. Auch könnte sie Produktions- und Wertschöpfungsketten oder Wartungszyklen nachvollziehbar machen und ein nachhaltige(re)s Management von Lieferketten ermöglichen. So erlaubt Blockchain etwa eine Dokumentation der Herkunft von Produkten und Gütern: Indem ein Produkt eine digitale Identität erhält, lässt sich im Anschluss an eine Transaktion nachvollziehen, wie und wozu dieses Produkt verarbeitet wurde (Welzel et al., 2017:20). Kryptowährungen könnten Institutionen wie Banken ersetzen und Menschen, die kein Bankkonto besitzen, die Durchführung von Bankgeschäften und damit der Zugang zum globalen Handels- und Finanzmarkt ermöglichen. Dies ist in besonderem Maße für Entwicklungsländer relevant, in denen es oftmals an der nötigen Infrastruktur fehlt. Das UN World Food Program experimentiert etwa mit auf Blockchain basierten Zahlungssystemen in Flüchtlingslagern (Juskalian, 2018). Als Anwendungsfelder für Smart Contracts werden z.B. dezentrale Steuerungs-, Verteil- und Abrechnungssysteme für Strom, Wasser oder Gas diskutiert. So könnte etwa von einem privaten Anbieter dezentral erzeugter Strom aus einer Photovoltaikanlage in ein lokales Netz eingespeist werden und anschließend von Menschen in der Nachbarschaft gegen Zahlung einer geringen Gebühr in einer virtuellen Währung abgenommen werden. Die Transaktionskosten wären durch den Wegfall einer zwischengeschalteten Instanz in Form eines großen Energieversorgungsunternehmens sehr viel geringer als bei der Abnahme von Strom durch ein Großkraftwerk (Diermann, 2016). Auch im Bereich Klimaschutz und -anpassung wird die Nutzung von Smart Contracts diskutiert, etwa für erfolgsabhängige Zahlungen für Anpassung (CLI, 2018). Sie könnten auch bisherige Barrieren für Kreislaufwirtschaft abbauen, indem sie die Bildung von Unternehmensnetzwerken erleichtern. Insgesamt werden in die Blockchain-Technologie Hoffnungen gesetzt, bisher nicht existierende institutionelle Strukturen zu schaffen oder das Vertrauen in bestehende, wenig vertrauenswürdige Institutionen zu stärken.

Kritik an der Blockchain-Technologie wird insbesondere im Hinblick auf den notwendigen Ressourceneinsatz und die Auswirkungen auf die Umwelt geäußert (Zimmermann und Hoppe, 2018:45). Schätzungen für Bitcoin reichen bis zu 300 kWh Strom, die für die Durchführung einer einzigen Transaktion aufgewendet werden (de Vries, 2018), was bei 200.000 Transaktionen täglich einem Stromverbrauch von etwa 60 Mio. kWh pro Tag und 22 TWh pro Jahr entspräche. Ein hoher Stromverbrauch durch vermehrten Blockchain-Einsatz könnte somit die notwendige Transformation der Energiesysteme und den Klimaschutz gefährden (Kap. 5.2.6). Außerdem ist umstritten, inwieweit die Blockchain-Technologie tatsächlich einen Zeitvorteil verspricht. Inzwischen ist beispielsweise die Blockchain, in der Bitcoin-Transaktionen dokumentiert sind, so lang geworden, dass die Abwicklung von Transaktionen vergleichsweise langsam vonstattengeht (Schulz, 2016). Es bleibt abzuwarten, wie neue Ansätze der Verifikation diese Probleme lösen können.

Auch das Thema Sicherheit und Manipulationsanfälligkeit ist für Blockchain-Anwendungen zentral. Erfahrungen mit der Blockchain haben gezeigt, dass Programmierfehler bei Blockchain-Implementierungen bereits zu großen Sicherheitslücken geführt und erhebliche finanzielle Verluste nach sich gezogen haben (Diermann, 2016; Rehak, 2018:56). Sicherheitslücken ergeben sich zudem bei kleinen Blockchain-Netzwerken, wenn es den Nutzer*innen gelingt, mehr als 50% der Rechenleistung unter ihre Kontrolle zu bringen. Dann ist es möglich, dass er eigene und damit auch falsche Transaktionen bestätigt (Welzel et al., 2017:26). Problematisch ist in diesem Zusammenhang außerdem, dass im verteilten Netzwerk der Blockchain die Nutzer*innen selbst für die Sicherheit ihrer IT zuständig sind und sicherstellen müssen, dass ihr privater Schlüssel, mit dem sie Transaktionen signieren, nicht durch Dritte ausgespäht wird oder sie diesen verlieren (Welzel et al., 2017:26). Zudem verifiziert eine Blockchain immer nur die Korrektheit von Transaktionen virtueller Werte, nicht aber die Wahrheit der eingetragenen Informationen und die reale Existenz ihres Gegenwertes außerhalb der Blockchain (Rehak, 2018:56). Es bleibt also bei Anwendungen, die die physische Welt betreffen, das Problem der „letzten Meile" (Schwab, 2018:96), also die Sicherstellung der Kongruenz zwischen digitaler und realer Identität.

Bei der Verwendung der Technologie bei Wahlen ergeben sich Probleme im Hinblick auf die Gewährleistung der Anonymität der Stimmberechtigten sowie Möglichkeiten des strategischen Wählens und des Stimmverkaufs (Welzel et al., 2017:22). Offene Fragen sind darüber hinaus Haftungsfragen bei technischen Problemen, der Umgang mit Risiken und nicht intendierten Auswirkungen, die sich bei Anwendungen im Finanzbereich, in der Realökonomie oder im humanitären Bereich ergeben. Zudem stellen sich Fragen der Standardsetzung und Interoperabilität zwischen verschiedenen Anwendungen (Schwab, 2018:96). Die Hoffnung, dass keine Intermediäre mehr gebraucht werden, ist z.T. trügerisch: Letztlich werden die Intermediäre durch Programmcodes ersetzt, und es stellt sich die Frage, wer diese Codes kontrolliert und z.B. notwendige Anpassungen oder Qualitätskontrollen verantwortet.

Kritisiert wird weiterhin, dass die Blockchain-Technologie aufgrund der finanziellen Anreize, die mit dem Erstellen neuer Blöcke verbunden sind, entgegen des

Ursprungsgedankens größerer Dezentralität zu einer Zentralisierung und Machtkonzentration geführt hat, weil große Unternehmen mit ihrer gegenüber Einzelakteuren sehr viel höheren Rechenkraft eine dominierende Rolle bei der Blockerstellung übernommen haben (Rehak, 2018:55). Rehak (2018:57) kritisiert folglich, dass „das Fehlen von Machtasymmetrien ausgleichenden Institutionen [...] hier letztlich im anarcho-libertären Recht des (Rechen-)Stärkeren [mündet]".

Zusammengefasst lässt sich festhalten, dass die Blockchain eine ressourcenintensive Technologie ist, was bei vermeintlich „nachhaltigen" Anwendungen im Blick behalten und gut abgewogen werden muss. Sie sollte dort zum Einsatz kommen, wo die Integrität der Speicherung von Informationen und Transaktionen nicht anderweitig gewährleistet werden kann. Für verschiedene Anwendungen muss konkretisiert werden, wer Einträge verifizieren und sie inhaltlich auf ihre Richtigkeit überprüfen kann. Die Legitimation der Miner und derer, die verifizieren, spielt hier eine herausragende Rolle. Nachvollziehbarkeit von Transaktionen führt auch zur Frage, wie mit sensiblen Daten und Informationen umgegangen werden soll. Insgesamt befindet sich die Blockchain-Technologie noch in einem frühen Stadium, so dass abschließende Bewertungen nicht möglich sind.

3.3.6 Folgerungen: Schlüsseltechnologien nachhaltigkeitsorientiert gestalten

Das Kapitel 3.3 hat die aus heutiger Sicht fundamentalen digitalen Technologien für Nachhaltigkeitsfragen beschrieben und mit Blick auf ausgewählte Potenziale und Risiken bewertet. Niemand kann voraussagen, welche Innovationsschübe zukünftig zu erwarten sind. Dennoch zeichnen sich bereits heute emergente Eigenschaften des Digitalen Zeitalters ab – neue Eigenschaften, die aus dem Zusammenspiel der technischen und gesellschaftlichen Komponenten in ihrem soziotechnischen Kontext entstehen und im folgenden Kapitel 3.4 als Kerncharakteristika erfasst werden.

Ob sich weitere Kerncharakteristika ergeben werden, bleibt ebenso offen wie zukünftige Technologien und deren Relevanz. Nach der Evolutionsökonomie entwickeln sich soziotechnische Innovationen ähnlich zur biologischen Evolution: Innovationen sind ähnlich zu den Mutationen und werden von Märkten selektiert (Mainzer, 2016). Die gesellschaftliche, wirtschaftliche bzw. politische Rahmung beeinflusst Innovationen, so wie Ökosysteme die biologische Evolution. Anders jedoch als in der biologischen Evolution sind an soziotechnischen Innovationen Menschen mit ihren Wertvorstellungen beteiligt, die bewusst oder unbewusst den Technikwandel als Grundlage der soziotechnischen Innovationen steuern beziehungsweise beeinflussen können. Umgekehrt beeinflussen soziotechnische Innovationen menschliche Wertvorstellungen und mit dieser Rückkopplung wiederum die künftige Entwicklung, was auch die normative Kraft des Faktischen genannt wird (Mainzer, 2016). Wie in der biologischen Evolution vielfältige, mitunter zueinander konträre Zukünfte möglich sind, sind die soziotechnischen Innovationen offen für verschiedene Zukunftsbilder. Diese Möglichkeit der Zukunftsgestaltung korreliert mit der Verantwortung, sie aktiv zu nutzen. Dazu sind die mit der Digitalisierung möglichen Veränderungen zentraler Lebensbereiche (Kap. 3.5) zu verstehen und proaktiv zu gestalten (Kap. 3.6).

3.4 Kerncharakteristika des Digitalen Zeitalters

Die Wechselwirkungen der Digitalisierung mit zentralen zivilisatorischen Lebensbereichen (Erdsystem, Wirtschaft, Gesellschaft, Mensch, Technik; Kap. 3.5) lassen sich über Kerncharakteristika des Digitalen Zeitalters erfassen. Diese werden wesentlich durch die Grundfunktionen zugrundeliegender digitalisierter Techniksysteme bestimmt, jedoch nicht durch sie determiniert (Schieferdecker und Messner, 2018). Fünf Charakteristika (Abb. 3.4-1), die aus den Grundfunktionen der Digitalisierung (Rechnen mit Daten, Speichern, Kommunizieren, Wahrnehmen, Interagieren und Kooperieren; Kap. 3.2.1) und den Schlüsseltechnologien (Kap. 3.3) resultieren, erscheinen so zentral, dass sie alle zivilisatorischen Bereiche maßgeblich beeinflussen und rekonfigurieren werden.

Keines dieser fünf Charakteristika ist fundamental neu, sondern sie sind alle entlang der Bedürfnisse der Menschen angelegt und vielfach historisch verankert, aber mit den Mitteln der Digitalisierung weiterentwickelt und beschleunigt bzw. auf neue Art und Weise adressiert. Getrieben durch die hohe Dynamik und das erhebliche Ausmaß der digitalen Transformation entsteht qualitativ und quantitativ Neues in allen zivilisatorischen Bereichen und in ihren Wechselwirkungen.

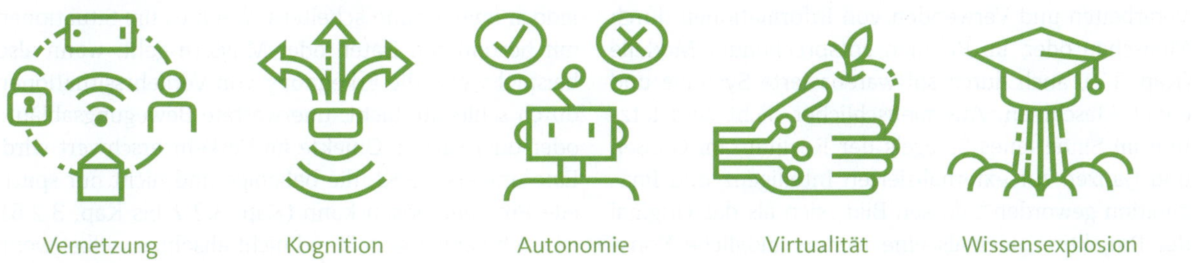

Abbildung 3.4-1

Kerncharakteristika des Digitalen Zeitalters: (1) die allumfassende Vernetzung von Dingen, Systemen, Prozessen, Personen und Organisationen, (2) die zunehmenden kognitiven Fähigkeiten digitaler Technik, (3) die wachsende Autonomie digitalisierter Systeme wie z.B. Roboter oder Fahrzeuge, (4) die zunehmende Nutzung virtueller Räume und virtualisierter technischer Angebote, sowie als ein Ergebnis von (1)–(4) die ebenso revolutionäre Weiterentwicklung vieler Wissenschaftsdisziplinen, die zu einer bislang ungekannten (5) Wissensexplosion führen.
Quelle: WBGU

3.4.1 Vernetzung

Das erste Kerncharakteristikum ist die umfassende Vernetzung technischer Systeme, die auch die Vernetzung von Objekten, Menschen und Organisationen in ihren unterschiedlichen Rollen und auf diversen Akteursebenen ermöglicht. Die Vernetzung ist bereits so weit fortgeschritten, dass ihre Auswirkungen beinahe übersehen werden könnten. Seit Jahrzehnten besteht die Möglichkeit, dass Maschinen miteinander kommunizieren und auf diese Weise grundlegende kommunikative Fähigkeiten der Menschen erweitern, übernehmen oder sogar darüber hinausgehende kommunikative Fähigkeiten ausbilden (Ellison, 2007; Leiner et al., 2009; Tennenhouse et al., 1997). Im Zuge der Entwicklung und Verbreitung des Internets und des zunehmenden Ausbaus des Internets der Dinge (Kap. 3.3.1) kommt es zu einer immer umfassenderen, alle Lebens- und Arbeitsbereiche durchdringenden Vernetzung (Akyildiz et al., 2002; Al-Fuqaha et al., 2015; Chen und Kotz, 2000).

Diese zeigt sich auch auf globaler Ebene: Z.B. besteht selbst in abgelegenen Weltregionen Zugang zum Internet. Die ökonomische Globalisierung und die transnationalen Kooperationsmöglichkeiten zwischen Gesellschaften sind Resultat und Treiber dieser digitalen Vernetzung. Ähnlich der Strukturen im Internet, das als Netz von Netzen charakterisiert werden kann, entwickeln sich im Zuge der digitalen Vernetzung immer komplexere digital gestützte Verbindungen in der Gesellschaft. Es kommt zu einer zunehmenden Verwobenheit einzelner Akteure und Akteursgefüge, die sich in Größe und Art unterscheiden. Diese intensive Vernetzung trägt zum Entstehen vollkommen neuer, auch großskaliger Austausch- und Kooperationsbeziehungen bei. Umso wichtiger wird es, die Vielfalt an Abhängigkeitsverhältnissen der Akteure, die häufig quer zu bestehenden (nationalen und internationalen) Ordnungssystemen bestehen, zu regeln. Dies betrifft z.B. die Beziehungen zwischen Digitalkonzernen und Individuen (z.B. Facebook), zwischen Staaten bzw. Staatengemeinschaften und multinationalen Großkonzernen oder zwischen Individuen untereinander (z.B. in sozialen Netzwerken).

Die zunehmende Vernetzung technischer Systeme kann die Kritikalität öffentlicher Infrastrukturen verstärken. So sind kritische Infrastrukturen im Bereich der Energie-, Wasser-, Wärme-, Lebensmittel-, Mobilitäts- oder Gesundheitsversorgung auf eine zuverlässige, sichere und leistungsfähige IKT angewiesen und können ohne diese nicht mehr funktionieren (Byres und Lowe, 2004; Roman et al., 2011). Daher ist ein hohes Maß an Cybersicherheit erforderlich (Kap. 3.3.4). Es gilt, die Regeln für die erforderliche Resilienz der öffentlichen Infrastrukturen einzufordern und fortzuentwickeln (BSI, 2017). Cyberangriffe sollten mit der notwendigen Konsequenz verhindert und völkerrechtlich verboten werden (Bothe, 2016).

3.4.2 Kognition

Das zweite Kerncharakteristikum betrifft die Entwicklung kognitiver Fähigkeiten von technischen Systemen sowie die Erweiterung menschlicher kognitiver Fähigkeiten mittels technischer Systeme. Mit Kognition ist dabei im Allgemeinen jenseits von Kontroversen innerhalb von und zwischen wissenschaftlichen Disziplinen das Erfassen, Erkennen und Erlernen gemeint. Kognition zielt auf das Erfassen,

Verarbeiten und Verwenden von Informationen durch Menschen oder, im Rahmen entsprechender Modelle (Kap. 3.2), auch durch softwarebasierte Systeme und damit Maschinen. Aus menschlicher Sicht sind letztere im Sinne eines Spiegels der Realität „im Großen und Ganzen zur externalisierten Intelligenz und Imagination geworden", dessen Bild „sich als das Original der Projektion oder als eine weitere mögliche Konstruktion dessen heraus[stellt], was es offenkundig erzeugte" (Capurro, 2017:20). Im Sinne einer Erweiterung menschlicher Intelligenz kann mit technischer Sensorik, Big Data und KI (Kap. 3.3.1, 3.3.2, 3.3.3) zwar oft präziser oder umfassender wahrgenommen werden als mit menschlichen Sinnesorganen, was jedoch nicht bedeutet, dass sich die bislang wissenschaftlich keineswegs geklärte menschliche „Intelligenz" in ihrer Breite und Vielfältigkeit auf maschinelle Modelle reduzieren ließe (Ito, 2018:6; Kasten 3.3-1). Im Unterschied zum Menschen zeichnen sich technische Systeme mit kognitiven Fähigkeiten jedoch auch im Sinne der aktuellen „Wissensexplosion" (Kap. 3.4.5) durch ein beliebig skalierbares quantitatives „Gedächtnis" und eine auch bei lang andauernden Berechnungen stabile „Konzentrationsfähigkeit" aus. Demgegenüber verfügen sie jedoch bis auf Weiteres weder über Emotionen noch körperliche Erfahrungen. Selbst wenn Versuche der Modellierung in diese Richtung unternommen werden, bleibt der Glaube, ohne Selektionsprozesse „künstliches Leben" reproduzieren zu können aus heutiger Sicht ein Mythos, ebenso wie „zu glauben, dass die Verwendung von verschiedenen Materialien bzw. Prozessen bei der Imitation anderer Lebewesen keinen Unterschied zwischen dem Natürlichen und dem Künstlichen ausmacht" (Capurro, 2017:24; Kehl und Coenen, 2016).

Bei zahlreichen heutigen technischen kognitiven Anwendungen handelt es sich dementsprechend noch um eine sehr einfache Kognition. Auch wenn aktuelle Entwicklungen in KI und Deep Learning die Möglichkeiten weitergehender kognitiver Fähigkeiten technischer Systeme aufzeigen, sind diese noch sehr trainingsintensiv und beziehen sich im Wesentlichen auf sehr konkrete Aufgabenstellungen (Burgard, 2018; Kap. 3.3.3). So kann beispielsweise eine KI-basierte Mustererkennung von Sprache oder Bildern umfangreiche Datenmengen bewältigen und präziser arbeiten als Menschen, solange das zu lösende Mustererkennungsproblem angemessen durch die Trainingsdaten erfasst ist. Anwendungen sind Handschrifterkennung, Spracherkennung, maschinelle Übersetzung oder automatische Bildbeschreibung. Sie werden in der Industrierobotik, beim autonomen Fahren oder in der Medizintechnik eingesetzt. Eine Klassifikation, Mustererkennung, Charakterisierung oder ein logischer Schluss werden jedoch immer dann scheitern, wenn es um Situationen mit besonderen Daten oder Mustern geht, wenn also beispielsweise die Erkennung von Verkehrssituationen durch schlechte Sicht, unerwartete Bewegungsabläufe oder unerwartete Objekte im Verkehr erschwert wird. Eine universelle KI, die beliebige und nicht nur spezielle Probleme lösen kann (Kap. 3.2.2 bis Kap. 3.2.5), ist nach derzeitigem Stand nicht absehbar, selbst wenn die Suche danach anhält (Schmidhuber, 2009; Hutter, 2012) und wesentliche Erfolge erzielt werden, die sich jedoch jeweils auf ausgewählte Problemklassen wie Klassifikationen oder logisches Schließen beziehen.

Auch die Entwicklung technischer Systeme, die Emotionen von Menschen erkennen, reflektieren und in der Interaktion mit Menschen beispielsweise in Arbeits-, Übungs-, Bildungs- oder Verkehrssituationen nutzen können, steht noch am Anfang, aber zeigt bereits jetzt interessante Ansätze für die Pflege oder Therapie auf (Bernard-Opitz et al., 2001; Minsky, 2007; Mayer et al., 2016; Wang et al., 2018). Demgegenüber werden Gehirn-Maschine-Schnittstellen (Brain Machine Interfaces – BMI; Brain Computer Interfaces – BCI) und Gehirn-gesteuerten Neuroprothesen (Themenkasten 5.3-2; Kehl und Coenen, 2016; Birbaumer, 2017) alltagstauglicher. Sie kommen für die Unterstützung behinderter Menschen (beispielsweise mit Locked-In-Syndrom) oder die Steuerung von Rollstühlen durch Querschnittsgelähmte über EEG-Kappen (Stamps und Hamam, 2010) zunehmend zum Einsatz (Lebedev und Nicolelis, 2017) und führen potenziell zu einer „Technisierung des Menschen" grundlegend neuer Art (Themenkasten 5.3-2).

3.4.3 Autonomie

Das dritte Kerncharakteristikum des Digitalen Zeitalters betrifft die zunehmende Autonomie technischer Systeme. Im Wesentlichen sind damit eigenständige Entscheidungen sowie eigenständige Bewegungen und (Re-)Aktionen technischer Systeme gemeint, wie sie beispielsweise in der Industrierobotik, beim automatisierten Fahren, für die Flugsicherung oder die Zugsteuerung zur Anwendung kommen (Dumitrescu et al., 2018).

In der öffentlichen Debatte werden derzeit neben dem autonomen Fahren (das dem vollautomatisierten Fahren in jeder Fahrsituation entspricht), die Entscheidungsübernahmen im Bankenwesen (beispielsweise bei der Kreditvergabe oder im Aktienhandel) oder im Sozialwesen (beispielsweise für die Vergabe von Arbeitslosengeld) diskutiert. Durch das Zusammenspiel von digitalen Vernetzungstechnologien (z.B. Internet der Dinge, Kap. 3.3.1), KI (Kap. 3.3.3) und Big Data (Kap. 3.3.2) weiten sich die Anwendungsgebiete autonomer Maschinen kontinuierlich aus: Mit Sensorik ausgestattete technische Systeme können Muster identifizieren, die auf Korrelationen basieren und die dem Menschen nicht direkt (zum Teil nicht einmal indirekt über Technik) vermittelt werden können. Zum Einsatz kommen solche autonomen technischen Systeme etwa in der Krisenerkennung und -bewältigung.

Eine hohe Entwicklungsdynamik zeigt sich auch im Bereich der Robotik, wo große Fortschritte in der Funktionalität, Sensorik und Motorik erzielt werden (Kap. 3.3.5.3). Erfolgte die Übertragung körperlich anstrengender Tätigkeiten und für den Menschen nicht lösbarer Aufgaben bereits vor Jahrhunderten auf Maschinen, sind die derzeitigen Entwicklungen im Bereich der intelligenten Robotik als nächster logischer Schritt zu begreifen. Der intelligenten Robotik wird das Potenzial zugesprochen, soziale und ökologische Probleme lösen zu können, beispielsweise mittels Effizienzsteigerungen, aber auch durch die höhere Belastbarkeit, Zuverlässigkeit und Sicherheit, mit der Roboter agieren. Während die Übertragung der Verantwortung zur Umsetzung körperlicher Aufgaben durch Roboter vergleichsweise unumstritten ist, wird die Übertragung der Verantwortung zur Lösung gesellschaftlich relevanter Entscheidungen auf Maschinen wie Entscheidungssysteme öffentlich stark diskutiert (Kap. 3.2.5).

Als ein Risiko autonomer technischer Systeme gilt insbesondere ihre (funktionale) Sicherheit, d.h. ob von ihnen eine Gefahr für Menschen, Gesellschaft oder Umwelt ausgeht. Diskutiert wird, ob die Automatismen solcher technischen Systeme robust und resilient genug sind, um auch in Ausnahmezuständen problemlos funktionieren zu können. Die Forschung befasst sich entsprechend mit Sicherungsmechanismen autonomer technischer Systeme auf unterschiedlichen Sicherheitsstufen, aber auch mit ethischen und Haftungsfragen algorithmenbasierter Systeme (Kap. 3.2.5). Bei der Frage nach der Verantwortung autonomer technischer Systeme wird diskutiert, in welchen Fällen eine Übertragung der Verantwortung auf technische Systeme sinnvoll ist und in welchen Bereichen die Letztentscheidung beim Menschen belassen werden sollte. So wird in dystopischen Szenarien etwa die Gefahr beschworen, dass eine datenbasierte automatisierte Governance das Ende der politischen Öffentlichkeit und demokratischer Entscheidungsfindungsprozesse zwischen Menschen bedeutet (Kap. 6.2).

3.4.4 Virtualität

Ein weiteres Kerncharakteristikum des Digitalen Zeitalters ist die Virtualisierung physischer Elemente und (Teil-)Systeme, d.h. ihre Verlagerung bzw. partielle Substitution in den virtuellen Raum oder ihre digitalen Erweiterungen. Auch wenn hier eine gewisse Kontinuität von Schriftstellerei und Theater-, Film- und Medienproduktion zur umfassenden multimedialen 3D-, 360°- und Echtzeit-Virtualisierung gesehen werden kann, sind die technischen Entwicklungen doch weitreichender: So ermöglicht Virtualisierung beispielsweise, dass sich Individuen an verschiedenen Orten und zukünftig auch in verschiedenen Zeiten treffen können. Großveranstaltungen können z.B. in virtuellen Räumen abgehalten und Diskussionen zwischen Individuen, Avataren und Social Bots geführt werden. Damit kann Virtualisierung etwa die transnationale Vernetzung von Einzelpersonen und Organisationen fördern.

Zudem können durch den Einsatz digitaler AR- und VR-Technologie (Kap. 3.3.5.2) u.a. Planungs-, Design- oder Produktionsprozesse ins Virtuelle verlagert werden, um so etwa passende Konzepte zu entwickeln, genauere Vorhersagen zu treffen, Optimierungen vorzunehmen und damit Kosten zu sparen. Auch können Produkte und die Produktion bedarfsgerecht ausgestaltet und Kreislaufwirtschaften realisiert werden. Um diese Potenziale zu heben, müssen genaue, realitätsgetreue digitale Repräsentationen und Modelle der Ausschnitte der physischen Welt generiert werden, die mittels Monitoring, Simulation und Validierung fortentwickelt und kalibriert werden.

Virtualisierung birgt zudem das Potenzial bislang noch unerreichbare Teile der Welt (z.B. auf der Makro-, Meso- sowie auf der Mikro- oder Nanoebene oder in anderen Zeitperioden), aus der Welt abgeleitete (z.B. zur Vorhersage möglicher Zukünfte) sowie komplett neue Umgebungen (z.B. zur Erschaffung alternativer Welten) virtuell zu erstellen, die in den Bereichen der Unterhaltung, Aus- und Weiterbildung oder zur Entscheidungsfindung eingesetzt werden können. Virtualisierung erlaubt hierfür virtuelle bzw. hybride Erlebnisse. So können die Verletzlichkeit von Personen, Gruppen, Ökosystemen oder des Planeten unmittelbar erfahrbar gemacht und wie reale Erlebnisse vermittelt werden. Auf diese Weise kann sich ein Welt(umwelt)bewusstsein (Kap. 5.3.1) ausbilden.

Allerdings kann Virtualisierung auch negativ wirken, wenn zentrale Aspekte des menschlichen Lebens ins Virtuelle verlagert werden und analoge Erlebnisse mit Mensch und Natur vollständig ablösen.

3.4.5
Wissensexplosion

Das fünfte Kerncharakteristikum des Digitalen Zeitalters ist der erhebliche Zugewinn an Wissen der Menschheit in allen Wissenschafts- und Forschungsbereichen. So lässt sich im Digitalen Zeitalter ein massiver Daten- und Informationszuwachs konstatieren (Beath et al., 2012), der u.a. durch das Internet, das Internet der Dinge (Kap. 3.3.1) und Satellitenbeobachtung (Kap. 3.3.5.1) vorangetrieben wird. Beispielsweise „[verdoppelt] sich die täglich in der Genomik produzierte Datenmenge etwa alle sieben Monate. Die für die Sequenzierung eines einzigen Genoms erforderliche Datenmenge ist um das Dreißigfache größer als dieses selbst. 2025 sollen die Genome von über einer Milliarde Menschen sequenziert sein. Der Speicherbedarf hierfür wird mit 2–40 Exabyte jährlich beziffert" (Schadhauser und Graefen, 2017).

Dieser massive Datenzuwachs ist Treiber und Resultat weitaus umfangreicherer Transformationen: So entwickelt sich der Großteil der Wissenschaftsdisziplinen in ganz erheblichem Maße mittels Computing, Vernetzung, Virtualisierung und KI weiter. Neue Disziplinen entstehen an den Schnittstellen zwischen traditioneller Wissenschaft und Digitalisierung. Beispielsweise basieren die gegenwärtige Klimaforschung, Gentechnologie, moderne Physik oder Materialwissenschaften ganz wesentlich auf der Digitalisierung, insbesondere auf der digital gestützten Modellbildung und Simulation verschiedener Szenarien. Diese ermöglichen es, bislang unbekannte Zusammenhänge aufzudecken, Annahmen nachzuweisen oder auch neue Theoreme zu formulieren und zu belegen (Hey und Trefethen, 2003).

Unterstützt durch neue Möglichkeiten zur Wissensaufbereitung und -ermittlung sowie den weitreichenden digitalen Möglichkeiten für den Zugang zum Wissensstand der Menschheit und neuen wissenschaftlichen Erkenntnissen kann sich die Quantität, aber auch die Qualität des verfügbaren Wissens erhöhen. Denn Wissen und wissenschaftliche Ergebnisse werden unmittelbar nachvollziehbar und neue Ideen oder Vermutungen können weltweit reflektiert, diskutiert oder kooperativ weiterentwickelt werden (Nosek et al., 2015; Fecher und Friesike, 2014).

Allerdings besteht das Risiko verfälschter Daten oder Fakten, manipulierter Modelle oder Analysen. Im Ergebnis kann der Wissenszuwachs damit durch die Zunahme von Unwahrheiten verhindert werden. Eine wesentliche Herausforderung ist darüber hinaus die Bewahrung und Absicherung des digitalen Gedächtnisses der Menschheit, das Teil digitaler Gemeingüter (Kap. 5.3.10) ist.

3.4.6
Folgerungen: Die digitalisierte Technosphäre als zentraler gesellschaftlicher Baustein

Die durch die Digitalisierung weiterentwickelte Technosphäre ist ein zentraler gesellschaftlicher Baustein im Digitalen Zeitalter geworden, so wie bereits seit der Industriellen Revolution andere Schlüsseltechnologien wie Energie- und Automatisierungstechnik zentral auf alle zivilisatorischen Bereiche gewirkt haben. Während sich gesellschaftliche Analysen in der Vergangenheit häufig auf gesellschaftliche Strukturen, Akteure und ihre Beziehungen untereinander bezogen haben, greift dies im Digitalen Zeitalter zu kurz: Die Sozio-Technizität aller Lebensbereiche ist zu einem neuen Momentum der menschlichen Zivilisation geworden. Digital gestützte Vernetzung, Kognition, Autonomie, Virtualität und die daraus resultierende Wissensexplosion wirken im Digitalen Zeitalter auf alle Lebensbereiche, wie in Kapitel 3.5 weiter ausgeführt wird, und müssen daher systemisch betrachtet werden.

3.5
Veränderungen zentraler Lebensbereiche im Digitalen Zeitalter

Das Verständnis des Digitalen Zeitalters kann nicht bei den sich entwickelnden Kerncharakteristika stehenbleiben, sondern muss zudem um eine kritische Analyse der Wechselwirkungen der Digitalisierung mit dem Erdsystem, der Wirtschaft, der Gesellschaft, den Individuen und mit den vormals analogen Techniksystemen ergänzt werden (Abb. 3.5-1). Diese Analyse wird in diesem Kapitel angestoßen und fortfolgend im Gutachten vertieft.

Für jeden der zentralen Lebensbereiche Erdsystem, Wirtschaft, Gesellschaft, Mensch und Technik ergeben sich aus der Digitalisierung Konsequenzen, die – ohne in blinden Technikdeterminismus zu verfallen – die Kraft haben können, die jeweils etablierten Merkmale dieser Bereiche erheblich zu verändern. Viele dieser absehbaren Veränderungen könnten positiv genutzt werden, um im Sinne einer Transformation zur Nachhaltigkeit etablierte Pfade zu verlassen. Viele sind jedoch zunächst einmal radikale Herausforderungen mit ungewissem Ausgang. Perspektivisch sind für jeden Bereich große Potenziale ebenso möglich wie Risiken. Eine rechtzeitige Gestaltung ist damit wichtig für das Einhegen der Risiken wie auch für die Nutzung der disruptiven Kraft der Digitalisierung für die globale Nachhaltigkeitstransformation und die Überwindung von Pfadabhängigkeiten.

Abbildung 3.5-1
Die durch die Digitalisierung beeinflussten zentralen Lebensbereiche: Erdsystem, Wirtschaft, Gesellschaft, Mensch und Technik.
Quelle: WBGU

3.5.1
Digitalisierung und die Erdsystemperspektive

Digitale Innovation trifft im Anthropozän auf ein Erdsystem, dessen Leitplanken fundamental auf die Probe gestellt werden. Die zusätzlichen Einwirkungen digitaler und digitalisierter Techniksysteme auf die geophysikalischen, biologischen und atmosphärischen Prozesse des Planeten und lokaler Umwelten sind daher kritisch zu hinterfragen. Hierzu zählen nicht nur direkte Auswirkungen der mit den neuen Infrastrukturen, Geräten und ihrer Nutzung einhergehenden Stoffströme und Energieverbräuche, sondern auch indirekte Effekte auf Ökonomie und Gesellschaft durch Erkenntnisgewinn oder Verhaltensänderungen (Hilty, 2008). Folgende drei Kernthemen scheinen zentral zu sein:

- *Ressourcen- und Ökosystem(über)nutzungen:* Im Digitalen Zeitalter müssen die kumulativen Effekte der Digitalisierung auf die globale Ressourcennutzung und die Belastung der Ökosysteme betrachtet werden. Dabei sollten die Potenziale digitaler Technologien zur Unterstützung der Großen Transformation zur Nachhaltigkeit mit den Risiken der Digitalisierung, etwa durch Pfadabhängigkeiten und Rebound-Effekte, abgewogen werden – wobei die derzeitige Datenlage in Bezug auf den Energie- und Ressourcenverbrauch noch keine abschließende, geschweige denn globale Bilanz zulässt (Köhler et al., 2018). Potenziale liegen u.a. in Effizienzsteigerungen bei Energienutzung und Stoffkreisläufen. Durch deren verbesserte Gestaltung, Steuerung und Überwachung ergeben sich Chancen für Energiewende, Kreislaufwirtschaft und einen nachhaltigeren globalen Rohstoffverbrauch (Kap. 5.2.1, 5.2.3). Die Nutzung dieser Chancen ist jedoch kein Automatismus, sondern erfordert entsprechende Innovationsanreize und regulatorische Rahmenbedingungen. So kann die Digitalisierung bei entsprechender politischer Gestaltung als Wegbereiterin eines klimaverträglichen Energiesystems dienen (Kap. 5.2.6). Risiken werden unter anderem im direkten Ressourcenverbrauch der digitalen Technik sowie digitaler und digitalisierter Infrastrukturen gesehen (Kap. 5.2.5). Neben Emissionen bergen auch Immissionen große Sprengkraft: Der breitflächige Eintrag und die mögliche Bioaktivität technologisch genutzter Materialien in die Biosphäre kann zu erheblichen Belastungen von Mensch und Umwelt mit toxischen Stoffen führen (Kap. 5.2.5). Zudem sollten toxische und persistente Stoffe in den digitalen und digitalisierten Infrastrukturen und Geräten möglichst durch Alternativen ersetzt werden (z.B. Kohlenstoff-Nanomaterialien für Seltene Metalle, Arvidsson und Sandén, 2017; Kap. 5.2.5.3).
- *Erkenntnisgewinn und Veränderung von Umweltbildern:* Digitale Technologien potenzieren, beschleunigen und erleichtern den Erkenntnisgewinn über das Erdsystem und könnten dadurch das Verhältnis zwischen Menschheit und Planeten perspektivisch revolutionieren. Die globale Vernetzung ermöglicht mit sensibler Sensorik und Petaflop-Rechenkapazität erstmals in der Menschheitsgeschichte das (Live-)Monitoring (Kap. 5.2.11), Modellieren und Simulieren planetarischer Kreisläufe und Prozesse (Hu et al., 2010; Kramer, 2002; Belward und Skøien, 2015). Dieser Wissenszuwachs kann das Verständnis des Erdsystems und der planetarischen Leitplanken verbessern. Dies birgt das Potenzial, die Auswirkungen der Menschheit auf das Erdsystem nicht nur besser nachzuvollziehen, sondern auch zu überdenken und zu ändern. Ob der Perspektivwechsel in Richtung einer Großen Transformation zur Nachhaltigkeit weist, ist dabei umstritten. Grundsätzlich sind individueller und kollektiver Erkenntnisgewinn die Grundlage für einen bewussteren Umgang mit dem Erdsystem. Im Sinne des Anthropozäns könnte diese umfassende Sicht auf den Planeten jedoch auch die Hybris der menschlichen Gattung beflügeln und zu immer riskanteren und intensiveren Eingriffen in das Erdsystem führen. Die zunehmende Virtualisierung

von Umwelterfahrungen ist zudem eine zentrale Veränderung der Beziehung zwischen Mensch und Erdsystem, wenn Menschen grundlegende physische Umwelterfahrungen durch virtuelle Repliken ersetzen (Baudrillard, 1981). Digitalisierung birgt aber auch die Hoffnung z.B. durch digitale Vernetzung und virtuelle Simulation die Vielfalt und Interkonnektivität des planetarischen Lebens für Menschen verständlich und erlebbar zu machen. Erstmals könnte dadurch eine Art globales Welt(umwelt)bewusstsein entstehen und der respektvolle, empathische Umgang mit den verschiedenen Lebensformen des Planeten begünstigt werden (Kap. 5.3.1).

- *Verminderung von Umwelteinflüssen durch Virtualisierung:* Der beschriebene digital unterstützte Erkenntnisgewinn und die Veränderung von (Um-)Weltbildern sind wichtige Bausteine der Transformation zur Nachhaltigkeit. Unabdingbar ist darüber hinaus, dass umweltschädliche Konsum- und Produktionspraktiken ersetzt werden (Kap. 5.2.3). Digitalisierung könnte durch suffizienzorientierte Sharing-Modelle (Kap. 5.2.2) und Virtualisierung sozialer und ökonomischer Interaktionen zur Dematerialisierung der Befriedigung menschlicher Bedürfnisse beitragen. Erstens wird digital unterstützt immer mehr als Dienstleistung („as a Service") angeboten (Duan et al., 2015; Xu, 2012): z.B. „Mobilität als Dienstleistung" (Kap. 5.2.8), bei der etwa mit multimodalen Routenplaner-Apps eine umweltschonendere Mobilität ermöglicht wird. Zweitens werden in der Virtualisierung Chancen gesehen, indem z.B. Prozesse so weit wie möglich in die Cloud verlagert werden und nur noch die absolut notwendigen physischen Komponenten vor Ort anzutreffen sind (EMF, 2016:39). Zudem wird in der digital unterstützten Heimarbeit ein Instrument zur Vermeidung von Verkehr gesehen. Ähnliche Hoffnungen ruhen auf Ressourceneinsparungen durch das „papierlose Büro" und die Virtualisierung verschiedenster Dienstleistungen. (Duan et al., 2015; Xu, 2012). All dies muss die Risiken von Ressourcen- und Ökosystem(über)nutzungen und für Datenschutz und Privatsphäre angemessen berücksichtigen.

3.5.2 Digitalisierung und die Rekonfiguration von Markt und Wirtschaft

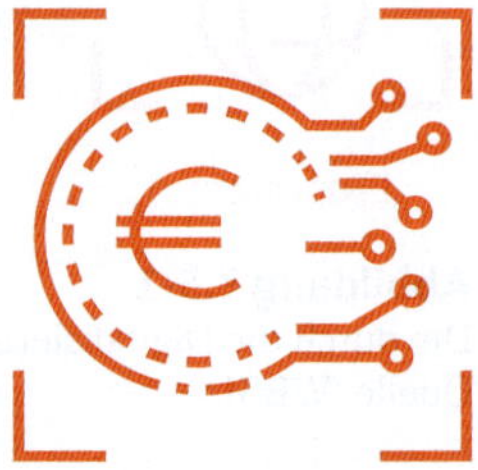

Es ist wohl unumstritten, dass der digitale Wandel Wirtschaftssysteme und Märkte erheblich beeinflusst und teilweise grundlegend umgestaltet. Es entsteht eine Vielzahl neuer Güter und Dienstleistungen, in direkter Verbindung zu physischen Gütern oder im digitalen, virtuellen Raum. Daten und Informationen können dank der technischen Fortschritte bei Informationserfassung und -verarbeitung in bislang nicht gekanntem Maß wirtschaftlich gewonnen und verwertet werden. Digitale Vernetzung und Kommunikation senken Transaktionskosten und bauen Informationsdefizite und -asymmetrien ab. Die durch den digitalen technischen Wandel ausgelösten Prozesse auf wirtschaftlicher Ebene sind dabei nicht immer neuartig, doch treten sie meist mit einer zuvor unbekannten Geschwindigkeit und Breitenwirkung auf.

Aggregiert betrachtet sind es vor allem drei Bereiche, in denen Wandel durch Digitalisierung zu zentralen Veränderungen führen kann:

- *Marktstruktur und -konzentration:* Der digitale Wandel schafft nicht in jedem Fall völlig neue Marktformen: Plattformen bzw. allgemeine „zweiseitige Märkte" (Kasten 4.2.2-1) oder nicht monetäre Tauschgeschäfte sind in ihren Grundsätzen bekannt. Indem etwa die Grenzen zwischen Gütern und Dienstleistungen verschwimmen oder die temporäre Nutzung gegenüber dem Eigentum an (langlebigen) Gütern im digitalen Raum neu und leichter organisierbar werden (z.B. Sharing-Ökonomie, Produkt-Service-Systeme), gewinnen derartige Marktformen jedoch an Verbreitung und Bedeutung. Das Vordringen digitaler Technologien verändert zudem generell Marktstrukturen. Wettbewerbsfördernde Wirkungen der Digitalisierung drohen dabei gerade längerfristig überlagert zu werden von ebenfalls in der Digitalisierung angelegten, starken Treibern steigender Marktkonzentration: Niedrige bzw. oft vernachlässigbare Grenzkosten digitaler Güter und Dienste tragen zu ihrer Skalierbarkeit und ihrem hohen disruptiven Potenzial bei, haben aber auch zur Folge, dass sich längerfristig nur einzelne dominante Anbieter durchsetzen („winner takes all", „Superstar-Unternehmen", Autor et al., 2017a). Netzwerkeffekte, die etwa Plattformen charakterisieren, und die zunehmende Abhängigkeit digitaler Güter und Dienste sowie weiterer digitaler technischer Entwicklungen von Daten verschärfen diese

Konzentrationstendenzen zusätzlich (Kap. 4.2.2; Prüfer und Schottmüller, 2017). Durch das Vordringen digitaler Schnittstellen und komplementärer digitaler Dienste sowie digitaler Alternativen greifen diese Konzentrationstendenzen zudem auf ursprünglich nicht digitale Märkte über.

- *(Um-)Verteilung von Wertschöpfung:* Der digitale Wandel bringt mit Daten einen neuen und immer bedeutenderen wertschaffenden Faktor hervor, der in Konkurrenz zu den klassischen Produktionsfaktoren Arbeit und Kapital tritt. Zudem kann mit Hilfe immer „intelligenterer" Maschinen in immer weiteren Bereichen menschliche Arbeit ersetzt werden. Auch wenn bislang noch unklar ist, wie weit diese Substitution von Arbeit durch Maschinen reichen wird und ob der Wegfall von Beschäftigung nicht durch neue Betätigungen und Arbeitsformen kompensiert wird, sind mit dieser Entwicklung, zumindest in einer Übergangsphase, vielfältige Verteilungsimplikationen auf verschiedenen Ebenen verbunden (Kap. 5.3.9; Berg et al., 2018a). Die Grenzen zwischen Gewinnern und Verlierern verlaufen dabei zwischen den klassischen Produktionsfaktoren Arbeit und Kapital, zwischen Arbeitskräften mit unterschiedlicher Qualifikation, aber auch zwischen Gruppen mit unterschiedlichen Nutzungsmöglichkeiten von Daten und digitalen Technologien (Kap. 5.3.8). Die Finanzierung staatlicher Handlungsspielräume und Sicherungssysteme, deren Bedeutung mit Blick auf die Abfederung der Folgen des technischen Fortschritts perspektivisch zunehmen wird, wird durch diesen Wandel am Arbeitsmarkt ebenso betroffen wie die sonstigen, über die wirtschaftliche Teilhabe hinausreichenden gesellschaftlichen Funktionen von Arbeit (z.B. gesellschaftliche Teilhabe und Selbstwertgefühl; Kap. 5.3.9). Neben neuen Systemen der sozialen Sicherung und Gewährleistung wirtschaftlicher Teilhabe scheint längerfristig ein Wandel des gesellschaftlich verankerten und akzeptierten Arbeitsbegriffs notwendig.
- *Staatliche Rahmensetzungen:* Mit der hohen Geschwindigkeit des digitalen technischen Fortschritts, der schnellen Skalierbarkeit von Geschäftsmodellen im digitalen Raum und der immer engeren globalen Vernetzung von Mensch und Maschinen ergeben sich teils extreme Entwicklungs- und Marktdynamiken. Markt- und Wettbewerbsregulierung aber auch Steuersysteme können vielfach nicht mit dieser Dynamik Schritt halten. Es besteht die Gefahr, dass sie der zunehmenden Bedeutung immaterieller Wirtschaftsgüter und von Märkten mit starken Netzwerkeffekten nicht gerecht werden. So sind Steuer- und Abgabensysteme z.B. mit neuen Herausforderungen konfrontiert, die aus der Erfassung des wirtschaftlichen Wertes von Datentransaktionen oder der regionalen Zuordnung von Gewinnen aus dem globalen Einsatz von Algorithmen resultieren (Kasten 4.2.2-2). Gleichzeitig drohen traditionelle Besteuerungsgrundlagen durch die Umverteilung von Wertschöpfung weg von Arbeit zu erodieren (Kapitel 5.3.9). Allerdings eröffnen umfassendere Möglichkeiten des Monitorings und der zeitnahen Information auch neue Ansätze für Besteuerung, insbesondere im Bereich Umweltverschmutzung und Ressourcennutzung.
- *Neue Wirtschaftspraktiken und Formen der Steuerung bzw. Koordination wirtschaftlicher Tätigkeiten:* Die Senkung von Informations-, Such- und Transaktionskosten im Zuge der Digitalisierung verbessert einerseits die Funktionsfähigkeit von Märkten erheblich (Mayer-Schönberger und Ramge, 2017; Goldfarb et al., 2019). Andererseits werden Märkte als bislang dominante Form der Koordination wirtschaftlicher Aktivitäten von Produktion und Konsum durch die Digitalisierung und neue, datenbasierte Steuerungs- und Kooperationsformen (neu) herausgefordert (Kap. 4). Algorithmenbasierte Verfahren, etwa auch durch die Ausdehnung von Scoring-Systemen (Kap. 5.3.3), bieten grundsätzlich Möglichkeiten, gesellschaftliche oder staatliche Ziele direkt bei der Verteilung von Gütern und Ressourcen umzusetzen (Chalvatzis et al., 2019). So werden grundsätzliche, letztlich gesellschaftliche Fragen aufgeworfen, etwa dazu, in welchen Bereichen die Verteilung von Güter und Faktoren über Märkte erfolgen und in welchen Bereichen diese Märkten entzogen werden sollte, um sie aus gesellschaftlichen bzw. ethischen Gründen nicht an die individuelle (wirtschaftliche) Leistungsfähigkeit zu knüpfen. Entsprechende Debatten entzünden sich etwa im Bereich der Sharing-Ökonomie. Zu beachten sind dabei aber auch die Nachteile und Gefahren der neuen daten- und algorithmenbasierten Steuerungsmöglichkeiten, die mit einem Verlust an individueller Entscheidungsfreiheit, Anonymität und Privatheit verbunden sind sowie Gefahren hoher Machtkonzentration und von Manipulation (z.B. von Präferenzen) bergen. Auf einzelwirtschaftlicher Ebene kann der digitale Wandel zu einer Neu- und Umstrukturierung von Koordinations- und Produktionsprozessen innerhalb und zwischen Unternehmen führen. Mit der wachsenden Bedeutung von Gütern ohne direkte bzw. bewusst vermiedene Nutzungskonkurrenzen scheinen auch Formen kollaborativer Produktionsprozesse wichtiger zu werden (Kap. 5.2.2, 5.3.10). Nicht zuletzt könnte Digitalisierung auch die Transformation der linearen Wirtschaft zur Kreislaufwirtschaft befördern (Kap. 5.2.1, 5.2.5).

3.5.3 Digitalisierung und der Wandel gesellschaftlicher Ordnung

Auch aus gesellschaftspolitischer Perspektive haben die in Kapitel 3.4 ausgeführten Kerncharakteristika des Digitalen Zeitalters Konsequenzen. Die *Vernetzung* entfaltet sich als gestiegene Verflechtung unterschiedlicher Akteure – als Treiber einer polyzentrischen Systemstruktur innerhalb wie jenseits staatlicher Gebilde (Kap. 4). Die Aspekte der *Kognition* realisieren sich in der immer stärker ausgeprägten Koexistenz automatisierter (einschließlich autonomer) Systeme und Menschen in nahezu allen gesellschaftlichen Teilbereichen, bis hin zu den gesellschaftlichen Konsequenzen einer umfassenden Kollaboration von Mensch und Maschine. Automatisierung, autonome Systeme und insbesondere Datenerfassung und algorithmenbasierte Entscheidungsfindung (Algorithmic Decision Making – ADM) können zu neuen, oft ambivalenten Treibern von Gesellschaft und Ökonomie werden (Kap. 5.3.3). *Virtualität* verändert die räumliche Gestalt von Gesellschaft und ihrer staatlichen wie lebensweltlichen Handlungsräume (Kap. 5.3.1). Schließlich bedarf der Anstieg an verfügbarer *Information* und entstehendem *Wissen* individueller wie kollektiver Verarbeitungskompetenzen und Mündigkeit (Kap. 5.3.4). Für Gesellschaften sind es vor allem vier Bereiche, in denen Digitalisierung zu zentralen Veränderungen führt:

- *Privatheit:* Eine geschützte Privatsphäre ist gesellschaftspolitisch nicht nur notwendig als Ausdruck und Schutz individueller Freiheit, sondern auch als Bedingung der Möglichkeit kollektiven Handelns im demokratischen Gemeinwesen (Jacob und Thiel, 2017). Herausgefordert und teils in Frage gestellt wird der Schutz der Privatsphäre im Digitalen Zeitalter u.a. durch algorithmische Mustererkennung, Datenökonomie und Praktiken einer digitalisierten Öffentlichkeit (Kap. 5.3.2). Die Privatsphäre wird durch unterschiedliche Akteure bedroht: durch das eigene Selbst, Mitmenschen und Unternehmen bis hin zu Behörden und Staaten (z.B. Kap. 5.3.7, 5.3.3). Es zeigt sich eine Weggabel zwischen allumfassender Transparenz und Vernetzung einer Post-Privacy-Welt einerseits und der Suche nach funktionierenden individuellen wie institutionellen Maßnahmen zum nachhaltigen Schutz der Privatsphäre (Kap. 8.3.1) andererseits. Die Entscheidung über die einzuschlagende Richtung wird zentrale Auswirkungen auf die Würde sowie die Teilhabe und insbesondere Eigenart der Menschen haben.
- *Demokratische Teilhabe, Öffentlichkeit, Partizipation und Mündigkeit:* Nach einer anfänglichen Euphorie über Partizipationsmöglichkeiten, Demokratisierung und Transnationalisierung durch digitale Technologien in den 1990er und 2000er Jahren (Siedschlag et al., 2002; Vowe, 2014; Zipfel, 1998) werden angesichts tiefgreifender Veränderungen in der Struktur demokratischer Öffentlichkeit auch kritische Debatten geführt – etwa zur Zugänglichkeit der digitalen Öffentlichkeit und den Gefahren der zunehmenden Fragmentierung, Polarisierung und Verflachung digitaler Kommunikation (Jacob und Thiel, 2017; Kap. 5.3.2). Zunehmende Vernetzung und IKT – bis hin zur Virtualität – könnten demokratische Gemeinwesen einerseits bereichern, andererseits aber auch durch algorithmische Steuerung, Daten- und Aufmerksamkeitsökonomie in ihrer Verfasstheit erschüttern (Kap. 5.3.3). Gesellschaften stehen vor der wichtigen Aufgabe, ihre Integrität und „kollektive Mündigkeit" neu zu stärken (Kap. 5.3.2). Institutionelle und medienpolitische Reformen sind hier ebenso relevant wie Bildungspolitik (Kap. 5.3.4).
- *Staatlichkeit, (staatliche) Souveränität, Ordnungsmuster:* Nachdem in der anfänglichen Phase der Verbreitung von Internet und IKT der entstehende Cyberspace noch als Raum jenseits staatlicher Souveränitätsansprüche gefeiert und gefürchtet wurde, wird mittlerweile der digitale Raum als ein „Ort der Hypersouveränität" (Thiel, 2014b) gesehen, der Staaten im Fall des Verlusts demokratischer Rechtsstaatlichkeit eine vollständige Überwachung ermöglicht. Weitere relevante Themen bezüglich der (Neu) Ordnung staatlicher Souveränität sind außerdem etwa Cybersicherheit und digitale Kriegsführung, genauso wie neue Aushandlungs- und Regulierungsprozesse im Feld der Internet-Governance (Jacob und Thiel, 2017; Kasten 4.2.7-1). Zudem fungiert Digitalisierung als Multiplikatorin für praktisch alle Elemente der Globalisierung: Vernetzung, digitale Kommunikation und Virtualisierung beschleunigen die weitere Entgrenzung von Wirtschaftsprozessen und unterminieren somit an anderer Stelle staatliches Regieren, das häufig noch eng an territoriale Grenzen gebunden ist (Kap. 4.2.6). Im Zuge des digitalen Wandels komprimieren sich allerdings nicht nur zeitliche und räumliche Prozesse, sondern es verbreitert sich darüber hinaus das Spektrum der gestaltenden Akteure: Nationale Institutionen und Wirtschaftsunternehmen interagieren im polyzentrischen Akteursgeflecht genauso wie sub- und zwischenstaatliche Instanzen, zivilgesellschaftliche

Gruppen, Individuen oder die Tech-Community (Kap. 4).

- *Ungleichheit und Teilhabe:* Ungleichheit ist national wie global ein übergreifendes, gesellschaftspolitisch brisantes Thema. Mit Bezug zu gesellschaftlichen Dimensionen der Digitalisierung sind Ungleichheitsfragen sowohl zwischen als auch innerhalb von Gesellschaften wesentlich. Auf globaler, zwischengesellschaftlicher Ebene steht hier neben einer digitalen Kluft (digital divide) zwischen Staaten unterschiedlichen Entwicklungsstands mit Blick auf Zugang zu digitalen Infrastrukturen, Endgeräten und der nötigen Bildung auch die allgemeinere Frage nach den Gewinnern und Verlierern des digitalen Wandels im Raum. Innerhalb von Gesellschaften tangiert die Digitalisierung aber auch weitere Dimensionen von Ungleichheit, etwa die Diskriminierung nach Vermögen, Alter oder Gender. Bestehende Muster gesellschaftlicher Diskriminierung reproduzieren sich dabei einerseits in der Domäne digitaler Technik; andererseits bietet sich dort potenziell auch Raum zu deren Überwindung (Kap. 5.3.6). Zentral für Verteilungs- und Teilhabefragen sind ferner Veränderungen wirtschaftlicher Strukturen, wie sie etwa schlagworthaft mit „Datenkapitalismus“ oder „digitaler Prekarisierung“ einerseits (Hofmann, 2017; Ehrlich et al., 2017) und positiv besetzten Visionen digitaler Gemeingüter andererseits (Kap. 5.3.10) umschrieben werden. Die arbeitsweltlichen Umwälzungen und sozialen Auswirkungen der Digitalisierung erfordern gerade angesichts der oben angerissenen Herausforderungen für staatliches Regieren und sozialstaatliche Mechanismen zusätzliche gesellschaftliche Aufmerksamkeit – nicht zuletzt um Ungleichheitsdynamiken rechtzeitig einzuhegen.

3.5.4
Digitalisierung am und im Menschen

Zentral für den Blick auf den digitalen Wandel – auch und gerade im Kontext der Transformation zur Nachhaltigkeit – ist der in Kapitel 3.1 explizierte Blick vom Menschen aus. Auf persönlicher Ebene reichen die Wechselwirkungen mit dem digitalen Techniksystem von vielen kleinen Annehmlichkeiten und positiv empfundenen Befähigungen bis zu möglichen datenschutzrelevanten Einschränkungen der Selbstbestimmung oder Eigenart (Kap. 5.3.7; Themenkasten 5.3-2). Es sind hier vor allem drei Themenfelder, in denen Wandel durch Digitalisierung zu zentralen Herausforderungen führen kann:

- *Mensch-Maschine-Interaktion:* Die individuelle oder kollektive, teils kollaborative Interaktion mit technischen Schnittstellen, Robotern und KI ist ein schon jetzt zentrales und sich stetig weiterentwickelndes Themenfeld. Dabei sind Erweiterungen menschlicher Praktiken in technische und virtuelle Sphären sowie eine Ausweitung technischer Elemente in den individuellen Alltag zu beobachten. Viele Potenziale für einen integrativen und gelingenden Umgang der Menschen mit Technik liegen darin, diese Grenzen zu verwischen und die Schnittstellen zu verbessern. Es drohen jedoch auch problematische Entwicklungen: Die immer stärker ausgefeilte Imitation menschlicher Kommunikation durch künstliche Systeme erfordert die explizite Kennzeichnung von Maschinen in der Interaktion.
- *Individuelle Mündigkeit und Selbstbestimmung:* Insbesondere datengetriebene Angebote fordern die Möglichkeiten der Individuen zu individueller Mündigkeit und einer selbstbestimmten Lebensführung heraus, etwa durch Profiling und Big Nudging (Helbing, 2017; Kap. 5.3.3). Zudem ist durch eine bereits heute nahezu allumfassend mögliche Datenerhebung und -analyse die Privatsphäre gefährdet, auch wenn nationale und internationale Gesetze dem entgegenstehen. Hier spielen Aspekte von Bildung genauso eine Rolle wie weiterentwickelte Konzepte von Wohlbefinden („Well-Being“) oder solidarischer Lebensqualität im Digitalen Zeitalter (Kap. 5.3.4, 5.2.3).
- *Technisierung des Menschen:* Digitale Lösungen ermöglichen schon heute Kompensationen etwa bei Menschen mit Behinderungen, aber auch die „Optimierung“ menschlicher Fähigkeiten, von der Prothetik bis hin zu Implantaten und körpernahen Schnittstellen. Perspektivisch entwickeln sich neue Wege zur Weiterentwicklung des Menschen selbst (Themenkasten 5.3-2; Kap. 7.4). Kritisch zu sehen ist hier vor allem die mögliche Entstehung individuellen und sozialen Drucks durch neue gesellschaftliche normative Vorstellungen sowie potenziell steigende Ungleichheit – nicht nur zwischen arm und reich, sondern damit eng verbunden nicht optimierten versus optimierten Individuen. Es gilt auch hier, die Frage nach grundlegendem Wert, Erhalt und potenzieller Dynamik der biologischen Natur des Menschen zu stellen (Kasten 7.3-2).

3.5.5 Digitalisierung der Techniksysteme des Menschen

Bereits vor über vierzig Jahren beschrieb Friedrich Rapp (1978) die Technosphäre als „zweite Natur", die sich nicht wie in früheren Epochen nahtlos in die Naturabläufe einfüge. Als Technosphäre, die die technische Umgebung des Menschen bildet, werden gemeinhin die Gesamtheit der von Menschen hervorgebrachten technischen Systeme und die damit verbundenen gestaltenden Veränderungen der Natur bezeichnet (Rapp, 1978; Zalasiewicz et al., 2017).

Zu ihr zählen die technischen Systeme in urbanen und ländlichen Räumen, Bergwerken, in den Meeren und der Luft. Sie umfassen urbane Infrastrukturen wie Mobilitätstrassen, Ver- und Entsorgungssysteme, Häuser und Gebäude, Gesundheitseinrichtungen, Produktionsanlagen, Maschinen und Produkte. Nach Jan Zalasiewicz (2017) ist die Technosphäre ein System mit eigener Dynamik und eigenen Energieflüssen; der Mensch ist längst von diesem System abhängig, um zu überleben.

Diese Techniksysteme werden wie jeder andere Lebensbereich wesentlich durch die Digitalisierung beeinflusst, verändert und weiterentwickelt. Ausgewählte Techniksysteme oder Teile davon werden verschwinden oder nur noch in Nischen existieren. Beispielsweise werden Filme vorrangig digital produziert, analoge Regelungstechnik weicht der digitalen oder analoge Fernmeldestellen und Radio- und Fernsehsender werden durch digitale abgelöst. Neue Techniksysteme wie das World Wide Web sind entstanden. Es sind vor allem drei Bereiche, die aus Nachhaltigkeitsperspektive durch Digitalisierung Veränderungen erfahren:

- *Kommunikation, Information und Bildung:* Die Digitalisierung hat die Kommunikations- und Informationsmöglichkeiten radikal verändert. Heute ist es möglich, nahezu sofort an jedem Ort, mit jeder Person und jederzeit (Popescu-Zeletin et al., 2004) weltweit textuell, auditiv, audiovisuell, multimedial als auch interaktiv bilateral oder multilateral und demnächst auch haptisch zu kommunizieren. Vielfältige Informationsangebote ermöglichen Zugang zu Wissen der Menschheit, bringen Menschen die nationalen und internationalen Kultur- und Naturgüter sowie aktuelle Entwicklungen, politische, wirtschaftliche und wissenschaftliche Sachstände nahe und unterstützen so auch informierte Entscheidungen zur Nachhaltigkeit (Fuchs, 2008). Onlineangebote können bestehende Möglichkeiten des Zugangs zu Bildung und Weiterbildung übertreffen (Kap. 5.3.4; Moore und Kearsley, 2011). Zuverlässige Zugänge zu Kommunikations- und Informationsangeboten sollten für jede Person zugänglich sein und werden an verschiedenen Stellen als Teil der digitalen Grundrechte diskutiert (Hoffmann und Schulz, 2015). Zudem ist darauf hinzuarbeiten, dass Individuen sich auf die Qualität und Korrektheit von Informationen verlassen können, und dass Meinungen von Personen sowie Aussagen von Maschinen als solche erkennbar bleiben. Dazu ist der souveräne Umgang mit den Kommunikations- und Informationsangeboten zu stärken und durch Aus- und Weiterbildungsangebote zu unterstützen (Kerres, 2018).
- *Öffentliche Infrastrukturen:* Die Digitalisierung öffentlicher Infrastrukturen, wie z. B. für die Wasser- oder Stromversorgung, wird durch Initiativen wie smarte Städte und Kommunen (Chourabi et al., 2012; Zanella et al., 2014), smarte Mobilität (Burns, 2013) und smarte Energienetze (Siano, 2014) vorangetrieben. Gemeinsam ist diesen Ansätzen, dass die für die Verwaltung, Mobilität oder Energieversorgung genutzten Infrastrukturen über Sensorik und Aktuatorik so digitalisiert werden, dass Zustandsinformationen nahe Echtzeit erhoben und für Nachvollziehbarkeit, Vorhersagen, Simulationen und Entscheidungsunterstützung bis hin zur (teil-)automatisierten Steuerung genutzt werden können (Kitchin, 2014; Zygiaris, 2013). Die digitalisierte Beobachtung und Steuerung der Infrastrukturen und öffentlichen Räume wird nur dann zuverlässig, skalierbar, sicher und vertrauenswürdig geschehen, wenn die Normen und Regularien zur Informationsweiterverwendung, zur Datensicherheit und zum Datenschutz personenbezogener, personenbeziehbarer, kommerzieller und öffentlicher Daten eingehalten beziehungsweise eingefordert werden. Datensouveränität sowie Datenschutz und -sicherheit sind ebenso wie Inklusivität, Barrierefreiheit, Netzneutralität, Resilienz sowie Robustheit digitaler und digitalisierter Infrastrukturen zentrale Anforderungen für den Betrieb digitalisierter öffentlicher Infrastrukturen (Lewis, 2014). Der Aufbau öffentlich-rechtlicher IKT-Infrastrukturen könnte hier eine Option sein (Kap. 5.3.5).
- *Produktion, Logistik und Produkte:* Die Vision Industrie 4.0 adressiert die digitale Vernetzung von Produktion, Logistik und Produkten und deren intelligente Steuerung und Optimierung (Kap. 5.2.1; Drath und Horch, 2014). Mit Industrie 4.0 und der damit verbundenen digitalisierten Nachverfolgbarkeit wäre Kreislaufwirtschaft in einem bislang unerreichten Ausmaß möglich (Kagermann, 2015). Andererseits ermöglicht Industrie 4.0 neben der Verbesserung von Produktion, Logistik und Produk-

ten auch die Los-1-Produktion, also das auf die individuellen Ansprüche von Kund*innen oder Nutzer*innen ausgelegte Produkt. Dadurch kann sowohl gezieltere als auch längere Produktnutzung durch stärkere Identifikation erfolgen, aber auch Konsumsteigerung. So können die mit der Los-1-Produktion verbundenen Nachfragesteigerungen sowie die weitere Effektivierung in Produktion, Logistik und Produkten zu Ungunsten der Umwelt und der Arbeitnehmer*innen ausfallen (Gabriel und Pessl, 2016). Sie kann aber auch die Potenziale für einen nachhaltigen Konsum heben (Kap. 5.2.3), da individualisierte Produkte den gezielten Konsum und die Minimierung von Nichtnutzung oder Abfall unterstützen. Eine weitere Perspektive auf die Vernetzung von Produkten, Logistik und Produktion ist eine mögliche Zunahme von Verhaltensanalysen, -beeinflussung oder -steuerung von Verbraucher*innen oder Arbeitnehmer*innen, der mit dem Schutz der (digitalen) Privatsphäre begegnet werden kann und sollte.

3.5.6 Folgerungen: Gestaltungsaufgaben verstehen und annehmen

Kapitel 3.5 spannt den Möglichkeitsraum auf, wie sich Digitalisierung auf die ökologischen, ökonomischen, gesellschaftlichen und technischen Systeme sowie auf Individuen auswirken und dazu beitragen kann, planetarische Leitplanken einzuhalten. Dekarbonisierung, Ressourcen- und Emissionseffizienz sowie Kreislaufwirtschaft könnten durch digitale Innovationen leichter und schneller erreicht werden als ohne sie. Digitalisierung könnte zudem dazu beitragen, gesellschaftliche Modernisierungspotenziale zu erschließen. Weltumspannendes Wissen, weltumspannende Kommunikation sowie die weltgesellschaftliche Vernetzung in virtuellen und hybriden Räumen können Nachhaltigkeitstransformationen beschleunigen, menschliche Teilhabe verbessern, Welt(umwelt)bewusstsein stärken und eine transnational vernetzte Gesellschaft hervorbringen, in der zwischenstaatliche Organisationen, grenzüberschreitende Netzwerke und Wissenschaft sich ergänzen und globale Kooperationskulturen entwickeln und nutzen. Die rasche und umfassende Mobilisierung dieser Möglichkeiten einer digital gestützten Großen Transformation zur Nachhaltigkeit ist erforderlich.

Dieses Kapitel zeigt jedoch auch, dass es *per se* keine Technologiedeterminierung für die großen Herausforderungen der Menschheit gibt. Die Digitalisierung der vergangenen Dekaden – Internet, vielfältige Endgeräte, zunehmende Produktionsautomatisierung – haben im Ergebnis zu immer weiter steigenden Energie- und Ressourcennutzungen sowie zu globalen Produktions- und Konsummustern geführt, wodurch die Ökosysteme und das Erdsystem insgesamt zunehmend massiv belastet werden. Der aktuelle digitale Innovationsschub übersetzt sich nicht automatisch in Nachhaltigkeitstransformationen. Dazu ist eine enge Kopplung von Nachhaltigkeitsleitbildern mit Technologiedurchbrüchen notwendig. Ebenso sind die gesellschaftlichen Innovationspotenziale des digitalen Wandels keine Selbstläufer. Derzeit scheinen Gesellschaften eher durch die Geschwindigkeit und Tiefe technologischer Umbrüche und deren Nutzung durch mächtige, insbesondere private, aber auch staatliche Akteure überwältigt und überfordert zu sein.

Digitalisierung zur Umsetzung der Agenda 2030 ist folglich eine große Gestaltungsaufgabe, die eines Modernisierungsschubs auf nahezu allen Akteursebenen bedarf, um digitale Kompetenzen zu schaffen und mit den Anforderungen der Nachhaltigkeitstransformation zu verbinden. Gelingt dies nicht, werden sich technologie- und kurzfristorientierte Eigendynamiken durchsetzen, und die Verknüpfung der digitalen Transformation mit der Nachhaltigkeitstransformation wird dann nicht gelingen.

3.6 Das Digitale Zeitalter und Nachhaltigkeit aus der Sicht internationaler Organisationen

Die nachhaltige Gestaltung der genannten und weiterer Lebensbereiche steht im Zentrum der Agenda 2030 und von Aktivitäten verschiedener internationaler Organisationen. Digitalisierung wird von internationalen Organisationen zunehmend als Handlungsfeld und Handlungsauftrag in den Blick genommen. In diesem Kapitel wird exemplarisch der Diskussionsstand internationaler Organisationen zu Fragen der Digitalisierung in Bezug auf die Große Transformation zur Nachhaltigkeit reflektiert.

3.6.1 Ausgewählte Berichte

Der globale digitale Wandel erlangt zunehmend die Aufmerksamkeit internationaler Organisationen, die sich mit nachhaltiger Entwicklung befassen. Dies zeigt die steigende Zahl von Berichten, in denen die Wirkungen des Digitalen Zeitalters auf Wirtschaft, gesellschaftliche Entwicklung und die Erreichbarkeit der SDGs thematisiert werden. Exemplarisch werden im Folgenden zehn Berichte zum Thema „Digitalisierung und nachhaltige Entwicklung" besprochen, die im Zeitraum 2016–2018 veröffentlicht wurden (Kasten 3.6-1). Die ausgewählten Studien verfolgen durchweg einen anwen-

Kasten 3.6-1
Zehn exemplarisch ausgewählte Berichte internationaler Organisationen zum Thema Digitalisierung und Nachhaltigkeit, die im Zeitraum 2016–2018 veröffentlicht wurden

1. UNCTAD – United Nations Conference on Trade and Development (2018): Technology and Innovation Report 2018: Harnessing Frontier Technologies for Sustainable Development.
2. GSM Association und Boston Consulting Group (2017): Embracing the Digital Revolution: Policies for Building the Digital Economy.
3. IEA – International Energy Agency (2017): Digitalization & Energy.
4. OECD – Organisation for Economic Co-operation and Development (2017a): Key Issues for Digital Transformation in the G20. Report Prepared for a Joint G20 German Presidency/OECD Conference.
5. OECD – Organisation for Economic Co-operation and Development (2017b): The Next Production Revolution. Implications for Governments and Business.
6. OECD – Organisation for Economic Co-operation and Development (2017c): Digital Economy Outlook 2017.
7. UNCTAD – United Nations Conference on Trade and Development (2017): Information Economy Report 2017. Digitalization, Trade and Development.
8. The Earth Institute und Ericsson (2016): ICT & SDGs – How Information and Communications Technology can Accelerate Action on the Sustainable Development Goals, Final Report.
9. World Bank (2016): Digital Dividends. World Development Report 2016.
10. WEF – World Economic Forum (2016): Digital Transformation of Industries: Societal Implications. White Paper.

dungs- und lösungsorientierten bzw. politikberatenden Ansatz mit internationaler Perspektive. Das Ziel der vergleichenden Durchsicht dieser Berichte ist es, einen Eindruck von der Rahmung des Themas und der Empfehlungslandschaft zur (politischen) Gestaltung des Digitalen Zeitalters zu gewinnen.

3.6.2 Kernaussagen und Empfehlungen der Berichte

Weltentwicklungsbericht 2016 „Digital Dividends" der Weltbank

Die thematischen Schwerpunkte der seit 1990 veröffentlichten Weltentwicklungsberichte der Weltbank spiegelten vielfach die Bedeutung des jeweiligen Themas in der entsprechenden Epoche internationaler Zusammenarbeit wider. Die Wahl des Themas Digitalisierung als Schwerpunkt des Weltentwicklungsberichtes 2016 ist ein Indiz dafür, dass das Thema in den strategischen Abteilungen internationaler Organisationen angekommen ist. Der Weltentwicklungsbericht 2016 „Digital Dividends" (World Bank, 2016) stellt die Potenziale der Digitalisierung für Armutsbekämpfung und Entwicklung in den Mittelpunkt und nennt Wachstum, Beschäftigung und Dienstleistungen als die wichtigsten Renditen digitaler Investitionen. Allerdings, so wird konstatiert, ist die Verbreitung dieser digitalen Dividenden noch sehr langsam (fast 60 % der Weltbevölkerung haben noch keinen Zugang zum Internet, World Bank, 2016: 5) und abhängig vom Einkommen, dem Geschlecht und dem Wohnort: „The internet remains unavailable, inaccessible, and unaffordable to a majority of the world's population" (World Bank, 2016: 8).

Damit von digitalen Technologien alle Weltregionen und gesellschaftliche Gruppen profitieren können, muss die verbleibende digitale Kluft geschlossen werden, insbesondere beim Internetzugang (Abb. 3.6.2-1). Dabei ist ein für alle erschwinglicher Zugang zum Internet zwar wichtig, aber alleine nicht ausreichend, um Entwicklungsfortschritte zu erzielen. Zusätzlich benötigen digitale Investitionen daher Unterstützung durch „analoge Ergänzungen", um wirksam werden zu können, so eine zentrale Botschaft des Weltentwicklungsberichts 2016. Solche analogen Ergänzungen umfassen (1) ein wettbewerbliches Umfeld, (2) digitale Kompetenzen der Nutzer*innen und (3) verantwortungsvolle Regierungen, die das Internet für die Stärkung der Zivilgesellschaft einsetzen. Die Schaffung dieser Rahmenbedingungen ist, so der Weltentwicklungsbericht, eine Gestaltungsaufgabe für jedes Land. Ein allen Bevölkerungsgruppen zugängliches Internet kann Inklusion, Effizienz und Innovation verbessern, gleichzeitig gilt es aber auch, Risiken wie starke Überwachung bzw. Kontrolle, Zunahme von Ungleichheit sowie Machtkonzentration bzw. Monopolbildung zu verhindern (Abb. 3.6.2-2).

Der Weltenwicklungsbericht betont – neben nationalen Gestaltungsnotwendigkeiten – auch die Bedeutung des Internets für globale Kooperation. Einerseits kann das Internet die Lösung globaler Probleme erleichtern, andererseits bedarf die Regulierung des Internets selbst globaler Kooperation (World Bank, 2016: 292ff.). Dafür ist es erstens notwendig, eine *internationale Internet-Governance* zu etablieren, da das Internet technische Koordination und harmonisierte Normen erfordert, um einen reibungslosen Betrieb weltweit zu gewährleisten. Zweitens bedarf es der *Gestaltung globaler digitaler Märkte*, insbesondere des Abbaus von Hemmnissen eines grenzüberschreitenden Datenflusses, globaler Standardsetzung für Datenaustausch

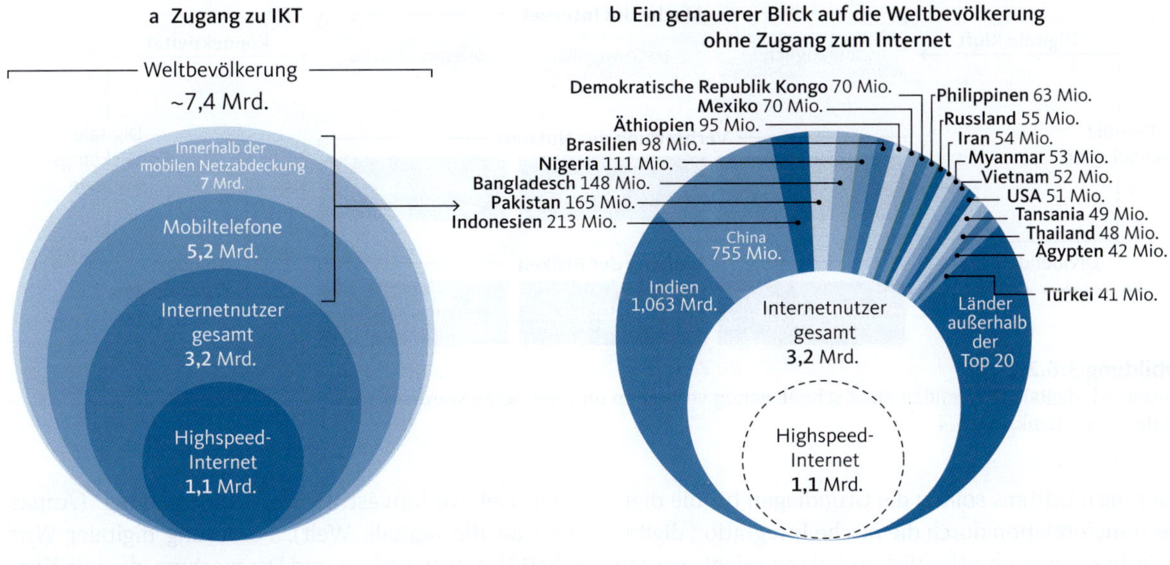

Abbildung 3.6.2-1
Zugang zu Mobiltelefon und Internet nach Bevölkerungszahl (a) und Ländern (b).
Quelle: World Bank, 2016:8

und einer Anpassung des Schutzes geistiger Eigentumsrechte an die Herausforderungen des Digitalen Zeitalters. Drittens erlauben digitale Technologien eine viel bessere und umfangreichere *Erhebung und Nutzung von Daten und Informationen für nachhaltige Entwicklung*. Dabei bedürfen die beiden größten globalen Herausforderungen, die Erhaltung der natürlichen Lebensgrundlagen und Armutsbekämpfung (World Bank, 2016:303), enger globaler Zusammenarbeit, die durch den Einsatz digitaler Technologien intensiviert und verbessert werden kann. Dies betrifft gleichermaßen die Analyse und Beobachtung globaler Probleme (etwa durch genauere und umfangreichere Daten) wie die multilateralen Anstrengungen zur Problemlösung und Umsetzung der Agenda 2030 (etwa Steuerung von Programmen, Dialoge und Meinungsaustausch).

Technologie- und Innovationsbericht der UNCTAD

Auch der „Technology and Innovation Report 2018: Harnessing Frontier Technologies for Sustainable Development" der UN (UNCTAD, 2018) betont, dass mit digitalen Technologien allein, trotz ihres beachtlichen Potenzials, die Herausforderungen nachhaltiger Entwicklung nicht bewältigt werden können. Vielmehr bedarf es einer Politikgestaltung, die dafür sorgt, dass digitale Technologien konkret zur Verbesserung der Lebensbedingungen aller Menschen beitragen. Viele Länder sind immer noch nicht in der Lage, digitale Technologien für nachhaltige Entwicklung nutzbar zu machen, da finanzielle Mittel für Investitionen und digitale Entwicklungspläne fehlen. Neben diesen Investitionserfordernissen kommt es zudem darauf an, die Anwendung dieser Technologien an lokale Gegebenheiten anzupassen, um Bedarfen der Bevölkerung gerecht zu werden sowie die Anstrengungen zur Verbreitung SDG-relevanter digitaler Technologien deutlich zu erhöhen und zu beschleunigen (UNCTAD, 2018).

Bericht „ICT & SDG" des Earth Institute und Ericsson

Explizit auf die Verbindung von Digitalisierung und Nachhaltigkeit ausgerichtet ist der Bericht „ICT & SDGs – How Information and Communications Technology can Accelerate Action on the Sustainable Development Goals" des Earth Institute und des IKT-Unternehmens Ericsson (The Earth Institute und Ericsson, 2016). Die Erreichung der SDGs, so die Argumentation, erfordert eine tiefere und schnellere Transformation der Gesellschaften als in der Vergangenheit – eine Veränderungsrate, die ein Business-as-Usual-Ansatz (BAU) nicht leisten kann. Regierungen haben demzufolge jetzt die Aufgabe, zur Umsetzung der Agenda 2030 den gesamten öffentlichen Sektor mit einer leistungsfähigen digitalen Infrastruktur auszustatten. Dafür wird ein Bündel prioritärer Maßnahmen vorgeschlagen, von denen hier exemplarisch die Bereiche *Entwicklung*, *Energie und Klimaschutz* sowie *Teilhabe* ausgewählt wurden. Dafür gilt es, so der Bericht, die notwendigen Rahmenbedingungen zu schaffen. Erstens sollte ein Fahrplan erarbeitet werden, der sicherstellt, dass bis 2020 alle öffentlichen Einrichtungen und Dienstleistungen einen Breitbandanschluss haben. Zweitens sollten die zehn Empfehlungen der UN Broadband Commission Task Force on Sustainable Development (ITU und UNESCO, 2014:20) berücksichtigt werden (u.a. zu erschwinglichem Netzanschluss, Strategieentwicklung, Erleichterung des Breitbandausbaus, Marktanreize und Standar-

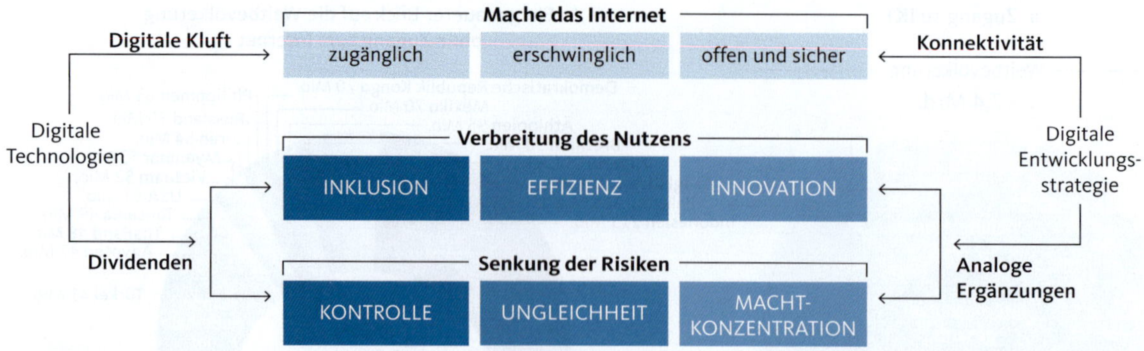

Abbildung 3.6.2-2
Warum sich digitale Dividenden nicht schnell genug verbreiten und was getan werden kann.
Quelle: World Bank, 2016:4

disierung). Drittens sollten die Grundlagen für die digitale Transformation durch die rasche Integration digitaler Technologien im öffentlichen Sektor gelegt werden (v.a. Verwaltung und Bereitstellung öffentlicher Dienstleistungen wie Gesundheit, Bildung oder Infrastruktur). Viertens plädieren die Autor*innen des Berichts für öffentlich-private Partnerschaften, um eine breit angelegte IKT-Bereitstellung zu unterstützen, die auf die lokalen Gegebenheiten und Bedarfe zugeschnitten ist. Fünftens sollten in den Bildungssystemen die MINT-Fächer (Mathematik, Informatik, Naturwissenschaften und Technik) aufgewertet werden, um die Technologiekompetenz zu verbessern (Kap. 5.3.4). Sechstens sollte die Nutzung großer Datenmengen vorangetrieben werden. Insbesondere sollten offene Datenbanken erstellt werden, die große Datenmengen aus dem öffentlichen Sektor und Satelliten, mobilen Netzwerken, Sensoren und anderen Netzgeräten des Internet der Dinge nutzen (The Earth Institute und Ericsson, 2016:11).

Bericht „Embracing the Digital Revolution" von GSM und Boston Consulting

Die digitale Revolution ist eine Gestaltungsaufgabe für die Politik, so die Botschaft des Berichts „Embracing the Digital Revolution: Policies for Building the Digital Economy" (GSM, 2017). Ohne politische Steuerung droht der Graben zwischen den Profiteuren der Digitalisierung und den digital Abgehängten weiter zu wachsen. Regierungen sollten sich daher vor allem auf die Beschleunigung der Technologieeinführung sowie die Milderung der negativen wirtschaftlichen und sozialen Auswirkungen des technologischen Wandels konzentrieren (GSM, 2017:2). Das Ziel ist eine „inclusive digital economy and society". Inklusion, Effizienz und Innovation werden – analog zum Weltentwicklungsbericht 2016 der Weltbank – als Hauptmechanismen beschrieben, mit denen digitale Technologien Entwicklungsprozesse fördern können (GSM, 2017:19). Der Bericht sieht vor allem Handlungsbedarf in den Bereichen Netzwerkinvestitionen, Gesetzgebung (Anpassung an die digitale Welt), Förderung digitaler Wirtschaft (Datensicherheit und Datenschutz, digitale Kompetenz, lebenslanges Lernen, Digitalisierung von Unternehmen) und digitale Führung von Ländern („leading digital economies have leading digital governments"; Tab. 3.6.2-1; GSM, 2017:33ff.).

Bericht „Digital Economy Outlook 2017" der OECD

Der „Digital Economy Outlook 2017" der OECD (2017c) nimmt die Ministererklärung von Cancún (OECD, 2016a) als Bezugspunkt seiner Ausführungen. In der Erklärung der OECD-Minister*innen wird die digitale Wirtschaft als ein Katalysator für Innovation, Wachstum und soziale Prosperität genannt und für eine stärkere Orientierung in Richtung nachhaltiges und inklusives Wachstum plädiert, das auf Wohlstand und Chancengleichheit ausgerichtet ist. Im Kern enthält die Erklärung neun Selbstverpflichtungen, u.a. zu freiem Informationsfluss, Breitbandausbau, Umgang mit Sicherheitsrisiken und digitaler Bildung. An diese Sichtweise anknüpfend führt der „Digital Economy Outlook 2017" aus, dass die digitale Transformation alle Facetten wirtschaftlichen und gesellschaftlichen Lebens betrifft sowie eine integrierte Betrachtung erfordert. Dies kann nur gelingen, wenn traditionelle Politiksilos verlassen werden, damit sektorübergreifende, gesamtstaatliche Visionen bzw. Strategien für die digitale Transformation ausgearbeitet werden können (OECD, 2017c:27). Dafür gilt es, eine Basis zu schaffen: Die digitale Wirtschaft kann sich nur voll entfalten, wenn die makroökonomischen Rahmenbedingungen stimmen (Freihandel, offene Finanzmärkte und funktionierende Arbeitsmärkte). Die Aufgabe von Regierungen besteht darin, so der Bericht, in einem wettbewerblichen Umfeld Investitionen in digitale Infrastrukturen zu ermöglichen. Gleichzeitig bedarf es der Förderung digitaler Anwendungen, einschließlich des Aufbaus digitaler Kompetenzen in der Bevölkerung (OECD, 2017c:31). Schließlich weist der Bericht

Tabelle 3.6.2-1
Zentrale Hebel zur breitenwirksamen Förderung der Vorteile der Digitalisierung.
Quelle: GSM, 2017:33f.

Netzausbau fördern	Gesetzgebung an digitalisierte Welt anpassen	Digitale Wirtschaft fördern	Digitale Vorreiterrolle einnehmen
Breitbandpolitik mit klaren Zielen	Funktional begründete Regulierung anwenden	Datensicherheit unterstützen	Nutzung digitaler Identitäten unterstützen
Infrastrukturausbau fördern	Bevorzugung von *Ex-post*-Genehmigungen (gegenüber *Ex-ante*-Vorschriften)	Digitale Kompetenzen und lebenslanges Lernen fördern	Digitale Finanzinfrastrukturen fördern
Anwendung einer investitionsfreundlichen Frequenzpolitik	Anwendung regulatorischer Konsistenz im gesamten Ökosystem	Digitalisierung von Unternehmen anregen	eGovernment-Dienste einführen und fördern

auf die notwendige verstärkte Zusammenarbeit der OECD-Länder bei der Entwicklung kohärenter Strategien für die digitale Sicherheit und den Schutz der Privatsphäre, Datensicherheit und Schutz kritischer Infrastrukturen hin. Auf das Thema Anpassung der Gesellschaft an die tiefgreifenden gesellschaftlichen Auswirkungen der Digitalisierung wird zwar kurz hingewiesen, ohne jedoch einen Lösungsansatz anzubieten (OECD, 2017c:33).

Bericht „Key Issues for Digital Transformation in the G20" der OECD

Ebenfalls im Kontext multilateraler Zusammenarbeit angesiedelt ist der von der deutschen G20-Präsidentschaft 2017 beauftragte OECD-Bericht „Key Issues for Digital Transformation in the G20" (OECD, 2017a). Der Bericht wird von der Einschätzung getragen, dass der laufende digitale Wandel in Wirtschaft und Gesellschaft nicht nur Wachstum und Innovationen fördern wird, sondern dass ein erfolgreicher digitaler Wandel auch eine Voraussetzung für inklusives und nachhaltiges Wachstum, Umsetzung der Agenda 2030 sowie Wohlstand ist (OECD, 2017a:6, 11). Gleichzeitig wird auf das disruptive Potenzial der Digitalisierung hingewiesen, etwa in Bezug auf Datenschutz und Sicherheit (z.B. OECD-Empfehlungen zum digitalen Sicherheitsmanagement: OECD, 2015b), Verbraucherpolitik und Wettbewerb, Innovation, Arbeitsplätze und Qualifikation. Wenn diese Probleme nicht angemessen angegangen werden, so der Bericht, könnte dies zu wirtschaftlichen Krisen, reaktionären Politiken, einer Verschärfung der Ungleichheiten und einer weiteren Schwächung des gesellschaftlichen Zusammenhalts führen. Die Herausforderung besteht darin, diese Risiken politisch einzuhegen. Der Bericht gibt elf Politikempfehlungen für die G20 (OECD, 2017a:145–149).

Bericht „The Next Production Revolution" der OECD

Der Bericht „The Next Production Revolution. Implications for Governments and Business" der OECD (OECD, 2017b) ragt durch den expliziten Hinweis auf die Notwendigkeit langfristigen Denkens und Planens über das Jahr 2030 hinaus aus den hier besprochenen Berichten heraus. Regierungen sollten sich auf disruptiven Wandel mit tiefgreifenden gesellschaftlichen Folgen vorbereiten: „[...] such adjustment might be highly disruptive, although the precise pace and scale of inevitable future adjustments are unknown. It may be that, in the worst case, labour will be displaced on a scale and at a speed not seen before, that robots will make income distribution vastly more unequal than today, and that the market wages of the unskilled will fall below socially acceptable levels. Policy makers need to monitor and prepare for such possibilities" (OECD, 2017b:34). Der Bericht empfiehlt, Foresight-Prozesse in politische Entscheidungssysteme zu integrieren, um sich mit systemisch angelegten Langfristanalysen und -szenarien besser auf unvorhersehbare Entwicklungen vorbereiten zu können (OECD, 2017b:50). Dazu bedarf es Änderungen von Organisationsstrukturen und Strategiebildungsprozessen. Foresight-Prozesse sollten mit Politikzyklen verknüpft werden, um sicherzustellen, dass Zukunftsinformationen zum richtigen Zeitpunkt zur Verfügung stehen. Dabei sind partizipative Elemente und ein Austausch zwischen Stakeholdern und Entscheidungsträger*innen wesentlich, um Veränderungsprozesse in Politik, Gesellschaft und Wirtschaft anzustoßen und zu etablieren. Schließlich ist, so der Bericht, eine Form der Institutionalisierung notwendig, um eine Foresight-Kultur zu schaffen und zukunftsorientiertes Denken zu fördern und zu verbreiten (OECD, 2017b:321).

Bericht „Information Economy Report 2017" der UNCTAD

Drei der im Folgenden besprochenen Berichte zu Digitalisierung haben – mit einem globalen Blick – die thematischen Schwerpunkte „Handel und Entwicklung", „Energiesysteme" sowie „Industrieproduktion". Der „Information Economy Report 2017: Digitalization, Trade and

Development" der UN (UNCTAD, 2017a) befasst sich mit den Auswirkungen der Digitalisierung auf Handel, Arbeit und Ausbildung, insbesondere mit Blick auf kleinere und mittlere Unternehmen in Entwicklungsländern. Die Ausgangsbeobachtung ist, dass diese Ländergruppe nur unzureichend für das Digitale Zeitalter gerüstet ist. Hier ist politische Gestaltung besonders wichtig, um sicherzustellen, dass Entwicklungsländer im Zuge des digitalen Wandels nicht noch weiter in ihrer sozioökonomischen Entwicklung zurückfallen. Die Herausforderung für Politikgestalter*innen liegt vor allem darin, mit der Geschwindigkeit des technologischen Wandels Schritt zu halten. Für viele kleinere Unternehmen in Entwicklungsländern geht es primär darum, eine Netzanbindung zu erhalten sowie in den Unternehmen selbst das Verständnis und die Kompetenzen für den potenziellen Nutzen digitaler Technologien zu verbessern. Der Bericht sieht in der Verbesserung des Netzzugangs, der Anpassung der Bildungssysteme an den digitalen Wandel sowie der Integration digitaler Lösungen in die Exportförderung die prioritären Handlungsfelder für Regierungen in Entwicklungsländern (z.B. die Initiative „eTrade for all" der UNCTAD). Wichtige Voraussetzung ist die Verbesserung des Wissens von Entscheidungsträger*innen über die Schnittstelle Handel, Logistik, Digitalisierung und E-Commerce (UNCTAD, 2017a: xv). Gleichzeitig, so der Bericht, ist es die Aufgabe der Regierungen, für Datensicherheit und den Schutz der Privatsphäre zu sorgen. Da das Datenschutzrecht in den einzelnen Ländern sehr unterschiedlich ist bzw. insbesondere Entwicklungsländer vielfach noch keine Rechtsvorschriften in diesem Bereich haben, schlägt der Bericht eine Bündelung vor: „In addition, many developing countries still lack legislation in this area altogether. Instead of pursuing multiple initiatives, it would be preferable for global and regional organizations to concentrate on one unifying initiative or a smaller number of initiatives that are internationally compatible." (UNCTAD, 2017a: 7). Schließlich wird konstatiert, dass es einer Verzahnung zwischen multilateral vereinbarter Handelspolitik einerseits (WTO; bi- und multilaterale Abkommen) und der in Multi-Stakeholder-Prozessen verhandelten Internet-Governance andererseits bedarf, um zu gewährleisten, dass künftige Handelsabkommen und die digitale Ökonomie kohärent und nachhaltig gestaltet werden.

Bericht „Digitalization & Energy" der IEA

Ausgangspunkt des Berichtes der Internationalen Energieagentur „Digitalization & Energy" (IEA, 2017a) ist die Feststellung, dass die Digitalisierung die Energiesysteme grundlegend verändern kann. Der Stromsektor steht im Mittelpunkt dieses Wandels, wo die Digitalisierung den Unterschied zwischen Erzeugung und Verbrauch zunehmend verwischt (Kap. 5.2.6). Gleichzeitig sind digitale Technologien auch selbst Energiekonsumenten. Die politische Gestaltung ist entscheidend dafür, ob die Effizienzgewinne die steigende Energienachfrage durch Digitalisierung kompensieren können: „Policy and market design are vital to steering digitally enhanced energy systems onto an efficient, secure, accessible and sustainable path" (IEA, 2017a: 19). Da die Struktur einer digitalisierten Energiewelt nicht genau vorhersehbar ist und entsprechend auch keine Fahrpläne mit konkreten Zeit- und Zielhorizonten entwickelt werden können, empfiehlt die IEA zehn No-Regret-Politikmaßnahmen, damit sich Regierungen auf den digitalen Wandel der Energiesysteme besser vorbereiten können (IEA, 2017a: 163f.).

Whitepaper „Digital Transformation of Industries" des WEF

Das Whitepaper „Digital Transformation of Industries: Societal Implications" des Weltwirtschaftsforums (WEF, 2016a) stellt das gesellschaftliche disruptive Potenzial des digitalen Wandels in der industriellen Produktion in den Mittelpunkt seiner Überlegungen. In Bereichen wie Zukunft der Arbeit, Einkommen, Ungleichheit, Gesundheit, Ressourceneffizienz und Sicherheit wird der digitale Wandel Gesellschaften vor ganz neue Herausforderungen stellen (WEF, 2016a). Die zentrale Frage ist, wie der digitale Wandel in der industriellen Produktion so gestaltet werden kann, dass er einen positiven Beitrag zu gesellschaftlicher Entwicklung leisten kann. Dazu identifiziert das Whitepaper Handlungsbedarf auf drei Gebieten: (1) Qualifikation von Arbeitskräften für das Zeitalter der Digitalisierung, (2) Nutzung digitaler Technologien für die Transformation zur Nachhaltigkeit und (3) Bildung von Vertrauen in die digitale Wirtschaft (Datenschutz, Datensicherheit). Als eine zentrale Herausforderung für den Übergang in eine nachhaltige Welt wird der wachsende ökologische Fußabdruck der Digitalisierung genannt, der v.a. durch Elektroschrott und den Energieverbrauch großer Datenzentren entsteht (WEF, 2016a: 22). Um die Digitalisierung der industriellen Produktion in nachhaltige Bahnen zu lenken, die Umweltwirkungen zu senken und Wachstum von Ressourcenverbrauch zu entkoppeln, werden vier Maßnahmen vorgeschlagen: (1) Die Verankerung von Prinzipien der Kreislaufwirtschaft in Unternehmen, (2) die Verpflichtung zur Transparenz über die gesamte Produktions- und Lieferkette, (3) die Zusammenarbeit bei der gemeinsamen Nutzung von Überkapazitäten oder Abfallströmen sowie (4) die Einigung auf branchenspezifische und -übergreifende Umweltstandards für die IT-Branche (WEF, 2016a: 22).

3.6.3 Ausgewählte Chartas

Über ausführliche Berichte zu Nachhaltigkeit und Digitalisierung hinaus, und teilweise im Anschluss daran, hat bereits eine Reihe internationaler Organisationen Entwürfe für Chartas für nachhaltige Entwicklung im Digitalen Zeitalter erarbeitet, über die dieses Kapitel 3.6.3 einen Überblick gibt (Tab. 3.6.3-1). Charta wird hier als übergeordneter Begriff für solche Dokumente verstanden, deren hauptsächlicher Zweck und Inhalt es ist, allgemeine Prinzipien für den Umgang mit digitaler Technik zu postulieren. Solche Dokumente sind häufig auch als Prinzipien, Manifest, Leitlinien oder Selbstverpflichtung betitelt. Der Übergang zu anderen Dokumentenarten ist mitunter fließend. Auch wissenschaftliche Studien und politische Positionspapiere enthalten in der Regel Handlungsempfehlungen und Forderungen. In diesem Kapitel werden allerdings nur Dokumente betrachtet, die Chartas im oben definierten Sinne sind.

In der bestehenden Charta-Landschaft finden sich einige Entwürfe, die sich bereits vielen kritischen Nachhaltigkeitsthemen widmen und die in diesem Gutachten identifiziert werden. Dazu gehört z.B. die Charta der Digitalen Grundrechte der EU (herausgegeben von der Zeit-Stiftung, 2018), die u.a. Prinzipien zu Menschenwürde, Privatsphäre, Arbeit, Bildung und dem Umgang mit KI formuliert. Eine dezidierte und umfassende Nachhaltigkeitsperspektive nimmt allerdings auch dieser Entwurf nicht ein. In der bestehenden Charta-Landschaft ist ein solcher Entwurf bislang nicht auszumachen. Ferner von Bedeutung sind auch der Prozess, in den existierende Charta-Entwürfe eingebunden sind oder den sie anstoßen sollen, sowie der intentionelle Rahmen, dem sie entspringen. In dieser Hinsicht gibt es ebenfalls einige relevante Entwürfe. Das Internet Governance Forum der UN beispielsweise befindet sich in eben jenem globalen Governance-Raum, den mit Bezug auf Digitalisierung zu befüllen der WBGU für dringend erforderlich hält, und hat eine an die Allgemeine Erklärung der Menschenrechte angelehnte „Charter of Human Rights and Principles for the Internet" herausgegeben (IGF, 2018b). Eine detailliertere Betrachtung dieser und weiterer Charta-Entwürfe folgt am Ende dieses Kapitels. Insgesamt ist jedoch festzuhalten, dass – obschon verschiedene Organisationen bereits einige Charta-Entwürfe ausgearbeitet haben – bislang ein Entwurf fehlt, der erstens thematisch umfassend genug ist, um holistische Leitlinien zu Nachhaltigkeit im Digitalen Zeitalter bietet und dabei alle drei vom WBGU identifizierten Dynamiken (Kap. 7) abdeckt und zweitens institutionell auf eben jener multilateralen Ebene angesiedelt ist, die ebenso wie die Agenda 2030 ein Zielsystem mit der nötigen globalen Perspektive bieten kann.

Thematische Schwerpunkte

Die thematische Breite bestehender Charta-Entwürfe variiert stark. Während einige Chartas breit angelegt sind, konzentrieren sich andere auf bestimmte Teilbereiche der Digitalisierung wie den Umgang mit KI (z.B. die „Asilomar AI Principles" des Future of Life Institute, 2018) oder die Potenziale für die Entwicklungszusammenarbeit (z.B. die „Principles for Digital Development": Bill and Melinda Gates Foundation et al., 2017). Innerhalb der thematischen Spannbreite können drei Schwerpunkte identifiziert werden, die in der bestehenden Charta-Landschaft besonders prominent hervortreten: KI, Menschen- und Bürgerrechte sowie im Speziellen Datenschutz und Privatheit.

In Anbetracht der technischen Entwicklungen der vergangenen Jahre – und ihrer gesellschaftlichen Wahrnehmung – ist KI ein deutlicher Themenschwerpunkt. Beispiele sind die „Toronto Declaration" (Access Now und Amnesty International, 2018), die „Asilomar AI Principles" (Future of Life Institute, 2018), die „AI Now Recommendations" (Campolo et al., 2017) sowie „Artificial Intelligence at Google" (Google, 2018). Keine der betrachteten Chartas argumentiert dabei kategorisch gegen die Nutzung von KI. Stattdessen wird mitunter durchaus scharf vor Risiken gewarnt, während aber auch die Chancen und damit die Notwendigkeit einer gesellschaftlichen Debatte betont werden. Das ADM-Manifest der NRO AlgorithmWatch (2016) etwa betont, dass automatisierte Entscheidungsfindung niemals neutral ist, ihr Einsatz genau bedacht werden sollte und Nachvollziehbarkeit und demokratische Kontrolle gewährleistet sein müssen. KI soll so eingesetzt werden, dass heute schon existierende Probleme besser gelöst werden können; gleichzeitig muss sichergestellt werden, dass der Mensch auch in Zukunft die Kontrolle über KI-Systeme behält. In diesem Zuge fordern viele Chartas auch, Forschung über KI in diese Richtung zu fördern.

Ein weiterer Themenschwerpunkt bei existierenden Charta-Entwürfen sind Menschen- und Bürgerrechte. Der Fokus hier liegt nicht so sehr auf dem Umgang mit grundsätzlich neuen Herausforderungen, die die Digitalisierung mit sich bringt (wie beim Umgang mit KI). Eher geht es hier darum, wie existierende Menschen- und Bürgerrechte unter den veränderten Rahmenbedingungen im Digitalen Zeitalter – z.B. Vernetzung, massenhafte Auswertung von Daten – gewährleistet werden können (z.B. Zeit-Stiftung, 2018; IGF, 2018b; Campolo et al., 2017; D 64, 2019).

Der dritte Schwerpunkt ist ein Spezialfall dieses Fokus auf Menschen- und Bürgerrechte. Die zentrale Frage lautet hier: Wie können im Digitalen Zeitalter, in dem Daten massenhaft automatisiert erhoben und ausgewertet werden, Datenschutz und Privatheit gestaltet

Tabelle 3.6.3-1
Überblick ausgewählter Chartas für das Digitale Zeitalter.
Quelle: WBGU

Titel	Jahr	Herausgeber	Herausgeber-typ	Kernpunkte
ADM-Manifest	2016	Algorithm Watch	Zivilgesellschaft	Algorithmische Entscheidungsfindung ist niemals neutral, die Schöpfer*innen sind verantwortlich, Prozesse müssen nachvollziehbar und demokratisch kontrollierbar sein. Debatte nötig, wie viel Freiheit an Algorithmen übertragen werden soll.
African Declaration on Internet Rights and Freedoms	2015	African Declaration Group	Zivilgesellschaft	Das Internet soll ein für alle zugänglicher Raum zum freien Meinungsaustausch und zum Teilen von Wissen sein, in dem u.a. kulturelle und sprachliche Vielfalt, Privatsphäre und Genderbelange geachtet werden.
AI at Google: Our Principles	2018	Google	IT-Wirtschaft	KI nur zum Nutzen des Menschen einsetzen, dabei Sicherheit, Privatsphäre usw. berücksichtigen; keine KI für militärischen Einsatz entwickeln.
AI Now Recommendations	2017	Campolo et al.	Wissenschaft	KI-Systeme nicht als „black box" nutzen, stattdessen forschen, testen, überwachen und ethisch rahmen.
AI Policy Principles	2017	Information Technology Industry Council	IT-Wirtschaft	IT-Wirtschaft ist für verantwortungsvolle Entwicklung und Nutzung von KI verantwortlich; KI-Systeme müssen kontrollierbar sein; Regierungen müssen Forschung und Nutzung von KI-Systemen vorantreiben; Sicherheit und Privatsphäre beachten.
Asilomar AI Principles	2017	Future of Life Institute	diverse	Forschung nötig, die auf eine gesamtgesellschaftlich nutzenbringende KI hinarbeitet. Darüber hinaus politisch, kulturell, ethisch über KI nachdenken. Menschliche Werte, Privatsphäre und Freiheiten sicherstellen.
Charta der Digitalen Grundrechte der EU	2016/ 2018	Zeit-Stiftung	diverse	An deutschem Grundgesetz orientierte, umfassende Charta mit Rechten und Zielen im Digitalen Zeitalter: Menschenwürde, Freiheit, Gleichheit, Meinungsfreiheit im Digitalen Zeitalter achten. Rechte der Menschen schützen. Ziel ist, eine rechtlich bindende Grundrechtecharta in der EU zu etablieren.
Charta digitale Vernetzung	2014	Deutsche Telekom et al.	IT-Wirtschaft	Digitale Technik generiert Wohlstand (Standortfaktor). Wirtschaftliche Verwertung von Daten nutzt der Gesellschaft, Verantwortung und Rahmenbedingungen müssen dazu passen.
Contract of the Web	2019		Zivilgesellschaft	Regierungen, Unternehmen und Bürger*innen sollen das Internet (insbesondere das Web) offen und frei zugänglich für alle halten und dabei die Privatsphäre respektieren.

D64-Charta	2012	D 64	Zivilgesellschaft	Offene Netzgesellschaft vorantreiben, die Teilhabe ermöglicht und grundrechtsorientierten Datenschutz anwendet. Das Internet soll Raum für Netzpolitik und Öffentlichkeit sein.
Ethically Aligned Design	2016	IEEE	IT-Wirtschaft	KI muss Ideale der Menschenrechte beinhalten und der Menschheit und Umwelt nutzen. Dieses Prinzip wird angewandt auf Wertesysteme in KI, KI-Forschung, Sicherheit, Privatsphäre und Kontrolle, autonome Waffen, Wirtschaft und Recht.
Geneva Declaration of Principles	2003	WSIS	Internationale Organisation	Das Potenzial digitaler Informations- und Kommunikationstechnologien zur Erreichung der Millennium Development Goals (MDGs) nutzen.
Human Rights Principles for Connectivity and Development	2016	Access Now et al.	Zivilgesellschaft	Neun Prinzipien, nach denen Investoren sich richten sollen, um das Internet und seine Infrastruktur im Einklang mit den Menschenrechten und Zielen wirtschaftlicher Entwicklung zu gestalten.
Internet Rights Charter	2006	APC	Wissenschaft Zivilgesellschaft	Das Internet soll ein für alle zugänglicher Raum zum freien Meinungsaustausch und zum Teilen von Wissen sein, in dem offene Standards entwickelt und die Privatsphäre der Nutzer*innen geachtet wird.
Magna Carta for the Digital Age	2015	British Library	Zivilgesellschaft	Das Web vor Kontrolle durch Unternehmen und Zensur durch Regierungen schützen, um Meinungsfreiheit, Informationszugang und Datenschutz zu gewährleisten.
Montréal Declaration for Responsible AI	2017	Montréal	Wissenschaft	KI sollte nur entwickelt werden, um letztlich das Wohlergehen aller empfindungsfähigen Wesen zu steigern. Dieses Prinzip wird angewandt auf Gerechtigkeit, Privatsphäre, Wissen, Demokratie und gesellschaftliche Verantwortung.
Principles for Algorithmic Transparency and Accountability	2017	Association for Computing Machinery	Wissenschaft	Prinzipien, nach denen sich beteiligte Akteure (Entwickler*innen, Regierungen, Anwender*innen) verhalten sollten, um transparente und verantwortliche KI zu ermöglichen und bei Bedarf anpassen zu können.
Principles for Digital Development	2014/ 2017	Bill and Melinda Gates Foundation et al.	Zivilgesellschaft, Internationale Organisation	Digitale Instrumente in der Entwicklungszusammenarbeit zusammen mit Benutzer*innen entwickeln, auf Nachhaltigkeit ausrichten, skalierbar und sicher gestalten usw.; Ziel: effektive und inklusive digitale Entwicklungszusammenarbeit.
The Charter of Human Rights and Principles for the Internet	2014	IGF	Internationale Organisation	Meinungsfreiheit, soziale Gerechtigkeit, Privatsphäre, Vielfalt im Internet schützen.

The Japanese Society for Artificial Intelligence Ethical Guidelines	2017	Japanese Society for Artificial Intelligence	Wissenschaft	Selbstverpflichtung, nur Forschung dahingehend zu betreiben, Frieden, Sicherheit, Wohlfahrt und öffentlichem Interesse zu dienen. Dieses Prinzip wird konkretisiert für verschiedene Bereiche (Recht, Kommunikation, Sicherheit, Fairness usw.).
The Onlife Manifesto	2013	Europäische Kommission	Internationale Organisation	Diskussionsbeitrag der EU-Kommission über die Eigenart des Menschen „What does it mean to be human in a hyperconnected era?" Eher Anstoß einer Debatte (es gibt auch einen Sammelband dazu) als Charta.
The Partnership of the Future	2016	Nadella	IT-Wirtschaft	KI muss designt sein, um der Menschheit zu dienen, sie muss transparent sein, Menschenwürde und Privatsphäre achten, nachvollziehbare Entscheidungen treffen und darf niemanden benachteiligen.
The Toronto Declaration: Protecting the Rights to Equality and Non-discrimination in Machine Learning Systems	2018	Access Now und Amnesty International	Zivilgesellschaft	Staaten haben die Pflicht, Menschenrechte zu schützen. Sie müssen Maßnahmen ergreifen, um vor Diskriminierung durch maschinelles Lernen zu schützen.
Top Ten Principles for Ethical AI	2017	UNI Global Union	Gewerkschaft	KI-Systeme sollen transparent sein, ethische Entscheidungen protokollieren, den Menschen und dem Planeten dienen; der Mensch soll sowohl Kontrolle als auch Verantwortung über Entscheidungen behalten; KI soll unvoreingenommen sein.

werden (z.B. Digitalcharta der Zeit-Stiftung, 2018)? Wie bei den breiteren Chartas zu Bürgerrechten auch, bleiben Formulierung häufig abstrakt: Ein bestimmtes Grundrecht soll durch die Digitalisierung nicht beeinträchtigt werden. Es werden zwar häufig die Ziele formuliert, die von den Verfasser*innen mit der Charta verfolgt werden, z.B. eine offene, freie, demokratische Gesellschaft zu erhalten. Aber dem Wesen einer Charta geschuldet, wird dabei nicht explizit darauf eingegangen, wie die geforderten Rechte im Digitalen Zeitalter gewährleistet werden können.

Einige für das Gutachten sehr relevante Themen, wie die Auswirkungen der Digitalisierung auf Umwelt oder Arbeit, kommen durchaus in einigen Charta-Entwürfen vor, sind jedoch nicht als Schwerpunktthemen vertreten.

Formate

Das Gros der Charta-Entwürfe stammt etwa zu gleichen Teilen aus der IT-Wirtschaft, Zivilgesellschaft sowie aus Wissenschaft und Think-Tanks. Generell lassen sich zwei Kategorien hinsichtlich der Adressaten unterscheiden. In der ersten Kategorie sind Absender und Adressat deckungsgleich. Aus der Wirtschaft und der Wissenschaft stammen einige Entwürfe, die als Selbstverpflichtung zu verstehen sind, insbesondere die Entwicklung von KI nur unter Berücksichtigung bestimmter Prinzipien voranzutreiben. Beispiele sind „AI Policy Principles" (Information Technology Industry Council, 2017), „AI at Google" (Google, 2018) und die „Japanese Society for Artificial Intelligence Ethical Guidelines" (Japanese Society for Artificial Intelligence, 2017). In der zweiten Kategorie sollen die postulierten Rechte und Pflichten für die Gesellschaft als Ganzes gelten – sei es institutionell verankert auf globaler (IGF, 2018b) oder europäischer Ebene (Zeit-Stiftung, 2018). Anders als bei Selbstverpflichtungen sollen diese Entwürfe – auch vor dem Hintergrund, dass sie bisher keinen rechtlich bindenden Charakter haben – in der Regel eine gesellschaftliche Debatte anstoßen. Daher beinhalten viele der Entwürfe interaktive Elemente: Man kann sie als offenen Brief unterzeichnen, für bestimmte Prinzipen abstimmen oder im Internet darüber diskutieren. Eine Reihe von Chartas ist so konzipiert, dass sie fortwährend überarbeitet werden, um Entwicklungen in der Technik, den aktuellen Forschungsstand sowie gesellschaftliche Debatten darüber berücksichtigen zu können (living documents). Einige Entwürfe deklarieren darüber hinaus als Fernziel auch die rechtlich verbindliche Festschreibung der auf diese Weise ausgehandelten Rechte und Pflichten (z.B. Zeit-Stiftung, 2018).

Im Folgenden werden einige Chartas gesondert vorgestellt, die im Zusammenhang dieses Gutachtens besonders relevant erscheinen.

„Charta der Digitalen Grundrechte der EU"

Die „Charta der Digitalen Grundrechte der EU" (Zeit-Stiftung, 2018), herausgegeben von der ZEIT-Stiftung, ist eine thematisch sehr umfassende Charta, die in ihrer Gliederung und Ausdrucksweise an die Grundrechte und Staatsziele im deutschen Grundgesetz angelehnt ist. Es geht z.B. um Menschenwürde, Freiheit, Gleichheit und Meinungsfreiheit im Digitalen Zeitalter. Der Fokus liegt darauf, bestehende Grundrechte unter den neuen Rahmenbedingungen im Digitalen Zeitalter sicherzustellen. Die Digitalcharta ist 2018, zwei Jahre nach dem ersten Entwurf, in überarbeiteter Fassung öffentlich vorgestellt worden. Sie soll weiterhin eine gesellschaftliche Debatte anregen und auf dieser Basis fortlaufend überarbeitet werden. Im Internet kann man über einzelne Artikel abstimmen und diskutieren. Ziel ist, eine rechtlich bindende Charta der digitalen Grundrechte in der EU.

„The Charter of Human Rights and Principles for the Internet"

Die „Charter of Human Rights and Principles for the Internet" (IGF, 2018b) ist in zweierlei Hinsicht relevant. Erstens stammt sie vom Internet Governance Forum der UN und somit aus eben jenem globalen Governance-Raum, den es mit Blick auf Digitalisierung aus Sicht des WBGU dringend zu gestalten gilt (Kap. 8). Zweitens ist die Charta inhaltlich – angelehnt an die Allgemeine Erklärung der Menschenrechte der UN – auf Gleichheit, Gerechtigkeit, Zugang, Meinungsfreiheit, Datenschutz u.a. ausgerichtet und damit thematisch nah an den WBGU-Kompassdimensionen Teilhabe und Würde (Kap. 2.2).

„Asilomar AI Principles"

Das Future of Life Institute des Kosmologen Max Tegmark beschäftigt sich mit existentiellen Risiken für die Menschheit wie dem Klimawandel oder einem möglichen Atomkrieg, die, sollten sie sich ungebremst verwirklichen, das Überleben der Menschheit gefährden. In diesem Zusammenhang stehen auch die „Asilomar AI Principles" des Instituts, die KI als ein solches Risiko begreift (Future of Life Institute, 2018). Die Unterzeichner*innen dieser Charta verwehren sich KI nicht grundsätzlich, betonen aber, dass ohne verantwortungsvolle Entwicklung von KI die Folgen katastrophal sein können. Vor diesem Hintergrund fordern sie, neben gemeinwohlorientierter KI-Forschung, eine Reihe von Prinzipien bei der Entwicklung von KI zu beachten, z.B. zu Sicherheit, Transparenz, menschlichen Werten, Freiheiten und Privatsphäre und der Letztkontrolle durch den Menschen. Die „Asilomar AI Principles" haben prominente Unterstützer*innen wie den verstorbenen Physiker Stephen Hawking und den Unternehmer Elon Musk. Die Charta ist als Entwurf zu verstehen, der laufend überarbeitet wird.

„Geneva Declaration of Principles"

Die „Geneva Declaration of Principles" (WSIS, 2003a), die bereits im Jahre 2003 im Rahmen des Weltgipfels zur Informationsgesellschaft (WSIS) verabschiedet wurde, zielt darauf ab, das Potenzial digitaler IKT für die Millenniumsentwicklungsziele (MDGs, dem Vorläufer der SDGs) zu nutzen. Die Genfer Erklärung wurde von den UN unterstützt und ist eine relativ frühe Charta im Rahmen multilateraler Zusammenarbeit. Allerdings kam insbesondere aus der Zivilgesellschaft viel Kritik an der Erklärung, weil ihr generelles Verständnis von IKT in der Entwicklungszusammenarbeit nicht von der Entwicklungsgemeinschaft geteilt wurde (Souter, 2008). Die Genfer Erklärung ist als relativ frühes Dokument historisch relevant und es lassen sich aus seinem Aushandlungsprozess einige Lehren darüber ziehen, wie wichtig die Einbeziehung von Stakeholdern ist.

„Principles for Digital Development"

Die „Principles for Digital Development" (Bill and Melinda Gates Foundation et al., 2017) sind ein gutes Beispiel für eine Charta mit starkem Bezug zur *handelnden Gesellschaft*, wie sie in den „Dynamiken des Digitalen Zeitalters" des WBGU (Kap. 7.5) eingefordert wird. Digitale Instrumente sollen in der Entwicklungszusammenarbeit in Kooperation mit ihren späteren Benutzer*innen entwickelt werden, auf Nachhaltigkeit ausgerichtet sein, skalierbar und sicher gestaltet werden. Ziel ist es, digitale Technik effektiv und inklusiv für die Entwicklungszusammenarbeit zu nutzen. Die „Principles for Digital Development" sind darüber hinaus auch ein gutes Beispiel für die Pluralität der Verfasser*innen, die viele Chartas auszeichnet. Dazu gehören in diesem Fall in erster Linie zivilgesellschaftliche und internationale Organisationen wie die Stiftung von Bill und Melinda Gates, UNICEF, UNDP, die Weltbank und die Weltgesundheitsorganisation, aber auch die nationalen Entwicklungsagenturen Schwedens und der USA.

3.6.4 Folgerungen: Konturen einer Empfehlungslandschaft

Die Auswertung exemplarisch ausgewählter Berichte internationaler Organisationen und Chartas zum Thema „Digitalisierung und nachhaltige Entwicklung" kann naturgemäß kein vollständiges Bild der derzeitigen Empfehlungslandschaft liefern. Dennoch wurden Konturen sichtbar, die zeigen, dass es sowohl in der Beschreibung der Herausforderungen als auch in der zeitlichen Reichweite der Überlegungen weitgehende Konvergenzen gibt. Es wurde auch deutlich, dass es sich bei der Digitalisierung um ein Politikfeld handelt, in dem die Gestaltung durch die Politik den raschen technologischen Veränderungsprozessen und der Geschwindigkeit des digitalen Wandels vielfach hinterherhinkt und in dem viele gesellschaftliche Auswirkungen des digitalen Wandels in ihrer konkreten Ausprägung noch gar nicht abgeschätzt werden können. Insofern stellt sich auch die Frage nach der Gestaltung politischer Entscheidungsprozesse unter unsicheren und sich dynamisch entwickelnden Bedingungen.

Konvergenz in der Beschreibung zentraler Herausforderungen

Die untersuchten Berichte zeichnen sich vielfach durch Konvergenzen in der Beschreibung der zentralen Herausforderungen der Digitalisierung aus (Kap. 3.6.2). Alle ausgewerteten Berichte betonen die Notwendigkeit zur aktiven Gestaltung der weltweiten Digitalisierung, mit Verweis auf zentrale Herausforderungen wie die Überwindung der digitalen Kluft (digital divide) und den flächendeckenden Aufbau digitaler Infrastrukturen, den Aufbau digitaler Kompetenzen und Bildung sowie Vertrauen in digitale Technologien, den Umgang mit einer Arbeitswelt im Wandel und der sich ändernden internationalen Arbeitsteilung, der Rolle der Digitalisierung bei der Umsetzung der Agenda 2030, der (internationalen) Regulierung digitaler Anwendungen sowie den Zusammenhang zwischen Digitalisierung, Innovation, Wachstum und Wohlstand. Auch werden durchgängig die Risiken des digitalen Wandels benannt, allen voran Datenschutz, Datensicherheit und Privatsphäre sowie Wettbewerbsverzerrungen.

Dominanz der zeitlichen Nahperspektive

Alle ausgewerteten Berichte haben mit einer Ausnahme einen Zeithorizont bis zum Jahr 2030 und bleiben mit ihren Analysen auf die „Erste Dynamik des Digitalen Zeitalters" (Kap. 7.2) der vom WBGU identifizierte Digitalisierungsdynamiken beschränkt. Eine Sonderstellung nimmt der OECD-Bericht „The Next Production Revolution" ein, der ausdrücklich zu einer Langfristperspektive und der Nutzung von Foresight-Prozessen rät, um besser für den Umgang mit überraschenden Wendungen des digitalen Wandels gerüstet zu sein (OECD, 2017b). In diesem Zusammenhang wird Forschungs-, Technologie- und Innovationspolitik eine tragende Rolle für die Erreichbarkeit der SDGs zugewiesen (UNCTAD, 2018: 29).

Geschwindigkeit als Herausforderung

In mehreren Berichten wird die mögliche Überforderung von Entscheidungsträger*innen und Institutionen durch die Geschwindigkeit des digitalen Wandels als eine zentrale Herausforderung hervorgehoben (UNCTAD, 2017a; OECD, 2017b: 35; OECD, 2017c: 26): „Digital acceleration takes place against legacy time frames, slow institutional processes, entrenched behaviours and limited human attention" (OECD, 2017c: 26). Dabei wird vor allem die bislang ungekannte Geschwindigkeit des künftigen Umbaus der Arbeitsmärkte angesprochen (OECD, 2017b: 35; World Bank, 2016: 118).

Digitaler Wandel versus Transformation zur Nachhaltigkeit

Der digitale Wandel wird überwiegend als globaler Megatrend beschrieben, auf den es zu reagieren gilt und der im Sinne einer positiven wirtschaftlichen Entwicklung gesteuert und durch Infrastrukturausbau gefördert werden soll sowie dessen potenzielle negative Wirkungen reguliert werden müssen (GSM, 2017; UNCTAD, 2017a). Umwelt und Entwicklung sind bei diesem Berichtstypus eher flankierende Zielgrößen der Politikgestaltung. Ein erfolgreicher digitaler Wandel wird als eine Voraussetzung für inklusives und nachhaltiges Wachstum sowie Wohlstand gesehen (OECD, 2017a: 6, 11). Der digitale Wandel wird insgesamt lediglich als Instrument wahrgenommen; die weitreichendere Bedeutung für die Neuorganisation von Gesellschaften und Zukunftsgestaltung jenseits von 2030 werden nicht thematisiert.

Entsprechend wird kaum aufgezeigt, welche Implikationen die potenziell disruptive Kraft digitaler Technologien auf eine Post-2030-Agenda und die globale Transformation zur nachhaltigen Gesellschaft haben wird. Gleiches gilt für die Frage, welche digitalen Entwicklungstrends unbedingt vermieden werden sollten, damit planetarische Leitplanken nicht verletzt werden und die Anwendung digitaler Technologien nicht zu Rebound-Effekten und mehr Energie- und Ressourcenverbrauch führen. Die von manchen Berichten vorgeschlagene Lösung einer Beschleunigung der Verbreitung digitaler Technologien erscheint jedoch ohne entsprechende Rahmensetzung angesichts der Risiken für Umwelt und Klimaschutz sowie soziale Kohäsion als wenig überzeugend (The Earth Institute und Ericsson, 2016; World Bank, 2016).

Gestaltung des Digitalen Zeitalters als Suchprozess

Die ausgewerteten Berichte zeigen auch, dass es aufgrund der vielfach noch unbekannten Auswirkungen der Digitalisierung auf die Entwicklung der Gesellschaften und den Planeten in vielen Fällen keine abschließenden Antworten zur nachhaltigen Gestaltung des Digitalen Zeitalters geben kann. Insofern können einige Berichte eher als Anleitung für die Gestaltung von Suchprozessen gelesen werden. Die Chartas zeigen erste Rahmensetzungen auf. Der Verweis auf Handeln unter Unsicherheit gilt insbesondere für Berichte, die sich auf Kernbotschaften oder Kernthemen beschränken bzw. die No-Regret-Maßnahmen empfehlen (IEA, 2017a; UNCTAD, 2017a, 2018). Dagegen werden für einzelne Themenfelder durchaus konkrete Einzelempfehlungen gegeben, wie etwa zu IKT und Klimaschutz, Entwicklung sowie Teilhabe (The Earth Institute und Ericsson, 2016). Mehrere Berichte betonen explizit die Grenzen der Potenziale der Digitalisierung durch wirtschaftliche und soziale Realitäten der analogen Welt (World Bank, 2016; UNCTAD, 2018).

Pauschale Antworten auf die anstehenden tiefgreifenden sozioökonomischen Veränderungen durch den digitalen Wandel gibt aufgrund der bestehenden Unsicherheiten und regionalen sowie kulturellen Unterschiede naturgemäß kein Bericht. Vielfach wird auf die Herausforderung disruptiver Entwicklungen hingewiesen, ohne einen differenzierten Lösungsansatz anzubieten. So bleibt unter dem Strich die Einsicht, dass die Steuerung des Digitalen Zeitalters in Richtung Nachhaltigkeit vielfach ein Suchprozess bleibt, der einer anpassungsfähigen und schrittweisen Politikgestaltung sowie eines globalen Verständnisses über die „gemeinsame digitale Zukunft" bedarf. Begleitforschung und Foresight-Prozesse werden hier eine wichtige Rolle mit Blick auf Frühwarnung und Identifizierung von Großrisiken spielen müssen. Flankierend dazu bedarf es eines robusten internationalen Institutionengefüges, das v. a. die bisher weitgehend ungeregelte multinationale Digitalwirtschaft in eine stärkere demokratische und regulatorische Kontrolle einbettet (Kap. 8.1, 8.4).

Charta-Landschaft

In der bestehenden Charta-Landschaft finden sich einige Entwürfe, die sich bereits einer Vielzahl der kritischen Nachhaltigkeitsthemen widmen, an die dieses Gutachten anschließt (Kap. 3.6.3). Eine dedizierte und umfassende Nachhaltigkeitsperspektive nimmt allerdings keine der Chartas bislang ein. Zudem ist der Hintergrund, vor dem die Chartas formuliert wurden, zu betrachten. Der WBGU hält es für dringend erforderlich, die globale Governance zu Klima- und Nachhaltigkeitszielen mit der Digitalisierung zu verschneiden und formuliert dazu im Kasten 9.3.1-1 seinen Entwurf einer Charta für ein nachhaltiges Digitales Zeitalter.

3.7 Folgerungen

Mit der fortschreitenden Digitalisierung und den damit einhergehenden großskaligen Veränderungen zeichnet sich das Entstehen eines neuen Zeitalters der menschlichen Zivilisation ab: das Digitale Zeitalter (Kap. 3.1), das auch und insbesondere im Kontext der Klima- und Nachhaltigkeitsziele einzuordnen und zu formen ist. Dies wird auch anhand der analysierten Globalberichte und Chartas deutlich (Kap 3.6). Das Digitale Zeitalter wird im Wesentlichen durch eine digitalisierte Technosphäre (Kap. 3.2, 3.3) geprägt, die durch eine zunehmende Vernetzung technischer Systeme und technisch gestützter Prozesse, weiterentwickelte kognitive Fähigkeiten technischer Systeme und ihre wachsende Autonomie, die wachsende Virtualisierung von Räumen und technischen Angeboten sowie im Ergebnis durch eine enorme Wissensexplosion, durch die digital gestützte Weiterentwicklung aller Wissenschaftsdisziplinen gekennzeichnet ist (Kap. 3.4). Dort entstehen beispielsweise neue Partizipationsmöglichkeiten durch Bürgerwissenschaft (Kap. 3.3.5.1) bis hin zum sich abzeichnenden Paradigmenwechsel in Richtung Open Science (Kap. 5.3.10, 10.2.4.1).

Angesichts der rapiden Umbrüche im Digitalen Zeitalter steht jedoch die individuelle Mündigkeit neuen Herausforderungen gegenüber. So ist die adäquate Gestaltung und Nutzung digitaler Technologien aufgrund ihrer enormen gesellschaftlichen Durchdringung wichtiger als jemals zuvor. In diesem Zusammenhang ist ein grundlegendes Verständnis ihrer Funktionsweise (Kap. 3.2), einschließlich der Grenzen von Berechenbarkeit und Modellierung, essenziell. Einerseits können nur auf dieser Basis Potenziale und Risiken einzelner Technologien realistisch im Gesamtzusammenhang reflektiert und diskutiert werden (Kap. 3.3). Andererseits wird dabei deutlich, welche Werte in Technologie jeweils eingeschrieben sind, werden könnten und sollten. Diese Frage wird aktuell hauptsächlich in den Themengebieten KI und automatisierter Entscheidungsfindung behandelt (Kasten 3.2.5-1). Sie ist letztlich aber für die gesamte Ausrichtung von Forschung und Entwicklung zentral (Kap. 10), wenn es darum geht, insbesondere aus einem breiten Nachhaltigkeitsverständnis immer wieder zu (hinter-)fragen, „ob wir die Technik haben, die wir brauchen, oder ob wir die Technik brauchen, die wir haben" (Kornwachs, 2009:39).

Mit den Wirkungen der Digitalisierung auf alle Lebensbereiche entstehen zentrale Gestaltungsaufgaben (Kap. 3.5), um den digitalen Wandel mit der notwendigen Großen Transformation zur Nachhaltigkeit zusammenzuführen, also der Entwicklung von

Wohlfahrt, Sicherheit und Demokratie für bald 10 Mrd. Menschen in den Grenzen des Erdsystems. Auch wenn die Entwicklung der digitalen Technologien dynamisch fortschreitet und nicht abschließend bewertet werden kann, zeichnet sich schon jetzt ab, dass die ungelenkte, ausschließlich an ökonomischen Zielen orientierte Weiterentwicklung und Anwendung zugunsten eines an Klima- und Nachhaltigkeitszielen orientierten Technikwandels – und dem dafür nötigen gesellschaftlichen Wandel – abgelöst werden muss.

Insbesondere sollten die mit dem Digitalen Zeitalter verbundenen Herausforderungen für den Schutz der Grund- und Menschenrechte in den Blickpunkt gerückt werden. Im Digitalen verändern sich die Schutzräume und Ausübungsmöglichkeiten dieser Rechte (Kap. 4), so dass neue Vergewisserungen und gegebenenfalls neue Rahmensetzungen erforderlich werden (Kap. 8). Die Menschenwürde ist und bleibt der zentrale unveränderliche Referenzpunkt (Kap. 2). Ihre Unantastbarkeit und die hieraus resultierende Achtung sowie der Schutzanspruch bilden in diesem Gutachten explizite Orientierungshilfen für die nachhaltige Gestaltung der Digitalisierung. Eng damit verknüpft ist die Sicherstellung der Gemeinwohlorientierung und Einbettung der Nutzung digitaler Technologien in eine Strategie nachhaltiger Entwicklung. Dafür braucht es geeignete Rahmensetzungen und Grenzziehungen (Kap. 9). Ohne aktive Gestaltung birgt der globale digitale Wandel zudem das Risiko, die Gefährdung der natürlichen Lebensgrundlagen der Menschheit weiter zu beschleunigen.

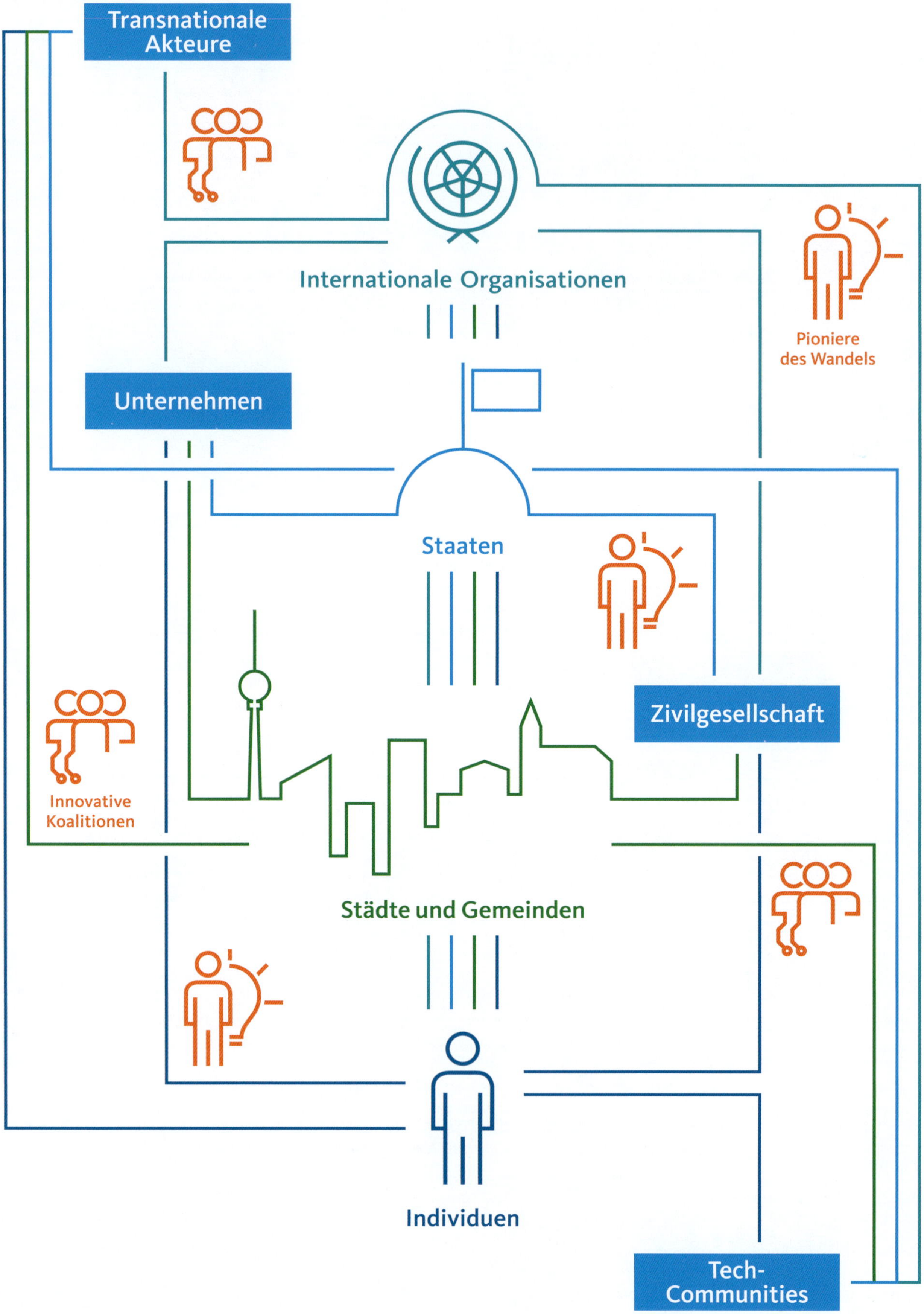

Transnationale Akteure
Internationale Organisationen
Pioniere des Wandels
Unternehmen
Staaten
Zivilgesellschaft
Innovative Koalitionen
Städte und Gemeinden
Individuen
Tech-Communities

Akteurskonstellationen im digitalen Wandel 4

Es stellt sich die Frage nach den Gestalter*innen des Digitalen Zeitalters: Verschieben sich Handlungsspielräume einzelner Akteursgruppen? Neben Individuen, Wirtschaft und Zivilgesellschaft nimmt der WBGU die Tech-Communities in den Blick. Im Mehrebenensystem von Städten und Gemeinden, Staaten, internationalen Organisationen sowie transnationalen Akteursgruppen identifiziert der WBGU erhebliche Machtverschiebungen. Sie führen teils zu Blockaden und Pfadabhängigkeiten, eröffnen aber auch neue Potenziale für Nachhaltigkeitstransformationen.

Digitalisierungsprozesse sind keine Naturgewalt, sondern werden von verschiedenen Akteur*innen und deren unterschiedlichen, auch widerstreitenden Interessen vorangetrieben. Damit wird nicht nur die Frage zentral, wie sich die Digitalisierung auswirkt (Kap. 3, 5) und auswirken könnte (Kap. 6), sondern auch die Frage der Gestaltbarkeit dieser Prozesse. Insbesondere geht es dem WBGU um die Ausrichtung der technologisch-digitalen Revolution auf eine gelingende Transformation zur Nachhaltigkeit (Kap. 3). Welche Herausforderungen an die Gestaltung eines transformativen Wandels bestehen (Kap. 4.1), welche Funktionen die Akteure des digitalen Wandels wahrnehmen, welche Bedeutung ihnen auch im Hinblick auf diesen transformativen Wandel zukommt (Kap. 4.2) und welche Chancen sie aktuell für eine Transformation in Richtung Nachhaltigkeit wahrnehmen könnten (Kap. 4.3), wird nachfolgend untersucht.

4.1 Transformativer Wandel als Gestaltungsaufgabe

Der WBGU hat sich bereits 2011 mit den Voraussetzungen und Strategien beschäftigt, die einen gesellschaftlichen Umbau Richtung Nachhaltigkeit ermöglichen (WBGU, 2011). Mit der Agenda 2030 gibt es dafür heute 17 international vereinbarte, differenzierte Nachhaltigkeitsziele (SDGs) mit sich weiter entwickelnder Indikatorik (UNGA, 2015; Kasten 2.1-1). Die Umsetzung dieser Ziele und Strategien ist ein politisches Projekt, um einerseits Beharrungskräfte hinter nicht nachhaltigen Entwicklungen und Trends zu überwinden sowie andererseits neue Entwicklungen und Trends in Richtung Nachhaltigkeit zu ermöglichen und explizit zu unterstützen. Entsprechende Strategieentwicklungen werden auf globaler, nationaler und lokaler Ebene vorangetrieben. In einem internationalen Review-Prozess werden dabei Erfolge wie Umsetzungsschwierigkeiten reflektiert.

Die Begriffe der Transformation, des Transformierens und des Transformativen ziehen sich durch die Agenda 2030. Transformation umfasst nicht nur die zu erzielenden Ergebnisse (z.B. einen sinkenden CO_2-Ausstoß), sondern auch die grundlegende (Re-)Konfiguration von Abläufen und Organisationsmustern, mit denen Ergebnisse erzielt werden (z.B. Entwicklungen von einer weitgehend zentralisierten fossilen Energieversorgung zu einer flexibilisierten dezentralen Versorgung mit erneuerbaren Energien). Derartige Transformationen beinhalten ökonomische, soziokulturelle, politische, technologische sowie ökologische Aspekte und werden als dynamisches und komplexes Zusammenspiel beschrieben und analysiert (Tanner und Bahadur, 2013). Als Prozesse sind sie daher nicht exakt plan- und prognostizierbar. Dennoch ist es analytisch möglich, die Bedingungen eines sich eher langsam vollziehenden adaptiven gesellschaftlichen Wandels von

Bedingungen transformativen Wandels zu unterscheiden und letzteren damit auch zu antizipieren oder zu unterstützen (O'Brien und Sygna, 2013:16).

Der Begriff der *Pfadabhängigkeiten* soll hierbei übergreifend ökonomische, soziokulturelle, politische, technologische und ökologische Anteile der aktuellen gesellschaftlichen Konfigurationen beschreiben, wenn sie als Beharrungskräfte wirken. Im Spezifischen werden sich die Pfadabhängigkeiten von Land zu Land als auch von Dorf zu Dorf unterscheiden. Beispiele sind etablierte gesellschaftliche wie politische Institutionen, Marktstrukturen und -akteure, physische Infrastrukturen, Wissensbestände und kulturelle wie normative Prägungen (WBGU, 2011:418f.). Als Strukturen einer Gesellschaft begriffen, sind sie für bestimmte Ziele und Aufgaben im Kontext bestimmter Umstände geschaffen worden. Gleichzeitig bilden sie den Wirklichkeitsraum der Akteure, die in ihnen sozialisiert werden und Entscheidungen über zukünftige Entwicklungen treffen. Der Begriff der Pfadabhängigkeiten verdeutlicht also, dass gesellschaftliche Entwicklungen in eine bestimmte Richtung angereizt und getrieben werden (Avelino et al., 2016; Göpel, 2016:4ff.).

Transformationen werden dann wahrscheinlich, wenn mehrere Pfadabhängigkeiten gleichzeitig von Veränderungen betroffen sind. Entsprechende „Häufigkeitsverdichtungen" (Osterhammel, 2009) deuten Kipppunkte oder Gelegenheitsfenster für ein Aufbrechen von Pfadabhängigkeiten an, womit die Rekonfiguration gesellschaftlicher (Teil-)Systeme möglich oder sogar unausweichlich wird. Folgende Liste enthält Beispiele aus dem Energiesektor für zentrale Bereiche gesellschaftlichen Wandels.

- *Neues Wissen bzw. neue Werte* verändern die Beurteilung sowohl der aktuellen Situation als auch des Möglichkeitsraums für vorstellbare Zukünfte; abweichende Lösungen werden denkbar und überzeugend, z.B. durch Computersimulationen zum Klimawandel.
- *Regulatorische Maßnahmen* verändern die Bedingungen für einzelne Geschäftsmodelle, die zivilgesellschaftliche Praxis oder auch Technologieentwicklungen, z.B. eine staatliche Förderung der Einspeisung von erneuerbaren Energien in das Stromnetz.
- *Ökonomische Abläufe* werden krisenhaft durch veränderte Kontextbedingungen, so dass die Suche nach alternativen Produkten oder Geschäftsmodellen angereizt wird, z.B. setzen Verschiebungen von Investitionstätigkeiten und Förderprogrammen in Richtung erneuerbarer Energien und eine mögliche Bepreisung von CO_2 oder fossiler Energieträger die Energieunternehmen, deren Geschäftsmodelle auf der Nutzung fossiler Energieträger beruhen, unter Druck.
- *Zivilgesellschaftliche Projekte* stellen abweichende Werte, Narrative und Lösungen ins Zentrum, so dass neue Formen des Zusammenwirkens entstehen, z.B. die Anti-Atomkraftbewegung oder Bürgerenergiegenossenschaften für erneuerbare Energien in Deutschland.
- *Neue Technologien* ermöglichen alternative Produkte und Produktionsprozesse, neue Wissensgenerierung, Kommunikation und Vernetzungen, z.B. Photovoltaik oder Brennstoffzellen (Stichwort: Sektorkopplung) sowie Smart Grids zur Kombination verschiedener erneuerbarer Energiequellen.

Diese Liste ist nicht hierarchisch oder sequenziell zu verstehen, sondern zeigt Varianten des Aufbrechens und der Destabilisierung existierender Pfadabhängigkeiten im Energiebereich, die zu sich gegenseitig verstärkenden Wechselwirkungen führen können. Im Kontext der Nachhaltigkeitstransformation z.B. ist die Hinterfragung des Status Quo durch neues Wissen sehr relevant, da Messdaten und Computersimulationen die Konsequenzen der Übernutzung der Ökosysteme erst begreifbar und prognostizierbar machen. Bei der Digitalisierung hingegen ist es die rasante technologische Entwicklung, die neue Formen des Produzierens, Konsumierens und Kommunizierens und eine Vielzahl neuer Geschäftsmodelle ermöglicht. Dynamisch betrachtet beschleunigt sich ein transformativer Durchbruch, wenn Akteure aus verschiedenen Bereichen durch Übereinstimmungen im Bereich Wissen, Werte und Interessen zu ähnlichen Visionen, Zielen und Narrativen gelangen. Dabei richten sich auch Technologien, Investitionen und Produktionsmuster, Gesetze und Anreize neu aus und auch die öffentliche Meinung oder Konsumentscheidungen verändern sich entsprechend (Abb. 4.1-1). Je bewusster und koordinierter diese vielen unterschiedlichen inkrementellen Schritte erfolgen, umso radikaler oder transformativer ist der zu erwartende Wandel.

Transformative Governance durch neue Akteurskonstellationen

Im Prozess der Überwindung von Beharrungskräften schreiben akteurszentrierte Ansätze der Transformationsforschung *Pionier*innen des Wandels* (WBGU, 2011) eine zentrale Funktion zu. Aus ihren unterschiedlichen Innovationsnischen eröffnen sie Perspektiven und Pfade für neues Denken und Handeln, die sukzessive Breitenwirkung auf der Regimeebene entfalten können (hellblau markierte Punkte in Abb. 4.1-1). Aus dieser Perspektive erscheinen Organisationen und Institutionen nicht als monolithische Einheiten, sondern als Gruppen von Menschen mit zum Teil widerstreitenden Ideen, Überzeugungen und Reservoirs an Gestaltungsmacht (Köhler et al., 2019).

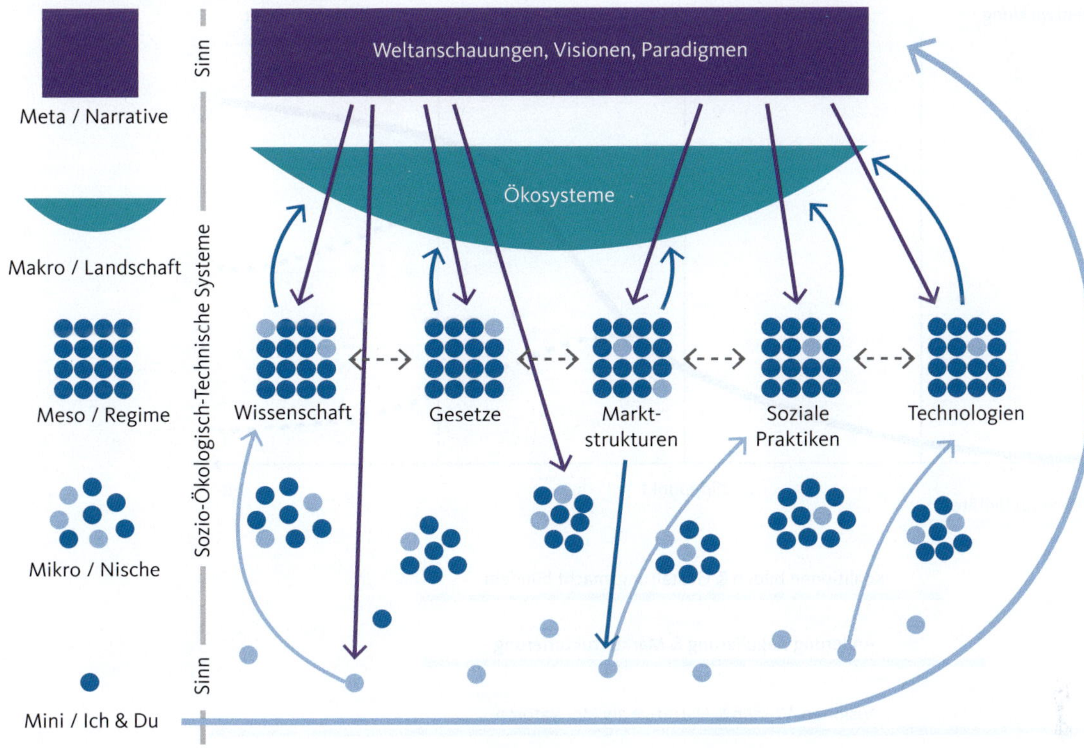

Abbildung 4.1-1
Multi-Level-Perspektive auf Transformationsprozesse. Ausgangspunkt für Veränderungen sind Individuen (Miniebene), aus denen sich jedes institutionelle Gefüge zusammensetzt. Sie geben Ideen und Handlungsimpulse für Veränderungen auf sämtlichen Ebenen. Die Mikro- oder Nischenebene ist die innovationsfreundlichste Ebene, in der kleinere Einheiten neue Wege ausprobieren können, soweit das Gesamtsystem Raum für diese Pionieraktivitäten schafft. Die Meso- oder Regimeebene besteht aus gewachsenen Strukturen und Teilsystemen, die sich langsamer wandeln und eher den Status Quo stabilisieren. Die Makro- oder Landschaftsebene umreißt den Hintergrund für die Entwicklungen auf unterliegenden Ebenen und umfasst vergleichsweise längerfristige Entwicklungspfade, etwa der Umweltbedingungen, fundamentaler Infrastruktur- oder Marktbedingungen. Auf der Metaebene liegen Weltanschauungen, Visionen und Paradigmen, die zwischen den verschiedenen Ebenen vermitteln. Die violetten Pfeile symbolisieren dabei die vorherrschenden, die hellblauen Pfeile neue Ideen und Handlungsimpulse, die von der individuellen Ebene in die Teilsysteme der Mikro- und Makroebene vordringen. Diese Weltanschauungen, Visionen und Paradigmen bilden eine Art Bindeglied zwischen den verschiedenen Einheiten des Gesamtsystems.
Quelle: Göpel, 2016, verändert

Pionier*innen sind diejenigen unter ihnen, die explizit vom jeweiligen Status Quo abweichen, also Pfadabhängigkeiten unter- oder aufbrechen wollen. In welche Richtung sie abweichen, ist zunächst irrelevant. Normative Bewertungen, ob es sich um positive oder negative Abweichungen handelt, hängen von der jeweiligen Situation und von den dort vorherrschenden Wissensbeständen, Wertesystemen, Weltanschauungen und gesellschaftlichen Zielsetzungen ab. Aus dieser streng analytischen Perspektive gelten zunächst sowohl Nachhaltigkeitsprotagonisten, aber auch Digitaldisruptoren oder gar Rechtspopulisten als Pioniere – wenn auch mit Blick auf die konkrete Zielperspektive und normatives Profil in völlig verschiedene Richtungen. Für die Nachhaltigkeitstransformation war und ist der Anstoß systemischen Wandels aus unterschiedlichen Innovationsnischen sehr relevant, um Pfade für neues Denken und Handeln zu eröffnen und sukzessive Breitenwirkung in unterschiedlichen gesellschaftlichen Bereichen entfalten zu können (Abb. 4.1-2).

Um diese Anstöße weiter zu konsolidieren, sind *Koalitionen des Wandels* von großer Bedeutung. In der Durchsetzung bestimmter Veränderungen mobilisieren sie als Akteurskoalitionen über Organisationsgrenzen und Sektoren hinweg Gestaltungsmacht, z. B. Ressourcen aus der Privatwirtschaft, Autorität aus dem legislativen Apparat und Legitimität aus der öffentlichen Meinung (Then und Kehl, 2012). Erfolgsversprechende Akteurskoalitionen liegen dabei häufig quer zu typischen Unterteilungen wie Staaten versus Unternehmen oder Bottom-up-Nischenaktivitäten versus Top-down-Regulierung. Auch die Interaktion mit Veto-Akteuren und entsprechenden Koalitionen ist von Bedeutung. Zentrale Unterstützungsprozesse umfassen in der Folge auch geänderte Regulierung und Marktstrukturen. Übergreifende Visionen und neue Narrative begleiten und motivieren Transformationsprozesse von Beginn an bis zu einer möglichen Stabilisierung.

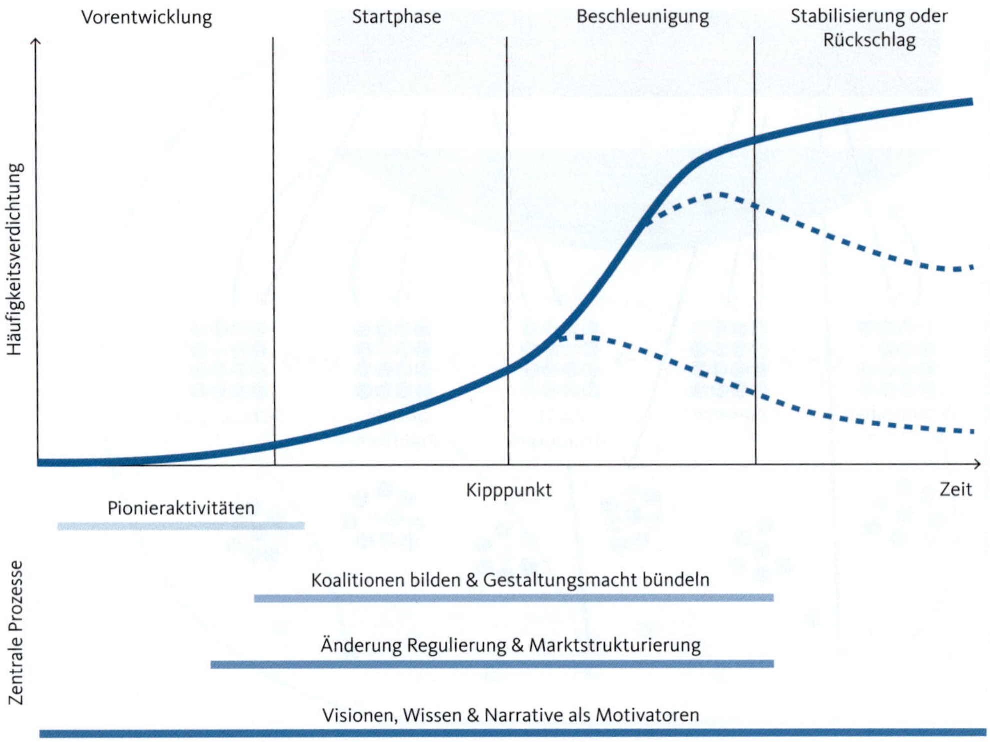

Abbildung 4.1-2
Phasen und Kernprozesse transformativen Wandels. Typischerweise können Transformationsprozesse in einer S-Kurve dargestellt werden, die verschiedene Prozesse und Phasen der Transformation veranschaulicht. In der Phase der Vorentwicklung bewegt sich gesellschaftliche Entwicklung innerhalb der Pfadabhängigkeiten. Diese werden wenig hinterfragt. Wichtige Prozesse sind hier Pionieraktivitäten und das Entstehen neuer Visionen, neuen Wissens und neuer Narrative. In der Startphase greift das Gesamtsystem neue Ideen und Konzepte auf. Es gibt kein einheitliches Verständnis von Lösungswegen und Entwicklungspfaden, starke Gegenwehr gegen die neuen Lösungswege durch die etablierten Kräfte ist möglich. Ist ein gewisser Kipppunkt erreicht, geht die Transformation in die Beschleunigungsphase über: Neue Lösungen werden anerkannt(er) und dringen in den Mainstream vor. Zugleich kann in dieser Phase eine starke Gegenbewegung derjenigen auftreten, die aufgrund der Transformation Nachteile erleiden können. In der Endphase der Transformation zeigt sich, ob sich durch die Transformation ein neues System etabliert (Stabilisierung), lediglich Neuheiten ins alte System eingebettet werden oder die Transformation scheitert (Rückschlag). Gesamtgesellschaftliche bzw. politische Gestaltungsmaßnahmen und Koalitionen des Wandels sind zur Ermöglichung von Pionieraktivitäten in der Vorentwicklungsphase und insbesondere während der Start- und Beschleunigungsphase erforderlich.
Quelle: Göpel, 2016, verändert

Für die Nachhaltigkeitstransformation hat der WBGU u.a. bereits 2011 auch die Rolle des gestaltenden Staates (*Autorität*) betont, der Pionierinitiativen im Wettbewerb mit etablierten Marktakteuren zumindest anfänglich schützt sowie die großen strukturellen Weichen stellt (z.B. Energiewende). Auch der Abbau struktureller Bevorteilungen und die Subventionierung nicht nachhaltig agierender Akteure verbessern nicht nur die Wettbewerbsposition etablierter, ressourcen- und energieeffizienter Unternehmen sondern auch der Pioniere des Wandels und befördern so die Umverteilung von *Ressourcen*. Solange es z.B. einen finanziellen Wettbewerbsvorteil bietet, Umwelt- und Sozialkosten weniger oder gar nicht zu berücksichtigen, haben Nachhaltigkeitspionier*innen einen systematischen Nachteil und damit schlechtere Chancen, aus der Nische kaufkräftiger umweltbewusster Kund*innen herauszukommen. Anpassungen des regulativen Rahmens sollten daher eine systematische Einbeziehung aller Umwelt- und Sozialkosten in unternehmerische und individuelle Entscheidungen fördern. Um die *Legitimität* und Akzeptanz der notwendigen gesetzlichen Veränderungen zu sichern, sollte diese strukturelle Neuorientierung durch Einbeziehung aller gesellschaftlichen Gruppen normativ gestützt werden, z.B. durch einen neuen Gesellschaftsvertrag (WBGU, 2011). Die Bedeutung gesellschaftlicher Bewegungen und Öffentlichkeit als Quelle von Legitimität und Treiber von Wandel zeigen derzeit die vielen „For-Future"-Bewegungen in Deutschland und weltweit.

Für die normative Ausrichtung globaler transformativer Prozesse hat der WBGU seine akteurszentrierte Perspektive auf Pionier*innen des Wandels zu einem polyzentrischen Governance-Ansatz („polyzentrische Verantwortungsarchitektur") weiterentwickelt, der über vertikal gedachte Multiebenenansätze hinausgeht (WBGU, 2016a:410ff.). Für eine erfolgreiche nachhaltige Stadtentwicklung schlug das WBGU-Urbanisierungsgutachten (WBGU, 2016a) vor, nicht nur möglichst vielen Akteur*innen im urbanen Raum mehr Beteiligung und Verantwortung für die nachhaltige Transformation zu übertragen, sondern Städte und ihre Netzwerke umgekehrt auf staatlicher und internationaler Ebene in Governance-Prozesse für nachhaltige Entwicklung einzubinden. Mit Hilfe dieses polyzentrischen Konzepts lassen sich Pionier*innen und Koalitionen für Nachhaltigkeit dann über unterschiedliche Ebenen hinweg und in allen gesellschaftlichen Gruppen ausfindig machen, die mehr oder weniger koordiniert verschiedene Innovationen und Interventionen vorantreiben und damit Häufigkeitsverdichtung für transformativen Wandel begünstigen.

4.2 Akteure im Digitalen Zeitalter zwischen Macht und Ohnmacht

Die Gestaltungsmacht von Akteur*innen im Digitalen Zeitalter wird im Folgenden im Hinblick auf ihre Bündelung mit der in Kapitel 4.1 vorgestellten Transformationsperspektive und die Überwindung von Pfadabhängigkeiten analysiert. Im Zusammenspiel der Analyse von digitalem Wandel (Kap. 3) und Nachhaltigkeitsherausforderungen (Kap. 4.1) gilt es einerseits nicht nachhaltige Machtkonzentrationen und andererseits Koalitionen von Akteuren und Gelegenheitsfenster zu ermitteln, die bereits jetzt die Potenziale des digitalen Wandels auf gemeinwohlorientierte Ziele wie die SDGs ausrichten. Dabei zeigen die folgenden Skizzen, dass der digitale Wandel zu einer Konzentration von Gestaltungsmacht in bisher unvorstellbarem Ausmaß führen kann, in der viele Innovationsnischen mit staatsähnlicher Autorität (z.B. basierend auf der Kontrolle über neue Infrastrukturen), finanziellen Ressourcen (z.B. resultierend aus dem wirtschaftlichen Potenzial globaler Netzwerkeffekte) und scheinbarer Legitimität (z.B. durch in der Bedeutung zunehmende Entscheidungsfindungsverfahren, wie Multistakeholder-Verfahren) parallel beeinflusst werden können.

Dieses Kapitel zeigt, wie sich Handlungs- und Gestaltungsspielräume zu Gunsten oder zu Lasten einzelner Akteursgruppen mit Blick auf die nachhaltige und die digitale Transformation verändern (Abb. 4.2-1). Nach Individuen (Kap. 4.2.1), Unternehmen (Kap. 4.2.2) sowie Zivilgesellschaft und Wissenschaft (Kap. 4.2.3) nimmt der WBGU die Tech-Communities in den Blick (Kap. 4.2.4), um zu analysieren, welche Rolle diese neue Akteursgruppe im Digitalen Zeitalter spielt. Weiterhin analysiert der WBGU stärker dem hoheitlichen Bereich zuzuordnende Akteurskonstellationen wie Städte und Gemeinden (Kap. 4.2.5), Staaten (Kap. 4.2.6) und internationale Organisationen (Kap. 4.2.8) sowie letztlich die quer dazu agierenden transnationale Akteursgruppen (Kap. 4.2.7).

4.2.1 Handlungs- und Gestaltungsfähigkeit der Individuen im Digitalen Zeitalter

Im Digitalen Zeitalter verändern sich die Bedingungen für individuelle Mündigkeit und Selbstbestimmung sowie individuelle Handlungsräume durch die Nutzung digitaler Lösungen (Kap. 3.5.4). Der WBGU stellt sich die Frage, wo, wie und wodurch individuelle Akteure durch Digitalisierungsprozesse in ihrer Mündigkeit und Selbstbestimmung jeweils gestärkt oder geschwächt werden. Individuen nehmen innerhalb der Gesellschaft verschiedene Rollen ein: Als Bürger*innen nehmen sie offline und online am Gemeinwesen und an politischen Willensbildungs- und Entscheidungsprozessen sowie als Konsument*innen am Wirtschaftsleben teil. Im Kontext von Digitalisierung werden Individuen zu Nutzer*innen öffentlicher oder privater digitaler und digitalisierter Dienstleistungen und Konsumgüter und können als Prosument*innen digitaler oder digital vermittelter Güter im Wirtschaftsleben auf der Angebots- und Nachfrageseite zugleich auftreten.

4.2.1.1 Souveränitätsverlust und Privatsphärenverletzungen als Risiken für Nutzer*innen

Der Konsum und die Nutzung von digitaler Technik ist mit verschiedensten Risiken für Individuen verbunden – von Souveränitätsverlust bei Konsumentscheidungen hin zu ungewollten Veröffentlichungen personenbezogener Daten, die zu Verletzungen der Privatsphäre führen können. *Die digitale Souveränität* des Individuums ist bedroht, wenn Verbraucher*innen in ihrer Selbstbestimmtheit, z.B. Wahlfreiheit (d.h. die Freiheit, etwas zu tun oder auch zu unterlassen), eingeschränkt werden oder diese gänzlich aufgehoben wird, sie also zum Objekt automatisierter Entscheidungen werden (SVRV, 2017). In den digitalen Handlungsräumen für Individuen können Überzeugungen mächtiger Akteure, etwa der Digitalkonzerne, Einfluss nehmen und dominant werden (Lenk, 2016, 2017:28; Kap. 4.2.4). Zu diesen Handlungsräumen zählen etwa soziale Netzwerke, Suchportale oder Onlinemarktplätze, deren Design und Konfigurationen mitbestimmen, welche Daten übermittelt werden, welche Konsumoptionen angezeigt werden und wie Interaktionen mit anderen stattfinden. Die Grundlagen konkreter Entscheidungen

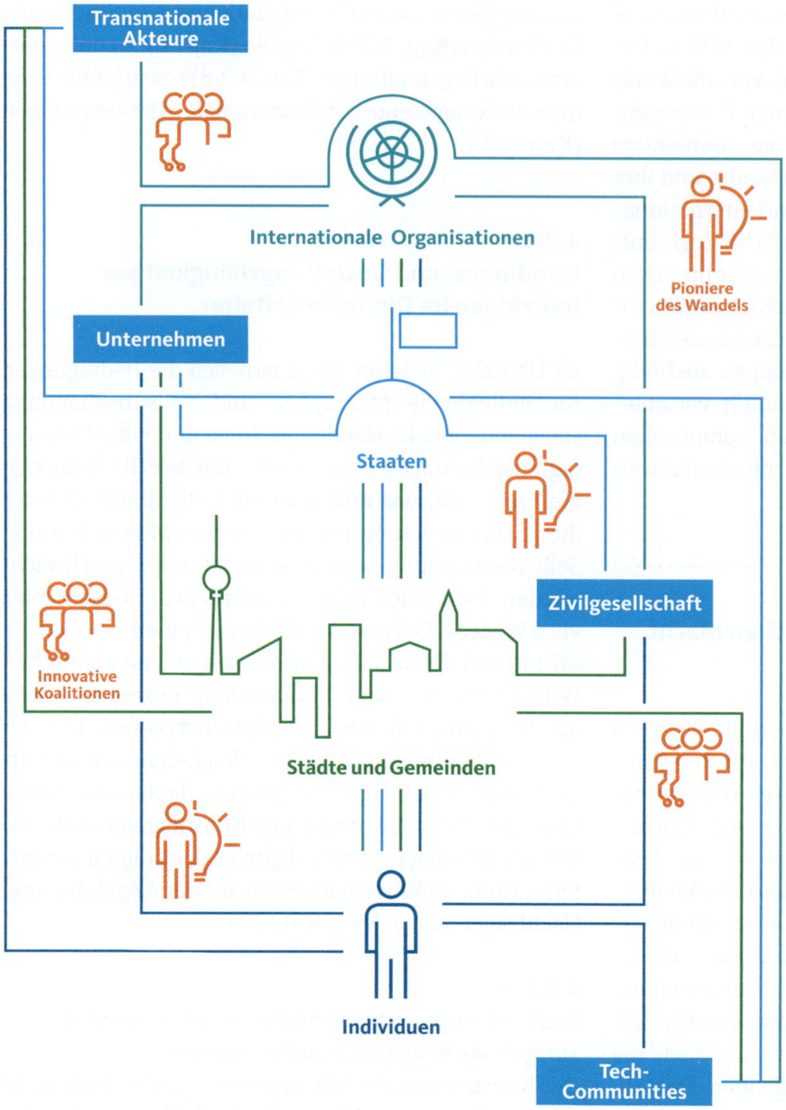

Abbildung 4.2-1
Zentrale Akteursgruppen im Digitalen Zeitalter. Die mittlere vertikale Achse umfasst die *Individuen* sowie die klassischen staatlichen Governance-Ebenen von *Städten und Gemeinden*, *Staaten* und *internationalen Organisationen*. Hinzu kommen *Zivilgesellschaft* und *Unternehmen* sowie die *Tech-Communities* und *transnationale Akteure*, die die klassischen Zuschreibungen zu Politikebenen transzendieren. Überall können Pioniere des Wandels auftreten und innovative Koalitionen entstehen.
Quelle: WBGU

lassen sich meist nicht nachvollziehen oder kontrollieren, wodurch eine Asymmetrie gegenüber wenigen privaten Unternehmen und z.T. auch Staaten entsteht (Leopoldina, 2018:40; Kap. 5.3.3). Die Dezentralität der Individuen bedeutet dabei auch einen geringeren Organisationsgrad gegenüber den gut organisierten und mit einem Wissens- und Informationsvorsprung ausgestatteten Plattformbetreibern.

Die digitale Preisgabe persönlicher Informationen ist für Nutzer*innen dabei mit dem Risiko der *Privatsphärenverletzung* verbunden (Kap. 2.2.3.1, 3.5.3; Leopoldina, 2018). Meta- und Inhaltsdaten von Individuen können durch Big-Data-Anwendungen (Kap. 3.3.2, 3.3.3) derart zusammengeführt werden, dass intime Einblicke in das persönliche Leben einzelner Individuen möglich sind. Dies ändert die Stellung der Individuen gegenüber denjenigen (z.B. Staaten und Wirtschaftsunternehmen), die über diese Daten verfügen, erheblich (Baumann, 2015:12). Die missbräuchliche Verwendung und ungewollte Veröffentlichungen personenbezogener Daten etwa in sozialen Medien kann direkte negative soziale (z.B. Mobbing) bzw. finanzielle Konsequenzen (z.B. Diebstahl) haben. Ein weiteres Risiko für Nutzer*innen ist, dass ihnen Selbstverschulden vorgeworfen wird, etwa aufgrund fehlender Medienkompetenz. Solche Anschuldigungen können mit Scham verbunden sein und wälzen die Verantwortung der Anbieter*innen (z.B. sozialer Plattformen) auf die Nutzer*innen ab.

Kategorien, mit denen Privatheit offline reguliert wird, zum Beispiel der grundrechtliche Schutz der Wohnung, funktionieren bei der Nutzung digitaler Medien noch nicht – etwa da die nötigen Sicherungsmechanismen noch nicht umfassend bereitgestellt bzw. gesetzlich eingefordert werden oder aber zu aufwändig in der Anwendung sind bzw. nicht im Verständnis ihrer Notwendigkeit bei den Nutzer*innen liegen.

Potenziale für eine Transformation zur Nachhaltigkeit bestehen demgegenüber gleichfalls in der Vernetzung mit anderen Individuen (Kap. 4.2.1.2). Individuen können online als wichtige Akteur*innen des Wandels auftreten und z.B. in sozialen Medien für Nachhaltigkeitsprojekte mobilisieren. Das Thema Privatheit sowie die Förderung ihrer Potenziale für Identität, Selbstbestimmtheit und Kreativität müssen deshalb gesellschaftlich neu und breit diskutiert werden (Trepte, 2016a).

4.2.1.2 Nutzer*innen und Prosument*innen als kreative Gestalter*innen des Wandels

Individuen sind für die erforderlichen Transformationsprozesse (Kap. 4.1) insbesondere auch als Pionier*innen und Künstler*innen wichtig. Ein digitaler Raum ermöglicht Einzelpersonen, *Eigenart* (Kap. 2.2.3) zu entfalten, indem sie eine Bühne erhalten als auch in Gruppen und damit etwa über soziale Medien in die Gesellschaft wirken können. Als Prosument*in können Individuen selbst Onlineinhalte generieren oder Güter und Angebote (mit-)gestalten sowie vermitteln. So kann jede*r Inhalte selbstverantwortlich veröffentlichen und wesentliche Wirkung als Blogger*in oder Influencer*in erzielen oder ein*e Einfamilienhausbesitzer*in Solarzellen auf dem Dach betreiben und überschüssige Energie in das Stromnetz einspeisen. Der Handlungsspielraum dieser Gestalter*innen des Wandels wird erheblich dadurch gestärkt, dass sie über eine Vielfalt von Onlineressourcen verfügen und diese miteinander teilen können, etwa durch die einfache Bereitstellung von Anleitungen und Inhalten oder die Möglichkeit sich von einer online versammelten Unterstützer*innengruppe finanzieren zu lassen (Crowdfunding).

4.2.1.3 Bürger*innen als digital unterstützte Akteur*innen des Wandels

Die klassische Form der Einflussnahme von Bürger*innen auf die Politik in Demokratien, wie Deutschland, sind Wahlen und Abstimmungen (Art. 20 Abs. 2 GG). Daneben bezieht der Staat und seine Verwaltung Bürger*innen, Unternehmen und die Zivilgesellschaft über andere Beteiligungsverfahren in Entscheidungsprozesse ein. Digitale Partizipationsinstrumente eröffnen neue, zusätzliche Möglichkeiten, um staatlich initiierte einfache (z.B. Onlinekonsultationen, Umfragen) wie auch komplexe demokratische Partizipationsverfahren zu unterstützen. Inklusiv und barrierefrei gestaltete, IKT-basierte Formen der Bürger*innenbeteiligung, etwa umgesetzt durch professionelle Mediator*innen, eine repräsentative Auswahl der Beteiligten und Unterstützung im Umgang mit digitaler Technik ermöglichen es Staat und Verwaltung, Bedürfnisse, Interessen und Belange zu identifizieren und in die Entscheidung einzubeziehen. Indem Staat und Verwaltung Individuen aktiv zur Einflussnahme auf laufende Entscheidungsprozesse einladen, verschaffen sie sich zum einen eine vollständigere Informationsgrundlage für ihre Entscheidungen und ermöglichen zum anderen eine Anhörung, die potenziell zur positiven Erfahrung führt, dass individuelle Beiträge geschätzt werden und wertvoll sind. Dies kann dazu beitragen, dass Individuen staatliche Entscheidungen akzeptieren.

Zugleich eröffnen derartige digitale Beteiligungsformate den zu beteiligenden Individuen die Möglichkeit des Informationszugangs sowie der Bewertung und Kontrolle staatlicher Entscheidungen. Bürger*innen können zudem als Nischenakteure den Vollzug staatlicher Entscheidungen kontrollieren. So können Individuen Missstände leichter und gegebenenfalls anonym kommunizieren, helfen Daten zu erheben (Bürgerwissenschaft, Kap. 5.3.10) und Informationen zur Verfügung zu stellen. Außerdem können sie sich Interessengruppen anschließen und sich organisieren.

Kollektive Selbstwirksamkeit, also das Wirken von Individuen in einer Gemeinschaft (van Zomeren et al., 2010), kann dazu beitragen, dass Individuen diese Möglichkeiten wahrnehmen. Sie kann entstehen, wenn sich viele Akteure vernetzen und dadurch gegenseitig unterstützen (z.B. kollektive Aktion; Bamberg et al., 2015). Die digitalen Möglichkeiten können dazu führen, dass Bürger*innen insbesondere durch erweiterte Partizipationsmöglichkeiten nicht nur aktiv in die Gestaltung der Transformation zu Nachhaltigkeit eingebunden werden, sondern diese auch selber vorantreiben können.

4.2.1.4 Die Gefahr von Diskriminierung durch Ausschluss von Bürger*innen von digitaler Technik

Bezogen auf die Rolle als partizipierende Bürger*in besteht die Gefahr der Diskriminierung durch Ausschluss als Nichtnutzer*in digitaler Technik. Sozialen Gruppen und Milieus, die nicht über das Wissen und die Kompetenzen im Umgang mit digitaler Technik sowie den Zugang zu digitalen Angeboten verfügen, unterliegen Ausgrenzungsgefahren bis hin zur Teilhabeverweigerung. Um Potenziale der Digitalisierung auch im Bereich der Teilhabe zu heben, sollten Maßnahmen ergriffen werden, die sicherstellen, dass eine breite Beteiligung erreicht und die Diskriminierung von Personen ausgeschlossen wird. Auch digitale Formen der Beteiligung (e-Partizipation, Liquid Democracy, e-Petitionen, Bürgerhaushalt) bedürfen Ressourcen, wie verlässlicher und vertrauenswürdiger digitaler Angebote (Kap. 5.3.5) und Know-how (Kap. 5.3.4). Nicht nur der Mangel an digitalen Kompetenzen, sondern auch eine eingeschränkte Verfügbarkeit von Hard- und Software kann zu einer massiven gesellschaftlichen Spaltung zwischen Armen und Reichen führen, wenn nur Wohlhabende sich diese leisten können. Eine zusätzliche Qualität gewinnt der Aspekt digitaler Diskriminierung im globalen Kontext: In Entwicklungsländern ist die Gefahr der digitalen Spaltung besonders groß, wie sich zum Beispiel am mangelnden Zugang zu entsprechender IKT und Bildung in einigen afrikanischen Ländern zeigt (Kap. 5.3.8).

Die Gewährleistung professioneller Prozesssteuerung etwa durch unabhängige Mediatoren (Horelli, 2002), eine frühzeitige Einbeziehung der Beteiligten, transparente Regeln und die Vermeidung der Exklusion von Gruppen (Öffentlichkeit) sind (aus dem Nicht-Digitalen) übertragbare Erfolgsfaktoren für digitale Partizipation. Individuen müssen für Alltagssituationen (z.B. im digitalisierten Konsum, Kap. 5.2.3) und in Transformationsprozessen (z.B. bei den Themen Arbeit der Zukunft, Kap. 5.3.9 oder der Mobilitätswende, Kap. 5.2.8) darauf vorbereitet werden, souveräne Entscheidungen treffen zu können.

4.2.1.5
Zwischenfazit

Die Transformation zur Nachhaltigkeit muss von Individuen unterstützt und akzeptiert werden, um erfolgreich zu sein (WBGU, 2011:71). Der digitale Wandel eröffnet den Individuen dazu neue Möglichkeiten der Partizipation – nicht nur im Sinne von Beteiligung, sondern auch mit Blick auf Information, Kontrolle (im Sinne der Nachverfolgung) und Eigeninitiative. Als Pioniere des Wandels können Individuen diese neuen Chancen nutzen und die Transformation zur Nachhaltigkeit zum Beispiel durch Onlineengagement aktiv mitgestalten. Zugleich birgt Digitalisierung aber Risiken des Akzeptanzverlusts, wenn Individuen instrumentalisiert und reine Objekte für Entscheidungsträger werden, auf die sie keinen Einfluss haben. Privatsphärenschutz und die Bewahrung individueller Entscheidungssouveränität sind unabdingbare Voraussetzungen für Partizipation und Pionieraktivitäten der Menschen.

4.2.2
Unternehmen zwischen Marktkonzentration und Wettbewerb

Das Zusammenspiel zwischen Unternehmen untereinander, zwischen Unternehmen und Verbraucher*innen in Märkten, sowie zwischen Unternehmen und Staaten kann eine hohe Veränderungsdynamik entfalten. Die Dynamik und Breitenwirkung der Digitalisierung selbst illustrieren dies nur allzu deutlich (Kap. 3.1). Die Anwendung digitaler Technologien beschränkt sich dabei längst nicht mehr auf Unternehmen des Technologie- bzw. IKT-Sektors, sondern erfasst zunehmend Unternehmen aller Wirtschaftsbereiche (OECD, 2019c). Es etablieren sich neue Marktstrukturen, neue Geschäftsmodelle und neue Verhaltensweisen. Diese Veränderungsdynamik stellt aus der Perspektive der Nachhaltigkeitstransformation Chance und Herausforderung zugleich dar (WBGU, 2011).

4.2.2.1
Unternehmen als Akteure des digitalen Wandels: Marktdisruptionen

Das disruptive Potenzial digitaler Technologien beruht zunächst auf ihrer zumeist schnellen Skalierbarkeit durch das Wirken von Skalen- und Netzwerkeffekten (Kasten 4.2.2-1; Brynjolfsson und McAfee, 2014). Entscheidend ist darüber hinaus das hohe wirtschaftliche Potenzial, das im erheblichen Zugewinn an Information durch umfassende Datenerhebung und -auswertung sowie der stärkeren Vernetzung von Akteuren und Märkten liegt. Die Nutzung dieses Potenzials wird bereits heute als ein, wenn nicht der entscheidende Wettbewerbsfaktor gesehen (Mayer-Schönberger und Ramge, 2017; Goldfarb et al., 2019; Wambach und Müller, 2018; OECD, 2019c; Niebel et al., 2019). Sie bietet auch zunächst branchenfernen, auf die wirtschaftliche Nutzung von Information und Vernetzung spezialisierten Akteuren Chancen, in bestehende Branchen und Marktsegmente einzutreten, zumal wenn sie die Potenziale frühzeitiger erkennen. Durch die Verknüpfung von Informationen aus anderen Märkten können sie Mehrwerte schaffen und dadurch gegebenenfalls kreativer entscheiden. Oftmals ist dies etablierten Unternehmen eines bestimmten Marktsegments nicht möglich (Schweitzer et al., 2018; Farboodi et al., 2019).

Mit Hilfe von Vernetzung, Informationszugewinn und neuen digitalen Technologien können auch Abläufe innerhalb von Unternehmen neugestaltet werden. Dies betrifft Herstellung und Vertrieb ebenso wie unternehmerische Entscheidungsprozesse. So können Produktionsabläufe und Logistik z.B. besser koordiniert werden. Auch komplexe Fertigungsprozesse, etwa mit Hilfe neuer Produktionsverfahren wie der additiven Fertigung, können automatisiert und die Fertigung darüber hinaus individueller auf Kundenanforderungen zugeschnitten werden (WEF, 2017c; WTO, 2018; Kap. 5.2.1). Der 3D-Druck bringt etwa wesentlich dezentralere und individualisiertere Produktionsprozesse hervor und kann die bisherigen Grenzen zwischen Konsument*innen und Produzent*innen verschwimmen lassen (Kap. 3.3.5.4, 5.2.1, 5.2.2). Gerade etablierte Unternehmen werden dadurch herausgefordert, dass Vernet-

Kasten 4.2.2-1

Skalen- und Netzwerkeffekte

Die schnelle Skalierbarkeit digitaler Angebote, häufig auch als positive Skaleneffekte bezeichnet, leitet sich aus der Kostenstruktur immaterieller, digitaler und digitalisierter Güter und Dienste ab: Investitionskosten stehen meist geringen bis vernachlässigbaren Kosten der Vervielfältigung bzw. der Ausweitung des Angebots gegenüber (Levin, 2013). Rein digitale bzw. digitalisierte Güter und Dienstleistungen können so meist, d.h. abgesehen von möglichen Restriktionen bei Hardware- und Infrastrukturvoraussetzungen, sehr schnell skaliert werden. Gleichzeitig ergeben sich mit zunehmender Größe eines Anbieters erhebliche Reduktionspotenziale bezogen auf die Kosten der Herstellung einer einzelnen Einheit eines Gutes bzw. einer Dienstleistung. Im Bereich klassischer Netzindustrien, wie dem Energie- oder auch dem Schienennetz, wirken diese Vorteile darauf hin, dass sich längerfristig nur ein privatwirtschaftlicher Anbieter durchsetzt. Es entstehen natürliche Monopole (Wambach und Müller, 2018).

Größenvorteile spielen auch bei datenbasierten Geschäftsmodellen, d.h. den verbreiteten Tauschgeschäften von Diensten gegen Daten, eine Rolle. Umfangreichere Datensätze versprechen zusätzlichen Informationsgewinn. Auch bei Daten kann es jedoch zu Sättigungseffekten kommen, so dass der Wert- und Informationszuwachs aus zusätzlichen Daten mit der Datenmenge (stark) abnimmt, wenn ein gewisses Mindestvolumen überschritten wird (Varian, 2018). Große Bedeutung hat hingegen die Vielfalt der zu einem Akteur oder einem Bereich erfassten Daten, da sich aus der Verknüpfung zusätzliche Erkenntnisse gewinnen lassen (Economies of Scope; Duch-Brown et al., 2017). Entsprechend hohe Anreize bestehen für Unternehmen, mit ihren digitalen und digitalisierten Angeboten auch verschiedene Wirtschafts- bzw. Lebensbereiche abzudecken und unterschiedliche Angebote zu kombinieren (Dewenter und Lüth, 2018; Bourreau et al., 2017:33).

Auf Seiten der Netzwerkeffekte ist grundlegend zwischen direkten und indirekten Netzwerkeffekten zu unterscheiden (Haucap und Heimeshoff, 2014). Netzwerkeffekte begründen letztlich erneut Größenvorteile, die große gegenüber kleinen Akteuren sowie etablierte gegenüber neuen Akteuren bevorteilen können. Direkte Netzwerkeffekte beschreiben den zunehmenden Wert eines Guts oder einer Dienstleistung, wenn die Zahl der Nutzer*innen (auf der gleichen Marktseite) steigt. Beispielsweise gewinnt ein Dienst zum Verfassen und Verschicken von Nachrichten an Attraktivität je höher die Zahl der Nutzer*innen ist, die diese Nachrichten empfangen können. Indirekte Netzwerkeffekte beschreiben hingegen Wertsteigerungen für einzelne Nutzer*innen, die sich aus einem Wachstum der anderen Marktseite ergeben. Indirekte Netzwerkeffekte sind Kennzeichen zweiseitiger Märkte, d. h. von Märkten, bei denen ein Anbieter oder Intermediär zwei oder mehr unterschiedliche Gruppen an Akteuren bedient, die jedoch wechselseitig voneinander abhängen (Rysman, 2009; Schweitzer et al., 2018). Als konkrete Beispiele im Zusammenhang mit der Digitalisierung sind insbesondere digitale Plattformen zu nennen, deren Erfolg mit dem Wirken indirekter Netzwerkeffekte verbunden ist: Die Attraktivität von Verkaufsplattformen steigt beispielsweise für Anbieter je mehr Nachfragende auf der Plattform einkaufen und umgekehrt.

zung und Informationsgewinn die Organisation von Unternehmen selbst betreffen, d.h. die Art und Weise wie unternehmerische Entscheidungen getroffen und umgesetzt werden, wenngleich bislang noch nicht absehbar scheint, in welcher Richtung (Bloom et al., 2014; Brynjolfsson und McElheran, 2016): Sie erleichtern einerseits die unternehmensinterne Koordination und erlauben so flachere Hierarchien und marktähnliche Organisationsformen in agileren Einheiten mit mehr Entscheidungsverantwortung. Insbesondere kombiniert mit dem Einsatz entscheidungsassistierender oder autonom entscheidender technischer Systeme können sie andererseits auf eine stärkere Zentralisierung der Unternehmenslenkung hinwirken (Mayer-Schönberger und Ramge, 2017).

Entscheidend im Wettbewerb wird aber nicht nur die Nutzung von Informationen und Vernetzung nach innen zur Optimierung unternehmensinterner Abläufe und Produktionsprozesse sein. Von größerer Bedeutung wird vielmehr in nahezu allen Branchen sein, über die Erfassung und Verknüpfung von Informationen oder die Vernetzung von Akteuren Mehrwerte und darauf aufbauend neue erfolgreiche Geschäftsmodelle zu schaffen. Besonders deutlich spiegelt sich dies im Erfolg von Plattformen und den ihnen vielfach zugrundeliegenden, datenbasierten Geschäftsmodellen wider (Levin, 2013; Einav et al., 2016; Schweitzer et al., 2018). Plattformen führen mit Hilfe entsprechender Informationssysteme Anbietende und Nachfragende in den unterschiedlichsten Lebens- und Wirtschaftsbereichen im Vergleich zu „analogen Marktplätzen" schneller, genauer und nahezu ohne geographische Beschränkungen zusammen. Informationsdefizite und generell der Aufwand für Such- und Informationsprozesse können so für die Nutzer*innen erheblich reduziert werden (Goldfarb et al., 2019). Der Erfolg von Plattformen erklärt sich zudem dadurch, dass etwa Bewertungsmöglichkeiten durch Nutzer*innen oder grundlegende Garantien der Betreiber Vertrauen aufbauen und damit oftmals prohibitiv hohe Hürden in der Interaktion vollkommen anonymer Akteure in der analogen Welt abbauen (Mayer-Schönberger und Ramge, 2017; Peitz und Schwalbe, 2016; OECD, 2019c). Als Marktintermediäre erlangen die Plattformbetreiber demgegenüber besonders detaillierte Informationen über die Beziehungen und Profile der auf ihren Plattformen aktiven Nutzer*innen.

Vielfach nutzen Betreiber diese besondere Fülle und

Tiefe an Informationen im Rahmen datenbasierter Geschäftsmodelle (Kretschmer et al., 2018): Die digitalen Dienste und der Zugang zur Plattform selbst werden den Nutzer*innen dabei ohne monetäre Gegenleistung scheinbar kostenlos zur Verfügung gestellt. Finanziert werden diese Angebote jedoch durch Weiterverwendung der bei der Nutzung der Plattform und Dienste anfallenden Daten, etwa zu Werbezwecken oder zur Entwicklung weiterer kostenpflichtiger Dienste in anderen Märkten. Der (scheinbar) kostenlose Zugang zu der Plattform und den digitalen Diensten dient deren Verbreitung. Solche Angebote unter den Herstellungskosten und eine „Quersubventionierung" durch andere Kundengruppen des Betreiberunternehmens sind jedoch generell typisch für derartige zwei- oder mehrseitigen Märkte (Rochet und Tirole, 2003; Rysman, 2009; Kasten 4.2.2-1).

Plattformbasierte Geschäftsmodelle haben zur schnellen Verbreitung und Etablierung von Suchmaschinen, Messenger-Diensten oder Kartendiensten als selbstverständliche Begleiter im Alltag vieler Menschen beigetragen. Beispielhaft zu nennen für die disruptive Wirkung von Plattformen und neuen, digitalen Geschäftsmodellen sind die teils radikalen Veränderungen, die in der Medien- bzw. Musikindustrie oder im Einzelhandel mit dem Aufstieg von Streaming-Diensten oder E-Commerce- bzw. Onlinemarktplätzen nach dem Markteintritt von Unternehmen wie Apple oder Amazon verbunden waren (Waldfogel, 2017; Gilbert, 2015; WTO, 2018). In vielen weiteren Branchen werden ähnliche radikale Veränderungen von Geschäftsmodellen durch datenbasierte Dienste und Plattformen erwartet bzw. sind in Teilen bereits heute sichtbar. Datenbasierte Dienstleistungen wie spezielle Wartungsservices werden etwa als Wettbewerbsfaktor für den Verkauf von Anlagen und Maschinen immer entscheidender und erweitern die traditionellen Anbieter-Kundenbeziehungen über den reinen Verkauf hinaus (WEF, 2017c). Die Koordination unterschiedlicher Nutzer*innen sowie der Reputationsaufbau über Bewertungen auf Plattformen sind zudem wesentliche Voraussetzungen für die zunehmende Verbreitung und Akzeptanz der geteilten Nutzung langlebiger Güter wie etwa von Fahrzeugen in der Sharing-Ökonomie (Peitz und Schwalbe, 2016; Horton und Zeckhauser, 2016; Einav et al., 2016). Der Fokus der Nutzer*innen verlagert sich dabei weg vom Erwerb des Eigentums an Gütern hin zu den Dienstleistungen, die mit Hilfe dieser Güter verfügbar sind: Im Beispiel des Verkehrssektors gewinnt etwa Mobilität gegenüber dem Eigentum an einem Fahrzeug an Bedeutung; mit gravierenden Folgen für die Geschäftsmodelle der Fahrzeughersteller, die sich z.B. zu Mobilitätsanbietern weiterentwickeln müssen, wenn sie den Verlust eines Teils des wirtschaftlichen Potenzials des zukünftigen Mobilitätsmarkts vermeiden wollen (Kap. 5.2.8). Ähnlich disruptive Veränderungen durch Plattformen und digitale und digitalisierte Dienste zeichnen sich auch im Bankensektor, der Versicherungswirtschaft oder der Energiewirtschaft ab (Mayer-Schönberger und Ramge, 2017; OECD, 2018a; Doleski, 2017; Themenkasten 5.2-1; Kap. 5.2.6).

4.2.2.2 Unternehmen als digitale Pioniere nachhaltigen Wandels?

Die für die Zusammenführung von digitalem Wandel und Nachhaltigkeitstransformation entscheidende Frage ist, in welche Richtung die zuvor beschriebenen disruptiven Potenziale der Digitalisierung auf die wirtschaftliche Ebene und insbesondere auf Unternehmen wirken. Führt das Aufbrechen von Marktstrukturen und Geschäftsmodellen zu einem Wandel in Richtung Nachhaltigkeit oder schreiben auch die neuen Geschäftsmodelle nicht nachhaltige Entwicklungspfade fort? Die Antwort ist zumindest ambivalent.

Ohne Zweifel sind in den beschriebenen Veränderungen auf wirtschaftlicher Ebene große Potenziale für nachhaltigere Entwicklungspfade angelegt. Die Reorganisation von unternehmensinternen Abläufen und Transportwegen sowie die Automatisierung von Produktionsprozessen bietet etwa Potenziale zur erheblichen Steigerung der Ressourceneffizienz der Produktion (UNCTAD, 2018). Zusammen mit der höheren Transparenz über Produktionsprozesse und Materialen ergeben sich zudem weitreichende Möglichkeiten zum Schließen von Stoffkreisläufen (WEF, 2019; Kap. 5.2.1). Ähnliches gilt für die Ansätze der Sharing-Ökonomie, durch die grundsätzlich der Ressourcenbedarf reduziert werden kann, indem die Nutzung der Güter intensiviert wird (Kap. 5.2.2, 5.2.3). Neue Möglichkeiten der geteilten Nutzung kapitalintensiver Investitionsgüter wie etwa auch von Servern im Rahmen von Cloud Computing erleichtern auch Unternehmen in Entwicklungsländern Zugänge zu neuen Märkten und Technologien (World Bank, 2016).

Nachhaltigkeitspioniere auf Unternehmensseite können zudem von der generell steigenden Transparenz auf Märkten profitieren. Vielfalt und Verfügbarkeit von Informationen sowie direkte Interaktionen mit Interessenten auch über große Entfernungen hinweg erlauben eine stärkere Differenzierung von Gütern und Dienstleistungen auch entlang von Nachhaltigkeitskriterien. Da sich zusätzlich die Reichweite und Sichtbarkeit derartiger Angebote erhöhen, können beispielsweise durch umfassendere Nachhaltigkeitsberichterstattung oder Zertifizierungen gezielt Gruppen mit besonderen Interessen bzw. Präferenzen an nachhaltiger Entwicklung angesprochen werden. Zugleich tragen steigende Verfügbarkeit und Vielfalt von Informationen grundsätzlich dazu bei, dass sich private Akteure der Nachhaltigkeitswirkungen ihrer Handlungen stärker bewusst werden und in dieser Hinsicht informiertere Entscheidungen treffen können (Kap. 5.2.3). Einer möglichen Überforderung durch die digitale Informationsvielfalt können dabei entscheidungsassistierende technische Systeme vorbeugen (Mayer-Schönberger und Ramge, 2017; Stiglitz, 2017b).

Aus Nachhaltigkeitssicht besteht so durchaus Hoffnung, dass sich die Vereinbarkeit unternehmerischen Handelns mit Nachhaltigkeitszielen immer mehr aus einer Nische heraus zu einem Kriterium im Wettbewerb entwickelt. All diese positiven Gesichtspunkte dürfen jedoch nicht darüber hinwegtäuschen, dass die grundsätzlichen Zielsetzungen unternehmerischen Handelns von der Digitalisierung nicht verändert werden. Auch die Unternehmen der Digitalwirtschaft folgen primär privatwirtschaftlichen Interessen und entwickeln Güter und Dienstleistungen mit dem Ziel, Interessen der Verbraucher*innen zu bedienen oder Bedürfnisse zu wecken und auf diese Weise letztlich Einnahmen und Gewinne zu erzielen. Dass Nachhaltigkeitsziele stärker Eingang in die Entscheidungen finden werden als bislang, ist weder durch die neuen Akteurskonstellationen auf Märkten und Plattformen noch durch die organisatorischen Veränderungen auf Unternehmensebene gesichert. Eine Einpreisung der Ressourcennutzung bei Gütern und Dienstleistungen kann den nötigen Wandel unterstützen (Kap. 5.2.2).

Entscheidungen zur Automatisierung oder zum Reshoring von Produktionsprozessen, d.h. zur Rückverlagerung von Produktionsstufen in Industrieländer, folgen beispielsweise letztlich lange bekannten Rationalisierungsstrategien, ohne dass Unternehmen dabei immer den gesamtgesellschaftlichen Wert von Erwerbsarbeit oder entwicklungspolitische Dimensionen umfassend berücksichtigen (Kap. 5.3.8, 5.3.9). Ähnliches gilt für ressourcenschonendere, digital gestützte Fertigungsverfahren (Kap. 5.2.1), deren Einsatz von privatwirtschaftlichen Gewinnaussichten abhängt, etwa indem sie Kostenvorteile bieten oder bestimmte Nachfragegruppen mit entsprechender Zahlungsbereitschaft bedienen. Nicht zuletzt beruht der heutige Erfolg mancher Plattformen oder Ansätze der geteilten Nutzung von Wirtschaftsgütern auch darauf, dass bestehende, kostentreibende Regulierungen insbesondere in Form von Arbeits- oder Sicherheitsstandards diese Geschäftskonzepte nur unzureichend erfassen. Dies wird etwa an unterschiedlichen Auflagen von digital vermittelten Fahrdiensten gegenüber Taxis oder an privat vermieteten Wohnungen im Vergleich zur Hotelbranche deutlich (Eichhorst und Spermann, 2016; Peitz und Schwalbe, 2016).

Wie autonom handelnde oder assistierend eingesetzte Entscheidungssysteme auf eine Berücksichtigung von Nachhaltigkeitszielen in Unternehmensentscheidungen wirken, ist nach bisherigen Erkenntnissen völlig offen. Der Einsatz selbstlernender Systeme in der unternehmerischen Entscheidungsfindung kann, da diese aus vergangenen Datengrundlagen Schlüsse ziehen, zu einer Fortsetzung bekannter Verhaltensmuster führen (Mayer-Schönberger und Ramge, 2017). Teilweise fördern solche Systeme jedoch auch völlig neue, für den Menschen nicht erkennbare Zusammenhänge zutage, die grundsätzlich auch der Vereinbarkeit von wirtschaftlichen Interessen und Nachhaltigkeitszielen dienen können. Konkretere Chancen bietet die Reorganisation von Unternehmen vor allem mit Blick auf die Entwicklungsdimensionen Teilhabe und Eigenart. Flachere Hierarchien und die Organisation in eigenständigen, stärker verantwortlichen Gruppen können die Kreativität und das Empfinden von Selbstwirksamkeit der Arbeitnehmer*innen befördern (Mayer-Schönberger und Ramge, 2017). Dank leichterer Vernetzung und Koordination von Arbeitsschritten entstehen auch Räume für weitergehende, alternative Unternehmensformen auf Grundlage von Kollaboration und Zusammenwirken von Nutzer*innen bzw. Verbraucher*innen oder in Form einer Neubelebung genossenschaftlicher Unternehmensformen, die zudem die wirtschaftliche Teilhabe der Mitarbeiter*innen stärken können (Peitz und Schwalbe, 2016; Kap. 5.2.2).

4.2.2.3 Herausforderungen: neue Pfadabhängigkeiten und gesellschaftliche Gestaltungsmacht von Unternehmen

Die beschriebenen disruptiven wirtschaftlichen Wirkungen digitaler Technologien und der auf ihnen basierenden Geschäftsmodelle befördern einerseits stärkere Dezentralität und Wettbewerb, durch höhere Markttransparenz und Verbrauchersouveränität, durch sinkende Kosten von Koordination und Transaktionen (auch über große Distanzen hinweg), und somit generell durch den Abbau von Zugangsbarrieren zu Märkten und von Friktionen in Marktmechanismen (Goldfarb et al., 2019; Jerbashian und Kochanova, 2017). Andererseits sind gerade in den maßgeblichen Treibern der disruptiven Wirkung, den Kostenstrukturen digitaler Lösungen und ihrer Geschäftsmodelle, den wirtschaftlichen Potenzialen von Vernetzung und Information, auch starke Treiber für steigende Marktkonzentration angelegt.

Verschiedene Indikatoren wie ansteigende Preisaufschläge und Gewinneinkommen deuten, zwar nicht für alle Länder aber doch global, bereits seit längerem auf steigende Marktkonzentrationen hin (De Loecker und

Eeckhout, 2018). Diese Entwicklungen werden bereits heute, ohne dass ihre Ursachen eindeutig identifiziert werden konnten, auch über die zunehmende Bedeutung immaterieller Wirtschaftsgüter und das Wirken immer stärkerer Skalen- und Netzwerkeffekte erklärt (Kasten 4.2.2-1; Dīez et al., 2018; Bessen, 2017; Guellec und Paunov, 2017).

Durch den Bedeutungszuwachs immaterieller Wirtschaftsgüter und das Wirken von Skalen- und Netzwerkeffekten entwickelt Wettbewerb in einer zunehmend digitalisierten Wirtschaft vermehrt einen „Winner-takes-all"-Charakter (Evans und Schmalensee, 2013; Haucap und Heimeshoff, 2014; Kasten 4.2.2-1): Unternehmen konkurrieren weniger um einzelne Nutzer*innen, d.h. innerhalb eines Marktes, als um ganze Märkte (Brynjolfsson und McAfee, 2014; Bourreau et al., 2017; Van Reenen, 2018). Auch dies spiegelt sich in der disruptiven Wirkung auf Märkte und Geschäftsmodelle wider, insbesondere in der Tatsache, dass auch völlig branchenfremde Unternehmen in vergleichsweise kurzer Zeit Märkte dominieren können (Farboodi et al., 2019). Allerdings nehmen die Befürchtungen zu, dass dieser (innovationsgetriebene) Wettbewerb um Märkte mehr und mehr an Intensität verliert und somit die wettbewerbsfördernden Wirkungen der Digitalisierung immer mehr in den Hintergrund treten. Anlass für diese Befürchtungen gibt vor allem die zunehmende wirtschaftliche Bedeutung von Daten für innovative Dienste und Geschäftsmodelle sowie vor allem auch für die (Weiter-)Entwicklung von digitalen Technologien selbst, wie insbesondere bei Big-Data-Anwendungen und KI-Systemen (Dewenter und Lüth, 2016; Kretschmer et al., 2018; Kap. 3.3.2, 3.3.3): Unternehmen, die sich zum Beispiel über einmal erfolgreiche, datengenerierende Dienste den (faktischen) Zugriff auf Daten sichern konnten, drohen angesichts dieser datengetriebenen indirekten Netzwerk- oder Feedbackeffekte (Prüfer und Schottmüller, 2017; Graef und Prüfer, 2018; Mayer-Schönberger und Ramge, 2017) fortwährend den Wettbewerb um „ihre" Märkte zu gewinnen. Auch das Vordringen von Big-Data-Bewertungen im Finanzierungsbereich kann zur Dominanz einmal etablierter Unternehmen beitragen, wenn diese dank der Verfügbarkeit breiterer Datengrundlagen günstigere Finanzierungskonditionen erhalten (Begenau et al., 2018).

Bereits heute haben einzelne Unternehmen und insbesondere die Big Five (auch „GAFAM" – Google/ Alphabet, Apple, Facebook, Amazon, Microsoft) mit Hilfe digitaler Technologien und Geschäftskonzepte zum Teil in sehr kurzer Zeit eine beträchtliche Größe und hohe Kapitalmarktbewertungen erreicht (Kap. 3.1.3). Während im Jahr 2009 mit Exxon Mobile noch ein Unternehmen aus dem Bereich fossiler Ressourcen den Spitzenplatz einnahm, hat sich die Liste der zehn weltweit wertvollsten Unternehmen in der Zwischenzeit grundlegend gewandelt: Die Spitzenplätze werden heute von Vertretern des Technologiesektors dominiert, zum Teil von Unternehmen, die 2009 noch überhaupt nicht unter den 100 wertvollsten Unternehmen der Welt vertreten waren (OECD, 2019c; PWC, 2018; Tab. 3.1.3-1). Dies illustriert erneut die hohe Dynamik und Breitenwirkung des digitalen Wandels. Auch wenn die hohen Marktbewertungen dieser Unternehmen keinen direkten Aufschluss über ihre tatsächliche Gestaltungsmacht geben, spiegeln sie doch Gewinnerwartungen wider, die letztlich nur gerechtfertigt sind, wenn die Unternehmen ihre heutigen, in einzelnen Segmenten bereits dominanten Marktpositionen erhalten oder sogar ausbauen können (Wambach und Müller, 2018:39; Shapiro, 2018). Zu beobachten ist auch, dass etablierte Unternehmen mögliche Konkurrenten gezielt und immer frühzeitiger aufkaufen, noch bevor sich ein innovationsgetriebener Wettbewerb um Märkte entfalten könnte. Auch die Strategie junger Unternehmen selbst wird immer stärker auf diesen Aufkauf ausgelegt (Wambach und Müller, 2018).

Zumindest teilweise wurden diese Konzentrationsprozesse dadurch begünstigt, dass wettbewerbsrechtliche Verfahren bislang oft nur unzureichend den besonderen wirtschaftlichen Strukturen in digitalen Märkten und datenbasierten Geschäftsmodellen gerecht werden (Nyeso und Capobianco, 2017). Die wettbewerbsrechtlichen Probleme im Umgang mit den neuen Akteuren der Digitalwirtschaft und neuen Geschäftsmodellen im digitalen Raum betreffen sowohl die geeignete Abgrenzung des betreffenden Marktes als auch die Feststellung einer marktbeherrschenden Position, für die hohe Preisaufschläge auf den (Grenz-) Kosten oder hohe Marktanteile nur noch eingeschränkte Aussagekraft besitzen. Sie beruhen unter anderem auf vielfach unklaren und teils asymmetrischen Substitutionsbeziehungen zwischen verschiedenen digitalen Angeboten, der Bündelung verschiedener Dienste, dem Vorliegen von Netzwerkeffekten oder oft fehlenden Marktpreisen (Bertschek et al., 2016; Krämer und Wohlfarth, 2018). Diskutiert werden zudem Defizite in der Fusionskontrolle, durch die das gezielte Aufkaufen noch junger, potenzieller Konkurrenten nicht wirksam beschränkt wurde (Schweitzer et al., 2018).

Veränderung der Gestaltungsmöglichkeiten von Unternehmen und gesellschaftliche Herausforderungen

Inwieweit diese steigende Konzentration Auswirkungen auf die Innovationskraft der Unternehmen hat, ist angesichts der Forschungs- und Entwicklungsaktivitäten der derzeit großen Vertreter der Digitalwirtschaft und der beschriebenen Vorteile von Informationsverknüpfungen im Innovationsprozesse im Gegensatz zur klassischen Vorstellung wenig dynamischer Monopole bislang zumindest umstritten (Autor et al., 2017a; Bessen, 2017; Gutiérrez und Philippon, 2019). Weitgehend unstrittig ist hingegen, dass die steigende Marktkonzentration und der dadurch mögliche Informationsvorsprung bei einzelnen Unternehmen Verteilungswirkungen nach sich ziehen. So wird das bereits seit längerem in vielen Ländern beobachtete Absinken der Arbeitnehmerentlohnung an der gesamtwirtschaftlichen Wertschöpfung mit der Zunahme an Marktkonzentration, der Verlagerung von Wertschöpfung hin zu immateriellen, digitalen Wirtschaftsgütern und dem Aufstieg von Superstar-Unternehmen wie den Big Five in Verbindung gesetzt (Autor et al., 2017a, b; Guellec und Paunov, 2017; Kap. 5.3.9). Marktmächtige Unternehmen können zudem mit Hilfe digitaler Technologien und ihres Informationsvorsprungs gegenüber anderen Akteuren immer zielgenauer individuelle Präferenzen bestimmen und mit Hilfe entscheidungsassistierender Systeme oder entsprechend differenzierter Preissetzungen individuelle Zahlungsbereitschaften abschöpfen (Stiglitz, 2017b; Kretschmer et al., 2018; Goldfarb et al., 2019; Wambach und Müller, 2018).

Gerade der Erfolg ihrer Anwendungen und Dienste in der gesellschaftlichen Breite verleiht Unternehmen, ihrem Verhalten und ihren Werten in der Technikgestaltung darüber hinaus immer stärkere gesellschaftliche Relevanz, die über die rein wirtschaftliche Ebene hinausgehende Herausforderungen von Marktmacht einzelner Unternehmen aufwirft. Die im Wesentlichen von Unternehmen geschaffenen digitalen Technologien und Anwendungen wie Internetsuchmaschinen, Kommunikationsdienste oder soziale Plattformen sind in der Zwischenzeit in vielen Ländern alltägliche und damit selbstverständliche Bestandteile des privaten, geschäftlichen und politischen Lebens und tragen Züge von Gütern (und Infrastrukturen) der Grundversorgung (Kap. 5.3.5). Sie stellen zentrale Informationsquellen dar, bieten mit zumindest scheinbarer Objektivität Hilfe etwa bei (Konsum-)Entscheidungen in privaten wie öffentlichen Bereichen und lassen neue Räume zur sozialen und politischen Interaktion entstehen.

Diese besondere Reichweite verschafft den zentralen Anbietern der digitalen Lösungen, Infrastrukturen und Dienste einen Informationsvorsprung gegenüber anderen Akteuren – Individuen, konkurrierenden Unternehmen und staatlichen Institutionen – sowie Einfluss auf gesellschaftliche Kernbereiche: Betroffen sind Fragen des Datenschutzes und des Schutzes der Privatsphäre (Kap. 4.2.1; Acquisti et al., 2016) ebenso wie Fragen der Entscheidungssouveränität auf individueller und gesellschaftlicher Ebene (Kasten 4.3.3-1). Gleichzeitig bleibt weitgehend intransparent, welche Daten und Informationen (weiter-)verarbeitet werden, nach welchen Kriterien Daten- und Informationsströme aufbereitet und gestaltet werden, und wie Entscheidungen unterstützt werden und ob dabei gesellschaftliche Prinzipien wie Diskriminierungsfreiheit gewahrt werden (GCIG, 2016; Kretschmer et al., 2018). Gefährdungen der individuellen und gesellschaftlichen Entscheidungssouveränität können so von den Anbietern der Dienste und Technologien selbst ausgehen und sind gerade angesichts ihres Informationsvorsprungs sehr subtil denkbar. Konkretere Gefährdungen zeichnen sich heute jedoch vor allem dadurch ab, dass einzelne Unternehmen digitale Räume und Plattformen geschaffen haben, die aufgrund ihrer Reichweite, aber auch ihrer hohen Intransparenz Möglichkeiten der Einflussnahme auf Informationsströme und Meinungsbildung durch Dritte eröffnen. Dies gilt etwa mit Blick auf die Manipulation politischer Auseinandersetzungen in Wahlkämpfen (Kap. 5.3.2) oder gezielte Desinformation und Rufschädigung (Kap. 4.2.6; Kasten 4.2.6-1).

Es fehlt derzeit eine der gesellschaftlichen Bedeutung der digitalen Technologien, Infrastrukturen und Dienste angemessene Regulierung und Kontrolle von Unternehmen durch demokratisch legitimierte staatliche Stellen. Dies kann in mangelndem politischen Problembewusstsein oder Willen begründet sein. Viele digitale Dienste und Netzwerke entziehen sich bewusst oder unbewusst bestehender nationalstaatlicher Regulierung (Kap. 4.2.6). Einerseits sind digitale Dienste und Netzwerke in der Regel international aufgestellt und allein deshalb nur schwer nationalstaatlich zu regulieren und zu kontrollieren. Andererseits steigt durch die abnehmende Bedeutung physischer Präsenz für unternehmerische Aktivitäten im digitalen Raum die Verhandlungsmacht von Unternehmen gegenüber regulierenden staatlichen Stellen. Sie erlaubt es Unternehmen, sich regulierenden Eingriffen, etwa bei der Durchsetzung sozialer Standards auf Arbeitsmärkten (Kap. 5.3.9) oder der Besteuerung von Gewinnen (Kasten 4.2.2-2), durch internationale Verlagerungen bewusst zu entziehen. Die verstärkte Internationalisierung unternehmerischer Tätigkeiten verschafft dabei bereits der reinen Androhung von Abwanderung höhere Glaubwürdigkeit und kann so Einflussnahme auf den politischen Prozess ermöglichen.

Ein zu großer Informationsvorsprung bei einzelnen Unternehmen ist in Kombination mit der gesellschaftlichen Bedeutung ihrer Angebote und Dienste weder mit dem freien Zusammenspiel von Angebot und Nachfrage auf Märkten noch mit den Grundsätzen demokratischer Gesellschaftsordnungen und der rahmensetzenden Rolle des Staates vereinbar (Mayer-Schönberger und Ramge, 2017). Neben den Verteilungsimplikationen und den Gefahren für Privatsphäre und

Kasten 4.2.2-2

Besteuerung von Unternehmensgewinnen und Reformoptionen

Die Gestaltung der Transformation des Digitalen Zeitalters in ein nachhaltiges Digitales Zeitalter sowie neue staatliche Aufgaben, etwa mit Blick auf öffentlich-rechtliche IKT und digitale Gemeingüter (Kap. 5.3.5, 5.3.10), erfordern stabile finanzielle staatliche Handlungsspielräume. Heutige Steuer- und Abgabensysteme drohen dies jedoch immer weniger zu leisten: Die Beiträge, die die Besteuerung der (Erwerbs-) Arbeit zur Staatsfinanzierung leistet, dürften perspektivisch sinken (Kap. 5.3.9). Zugleich zeigen sich mit der digital gestützten Internationalisierung und Virtualisierung unternehmerischer Tätigkeiten erhebliche Herausforderungen bei der Besteuerung von Unternehmensgewinnen. Vielfach wird heute beklagt, dass digitale und nicht digitale Geschäftstätigkeiten ungleich steuerlich belastet werden sowie Möglichkeiten des steuerlichen Zugriffs eines Landes und das Ausmaß unternehmerischer Tätigkeiten in diesem Land zunehmend auseinanderfallen. Diese Wahrnehmung steuerlicher Ungerechtigkeit reflektieren auch aktuelle Initiativen der Europäischen Kommission (EU-Kommission, 2018e) zur Reduktion der steuerlichen Ungleichbehandlungen. Jedoch werden in dieser Diskussion nicht immer ungerechtfertigte Bevorteilungen digitaler Geschäftsmodelle von begründbaren Unterschieden und den generellen Problemen des internationalen Steuerwettbewerbs hinreichend abgegrenzt. Manche angeführte Unterschiede in der steuerlichen Belastung von digitalen und nicht digitalen Geschäftsmodellen beruhen etwa auf der bewussten steuerlichen Förderung von Forschung- und Entwicklungsausgaben und der relativ hohen Forschungsintensität von Unternehmen der Digitalwirtschaft oder auf bewusst günstigeren Abschreibungsregeln für kurzlebigere, immaterielle Investitionsgüter (Fuest et al., 2018).

Internationaler Steuerwettbewerb und die Steuervermeidung international tätiger Unternehmen sind keine Herausforderungen, die sich erst im Zuge der Digitalisierung stellen, verschärfen sich jedoch. Letzteres liegt, im Gegensatz zur öffentlichen Wahrnehmung, weniger in einzelnen, marktmächtigen Unternehmen der Digitalwirtschaft begründet, als generell in den Prinzipien der Unternehmensbesteuerung und dem Bedeutungszuwachs von Daten und immateriellen, digitalen und digitalisierten Wirtschaftsgütern sowie darauf basierenden Geschäftsmodellen. Die Besteuerung international tätiger Unternehmen folgt heute dem Quellenstaatsprinzip: Unternehmensgewinne sollen am Ort ihrer Entstehung besteuert werden. Da dieser schon bislang, etwa aufgrund von Synergieeffekten in Unternehmen, nicht exakt bestimmbar ist, knüpft das Steuerrecht als Annäherung an die physische Präsenz eines Unternehmens in Form von Betriebsstätten an („Nexus"), wie sie z. B. Fertigungs- oder Verkaufsstellen darstellen. Die Zuordnung von Gewinnen zu einer Betriebsstätte erfolgt über interne Verrechnungspreise, nach denen Leistungen zwischen Betriebsstätten gemäß dem Fremdvergleichsgrundsatz („arm's length principle") abgerechnet werden: Verrechnungspreise dürfen nicht höher angesetzt werden, als wenn die Leistung der Betriebsstätte unternehmensextern erbracht worden wäre.

Die wachsende wirtschaftliche Bedeutung immaterieller Wirtschaftsgüter und Inputfaktoren wie Daten befördert die Internationalisierung und Mobilität, d. h. räumliche Verlagerbarkeit, unternehmerischer Tätigkeiten (Devereux und Vella, 2017). Der Zusammenhang zwischen physischer Präsenz und dem Ort, an dem Unternehmensgewinne und Wertschöpfung entstehen, wird so immer schwächer. Dazu tragen auch mögliche, bislang aber eher schwer eingrenzbare Beiträge zur Wertschöpfung bei, die auf die Nutzer*innen digitaler Angebote oder das Wirken von Netzwerkeffekten zurückgehen (OECD, 2015a). Zugleich werfen die neuen immateriellen Bestandteile der Wertschöpfungsketten Fragen der Bewertung auf. So lässt sich der Wert von Daten, Software oder der genutzten digitalen Infrastrukturen grundsätzlich nur schwer fassen. Die Ermittlung interner Verrechnungspreise auf Basis des Fremdvergleichungsgrundsatz scheitert vielfach bereits an der Frage einer geeigneten, unternehmensexternen Vergleichsgrundlage (Becker und Englisch, 2017b), so dass Einzelfallbewertungen mit größeren Spielräumen zur Steuergestaltung für Unternehmen notwendig werden.

Mögliche Reformschritte werden derzeit intensiv auf verschiedenen Ebenen diskutiert. Speziell für die Herausforderungen durch die Digitalisierung reichen Vorschläge von Sonderregelungen über gezielte Reformen einzelner Elemente der bestehenden Prinzipien der Unternehmensbesteuerung bis hin zur Änderung dieser grundlegenden Prinzipien. Weithin anerkannt ist, dass dazu möglichst ein international harmonisiertes Vorgehen anzustreben ist. Auf OECD-Ebene wurde mit dem BEPS-Projekt (base erosion and profit shifting) bereits ein entsprechender Prozess zur Eindämmung des internationalen Steuerwettbewerbs gestartet, der aber noch zu keiner Lösung für die steuerlichen Herausforderungen durch die Digitalisierung geführt hat (OECD, 2015a, b).

Angesichts dieser schwierigen internationalen Prozesse schlug die EU-Kommission als Übergangslösung eine gesonderte Digitalsteuer vor (EU-Kommission, 2018a), mit der statt des Gewinns Umsätze von Unternehmen der Digitalwirtschaft ab bestimmten globalen und EU-weiten Umsatzschwellen unabhängig von der physischen Präsenz besteuert werden sollen. Auch wenn die Motivation des Vorschlags nachvollziehbar ist, schließt sich der WBGU der kritischen Haltung verschiedener Beobachter*innen gegenüber derartigen Sonderregelungen für Unternehmen der Digitalwirtschaft an (OECD, 2015a; Devereux und Vella, 2017; Wambach und Müller, 2018; Fuest, 2018; Wissenschaftlicher Beirat beim Bundesministerium der Finanzen, 2019). Angesichts der Breitenwirkung der Digitalisierung ist eine Abgrenzung zwischen digitaler und nicht digitaler Wirtschaft willkürlich und im Zeitverlauf zunehmend unklar. Eine solche Ungleichbehandlung digitaler und nicht digitaler Geschäftsmodelle ist zudem anders als etwa steuerliche F&E-Förderungen ökonomisch kaum begründbar.

Wesentlich zielführender erscheint dagegen eine Weiterentwicklung internationaler Steuerregeln insgesamt, um die internationale Zuordnung von steuerlichen Zugriffsrechten anzupassen und die Möglichkeiten der Gewinnverlagerung zu reduzieren. Um der abnehmenden Bedeutung physischer Präsenz für die Entstehung von Wertschöpfung gerecht zu werden, wird eine Weiterentwicklung des Begriffs der Betriebsstätte zu „digitalen Betriebsstätten" oder, wie von der EU-Kommission vorgeschlagen, die Begründung einer „signifikanten digitalen Präsenz" diskutiert (EU-Kommission, 2018f). Neben einer drohenden Verkomplizierung des Steuersystems und neuen Fragestellungen – etwa ob einzelne, datensendende Fahrzeuge zu steuerpflichtigen Betriebsstätten zählen (Fuest, 2018) – besteht eine weitere Herausforderung darin, weiterhin auf konkrete Wertschöpfung vor Ort abzustellen und Erträge digitaler Betriebsstätten von Erträgen aus dem reinen Import von Gütern und Dienstleistungen abzugrenzen. Als Ansatzpunkte werden standortspezifische

Inputfaktoren, z.B. die Erhebung von Daten oder Leistungserbringung, etwa in Form individualisierter Werbung, gesehen (Becker und Englisch, 2017b), kritisch hingegen Umsatz, Nutzer- oder Vertragszahlen wie im Vorschlag der EU Kommission (Fuest, 2018). Zudem dürfte ohne Reform der Regelungen zu internen Verrechnungspreisen die Definition digitaler Betriebsstätten wenig Wirkung entfalten (Olbert und Spengel, 2017).

Eine internationale Vereinbarung von Mindeststeuersätzen auf Ebene der EU, der G20 oder der OECD – die ein Recht auf Nachversteuerung im Absatzmarkt beinhaltet, sofern diese Mindeststeuersätze nicht eingehalten werden – ist ebenfalls mit der heutigen Steuersystematik vereinbar und wird beispielsweise durch das Bundesfinanzministerium in die OECD-Prozesse eingebracht (BMF, 2019). Damit Mindeststeuersätze den Steuerwettbewerb tatsächlich wirksam eindämmen, müsste allerdings zusätzlich eine Übereinkunft über die Bemessungsgrundlage erzielt werden, über deren enge Definition Mindeststeuersätze andernfalls unterlaufen werden können. Den beklagten Defiziten in der Steuergerechtigkeit durch Auseinanderfallen des Orts der Umsätze und dem Ort der Besteuerung würden sie allerdings nicht direkt begegnen (Becker und Englisch, 2018).

Mit der Möglichkeit der Nachbesteuerung im Absatzmarkt, soweit die Mindestbesteuerung eines Unternehmens an dessen Sitz unterschritten wird (Becker und Englisch, 2018), enthalten die Überlegungen für ein Mindestbesteuerungskonzept auch Elemente eines weitergehenden Vorschlags. Diesem zu Folge wäre angesichts der Probleme bei der angemessenen Zuordnung von Wertschöpfungsbeiträgen und der hohen internationalen Mobilität unternehmerischer Tätigkeiten im digitalen Raum generell stärker am Ort der Umsätze anzusetzen. Ein moderater Schritt in diese Richtung könnte etwa auch darin bestehen, den Tausch von digitalen Diensten gegen Daten umsatzsteuerlich zu erfassen. Gegenüber der Besteuerung von Datenströmen ist dies insofern begründbar, als damit derartige Transaktionen konventionellen Geschäftsbeziehungen gleichgestellt werden. Ungelöst ist allerdings die Bewertung der zugrundeliegenden Daten (Fuest, 2018).

Einen vollständigen Wechsel hin zum Ort der Umsätze verfolgt der Vorschlag einer bestimmungslandabhängigen Cash-Flow-Steuer (Auerbach et al., 2017; Auerbach und Devereux, 2018). Statt des Gewinns werden in diesem Konzept die Umsätze multinationaler Unternehmen am Ort der Endverbraucher*innen besteuert. Exportumsätze eines Unternehmens sind im Inland, d.h. am Ort ihrer Herstellung, steuerlich freigestellt. Zugleich können bei der Versteuerung inländischer Umsätze die Kosten der Gesamtproduktion, d. h. inklusive Produktionskosten für den Export, steuerlich geltend gemacht werden. Umgekehrt werden Importe an Endverbraucher*innen, nicht aber der Import von Vorprodukten an inländische Unternehmen, voll im Inland besteuert. Durch diesen Wechsel auf das Bestimmungslandprinzip mitsamt eines Grenzsteuerausgleichs laufen bei globaler Umsetzung zentrale Strategien der Steuervermeidung, etwa durch Verlagerung von Patenten und anderer immaterieller Wirtschaftsgüter oder auch ganzer Betriebsstätten in Niedrigsteuerländer, ins Leere. Bei unilateraler Einführung würden die Kräfte des Steuerwettbewerbs weiterhin wirken, allerdings vor allem zugunsten der Länder, die diese Reform umsetzen (Auerbach et al., 2017). Ein Wechsel auf das Bestimmungslandprinzip geht weit über die derzeit auf Ebene der EU und der OECD diskutierten Reformschritte hinaus und wirft im Einzelnen zahlreiche, bislang unbeantwortete Fragen auf, etwa in administrativer Hinsicht (Auerbach et al., 2017) oder mit Blick auf die Vereinbarkeit mit WTO-Regeln bei unilateraler Einführung (Becker und Englisch, 2017a). Zum Teil werden zudem weitreichende gesamtwirtschaftliche Implikationen durch Anpassung internationaler Wirtschaftsstrukturen erwartet, da Ländern mit Exportüberschüssen eine Verringerung ihrer Steuerbasis droht (Becker und Englisch, 2017a). Gerade mit Blick auf Entwicklungsländer müssten Sonderregelungen für die Besteuerung von Gewinnen aus Abbau und Verkauf natürlicher Ressourcen getroffen werden. Dazu könnte schlicht das Quellenstaatsprinzip beibehalten werden, da Ressourcenvorkommen ohnehin eine international kaum verlagerbare Steuerbasis darstellen (Auerbach et al., 2017).

Damit Unternehmen auch zukünftig einen angemessenen Beitrag zur Finanzierung von Staaten und Gemeinwesen leisten, sind neue Regelungen der internationalen Unternehmensbesteuerung unumgänglich. Die Unternehmensbesteuerung ist jedoch kein Allzweckmittel. Herausforderungen durch Machtkonzentration, mögliche Eingriffe in die Privatsphäre oder auch Umweltwirkungen unternehmerischen Handelns ist etwa nur unzureichend durch die Besteuerung von Unternehmensgewinnen, sondern besser durch gezieltere Instrumente wie einem weiterentwickelten Wettbewerbsrecht oder effektive Datenschutzbestimmungen zu begegnen. Umweltschädigungen sollten aus Sicht des WBGU unter Ausnutzung der digitalen Monitoringmöglichkeiten (Kap. 3.3.5.1) über eine konsequente und möglichst internationale Besteuerung von Emissionen und sonstigen nicht erfassten (externen) Effekten privatwirtschaftlichen Handelns adressiert werden (Kap. 9.2.3.2). Eine zusätzliche Berücksichtigung in der Besteuerung von Unternehmensgewinnen würde dann zu einer nicht gerechtfertigten Doppelbesteuerung führen. Nicht zuletzt vor diesem Hintergrund sieht der WBGU den Vorschlag einer Besteuerung des Datenverkehrs kritisch, der zur steuerlichen Erfassung von Unternehmen der Digitalwirtschaft, aber auch zur Stärkung des Datenschutzes oder zur Reduktion des Energieverbrauchs aus Datenströmen vorgebracht wird. Reine Datenmengen, insbesondere ohne Kontext, geben keinen Aufschluss über deren Wert oder mögliche Unternehmensgewinne. Zudem steht die pauschale Belastung des Datenverkehrs in einem Widerspruch zu den Nachhaltigkeitsversprechen der Digitalisierung, die in großen Teilen auf Erfassung, Austausch und Verarbeitung von Daten beruhen.

Öffentlichkeit sowie für die individuelle wie gesellschaftliche Entscheidungsfindung ist die starke Konzentration der Kontrolle von Informationen bei einzelnen Anbietern auch aus systemischen Gründen kritisch zu sehen. Zwar fallen durch digitale Vernetzung und Datenverarbeitung manch frühere Restriktionen bei der Erfassung und Verarbeitung von Informationsströmen weg. Dennoch sinkt die Gefahr von Fehlentscheidungen und sich selbstverstärkender Dynamiken, wenn die verfügbaren Informationen stets von mehreren, unabhängig entscheidenden Akteuren oder technischen Systemen ausgewertet werden (Mayer-

Schönberger und Ramge, 2017) – ein Aspekt des Wettbewerbs von Entscheidungen und dezentraler Informationsverarbeitung, der auch die Diskussion um die Krisenanfälligkeit bzw. Resilienz bereits heute von algorithmenbasierten Systemen abhängigen Finanzmärkten prägt (Kirilenko und Lo, 2013).

4.2.2.4
Zwischenfazit

Der digitale technische Fortschritt und die mit ihm einhergehenden gesellschaftlichen und wirtschaftlichen Veränderungen stellen nicht sicher, dass wirtschaftliche Strukturen und Verhaltensweisen sowie Pfadabhängigkeiten immer im Sinne nachhaltiger Entwicklung verändert und aufgebrochen werden. Trotz Ausnahmen ergeben sich positive Nachhaltigkeitswirkungen der Digitalisierung heute oft als „Nebenprodukte", etwa einer effizienter gestalteten Güterproduktion oder fallender Zugangsbarrieren zu Märkten oder Bildung. Zudem besteht eine gewisse Diskrepanz zwischen dem Anspruch vieler Akteure, disruptiv Neues zu schaffen und ihrer tendenziell ablehnenden Haltung, Verantwortung für die gesellschaftlichen Wirkungen dieser Neuerungen anzuerkennen.

Auch und gerade im Digitalen Zeitalter bedarf es daher der Setzung entsprechender, an den Nachhaltigkeitszielen ausgerichteter Rahmenbedingungen für wirtschaftliches Handeln: „Sharing Economy ist kein Ersatz für Umweltpolitik, sondern macht sie mehr denn je nötig, sofern nachhaltiges Wirtschaften ein wirtschaftspolitisches Ziel bleiben soll" (Eichhorst und Spermann, 2016). Letztlich können nur so die Interessen der privatwirtschaftlichen Akteure verlässlich mit den Herausforderungen und Zielen nachhaltiger Entwicklung in Einklang gebracht und dadurch verhindert werden, dass neue, nicht nachhaltige Entwicklungspfade mit neuen, nur schwer zu korrigierenden Pfadabhängigkeiten entstehen. Dabei können und sollten die neuen Möglichkeiten des Monitorings, der Informationsbereitstellung und der Regulierung genutzt werden, die sich durch digitale Technologien und Datenverfügbarkeit ergeben.

Regulierung und Rahmenbedingungen sind darüber hinaus notwendig, um den Konzentrationsprozessen und -treibern zu begegnen und eine zu umfassende Gestaltungsmacht einzelner Unternehmen zu begrenzen. Der zentrale Ansatzpunkt liegt dabei im Erhalt bzw. der Stärkung des funktionierenden Wettbewerbs. Dazu sind Rahmensetzungen in Form wirksamer Wettbewerbspolitik, unter Umständen aber auch grundlegendere (strukturellere) Änderungen der Bedingungen auf Märkten im Digitalen Zeitalter erforderlich. Da im Zuge der Digitalisierung, etwa auch im Rahmen der Sharing-Ökonomie, die Grenzen zwischen dem privaten und wirtschaftlichen Bereich zunehmend verschwimmen, müssen allerdings auch die Grenzen von Markt und Wettbewerb als Steuerungsmechanismen neu verhandelt werden. Andernfalls besteht die Gefahr, dass privatwirtschaftliche Akteure Märkte als Steuerungsmechanismen in Lebensbereiche einführen, in denen eine Steuerung über privatwirtschaftliche Interessen und die individuelle (wirtschaftliche) Leistungsfähigkeit aus gesellschaftlichen Gründen gerade nicht erfolgen sollte (z.B. in der Versicherungswirtschaft oder im Gesundheitssystem, Kap. 5.3.7).

Angesichts immer internationaler agierender und zunehmend machtvoller Akteure auf Unternehmensseite stellen der Regulierungsbedarf und die Kontrolle der gesetzten Rahmenbedingungen allerdings Herausforderungen dar, die nationalstaatliche Akteure zu überfordern drohen. Ohne verstärkte internationale Zusammenarbeit dürften viele ihrer Initiativen und Bemühungen wirkungslos bleiben.

4.2.3
Zivilgesellschaft zwischen Emanzipation und Lähmung

Die Zivilgesellschaft ist in ihrer großen Heterogenität ein pluralistischer Gesellschaftsbereich freiwilliger Zusammenschlüsse, angesiedelt zwischen Privatsphäre einerseits und staatlichen Institutionen sowie privatwirtschaftlichen Organisationen andererseits (Keane und Merkel, 2015). Eine ihrer Kernfunktionen ist es, gesellschaftliche Problemlagen im vorinstitutionellen Bereich zu identifizieren, zu bearbeiten und zu kommunizieren. Sie ist damit erstens Brücke, Schleuse und Lautverstärker zwischen der breiten Gesellschaft (als Assoziation vieler Privatpersonen) einerseits und dem politisch-institutionellen Kernbereich (z.B. Parlament und Regierung) andererseits (Habermas, 1992). Zivilgesellschaftliche Initiativen, Bewegungen und Nichtregierungsorganisationen (NRO) organisieren, bündeln und vertreten gewisse Interessen, werden selbst aktiv und belagern das politische System mit ihren Botschaften. Dabei werden die einzelnen zivilgesellschaftlichen Akteure durch Grundrechte der Gewissensfreiheit, Meinungsfreiheit, Versammlungs- und Vereinigungsfreiheit, aber auch der Presse- oder Kunstfreiheit oder der Freiheit von Forschung und Lehre geschützt. Zweitens schafft die Zivilgesellschaft selbst eine plurale Öffentlichkeit, in der auch marginalisierte oder kaum institutionalisierte Interessensgruppen und Themen einen öffentlichen Ort zur Darstellung und Aushandlung erhalten.

4.2.3.1 Zivilgesellschaftliches Engagement für Nachhaltigkeit

Im Bereich der Umwelt-, Klima- und Nachhaltigkeitspolitik ist die Pionier- und Triebkraft zivilgesellschaftlicher Akteure historisch wie gegenwärtig weltweit äußerst relevant. Die Umwelt- sowie Anti-Atomkraftbewegung waren in Deutschland wichtiger Nukleus für Ideen, Forderungen und Entwicklungen, die gesellschaftlich lange stark marginalisiert waren, heute aber in vielen Bereichen gesellschaftliche, politische und rechtliche Realität geworden sind. In der nationalen wie globalen Klimapolitik erfüllen NRO heute viele wichtige Rollen: von der Themensetzerin, Wissensdienstleisterin und Innovationspionierin über Kampagnen-, Bildungs- und Öffentlichkeitsarbeit, bis hin zur Kontroll- und Monitoring-Instanz zur kritischen Begleitung der Umsetzung von Klimapolitik (WBGU, 2011:276). Die Kraft zivilgesellschaftlichen Engagements zeigt sich aber auch jenseits der verfassten NRO-Strukturen, z.B. bei den jüngsten Protesten von Schüler*innen im Rahmen von Fridays for Future. Dass zivilgesellschaftliches Engagement dabei häufig nicht konfliktfrei und auch in Konfrontation mit staatlichen oder privatwirtschaftlichen Akteuren stattfindet, zeigt sich überall auf der Welt (z.B. HRW, 2018). Allzu viele Aktivist*innen für Bürger*innen- wie Menschenrechte, Presse- und Meinungsfreiheit, gegen Landnahme, Umweltzerstörung und Ressourcenausbeutung sind unter den Bedingungen schwacher, korrupter oder autoritärer Staatlichkeit teils massiven Repressionen und staatlicher wie privater Gewalt ausgesetzt (Global Witness, 2017). Dennoch sind es gerade die vielfältigen dezentralen zivilgesellschaftlichen Bewegungen, die mit ihrem Engagement auch die brisantesten ökologischen und sozialen Probleme adressieren, deren Aufdeckung häufig nicht im privatwirtschaftlichen oder staatlichen Interesse liegt.

4.2.3.2 Digitalisierung und zivilgesellschaftliche Aktion und Organisation

Digitalisierung bedeutet für zivilgesellschaftliche Organisationen vor allem eine Erweiterung des eigenen Aktions- und Handlungshorizonts durch die Nutzung von IKT, die Einbeziehung digitaler Themenbereiche und Austauschräume in ihre Arbeit sowie die Übertragung und digitale Fortentwicklung eigener Praktiken (Züger et al., 2017:267). Externe Kommunikation, Mobilisierungs- und Kampagnenarbeit finden genauso wie Mitgliederwerbung zunehmend auch oder gar ausschließlich digital statt. Ob Digitalisierung als komplexer und vielschichtiger gesellschaftlich-technischer Prozess für zivilgesellschaftliche Handlungsfähigkeit hier *vor allem* positiv wirkt, ist umstritten. Zwar ermöglicht schon die Grundbeschaffenheit der vernetzten Kommunikation – insbesondere die Überwindung der Einwegkommunikation vorheriger Massenmedien durch wechselseitige Kommunikationsmöglichkeit und der universelle Zugang zu Informationen und Prozessen – wesentlich bürgerschaftliches Engagement und dessen Entfaltung (Winkel, 2015:412). Doch gerade die frühe Euphorie über weltweite freiheitlich-emanzipatorische Chancen des Internets, über Hierarchie- und Elitenfreiheit, über digital organisierten Protest und Widerstand ist heute im Angesicht von „Hyperkommerzialisierung des Netzes und [...] Aufdeckung umfangreicher Überwachungspraxen" einem nüchternen Realismus gewichen (Thiel, 2014a:459; Kap. 3.1.2.2). Prinzipiell wird durch den IKT-Einsatz die Beteiligung einer Vielzahl von Bürger*innen ermöglicht. Internet und soziale Medien erlauben zumindest potenziell globalen öffentlichen Austausch von nie dagewesenem Umfang und Dezentralität. Die Sichtbarkeit und Vernetzung von Interessen und Protest ist nicht mehr notwendigerweise angewiesen auf Reputation und Ressourcenausstattung, die vormals häufig nur von etablierten zivilgesellschaftlichen Organisationen bereitgestellt werden konnten (Bennett und Segerberg, 2012; Lyon und Montgomery, 2013). Gleichzeitig drohen durch Fragmentierung und Vielstimmigkeit in der Konsequenz auch Bedeutungsverlust oder Polarisierung – mithin also ein Verlust für öffentlichen Diskurs und zivilgesellschaftliche Interessenorganisation (Kap. 5.3.2). Hier können sich die klaren Vorzüge professioneller Unterstützung, zeitgemäßer Zusammenführung und Organisation zivilgesellschaftlicher Stimmen auch im Digitalen Zeitalter neu beweisen.

4.2.3.3 Zivilgesellschaft als Transformationstreiber im Digitalen Zeitalter

Zivilgesellschaftliche Akteure sind auch im Digitalen Zeitalter als Ideengeber, aktive Pioniere und gesellschaftspolitische Treiber einer Transformation zur Nachhaltigkeit unabdingbar. Produktive Synergien können sich gerade in wechselseitiger Annäherung und im Austausch der zivilgesellschaftlichen Bewegungen ergeben. Auch in den Tech-Communities (Kap. 4.2.4) gibt es lang gewachsene Traditionen kritischen und gemeinwohlorientierten Engagements und bürgerschaftlicher Arbeit. Die Open-Source-Bewegung, die gemeinschaftlichen Verfahren bei Wiki-Projekten, die starke netzpolitische Stimme des seit 1984 bestehenden Chaos Computer Clubs oder das ebenfalls seit 1984 aktive Forum InformatikerInnen für Frieden und gesellschaftliche Verantwortung (FIfF e.V.) sind nur einige Beispiele für die eigene glaubwürdige und engagierte „Rolle zivilgesellschaftlicher Akteure bei der Weiterentwicklung der organisatorischen und technischen Infrastruktur der Informationsgesellschaft" selbst (Winkel, 2015: 416). Die Macht von und über Informationen und Daten ist nicht nur im Bereich des politischen Whistle Blowings „wiederkehrendes Leitmotiv digitalen zivilen Ungehorsams" (Züger et al., 2017: 269). Auch im Bereich der Umwelt-, Klima- und Nachhaltigkeitspolitik spielen Zugang, Verfügung und Verarbeitung relevanter Informationen und digitaler Daten für die Zivilgesellschaft eine größere Rolle. Aus zivilgesellschaftlichen Nischen entstehen neue innovative Ansätze, die etablierte Politik kreativ herausfordern und antreiben (z. B. 2030-watch.de) oder individuelles Engagement erleichtern (z. B. betterplace.org oder toogoodtogo.de). Gleichzeitig können starke Netzwerke zivilgesellschaftlicher Akteure national wie global zu einem in der Geschichte der Menschheit nie dagewesenen kritischen Sensorium werden für ökologische, gesellschaftliche wie menschliche Missstände überall auf der Welt (Kap. 4.2.7). In der polyzentrischen Verantwortungsarchitektur sind zivilgesellschaftliche Organisation und bürgerschaftliche Aktion überall auf der Welt gerade als Bindeglied zwischen Individuum und Gesellschaft (Stichwort „Schule der Demokratie"), aber auch als Gegenüber und Kontrollinstanz von staatlicher und ökonomischer Macht auch im Digitalen Zeitalter essenziell. Neben dem wertvollen zivilgesellschaftlichen Engagement von Wissenschaftler*innen ergibt sich auch eine wichtige Rolle von Wissenschaft als solcher und in ihren nationalen wie transnationalen Verbünden.

4.2.4 Tech-Communities – Neue Pioniere des Wandels?

Tech-Communities, mit denen der WBGU Akteure mit technischer Expertise bezeichnet, die in Netzwerken aus Unternehmen, NRO, staatlichen Institutionen usw. zusammengeschlossen sind, sind zentrale Gestalter*innen des Techniksystems (Kap. 3.5.5). Mit der digitalen Durchdringung der Gesellschaft strukturieren die Architekt*innen technischer Systeme immer mehr Lebensbereiche digital vor und kontextualisieren zentrale Entscheidungen. Beispielsweise beeinflusst die technische Ausgestaltung sozialer Netzwerke öffentliche Diskursräume (Kap. 5.3.2) und die Entwicklung und der Einsatz algorithmischer Entscheidungssysteme das Finanz-, Gesundheits- und Rechtssystem (Kasten 4.3.3-1; Kap. 5.3.3).

4.2.4.1 Werteinschreibung in Technik

Digitale Lösungen lassen sich nicht als transparente und neutrale Medien menschlicher Intentionalität begreifen, da „bereits das Design und nicht erst die Nutzung technischer Artefakte moralische Konsequenzen haben kann" (Simon, 2016: 359; Brey, 2010; Kap. 3.2.7). Erste ethische sowie erkenntnis- und wissenschaftstheoretische Analysen im Big-Data-Kontext zeigen beispielsweise, dass bereits im Prozess der Datenerhebung als auch der weiteren Verarbeitung von Daten und der aus ihnen gezogenen Schlussfolgerungen Wertentscheidungen angewendet und manifestiert werden (Mittelstadt und Floridi, 2016). Schon bei der Konzeption und Entwicklung technischer Lösungen – also weit vor ihrer eigentlichen Nutzung – spielen somit Auswahlentscheidungen, Bewertungen und Werte eine wichtige Rolle (Brey, 2010; Mittelstadt und Floridi, 2016). Sie werden sozusagen fest verdrahtet, so dass in Betrieb und Nutzung der Systeme die implementierten Wertvorstellungen fixiert sind (Simon, 2016: 359): „Das Beinhalten von Werten bedeutet nun nicht, dass Technologien selbst moralische Akteure werden oder moralische Verantwortung tragen". Diese liegt vielmehr bei den Systemverantwortlichen, nicht zuletzt auch aufgrund von Herausforderungen bei der maschinenlesbaren Formalisierung von Ethik. Die Tech-Communities sind mithin jedoch ins Zentrum des gesellschaftlichen Geschehens gerückt. Mit der weiter zunehmenden digitalen Durchdringung des alltäglichen Lebens gewinnt diese Akteursgruppe weiter an Einfluss und ein Alleinstellungsmerkmal.

Strategische Entscheidungen über die Entwicklung neuer Technologien und Systeme werden oft auf der Managementebene digitaler Unternehmen oder auch innerhalb von Forschungseinrichtungen getroffen. Bei der weiteren technischen Ausgestaltung fließen zudem auch unbewusste Wertvorstellungen der beteiligten Entwickler*innen ein. Ein sehr konkretes Beispiel dazu bildet die Wahl der Stimmfarbe bei der Gestaltung der Mensch-Maschine-Schnittstelle über Sprachassistenten (voice computing), wodurch meist unbewusst Genderrollenverständnisse transportiert werden und breite gesellschaftliche Verbreitung erfahren können (Kap. 5.3.6). Akteure der Tech-Communities gestalten also durch bewusste und unbewusste Entscheidungen zentrale Lebensumfelder, ohne dass dazu eine gesellschaftliche Auseinandersetzung stattfindet, da sich die konkrete Entscheidung oftmals der direkten Beobachtung oder Kontrolle entzieht.

Neue Forschungsfelder wie Values in Design (Simon, 2016) oder Value Sensitive Design (Friedman et al., 2006) entstehen, um bewusste und unbewusste Werteinschreibung in der Entwicklung von Hard- und Software wie in den zugrundliegenden Algorithmen oder genutzten Daten systematisch zu ermitteln, zu analysieren und zu bewerten. Als Ergebnis lässt sich festhalten, dass Akteure der Tech-Communities von der Managementebene eines Technologieunternehmens bis hin zu Entwickler*innen, (Software-)Ingenieur*innen, Data Scientists usw. zentrale Lebensumfelder gestaltet haben. Mit der weiteren Verbreitung digitaler Technologien werden Tech-Communities voraussichtlich zunehmend an Gestaltungsfähigkeit gewinnen.

4.2.4.2 Ethische Diskurse in Tech-Communities

Akteure mit technischer Expertise setzen sich schon länger mit ihrer gesellschaftlichen Verantwortung auseinander. Davon zeugen zivilgesellschaftliche Organisationen wie beispielsweise das 1984 aus der Friedensbewegung hervorgegangene Forum InformatikerInnen für Frieden und gesellschaftliche Verantwortung, der 1987 gegründete Verein Digitalcourage oder auch die Open Knowledge Foundation, die sich für gesellschaftliche Belange engagieren und in politische Diskurse einbringen. Bislang liegt der Fokus engagierter Techies vor allem auf Themen wie dem Schutz der Privatsphäre, (Cyber-)Sicherheit und Vertrauen (Simon, 2016). Weiterhin setzen sie Impulse für eine ethische Technikgestaltung, ethische Anwendungsgebiete und Professionsleitlinien. Dies gilt vor allem im Kontext der Entwicklung von KI: „When it comes to AI, we have to have a set of principles that guide the development of AI and its use. We want to make sure that anything that we do doesn't amplify bias, doesn't hijack our attention, doesn't sway opinion. These are things where we need to not only build the tools, the technologies – but it's also a set of design principles, a set of ethical principles that we as builders of technology need to have" (Satya Nadella, CEO von Microsoft, Corenote auf der Konferenz „Inspire 2018").

Gleichzeitig geraten Tech-Communities und ihre Wertevorstellungen immer wieder in die Kritik. Technologieunternehmen und -fachforen werden beispielsweise aufgrund ihres Umgangs mit Diversität, sexistischen Einstellungen und Mangels an Inklusivität kritisiert (Daumé III und Heller, 2018). Die Digitalwirtschaft gerät immer wieder wegen aggressiver und z. T. gemeinwohlschädigender Geschäftsmodelle, Steuervermeidung oder schlechter Arbeitsbedingungen in den Fokus öffentlicher Aufmerksamkeit (Berg et al., 2018b; OECD, 2018f). Hier zeigt sich die Diskrepanz zwischen z. T. in Unternehmensrichtlinien verankerten normativen Bekenntnissen sowie den wirtschaftlichen Verwertungsinteressen der Digitalwirtschaft.

Diese Diskurse zeugen sowohl von einer kritischeren Reflexion der in Tech-Communities vertretenen Werte durch die Gesellschaft, als auch von einer zunehmenden Sensibilisierung von Akteuren mit technischer Expertise für die gesellschaftlichen Folgen ihres Handels. Dabei spielen Aspekte, die sich auf die ökologische Nachhaltigkeit beziehen, wie Ressourcen- und Energieverbrauch oder der Einfluss auf den Klimawandel, bislang nur eine untergeordnete Rolle.

4.2.4.3 Zwischenfazit

Für die Transformation zur Nachhaltigkeit sind sowohl die Einsatzgebiete digitaler Technologien als auch die Frage zentral, wessen und welche Werte in die Entwurfs-, Entwicklungs- und Betreiberprozesse eingeschrieben werden und wie Wertkonflikte erkannt und entschieden werden. Nachhaltigkeitsaffine Tech-Communities könnten natürliche Verbündete für die Transformation zur Nachhaltigkeit sein und zu neuen Pionieren des Wandels werden. Einerseits können sie Technologien für Einsatzgebiete entwickeln, die eine nachhaltige Entwicklung unterstützen. Andererseits können sie Nachhaltigkeitswerte, wie beispielsweise Ressourceneffizienz schon im Designprozess verankern und als Pioniere des Wandels in andere Tech-Communities hineinwirken. Aufgrund des immer stärker werdenden Einflusses dieser Akteursgruppe sollten aus Sicht des WBGU nachhaltigkeitsrelevante Diskurse in den Tech-Communities, systematischer und institutionell gefördert werden, um deren Gestaltungsfähigkeit für die Transformation zur Nachhaltigkeit zu unterstützen. So könnte beispielsweise neben einer verstärkten Corporate Social Responsibility auch eine Technological Social Responsibility etabliert werden. Die Diskussionen innerhalb der Tech-Communities zu Values by Design, Corporate Social Responsibility, verantwortungsvollem Technikeinsatz sowie zur Ausgestaltung einer Professionsethik bieten gute Anknüpfungspunkte, um Potenziale für Handlungs- und Gestaltungsfähigkeit für die Nachhaltigkeitstransformation zu heben (Kasten 4.3.1-1).

4.2.5 Städte und Gemeinden zwischen Technologiesouveränität und -abhängigkeit

Im gegenwärtigen urbanen Jahrhundert gelten Städte und Gemeinden als zentrale Akteure bei der Gestaltung der Transformation zur Nachhaltigkeit (WBGU, 2016a; Kap. 5.2.7). In vielen Städten der Welt konzentrieren sich Entwicklungsprobleme, wie sozioökonomische Disparitäten zwischen Gated Communities und informellen Quartieren (digital divide, Versorgung mit Basisdienstleistungen und -infrastrukturen usw.), ungeregeltes Wachstum, schwache Local-Governance-Kapazitäten oder defizitäre Stadt- und Verkehrsplanung. Städte sind zudem bedeutende (Mit-)Verursacher globaler Umweltprobleme: Sie sind für etwa 70% der globalen Energienutzung und der globalen energiebedingten CO_2-Emissionen verantwortlich (Seto et al., 2014). Zur Lösung dieser Probleme können digitale Lösungen einen Beitrag leisten, andere zentrale Probleme urbaner Entwicklung, wie etwa die Versorgung mit Wohnraum, sind nach wie vor nur „analog" lösbar. In jedem Fall sind kompetente und handlungsfähige Stadtgesellschaften entscheidend, die im Interesse des Gemeinwohls handeln.

4.2.5.1
Globale Technologieanbieter als neue Herausforderung für Stadtregierungen

Urbane Entwicklung wird einerseits durch hoheitliche Akteure gestaltet, wie Bürgermeister*innen, Stadtregierungen und -verwaltungen, Architekt*innen und Stadtplaner*innen sowie andererseits durch nicht hoheitliche Akteure, wie die urbane Zivilgesellschaft, (internationale) Investor*innen, die Immobilienwirtschaft oder Bauunternehmen. Eine neue Akteursgruppe, die im Zuge der Verbreitung digitaler Lösungen und von Smart-City-Strategien bedeutsam wird, sind große, oft global agierende Technologie- und Beratungsunternehmen. Die Digitalisierung stellt dabei viele Stadtregierungen vor neue Gestaltungsherausforderungen: Welche digitalen Lösungen sind am Gemeinwohl orientiert und können zentrale Probleme urbaner Entwicklung lösen helfen? Welche Risiken bestehen? Wie können Akteure zum Gelingen digital ausgerichteter Strategien beitragen? Dabei geht es neben den Potenzialen für z.B. bessere Verkehrslenkung, multimodale Mobilitätsangebote, Kreislaufwirtschaft, digitale Vernetzung von Akteuren oder dezentrale urbane Stromerzeugung insbesondere auch um potenzielle Abhängigkeiten von einzelnen Technologieanbietern und die Stärkung der Technologiesouveränität von Städten und Gemeinden (Kap. 5.2.7). Es geht aber auch um die Hoheit über Daten im kommunalen Raum, Gefahren der Totalüberwachung oder die Resilienz kritischer Infrastrukturen gegenüber Cyberangriffen (z.B. kommunale Strom-, Gas- oder Wasserversorgung).

4.2.5.2
Handlungsfähige kommunale Regierungen

Für eine Stadt- und Gemeindeentwicklung, vor allem in Richtung Nachhaltigkeit, gibt es keine Blaupause. Umso wichtiger ist es, dass Städte und Gemeinden auch unter den spezifischen Bedingungen des raschen digitalen Wandels handlungsfähig sind und bleiben. Dies umfasst nicht nur technologische Kompetenzen und Qualifikationen (Kap. 5.3.4), sondern auch ausreichende finanzielle Kapazitäten, um die nötigen Investitionen in (digitale und digitalisierte) Infrastrukturen tätigen zu können. So beläuft sich beispielsweise der Anteil öffentlicher Ausgaben durch Städte und Gemeinden in Dänemark auf 62% der gesamtstaatlichen Ausgaben und 32,9% des BIP. In einem Entwicklungsland wie Kenia, wo das Steueraufkommen ohnehin schon geringer ist als in Industrieländern, beträgt dieser den Städten und Gemeinden zufließende Anteil öffentlicher Ausgaben nur 1,2%, was 0,06% des BIP ausmacht (UCLG und Dexia, 2007). Je weniger gestaltungsfähiger die öffentliche Hand ist, umso mehr wird digitale Stadt- und Gemeindeentwicklung dem freien Spiel der Kräfte überlassen.

Neben der Steigerung des Anteils öffentlicher Ausgaben aus dem Staatshaushalt ist insbesondere die konsequente Nutzung fiskalischer Instrumente durch kommunale Regierungen ein wichtiger Hebel zur Verbesserung der finanziellen Lage kommunaler Haushalte zur Stärkung ihrer Gestaltungskraft (WBGU, 2016a: 176). Dabei geht es insbesondere um die Erhebung von Steuern auf Grund und Boden sowie auf die in den letzten Jahren stark zunehmende Wertsteigerung von Immobilien. Zusätzlich bedarf es auch der Schließung von Steuerschlupflöchern zur Umgehung von Grunderwerbsteuern, wie z. B. Share Deals (WBGU, 2016a: 176).

Städte und Gemeinden benötigen auch mehr Eigenverantwortung (WBGU, 2016a: 383), etwa durch die konsequente Anwendung des Subsidiaritätsprinzips und die Anerkennung kommunaler Autonomie in nationalen Verfassungen, etwa in Form eines kommunalen Selbstverwaltungsrechts (WBGU, 2016a: 384f.). Dies erleichtert eine an lokalen Bedürfnissen ausgerichtete kommunale Entwicklung. Zudem sind eine effizientere Ressourcenallokation und eine Demokratisierung von Entscheidungsprozessen entscheidende Vorteile einer dezentralen Staatsorganisation (Porras, 2009: 556). Insbesondere in vielen Entwicklungs- und Schwellenländern ist es daher eine große Herausforderung, eine handlungsfähige Verwaltung aufzubauen.

4.2.5.3
Die digitale Kommune und die Transformation zur Nachhaltigkeit

Die Stärkung der urbanen Zivilgesellschaft als prägendem Akteur einer nachhaltigen Stadtentwicklung ist eine wichtige Voraussetzung, damit Nachhaltigkeit und Lebensqualität in den Städten und Gemeinden erhalten und verbessert werden können. Dabei geht es im Sinne der Eigenart (Kap. 2.2.3; WBGU, 2016a: 153ff.) nicht um Schaffung von Akzeptanz, sondern vielmehr um Selbstbestimmung. Eigenart bedeutet „dass jede Stadt innerhalb dieses Rahmens auf ihre „eigene Art" ihren

Weg in eine nachhaltige Zukunft suchen kann und muss" (WBGU, 2016a: 143). Zudem ist die Gestaltung von Städten und Gemeinden zentral, bei denen gesellschaftliche Teilhabe und Mitwirkungsrechte Teil der kommunalen Verfassung sind. Die Einbettung einer digital ausgerichteten kommunalen Entwicklungspolitik in einen menschenrechtsbasierten Ansatz ist insbesondere in Entwicklungs- und Schwellenländern eine wichtige Voraussetzung, um nachhaltige Entwicklung zu ermöglichen und kommunale Armutsgruppen in ihrer Handlungs- und Mitwirkungsfähigkeit zu stärken (HLRN, 2018; Kap. 5.3.8).

Die Einführung und Nutzung digitaler Technologien in Städten und Gemeinden sollte von Anbeginn konsequent in sektorenübergreifende Konzepte nachhaltiger kommunaler Entwicklung eingebettet werden (Kap. 5.2.7). So sollten insbesondere die in vielen Städten und Kommunen neu geschaffenen Technologie- oder Smart- City-Beauftragten nur in enger Zusammenarbeit mit den jeweiligen Umwelt- und Nachhaltigkeitsinstanzen Entscheidungen treffen. In diesem Zusammenhang könnten digitale Anwendungen vor ihrem Einsatz einer Nachhaltigkeitsüberprüfung unterzogen werden.

4.2.6
Staaten zwischen Gestaltungsmacht und Souveränitätsverlust

Staaten, als Institutionen, die formale, allgemein verbindliche Regeln für gesellschaftliches Zusammenleben innerhalb territorialer Grenzen festlegen und durchsetzen, kommt für die Transformation zur Nachhaltigkeit eine besondere Rolle zu. Staatliches Regieren und staatliche Gesetzgebung stellen aufgrund ihrer prinzipiellen Verbindlichkeit durchsetzungsstarke Mittel zur Etablierung der Rahmenbedingungen für nachhaltige Entwicklung dar. Der WBGU hat mit der Forderung nach einem *gestaltenden Staat mit erweiterten Partizipationsmöglichkeiten* ein entschiedenes und zugleich aktivierendes Handeln der Staaten gefordert (WBGU, 2011: 215ff.; Kap. 4.1). Zudem erfordern globale Umwelt- und Entwicklungsprobleme wie beispielsweise der Klimawandel globale Lösungen, die von staatlichen Regierungen verhandelt werden, häufig im Rahmen der UN (Kap. 4.2.8).

Der staatliche Gestaltungsanspruch wird durch Globalisierungsprozesse herausgefordert. Unternehmen können sich durch ihre globale Mobilität und Ressourcenstärke nationaler Gesetzgebung in originär staatlichen Handlungsfeldern wie Besteuerung oder Umweltschutz entziehen (Strange, 1996; Kap. 4.2.2.3). Daher ist die Effektivität der Rahmensetzung für nachhaltige Entwicklung durch Gesetzgebung eingeschränkt. Zusätzlich mangelte es in der Vergangenheit international an politischem Willen und politischer Einigkeit. Angesichts der insgesamt zu schwachen Klimagesetzgebung werden – auch im Rahmen des Pariser Übereinkommens – vermehrt Hoffnungen auf substaatliche und nichtstaatliche Akteure wie Städte oder Unternehmen gesetzt (Chan et al., 2016; Schlacke, 2016). Staaten sind bei der Transformation zur Nachhaltigkeit aufgrund struktureller Beschränkungen und mangelndem politischen Willen nicht die treibende Kraft, die sie sein könnten.

4.2.6.1
Staatliche Handlungsfähigkeit unter dem Druck wirtschaftsgetriebener Enträumlichung

Staatliche Machtstrukturen werden durch die Digitalisierung besonders herausgefordert (Owen, 2015). Viele konventionelle Politikinstrumente verlieren im Kontext der Digitalisierung an Effektivität: Gesetzgebung und Regieren sind an nationalstaatliche Territorialität geknüpft (Weber, 1980 [1922]). Die Gesetze eines Landes gelten nur innerhalb seiner territorialen Grenzen. Ähnlich wie Globalisierung staatliche Handlungsfähigkeit durch die physische Verlagerung der zu regulierenden Aktivitäten in andere Länder (oder der Drohung damit) faktisch geschwächt hat (Strange, 1996), verschiebt Digitalisierung im Zuge einer Enträumlichung viele für staatliches Regieren relevante Prozesse und Entscheidungen nicht bloß über territorialen Grenzen hinaus, sondern überdies in das Internet (Sassen, 2000, 2002; Choucri, 2012; McAfee und Brynjolfsson, 2017). Diese virtuellen Räume und ihre Infrastrukturen, Plattformen und Inhalte werden zum Großteil von privaten Akteuren geschaffen und kontrolliert. Staatliche Handlungsmacht steht daher im Zuge der Digitalisierung insbesondere in einem Spannungsverhältnis zum Machtgewinn privatwirtschaftlicher Akteure. Gesetzgebung als zentrales Mittel staatlichen Regierens verliert in virtuellen, entgrenzten Räumen an Durchsetzungsfähigkeit (Boehme-Neßler, 2009). Die privatwirtschaftlichen Anbieter digitaler Dienstleistungen sind international mobil, daher regulativ nur schwer zu fassen und gemeinhin wenig kooperativ (de la Durantaye, 2011; Hodgson, 2015; Kap. 4.2.2.3). Das schränkt den Staat in originär staatlichen Handlungsfeldern ein, etwa der Besteuerung (Kasten 4.2.2-2). Darüber hinaus werden Dienstleistungen im virtuellen Raum grenzüberschreitend genutzt und potenziell missbraucht. Die Herausforderungen der Regulierung von Falschinformation und Hetze im Netz (Kasten 4.2.6-1) verdeutlichen die Herausforderungen, Rechtsverletzungen im Digitalen zu begegnen.

Das Leitbild des gestaltenden Staates (WBGU, 2011)

Kasten 4.2.6-1

Staatliche Unikate: Das deutsche Netzwerkdurchsetzungsgesetz und das französische Gesetz zur Bekämpfung von manipulierten Informationen im Internet

Innerhalb der EU gelten zur Bekämpfung der Verbreitung von falschen Inhalten (Fake News) und Hassinhalten (Hate Speech) Gesetze und freiwillige Maßnahmen. Durch diese sollen soziale Plattformen davor geschützt werden, für Inhalte ihrer Nutzer*innen in Anspruch genommen zu werden, solange sie keine Kenntnis über den Inhalt haben und zugleich werden sie durch freiwillige Selbstverpflichtung in die Bekämpfung dieser Phänomene eingebunden (Echikson und Knodt, 2018). Auf strengere gesetzliche Vorgaben setzt die EU insbesondere sektoral, zum Beispiel bei der Bekämpfung von terroristischen Inhalten und Kinderpornographie.

Das deutsche Netzwerkdurchsetzungsgesetz gegen Hassinhalte

Das am 1. Oktober 2017 in Kraft getretene und mit einer Übergangsfrist von drei Monaten zu erfüllende Netzwerkdurchsetzungsgesetz (NetzDG) bezweckt die Bekämpfung von Hassinhalten im Internet und dient mithin vor allem dem Schutz von Persönlichkeitsrechten. Nachdem sich Selbstverpflichtungen der kommerziellen Anbieter sozialer Netzwerke zur Beseitigung derartiger Hassinhalte als unzureichend erwiesen haben, verpflichtet das NetzDG solche mit 2 Mio. oder mehr in Deutschland registrierten Nutzer*innen zu einer Entfernung oder Sperrung des Zugangs zu rechtwidrigen Inhalte in sozialen Netzwerken innerhalb von 24 Stunden, bei nicht eindeutigen Fällen zu einer Reaktion innerhalb von sieben Tagen, wenn sie vom Inhalt Kenntnis haben (§ 3 Abs. 2 Nr. 2 und 3 NetzDG). Bei den zu beseitigenden rechtswidrigen Inhalten handelt es sich um Verletzungen von Straftatbeständen, die auf den Schutz des demokratischen Rechtsstaats, der öffentlichen Ordnung, der persönlichen Ehre und der sexuellen Selbstbestimmung gerichtet sind (§ 1 Abs. 3 NetzDG), also etwa Beleidung (§ 186 StGB), Volksverhetzung (§ 130 StGB), Verbreitung kinder- und jugendpornographischen Materials (§ 184b-d StgB). Ferner müssen die Betreiber einen Beschwerdemechanismus etablieren, der es Nutzer*innen erlaubt, Rechtsverstöße zu melden (§ 3 Abs. 1 NetzDG), halbjährlich in deutscher Sprache über die Funktionsweise des Beschwerdemechanismus und die gemeldeten Beschwerden berichten (§ 2 NetzDG) sowie einen inländischen Zustellungsbevollmächtigten für die Entgegennahme von Bußgeldbescheiden und Klagen benennen, dessen Erreichbarkeit gut sichtbar veröffentlicht werden muss (§ 5 NetzDG). Die Pflicht zur Bestellung eines inländischen Zustellungsbeauftragten soll eines der Hauptprobleme bei der Rechtsdurchsetzung in sozialen Netzwerken lösen, nämlich das Fehlen von verantwortlichen Ansprechpartner*innen bei den Betreibern der Plattformen (Deutscher Bundestag, 2017b). Verstoßen Betreiber sozialer Netzwerke gegen diese konkreten Compliance-Vorgaben oder unterlassen sie die Benennung eines inländischen Zustellungsbevollmächtigten, können Aufsichtsbehörden Bußgelder verhängen (§ 4 NetzDG). Darüber hinaus können die zuständigen Ordnungsbehörden bei Verstößen gegen die Löschpflicht, Betreiber von Intermediären (z. B. soziale Netzwerke) ordnungsrechtlich zur Löschung verpflichten.

Das NetzDG erregte weltweit mediale Aufmerksamkeit (Eddy und Scott, 2017; Kugelmann, 2018). Einzelne Regelungen aus dem NetzDG wurden in bedenklicher Weise zum Vorbild genommen: Beispielsweise ist die Löschpflicht der Dienstanbieter in ein russisches Gesetz aufgenommen und auch auf Verstöße gegen das Zivilrecht einschließlich harter Strafen bei Verstößen ausgeweitet worden (Reporter ohne Grenzen, 2017; Article 19, 2017). Damit geht das russische Gesetz weit über das deutsche Gesetz hinaus und kann zur weitgehenden Zensur von Inhalten führen. Mit dem NetzDG hat Deutschland einen Alleingang innerhalb der EU unternommen. In der EU wurde zwar mittlerweile durch die EU-Kommission ein vergleichbarer Gesetzesentwurf gegen terroristische Onlinepropaganda vorgelegt, dieser hat jedoch einen deutlich engeren Anwendungsbereich (Echikson und Knodt, 2018).

Das französische Gesetz zur Bekämpfung von manipulierten Informationen im Internet (insbesondere während des Wahlkampfes)

In Frankreich hat das Parlament am 22. November 2018 ein Gesetz zur Bekämpfung von manipulierten Informationen im Internet (insbesondere während des Wahlkampfes) beschlossen. Als manipulierte Informationen (Falschinformationen) werden falsche oder irreführende Angaben oder Zuordnungen einer Tatsache zur Beeinträchtigung der Wahrhaftigkeit einer zukünftigen Wahl oder Abstimmung definiert (Art. L. 163-2 des französischen Wahlgesetzes in der neuen Fassung). Dieses französische Gesetz verpflichtet Betreiber sozialer Plattformen in den drei Monaten vor Wahlen zur Kennzeichnung von Beiträgen im öffentlichen Interesse, hinsichtlich der Urheberschaft von Inhalten, die Offenlegung der Vergütungen für bezahlte Beiträge ab einer bestimmten Schwelle und die Etablierung eines öffentlichen Registers hierfür (Änderung des Art. L. 163-1 des französischen Wahlgesetzes). Für diesen Zeitraum müssen die für Eilrechtsschutz verantwortlichen Richter*innen auf Antrag der Staatsanwaltschaft innerhalb von 48 Stunden Maßnahmen anordnen, die die Verbreitung von Falschnachrichten in Bezug auf die Wahl unterbinden (Art. L. 163-2 des französischen Wahlgesetzes). Zudem wird durch das Gesetz das französische Kommunikationsfreiheitsgesetz geändert. Den Betreibern sozialer Netzwerke werden Maßnahmen zur Bekämpfung der Verbreitung von Falschinformationen, die die öffentliche Ordnung oder die Wahrhaftigkeit von Wahlen und Abstimmungen betreffen können, auferlegt und sie werden dazu verpflichtet, einen leichtzugänglichen und sichtbaren Meldemechanismus für Falschinformationen einzuführen (Art. 8 bis des Kommunikationsfreiheitsgesetzes). Darüber hinaus werden Maßnahmen zur Transparenz von Algorithmen, zur Regelung der Werbung für Inhalte, zur Bekämpfung von Nutzerkonten, durch die intensiv Falschinformationen verbreitet werden, zur Bereitstellung von Informationen über die Urheber*innen von Beiträgen zur öffentlichen Meinungsbildung und die Natur, Herkunft und Modalitäten der Verbreitung von Inhalten sowie zur Bildung über Medien und Informationen eingeführt. Betreiber müssen die durchgeführten Maßnahmen und die dafür eingesetzten Mittel offenlegen sowie in einem jährlichen Bericht bei der Medienaufsicht (Conseil supérieur de l'audiovisuel) dokumentieren (Art. 8 bis des Kommunikationsfreiheitsgesetzes). Die französischen Behörden werden mit zusätzlichen Kompetenzen zur Bekämpfung von Falschnachrichten ausgestattet (Art. 9 des Kommunikationsfreiheitsgesetzes). Wie im NetzDG müssen die Betreiberfirmen inländische Zustellungsbevollmächtigte benennen (Art. 9 bis A). Betreiber, welche Algorithmen zur Empfehlung, Kategorisierung bzw. Listung von Inhalten nutzen, die mit der öffentlichen Meinungsbildung zusammenhängen, müssen Statistiken veröffentlichen, die für jeden Teil offenlegen, auf welchen Anteil an Daten direkt (ohne Rückgriff auf die algorithmische Sortierung) und auf welchen Anteil indirekt (d.h. über die Vermittlung durch Algorithmen zur Suche oder zur Sortierung von Inhalten) zugegriffen wurde (Art. 9 bis B). Zudem wurden Lerninhalte über Falschinformationen im Internet ins französische Bildungsgesetz aufgenommen (Art. 9ter-9septies Code de l'éducation).

Wie das NetzDG wurde das französische Gesetz vor und nach der Verabschiedung im Parlament wegen drohender Einschränkungen der Meinungs- und Kommunikationsfreiheit sowie unbestimmter Rechtsbegriffe im Rahmen der Straftatbestände auf nationaler wie UN-Ebene kritisiert (Kaye, 2018; Abgeordnete der Nationalversammlung, 2018; Mitglieder des französischen Senats, 2018). Das französische Gesetz wurde durch Mitglieder des Senats und des Parlaments dem französischen Verfassungsgericht (Conseil constitutionnel) zur Überprüfung vorgelegt. Das Gericht hat das Gesetz für verfassungsmäßig erklärt, dabei aber für verschiedene Artikel Vorgaben zur Auslegung gemacht, die bei der Anwendung beachtet werden müssen (Conseil Constitutionnel, 2018a, b).

sieht sich im Digitalen Zeitalter also herausgefordert. Zwar versucht etwa die EU durch Einführung des Marktortprinzips, wonach der Aufenthaltsort der Nutzerin bzw. des Nutzers entscheidend ist, nicht der Unternehmenssitz, dieser Entäumlichung entgegenzuwirken (Klar, 2017; Pollmann, 2018). Auf zunehmenden öffentlichen Druck reagieren große Internetkonzerne außerdem mit Selbstverpflichtungen gegen mangelnden Datenschutz, Hetze und Desinformation (Dehmel, 2013; Die Zeit, 2018). Die eingeschränkte Durchsetzungsmacht staatlichen Regierens bleibt jedoch eine Herausforderung im Digitalen Zeitalter. Eine in der Kritik stehende Strategie von Staaten umfasst deshalb, den privaten Akteuren auch Elemente der Rechtsdurchsetzung zu übertragen (z.B. deutsches Netzwerkdurchsetzungsgesetz: Kasten 4.2.6-1).

Auf der anderen Seite lassen sich neue technische Möglichkeiten im Digitalen Zeitalter auch für staatliches Regieren nutzen (E-Government; Esteves et al., 2013; Frach et al., 2016; Lenk, 2017). Diese Möglichkeit wird im internationalen Vergleich bisher sehr unterschiedlich wahrgenommen – in Estland beispielsweise intensiv (Eixelsberger, 2010; EU-Kommission, 2015a). Generell sind auf aggregierter Ebene verschiedene Strategien im Umgang mit Digitalisierung erkennbar: im Spektrum zwischen Laissez-faire, vorsorglichem Austarieren und aktiver Nutzung (Linkov et al., 2018; Goodwin und Spittle, 2002). Dabei profitieren beispielsweise Technologieunternehmen in den USA von schwacher Regulierung (Czada, 2015; Dudenhöffer und Schneider, 2015). In der EU sind Ansätze eines Mittelweges zu erkennen, bei dem durch Harmonisierung innerhalb des Staatenverbundes und Kooperation das Machtverhältnis zugunsten der regulierenden, staatlichen Akteure verschoben werden soll (Newman, 2015; Goddard, 2017; Kap. 8.1.6). Die chinesische Regierung etwa versucht staatliche Handlungs- und Kontrollfähigkeit durch die Great Firewall nicht nur in den virtuellen Raum auszudehnen, sondern ihn etwa durch Social Scoring auch selbst als Kontrollinstrument für die physische Welt einzusetzen (Meissner, 2017; Chorzempa et al., 2018; Kasten 4.2.6-2; Kap. 5.3.3).

4.2.6.2
Wege zur Stärkung nachhaltiger staatlicher Handlungsfähigkeit

Im Umgang mit den oben betrachteten Einschränkungen staatlicher Handlungsfähigkeit bieten sich Staaten jedoch einige Möglichkeiten, die faktische Einschränkung ihrer Gestaltungsmacht zu kompensieren. So ist die Macht großer Technologieunternehmen relativ zur Macht der regulierenden Institutionen zu sehen. Im Verbund können Staaten Handlungsfähigkeit zurückgewinnen. Regulierung auf der Ebene der EU kann kein Unternehmen ignorieren, das diesen wichtigen Absatzmarkt behalten will. Mit Maßnahmen wie der Datenschutz-Grundverordnung (DSGVO) kann die EU der Macht von Technologieunternehmen entgegentreten (Kasten 4.2.6-3). Die koordinierte Regulierung wichtiger Märkte kann prinzipiell wiederum einen positiven Spill-over-Effekt auch außerhalb der beteiligten Staaten haben. Die Globalisierung hat entgegen der Befürchtungen nicht pauschal zu einem Aufweichen von Umweltstandards geführt (Vogel, 1995; Vogel und Kagan, 2004; Konisky, 2007; Dong et al., 2011; Holzinger und Sommerer, 2011). Transnationale Unternehmen oder solche mit hohem Exportanteil wenden häufig global den strengsten Umweltstandard an, den sie zu befolgen haben, weil eine Differenzierung mit Mehrkosten verbunden wäre. In der Folge drängen diese Unternehmen auf weniger regulierten Absatzmärkten sogar auf strengere Standards, um gegenüber den lokalen Anbietern keine Nachteile zu haben (Vogel, 1995; Holzinger und Sommerer, 2011; Bradford, 2012; Saikawa, 2013). In der Vergangenheit hat sich in der Tat ein „Brüssel-Effekt" gezeigt, bei dem Regelungen der EU *de facto* auch außerhalb des Binnenmarktes übernommen wurde (Bradford, 2012). Ihren Einfluss hat die EU auch bereits praktisch in Verhandlungen über Handelsverträge genutzt, um beispielsweise grundlegende Arbeitnehmer*innenrechte oder wirtschaftliche Entwicklungsstrategien mit Partnerländern zu verankern (Meunier und Nicolaïdis, 2006).

Eine Analogie zum Umweltschutz ist jedoch mit Vorsicht zu ziehen. Zwar berücksichtigen Modellgesetz-

Kasten 4.2.6-2

Chinas Sozialkreditsystem

Seit die chinesische Zentralregierung 2014 ihren Plan vorstellte, bis 2020 auf nationaler Ebene ein flächendeckendes Sozialkreditsystem aufzubauen (Kostka, 2018), erhalten durch Daten und Technik unterstützte Governance-Formen international vermehrt Aufmerksamkeit. Mit dem Sozialkreditsystem sollen in China Individuen, Unternehmen, soziale Organisationen und staatliche Behörden in ein zentralisiertes Punktesystem eingebunden werden, welches durch Belohnungs- und Bestrafungsmechanismen Verhaltensanreize setzt. Der den einzelnen Akteuren zugeteilte individuelle Score ändert sich dynamisch in Abhängigkeit ihres Verhaltens und soll in verschiedenen (öffentlichen) Bereichen, ähnlich zu dem in der Finanzwirtschaft verbreiteten Kredit-Score, als Entscheidungsgrundlage herangezogen werden. Ziel ist es, eine „auf Vertrauen basierende" Wirtschaft und Gesellschaft zu etablieren (Meissner, 2017; Ohlberg et al., 2017).

Momentan gibt es (noch) kein einheitliches nationales Sozialkreditsystem, sondern es existiert eine Vielzahl von Systemen nebeneinander (laut dem Social Credit Summit, der 2017 stattgefunden hat, insgesamt 653), die sowohl von lokalen Regierungen als auch kommerziellen Unternehmen verwaltet werden (Ahmed, 2017; Creemers, 2018). Während die Systeme kommerzieller Anbieter wie Tencent, Sesame usw. auf freiwilliger Teilnahme basieren, ist die Teilnahme an staatlichen Sozialkreditsystemen für alle Bewohner*innen der entsprechenden Gebiete verpflichtend. Im Juli 2018 betrieben mehr als 40 Bezirks- und Provinzregierungen Pilotprojekte (Kostka, 2018).

Die Anzahl der Studien, welche die Wirkungsweisen und Folgen bereits etablierten Sozialkreditverfahren untersuchen, ist derzeit noch gering. Eine vor kurzem veröffentlichte Feldstudie des Sozialkreditsystems in Rongcheng – einer Stadt mit 650.000 Einwohner*innen und 50.000 Unternehmen in der chinesischen Provinz Shandong, die im Januar 2018 als Modell ausgewählt wurde – legt ein weitestgehend auf menschlicher Arbeitskraft basierendes Reporting-System (mit mehreren hunderten zertifizierten Datensammler*innen) und einen komplexen Katalog von Verhaltensweisen (mit 150 Verhaltenskategorien) als Grundlage für die Punktvergabe offen (Knight, 2018). Dass Individuen, die in einem Gebiet mit Sozialkreditsystem leben, ihre Verhaltensweisen verändern, zeigt eine Umfrage unter über 2.200 chinesischen Internetnutzer*innen. 94% der Befragten gaben an, ihr Verhalten z.B. in Bezug auf Kaufentscheidungen verändert zu haben. 18% der Befragten gaben an, ihr Verhalten auf sozialen Netzwerken verändert und Kontakte aus ihrem Social-Media-Netzwerk entfernt zu haben, um potenziell negative Einflüsse auf ihren Score zu minimieren (Knight, 2018).

In der Wissenschaft besteht weitestgehend Konsens darüber, dass ein zentralstaatliches Sozialkreditsystem oder auch mehrere dezentralisierte Sozialkreditsysteme das Potenzial haben, die staatliche Governance sowohl von Wirtschaft als auch der Gesellschaft radikal zu transformieren (Meissner, 2017; Chorzempa et al., 2018). Die Bewertungen des daraus sukzessive veränderten Gesellschaftssystems gehen jedoch auseinander: Einige Expert*innen sehen mit ihm eine Rückkehr zur Planwirtschaft, da Unternehmen durch das Sozialkreditsystem starke Anreize haben, ihre Aktivitäten an politisch gesetzten Zielen auszurichten (Heilmann, 2017). Andere betonen, dass China mit Einführung des Sozialkreditsystems in eine neue Phase der Überwachung und sozialen Kontrolle eintritt (Kühnreich, 2017) mit Implikationen, die über das chinesische Hoheitsgebiet hinausreichen (Hoffman, 2018). In der chinesischen Bevölkerung wiederum wird das Sozialkreditsystem, momentan weniger als Überwachungs-, denn als Instrument zur effektiveren Rechtsdurchsetzung gesehen, um Missstände wie Korruption, Kriminalität oder das mangelnde Vertrauen in öffentliche Institutionen zu beheben (Kostka, 2018). Zustimmungsraten betragen bis zu 80% (Alpermann und Thünken, 2018; Kostka, 2018), wobei großangelegte Studien noch fehlen und selbst in Regionen, in denen ein Sozialkreditsystem eingesetzt wird, die Kenntnis über dessen Existenz und Funktionsweise innerhalb der Bevölkerung gering ist.

In westlich-liberalen Gesellschaften löst die Vorstellung eines solchen Governance-Systems starke Abwehrreaktionen aus, da es im Widerspruch zu grundlegenden rechtsstaatlichen Prinzipien steht und aufgrund der Erhebung umfangreicher personenbezogener Daten sowie der zentralstaatlichen Festlegung wünschenswerten Verhaltens als Machtinstrument eines totalitären Überwachungsstaats eingeordnet wird. Score-basierte Sanktionen, wie sie in Sozialkreditsystemen zur Anwendung kommen, stoßen auf Ablehnung, in Deutschland beispielsweise mit einer Quote von 91% (SVRV, 2018).

gebungen zum Datenschutz beispielsweise die DSGVO (Kasten 4.2.6-3) als wichtige Referenz (Privacy International, 2018a). Da keine physischen Güter produziert werden, sind jedoch die Kosten für eine Differenzierung im Umgang mit Daten nicht mehr prohibitiv hoch. Ferner besteht für viele Digitalunternehmen das Kerngeschäft gerade in der Erhebung möglichst vieler Daten, so dass ein besonders hoher Anreiz besteht, rechtlichen Einschränkungen auszuweichen. Ob sich Spill-over-Effekte auch auf digitalen Märkten einstellen, bleibt deshalb zu erforschen. Ob die DSGVO auch außerhalb der EU (insbesondere in den USA) Anwendung findet, bleibt daher eine relevante – noch offene – Frage.

Über reines Reagieren auf die veränderten Bedingungen hinaus können Staaten durch die neuen technischen Möglichkeiten auch aktiv zur Transformation zur Nachhaltigkeit beitragen. Zur vollen Erschließung des Nachhaltigkeitspotenzials digitalisierten staatlichen Handelns fehlt es allerdings derzeit an einem breiten Verständnis und an technischem Wissen bezüglich der Chancen und Risiken der Digitalisierung, die durchweg durch alle staatlichen Institutionen erst noch verankert werden müssten (Mainstreaming). Ohne wirksame Gestaltung könnte der intensive Einsatz digitaler Technik mit Blick auf Bürger- und Menschenrechte sowie Privatheit problematisch werden. Staatliche Überwachung und soziale Kontrolle (z.B. Kasten 4.2.6-2) können Implikationen für individuelle Entfaltung, öffentliche Diskurse (Kap. 5.3.2) und damit auf die Gestaltung der Zweiten Dynamik haben (Kap. 7.3). 37 % der Weltbevölkerung leben in Unfreiheit unter autoritären Regimen (Freedom House, 2018), die digitale Technik zur Überwachung und Kontrolle der Bevölkerung einsetzen können (Kap. 6.2). Aber auch demokratische Staaten nutzen invasive Massenüberwachungstechnik, wie die Enthüllungen über amerikanische und britische Spionage im Sommer 2013 gezeigt haben (Lucas, 2014; Lyon, 2014).

4.2.6.3 Ungehobenes Gestaltungspotenzial von Staaten

Staaten sind mit Blick auf nachhaltigkeitsrelevante Problemfelder einerseits angesichts der Dominanz privatwirtschaftlicher Akteure in ihrem faktischen Handlungsspielraum aktuell noch unzureichend aktiv (Kap. 4.2.6.1). Andererseits verfügen sie durch ihre Gesetzgebungs- und Exekutivgewalt über besonders harte Instrumente zur Etablierung der Rahmenbedingungen für nachhaltige Entwicklung. So wie das Potenzial für die Transformation zur Nachhaltigkeit bislang nicht ausgeschöpft wird, wird staatliches Handeln auch für die nachhaltige Gestaltung der Digitalisierung bislang nur in Ansätzen genutzt. Um das zu ändern, müssten Staaten im Verbund und durch multilaterale Zusammenarbeit an Handlungsfähigkeit zurückgewinnen und sich dabei Leitlinien für ihr Handeln setzen, die sicherstellen, dass bestehende Problemlagen bezüglich Bürgerrechten und Privatheit nicht noch verschärft werden.

4.2.7 Transnationale Akteure zwischen Weltgesellschaft und Fragmentierung?

Transnationale Akteure sind nicht staatliche, gesellschaftliche Akteure mit internationaler bis globaler Aktivität, Vernetzung und Einfluss. Anders als die zwischenstaatlichen internationalen Organisationen (Kap. 4.2.8) sind sie nicht primär von staatlichen Akteuren gegründet oder abhängig, sondern handeln als soziale Bewegung, Netzwerk, Unternehmen oder formale Organisation über nationale Grenzen hinweg. Ihre Heterogenität entspricht prinzipiell dem vielfältigen Raum nicht staatlicher Gruppen im nationalen Kontext: zivilgesellschaftliche Bewegungen und Organisationen wie Friedens-, Frauen- und Umweltbewegungen z.B. attac, Greenpeace oder Amnesty International gehören genauso dazu wie multinationale Wirtschaftsunternehmen oder übernationale Verbünde aus Wissenschaft, Medien, Stiftungen, Wirtschaft, Gewerkschaften, Religion oder Tech-Communities (z.B. ICANN, Kasten 4.2.7-1). Als ganz unterschiedlich erwachsene Verbünde dezentraler Akteursinteressen, die sich sowohl zu den Staaten und internationalen Organisationen wie auch zu Wirtschaft und (Welt-)Gesellschaft in Beziehung setzen, sind transnationale Akteure ein Paradebeispiel für die polyzentrische Struktur und Funktionsweise heutiger Governance, zum Beispiel im Bereich Klimawandel (Dorsch und Flachsland, 2017).

4.2.7.1 Transnationalisierung der Nachhaltigkeitspolitik und Digitalisierung

Die Transnationalisierung globaler Nachhaltigkeitspolitik zeigt sich durch die vielfältige Einbindung nicht staatlicher Akteure in zwischenstaatliche Prozesse der Nachhaltigkeitspolitik und unabhängig davon entstehenden Initiativen. So haben die UN einen „Global Compact for Sustainable Development" zwischen Unternehmen initiiert (unglobalcompact.org). Unternehmen bekennen sich mit der Unterzeichnung im Rahmen von Selbstverpflichtungen auf zehn gemeinsame Prinzipien aus den Bereichen Menschenrechte, Arbeit, Umwelt sowie Korruptionsbekämpfung und berichten regelmäßig über deren Einhaltung. In den von den Vertragsstaaten dominierten Verhandlungen zum internationalen Klimaschutz, z.B. zum Pariser Übereinkommen, erhalten nicht staatliche Akteure zunehmend Zugang zu den Beratungen, allerdings ohne eigenes Stimmrecht. Neuartige Foren zum Austausch zwischen Staaten sowie zivilgesellschaftlichen und privaten Akteuren werden zwar entwickelt (z.B. Presidency's Open Dialogue auf den Vertragsstaatenkonferenzen zum Pariser Übereinkommen), allerdings werden auf diese meist keine Entscheidungsbefugnisse übertragen.

Gerade die transnationale Klima-Governance entwickelte sich angesichts der starken Ausdifferenzierung des Themenbereichs und der vielfältigen (auch digital ermöglichten) Beteiligungsmöglichkeiten im letzten Jahrzehnt sehr dynamisch (z.B. Bulkeley et al., 2018). Häufig angebunden an Politikprozesse im Rahmen der UNFCCC, aber auch unabhängig davon, entstehen diverse Initiativen etwa im Bereich regionaler Emissionshandelssysteme wie RGGI, Zertifizierungsmodelle wie FSC, Treibhausgasinventare wie das Climate Registry oder freiwilliger Umwelt- und Nachhaltigkeitsberichterstattung wie CDP (Bulkeley et al., 2018:63). Die zivilgesellschaftliche Beteiligung an globalen Umwelt- und Entwicklungskonferenzen bricht regelmäßig Rekorde, von der UN-Rio-Konferenz 1992 mit bereits außergewöhnlich vielen 1.500 registrierten NRO, über 6.000 Registrierungen am World Summit on Sustainable Development 2002 bis zu einer bisherigen Spitze von 12.000 registrierten NRO beim Klimagipfel 2009 in Kopenhagen (Bäckstrand, 2015). Auch wenn

Kasten 4.2.6-3

Die EU-Datenschutz-Grundverordnung als Gestaltungsansatz der EU

Im Bereich des Datenschutzes und des Schutzes der Privatsphäre ist die Datenschutz-Grundverordnung (DSGVO) der EU (EU, 2016) weltweit bislang ohne Vorbild. Sie soll ein Europa verkörpern, „das Werte und Grundrechte gegenüber kommerzieller wie staatlicher Datensammelwut wirksam schützt und verteidigt" (Selmayr, 2018: 197). Die Datenschutz-Grundverordnung gilt seit dem 25. Mai 2018 unionsweit unmittelbar für alle Bürger*innen, ohne dass es eines weiteren Umsetzungsakts durch die Mitgliedstaaten bedarf. Die DSGVO verfolgt eine doppelte Zielstellung: (1) den Schutz der Privatsphäre und (2) die Förderung des freien Datenverkehrs über die Binnengrenzen der EU hinweg durch Vereinheitlichung der Datenschutzstandards (Art. 1 DSGVO). Dabei gilt sie nur für Daten mit Personenbezug, nicht aber für Daten über andere Gegenstände, wie z.B. Unternehmen. Mitgliedstaaten können in bestimmten Bereichen ergänzende nationale Regelungen treffen, so zum Beispiel für Datenverarbeitungen durch öffentliche Stellen (Kühling und Martini, 2016).

Die gewichtigsten Inhalte der DSGVO betreffen die Erweiterung des Anwendungsbereiches und die Mechanismen und Institutionen zur Durchsetzung des Datenschutzrechts, die datenschutzrechtlichen Vorgaben wurden „eher evolutionär als revolutionär" weiterentwickelt (Kühling und Martini, 2016).

Anwendungsbereich

Der Anwendungsbereich wird mit der Einführung des Marktortprinzips in § 3 II DSGVO von Verarbeitungen innerhalb der EU zusätzlich auf alle Vorgänge ausgeweitet, in denen Daten von Personen, die sich in der EU befinden, außerhalb der EU verarbeitet werden. Es kommt für die Anwendung der DSGVO nicht mehr darauf an, wo Unternehmen, die Daten verarbeiten, ihren Sitz haben, sondern wo die Kunden wohnen. Für außereuropäische Firmen nimmt damit die Bedeutung der europäischen Datenschutzstandards zu. Die Einführung des Marktortprinzips erweitert den Schutz der Nutzer*innen in der EU zunächst nur auf dem Papier. Abzuwarten bleibt, ob ein solch breiter Anwendungsbereich auch außereuropäisch konsequent durchgesetzt werden kann (Ernst, 2017). Auswirkungen dieser standardsetzenden Gesetzgebung auf Drittstaaten, insbesondere auch Entwicklungsländer sind aber zu erwarten (Kuner et al., 2017).

Datenschutzrechtliche Vorgaben

Die DSGVO enthält kaum inhaltliche Verschärfungen des europäischen Datenschutzrechts, sondern integriert bisher lediglich durch die Rechtsprechung des Europäischen Gerichtshofs (EuGH) etablierte Anforderungen, so zum Beispiel das „Recht auf Vergessen": eine Löschverpflichtung für unrechtmäßig verarbeitete Daten (Art. 17 DSGVO). Eine Neuerung stellt das Recht auf Datenübertragbarkeit (auch Datenportabilität) in Art. 20 DSGVO dar. Ein*e Nutzer*in kann alle persönlichen Daten von einem Anbieter in einer maschinenlesbaren Form anfordern, so dass sie an einen anderen Anbieter übertragen werden können. So müssen beispielsweise Daten (z.B. Adressbuch) von einem Smartphone einer Marke auf ein Smartphone einer anderen Marke übertragen werden können. Die Anbieter sind also durch die DSGVO verpflichtet, interoperable Formate für Daten zu entwickeln und anzuwenden, damit geringere Hemmschwellen für Nutzer*innen bestehen, den Anbieter zu wechseln (Erwägungsgrund 68 DSGVO). Art. 25 DSGVO verankert die vielgeforderten Grundsätze „Datenschutz by design" und „Datenschutz by default". Datenschutz by design bedeutet, dass neue Produkte so entwickelt werden sollen, dass sie Datenschutz ermöglichen. Datenschutz by default bedeutet, dass Voreinstellungen eines Produkts stets den höchsten Datenschutz vorsehen müssen, von dem Nutzer*innen dann in den Datenschutzeinstellungen aktiv abweichen können. Art. 32 DSGVO verpflichtet die Verantwortlichen, die Sicherheit der Daten bei Verarbeitungsvorgängen durch geeignete technische und organisatorische Maßnahmen zu gewährleisten. Um die Erfüllung dieser Verpflichtungen nachzuweisen, werden die Verantwortlichen auf die in Art. 42 DSGVO geregelten Zertifizierungsverfahren verwiesen (Art. 25 Abs. 3, 32 Abs. 3 DSGVO). Mit der Einführung der Zertifizierungsverfahren in der DSGVO setzen die Gesetzgebungsorgane auf eine Alternative zum bisherigen durch starke Aufsicht geprägten Datenschutzmodell und werden verstärkt in beratender und weniger in sanktionierender Sicht tätig (Raschauer, 2018). Die Verankerung von Informationsrechten in Form eines Auskunftsrechts des Betroffenen (Art. 13-15 DSGVO), umfangreiche Dokumentationspflichten für Datenverarbeitungen und Schutzmaßnahmen (z.B. Art. 5 Abs. 2) und Meldepflichten bei Verletzungen des Schutzes personenbezogener Daten an die Aufsichtsbehörde und den Betroffenen (Art. 33 DSGVO) führen zu Transparenz und Kontrolle zugunsten von Betroffenen. Ihre Position gegenüber allen, die Daten verarbeiten, wird dadurch gestärkt.

Für risikoreiche Datenverarbeitungen müssen von den Verantwortlichen zudem vorab Datenschutzfolgenabschätzungen durchgeführt werden, auf deren Grundlage die Datenschutzbehörden eine Vorabkontrolle wahrnehmen (Art. 35 und 36 DSGVO).

Durchsetzung der DSGVO

Mit den Artikeln 51 bis 76 stärkt die DSGVO die aufsichtsführenden nationalen Behörden und deren Kooperation. Zur Verbesserung der Rechtsdurchsetzung sind in den Artikeln 77ff. DSGVO Vorschriften über den Rechtsschutz der Betroffenen gegenüber den datenerarbeitenden Unternehmen und Organisationen sowie den Verantwortlichen niedergelegt. Zudem sieht die DSGVO in Art. 82–84 im Vergleich zur alten Rechtslage erhöhte Geldbußen und Geldstrafen für Datenschutzverstöße vor und erweitert die bußgeldbewährten Pflichten, so dass dieses Durchsetzungsmittel im Vergleich zum vorherigen Datenschutzrecht in Europa erheblich an Bedeutung gewinnt (Eckhardt und Menz, 2018). Geldbußen gegenüber Unternehmen sind in Art. 83 DSGVO ausgestaltet. Konzerngewinne werden durch die Behörden bei der Festsetzung der Höhe der Sanktionen einheitlich betrachtet und die Höhe der Geldbußen am Umsatz des Gesamtkonzerns ausgerichtet (Art. 83 DSGVO). Im Falle von Facebook könnten etwa Geldbußen bis zu einer Höhe von 1,3 Mrd. € verhängt werden (Kugelmann, 2018).

Außerhalb der EU niedergelassene Verantwortliche, die auf dem europäischen Markt tätig werden, müssen eine Vertretungsperson innerhalb der Union benennen. Dies erhöht die Erreichbarkeit für Behörden und die Betroffenen. Die Datenschutz-Grundverordnung stärkt die aufsichtsführenden nationalen Behörden und deren Kooperation in einem europäischen Datenrechtsausschuss, der nunmehr Leitlinien zur einheitlichen Auslegung der DSGVO vorgeben kann (Art. 70 DSGVO).

Bewertung

Die DSGVO kann als nachholende Regulierung eines gesellschaftlich wichtigen Bereiches begriffen werden. Zugleich zeigt sich an der Entstehung der DSGVO die Dauer gesellschaftlicher Aushandlungsprozesse in sowohl für die Wirtschaft, als auch für die Menschenrechte sensiblen Bereichen: Die DSGVO wurde von 2012 bis 2016 ausgehandelt und hat 2018 EU-weite Geltung erlangt. Es dauerte also sechs Jahre, bis dieses europäische Gesetz erarbeitet und verabschiedet wurde. Die DSGVO wird als einflussreichste Datenschutzregulierung wahrgenommen, die es je gegeben hat und kann die Entwicklung des Datenschutzrechts weltweit beeinflussen (Kuner et al., 2017; Privacy International, 2018b). Sie wurde zum Beispiel ausführlich während der Entwicklung des derzeit entstehenden indischen Datenschutzgesetzes berücksichtigt (Kipker, 2018). Noch ist offen, ob das hohe Datenschutzniveau auch als Wettbewerbsnachteil wahrgenommen werden wird und damit Druck in Richtung einer Abschwächung der Regelungen entsteht (Selmayr, 2018). Der Erfolg und die Durchschlagskraft der DSGVO hängen vor allem von ihrer Konkretisierung und Durchsetzung durch die Aufsichtsbehörden, den europäischen Datenschutzausschuss und die Gerichte, sowie davon ab, wie ambitioniert die die DSGVO ergänzenden Zertifizierungsverfahren und gemeinsamen Verhaltensregeln zur Förderung des Datenschutzes ausgestaltet werden. Letztere werden in Kooperation zwischen Mitgliedstaaten, Unternehmen, EU-Kommission und Interessenverbänden ausgearbeitet. Innerhalb Europas hat die Einführung der DSGVO auch zu umfangreichen Debatten geführt. Kritik an mangelhafter unterstützender Begleitung der Einführung ist laut geworden, da die umfangreichen Dokumentationspflichten aus der DSGVO dazu geführt haben, dass einige kleine Anbieter, zum Beispiel von Blogs, vor den technischen Anforderungen des Datenschutzes kapituliert und ihre Angebote vorsorglich entfernt haben (Dachwitz und Kurz, 2018). Eine professionelle Begleitung der Einführung von Regulierung im technischen Bereich scheint zur Akzeptanzförderung komplexer Regelungsregime erforderlich.

Die DSGVO zeigt: Staatlicher bzw. supranationaler Datenschutz ist möglich und scheint zunehmend Breitenwirksamkeit zu entfalten. Die DSGVO muss sich vor allem in ihrer Wirksamkeit gegenüber großen datenverarbeitenden Konzernen, wie Facebook oder Google beweisen. Facebook-Gründer Mark Zuckerberg fordert zwar eine aktive Rolle von Regierungen bei der Regulierung im Internet handelnder Unternehmen und eine Datenschutzregulierung ähnlich der DSGVO weltweit (Zuckerberg, 2019). Facebook nimmt Änderungen jedoch bisher nur für die EU und nur auf Ebene der Geschäftsbedingungen wahr, so dass die konsequente Durchsetzung des Datenschutzniveaus weiterhin offen ist (Privacy International, 2018c). Bereits gelungen ist der DSGVO ein Augenmerk auf Datenschutz zu lenken und das Thema institutionell in der Breite zu verankern. Die Einführung hat aber auch viele Nebeneffekte erzeugt, die sich auf die Akzeptanz in der Bevölkerung auswirken könnten. Durch die Anwendung des Marktortprinzips entfaltet die DSGVO nun auch Wirkung auf Unternehmen mit Sitz außerhalb der EU, die Daten von EU-Bürger*innen verarbeiten. Es bleibt abzuwarten, ob Unternehmen, die innerhalb und außerhalb der EU tätig sind, nun einen einheitlichen Datenschutz gemäß der DSGVO anwenden werden (Privacy International, 2018b). Die DSGVO ist Referenzmaterie in der internationalen Datenschutzentwicklung (Privacy International, 2018a) und sollte deshalb Ausgangspunkt und Gegenstand für internationale Zusammenarbeit im Bereich des Datenschutzes und Datenschutzrechts sein, die etwa eine Plattform mit zugehöriger Rechtsprechung, Unterstützung bei der Übertragung in andere Rechtsordnungen und internationale Angleichungsprozesse beim Datenschutzrecht einschließen kann (Kuner et al., 2017).

gerade das Beispiel der Klimakonferenz in Kopenhagen deutlich gezeigt hat, dass nach wie vor die Staaten die größte Verantwortung für Erfolg wie Misserfolg einer ambitionierten Klimapolitik tragen, so erwächst doch aus der großen Anzahl – aber noch mehr aus der Qualität – transnationalen Engagements ein wichtiger klimapolitischer Beitrag. NAZCA, das UN-Portal für Klimaschutzprojekte nicht staatlicher Akteure, listet rund 20.000 registrierte Projekte von Städten, Regionen, Unternehmen, Investoren und NRO auf (UNCCS, 2018). Gerade Verbünde subnationaler Akteure wie der transnationale Städteverbund C40 Cities Climate Leadership Group, der Verbund von über 1.500 Städten, Kommunen und Regionen ICLEI Local Governments for Sustainability oder die Bürgermeister*innen-Allianz Worlds Mayors Council on Climate Change sind Katalysatoren für Klimaschutz in vielen Ländern – häufig trotz oder gerade wegen der wenig ambitiösen Politik vieler nationaler Regierungen (Aust, 2018). Die ebenfalls in erheblichen Maßen transnational vernetzte Wissenschaft ist gerade im Bereich der Klima-Governance über den IPCC eng an den zwischenstaatlichen Verhandlungsprozess angeschlossen. Mit seiner Enzyklika *Laudato si'* hat weiterhin Papst Franziskus gezeigt, dass auch religiöse Vereinigungen und prominente Individuen als transnationale Akteure bedeutsamen Einfluss auf Nachhaltigkeitspolitik ausüben können (Edenhofer et al., 2015; Heimbach-Steins und Stockmann, 2019).

Für transnational agierende Wirtschaftsunternehmen bilden sich über allgemeine oder sektorspezifische (z.B. Bergbau, Finanzen, Textilien) CSR-Verpflichtungen fragmentierte transnationale Ordnungssysteme, die Themen der ökologischen und sozialen Nachhaltigkeit in wirtschaftliche Beziehungen einbringen (Spießhofer, 2017). Gleichwohl leiden diese unter Inkohärenzen und Widersprüchen zu den durch die UN, OECD, ISO oder andere Organisationen entwickelten gemeinsamen Standards (Spießhofer, 2017). Aktuelle CSR-Leitlinien und -Werkzeuge ignorieren dabei oft Themen des digitalen Wandels (Knaut, 2017).

Digitale Vernetzung und Informationsbereitstellung wirken sich auf die Handlungsfähigkeit des wachsenden Netzes transnationaler Governance-Akteure vielfältig aus, können etwa die Bewusstseinsbildung verbessern,

Kasten 4.2.7-1

Die ICANN als transnationaler Akteur der Internetverwaltung

Die zentrale Verwaltung der Grundfunktionen des Internets nimmt die Internet Corporation for Assigned Names and Numbers (ICANN) wahr. ICANN verwaltet oder beaufsichtigt für die Weltgemeinschaft die Internetadressen, die einmaligen Namen und Nummern des Internets (Internetprotokolle, IP-Adressen, Top-Level-Domains) sowie Root-Server als Speicherorte der Namen und Nummern und sorgt damit dafür, dass die Inhalte und Empfänger, die über das Internet vermittelt werden, eindeutig zuzuordnen sind. ICANN ist eine privatrechtlich organisierte Non-Profit-Organisation mit Sitz in Kalifornien. Ihr primäres Ziel ist die Gewährleistung stabiler und sicherer Internetinfrastrukturen (Section 1.1. (a) ICANN Bylaws (ICANN, 2019). Im Kern sind ihre Interessen auf die Einheitlichkeit, Stabilität, Verlässlichkeit, Sicherheit, globale Interoperabilität, Resilienz und Offenheit, Nutzbarkeit des Internets sowie seiner Teilkomponenten gerichtet (Section 1.2 (a) ICANN Bylaws; ICANN, 2019).

Die Internetverwaltung durch eine private Organisation wie die ICANN ist auf die zunächst informelle Entwicklung des Internets durch Militär und Wissenschaft zurückzuführen (Kap. 3.1.2.1). Die von ICANN wahrgenommenen Aufgaben wurden ihr 1998 nicht von der Staatengemeinschaft übertragen, sondern durch US-amerikanische Behörden (Hofmann, 2017:25). Erst seit 2016 arbeitet die ICANN unabhängig von US-behördlicher Aufsicht (NTIA, 2016), womit die USA langwährender Kritik hinsichtlich einer US-amerikanischen Einflussnahme nachgaben. Transparenz und Rechenschaft sollen nun durch ein komplexes Compliance-Verfahren hergestellt werden, das auch Voraussetzung für das Entlassen in die Unabhängigkeit war. Im Netzwerk ICANN wirken zahlreiche Unternehmen und Organisationen zusammen, erarbeiten Richtlinien und sind das Bindeglied zu den Verzeichnissen der ICANN.

Entscheidungsfindung bei der ICANN

In der ICANN wird über grundsätzliche Vorgaben für die Vergabe der einmaligen Namen und Nummern im Internet sowie über die Organisation und das Verfahren innerhalb der ICANN entschieden. Die ICANN orientiert sich bei der internen Entscheidungsfindung am Multi-Stakeholder-Verfahren. In Multi-Stakeholder-Verfahren kann sich in der Regel jede*r an Aushandlungsprozesse beteiligen. Beteiligt man viele Stakeholder in einem inklusiven, offenen, transparenten Bottom-up-Verfahren, kann kein Einzelinteresse dominieren, so die Grundannahme (GCIG, 2016:80). Die ICANN bietet damit zwar Beteiligungsmöglichkeiten für alle, die Zusammensetzung des entscheidenden Direktoriums ist aber gewichtet, weshalb nicht alle Interessen ausgewogen vertreten sind. Die Stakeholder, die durch Stimmabgabe an den Entscheidungen der ICANN mitwirken können, sind die Vereinigung der regionalen Internetregistrationsorganisationen, die die IP-Adressräume verwalten, die Vereinigung der regionalen Registrierungsstellen für länderspezifische Domainnamen (z.B. „.de"), die Vereinigung der zentralen Registrierungsstellen für die anderen Domainnamen (z.B. „.org"), und die Organisation, in der sich Internetnutzer*innen in die Arbeit der ICANN einbringen können. Die Nutzer*innengemeinde kann gegenüber den hauptsächlich technischen und wirtschaftlichen Stakeholdern eine von 16 Stimmen insgesamt abgeben. Rein beratend wirken Regierungsvertreter*innen, Sicherheitsexpert*innen, Technikexpert*innen und Entwickler*innen an den Entscheidungsprozessen der ICANN mit. Die einzelnen Stakeholder-Gruppen werden durch Freiwillige aus der ganzen Welt repräsentiert (ICANN, 2018). Die einzelnen Richtlinien der ICANN unterliegen weder staatlicher Aufsicht, noch sind sie von sich aus verbindlich. Sie erlangen Geltungskraft durch zivilrechtliche Verträge (inklusive Vertragsstrafen bei Verstößen) mit den an der Durchsetzung beteiligten Organisationen (Lahmann et al., 2016), in denen sich die ICANN weitreichende Autoritätsrechte einräumen lässt (Jacob, 2018).

Umstrittene Rolle der ICANN und die Zukunft der Internetverwaltung

Die Frage, ob Entscheidungen, welche die ICANN trifft, hinreichend legitimiert und transparent sind, steht wiederkehrend im Raum (GCIG, 2016:78). Entscheidungen werden ohne direkte Einflussmöglichkeit von Staaten oder der Staatengemeinschaft gefällt. Auch bei der Entscheidungsfindung über Multi-Stakeholder-Verfahren stellt sich die Legitimationsfrage, da u.a. aufgrund von ungleicher Macht- und Ressourcenverteilung nicht alle Interessen gleich stark vertreten werden können (Hofmann, 2017).

Die ICANN hat in Folge der Kritik und als Bedingung für die Unabhängigkeit von den US-amerikanischen Behörden 2016 Mechanismen, die Transparenz und Überprüfbarkeit gewährleisten sollen, eingeführt. Seitdem können sich die in der ICANN engagierten Stakeholder-Gruppen (unabhängig davon, ob sie im Direktorium stimmberechtigt sind oder nicht) über den Mechanismus „Empowered Community" zu einer eigenen Organisation unter Kalifornischem Recht zusammenschließen und die Rechenschaft des ICANN-Direktoriums und einzelner Organisationseinheiten einfordern, Strategien, Haushaltspläne und wichtige Änderungen der Geschäftsordnung ablehnen und Mitglieder des ICANN-Direktoriums ersetzen sowie diese Rechte gerichtlich gegen die ICANN durchsetzen (Hofmann, 2017). Des Weiteren bestehen für jede von einer ICANN Entscheidung materiell betroffenen Person Rechte, sich an eine Ombudsperson zu wenden, die Wiedervorlage von Beschlüssen und Richtlinien zur erneuten Entscheidung des entscheidenden Direktoriums zu verlangen und Einsicht in große Teile der ICANN-Dokumente anzufordern (ICANN, 2019). Die gesteigerten Compliance-Regeln bauen aber auch weitere Teilhabebarrieren bei Prozessen der ICANN für Neueinsteiger*innen auf (Hofmann, 2017).

Einige Staaten, u.a. China, Indien und Russland sowie einige Entwicklungsländer, forderten auf der ITU-Konferenz 2014 die Änderung des ITU-Gründungsvertrages, um der ITU die Internetverwaltung übertragen zu können. Einigen dieser Staaten ging es möglicherweise darum, die offene und freiheitliche Organisation des Internets leichter zu ihren Gunsten zu beeinflussen. Andere, insbesondere weniger entwickelte Länder kritisierten, dass die Beteiligung und Beteiligungsintensität der Stakeholder im Multi-Stakeholder-Verfahren von der jeweiligen Wirtschaftskraft abhängt und somit die Interessen der Ärmeren unterrepräsentiert sind (Lahmann et al., 2016:20). Gleiches gilt auch für Interessen von organisationsschwachen Gruppen, wie etwa Verbraucher*innen, so dass im Multi-Stakeholder-Verfahren etwa Verbraucherschutzbelange wie Datenschutz und Netzneutralität unterrepräsentiert sein können (Deutscher Bundestag, 2013). Der Aufbau privater Machtstrukturen im gesellschaftlich wichtigen Bereich der Internetverwaltung könnte ein verstärktes Eingreifen staatlicher Stellen oder der EU erfordern, um insbesondere die Möglichkeit zum Interessenschutz für alle zu eröffnen (Hoffmann-Riem, 2016). Unter den westlichen Staaten herrscht dennoch Konsens, den Multi-Stakeholder-Ansatz weiterzuverfolgen (Lahmann et al., 2016:20), was u.a. mit der ohnehin bestehenden Blockade zwischen den verschiedenen Lagern gerechtfertigt wird (Jacob, 2018). Neben den Machtverhältnissen und der Durchsetzung von Gemeinwohlinteressen wird auch die Funktionalität des Systems kritisiert: ICANN ist es nicht gelungen, den zügigen, weltweiten Übergang vom Internetprotokoll-Vermittlungsstandard IPv4 auf IPv6 zu gewährleisten, obwohl mit der steigenden Anzahl an Nutzer*innen und Endgeräten des Internets durch neue Technologien (z.B. zunehmender Bedarf an IP-Adressen im IoT) oder aufkommende Märkte (z.B. in Entwicklungsländern) ein Umstieg auf IPv6 dringend erforderlich ist (GCIG, 2016:52). Es fehlt an einer hierarchischen Koordinationsinstanz, welche Updates anordnen und durchsetzen kann (Hofmann, 2017:10). Die Vorschriften der ICANN zur öffentlich zugänglichen Registrierung von Domain-Inhabern stehen zudem in Konflikt mit dem verschärften Datenschutzrecht, zum Beispiel der DSGVO (Kramer, 2018; Sarac und Strömer, 2018; Kasten 4.2.6-3). Datenschutzbedenken beim Domain Name System (DNS) bestehen darüber hinaus auch in technischer Hinsicht (DNS Privacy Project, 2018).

Die Frage, wie die Mängel – z.B. die Mitwirkungshürden, die geringen Einwirkungsmöglichkeiten von Staaten und der Zivilgesellschaft – in der ICANN behoben werden können, ist Gegenstand divergierender Vorschläge. Diese reichen von der Schaffung eines komplett dezentralisierten Systems der Internet Governance (Verhulst et al., 2014) bis zu einer Erklärung der UN, wonach die ICANN zur unabhängigen Regulierungsbehörde der UN gemacht werden sollte (Jacob, 2018). Das IGF unter dem Dach der UN ist ein zentrales Forum zur Diskussion dieser Fragen, auch wenn dort keine Entscheidungen getroffen werden können (Kap. 8.1.2)

Aufmerksamkeit schaffen oder das Eintreten für unterschiedliche (z.B. lokale, ökonomische, partikulare oder marginalisierte) Interessen im globalen Raum verstärken (Talberg und Jönnson, 2010). Die digitale Vernetzung schafft für all diese transnationalen Akteursgruppen sehr grundsätzlich die Möglichkeiten einer dynamischen Entstehung, Organisation und Vervielfachung transnationaler Initiativen und Verbindungen im polyzentrischen Governance-System. Mit digital gestütztem Umwelt-Monitoring (Kap. 3.3.5.1, 5.2.11) oder der Begleitung der Politikimplementierung können beispielsweise im Rahmen des „REDD+"-Mechanismus oder der Umsetzung des Pariser Übereinkommens effektiver Transparenz, Verantwortlichkeit und Handlungsdruck aufgebaut werden. In der Beziehung zu nationalen Regierungen und Unternehmen kann hier eine weitere machtvolle Stärkung erwachsen. Das Climate Action Network begleitet als Dachverband von über 1.300 umweltpolitischen NRO den UNFCCC-Prozess eng, kritisch und kompetent, z.B. mit einem umfangreichen digitalen Newsletter-Service zu den UNFCCC-Verhandlungsverläufen. Der von renommierten Klimawissenschaftler*innen erarbeitete und von UNEP herausgegebene „Emissions Gap Report" ist ein prominentes Beispiel dafür, wie künftig nicht nur der Stand des Klimawandels, sondern gerade die Umsetzung der Klimapolitik auch durch nicht staatliche Akteure besser begleitet und transparent gemacht werden kann (UNEP, 2018).

4.2.7.2
Transnationale Organisation bei der Verwaltung digitaler Infrastrukturen

Transnationale Organisationsstrukturen und Netzwerke spielen nicht nur im unmittelbaren Nachhaltigkeitskontext eine entscheidende Rolle. Mit der Globalisierung erhält transnationale Kooperation eine erhebliche Bedeutung für die Entwicklung und Verwaltung grundlegender digitaler und digitalisierter Infrastrukturen, wie z.B. dem Internet. Unter dem Stichwort „Internet Governance" wird diskutiert, wie und welche gemeinsamen Prinzipien und Normen für Entscheidungen und Entscheidungsverfahren mit Bezug zum Internet durch Regierungen, den Privatsektor und die Zivilgesellschaft getroffen werden können (WGIG, 2005; Hofmann, 2017). Als an dieser Governance beteiligte Akteursgruppen lassen sich privatwirtschaftliche Unternehmen, Verbände und Organisationen der Tech-Community, Staaten und zwischenstaatlich initiierte Organisationen und Foren (z.B. Internet Governance Forum – IGF, NETmundial) sowie die Zivilgesellschaft unterscheiden (Hofmann, 2017). Insbesondere die technische Entwicklung des Internets und die internationale Verwaltung und Vergabe von Domainnamen und IP-Adressen ist überwiegend durch die Kooperation privater Akteure geprägt, so dass diese häufig als Referenzmaterie für Transnationalisierung herangezogen wird (z.B. Viellechner, 2013; Spindler, 2014). Organisiert sind diese nicht staatlichen Zusammenschlüsse in Form von Verbänden und Organisationen der Tech-Communities, von denen der WBGU die Internet Corporation for Assigned Names and Numbers (ICANN) beispielhaft näher betrachtet (Kasten 4.2.7-1). Die private Organisation digitaler Infrastrukturen wirft Fragen der Legitimation der Akteure auf – insbesondere da Staaten und die Zivilgesellschaft einschließlich der Nutzer*innen nur in eingeschränktem Maß auf diese Akteure einwirken können (Hofmann, 2017). Dabei erzeugt die ohne direkte Einflussmöglichkeit von Staaten oder der Staatengemeinschaft organisierte Erbringung von Dienstleistungen und Verwaltungen der Infrastruktur, des Netzzugangs und der Kommunikationsdienste stellenweise suboptimale Ergebnisse, z.B. Intransparenz und Sicherheitsrisiken (Hofmann, 2017).

4.2.7.3 Zwischenfazit

Transnationale Akteure erfüllen zahlreiche Funktionen in der globalen Governance der Nachhaltigkeitstransformation: Als Aktivist*innen und Lobbyist*innen engagieren sie sich transnational für ihre Interessen in einer globalen Öffentlichkeit, als Expert*innen unterstützen sie internationale Prozesse oder wirken als Stakeholder direkt an Verhandlungen mit. Nach Verabschiedung internationaler Umwelt-, insbesondere Klimaabkommen sind sie als kritische Öffentlichkeit im Monitoring und als Akteure selbst an der Umsetzung beteiligt (Bäckstrand, 2015). Mit der Verpflichtung auf Corporate Social Responsibility durch Unternehmen und Verwaltung sowie der Bereitstellung digitaler Infrastrukturen nehmen transnationale Wirtschafts- und Digitalakteure faktisch häufig auch im Gemeininteresse liegende Aufgaben wahr.

Digitale Vernetzung, Virtualität und Wissenszuwachs (Kap. 3.4) können im besten Falle positiver Treiber einer ohnehin in Gang gesetzten Herausbildung und Diversifizierung transnationaler Strukturen sein, die sich perspektivisch zu einer Art kritischer Weltgesellschaft oder einem Welt(umwelt)bewusstsein kumulieren könnten (Kap. 5.3.1). Globale Kooperation für gemeinsame weltweite Ziele, etwa die SDGs, könnte so durch eine Vielzahl von Akteuren aus allen Bereichen angetrieben werden. Wie so oft sind Digitalisierung und ihre Technologien aber nur das Mittel, dem nicht automatisch ein sinnvoller Zweck innewohnt. Transnationale Akteure und Governance sind auch nicht *per se* emanzipatorisch oder legitim. Zwar ist diese Sphäre Resonanzraum für Transformationspioniere und Politikexperimente sowie eine post-nationale Öffentlichkeit zur wechselseitigen Verständigung und dem Aufbau von Vertrauen. Digitalisierte Öffentlichkeit kann aber auch im globalen Raum zu mehr unvermittelter Fragmentierung, gesellschaftlicher Polarisierung und Aufweichung geteilter Normen führen (Kap. 5.3.2). Es kommt also auch im transnationalen Raum auf die bewusste Nutzung der digitalen Mittel für gemeinwohlorientierte Zwecke an, um langfristig Umwelt- und Entwicklungsziele besser realisieren zu können.

Im Bereich transnationaler Nachhaltigkeits-Governance sollten digitale Lösungen eingesetzt werden, um mehr empirisches Wissen, Kooperation und Transparenz zu ermöglichen. Mehr und bessere Beteiligungsformate für Stakeholder sind gerade im polyzentrischen System globaler Nachhaltigkeitspolitik wichtig, um Konflikte zwischen ganz unterschiedlichen lokalen, sozialen, nationalen wie globalen Ansprüchen miteinander ins Gespräch zu bringen. So können effektive und möglichst legitime Pfade gemeinsam erarbeitet werden, etwa bezüglich der Gestaltung des Strukturwandels durch Klimawandel und Klimaschutz (WBGU, 2018b).

In der transnationalen Internet-Governance-Architektur mangelt es jedoch an Beteiligung und Einflussmöglichkeiten von Zivilgesellschaft, Nutzer*innenverbänden und Staaten. Den Akteuren fehlen tragfähige, gemeinsame Strukturen, in denen Entscheidungen getroffen und gesellschaftliche Standards gesetzt werden können.

4.2.8 Internationale Organisationen als Akteure der Nachhaltigkeits-Governance

Die Rolle internationaler Organisationen der Nachhaltigkeits-Governance verändert sich im Digitalen Zeitalter in zweifacher Hinsicht. Erstens sind internationale Organisationen bedeutsam für die Gestaltung des neuen Politikfeldes der global nachhaltigen Digitalisierung (Kap. 8.1). Zweitens kann digitale Technik nicht nur die Handlungsfähigkeit dieser Organisationen verbessern, sondern auch ihre globale Rolle und Funktion verändern.

4.2.8.1 Internationale Organisationen und nachhaltige Digitalisierung

Seit der UN-Konferenz über Umwelt und Entwicklung von 1992 hat die globale Nachhaltigkeits-Governance mit der Verabschiedung der Agenda 21, der Erklärung von Rio sowie den drei Rio-Konventionen zu Klima, Biodiversität und Desertifikationsbekämpfung einerseits große Fortschritte gemacht. In den letzten Jahren wurden das Pariser Klimaübereinkommen, die Aichi-Biodiversitätsziele (CBD, 2010; Kap. 8.2.3) sowie das Ziel der Land Degradation Neutrality (SDG 15.3; UNCCD, 2016) verabschiedet. Mit der Agenda 2030 liegt für die nächste Dekade ein Zielkatalog für die globale Nachhaltigkeitspolitik vor. Andererseits ist die Effektivität internationaler Organisationen angesichts der Größe und Komplexität globaler ökologischer und sozialer Probleme nicht ausreichend. Insbesondere der Klimawandel konnte bislang nicht ausreichend eingedämmt werden. Ein zwischenstaatliches Übereinkommen – etwa in Form der Gründung einer internationalen Organisation – überwindet nicht notwendigerweise Interessens- und Machtdynamiken (Bernstein, 2002; Marcoux, 2011; Purdon, 2017).

Die Herausforderung besteht folglich darin, die Agenda 2030 und das Pariser Übereinkommen um- und durchzusetzen (Beisheim, 2018). Dafür sind die UN, insbesondere das Hochrangige Politische Forum für Nachhaltiger Entwicklung (HLPF), das zentrale Forum. Weitere zentrale Akteure internationaler Nachhaltigkeits-Governance sind neben den Bretton-Woods-Institutionen (Weltbank, Internationaler Währungsfond) und der Welthandelsorganisation (WHO) die OECD sowie G7 und G20 (Kap. 8.1).

Fast 30 Jahre nach dem Rio-Gipfel stellt sich heute die Frage, ob sich internationale Organisationen, insbesondere die sich in einem Reformprozess befindlichen UN, zur nachhaltigen Gestaltung des Digitalen Zeitalters neu aufstellen müssen. Dabei geht es auch um den Umgang der internationalen Staatengemeinschaft mit neuen wirkmächtigen Akteuren der globalen Digitalwirtschaft (Kasten 8.4-1). Ähnlich der Nachhaltigkeit geht es bei Digitalisierung um die Gestaltung einer Querschnittsaufgabe sowie eines Politikfeldes mit neuen Herausforderungen inklusiver eigener Institutionen und Prozesse. Krisenphänomene treten auch hier dann ein, wenn weder nationale Politik noch das internationale System einen adäquaten regulatorischen Rahmen bietet (Anheier et al., 2018). Dies gilt besonders für rasche und fundamentale technologische Entwicklungen, die institutionelle Arrangements in ihrer Dynamik überholen und überfordern können. Ein entscheidendes Korrektiv stellt hier auch eine kritische Öffentlichkeit dar, die Watchdog-Gruppen, Think Tanks oder Aktivist*innen umfasst und die Transparenz und Rechenschaftspflicht einfordert (Kap. 4.2.3, 4.2.7).

Insgesamt ist die Fähigkeit der internationalen Staatengemeinschaft zur Bewältigung globaler Herausforderungen in den letzten Jahren eher schwächer geworden. Dafür gibt es insbesondere zwei Gründe: Erstens stellen Bereiche wie Digitalisierung oder Klimawandel die Governance-Kapazitäten nationaler Regierungen sowie internationaler Organisationen derzeit vor immense Herausforderungen und erfordern neue Governance-Modi (Anheier et al., 2018). Zweitens wird die Legitimität internationaler Organisationen – sowie auch die der liberalen, regelgeleiteten Weltordnung insgesamt –in den letzten Jahren zunehmend durch nationalistische und globalisierungskritische Bewegungen auch in Europa und den USA infrage gestellt (Hale und Held, 2017; Ikenberry, 2018; Norris und Inglehart, 2018). Die zentrale Herausforderung ist daher, wie sich digitalisierte Nachhaltigkeitsgesellschaften trotz der derzeitigen Krise des Multilateralismus gestalten lassen. Die Krise des multilateralen Systems bedeutet indes nicht sein Ende, da gleichzeitig neue multilaterale Einrichtungen errichtet werden können (Brühl, 2019). Beispiele hierfür sind die Gründung neuer multilateraler Institutionen wie der Neuen Entwicklungsbank (NDB) oder der Asiatischen Infrastruktur-Investitionsbank (AIIB), die eine Antwort auf das nach dem Zweiten Weltkrieg entstandene Bretton-Woods-System sind und die Verschiebungen der globalen Machtverhältnisse, u.a. durch den Aufstieg Chinas, widerspiegeln. Gleiches gilt für die von der G20 angemahnte Anpassung des WHO-Regelwerks an die heutige globale Bedeutung Chinas (Anbumozhi et al., 2017). So gesehen bietet der Krisenmoment auch die Chance das Thema Digitalisierung in internationalen Organisationen, insbesondere im Rahmen der UN (z.B. Debatte „UN Fit for Purpose“), dauerhaft zu verankern (Kap. 8.1.3, 8.4). Konkret wird es um die Verankerung der Themen nachhaltiger Digitalisierung und Digitalisierung für Nachhaltigkeit als auch um die Schaffung einer zentralen Zuständigkeit im System der UN gehen. Auch wenn z.B. der UNFCCC-Prozess langwierig war und auch weiterhin ist, war er Voraussetzung dafür, dass sich der Klimawandel als Gegenstand internationaler Politik etabliert hat und international koordinierte Klimaschutzmaßnahmen vereinbart werden konnten (Hamilton, 2017). Ein ähnlicher Prozess könnte auch zum Umgang mit Privatsphäre oder autonomen Systemen und KI angestoßen werden. Auch das wäre ein langer Prozess, aber wie beim Klimawandel kann der Impetus auch bei Digitalisierung von der Wissenschaftsgemeinde ausgehen, die ihre Erkenntnisse offensiv kommunizieren muss, bevor sie auf internationaler Ebene zum Gegenstand politischer Kooperation werden können.

4.2.8.2
Veränderung der Rolle und Funktion internationaler Organisationen

Die Digitalisierung erleichtert und beschleunigt globale Kommunikations- und Informationsflüsse – dies gilt für alle gesellschaftlichen Akteure, Organisationen, Wirtschaft sowie Individuen. Insbesondere die erweiterten Möglichkeiten für Monitoring werden das zur Überprüfung globaler Umweltregime notwendige Berichtswesen weiter erleichtern und beschleunigen sowie Beobachtungen auch in Echtzeit ermöglichen (Kap. 5.2.11). Zudem eröffnen digitale Technologien neue Möglichkeiten zur Schaffung eines Welt(umwelt)-bewusstseins (Kap. 5.3.1), was zumindest potenziell positiv auf globale Nachhaltigkeitspolitik wirken könnte. Zudem sind multilaterale Verhandlungen durch Live-Übertragungen im Netz viel transparenter geworden – wie z.B. vom Grünen Klimafonds der Klimarahmenkonvention praktiziert – und könnten sich ebenfalls förderlich auf die globale Kooperationskultur auswirken. Angesichts einer derzeit anwachsenden Häufigkeit von Falschinformationen und gezielten Desinformationskampagnen (etwa zum vom Menschen verursachten globalen Klimawandel) werden internationale Organisationen der Nachhaltigkeits-Governance, die mit ihrem faktenbasierten Berichtswesen und Reports zentrale globale Wissensressourcen bereitstellen, perspektivisch eine neue Rolle im Sinne einer informationellen Qualitätssicherung einnehmen müssen.

4.3 Gelegenheitsfenster für Nachhaltigkeitstransformation nutzen

Die Analyse der durch Digitalisierungsdynamiken beeinflussten Akteursstrukturen in heutigen Gesellschaften deutet auf Umbruchsituationen hin, in denen widersprüchliche Trends sichtbar werden. Nachhaltigkeitsdurchbrüche werden möglich und zugleich perpetuieren Pfadabhängigkeiten etablierte Wachstumsmuster. Die Digitalisierung befördert auch selbst Akteurskonstellationen, die Transformationen zur Nachhaltigkeit hemmen können. Digitalisierung und disruptive Technologieschübe schaffen keinesfalls automatisch nachhaltiges Verhalten der in Kapitel 4.2 skizzierten Akteursgruppen, Nachhaltigkeitsallianzen oder -leitbilder, aber sie öffnen Gelegenheitsfenster für Veränderungen. Nachhaltigkeitsstrategien und -politiken müssen diese Momente dynamischer Veränderungen berücksichtigen, um Akteurskonstellationen zu unterstützen, die Nachhaltigkeitsdurchbrüche begünstigen. Der digitale Wandel erzeugt Veränderungsprozesse, die durch drei Muster charakterisiert sind, die in den folgenden Kapiteln 4.3.1 bis 4.3.3 umrissen werden.

4.3.1 Möglichkeitsräume und Veränderungsallianzen

Die Digitalisierungsdynamiken verändern Akteurskonstellationen und schaffen neue Akteursgruppen, in kurzer Zeit, mit oft disruptiven Wirkungen. In nur ein oder zwei Dekaden sind Digitalunternehmen zu den größten Konzernen der Weltwirtschaft und damit zu transnationalen Akteuren geworden (Kap. 3.1, 4.2.2, 4.2.7). Sie transformieren Produktion, Geschäftsmodelle (z.B. durch digitale Startups oder virtuelle Wertschöpfungsketten), Handels- und Investitionsflüsse. In diesem Zusammenhang ist eine neuartige Akteursgruppe entstanden, die Tech-Communities, bestehend aus Algorithmen- und anderen Digitalexpert*innen, die durch ihren Einsatz etwa als Programmierer*innen und Software-Entwickler*innen Wirtschaft, Gesellschaft und Konsummuster beeinflussen und verändern. Viele Menschen rund um den Erdball können sich über soziale Medien vernetzen, austauschen, lernen und politisch organisieren. Solche durch digitale Technologien ermöglichten und beschleunigten Veränderungen modifizieren nationale und transnationale Netzwerke von Menschen, Unternehmen, Organisationen. Lange etablierte Akteurskonstellationen und Pfadabhängigkeiten werden aufgebrochen, Möglichkeitsräume und Gelegenheiten für Veränderungen in Wirtschaft und Gesellschaft entstehen. Veränderungsallianzen, neue Sichtweisen und Zukunftsbilder können sich ausbilden. Die digital verursachten Disruptionen eröffnen also auch Chancen, Nachhaltigkeitsprozesse voranzubringen.

- In der Tendenz hängen zunehmend Geschäftsmodelle und Technologien von Unternehmen, insbesondere von Digitalunternehmen, weniger direkt von der Nutzung natürlicher, insbesondere fossiler Ressourcen ab, als in der klassischen Wirtschaft. Wissen steht im Zentrum digitaler Geschäftsmodelle, nicht die Extraktion von (natürlichen) Rohstoffen oder die Verbrennung fossiler Energieträger, wenngleich Digitalisierung mit erheblichem Energie- und Ressourcenbedarf einhergeht. Digitalunternehmen sind gegebenenfalls eher von Ideen post-fossilen und kreislauforientierten Wirtschaftens zu überzeugen, als klassische Industrieunternehmen und können so zu Bündnispartner*innen der Transformation zur Nachhaltigkeit werden.
- Die Innovationsfreude und -kraft der Tech-Communities kann mit Nachhaltigkeitsinnovationen und erneuerten Zukunftsperspektiven verbunden werden. Die Nachhaltigkeits-Community fordert Transformationen zur Nachhaltigkeit ein. Durch die Digitalwirtschaft entsteht Neues, andere Märkte, Normen und veränderte Verhaltensmuster. Hier eröffnen sich Chancen, wenn die Veränderungsbereitschaft und -dynamik der Digital-Community mit Nachhaltigkeitsleitbildern und -perspektiven verbunden werden könnte (Kasten 4.3.1-1).
- Digitalisierung ermöglicht neue Formen des Wirtschaftens und Konsumierens. Gemeinwohlorientierte Digitalunternehmen entstehen, in denen die Teilhabe von Beschäftigten gestärkt wird. Prosument*innen können eigene Produkte oder mediale Angebote und damit eigene Öffentlichkeiten herstellen. Digitale Technologien erlauben es zunehmend, zu überprüfen, zu dokumentieren und für Konsument*innen sichtbar zu machen, wo und unter welchen Umständen Produkte hergestellt wurden. Noch sind all diese Möglichkeiten, digitale Veränderungen mit Nachhaltigkeitstransformationen zu verbinden, nicht ausgeschöpft. Doch die Bedingungen der Möglichkeit für digitale Nachhaltigkeitsgesellschaften entstehen (Kap. 4.2.4).
- Digitale Kommunikation erlaubt es Nachhaltigkeitsbewegungen, wie den Fridays-for-Future-Aktivist*innen oder auch engagierten Städten, sich weltweit zu vernetzen und so grenzüberschreitend gesellschaftlichen Wandel anzuschieben. NRO aus Entwicklungsländern können durch digitale Technologien dazu in die Lage versetzt werden, Umweltzerstörung an jedem Ort der Erde zu dokumentieren und weltweit zu kommunizieren.

Kasten 4.3.1-1

Verantwortungsbewusstsein der Tech-Communities für nachhaltige Entwicklung institutionalisieren

Zum Mainstreaming und zur Institutionalisierung von Nachhaltigkeitsthemen in den Tech-Communities sieht der WBGU folgende mögliche Bausteine:

Sustainability by Design
Da in digitalen Systemen eingeschriebene Werte als soziotechnische Realitäten (Brey, 2010) in die Gesellschaft hineinwirken, sollte eine kritische Auseinandersetzung mit diesen Werteinschreibungen als Grundlage für bewusste, reflektierte Wertsetzungen erfolgen, auch um Wertvorstellungen aus dem Nachhaltigkeitskontext realisieren zu können (Kap. 4.2.4). Neben der Förderung von Privatsphäre, Vertrauen und (Cyber-)Sicherheit durch entsprechendes Technikdesign könnte durch ein Konzept für „Sustainability by Design" Nachhaltigkeit bereits im Design verankert werden, beispielsweise indem Energie- und Ressourceneffizienz schon in der Entwicklungsphase mitberücksichtigt werden. Hierzu gehört auch die Erarbeitung von Richtlinien zur wertesensitiven Entwicklung beispielsweise von Datensammlungen, Algorithmen oder Heuristiken, insbesondere „in Bereichen, in denen weitreichende Entscheidungen auf Basis ebenjener Datenlagen und Prognosen getroffen werden" (Simon, 2016:363).

Technological Social Responsibility
Auf Unternehmensebene könnte neben einer verstärkten Corporate Social Responsibility auch eine Technological Social Responsibility etabliert werden. Unter diesem Label sollten sich insbesondere Digitalkonzerne damit auseinandersetzen, wie ihre Geschäftsmodelle und -praktiken in die breitere Gesellschaft hineinwirken.

Verantwortungsvolle Technologieentwicklung
Strategische Unterstützung für einen verantwortungsvollen Umgang mit digitalen Technologien kommt auch aus der Forschungsförderung. Derzeit fördern nationale und international Fördergeber verstärkt verantwortliche Forschung und Innovation, d.h. Forschung und Innovationen, die an gesellschaftlichen Zielen und Idealen, u.a. auch an Nachhaltigkeitszielen, ausgerichtet sind (Responsible Research and Innovation – RRI). Dabei sollten auch die Nachhaltigkeitsziele der UN explizit verankert und eingefordert werden (Kap. 8.2.1).

Der Weizenbaum'sche Eid – Eine Professionsethik für nachhaltige Gestaltung und Nutzung digitaler Technologien
Berufsorganisationen wie die Association for Computing Machinery (ACM), die erste wissenschaftliche Gesellschaft für Informatik mit weltweit 78.000 Mitgliedern oder auch die Deutsche Gesellschaft für Informatik wollen Menschen, die IKT-Systeme entwerfen, herstellen, betreiben oder verwenden durch erst kürzlich aktualisierte ethische Leitlinien Orientierung geben (ACM Ethics, 2018; GI, 2018). Diese und ähnliche Initiativen bieten Anknüpfungspunkte für die Entwicklung einer Professionsethik für eine nachhaltige Gestaltung und Nutzung digitaler Technologien. Durch einen Weizenbaum'schen Eid könnte sich die Tech-Communities zu generellen Prinzipien verpflichten, die für die Entwicklung und die Anwendung digitaler Technologien richtungsgebend sind. Diese Prinzipien sollten auch in Aus- und Weiterbildung der Expert*innen verankert werden.

> Weltumspannende Kommunikationsmöglichkeiten erlauben es internationalen Organisationen, sich besser mit lokalen Akteuren zu vernetzen. Weltweites Berichtswesen wird erleichtert und multilaterale Verhandlungen werden durch Live-Übertragungen im Netz transparenter (Kap. 4.2.8).

Für die Nachhaltigkeitspolitik, Nachhaltigkeitsbewegungen und nachhaltigkeitsorientierte Unternehmen entstehen neue Möglichkeiten Allianzen zu bilden, um Veränderungen in Richtung Nachhaltigkeit anzustoßen, die längst nicht ausgeschöpft sind.

4.3.2 Schatten der Vergangenheit: Pfadabhängigkeiten verlängern zerstörerische Wachstumspfade

Auch in offenen, disruptiven Momenten gesellschaftlicher Entwicklung bestehen Pfadabhängigkeiten fort. Alte Geschäftsmodelle, Formen nicht nachhaltigen Wirtschaftens und Konsumierens werden mit digitalen Methoden fortgesetzt. Klassische Industrieunternehmen nutzen digitale Technologien nicht nur, um ihre Ressourcen- und Energieeffizienz zu erhöhen, sondern auch um herkömmliche ressourcen- und emissionsintensiven Geschäftsmodelle zu skalieren. Konsument*innen weiten ihren Ressourcenverbrauch über Onlinehandel aus. Hoher Energieverbrauch, Raubbau an begrenzten Rohstoffreserven oder Marktmacht, die genutzt wird, um niedrige Löhne und Sozialstandards durchzusetzen, sind nicht allein Probleme althergebrachter Wirtschaftszweige, sondern setzen sich in den Geschäftsmodellen von marktmächtigen Digitalkonzernen fort. Digitale Kommunikation erleichtert zudem den Aufbau weltweiter Wertschöpfungsketten, die den Ressourcenverbrauch und Treibhausgasemissionen multiplizieren können. Nicht nur Nachhaltigkeitsbewegungen nutzen globale Kommunikationskanäle, sondern auch Demokratiefeinde und aggressive Nationalisten. Auch Staaten können ressourcen- und klimaschädliche Entwicklungen weiter begünstigen, also Pfadabhängigkeiten verstärken, indem sie z.B. durch Subventionen für die Verbrennung fossiler Energieträger verhindern, dass digitale Technologien für den Klimaschutz mobilisiert werden.

Kasten 4.3.3-1

Entscheidungssouveränität in gesellschaftlichen Kernbereichen

Die Weiterentwicklungen von KI – insbesondere die Auswertung großer Datenmengen (Big Data: Kap. 3.3.2) durch (Deep) Machine Learning (Kap. 3.3.3) – werden seit etwa 2013 auch mit Bezug auf gesellschaftliche Auswirkungen breit diskutiert (Mayer-Schönberger und Cukier, 2013; Domingos, 2015; Tegmark, 2017; Harari, 2018). In der Tat verdienen die Implikationen automatisierter Entscheidungsunterstützung und findung in gesellschaftlich relevanten Bereichen besonderes Augenmerk. In trennscharf definierbaren technischen Abläufen ist das Ziel einer Entscheidung in der Regel klar und unstrittig. Ein unerwünschtes Ergebnis wäre relativ leicht als solches zu erkennen und zu klassifizieren. Dazu gehören beispielsweise selbstfahrende Fahrzeuge oder Produktionsabläufe in Fabriken. In den definierten Szenarien und Kontexten sollen solche Systeme unabhängig von unmittelbarer Intervention durch den Menschen funktionieren.

In gesellschaftlichen Prozessen hingegen ist der Einsatz maschinengestützter Entscheidungsunterstützung und -findung nicht in gleichem Maße unproblematisch. Die Umsetzung gesellschaftlicher Ziele ist genau wie deren Bestimmungen ein politischer Aushandlungsprozess, der von Ideen, Normen und Interessen bestimmt wird. Politische und normative Fragen sind stets von potenziell gegenläufigen Interessen und Wertvorstellungen gekennzeichnet. Vor diesem Hintergrund sind bei maschinengestützter gesellschaftlicher Entscheidungsunterstützung und -findung – anders als beispielsweise bei einem selbstfahrenden Auto – Ziele nicht universell zu definieren und Ergebnisse nicht universell zu bewerten. Dabei birgt maschinelle Entscheidungsunterstützung auch für Governance große Potenziale: Menschen arbeiten langsam, können sich irren und voreingenommen sein. Automatisierte Entscheidungsunterstützung – z.B. bei der Polizeiarbeit, in Gerichtsverfahren oder bei wirtschaftspolitischen Verteilungsentscheidungen – nimmt diese Schwächen aus der Gleichung – jedenfalls prinzipiell, denn ein eventueller Bias in den Trainingsdaten kann bestehen bleiben. Allerdings sieht sich automatisierte Entscheidungsfindung im Kontext gesellschaftlicher Prozesse – zusätzlich zum angemessenen Umgang mit generellen technischen Herausforderungen und Limitationen (Schinzel, 2017; Zweig, 2019) – grundsätzlich mit der Frage konfrontiert, wo die Grenze zwischen technisch lösbaren Problemen einerseits und normativen, politischen, rechtlichen Fragen und Verantwortlichkeiten andererseits verläuft. Diese Grenze ist nicht trennscharf und selbst wiederum von gesellschaftlichen Prioritäten abhängig. Vor dem Hintergrund dieser Unschärfe ergeben sich einige Problemfelder für den Einsatz automatisierter Entscheidungsunterstützung und -findung und von KI in gesellschaftlichen Kontexten, die im Folgenden skizziert werden. Daran schließt sich auch die Frage an, wie sich diese Problemfelder einhegen lassen und welche Rahmenbedingungen und Interventionspunkte die Entscheidungssouveränität des Menschen sicherstellen können.

Potenzielle Problemfelder

Zunächst besteht das potenzielle Problem mangelnder Nachvollziehbarkeit der automatisierten Entscheidungen – und zwar in zweifacher Hinsicht: *Erstens* enthebt sich automatisierte Entscheidungsunterstützung und -findung in gesellschaftlichen Prozessen ein Stück weit dem normativen und politischen Charakter dieser Prozesse, weil Automatismen Regeln und Daten unterliegen, die für die Allgemeinheit praktisch uneinsehbar in einer Black Box operieren (Pasquale, 2015; Lischka und Klingel, 2017). Sofern entsprechenden Systemen in der gesellschaftlichen Wahrnehmung besondere Präzision und Objektivität zugeschrieben werden, verleiht dabei allein die Tatsache, dass eine Entscheidung maschinengestützt herbeigeführt wurde, dieser Entscheidung eine gewisse Autorität (Beer, 2016) – analog zur bereits beobachteten Quantifizierung gesellschaftlicher Entscheidungsfindung (Rieder und Simon, 2016; Mau, 2017). Dass Entscheidungen in gesellschaftlichen Kernbereichen von potenziell gegenläufigen Interessen und Wertvorstellungen geprägt sind, kann so in der gesellschaftlichen Wahrnehmung angesichts ihres scheinbar rein technischen Findungsprozesses in den Hintergrund treten, was die angemessene gesellschaftliche Debatte erschweren würde (Pasquale, 2018). „Wenn erst nach Abschluss der Gestaltung Raum für Diskurs ist, werden Setzungen leichter als gegeben akzeptiert" (Lischka und Klingel, 2017). Zudem können Probleme wie ein inhärenter Bias in den zugrundeliegenden Daten oder eine zu geringe Datenmenge (Schinzel, 2017; Schwarz et al., 2019; Zweig, 2019) unaufgelöst bleiben, sofern nicht Auditierung, Zertifizierung und Entscheidungshoheit zum Einsatz gebracht werden (Bertelsmann-Stiftung und iRights.Lab, 2019).

Zweitens stellen nicht nur eine möglicherweise intransparente Nutzung der Technik, sondern auch die Charakteristika der Technik selbst automatisierte Entscheidungsunterstützung und -findung in gesellschaftlichen Kernbereichen vor Herausforderungen. Bestimmte Formen von KI entziehen sich durch intrinsische Komplexität der unmittelbaren Nachvollziehbarkeit (Domingos, 2015). Durch Machine Learning gewonnene Lösungswege sind mathematisch, aber nicht unbedingt sachlich, nachvollziehbar. Fachkundige können die einzelnen Schritte in der Entscheidungsfindung nachvollziehen; das große Ganze erschließt sich einem dadurch allerdings nicht unbedingt. Es bedarf dazu repräsentativer Fallerläuterung. Es muss gefragt werden, unter welcher Maßgabe ein Lösungsweg der immensen Vielzahl an Alternativen vorzuziehen ist. Die Herausforderung, maschinengestützte Entscheidungsunterstützung und -findung angesichts dieser intrinsischen Komplexität nachvollziehbar und überprüfbar zu gestalten, ist umso wichtiger – aber auch schwieriger – eingedenk der begrenzten institutionellen Kapazitäten und fachlichen Kenntnisse sowohl seitens der Anwender*innen als auch der Betroffenen maschinengestützter Entscheidungsfindung in gesellschaftlichen Kontexten (Lischka und Klingel, 2017). Als Konsequenz daraus ergeben sich auf institutioneller Ebene auch Fragen nach Verantwortlichkeit (accountability), d.h. der Fähigkeit, Entscheidungsvorschläge oder Entscheidungen zu erklären und zu rechtfertigen (Doshi-Velez et al., 2017; Vedder und Naudts, 2017).

Strategien zur Erhaltung von Entscheidungssouveränität

In Anbetracht der hier umrissenen Problemfelder muss sichergestellt bleiben, dass gesellschaftliche Entscheidungsunterstützung und -findung, auch wenn sie maschinengestützt sind, letztlich von Menschen verantwortet werden oder Menschen zumindest jederzeit das Wissen und die Fähigkeit haben, zu intervenieren. Es geht also um die Sicherstellung von Entscheidungssouveränität. „Entscheidungssouveränität bezeichnet die Möglichkeit, Ursprünge und Begründungen für Entscheidungen und Handlungsempfehlungen autonomer Systeme und Assistenten nachzuvollziehen und diese gegebenenfalls durch menschliches Eingreifen zu beeinflussen." (Beyerer et al., 2018). Dabei kann sich der verantwortungsvolle, vorausdenkende Umgang mit automatisierter Entscheidungsunterstützung und -findung nicht allein auf den Verweis auf bestehende Regulierung beschränken. Vielmehr ist es ganz im Sinne der Zweiten Dynamik des Digitalen Zeitalters (Kap. 2, 7.3), vorsorglich für die erforderlichen gesellschaftlichen Rahmenbedingungen zu sorgen.

Neben der gesellschaftlichen Debatte und technologieorientierter Bildung ist es dabei insbesondere notwendig, automatisierte Entscheidungsunterstützung und -findung in gesellschaftlichen Prozessen stets nachvollziehbar zu gestalten, Verantwortlichkeiten klar zu definieren und Korrekturmöglichkeiten zu wahren. Dazu muss ein angemessener institutioneller Rahmen für Verantwortung beim Einsatz automatisierter Entscheidungsunterstützung und -findung in bestehenden rechtlichen und politischen Systemen geschaffen werden (Scherer, 2016; Doshi-Velez et al., 2017; Kroll et al., 2017; Vedder und Naudts, 2017; Saurwein, 2019). Die Chance auf sinnvolle Nachvollziehbarkeit kann dabei etwa durch Kennzeichnung des Einsatzes von automatisierter Entscheidungsunterstützung und -findung, Offenlegung von Informationen über zugrundeliegende Daten und Zugang für unabhängige dritte Instanzen erhöht werden, die die Güte der maschinellen Entscheidungsunterstützung und -findung überprüfen (Lischka und Klingel, 2017; Bertelsmann-Stiftung und iRights.Lab, 2019; Kap. 3.2.5). Rechtliche Verantwortung im Sinne von Haftung für maschinelle Entscheidungsunterstützung und -findung würde zudem auch ökonomische Anreize zur Minimierung der Konsequenzen in gesellschaftlich sensiblen Bereichen schaffen (Scherer, 2016). Korrekturmöglichkeiten werden insbesondere durch definierte Interventionspunkte im Entscheidungsprozess geboten. Gemäß des Prinzips der Meaningful Human Control soll der Mensch das Letztentscheidungsrecht über und die Verantwortung für maschinell gestützte oder getroffene Entscheidungen behalten (dies wird derzeit mit Blick auf autonome Waffensysteme intensiv diskutiert: Horowitz und Scharre, 2015; Crootof, 2016; Santoni de Sio und van den Hoven, 2018). Über solche spezifischen Maßnahmen zum Erhalt von Entscheidungssouveränität in gesellschaftlich relevanten Bereichen hinaus sollten technische Anforderungen, die generell bei automatisierter Entscheidungsunterstützung und -findung Anwendung finden sollten, auch bei gesellschaftlichen Fragestellungen in Erwägung gezogen werden. Dazu gehören etwa dezentralisierte Entscheidungsstrukturen, beispielsweise in der Finanzwirtschaft, um Kettenreaktionen oder einen Single Point of Failure zu vermeiden (Contratto, 2014; Kap. 9.2.2.2).

Zuletzt muss aber grundsätzlich jedwede Anwendung automatisierter Entscheidungsunterstützung und -findung in Anbetracht ihrer gesellschaftlichen Implikationen kritisch reflektiert werden. Die Lösung der damit verbundenen Herausforderungen mag nicht nur in Überarbeitung oder Einschränkung technischer Prozesse liegen, sondern ebenso in der bewussten gesellschaftlichen Entscheidung, bestimmte Fragen prinzipiell nicht an Maschinen zu delegieren. „No algorithmic system can circumvent the necessary and endless conversations that these ultimately political and moral questions demand." (Pasquale, 2018).

4.3.3 Digitalisierung schafft selbst Machtallianzen und Blockaden für Nachhaltigkeitstransformationen

In der aktuellen Umbruchsituation eröffnet Digitalisierung Chancen für Nachhaltigkeitstransformationen, wird zugleich zur Verstetigung nicht nachhaltigen Wirtschaftens genutzt und schafft neue Machtallianzen und Blockademechanismen, die den Übergang zur Nachhaltigkeit erschweren. Die Handlungsfähigkeit von Staaten ist für Nachhaltigkeitstransformationen von zentraler Bedeutung. Sie schaffen Rahmenbedingungen sowie Anreizsysteme und sind für die Durchsetzung von Gemeinwohlorientierung zuständig, ohne die Übergänge zur Nachhaltigkeit nicht gelingen können. Nationalstaaten wurden in ihrer Handlungsfähigkeit bereits durch die Globalisierung geschwächt, da immer mehr Problemkonstellationen, Finanzflüsse und Akteursnetzwerke grenzüberschreitender Natur sind, Staaten jedoch in ihrer Entscheidungssouveränität auf nationale Territorien beschränkt bleiben. Digitalisierung scheint Gestaltungspotenziale, die Wirtschaft und Gesellschaft betreffen, weiter in Richtung privater Akteure zu verschieben:

- Gesellschaftlich zentrale Infrastrukturen des Digitalen Zeitalters in Form von Informationsquellen und Kommunikationswegen wie das Internet werden durch private Organisationen und Unternehmen geschaffen, ohne dass Staaten ausreichend Einfluss nehmen und einen sozial- und umweltverträglichen Rahmen setzen oder aufgrund ihrer Gemeinwohlverpflichtung und Gewährleistungsverantwortung öffentlich-rechtliche Infrastrukturen (Kap. 5.3.5) anbieten (Kap. 4.2.2, 4.2.6, 4.2.7; Kasten 4.2.7-1). Hinzu kommt, dass die öffentliche Hand auf das Know-how, oftmals auch auf die Finanzkraft des Privatsektors angewiesen ist, wenn sie IT-Projekte wie z. B. die Digitalisierung des Verkehrssektors verwirklichen wollen (Kap. 4.2.5). Diese Übertragung der Infrastrukturverantwortung auf den Privatsektor im Digitalen wirkt einer im weiten Sinne am Gemeinwohl orientierten Gestaltung digitaler Infrastrukturen tendenziell entgegen.
- Beobachtet werden kann die zunehmende Macht großer Digitalkonzerne, Einfluss auf gesellschaftliche Kernbereiche auszuüben wie z. B. über die Medienlandschaft, digitale Sicherheitsinfrastrukturen und die Nutzung von Big Data. Digitalkonzerne erfassen z. B. in bisher unbekanntem Ausmaß menschliches Verhalten, werten persönliche Daten aus und versuchen Entscheidungen von Nutzer*innen und Konsument*innen zu beeinflussen

(Kap. 5.2.3, 5.3.7). Hieraus resultieren Eingriffe in die Privatsphäre und es können Demokratieprobleme entstehen, wenn es nicht gelingt, die Gestaltungsmacht der Unternehmen grundrechts- und gemeinwohlorientiert zu begrenzen.

> Die Gestaltungsspielräume vieler Länder im Bereich der Unternehmensbesteuerung ist bereits in der Vergangenheit durch Globalisierungsdynamiken signifikant mit Auswirkung auf die Steuerbasis reduziert worden. Die durch Virtualisierung weiter abnehmende Bedeutung physischer Präsenz eines Unternehmens für die Erzielung von Gewinnen schwächt die Fähigkeit der Staaten, Unternehmen angemessen zu besteuern, weiter (Kasten 4.2.2-2; Kap. 4.2.6).

> Im Spannungsfeld zwischen Werte- und Wissenswandel, den Geschäftsmodellen der Digitalwirtschaft, staatlicher Regulierung und Technologie steht das Individuum. Insbesondere verändern sich im Digitalen die Bedingungen für die Ausübung und den Schutz elementarer Grund- und Menschenrechte. Durch die Nutzung digitaler Dienste werden andere Kategorien für den Schutz der Privatsphäre relevant als die, mit denen Privatheit bisher offline reguliert wird (z.B. der besondere Schutz der Wohnung zur Gewährleistung eines privaten Bereichs). Das Recht auf Privatheit und damit verbundene Risiken für Identität, Selbstbestimmtheit und Kreativität müssen deshalb neu und intensiv diskutiert werden (Trepte, 2016a). Auch die Aushandlung der Reichweite von Meinungsfreiheit und die Voraussetzungen für gleiche Teilhabechancen sind zu führen. Für die Auslegung und Anwendung der soeben genannten Grund- und Menschenrechte entfaltet das Recht auf Schutz und Achtung der Menschenwürde (z.B. Art. 1 GG) im Digitalen Zeitalter eine besondere Relevanz (Kap. 2.3): Bei allen politischen Aushandlungs- und rechtlichen Bewertungs- und Abwägungsprozessen muss – im Sinne einer *ultima ratio* – die Menschenwürde stets geachtet werden. Das Pendel kann sonst auch in die andere Richtung ausschlagen. Digitale, Big-Data- und KI-basierte Überwachungssysteme ermöglichen es autoritären Staaten, ihre Bürger*innen umfassend zu kontrollieren und für „unangemessenes Verhalten" zu bestrafen. Zu Ende gedacht, stehen in solchen Kontexten die Freiheit des Individuums, der Schutz der Privatheit und Demokratie zur Disposition (Kasten 4.2.6-2).

Digitale Innovationen schaffen zusätzliche, neue Demokratieprobleme des Digitalen Zeitalters. Automatisierte Entscheidungssysteme, die zunehmend von Unternehmen, Gerichten, der Polizei oder auch in der Ausgestaltung autonomer Mobilitätssysteme genutzt werden (können), bringen vielfältige Demokratie- und Transparenzfragen hervor, die das Zusammenspiel von Menschen, Institutionen und KI-gesteuerten technischen Systemen berühren (Kap. 4.2.1) und die Entscheidungssouveränität von Individuen und Gesellschaften herausfordern (Kasten 4.3.3-1). Zentrale Fragen sind daher: Wie kann die Letztkontrolle von Menschen über gesellschaftsrelevante Entscheidungen sichergestellt werden? Welche Standards werden benötigt, damit Algorithmen demokratie- und menschenrechtskompatibel entwickelt, eingesetzt und überprüft werden?

4.3.4 Folgerungen

Die Analyse der durch Digitalisierungsdynamiken vorangetriebenen Veränderungen von Akteurskonstellationen zeigt, dass sich heutige Gesellschaften in Bewegung befinden. Technologische Entwicklungen verändern Geschäftsmodelle, Leitbilder und Akteursnetzwerke tiefgreifend und in großer Geschwindigkeit. Nachhaltigkeitstransformationen finden nicht mehr nur in Konfliktsituationen zwischen der klimaschädlichen und ressourcenintensiven Wirtschaft und Nachhaltigkeitsallianzen statt, sondern in Gesellschaften im digitalen Umbruch. Eine offene Situation entsteht, in der drei im Spannungsfeld zueinander stehende Trends sichtbar werden: *Erstens* könnten digitaler Wandel und Nachhaltigkeitstransformationen durch neue Veränderungsallianzen, die Nachhaltigkeits- und Tech-Communities miteinander verbinden, zusammengeführt werden. Ansatzpunkte, vielfältige Chancen, Spielräume und Gelegenheitsfenster für einen solchen Pfad zur digitalen Nachhaltigkeit sind identifizierbar. *Zweitens* lässt sich auch beobachten, dass mit digitalen Technologien klimaschädliche und ressourcenintensive Geschäftsmodelle, Wachstumsprozesse und Konsummuster fortgesetzt werden – noch scheint dies der zentrale Trend zu sein, den es umzukehren gilt. *Drittens* wird deutlich, dass Digitalisierung auch neue Blockaden und Herausforderungen für Nachhaltigkeitstransformationen schaffen kann. Die Nutzung digitaler Systeme kann privaten sowie staatlichen Machtmissbrauch befördern, die Rechte von Individuen untergraben und gänzlich neue Gestaltungsaufgaben schaffen, z.B. wenn es um die Kontrolle automatisierter technischer Entscheidungssysteme geht. All diese Trends gilt es zu antizipieren und im Sinn der Transformation zur Nachhaltigkeit produktiv zu wenden (Kap. 7).

So viel Neuanfang war selten. Nachhaltigkeitsakteure, die bisher digitale Veränderungsdynamiken weitgehend vernachlässigt haben, müssen die skizzierten Umbrüche nutzen, um Entwicklungen in Richtung Nachhaltigkeit zu lenken: Es gilt (1) neue Bündnisse zu schließen – lokal, national, trans- und international; (2) neue Leitbilder zur digitalisierten Nachhaltigkeitsgesellschaft mit neuen Partnern zu entwickeln, so dass polyzentrische Verantwortungsarchitekturen für nachhaltige Digitalgesellschaften entstehen können; (3) institutionelle und regulative Innovationen in diesem Kontext des Umbruchs voranzubringen, um Nachhaltigkeitspfade zu eröffnen und zu verstetigen; (4) die neuen Herausforderungen der Digitalisierung für die menschliche und erdsystemverträgliche Entwicklung zu verstehen und (5) Lösungen zu entwickeln, die zugleich in einem veränderten Nachhaltigkeitsverständnis münden werden.

Das Digitale Zeitalter ist ein Zeitalter der Vernetzung und es bedarf der vielfältigen Gestaltung sowohl mittels altbekannter, als auch ganz neuer Governance-Mechanismen und Akteursbeziehungen. Eine polyzentrische Verantwortungsarchitektur ermöglicht, anstelle eines reinen Top-down-Ansatzes oder des Vertrauens auf die Selbstheilungskräfte von Märkten, die Vielzahl von Akteuren, die das Digitale Zeitalter bestimmen, als verantwortliche (Mit-)Gestalter in die Transformation zur Nachhaltigkeit einzubeziehen.

Klimaschutz und Energiewende
Selbstvermessung
Zukunftsbildung
Arbeitswelten der Zukunft
Öffentlich-rechtliche IKT
Smart City
Nachhaltiges Wirtschaften
Mobilität
Onlinehandel
Industrieller Metabolismus
Internationale Arbeitsteilung
Gender
Elektroschrott
Digitale Gemeingüter
Landwirtschaft in Entwicklungsländern
Öffentlicher Diskurs
Nachhaltiges Konsumverhalten
Scoring
Welt(umwelt)-bewusstsein
Präzisionslandwirtschaft
Monitoring

Schauplätze des digitalen Wandels 5

Angesichts der Breite der beiden Themen Digitalisierung und Nachhaltigkeit wendet der WBGU einen exemplarischen Ansatz an: Die Schauplätze des digitalen Wandels veranschaulichen als thematische „Tiefbohrungen" Perspektiven und Herausforderungen der Digitalisierung in ausgewählten Bereichen und liefern einen vielfältigen Eindruck ihrer Gestaltbarkeit im Dienst der Transformation zur Nachhaltigkeit. Sie betreffen das Zusammenspiel von Digitalisierung mit der Umwelt, mit zentralen sozialen und ökonomischen Dimensionen sowie Themen, die erst längerfristig gesellschaftliche Auswirkungen haben werden.

5.1 Einführung

In diesem Kapitel werden exemplarisch „Schauplätze des digitalen Wandels" mit Bezug zu Digitalisierung und Nachhaltigkeit vorgestellt. Diese veranschaulichen an konkreten, wissenschaftlich fundierten Beispielen Stand, Perspektiven und Herausforderungen der Digitalisierung angesichts der notwendigen, weltweiten Transformation zur Nachhaltigkeit. Die Schauplätze liefern einen vielfältigen Eindruck einerseits von den mannigfachen Möglichkeiten der positiven Gestaltbarkeit, andererseits von den Gefährdungen der Digitalisierung im Kontext der Transformation zur Nachhaltigkeit. Die „Schauplätze des digitalen Wandels" sind Orte oder Felder des Handelns, die drei Dinge gemein haben: (1) Sie erlauben einen vertieften wissenschaftlichen Blick auf konkrete Themenbereiche, (2) sie werden maßgeblich von Digitalisierung beeinflusst, allerdings in sehr unterschiedlicher Art und Weise, und (3) sie haben einen Nachhaltigkeitsbezug und veranschaulichen, wie die Digitalisierung im Dienst der Großen Transformation zur Nachhaltigkeit gestaltet werden kann. Diese Einblicke bieten zudem einen Hintergrund, um die künftigen „drei Dynamiken des Digitalen Zeitalters" besser identifizieren zu können (Kap. 7).

Im Zentrum der Schauplätze stehen zunächst Themen an der unmittelbaren Schnittstelle zwischen Digitalisierung und Nachhaltigkeit, wie z.B. das Monitoring biologischer Vielfalt, Elektroschrott und Kreislaufwirtschaft, Klimaschutz und Energiewende, oder auch Landwirtschaft. Daneben wurden weitere Schauplatzthemen identifiziert, bei denen Potenziale sowohl für die Digitalisierung als auch für die Nachhaltigkeit bereits in naher Zukunft relevant werden (z.B. zu Arbeitswelten der Zukunft, nachhaltigem Konsumverhalten, Smart Cities und urbaner Mobilität). Schließlich werden Themen präsentiert, die zwar erst längerfristig ihre volle Wirkung entfalten werden, von denen aber Rückwirkungen auf die Umwelt und das Erdsystem ausgehen, so dass der gesellschaftliche Diskurs bereits jetzt beginnen sollte (z.B. Technisierung des Menschen).

Die Auswahl der Schauplätze erfolgte u.a. gemäß Relevanz und Dringlichkeit der Themen an der Schnittstelle von Nachhaltigkeit und Digitalisierung, ihrer Potenziale und Risiken für soziale Kohäsion und Umweltschutz, aber auch ihrer Ubiquität bzw. internationalen Bedeutung. Die Nachhaltigkeitsziele der Agenda 2030 wurden dabei stets im Blick behalten (Tab. 5.1-1). Trotzdem ist darauf hinzuweisen, dass die Schauplätze keinen Anspruch auf Vollständigkeit haben und keinem

Tabelle 5.1-1

Bezüge zwischen den Nachhaltigkeitszielen der Agenda 2030 (SDGs) und den Schauplätzen des digitalen Wandels, mit Verweisen auf deren Kapitel in Klammern. Die Bezeichnungen der Schauplätze wurden aus Platzgründen z. T. gekürzt. Quelle: WBGU

	Nachhaltiges Wirtschaften und Umwelt	Menschen und Gesellschaft
SDG 1 **Keine Armut**	› Digitalisierung in der Landwirtschaft in Entwicklungsländern (5.2.10)	› Öffentlich-rechtliche IKT (5.3.5)
SDG 2 **Kein Hunger**	› Präzisionslandwirtschaft (5.2.9) › Digitalisierung in der Landwirtschaft in Entwicklungsländern (5.2.10)	
SDG 3 **Gesundheit und Wohlergehen**		› Zukunftsbildung (5.3.4) › Digitale Selbstvermessung (5.3.7) › Technisierung des Menschen (Themenkasten 5.3-2)
SDG 4 **Hochwertige Bildung**		› Förderung eines kollektiven Weltbewusstseins (5.3.1) › Digitalisierung und öffentlicher Diskurs (5.3.2) › Zukunftsbildung (5.3.4) › Öffentlich-rechtliche IKT (5.3.5) › Digitale Gemeingüter (5.3.10)
SDG 5 **Geschlechtergleichheit**		› Digitale Technik als Gender-Bender (5.3.6) › Zukunftsbildung (5.3.4)
SDG 6 **Sauberes Wasser und Sanitäreinrichtungen**		› Umweltrechtsdurchsetzung (Themenkasten 5.3-1)
SDG 7 **Bezahlbare und saubere Energie**	› Digitalisierung für Klimaschutz und Energiewende (5.2.6)	
SDG 8 **Menschenwürdige Arbeit und Wirtschaftswachstum**	› Industrieller Metabolismus (5.2.1) › Neue Formen digitaler Ökonomie (5.2.2) › Elektroschrott und Kreislaufwirtschaft (5.2.5)	› Zukunftsbildung (5.3.4) › Internationale Arbeitsteilung und Digitalisierung (5.3.8) › Nachhaltige Arbeitswelten der Zukunft (5.3.9) › FinTech im Kontext der nachhaltigen Finanzierung (Themenkasten 5.2-1)
SDG 9 **Industrie, Innovation und Infrastruktur**	› Industrieller Metabolismus (5.2.1) › Nachhaltigkeit beim Onlinehandel (5.2.4) › Elektroschrott und Kreislaufwirtschaft (5.2.5) › Nachhaltige urbane Mobilität (5.2.8)	› Zukunftsbildung (5.3.4) › Öffentlich-rechtliche IKT (5.3.5) › Internationale Arbeitsteilung und Digitalisierung (5.3.8) › Nachhaltige Arbeitswelten der Zukunft (5.3.9) › Digitale Gemeingüter (5.3.10)
SDG 10 **Weniger Ungleichheiten**	› FinTech im Kontext der nachhaltigen Finanzierung (Themenkasten 5.2-1)	› Scoring-Gesellschaft (5.3.3) › Zukunftsbildung (5.3.4) › Öffentlich-rechtliche IKT (5.3.5) › Digitale Technik als Gender-Bender (5.3.6) › Internationale Arbeitsteilung und Digitalisierung (5.3.8) › Digitale Gemeingüter (5.3.10) › Technisierung des Menschen (Themenkasten 5.3-2)
SDG 11 **Nachhaltige Städte und Gemeinden**	› Nachhaltigkeit beim Onlinehandel (5.2.4) › Smart City und nachhaltige Stadtentwicklung (5.2.7) › Nachhaltige urbane Mobilität (5.2.8)	› Zukunftsbildung (5.3.4) › Öffentlich-rechtliche IKT (5.3.5) › Digitale Gemeingüter (5.3.10)

SDG 12 **Nachhaltiger Konsum und Produktion**	› Industrieller Metabolismus (5.2.1) › Neue Formen digitaler Ökonomie (5.2.2) › Digitalisierung des Konsums und nachhaltiges Konsumverhalten (5.2.3) › Nachhaltigkeit beim Onlinehandel (5.2.4) › Elektroschrott und Kreislaufwirtschaft (5.2.5) › FinTech im Kontext der nachhaltigen Finanzierung (Themenkasten 5.2-1)	› Förderung eines kollektiven Weltbewusstseins (5.3.1) › Digitalisierung und öffentlicher Diskurs (5.3.2) › Scoring-Gesellschaft (5.3.3) › Zukunftsbildung (5.3.4) › Nachhaltige Arbeitswelten der Zukunft (5.3.9) › FinTech im Kontext der nachhaltigen Finanzierung (Themenkasten 5.2-1)
SDG 13 **Maßnahmen zum Klimaschutz**	› Digitalisierung für Klimaschutz und Energiewende (5.2.6) › Monitoring von Ökosystemen und biologischer Vielfalt (5.2.11)	› Zukunftsbildung (5.3.4) › FinTech im Kontext der nachhaltigen Finanzierung (Themenkasten 5.2-1)
SDG 14 **Leben unter Wasser**	› Monitoring von Ökosystemen und biologischer Vielfalt (5.2.11)	› Umweltrechtsdurchsetzung (Themenkasten 5.3-1)
SDG 15 **Leben an Land**	› Elektroschrott und Kreislaufwirtschaft (5.2.5) › Präzisionslandwirtschaft (5.2.9) › Digitalisierung in der Landwirtschaft in Entwicklungsländern (5.2.10) › Monitoring von Ökosystemen und biologischer Vielfalt (5.2.11)	› Umweltrechtsdurchsetzung (Themenkasten 5.3-1)
SDG 16 **Frieden, Gerechtigkeit und starke Institutionen**	› Smart City und nachhaltige Stadtentwicklung (5.2.7) › Monitoring von Ökosystemen und biologischer Vielfalt (5.2.11)	› Förderung eines kollektiven Weltbewusstseins (5.3.1) › Digitalisierung und öffentlicher Diskurs (5.3.2) › Scoring-Gesellschaft (5.3.3) › Zukunftsbildung (5.3.4) › Öffentlich-rechtliche IKT (5.3.5) › Internationale Arbeitsteilung und Digitalisierung (5.3.8) › Digitale Gemeingüter (5.3.10) › Technisierung des Menschen (Themenkasten 5.3-2) › Umweltrechtsdurchsetzung (Themenkasten 5.3-1)
SDG 17 **Partnerschaften zur Erreichung der Ziele**	› Neue Formen digitaler Ökonomie (5.2.2) › Nachhaltigkeit beim Onlinehandel (5.2.4)	› Förderung eines kollektiven Weltbewusstseins (5.3.1) › Zukunftsbildung (5.3.4) › Internationale Arbeitsteilung und Digitalisierung (5.3.8) › FinTech im Kontext der nachhaltigen Finanzierung (Themenkasten 5.2-1) › Umweltrechtsdurchsetzung (Themenkasten 5.3-1)

systematischen Ansatz folgen, sondern exemplarisch einen Eindruck von der Vielfältigkeit und konkreten Gestaltbarkeit der Digitalisierung im Dienst der Nachhaltigkeit geben sollen.

Insgesamt wurden 21 Schauplätze analysiert, die grob in die beiden Kategorien „Nachhaltiges Wirtschaften und Umwelt" (Kap. 5.2) und „Menschen und Gesellschaft" (Kap. 5.3) unterschieden wurden. Jeder Schauplatz schließt mit konkreten Handlungs- und Forschungsempfehlungen ab. Hinzu kommen drei Themenkästen (5.2-1, 5.3-1, 5.3-2), die in knapperer Form Schlaglichter auf fokussierte Bereiche werfen.

Die Tabelle 5.1-1 zeigt den Bezug der Schauplätze und Themenkästen zu den 17 Nachhaltigkeitszielen der Agenda 2030 (SDGs). Es werden alle Nachhaltigkeitsziele adressiert, wobei einzelne Schauplätze häufig mehrere SDGs betreffen. Eine scharfe Trennlinie bei der Zuordnung der Schauplätze zu den SDGs wäre nicht sinnvoll, zumal die SDGs selbst interdependent sind. Noch deutlicher wird in einzelnen Fällen die Zuordnung zu den SDGs, wenn im Detail auf die recht heterogenen 169 Unterziele der 17 SDGs geschaut wird (UNGA, 2015). Beispielsweise hat der Schauplatz „Monitoring von Ökosystemen und biologischer Vielfalt" (Kap. 5.2.11) einen sehr direkten Bezug zu den SDGs 14 und 15, die sich mit dem Leben unter Wasser und an Land beschäftigen. Indirekt ist er aber auch mit weiteren Unterzielen anderer SDGs verknüpft, wie der Aufklärung im Bereich Klimawandel (SDG 13.3) oder der Kriminalprävention (SDG 16.5). Die Kapitelangaben in Klammern hinter den gekürzten Schauplatzbezeichnungen sollen es den Leser*innen erleichtern, gezielt nach Bezügen zu untereinander vernetzten SDGs zu suchen.

Abschließend soll erneut betont werden, dass die Schauplätze keinen Vollständigkeitsanspruch haben können und einen exemplarischen Ansatz darstellen, der dennoch einen aktuellen Überblick über wichtige Themen an der Schnittstelle zwischen Nachhaltigkeit und Digitalisierung bietet.

5.2 Nachhaltiges Wirtschaften und Umwelt

5.2.1 Nachhaltige Industrie 4.0 und Kreislaufwirtschaft: wie Digitalisierung den industriellen Metabolismus verändert

5.2.1.1 Kontext: Digitalisierung als Treiber einer industrieökologischen Wende?

Die Digitalisierung ist dabei, materielle Aspekte der Güterproduktion und damit verbundener Logistik- und sonstiger Dienstleistungen stark zu verändern, indem sie den Ressourcen- und Materialverbrauch in Wertschöpfungsketten grundlegend wandelt (Malecki und Moriset, 2008). Trotz einiger hoch problematischer Trends des Ressourcenbedarfs im Digitalen Zeitalter (Köhler et al., 2018) werden an die digitalisierte Steuerung der Produktion hohe Erwartungen zu Einspar- und Recyclingpotenzialen geknüpft. So ist bereits von der „Transition zu einem nachhaltigeren industriellen System" die Rede (Ford und Despeisse, 2016) oder der „nachhaltigen vierten industriellen Revolution" (Herweijer et al., 2017). Indem Digitalisierung die Stoffströme und -kreisläufe des „industriellen Metabolismus" beeinflusst (Ayres und Simonis, 1994; Sterr, 2003) und die Input-Output-Relationen der Güterproduktion besser kontrollierbar macht, könnten einige aus industrieökologischer Sicht schon lange avisierte Ziele erreicht werden: Eine im gesamten Produktionssystem bzw. Zuliefernetzwerk hoch ressourceneffiziente, abfall- und emissionsarme, von öko-industriellen Netzwerken und Synergien geprägte Produktion (Clift und Druckman, 2016; Despeisse et al., 2012; Dumoulin und Wassenaar, 2014; Gallaud und Laperche, 2016; Gleich und Gößling-Reisemann, 2008; von Hauff, 2012). Auch das zunehmend prominente Konzept der Kreislaufwirtschaft (circular economy) zielt in diese Richtung, baut auf Ideen der Industrieökologie auf (Ghisellini et al., 2016) und setzt auf Nachhaltigkeitseffekte durch digitale Technologien (Antikainen et al., 2018; Lopes de Sousa Jabbour et al., 2018; Neligan, 2018; Kap. 5.2.5). Wie kann also die Digitalisierung die notwendige industrieökologische Wende hin zu ressourcensparender Produktion auf globaler Ebene entscheidend voranbringen? Folgend werden ausgewählte Nachhaltigkeitsimplikationen der Digitalisierung für die Güterproduktion in Industrie- und Entwicklungsländern aufgezeigt, mit Blick auf Materialbedarfe für digitale Geräte sowie die Wirkungen neuer, digital koordinierter Produktionskonzepte (Industrie 4.0) und speziell von Verfahren der additiven Fertigung („3D-Druck", Kap. 3.3.5.4).

5.2.1.2 Wandel der Materialbedarfe durch digitale Geräte und Infrastrukturen

Der große Materialbedarf der Digitalwirtschaft schafft auf globaler Ebene erhebliche Nachhaltigkeitsprobleme nicht nur durch die Menge, sondern auch die Art der Rohstoffbedarfe (Köhler et al., 2018; Manhart et al., 2016; Yi und Thomas, 2007). Seit zwei Jahrzenten steigen die Volumina an benötigter Hardware und Infrastruktur mit hoher Rate; zudem wächst die Nachfrage nach elektronischen Endgeräten (für Daten zu Smartphones und Wearables: Statista, 2018a, b), nach Server- und Rechenzentren sowie nach Übertragungsnetzen. Hinzu kommen die für Kühlung oder Stromversorgung dieser Anlagen nötigen Geräte. Zum steigenden Materialbedarf trägt außerdem die fortschreitende Einbettung elektronischer Steuerungselemente in Gebrauchsgegenstände bei, vor allem bei Fahrzeugen (Köhler et al., 2018). Selbst einfache Konsumgüter werden jetzt mit Elektronikkomponenten für digitale Funktionen aufgerüstet, wie beispielhaft der Trend zu „smarten" Textilien zeigt (Schneegass, 2017).

Die hoch dynamischen Entwicklungen in vielen IKT-Feldern erschweren gesicherte Prognosen zum Rohstoffbedarf der fortschreitenden Digitalisierung (Köhler et al., 2018), doch zeigen sich einige brisante Trends. Prognosen zufolge wird im Jahr 2050 z.B. dreimal so viel Kupfer benötigt wie noch 2010 sowie 2035 das Vierfache an Lithium, einem wichtigen Batterierohstoff, wie noch 2013 (DERA, 2017; Schmidt, 2017). Weitere wichtige Rohstoffe sind z.B. bei IKT-Endgeräten neben einigen Edelmetallen auch verschiedene

Kunststoffe und Glas (Manhart et al., 2016; Wäger et al., 2015). Studien belegen zudem den Mehrverbrauch und die toxische Belastung von Wasser sowie erhöhte CO_2-Emissionen durch die IKT-Warenproduktion (Higon et al., 2017; Yi und Thomas, 2007). Welche Volumina nicht nur in Gebrauch sind, sondern letztlich auch als Abfall wieder entsorgt werden müssen, zeigt der für 2017 geschätzte Wert von weltweit 46 Mio. t Elektroschrott, der schon bis 2021 auf voraussichtlich gut 52 Mio. t steigen wird (Baldé et al., 2017; Details in Kap. 5.2.5). Außerdem treibt der Betrieb digitaler Geräte und Anlagen den Strombedarf nach oben, welcher global in den nächsten beiden Jahrzehnten, je nach Szenario, jährlich um bis zu 18% wachsen könnte (Andrae und Edler, 2015). Zwar vermag der Strukturwandel weg von traditionellen Industrien, wie Stahlerzeugung und -verarbeitung, hin zur Fertigung von IKT-Produkten teils die CO_2-Belastung zu mindern, z.B. in Teilen Chinas (Zhang und Liu, 2015). Doch muss dies bei weiterer internationaler Standortverlagerung der traditionellen Güterproduktion nicht unbedingt die globale Bilanz positiv prägen. Insgesamt könnte sich IKT vom „low-carbon enabler" eher zum „power drainer" wandeln (Bekaroo et al., 2016).

Aus Nachhaltigkeitssicht besonders problematisch ist die umfassende Verwendung kritischer Metalle bzw. Seltener Erden, die meist nur an wenigen Orten der Welt bzw. in geringen Mengen gefördert werden (DERA, 2017; Köhler, 2013; Manhart et al., 2016). Ihr Abbau ist speziell in vielen Entwicklungsländern mit erheblichen ökologischen Schäden verbunden (Landschaftszerstörung, Einbringung toxischer Substanzen für das Auslösen des Rohstoffs) sowie der Ausbeutung menschlicher Arbeitskraft für wenig Lohn bei hohen Gesundheitsrisiken. Vor allem in Ländern Afrikas südlich der Sahara bieten Bergbauaktivitäten oft kaum Entwicklungs- oder Beschäftigungsimpulse, wobei Mechanisierung zu „jobless growth" und Währungsaufwertung zum „Ressourcenfluch" führt. Zudem treibt die steigende Ressourcennachfrage eher Korruption sowie soziale und politische Konflikte an (OECD, 2008). Prinzipiell ist zudem der Trend der Verbindung und Verschmelzung unterschiedlicher, vor allem metallischer Rohstoffe für das Design bestimmter Materialeigenschaften z.B. von Legierungen problematisch, weil dies die Recyclingfähigkeit mindert und immer neue Herausforderungen für die Abfallbehandlung schafft. So enthält ein Mobiltelefon rund 60 verschiedene Rohstoffe in einem Gemisch aus diversen Metallen, Kunststoffen, Glas und Keramik. Allein die für Steuerungsprozesse der Industrie 4.0 essenziellen RFID-Labels können aus über einem Dutzend verschiedener Materialien bestehen (Köhler et al., 2018). Selbst Produkte, die im Sinne von „Öko-Innovationen" als umweltfreundlich bzw. emissionsarm im Betrieb gelten (Faucheux und Nicolaï, 2011; Jesus et al., 2018), sind bei Betrachtung der gesamten Wertschöpfungskette oder des Lebenszyklus bis hin zur Entsorgung oft nicht wirklich ressourcenschonend gefertigt oder gut zu recyceln (z.B. benötigen digitalisierte Autos besonders viele kritische Metalle; Köhler et al., 2018).

5.2.1.3 Effizientere Produktionsprozesse durch Industrie 4.0 und digital koordinierte Kreislaufwirtschaft

Während im Bereich digitaler Endgeräte die Nachhaltigkeitsrisiken überwiegen, könnte die Weiterentwicklung digital gesteuerter Fertigungsprozesse den industriellen Metabolismus bzw. die Organisation der Kreislaufwirtschaft vorteilhaft verändern und Nachteile kompensieren (Higon et al., 2017; Neligan und Schmitz, 2017). Potenziale werden speziell in Materialeinsparungen durch eine erhöhte Ressourceneffizienz der Produktion gesehen, etwa durch verbessertes „Ökodesign" von Produkten sowie die besser koordinierte Mehrfachnutzung von Ressourcen im Zuge der Kreislaufwirtschaft (Kap. 5.2.5).

Das Trendthema Industrie 4.0, stark vorangetrieben von deutschen Unternehmen und Verbänden (z.B. Dorst, 2016; Kagermann, 2017; Manzei et al., 2017; Schwab, 2018), verspricht durchgehend digital gesteuerte und optimierte Produktionsabläufe. Hierbei sind alle Zuliefer- und Servicepartner innerhalb der Wertschöpfungskette bzw. des Produktionssystems über cyber-physische Systeme bzw. das industrielle Internet der Dinge (Kap. 3.3.1) in den Datentausch eingebunden und die bearbeiteten (Vor-)Produkte selbst zur Kommunikation mit Betrieben und Maschinen fähig. Zwar scheinen grundsätzlich die Erwartungen des weitreichenden Umbaus der Güterproduktion überhöht zu sein, weil Informationsdefizite und Widerstände mancher Akteure die Implementierung von Technologien der Industrie 4.0 noch hemmen (Mertens et al., 2017). Auch besteht über die Kosten-Nutzen-Bilanz einer auf Industrie 4.0 gestützten Produktion noch Unklarheit. Doch ist der Trend wohl nicht aufzuhalten und wird auch politisch in vielen Ländern massiv unterstützt, z.B. in der EU (Horizon 2020), den USA (National Network for Manufacturing Innovation) oder China (Made in China 2025). Gerade deshalb bedarf es internationaler Steuerungsansätze, um Industrie 4.0 in Richtung Nachhaltigkeit bzw. Kreislaufwirtschaft zu lenken. Ferner unterscheiden sich Industriebranchen erheblich hinsichtlich ihrer Aufnahmefähigkeit für solche Technologien, wobei Maschinenbau, Fahrzeugbau, Stahlindustrie und die Fertigung technischer Textilien eine Vorreiterrolle einnehmen (Schwab, 2018). Auch die Querschnittsbranche Umwelttechnik und Ressourceneffizienz soll durch Digitalisierung ihre Leistungsfähigkeit steigern können, doch sind vor allem die Leitmärkte Kreislaufwirtschaft (Abfall- und Recyclingbranche) und Rohstoff- und Materialeffizienz noch schlecht dafür aufgestellt (BMU, 2018: 165f.; Büchele und Andrä, 2016).

Die Potenziale von Industrie 4.0, durch die digital optimierte Organisation und Koordination industrieller Werteketten auch Umwelteffekte zu verbessern, werden zunehmend thematisiert und in Überlegungen und Forschungsansätze einbezogen (Beier et al., 2018; IFOK, 2016; UNECE, 2018; VDI ZRE, 2017; WEF, 2018a). So erscheint im Verbund mit Kosteneinsparungen auch die Steigerung der Ressourceneffizienz und Minderung der Material- bzw. Energiebedarfe im Produktionsprozess möglich, unter anderem durch die Verringerung von Ausschuss (Kagermann, 2017; VDI ZRE, 2017). Konkrete Daten hierzu sind jedoch noch rar und weisen zudem auf recht wenig Materialeinsparungspotenzial durch Einsatz aller technischen Möglichkeiten hin. Produktionsunternehmen in Deutschland schätzen das Potenzial auf 3–4% bei Materialeinsatz bzw. -kosten (Neligan, 2018: 104, 589 befragte Unternehmen). Selbst unter den Betrieben mit generell hoher Affinität für Digitalisierung nutzen nur bis zu 14% digitale Ansätze für ressourcensparendes Produktdesign oder verbessertes Management von Materialkreisläufen. Doch stützen sich Firmen, wenn sie sich für nachhaltige Produktion engagieren, bereits oft auf digitale Technologien (zu 43% bei ressourcensparenden Produktdesigns und bis zu 27% beim Kreislaufmanagement; Neligan, 2018: 105). Generell ist jedoch die Kosten-Nutzen-Relation der möglichen Ressourceneinsparungen durch digitale Technologien aufgrund komplexer Prozesszusammenhänge schwer empirisch erfassbar und nicht pauschal abschätzbar.

Aus industrieökologischer Sicht gilt auch die bessere Steuerung von Lieferketten als Schlüsselfaktor für eine lohnende Kreislaufwirtschaft (Aminoff und Kettunen, 2016; Gallaud und Laperche, 2016), indem „smarte" Prozesse Wiedernutzung und Recycling erleichtern (EEA, 2017c; Pagoropoulos et al., 2017; Kap. 5.2.5). Ebenso lassen sich durch Industrie 4.0 und digitale Plattformen zwischenbetriebliche öko-industrielle Netzwerke der Folgenutzung besser koordinieren, z. B. von Abwärme und Neben- bzw. Abfallprodukten im Sinne von „closing the loop" und „cash for trash"-Strategien. Somit lassen sich Systeme der „industriellen Symbiose" unterstützen (Dumoulin und Wassenaar, 2014; von Hauff, 2012; Marconi et al., 2018; Rajala et al., 2018). Generell reduziert eine effiziente Logistik die Zahl der Transportfahrten und optimiert den Einsatz von Produktionsfaktoren (Dehmer et al., 2017). Industrie 4.0 könnte somit neuartige, regenerative „Ökosysteme" der digitalisierten Güterproduktion in Gang bringen, die natürliche Lebensgrundlagen schont (Moreno und Charnley, 2016). Speziell die additive Fertigung (Kap. 3.3.5.4) verspricht materielle Nachhaltigkeitseffekte von globaler Reichweite (Despeisse et al., 2017; Gebler et al., 2014; Kellens et al., 2017). Sie bietet großes Potenzial für ressourcensparende Prozess- und Produktinnovationen hin zu sparsamem Materialeinsatz, On-Demand-Produktion (Losgröße 1) sowie besser auf Kreislaufwirtschaft ausgerichteten Geschäftsmodellen und Produktdesigns. Auch das neuartige Zusammenspiel von Konsum und Produktion z. B. in Makerspaces oder FabLabs wird erleichtert (Ferdinand et al., 2016; Kohtala, 2016; Petschow et al., 2014; Kap. 5.2.2). Jedoch ist kritisch zu fragen, ob dadurch Rebound- und Überproduktionseffekte angeregt werden (wobei Analysen zur Kosten- und Energiebilanz noch fehlen), eine mindere Qualität von „gedruckten" Produkten ihre Lebensdauer einschränkt oder Fertigungsstufen wegfallen bzw. verlagert werden.

Auch Standortveränderungen durch Industrie 4.0 könnten Nachhaltigkeit fördern, vor allem der propagierte Trend zur „urbanen Produktion" (Fraunhofer IAO, 2016; Matt et al., 2014). Dieser von Produktionsingenieuren geprägte Begriff zeigt Chancen auf, die digital gesteuerte, „saubere" Warenproduktion im Zuge des „Reshoring" wieder zu stadtnahen Standorten in Industriestaaten zurückzuholen, angetrieben durch Vorteile der Nähe zu Zulieferpartnern, Fachkräftenachwuchs und F&E-Partnern (Eickelpasch, 2015; Spath und Lentes, 2012; Stiehm, 2017). Dies macht die wohnortnahe, qualifizierte Jobs schaffende Ansiedlung von modernen Gewerbebetrieben bzw. Smart Factories (Wang et al., 2016a) zum nachhaltigkeitsfördernden Bestandteil der Smart City (Bronstein, 2009; Graham et al., 2017a) und stützt einen industrie- und sozial-ökologisch vorteilhaften „urbanen Metabolismus" (Newell und Cousins, 2014; Kap. 5.2.7). Auch die additive Fertigung begünstigt urbane Standorttrends, sind doch die benötigten Grundstoffe bzw. Granulate einfach anzuliefern und liegen vielfältige Marktpotenziale direkt vor Ort (Ferdinand et al., 2016). Industrie 4.0 könnte generell auf globaler Ebene eine dezentralere Standortverteilung der Produktion anregen, indem jene auf kleine, marktnähere, über IKT eng vernetzte Einheiten aufgeteilt wird (Distributed bzw. Redistributed Manufacturing; Freeman et al., 2016; Moreno und Charnley, 2016; Rauch et al., 2015). Dies beeinflusst jedoch die international arbeitsteilige Produktion für Entwicklungsländer eher nachteilig, etwa wenn additive Fertigung ganze Zuliefer-Netzwerke wandelt, das Reshoring zurück zu Hochlohnländern begünstigt und der Wegfall der Komponentenfertigung Werteketten verschlankt (Ferdinand et al., 2016; Gebler et al., 2014; Laplume et al., 2016; Rehnberg und Ponte, 2017).

Kasten 5.2.1-1

Handlungsempfehlungen zum Schauplatz „Industrieller Metabolismus"

- *Material- und Energieverbrauch der Digitalisierung überwachen und begrenzen:* Die Trends des Ressourcenverbrauchs für die Produktion digitaler Geräte und Anlagen sollten auf internationaler Ebene fortgesetzt erfasst werden und – ähnlich zu sonstigen Bestandteilen der Produktionsstatistik – regelmäßig dokumentiert sowie in Lebenszyklusanalysen bilanziert werden. Im Verbund mit diesem Monitoring sollten internationale (Zulassungs-)Standards, rechtliche Rahmensetzungen und Umweltrichtlinien verschärft werden, die z. B. bergbaulichen Raubbau im Bereich Seltener Erden sowie den Einsatz kritischer Metalle und vieler Verbundmaterialien einschränken und zu einer für Recycling und Kreislaufwirtschaft förderlichen Produktarchitektur drängen (EEA, 2017c). In ähnlicher Weise sind auch für die additive Fertigung Standards und Vorschriften zu entwickeln, die hoch material- und energieintensive Produktionsprozesse bzw. Rebound-Überproduktion eingrenzen.
- *Additive Fertigung als Motor der digital unterstützen Kreislaufwirtschaft ausbauen:* Um die mit additiver Fertigung verbundenen Chancen neuer Produktdesigns und Fertigungsmethoden gezielt für Nachhaltigkeitsziele zu nutzen, sollte diese Produktionsweise prinzipiell auf nationaler wie internationaler Ebene unter einen „Kreislaufvorbehalt" gestellt werden. Bereits bestehende EU-Ansätze zur Kreislaufwirtschaft sind speziell auf additive Fertigung modellhaft anwendbar, um für Materialeinsatz und Produktgestaltung „Kreislaufwirtschafts-" bzw. „Nachhaltigkeitsauflagen" zu setzen, die vor allem auch die Recycling-Möglichkeiten der verwendeten Materialien betreffen.
- *Nachhaltige Digitalproduktion in Entwicklungs- und Schwellenländern stützen:* Ansätze der internationalen Entwicklungszusammenarbeit und zur Förderung des Technologietransfers sollten verstärkt ressourcensparende moderne Produktionsweisen im Bereich Industrie 4.0 und additiver Fertigung integrieren. So lässt sich die Digitalisierung auch in Entwicklungs- und Schwellenländern gezielt für nachhaltig gestaltete Wertschöpfungsschritte und Produktionssysteme einsetzen, was industrieökologische wie arbeits- bzw. qualifikationsbezogene Verbesserungen bringt. Außerdem wirken diese Aufwertungsprozesse in Entwicklungsländern der sich abzeichnenden Verschärfung einer ungleichen internationalen Arbeitsteilung entgegen. Zwar werden FabLabs und ähnliche Formate bereits in einigen Ländern als Keimzellen für digital unterstützte Innovation genutzt (Irie et al., 2018), sollten aber weiter verbreitet und stärker auf Nachhaltigkeit bzw. Umweltaspekte ausgerichtet werden. In Entwicklungsländern, die bergbauliche Rohstoffe (wie z. B. Seltene Erden) für Industriegüter der Digitalwirtschaft fördern, sind außerdem Maßnahmen zu ergreifen, die größere Teile der lokalen Bevölkerung von den Aktivitäten profitieren lassen, z. B. berufliche Bildung für den Einsatz im mechanisierten Bergbau oder „benefit sharing" der Bergbauprofite, um öffentliche Investitionen in Sozialleistungen und Infrastruktur zu ermöglichen (OECD, 2008). Ansatzpunkte bieten vertragliche Regelungen (z. B. mining contracts oder mining codes) oder die Extractive Industries Transparency Initiative (EITI), die öffentlich-private Partnerschaften zu Gunsten von mehr Zahlungs- und Verteilungstransparenz unterstützt.
- *Unternehmerische Verantwortung stärken und belohnen:* Über konzertierte Informations- und Anreizmaßnahmen sind Produktions- wie Dienstleistungsunternehmen im In- und Ausland für ihre hohe Verantwortung für die nachhaltige Ausgestaltung der digitalisierten Warenproduktion zu sensibilisieren. In weiten Teilen der Wirtschaft sollte eine regelrechte Verantwortungskultur etabliert werden, die drohende Schäden des Einsatzes digitaler Technologien für Umwelt und Arbeitswelt bei allen geschäftlichen Entscheidungen als besonderen Faktor berücksichtigt. National wie international agierende Industrieverbände können mit politischem und ökonomischem Nachdruck als wichtige Informationsbroker und Meinungsbildner fungieren. Außerdem sollten Anreize die Bereitschaft der Unternehmen steigern, Eigenverantwortung für nachhaltiges Produzieren im Digitalen Zeitalter zu übernehmen. Bereits angedachte Ansätze, etwa die Weiterentwicklung der Corporate Social Responsibility zur Corporate Socio-Environmental Responsibility (CSER; Mazurkiewicz, o.J.) sind effektiv zu machen, indem z. B. hohe CSER-Qualitätswerte Betrieben Vorteile bei Ausschreibungen verschaffen. Steuerliche Bevorzugung vermag generell das industrielle „Greening", d. h. die Übernahme umweltbezogener Geschäfts- und Management-Modelle (Demirel et al., 2017) oder die Bildung zirkulärer, digital koordinierter Business-Ökosysteme zu fördern. Auch Preisverleihungen sind als Anreize international auszuweiten und höher zu dotieren, z. B. nach dem Muster des Deutschen Rohstoffeffizienzpreises des Bundesministeriums für Wirtschaft und Energie, mit dem u. a. digitale Lösungen zur verbesserten Recyclingfähigkeit von Gütern prämiert werden.
- *Dialogplattformen zur Wissensverbreitung zu Einflüssen der Digitalisierung auf industrielle Stoffkreisläufe einrichten oder ausbauen:* Die anwachsende Literatur und mit ihr das erarbeitete Wissen zu Nachhaltigkeits- bzw. Umweltaspekten von Industrie 4.0 und additiver Fertigung sollte bei Förderern, wirtschaftlichen Anwendern sowie F&E-Akteuren breiter bekannt gemacht und diese für Nachhaltigkeitsaspekte sensibilisiert werden. Dafür können international ausgerichtete, hierauf spezialisierte Dialogplattformen eingerichtet oder ausgebaut werden, z. B. „Nachhaltige Industrie 4.0" oder „Nachhaltige additive Fertigung" als Unterthema der Plattform Industrie 4.0.

5.2.1.4 Folgerungen: Was kann Digitalisierung für die globale Transformation des industriellen Metabolismus leisten?

Die Nachhaltigkeitswirkungen der Digitalisierung im Bereich der Güterproduktion sind letztlich ambivalent zu bewerten und unterscheiden sich zudem nach den Entwicklungsniveaus von Ländern (Higon et al., 2017). Die mit den Materialbedarfen der IKT-Hardwareproduktion verbundenen ökologischen wie gesundheitlichen Belastungen betreffen vor allem Standorte von Bergbau und Elektronikindustrie in Entwicklungs- und

Kasten 5.2.1-2

Forschungsempfehlungen zum Schauplatz „Industrieller Metabolismus"

- *Forschungsoffensive zu Nachhaltigkeitswirkungen von Industrie 4.0 und additiver Fertigung beginnen:* Den Erwartungen einer ressourcen- bzw. energiesparenden Produktion durch digitale Technologien stehen bislang kaum solide empirische Analysen bzw. Datenauswertungen gegenüber. Deshalb sollten vom BMBF oder anderen Organisationen geförderte Forschungsaktivitäten systematisch die konkreten Nachhaltigkeitswirkungen der Einführung von Industrie-4.0-Technologien erfassen. Hierzu könnte ein eigener FONA-Schwerpunkt des BMBF ausgebaut werden. Ähnlich eignet sich additive Fertigung z.B. als Baustein eines übergreifenden Forschungsprogramms zur digitalen Transformation, das alle in diesem Hauptgutachten betrachteten Schlüsseltechnologien (Kap. 3.3) in transdisziplinärer Nachhaltigkeitsperspektive wissenschaftlich aufarbeitet (analog zu Programmen wie z.B. Zukunftsstadt). Empirisch sind mit Bezug auf den normativen Kompass (Kap. 2.2) u.a. diverse Umsetzungsmöglichkeiten von Industrie 4.0 und additiver Fertigung, eingesetzte Materialien, Produkttypen und Branchenfelder zu untersuchen sowie die Auswirkungen auf Arbeitsplätze in verschiedenen Teilen der Welt. Auch unterschiedliche Standortkonstellationen von urban bis ländlich, gering bis hoch entwickelt sollten betrachtet werden. Dabei ist der Blick auf systemische Wirkungen und den gesamten Lebenszyklus gefertigter Produkte zu richten, gegebenenfalls gestützt auf Ansätze des ökologischen Rucksacks oder Fußabdrucks.
- *Potenziale digitaler Technologien für verbesserten industriellen Metabolismus bzw. industrielle Symbiose erforschen und auf Märkten etablieren:* Während oben genannte Dialogplattformen den Diskurs zur nachhaltigen Industrie 4.0 fördern, können digitale Geschäfts- bzw. Marktplattformen in Kombination mit anderen digitalen Technologien den industriellen Metabolismus nachhaltiger gestalten helfen. Daher sollten laufende Forschungsansätze zur digital unterstützen „industriellen Symbiose" (Marconi et al., 2018) als Elemente der prinzipiell auszuweitenden Forschung zur digital unterstützen Kreislaufwirtschaft ausgebaut werden. Sie sollte als angewandte, transformative Forschung ausgelegt sein, verschiedene Branchenfelder integrieren sowie Chancen, Barrieren und Risiken der Digitalisierung für industrielle Symbiose identifizieren. Die Elektrik- und Elektronikindustrie sollte aufgrund der Dualität aus Elektroschrottproblem und Lösungspotenzial digitaler Technologien als Forschungsfeld priorisiert werden (Kap. 5.2.5).
- *Sozialwissenschaftliche Studien zum Prosumer-Verhalten durchführen:* Weil die Nachhaltigkeitswirkungen von Trends wie privatem 3D-Druck und FabLabs in hohem Maße vom Engagement der Bevölkerung abhängen, sollte speziell das Prosumer-Verhalten eingehend untersucht werden. Sozial- und verhaltenswissenschaftliche Analysen können z.B. verschiedene gesellschaftliche Milieus oder standörtliche Kontexte berücksichtigen, um Neigungen zu Rebound-Effekten und Redundanz zu ermitteln. Auf diese Weise lassen sich auch die Potenziale z.B. von additiver Fertigung für die Gestaltung der Nachhaltigkeitstransformation zielgerichtet hinsichtlich erfolgversprechender Ansatzpunkte bei Akteuren und Institutionen erforschen (z.B. wie sind Verbesserungen der Ökobilanz digitalisierter Fertigung erreichbar und durch wen?).
- *Reallabore für digital unterstützte Kreislaufwirtschaft im urbanen Kontext schaffen:* Die Chancen, speziell für urbane Standorte eine durch räumliche Nähe unterstützte, nachhaltigkeitsorientierte digitale Produktion und damit verknüpfte Kreislaufwirtschaft zu entwickeln, verdienen vertiefte Untersuchungen. Denn Konzepte wie z.B. FabLabs (Kohtala, 2016) lassen sich als urbane Transformationsinitiativen interpretieren, die im Zuge sozialer Innovationen eventuell gute Potenziale u.a. für nachhaltige additive Fertigung bieten. Ihre Wirkungsmöglichkeiten auf der Ebene von Unternehmen, Maker-Kollektiven und Individuen sind zu bewerten, gegebenenfalls über Experimentierformate wie Reallabore auszutesten und für Skalenerweiterungen vorzubereiten. Dabei sind ausdrücklich auch Städte in Entwicklungsländern einzubeziehen, möglicherweise integriert in internationale Partnerschaften für nachhaltige urbane Produktion auf Basis digitaler Fertigungstechnologien.

Schwellenländern. Hingegen bietet die ressourcensparende Koordination von Stoffströmen und Kreislaufwirtschaft durch „smarte" Produktdesigns sowie Industrie 4.0 noch vorwiegend für Industriestaaten und ihre wissensintensiven urbanen Standorte Potenziale einer industrieökologischen Wende. Nötig ist deshalb, gerade auch Produktionsaktivitäten in Entwicklungs- und Schwellenländern verstärkt in eine digital optimierte, effiziente und konsequent auf Kreislaufwirtschaft ausgerichtete Wertschöpfung einzubinden, was dort Material und Energie einsparen hilft sowie Arbeit sichert und aufwertet. Risiken des Arbeitsplatzabbaus durch die Rückverlagerung von Produktionsstufen in Industrieländer (Kap. 5.3.8) sind so zu mindern.

Auch die auf Digitalisierung gestützte additive Fertigung weist neben Chancen für nachhaltige Produktion einige Risiken auf. Sie verspricht einerseits Vorteile bei Material-Input und Ressourceneffizienz, die allerdings noch über Analysen zu beweisen sind. Ähnliches gilt für Erwartungen, die individualisierte, von Konsument*innen mitgestaltbare Fertigung fördere Teilhabe, Selbstwirksamkeit und solidarische Lebensqualität. Doch könnte die additive Fertigung andererseits auch Rebound-Effekte und redundante Fertigung verursachen, die einzuhegen und gemeinsam mit weiteren technologischen wie ökonomischen Herausforderungen zu meistern sind. Trotz breiter Möglichkeiten eigener Produktion bestehen Gefahren einer verschärften digitalen Kluft (digital divide) und Arbeitsmarktausgrenzungen durch die Umverteilung von Arbeit zwischen Beschäftigten verschiedener Qualifikationsstufen oder Länder (Gebler et al., 2014; Rehnberg und

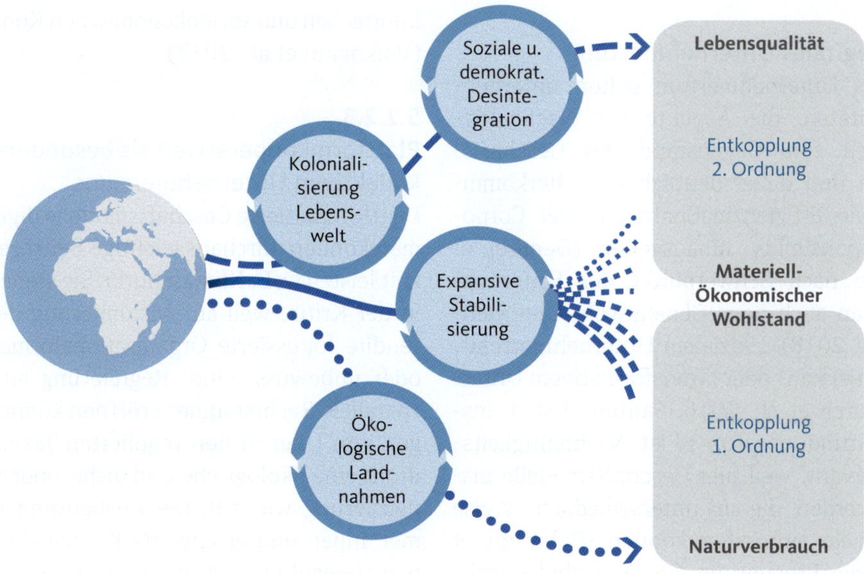

Abbildung 5.2.2-1
Entbettungsmechanismen und ihre nicht nachhaltigen Folgen, wie ökologische Landnahmen sowie Möglichkeiten zur Wiedereinbettung der Ökonomie durch eine Entkoppung 1. und 2. Ordnung.
Quelle: Schneidewind, 2018:79

Ponte, 2017). Für die Gestaltung einer im industrieökologischen Sinn nachhaltigen Güterproduktion im Digitalen Zeitalter spielt die Einbindung von Unternehmen als raumwirksame Akteure eine besondere Rolle.

5.2.2 Neue Formen digitaler Ökonomie: Ansätze des nachhaltigen Wirtschaftens im Digitalen Zeitalter

Der vorliegende Schauplatz wirft einen Blick auf aktuelle gemeinwirtschaftliche Formen zur Organisation der Wirtschaft (Abb. 8.4.1-2). Anhand von nachhaltigem digitalem Unternehmertum, Plattformkooperativen sowie Prosumenten und Commons-based Peer Production zeigt er Beispiele für neue bzw. „alternative" Geschäftsmodelle, Unternehmensformen und Produktionsformen. Einen besonderen Schwerpunkt bilden neue Formen partizipativer Wertschöpfung in der Sharing-Ökonomie, da sich gerade daran die Potenziale und Grenzen einzelwirtschaftlicher und gemeinwirtschaftlicher Organisation gut zeigen lassen.

5.2.2.1 Wiedereinbettung als Herausforderung nachhaltigen Wirtschaftens

Die heutige Form globaler ökonomischer Organisation ist eng verbunden mit der Überschreitung planetarischer Leitplanken und ökologischer Grenzen. Systemische Ursache für diese Entwicklungen sind „Entbettungsmechanismen" der modernen Wirtschaftsordnung, die auch Polanyi (1944) in „The Great Transformation" ausführlich analysiert: Indem ökonomische Prozesse aus ihren unmittelbaren sozialen und ökologischen Zusammenhängen herausgelöst werden, steigt die Gefahr, dass sie negative soziale und ökologische Folgen (Externalitäten) nach sich ziehen (Abb. 5.2.2-1).

Die große Herausforderung nachhaltigen Wirtschaftens besteht darin, die „Wiedereinbettung" der Ökonomie durch einen „radikalen inkrementellen Wandel" (Göpel, 2016) zu stärken. Durch Internalisierung externer Effekte können ökologische und soziale Konsequenzen in bestehende ökonomische Steuerungssysteme übersetzt werden. Dies kann z.B. durch eine Ressourcenbepreisung oder die Einführung von Mindeststandards bei Arbeitsbedingungen erfolgen. Umweltauswirkungen und soziale Konsequenzen würden dadurch in den ökonomischen Kosten abgebildet und von Marktakteuren in ihrem ökonomischen Handeln berücksichtigt. Einerseits sind solche Steuerungsmaßnahmen gegenwärtig nur schwer kurzfristig durchsetzbar, vor allem auf globaler Ebene. Andererseits bestehen Chancen, dass mit Hilfe von Pionieren des Wandels mittel- bis langfristig Lücken zu Zielen der Nachhaltigkeit geschlossen werden. Dies könnte beispielsweise bei sozial- und genossenschaftlichem Unternehmertum der Fall sein, das unternehmerisches Handeln mit Eigentumsstrukturen kombiniert, die eine konsequente Ausrichtung an Nachhaltigkeitsherausforderungen erlauben (Dyllick und Muff, 2016). Die folgenden Abschnitte liefern Beispiele dafür, wie solche Ansätze mit Digitalisierung zusammenspielen.

5.2.2.2 Nachhaltiges digitales Unternehmertum

Als nachhaltiges Unternehmertum gelten unternehmerische Aktivitäten, die Aspekte der Nachhaltigkeit ausdrücklich zum Gegenstand des Geschäftsmodells machen und dabei deutlich über herkömmliche Ansätze wie Effizienzmaßnahmen oder Corporate Social Responsibility hinausgehen (Demirel et al., 2017:2). Je nach Schwerpunkt der Unternehmung spricht man auch von „Gemeinwohl-Unternehmertum" (Felber, 2018), „Sozialem Unternehmertum", „Öko-Unternehmertum" oder „Transformativem Unternehmertum" (Burch et al., 2016; Santini, 2017). Insbesondere im Gründungsprozess ist Nachhaltigkeitsorientierung relevant, weil hier Geschäftsmodelle institutionalisiert werden, die auf unterschiedliche Weise Nachhaltigkeitsziele aufgreifen können (Behrendt et al., 2017). Für die Erneuerung der Wirtschaftsstruktur und die Transformation zur Nachhaltigkeit spielen damit, neben dem Wandel etablierter Unternehmen, Unternehmensgründungen eine wichtige Rolle (Borderstep Institut, 2017; Hörisch, 2015; Schneidewind, 2018:361ff.; Trautwein et al., 2018:8).

Der Typus „grüne digitale Startups" bzw. „nachhaltiges digitales Unternehmertum" (Sustainable Digital Entrepreneurship) ist künftig noch genauer zu definieren, deckt aber ein breites Aktivitätsfeld ab, wie folgende Beispiele zeigen: Dazu könnte man etwa Anbieter von nachhaltiger Hardware wie Fairphone und Shift (Kap. 5.2.5) zählen und ebenso digitale Marktplätze für nachhaltige Produkte wie avocadostore.de (kommerziell) oder fairmondo.de (genossenschaftlich), Plattformen für Crowdfunding wie betterplace.org oder Sharing wie foodsharing.de sowie auch greenapes.com, ein „soziale[s] Netzwerk, das nachhaltige Ideen und Aktionen belohnt" (greenApes, 2019). Initiativen wie wechange.de, die Software und Kommunikationslösungen für zivilgesellschaftliches Engagement bereitstellt, sind ein weiteres Beispiel. Auch Unternehmen aus dem weiten Feld der Umwelttechnologie, die mit Digitalisierung z. B. zur Agrar-, Energie- und Mobilitätswende sowie Kreislaufwirtschaft beitragen (BMU, 2018) sollten dazu gezählt werden.

Grüne Gründungen stehen trotz ihrer unbestrittenen Bedeutung für die Transformation zur Nachhaltigkeit bei Wahrnehmung und Förderung im Schatten von Digitalisierungs- bzw. IT-Startups (Borderstep Institut, 2017). Deren Schnittmenge bildet das beschriebene nachhaltige digitale Unternehmertum. Zentral für dessen Erfolg sind neben der direkten Förderung auch unterstützende Rahmenbedingungen in Form nachhaltiger Business-Ökosysteme, die aus entsprechenden Akteursnetzwerken aus Unternehmer*innen, Kund*innen, Zulieferern und öffentlicher Hand sowie institutionellen, informellen und sozioökonomischen Kontexten bestehen (Volkmann et al., 2017).

5.2.2.3 Plattformkooperativen als besonderer Ausdruck kollektiven Unternehmertums

Plattformbasierte Geschäftsmodelle digitaler Unternehmen können durchaus wichtige Beiträge zu Nachhaltigkeit leisten (z. B. Klimaschutz). Sie stehen jedoch häufig in der Kritik, weil auf Maximierung der Eigenkapitalrendite fokussierte Organisationsformen sich bewusst oder unbewusst einer Regulierung entziehen und so „parallele Rechtsräume" eröffnen können (z. B. Eindringen von Uber in den regulierten Taximarkt). Dadurch droht eine ökologische und insbesondere soziale Externalisierung wie z. B. die Ausbeutung von Arbeitnehmer*innen und erschwerte Partizipation der Betroffenen (Gegenhuber et al., 2018; Kap. 4.2.2). Im Gegenzug wächst in den letzten Jahren die Zahl der Plattformkooperativen: Sie sind im Besitz der Stakeholder (beispielsweise Arbeitnehmer*innen, Nutzer*innen, lokale Betroffene), die gemeinsam über die Unternehmensausrichtung und Gewinnabsichten entscheiden. In technischer Hinsicht ähneln sie den kapitalmarktorientierten Plattformen, basieren aber auf dem Genossenschaftsmodell. Sie sind in der Gemeinschaft verankert und von Gemeinwohlorientierung und somit einer ausgewogeneren Wertschöpfung und -verteilung geprägt (van Doorn, 2017a; Scholz und Schneider, 2016). Dadurch werden idealerweise Externalisierungseffekte verhindert, aber genossenschaftliche Organisationsformen wie Plattformkooperativen garantieren ohne weiteres noch keine Ausrichtung auf nachhaltige Entwicklungsziele. Bereits erwähnte Beispiele für Plattformkooperativen mit Nachhaltigkeitsorientierung sind die Initiative wechange.de und der Onlinemarkplatz fairmondo.de (van Doorn, 2017a).

Grundsätzlich versucht dieser Ansatz, die positiven Effekte von Plattformen (Skaleneffekte, Netzwerkeffekte, Zugänglichkeit) mit den Vorteilen von Genossenschaften zu kombinieren. Gerade für die Prosumentenökonomie (Kap. 5.2.2.5) eignen sich Genossenschaften als Organisationsform, denn sie verfolgen explizit das Ziel, den Nutzen für die Mitglieder mit demjenigen für die Plattformnutzer*innen zu verbinden. Einige Wissenschaftler*innen halten Plattformkooperativen zudem wegen ihrer Überlegenheit in einer zu erwartenden „Null-Grenzkosten-Ökonomie" (Rifkin, 2014a), dem Potenzial für Datenautonomie bzw. -schutz (VZBV, 2015:36) oder ihrer Eignung zur Bereitstellung digitaler Gemeingüter im Sinne von „Open Cooperativism" (Kostakis et al., 2016) für besonders vielversprechend.

Obwohl Plattformkooperativen gesellschaftliche

Tabelle 5.2.2-1
Unterscheidung von Sharing-Ansätzen nach dem Grad ihrer Kommerzialisierung.
Quelle: nach Gerwe und Silva, 2018, gekürzt

Sharing	Kapital oder Gut	Arbeitskraft oder Zeit
Geldfrei	Couchsurfing (Übernachtung)	Zeittauschringe (Tätigkeiten)
Kostendeckend	BlablaCar (Mitfahrgelegenheiten)	Piggybee (Transport von Gegenständen)
Gewinnorientiert	Airbnb (Übernachtung)	Uber (Taxi-Transport)

Vorteile haben, stehen sie vor einer Reihe von Herausforderungen, die derzeit ihre Verbreitung erschweren. Sie verfügen meist nicht über die Kapitalausstattung, um schnell eine kritische Masse von Mitgliedern zu gewinnen. In digitalen Märkten mit Netzwerkeffekten und Skalenerträgen haben sie damit einen strukturellen Nachteil gegenüber investorenbasierten Plattformen und werden auch bei der derzeitigen staatlichen, auf wirtschaftliche Erfolgswahrscheinlichkeit ausgerichteten Gründungsförderung benachteiligt (Kagel et al., 2018). Andererseits bilden sich um Plattformkooperativen herum Business-Ökosysteme, die sie durch (Open-Source-)Software, Finanzierungsmöglichkeiten und rechtliche Beratung in ein förderliches Umfeld einbetten. Ein Beispiel ist das 2018 aufgesetzte, mit 1 Mio. US-$ von Google geförderte Platform Co-op Development Kit (Platform Cooperativism Consortium, 2018) oder das Internet of Ownership Project Council (ioo.coop).

5.2.2.4 Sharing-Ökonomie zwischen klassischer und kollektiver Ökonomie

Auch moderne Sharing-Ansätze basieren im Wesentlichen auf digitalen Plattformen, die sowohl die Umsetzung länger existierender Konzepte befördern (z.B. Car Sharing), als auch neue Möglichkeiten und Perspektiven eröffnen. Aktuell werden bei der Sharing-Ökonomie vier grundsätzliche Felder des Teilens unterschieden: (1) Wiederverwendung von Gütern, (2) bessere Nutzung existierender Gegenstände, (3) Austausch von Dienstleistungen (z.B. unten vorgestellte Zeitbanken; Seyfang, 2004; Gregory, 2014; Diniz et al., 2018; Arcidiacono, 2018) und (4) das Teilen von Produktivgütern (Schor, 2016). Neben der Unterscheidung von Sharing-Ansätzen nach dem Grad ihrer Kommerzialisierung (Theurl et al., 2015) zwischen geldfreien, kostendeckenden und gewinnorientierten Transaktionen (Gerwe und Silva, 2018; Tab. 5.2.2-1) werden Sharing-Ansätze auch anhand der beteiligten Akteure differenziert: Business-to-Consumer-Ansätze, ähneln dem traditionellen Modell der Vermietung, während sich beim Peer-to-Peer-Sharing Nutzer*innen selbst gegenseitig Güter überlassen (z.B. Autos im Peer-to-Peer-Car-Sharing; Kap. 5.2.8).

Sharing-Ökonomie für Güter

Die meisten Aktivitäten im heterogenen Feld der Sharing-Ökonomie (Behrendt et al., 2017) beziehen sich auf Güter. Durch das Grundprinzip Nutzen statt Besitzen der Sharing-Ökonomie besteht der Wert im Zugang zu Gütern, nicht in ihrem Besitz selbst (Behrendt et al., 2017). In engerem Sinne handelt es sich beim Teilen von Gütern um eine Nutzungsintensivierung durch Vermietung, Konutzung oder Verleihen, in weiterem Sinne auch um eine Nutzungsdauerverlängerung durch Verschenken, Tauschen oder Weiterverkaufen (Scholl et al., 2015). Dies kann sich wie bei airbnb.com oder couchsurfing.com auf Wohnraum beziehen, aber beispielsweise auch auf Kleidung bei kleiderkreisel.de, auf Essen bei foodsharing.de oder auf Mobilität (z.B. Car Sharing und Bike Sharing). Dadurch werden der Sharing-Ökonomie ökologische Potenziale zugeschrieben (Kap. 5.2.5, 5.2.8). Ob sie diesem Anspruch gerecht werden kann, hängt unter anderem davon ab, ob es zu Rebound-Effekten (Kap. 5.2.3) durch zusätzlichen Konsum kommt. Dies könnte beispielsweise der Fall sein, wenn durch Sharing eingespartes Geld oder gewonnene Zeit in zusätzliche Aktivitäten oder Verbrauch fließen (Buhl, 2014). Relevant sind auch ökologische Kosten der möglichen Zunahme von Transaktionen (z.B. Emissionen aus mehrfachem Transport der Güter) und Bereitstellung von Überkapazitäten zur Abdeckung von Nachfragespitzen, was beides dem Ziel der Nutzungsintensivierung zuwider läuft und dem „konventionellen" Konsum gegenübergestellt werden muss. Auch Verdrängungseffekte sind zu beachten: Neben sozialen Verwerfungen, wie beispielsweise durch die Umnutzung von Wohnraum für Kurzzeitvermietung, implizieren die räumlichen Verdrängungseffekte der lokalen Bevölkerung auch, dass diese vermutlich höhere Pendeldistanzen mit entsprechenden Umweltfolgen auf sich nehmen müssen. Sharing-Ansätze sind deswegen keinesfalls immer sozial und ökologisch vorteilhafter – tendenziell sind jedoch nicht kommerzielle Sharing-Angebote umweltfreundlicher als kommerzielle, da sie eine höhere Umwelt- und Gemeinschaftsorientierung aufweisen (Rückert-John et al., 2014; Behrendt et al., 2017).

Ursprünglich ist die Idee der Ökonomie des Teilens

Kasten 5.2.2-1

Handlungsempfehlungen zum Schauplatz „Neue Formen digitaler Ökonomie"

- *Digitale Ökonomie in ökologische und soziale Rahmenbedingungen einbetten:* Als wichtige Basis sollte eine ökologische Steuerreform vorangetrieben werden, die folglich auch nachhaltiges digitales Wirtschaften bevorteilt. Durch deren Effekt auf die Preisgestaltung könnten Anreize zur Konsumreduktion gegeben und Rebound-Effekte beim Sharing vermieden werden. Aus ökologischer Perspektive ist es zudem wichtig, dass Sharing in eine nachhaltige Konsumkultur eingebettet wird, beispielsweise durch verbesserte Suchfunktionen in Onlineplattformen, die umweltfreundliche Produkte stärker in den Vordergrund stellt (Kap. 5.2.3; Henseling et al., 2018). Ferner müssen bestehende Regulierungsmaßnahmen besser durchgesetzt, Lücken geschlossen und sofern nicht ausreichend ein neuer regulatorischer Rahmen für Sharing- bzw. Plattformangebote geschaffen werden. Letztlich trägt auch ein Greening des Gesamtinstrumentariums der Wirtschaftsförderung dazu bei, dass digitale Schlüsseltechnologien (Kap. 3.3) und die digitale Ökonomie stärker als bisher in den Dienst der Nachhaltigkeit gestellt werden. Beispielsweise könnte das Modell der Wirtschaftsförderung 4.0 (Kopatz, 2017) Orientierung geben, in dem die systematische Förderung kooperativer Wirtschaftsformen als Ergänzung zur klassischen Wirtschaftsförderung (z.B. Gewerbeflächenvermarktung, Unternehmensansiedlung und -bestandspflege, Clusterförderung) vorgeschlagen wird.
- *Gründungsförderung im Bereich Digitalisierung auf nachhaltiges digitales Unternehmertum neu ausrichten:* Unternehmensgründungen spielen eine wichtige Rolle bei der Erneuerung der Wirtschaftsstruktur. Förderanstrengungen sollten gezielt in Richtung eines nachhaltigen digitalen Unternehmertums gelenkt werden, um Nachhaltigkeit von vornherein fest und dauerhaft in den Geschäftsmodellen der Unternehmen zu verankern. Einerseits sollten Förderungsentscheidungen mehr auf den potenziellen Beitrag zu Nachhaltigkeit (z.B. auf die SDGs) ausgerichtet werden. Andererseits sollten keine Aktivitäten mehr gefördert werden, die diesen Zielen zuwiderlaufen. Um Startups zu Transformationsakteuren zu machen, sind Ökosysteme des nachhaltigen Unternehmertums (Volkmann et al., 2017) zu fördern. Denkbar sind besondere Finanzierungsinstrumente (z.B. spezielle Fonds, Nachhaltigkeitsbonus wie Steuer- oder Zinserleichterungen, Freibeträge), Sach- und Beratungsleistungen, eine Bevorzugung bei der Vergabe von Fördermitteln oder günstigen Mieträumen aus öffentlicher Trägerschaft sowie Zugang zu grüner digitaler Infrastruktur wie grüne Rechenzentren und Software und andere Erleichterungen in den finanziell oft schwierigen ersten Gründungsphasen. Ferner ist die Einrichtung geeigneter Formate und Orte zu unterstützen (physisch und virtuell), wo sich nachhaltige digitale Unternehmer*innen entfalten können, beispielsweise nachhaltige Co-Working Spaces, Hubs, Plattformkooperativen oder offene Werkstätten, FabLabs und Repair-Cafés.
- *Nachhaltige Plattformkooperativen stärken:* Plattformkooperativen sind eine besonders interessante Form des nachhaltigen digitalen Unternehmertums, die sich zu wirkungsvollen Instrumenten des sozial-ökologischen Unternehmertums entwickeln lassen. Auftrieb könnte ihnen beispielsweise eine Gemeinwohlzertifizierung geben, welche unter anderem bestätigt, dass Nachhaltigkeitsziele bereits im Unternehmenszweck verankert sind. Eine solche Zertifizierung könnte die Voraussetzung für den Zugriff auf bestimmte Formen staatlicher Unterstützung darstellen. Plattformkooperativen bedürfen zusätzlich Unterstützung durch die Einrichtung von Modellprojekten und die Gleichstellung mit shareholderorientierten Startups beim Zugang zu staatlichen Fördermitteln (Kagel et al., 2018). Die obigen Empfehlungen zur Gründungs- und Wirtschaftsförderung gelten hier entsprechend.
- *Commons-based Peer Production institutionalisieren und ihr Freiräume schaffen:* Die Aktivitäten der gemeinwohlorientierten Commons-based Peer Production sollten durch einen passenden (rechtlichen) Rahmen geschützt werden, der beispielsweise die Nicht-Exklusivität der Eigentumsrechte an Produkten von Prosument*innen und Commons-based Peer Production regelt und die Professionalisierung unterstützt. Erfahrungen hinsichtlich der Umweltwirkungen und Funktionalität von Commons-based Peer Production kann die Umsetzung eines Programms für 1.000 offene Werkstätten schaffen, die bei erfolgreicher Implementierung auch die Ausbreitung von Commons-based Peer Production (FabLabs, Makerspaces, Repair-Cafés usw.) befördert. Die bisher unzureichende Berücksichtigung von Umweltaspekten kann dort durch Integration von Umweltmanagementsystemen und gemeinsamen Benchmarking-Werkzeugen adressiert werden, die auch wichtige Forschungsdaten liefern. Offene Werkstätten sollten auch in der Entwicklungszusammenarbeit zur Überwindung der digitalen Kluft (digital divide) und zur Ermöglichung von Teilhabe verstärkt eingesetzt werden. Generell sollte die Sichtbarkeit dieser Aktivitäten durch mehr Nutzer*innen und Beitragende gestärkt und durch Öffentlichkeitsarbeit ausgebaut werden. Orte und Veranstaltungen des Austauschs bestehender Initiativen können gegenseitiges Lernen über Grenzen hinweg anregen. Um Menschen die Beteiligung an der kollaborativen Ökonomie zu ermöglichen, sind Freiräume etwa durch eine Flexibilisierung von Erwerbsarbeitszeiten und neue Formen der sozialen Sicherung zu schaffen.
- *Demokratische Plattformen durch institutionalisierte Akteure wie Kommunen oder Gewerkschaften aufbauen:* Neben privaten Akteuren der Sharing- und Plattformökonomie können öffentliche Institutionen wie Städte oder Gewerkschaften sowie zivilgesellschaftliche NRO die Entwicklung einer ökologisch nachhaltigen und sozialverträglichen digitalisierten Ökonomie fördern, indem sie selbst als Plattformbetreiber auftreten. So könnten elementare Dienstleistungen auch als genossenschaftliche Organisationsformen oder in die öffentliche Hand vergeben werden (z.B. Mobilitätsdienstleistungen, Dienstleistungen einer Kreislaufwirtschaft). Bei gelungener Umsetzung könnte dies eine Reinvestition von aus Netzwerkeffekten resultierenden Gewinnen in die gemeinwohlorientierten Plattformen fördern und den Datenschutz stützen, während zugleich die Daseinsvorsorge zurück in demokratisch legitimierte Hände gelegt wird (Kap. 5.2.7 und 5.3.5). Für das Sharing von Diensten kann der Aufbau digitaler Zeitbanken unter Beteiligung von Sozialpartnern einen guten Weg bieten. Gutscheine für einen kostenfreien Zugang zu Dienstleistungen, die über diese Plattformen vermittelt werden, können Netzwerkeffekte ausbilden und damit die nötige Partizipation an diesen Plattformen auf den Weg bringen. Durch ein solches Modell kann mehr ökonomische Wertschöpfung vor Ort bleiben und negative Nebenfolgen wie Zweckentfremdung von Wohnraum eingedämmt werden. Damit regi-

onale Sharing-Angebote leichter auffindbar sind, bietet sich die Realisierung einer öffentlich-rechtlichen Suchplattform im Rahmen eines breiteren Plattformökosystems an (Kap. 5.3.5). Diese sollte gewährleisten, dass nur seriöse Anbieter aufgenommen werden, die sowohl sozialverträgliche Arbeitsbedingungen einhalten als auch finanziell zuverlässig sind.

Kasten 5.2.2-2

Forschungsempfehlungen zum Schauplatz „Neue Formen digitaler Ökonomie"

Der WBGU empfiehlt verstärkte Forschung an der Schnittstelle neuer Formen der digitalen Ökonomie und Nachhaltigkeit, die sich unter anderem folgenden Fragen bzw. Themen widmen sollte:

- Wie lässt sich *nachhaltiges digitales Unternehmertum* definieren und identifizieren? Was ist dessen Status quo und welche Chancen oder Risiken bietet die Digitalisierung in diesem Bereich? Welche wirtschaftlichen Ökosysteme (z.B. rechtliche Rahmenbedingungen, Finanzierungsinstrumente) brauchen nachhaltige digitale Unternehmen?
- Bedarf nachhaltiges digitales Unternehmertum einer eigenen Rechtsform, auf deren Basis andere Fördermaßnahmen bereitgestellt werden? Wie kann vor diesem Hintergrund das Genossenschaftsrecht auf digitale Räume übertragen und weiterentwickelt werden?
- Ausbau der *nachhaltigkeitsorientierten Plattformforschung* sowie Entwicklung von Kriterien, eines Bewertungsschemas, Richtlinien und eines Siegels bzw. Zertifikats für sozial-ökologische Plattformen.
- Wie kann der gemeinwohlorientierte Ansatz von *Zeitbanken*, der unabhängig von Digitalisierung entstanden ist, im Digitalen Zeitalter erhalten und befördert werden? Welche Regulierung, Institutionalisierung oder Förderung braucht es dafür? Welche sinnvollen Verknüpfungen zwischen Zeitbanken und Digitalisierung im Finanzwesen (z.B. Bitcoin bzw. Faircoin) wären denkbar?
- Welche Risiken und Chancen weisen *Sharing-Modelle* hinsichtlich ihrer Anreize für Konsumreduktion, ihrer sozialen Integrationsfunktion und verschiedener Gerechtigkeitsdimensionen (Einkommen, Zeitwohlstand, Arbeitsbedingungen) auf? Welche Möglichkeiten bieten digitale Technologien, um dies in eine positive Richtung zu lenken und Negativeffekte zu vermeiden?
- Unter welchen Bedingungen trägt *Commons-based Peer Production* zu einer umfangreichen Reduktion des Energie- und Ressourcenverbrauchs bei? Welche Best-Practice-Ansätze lassen sich in diesem Bereich identifizieren und welche Rolle spielt Re-Lokation dabei? Sind lokale bzw. dezentrale Produktionsmuster bzw. Wertschöpfungssysteme nachhaltiger als andere? Wie sehen neue Formen der Grundabsicherung aus, um Engagement in der kollaborativen Ökonomie zu erhöhen (z.B. Schaffung von Experimentierräumen für Grundeinkommen).
- Wie können *Kulturen des nachhaltigen Wirtschaftens* im Bereich der wachsenden Digitalwirtschaft identifiziert und über netzwerkbasierte Diffusionsprozesse zur weiteren Ausbreitung gebracht werden?

aus einer Gemeinsinnperspektive erwachsen. Sie möchte Austauschformen wieder in soziale Beziehungen einbetten (Arcidiacono, 2018). Digitale Technologien haben diese ökonomischen Praktiken in den letzten Jahren stark unterstützt. Durch den Aufstieg kommerziell orientierter, meist plattformbasierter Sharing-Ansätze wie airbnb.com und uber.com hat sich die aktuell vorherrschende Sharing-Ökonomie vom ursprünglichen Gedanken der Gemeinschaft und Reziprozität entfernt und daher ist nicht absehbar, dass sich ein „grundlegender Wandel hin zu einer gemeinschaftlichen Konsumkultur im Sinne einer vom Wachstums- und Profitzwang befreiten kollaborativen Ökonomie vollzieht" (Behrendt et al., 2017). Der Erfolg kommerzieller Sharing-Modelle besteht nur teilweise in der effizienteren Nutzung oder vollständigeren Auslastung von Gütern, beispielsweise durch die Schaffung von mehr vermarktbaren Leistungen bei gleichem Input (z.B. Car Sharing: mehr Fahrten pro Auto statt Parken), sondern zum großen Teil auch in der Abwälzung von Kosten und Risiken (Schor, 2017) durch Umgehung von Steuern oder Arbeitsstandards (z.B. Unfallversicherung, Krankenversicherung). Zudem beruhen ihre Geschäftsmodelle oft im Heben bisher nicht vermarktbarer Güter oder Dienstleistungen als handelbares Gut (z.B. eigener Wohnraum). Problematisch ist dieser Ansatz, wenn Zahlungs(un)fähigkeiten der Marktteilnehmenden ausgenutzt werden und Menschen aus finanzieller Not zum Verkauf oder der Vermietung ihrer Arbeitskraft oder Güter (Schor, 2017) gezwungen werden, geschützte zeitliche und soziale Räume wie die eigene Wohnung oder Freizeit zu vermarkten. Diese Art der Sharing-Ökonomie kann als Intensivierung einer On-Demand-Ökonomie verstanden werden, die versucht, flexible und prekäre Arbeit durch eine Zweideutigkeit aus marktwirtschaftlichen Austauschprozessen einerseits und altruistischen Werten andererseits zu rechtfertigen (Cockayne, 2016). Es ist folglich nicht klar, ob die kommerzielle Sharing-Ökonomie zu einer Gemeinwohlerhöhung beiträgt, sondern in einigen Bereichen stellt sie lediglich eine Kommerzialisierungs-

und Externalisierungsstrategie dar, die Kosten auf die Gemeinschaft abwälzt.

Sharing-Ökonomie für Dienstleistungen: Zeitbanken

Parallel zur Entwicklung einer Sharing-Ökonomie für das Teilen von Gütern entsteht auch eine Sharing-Ökonomie für den reziproken Austausch von Dienstleistungen. Während dies bisher meist in Form von Nachbarschaftshilfe in lokalen Zeitbanken, Tauschringen und Zeitvorsorgesystemen erfolgte (Seyfang, 2004; Gregory, 2014; Diniz et al., 2018), kann sich der Austausch von Dienstleistungen durch Digitalisierung zunehmend in virtuelle Plattformen verlagern und dadurch örtliche Beschränkungen überwinden (Arcidiacono, 2018). Über Zeitbanken können sich Personen gegenseitig helfen und erhalten dafür entsprechende Zeitgutschriften, die sie später einlösen können, um selbst Hilfe in Anspruch zu nehmen. Anders als bei ehrenamtlicher Tätigkeit erhalten die Beteiligten dabei Aussicht auf Erwiderung ihrer Hilfe im gleichen Zeitumfang. Zeitbanken diversifizieren damit mit Hilfe der „Währung Zeit" die Quellen des Lebensunterhalts durch Wertschätzung verschiedener Arbeitsformen, die heute zum Teil nicht über Arbeitsmärkte entlohnt werden (Erwerbsarbeit, kollaborative Arbeit, Ehrenamt, Pflege und Betreuung). Dadurch bieten Zeitbanken gerade bei drohenden Verlusten von Arbeitseinkommen durch Automatisierung (Kap. 5.3.9) eine gute Möglichkeit, die Teilhabe und Integration der Bürger*innen zu stärken (Behrendt et al., 2017) und sie unabhängiger gegenüber Änderungen auf dem Arbeitsmarkt zu machen. Auf Basis neuer Technologien entsteht aber auch ein neuer Typus digitaler, nicht gemeinnütziger Zeitbanken (Time Banking 2.0, z.B. Time Republik, Cronobank, Bliive; Arcidiacono, 2018). Sie stützen sich – wie einige andere kommerzielle Ansätze der Sharing-Ökonomie – nicht auf Werte wie Reziprozität und gegenseitige Hilfe, sondern eher auf eine Kultur des Selbstunternehmertums mit Vermarktung der eigenen Fähigkeiten (Moral und Pais, 2015, Arcidiacono, 2018). Trotzdem könnten auch kommerzielle Zeitbanken die Entstehung großer Einkommensunterschiede vermeiden helfen, wenn sie die für verschiedene Dienste eingesetzte Arbeitszeit gleicher bzw. weniger unterschiedlich bewerten als etwa Crowdworking-Plattformen. Vor allem dezentrale, z.B. Blockchain basierte Zeitbanken (Moral und Pais, 2015), von Nutzer*innen selbst getragene oder von öffentlichen Akteuren wie Gewerkschaften und Sozialversicherungen bereitgestellte Plattformen-Kooperativen (Kap. 5.2.2.4) könnten zu einer ausgeglicheneren Einkommensverteilung beitragen, indem sie „Zeit" als alternatives Tauschmittel zu „Geld" nutzen.

5.2.2.5 Kollaborative Produktionsformen: Prosumenten und Commons-based Peer Production

Digitale Technologien haben dazu beigetragen, dass sich an der Schnittstelle von „Selbermachen" (do it yourself), Web 2.0 und digitaler Produktion alternative Formen der dezentralen, auf Gemeingütern basierende Formen der gemeinschaftlichen bzw. kollaborativen Produktion entwickeln konnten: die Commons-based Peer Production. Zu dieser kann im Zusammenhang mit digitaler Güterproduktion unter anderem die „Maker-Bewegung" gezählt werden (Kohtala, 2016:28f.; Petschow et al., 2014:15). Diese neuartige Form der Wertschöpfung unterscheidet sich hinsichtlich ihrer politisch-ökonomischen Merkmale erheblich von der herkömmlichen industriellen Produktion (Kostakis et al. 2016) und könnte einen Wandel ökonomischer Prozesse weg von Wettbewerb hin zu mehr Kooperation einleiten (Stengel, 2016). Schon heute gibt es viele kollaborative Projekte, die durch die Schaffung digitaler Gemeingüter (z.B. Wikipedia, OpenStreetMap) und insbesondere in wirtschaftlich schwierigen Zeiten (Kummer et al., 2015) einen gesellschaftlichen Mehrwert liefern, deren Dienstleistungen oder Güter aber erhebliche Schwierigkeiten bei der Finanzierung haben. Da diese Aktivitäten nicht durch Markttransaktionen erfasst werden, gehen sie nicht in gesamtwirtschaftliche Rechnungen ein, und werden von bestehenden wirtschaftlichen Messgrößen nur unvollständig erfasst (Brynjolfsson et al., 2017).

Der Aufstieg von Commons-based Peer Production bedeutet auch, dass sich die über Jahrzehnte typische Unterscheidung zwischen Konsument*innen und Produzent*innen auflöst. Konsument*innen gestalten und produzieren in wachsendem Umfang selbst Produkte (mit) und werden damit zu Kodesignern, Macher*innen oder *Prosument*innen*. Oft tragen Nutzer*innen auch beim Gebrauch von digitalen Produkten selbst zur Wertschöpfung bei (Brousseau and Pënard 2007). Zunächst bezog sich Commons-based Peer Production vor allem auf nicht materielle Produkte wie Open-Source-Software (Kap. 5.3.10). Im Kontext der Maker-Bewegung dehnt sie sich nun auch auf materielle Güter aus, die mit Hilfe zunehmend kostengünstigeren 3D-Druckern und weiteren Produktionstechnologien an Orten wie offenen Werkstätten (englisch Makerspaces) entwickelt und produziert werden (Buxbaum-Conradi et al., 2016:40; Erdmann und Dönitz, 2016:15; Millard et al., 2018:3). Dabei sind offene Werkstätten wichtige Diskurs- und Experimentierräume. Unter den Formaten, die das Experimentieren mit digitalen Produktionstechnologien vorantreiben, wird insbesondere von FabLabs (Abkürzung für Fabrication Laboratories) ein Beitrag zur Kreislaufwirtschaft erwartet (Kohtala, 2016:6, 24f.; Moreno und Charnley, 2016:573; Petschow et al., 2014:24; Prendeville et al., 2016:578f.). Das offizielle FabLab Network beinhaltet ca. 1.000 FabLabs in 78 Ländern, viele auch in Entwicklungs- und Schwellenländern (Fab Foundation, 2019). Der Schwerpunkt liegt meist auf Bildung und Experimentieren, doch erst wenn auch alle Umweltdimensionen umfassender berücksichtigt werden, können FabLabs und ähnliche Formate ihr volles Nachhaltigkeitspotenzial entfalten (Kohtala, 2016:100; Millard et al., 2018:27). Andere Ausprägungsformen offener Werkstätten sind Design-Zentren, Nähkombinate oder Repair-Cafés (Erdmann und Dönitz, 2016:15). Letztere spielen eine wachsende Rolle bei der Reparatur etwa von Elektrogeräten und somit der Vermeidung von Elektroschrott (Kap. 5.2.5; Charter und Keiller, 2016). Solche kollaborativen Formate verstehen sich oft als Alternativmodell zur gängigen Kombination aus Massenproduktion und -konsum, folglich auch zum „Großprojekt" Industrie 4.0 mit der individualisierten bzw. personalisierten Massenproduktion als wesentlichem Ziel (Baier et al., 2016; Buxbaum-Conradi et al., 2016:41f.; Kohtala, 2016:5; Petschow et al., 2014). Damit Commons-based Peer Production in größerem Umfang möglich ist und adäquate Anreize für kollaborative Projektarbeit bieten kann, braucht es zeitliche Freiräume für Prosument*innen und die Garantie einer Nicht-Kommerzialisierung der hergestellten Produkte (Sassower, 2013:54).

5.2.2.6
Folgerungen

Die Digitalisierung hat erhebliche Auswirkungen auf die Entstehung kollektiv-gemeinwirtschaftlicher Formen des nachhaltigen Wirtschaftens. Deren Potenziale für eine Wiedereinbettung der Ökonomie in die gesellschaftlichen und ökologischen Grenzen hängen dabei nicht nur von der gewählten Geschäftsstrategie ab, sondern durchaus auch von der unternehmerischen Organisationsform. Die meisten dieser Ansätze bewegen sich aktuell noch in der Nische. Um diesen Pionieren des Wandels (WBGU, 2011:256ff.) Gestaltungsräume und Skalierungspotenziale zu eröffnen, gilt es Experimentierräume für diese neuen Formen des Wirtschaftens zu vergrößern und dadurch ihre Handlungsmöglichkeiten zu verbessern (Kasten 5.2.2-1, 5.2.2-2).

5.2.3
Digitalisierung des Konsums und nachhaltiges Konsumverhalten: Förderung solidarischer Lebensstile

Mit „Digitalisierung des Konsums" ist hier eine Bandbreite von Veränderungen des individuellen Konsumierens mit digitaler Unterstützung gemeint: vom Konsum digitaler und digitalisierter Güter (z.B. im Internet der Dinge vernetzte Produkte) über Bestellungen im Onlinehandel bis hin zum digital unterstützten, ökologisch informierten Konsumieren, Verzichten und Teilen (Sharing-Ökonomie: Kap. 5.2.2.4). Betrachtet werden Konsumgüter, also Sachgüter, die unmittelbar der Befriedigung menschlicher Bedürfnisse dienen und nicht etwa Produktionsmittel (Morato Polzin et al., 2016). Zu individuellem Konsumverhalten zählt der Ge- und Verbrauch dieser Güter sowie deren Auswahl, Kauf, Nutzung, Reparatur, Tausch und Entsorgung (Defila et al., 2011; Reisch und Scherhorn, 2005). Veränderungen der Angebotslandschaft oder die Entsorgung von Produkten werden an anderen Stellen des Gutachtens behandelt (Kap. 5.2.4, 5.2.5). In diesem Schauplatz soll aufgezeigt werden, wie der Einsatz digitaler Technologien Konsument*innen heute und künftig dabei unterstützen kann, individuelle Konsumentscheidungen über Wahl, Art, Menge und Nutzung der Produkte am Konzept der solidarischen Lebensqualität zu orientieren. Als „solidarische Lebensqualität" bezeichnet der WBGU eine Lebensqualität, die sich nicht nur an den eigenen Bedürfnissen und denen des unmittelbaren (z.B. familiären Umfelds) orientiert, sondern die Prinzipien intra- und intergenerationeller Gerechtigkeit mit einbezieht (WBGU, 2016a:144ff.). Dazu wird angenommen, dass digital unterstützter Konsum zunimmt (z.B. Kap. 5.2.4) und auch neue Formen des Konsumierens (z.B. Sharing) hervorbringt. Eine Quantifizierung des digitalisierten Konsums in Bezug auf Nachhaltigkeit und die Auswirkungen digitaler Innovationen auf das Konsumverhalten stellt dieser Schauplatz aufgrund fehlender quantitativer Studien nicht umfassend dar. Sichere Aussagen lassen sich hier noch nicht treffen.

5.2.3.1
Digitalisierter Konsum zur Erhaltung natürlicher Lebensgrundlagen

Der WBGU hat mehrfach aufgezeigt, dass die natürlichen Lebensgrundlagen nur erhalten werden können, wenn Konsumverhalten in seiner Gesamtheit weniger ressourcenintensiv und stärker umweltschonend gestaltet wird (WBGU, 2014a, 2016a). Der individuelle Konsum hat hier ein bedeutsames Potenzial.

Es gibt zahlreiche Beispiele, die zeigen, dass Digitalisierung prinzipiell für höhere Ressourcen- und Energieeffizienz von Konsumgütern und Dienstleistungen über den Lebenszyklus eines Produkts eingesetzt werden kann (Kap. 5.2.1, 5.2.2, 5.2.6, 5.2.9). Für die Digitalisierung sieht der WBGU fünf Bereiche als besonders relevant an, um die Potenziale des individuellen Konsums für die Transformation zur Nachhaltigkeit zu betrachten (Abb. 5.2.3-1).

1. *Systemwissen stärken und Problembewusstsein*

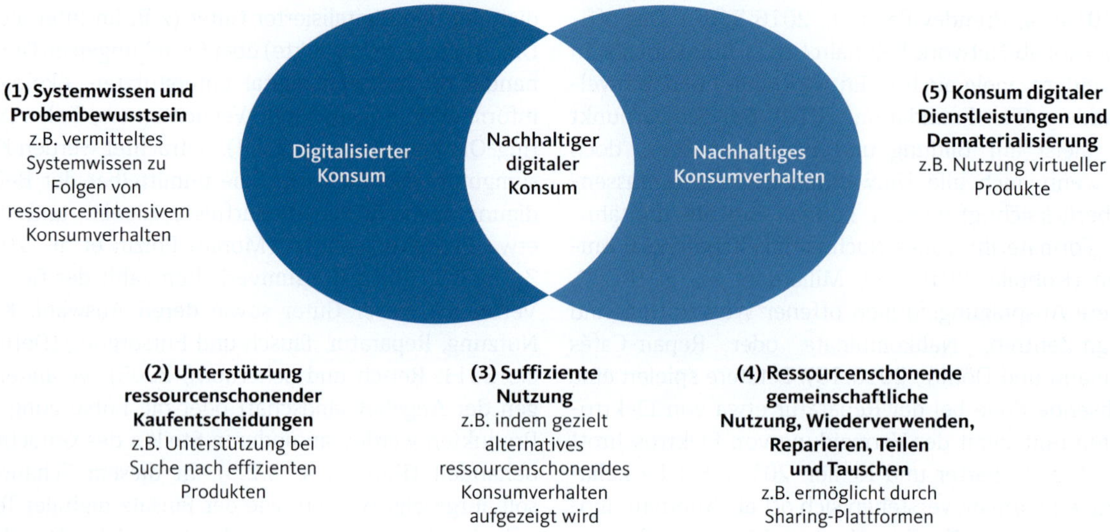

Abbildung 5.2.3-1
Digitalisierter Konsum und nachhaltiges Konsumhandeln: Systematisierung der zu untersuchenden Bereiche eines digitalisierten und nachhaltigen Konsums. Mögliche Chancen der Digitalisierung für einen nachhaltigen Konsum sieht der WBGU darin, wie Digitalisierung als Werkzeug für (1) das *Systemwissen und Problembewusstsein* zu nachhaltigen Produkte und Dienstleistungen und ihren (weltweiten) Konsum, (2) *die individuelle bzw. kollektive Bevorzugung ressourcenschonender Produkte durch Konsument*innen,* (3) eine individuelle *Verringerung des Konsums (suffiziente Nutzung),* (4) eine gemeinschaftliche Reduktion des Konsums durch *gemeinschaftliches Nutzen, Wiederverwenden, Reparieren, Teilen und Tauschen dienen kann.* Noch unklar sind die Potenziale für Nachhaltigkeit (5) des *Konsums neuer digitaler Dienstleistungen*, wie etwa sozialer Netzwerke oder Streaming-Dienste und der *Dematerialisierung* bzw. Virtualisierung bestimmter Konsumgüter, wie etwa das Erleben virtueller Welten anstelle von Reisen.
Quelle: WBGU

schaffen: Digitale Medien können über weltweite Konsum- und Umwelttrends sowie die grundsätzliche Verfügbarkeit alternativer, nachhaltiger Produkte und Dienstleistungen informieren (Schaffung von Problemwissen; Schauplatz „Weltumweltbewusstsein“: Kap. 5.3.1). Systemwissen zu Folgen von ressourcenintensivem Konsumverhalten kann über vertrauenswürdige digitale Informationsquellen weite Verbreitung finden.

2. *Unterstützung ressourcenschonender Kaufentscheidungen*: Digitalisierung kann aber auch direkt durch die Bereitstellung von konkretem Handlungswissen die Auswahl von Gütern und Kaufentscheidungen von Verbraucher*innen beeinflussen und so eine Bevorzugung *von* ressourceneffizienten und sozialverträglichen Produkten unterstützen. Da Produkte online besser vergleichbar sind, könnten impulsive oder Fehlkäufe reduziert werden. Studien zum Online-Shopping weisen beispielsweise darauf hin, dass die große Bandbreite an Entscheidungsmöglichkeiten im Onlinekontext zu rationaleren, informierten und weniger impulsiven Einkäufen führt (Chan et al., 2017b). So können z.B. Portale zur Förderung nachhaltigen Konsums, wie EcoTopTen für weiße Ware (Elektrogroßgeräte wie Kühlschränke), Such- und Vergleichskosten senken sowie die Wahlfreiheit und Flexibilität der Konsument*innen steigern (SVRV, 2016:17). Allerdings ist die Bereitstellung von nachhaltigkeitsrelevanten Produktinformationen auf den wichtigsten deutschen Online-Shops bisher noch wenig ausgeprägt; lediglich die „Öko-Online-Shops“ bieten umfassende Informationen über die Umweltqualität der angebotenen Produkte (Hagemann, 2017).
3. *Suffiziente Nutzung*: Die bewusste Reduzierung des Konsums ist Ausprägung eines genügsamen, also suffizienten Lebensstils. Auch dieser kann durch die leicht zugängliche Bereitstellung von Informationen im Internet unterstützt werden. Zum Beispiel können IKT gezielt Folgen des individuellen Konsumverhaltens offenlegen und Alternativen aufzeigen (etwa Onlineplattformen wie klimaohnegrenzen.de). Eine Reihe von Plattformen informieren außerdem darüber, wie Materialen wiederverwendet werden. Voraussetzung dafür ist aber die Langlebigkeit und Reparierbarkeit von Konsumgütern. Obsoleszenz, also vorzeitige (Ver)Alterung von Produkten, geht heutzutage nicht nur von den Produzenten aus, sondern ist auch im Verhalten von Verbraucher*innen begründet (Kasten 5.2.5-1).
4. *Gemeinschaftliche Nutzung, Wiederverwenden, Reparieren, Teilen und Tauschen* von Produkten zwischen Verbraucher*innen (Peer-to-Peer-Sharing) werden durch digitalisierten Konsum z.T. überhaupt erst

Kasten 5.2.3-1

Handlungsempfehlungen zum Schauplatz „Digitalisierung des Konsums und nachhaltiges Konsumverhalten"

Digitale Lösungen sollten gezielt für die Steigerung des Systemwissens und Problembewusstseins in Bezug auf die Nachhaltigkeit von Produkten und Dienstleistungen eingesetzt werden. Informationen über (weltweiten) individuellen und kollektiven Konsum ressourcenschonender Produkte, die Verringerung des Konsums (suffiziente Nutzung) und eine gemeinschaftliche Reduktion des Konsums durch gemeinschaftliches Nutzen, Wiederverwenden, Reparieren, Teilen und Tauschen sollten über digitale Plattformen zur Verfügung gestellt werden. Dabei sollten auch die Potenziale neuer digitaler Dienstleistungen, wie etwa sozialer Netzwerke oder Streamingdienste und der Dematerialisierung bzw. Virtualisierung gezielt eingesetzt werden, um den Konsument*innen eine Beurteilung des Nachhaltigkeitspotenzials von Konsumgütern zu ermöglichen (Abb. 5.2.3-1). Der WBGU empfiehlt:

- *Onlineinformationsangebot für System- und Problemwissen über nachhaltige Konsummuster verbessern:* Glaubwürdige und verlässliche Informationsangebote über Ressourcenintensität und Fernwirkungen von Produkten zur Ermöglichung ressourcenschonender Kaufentscheidungen und suffiziente Nutzung sollten – vor allem auch – online bereit gestellt werden: Es könnten digitale Informationspflichten für Inverkehrbringer und Handel rechtlich verankert werden, so dass etwa die bei der Herstellung und beim Transport des Produkts entstandenen CO_2-Emissionen, die eingesetzten Ressourcen sowie soziale Implikationen der Produktion – auch im Onlinehandel – transparent gemacht werden. Zum Beispiel sollten Daten, die Hersteller für ihre Geschäftsberichte erheben, für die Verbraucher*innen oder Verbraucherschutzorganisationen mittels digitaler Plattformen leicht zugänglich gemacht werden, etwa über Links auf Verkaufsplattformen, oder Codes auf den Produkten. Die Bereitstellung von sozial-ökologischen Produktinformationen auf Onlinehandel-Plattformen sollte forciert werden, da der Onlinehandel aktuell sehr wenig über Nachhaltigkeitsaspekte seines Warenangebots informiert (Hagemann, 2017). Unternehmen, die sich durch die Übernahme gesellschaftlicher Verantwortung von herkömmlichen Vertriebsmethoden unterscheiden, sollten digitale Vertriebs- und Marketing-Strategien für die Verbreitung von Informationen über suffiziente Nutzungsmöglichkeiten ihrer Produkte nutzen und so zur Verbreitung suffizienter Nutzungsweisen beitragen (Gossen und Schrader, 2018). Dazu zählen auch digitale Informationen über Produkte, die für Konsument*innen und Dritte zugänglich sind und Reparaturen ermöglichen (Kurz und Rieger, 2018b).
- *Ressourcenschonende gemeinschaftliche Nutzung, Wiederverwenden, Reparieren, Teilen und Tauschen von Produkten durch verlässliche digitale Lösungen fördern:* Beispielsweise können positive steuerliche Anreize für Konzepte des Nutzens statt Besitzens oder Ressourcenbesteuerung, die weniger ressourcenintensive gemeinschaftliche Nutzung privilegieren, die Verbreitung gemeinschaftlicher Nutzung erhöhen. Für digitale Instrumente, wie etwa Peer-to-Peer-Sharing-Plattformen sollte ein förderliches gesellschaftliches und rechtliches Umfeld geschaffen werden, insbesondere indem Rechtsunsicherheit vermieden wird (Leismann et al., 2012; Kap. 5.2.2). Verbraucherschutz, Wettbewerb (insbesondere Verhinderung von Monopolen) und Privatsphärenschutz müssen auch für das gemeinschaftliche Teilen gewährleistet werden (Meller-Hannich, 2014; Peuckert und Pentzien, 2018). Dieser Verantwortung sollten sich insbesondere gewerbliche Plattformbetreiber nicht entziehen können (Peuckert und Pentzien, 2018: 53). Daneben könnte auch die öffentliche Hand Sharing-Konzepte konkret fördern, indem sie auf Eigentumserwerb verzichtet und stattdessen Dienstleistungen einkauft. Auch könnten öffentliche Infrastrukturen des Teilens durch die öffentliche Hand oder öffentlich-private Partnerschaften geschaffen werden (Peuckert und Pentzien, 2018: 56; Kap. 5.3.5). Sharing-Plattformen sollten Ökologisierungspotenziale durch bessere Kennzeichnung nachhaltiger Sharing-Angebote nutzen (Henseling et al., 2018).
- *Eigenart des Konsumierens und analoge Teilhabe am nachhaltigen Konsum sichern:* Transparenzpflichten und Widerspruchsrechte können die Souveränität der Verbraucher*innen auch im Bereich des digitalen Konsums stärken (SVRV, 2016: 28). Für Menschen, die vornehmlich über das Internet konsumieren, ist beispielsweise darauf zu achten, dass die Tendenz zu personalisierten oder profilgebundenen Angebots- und Preisgestaltungen im Onlinehandel den Spielraum des individuellen Konsumverhaltens in Richtung Nachhaltigkeit nicht einengt. Für Menschen, die nicht am Onlinehandel teilnehmen, sollten alternative Konsumstrukturen geschaffen oder aufrechterhalten werden, die differenzierte, also auch nachhaltige Konsumentscheidungen ermöglichen.
- *Interessenvertretung für Verbraucher*innen sichern:* Diese ist zentral, um eine gebündelte Durchsetzung von Verbraucher- und Umweltinteressen und um die Eigenart des Konsumierens und Teilhabe am nachhaltige Konsum im algorithmisierten Onlinehandel zu ermöglichen (SVRV, 2016: 28). Verbraucherschutzorganisationen sollten insoweit finanziell und institutionell unterstützt werden, damit sie ihre Kontrollfunktion z.B. in Form der Abmahn- und Verbandsklagerechte auch für neue Formen des digitalisierten Konsums wahrnehmen und Missstände frühzeitig aufzeigen können.

ermöglicht und können zur Senkung des Ressourcenverbrauchs beitragen (Ludmann, 2018; Reisch et al., 2016). Die Nutzung einzelner Produkte kann intensiviert oder die Nutzungsdauer verlängert werden, wenn Produkte weiterverschenkt, -verkauft, getauscht, verliehen, vermietet oder gemeinsam genutzt werden (Scholl et al., 2015) oder erhaltende Dienstleistungen, wie etwa Reparaturen, ausgetauscht werden. Nicht jedes Sharing trägt jedoch zur Ressourcensparsamkeit bei (Ludmann, 2018), deshalb sollten verschiedene Ausprägungen, etwa kommerzielle Sharing-Angebote und nicht kommerzielles Sharing differenziert werden (Kap. 5.2.2).

5. *Konsum neuer digitaler Dienstleistungen und Dema-*

Kasten 5.2.3-2

Forschungsempfehlungen zum Schauplatz „Digitalisierung des Konsums und nachhaltiges Konsumverhalten“

Zur Quantifizierung der Auswirkungen des digitalisierten Konsums auf die Nachhaltigkeit des Konsumverhaltens sollte verstärkt geforscht werden. Zu untersuchen ist im Anschluss an die Systematisierung des WBGU (Abb. 5.2.3-1), ob und wie digitale Werkzeuge (1) das Systemwissen und Problembewusstsein in Bezug auf nachhaltige Produkte und Dienstleistungen erweitert und ihr (weltweiter) Konsum gesteigert werden kann, (2) die individuelle bzw. kollektive Bevorzugung ressourcenschonender Produkte durch Konsument*innen durch digitale Technologien unterstützt, (3) eine individuelle Verringerung des Konsums (suffiziente Nutzung) gefördert und (4) durch gemeinschaftliches Nutzen, Wiederverwenden, Reparieren, Teilen und Tauschen eine Reduktion des Konsums erzielt werden kann. Noch unklar sind zudem die Potenziale für Nachhaltigkeit (5) des Konsums neuer digitaler Dienstleistungen, wie etwa sozialer Netzwerke oder Streamingdienste und der Dematerialisierung bzw. Virtualisierung bestimmter Konsumgüter, wie etwa das Erleben virtueller Welten anstelle von Reisen. Daraus ergeben sich folgende Fragen für die Forschung:

- Wie beeinflussen digitale Anwendungen die Ressourcenintensität des aggregierten Konsumverhaltens? Bisher ist beispielsweise ungeklärt, wie stark und in welchen Bereichen die Ressourcenintensität des aggregierten Konsumverhaltens durch Onlinehandel insgesamt ansteigt. Im Bereich des gemeinschaftlichen Konsums sollte wissenschaftlich ermittelt werden, wie und in welchem Umfang Ressourceneffizienzpotenziale entlang von Wertschöpfungsketten tatsächlich durch Nutzen statt Besitzen realisiert werden können (Peuckert und Pentzien, 2018).
- Wie kann die Bereitschaft zur Entwicklung und die Beibehaltung eines solidarischen Konsumstils unterstützt werden? Wie kann hierfür insbesondere Vernetzung mit anderen und gemeinschaftliche Nutzung gefördert werden? Können (und wenn ja, dann wie) Identität und Kohäsion durch die Ermöglichung der bewussten Gestaltung von solidarischen Konsumstilen und Vernetzung gefördert werden.
- Können bei dematerialisierten Formen des Konsums Motive, Normen und Emotionen, die z.B. bei nicht digitalisiertem Konsum eine Rolle spielen (z.B. Erholung, Faszination beim Reisen), befriedigen und wie beeinflussen diese Motive Normen und Emotionen Konsumentscheidungen zwischen materiellem und nicht materiellem Konsum?
- Führt steigende Vernetzung zu einem Verlust an regionaler Identität und einer Vereinheitlichung der Präferenzen und damit des Nachfrageverhaltens? Gemeint ist hier die Verfügbarkeit derselben Güter weltweit die lokale Anbieter verdrängen kann, da Nachfrager online auf global verfügbare „perfekte“ und günstige Güter wechseln können.

terialisierung: Der Begriff Dematerialisierung wurde bereits in den 1990er Jahren (Herman et al., 1990) genutzt, um die Abnahme von Materialgewicht von funktionsähnlichen Endgeräten über die Zeit zu beschreiben (z.B. von raumfüllenden Computern hin zu Smartphones). Konkretere Definitionen verbinden mit Dematerialisierung, dass neue Prozesse, Anlagen und Produkte entwickelt werden müssen, die von Anfang an auf die Minimierung von Stoffströmen ausgerichtet sind (Schmidt-Bleek, 1994). Die Idee ist, dass die Nachfrage nach neuen (digitalisierten, virtuellen) Produkten wie beispielsweise dem Streaming von Musik, Filmen, das Besuchen sozialer Netzwerke bis hin zur Nutzung virtueller Realitäten etwa die Nachfrage nach materialintensiveren analogen Produkten, Vertriebswegen oder Dienstleistungen ersetzen könnte. Häufig behandelte Konsumfelder sind Medienkonsum über IKT (Streamen auf dem Smartphone statt DVDs oder CDs, z.B. Lange und Santarius, 2018) und das Ersetzen von Reisen durch Videokonferenzen oder virtuelles Erleben (z.B. Beck et al., 2018).

In der Diskussion um Digitalisierung im Konsum werden neben den genannten absehbaren Potenzialen für Nachhaltigkeit (Abb. 5.2.3-1: (1)–(4)) allerdings auch Herausforderungen thematisiert. So kann es bei einer Umstellung auf ressourceneffizientere oder gemeinschaftlich genutzte Produkte zu Rebound-Effekten kommen: Führt eine ressourceneffizientere Produktionsweise oder die geteilte Nutzung von Gütern zu geringeren Kosten für den Verbraucher, kann dies die Nachfrage nach diesen Gütern verstärken. Entsprechend sinkt der Ressourcenverbrauch weniger als erhofft (direkter Rebound-Effekt) oder steigt im Extremfall sogar an. Empirische Studien zeigen, dass direkte Rebound-Effekte je nach Konsumbereich und Land unterschiedlich stark ausfallen und den Effekt der Effizienzsteigerung auf den Ressourcenverbrauch um 10–30% verringern können (Schätzung für „direkte Rebound-Effekte“, Sorell, 2007; Semmling et al., 2016).

Werden die Kosten für die Nutzung von Gütern geringer, können Verbraucher freiwerdende Mittel aber auch für den Konsum anderer (potenziell ebenfalls ressourcenbeanspruchender) Güter einsetzen („indirekter Rebound-Effekt“). Durch Online-Shopping eingesparte Zeit kann beispielsweise für andere, ressourcenkonsumierende Handlungen genutzt werden (Dost und Maier, 2017). Direkte wie indirekte Rebound-Effekte sind allerdings weniger zu erwarten, wenn es um nachhaltigkeitsbewusste Menschen geht (Friedrichsmeier und Matthies, 2015).

Ähnlich wie im Diskurs zu Effizienz und Rebound wird teilweise unterstellt, dass die Effekte von Dematerialisierung (Abb. 5.2.3-1: (5)) durch eine Intensivierung des Konsums wieder aufgefressen oder dass sogar neue zusätzliche Konsumdomänen geschaffen werden (Lange und Santarius, 2018). Zentral ist hier die Frage, ob das „Ersetzen" von alten durch neue Bedürfnisbefriedigungsmöglichkeiten überhaupt funktioniert. Dies betrifft etwa die Frage, ob mit Konsum von Produkten verbundene Bedürfnisse (z.B. Medienkonsum zur Unterhaltung) durch die Nutzung von Onlinemedien (z.B. Streamen oder virtuelle Realität) ebenso gut oder sogar besser oder leichter befriedigt werden können. Belastbare wissenschaftliche Belege für solche Annahmen stehen aus (Trepte und Reinecke, 2018), so dass hier erheblicher Forschungsbedarf besteht. Ob beispielsweise Motive und Emotionen, die beim Aufenthalt in natürlichen Umwelten befriedigt werden (z.B. Erholung, Faszination, „being away"; Kaplan und Kaplan, 1989), auch in virtuellen Realitäten erlebt werden können, ist ungeklärt.

Schließlich gibt es Überlegungen, ob die im Internet übliche personalisierte Werbung (z.B. Pappas et al., 2014), also Werbung, die auf Grundlage des Nutzungsverhaltens an die jeweilige*n Nutzer*innen angepasst wurde, Kaufanreize verstärkt und dadurch das Konsumniveau insgesamt erhöht wird. Zwar liegt die Funktion von Werbung eher in der Steigerung von Marktanteilen, muss also nicht zwingend zu einem allgemeinem Mehrkonsum führen, aber möglicherweise führen individualisierte Angebote gepaart mit einer individualisierten Preisgestaltung schließlich doch zu Mehrkonsum (SVRV, 2016: 21). Studien, die diese Vermutungen verdichten, stehen derzeit aus.

5.2.3.2
Von der Erhaltung der natürlichen Lebensgrundlagen zum Konzept der solidarischen Lebensqualität

Um Transformationspotenziale im individuellen Konsum ausschöpfen zu können, sieht der WBGU die Verbreitung eines erweiterten Konzeptes von Lebensqualität, Wohlstand und Gemeinschaft – die „solidarische Lebensqualität" – als zentral an. Voraussetzung und ein wichtiger Aspekt für die Entwicklung solidarischer Lebensqualität ist die bewusste Reflexion des eigenen Lebensstils, das Wahrnehmen seiner Auswirkungen und das bewusste Akzeptieren von gesamtgesellschaftlichen Konsumgrenzen.

Erste durch Digitalisierung ermöglichte Erfolge zur Förderung des nachhaltigen Konsums sind bereits zu beobachten. Es gibt bereits seit Jahren Ansätze, Konsequenzen des individuellen Konsumverhaltens mit Hilfe von Digitalisierung aufzuzeigen, etwa durch Plattformen zur Berechnung eines persönlichen CO_2-Fußabdrucks (KlimAktiv, 2018; Carbon Footprint, 2018). Diese Informationsplattformen können ein Problemverständnis schaffen und die Motivation zum solidarischen Konsum durch Bevorzugung ressourcenschonender Produkte, suffiziente Nutzung und gemeinschaftliche Konsumhandlungen stärken (Abb. 5.2.3-1). Die Umsetzung einer solchen Motivation in entsprechendes Verhalten erfordert die Bereitstellung von Wissen über Alternativen in der Handlungssituation, also gegebenenfalls auch direkt im Laden. Auch hierzu gibt es erste Ansätze von Anwendungen (Apps), etwa für den Kauf von Fisch, oder zur Prüfung, ob Produkte ökologisch empfehlenswert sind (z.B. Seafood Watch, codecheck, NABU-Siegel-Check, Utopia). Künftig könnten mit Hilfe von Apps weitere Produkte und auch Dienstleistungen durch Hersteller*innen und Konsument*innen bewertet werden. So könnten in jeder Konsumentscheidungssituation Informationen über Konsumfolgen und Alternativen abrufbar sein und dadurch solidarische Lebensqualität entwickelt werden.

Neben der Bereitstellung von Problem- und Handlungswissen über Foren oder Apps ist auch das Vernetzen mit Anderen eine förderliche Bedingung für die Realisierung von solidarischer Lebensqualität. Ein Gefühl von Gemeinschaft kann dazu beitragen, Grenzen zu akzeptieren, und gemeinsam neue nachhaltige Verhaltensweisen zu entwickeln (z.B. Reese und Junge, 2017), etwa durch Beteiligung an Netzwerken, die über lokale und globale Konsumfolgen reflektieren, durch das gemeinsame Erproben nachhaltiger Lebensstile und durch lokale und globale Unterstützung Anderer (Spenden, Erfahrungsaustausch usw.). Wegweisende Beispiele sind über Peer-to-Peer-Sharing-Plattformen organisierte Netzwerke, die mit verschiedenen gemeinschaftlichen Aktionen und mit Hilfe entsprechender Anwendungen versuchen, die Verschwendung von Lebensmitteln zu vermeiden (Foodwaste.ch, 2018) oder Anwendungen, die aufzeigen, wieviel CO_2-Emissionen durch Verknüpfung von individuellem und gemeinschaftlichem nachhaltigen Handeln (kollektiv) eingespart werden können (New Earth Handprinter, 2018). Gemeinschaftlich ressourcenschonendere Produkte zu bevorzugen und Produkte suffizienter zu nutzen, erhöht die wahrgenommene Selbstwirksamkeit des eigenen Handelns (Reese und Junge, 2017).

5.2.3.3
Chancen und Risiken des digitalisierten Konsums für Teilhabe und Eigenart

Digitalisierung kann die substanzielle, ökonomische und politische Teilhabe (Kap. 2.2.2) von bisher benachteiligten Gruppen ermöglichen, aber auch einschränken. Beispielsweise können gerade Personen mit geringem Einkommen freie Informations- und Bildungsangebote im Internet vermehrt nutzen (OECD, 2017b) und so auch an Wissen über nachhaltigen Konsum teilhaben. Gruppen, die sonst nur durch andere Personen

Themenkasten 5.2-1
FinTech im Kontext nachhaltiger Finanzierung

Neue, auf digitalen Technologien gestützte, Finanztechnologien (FinTechs) verändern zunehmend den Markt für Finanzdienstleistungen und das Finanzsystem insgesamt (WEF, 2017a). FinTechs sind zunehmend auch Thema der Klima- bzw. Nachhaltigkeitspolitik. Der Begriff FinTech umfasst in der Regel sowohl digitale Finanztechnologien als auch darauf aufbauende neue Dienstleistungen und Geschäftsmodelle. Zum Teil wird er auch allein als Synonym für neue, innovative Teilnehmer im Markt für Finanzdienstleistungen verwendet (Paul et al., 2016). Vielfach, aber nicht ausschließlich handelt es sich dabei um Startups. Vielmehr eröffnen FinTechs auch etablierten, branchenfremden Unternehmen wie insbesondere Technologiekonzernen den Eintritt in den Markt für Finanzdienstleistungen (FSB, 2019). FinTechs betreffen nahezu alle Funktionen und Dienstleistungen im heutigen Finanzsystem. Sie fordern Geschäftsmodelle etablierter privater Akteure im Finanzsystem heraus, indem sie im Wesentlichen Alternativen zur heutigen Rolle von Marktintermediären eröffnen (He et al., 2017; Kasten 4.2.2-1), so etwa in der Vermittlung zwischen Sparern und Investoren oder der Abwicklung von Zahlungen bzw. Transaktionen. Insbesondere gilt dies für Banken. Die Veränderungen in Kundenkontakt und Filialstrukturen durch die zunehmende Verbreitung des Online-Bankings sind dabei nach allgemeiner Einschätzung nur erste Anzeichen größerer Umbrüche in den Geschäftsmodellen von Banken (Paul et al., 2016; Mayer-Schönberger und Ramge, 2017; Anagnostopoulos, 2018). FinTechs eröffnen neue, direktere Zahlungswege und -systeme, automatisierte Handels- und Entscheidungssysteme bieten neue Möglichkeiten der Vermögensverwaltung, Plattformen etwa für Peer-to-Peer-Leihen oder Schwarmfinanzierungen neue Möglichkeiten der Finanzierung (Paul et al., 2016; He et al., 2017). Im Versicherungswesen schaffen FinTechs neue Wege der Risikostreuung und -identifikation, beispielsweise auch durch stärker individualisierte Versicherungsangebote (OECD, 2018b). Gegenüber dem heutigen Finanzsystem versprechen FinTechs vor allem eine Senkung immer noch überraschend hoher Transaktionskosten wie etwa im internationalen Zahlungsverkehr, eine wesentlich steigende Markttransparenz durch zunehmende Vielfalt und Verfügbarkeit von Daten sowie allgemein breitere Zugänge und Vielfalt an Finanzdienstleistungen. Neben diesen leistungsbezogenen Wettbewerbsvorteilen und dem digitalen technischen Fortschritt profitieren FinTechs derzeit aber auch davon, dass etablierte Finanzmarktakteure im Nachgang der Finanzkrise 2007/2008 teils strengeren regulatorischen Vorgaben unterliegen und FinTechs bislang, wenn überhaupt, nur eingeschränkt von der Finanzmarktregulierung erfasst werden (Philippon, 2016; Buchak et al., 2018).

Die geeignete Weiterentwicklung der Finanzmarkregulierung, um diese Lücken zu schließen und etwa mögliche Probleme neuer, digitaler Schattenbanken zu vermeiden, stellt derzeit eine wesentliche Herausforderung der Finanzmarktregulierung dar (Paul et al., 2016; Anagnostopoulos, 2018). So sind die systemischen Implikationen von FinTechs bislang noch weitgehend unklar. Befürchtet werden etwa, trotz eines anfänglich eher verschärften Wettbewerbs im Markt für Finanzdienstleistungen, eine längerfristig zunehmende Marktkonzentration sowie neue Risiken für die Finanzmarktstabilität, etwa durch neue und stärker vernetzte Akteure im Markt für Finanzdienstleistungen, die sich zudem oftmals bestehender Regulierung entziehen (FSB, 2019). Zugleich werfen FinTechs Fragen nach der zukünftigen Rolle von Zentralbanken und den Möglichkeiten geldpolitischer Steuerung auf, wie sie nicht zuletzt die Entwicklung digitaler Währungen illustriert (Brühl, 2017; Raskin und Yermack, 2016). Kritisch sind manche Ansätze von FinTechs aber auch aus datenschutzrechtlichen Gründen zu sehen, etwa wenn das Angebot digitalisierte Finanzdienstleistungen mit anderen Geschäftsbereichen verknüpft wird (Kap. 9.2.3.3) oder für immer stärker individualisierte Versicherungslösungen Verhaltensdaten erhoben werden (OECD, 2018b). Letztere drohen zudem dazu zu führen, dass der Zugang zu Versicherungslösungen immer stärker an die individuelle wirtschaftliche Leistungsfähigkeit geknüpft wird und damit letztlich der gesellschaftliche Ausgleich individueller Risiken, der durch Versicherungen erreicht wird, verloren geht.

Die teils sehr weitreichenden, strukturellen Wirkungen von FinTechs im Finanzsystem werfen aber auch die Frage auf, welche Bedeutung FinTechs für nachhaltige Finanzierung zukommt. Die bereits genannten, mit FinTechs verbundenen Risiken verdeutlichen, dass FinTechs nicht grundsätzlich und von vorneherein dazu beitragen, ein im umfassenden Sinn nachhaltigeres Finanzsystem zu schaffen. Nahezu alle Versprechen gegenüber dem heutigen Finanzsystem, die FinTechs heute zugeschrieben werden, weisen aber zugleich auf Potenziale hin, dass FinTechs zentrale bisherige Hemmnisse nachhaltiger Finanzierung abbauen und damit das Finanzsystem insgesamt stärker mit den Zielen nachhaltiger Entwicklung in Einklang bringen könnten. Dass dem Finanzsystem eine hohe Bedeutung für die Umsetzung von Klimaschutzzielen und generell Zielen nachhaltiger Entwicklung zukommt, ist in der Zwischenzeit sowohl bei vielen Akteuren und Institutionen innerhalb des Finanzsystems als auch auf politischer Ebene weitgehend anerkannt. So wurde beispielsweise im Pariser Klimaschutzabkommen das Ziel, Finanzströme mit „einem Weg hin zu einer hinsichtlich der Treibhausgase emissionsarmen und gegenüber Klimaänderungen widerstandsfähigen Entwicklung" in Einklang zu bringen, prominent verankert (UNFCC, 2015: Artikel 2(1)). Nicht zuletzt deshalb ist „Nachhaltige Finanzierung" („Sustainable Finance") heute Thema in der Bankwirtschaft (EBF, 2018), in Zentralbanken und in Aufsichtsbehörden. Beispiele dafür sind das 2018 gegründete „Network for Greening the Financial System" (Banque de France, 2019) oder die vom internationalen Finanzstabilitätsrat eingerichtete Task Force on Climate-related Financial Disclosure (fsb-tcfd.org). Die deutsche Bundesregierung verfolgt das Thema als strategisches Ziel für den deutschen Finanzplatz (Bundesregierung, 2019). Die EU-Kommission entwickelte auf Grundlage des 2018 veröffentlichten Abschlussberichts der Hochrangigen Sachverständigengruppe für nachhaltige Finanzierungen (EU High-Level Expert Group on Sustainable Finance, 2018) einen eigenen Aktionsplan zu Sustainable Finance (EU-Kommission, 2018b). Die G20 hat eine „Sustainable Finance Study Group" eingerichtet (G20 Sustainable Finance Study Group, 2018). Die möglichen Potenziale und Risiken von FinTechs haben allerdings verstärkt erst in jüngerer Zeit Eingang in diese Initiativen und Diskussion um nachhaltige Finanzierung gefunden. Ausdruck dessen ist etwa die Gründung einer eigenen UN Task Force zur Digitalen Finanzierung der SDGs im Jahr 2018 (digitalfinancingtaskforce.org).

Inhaltlich umfasst „nachhaltige Finanzierung" grundsätzlich neben der Mobilisierung ausreichender finanzieller Mittel für die Ziele nachhaltiger Entwicklung auch die Stärkung der Resilienz des Finanzsystems gegenüber den Stabilitätsrisiken nicht nachhaltiger Entwicklungen sowie die Förderung des Zugangs zu Finanzdienstleistungen. So beläuft sich etwa allein in der EU der zusätzliche jährliche Investitionsbedarf auf etwa 180 Mrd. €, um die CO_2-Emissionen über alle Sektoren bis zum Jahr 2030 um 40% zu senken (EU High-Level Expert Group on Sustainable Finance, 2018). Auf globaler Ebene gehen Schätzungen etwa davon aus, dass für die notwendigen Investitionen zur Umsetzung der SDGs derzeit Finanzierungslücken von jährlich an die 4 Bio. US-$ bestehen, überwiegend in Entwicklungs- und Schwellenländern (UNEP Finance Initiative, 2018). Noch heute fehlen zudem substanziellen Teilen der Weltbevölkerung Zugänge zu grundlegenden Finanzdienstleistungen und damit vielfach Grundvoraussetzungen für eigenständige wirtschaftliche Entwicklung oder Versicherung gegen wirtschaftliche oder gesundheitliche Risiken. So verfügen über 1,7 Mrd. Erwachsene weltweit über kein eigenes Bankkonto (World Bank, 2018a). Zugleich wächst das Bewusstsein dafür, dass sowohl ökologisch als auch gesellschaftlich nicht nachhaltige Entwicklungen zumindest längerfristig die Stabilität des Finanzsystems gefährden können (EU High-Level Expert Group on Sustainable Finance, 2018).

Insgesamt ist es Ziel der Diskussion um nachhaltige Finanzierung, Finanzströme stärker mit den Zielen nachhaltiger Entwicklung in Einklang zu bringen und Nachhaltigkeitsziele stärker in den Entscheidungen und Bewertungen der Akteure und Institutionen des Finanzsystems zu verankern (TCFD, 2017). Gegenwärtig hemmen noch verschiedene Probleme eine nachhaltige Ausgestaltung des Finanzsystems (G20 Sustainable Finance Study Group, 2018). Mangels konsequenter Regulierung externer, sozialer Kosten privaten Handelns fehlt es zum Teil immer noch an einem angemessenen Bewusstsein für die Relevanz von Fragen nachhaltiger Entwicklung. Oft fehlen zudem ausreichende oder hinreichend überprüfbare Informationen über nachhaltige Investitions- bzw. generell Entscheidungsalternativen. Ein wesentliches Hemmnis stellt die Diskrepanz zwischen den langfristigen Renditen nachhaltiger Investitionen und den eher kurzfristigen Entscheidungshorizonten vieler Akteure dar, die in engem Zusammenhang mit den vorgenannten Hemmnissen steht. Breiteren Zugängen zu Finanzdienstleistungen stehen gerade in Entwicklungsländern hohe Transaktionskosten im Zahlungsverkehr oder fehlende Wirtschaftsbiographien vieler Menschen, etwa zur Berechnung von Kreditausfallrisiken, im Weg.

FinTechs bieten durch verbesserte und umfassendere Möglichkeiten der Datenverfassung und -verarbeitung sowie durch leichter zugängliche Informationen Potenziale zur Reduzierung dieser Hemmnisse (UNEP, 2016; SDFA, 2018). Dies gilt sowohl in Bezug auf die Verfügbarkeit und Bewertung nachhaltiger Investitionsprojekte und Renditen als auch mit Blick auf die Relevanz von Fragen nachhaltiger Entwicklung gerade für langfristige finanzielle Renditen und Stabilität von Geschäftsmodellen und Finanzmärkten. Wachsende Datenverfügbarkeit und Transparenz können zugleich dazu beitragen, Risiken frühzeitiger zu identifizieren, genauer zu quantifizieren und auf dieser Grundlage Lösungen zur Streuung und Reduktion von Risiken nicht nachhaltiger Entwicklungen zu finden. Digitale Zahlungssysteme bieten darüber hinaus neue Möglichkeiten, Finanzströme nachzuverfolgen und zu kontrollieren, so dass finanzielle Mittel tatsächlich im Sinne nachhaltiger Investitionszwecke eingesetzt werden (SDFA, 2018). All dies kann einer generell stärkeren Verankerung von Nachhaltigkeitskriterien in den Entscheidungen auf Finanzmärkten dienen und auch helfen, scheinbare Renditenachteile oder Konflikte zwischen kurzfristigen Renditeerwartungen und langfristigen Vorteilen nachhaltiger Investitionen abzubauen.

FinTechs können schließlich auch den Zugang zu Finanzdienstleistungen erheblich verbessern, nicht nur in Industrie- sondern vor allem auch in Entwicklungs- und Schwellenländern (World Bank und IMF, 2018). Die Stärkung des Zugangs zum Finanzsystem stellt bereits für sich betrachtet einen wichtigen Schritt zu einem, in einem umfassenderen Sinn nachhaltigeren Finanzsystem dar, indem sie die wirtschaftliche Eigenständigkeit und Teilhabe befördert. Sie kann darüber hinaus aber auch der Mobilisierung der finanziellen Mittel dienen, die zur Umsetzung der SDGs notwendig sind (UN Environment Inquiry, 2018). Bereits heute illustriert die Verbreitung digitaler Zahlungssysteme und Online-Banking über Mobiltelefone etwa in afrikanischen Ländern (z.B. Kenia) die Potenziale von FinTechs (World Bank, 2016; Björkegren und Grissen, 2018; Maino et al., 2019): Dank gesunkener (Transaktions-)Kosten können auch ärmere Menschen diese Systeme für die Abwicklung auch kleinerer Zahlungen nutzen. Die digitale Vernetzung über das mobile Internet reduziert zudem die Kosten der Versorgung von Menschen auch in abgelegeneren Regionen erheblich und stellt eine Form des Leapfroggings dar, da auf den kapitalintensiveren Ausbau leitungsgebundener Infrastrukturen verzichtet werden kann (Kap. 5.3.8). Ende 2013 boten bereits 219 Unternehmen mobilfunkbasierte Zahlungsdienste in 84 Ländern weltweit an (GSMA, 2014). Neue Möglichkeiten der Finanzierung unabhängig von der datenintensiven Berechnung von Kredit-Scores und zum Teil auch von kurzfristigen Renditeerwartungen ergeben sich durch Crowdfunding- oder Peer-to-Peer-Lending-Plattformen (World Bank, 2016). Gleichzeitig können die über digitale Geräte und Anwendungen erhobenen Daten helfen, Informationsprobleme bei der Ermittlung von Kreditausfallrisiken zu reduzieren (Björkegren und Grissen, 2018; FICO blog, 2019).

Teils liegen Nachhaltigkeitsrisiken und -potenziale von FinTechs jedoch eng zusammen. Die Nutzung etwa von Mobilfunkdaten ermöglicht zwar den Auf- und Ausbau von Märkten für Kredit- und Microfinanzierungen in Entwicklungsländern, verdeutlicht andererseits aber auch die kritische datenschutzrechtliche Tragweite mancher FinTech-Ansätze. Ähnliche Bedenken sieht der WBGU etwa auch bei Überlegungen und Projekten, nachhaltigkeitsrelevante Daten auf individueller Ebene zu erheben und mit diesen mit Hilfe von FinTechs individuelles Verhalten hin zu nachhaltigeren Entscheidungen zu beeinflussen (GDFA, 2017; SDFA, 2018). Neben den bereits genannten allgemeinen Risiken für die Finanzmarktstabilität durch FinTechs verweist etwa die Weltbank auch darauf, dass mit dem breiteren Zugang viele im Umgang mit Finanzdienstleistungen weitgehend unerfahrene Menschen in das Finanzsystem integriert werden, zu deren Schutz entsprechende Informationsangebote und Regulierung von FinTechs notwendig sind. Schließlich sieht die Weltbank auch die Gefahr, dass trotz der grundsätzlich steigenden Markttransparenz etwa digitale Zahlungsdienste oder Währungen für illegale Transaktionen wie Geldwäsche und Steuerhinterziehung missbraucht werden (World Bank, 2016).

Weitergehende systematische Analyse der Potenziale und Risiken von FinTechs für Sustainable Finance sind wünschenswert. Dabei sollte auch verstärkt untersucht werden, wie das disruptive Potenzial, das FinTechs zugesprochen wird, genutzt werden kann, um die Finanzarchitektur zu verbessern und ausreichende Investitionen für eine nachhaltige Entwicklung zu mobilisieren. Nur mit einer Rahmensetzung, die externe Effekte privatwirtschaftlichen Handelns, kurzfristige Anreizstrukturen und nachhaltigkeitsrelevante Risiken konsequent berücksichtigt, ist zu erwarten, dass FinTechs die Spielregeln der globalen Finanzarchitektur in einem nachhaltigen Sinne verändern werden. Erste Ansätze werden derzeit im Kontext der Sustainable Finance Debatte erarbeitet.

unterstützt am Konsum teilnehmen, haben mit Hilfe von IKT neue Teilhabemöglichkeiten (z.B. Menschen, die nicht mobil sind). Allerdings besteht ohne geeignete Medienkompetenz auch das Risiko, dass Zugang zu Informationen und Konsumgütern erschwert wird. Dies gilt etwa für ältere Menschen, die kein Internet nutzen, wenn lokale Einkaufmöglichkeiten verschwinden.

Auch Eigenart kann durch Digitalisierung des Konsums sowohl positiv beeinflusst als auch eingeschränkt werden: Auf der einen Seite kann Gestaltungsautonomie und Selbstwirksamkeit durch Digitalisierung potenziell gesteigert werden, da Individuen online gezielter wählen und z.T. selber mitgestalten können, welche Produkte sie konsumieren. Identität und Zusammenhalt könnten durch die Ermöglichung der bewussten Gestaltung von solidarischen Konsumstilen und Vernetzung unterstützt werden. Auf der anderen Seite droht bei geringer Internetkompetenz, bei unzureichend rechtlich gewährleistetem Verbraucherschutz und verbraucherunfreundlicher Technologiegestaltung, dass sich Wahlfreiheit, Selbstbestimmung, Selbstkontrolle und Sicherheit als Bestandteile der Souveränität von Verbraucher*innen bei digitalem Konsumhandeln nicht verwirklichen lassen (SVRV, 2017). Die Potenziale der Digitalisierung könnten auch hier in der Herstellung stärkerer Transparenz und der Stärkung der Einflussmöglichkeiten von Individuen liegen, etwa durch die Möglichkeit selbst zu bestimmen, ob überhaupt und wenn ja, welche Werbung sie angezeigt bekommen. Hier wäre auch eine Art Nachhaltigkeitsfilter vorstellbar, der selbstgewählt angewendet werden kann.

5.2.4 Nachhaltigkeit beim Onlinehandel: Status Quo und Perspektiven

Das SDG 9 der Agenda 2030 bezieht sich auf Innovationen, Märkte und Wertschöpfungsketten, während das SDG 12 ein nachhaltiges Konsumverhalten bezweckt. Die Verfolgung beider Ziele verändert sich rapide durch die Digitalisierung. Immer mehr Konsument*innen wählen digitale Vertriebswege für den Kauf von Gütern und Dienstleistungen. Welche Konsequenzen hat der digitale Handel für die Nachhaltigkeit? Wie wirkt sich der Onlinehandel auf die Umwelt und Gesellschaft aus? Wie beeinflusst Onlinehandel das Konsumverhalten?

5.2.4.1 Rolle und Wachstum des Onlinehandels

Der Onlinehandel, auch als E-Commerce oder elektronischer Handel bezeichnet, beschreibt den Kauf und Verkauf von Produkten im Internet (HDE). Er lässt sich in drei Kategorien unterteilen: (1) zwischen Unternehmen (Business-to-Business – B2B), (2) zwischen Unternehmen und Konsumenten (Business-to-Consumer – B2C) und (3) zwischen Konsumenten (Consumer-to-Consumer – C2C). Dieser Schauplatz fokussiert auf den B2C-Onlinehandel, z.B. den Einkauf der Konsument*innen bei den Unternehmen Amazon und Alibaba bzw. eBay, der sich aufgrund des steigenden Händleranteils (75%) von einer C2C- zu einer B2C-Plattform entwickelt hat (Behrendt, 2017). Unternehmen nutzen den Onlinehandel insbesondere, weil Transaktionskosten eingespart, Effizienzsteigerungen realisiert und somit Skaleneffekte erzielt werden können (Lang und Ebneter, 2012). So werden ehemals stationäre Unternehmen zu Onlinehändlern bzw. Multi-Channel-Anbietern.

Spitzenreiter des Onlinehandels, gemessen nach dem „online market attractiveness score" sind die USA (79,3), China (77,8), Großbritannien (74,4), Japan (70,1) und Deutschland (66,6). Der von der Beratungsfirma A.T. Kearney (2015) entwickelte „online market attractiveness score" bemisst auf einer Skala von 0–100 das Potenzial für den Onlinehandel. In mehreren dieser Länder kaufen mehr als 70% der Bevölkerung Produkte und Dienstleistungen bereits online, während es in den meisten Entwicklungsländern weniger als 2% sind (UNCTAD, 2017a; Kwarteng und Pilik, 2016). Allerdings wächst der Onlinehandel auch in Entwicklungsländern rapide, wie man an den Beispielen der Onlineversandhändler Lazada, Tiki und Sendo in Vietnam (Choi und Mai, 2018), MercadoLibre in Lateinamerika (WTO, 2018) oder Bidorbuy, Takealot, Konga, Kaymu und Zando aus Südafrika und Nigeria (Enders, 2018) sehen kann.

In China und den USA verzeichnet der Onlinehandel seit einer Dekade jährliche Wachstumsraten von etwa 20%. Dominiert wird er von den Unternehmen Alibaba in China und Amazon in den USA (The Economist, 2017a). In China hat Alibaba im Jahr 2015 an Rabatt-Tagen, wie dem „Singles Day" einen Tagesumsatz von geschätzten 14 Mrd. US-$ erzielt. Das entspricht etwa 20 Mio. Paketen an einem Tag. Im Jahr 2017 belief sich der Umsatz von Alibaba bereits auf 22 Mrd. US-$ (Hua, 2017) und 2018 auf über 30 Mrd. US-$ (Cazzoli, 2018).

Die umsatzstärkste Warengruppe im B2C-E-Commerce ist der Bekleidungssektor, aber auch IKT (z.B. Smartphones) und Elektroartikel (z.B. elektrische Haushaltsgeräte), Bücher und E-Books werden sehr häufig über das Internet vertrieben. Daneben verlagert sich auch zunehmend der Handel mit Nahrungsmitteln in die digitale Welt. Immer mehr Lebensmittelketten bieten online ein Sortiment an haltbaren und frischen Nahrungsmitteln an (Kolf, 2017b. Daneben haben sich inzwischen auch reine Onlineanbieter (z.B. DHL,

Amazon) im Lebensmittelsektor etabliert. Bis 2020 wird mit einem Wachstum des Onlineanteils am gesamten Nahrungsmittelhandel gerechnet – in Deutschland wird dieser auf 10% geschätzt (Ernst & Young, 2014; Kolf, 2017a).

Der Umsatz des Onlinehandels konzentriert sich stark auf wenige Unternehmen wie Amazon, Alibaba oder eBay und der Einkauf von Produkten im Onlinehandel erfolgt in einem nicht unbedeutenden Ausmaß international und grenzüberschreitend (WTO, 2018). So ist der Onlinehandel auch zu einem wichtigen Thema im Rahmen der internationalen Verhandlungen der Welthandelsorganisation geworden (Berger und Brandi, 2018).

Neben der starken Machtkonzentration auf wenige Unternehmen ist aber auch ein starker Konkurrenzkampf um neue Subsektoren zu beobachten: Die Unternehmen Amazon und Alibaba diversifizieren ihr Angebot vom Onlinehandel ausgehend zunehmend auch in andere Bereiche der digitalen Ökonomie wie Onlinezahlungen, Videostreaming, Suchmaschinen und soziale Medien. Diese Diversifizierung in neue Bereiche wird ebenfalls von den Konkurrenten vorangetrieben. So diversifiziert das Unternehmen Tencent, ein Rivale von Alibaba, vom Videostreaming- und Messaging-Geschäft kommend, verstärkt in den Onlinehandel, den Zahlungsbereich und den Spielesektor (The Economist, 2017b). Zunehmend versuchen die Unternehmen, auch in andere Länder zu expandieren. So hat Alibaba angekündigt, seine Investitionen in Indien zu steigern, während Amazon verstärkt in Deutschland, Japan und Großbritannien investiert hat (The Economist, 2017c).

5.2.4.2 Umweltauswirkungen des Onlinehandels

Der zunehmende Onlinehandel hat eine Reihe von negativen Umweltauswirkungen. Verpackungsmüll entsteht insbesondere bei empfindlichen, verderblichen oder zerbrechlichen Produkten, die mit Styropor oder Plastikpolstern in häufig viel zu großen Paketen verpackt werden. Zwar ist der Anteil an Recyclingmaterial bei Pappen mit etwa 75% relativ groß, dennoch entstehen Kosten und Emissionen durch das Sammeln der Pappen sowie durch die Nutzung weiterer Rohstoffe inklusive Wasser und Energie bei der Herstellung (Nestler, 2016). Darüber hinaus spielen Marketingaspekte bei der Verpackung eine Rolle, da Konsument*innen einem aufwändig verpackten Produkt häufig einen höheren Wert beimessen (Bertram und Chi, 2018). Frische Nahrungsmittel sowie Kühl- und Tiefkühlware stellen besondere Herausforderungen an die Verpackung und Logistik dar (Ernst & Young, 2014).

Das in Deutschland seit Januar 2019 geltende Verpackungsgesetz mit neuen Pfandregeln, höheren Recyclingquoten und einer zentralen Stelle zur Registrierung von Verpackungen und Zahlung von Lizenzgebühren, auch durch Onlinehändler, soll den ersten Anstoß zur Reduzierung des Verpackungsmülls geben (FAZ, 2018,). Allerdings wird geschätzt, dass „Zehntausende Unternehmen (vorwiegend Internethändler) ihre Verpackungen bisher illegalerweise gar nicht lizensieren ließen“ (Bethge et al., 2019: 15).

Hinsichtlich des Verkehrsaufkommens sind die Umweltauswirkungen in Form von Luftverschmutzung, Lärm, Erschütterungen und Straßenabrieb bzw. Feinstaubemissionen noch nicht eindeutig bestimmt (Sühlmann-Faul und Rammler, 2018). In den USA wurde festgestellt, dass der Onlinehandel in der Stadt Newark zu einem Anstieg des Verkehrsaufkommens und der Emissionen von Treibhausgasen und Luftschadstoffen führt (Laghaei et al., 2016; Kap. 5.2.6, 5.2.8). Ein Vergleich des Energieverbrauchs des B2C-Onlinehandels und des traditionellen Einzelhandels im Buchsektor in dicht besiedelten Gebieten in Japan zeigt, dass der Onlinehandel dort wesentlich mehr Energie pro Buch aufwendet als der traditionelle Einzelhandel. Dies wird insbesondere durch zusätzliche Verpackungen verursacht, hängt aber auch von der Beladung von Kurierfahrzeugen und der Anzahl der Fahrten pro Lieferung ab (Williams und Tagami, 2003). In ländlichen und periurbanen Gebieten ist der Energieverbrauch jedoch vergleichbar, was insbesondere auf die Mehrzwecknutzung von privaten Fahrzeugen zurückgeführt wird. Auch für die USA zeigt sich, dass die Umweltauswirkungen des Onlinebuchhandels vergleichbar sind mit denen des Einkaufs mit einem privaten Fahrzeug (Matthews und Hendrickson, 2001).

Nicht nur der Transportbereich ist für die schlechte Energiebilanz des Onlinehandels verantwortlich, sondern auch das veränderte Freizeit- und Einkaufsverhalten der Kunden. So wird geschätzt, dass eine Verdopplung des Onlineanteils am gesamten Einzelhandel auf 20% in Deutschland den Energiekonsum um 5,6% durch steigende Freizeitaktivitäten der Kunden nach oben treiben würde (Dost und Maier, 2017). Ähnlich hat sich auch das Konsumverhalten (Kap. 5.2.3) durch den Onlinehandel in den letzten 20 Jahren stark verändert mit negativen Auswirkungen auf die Umwelt (Bertram und Chi, 2018). So ist im Bekleidungssektor zu beobachten, dass aufgrund der vereinfachten Kommunikation und der Möglichkeit, schnell Informationen über Modetrends zu sammeln, „Fast-Fashion"-Unternehmen entstanden sind. Dabei handelt es sich um Unternehmen, die billige Bekleidung anbieten mit der Folge, dass Konsument*innen mehr Kleidung kaufen, die wiederum schnell wieder weggeworfen wird, was erhebliche negative Umweltexternalitäten zur Folge hat (Bertram und Chi, 2018).

Darüber hinaus können digitale Lösungen den ökologischen Fußabdruck von Lieferungen im Onlinehandel durch eine optimierte Transportlogistik erheblich reduzieren. Allerdings gilt: Je kürzer die Lieferzeit, desto schwieriger lassen sich die Fahrten optimieren, weshalb in Folge Lieferfahrzeuge nicht selten nur halb vollgeladen sind (Kontio, 2013). Eine positive Umweltbilanz kann erst erzielt werden, wenn Online-Shopping 3,5 herkömmliche Einkaufsfahrten ersetzt, wenn 25 Bestellungen gleichzeitig geliefert werden oder wenn die Fahrtdistanz länger als 50 km ist (Plepys, 2002; Newcastle University, 2010). Eine andere Studie geht davon aus, dass es bereits ab 14 km für Konsument*innen von Bekleidung lohnenswert ist, vom stationären auf den Onlinehandel umzusteigen (Wiese et al., 2012). Aufgrund des starken Konkurrenzdrucks im Onlinehandel bieten allerdings immer mehr Onlinehändler eine Zustellung noch am selben Tag oder innerhalb weniger Stunden als Expressversand an.

Erhebliche Anfahrtswege in die Stadt können auch dadurch eingespart werden, dass Onlinekonsument*innen seltener zum Einkaufen in die Stadt gehen bzw. fahren. Bei einer Umfrage in Deutschland haben dies 40% der mehr als 1.000 befragten Onlinekonsument*innen angegeben (Bolz et al., 2017). Allerdings ist denkbar, dass diese dennoch häufig erst in stationäre Geschäfte gehen, um die Produkte anzusehen, dann aber doch preisgünstiger online bestellen.

Zu berücksichtigen sind auch die häufig verfehlten Zustellungen der bestellten Waren beim Kunden (Bertram und Chi, 2018) und die vielen Rücksendungen (Kontio, 2013 Kontio, 2013). Es wird geschätzt, dass in Deutschland im Durchschnitt jede zehnte Bestellung wieder zurück zum Anbieter geht; bei Bekleidung sogar jedes zweite Paket (Kontio, 2013). Eine repräsentative Befragung von 1.054 Onlinekonsument*innen in Deutschland (Kontio, 2013) zeigt, dass die Rücksendequote im Zeitablauf sogar leicht gestiegen ist. Danach wird jeder achte gekaufte Onlineartikel zurückgeschickt. Besonders ausgeprägt ist dies bei den jüngeren Onlinekund*innen. Darüber hinaus hat rund die Hälfte aller Onlinekonsument*innen angegeben, Onlinekäufe mit der festen Absicht zu tätigen, diese wieder zurückzusenden (z.B. Kleidung in verschiedenen Größen; Kontio, 2013). Um Rücksendungen und damit verbundene Kosten zu vermeiden, bieten Anbieter Live-Chats zur Kundenberatung an oder versuchen, ihre Artikel möglichst genau zu beschreiben und bildlich darzustellen. Es werden 360°-Aufnahmen und virtuelle Umkleidekabinen entwickelt, die Kleidung mit Hilfe von Anziehpuppen nach Maßen der Konsument*innen darstellt (Kontio, 2013)

Eine weitere Beeinträchtigung der Umwelt entsteht durch den Bau von Zu- und Abfahrtswegen, groß dimensionierte Lagerflächen für Onlinehandelsfirmen sowie durch Versiegelung des Bodens. Vielerorts entstehen Warencenter oder Hubs zum Zwischenlagern bestellter Pakete. Alleine die Unternehmen Amazon und Zalando haben zurzeit eine Lagergrundfläche von knapp 1 Mio. m^2 in Deutschland (Morganti et al., 2014). Allerdings können digitale Lösungen zu einer Reduzierung von Lagerflächen beitragen, wenn die Produktionsmenge besser an den Bedarf angepasst und Überproduktion vermieden wird. Darüber hinaus ist die Lagerhaltung in Zwischenlagern meist energieeffizienter, da weniger geheizt und beleuchtet wird als in stationären Geschäften (Mottschall, 2015).

Von steigernder Bedeutung ist beim Onlinehandel auch die Rolle der Kundenbindung, die über den Customer Lifetime Value gemessen wird (Ernst & Young, 2014). So werden zunehmend Marketingstrategien zur Steigerung des Konsums über die Internetplattformen der Onlinehändler entwickelt, wodurch die Produktion und folglich der Transport und die damit verbundenen Emissionen steigen (Weth, 2016). Allerdings erleichtern Apps, Informationsplattformen und Führer zum Online-Shopping Kund*innen auch möglicherweise die Suche nach nachhaltigen Angeboten, so dass über die Produkteffekte positive Umwelteffekte erzielt werden können. Weltweite Handelsplattformen für Gebrauchtgüter wie eBay zielen sogar direkt auf eine Veränderung des Konsumverhaltens weg von einer Wegwerfkultur hin zu einer Wiederverkaufskultur. Darüber hinaus betrachtet sich eBay durch seine nachträgliche Ausrichtung an Nachhaltigkeit als ein wichtiger Baustein für eine Kreislaufwirtschaft (Behrendt, 2017).

Umweltbelastungen entstehen zudem durch den zunehmenden Transport von Waren über Langstrecken im weltweiten Onlinehandel. Da bestimmte Waren nur in einigen Ländern verfügbar sind oder weil die Preise niedriger sind, bestellen Konsument*innen zunehmend Produkte auch im Ausland. Von den in Deutschland befragten über 1.000 Onlinekonsument*innen haben 40% angegeben, in den letzten 12 Monaten bei einem ausländischen Händler bestellt zu haben, insbesondere in China (35%) und den USA (20%; Bolz et al., 2017). Inwieweit Umwelt-, Gesundheits- und Sozialstandards bei der dortigen Produktion und Verarbeitung der Produkte eingehalten wurden, lässt sich für die Konsument*innen in der Regel nicht genau überprüfen. Auch übernehmen die als Internetplattformen agierende Unternehmen Amazon oder Alibaba im Gegensatz zu stationären Handelsunternehmen keine Verantwortung, wenn die angebotene Ware bestimmten Standards nicht entspricht – und Kontrollen durch staatliche Behörden werden nur sehr unregelmäßig durchgeführt.

In Abbildung 5.2.4-1 werden die verschiedenen Umwelteffekte des B2C-Onlinehandels zusammen-

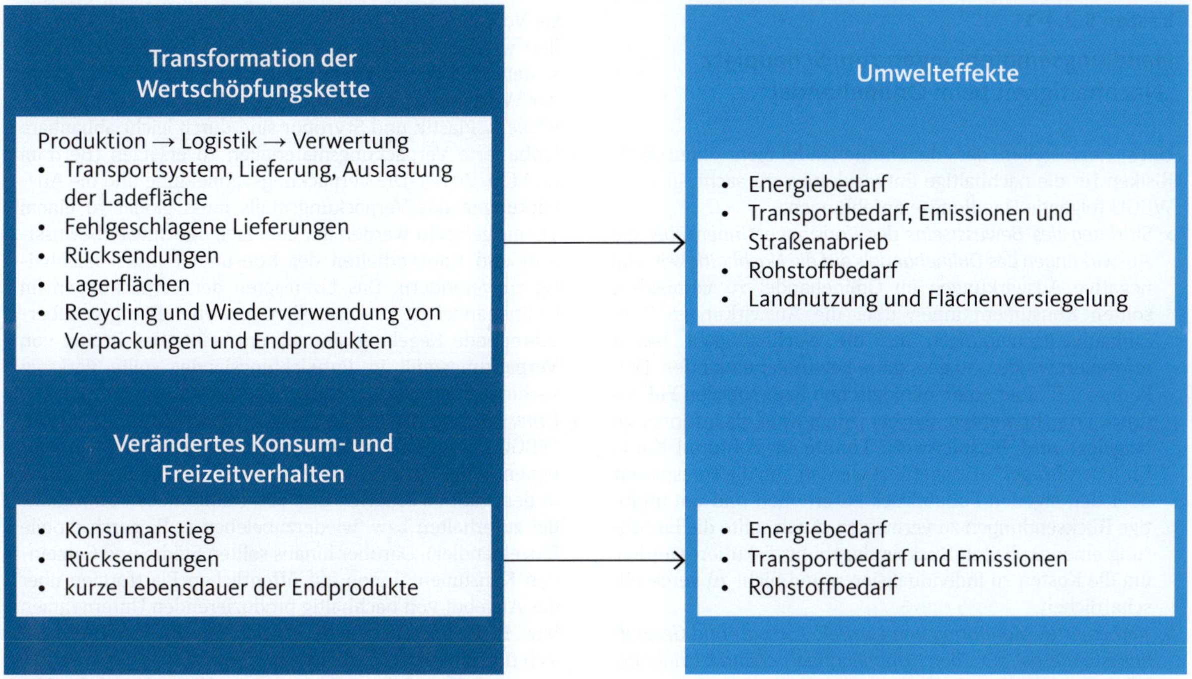

Abbildung 5.2.4-1
Umwelteffekte des B2C-Onlinehandels.
Quelle: WBGU in Anlehnung an Fichter (2003) und Tiwari und Singh (2011)

fassend dargestellt.

Um Nachhaltigkeitsziele im Onlinehandel zu adressieren, wurden neue Konzepte für Onlinelieferungen entwickelt (Hegmann, 2016; Schlautmann, 2016): So hat das Unternehmen Amazon ein Patent für schwebende Warenhausluftschiffe angemeldet, die über Gebieten mit großer Nachfrage positioniert werden und von denen unbemannte Drohnen ihre Waren ausliefern sollen. In China hat das Unternehmen Alibaba das Beliefern der Kunden mit Hilfe von Drohnen bereits umgesetzt. Auch in Island werden Essensbestellungen bereits über Drohnen ausgeliefert und auch das Unternehmen Uber plant, in den Essenslieferdienst mit Drohnen in den USA einzusteigen (The Economist, 2018). Kühlboxen als Abholstationen für online bestellte Lebensmittel z. B. an Tankstellen, werden angedacht (Nitsche und Figiel, 2016). Lieferroboter, die Pakete mit einem Gewicht von bis zu 15 kg befördern, wurden getestet. Die Deutsche Post hat bereits Elektronutzfahrzeuge, Streetscooter und Lasten-Pedelecs in Betrieb. 2018 belief sich die Anzahl der Streetscooter auf 8.000; die jährliche CO_2-Ersparnis bei 35 Mio. gefahrenen Kilometern wird auf 23.000 t geschätzt (Sebastian, 2018).

Durch den Aufbau von City- und Crowd-Logistikkonzepten, was bedeutet, dass „Personen der Menge" eine Dienstleistung fordern oder leisten (Mehmann et al., 2015), werden große Veränderungen erwartet (Ernst & Young, 2014; Hausladen et al., 2015). So sollen zu liefernde Pakete im Kofferraum des mit GPS georteten Fahrzeugs platziert werden. Das „Crowdshipping" verknüpft Händler, Lieferanten und Kunden über (mobile) Software. Wer ohnehin unterwegs ist, kann Pakete – gegen Entgelt – für andere mitnehmen. So wird erwartet, dass sich Umweltbelastungen durch Emissionen aufgrund des Lieferverkehrs in Zukunft zumindest teils mindern lassen. Auch heutzutage gibt es schon Lösungen zur Nachhaltigkeit im Bereich der Onlinelieferung. Bereits Anfang des Jahrtausends führte DHL Paketstationen ein, an denen die Kunden ihre Pakete abholen können und Mehrfachzustellungen vermieden werden. Nach einer Studie aus dem Jahr 2006 können durch solche zumeist fußläufig erreichbaren Paketstationen mehr als 35.000 km jährlich durch Autofahrten in Köln gespart werden (Folkert und Eichhorn, 2007).

5.2.4.3
Soziale Effekte

Konsument*innen profitieren vom Onlinehandel, weil Preise geringer und vergleichbar sind, weil das Angebot vielfältiger sowie die Kaufhandlung unabhängig von Geschäftsöffnungszeiten (Berg, 2015) und wesentlich bequemer ist (Lang und Ebneter, 2012). Die Teilhabe insbesondere von älteren und behinderten Menschen erhöht sich, da eine Belieferung nach Hause möglich ist.

Mit der Zunahme des Onlinehandels im Allgemeinen und speziell den reinen Onlineanbietern erhöht sich

Kasten 5.2.4-1

Handlungsempfehlungen zum Schauplatz „Nachhaltigkeit beim Onlinehandel"

Um sicherzustellen, dass der Onlinehandel mehr Chancen als Risiken für die nachhaltige Entwicklung verursacht, gibt der WBGU folgende Handlungsempfehlungen:

- *Stärkung des Bewusstseins der Konsument*innen über die Auswirkungen des Onlinehandels auf die Nachhaltigkeit:* Um negative Auswirkungen im Onlinehandel zu vermeiden, sollten Konsument*innen über die Auswirkungen ihrer Einkaufsentscheidungen auf die Nachhaltigkeit besser informiert werden, so dass diese bewusster einkaufen. Dies könnte z.B. über einen ökologischen bzw. sozialen Fußabdruck erreicht werden, der bei jedem Kauf als Information beigelegt wird. Beispielsweise könnte ein Footprint-Konto für jeden Bürger*in eingeführt werden, um die Transparenz über den eigenen Fußabdruck zu erhöhen und um unnötige Rücksendungen zu vermeiden. Auch sollte die Einführung einer expliziten Rücksendegebühr diskutiert werden, um die Kosten zu individualisieren und nicht zu vergesellschaftlichen.
- *Verbessertes Monitoring von Umwelt-, Sozial- und Gesundheitsstandards für den Onlinehandel, Kennzeichnungspflicht und Rückverfolgbarkeit:* durch die Gewährleistung der Qualität der Handelsware, umweltfreundliche Verpackungsmaterialien, klimafreundlicher Versand z.B. mit E-Fahrzeugen sowie faire Bezahlung der Beschäftigten im Lieferdienst lässt sich die Nachhaltigkeit des Onlinehandels erhöhen und gleichzeitig eine bessere Transparenz für Konsumenten*innen schaffen. Dies gilt besonders auch für den internationalen Onlinehandel, da eine Kontrolle und Gewährleistung der Qualität der Produkte – wie beim stationären Handel – entfällt. Daher sollten staatliche Qualitätskontrollen der importierten Produkte erhöht und die Gesetzgebung unter Umständen angepasst werden. Onlinehändler sollten zudem angehalten werden, Nachhaltigkeitsstrategien (z.B. Corporate Social Responsibility) zu entwickeln und implementieren. Auch Initiativen wie der United Nations Global Compact sollten stärker sichtbar werden und auf dezentraler Ebene implementiert werden.
- *Reduzierung des Verpackungsmülls:* Es sollten Vorgaben für die Reduktion gemacht werden und die Einhaltung dieser Vorgaben (einschließlich Recycling) verschärft kontrolliert werden. Denkbar ist z.B. die Einführung eines Pfandsystems für Verpackungen. Darüber hinaus sind Konzepte zur Wiederverwendung von Verpackungsmaterial zu entwickeln. Plastik und Styropor sind durch leicht abbaubare biobasierte Verpackungsmaterialien zu ersetzen (Bertram und Chi, 2018). Die Verpackungsvermeidung und die Auswirkungen des Verpackungsmülls muss global zu einem Thema gemacht werden mit dem Ziel, das Umweltbewusstsein und Kaufverhalten der Konsument*innen nachhaltig zu verändern. Das Lizensieren der Verpackungen im Onlinehandel ist zu kontrollieren, wobei eine grenzüberschreitende Regelung sinnvoll erscheint. Der Export von Verpackungsmüll in Entwicklungsländer sollte wirksam verhindert werden.
- *Unterstützung der Städte und Gemeinden* ist aus Sicht des WBGU bei der Entwicklung und Implementierung von Strategien nötig, um alternative Angebote für die Bevölkerung in der Stadt zu schaffen und den traditionellen Einzelhandel zu erhalten bzw. wiederzubeleben (z.B. durch mobile Einzelhändler). Darüber hinaus sollten Städte und Gemeinden Konsument*innen auf öffentlichen Plattformen über das Angebot von nachhaltig produzierenden Unternehmen bzw. Einkaufsstätten in der Region informieren. Dies lässt sich durch aktives Marketing fördern.
- *City und Crowd Logistikkonzepte weiter entwickeln:* Um die Anzahl der Lieferungen zu reduzieren, werden bereits zentrale Paketabholstationen in leerstehenden Ladengeschäften mit langen Öffnungszeiten etabliert. Der Logistik-Sektor wird auch bereits als Testfeld für Elektromobilität genutzt. Diese Konzepte sollten in Richtung Nullemissionen und Klimaneutralität weiter entwickelt werden. Der Schienentransport als eine Alternative für treibstoffbasierte LKW-Transporte sollte gefördert werden.
- *Fahrten mit geringer Auslastung vermeiden und Mehrfachfahrten reduzieren:* Um die Umwelt zu schonen, sollten Transportunternehmen erst Auslieferungen tätigen, wenn eine gewisse Auslastung ihrer Ladefläche erreicht ist und Mehrfachfahrten bei der Lieferung von Onlineware sollten reduziert oder wenn möglich vermieden werden. Dazu sollten die bereits bekannten Optionen (Paketstationen, Lieferung zu einem gewünschten Zeitpunkt, e-Mobilität) ausgeschöpft und weiter vorangetrieben werden.

allerdings auch der wirtschaftliche Druck auf stationäre Einzelhändler, vor allem auf kleine und mittelgroße Unternehmen (KMU) und in kleineren Städten. In Folge schließen immer mehr Einzelhandelsgeschäfte in Städten und Dörfern, aber auch größere Einkaufszentren (diese werden zu „dead malls"). Für die Gesellschaft bedeutet dies unter Umständen einen kulturellen Verlust, wenn Orte der Begegnung und des Austausches sowie das städtische Flair verloren gehen (Weth, 2016). Darüber hinaus droht die Gefahr, dass Menschen, die überwiegend online einkaufen, sich isolieren und keinen Außenkontakt mehr pflegen und dies zur Vereinzelung in der Gesellschaft führt.

Strukturell sind Innenstädte und Einzelhandel eng miteinander verbunden. So entscheiden die Einkaufsmöglichkeiten bei rund 66% der Bevölkerung über die Attraktivität einer Innenstadt (Mensing, 2010). Zudem profitieren die Kommunen von den Gewerbesteuereinnahmen (Stepper, 2016). Der recht schnelllebigen Entwicklung durch alternative Angebote in der Stadt optimal entgegen zu wirken, fällt vielen Kommunen schwer, da infrastrukturelle Planungen eher mittel- und langfristig angesetzt werden und die bürokratischen Hürden häufig schwer zu überwinden sind (Stepper, 2016).

Gleichzeitig gehen Arbeitsplätze im Einzelhandel verloren (alleine in Deutschland sind mehr als 3 Mio. Menschen im stationären Einzelhandel beschäftigt (HDE, 2015), die im Vergleich zum Logistiksektor als attraktiver

Kasten 5.2.4-2

Forschungsempfehlungen zum Schauplatz „Nachhaltigkeit beim Onlinehandel"

Es gibt nur wenige wissenschaftliche Studien, die die Auswirkungen des Onlinehandels auf die Nachhaltigkeit messen oder bewerten. Da die empirische Evidenz zu den Auswirkungen des Onlinehandels auf die Nachhaltigkeit alles andere als eindeutig ist, schlägt der WBGU der Bundesregierung die finanzielle Förderung der Erforschung folgender konkreter Fragen vor:

- *Welche kurz-, mittel- und langfristigen ökologischen und sozialen Effekte hat der Onlinehandel? Welche Konzepte oder Strategien sind denkbar, die die Nachhaltigkeit des Onlinehandels fördern?* Das Wissen über die Auswirkungen des Onlinehandels auf die Nachhaltigkeit ist noch sehr begrenzt und bisherige Ergebnisse sind nicht schlüssig. Darüber hinaus fehlt es an Primärdaten, um den Zusammenhang zwischen dem Onlinehandel und der Nachhaltigkeit zu verstehen (Bertram und Chi, 2018). Neueste Entwicklungen und Innovationen sind in Studien (inklusive Reallabore zur Stadtlogistik) zur Nachhaltigkeit des Onlinehandels zu berücksichtigen.
- *Wie lässt sich der Verpackungsmüll drastisch reduzieren bzw. recyceln?* Ziel sollte es sein, eine Kreislaufwirtschaft zu erreichen. Lässt sich das Ziel im globalen Onlinehandel überhaupt erreichen, und wenn ja, dann wie?
- *Kunststoffverpackungsmüll: Welche Folgen hat die Mikroplastikaufnahme für die Gesundheit von Mensch und Tier?* Es ist bereits bekannt, dass Kunststoffpartikel über Lebensmittel, Wasser oder über die Luft von Mensch und Tier aufgenommen werden und dass sich diese Partikel im menschlichen Körper (u.a. in der Leber und im Gehirn) nachweisen lassen, allerdings ist bisher wenig über die gesundheitlichen Auswirkungen bekannt (Waring et al., 2018).
- *Welche Auswirkungen haben Marketingstrategien der Onlinehändler zur Steigerung des Konsums (Sofortlieferung und personalisierte Preise und Angebote) auf das Konsumverhalten?* Durch die Digitalisierung wird das Konsumverhalten mit direkten Konsequenzen für die Umwelt beeinflusst. Steigt der Konsum in Folge? Wie verändert sich das Konsumverhalten?
- *Welche Stadtkonzepte sollten gefördert werden, die dem kulturellen Verlust der Innenstädte entgegenwirken und eine Verzahnung mit dem Onlinehandel und anderen Onlineangeboten ermöglichen?* Um die schnelllebige Entwicklung in Ländern, wie z.B. Deutschland zu erfassen, bedarf es einer Veränderung der Kommunen, die am stärksten mit dem Verlust des stationären Einzelhandels zu kämpfen haben. Durch die Entwicklung alternativer Stadtentwicklungskonzepte könnte man so dem kulturellen Verlust der Innenstädte rechtzeitig entgegen wirken.
- *Welche Nachhaltigkeitsmaßnahmen ergreifen Unternehmen angesichts des zunehmenden Onlinehandels?* Forschung in diesem Bereich umfasst die Analyse von Nachhaltigkeitskonzepten innerhalb von Wertschöpfungsketten sowie den Umgang mit Retouren und die Optimierung von Logistik, um negative Umweltexternalitäten zu internalisieren. Die Nutzung digitaler Lösungsansätze, wie z.B. 3D-Simulationen oder aber computergestützte Erweiterung der Realitätswahrnehmung (augmented reality), könnten in die Analyse einbezogen werden.
- *Welche Auswirkungen hat der Onlinehandel auf die Nachhaltigkeit in Entwicklungsländern? Welche Faktoren behindern bzw. fördern den nachhaltigen Onlinehandel? Welche Daten sollte man erheben, um die Auswirkungen adäquat abbilden zu können?* Die Datenlage ist in diesem Bereich noch sehr schwach. Dies gilt insbesondere für Entwicklungsländer, für die nur wenig Daten zum Onlinehandel vorhanden sind. Dadurch ist es für die Politik und Unternehmen schwierig, strategische Investitionsentscheidungen zu treffen.
- *Welche Rolle spielt der Onlinehandel im Rahmen der Welthandelsorganisation (WTO)? Welche Auswirkungen hat die Digitalisierung auf den Welthandel? Führt die Diskussion zum Onlinehandel zu einer neuen Blockbildung von Ländergruppen?* Im Rahmen der internationalen Verhandlungen der Welthandelsorganisation und auch des Weltwirtschaftsforums ist der zunehmende Onlinehandel zu einem wichtigen und viel diskutierten Thema geworden. Die WTO sieht die KI, das IoT, den 3D-Druck und die Blockchain-Technologie als die Schlüsseltechnologien der Digitalisierung im Handel an, die einen erheblichen Effekt auf diesen haben werden (WTO, 2018). Im Welthandelsbericht 2018 wird nicht nur auf die Vorteile, sondern auch auf eine Reihe von Gefahren hingewiesen, wie die zunehmende Machtkonzentration oder der Verlust von Privatheit und Sicherheitsprobleme (WTO, 2018), die es genauer zu beleuchten gilt.

gelten. Allerdings ist zu berücksichtigen, dass durch den Onlinehandel auch für KMU neue Absatzmärkte erschlossen werden. So sind z.B. im Gartenbausektor in China Tausende von Neuproduzent*innen entstanden, die ihre frischen Gartenbauerzeugnisse über die Onlineplattform Alibaba vermarkten (Weise und Reindl, 2017). Auch im Buchhandel wird es für kleinere Buchhändler*innen wie Antiquariate einfacher, Kunden für ihre Nischenprodukte über Onlineplattformen wie z.B. von Amazon oder eBay zu finden. Ebenso haben innovative Nischenanbieter*innen von nachhaltig erzeugten Produkten es im Onlinehandel leichter, eine größere Anzahl von Kund*innen zu finden und zu bewerben.

5.2.4.4 Folgerungen

Der Onlinehandel nimmt rasant zu und ermöglicht nicht nur Effizienzsteigerungen und Skaleneffekte, sondern verursacht auch negative Umweltexternalitäten durch zunehmenden Lieferverkehr, Verpackungsmüll, zahlreiche Retouren und den zunehmend grenzüberschreitenden, internationalen Warenaustausch. Diesen stehen positive Effekte durch optimierte Logistiksysteme, reduzierte Privatfahrten in die Stadt und verbesserte Möglichkeiten der Kontrolle, der Produkt- und Prozesskennzeichnung nach Nachhaltigkeitskriterien und der Rückverfolgbarkeit entlang von Lieferketten gegenüber. Die empirische Evidenz zu den Gesamteffekten auf die

Umwelt ist bisher nicht eindeutig.

Negative soziale Auswirkungen in Städten und Gemeinden sind durch die Verdrängung des stationären Handels zu beobachten. Auch zeigt sich, dass sich der Umsatz des Onlinehandels und somit die Marktmacht auf wenige Unternehmen konzentriert und der Einkauf von Produkten im Onlinehandel in einem nicht unbedeutenden Ausmaß international und grenzüberschreitend erfolgt – ohne Möglichkeit, die Einhaltung von Umwelt-, Gesundheits- und Sozialstandards im Herkunftsort zu kontrollieren.

5.2.5 Digitalisierung: vom Elektroschrottproblem zur Lösung für Kreislaufwirtschaft?

5.2.5.1 Elektroschrott im Kontext der Kreislaufwirtschaft

Dieser Schauplatz veranschaulicht Potenziale, aber auch Herausforderungen der Digitalisierung für die Kreislaufwirtschaft am Beispiel des nachhaltigeren Umgangs mit Elektroschrott. Die Digitalisierung führt zu stark ansteigender Produktion elektrischer und elektronischer Geräte sowie entsprechender Nachfrage nach strategischen Metallen sowie zu Zuwächsen bei toxischem Elektroschrott (Kap. 5.2.5.2; Baldé et al., 2017). Zugleich bietet sie aber auch wertvolle Potenziale und einen Werkzeugkasten zur Verbesserung der Kreislaufwirtschaft (Kap. 5.2.5.3). Der Ansatz der Kreislaufwirtschaft wird durch SDG 12 „Für nachhaltige Konsum- und Produktionsmuster sorgen" aufgegriffen (UNGA, 2015). Einen übergreifenden Blick auf industrielle Stoffströme bietet der Schauplatz „Nachhaltige Industrie 4.0 und Kreislaufwirtschaft" (Kap. 5.2.1).

Für den WBGU gilt der zügige Übergang zu einer möglichst vollständigen Kreislaufwirtschaft als zentraler Baustein der Transformation zur Nachhaltigkeit (WBGU, 2016a:25). Die Kreislaufwirtschaft bietet Alternativen zur dominanten Form „linearer" Wertschöpfungsketten, bei denen mineralische Rohstoffe durch Bergbau aus der Erdkruste gewonnen, zu Produkten verarbeitet und nach Ende der Nutzung verbrannt oder als Abfall deponiert werden (EMF, 2014). Vor allem Beginn (Bergbau) und Ende (Abfallwirtschaft) dieser Kette schaffen erhebliche Nachhaltigkeitsprobleme für Umwelt, Gesundheit und Entwicklung (UNEP, 2010). Zudem sind die mineralischen Lagerstätten von Metallen und anderen technischen Rohstoffen begrenzt, weshalb Strategien wie z.B. reduzierter, effizienter Ressourceneinsatz, Kreislaufwirtschaft und Substitution sowie nachhaltiger Konsum gefragt sind (UNEP IRP, 2017:150ff.; Kap. 5.2.3).

Die u.a. von den UN (z.B. UN, 2016a:47; UNEP IRP, 2017:150ff.) geforderte „3R-Strategie" (reduce, reuse, recycle) gilt als eine Leitidee der Kreislaufwirtschaft. Produkte sollen bei geringem Ressourceneinsatz pro Nutzeneinheit möglichst lange in der Nutzung bleiben, und unnötige Produktion soll durch Strategien der Öko-Suffizienz vermieden werden (reduce). Dies kann u.a. durch die gemeinsame Nutzung von Gütern durch mehrere Personen geschehen (Sharing-Ökonomie: Kap. 5.2.2.4). Danach sollen die Geräte repariert oder deren Komponenten aufbereitet und wiedergenutzt (reuse) werden, was bereits im Design der Produkte angelegt sein sollte. Nach Ende einer möglichst langen Lebensdauer sollen die enthaltenen technischen Rohstoffe (z.B. Metalle) so weit wie möglich wiedergewonnen (recycle) und für die Produktion neuer Güter eingesetzt werden (EEA, 2016a; Geissdoerfer et al., 2017). Allerdings ist eine vollständig geschlossene Kreislaufführung nicht erreichbar, da weder eine völlig verlustfreie Produktion noch eine 100%-ige Rückgewinnung sämtlicher technischer Rohstoffe möglich ist (Korhonen et al., 2018). Zudem nimmt die Vielfalt der technischen Materialien (z.B. Legierungen) immer weiter zu, was das Recycling erheblich erschwert und die Verluste strategischer, seltener Ressourcen weiter erhöht (Reller und Dießenbacher, 2014). Dennoch kann diese „3R-Strategie" Rohstoffbedarfe und Abfallmengen sowie die damit verbundenen Gesundheits- und Umweltschäden verringern (EMF, 2015). Bei biologischen Materialien soll durch Vermeidung von Kontamination die Rückführung in Ökosysteme möglich sein (z.B. durch Kompostierung; EMF, 2013).

5.2.5.2 Digitale Technologien als Ursache des globalen Elektroschrottproblems

Elektroschrott ist mit allen Stadien des Produktlebenszyklus elektrischer und elektronischer Geräte verbunden. Viele Probleme entstehen bereits an dessen Anfang. Die rasant steigende Nachfrage nach digitalen Geräten, wie Computern, Tablets, Smartphones und in Alltagsgegenstände integrierter Elektronik sowie Batterien, führt zusammen mit dem unzureichenden Recycling (z.B. wird das strategische Metall Lithium in Deutschland derzeit nicht recycelt) zum zunehmenden Verbrauch von Metallen wie z.B. Gold, Kobalt oder Tantal. Die Extraktion dieser Rohstoffe verursacht in den Herkunftsländern (meist Entwicklungs- oder Schwellenländer) erhebliche Umwelt- und Gesundheitsschäden und ist zudem eine wesentliche Ursache für Konflikte, Gewalt und kriegerische Auseinandersetzungen (UNEP, 2012:24; WBGU, 2016a:197).

Als Problemtreiber gilt speziell das Zusammenspiel wachsender Gerätezahlen mit abnehmender Nutzungsdauer und Reparierbarkeit der meisten Elektronikgeräte durch „Obsoleszenz“, also das bewusst oder unbewusst verursachte Veralten von Geräten (Kasten 5.2.5-1). Daher ist der am Ende des Lebenszyklus stehende Elektroschrott (Elektro- und Elektronikaltgeräte) einer der am schnellsten wachsenden Abfallströme weltweit (Kumar et al., 2017; Cucchiella et al., 2015). Die Menge an Elektroschrott belief sich im Jahr 2016 weltweit auf 44,7 Mio. t, und für 2021 wird mit einem Anstieg auf 52,2 Mio. t gerechnet (Baldé et al., 2017). Dabei korrelieren die Wachstumsraten von 3–5% pro Jahr mit dem BIP (Kumar et al., 2017). Nur 20% des globalen Elektroschrotts wurden 2016 durch offizielle Rücknahmeprogramme gesammelt und recycelt, 4% landeten im Hausmüll und der Verbleib der übrigen drei Viertel ist unbekannt; wahrscheinlich werden sie deponiert oder exportiert oder unter schlechten Arbeits-, Gesundheits- und Umweltbedingungen recycelt (Baldé et al., 2017). Selbst in Europa betrug die Recyclingquote von Elektroschrott im Jahr 2012 nur etwa ein Drittel (Huisman et al., 2015). Trotz einer ausgereiften Rahmensetzung gibt es auch in der EU noch große Schwierigkeiten bei der Umsetzung der Kreislaufwirtschaft. Die EU erkennt jedoch u.a. Abfall zunehmend als strategische Rohstoffquelle und legt mehr Wert auf Reparierbarkeit sowie Schadstoffreduktion (z.B. im Aktionsplan zur Kreislaufwirtschaft; EU-Kommission, 2019d).

Nach dem oft illegalen Export in Schwellen- und Entwicklungsländer (z.B. China, Ghana, Indien) erfolgt das Recycling häufig in informellen Werkstätten mit niedriger Effizienz und ohne ausreichende Beachtung von Umwelt- und Gesundheitsstandards, was zu erheblichen Belastungen für Menschen und Umwelt mit toxischen Stoffen und Schwermetallen führt (UNEP, 2012:182; Heacock et al., 2016). Als drastisches Beispiel für unhaltbare Zustände wird häufig die Elektroschrottdeponie im Slum Agbogbloshie in Ghanas Hauptstadt Accra genannt, das zu den zehn am schlimmsten toxisch verseuchten Slums weltweit gezählt wird (Heacock et al., 2016; Daum et al., 2017).

Bei den illegalen Exporten werden Bestimmungen des Basler Übereinkommens zur Kontrolle der grenzüberschreitenden Verbringung gefährlicher Abfälle und ihrer Entsorgung umgangen (BAN, 2018). Entsprechende nationale Regelungen sind oft unzureichend oder fehlen (z.B. in China, Indien und Ländern in Afrika; Wang et al., 2016b). China, größter Importeur von Elektroschrott, scheint seine Politik allmählich zu ändern und verhindert aus Umweltschutzgründen zunehmend Abfallimporte (Wang et al., 2016b; Mathews und Tan, 2016; Larson, 2014; Xiao und Zhao, 2017).

Zwar enthält Elektroschrott (einschließlich Batterien und Akkus) wertvolle Metalle, wie z.B. Gold, Silber, Kupfer, Kobalt, Tantal und Seltene Erden, aber das Recycling ist aufwändig und in Industrieländern bei den derzeitigen Anreizstrukturen aus betriebswirtschaftlicher Sicht wenig interessant. Allein aufgrund der enthaltenen Rohstoffe im Wert von 55 Mrd. € (Bezugsjahr 2016) stellt Elektroschrott ein großes, noch weitgehend ungenutztes Potenzial für die Kreislaufwirtschaft dar (Baldé et al., 2017:54ff.).

5.2.5.3
Digitale Technologien zur Lösung des Elektroschrottproblems

Der unzureichende Umsetzungsgrad der Kreislaufwirtschaft ist allgemein auf fehlende bzw. falsche ökonomische Rahmensetzungen und Anreize (Kasten 5.2.5-1), aber auch auf Informationsdefizite zurückzuführen. Letztere könnten durch die (Echtzeit-)Bereitstellung der notwendigen, bisher oft fehlenden Daten zu Ort, Zustand, Verfügbarkeit und Materialzusammensetzung in einer digitalisierten Kreislaufwirtschaft behoben werden, wofür sich Elektrogeräte besonders eignen (EMF, 2016:19, 30f.; WEF, 2019; Wilts und Berg, 2017). Digitale Technologien bieten entlang des gesamten Produktlebenszyklus neue Möglichkeiten für die intelligent unterstützte, integrierte Kreislaufwirtschaft (z.B. BMU, 2018; Wilts und Berg, 2017). Vor allem dem Internet der Dinge (IoT), das eine eindeutige Identitätszuweisung und Vernetzung auch von Elektrogeräten gestattet (Kap. 3.3.1), wird eine zentrale Rolle zugesprochen (Baumgartner, 2016:70; EEA, 2017a:28; EMF, 2016:30). Allerdings gibt es erst wenige Anwendungsfälle und entsprechend wenig Wissen darüber, wie digitale Technologien konkret für die Kreislaufwirtschaft genutzt werden oder ob sie sogar negative Effekte haben können (EEA, 2017a:28; Pagoropoulos et al., 2017:20; RNE, 2017:29). Ferner sind die etablierten Unternehmen der Kreislaufwirtschaft noch unzureichend für die Digitalisierung aufgestellt, während einige IKT-Startups wie Rubicon das Geschäftspotenzial für sich entdecken, was Chancen für die digital unterstützte Kreislaufwirtschaft schafft (Büchele und Andrä, 2016; Rajala et al., 2018; Wilts und Berg, 2017). Somit steht die digitalisierte Kreislaufwirtschaft noch am Anfang. Die nachfolgend beschriebenen Lösungsansätze entlang der 3R-Strategie, haben deshalb meist Pilotcharakter und beziehen ebenso wichtige „analoge“ Ansätze mit ein.

Reduce

Eine zentrale Strategie zur Reduktion von Elektroschrott – soweit Virtualisierung nicht den Gerätebestand reduziert – ist das Ökodesign („design out waste“, EMF, 2013:22; 2016:39). Schon am Anfang des Lebenszyklus wird bei der Produktentwicklung über den Energie- und Ressourcenverbrauch bzw. die Kreislauffähigkeit von Produkten entschieden (RNE,

Kasten 5.2.5-1

Obsoleszenz als Ursache für die Kurzlebigkeit von Elektrogeräten im Digitalen Zeitalter

Die Ursachen für die immer kürzer werdenden Produktzyklen bei elektronischen Geräten werden unter dem Begriff „Obsoleszenz" diskutiert (Prakash et al., 2016). Nicht jede Obsoleszenz ist vom Hersteller intendiert („geplante Obsoleszenz"). Die Lebensdauer eines Elektrogerätes kann durch Abnutzung der Hardware („werkstoffliche Obsoleszenz") begrenzt sein. Außerdem werden Elektrogeräte aus ökonomischen Gründen ersetzt, wenn sich der Einsatz produktbezogener Ressourcen, nötige Reparaturen und sonstige Instandhaltungen nicht mehr rechnen („ökonomische Obsoleszenz"; Prakash et al., 2016:64). Bei Smartphones lässt sich beispielsweise eine zunehmend schlechtere Reparierbarkeit durch fest verbaute Akkus beobachten (Primus, 2015:44). Es gibt bereits Vorschläge für einen deutschen und europäischen Rechtsrahmen, der die stoffliche Langlebigkeit und die Reparierbarkeit von allen Produkten fördern würde (Brönneke, 2015; Schlacke et al., 2015), sowie ökologische Anforderungen an den Rechtsrahmen für die Langlebigkeit digitaler Produkte und Dienstleistungen (Kurz und Rieger, 2018b).

Auch unabhängig von der Lebensdauer der Hardware entsteht Elektroschrott durch die verkürzte Nutzungsdauer von elektronischen Geräten. Status- und Modebewusstsein sowie der Wunsch auf dem neuesten Stand zu sein, führen immer häufiger zum Ersatz noch funktionierender Geräte („psychologische Obsoleszenz"). So kaufen 40% der Nutzer*innen in Deutschland alle zwei Jahre oder öfter ein neues Smartphone (Primus, 2015:45). Die Rückführung in den Produktkreislauf wird hier durch fehlende fachgerechte Entsorgung und Sammlung der Altgeräte regelmäßig verhindert (Primus, 2015). Trotz des Wunschs vieler Verbraucher*innen nach einer längeren Nutzungsdauer veralten viele Geräte, weil sie den Anforderungen innovativer Dienste und Produkte nicht entsprechen („funktionale Obsoleszenz"). Darunter fällt z.B. die Inkompatibilität mit aktueller Soft- und Hardware anderer elektronischer Geräte (Prakash et al., 2016:64). Aktualisiert man ein Smartphone auf das neueste Betriebssystem (eine Voraussetzung zur Nutzung der neuesten Apps und Sicherheitsstandards), können sich die Prozesse durch die stärkere Beanspruchung der Hardware-Kapazitäten verlangsamen („Software-Obsoleszenz"). Bei älterer Hardware sind Upgrades nicht mehr möglich, sodass ein gezwungenermaßen veraltetes Betriebssystem zu mangelnder Datensicherheit und zur Inkompatibilität mit neuer Software führt (Ax et al., 2018).

Um Obsoleszenz zu begegnen, sollten aus Sicht des WBGU nicht nur die Mindestlebensdauer und die Reparierbarkeit der Hardware rechtlich sichergestellt werden, sondern auch Betriebssysteme und Software sollten auf längere Sicht aufwärtskompatibel bleiben und Updates zur Verfügung gestellt werden (Kurz und Rieger, 2018b). Entsprechende Pflichten der Hersteller sollten eingeführt werden. Software sollte bereits bei der Entwicklung modular und wartungsfähig entworfen, ressourcen- und energieeffizient konzipiert und von Hardware weitest möglich abstrahiert werden, um für alte wie neue Geräte länger kompatibel zu sein (Ax et al., 2018; Hilty et al., 2017; Kurz und Rieger, 2018b). Außerdem sollten die Hersteller veralteter Geräte die herstellerspezifischen Designtools, Software-Frameworks, Dokumentationen und Quellcodes der Software Dritten zugänglich machen, um ihre weitergehende Reparatur und Nutzung zu gewährleisten (Kurz und Rieger, 2018b). Software muss in eine integrierte Produktpolitik einbezogen werden, wie sie etwa von der EU vorangetrieben wird (Ax et al., 2018).

2017:14) also auch nachhaltige Produktmerkmale wie Langlebigkeit oder Reparierbarkeit. Hier kann die Digitalisierung Lösungen bieten, indem ein mittels digitaler Werkzeuge optimiertes Design mehrere Schleifen der Kreislaufwirtschaft wie Wiedernutzung, Refabrikation und Recycling berücksichtigt (EMF, 2016:37ff.). IoT-generierte Daten fließen heute schon in Designprozesse zurück, so dass neue oder weiterentwickelte Produkte frühzeitig hinsichtlich der Kreislauffähigkeit optimiert werden können. Auch das Ersetzen strategischer Metalle durch Nano-Kohlenstoffe (Arvidsson und Sandén, 2017) oder der Einsatz biodegradierbarer bzw. transienter Elektronik sind schon beim Design zu berücksichtigen (Irimia-Vladu, 2014; Homrich et al., 2018; Tan et al., 2016).

Eng verbunden mit Abfallvermeidung und Ökodesign ist auch die Bewegung für eine „Open Source Circular Economy": Sie überträgt mit ihrer „[g]emeinsame[n] Vision einer kollaborativen Wirtschaft der vernetzten Kreisläufe und offenen Informationen" (Majewski, 2016:97) den Gedanken von Open Source auf die Kreislaufwirtschaft (Kap. 5.3.10) und verfolgt dabei Strategien gegen Obsoleszenz (Kasten 5.2.5-1). Als ein Erfolgsbeispiel dafür gilt das Fairphone, das mit seinem Ökodesign und kreislauforientierten Geschäftsmodell Pionierarbeit leistet (Fairphone, 2019; Majewski, 2016; Wiens, 2016) und Nachahmer wie das deutsche Unternehmen SHIFT findet (SHIFT, 2016).

Eine zentrale Strategie von *reduce* ist der Übergang von der Produkt- zur Nutzungsorientierung. Einige Unternehmen haben damit begonnen, gestützt auf das Internet der Dinge ihre Geschäftsmodelle auf Produkt-Service-Systeme umzustellen, das heißt sie verkaufen – analog zur Sharing-Ökonomie – anstelle eines physischen Produktes dessen Nutzung (EEA, 2017a:24; Pagoropoulos et al., 2017:19). Zwar scheinen durch Produkt-Service-Systeme wichtige Impulse für die Kreislaufwirtschaft möglich, doch sind auch sie kein „Selbstläufer" (EEA, 2017a:26ff.; Tukker, 2015:87f.). Im gewerblichen Bereich könnte Digitalisierung Konzepte wie ergebnisorientierte Verträge (Tukker, 2015:81), vorausschauende Instandhaltung oder Refabrikation (hier wird das Produkt in einen neuwertigen Zustand gebracht und eine Garantie gegeben, z.B. Toner eines Laserdruckers; ERN, 2015:4) vorantreiben, wie sie bezogen auf hochwertige Fahrzeuge,

Bürokommunikation, Geräte oder Maschinen bereits Anwendung finden (EMF, 2016:37ff.). Ein Beispiel für Privatkund*innen ist „Waschen als Dienstleistung". Hierbei sorgt das digitale Monitoring der Maschinennutzung für eine verlängerte Lebensdauer durch vorsorgende und vorausschauende Instandhaltung sowie Software-Upgrades u.a. für die (energetische) Nutzungsoptimierung und Abschätzung der Restlebensdauer der Waschmaschine und deren Komponenten (Bressanelli et al., 2018). Aber auch einfachere Ansätze haben großes Potenzial. Schätzungen zufolge könnte etwa ein kreislaufbasiertes Mietmodell für Router bis zu 80% Rohstoffverluste und 45% CO_2-Emissionen vermeiden, während die Anbieter etwa ein Drittel der Kosten einsparen würden (RNE, 2017:14f.). Allerdings stellt sich in manchen Fällen die Frage, ob für Privatkund*innen und die Umwelt nicht ein einmal gekauftes, aber langlebiges und letztlich bei geeigneten Sammelstellen zurückgegebenes Produkt sinnvoller wäre. Außerdem muss ein Kompromiss zwischen Datenschutz und die über Daten koordinierte Kreislaufwirtschaft gefunden werden (Bressanelli et al., 2018:220). Auch setzen Produkt-Service-Systeme häufig auf geschlossene Angebote, etwa Abonnements für Druckerpatronen, die Kund*innen an einzelne Hersteller binden, anstatt etwa ein günstiges Nachfüllen zu ermöglichen (ERN, 2015:70f.). Hier gilt es, mehr Systemoffenheit herzustellen, auch im Hinblick auf eine Reparatur.

Reuse

Elektroschrott sollte nicht länger als Abfall behandelt, sondern als Quelle potenziell brauchbarer Produkte angesehen werden, bei denen Wiederverwendung und Recycling effektiv integriert werden können (Cole et al., 2017:156; Parajuly und Wenzel, 2017:279). Pionierarbeit leistet die Initiative eReuse.org, die Digitalisierung vor allem zur Steigerung der Wiedernutzungsraten einsetzt (Franquesa et al., 2016:8). Verknüpft mit einer App bietet das System Werkzeuge für Geräteinventarisierung und -diagnostik, für das Gerätemanagement und Zusammenbringen von Angebot und Nachfrage sowie Daten zur Gerätenachverfolgung und zu städtischen Sammelpunkten.

Erleichtertes Reparieren ist ein zentraler Förderfaktor der Kreislaufwirtschaft. Forderungen nach einem „Recht auf Reparatur", einer „Reparaturkultur" oder „Reparaturgesellschaft" sind hierbei unter anderem als Reaktion auf die Obsoleszenz von Elektrogeräten zu sehen (Baier et al., 2016; Bertling und Leggewie, 2016; Charter und Keiller, 2016; Kurz und Rieger, 2018b; Wiens, 2016; Kasten 5.2.5-1). Weltweit leisten bereits circa 1.000 Reparatur-Cafés in 25 Ländern (ca. 300–400 in Deutschland; Charter und Keiller, 2016:1) einen Beitrag zur vermehrten Reparatur von Elektrogeräten, Vermeidung von Elektroschrott und zum dazugehörigen Diskurs. Auch Onlineinformationen (Videos, Herstelleranleitungen, soziale Medien) und Plattformen wie ifixit.com, die selbst erstellte Reparaturinformationen bereitstellen sowie Ersatzteile und Werkzeuge verkaufen, leisten einen zentralen Beitrag und unterstützen auch die Arbeit der Reparatur- Cafés (Charter und Keiller, 2016:9; Wiens, 2016).

Recycle

Um die umweltschädlichsten Lösungen Deponie oder Verbrennung im Umgang mit Elektroschrott am Ende des Produktzyklus zu vermeiden, sollte ein möglichst weitgehendes Recycling stattfinden. In diesem Kontext sind die reverse Logistik (d.h. Logistik von Kund*innen zurück zum Hersteller bzw. Entsorger) und das Abfallmanagement entscheidend, die aber idealerweise digital mit früheren Nutzungsschleifen vernetzt werden (EMF, 2016:47ff.). In der reversen Logistik können z.B. Sensorik (Satellitentechnologie, RFID, mobile Geräte) und IoT- bzw. Blockchain-Lösungen für die Prozessnachverfolgung Anwendung finden, so wie es bereits in anderen Logistikbereichen standardmäßig praktiziert wird. Dies hilft, Probleme der Müllmischung zu überwinden und die Ressourcennutzung in Echtzeit zu optimieren. Bei Abfallmanagement und Recycling ermöglicht Sensorik die präzisere Sortierung, Satelliten- und Mobilkommunikation die Echtzeit-Routenoptimierung der Abfallsammlung und intelligente Abfallbehälter unterstützen Monitoring und Anreize für ein besseres Abfallverhalten (EMF, 2016:47ff.). Frühere Ideen eines rein RFID-basierten „Elektroschrott-Recyclingpass" könnten nun mit dem IoT erweitert werden (Löhle et al., 2009:68ff.; Schneider und Steinwender, 2009:167). Ein Produktpass auf dem Gerät, in der Cloud oder über Blockchain-Lösungen könnte u.a. Informationen zu Ursprung, Inhaltsstoffen und Zustand, sowie Demontage- und Reparaturanleitungen im gesamten Lebenszyklus bereitstellen, wobei z.B. Fluoreszenz, RFID oder DNA-Marker eine eindeutige Kennzeichnung und Identifikation ermöglichen (WEF, 2019:11). Zudem wird der Einsatz von KI in abrufbasierten Elektroschrottsammelsystemen erprobt (Król et al., 2016). NRO und Telekommunikationsunternehmen engagieren sich gemeinsam in der Altgerätesammlung (Teqcycle Solutions, 2018). Eine einfache, bereits existierende Lösung ist die kostenlose Rückgabemöglichkeit für Elektroschrott per Post (Deutsche Post, 2018).

Eine wesentliche Herausforderung beim Recycling ist neben der Sortierung die Demontage von Produkten, die sich aus verschiedenen Komponenten zusammensetzen. Bei hoch standardisierten Geräten wie Smartphones kann dies technisch vollständig durch Roboter erfolgen, wie etwa die Pilotprojekte Liam und Daisy der Firma Apple zeigen (Alvarez-de-los-Mozos

Kasten 5.2.5-2

Handlungsempfehlungen zum Schauplatz „Elektroschrott und Kreislaufwirtschaft"

Um dem Elektroschrottproblem zu begegnen, empfiehlt der WBGU eine klare Weichenstellung in Richtung einer möglichst vollständigen Kreislaufwirtschaft sowie eine bedachte Digitalisierungsoffensive und deren Einbettung in rechtliche Rahmenbedingungen und ökonomische Anreize.

- *Umweltgerechtes Design und Kreislaufwirtschaft fördern:* Nachhaltige Kreislaufwirtschaft sollte explizites Innovationsziel der Digitalisierung werden. Die Kompatibilität mit der Kreislaufwirtschaft wird bereits beim Produktdesign bestimmt, so dass schon in der Designphase auf eine Integration von Kriterien für Nachhaltigkeit und Kreislauffähigkeit gesetzt werden muss. Langlebigkeit, Substitution toxischer Stoffe, Reparierbarkeit und Recyclingfähigkeit von Geräten sowie die Förderung einer Sharing-Ökonomie (Kap. 5.2.2.4) sind wesentliche Punkte, die bereits maßgeblich im Design bestimmt werden. Neue Technologien (z.B. IoT, KI) und Ansätze (z.B. vorausschauende Instandhaltung, reverse Logistik, Refabrikation) sollten bereits vor ihrer Einführung auf ihre Wirkungen im Kreislaufwirtschaftssystem untersucht werden.
- *Rahmensetzung, Regeln und Anreize:* Staatliche Rahmensetzung sollte Regeln und Anreize für Ressourceneffizienz enthalten, um toxische und umweltgefährdende Stoffe sowie die Nutzung seltener oder nicht recyclingfähiger Ressourcen zu vermeiden oder zu substituieren. Ein weiteres Ziel sollte sein, eine Reparaturkultur zu schaffen und Reparaturfähigkeiten zu schulen, so dass Konsument*innen Produkte reparieren und länger nutzen können (Kurz und Rieger, 2018b; Bertling und Leggewie, 2016). Dazu brauchen sie leicht verständliche Informationen über die Lebensdauer von Elektronikprodukten (z.B. Reparierbarkeit), um dies bei der Kaufentscheidung zu berücksichtigen. Eine erweiterte Herstellerverantwortung für die Kreislaufwirtschaft sollte rechtlich verankert werden, u.a. die Verpflichtung der Hersteller elektronischer Geräte zu nachhaltigem Produktdesign unter Einbezug von Energieverbrauch, Langlebigkeit, Reparierbarkeit sowie sachgerechter Rücknahme und Verwertung. Zudem gehören dazu die Veröffentlichung von Daten und Informationen (wie z.B. Handbücher, Baupläne, Funktionsweise, Komponenten, Inhaltsstoffe) sowie eine möglichst langfristige Versorgung mit Ersatzteilen und Werkzeugen für Reparatur und Recycling. Software sollte bereits bei der Entwicklung modular und wartungsfähig entworfen, ressourcen- und energieeffizient konzipiert und von Hardware weitest möglich abstrahiert werden, um für alte wie neue Geräte länger kompatibel zu sein. Autorisierte und unabhängige Reparaturwerkstätten, Repair-Cafés sowie Einzelpersonen sollten dabei rechtlich gleichgestellt sein. Das „Recht auf Reparatur" während der Garantiefrist sowie ein reduzierter Steuersatz auf Reparaturdienstleistungen sollten geprüft und Repair-Cafés gefördert werden. Im Bereich von Elektronikprodukten ist hierbei insbesondere die verpflichtende Veröffentlichung von Produktdesigns und Quellcode als Open-Source-Variante nach Ende des kommerziellen Supports zentral. Lange Gewährleistungszeiten für Geräte und Software (Updates) schaffen Anreize für nachhaltige Produktinnovationen. Auch die öffentliche Beschaffung sollte konsequent auf entsprechende nachhaltige Kriterien ausgerichtet werden.
- *Transparente Stoffströme gewährleisten*: Die Transparenz beim Ressourcenverbrauch von IKT-basierten Produkten und Dienstleistungen sollte verbessert werden (z.B. Verfügbarkeit von Marktstatistiken, Untersuchungen zum Materialinventar digitaler Hardware, Ökobilanzen; Köhler et al., 2018). Die Sammlungs- und Recyclingquoten von Elektroschrott sollten transparent gemacht und erheblich gesteigert werden, u.a. um die Extraktion von Rohstoffen und die damit verbundenen Umwelt- und Gesundheitsprobleme zu vermindern. Ein verbessertes Monitoring von Stoffströmen (z.B. digitaler Produktpass) kann die Vermeidung von Konfliktmineralien erleichtern, illegale Exportströme von Elektroschrott aus Industrieländern eindämmen und dabei helfen, drohende Knappheiten und schädliche Umweltwirkungen frühzeitig zu identifizieren und zu bekämpfen. Langfristiges Ziel sollte der Aufbau eines globalen Monitoring-Systems für Elektroschrott sein. Dazu gehören auch Dokumentation und Kontrolle der Wiederverwertungskette von Altgeräten.
- *Export von Elektroschrott stoppen:* In Europa anfallender Elektroschrott muss so effektiv wie möglich in Europa selbst recycelt und lokal wiederverwendet werden. Die Umsetzungslücken des europäischen Exportverbots von Elektroschrott aus Europa sollen so weit wie möglich geschlossen werden. Strikte Überwachung des Exports elektronischer Altgeräte ist entscheidend, um illegale Exportströme von Elektroschrott zu verhindern. Eine obligatorische Zertifizierung der Funktionsfähigkeit von Altgeräten als Voraussetzung für den Export sollte geprüft werden.
- *Entwicklungs- und Schwellenländer unterstützen:* Im Rahmen der Entwicklungszusammenarbeit sollten informelle, nicht staatliche Sammelsysteme genutzt, formalisiert und insbesondere hinsichtlich der Arbeitsschutzes und lokaler Umweltbelastungen verbessert werden. Die Verbesserung des Vollzugs des Importverbots für defekte und nicht reparierbare Elektrogeräte sollte gefördert werden.

und Renteria, 2017:59; Becker, 2018; WEF, 2019:15). Für den vorherrschenden Fall höchst unterschiedlicher Elektroschrott-Zusammensetzungen wird der Einsatz kollaborativer, lernfähiger Roboter erforscht, die den Menschen bei der Erkennung und Sortierung von Materialien und Komponenten unterstützen, aber vor allem physisch anstrengende oder gefährliche Arbeiten bei der Demontage übernehmen (Alvarez-de-los-Mozos und Renteria, 2017:61). Ein Produktpass kann dies wesentlich erleichtern (WEF, 2019:15). Für beide Formen des Robotikeinsatzes bilden vor allem Probleme der Wirtschaftlichkeit im Vergleich zu bestehenden Praktiken noch eine Barriere. Bei der Rückgewinnung der Rohstoffe könnten innovative Ansätze aus der Bio- bzw. Materialwissenschaft zur Anwendung kommen, z.B. die Rückgewinnung Seltener Erden und Metalle durch mikrobiologische Verfahren (Bohnet, 2018).

Gewonnene Rohstoffe und anfallende „Abfälle" könnten künftig über digitale Plattformen zwischen Unternehmen unterschiedlicher Wertschöpfungsstufen

Kasten 5.2.5-3

Forschungsempfehlungen zum Schauplatz „Elektroschrott und Kreislaufwirtschaft"

Der WBGU empfiehlt eine breit angelegte, transformative Forschungsoffensive zu Elektroschrott im Kontext der digital unterstützten Kreislaufwirtschaft.

- *Materialnachfrage und Stoffströme:* Ursachen steigender Materialnachfrage im IKT-Sektor wie beschleunigte Produktzyklen, (nicht intendierte) Obsoleszenz durch Software und Überfunktionalität sollten besser erforscht werden. Zudem ist eine global orientierte Forschung zu Stoffströmen im Kontext von Elektroschrott zu empfehlen.
- *Materialsubstitution:* Die Materialforschung sollte verstärkt einen Schwerpunkt darauf legen, die Substitution durch weniger seltene sowie weniger toxische und umweltgefährdende Materialien sowie durch biologisch abbaubare Elektronik voranzutreiben. So gibt es z.B. Hinweise darauf, dass sich einige der strategischen Metalle durch kohlenstoffbasierte Nano-Materialien substituieren lassen könnten (Arvidsson und Sandén, 2017). Entsprechende Materialforschung sollte durch die Untersuchung möglicher Umwelt- und Gesundheitswirkungen neuartiger Substitute flankiert werden.
- *Recyclingtechnologien:* Forschung und Entwicklung zu technischen Lösungen für die Nutzung von Robotik und Maschinenlernen bzw. KI in der Kreislaufwirtschaft sowie für das Recycling von strategischen Metallen und Seltenen Erden aus Elektroschrott und Batterien (u.a. Bioleaching) sollten gestärkt werden.
- *Strategische Ansätze:* Die theoretischen und praktischen Grenzen der Kreislaufwirtschaft sollten ausgelotet werden, um die Notwendigkeit begleitender Maßnahmen wie Effizienz- und Suffizienzstrategien einschätzen zu können. Forschungsvorhaben im Bereich Abfallprävention (insbesondere zu Rebound-Effekten) sowie zum Einfluss von Produktinformation wie zu Langlebigkeit, Reparierbarkeit und Recyclingfähigkeit auf Konsumentscheidungen sollten angestoßen bzw. verstärkt werden. Die Entwicklung einer Kennzahl für ökologische Obsoleszenz sollte geprüft werden.
- *Wirksamkeit von Regulierung:* Studien zu wirtschaftlichen Anreizen für die Verminderung der Nachfrage am Anfang der Designphase sowie für die Verlängerung von Produktlebenszeiten könnten langfristig dazu beitragen, die Recyclingquoten zu erhöhen. Die Ergebnisse könnten zu verbesserten städtischen und staatlichen Regulierungen im Bereich der Abfall-Governance führen (z.B. Sammelsysteme, Abgaben zur Steuerung des Abfallaufkommens).
- *Kriterien und Standards:* Angewandte Forschung und Unternehmensforschung in den Bereichen Green ICT, Open Source für Produktdesigns, digital gestützte Kreislaufwirtschaft in Bezug auf Nachhaltigkeitskriterien und -standards inklusive nachhaltiger und langlebiger (offener) Soft- und Hardware sollten vermehrt unterstützt werden.
- *Zugang zu Daten und Informationen:* Öffentlich zugängliche Daten und Informationen im Bereich Ressourcen, Stoffströme und Elektroschrott sind wichtige Voraussetzung für Forschungsarbeiten (Kap. 5.3.10). Ein Beispiel ist die quantitative Analyse der Materialflüsse in der Elektronikindustrie: Welches Wiederverwendungspotenzial steckt in den unterschiedlichsten Abfallströmen? Welche Informationen (verwendete Materialen, Baupläne) sind in den bestehenden Datenplattformen vorhanden bzw. sollten vorhanden sein? Zu welchen Kosten und für wen sind sie verwendbar?
- *Partizipation und Akteure:* Teilhabemöglichkeiten und Auswirkungen unterschiedlicher Gestaltungsoptionen der Kreislaufwirtschaft auf verschiedene Akteursgruppen wie z.B. zivilgesellschaftliche Initiativen (z.B. Repair-Cafés), Hersteller und unabhängige Reparaturwerkstätten sowie Individuen sollten untersucht werden, v.a. auch mit Blick auf die Wirkungspotenziale sozialer Innovationen.

und Branchen (regional) gehandelt werden und so eine „industrielle Symbiose" im Bereich Elektroschrott voranbringen (Marconi et al., 2018; Kap. 5.2.1). Vorschläge reichen bis hin zu automatisierten Markt- und Logistikplattformen für Sekundärrohstoffe oder intelligente Produkte, die quasi selbst ihren Markt erzeugen; Distributed-Ledger-Technologien (Kap. 3.3.5.5) könnten für die erforderliche Anonymisierung von Unternehmens- und Kundendaten sorgen (Wilts, 2018:11; Rajala et al., 2018).

5.2.5.4 Folgerungen

Die klare Weichenstellung in Richtung einer möglichst vollständigen, zielgerichtet digital unterstützten Kreislaufwirtschaft sollte elementarer Bestandteil des Wegs hin zu Nachhaltigkeit und Zukunftsfähigkeit sein. Digitale Technologien können dabei helfen, Kreislaufoptionen besser erkennbar, nachvollziehbar und koordinierbar zu machen sowie Prozesslücken zu schließen. Die Politik sollte eine systemische und transformative Strategie verfolgen, die den gesamten Lebenszyklus von Produkten und Dienstleistungen in den Blick nimmt – hier am Beispiel der Elektronik- bzw. Elektroprodukte ausgeführt. Wo sinnvoll, bedient sie sich digitaler Technologien als Hilfsmittel. Ansatzpunkte hierfür bieten sich beim intelligenten, auf Energie- und Ressourceneinsparung sowie Recyclingfähigkeit ausgerichteten Produktdesign (Reller et al., 2013), der Koordination einer verlängerten Nutzungsdauer sowie am Ende des Lebenszyklus, wo digitale Lösungen auch bei Recycling bzw. Entsorgung dazu beitragen können, dass toxische, umweltgefährdende Stoffe Umwelt und Gesundheit nicht belasten.

Der Umgang mit Elektroschrott ist immer noch vorwiegend auf Abfall und somit die Endphase des Lebenszyklus orientiert, was aber dem Elektroschrottproblem nicht gerecht wird. Eine digital unterstütze Kreislaufwirtschaft sollte mit Strategien wie Suffizienz, Ökodesign, Reparatur und Wiederverwendung verstärkt auf die Anfangsphase des Produktlebenszyklus ausgerichtet werden. Neben technischen und rechtlichen Lösungen sind hierfür auch neue Geschäftsmodelle, Verbraucherbildung, soziale Innovationen und veränderte kulturelle Praktiken gefragt, beispielsweise zu Verhaltensänderungen und nachhaltigem Konsum (Kap. 5.2.2, 5.2.3). Ohne flankierende Strategien für Suffizienz und veränderte Konsummuster wird Kreislaufwirtschaft nicht erfolgreich sein können (Schneidewind, 2018).

Der WBGU empfiehlt zeitnahe politische und ökonomische Weichenstellungen: Klare Regulierung und Anreizmaßnahmen (sowohl national und europäisch, als auch international), um bereits beim Produktdesign weg von toxischen Stoffen und hin zu Ressourceneffizienz und modularen Produkten zu gelangen; eine neue, auch digital unterstützte Sharing-Ökonomie und Produkt-Service-Systeme; Impulssetzungen weg von der Wegwerfmentalität hin zu langlebigen Produkten und Reparatur sowie weg von illegalen Elektroschrottexporten in Schwellen- und Entwicklungsländer hin zu effektivem Recycling an den Orten des Konsums. Rechtliche und steuerliche Anreize werden bei dieser Umstellung eine wichtige Rolle spielen. Zu den Voraussetzungen für diese Weichenstellung gehören eine bedachte *Digitalisierungsoffensive*, um die genannten positiven Potenziale der Digitalisierung entlang des gesamten Produktlebenszyklus zu heben und Rebound-Effekten zu begegnen (Kasten 5.2.5-2), sowie eine *Forschungsoffensive*, die Optionen verbesserter Informationszugänglichkeit über Produktreparierbarkeit bis hin zur Entwicklung biologisch abbaubarer Elektronik in den Blick nimmt (Kasten 5.2.5-3).

5.2.6
Digitalisierung für Klimaschutz und Energiewende

SDG 7 zielt auf den Zugang aller Menschen zu bezahlbarer, verlässlicher, nachhaltiger und zeitgemäßer Energie, SDG 13 auf die Bekämpfung des Klimawandels und seiner Auswirkungen. Beide Ziele können nur im Zusammenhang erreicht werden, wobei digitale Technologien wie intelligente Stromnetze (Smart Grids), intelligente Messsysteme (Smart Meter) und digital unterstützte Energiespeicher eine wichtige Rolle einnehmen können.

Die erfolgreiche Umsetzung des Übereinkommens von Paris erfordert eine Transformation der Energiesysteme sowie Änderungen in der Landnutzung, der urbanen Infrastrukturen und der industriellen Produktion (IPCC, 2018; WBGU, 2011). Während es für kurzlebigere Treibhausgase wie CH_4 und N_2O, die etwa in der Landwirtschaft entstehen, ausreichend ist, die Emissionen auf einem niedrigen Niveau zu stabilisieren, müssen die anthropogenen Emissionen von CO_2 auf null abgesenkt werden, um eine weitere Klimaerwärmung zu stoppen (IPCC, 2018:14f.). Hauptquellen anthropogener CO_2-Emissionen sind die Nutzung fossiler Energieträger wie Kohle, Erdöl und Erdgas sowie zu einem geringeren Teil (12 %) Emissionen aus Landnutzungsänderungen (Le Quéré et al., 2018). Je nachdem, wie schnell die Treibhausgasemissionen sinken, wird mittelfristig zusätzlich eine Entfernung von CO_2 aus der Atmosphäre nötig sein, um die Ziele des Abkommens zu erreichen (IPCC, 2018; Kasten 5.2.6-1). Aus Sicht des WBGU sollte die Notwendigkeit solcher „negativen Emissionen" möglichst gering gehalten werden (WBGU, 2016b). Zentral ist daher eine weitgehende Dekarbonisierung der globalen Energiesysteme bis Mitte des 21. Jahrhunderts. Dies wird nur möglich sein, wenn die Energienachfrage im selben Zeitraum nicht zu stark ansteigt (WBGU, 2016b). Noch werden knapp 80 % der globalen Energienachfrage mit fossilen Energieträgern bedient und nur gut 10 % durch moderne erneuerbare Energien (Wasserkraft, Wind, Sonne, Biomasse bzw. Biokraftstoffe, Geothermie, Meeresenergie; REN21, 2018a:34). Gleichzeitig muss der Zugang aller Menschen zu nachhaltiger und moderner Energie gesichert werden (SDG 7). Noch immer haben fast 1 Mrd. Menschen weltweit keinen Zugang zu Elektrizität, und rund 3 Mrd. Menschen sind zum Kochen auf gesundheitsschädliche Energieformen wie traditionelle Biomasse oder Kohle angewiesen (UN, 2018c). Wissenschaftler*innen haben verschiedene Szenarien entwickelt, wie bis 2050 alle Sektoren zu 100 % mit erneuerbaren Energien versorgt werden könnten (WBGU, 2016b; Jacobson et al., 2017). Kernelemente solcher Szenarien sind die Elektrizitätserzeugung auf Basis erneuerbarer Energien, die Vernetzung der Elektrizität mit anderen Sektoren wie Mobilität, Wärme und Industrie (Sektorkopplung) sowie Technologien und Instrumente zur Dämpfung der Energienachfrage. Eine solche globale Energiewende könnte zudem Millionen Todesfälle durch Luftverschmutzung verhindern (Jacobson et al., 2017).

Digitale Technologien spielen eine Schlüsselrolle für die Ermöglichung einer globalen Energiewende. Ihr Einsatz kann die Weichen für die Dekarbonisierung der Energiesysteme stellen (Kap. 5.2.6.1) und zur verlässlichen Energieversorgung in netzfernen Regionen beitragen (Kap. 5.2.6.2). Gleichermaßen kann die Digitalisierung die Energiewende aber auch gefährden, wenn sie zu einer stark steigenden Energienachfrage führt (Kap. 5.2.6.3). Digitale Technologien und Anwendungen können auch jenseits des Energiesektors zum Klimaschutz beitragen, wobei auch in ande-

Kasten 5.2.6-1

Das Spannungsfeld zwischen „negativen Emissionen" und synthetischen Kraftstoffen

Digitale Technologien nehmen eine wichtige Rolle für den Klimaschutz im Verkehr ein, etwa indem sie neue Mobilitätskonzepte ermöglichen, die potenziell die Verkehrsmenge reduzieren. Sie sollten darüber hinaus eingesetzt werden, um im Rahmen der Sektorkopplung neue Antriebsformen zu ermöglichen und dabei Pfadabhängigkeiten vermeiden, die den langfristigen Klimaschutz erschweren könnten.

Kaum ein Klimaschutzszenario, das den Zielen des Übereinkommens von Paris gerecht wird, kommt in der zweiten Hälfte dieses Jahrhunderts ohne „negative Emissionen" aus, d.h. ohne die Entfernung von CO_2 aus der Atmosphäre (IPCC, 2018). Dabei geht es um Hunderte von Mrd. t CO_2, die über das 21. Jahrhundert aus der Atmosphäre entfernt werden müssten. Zum Vergleich: Die derzeitigen globalen jährlichen Emissionen aus der Verbrennung fossiler Energieträger betragen etwa 36 Mrd. t CO_2. Derzeit ist noch unklar, mit welchen Technologien CO_2 tatsächlich langfristig aus der Atmosphäre entfernt werden kann. Im Gespräch ist zum einen die Kombination von Bioenergienutzung mit der Abscheidung und Einlagerung von CO_2 (Bioenergy with Carbon Capture and Storage – BECCS), zum anderen geht es um großskalige Aufforstung; in Modellstudien zum Klimaschutz werden fast ausschließlich diese beiden Optionen berücksichtigt (Fuss et al., 2014). Beide Methoden stehen in Konkurrenz zu anderen Landnutzungen, etwa für Ernährung oder Artenvielfalt. Andere Technologien, wie die direkte technische Aufnahme von CO_2 aus der Atmosphäre (Direct Air Capture – DAC) sind derzeit nicht ökonomisch darstellbar, extrem energieintensiv und erreichen nur winzige Aufnahmemengen (z.B. climeworks.com: 900 t CO_2 pro Jahr). Entsprechende Projekte zielen in der Regel auf die Nutzung des abgetrennten CO_2 ab (de Coninck et al., 2018:346; Wilcox et al., 2017). Es wird also schwierig werden, die erforderlichen Mengen an CO_2 dauerhaft aus der Atmosphäre zu entfernen.

Gleichzeitig wird im Rahmen der Energiewende zunehmend die Nutzung synthetischer Kraftstoffe auf Basis erneuerbarer Energien als Option für einen klimaverträglichen Verkehrssektor diskutiert (WEC, 2018). Hierbei kann es sich um Wasserstoff handeln, der über Wasserelektrolyse gewonnen wird, oder aber um kohlenstoffbasierte synthetische Kraftstoffe wie Methan, Methanol, Diesel, Benzin oder Kerosin. Letztere benötigen in der Herstellung CO_2 und setzen dieses bei der Nutzung wieder frei. Um diese Kraftstoffe CO_2-neutral zu halten, muss das eingesetzte CO_2 also aus der Atmosphäre stammen, d.h. aus Biomasse oder DAC. Dieses aus der Atmosphäre stammende CO_2 steht damit nicht mehr für die Schaffung der notwendigen „negativen Emissionen" zur Verfügung, sondern wird bei der Nutzung der entsprechenden synthetischen Kraftstoffe wieder in die Atmosphäre freigesetzt. Der World Energy Council rechnet bis 2050 mit einer globalen Nachfrage nach synthetischen Kraftstoffen von 10.000 bis 20.000 TWh pro Jahr. Handelt es sich dabei um kohlenstoffbasierte Kraftstoffe, entspricht dies einer erheblichen Menge an CO_2, die nicht für die langfristige Einlagerung zur Verfügung stünde: Nimmt man etwa an, es handelt sich ausschließlich um synthetisches Methan (dies setzt ca. 500 g CO_2 pro KWh frei (WBGU, 2011), entspräche dies etwa 5–10 Mrd. t CO_2 pro Jahr.

Der WBGU empfiehlt daher, für die Sektorkopplung im Verkehrsbereich nicht auf kohlenstoffbasierte synthetische Kraftstoffe zu fokussieren, sondern primär andere Lösungen (z.B. Batterien, Wasserstoff) anzustreben. Besondere Herausforderungen ergeben sich allerdings bei der Luftfahrt, beim Langstreckentransport und der Schifffahrt (Davis et al., 2018). Hierzu sollte verstärkt erforscht werden, welchen Beitrag digitale Technologien leisten können, um die Notwendigkeit kohlenstoffbasierter synthetischer Kraftstoffe möglichst gering zu halten, etwa im Bereich der Material- oder Batterieforschung.

---

ren Sektoren mögliche Rebound-Effekte kritisch zu prüfen sind. Beispielsweise könnte nachhaltige Intensivierung in der Landwirtschaft mit Hilfe digitaler Technologien den Druck auf Landnutzungsänderungen vermindern und so Emissionen vermeiden (Kap. 5.2.9). Integrierte Smart-City-Konzepte (Kap. 5.2.7) könnten urbane Emissionen senken. Auch in der Industrie gibt es ehebliche Effizienzpotenziale die dem Klimaschutz dienen können, etwa im Bereich der Warenproduktion (Kap. 5.2.1). Weitere Potenziale ergeben sich bei der Logistik in Gebäuden und im Transportsektor (Kap. 5.2.8; de Coninck et al., 2018:370). Zudem sind digitale Technologien nicht nur für den Klimaschutz relevant, sondern können insbesondere auch im Bereich der Informationsbereitstellung für Klimaanpassung und Katastrophenvorsorge eine wichtige Rolle spielen, etwa durch verbesserte Wettervorhersage und Frühwarnsysteme (Lourenço et al., 2015).

5.2.6.1 Digitale Technologien für die Energiewende nutzen

Die Digitalisierung der Energiesysteme ist bereits in vollem Gange. Globale Investitionen in digitale Elektrizitätsinfrastruktur und Software sind in den letzten Jahren um jährlich 20% gestiegen (IEA, 2017a:21). Digitale Technologien beeinflussen dabei so gut wie alle Aspekte der Energiesysteme (IEA, 2017c), und ihnen wird ein erhebliches transformatives Potenzial für das gesamte Energiesystem zugesprochen (IEA, 2017a).

In der Vergangenheit war der Elektrizitätssektor durch Großkraftwerke geprägt, die bedarfsgerecht Strom bereitstellen. Mittlerweile wird der Strom global bereits zu mehr als 26% auf der Basis erneuerbarer Energieträger erzeugt (REN21, 2018b:41), mit steigender Tendenz. Aufgrund der dezentralen und fluktuierenden Verfügbarkeit erneuerbarer Energien stellt deren großflächige Integration in bestehende netzgebundene Elektrizitätssysteme zunehmende Herausforderungen an existierende Infrastrukturen und Regulierungen. Die Systemintegration ist eine Voraussetzung, um z.B. auch das in vielen Szenarien noch unterschätzte Potenzial der Photovoltaik erschließen zu können (Creutzig et al., 2017). Konzeptionell kann dieser Herausforderung mit „virtuellen Kraftwerken" begegnet werden, d.h. einer intelligenten Zusammenschaltung und gemeinsamen Steuerung verschiedener dezentraler Stromerzeuger und Speicher. Virtuelle Kraftwerke können flexibel auf Änderungen im Netz reagieren und tragen durch die gemeinsame Steuerung dezentraler Energieerzeugungs- und -speicherungsanlagen wesentlich zu einer stabilen Energieversorgung bei. Aufgrund der Bündelung und Kombination mit Speichern können volatile Energiequellen geglättet werden und verlässlich elektrische Leistung bereitgestellt werden. Der Zweck des Zusammenschlusses ist dabei auch eine gemeinsame Vermarktung von Strom und Flexibilität sowie die Bereitstellung von Systemdienstleistungen wie z.B. von Regelleistung. Lösungen zur digitalen Vernetzung und intelligenten Steuerung unterstützen auch den im folgenden beschriebenen Paradigmenwechsel bei der Flexibilisierung der Energieversorgung (Farhangi, 2010).

Der Elektrizitätssektor ist heute zudem noch immer weitgehend von den anderen Energiesektoren wie Heizung bzw. Kühlung und Transport isoliert und macht für sich genommen etwa 20% der globalen Endenergienachfrage aus (REN21, 2018a). Zukünftig ist erstens ein sehr viel komplexeres, dezentrales System denkbar, bei dem nicht mehr ausschließlich die Bereitstellung der Nachfrage angepasst wird, sondern gleichzeitig durch „smarte" Systeme die Nachfrage gesteuert werden kann um dem Angebot zu folgen. Zweitens werden die Sektorgrenzen im Zuge der Sektorkopplung durchlässiger: Wärme und Mobilität werden zunehmend mit Elektrizität gekoppelt, und stellen gleichzeitig neue Speicherkapazitäten zur Verfügung (z.B. Batterien von Elektroautos). Es wird erwartet, dass in einem solchen System den digital unterstützten Übertragungsnetzen bzw. ihren Betreibern eine zentrale Rolle bei der Stabilisierung des Gesamtsystems zukommt (IEA, 2017a:86).

Diese Entwicklungen könnten den Weg in eine vollständig erneuerbare und weitgehend emissionsfreie Energiezukunft ebnen, sofern die entsprechenden Anreize und Rahmenbedingungen gesetzt werden. Dabei ist es wichtig, auch die systemischen Verknüpfungen mit anderen für den Klimaschutz relevanten Sektoren sowie Auswirkungen auf andere Aspekte der Nachhaltigkeit zu betrachten. Als Möglichkeit für die Sektorkopplung wird z.B. nicht nur die Elektrifizierung, sondern auch die Substitution fossiler Energieträger durch Biomasse oder synthetische Kraftstoffe auf Basis erneuerbarer Energien diskutiert. Der WBGU empfiehlt, dabei einen holistischen Blick auf die Anforderungen des Klima- und Biodiversitätsschutzes sowie die SDGs zu wahren. Die Nutzung von Bioenergie muss im Kontext von Landnutzungskonkurrenzen (Nahrungsmittelproduktion, Ökosystemleistungen, Artenschutz) bewertet werden (Smith, 2018; WBGU, 2009b). Die Potenziale kohlenstoffbasierter synthetischer Kraftstoffe sollten im Kontext mit den langfristigen Herausforderungen des Klimaschutzes bewertet werden (Kasten 5.2.6-1).

5.2.6.2
Digitale Technologien zur Überwindung von Energiearmut in Entwicklungsländern nutzen

Die Kombination von erneuerbaren Energiequellen und digitalen Lösungen kann einen wichtigen Beitrag zur Überwindung von Energiearmut leisten (Hafner et al., 2019, UNIDO, 2017). Obschon der Anteil der globalen Bevölkerung mit Zugang zu Elektrizität stetig ansteigt (von 79% im Jahr 2000 auf 87% im Jahr 2016; IEA, 2017b), reichen derzeitige Bemühungen nicht aus um bis 2030 allen Menschen Zugang zu erschwinglicher, verlässlicher und nachhaltiger Energie zu gewährleisten (SDG 7; UN, 2018c). Noch im Jahr 2016 hatten in der UN-Gruppe der am wenigsten entwickelten Staaten (LDCs) über 65% der Bevölkerung keinen Zugang zu Elektrizität (World Bank, 2017b). Dabei ist der ländliche Raum deutlich im Nachteil: 80% der Personen die seit 2010 Zugang erhielten leben in Städten und die ländliche Bevölkerung macht 87% des Zugangsdefizits aus (UN, 2018c).

Verlässliche Stromversorgung in netzfernen Regionen: Solar-Home-Systeme und Mini Grids

Viele der oben genannten Potenziale digitalisierter Technik für die Energiewende können Regionen mit unterentwickelter Netzinfrastruktur technisches Leapfrogging beim Netzausbau ermöglichen und dabei neben CO_2-Emissionen auch Stromausfälle und Verluste reduzieren (IEA, 2017a; IRENA, 2019). Der flächendeckende Netzausbau in nichtelektrifizierten Gegenden ist jedoch ökonomisch und technisch schwierig, weshalb in den netzfernen ländlichen Regionen zunehmend auf dezentralisierte Energieversorgung mit digitaler Unterstützung gesetzt wird (Alstone et al., 2015). Im Fokus stehen zwei Ansätze: Der Ausbau kleinerer lokaler Netze, Mini Grids sowie haushaltsbasierter Insellösungen wie etwa Solar-Home-Systeme (SHS; Nerini et al., 2016).

Für die Bereitstellung und Finanzierung von SHS, die gewöhnlich aus einem Solarmodul und einer Batterie bestehen, ist IKT zentral. SHS nutzen häufig die bereits verbreitete Mobilfunkinfrastruktur. Typische Geschäftsmodelle sind „pay to own" (per Mobiltelefon wird ein netzunabhängiges Gerät in Raten abbezahlt) und „solar as a service“ (per Mobiltelefon werden Zahlungen für Strom als Dienstleistung getätigt, jedoch wird das Gerät nie zum Eigentum; IEA, 2017b). Diese Systeme eignen sich für Regionen mit niedriger Bevölkerungsdichte und können relativ zügig eine Basisversorgung auf Haushaltsebene schaffen. Außer in Regionen mit sehr niedriger Bevölkerungsdichte werden sie aufgrund der Kostenintensität und relativ geringen Strommengen pro Haushalt jedoch nur als kurzfristige Maßnahme gesehen (Chattopadhyay et al., 2015; Nerini et al., 2016).

Langfristig verlässlicheren Energiezugang bieten Mini Grids, d.h. lokale Energienetze, die unabhängig von einem Hauptnetz operieren können und auf modularen Erzeugungstechnologien beruhen, z.B. Photovoltaik, Windturbinen, kleinen Wasserkraftwerken und derzeit häufig auch noch Diesel- oder Gasgeneratoren. Ohne solche emissionsintensiven Generatoren werden zunehmend Batteriespeicher eingesetzt, um einen stabilen Stromfluss zu ermöglichen (IEA, 2017b). Im Jahr 2016 wurden bereits 133 Mio. Personen mit netzunabhängiger erneuerbarer Energie versorgt, davon 2,1 Mio. Personen von photovoltaikbasierten Mini Grids. Und die Wachstumsraten sind hoch: In nur acht Jahren verdreifachte sich die Zahl der in Asien über Mini Grids versorgten Personen, im afrikanischen Kontinent wuchs sie um das Sechsfache (IRENA, 2016).

Auf Basis erneuerbarer Energie betriebene Mini Grids bieten im Vergleich zu SHS einige Vorteile: Sie können mehreren Haushalten gleichzeitig eine qualitativ hochwertige Stromversorgung bereitstellen und sind dabei kostengünstiger. Sie ermöglichen zudem grundlegende Dienste wie Straßenbeleuchtung, sind spannungsstabil und belastbar genug für industrielle Zwecke, und sie können mittelfristig ins nationale Netz integriert werden. Selbst in Gegenden mit Netzanschluss bieten sie ein verlässliches Ersatzsystem bei Versorgungsstörungen und erhöhen deren Resilienz (IRENA, 2016; IEA, 2017b).

Für die beschleunigte regionale Ausweitung solcher Systeme können digitale Innovationen einen wichtigen Beitrag leisten. Ähnlich wie im Hauptnetz kann IKT die Leistungsstandards von Mini Grids verbessern (z.B. flexible Lastenkontrolle, intelligente Zähler) und ähnlich wie bei SHS können Konsumenten durch das Mobilfunknetz aktiver einbezogen und informiert werden (IEA, 2017a; IRENA, 2019). Aktuelle Forschung zielt darauf, kurzfristige Kontrollsysteme mit intelligenter Steuerung und akkurateren Leistungsprognosen für Solar- und Windenergie zu verfeinern, Zählertechnologien anzupassen, Interoperabilität durch Standards zu verbessern, sowie die Verknüpfung unterschiedlicher Technologien zu vereinfachen (IRENA, 2016). In Verbindung mit den sinkenden Kosten für Photovoltaik und Batteriesysteme liegt hier großes Potenzial, das SDG 7 zu erreichen. Jedoch sollten auch hier neu aufkommende digitale Risiken etwa für Netzresilienz und Privatsphäre vermehrt erforscht und adressiert werden.

Während die technologischen Grundlagen weitestgehend existieren, sind förderliche politische Rahmenbedingungen und Investitionen notwendig, um die Marktreife und Marktdurchdringung von Mini Grids zu erreichen. Die Regulierung von Mini Grids steht noch am Anfang. Die Internationale Agentur für Erneuerbare Energie (IRENA) empfiehlt, dass neu einzuführende Standards ausreichend flexibel sein sollten, um auch weitere Entwicklungen und Innovationen zu ermöglichen (IRENA, 2016). Die Regierungen sollten den Aufbau von Kompetenzen und die Verbreitung von Expertise durch internationale Kooperation und Industrieförderung stärken. Die Internationale Energieagentur (IEA) betont zudem, dass Mini-Grid-Systeme von der jeweiligen Landesregierung mit langfristigen Plänen zum strategischen Netzausbau verknüpft werden sollten (IEA, 2017b). Die dynamische Entwicklung der Energiemärkte sowie digitaler Innovationen sind hierbei für politische Entscheidungsträger eine nicht zu unterschätzende Herausforderung.

5.2.6.3 Durch Digitalisierung erzeugte Energienachfrage einhegen

Eine zu starke Steigerung der globalen Energienachfrage kann die Energiewende unterminieren, da dann eine rechtzeitige vollständige Dekarbonisierung der Energiesysteme erschwert wird. Globale Abschätzungen, wie die Digitalisierung mit ihren direkten und indirekten Effekten die globale Energienachfrage beeinflussen wird, liegen nicht vor (Köhler et al., 2018). Verschiedene Studien zeigen potenziell erhebliche positive wie negative Auswirkungen der Digitalisierung auf die Energienachfrage in verschiedenen Sektoren, wobei die Unsicherheiten sehr groß sind. Der möglichen höheren Effizienz durch intelligente Steuerung und Elektrifizierung stehen Steigerungen der Energienachfrage durch neue Geräte, Softwareanwendungen und Verhaltensänderungen gegenüber (Köhler et al., 2018). Es wird daher extrem von den Rahmenbedingungen abhängen, welchen Weg die zukünftige Energienachfrage nimmt.

Änderung der Energienachfrage in ausgewählten Sektoren durch digitale Technologien

Auswirkungen digitaler Technologien auf die Energienutzung des Transportsektors, die derzeit 28 % der globalen Endenergienachfrage ausmacht (IEA, 2017a), ergeben sich etwa durch die erwartete Automatisierung, Vernetzung und Elektrifizierung und Möglichkeiten des

Sharings. Sie könnten erheblich sein, ohne dass jedoch klar ist, ob sie die Nachfrage erhöhen oder senken. Szenarien von Wadud et al. (2016) zeigen beispielsweise, dass sich im Transportsektor der USA die Energienachfrage durch Automatisierung der Fahrzeuge halbieren oder sogar mehr als verdoppeln könnte, abhängig von den Annahmen über technologische und gesellschaftliche Entwicklungen. Beispielsweise könnten Teilautomatisierungen durch Effizienzeffekte die Energienachfrage senken, während vollautonome Fahrzeuge erhöhte Anreize zum Reisen bieten. Die urbane Mobilität wird noch einmal vertieft in Kapitel 5.2.8 diskutiert.

Gebäude sind derzeit für etwa ein Drittel der globalen Endenergienachfrage und 55% der Elektrizitätsnutzung verantwortlich. Werden die durch digitale Technologien ermöglichten Effizienzpotenziale genutzt (z.B. smarte Steuerung, Nutzung von Echtzeitdaten bei Heizung, Kühlung und Beleuchtung), könnte nach einer Berechnung der IEA die Gesamtenergienachfrage in diesem Sektor im Zeitraum 2017–2040 um 10% gegenüber einem Referenzszenario ohne Nutzung dieser Potenziale gesenkt werden. Dies setzt allerdings voraus, dass nur ein geringer Rebound-Effekt zu verzeichnen ist. Nach Einschätzung der IEA wäre es gleichermaßen möglich, dass diese Einsparungen durch neue digitale Dienstleistungen und steigende Stand-by-Verbräuche wieder zunichte gemacht werden (IEA, 2017a: 29).

Ein dritter wichtiger Sektor ist die Industrie mit derzeit 38% der globalen Endenergienachfrage. Automatisierung hat in diesem Sektor eine lange Geschichte, und es gibt zahlreiche Beispiele, wie Effizienzgewinne realisiert werden können, etwa durch optimierte Prozesskontrolle (IEA, 2017a). Digitalisierung kann zudem zielgerichtete Innovationen unterstützen, etwa indem energie- und ressourcenintensive Testreihen auf einen „digitalen Zwilling" übertragen werden, also virtuell erfolgen. Kapitel 5.2.1 gibt einen Überblick über Potenziale der Digitalisierung für industrielle Produktion und Kreislaufwirtschaft. Produktionsprozesse könnten also durch die Digitalisierung Effizienzsteigerungen erfahren, allerdings steht diesen auch wieder eine Steigerung der Energienachfrage durch Rechnerleistungen, Datenübertragung und Datenspeicherung gegenüber, so dass die Nettoeffekte unklar sind (EU-Parlament, 2016). Zudem sind viele der Effizienzpotenziale mit erheblichen Anfangsinvestitionen verbunden und erfordern spezielle technische Expertise, was insbesondere für kleine und mittlere Unternehmen eine Herausforderung sein kann (IEA, 2017a).

Die Energienachfrage der digitalen Infrastruktur

Die digitalen Lösungen, welche die Potenziale für eine rapide Dekarbonisierung bergen, benötigen selbst Energie. Wenn Milliarden neue Geräte in den kommenden Jahren vernetzt werden, wird die Energienachfrage durch Datenzentren und Übertragungsdienste steigen. Die IEA beziffert allein die globale Stromnachfrage von Datenzentren auf 194 TWh (1% der globalen Nachfrage) in 2014, die von Übertragungsdiensten auf 185 TWh in 2015. Bis 2020 sei zudem mit mehr als 20 Mrd. vernetzten IoT-Geräten zu rechnen, die alle Strom nachfragen. Prognosen über die zukünftige Energienachfrage durch IKT die über wenige Jahre hinausgingen seien jedoch schwierig, da zum einen hohe Unsicherheiten über die stark wachsenden Datenmengen bestehen, zum anderen kaum absehbar sei, ob weitere Effizienzverbesserungen möglich seien (IEA, 2017a: 103). Derzeit zeichnet sich jedoch trotz hoher Effizienzsteigerungen im IKT-Sektor keine Trendwende ab. Im Gegenteil: die direkte Energienachfrage des IKT-Sektors steigt weiterhin rasant an (Köhler et al., 2018). Energieeffizienz wie auch Ressourceneffizienz sollten daher als dezidiertes Innovationsziel digitalisierter Systeme und Anwendungen etabliert und durch entsprechende regulatorische Rahmenbedingungen flankiert werden.

5.2.6.4 Risiken eines digitalisierten Energiesystems: Resilienz und Privatsphäre

Wieviel Digitalisierung benötigt ein tatsächlich „intelligentes" Energiesystem? Die zunehmende Digitalisierung der Energiesysteme im Zuge der Diversifizierung und Dezentralisierung von Energietechnologien, die Einbindung von Millionen von Energie-„Prosumenten" und Milliarden von IoT-Geräten in die Energienetze und der immer umfangreichere Einsatz von digitalem Monitoring und Steuerungselementen lässt ein komplexes „Energie-Internet" entstehen (IEA, 2017a). Dieses hochgradig IKT-abhängige Energiesystem birgt neue Risiken für Resilienz und Privatsphäre: Smart Grids sind nicht zwangsläufig die robusteren oder effizienteren Systeme und können sogar, etwa bei übermäßiger Automatisierung, Menschen in ihrer individuellen Entscheidungsmacht und Mündigkeit im Sinne nachhaltigen Handelns einschränken.

Resilienz der Energieversorgung

Energiesysteme gehören zu den besonders kritischen Infrastrukturen, da nicht nur die Energieversorgung selbst, sondern auch alle anderen kritischen Infrastrukturen wie Wasserversorgung oder Kommunikationsnetze von ihnen abhängen. Durch die zunehmende Digitalisierung und Vernetzung der Energiesysteme können sich zusätzliche Risiken bezüglich ihrer Verlässlichkeit und Stabilität ergeben (EU-Parlament, 2016). Die Ausweitung der Energienetze zu einem „Energie-Internet", bei dem z.B. auch Endgeräte eingebunden sind, kann die

Kasten 5.2.6-2

Handlungsempfehlungen zum Schauplatz „Digitalisierung für Klimaschutz und Energiewende"

- *Klima- und energiepolitische Rahmenbedingungen stärken:* Ohne klare Richtlinien kann die Digitalisierung als Brandbeschleuniger des steigenden Energie- und Ressourcenbedarfs sowie der Treibhausgasemissionen wirken. Grundvoraussetzung, um die Potenziale der Digitalisierung für die Transformation der Energiesysteme und den Klimaschutz zu nutzen sind daher starke klima- und energiepolitische Rahmenbedingungen, wie sie der WBGU in früheren Gutachten bereits ausgeführt hat (WBGU, 2011, 2016b). Dabei geht es unter anderem um langfristige politische, ökonomische und regulative Rahmenbedingungen für eine vollständige Dekarbonisierung der Energiesysteme, die Mitte des Jahrhunderts weitgehend vollzogen sein sollte. Durch eine entsprechende Innovationspolitik sollten zudem gezielt technologische Entwicklungen forciert werden, die aus derzeitiger Sicht schwierig zu dekarbonisierende Sektoren adressieren. Auch rechtzeitige Infrastrukturinvestitionen sind notwendig, um eine Energiewende zur Nachhaltigkeit zu ermöglichen.
- *Energie- und Ressourceneffizienz als Innovationsziel für digitale Technologien und Anwendungen etablieren:* Angesichts der in vielen Bereichen exponentiell steigenden Nutzungen digitaler Technologien und Anwendungen, die auch immer mehr Bereiche des Alltags umfassen, muss die Eingrenzung des jeweiligen ökologischen Fußabdrucks eine hohe Priorität bekommen. Der WBGU empfiehlt daher, Energie- und Ressourceneffizienz explizit als Innovationsziel aller digitalen Technologien und Anwendungen zu etablieren. Gleichzeitig sollten entsprechende vorausschauende regulatorische Rahmenbedingungen geschaffen werden, beispielsweise Effizienzstandards für digitale Lösungen und digitalisierte Infrastrukturen sowie Regelungen zum Standby-Energieverbrauch und zur Möglichkeit des Ausschaltens. Diese sollten die hohe Entwicklungsgeschwindigkeit im Digitalbereich berücksichtigen, die in kurzer Abfolge immer neue Gerätetypen und Anwendungen hervorbringt, was sich inhärent von der Situation bei klassischen Elektrogeräten wie Kühlschränken oder Klimaanlagen unterscheidet (IEA, 2017a). Auch Zertifizierungen, etwa für besonders effiziente Datenzentren, könnten eine Rolle spielen. Mit Blick auf die möglichen Grenzen der aktuellen IKT-Effizienztrends, die sich aus den physikalischen Voraussetzungen von Transistoren ergeben (IEA, 2017a: 115) und der Ökobilanz von IKT jenseits der Energienachfrage ist auch eine selektive Eingrenzung der digitalen Vernetzung zu erörtern.
- *Risiken digitaler Energiesysteme einhegen:* Security by Design, umfassender Datenschutz und Datensparsamkeit: Um die Sicherheitsrisiken in zunehmend digitalisierten Energiesystemen einzuhegen, sollten bei der Technologienentwicklung und Konzeption neuer Systeme Sicherheits- und Resilienzüberlegungen grundsätzlich eine wichtige Rolle spielen. Für Geräte, Fahrzeuge usw., die mit dem Energiesystem vernetzt werden, sollen umfassende Sicherheitsstandards etabliert werden (IEA, 2017a: 115). Die grundsätzliche Stabilität des Energiesystems sollte nicht von der Störungsfreiheit der IKT abhängen. Für die Nutzer*innen muss umfassender Datenschutz und Schutz vor Überwachung gewährleistet werden. Der Zugang zu Energie darf nicht an die Preisgabe von Daten gekoppelt sein. Datensparsamkeit sollte als Leitbild zukünftiger Energiesysteme etabliert werden.
- *Mini-Grid-Systeme zur Überwindung von Energiearmut nutzen:* Mini Grids auf der Basis erneuerbarer Energien können Menschen in ländlichen und netzfernen Regionen einen Zugang zu modernen Energiedienstleistungen ermöglichen. Sie erreichen höhere Service-Level als etwa Solar Home Systems und können so die Grundlage für eine produktive Energienutzung legen, die über eine Basisversorgung etwa für Licht hinausgeht (IRENA, 2016). Digitale Technologien bilden ein Herzstück solcher Mini Grids, die derzeit vielfach noch fossile Energieträger wie Diesel mit erneuerbaren Energien kombinieren, zukünftig aber auch zu 100 % auf erneuerbaren Energien basieren können. Maßnahmen für die Entwicklung solcher klimaverträglichen Mini-Grid-Systeme sollten von den jeweiligen Landesregierungen mit langfristigen Plänen zum strategischen Netzausbau verknüpft werden (IEA, 2017a: 115). Regulative Rahmen sollten zudem verlässliche Innovationsanreize setzen (IRENA, 2019). Der WBGU empfiehlt, die weitere Entwicklung solcher Systeme zu forcieren um einen Beitrag zur globalen Energiewende und zu SDG 7 zu leisten.
- *Expertenkommission zur Prüfung des digitalen Potenzials für Dekarbonisierung berufen:* Um die Potenziale und Risiken des digitalen Wandels für den Klimaschutz systematisch zu erfassen und daraus Ansatzpunkte für politisches Handeln abzuleiten empfiehlt der WBGU der Bundesregierung die Einrichtung einer Expertenkommission, die das Dekarbonisierungspotenzial des digitalen Wandels kritisch würdigt. Besonders sollten dabei Chancen zur Beschleunigung der Energiewende geprüft werden.

Anfälligkeit der Netze gegenüber digitalen Risiken wie geomagnetischen Stürmen, Hackerangriffen und Viren erhöhen (Jacobson et al., 2017; IEA, 2017a). Im Kontext des globalen WannaCry-Angriffs 2017 waren z.B. mehr als 20.000 Tankstellen der China National Petroleum Corporation gezwungen, offline zu gehen (IEA, 2017a). Ein zweites Problem kann durch höhere Fehleranfälligkeit und emergentes Verhalten entstehen: wenn unterschiedliche Systeme zu einem „System von Systemen" vernetzt werden, kann die Interaktion der Systeme zu unerwartetem Verhalten führen, etwa durch Rückkopplungsschleifen. Ein dramatisches Beispiel für diese Fragilität interdependenter Systeme ist der Stromausfall in Italien vom 28. September 2003, bei dem über 50 Mio. Menschen betroffen waren. Der Ausfall von Stromkraftwerken führte zum Zusammenbruch von Netzwerkknoten des Internets, was wiederum zum Ausfall weiterer Kraftwerke führte und eine großflächige Kaskade von Ausfällen in Gang setzte (Buldyrev et al., 2010). Die Resilienz digitalisierter Systeme sollte, mit Blick auf diese neuen

Kasten 5.2.6-3

Forschungsempfehlungen zum Schauplatz „Digitalisierung für Klimaschutz und Energiewende“

Die im Pariser Übereinkommen vereinbarten Klimaschutzziele erfordern nicht nur eine Dekarbonisierung der Weltwirtschaft, sondern perspektivisch auch eine gezielte Entfernung von CO_2 aus der Atmosphäre (IPCC, 2018). Forschung zum Beitrag der Digitalisierung zur globalen Energiewende sollte daher systemisch angelegt sein, d.h. über die Sektoren Energie, Mobilität und Wärme hinaus. Der WBGU empfiehlt, die Vision eines zu 100% auf erneuerbaren Energien beruhenden Energiesystems konsequent zu verfolgen und als zentralen Forschungsauftrag zu verankern. Kernfragen, zu denen digitale Technologien Beiträge leisten können, sind die Sektorkopplung, Energie- bzw. Stromspeicherung, die Integration fluktuierender Energiequellen in die Stromnetze (z.B. virtuelle Kraftwerke) oder der Umgang mit steigenden Nachfrageschwankungen bei der Elektrifizierung weiterer Sektoren (etwa Elektromobilität). Zudem fehlen innovative Lösungen im Verkehrsbereich (etwa für Schiffe, Flugzeuge oder Schwerlastverkehr). Eine Fokussierung auf kohlenstoffbasierte synthetische Kraftstoffe würde hier zu kurz greifen, da die Nutzung von CO_2 für diesen Zweck mit der für die Einhaltung der Klimaziele des Pariser Übereinkommens langfristigen Notwendigkeit, der Atmosphäre dauerhaft CO_2 zu entziehen, konkurriert.

Neben der gezielten Nutzung digitaler Technologien zur Begrenzung der Energienachfrage bzw. für Energieeffizienz sollte ein weiterer Schwerpunkt auf der Erforschung kostengünstiger und robuster Lösungen für eine verlässliche Stromversorgung in netzfernen Regionen in Schwellen- und Entwicklungsländern liegen. Hier sind vielfältige Anwendungen digitaler Technologien von Bedeutung, etwa für Mini Grids auf Basis erneuerbarer Energien (IRENA, 2016).

Schließlich gilt es, im Zuge der Digitalisierung die Verlässlichkeit und Stabilität der Energieversorgung sowie den Schutz der Privatsphäre verstärkt in den Blick zu nehmen. Intelligente Stromnetze (Smart Grids), Zähler (Smart Meter) und Applikationen führen zudem zu neuen Komplexitäten der Energieversorgung und -nutzung. Die Implikationen steigender Komplexität sind ein weiteres Forschungsthema.

digitalen Risiken, verstärkt in Forschung und Entwicklung integriert werden.

Privatsphäre und Datenschutz

Eine umfassende Systemintegration im Sinne des „Energie-Internets“ birgt, wie das Internet grundsätzlich, das Risiko von Verletzungen des Rechts auf Privatsphäre und Datenschutz. Daten von Smart Metern können prinzipiell genutzt werden, um Verhaltensweisen zu überwachen (Greveler et al., 2012). Es sind daher hohe Sicherheitsanforderungen an diese Daten zu stellen (z.B. verschlüsselte Übertragung, Aggregation; EU-Parlament, 2016) und nur Smart-Meter-Daten zu verarbeiten, die mit dem Schutz der Privatsphäre vereinbar sind (Kalogridis et al., 2010). Zudem sollte Datensparsamkeit als Leitbild zukünftiger Energiesysteme gelten. Um Individuen zu befähigen, mündig und informiert im Sinne einer raschen Energiewende zu handeln, sollten zudem prioritär Informationen über den Energieverbrauch vor Ort zugänglich gemacht werden. „Wenn die ‚smarten‘ Systeme als Instrumente der Überwachung, Konformitätserzwingung und Profitmaximierung wahrgenommen werden können sie keinen durchschlagenden Erfolg im Sinne der Nachhaltigkeit haben“ sondern werden zwangsläufig abgelehnt (Kurz und Rieger, 2018b). Die Verbreitung digitaler Instrumente ist demnach nicht ausschließlich als Weichensteller der Dekarbonisierung zu forcieren, sondern ihr Potenzial für die Erhaltung und Stärkung der individuellen Mündigkeit der Nutzer*innen und für autarke und semiautarke lokale Energiesysteme sollte ergründet werden.

5.2.6.5 Folgerungen

Digitale Lösungen können in vielen Bereichen positive Beiträge für den Klimaschutz und die Energiewende leisten. Hemmnisse für effektiven Klimaschutz sind allerdings ganz überwiegend nicht technologischer Art, sondern liegen im politischen, ökonomischen oder institutionellen Bereich (WBGU, 2011). Die Digitalisierung wird daher nur dann die Dekarbonisierung und die globale Energiewende sowie den Zugang aller Menschen zu modernen Energieformen befördern, wenn die entsprechenden politischen, regulatorischen und ökonomischen Rahmenbedingungen gesetzt werden. Dies umfasst bekannte, aber nicht ausreichend eingesetzte klimapolitische Instrumente wie eine CO_2-Bepreisung oder die Abschaffung von Subventionen fossiler Energieträger, aber auch eine zielgerichtete Technologieförderung. Gerade für die Technologieförderung bietet sich auch das Konzept der „Mission-Oriented Innovation“ an (Edler und Fagerberg, 2017; UNEP, 2018; Kap. 10.2.1), um ungelöste Probleme zu überwinden; beispielsweise in der Sektorkopplung (Kasten 5.2.6-1). Um zukünftig Potenziale der Nachfragesteuerung in intelligenten Netzen nutzen zu können, sind auf nationaler Ebene regulative und marktbezogene Voraussetzungen zu erfüllen (Shen et al., 2014). Langfristige Ziele müssen klar und verlässlich gesetzt werden, um Investitionen und Innovationen in die richtige Richtung zu lenken. Auch rechtzeitige Infrastrukturinvestitionen sind notwendig. Als Gefahr für die globale Energiewende ist eine potenziell stark steigende Energienachfrage durch die Digitalisierung zu sehen. Politiken, die darauf hinwirken, die globale Energienachfrage nicht zu stark steigen zu lassen, sind daher von hoher Bedeutung.

5.2.7 Smart City: Nachhaltige Stadtentwicklung mit Digitalisierung?

5.2.7.1 Nachhaltige Stadtentwicklung im Digitalen Zeitalter: Herausforderungen

Mit der fortschreitenden Urbanisierung müssen geschätzt bis 2050 für etwa 2,5 Mrd. Menschen neue städtische Infrastrukturen gebaut werden (UN DESA, 2014). Dies wird ohne kluge und nachhaltige Gestaltung erhebliche Auswirkungen auf den Ressourcenverbrauch, die Treibhausgasemissionen und die Ökosysteme haben: In Städten werden anteilig die meisten Ressourcen verbraucht, sie sind für etwa 70% der globalen Energienachfrage und Treibhausgasemissionen verantwortlich (Seto et al., 2014). Gleichzeitig können in Städten Nachhaltigkeitsmaßnahmen mit großer Hebel- und Skalierungswirkung umgesetzt werden. Städte sind somit entscheidend für die Transformation zur Nachhaltigkeit (WBGU, 2016a). Falls die Belange der Städte nicht berücksichtigt und städtische Akteure nicht einbezogen würden, wäre neben dem SDG 11 („Städte und Siedlungen inklusiv, sicher, widerstandsfähig und nachhaltig machen") auch die Umsetzung zahlreicher anderer SDGs gefährdet (Misselwitz et al., 2015). Wie kann die Digitalisierung angesichts dieser weltweiten „Wucht der Urbanisierung" (WBGU, 2016a) genutzt werden, um die Lebensbedingungen der Stadtbevölkerungen zu verbessern, nachhaltige urbane Entwicklung zu gewährleisten und nicht nachhaltige Pfadabhängigkeiten zu vermeiden? Welche Chancen und Risiken bieten Konzepte wie Smart Cities, und wie kann sichergestellt werden, dass auch in Zeiten der Digitalisierung in den Städten eine am Menschen orientierte Stadtentwicklung stattfindet? Hält die stark angestiegene Etikettenkombinatorik mit „smart" einer kritischen Überprüfung aus Nachhaltigkeitssicht stand?

5.2.7.2 Smart City: Konzept, Anwendungsbeispiele, Verbreitung und Treiber

Die Anwendung digitaler Technologien für städtische Belange findet vor allem unter Bezug zur Leitidee Smart City statt (Bauriedl und Strüver, 2018; de Jong et al., 2015: 34; Schweitzer, 2015: 7). Eine einheitliche Definition existiert zwar nicht (Albino et al., 2015: 5ff.; Cocchia, 2014: 18; Dameri, 2017b: 7ff.), doch bildet das systemische Zusammenfließen von Ansätzen der „digitalen" (z.B. Digital City, Intelligent City, Virtual City, Ubiquitous City; de Jong et al., 2015; Albino et al., 2015; Cocchia, 2014) und der „nachhaltigen" Stadtentwicklung einen gemeinsamen Nenner diverser Verständnisvarianten, inklusive unterschiedlicher Perspektiven der „smart and sustainable city" (Angelidou, 2015, 2018; de Jong et al., 2015; Marsal-Llacuna und Segal, 2016; Neirotti et al., 2014). Das Bundesinstitut für Bau-, Stadt- und Raumforschung (BBSR) hat eine Definition erarbeitet, die verschiedene Perspektiven vereint: „Unter ‚Smart Cities' verstehen wir die Aus- und Aufrüstung der Städte und ihrer Infrastrukturen mit digitaler Technologie, die Verknüpfung bisher getrennter Infrastrukturen oder ihrer Teilsysteme. Zu Smart Cities gehört auch die Modernisierung kommunaler Entscheidungs-, Planungs- und Managementprozesse unter Einbezug von Bürgern, privatwirtschaftlichem Kapital und intensiver Nutzung von Daten." (BBSR, 2018).

Dimensionen und Anwendungsbeispiele

Charakteristisch für Smart Cities ist, dass zahlreiche funktionale Dimensionen wie Mobilität, Sicherheit, Verwaltung, Energie- und Wasserversorgung, Logistik usw. digital aufgerüstet sind, mit dem Etikett „smart" versehen und oft mit Nachhaltigkeitszielen verbunden werden (z.B. zu den SDGs: Tab. 5.2.7-1; Komeily und Srinivasan, 2017). Das Besondere dieser teils als Smart Everything bzw. Smart X zusammengefassten Funktionsdimensionen ist die systemische Vernetzung vieler Bereiche städtischen Lebens und Arbeitens über cyber-physische Systeme (CPS) bzw. das Internet der Dinge (IoT), urbane Plattformen und E-Government (Fromhold-Eisebith, 2017; Geisberger und Broy, 2012: 29).

Digitale Technologien können den Schutz der urbanen Umwelt, speziell die Effizienz der Nutzung vieler Ressourcen, deutlich verbessern helfen. Allerdings sind neben dem Technikeinsatz auch weitere grundlegende Änderungen erforderlich, etwa in der Organisation städtischer Mobilitätssysteme (Mobilitätsverhalten), der Erzeugung von Abfällen (Konsumverhalten) oder der Wärmedämmung (Energieverbrauch). Beispiele für den Einsatz digitaler Technologien zum Schutz der Umwelt, die als Projekte in Smart-City-Initiativen eingebunden werden können und im Gutachten in eigenen Schauplätzen behandelt werden, sind digital unterstützte Kreislaufwirtschaftssysteme (Kap. 5.2.1, 5.2.5) oder eine effizientere urbane Energie- und Wassernutzung, die bereits heute oft virtualisiert und verteilt durch intelligente Netze gesteuert wird (z.B. mittels virtueller Kraftwerke; Kap. 5.2.6). Im Bereich Mobilität greifen automatisiertes Fahren unter Nutzung von GPS, vernetzten Fahrzeugen und Infrastrukturen, die Vernetzung von Standort-, Umgebungs- und Verkehrsinformationen (z.B. mit Google Maps) sowie die Ver-

Tabelle 5.2.7-1
Typische Dimensionen von Smart-City-Konzepten und ihre möglichen Bezüge zu den SDGs.
Quelle: Dimensionen nach Fromhold-Eisebith, 2017; SGDs nach UN DESA, 2016b

	Bezug auf	Smart-City-Dimension	Bezug auf
IT Infrastruktur	SDG 9	Industrie	SDG 9
Energie	SDG 7	Wirtschaftsstruktur	SDG 8
Mobilität	SDG 11	Bildung	SDG 4
(Quartiers)Bau	SDG 9	Konsum	SDG 12
Sicherheit	SDG 11	Gesundheit	SDG 3
Stoffkreisläufe	SDG 12	Administration und Governance	SDG 16 & 11

kehrsüberwachung und -steuerung mit Kameras und Sensorik (Kap. 3.3) ineinander. Auch das Wohnen wird zunehmend Gegenstand digitaler Steuerung, diese umfasst z. B. die koordinierte (Fern-)Regelung von Heizung, Jalousien und Türen, die automatisierte Bedarfsermittlung im Kühlschrank oder die energieoptimierte Steuerung von Abnehmern wie Wärmespeichern, Batterien oder Waschmaschinen. Zunehmend verbreitet sich auch die Überwachung öffentlicher Räume mit Kameras oder Drohnen (Kap. 3.2), z. T. unter Verwendung von Gesichtserkennung und Datenspeicherung, um die öffentliche Sicherheit zu verbessern. Der Einkauf im Supermarkt wird vollautomatisiert, inklusive der Bezahlung und der Verwaltung des Lagerbestands, das Kaufverhalten wird aufgezeichnet und analysiert, so dass die Kunden maßgeschneiderte Angebote auf ihre Smartphones erhalten. In Städten etablieren sich zunehmend (und häufig unreguliert) privatwirtschaftliche Onlineplattformen für die Vermittlung von Ferienwohnungen (z. B. Airbnb), (Mobilitäts-)Dienstleistungen bzw. die Sharing-Ökonomie (z. B. Fahrdienst Uber, Fahrradverleih, Car Sharing; Kap. 5.2.8). Zudem treten Smart-City-Initiativen mit dem Anspruch an, die Teilhabe der Stadtbevölkerung zu verbessern, z. B. indem die Verwaltung durch E-Government nach innen und außen und in Interaktion mit Unternehmen und der Stadtbevölkerung leichter zugänglich und effizienter gemacht wird.

Globale Verbreitung

Derzeit lässt sich keine genaue Anzahl von Städten benennen, die als Smart Cities gelten, die Obergrenze der Schätzungen scheint aber bei 250 zu liegen (Angelidou et al., 2018). Smart-City-Projekte werden bislang vor allem in Städten Asiens (ca. die Hälfte aller weltweit laufenden Projekte), Europas (ca. ein Drittel) und Nordamerikas (ca. ein Zehntel) entwickelt (Cocchia, 2014). Zwar steigt ihre Zahl weltweit, aber bis zum Jahr 2015 gab es nur 79 umfassendere Smart-City-Strategien – es mangelt also an integrierten Ansätzen (eigene Berechnungen auf Basis von Statista, 2018c; Roland Berger, 2017b; Dameri, 2017b: 3ff.). Insgesamt steht die Entwicklung von Smart Cities noch am Anfang und sie ist überwiegend auf Pilotprojekte bzw. Reallaborexperimente in wenigen Ländern, Vorreiterstädten oder einzelnen Sektoren beschränkt (Schweitzer, 2015; zu Indiens ambitionierter, oft kritisch kommentierter 100 Smart Cities Mission: Kasten 5.2.7-1). Bei der Umsetzung wird die digitale Infrastruktur meist im Bestand integriert (z. B. Sensoreinbau in Laternen, digitale Modernisierung bestehender Verkehrsleit- oder Energiesysteme). Dies gilt sowohl für gewachsene Städte (z. B. in Europa) als auch für neu geplante Städte, wie Songdo (Südkorea) oder Masdar City (VAE/Abu Dhabi).

Treiber

Smart-City-Strategien werden zum einen oft von den Stadtregierungen selbst oder von nationalen Behörden initiiert (Bauriedl und Strüver, 2018). In vielen Fällen sollen mit Hilfe digitaler Technologien die spezifischen Probleme wachsender oder schrumpfender Städte angegangen werden (etwa Schaffung guter Lebens- und Arbeitsbedingungen, um Zuzug zu fördern). Zum anderen sind globale Technologiekonzerne (z. B. IBM, Cisco, ABB, HP, Siemens, Ericsson, Google) wesentliche Treiber der urbanen Digitalisierung (Townsend, 2013; Cocchia, 2014; Schweitzer, 2015). Sie sehen Smart Cities als Absatzmärkte für digitale Technologien und Vernetzungstechniken sowie als Quelle für umfassende Datensammlungen, die sie exklusiv ökonomisch nutzen wollen. Insgesamt kann die Implementierung digitaler Technologien in den Städten die Abhängigkeit von einzelnen (globalen) Anbietern fördern (Bauriedl und Strüver, 2018; Viitanen und Kingston, 2014), ein Risiko, das zunehmend von Kommunen erkannt wird. Daher mahnt die EU-Kommission: „In particular, the concentration of power in the hands of a few companies, and the relative lack or abandon of control of citizens on their own personal data, […] raise concerns." (EU-Kommission, 2019e). Auch bei zahlreichen Kommunen lässt sich inzwischen ein Bewusstseinswandel feststellen, der zu einem kritischeren Umgang mit großen Technologieanbietern führt. Viele Stadtregierungen haben inzwischen – neben einem Datenschutzbeauftragten – einen Chief Technology Officer, Chief Digital Officer oder Digital Innovation Officer, um die digitale Transformation der Stadt gezielt voranzutreiben und zu steuern (z.B. Rio de Janeiro, Barcelona, Berlin, Wien). Damit sollen Handlungsfähigkeit und Effizienz der Kommunen (z.B. durch die Digitalisierung von Verwaltung und Versorgungsinfrastrukturen) und die Wahrung von Gemeinwohlinteressen bei der digitalen Transformation gestärkt werden (z.B. breitere Zugangsmöglichkeiten für alle Bürger, Partizipation an demokratischen Prozessen; Bauriedl und Strüver, 2018).

5.2.7.3 Ausgewählte Spannungsfelder digital unterstützter Stadtentwicklung

Stadtregierungen müssen sich die Frage stellen, welche digitalen Technologien einen substanziellen Beitrag zur Erreichung urbaner Entwicklungs- und vor allem Nachhaltigkeitsziele leisten können, welche Technologien, Systemarchitekturen und Umsetzungsstrategien aber auch ungeeignet sind oder sogar die Stadtgesellschaften in ihrer Gestaltungsautonomie und Lebensqualität einschränken. Wesentliche Kritikpunkte an der Smart City sind (1) eine oftmals einseitige Technologiefixierung von Projekten, die zentrale Probleme der Stadtentwicklung (meist) nicht lösen kann (z.B. bezahlbarer Wohnraum, Segregation, Beteiligungsdefizit), (2) das Gefahrenpotenzial durch staatliche und private Überwachung und Datenspeicherung sowie (3) die wachsende Abhängigkeit von – insbesondere wenigen großen, internationalen – Technologieanbietern.

Aufgrund bisheriger Erfahrungen und kritischer Reflektionen aus Wissenschaft, Praxis und Zivilgesellschaft befindet sich die Leitidee der Smart City im ständigen Wandel, was zumindest partiell zu einer Stärkung von sozialen und Umweltaspekten gegenüber dem Fokus auf IKT-Implementierung geführt hat (Albino et al., 2015; Angelidou et al., 2018). Ein Beispiel ist Barcelona Digital City, wo die digitale Entwicklung der Stadt stark auf Gemeinwohlinteressen ausgerichtet wurde, etwa mit den Themen „city data commons", „digital empowerment", „digital inclusion" und „digital rights" (Ajuntament de Barcelona, o.J.).

Privatsphäre und Datenschutz

Durch die Vernetzung urbaner und digitaler Infrastrukturen sowie die Einführung von Sensorik (wie Kameras, Luft-, Lärm- und anderen Umweltmessgeräten) sowie geolokalisierbaren Angeboten auf privaten Endgeräten und in öffentlichen Räumen (z.B. Navigationssystemen) werden immer mehr alltägliche Handlungen, Gewohnheiten und Bewegungsmuster der Stadtbevölkerung digital registriert (WBGU, 2016a; Kasten 2.1-5). In einer Smart City können die Bürger*innen die Generierung von Daten kaum vermeiden oder kontrollieren, weil dies Voraussetzung für die Nutzung städtischer Angebote, Versorgungsleistungen oder öffentlicher Räume ist (Bauriedl und Strüver, 2018). Das Recht auf informationelle Selbstbestimmung wird herausgefordert und muss entlang der Datenschutzgrundverordnungen kontinuierlich abgesichert werden. Auch erschwert der Umfang der verfügbaren Daten ihre Anonymisierung, denn Austausch und Zusammenführen verschiedener Datensätze ermöglichen es Unternehmen und Behörden, Persönlichkeitsprofile und gegebenenfalls Vorhersagen über Verhaltensweisen einzelner Personen zu erstellen (Kitchin, 2016). Öffentliche Verwaltungen sollten hier auf Transparenz über den Umgang mit Daten achten. Andererseits kann die umfangreiche Beobachtung und Vermessung der Umgebung die Einhaltung von Gesetzen unterstützen (z.B. Schutz vor zu hoher Feinstaubbelastung; Balestrini et al., 2017; Kasten 5.3.1-2). Der Einsatz z.B. von Blockchain-Technologien (Kap. 3.3) kann zudem Verwaltungsabläufe verbessern und Korruption einschränken sowie die Mitbestimmung der Stadtbevölkerung etwa bei Infrastrukturprojekten erleichtern.

Teilhabe in der „smarten Stadt"

Teilhabe muss zentrales Element digitaler Stadtentwicklung sein (WBGU, 2016a; normativer Kompass). Auch in der vom WBGU-Gutachten „Der Umzug der Menschheit: Die transformative Kraft der Städte" (WBGU, 2016a) inspirierten „Smart City Charta" wird betont, dass eine am Gemeinwohl orientierte, barrierefreie, digitale Stadtentwicklung Transparenz und Teilhabe der Stadtbevölkerung erfordert (BBSR und BMUB, 2017:18). Voraussetzung dafür ist die Überwindung der vor allem in Entwicklungs- und Schwellenländern bestehenden digitalen Kluft (digital divide). Dort gehen Smart-City-Konzepte der Kommunen oder nationalen Regierungen aufgrund mangelnder Teilhabemöglichkeiten häufig an den Grundbedürfnissen der Bevölkerungsmehrheit vorbei. Die von der indischen Zentralregierung lancierte Smart Cities Mission etwa geriet wegen fehlender Inklusion, Chancengleichheit und Verteilungsgerechtigkeit stark in die Kritik (Kasten 5.2.7-1). Richtig angewendet kann die digitale Transformation der Städte wirkungsvoll dazu genutzt werden, Entscheidungen der Kommunalpolitik *de facto* transparent zu machen, zu kommunizieren und so zur demokratischen Meinungsbildung beizutragen. Gleichzeitig sollte niemand zur Nutzung digitaler Strukturen gezwungen werden. Dies bedeutet, dass Kommunen der Stadtbevölkerung auch weiterhin ermöglichen

Kasten 5.2.7-1

Exkurs: Die indische Smart Cities Mission – Beispiel für die Herausforderungen in einem Entwicklungsland

Im Jahr 2015 lancierte die indische Regierung die Smart Cities Mission, um 100 „intelligente Städte" im Land zu schaffen. Das Housing and Land Rights Network India (HLRN) hat in einer Fallstudie die indische Smart Cities Mission untersucht und bewertet (99 Städte). Der Bericht konstatiert eine eklatante Vernachlässigung der Interessen der städtischen Armutsbevölkerung und empfiehlt der Regierung (HLRN, 2018):

1. Die Smart Cities Mission benötigt einen auf Menschenrechten basierenden Rahmen, um nachhaltige Entwicklung sicherzustellen.
2. Die Mission muss einen besonderen Fokus auf die Bedürfnisse, Anliegen und Rechte der marginalisierten Stadtbevölkerung legen.
3. Beteiligung sollte eine Priorität bei der Auswahl und Durchführung von Smart-City-Projekten sein.
4. Alle Projekte innerhalb der Mission müssen eine menschenrechtsbasierte soziale Folgenabschätzung durchführen und eine Umweltverträglichkeitsprüfung durchlaufen, bevor sie genehmigt werden.
5. Es muss sichergestellt werden, dass die Umsetzung von Smart-City-Projekten nicht zur Verletzung von Menschenrechten führt, einschließlich Zwangsräumungen, Zwangsumsiedlungen und Verdrängung.
6. Die Bereitstellung von angemessenem, erschwinglichem Wohnraum in allen Smart-City-Vorschlägen muss gestärkt werden.

sollten, Dienstleistungen analog in Anspruch zu nehmen (BBSR und BMUB, 2017).

Digitale urbane Infrastrukturen

Die prognostizierte Verdoppelung urbaner Infrastrukturen in den nächsten zwei bis drei Dekaden (WBGU, 2016a) wird auch vom Aufbau digitalisierter Infrastrukturen geprägt sein. Die dabei drohende wachsende Abhängigkeit von einzelnen Technologieanbietern hat viele Städte bereits zum Aufbau dezentraler digitaler Einrichtungen veranlasst (z.B. Speicher für offene Daten, Bottom-up-Networking, freies WLAN, kollektive Clouds und dezentrale Datenverwaltungssysteme). Freies WLAN unter kommunaler bzw. zivilgesellschaftlicher Kontrolle ist beispielsweise in Katalonien (guifi.net), Wien (FunkFeuer), Berlin (Freifunk) und Athen (AWMN) installiert worden (Morozov und Bria, 2017). Einzelne Kommunen (z.B. Emden) sind beim Aufbau digitaler Infrastrukturen selbst aktiv geworden und führen den Glasfaserkabelausbau unter eigener Regie nach dem Stadtwerkemodell durch. Dieses Geschäftsmodell bringt den Vorteil, dass Kommunen selbst von der Wertschöpfung profitieren. Generell ist das kommunale Beschaffungswesen ein wichtiges Handlungsfeld und eine gute Möglichkeit für städtische Behörden, Digitalisierung zu steuern (in der EU z.B. macht dieses Investitionsvolumen 14% des BIP aus; EU-Kommission, 2017).

Die EU-Kommission fördert mit dem Programm Collective Awareness Platforms for Sustainability and Collective Action (CAPS) kooperativ organisierte digitale Plattformen (Kap. 5.2.2). Themen sind Offene Demokratie (Beteiligung der Bürger*innen an demokratischen Prozessen z.B. über Onlinekonsultation), „open policy making" (bessere Entscheidungsfindung auf Grundlage offener Daten), „collaborative economy" (Kreditvergabe, Tauschwirtschaft), „collaborative making" (Entwicklung neuer Fertigungsverfahren), „collaborative consumption" (Überdenken des Konsumverhaltens), Umweltschutz (gemeinsam handeln, um den Planeten zu retten) sowie neue kollaborative Ansätze für Inklusion, Landwirtschaft, Gesundheit und Katastrophenmanagement (Kap. 5.2.2).

Neben dem Aufbau und gemeinwohlorientierten Nutzen digitaler Infrastrukturen geht es bei der fortschreitenden digitalen Transformation auch um die Kritikalität und Fragilität urbaner Infrastrukturen. Weil mit der Netzwerkgröße die Zahl möglicher Sicherheitslücken und Angriffspunkte steigt, wird die Gefahr durch Cyberattacken auf die hochvernetzten Infrastrukturen in Städten zunehmen (Kitchin, 2016). Dies ist besonders problematisch, wenn digitale Infrastrukturen die wesentliche Basis der Stadtorganisation bilden. Um die Krisenresilienz von Städten und ihre Gestaltungshoheit zu erhalten, müssen aus Sicht des WBGU sowohl die digitale (Technologie-)Souveränität von Kommunen, die Hoheit über urbane Daten als auch offene Standards und Schnittstellen definiert und konsequent gewährleistet werden, wie in der Spezifikation Offener Urbaner Plattformen festgehalten (DIN SPEC 91357: DIN, 2016).

5.2.7.4
Digitale Souveränität und das „Recht auf Stadt"

Im Zuge der weitreichenden Digitalisierung der Städte wächst auch der Anforderungskatalog einer „am Menschen orientierten" nachhaltigen Stadtentwicklung (WBGU, 2016a). Die beschriebenen Chancen und Risiken bedürfen aus Sicht des WBGU daher zusätzlich einer Rahmung im Sinne einer digital urban governance, bei der neben der digitalen Souveränität auch das „Recht auf Stadt" im Fokus steht. Der Diskurs zum

Kasten 5.2.7-2

Exkurs: Das Recht auf Stadt

Der Begriff „Recht auf Stadt" (Right to the City) geht zurück auf Henri Lefebvre („Le droit à la ville", 1968) und versteht sich als explizit inklusives Stadtentwicklungsmodell (WBGU, 2016a:154). Lefebvre thematisierte die Lage der marginalisierten Stadtbevölkerung in den in den Nachkriegsjahren entstandenen neuen Großsiedlungen am Rand der Metropolen. Seit etwa 20 Jahren wird das Konzept international stark rezipiert und weiterentwickelt; es hat neue soziale Bewegungen begründet. Beispielsweise entstand in Südafrika das Shack Dwellers Movement, das sich gegen Zwangsräumungen und für öffentlichen Wohnungsbau einsetzt. Ähnliche Bewegungen kamen in Istanbul, New Orleans, Madrid oder Hamburg auf. Die US-amerikanische Right to the City Alliance (seit 2007) ist ein landesweiter Verbund gegen Gentrifizierungsprozesse zu Lasten der ärmeren urbanen Bevölkerung. Das Konzept Right to the City war auch Thema während der Habitat-III-Konferenz 2016 der UN und ist in der zugehörigen New Urban Agenda verankert. Das Recht auf Stadt digital gedacht bedeutet, dass „Technologien in ihrer Ambivalenz (an)erkannt und mit einer an digitalen Gemeingütern orientierten Offenheit genutzt werden" (Dobusch, 2017b).

Recht auf Stadt (WBGU, 2016a:154; Kasten 5.2.7-2) bedarf aus Sicht des WBGU einer Erweiterung um das Element der Digitalisierung. Zentrale Bestandteile sollten dabei neben der Überwindung der digitalen Kluft (digital divide) die Gestaltungsprinzipien der digitalen Souveränität, Daten-, Infrastruktur- und Plattformsouveränität sein, die auf die Steuerung, Kontrolle und (teilweise) Nutzung digitaler Lösungen durch Stadtregierungen, -verwaltungen und die Zivilgesellschaft setzen. Im Vordergrund sollten Nutzbarkeit, Zugänglichkeit, Transparenz mit dem Ziel Open Data, Dezentralisierung, Einsatz kooperativer Strukturen bei der Nutzung digitaler Technologien (z.B. kooperativ organisierte Plattformen wie Sharing-Dienste; Kap. 5.2.2), Teilhabe sowie Umweltverträglichkeit digitaler Technologien stehen. Zu diesen Themen haben sich erste städtische bzw. zivilgesellschaftliche Initiativen gebildet, die konkrete Lösungen für nachhaltige Stadtentwicklung erarbeiten (Beispiele finden sich in Morozov und Bria, 2017). Auch Regierungen bzw. Kommunen widmen sich verstärkt der gesellschaftspolitischen Brisanz und dem Regulierungsbedarf beim Thema Digitalisierung in Städten. In Deutschland hat das BMUB im Rahmen eines langjährigen Forschungs- und Beteiligungsprozesses 2017 eine „Smart City Charta" verabschiedet (BBSR und BMUB, 2017). Diese dient als Orientierung zur Gestaltung des digitalen Wandels im Sinne einer integrierten und nachhaltigen, am Menschen ausgerichteten Stadtentwicklung und enthält zahlreiche akteursspezifische Handlungsempfehlungen.

Urban Data Commons – Das Recht auf Daten als Gemeingut

Mit der wachsenden Bedeutung der Plattformökonomie steigt auch der Klärungsbedarf, wer über Daten jedweder Art verfügen und sie verwerten darf oder wie sie verwaltet und abgesichert werden. Die digitalen Ökosysteme und das Internet der Dinge (Kap. 3.3.1) richten sich nach sehr unterschiedlichen Standards des (privatwirtschaftlichen) Datenmanagements. Kommunen, kommunale Unternehmen sowie Endnutzer*innen können oftmals ihre Daten nicht selbstbestimmt nutzen. Eine Option zur Datenerfassung und -übertragung ist die Förderung dezentraler Dateninfrastrukturen und Datenkonten, die auf offene Architekturen setzen (Open Standards, Open Formats, Open Interfaces und gegebenenfalls Open Source; Kap. 5.3.10). Es gibt viele Beispiele für Städte, die in dieser Richtung aktiv sind: DECODE in Barcelona und Amsterdam, MyData Helsinki, DataCités Paris oder Health Knowledge Commons UK.

Durch die Zusammenarbeit von Technologieexperten mit Stadtverwaltungen will die Initiative Code für Europa (Code for Europe) die Nutzung offener Daten und die gemeinsame Nutzung bestehender Codes fördern. Dabei geht es um geschlossene Code-Sharing-Plattformen (Repository für Programmcodes), die dann den teilnehmenden Städten zur Verfügung stehen. Bisher sind Amsterdam, Berlin, Barcelona, Coburg, Helsinki, Manchester, Rom sowie als Region Schottland beteiligt. Die britische Regierungsinitiative Government Digital Service zielt darauf ab, neue Servicestandards und Verhaltensrichtlinien einzuführen, die die Nutzung von Open Standards und Open Source stärken.

Urbane Datenräume

Eine wesentliche Voraussetzung für die Nutzung von Daten für die gemeinwohlorientierte Stadtentwicklung ist der Aufbau „urbaner Datenräume" (Fraunhofer FOKUS et al., 2018). In den meisten Städten fehlt in der Regel der Überblick über die Möglichkeiten und die Verfügbarkeit kommunaler Datenbestände. Ebenso fehlen Informationen über Open-Source-Software, Standards für Datenzugänge sowie Datenübertragbarkeit. Zudem werden vorhandene Daten kaum genutzt (Fraunhofer FOKUS et al., 2018). Mit dem Aufbau urbaner Datenräume sollen alle für die kommunale Politik, Bürgerschaft, Verwaltung und Wirtschaft relevanten Daten gebündelt und als gemeinsame Datenbasis verfügbar gemacht werden.

Kasten 5.2.7-3

Handlungsempfehlungen zum Schauplatz „Smart City und nachhaltige Stadtentwicklung"

Die Digitalisierung der Städte sollte nicht nur technokratisch als Optimierungsaufgabe verstanden werden, sondern jeglicher Technologieeinsatz ist explizit in eine ökologisch nachhaltige Stadtentwicklung einzubetten. So bietet sich z.B. bei der Steuerung der Verkehrsströme (Kap. 5.2.8) die Chance, den Stadtverkehr im Sinne der Nachhaltigkeit bzw. der Emissions- und Staureduktion neu zu denken. Ebenso könnte der Ressourcen- und Energieverbrauch mit Hilfe digitaler Steuerungen reduziert bzw. Ressourcen und Energie effizienter und klimaverträglicher genutzt werden.

Allerdings sollte in jedem Fall vermieden werden, dass eine Smart City zur einer „Überwachungsstadt" verkommt. Entsprechend sind schon bei der Konzeptionierung solcher Vorhaben Privatsphärenfragen konsequent mit zu bedenken. Die Überwachungsfreiheit des Einzelnen muss in die verwendeten Technologien bereits eingebettet werden. Vorgebeugt werden sollte außerdem nicht nur gegen unautorisierte Zugriffe auf anfallende personenbezogene Daten der jeweiligen Stadtbewohner*innen und -besucher*innen, sondern nach Umsetzung von Smart-City-Ansätzen auch gegen künftige Überwachungsideen, die aus den anfallenden Daten entstehen könnten.

Die folgenden Empfehlungen richten sich nicht nur an Stadtregierungen und die städtische Zivilgesellschaft, sondern auch an alle Akteure, die im Rahmen der internationalen Zusammenarbeit in Stadtentwicklungsprozessen aktiv sind (z.B. UN, Weltbank, regionale Entwicklungsbanken, EU, BMZ).

- *Digitalisierungsagenden mit Nachhaltigkeitsagenden verbinden:* Die Umsetzung der New Urban Agenda und der SDGs (insbesondere SDG 11) wird durch den globalen digitalen Wandel stark beeinflusst. Daher sollten Agenden der Digitalisierung mit denen der Nachhaltigkeit verbunden werden. Um sicherzustellen, dass die Digitalisierung der Städte für das Gemeinwohlinteresse genutzt und Kommunen handlungsfähige Gestalter der Transformation zur Nachhaltigkeit sind, ist das Prinzip der digitalen (Technologie-)Souveränität robust in Stadtentwicklungsprozessen zu verankern. Dabei sollten ein um die digitale Dimension erweiterter Ansatz zum „Recht auf Stadt" verfolgt sowie entsprechende zivilgesellschaftliche und wissenschaftsgetriebene Initiativen bzw. Bewegungen in ihrer Wirksamkeit gefördert werden. Insbesondere sollten Nachhaltigkeitsziele integraler Bestandteil urbane Digitalisierungsstrategien sein.
- *Bestandsaufnahme der kommunalen Daten und der IKT-Infrastruktur durchführen und urbane Datenräume aufbauen:* Urbane Datenräume sind das Fundament einer partizipativen, skalierbaren und zukunftsweisenden Digitalisierung des öffentlichen Raums. Voraussetzung für den Aufbau eines urbanen Datenraums ist die Bestandsaufnahme des kommunalen Datenbestands sowie der lokalen IKT-Infrastruktur. Darauf aufbauend sollte eine Strategie für die Nutzung des urbanen Datenraums entwickelt werden, die auf der Identifizierung der für die Stadtentwicklung zentralen strategischen Handlungsfelder beruht. Eine solche Herangehensweise empfiehlt sich aus globaler Sicht auch für die urbane Entwicklungspolitik, die Umsetzung der New Urban Agenda sowie der SDGs.
- *Stadtregierungen für Abhängigkeitsrisiken sensibilisieren:* Wenn Kommunen bei der Gestaltung ihrer IKT-Infrastrukturen auf einzelne Hersteller oder Betreiber setzen, kann eine kostenintensive Abhängigkeit entstehen. Generell sollte die Offenheit im Sinne standardbasierter Schnittstellen, Formate und Dienste, die nicht nur für Hersteller oder Betreiber, sondern für verschiedenste Akteure zugänglich sind, bei der Anschaffung von Systemen und Produkten sowie beim Outsourcing gefordert werden, um Vendor-lock-ins zu vermeiden (Fraunhofer FOKUS et al., 2018). Private Anbieter, die Daten im öffentlichen Raum sammeln, sollten nach Ansicht des WBGU zu einer Berichtslegung an die Kommunen und Verfügbarmachung von Aggregationen der Daten verpflichtet werden.
- *Offenheit urbaner digitaler Plattformen sicherstellen:* Um alle Akteure der Stadtentwicklung über urbane digitale Plattformen einbinden zu können, ist die Offenheit der genutzten Standards, Architektur und Komponenten eine zwingende Voraussetzung (Fraunhofer FOKUS et al., 2018). Dies kann zum Beispiel sichergestellt werden, indem offene Schnittstellen und Formate sowie die Standardkonformität für interoperable Mehrwertangebote „Muss-Anforderungen" bei der Realisierung von Komponenten der urbanen digitalen Plattform sind. Jede von der öffentlichen Hand beauftragte Software-Komponente einer urbanen digitalen Plattform sollte zudem als Open-Source-Software für die Nutzung oder Weiterentwicklung durch Dritte von der öffentlichen Hand zur Verfügung gestellt werden. Nur so wird ein dynamisches Ökosystem von verschiedenen Produkten geschaffen, ohne dass eine Herstellerabhängigkeit entsteht, die möglicherweise relevante Akteure aus der urbanen digitalen Plattform ausschließt (DIN, 2016).
- *Stadtverwaltungen personell und institutionell für Digitalisierung rüsten:* Damit Stadtverwaltungen handlungsfähige Gestalter der urbanen Digitalisierung werden beziehungsweise bleiben, ist eine bereits von vielen Kommunen vollzogene personelle und institutionelle Stärkung des Themas Digitalisierung erforderlich. Dies gilt ganz besonders für Städte in Entwicklungs- und Schwellenländern. Kommunen sollten prioritär Stellen für Datenbeauftragte, Datenschutzbeauftragte und Digital Innovation Officers sowie Kompetenzzentren für Digitalisierung in Stadtverwaltungen schaffen.

5.2.7.5 Folgerungen

Die genannten Beispiele illustrieren, dass sich eine wachsende Zahl von Städten – jenseits der durch Digitalisierung gebotenen Chancen – auch der Gefährdung ihrer Gestaltungsautonomie bewusst sind und aktiv zwecks Wahrung ihrer Technologie-, Daten-, Infrastruktur- und Plattformsouveränität in dezentrale digitale urbane Plattformen, offenen Architekturen und Gemeinwohlorientierung investieren. Setzt sich dieser Trend durch, besteht berechtigte Hoffnung, dass die digitale Revolution für eine Stadtentwicklung genutzt

Kasten 5.2.7-4

Forschungsempfehlungen zum Schauplatz „Smart City und nachhaltige Stadtentwicklung"

- *Forschung und Entwicklung zur IKT-Integration für städtische Nachhaltigkeit ausbauen:* Während F&E-Aktivitäten zum Meistern der technologischen Herausforderungen einer Vernetzung von IKT-Systemen für Smart Cities bereits seit längerem im In- und Ausland stark gefördert werden, ist künftig der Einbezug von Nachhaltigkeitszielen zu betonen. Forschung zur zweckmäßigen Verknüpfung und Integration verschiedener digitaler IKT (Hard- und Software) sollte sowohl auf verringerte Umweltwirkungen (z. B. Materialverbrauch, Emissionen), höhere Ressourceneffizienz, breitere Nutzbarkeit für die städtische Bevölkerung als auch technologische Nachhaltigkeit ausgerichtet werden.
- *Empirische Analysen zu Chancen und Risiken der Smart City unterstützen:* Die akademische Debatte zu Smart Cities und urbaner Digitalisierung ist in jüngerer Zeit vor allem durch eine kritische Sicht auf das Stadtentwicklungsmodell geprägt. Allerdings gibt es noch zu wenig empirische Untersuchungen, die im Detail aufzeigen, welche Risiken, aber auch Chancen mit solchen städtischen digitalen Innovationen verbunden sind. Somit empfiehlt der WBGU die betonte Förderung empirischer Studien, die kritisch konstruktiv auf ökonomische, soziale und ökologische Implikationen digitaler Smart-City-Ansätze schauen und diese eingehend vor Ort empirisch untersuchen. Durch inter- bzw. transdisziplinäre Ansätze kann auch der Fragmentierung der Smart-City-Forschung (Mora et al., 2017) Rechnung getragen werden.
- *Internationale Lernprozesse zu Smart-City-Ansätzen vorantreiben:* Die hohe internationale Verbreitung der Smart-City-Leitidee legt nahe, noch stärker als bisher internationale Lernprozesse zu Nachhaltigkeitsfragen der urbanen Strategie- und Projektentwicklung voranzubringen. Diese sollten von Forschungsaktivitäten ausgehen, dabei hoch inter- und transdisziplinär ausgerichtet sein und auch Besonderheiten der Smart-City-Umsetzung in Entwicklungs- und Schwellenländern (Vu und Hartley, 2018) Rechnung tragen. Grundlegend sind dafür international vergleichende Untersuchungen zu maßgeblichen Unterschieden bei Motivation, Maßnahmenportfolio, Akteursgefüge und Umsetzungsdynamiken von Smart-City-Ansätzen in verschiedenen Ländern bzw. Regionen. So lassen sich breite, gesicherte Kenntnisse zu Faktoren für Positiv- und Negativentwicklungen im Sinne der Nachhaltigkeitstransformation gewinnen sowie Good-Practice-Beispiele identifizieren, die in international ausgerichtete Weiterbildungsinitiativen einfließen können.
- *Menschen in den Mittelpunkt rücken – Akzeptanzforschung zur Smart City:* Inwiefern weite Teile der städtischen Bevölkerung überhaupt gewillt und in der Lage sind, in ihrem Alltag künftig mit den verschiedenen IKT-Anwendungsfeldern einer Smart City adäquat umzugehen, verdient im Sinne der Akzeptanz- und Diffusionsforschung besondere Beachtung. So ist der Fokus auf Untersuchungen zur Akzeptanz verschiedener IKT-Anwendungen zu setzen (z. B. für Mobilität, Wohnen, Arbeiten, Sicherheit, Umwelt-Monitoring), um ihre breite Durchsetzbarkeit quer über Bevölkerungsschichten einschätzen zu können. Denn nur bei entsprechend breiter Nutzung der neuen digitalen Möglichkeiten sind auch nennenswerte Umwelteffekte erzielbar (z. B. Einsparungen bei Energie- und Wasserbedarf; effizientere Nutzung vieler weiterer materieller Ressourcen). Auch hier sollte Akzeptanz in verschiedenen Kontexten und Kulturräumen untersucht werden, um Good-Practice-Ansätze erkennen und in Anwendungen umsetzen zu können.

werden kann, die Nachhaltigkeit in vielerlei Hinsicht maßgeblich unterstützt.

Digitale Technologien ermöglichen – richtig eingesetzt – verbesserten Umweltschutz, effizientere Ressourcennutzung, neue Geschäftsmodelle, Informations- und Dienstangebote sowie neue administrative Steuerungs- und Optimierungsmöglichkeiten. Inwiefern die verschiedenen Smart-City-Initiativen in der Praxis den Zielen von Teilhabe, Bewahrung der Eigenart und Schutz der natürlichen Lebensgrundlagen gerecht werden, bedarf jeweils einer strategischen Zielsetzung, klugen Steuerung und genauen Überprüfung. Smart-City-Strategien unterscheiden sich stark in ihrer Ausrichtung, beispielsweise den bereitgestellten Smart Services als auch der Beteiligung der Stadtbevölkerung. Das Spektrum digitaler Stadtentwicklung reicht von vornehmlich privatwirtschaftlich getriebenen über primär kommunal gesteuerte bis hin zu partizipatorisch ko-kreativ angelegten Varianten (Cohen, 2015). Dabei ist nicht jede städtische Digitalisierungsmaßnahme automatisch „smart" im Sinne des Gemeinwohlinteresses und passend für die lokalen Verhältnisse. Risiken bestehen in den Bereichen Datensicherheit, Datenschutz, Datensouveränität und betrieblicher Sicherheit sowie in unerwünschten ökologischen Wirkungen (etwa erhöhte Ressourcenverbräuche durch Digitalisierung und Rebound-Effekte; Kap. 5.2.1, 5.2.5). Daher bedarf es zur Sicherung einer langfristig nachhaltigen Stadtentwicklung (Wohnqualität, soziale Entwicklung, Teilhabe, Klima- bzw. Umweltschutz usw.) einer beständigen Überprüfung der Auswirkungen der urbanen digitalen Transformation und bei Bedarf entsprechender regulatorischer Steuerung. Ob Smart-City-Strategien als nachhaltig bewertet werden können (im Sinne der normativen Kriterien des WBGU), entscheidet sich daher in jedem Einzelfall. Auch hier kann es – wie generell in der Stadtentwicklung – keine Blaupausen geben (WBGU, 2016a).

5.2.8
Nachhaltige urbane Mobilität im Digitalen Zeitalter

Nachhaltige Mobilität ist ein wichtiger Aspekt der Agenda 2030. Sie betrifft nicht nur SDG 9 (Industrie, Innovation und Infrastruktur) und SDG 11 (Nachhaltige Städte und Gemeinden), sondern mittelbar auch Ziele, die sich etwa der Gesundheit (SDG 3) oder der ökonomischen Entwicklung (SDG 8) widmen. Im Folgenden konzentriert sich der WBGU auf den für Nachhaltigkeitsüberlegungen besonders relevanten Teilaspekt der urbanen Personenmobilität, adressiert also nur am Rande digitale Mobilitätskonzepte für ländliche Räume. Aspekte der urbanen Logistik werden außerdem im Kapitel 5.2.4 „Onlinehandel" diskutiert.

5.2.8.1
Leitbilder einer nachhaltigen urbanen Mobilitätswende

In Städten konzentrieren sich vom motorisierten Individualverkehr verursachte Probleme wie hohe CO_2- und Luftschadstoffemissionen (vor allem Feinstaub und Stickstoffdioxid), Flächenverbrauch, Lärmbelastung, steigende Fahrt- und Transportzeiten aufgrund hoher Verkehrsdichte sowie Unfallrisiken. Diese Probleme können auch als externe Kosten betrachtet werden und betreffen ärmere Länder bzw. Bevölkerungsgruppen oft überproportional. Beispielsweise sind mehr als 80% der Menschen, die in auf Luftverschmutzung überprüften urbanen Gebieten leben, Verschmutzungsniveaus ausgesetzt, die die WHO-Grenzwerte überschreiten, womit erhöhte Risiken für Schlaganfälle, Herzkrankheiten, Lungenkrebs und akute Atemwegserkrankungen verbunden sind (WHO, 2016). In Ländern mit niedrigem und mittlerem Einkommen erfüllen 98% der Städte mit mehr als 100.000 Einwohnern nicht die WHO-Richtlinien für Luftqualität. Ärmere Bevölkerungsgruppen sind besonders betroffen, etwa weil sie an stark befahrenen Straßen leben. Sie sind häufiger von unzureichenden öffentlichen Verkehrsmitteln abhängig oder auf nicht motorisierten Verkehr angewiesen und dabei höheren Unfallrisiken ausgesetzt. Weltweit sterben jährlich schätzungsweise 1,25 Mio. Menschen durch Verkehrsunfälle und 50 Mio. Menschen erleiden Verletzungen im Straßenverkehr, wobei 90% der tödlichen Unfälle in Ländern mit niedrigem und mittlerem Einkommen erfolgen (Sharpin et al., 2018).

Kernelemente einer nachhaltigen urbanen Mobilität werden von vielen Akteuren ähnlich beschrieben, etwa auch in der New Urban Agenda (UN-Habitat, 2017). Diese Agenda und zugehörige Initiativen setzen, teils unter Bezug auf IKT, globale Impulse für die Ausweitung von sicherer, bezahlbarer Infrastruktur für den Fuß-, Rad- und öffentlichen Verkehr. Ziel eines solchen „Umweltverbunds" ist auch, speziell ärmeren Bevölkerungsgruppen Teilhabe an und durch Mobilität zu ermöglichen und attraktive Alternativen zum motorisierten Individualverkehr und urbane Lebensqualität zu schaffen (BMZ, 2017; UN-Habitat, 2016a, 2017, 2019; WBGU, 2016a). Schließlich muss die zukünftige Mobilität den im Übereinkommen von Paris verankerten Zielen genügen und dekarbonisiert werden. Eine integrierte Verkehrs- und Flächennutzungsplanung kann Mobilität im Sinne räumlicher Erreichbarkeit bei gleichzeitiger Reduktion des Verkehrsaufkommens ermöglichen (WBGU, 2016a; UN-Habitat, 2017).

Zukünftige Mobilitäts- bzw. Verkehrssysteme in Städten werden sich erheblich von den heutigen unterscheiden. Die disruptiven Potenziale digitaler Technologien befördern den Diskurs zur Zukunft der Mobilität, datenbasierte Geschäftsmodelle der digitalen Ökonomie eröffnen Optionen für nachhaltige Mobilitätsinnovationen (Flügge, 2016). Eine durch entsprechende Rahmenbedingungen flankierte Mobilitätswende kann alle vom WBGU definierten Ziele der Nachhaltigkeit unterstützen, d.h. Erhaltung der natürlichen Lebensgrundlagen, Teilhabe und Eigenart (Kap. 2.2). Allerdings könnte die Digitalisierung auch bisherige nicht nachhaltige Mobilitätsmuster verstetigen oder sogar verstärken. Folgend werden Möglichkeiten und Risiken digitaler Optionen für eine nachhaltige urbane Mobilitätswende diskutiert.

5.2.8.2
Elemente der digitalen Mobilitätswende

Digitale Innovationen betreffen alle Verkehrsmittel, die ebenso potenzielle „Datenlieferanten" sind. Mobiles Internet und Smartphones haben einen Durchbruch für neue Mobilitätskonzepte gebracht, da sie oft erst den Zugriff auf aktuelle Informationen ermöglichen. Sie sind zudem Basis vieler bedarfsgerechter Angebote (Jacoby und Wappelhorst, 2016; Lenz und Fraedrich, 2015: 177). Solche Angebote wurden bislang vor allem für verbesserte urbane (Personen-)Mobilität entwickelt, doch eignen sich einige digitale Mobilitätskonzepte auch für ländliche Räume, soweit die dort oft lückenhafte Breitbandversorgung dies zulässt. Zwar sind die Mobilitätsprobleme auf dem Land deutlich anders gelagert als in größeren Städten, denn die geringe Bevölkerungsdichte sorgt für weniger Staus und relativ geringe verkehrsbedingte Luftbelastungen. Doch bieten speziell die hohen Motorisierungsraten ländlicher Regionen sowie die Probleme der Unterhaltung eines adäquaten ÖPNV-Linienverkehrs auch hier Anlass für den Einsatz digital unterstützter Mobilitätslösungen zu Gunsten von mehr Nachhaltigkeit (Gross-Fengels und Fromhold-Eisebith, 2018).

Kasten 5.2.8-1
London Congestion Charge

Ein Beispiel für die Bepreisung der Straßennutzung ist die London Congestion Charge (LCC). Bei der Einführung im Jahr 2003 ging es um die Vermeidung von Staus im Stadtzentrum durch eine zunächst statische Gebühr, die auf Basis einer automatisierten Kennzeichenerfassung erhoben und kontrolliert wurde (Flügge, 2016:32). Wegen der Verlagerung der Staus in andere Stadtteile musste das Mautgebiet ausgeweitet und die Gebühr angehoben werden. Eine Besonderheit des LCC ist die Kopplung des Systems an dynamische Umweltdaten (Bauriedl, 2017:23) des mittlerweile 150 Stationen umfassenden Luftmessnetzes in London, das zahlreiche Parameter erfasst und auswertet, z.B. Luftschadstoffe, Wetterdaten (Luftfeuchtigkeit, Sonneneinstrahlung, Temperatur) sowie verkehrsrelevante Informationen (Wochentage, Großveranstaltungen usw.). Ein zentrales Element ist Prognose-Software auf Basis neuronaler Netze (Kap. 3.3.3), welche die genannten Daten verknüpft sowie automatisiert die passenden Verkehrssteuerungsmaßnahmen einleitet. Neben der temporären Anhebung der City-Maut beinhaltet dies beispielsweise auch Durchfahrtssperren für LKW, Angebote für den ÖPNV oder die Warnung von Bürger*innen vor Luftverschmutzung. Die Akzeptanz bzw. Durchsetzung solcher Maßnahmen sollte genau beobachtet werden. Ferner sollte es Aufgabe der Politik sein zu bestimmen, welche Daten erhoben, durch das System verarbeitet und welche Maßnahmen ergriffen werden (Bauriedl, 2017:23).

Smart Mobility

Zahlreiche digitale Mobilitätsinnovationen werden unter dem Begriff „Smart Mobility" als Teil der „Smart City" diskutiert (Kap. 5.2.7; Papa und Lauwers, 2015:543ff; Dameri, 2017a:105). Es gibt aber weder eine einheitliche Definition noch ein einheitliches Konzeptverständnis für Smart Mobility und auch der Bezug zur nachhaltigen Mobilität wird teils angezweifelt (Lyons, 2016). Es lassen sich jedoch einige gemeinsame Kernelemente bzw. Handlungsfelder identifizieren (z.B. Janasz und Schneidewind, 2017:253; EEA, 2016b:60; Fulton et al., 2017:1; Flügge, 2016:92; Docherty et al., 2017:5; Nikitas et al., 2017; Finger und Audouin, 2018): intelligente Verkehrssysteme, geteilte Mobilität und Mobilität als Dienstleistung, neue Antriebstechnologien, autonomes Fahren sowie als Querschnittsthemen Daten, Informationen und digitale Geschäftsmodelle. Die verschiedenen Elemente werden im Folgenden diskutiert.

Intelligente Verkehrssysteme

Intelligente Verkehrssysteme beschreiben die Nutzung von IKT zur Erfüllung übergeordneter Mobilitätsziele und werden bereits vielfach eingesetzt (Dameri, 2017a:101ff.; Festag et al., 2016:23, 144; BMVI, 2015; Flügge, 2016:29; Behrendt, 2016:158). Sie umfassen etwa intelligente Ampelsteuerungen, Parkleitsysteme, elektronische Schilder, Verkehrsüberwachung, Verkehrssteuerung bis hin zur Bildung virtueller Fahrzeugzüge (Platooning) und elektronischen Gebührenerhebung (z.B. e-Tickets, elektronische Mautsysteme, nutzungsabhängige Abrechnungssysteme, Kennzeichenerfassung). Weitere Elemente sind Informationssysteme, Fahrgastinformationen für den öffentlichen Nahverkehr oder Navigationssysteme sowie Fahrassistenz- und -sicherheitssysteme wie Abstandsregler, Tempomaten, Kollisionsdetektoren (BMVI, 2015; Dameri, 2017a:101; Grant-Muller und Usher, 2014:162f.). Zu intelligenten Verkehrssystemen gehört auch die Verkehrsdatenanalyse, die auf Basis historischer oder Echtzeitdaten Verkehrsprognosen für das dynamische Verkehrsmanagement erstellt (Flügge, 2016). Mit den neuen digitalen Technologien stehen Instrumente zur Verfügung, um in nahezu Echtzeit auch negative externe Effekte wie Emissionen, Flächenverbrauch, Zeitverluste usw. zu erfassen und zu bepreisen, etwa indem intelligente Verkehrsleitsysteme mit zeit- und auslastungsabhängigen Mautsystemen verknüpft werden. Modellhaft ist die vom Zeitraum oder Verkehrsaufkommen abhängige Bepreisung der Straßennutzung (z.B. „City-Maut"), wie sie beispielsweise das London Congestion Charging vornimmt (Cramton et al., 2018; Bauriedl, 2017:23; Flügge, 2016:32; Kasten 5.2.8-1). Die Weiterentwicklung intelligenter Verkehrssysteme gilt als wesentliche Voraussetzung für künftige Mobilitätsinnovationen. So erfordert etwa das autonome Fahren die Kommunikation, Vernetzung und Kooperation zwischen Fahrzeugen sowie zwischen Fahrzeugen und Verkehrsinfrastruktur über Sensordaten und mobile Kommunikationstechnologien (Alam und Ferreira, 2017; Grant-Muller und Usher, 2014:150f.; Festag et al., 2016:6, 71).

Bedarfsorientierte Angebote und geteilte Mobilität

Neue Mobilitätsformen, welche die klassische Verkehrsmittelbereitstellung und -nutzung verändern, entwickeln sich vor allem in Richtung geteilter Mobilität (Sharing Mobility; Santos, 2018:2; Nikitas et al., 2017:2; Baedeker et al., 2018). Hierbei geht es um die Nutzung anstelle des Besitzes eines Verkehrsmittels wie PKW oder Fahrrad. Wichtige, meist über Internetplattformen vermittelte Formen sind Car Sharing und ähnliche Systeme für (Elektro-)Fahrräder oder Elektroroller, die jeweils sowohl mit festen Ausleihstation als auch nicht stationär angeboten werden. Darüber hinaus gibt es Systeme für das Teilen von Privatautos, Onlinemitfahrzentralen wie BlaBlaCar oder Waze (Ride Sharing bzw. Car Pooling) und Mitfahrdienste wie Uber, Lyft oder Didi Chuxing (Ride Hailing). Ein neuerer Ansatz sind flexible Ruf- bzw. Sammelsysteme (Ride Splitting). Diese Mobilitätskonzepte, deren Betrieb maßgeblich von der Nutzung moderner IKT abhängt, können speziell auch Personentransporte im ländlichen Raum nachhaltiger gestalten, weil sie eine räumlich wie zeitlich bedarfsorientierte, aber dennoch geteilte Mobilität ermöglichen (Gross-Fengels und Fromhold-Eisebith, 2018).

Mobilität als Dienstleistung

Mobilität als Dienstleistung (Mobility as a Service – MaaS) geht noch einen Schritt weiter (EEA, 2016b: 63; Flügge, 2016: 212; Nikitas et al., 2017: 14; Giesecke et al., 2016: 3, 8ff.): Dieser verkehrsmittelübergreifende Ansatz beinhaltet (1) die Integration und Vereinfachung zuvor fragmentierter Ticket- und Bezahlsysteme, (2) das Schnüren von Mobilitätspaketen (vergleichbar mit Datenvolumenpaketen oder Flatrates im Mobilfunk) sowie (3) die Zentralisierung von Verkehrsinformationen auf einer IKT-Plattform mit Bereitstellung eines intermodalen Reiseplaners (Kamargianni et al., 2016: 3295; EEA, 2016b: 63; Nikitas et al., 2017: 14; Giesecke et al., 2016: 4; Flügge, 2016: 211ff.). Dies geschieht idealerweise nahe Echtzeit, auf Abruf, „aus einer Hand" und von „Tür zu Tür". So wird eine nahtlose intermodale Mobilität ermöglicht, d.h. die Nutzung mehrerer, gegebenenfalls geteilter Verkehrsmittel auf *einem* Weg. Ein bekannter Pionier für Mobilität als Dienstleistung ist Ubigo, das aus einem Pilotprojekt in Göteborg (Schweden) hervorgegangen ist und nun in Stockholm neu gestartet wird. Ubigo bietet über seine Plattform Haushalten ein Mobilitätsabo an, das sowohl den öffentlichen Verkehr als auch Autovermietung, Car Sharing, Taxi und Leihräder beinhaltet (UbiGo, o.J.). Ein weiteres Beispiel ist die Plattform moovel der Daimler AG. Diese kombiniert Dienste von Daimler und anderer Partner für Car Sharing, Taxi- bzw. Mitfahrdienste, Bike Sharing und Bahn. Wie schwierig MaaS umzusetzen und wie umkämpft der Markt der digitalen Mobilität ist, zeigt die Ankündigung der BMW Group und Daimler AG zur Bündelung ihrer Mobilitätsdienste (moovel Group, 2019; Tatje, 2019).

Alternative Antriebe: Elektromobilität

Elektromobilität ist zwar nicht *per se* auf die Digitalisierung angewiesen, aber dennoch stark mit digitalen Trends verknüpft. Der Wandel hin zu Elektroantrieben ist erstens ein zentraler Hebel, um Verkehr zu dekarbonisieren und Emissionen zu reduzieren (Nikitas et al., 2017: 2; WBGU, 2016a). Zweitens können Elektrofahrzeuge durch die digital unterstützte Sektorkopplung von Stromerzeugung und Mobilität eine wichtige Rolle bei der Energiewende übernehmen (Kap. 5.2.6). Drittens befördern sich Elektromobilität und neue Fahrzeug- und Mobilitätskonzepte gegenseitig: Zum Beispiel entfallen beim Car Sharing oder Bike Sharing Anschaffungskosten für Nutzer*innen, so dass hier Elektrofahrzeuge leichter zugänglich werden. Zudem entstehen neue Fahrzeugentwicklungen, etwa Elektrokleinfahrzeuge in der Quartiersmobilität und Stadtlogistik (Kap. 5.2.4), die auch die Grenze zwischen Auto und Fahrrad verschwimmen lassen (Jacoby und Braun, 2016: 44; Lenz und Fraedrich, 2015: 192; Nikitas et al., 2017: 6f.). Elektrobusse im ÖPNV können zudem einen wichtigen Beitrag zur Verbesserung der urbanen Luftqualität leisten. Sie werden noch fast ausschließlich in China produziert und eingesetzt, aber andere Länder und Hersteller ziehen langsam nach (Manager Magazin, 2018; GIZ, 2018; Forst, 16.02.2018).

Autonomes Fahren

In verengter Sichtweise wird digitale Mobilität oft mit autonomem Fahren gleichgesetzt und dominiert daher den Diskurs zu Smart Mobility (Flügge, 2016: 113) und der Zukunft von Mobilität insgesamt (Fraedrich et al., 2015: 4). Die technologischen Herausforderungen und Unsicherheiten lassen erwarten, dass sich autonomes Fahren stufenweise entwickelt. Nachdem zunächst die Zahl der Fahrassistenzsysteme gestiegen ist (z.B. ABS, Spurassistent, Einparkhilfe), werden immer mehr Aufgaben von Fahrer*innen auf das Fahrzeug übertragen (Festag et al., 2016: 71; Fraedrich et al., 2015: 10f.; Milakis et al., 2017: 325; VDA, 2015). Auch neue Anwendungen im Car Sharing wie Bringen und Holen von Fahrzeugen werden möglich, was Kosten und Zeit sparen und Intermodalität erleichtern soll (z.B. Kombination mit Bahnverkehr). Im ÖPNV besteht das Potenzial für flexible, fahrplan- und liniennetzunabhängige Ruf- bzw. Sammeldienste (Lenz und Fraedrich, 2015), was urbane wie ländliche Bedarfe trifft. Eine Sonderform autonomer (Elektro-)Mobilität sind Flug- bzw. Drohnentaxis, die kurz vor dem ersten Betrieb stehen und deren Nutzen und Auswirkungen derzeit diskutiert werden (Stüber und Schmiechen, 04.06.2018). Die Antriebsrevolution, neue Mobilitätsformen und der Diskurs zum vernetzten autonomen Fahren im Straßenverkehr sind eng verbunden, denn die Antriebsform autonomer Fahrzeuge sowie ihre Einbindung in Mobilitätskonzepte wie Car Sharing entscheiden maßgeblich über ihre Nachhaltigkeit (Lenz und Fraedrich, 2015; Milakis et al., 2017: 330; Fulton et al., 2017: 1).

5.2.8.3 Status Quo und Herausforderungen der nachhaltigen digitalen Mobilität im urbanen Raum

Geteilte Mobilität birgt das Versprechen, dass weniger Fahrzeuge und somit weniger Fläche für den Verkehr genutzt werden, während gleichzeitig die Fahrzeugauslastung und damit Effizienz der Ressourcennutzung steigt (Lyons, 2016: 10). Trotz der wachsenden Zahl der Angebote und einer hohen Akzeptanz durch Nutzer*innen steckt sie aber noch in den Kinderschuhen, weil sie noch nicht als vollwertige Mobilitätsform, sondern nur als ergänzendes Element angesehen wird (Santos, 2018: 5; Nikitas et al., 2017: 2f.). So sind in Deutschland bisher erst ca. 3% der Bevölkerung Mitglied einer Car-Sharing-Organisation, der Anteil bei zurückgelegten Wegen und Personenkilometern liegt sogar im Promillebereich (BMVI, 2018b: 83ff.). Verkehrseffekte des Car Sharing treten daher noch sehr lokal und individuell auf, müssen aber bei weiterem Wachstum beachtet werden. Die Umweltbilanz des Car Sharing bei stationsgebundenen Systemen (z. B. kein Parksuchverkehr, Potenzial für E-Ladesäulen) und (intermodaler) Kombination mit umweltfreundlichen Verkehrsmitteln ist meist besser als bei nicht stationsgebundenen, hängt allgemein aber stark von Faktoren wie Kraftstoffverbrauch, Emissionen und Nutzungsintensität der Fahrzeuge ab sowie davon, ob eine Verlagerung weg vom Umweltverbund erfolgt (Baedeker et al., 2018).

Der ungeplante Boom des nicht stationären Bike Sharing zeigt einerseits Bedarfe für flexible emissionsfreie Mobilität auf, hat aber andererseits bereits Unmut wegen unkontrolliert abgestellter Leihräder in Innenstädten sowie entsprechende Gegenmaßnahmen hervorgerufen. Mitfahrdienste sind ein typisches Beispiel für die Vor- und Nachteile der Plattformökonomie (Kap. 4.2.2) und stehen weltweit vor allem wegen der Konkurrenz zu konventionellen Taxidiensten und schlechter Arbeitsbedingungen der Fahrer*innen in der Kritik. Umwelt- bzw. CO_2-Effekte sind nur schwer festzustellen, weil das Wachstum von Mitfahrdiensten etwa dem Rückgang bei Taxifahrten entspricht, die oft einen geringen Anteil am Verkehrsaufkommen haben (Santos, 2018: 5). In einigen Städten in Entwicklungsländern, wie Mexiko City, sind Taxis aufgrund mangelhafter öffentlicher Transportangebote durchaus eine tragende Säule des Verkehrssystems, und auch hier treten Mitfahrdienste in Konkurrenz dazu (Puche, 2018: 42).

Die Wirkungen neuer Angebote müssen erst noch beobachtet werden, ebenso wie die Entwicklung von Mobilität als Dienstleistung, die noch stark fragmentiert in einem (dynamischen) Vor- bzw. Frühstadium läuft (Kamargianni et al., 2016). Daher sind auch die Nachhaltigkeitswirkungen der Angebote noch kaum empirisch erforscht und somit eher theoretischer Natur (Giesecke et al., 2016: 4; Nikitas et al., 2017: 14ff.). Die Ausweitung und Skalenvergrößerung von Mobilität als Dienstleistung wird vor allem durch mangelnde Kooperation zwischen Mobilitätsakteuren, hinderliche Gesetzgebung (z. B. steuerliche Anreize zum Autofahren) oder fehlende Finanzierung erschwert (Nikitas et al., 2017: 15f.).

Batterieelektrische Fahrzeuge haben bislang wegen ihrer relativ hohen Anschaffungskosten, eingeschränkten Reichweite und der spärlichen Ladeinfrastruktur noch geringe Marktanteile. Allerdings steigern Innovationen und Kooperationen in diesen Bereichen fortgesetzt die Attraktivität. Nicht zuletzt treiben Subventionen und fallende Batteriepreisen die Verkäufe an, und der globale Marktanteil solcher Fahrzeuge liegt immerhin bei 1% (Canales et al., 2017: 13). Schwieriger zu bewältigen scheinen derzeit Nachhaltigkeitsrisiken wie die Herkunft der Batterierohstoffe, die Stabilität des Energienetzes oder Konsequenzen für die Autoindustrie und deren Beschäftigte (Manthey-Kloppenburg, 2018: 105ff.; Nikitas et al., 2017: 7f.). Auch hängt die Ökobilanz davon ab, wie schnell die Energiewende bei der Stromerzeugung gelingt.

Speziell das autonome Fahren ist noch mit vielen offenen Fragen, Herausforderungen und Unsicherheiten bezüglich quantitativer Effekte behaftet (Nikitas et al., 2017: 4f; Festag et al., 2016; Maurer et al., 2015; Fraedrich et al., 2015: 11; Milakis et al., 2017). Zwar können *kurzfristig* durch deutliche Verbesserungen bei Verkehrsfluss und Auslastung der Verkehrsinfrastruktur Zeit und Kraftstoff eingespart (schätzungsweise bis zu 31–45% Reduktion bei Fahrzeugen mit Verbrennungsmotor und mehr als 90% bei (geteilten) Elektrofahrzeugen), somit Emissionen vermieden werden; außerdem erhöhen die technischen Systeme die Sicherheit (Milakis et al., 2017). *Langfristig* scheint beim autonomen Fahren jedoch die Gefahr von Rebound-Effekten durch veränderte Kostenstrukturen und Zeitverwendung besonders groß zu sein (Wadud et al., 2016). Es wird geschätzt, dass die Verkehrsnachfrage in Form zurückgelegter Wegstrecken um 3% bis 27% steigen könnte (Milakis et al., 2017). Auch geraten ethische und Sicherheitsfragen sowie rechtliche Implikationen (etwa in Bezug auf das Mensch-Maschine-Verhältnis, Haftung, Entscheidungen in kritischen Unfallsituationen, Mischverkehr v. a. mit Fuß- und Radverkehr) zunehmend in den Blick (Fraedrich et al., 2015: 5; Milakis et al., 2017: 339f.).

Eine prinzipielle Herausforderung digital unterstützter Mobilität ist auch der Umgang mit Daten. Vielfach ist für die Nutzer*innen nicht klar, welche Daten genau im Rahmen neuer Geschäftsmodelle von den Anbietern gesammelt und wie sie verwendet werden

Kasten 5.2.8-2

Chinas digitale Mobilitätswende – Ein Modell (nicht nur) für Entwicklungs- und Schwellenländer?

China etabliert sich – trotz oder sogar wegen seiner relativ ungünstigen Umweltbilanz – zunehmend als global wichtiger Akteur im IKT- und Mobilitätssektor (Ibold und Retzer, 2018). Das Land versucht, die Negativeffekte des rapiden Wachstums von Bevölkerung, Städten, Wirtschaft (mit eigener Autoindustrie) und Verkehr einzudämmen, die vor allem in Megacities wie Beijing, Shanghai oder Guangzhou zu spüren sind (Gao und Kenworthy, 2017; Tyfield, 2014). Schon seit Beginn des umfassenden Aufbaus der Verkehrsinfrastruktur Mitte der 1990er Jahre wurden intelligente Verkehrssysteme integriert (Wang et al., 2017:38ff.). Im Zuge der beiden jüngsten „Fünfjahrespläne für wirtschaftliche und soziale Entwicklung" manifestiert sich ein markanter Nachhaltigkeitswandel in der Verkehrspolitik (Ibold und Retzer, 2018). Im 12. Fünfjahresplan (2011–2015) wurde die Basis für eine nachhaltigere Infrastrukturentwicklung und Abkehr von der autofixierten Politik gelegt (Gao und Kenworthy, 2017:40,51). Aktuell sind der 13. Fünfjahresplan (2016–2020) und die 2015 übersandten „Intended Nationally Determined Contributions" (INDC) zum Pariser Klimaabkommen wichtige Meilensteine. Insbesondere der Punkt „smarter Verkehr" und das zugehörige Programm zur Förderung der Smart Transportation reflektieren die Bedeutung der Digitalisierung für Chinas Mobilitätswende und gleichzeitig Ambitionen des Landes für die globale Innovationsführerschaft bei IKT, Big Data, Smart-Mobility- und Smart-City-Technologien (Ibold und Retzer, 2018:3ff.; für weitere Beispiele: Perez-Cerezo, 2018). China gilt als Vorreiter für geteilte Mobilität und Mobilitätsdienstleistungen, weil zum einen eine teils restriktive Autopolitik vorherrscht (geringer Kfz-Besitz), zum anderen eine große Offenheit gegenüber digitalen Technologien besteht und (Sharing-)Apps sowie die „Alles-in-einem"-Plattform WeChat stark genutzt werden (GIZ, 2018; Roland Berger, 2017a). Beispielsweise wird im Boom von Bike-Sharing-Anbietern wie Mobike (3,65 Mio. Räder), Ofo (geplant 10 Mio.) oder Bluegogo sowie einem Bestand von ca. 250 Mio. Elektrozweirädern eine Chance zur Renaissance des Fahrrads gesehen – in beiden Bereichen ist China weltweit führend hinsichtlich Produktion und Nachfrage (Gao und Kenworthy, 2017:49ff.; Zuev et al., 2018:2; Tyfield, 2014:597; chinadialogue.net, 09.06.2017). Allerdings wurden E-Zweiräder lange Zeit kaum gefördert und gar teils mit restriktiven Maßnahmen bekämpft, beispielsweise indem willkürlich abgestellte Leihräder beseitigt wurden. Ähnliches lässt sich auch in Deutschland und Europa beobachten, wo asiatische bzw. chinesische Anbieter auf den Markt drängen (DW, 2018; GIZ, 2018). Im Bereich der Mitfahrdienste ist eine ähnliche Entwicklung von Boom und Nachsteuerung zu beobachten (Chong, 2018). Bekanntestes Unternehmen ist der Uber-Konkurrent Didi Chuxing, der seit 2012 in Betrieb ist und 2016 Ubers chinesische Tochter für 35 Mrd. US-$ übernommen hat (folgende Ausführungen basierend auf Roland Berger, 2017a sowie Gao und Kenworthy, 2017:51). Didi Chuxing will auch international expandieren und erweitert kontinuierlich sein Leistungsspektrum über die Fahrtvermittlung hinaus. Dies beinhaltet Reparaturservices, Ladestationen, Verkehrsmanagementlösungen für Städte sowie Forschung und Entwicklung zu autonomen Elektrofahrzeugen und KI. Die beiden oben genannten Bike-Sharing-Anbieter Ofo und Bluegogo gehören ohnehin schon zum Konzern. Didi Chuxing ist damit ein beeindruckendes Beispiel für das Entstehen integrierter Angebote von „Mobility as a Service". Zugleich ist es auch Beispiel für die Risiken, welche vernetzte Mobilität hinsichtlich Datensicherheit und Monopolbildung schafft, nicht zuletzt vor dem Hintergrund des umfassenden staatlichen Scoring (Kap. 5.3.3).

(z.B. Breitinger, 2018). Auch sind gerade Positions- und Mobilitätsdaten besonders sensibel, da aus ihnen selbst nach einer Anonymisierung auf die Identität der Nutzer*innen geschlossen werden kann und sie sogar herangezogen werden können, um einer Person weitere unabhängige Datensätze zuzuordnen (Kondor et al., 2018; Matheson, 2018). Hier gilt es, Lösungen zu finden und durchzusetzen, um die Privatsphäre der Nutzer*innen zu bewahren.

Kasten 5.2.8-2 veranschaulicht am Beispiel Chinas die Optionen für digitale Mobilität in Entwicklungs- und Schwellenländern.

5.2.8.4
Folgerungen: Stellschrauben für eine nachhaltige digitale Mobilitätswende im urbanen Raum

Derzeit steht in vielen Bereichen die Einführung digital gestützter Mobilitätsformen noch am Anfang. Zudem laufen viele Entwicklungen parallel. Treibende Kräfte der Entwicklung sind u.a. Automobilhersteller, IKT-Konzerne oder Mitfahrdienste, die gleichzeitig E-Mobilität, autonomes Fahren und Mobilität als Dienstleistung vorantreiben (Kasten 5.2.8-2, Nikitas et al., 2017:4). Die Lösung zentraler urbaner Verkehrsprobleme (z.B. hohe CO_2- und Luftschadstoffemissionen, Flächenverbrauch, Lärmbelastung, steigende Fahrt- und Transportzeiten sowie Unfallrisiken) ist allerdings keine rein technologische Frage, sondern hängt entscheidend von der passenden Einbettung digitaler Lösungen in übergreifende Konzepte nachhaltiger urbaner Mobilität ab. Notwendig ist zunächst eine Klarstellung der Handlungskompetenzen: Richtungsgeber der Entwicklung sollten demokratisch legitimierte Institutionen sein, nicht Technologieunternehmen. Sie sollten eine urbane Mobilitätswende vorantreiben, die das Wohlergehen der Menschen und den Schutz natürlicher Lebensgrundlagen ins Zentrum stellt. Eine wichtige Rolle kann die geteilte Mobilität spielen, um das innerstädtische ebenso wie das ländliche Verkehrsaufkommen zu mindern bzw. in Grenzen zu halten. Die notwendige Dekarbonisierung urbaner Mobilität kann durch eine Priorisierung des Öffentlichen Verkehrs

Kasten 5.2.8-3

Handlungsempfehlungen zum Schauplatz „Nachhaltige urbane Mobilität"

- *Leitbilder und Transformations-Roadmaps für digital unterstützte, nachhaltige urbane Mobilität aufsetzen:* Der WBGU empfiehlt, auf Ebene der Städte im Zusammenspiel mit der nationalen Ebene Leitbilder und Umsetzungspläne für eine digital unterstützte, nachhaltige urbane Mobilität zu entwickeln. Eine solche Stadt-, Raum- und Verkehrsplanung stellt Gesundheit und Lebensqualität ins Zentrum. Sie vermeidet individuellen motorisierten Verkehr und stellt den Umweltverbund (ÖPNV, Rad- und Fußverkehr) in den Vordergrund. Im Zentrum sollten die Erreichbarkeit der Zielorte und der Zugang zu Mobilität an sich stehen, wobei der motorisierte Verkehr perspektivisch emissionsfrei (elektrisch auf Basis erneuerbarer Energien) sein sollte. Dabei sollte die Planung explizit die Rolle digitaler Technologien und Anwendungen für die nachhaltige urbane Mobilitätswende einbeziehen. Der finanziellen und planerischen Förderung des Fuß- und Radverkehrs sollte bei der Smart Mobility wesentlich mehr Aufmerksamkeit gewidmet werden. Basierend auf einer vorausschauenden, reflexiven „Transformations-Roadmap" sollten Kapazitätszugewinne dazu genutzt werden, nicht mehr benötigte Fahrspuren und Parkplätze für den Fuß- und Radverkehr sowie andere nachhaltige Flächennutzungen umzuwidmen. Durch den Aufbau eines intermodalen Verkehrsmanagementsystems, das auch den Fuß- und Radverkehr einbezieht, können Flächennutzungen bedarfsgerecht und flexibel angepasst werden und beispielsweise in Zeiträumen hoher Mobilitätsnachfrage für platzsparende Verkehrsmittel umgestellt werden. Die umwelt-, verkehrs- bis hin zu gesellschafts- und industriepolitischen Rahmensetzungen sollten angepasst werden, um digitale Technologien gezielt für eine nachhaltige Mobilitätswende zu nutzen.
- *Kostentransparenz schaffen, externe Effekte internalisieren, umweltschädliche Subventionen abschaffen:* Einen wesentlichen Hebel zur Förderung der nachhaltigen Mobilität sieht der WBGU in der Schaffung von Kostentransparenz im Verkehrssektor sowie einer darauf aufbauenden Reform der Finanzierung des Verkehrssystems inklusive der Abschaffung umweltschädlicher Subventionen. Mit den neuen digitalen Technologien stehen flächendeckend die Instrumente zur Verfügung, sogar nahe Echtzeit externe Effekte wie Emissionen, Flächenverbrauch, Zeitverluste usw. zu internalisieren, beispielsweise in Form intelligenter Mautsysteme (Cramton et al., 2018) oder durch Tarifgestaltung bei Mobilität als Dienstleistung. Dabei sind auch verteilungspolitische Effekte zu berücksichtigen und Alternativen im öffentlichen Raum zu schaffen.
- *Kommunale Gemeinwohlinteressen bei datenbasierten Mobilitäts-Geschäftsmodellen sicherstellen, strategische Rolle von Mobilitätsdaten berücksichtigen:* Angesichts der dynamischen Entwicklung neuer Akteure und Geschäftsmodelle ist hoch bedeutsam, die Zielsetzungen nachhaltiger Mobilität in der Planung und Gestaltung des öffentlichen Raums sowie der Infrastruktur einzubringen und umzusetzen. Um die Gestaltungshoheit öffentlicher Entscheidungsträger für nachhaltige Mobilität zu wahren, sollte darüber hinaus der Daten-Konzentration und marktbeherrschenden Stellung einzelner privatwirtschaftlicher Akteure vorgebeugt und entgegengewirkt werden. Zudem müssen öffentliche Akteure dazu befähigt werden, selbst digitale Daten zweckgebunden zu erheben und einzusetzen (Kap. 5.2.7). So sollten städtische Behörden Zugriff auf bzw. Hoheit über wesentliche Teile der Mobilitätsdaten haben. Sie sollten private Mobilitätsanbieter verpflichten können, öffentlichen Planungsträgern ihre Daten zur Verfügung zu stellen, oder den Bürger*innen selbst die Möglichkeit einer freiwilligen „Datenspende" eröffnen. Auf diese Weise können neue (digitale) Möglichkeiten der öffentlich-privaten Partnerschaft genutzt und Kräfte zur Förderung der nachhaltigen Mobilität gebündelt werden. Ein Schritt in diese Richtung sind auch die gemeinsamen Bemühungen von Kommunen, Verkehrsunternehmen und Mobilitätsdienstleistern zur Einbindung von geteilter Mobilität in ÖPNV-Abos. Eine besondere Aufmerksamkeit erfordern zudem der Datenschutz und Schutz der Menschen vor Überwachung.
- *Dezentrale, interoperable, standardbasierte Verkehrsdatenbanken und ein Daten- und Buchungssystem für öffentlichen Nah- und Fernverkehr als Basis eines europäischen Mobilitätsdienstleistungssystems aufbauen:* Niedrigschwellige Mobilitätsteilhabe sollte insbesondere im öffentlichen Verkehr auch ohne Preisgabe sensibler persönlicher Daten möglich sein. Dezentrale Datenbanken könnten dies garantieren und gleichzeitig Konzentrationstendenzen der Datenökonomie reduzieren. Die immer noch komplexe Struktur von Tarif-, Buchungs- und Informationsservices im öffentlichen Verkehr machen ihn derzeit gegenüber dem Individualverkehr subjektiv unattraktiver. Um dem zu begegnen und die Attraktivität des öffentlichen Nah- und Fernverkehrs zu steigern, empfiehlt der WBGU die Einrichtung eines europäischen Daten- und Buchungssystems, das eine Basis für ein europäisches Mobilitätsdienstleistungssystem bildet.
- *Entwicklungs- und Schwellenländer sollten ihre Mobilitätssysteme frühzeitig auf Basis des Leitbilds der nachhaltigen Mobilität entwickeln oder umgestalten:* Verkehrssysteme in Entwicklungs- und Schwellenländern können oft nicht mit dem rapiden Bevölkerungs- und Verkehrswachstum Schritt halten, so dass viele Probleme dort besonders drängend sind. Sie sollten sich am Leitbild nachhaltiger Mobilität orientieren und können dabei für ihre spezifischen Bedürfnisse geeignete Lösungen mit Hilfe digitaler Technologien einführen oder weiterentwickeln, beispielsweise geteilte Mobilität, intelligente Verkehrssysteme und vor allem (Elektro-)Schnellbussysteme (Bus Rapid Transit: Stead und Pojani, 2017:291; Nikitas et al., 2017:8). Diese entwickeln sie idealerweise selbst unter Einbezug der (potenziellen) Nutzer*innen und passen sie an lokale Gegebenheiten an. Ein besonderer Fokus liegt daher auf der Entwicklung *angepasster Technologien*, dem Erwerb von Fachwissen sowie dem Aufbau von Kontroll- und Durchsetzungskompetenzen. Der Zugang zu (öffentlichen) Mobilitätsdienstleistungen insbesondere für Armutsgruppen sollte eine herausragende Rolle spielen. Internationale Kooperationen unterstützen die Länder auf dem beschriebenen Weg. Hierbei kann beispielsweise auf die „Initiative für Transformative Urbane Mobilität" unter Beteiligung des BMZ und andere Aktivitäten im Rahmen der New Urban Agenda aufgebaut bzw. angedockt werden (BMZ, 2017; UN-Habitat, 2016a, 2017, 2019).

Kasten 5.2.8-4

Forschungsempfehlungen zum Schauplatz „Nachhaltige urbane Mobilität"

Der WBGU sieht vor allem hinsichtlich der Nachhaltigkeitswirkungen der „digitalen" Mobilität großen Forschungsbedarf:

- *Datengrundlagen schaffen, Monitoring aufbauen:* Aufgrund des Neuheitsgrades der digital unterstützten Mobilität mangelt es an geeigneten Datengrundlagen. Diese sollten zeitnah geschaffen werden, indem ein Monitoring für nachhaltige digitale Mobilität aufgebaut wird, differenziert nach städtischen und ländlichen Räumen sowie Ländern unterschiedlichen Entwicklungsstands. Wertvolle Grundlagen dafür sind beispielsweise IoT und Big Data, z.B. durch Internet-, Mobilfunk- oder Mobilitätsdienstleister. Dabei gilt es Wege zu erforschen, wie dies ohne Überwachungsrisiken von Individuen geschehen kann.
- *Forschung zu Nachhaltigkeitswirkungen ausbauen:* Damit gemeinsam muss die (empirische) Forschung zu Nachhaltigkeitswirkungen der digitalen Mobilität stark ausgebaut und untereinander vernetzt werden. Dies gilt beispielsweise für Veränderungen der Mobilitätsnachfrage und sollte auch den Güterverkehr berücksichtigen (neue Stadtlogistikkonzepte, neue Produktionsstrukturen und Wertschöpfungsketten, Verlagerung von Wertschöpfung hin zu immateriellen Wirtschaftsgütern). Insbesondere zu erforschen sind Umwelt- und Ressourcenimplikationen, verteilungspolitische Aspekte sowie Fragen des Datenschutzes.
- *Hemmnisse, Potenziale und Wirkungen für Änderungen im Mobilitätsverhalten (z.B. Rebound-Effekte) durch Digitalisierung erforschen und Veränderungsstrategien in der Praxis untersuchen (Reallabore):* Damit verbunden sind auch Akzeptanzfragen, beispielsweise hinsichtlich eingesetzter Technologien, oder Fragen möglicher Verhaltensreaktionen auf veränderte oder neu geschaffene Preissignale.
- *Transdisziplinäre Entwicklungsforschung bzw. -zusammenarbeit zur nachhaltigen digitalen Mobilität aufbauen:* Vor allem in ausgewählten Städten in Entwicklungs- und Schwellenländern sollten Reallabore für nachhaltige digital unterstützte Mobilität aufgebaut und Grundlagen einer integrierten, Raum- und Verkehrsplanung geschaffen werden.
- *Forschung zur „Smart Mobility Governance" vorantreiben und Erkenntnisse zeitnah in die Praxis überführen:* Die mit den vielfältigen systemischen Möglichkeiten der Smart Mobility verknüpften Koordinations- und Steuerungserfordernisse verlangen in hohem Maße konzeptionelle wie Empirische Forschungen. Dies kann und sollte auch in entsprechende Smart-City-Forschungsvorhaben eingebettet sein.

und des Fuß- und Radverkehrs sowie die Elektrifizierung des motorisierten Verkehrs auf Grundlage erneuerbarer Energien erreicht werden. Außerdem sollte eine Veränderung der Geschäftsmodelle hin zu Mobilität als Dienstleistung auf das Ziel einer nachhaltigen urbanen Mobilitätswende ausgerichtet werden. In Entwicklungs- und Schwellenländern muss es zunächst um den Aufbau nachhaltiger urbaner Mobilitätssysteme sowie insbesondere um den Zugang zu Mobilitätsdienstleistungen auch für die Armutsbevölkerung und den Anschluss informeller Stadtquartiere an den ÖPNV gehen. Auch die Sicherheit des nicht motorisierten Verkehrs ist zentral. Eine zukunftsfähige, digital gestützte urbane Mobilität wird sich zudem nur einstellen, wenn die Digitalisierungspotenziale ganz in den Dienst integrierter nachhaltiger Mobilitätskonzepte gestellt werden. Ein digitalisierter und vernetzter urbaner Personenverkehr muss eingebettet sein in neue Arbeits- und Freizeitmodelle, die Digitalisierungsmöglichkeiten zur drastischen Reduktion der Verkehrsmenge nutzen, in integrierte Konzepte der Stadtplanung, die Distanzen und Wege reduzieren, sowie in eine Verkehrsplanung, die ökologische und urbane Lebensqualität steigernde Mobilitätsformen aktiv fördert (insbesondere Fuß- und Radverkehr und innovative, emissionsfreie Fahrzeuge). Erst im Rahmen einer solchen „Smart-Mobility-Governance" kann digitalisierte und autonome Mobilität zu positiven Nachhaltigkeitseffekten führen.

5.2.9
Präzisionslandwirtschaft: der nächste Schritt in die industrialisierte Landwirtschaft?

5.2.9.1
Der Kontext: globale, nachhaltige Landnutzung

Das Transformationsfeld Landnutzung (WBGU, 2011:247ff., 317ff.) wird zu einem der wichtigsten Schauplätze für Nachhaltigkeit und Zukunftssicherung in diesem Jahrhundert. Die Digitalisierung in der Landwirtschaft, hier vereinfacht „Präzisionslandwirtschaft" genannt, verspricht einen wichtigen Baustein für die nachhaltige Intensivierung der Agrarproduktion zu liefern und somit eine Ertragssteigerung bei gleichzeitiger Verringerung der Umweltschäden zu erreichen (Schrijver, 2016:30ff.).

Landwirtschaftlich nutzbare Böden sind eine knappe, unverzichtbare und nicht substituierbare Erdsystemressource die eng verknüpft mit Wasserressourcen sind und von der das Wohlergehen der gesamten Menschheit abhängt. Derzeit können im Prinzip genügend Nahrungsmittel für die Weltbevölkerung produziert werden (Grote, 2014; SDG 2: „Kein Hunger"). Dies droht sich in Zukunft zu ändern, denn es werden erhebliche Nachfragesteigerungen prognostiziert, u.a. wegen des Bevölkerungswachstums und zunehmend flächenintensiver Ernährungsstile (vor allem durch zunehmenden Konsum tierischer Produkte). Der entsprechende Bedarf für die Ausweitung der landwirtschaftlichen Produktion bis Mitte des Jahrhunderts wird auf ca. 50–100% geschätzt (FAO, 2018; Valin et al., 2014; Alexandratos und Bruinsma, 2012; Tilman et al., 2011; IAASTD, 2009). Die Nachfrage nach landwirtschaftlichen Gütern steigt auch durch den Biomassebedarf der Bioökonomie (z.B. durch Umstellung auf biobasierte Produkte und durch Bioenergie), sowie durch den Bedarf nach „negativen Emissionen" aus Gründen des Klimaschutzes (SDG 13: „Maßnahmen zum Klimaschutz") mittels großflächiger Aufforstung oder der Kombination von Bioenergie mit Kohlenstoffabscheidung und speicherung (Bioenergy with Carbon Capture and Storage – BECCS; WBGU, 2016b: 13f.).

Dem steigenden Bedarf steht gegenüber, dass eine Abnahme der landwirtschaftlichen Produktion durch Bodendegradation, Wasserknappheit und ungebremsten Klimawandel zu erwarten ist (WBGU, 1994; IPBES, 2018; UN-Water, 2018; Porter et al., 2014: 488). Bislang wurde ein Teil des steigenden Bedarfs durch die Ausweitung der landwirtschaftlichen Flächen in naturnahe Ökosysteme (z.B. tropische Wälder, Savanne) gedeckt. Es gibt einen breiten internationalen Konsens, dass diese Option gestoppt werden muss, um biologische Vielfalt und Ökosystemleistungen zu schützen (SDG 15: „Leben an Land"; Aichi-Ziele 5 und 7: CBD, 2010; WBGU, 2014b: 29). Eine andere Option für Produktionssteigerung ist die Intensivierung der Produktion auf den bestehenden landwirtschaftlichen Flächen mit dem gleichzeitigen Ziel, Umweltschäden zu minimieren („nachhaltige Intensivierung": The Royal Society, 2009; Tilman et al., 2011; FAO, 2018).

Studien zu dieser zweiten Option geben Hoffnung, dass die Produktionssteigerung auf den bestehenden Flächen einen wesentlichen Beitrag zu einer nachhaltigen Ernährungssicherung leisten kann, so dass die Zerstörung weiterer naturnaher Ökosysteme erheblich verringert werden könnte (Egli et al., 2017; Henry et al., 2018; Mauser et al., 2015; Foley et al., 2011). Allerdings ist auch die Intensivierung ein wesentlicher Faktor bei dem weltweit zu beobachtenden rapiden Schwund terrestrischer biologischer Vielfalt und Ökosystemleistungen (IPBES, 2019; CBD, 2014: 10; WBGU, 2000: 3).

Die Präzisionslandwirtschaft kann in der industriellen landwirtschaftlichen Produktion zur nachhaltigen Intensivierung der Agrarproduktion beitragen (Schrijver, 2016: 30ff.). Auf die anders gelagerten, aber ebenfalls interessanten Potenziale der Digitalisierung in der überwiegend kleinbäuerlichen Landwirtschaft in Entwicklungsländern wird im folgenden Schauplatz eingegangen (Kap. 5.2.10).

5.2.9.2
Präzisionslandwirtschaft: Methoden, Verbreitung und Potenziale

Der Begriff „Präzisionslandwirtschaft" entstand etwa Mitte der 1980er Jahre. Damit sollen Saatgut, Wasser, sowie Dünge- und Pflanzenschutzmittel über digitale Systeme entsprechend den Bedürfnissen der Pflanzen und der Bodenqualität präzise ausgebracht (Gebbers und Adamchuk, 2010) sowie die Ernte erleichtert werden. Dazu werden Sensorik (z.B. Messgeräte für Bodenfeuchte und Nährstoffe, Erkennen von Früchten), Monitoring (z.B. digitale Erfassung und Auswertung meteorologischer Daten, Einsatz von Drohnen zur Bilderkennung) und satellitengestützte Positionsbestimmung (z.B. digitale Karteien der Flächen, autonomes Fahren von Landmaschinen) mittels digitaler Systeme zur Vernetzung und intelligenten Steuerung der landwirtschaftlichen Maschinen verwendet (Walter et al., 2017). Des Weiteren ergeben sich aus der Präzisionslandwirtschaft Potenziale für die Tierhaltung (Kasten 5.2.9-1).

Der Grad der Digitalisierung in der Landwirtschaft variiert stark und für die Erfassung werden sehr unterschiedliche Definitionen und Indikatoren wie der prozentuale Flächenanteil, der Anteil der Nutzer*innen oder auch die Intensität der Maschinennutzung verwendet. Präzisionslandwirtschaft wird aber vor allem in Industrieländern (USA, Kanada, Australien, Nord- und Mitteleuropa; Reichardt, 2010) angewendet, hat aber auch in am Export landwirtschaftlicher Produkte orientierten Schwellenländern Potenziale (z.B. Brasilien, Argentinien; McBratney et al., 2005; Silva et al., 2007). In England z.B. nutzten 2012 bereits etwa ein Fünftel der Betriebe Methoden der Präzisionslandwirtschaft (UK DEFRA, 2013); in der EU lag der Anteil 2016 bei etwa einem Viertel (Schrijver, 2016). Präzisionslandwirtschaft scheint in der überwiegenden Mehrzahl der untersuchten Fälle profitabel zu sein (Gebbers und Adamchuk, 2010).

Die Präzisionslandwirtschaft nutzt eine Reihe von Ansatzpunkten, um die Ressourcen effizienter zu nutzen und zur Erhaltung der natürlichen Lebensgrundlagen (Kap. 2.2.1) beizutragen. Digital unterstütztes, gezieltes Wassermanagement bietet vor allem wasserärmeren Regionen die Möglichkeit zur Ertragssteigerung, Kostensenkung und Nachhaltigkeit (Monaghan et al., 2013). Bodenbearbeitung, Ernteverfahren und -zeitpunkte lassen sich durch Präzisionslandwirtschaft optimieren, so dass Ernteverluste verringert und die Qualität der Nahrungsmittel gesteigert werden können (King, 2017; Monaghan et al., 2013).

Düngemittel und Pestizide können mit Hilfe digitaler Technik präziser und damit sparsamer dosiert werden (Robertson und Vitousek, 2009; Khoshnevisan et al., 2013), z.B. kann gezielte Mikrodosierung von Herbi-

Kasten 5.2.9-1
Präzisionstierhaltung

In der Nutztierhaltung hält die Digitalisierung schon seit einigen Dekaden Einzug mit dem vorrangigen Ziel, die Effizienz der Produktion zu steigern. Die elektronische Tieridentifikation mit Hilfe von Radio Frequency Identification (RFID) ermöglicht das Monitoring der Tiergesundheit und der Futterdosierung. Über die Futterdosierung (inklusive Inhaltsstoffe und Energiegehalt des Futters) mit Futter- und Weiderobotern lässt sich die Quantität und Qualität der Milch und des Fleisches optimieren. Eine Leistungssteigerung der Tiere wird über Faktoren wie bequeme Liegeflächen, gesunde Laufflächen und mechanische Hilfen zur Körperpflege sowie die Schaffung eines gesundheitsfördernden Stallklimas erreicht. Auch das Bewegungsprofil der Tiere, der Zeitpunkt der Futteraufnahme und die Futtermenge werden berücksichtigt. Durch Digitalisierung werden zudem die Präzision bei der Tierbestandsdokumentation und die Rückverfolgbarkeit entlang der Wertschöpfungskette verbessert, auch im Rahmen von Herkunfts- und Qualitätssicherungsprogrammen. Die Markierung der landwirtschaftlichen Nutztiere mit RFID-Chips hilft darüber hinaus, dem Viehdiebstahl vorzubeugen (Grote und Neubacher, 2016). Durch „virtuelles Einzäunen" der Tiere im Freiland lassen sich zudem Übergrasung leichter vermeiden sowie Unkrautbekämpfung und das Nährstoffmanagement verbessern. Eine Übersicht über viele technische Möglichkeiten der Präzisionstierhaltung geben Banhazi et. al. (2012).

Allerdings haben die Digitalisierung und die damit verbundene Ökonomisierung in der Nutztierhaltung auch einige Schattenseiten:

- In der Nutztierhaltung ist weltweit eine zunehmende Konzentration zu beobachten, die sich durch steigende durchschnittliche Bestandsgrößen und zunehmende Leistungen pro Tier ausdrücken. Die Digitalisierung ist, neben den Züchtungserfolgen, ein wesentlicher Treiber dieser regionalen und betrieblichen Konzentration. In Deutschland – insbesondere in der südlichen Weser-Ems-Region – werden mehr als drei Viertel aller Hühner in Betrieben mit über 50.000 Tieren gemästet (BMEL, 2019). Es wird sogar geschätzt, dass künftig in einem einzigen Betrieb einige Millionen Masthähnchen, 25.000 Milchkühe oder 200.000 Mastschweine leben können (Berckmans, 2017).
- Durch die Konzentration der Tierbestände besteht die Gefahr der Verbreitung von Krankheiten, so dass Antibiotika teils vorbeugend verabreicht werden. Durch die hohe Verabreichung von Antibiotika in der Tierhaltung können allerdings multiresistente Keime entstehen, die auch den Menschen gefährlich werden können (Cassini et al., 2019). In Deutschland wurde zwar die Deutsche Antibiotika-Resistenzstrategie („DART 2020") eingeführt, um die Verbreitung von Antibiotikaresistenzen einzudämmen. Jedoch betrug die jährliche Abgabemenge in 2015, trotz einer Reduzierung der Menge seit 2011 um gut die Hälfte, immer noch etwa 800 t (BMEL, 2019). In anderen wichtigen Produktionsländern, wie den USA, ist der Einsatz von Antibiotika sogar zur Leistungsförderung nach wie vor erlaubt (BMEL, 2019).
- Verschiedene Umweltschäden entstehen aufgrund der hohen Konzentrationen der Emissionen. Über 90% des NH_3, 37% des CH_4 und 65% des N_2O in der Atmosphäre stammen aus der Tierhaltung, und bis zu 30% aller Landflächen, bis zu 70% der landwirtschaftlichen Flächen und 8–15% der Wasserressourcen werden für die Tierhaltung genutzt (Berckmans, 2017; Steinfeld et al., 2006; Sharma et al., 2018). Zudem leidet die Qualität von Trink- und Grundwasser aufgrund zu hoher Nitratbelastung insbesondere in den Regionen mit konzentrierter Tierhaltung (Taube, 2018; Hermanowski et al., 2018).
- Bedenken werden auch immer wieder hinsichtlich des Datenschutzes und der Datensicherheit sowie der starken Abhängigkeit der Landwirt*innen von einigen wenigen großen Konzernen geäußert, da sämtliche Daten eines Betriebes digital erfasst werden (Roosen, 2017). Das Unternehmen, das eine ansprechende Plattform entwickelt, auf der der Bezug von verschiedenen Inputfaktoren mit Beratung und betriebseigenen komplexen Daten kombiniert wird, hat sehr gute Möglichkeiten, eine Monopolstellung aufzubauen (A.T. Kearney, 2016).
- Kritiker*innen betonen zudem, dass sich durch die Digitalisierung und die Konzentration der Tierbestände die Beziehung zwischen Mensch und Tier verändert. Digitalkompetenzen nehmen bei Landwirt*innen einen höheren Stellenwert ein als die Kenntnisse zu Haltungsformen und Tiergesundheit, die zunehmend digital gesteuert und kontrolliert werden. Vor diesem Hintergrund wird die Wichtigkeit einer bioethischen Analyse der Präzisionstierhaltung gesehen (Wathes et al., 2008).
- Letztlich führt der massive Konzentrationstrend in der Tierhaltung dazu, dass Fleisch zu relativ niedrigen Preisen angeboten wird und sich die Nachfrage weiter erhöht. Es wird geschätzt, dass bis 2050 jährlich rund 200 Mio. t Fleisch und 1 Mrd. t Getreide für die Tierfütterung zusätzlich produziert werden müssen, um die weltweite Nachfrage zu bedienen (FAO, 2009a). Der tierische Eiweißverbrauch stieg zwischen 2003 und 2013 um 69%, während die Bevölkerungswachstumsrate im selben Zeitraum bei etwa 29% lag (Behrens et al., 2017).

ziden mittels Robotik Einsparpotenziale von mehr als 90% mit sich bringen. Durch Einsatz von Lasertechnologie oder Mechanik ließen sich Herbizide teils sogar gänzlich vermeiden (King, 2017). Laut einer Studie im Auftrag des BMEL liegen die Einsparungen im niedrigen einstelligen Prozentbereich (BMEL, 2017). Diese Methoden sind im Labormaßstab und z.T. auch in der Anwendung bereits verfügbar.

Auch im Frucht- und Gemüseanbau (im Freiland wie in Gewächshäusern), gibt es Potenziale für Effizienz- und Qualitätssteigerung (Zude-Sasse et al., 2016), etwa durch mechanisches Ernten von Früchten zum optimalen Zeitpunkt (dies ist z.B. bei Weintrauben, Äpfeln, Tomaten, Erdbeeren, Oliven bereits möglich; King, 2017).

Durch diese Methoden der Präzisionslandwirtschaft können betriebswirtschaftliche Kosten gesenkt und Flächenerträge gesteigert werden (Bramley, 2009;

Haboudane et al., 2002). So konnte in Brasilien bei Zuckerrohr eine Ertragssteigerung um geschätzte 5–10% erreicht werden (Demattê et al., 2014). Zudem werden Böden, Energie- und Wasserressourcen, umliegende Ökosysteme und Nahrungsmittel weniger belastet (CBD, 2014: 13).

5.2.9.3 Effizienz versus Nachhaltigkeit

Für die industrialisierte Landwirtschaft könnte diese digitale Revolution eine neue technologische Stufe bedeuten und disruptive Veränderungen auslösen (Walter et al., 2017; Wolfert et al., 2017; BMEL, 2016). Die Präzisionslandwirtschaft liefert Potenziale beim Anbau großflächiger Monokulturen. Der Anreiz für die Bäuer*innen besteht vor allem im effizienteren Wirtschaften, da sich zum Teil erhebliche Kosten auf der Inputseite (Düngemittel, Pestizide, Treibstoff, Arbeitskosten) einsparen lassen (UK DEFRA, 2013). Die Entwicklung von Technologien für die Präzisionslandwirtschaft geht entsprechend den Fortschritten der Digitalisierung schnell voran, deren Anwendung in der Praxis ist aber mit kapitalintensiven Investitionen verknüpft. Diese können von großen Betrieben leichter getätigt werden als von kleinen, was den Strukturwandel verstärken kann (BMEL, 2017). Eine Kernfrage ist also, wie alle Betriebe, unabhängig von ihrer Größe, von digitalen Technologien profitieren können (Schrijver, 2016). Kleinere Betriebe können z.B. durch einen Zusammenschluss in Genossenschaften und „Maschinenringen" von diesen Techniken profitieren.

Big Data in der Landwirtschaft soll auch über die Betriebsebene hinaus eine Vernetzung von Produktionssystemen und Wertschöpfungsketten ermöglichen (Wolfert et al., 2017; TAB, 2018). Die Risiken zusätzlicher Abhängigkeiten landwirtschaftlicher Betriebe von großen Agrarunternehmen (z.B. Landmaschinenhersteller, Agrarchemie- und Saatgutunternehmen) sowie Fragen der „Datenhoheit" (Zugriffs- und Nutzungsrechte an den in zunehmendem Maß in den Betrieben anfallenden großen Mengen an wertvollen landwirtschaftlichen Daten) und der Datensicherheit werden derzeit diskutiert (DBV, 2019; BMEL, 2017; Kritikos, 2017; WD, 2018; TAB, 2018; FBI, 2018). Die zunehmend beobachtbaren Zusammenschlüsse von Landmaschinenherstellern, Saatgut- und Agrarchemieunternehmen unter Einbeziehung digitaler Plattformen bergen die Gefahr neuer Monopolstellungen und Machtpositionen, die zusätzliche Abhängigkeiten der landwirtschaftlichen Betriebe schaffen können. So werden z.B. zunehmend Methoden des digitalen Rechtemanagements (Digital Rights Management – DRM) auch bei Landmaschinen verwendet, was u.a. die Möglichkeit der selbständigen Reparatur und Anpassung untergräbt (Kurz und Rieger, 2018b).

Nicht zuletzt ist die Digitalisierung der Landwirtschaft wie auch in anderen Sektoren mit steigendem Stromverbrauch und einem vermehrten Aufkommen von Elektroschrott verbunden (Kap. 5.2.5).

Aus der Perspektive nachhaltiger Entwicklung ist ein besonders interessanter Ansatz gerade der im Vergleich zur großskaligen industriellen Landwirtschaft gegenläufige Trend: MacMillan und Benton (2014) fordern, dass die nächste landwirtschaftliche Innovationswelle kleine Maßstäbe im Blick haben sollte. Präzisionslandwirtschaft bietet die Chance, die Landwirtschaft zu ökologisch kompatiblerer, kleinräumiger Landschaftsgestaltung mit größerer Vielfalt beim Anbau (z.B. Mischkultur, Fruchtfolgen) zurückzuführen (King, 2017; Walter et al., 2017), u.a. durch den Einsatz autonomer, intelligenter, leichter Maschinen. Angesichts des ungebremsten Verlusts biologischer Vielfalt in der Landschaft (BfN, 2018: 50), darunter dramatische Bestandsrückgänge bei Insekten (Hallmann et al., 2017; Rada et al., 2018) und Vögeln (Birdlife International, 2018; Gross, 2015), sollte zudem künftig die Erhaltung von Biodiversität und Ökosystemleistungen im Fokus der Landwirtschaft stehen.

Es sollte also angesichts der Mittel und Potenziale der Digitalisierung und Robotik nicht um die Anpassung der Landschaft und der Landwirtschaft an immer größere Maschinen gehen (z.B. im Zuge von Flurbereinigung), sondern umgekehrt entsteht die Chance, dass sich angesichts der immer dringlicheren Nachhaltigkeitsanforderungen die Maschinen an eine kleinteiligere Landschaft und diversifizierte Landwirtschaft anpassen können (King, 2017).

5.2.9.4 Folgerungen

Für die Vermeidung des Verlusts biologischer Vielfalt scheint ein globaler, systemischer Ansatz für eine nachhaltige Intensivierung, so wie ihn die FAO (2018: 10ff.) vorsieht, die besten Ergebnisse zu versprechen (The Royal Society, 2009; Egli et al., 2017; TEEB, 2018). Im Begriff steckt allerdings ein Widerspruch: Landwirtschaftliche Intensivierung ist in der Regel auch mit einer Zunahme von Umweltproblemen verbunden (z.B. Bodendegradation, Wasserverschmutzung, Verlust biologischer Vielfalt durch Pestizide) und somit nicht nachhaltig. Präzisionslandwirtschaft, die durch Digitalisierung erst möglich wird, bietet hierfür einen Baustein mit dem Versprechen einer dreifachen Synergie: Die Betriebskosten sollen z.B. durch den sparsameren Einsatz von Agrarchemikalien sinken, die Erträge und die Qualität sollen durch das präzisere Management steigen und gleichzeitig sollen die Umweltschäden z.B. durch Nährstoff- und Pestizideinträge zurückgehen.

Die Landwirtschaft ist u.a. durch (1) sehr engma-

Kasten 5.2.9-2

Handlungsempfehlungen zum Schauplatz „Präzisionslandwirtschaft"

Derzeit scheinen die Möglichkeiten der Digitalisierung vor allem zur weiteren Intensivierung der industriellen Landwirtschaft genutzt zur werden. Im Vordergrund stehen Effizienzverbesserung und Kosteneinsparung. Die Digitalisierung bietet aber auch Potenziale für eine nachhaltigere Landwirtschaft, die jedoch von vielen Akteuren nicht priorisiert werden. Dabei sollten die Potenziale für eine Ertragssteigerung bei gleichzeitiger Verringerung der Umweltschäden (nachhaltige Intensivierung) weiter untersucht und umfassend genutzt werden. Es sollte vermehrt darum gehen, kleinskaligere, ökologisch kompatiblere Anbaumethoden zu bevorzugen, Tierwohl zu fördern, Ressourcen zu schonen und Agrarchemikalien so sparsam wie möglich zu verwenden.

- *Nachhaltigkeit zu einem ausdrücklichen Ziel der Präzisionslandwirtschaft machen:* Eine auf das strategische Ziel globaler Nachhaltigkeit ausgerichtete Präzisionslandwirtschaft, eingebettet in einen systemischen Ansatz zur nachhaltigen Landnutzung, sollte unterstützt werden. Insbesondere die Vermeidung von Agrarchemikalien, boden- bzw. ressourcenschonende Methoden sowie die Förderung der landwirtschaftlichen Diversität sollten dabei im Vordergrund stehen. Die Chancen für eine Re-Diversifizierung und die Rückkehr zu kleineren Skalen sollten ausgelotet werden. Technologien der Präzisionslandwirtschaft, welche besonders zur Nachhaltigkeit und Umweltschonung beitragen können, sollten gefördert und in die breite Anwendung gebracht werden. Dazu müssen Rahmenbedingungen und Anreizstrukturen in Richtung nachhaltige Landwirtschaft umstrukturiert werden; dies betrifft insbesondere die Agrarsubventionen der EU.
- *Lösungen für den Umgang mit landwirtschaftlichen Daten finden:* Der Schutz nicht personenbezogener Betriebsdaten ist bislang nicht ausreichend geregelt (TAB, 2018). Die in zunehmendem Maß anfallenden landwirtschaftlichen Daten sollten in den Händen der Landwirt*innen bleiben; wobei diese, wie andere Unternehmen auch, Daten einer gemeinwohlorientierten Nutzung zugänglich machen sollten (Kap. 5.3.10). Die Datenhoheit und -sicherheit der landwirtschaftlichen Betriebe sollten gefördert bzw. gesichert werden. Eine Monopolisierung von Daten durch Agrarkonzerne und dadurch drohende zusätzliche Abhängigkeiten der Landwirt*innen von mächtigen Agrarunternehmen sollten vermieden werden. Dazu sollte u.a. Wert auf internationale, offene Standards und Plattformen für den Austausch von Daten sowie auf die kollaborative digitale Interoperabilität unterschiedlicher Akteure, Software und Maschinen gelegt werden (Schrijver, 2016; BMEL, 2017). Auch die Potenziale für gemeinwohlorientierte und genossenschaftliche Lösungen sollten ausgelotet und umgesetzt werden (z.B. Open Data, Open Source).
- *Voraussetzungen für die Digitalisierung im ländlichen Raum schaffen:* Die Breitbandstruktur im ländlichen Raum sollte auf- bzw. ausgebaut werden, um die mit Präzisionslandwirtschaft verbundenen vermehrten Datenströme und die nötigen Kommunikations- und Steuerungsbedarfe zu bewältigen. Zusätzlich sollte die Nutzung von Drohnen reguliert werden.

schige Regulierung auf nationalen und regionalen Ebenen, (2) erhebliche Umweltschäden bei gleichzeitig massiver Subventionierung und (3) einem nur eingeschränkt offenem Weltmarkt gekennzeichnet. Angesichts dieser Komplexität stellt sich die Frage, wie plausibel und umfangreich die erhofften globalen Nachhaltigkeitspotenziale tatsächlich sind und mit welchen Anreizstrukturen sie umgesetzt werden können. Die Beantwortung dieser Frage hängt nicht zuletzt von der Zielsetzung und den Prioritäten ab. Derzeit scheint der Fokus vor allem auf der betriebswirtschaftlichen Effizienzsteigerung zu liegen; die Umweltvorteile werden anscheinend eher als positive „Kollateralnutzen" gesehen. Ein systemischer Ansatz mit einer primär auf das Ziel globaler Nachhaltigkeit ausgerichteten Präzisionslandwirtschaft scheint zur Zeit nicht in Sicht und damit das Versprechen der dreifachen Synergie nicht eingelöst (Kasten 5.2.9-2).

Es bleiben weitere wichtige Fragen offen (Kasten 5.2.9-3): Wie groß ist das Nachhaltigkeitspotenzial der Präzisionslandwirtschaft in Industrie- und Schwellenländern, wenn sie im Wesentlichen als Weiterentwicklung der industriellen Landwirtschaft auf großen Flächen angesehen wird? Inwiefern ermöglicht die Präzisionslandwirtschaft eine Rückkehr zu einer kleinteiligeren Landschaftsgestaltung und Landwirtschaft, ohne Ertragseinbußen und mit höherer Biodiversität? Wie müssten die Rahmenbedingungen gestaltet sein, damit eine kleinskaligere, biodiverse Landwirtschaft gegenüber der großskaligen, industriellen Landwirtschaft wettbewerbsfähig wird (Ausgleich der Skaleneffekte)? Wie kann die Agrarpolitik der EU so verändert werden, dass die Erhaltung von Biodiversität und Ökosystemleistungen zum ausdrücklichen Ziel der Präzisionslandwirtschaft wird?

Welche Potenziale ergeben sich für Entwicklungsländer? Die kleinbäuerliche Landwirtschaft in Entwicklungsländern, die dort mehr als 80% der Ernährungssicherung leistet (IFAD und UNEP, 2013), wird den kapitalintensiven, hochtechnisierten Weg einer industrialisierten Präzisionslandwirtschaft kaum mitgehen können (Mondal und Basu, 2009). Relevante Potenziale sind hier wohl sehr langfristig zu sehen. Der Schauplatz „Digitalisierung in der Landwirtschaft in Entwicklungsländern" im folgenden Kapitel gibt dazu einen Einblick (Kap. 5.2.10).

Die vielen noch offenen Fragen zur Sicherung der Datenhoheit und -souveränität der Landwirt*innen sowie zu einer möglicherweise durch datenbasierten Innovationen weiter zunehmenden Abhängigkeit der Landwirt*innen von den Agrarunternehmen sollten in

Kasten 5.2.9-3

Forschungsempfehlungen zum Schauplatz „Präzisionslandwirtschaft"

Investitionen in Forschung und Entwicklung sind ein entscheidender Treiber für die Landwirtschaft der Zukunft und sollten in der EU gestärkt werden (Schrijver, 2016). Die Bundesregierung sollte ein Forschungsprogramm für Nachhaltigkeit, Ressourcenschonung und Rediversifizierung der Landwirtschaft mittels digitaler Methoden und Maschinen auflegen. Insbesondere sollten die folgenden offenen Fragen im Zentrum stehen:

- *Potenziale und Risiken der digitalisierten industriellen Landwirtschaft:* Wie groß sind die Potenziale und Risiken der Präzisionslandwirtschaft, wenn sie (vor allem in Industrie- und Schwellenländern) im Wesentlichen als Weiterentwicklung der industriellen Landwirtschaft auf großflächigen Monokulturen gestaltet wird? Verstärkt dies den Trend zur einer industrialisierten Landwirtschaft, die vor allem Großbetrieben zugute käme? Wie kann Technik (z.B. intelligente, autonome, kleine, leichte Maschinen) entwickelt werden, die eine diversifizierte, kleinteilige Agrarlandschaft mit größerer Biodiversität und Ökosystemleistungen in das Zentrum stellt? Könnte aus einer derart gestalteten Präzisionslandwirtschaft ein nennenswerter Beitrag zur Welternährung erwachsen, angesichts der Tatsache, dass der Großteil der globalen Nahrungsmittelproduktion von kleinbäuerlichen Betrieben erwirtschaftet wird?
- *Potenziale und Risiken einer dezidiert nachhaltigen Präzisionslandwirtschaft:* Wie groß sind die Potenziale, wenn Digitalisierung und autonome Maschinen eine biodiverse Landwirtschaft zum primären Ziel haben und Mischkulturen, Fruchtfolgen, Tierwohl, Agrarforstwirtschaft, kleinere Skalen und Rediversifizierung im Zentrum stehen? Kann die nachhaltige Präzisionslandwirtschaft eine Antwort auf Biodiversitätskrise und Klimawandel sowie gestärkte Ökosystemleistungen, bessere Resilienz und gesundere Ernährung sein? Welche Chancen und Risiken gibt es für eine kleinskalige, automatisierte, funktionell diverse und nachhaltige landwirtschaftliche Produktion? Welche günstigen IKT-Lösungen bieten sich für kleinbäuerliche Betriebe zum Aufbau eigener Verwertungsketten an? Lassen sich in diesem Zusammenhang auch neue Chancen für die kleinbäuerliche Landwirtschaft erkennen?
- *Regulierung, Rahmenbedingungen und Anreize:* Angesichts der ungelösten Fragen zu Umgang mit und Nutzung von – in diesem Kontext insbesondere landwirtschaftlichen – Daten sollte der Anpassungsbedarf von nationalen wie europäischen und internationalen Regulierungen untersucht werden. Zudem ist zu fragen: Wie müssten die Anreizstrukturen im Kontext einer stark staatlich regulierten Landwirtschaft gestaltet sein, damit eine dezidiert nachhaltige, kleinskalige, diverse Präzisionslandwirtschaft gegenüber der Präzisionslandwirtschaft in einer großskaligen, industriellen Landwirtschaft wettbewerbsfähig wird (Ausgleich der Skaleneffekte)?

den Blick genommen werden (Schrijver, 2016; Kritikos, 2017; TAB, 2018). Allerdings werden viele Lösungsansätze für die eingangs dieses Schauplatzes dargestellten Probleme außerhalb des engen Handlungsfelds von Digitalisierung und Mechanisierung liegen (z.B. Pflanzenzüchtung, Landmanagement und Bodenrestauration, Klimaanpassung).

Weitere sehr wichtige Potenziale liegen jenseits der Produktionssteigerung in der Landwirtschaft, vor allem in der Minderung der Nachfrage z.B. durch die Vermeidung der erheblichen Verluste von Nahrungsmitteln nach der Ernte oder durch Umstellung der Ernährungsstile auf weniger tierische Produkte (Springmann et al., 2018; Willett et al., 2019). Diese verschiedenen Lösungsvorschläge sollten in einem integrierten Ansatz kombiniert und in den breiteren Kontext einer global nachhaltigen Landnutzung eingebettet werden, um die drängenden Probleme zu lösen (Godfray et al., 2010; WBGU, 2011:247ff., 317ff.; Searchinger et al., 2018; Springmann et al., 2018).

5.2.10 Digitalisierung in der Landwirtschaft in Entwicklungsländern

Weltweit sind die meisten aller landwirtschaftlichen Betriebe kleinbäuerlich organisiert und bewirtschaften weniger als zwei Hektar Land (FAO, 2014a). Kleinbäuer*innen produzieren den größten Teil aller Nahrungsmittel (in Asien und Afrika rund 80%) und bewirtschaften etwa 60% der weltweiten Ackerflächen. Die wesentlichen Probleme der Kleinbäuer*innen in Entwicklungsländern sind auf den mangelnden Zugang zu Land und der Sicherung von Landtiteln, sowie dem mangelnden Zugang zu Wasser, Energie, Kapital, Düngemitteln und Saatgut oder zu Märkten zurückzuführen. Darüber hinaus sind Verluste bei der Ernte, Verarbeitung und Lagerung insbesondere in Afrika mit fast einem Drittel erheblich (Malabo Montpellier Panel, 2018). Angesichts der weltweit steigenden Nachfrage nach Nahrungsmitteln und Biomasse liegt eine Herausforderung der kleinbäuerlichen Landwirtschaft in Entwicklungsländern darin, die Erträge erheblich zu steigern – ohne dabei mit Nachhaltigkeitsanforderungen zu kollidieren (z.B. Vermeidung von Bodendegradation, nachhaltige Wassernutzung sowie insbesondere Erhaltung von biologischer Vielfalt und naturnahen Ökosysteme). Eine nicht nachhaltige Landwirtschaft riskiert hingegen die Versorgungssicherheit in der Zukunft.

Die Digitalisierung hat das Potenzial, über den Zugang zu Informationen und Kapital Markttransparenz zu erhöhen, Transaktionskosten zu senken und Informationsasymmetrien abzubauen. So lässt sich die landwirtschaftliche Produktivität erhöhen (Ekekwe, 2017) und die Nachhaltigkeit steigern (Nwagwu und Soremi, 2015), was zur positiven Entwicklung des Agrarsektors in Entwicklungsländern beitragen würde. Zusätzlich hat die Digitalisierung das Potenzial, neben den Verbesserungen für Großgrundbesitzer*innen auch die Teilhabe vieler weiterer oft marginalisierter Bevölkerungsgruppen zu erhöhen, insbesondere der Kleinbäuer*innen, der Landarbeiter*innen, aber auch der jungen, eher technikaffinen Generation. Dies ist gerade in Entwicklungsländern von großer Bedeutung, da dort der Agrarsektor das größte Potenzial hat, Armut zu reduzieren und die Lebensumstände großer Bevölkerungsgruppen, die von der Landwirtschaft abhängig sind, zu verbessern (FAO, 2014b). So bieten viele neue Startups in Afrika eine Vielfalt digitaler Lösungen für den kleinbäuerlichen Agrarsektor und die Lebensmittelbranche an (Ekekwe, 2017; Rose, 2016; Mittal und Mehar, 2012). Häufig konzentrieren sich diese Innovationen auf den Zugang der Kleinbäuer*innen zu Informationen und Finanzierung. Chancen der Digitalisierung ergeben sich insofern aus der Kombination des Zugangs zu Information und verbesserter Mikrofinanzierung z.B. bei der Umstellung auf Mikrodüngung oder Mikrobewässerung. Hier liegen Chancen vor allem deshalb, da in der Regel zu wenig Kapital vorhanden ist, um eine industrialisierte Landwirtschaft zu betreiben, wie sie in vielen Industrie- und Schwellenländern üblich ist. Auf die Bedeutung der Digitalisierung in diesem Kontext wird im vorhergehenden Schauplatz eingegangen (Kap. 5.2.9).

5.2.10.1
Zugang zu innovativen digitalen Technologien

Die Digitalisierung hat das Potenzial, über Drohnen, Sensorik, Robotik, KI oder Internet der Dinge die Mechanisierung des Agrarsektors auf ganz neue Art zu ergänzen bzw. zu befördern (Malabo Montpellier Panel, 2018). Allerdings ist insbesondere in Afrika der Mechanisierungsgrad in der Landwirtschaft noch sehr gering; für die Mehrheit der Kleinbäuer*innen in Afrika sind diese digitalen Technologien bisher nicht zugänglich. Ausnahmen sind Länder wie Nigeria, Kenia und Tansania, wo IT-Anwendungen wie Apps bereits eingesetzt werden, um die gemeinsame Nutzung von landwirtschaftlichen Maschinen durch eine Vernetzung von Maschinenbesitzer*innen und Landwirt*innen zu erleichtern (Malabo Montpellier Panel, 2018).

Der Einsatz verbesserter Technologien (z.B. Bodensensoren, die den Bedarf an Dünger und Wasser messen und optimieren oder Tropfbewässerungsanlagen mit solarbetriebenen Pumpen) ist zudem ein Weg, die Produktivität in der Landwirtschaft zu erhöhen. Dabei ist Präzisionslandwirtschaft nicht unbedingt auf High-Tech-Lösungen angewiesen. Sie kann bei der Bewirtschaftung kleiner Flächen auch aus einer Kombination von arbeitsintensiven, manuellen Technologien mit digital gestützter Beratung bestehen. In Afrika wurden Ertragssteigerungen bei Hirse von 44–120% über die manuelle Mikrodosierung von Düngemitteln erzielt (ICRISAT, 2016).

5.2.10.2
Zugang zu produktionsbezogenen Informationen und landwirtschaftlichen Beratungsdiensten

Landwirtschaftliche Beratungsdienste sind eines der wichtigsten Mittel, um die Produktivität in der kleinbäuerlichen Landwirtschaft und somit das Einkommen der ländlichen Bevölkerung zu steigern (Evenson und Pingali, 2007). Die Nutzung von Mobiltelefonen, Internetplattformen oder sozialen Netzwerken erlaubt es, gerade auch arme und marginalisierte Landwirt*innen in abgelegenen Dörfern zu erreichen – und dies auch in regelmäßigeren Abständen (Cole und Fernando, 2012; Aker, 2011). In Indien konnte das Jahreseinkommen der Landwirt*innen durch mobiltelefonbasierte Beratungen über neue Agrarpraktiken und besseres Management um fast 40% gesteigert werden (Grimshaw und Kala, 2011; Vashisth et al., 2013). Selbst Landwirt*innen ohne Bildung nutzen Mobiltelefone, um Zugang zu landwirtschaftlichen Informationen zu bekommen (Islam, 2011; Nyamba und Mlozi, 2019). Im Sudan haben SMS-basierte Beratungsdienste die Effizienz der Wassernutzung erhöht und die landwirtschaftliche Produktivität um 300% gesteigert (CTA, 2015).

Derzeit behindert der mangelnde Zugang zu Informationen die Einführung von Technologien (Baumüller, 2015). Die rasant zunehmende Verbreitung von Mobiltelefonen bietet hier Chancen: Verfügen Landwirt*innen über Mobiltelefone, so können sie leichter Erfahrungen untereinander austauschen und es lässt sich zudem eine gezielte landwirtschaftliche Beratung organisieren (Fu und Akter, 2012). So lassen sich durch die Nutzung von Mobiltelefonen landwirtschaftliche Risiken durch Schädlings- und Krankheitsausbrüche oder durch Bodenerosion abschwächen oder gar verhindern (World Bank, 2011). Digitale Fotos von Pflanzen helfen bei der Bestimmung des Nährstoffbedarfs und bei der Behandlung von Schädlingen. In Mexiko werden von Berater*innen Geräte eingesetzt, die den Gesundheitsstatus und den Stickstoffgehalt von Pflanzen messen, um so bedarfsgerecht zu düngen und gezielt Pestizide einzusetzen, wodurch die Belastung des Grundwassers verringert und die Umwelt geschont wird (van Vark, 2014). Auch kann durch gezielte Beratung über Mobiltelefone die schnelle Verbreitung von Krankheiten verhindert werden, wie z.B. bei der Vogelgrippe in Asien (FAO, 2009b).

5.2.10.3 Zugang zu Wetterinformationen und Katastrophenvorsorge

Fällt Regen nach der Ernte und vor der Einlagerung, so kommt es häufig zu Ernteverlusten (in Indien z.B. 10–35% des gesamten Umsatzes), die sich durch verbesserten Zugang zu Wetterinformationen via Mobiltelefon oder Internet vermeiden lassen (Mittal et al., 2010). In Kolumbien hatten Landwirt*innen, die wöchentliche Wetterinformationen über SMS erhalten, 4–7% weniger wetterbedingte Ernteverluste im Vergleich zur Kontrollgruppe ohne Wetterinformation (Camacho und Conover, 2011). Frühzeitige Warnungen vor extremen Wetterereignissen helfen den Landwirt*innen, rechtzeitig Maßnahmen zu treffen (Klasen und Waibel, 2015). In Vietnam wurden Dorfbewohner*innen Mobiltelefone zur Verfügung gestellt, damit sie effektiver auf Überschwemmungen reagieren und z.B. ihr Vieh und ihre Ernte schützen können (Ospina und Heeks, 2010). Auch in Westafrika haben Wettervorhersagen via Mobiltelefon die Resilienz gegenüber Wetterrisiken verstärkt; bei einem Drittel der Fälle wurden die Verluste verringert und die Erträge gesteigert (Roudier et al., 2014). Über „crowdmapping“ können für den Fall einer Katastrophe räumliche Informationen auf einer Karte sichtbar gemacht werden, so dass Hilfe besser und effizienter koordiniert werden kann (Sutter, 2010).

5.2.10.4 Zugang zu Markt- und Preisinformationen

Mit Hilfe von Mobiltelefonen können auch Finanzdienstleistungen leichter und kostengünstiger in ländlichen, häufig unterversorgten Gebieten in Anspruch genommen und verschiedene Anbieter miteinander verglichen werden (Nair und Fissha, 2010), wodurch sich wiederum die Produktivität in der Landwirtschaft erhöht (Duncombe, 2014; Maree et al., 2013). Mobiltelefone verbessern den Zugang zu Informationen über die gesamte Wertschöpfungskette, d.h. von der Produktion bis hin zur Vermarktung der Erzeugnisse (Mittal und Mehar, 2016). So lassen sich Zeit und Geld sparen, die Transaktionskosten senken und die Produktivität steigern (FAO, 2013). Beispielsweise konnte eine Gruppe von Frauen in Bangladesch die Gewinne bei der Vermarktung von Hühnern signifikant erhöhen (World Bank, 2011). In Indien wurden Wohlfahrtsteigerungen für Produzent*innen und Konsument*innen entlang der Wertschöpfungskette im Fischsektor gemessen (Jensen, 2007).

Informationsasymmetrien über aktuelle Marktpreise begrenzen häufig die Verhandlungsmacht der Landwirt*innen (Ali und Kumar, 2011). Von der Southern African Confederation of Agricultural Unions wurde eine digitale Aggregationsplattform entwickelt, die wie eine „virtuelle Kooperative“ funktioniert. Dadurch können die Bäuer*innen ihre Produkte für den Verkauf aggregieren und höhere Preise mit den Handelspartner*innen erzielen (Sunga, 2017).

5.2.10.5 Zugang zu Land und Kapital

Blockchain-Technologien in Entwicklungsländern ermöglichen eine zuverlässige Registrierung von Landflächen in Katasterämtern, die Bekämpfung und verbesserte Kontrolle von Korruption und die E-Identifikation, die Menschen eine formale Identität verschafft. Sie haben so das Potenzial, den sicheren Zugang zu Landrechten und so den Zugang zu Mikrokrediten oder Mikroversicherungen zu ermöglichen (Kshetri, 2017). Gesicherte Landrechte von Kleinbäuer*innen z.B. über die Blockchain-Technologie wären eine Option, um Problemen großflächiger Landnahme durch ausländische Direktinvestoren zu begegnen, die nicht selten mit der Vertreibung von Kleinbäuer*innen einhergehen („land grabbing“; WBGU, 2011:65; Feist und Fuchs, 2013). Allerdings ist das Vermeiden von Landnahmen eher eine politische als eine technische Frage.

Mobile Bezahlsysteme, wie z.B. M-Pesa in Kenia, ermöglichen es, auch ohne Bankkonto für Dienstleistungen und Güter zu bezahlen. Per Mobiltelefon kann ein*e M-Pesa-Kund*in Geld auf das Konto einer anderen M-Pesa-Nutzer*in transferieren, und dieses Guthaben kann z.B. von Supermärkten oder Kiosken ausgezahlt werden. Der Zugang zu Kapital in Verbindung zu anderen in vielen Entwicklungsländern weiterhin begrenzt verfügbaren Gütern wie Düngemitteln, Pestiziden, aber auch Wasser und Energie führt erst in Folge von Digitalisierung zu wirklichen Effizienzgewinnen (Deichmann et al., 2016).

5.2.10.6 Folgerungen

Effizienzsteigerungen durch Digitalisierung lassen sich überwiegend durch Präzisionslandwirtschaft bei großflächigen, inputintensiven Betrieben realisieren, die vor allem in Industrie- und Schwellenländern und nur vereinzelt in Entwicklungsländern zu finden sind (Kap. 5.2.9). Kapitalintensive High-Tech-Lösungen aus der Präzisionslandwirtschaft sind für die kleinbäuerliche Landwirtschaft in Entwicklungsländern nicht unmittel-

Kasten 5.2.10-1

Handlungsempfehlungen zum Schauplatz „Digitalisierung in der Landwirtschaft in Entwicklungsländern"

Wenn die Digitalisierung der Landwirtschaft einen breitenwirksamen Entwicklungseffekt haben soll, muss sie in einer Strategie zur nachhaltigen Landnutzung eingebettet und an den Bedürfnissen und Möglichkeiten der kleinbäuerlichen Landwirtschaft ausgerichtet werden (Cassman, 1999). Um generell sicherzustellen, dass Digitalisierung mehr Chancen als Gefahren für die überwiegend kleinbäuerlich strukturierte Landwirtschaft in Entwicklungsländern bietet, werden der Bundesregierung folgende Handlungsempfehlungen gegeben:

- Staaten – unterstützt von Digitalunternehmen und im Rahmen der internationalen Entwicklungszusammenarbeit z.B. als Public Private Partnerships (PPP) – sollten ihre Mobilfunkinfrastruktur ausbauen und Internetzugang großflächig ermöglichen, damit Landwirt*innen digitalen Zugang zu Informationen und Beratung erhalten können. Die Förderung lokaler Mikronetze zur Energieversorgung auf Basis erneuerbarer Energien kann hierbei Synergien erzeugen. Der digitale Zugang zu z.B. Wettervorhersagen, zu Beratungsdiensten oder Bildung ermöglicht Effizienzsteigerungen und eine nachhaltige Bewirtschaftung in der kleinbäuerlichen Landwirtschaft.
- In Afrika sollten Investitionen in die Mechanisierung und innovative Technologien prioritär entlang der landwirtschaftlichen Wertschöpfungskette vorangetrieben werden. Die Entwicklungszusammenarbeit kann dazu beitragen, dass Regierungen die Rahmenbedingungen verbessern und die Zusammenarbeit mit dem privaten Sektor fördern, so dass auch Kleinbäuer*innen von digitalen Technologien profitieren.
- Der WBGU empfiehlt die Förderung von genossenschaftlichen Zusammenschlüssen von Kleinbäuer*innen. Eine erfolgreiche Anpassung digitaler Lösungen an kleinbäuerliche Strukturen würde durch die Bildung genossenschaftlicher Strukturen erleichtert (z.B. Erzeugergemeinschaften). Hierdurch werden flächenbezogene Planungs- bzw. Gestaltungsmöglichkeiten ausgeweitet, Skaleneffekte möglich und Kosten der Implementierung für einzelne Kleinbäuer*innen reduziert (World Bank, 2007).
- Es muss sichergestellt werden, dass den Kleinbäuer*innen die personen- und technikbezogenen Daten gehören, die sie bei Anwendung digitaler Geräte generieren.
- Der WBGU empfiehlt den Zugang zu Open-Access-Daten zu verbessern, da dies ein großes Potenzial hat, insbesondere marginalisierten Bevölkerungsgruppen zugute zu kommen (IFPRI, 2018).
- Der WBGU empfiehlt, aktiv den Zugang von Frauen zu digitalen Netzwerken zu fördern, da diese in vielen Entwicklungsländern die überwiegende Arbeitslast im Agrarsektor tragen und somit überproportional von Informationen aller Art profitieren würden.

Kasten 5.2.10-2

Forschungsempfehlungen zum Schauplatz „Digitalisierung in der Landwirtschaft in Entwicklungsländern"

Die Forschung zur Digitalisierung der Landwirtschaft sollte sich an den Zielen einer global nachhaltigen Landnutzung und Armutsreduzierung ausrichten. Das Forschungsprogramm der Bundesregierung sollte auf die Überwindung der digitalen Kluft in der Landwirtschaft abzielen. Insbesondere sollten die folgenden offenen Forschungsfragen im Zentrum stehen:

- Welche Faktoren fördern bzw. hemmen eine Digitalisierung zur nachhaltigen Entwicklung in der Landwirtschaft in Entwicklungsländern?
- Wird der Arbeitsplatz im Agrarsystem in Zukunft durch Digitalisierung attraktiver? Schafft die Digitalisierung in der Landwirtschaft es, die Landflucht und den Trend zur Urbanisierung in Entwicklungsländern zu vermindern?
- Welche Effizienzgewinne lassen sich in der kleinbäuerlichen Landwirtschaft durch Präzisionslandwirtschaft realisieren?
- Sollte die Priorität in der Forschung und Entwicklung in Entwicklungsländern künftig auf Präzisionslandwirtschaft gesetzt werden? Oder sind Forschungsinvestitionen in anderen Bereichen der kleinbäuerlichen Landwirtschaft von noch größerer Bedeutung? Hier gehen die Meinungen auseinander (Cassman, 1999 versus Chen et al., 2011).
- Wie kann aus der Präzisionslandwirtschaft ein nennenswerter Beitrag zur Armutsreduzierung erfolgen?
- Welche Barrieren behindern die Übernahme von digitalen Innovationen auf kleinbäuerlicher Ebene?
- Inwiefern fördert oder hemmt die Digitalisierung das „land grabbing" (WBGU, 2011:65) in Schwellen- und Entwicklungsländern?

bar geeignet (Chen et al., 2011). Elemente der digital unterstützen Landwirtschaft können aber dennoch in der kleinbäuerlichen Landwirtschaft in Entwicklungsländern sinnvoll eingesetzt werden, insbesondere auch dann, wenn die Kleinbäuer*innen genossenschaftlich organisiert sind.

Insgesamt zeigt sich, dass der Einsatz digitaler Innovationen vor allem über den verbesserten Zugang zu Informationen und Beratung eine Steigerung der Effizienz, der Produktivität und der Nachhaltigkeit von Kleinbetrieben ermöglicht (Nwagwu und Soremi, 2015). Der Zugang zu Mobiltelefonen spielt dabei eine zentrale Rolle. Es ist schwer einzuschätzen, welche Bedeutung diese Innovationen angesichts der dringend notwendigen Ertragssteigerungen in der kleinbäuerlichen Landwirtschaft in Entwicklungsländern haben wird.

Allerdings ist zu beobachten, dass die Anzahl der mittelständischen Betriebe in der Landwirtschaft auch in Afrika steigt und die Nachfrage nach verarbeiteten Nahrungsmitteln in den wachsenden Städten zunimmt (Malabo Montpellier Panel, 2018), so dass die Nutzung von Komponenten der Präzisionslandwirtschaft in Zukunft auch dort stärker ansteigen könnte.

5.2.11 Digital unterstütztes Monitoring von Ökosystemen und biologischer Vielfalt

5.2.11.1 Die Krise der biologischen Vielfalt

Die Digitalisierung verändert den Naturschutz auf fundamentale, transformative Weise (Arts et al., 2015; Joppa, 2015). Die digitale Revolution im Naturschutz findet vor dem Hintergrund eines globalen, mit großer Dynamik ablaufenden anthropogenen Schwunds der biologischen Vielfalt statt, der mit den großen Aussterbeereignissen in der Erdgeschichte verglichen wird (Ceballos et al., 2017; Barnosky et al., 2011). Im Vergleich zum erdgeschichtlichen Durchschnitt ist die Aussterberate der Arten heute etwa um den Faktor 1.000 erhöht und beschleunigt sich weiter (Pimm et al., 2014; De Vos et al., 2015). Das planetarische Netz der Ökosysteme ist als Ganzes im radikalen und schwer vorhersehbaren Wandel begriffen (Barnosky et al., 2012). Die Hälfte der artenreichsten Gebiete der Erde haben 90% ihrer Vegetation verloren (Sloan et al., 2014). Dies führte zu erheblichen Einschränkungen der Verbreitungsgebiete der Wildtierpopulationen (Dirzo et al., 2014; Ceballos et al., 2017), die in den letzten 40 Jahren um 60% dezimiert wurden (WWF, 2018). Großflächige Veränderungen der Landnutzung für Landwirtschaft, Aufbau von Infrastruktur und Bergbau führen zum Schwund natürlicher Ökosysteme und zur Fragmentierung der Habitate (IPBES, 2019; Marques et al., 2019). Übernutzung biologischer Ressourcen durch z.B. Fischerei (Worm, 2016), Jagd und Wilderei (Ripple et al., 2019; Chase et al., 2016) oder illegale Holznutzung (Brancalion et al., 2018) sowie die Verbreitung nicht heimischer Arten sind weitere wichtige Ursachen der Biodiversitätskrise (Early et al., 2016). Allein der anthropogene Klimawandel könnte das Aussterben eines Sechstels der Arten bedeuten (Urban, 2015).

Mittlerweile gibt es in der internationalen Umweltpolitik einen breiten Konsens über Ursachen und Wirkungen der Biodiversitätskrise. Die Biodiversitätskonvention hat mit den Aichi-Zielen einen klar umrissenen und quantifizierten politischen Zielkatalog vorgelegt (CBD, 2010). Auch die Agenda 2030 mit SDG 14 (Leben unter Wasser) und SDG 15 (Leben an Land) setzt klare Ziele (UNGA, 2015; Kasten 2.1-1). Monitoring von Ökosystemen und biologischer Vielfalt ist eine globale Priorität der Biodiversitätskonvention, denn es ist eine Herausforderung, Zustand und Trends biologischer Vielfalt sowie den Grad der Erreichung der politischen Ziele in einer standardisierten und umfassenden Weise zu verfolgen (Bush et al., 2017). Das Aichi-Ziel 19 spricht spezifisch die Wissensbasis und die Technologien z.B. zur Verfolgung von Status und Trends biologischer Vielfalt an (CBD, 2010).

5.2.11.2 Verbessertes Wissen durch digital unterstütztes Monitoring

Die Prozesse der Biodiversitätskrise sind im Einzelnen nicht hinreichend bekannt, was es erschwert, ihre Wirkungen auf Ökosystemleistungen und menschliche Wohlfahrt abzuschätzen (Dirzo et al., 2014). Wir wissen zu wenig über die Ökosysteme, ihr Funktionieren und ihre Leistungen, über die Zusammensetzung der Arten, ihre Populationsgrößen und -verteilung, über Umweltfaktoren und Bedrohungen (Pereira et al., 2013). Für einen effektiven und effizienten Naturschutz ist dieses Wissen entscheidend (Turner, 2014), etwa um Bedrohungen zu identifizieren, um Prioritäten bei der Auswahl von Schutzgebieten oder beim Einsatz knapper Finanzmittel zu setzen (Joppa et al., 2016), oder um im Sinne eines adaptiven Managements die Auswirkungen von Eingriffen zu beurteilen (Bush et al., 2017; WBGU, 2000:148). Dieses Wissen ist zudem strategische Voraussetzung, um wissenschaftlich begründete Regeln für den nachhaltigen Umgang mit biologischen Ressourcen zu erarbeiten (z.B. in der Fischerei: ICES, 2018). Diese Analyse ökologischer Prozesse und Wirkungen erfordert große Datenmengen und entsprechend einen erheblichen Aufwand an Datenerfassung, -speicherung und -verarbeitung sowie an Modellierung (Kelling et al., 2009). Die geschickte Nutzung von Informationstechnologie und die Vernetzung der Datensätze kann hier erhebliche Vorteile bringen (Joppa et al., 2016).

Umweltbeobachtung (hier kurz „Monitoring“ genannt) liefert wertvolle Beiträge für dieses Wissen und ist damit essenzieller Teil des Naturschutzes (Kap. 3.3.5.1; Secades et al., 2014). Monitoring hilft bei der Bestandsaufnahme von Ökosystemen und Populationen sowie bei der Überwachung von Managementregeln und Verboten, die Übernutzung verhindern sollen. Monitoring trägt somit zur Vorsorge gegen Umweltkriminalität bei, z.B. beim Handel mit bedrohten Arten (Kasten 5.2.11-1). Digital unterstütztes, kontinuierliches Monitoring ist beispielsweise ebenso bei der Feststellung der Identität und der Zertifizierung der Herkunft biologischer Ressourcen sehr wertvoll

Kasten 5.2.11-1

Umweltkriminalität und ihre Prävention mit Hilfe digitaler Techniken

Durch IKT ist Umweltkriminalität einfacher und globaler geworden – mit negativen Auswirkungen auf die Biodiversität. Das betrifft z.B. den illegalen Handel mit gefährdeten Tier- und Pflanzenarten. Europa ist dabei mittlerweile nicht nur einer der größten Umschlagplätze, sondern auch einer der größten Konsumenten weltweit (Siepe, 2017; Sina et al., 2016). Für Deutschland zeigt die polizeiliche Kriminalstatistik für das Jahr 2015 knapp 7.500 registrierte Straftaten nach dem Naturschutz-, Tier-, Bundesjagd- und Pflanzenschutzgesetz (BKA, 2015). Während diese Zahl in den letzten Jahren etwa konstant war, zeigen die Zahlen des Zolls für den Handel mit gefährdeten Tier- und Pflanzenarten einen alarmierenden Anstieg. So sind die Sicherstellungen im Bereich Artenschutz von gut 63.000 Fällen im Jahr 2013 auf rund 580.000 Fälle im Jahr 2015 gestiegen (Zollverwaltung, 2015). Auch im Internet boomt der Handel mit bedrohten Tierarten (Kap. 5.2.4). Bei einer Untersuchung von 280 Internetplattformen in 16 Ländern wurden rund 33.000 bedrohte Wildtiere bzw. Teile oder Produkte entdeckt – gut die Hälfte davon lebend (IFAW, 2014). Es wird geschätzt, dass mit dem illegalen Handel mit Wildtieren über 13,8 Mrd. € jährlich umgesetzt werden (IFAW, 2014).

Digitalisierung kann aber auch für die Prävention von Umweltkriminalität genutzt werden. Ebenso wie Täter sich digitaler Techniken bedienen, greifen auch Behörden oder Besitzer*innen auf diese zurück. Um Pflanzen, wie z.B. Kakteen aus den Nationalparks in den USA vor Diebstahl zu schützen, werden diese mit RFID-Mikrochips versehen (Ziegler, 2008). Im Forstsektor in Deutschland werden GPS-Sender in gefällte Baumstämme eingebaut (HAZ, 2018). Diese Beispiele zeigen, dass digitale Lösungen dazu beitragen können, die Regeln zum Biodiversitätsschutz besser zu überwachen.

(Bush et al., 2017). Auch übergreifende wissenschaftliche Politikberatung und Begutachtung (z.B. durch IPBES, ICES) ist auf digital unterstütztes Monitoring angewiesen, damit politische Zielsetzung und deren Überprüfung auf einer fundierten wissenschaftlichen Basis ablaufen können (Secades et al., 2014). Nicht zuletzt begeistert und motiviert Wissen über die Natur viele Menschen und gibt einen Anreiz für politisches Engagement oder Teilnahme an Projekten der Citizen Science (Kap. 5.3.1.1).

Erfolgreicher Naturschutz soll perspektivisch nicht länger durch mangelndes Wissen über biologische Vielfalt und deren Management behindert werden (Pimm et al., 2014). Die Vision eines kontinuierlichen und umfassenden globalen Systems für das Monitoring biologischer Vielfalt und von Ökosystemleistungen sowie für die Aggregation, Speicherung und Auswertung großer Mengen biologischer Daten rückt durch die Digitalisierung und internationale Kooperation in den Bereich der Möglichkeit (Bush et al., 2017; Pereira et al., 2013).

5.2.11.3 Techniken und Beispiele

Digital unterstützte Technik für Naturschutz hat in den letzten Jahren gewaltige Fortschritte gemacht. Die elektronischen Geräte sind um Größenordnungen leistungsfähiger, kleiner, leichter und günstiger geworden, was neue effiziente Technologien für das Monitoring biologischer Vielfalt hervorgebracht hat (Bush et al., 2017; Snaddon et al., 2013). Digital gestützte Monitoring-Systeme, die Fernerkundung (z.B. Satelliten, Flugzeuge, Drohnen; Kasten 3.3.5-2) und *In-situ*-Sensoren (z.B. Kamerafallen, GPS-Tracker, Akustikrekorder, Smartphones, DNS-Barcoding) verknüpfen, leisten neue und wertvolle Beiträge für das Wissen über biologische Vielfalt und Ökosysteme (Turner, 2014). Im Folgenden werden einige Beispiele vorgestellt, die besonders anschaulich machen, wie die digitale Technik Fortschritte im Naturschutz ermöglicht (Abb. 5.2.11-1).

Fernerkundung durch Satelliten, Flugzeuge und Drohnen

Satelliten liefern seit langem Fotografien und Fernerkundungsdaten, die großflächige, wiederholte und kostengünstige Daten über z.B. Landbedeckung, Landnutzung, Wälderausdehnung und -rodung sowie Ökosystemtypen zur Verfügung stellen. Diese wertvollen Informationen tragen dazu bei, Bedrohungen im Naturschutz zu analysieren und den Fortschritt in Bezug auf internationale Politikziele besser zu verfolgen (Secades et al., 2014; O'Connor et al., 2015). Die Daten werden zwar von staatlichen Stellen zunehmend kostenlos zur Verfügung gestellt (Joppa et al., 2016), aber ein generell kostenfreier Zugang zu Satellitendaten ist wichtige Voraussetzung, um die Potenziale besser nutzen zu können (Secades et al., 2014; Turner et al., 2015).

Satellitendaten sind besonders aussagekräftig, wenn sie mit Umweltsensoren in der Luft, am Boden oder zu Wasser (Kameras, Akustiksensoren, Tags) verknüpft werden (Turner, 2014). In Kombination mit hochaufgelösten Bildern aus Flugzeugen oder Drohnen gelingt z.B. die Analyse von Vegetationsarten bis hin zu einzelnen Bäumen und großen Tieren (Turner et al., 2015).

Flugzeuge und unbemannte Drohnen werden u.a. zur Überwachung gegen illegale Aktivitäten (Wilderei, illegale Rodung) und für die Kartierung von Gelände sowie für Bestandsaufnahmen eingesetzt (Wich und Koh, 2018; Dandois und Ellis, 2013; Schiffman, 2014). Nicht zuletzt liefern sie großartige Bilder für Naturfilme („virtuelles Naturerleben": Kap. 5.3.1.1).

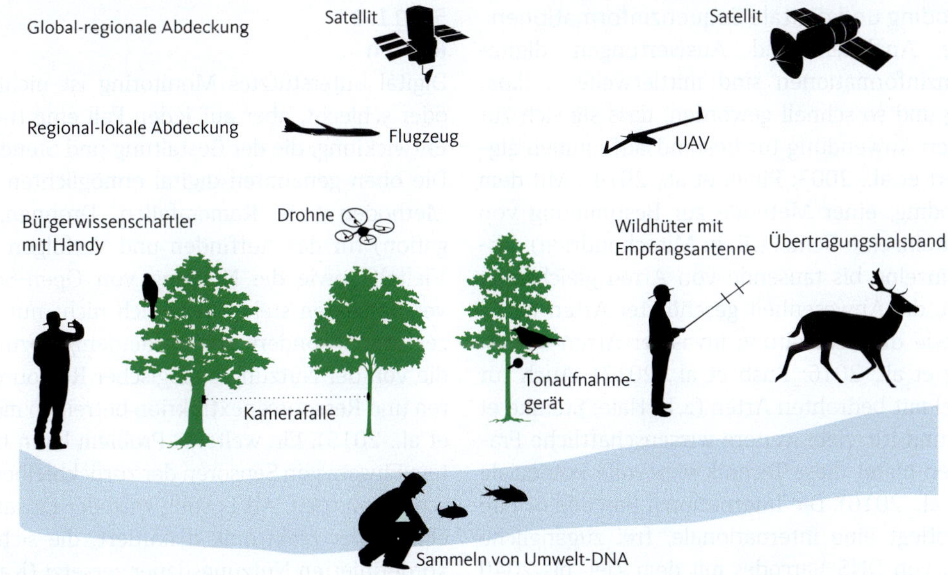

Abbildung 5.2.11-1
Übersicht über digital unterstützte Techniken des Monitorings von Ökosystemen und biologischer Vielfalt.
Quelle: P. Huey/Science from W. Turner, Science 346:301 (2014). Abdruck mit Genehmigung der AAAS

Digitale Fotografie

Die Kameratechnik hat in den letzten Jahren durch die Digitalisierung eine Revolution erfahren. Dies hat parallel die Möglichkeiten der Überwachung von Individuen, Populationen und Arten revolutioniert. Mit stationär installierten Kamerafallen entstehen große Mengen von Einzelaufnahmen von Wildtieren, die zu sehr interessanten Datensätzen aggregiert werden können, um z.B. Auskunft über Populationsgrößen und -migration zu geben. Steenweg et al. (2016) schwebt ein Netzwerk von Kamerafallen vor, das global koordiniert ein Monitoring über große Flächen und unterschiedliche Habitate und Populationen erlauben soll.

Aktuelle Entwicklungen gehen in Richtung Vernetzung der Akteure und Projekte, Organisation des Datenmanagements sowie Automatisierung der Bildauswertung mittels KI (z.B. Wäldchen und Mäder, 2018). Der WWF erprobt derzeit Infrarotkameras in kenianischen Nationalparks, um Wilderer in der Nacht aufzuspüren. Die Anwendung von KI erlaubt es, Mensch und Tier automatisiert zu unterscheiden sowie Fahrzeuge zu erkennen (WWF, 2019; MacDougall, 2018). Ein Beispiel aus Deutschland ist Flora Incognita, die eine Klassifizierung tausender Pflanzenarten per Smartphone-App ermöglicht (Flora Incognita, 2019).

Akustikrekorder

Für viele Tierarten sind Rufe und Gesänge charakteristische Merkmale. Automatische Akustikrekorder für das Erkennen von Säugetieren werden bereits heute angewandt, z.B. bei Fledermäusen (O'Farrell et al., 1999) und Walen (Vester et al., 2016; Johnson et al., 2009), Vögeln (Oliver et al., 2018), Fischen (Bolgan et al., 2018) und sogar für das Monitoring ganzer Ökosysteme (z.B. Korallenriffe: Bertucci et al., 2016). Die Akustikrekorder sind inzwischen so klein, dass sie sogar zur Verhaltensforschung bei individuellen Tieren eingesetzt werden können (Couchoux et al., 2015). Die großen Datenmengen der Bioakustik eignen sich zur Anwendung von KI, was Möglichkeiten für automatisiertes Monitoring und Arterkennung eröffnet (Oliver et al., 2018; Aide et al., 2013). Es können aber auch Geräusche von Wilder*innen und Holzdieb*innen (z.B. Schüsse, Kettensägen) erkannt werden; auch hier ermöglicht die Automatisierung und Vernetzung eine Überwachung großer Gebiete (Hill et al., 2018).

Verfolgung individueller Wildtiere

Die automatische Verfolgung der Tiere mittels GPS hat das Studium des Verhaltens und der Wanderungsbewegungen von Individuen und Populationen gefährdeter Arten revolutioniert (Joppa, 2017; Turner, 2014). Mittlerweile ist die Miniaturisierung so weit fortgeschritten, dass auch sehr kleine Tiere, z.B. Insekten, verfolgt werden können (Arts et al., 2015). Mit der internationalen ICARUS-Initiative sollen durch satellitengestützte Echtzeitbeobachtung von der Internationalen Raumstation ISS aus Aufenthaltsort und Wanderungsbewegungen von mit Funkchips markierten kleinen Tieren (z.B. Vögeln, Fledermäusen oder Wasserschildkröten) erfolgt werden können (ICARUS-Initiative, 2019; Curry, 2018).

DNS-Barcoding und digitale Sequenzinformationen

Genetische Analysen und Auswertungen digitaler Sequenzinformationen sind mittlerweile so kostengünstig und so schnell geworden, dass sie sich zur großskaligen Anwendung für Bestandsaufnahmen eignen (Hebert et al., 2003; Pimm et al., 2014). Mit dem DNS-Barcoding, einer Methode zur Bestimmung von Arten über einzelne Gene (z.B. in Mitochondrien), lassen sich einzelne bis tausende von Arten gleichzeitig bestimmen, die Anwesenheit geschützter Arten nachweisen sowie die Verbreitung invasiver Arten verfolgen (Creer et al., 2016; Bush et al., 2017). Auch für den Handel mit bedrohten Arten (z.B. Haie: Steinke et al., 2017) und für viele weitere wissenschaftliche Fragestellungen bietet diese Technik wertvolle Potenziale (Hebert et al., 2016). Die International Barcode of Life Initiative pflegt eine internationale, frei zugängliche Datenbank von DNS-Barcodes mit dem Ziel, bis 2040 sämtliche Arten zu erfassen (Hebert et al., 2016).

Digitales Datenmanagement

Die beschriebenen digitalen Techniken haben zu einem exponentiellen Wachstum der weltweit verfügbaren Daten im Bereich der Biodiversitätsforschung geführt (Nelson und Ellis, 2018). Big-Data-Ansätze werden immer wichtiger, um der hohen Komplexität der Ökosysteme und ihrer Bedrohungen Rechnung zu tragen (Joppa et al., 2016; Kelling et al., 2009). Dementsprechend gewinnen auch vernetzte Datenmanagementsysteme an Bedeutung, die dezentrale Datensammlungen von Institutionen, Projekten oder Forscher*innen zusammenführen und in globale, öffentlich zugängliche Datenbanken einbringen (Pimm et al., 2014; Hampton et al., 2013). Aggregation und Management von Daten durch international koordinierte Projekte bringt erhebliche Vorteile für die Biodiversitätsforschung (James et al., 2018).

Die internationale Global Biodiversity Information Facility (GBIF) ist eine dieser Initiativen, die Zugang zu den umfangreichen biodiversitätsrelevanten Informationen in den naturhistorischen Sammlungen ermöglichen soll (Nelson und Ellis, 2018). Die vollständige Digitalisierung der Sammlungen und ihre digitale Verfügbarkeit ist im Gang (James et al., 2018). Die Group on Earth Observations, ein Zusammenschluss von Staaten, mit ihren Biodiversity Observation Networks (GEO BON) baut ein globales Beobachtungssystem für biologische Vielfalt auf, das die bestehenden regionalen Monitoring-Projekte integrieren soll, um ein koordiniertes und harmonisiertes System auf der Basis standardisierter „essenzieller Biodiversitätsvariablen" (EBV) zu schaffen (Pereira et al., 2013; Navarro et al., 2017).

5.2.11.4 Risiken

Digital unterstütztes Monitoring ist nicht *per se* gut oder schlecht, aber auf jeden Fall eine transformative Entwicklung, die der Gestaltung und Steuerung bedarf. Die oben genannten digital ermöglichten technischen Methoden (z.B. Kamerafallen, Drohnen, GPS-Navigation) für das Auffinden und Verfolgen biologischer Vielfalt sowie die Nutzung von Open-Source-Biodiversitätsdaten stehen natürlich nicht nur Naturschützer*innen, sondern ebenso denjenigen zur Verfügung, die von der Nutzung biologischer Ressourcen profitieren und Ressourcenextraktion betreiben möchten (Arts et al., 2015). Ein weiteres Problem kann bei vermehrtem Einsatz von Sensoren der zurückbleibende Elektroschrott werden. Als Lösung wird der Einsatz biologisch abbaubarer Elektronik diskutiert, die sich nach einer vordefinierten Nutzungsdauer zersetzt (Kap. 5.2.5).

Für legal wie illegal arbeitende Akteure wird durch digitale Techniken das Auffinden wertvoller natürlicher Ressourcen, etwa Fischschwärme, Edelhölzer oder Populationen mit großem Wert für Wilderei (z.B. Nashorn, Elfenbein) erleichtert. Datenschutz ist daher auch für Monitoring-Daten relevant; so dürfen z.B. die Informationen aus dem Echtzeit-Tracking gefährdeter Arten, Bestände seltener Pflanzen oder Niststandorte gefährdeter Vögel nicht in falsche Hände geraten (Berger-Wolf et al., 2017; Pimm et al., 2015). Bei der Anwendung von Drohnen gibt es Zweifel, ob sie zur Bekämpfung von Wilderei effizient sind (Humle et al., 2014).

Die Verfügbarkeit der beschriebenen digitalen Lösungen könnte als Argument für den seit Jahrzehnten laufenden Verlust professioneller taxonomischer Expertise verwendet werden (Hopkins und Freckleton, 2002), auch wenn für Aufbau, Training, Entwicklung und Anwendung der Monitoring-Technik taxonomische Expertise unverzichtbar bleibt (Arts et al., 2015).

Bei allen Aktivitäten zu Monitoring und Überwachung ist die Wahrung der Privatsphäre der lokalen Bevölkerung ist unverzichtbar (Sandbrook, 2015). Bei der Planung und Umsetzung digitalen Monitorings sollten daher Konzepte wie Privatheit „by design" und „by default" Anwendung finden (Kap. 3.5.3, 8.3.1, 8.4.2.2). Wegen Bedenken in Bezug auf Überwachung durch Private wurden bereits Drohnenprojekte im Naturschutz von afrikanischen Regierungen (z.B. in Namibia) gestoppt (WWF, 2019; MacDougall, 2018).

Nicht zuletzt gilt es zu beachten, dass die reichste Biodiversität in Entwicklungsländern zu finden ist und somit auch die Vorteile teurer, digitaler Lösungen für diejenigen Gebiete am schwersten umsetzbar sind, wo sie den größten Nutzen hätten.

Kasten 5.2.11-2

Handlungsempfehlungen zum Schauplatz „Monitoring von Ökosystemen und biologischer Vielfalt"

Digitale Lösungen sollten zügig in die breite Anwendung kommen, um zum Schutz gefährdeter Arten und Ökosysteme beizutragen und das Interesse gesellschaftlicher Akteure und insbesondere der Öffentlichkeit für die Krise der Biodiversität zu wecken.

- *Strategischer Ansatz für Fernerkundung:* Ein strategischer forschungspolitischer Ansatz kann helfen, die Fernerkundungs-, Biodiversitäts- und KI-Communities besser zu vernetzen, um dem übergreifenden Ziel eines kontinuierlichen und umfassenden globalen Systems für das Monitoring biologischer Vielfalt und von Ökosystemleistungen näher zu kommen. Die zügige Fortführung der Bemühungen für einen verbesserten und kostenfreien Zugang zu den wertvollen Satellitendaten ist hierfür ein wichtiger Baustein. Ein wichtiges Produkt wäre eine langfristig angelegte, konsistente und regelmäßig aktualisierte globale Datenbank zu Landnutzung und Landnutzungsänderungen, die zur Erfolgskontrolle genutzt werden und zudem auch Schnittstellen für KI-Anwendungen bereitstellen sollte. Die initialen Kosten für ein globales Biodiversitäts-Monitoring sowie entsprechender Produkte und Datenzentren sollte weiterhin die öffentliche Hand tragen. Eine enge Vernetzung mit der internationalen wissenschaftlichen Beratung (z.B. IPBES, WCMC) und multilateralen Politikprozessen (z.B. CBD, CITES) sind dabei zentral.
- *Entwicklungszusammenarbeit für Naturschutz:* Die größte Anteil biologischer Vielfalt findet sich in Entwicklungsländern, aber die Treiber für ihren Verlust kommen zu wesentlichen Anteilen aus Industrie- und Schwellenländern. Für Industrieländer besteht eine besondere Verantwortung zur gemeinsamen Erarbeitung des notwendigen technologischen und organisatorischen Wissens und zu entsprechender finanzieller Unterstützung im Rahmen der Entwicklungszusammenarbeit. In Entwicklungsländern besteht der größte Bedarf für Monitoring; dort sind die größten Lücken bei Bestandsaufnahmen und praktischen Lösungen im Naturschutz zu verzeichnen. Das aktive Einbeziehen von Akteuren aus Entwicklungsländern an EZ-Projekten sowie privaten Naturschutzprojekten zu Monitoring und Datenaustausch sollte prioritär behandelt werden.
- *Förderung von Bürgerwissenschaften:* Bürgerwissenschaften (Citizen Science) wird durch die digitalen Möglichkeiten für Monitoring und vor allem Vernetzung für die Teilnehmer*innen noch einfacher und interessanter sowie durch die steigende Datenerfassung für die Forschung noch wertvoller. Dieser Trend sollte weiter unterstützt werden, nicht nur in Industrie-, sondern auch in Entwicklungsländern. Die Förderung koordinierter partizipativer Monitoring-Projekte solle verstärkt und die Datensammlungen als digitales Gemeingut weltweit zur Verfügung gestellt werden (Kap. 5.3.10).
- *Privatsphäre schützen:* Die in Kapitel 3.5.3 beschriebenen Risiken in Bezug auf Eingriffe in die Privatsphäre und Überwachung können z.T. auch auf die hier beschriebenen Monitoring-Instrumente zutreffen. So kann die Vision einer Totalüberwachung von Naturparks auch die dort oder in der Umgebung lebenden Menschen betreffen. Daher sollte bei der Umsetzung digitaler Überwachungstechnologien im Freiland (z.B. Drohnen, Kamerafallen; Kap. 5.2.11.4) sichergestellt werden, dass die Betroffenen in die Projekte eingebunden werden und ihre Privatsphäre geschützt wird (z.B. durch Privacy-by-Design; Kap. 3.5.3, 8.3.1, 8.4.2.2).

5.2.11.5 Folgerungen

Neue Technologien allein retten weder bedrohte Arten noch Ökosysteme (Pimm et al., 2015). Der politische Wille zur Erhaltung und nachhaltigen Nutzung von Ökosystemen und biologischer Vielfalt sowie zur Umsetzung der vereinbarten Ziele bleibt Voraussetzung für den Erfolg der CBD und der Agenda 2030.

Allerdings eröffnet digital unterstütztes Monitoring völlig neue Möglichkeiten, zum Verständnis von Biodiversität beizutragen. Die neuen Techniken versprechen mehr Daten in Echtzeit, schnellere Verarbeitung, besseren Zugang zu Informationen und Vernetzung, neue Visualisierungen sowie Unterstützung für Entscheidungen durch Maschinenlernen (Kwok, 2019; Joppa, 2017; Arts et al., 2015). Die traditionellen Methoden, z.B. manuelle Bestandsaufnahmen durch Beobachtung, werden dadurch nicht ersetzt, aber kraftvoll unterstützt und ergänzt. Die Digitalisierung bietet heute bereits wertvolle Hilfsmittel für Managementstrategien und entscheidungen sowie für die verbesserte Modellierung von Ökosystemen (Secades et al., 2014). Ein globales Monitoring-System mit automatisierten Bestandsaufnahmen von Arten mittels Bilderkennung, Akustik und DNS-Barcoding wird mittlerweile für möglich gehalten (Kap. 5.2.4.2; Bush et al., 2017; Snaddon et al., 2013).

Die so gewonnenen Erkenntnisse können u.a. dazu genutzt werden, wissenschaftlich besser begründete Regeln für eine nachhaltige Nutzung biologischer Vielfalt zu setzen. Zudem bietet digital unterstütztes Monitoring völlig neue Potenziale bei der Durchsetzung und Überwachung dieser Managementregeln und Verbote.

Ein entscheidender Ansatzpunkt ist, Menschen für den Naturschutz zu gewinnen: Auch hier bietet Digitalisierung wertvolle Chancen (Kap. 5.3.1.1). Das zunehmend sichtbare Engagement von Bürger*innen kann die Motivation politischer Entscheidungsträger*innen verstärken, der Biodiversitätskrise einen höheren Stellenwert auf den politischen Agenden zu verschaffen und so eine positive Rückkopplung mit der dringend notwendigen verbesserten Umsetzung der politisch gesetzten Ziele auslösen. Ohne einen deutlich verstärkten politischen Willen zur Erhaltung der biologischen Vielfalt würden wir mit einem besseren Monitoring

Kasten 5.2.11-3

Forschungsempfehlungen zum Schauplatz „Monitoring von Ökosystemen und biologischer Vielfalt"

Angesichts der rasanten technischen Entwicklung sind die mittel- bis langfristigen Potenziale und Risiken eines digital unterstützen Naturschutzes noch zu wenig erforscht (Arts et al., 2015). Dabei ist auch der Wettlauf zwischen digital unterstützter Übernutzung und nachhaltiger Nutzung biologischer Vielfalt im Blick zu behalten. Folgende Punkte verdienen besondere Aufmerksamkeit:

- *Bausteine für ein globales Monitoring:* Der WBGU empfiehlt die Förderung konkreter Forschungsprojekte als Bausteine für ein globales und umfassendes Biodiversitäts-Monitoring. Dazu gehören die Entwicklung und Anwendung neuer Technologien, z.B. für Fernerkundung, Tracking, Bilderkennung und -auswertung. Fernerkundung zu Vegetationstypen und Landnutzung sollte ein Schwerpunkt bleiben (Secades et al., 2014).
- *Datenerfassung und -management:* Die strategische, längerfristige Förderung für die Standardisierung (z.B. Metadaten und Datenformate) und internationale Vernetzung bestehender Projekte zur Sammlung und Speicherung (z.B. GBIF, GEO BON) wird empfohlen. Generell ist der Einsatz offener, internationaler Standards zur Förderung der Interoperabilität und Weiterverwendbarkeit sowie der freie Datenzugang (z.B. zu Satellitendaten) zu fördern (Turner et al., 2015; Secades et al., 2014); allerdings unter Abwägung eventueller Risiken in Bezug auf Bedrohungsszenarien durch z.B. Ressourcenextraktion oder Wilderei.
- *Digitale Instrumente für den Naturschutz:* Die Erforschung, Entwicklung und Erprobung digitaler Instrumente für die Naturschutzpraxis zur schnellen Bewertung und zum Management bedrohter Arten und Ökosysteme verdient weitere Unterstützung. Dabei sollten neue Methoden für die Bekämpfung von Wilderei besondere Aufmerksamkeit erhalten (z.B. Nutzung von Algorithmen aus dem Bereich der KI, um Patrouillenwege der Wildhüter*innen zu optimieren; Nguyen et al., 2016). Mustererkennung über maschinelles Lernen bietet auch für andere Anwendungen große Potenziale für ein digital unterstütztes Monitoring (Kap. 5.2.11.3; Kwok, 2019). Hier eröffnet sich ein interessantes und dynamisches Forschungsfeld, das verstärkte Unterstützung verdient.
- *Taxonomie:* Bei aller Begeisterung für neue digitale Technologien darf die biologische Taxonomie als Wissenschaft nicht vernachlässigt werden. Sie bleibt auch im digitalen Kontext unverzichtbare wissenschaftliche Basis, aber die Anwendung des taxonomischen Wissens wird viel effizienter werden können (z.B. „digitales Bestimmungsbuch"). Der WBGU empfiehlt den Ausbau taxonomischer Institute und Lehrstühle, mit einem Schwerpunkt auf digitalen Methoden.

lediglich unser Wissen über die Biodiversitätskrise verbessern, ohne sie zu verhindern.

5.3 Menschen und Gesellschaft

5.3.1 Digitalisierung als Chance zur Förderung eines kollektiven Weltbewusstseins für nachhaltige Entwicklung

In diesem Schauplatz geht es um das Potenzial, das ein durch Digitalisierung neu entstehendes oder verstärktes Welt- bzw. Umweltbewusstsein für erdsystembewahrendes Handeln und die Entwicklung eines solidarischen Lebensstils haben könnte. Der Zusammenhang zwischen Bewusstsein und Handeln ist ein altes Thema der Sozialpsychologie und bezogen auf Umweltschutz und Nachhaltigkeit auch ein gut erforschtes Gebiet der Umweltpsychologie. Die Vielzahl empirischer Studien zeigt, dass ein Problembewusstsein nur unter bestimmten Umständen, etwa vermittelt durch Handlungswissen, zu entsprechendem Handeln führt und hier vielfältige Differenzierungen nötig sind. Der WBGU berücksichtigt hier den auf Studien der Umwelt- und Interventionspsychologie beruhenden Wissensstand zur Motivation zum erdsystembewahrenden Handeln. Außerdem wird umrissen, was neue digitale Möglichkeiten zur Umweltbewusstseinsbildung beitragen könnten, wie z.B. schnelle Interaktivität bzw. Gaming, virtuelles Naturerleben und bürgerwissenschaftliche Projekte (Citizen Science). Übergreifend stellt der WBGU hier die Frage, ob durch die Vernetzung ein neues soziales Bewusstsein und Bereitschaft zur Kooperation (Weltbürgerbewusstsein) ermöglicht werden kann.

5.3.1.1 Stärkung des Problembewusstseins durch Digitalisierung

Umweltpsycholog*innen befassen sich seit den 1970er Jahren mit der Frage, welche kognitiven Voraussetzungen ökologisches, erdsystembewahrendes Handeln hat und unter welchen Umständen hier Wissen förderlich ist (etwa Maloney und Ward, 1973; Hines et al., 1987).

Wie kann Wissen umweltbezogenes Handeln verändern und wo liegen Potenziale der Digitalisierung?

Metaanalysen (Bamberg und Möser, 2007; Hines et al., 1987) zeigen, dass reines Problemwissen über die Gefährdung natürlicher Lebensgrundlagen meist nur einen schwachen Einfluss auf erdsystembewahrendes

Handeln im Alltag hat (erforscht überwiegend unter dem Begriff des umweltschonenden Handelns, private sphere behaviour, nach Stern, 2000). Die reine mediale Erfahrung von der Bedrohung von Umweltproblemen, etwa Katastrophenbilder von Überschwemmungen oder Hurrikane, kann sogar zur Distanzierung führen (Klöckner, 2015; O'Neill und Nicholson-Cole, 2009). Ausgehend von diesen Studien zu Umweltproblemen und Wissen fragt sich der WBGU, wie mit Digitalisierung umweltschonendes Handeln unterstützt werden kann.

Vor diesem Hintergrund ist anzunehmen dass – wenn überhaupt – lediglich konkretes Handlungswissen (also Wissen dazu, mit welchen Handlungen den Problemen begegnet werden kann) für Alltagshandeln relevant ist, aber kaum das Problemwissen. Problemwissen ist allerdings eine wichtige Voraussetzung dafür, dass Menschen sich moralisch zum umweltschonenden Handeln verpflichtet fühlen, eine „persönliche Norm" entwickeln (etwa Schwartz, 1977; Schwartz und Howard, 1981). Eine nachweislich starke Handlungsrelevanz haben persönliche moralische Verpflichtungen (persönliche Normen) für im weitesten Sinne „politische Handlungen" (Stern, 2000) und für die Akzeptanz von politischen Maßnahmen (Steg und Vlek, 2009). Wichtig wäre somit, gemeinsam mit dem Erlebbarmachen von Problemdarstellungen direkt auch Lösungsräume aufzuzeigen (politisches und Alltagshandeln) und diese möglichst konkret erfahrbar zu machen (Rogers, 1975). Hierin sieht der WBGU ein (Ermöglichungs-)Potenzial der Digitalisierung für ein Weltumweltbewusstsein. Man stelle sich vor, man könnte Zukunftswelten – virtuell und interaktiv – erfahrbar machen, in denen Dekarbonisierung, umfassende Teilhabe und die Anerkennung von Diversität bereits (virtuelle) „Realität" ist und in denen Pfade dorthin erlebbar – am besten wählbar und erkundbar – wären. Menschen lernen am besten, wenn sie aktiv involviert sind und unmittelbare Rückmeldung auf das neu erlernte Verhalten bekommen, also selbstwirksam sind. Im Gesundheitsbereich weisen erste Metastudien auf den positiven Nutzen von digitalen Bildungsspielen hin (z. B. serious digital games: DeSmet et al., 2014). Im Umweltbereich gibt es bisher jedoch nur wenige Spiele und es fehlt an Forschung zu deren Effektivität (Fjællingsdal und Klöckner, 2017). Beispiele sind die Spielesammlung Strange Loop Games (2018), die Nutzung des Kult-Computerspiels Minecraft zur partizipativen Stadtplanung in Kooperation mit UN-Habitat (Block by Block Foundation, 2019) oder Verdeutlichung des globalen Elektroschrottproblems in der politischen Jugendbildung (Evangelische Akademie Sachsen-Anhalt, 2018; Kap. 5.2.5).

Aus Sicht des WBGU liegen Potenziale eines digital unterstützten Erwerbs von Umweltwissen vor allem im Ermöglichen von politischem Handeln, im Nachvollziehen der Notwendigkeit für Maßnahmen und deren Akzeptanz. Digitale Applikationen, die verlässlich ressourcenschonende Handlungsalternativen aufzeigen, können individuelles Alltagshandeln unterstützen.

Virtuelles Naturerleben als Motivation zum Umweltschutz?

Naturerleben (etwa verknüpft mit positiven Emotionen) scheint ebenso wie Wissen einen schwachen Einfluss auf umweltschonendes Handeln im Alltag zu haben (z. B. Kals et al., 1999; Nisbet et al., 2009; Sparks et al., 2014). Für indirektes, also politisches Handeln (z. B. pro Naturschutz), könnte Naturerleben allerdings relevant sein (Nisbet et al., 2009). Insofern stellt der WBGU die Frage, ob man durch den *Aufenthalt in* einer digitalisierten natürlichen Umwelt oder durch die digital vermittelte *Interaktion mit* natürlichen Umwelten (z. B. IP Garten: Kasten 5.3.1-1) Naturbewusstsein und damit direktes oder indirektes umweltschonendes Handeln fördern kann.

Ob Natur so simuliert werden kann, dass auch in virtuellen Umwelten Umweltbewusstsein gefördert wird, ist bisher unklar. Es gibt etwa erste Hinweise, dass durch IKT ermöglichte Naturerfahrung (Bilder bzw. Filme) Naturverbundenheit und Bewahrungsverhalten für nationale Natur steigert (besonders attraktive Nationalparks, Arendt und Matthes, 2016), aber die wahrgenommene Attraktivität lokaler Natur senkt (Levi und Kocher, 1999). In ersten Studien wird außerdem berichtet, dass das Anschauen von Naturfilmen, -bildern oder -simulationen mit positiven Gefühlen verbunden wird. Natürlichkeit und das Gefühl, sich ein einem kontinuierlichen Raum zu befinden und Elemente wie Immersion (d. h. wie vollständig oder lebhaft eine Realität abgebildet wird) und größere Blickflächen (Cummings und Bailenson, 2016) scheinen relevante Elemente dafür zu sein, dass virtuelle Realitäten positiv bewertet werden (z. B. De Kort et al., 2006). Virtuelles Naturerleben mit positiven Emotionen könnte also insbesondere persönliche Normen und Handlungsbereitschaft wecken. Beispiele wären virtuelle Erfahrungen mit sonst schwer zugänglichen und beeindruckenden Naturlandschaften und Lebewesen, die in der virtuellen Begegnung Empathie und Gefühle wie Stolz und Erhabenheit auslösen, etwa der Blick auf den Planeten, Schwimmen mit Delfinen oder der Flug über einen Wasserfall aus der Perspektive eines Vogels.

Citizen Science – durch Beteiligung am Wissensaufbau das Problembewusstsein schärfen und kollektive Wirksamkeit stärken

Wenn nicht professionelle „Wissenschaftler*innen" sich eigenständig in Wissenschaft einbringen oder einbezogen werden, wird dies häufig als Bürger*innen-

Kasten 5.3.1-1

Digitalisierung um virtuellen Naturkontakt zu ermöglichen – IP Garten: „der eigene Garten einen Mausklick entfernt"

Ein Praxisbespiel, bei dem virtuelle Technik verwendet wird, um eine neue Form der Naturerfahrung zu ermöglichen, ist das Berliner Projekt IP Garten (ipgarten.de, 2019). IP-Gärtner*innen erlangen digital Wissen über nachhaltige Landwirtschaft und setzen dieses direkt um, indem sie von zuhause aus ein eigenes Stück Land bestellen, ihren Garten „digital" bepflanzen, gießen und ernten. Dies erfolgt durch „analoge" Umsetzung digitaler Anweisungen der IP-Gartenbesitzer*innen durch Gärtner*innen vor Ort. Die Ernte kann an zentraler Stelle abgeholt werden (Überschüsse werden an die Berliner Tafel gespendet). Der Pflanzenwuchs kann über Kameras und Drohnen live beobachtet werden, außerdem werden verschiedenste Daten in Echtzeit übermittelt, etwa zu Boden, Wasser und Luft. Einen IP Garten zu erwerben steht allen offen, besonders beworben wird der IP Garten jedoch im Bildungskontext, etwa für Schulen. Bewerber*innen warten hier aktuell bis zu vier Jahre auf einen Garten.

Im Rahmen des IP-Gärtnerns wird eine virtuelle Welt genutzt um Wissen zur Lösung von Umweltproblemen zu vermitteln, wie z.B. zur nachhaltigen Nutzung von Böden. Neben dem Wissenserwerb können konkrete Handlungsoptionen erprobt werden: Indirektes umweltschonendes Handeln wird durch digitale Interaktion analog ermöglicht. Vorstellbar wäre, dass im Rahmen des IP-Gartenprojektes erworbenes Handlungswissen (z.B. zum Schutz von Böden) dazu führt, dass IP-Gärtner*innen sich auch politisch stärker für solche Ziele engagieren (z.B. für nachhaltige Bodenbewirtschaftung).

Evaluationen von Praxisbeispielen wie dem IP Garten sind notwendig um einzuschätzen, ob Potenziale für Umweltschutz in Formen des virtuellem Naturerleben liegen, wie etwa ob digital erworbenes Wissen und Handeln zu Umweltschutzthemen auf tatsächliches politisches oder umweltschonendes Handeln übertragen wird.

wissenschaft (Citizen Science) bezeichnet. Prominente Beispiele sind etwa die meist sehr erfolgreichen Aufrufe zu Bestandserfassungen von Vögeln. Digitale Plattformen (z.B. Buergerschaffenwissen.de, 2019; SciStarter.org, 2019) bieten eine Bandbreite bürger*innenwissenschaftlicher Forschungsprojekte, an denen Interessierte teilnehmen und darüber berichten können (z.B. Bonney et al., 2015).

Ein solches erfahrungsbasiertes involvierendes Lernen birgt einerseits das Potenzial für einen Wissensschub und Faszination für Systemwissen. Eine direkte Umsetzung des neu erworbenen Wissens in *alltagsrelevantes, nachhaltiges Handeln* ist allerdings auch hier nur erwartbar, wenn Handlungswissen gleich mit vermittelt wird (Kap. 5.3.1.1). Da Citizen Science vermutlich das Erleben von kollektiver Wirksamkeit stützt, wäre zu erwarten, dass insbesondere *politisches Handeln* durch derartige Formen des wissenschaftlichen Umwelterlebens gefördert wird. Eine solche transformative Kraft der Digitalisierung für den Umweltschutz bzw. ein Weltumweltbewusstsein zeigt sich aktuell im Bereich der Luftqualitätsüberwachung im öffentlichen Raum (Kasten 5.3.1-2).

5.3.1.2 Das Individuum und die Weltbürger*innengesellschaft: Lässt sich mit Digitalisierung Empathie und Solidarität fördern?

Der WBGU nimmt an, dass durch Vernetzung und Virtualität eine Nähe zu räumlich und zeitlich weit entfernten Problemlagen (Situationen, Individuen, Gruppen, Lebenslagen) hergestellt werden kann, also die „psychologische Distanz" (Uzzell, 2000) reduziert wird. Es stellt sich die Frage: Kann diese neue Form der Nähe kollaboratives und umweltfreundliches bzw. im weiteren Sinne solidarisches Verhalten fördern (Gifford, 2014)?

Fördert die Erweiterung sozialer Netzwerke internationale Kooperation?

Sozial- bzw. neuropsychologische Studien (Dunbar, 2018) weisen darauf hin, dass soziale Netzwerke sich durch Digitalisierung (etwa durch soziale Medien) zwar nicht vergrößern, aber vermutlich heterogener werden (Haerter et al., 2012). Digitalisierung kann den Kontakt mit Menschen verschiedener Gruppen erleichtern, weil online u.a. Passkontrollen keine Rolle spielen, Ethnien und andere Gruppenzugehörigkeiten bewusst verborgen werden können und physischer Kontakt wegfällt, der möglicherweise durch Vorurteile angstbesetzt oder schlicht kostenaufwändig ist (räumliche Distanz). Der WBGU beschäftigt sich im Anschluss mit dem Diskurs, ob diese Erweiterung sozialer Netzwerke internationale Kooperationen fördert.

Aus psychologischen Studien ist seit den 1950er Jahren bekannt (insbesondere Allport, 1954), dass Intergruppenkontakte (intergroup contacts) Vorurteile reduzieren, besonders bei idealen Bedingungen wie etwa gleichem Status in der Kontaktsituation und gemeinsamen Zielen. Aktuelle Überblickstudien bekräftigen, dass allein der Kontakt zwischen Individuen verschiedener Gruppen Vorurteile reduziert und Zuneigung fördert (Metaanalysen: Pettigrew und Tropp, 2006; Lemmer und Wagner, 2015). Studien zu Intergruppenkontakt beziehen sich allerdings fast ausschließlich auf persönliche Kontakte (face to face) oder „indirekten Kontakt"; so fördert z.B. auch das Wissen, dass eine nahe stehende Person im engen Kontakt zu

Kasten 5.3.1-2

Digitalisierung um Citizen Sensing zu ermöglichen

Ein spannender Trend an der Schnittstelle von Digitalisierung, Umwelt und Bürger*innenwissenschaft ist das „Citizen Sensing". Vor allem die Verfügbarkeit immer kostengünstigerer, kleinerer und leistungsfähigerer Sensorik ermöglicht eine immer dichtere sowie vernetztere Überwachung der Luftqualität (Jiang, 2017; Gabrys et al., 2016). Durch die damit einhergehende Befähigung von immer mehr Akteuren, selbst Luftmessungen durchzuführen, wird ein nicht zu unterschätzendes gesellschaftliches Transformationspotenzial freigesetzt. Neben bzw. gemeinsam mit „Profis" wie Umweltbehörden, Unternehmen, Umweltorganisationen oder Wissenschaftler*innen treten beim Citizen Sensing zunehmend Privatpersonen als „Messakteure" auf.

Im Kontext der Digitalisierung verspricht man sich vor allem durch Messungen in Mikrosensornetzwerken und die Vernetzung im IoT Impulse für bessere Luftqualität und folglich die nachhaltige Stadtentwicklung (Lambrechts und Sinha, 2016; Kap. 5.2.7, 5.2.8). Ein bekanntes deutsches Beispiel für Citizen Sensing ist das Projekt luftdaten.info (2018) des OK Lab Stuttgart. Das Projekt animiert zum Selbstbauen und betreiben von Feinstaubsensoren sowie zum Teilen der Messwerte auf einer offenen Internetkartenplattform, die mittlerweile über die Grenzen Deutschlands hinausreicht. Es verkörpert damit zahlreiche Eigenschaften der „Bottom-up"-Digitalisierungsbewegung, angefangen von der kollaborativen Produktion von offenem Wissen bis hin zum 3D-Druck von Gehäuseteilen (Fröschle, 2017:515f.; Kap. 3.3, 5.2.2, 5.3.10).

Wie bereits erwähnt bietet Citizen Sensing derzeit vor allem gesellschaftliches Transformationspotenzial. Aus messtechnischer Sicht ist das disruptive Potenzial von kostengünstigen Sensoren aufgrund des grundsätzlichen Zielkonflikts zwischen Qualität und Kosten noch als eher gering einzustufen, könnte aber mit steigender Sensorqualität zunehmen (Jiang, 2017:728ff., JRC, 2017:1; für Sensoren von luftdaten.info: LUBW, 2017). Jedoch könnte günstige Sensorik vor allem in Entwicklungs- und Schwellenländern dabei helfen, (Bürger-)Luftmessnetze auf- oder auszubauen und Messungen der Behörden zu kontrollieren (Lambrechts und Sinha, 2016:11ff.). Dabei sollte der benötigte Energie- und Ressourcenverbrauch berücksichtigt werden (z.B. Strom für Sensoren und W-LAN, Elektroschrott).

Eine Kombination mit Luftqualitätsmessungen in Innenräumen bietet auch Potenziale, die tatsächliche Gesamtbelastung von Personen zu erfassen und geeignete Handlungsoptionen abzuleiten (Jiang, 2017:727). Ferner kann Citizen Sensing für die Umweltbildung in Schulen eingesetzt werden, z.B. Smartphones als Luftsensoren im Projekt SusMobil (SUSmobil, 2018).

Menschen anderer Ethnien steht, positive Einstellung gegenüber dieser Gruppe (Lemmer und Wagner, 2015). Zu virtuellen Kontaktformen existiert bisher wenig Forschung, erste Studien weisen allerdings darauf hin, dass virtueller Kontakt mit Individuen anderer Gruppen nur geringen bis keinen Effekt auf Vorurteilsreduzierung, Zuneigung und positive Einstellungen hat (Lemmer und Wagner, 2015).

Der WBGU sieht das Potenzial der Digitalisierung für die Entwicklung von Solidarität insbesondere auf der Ebene der konkreten Vernetzung von Menschen mit gleichen Interessen und dem Erfahren von Gemeinsamkeit auf Ebene der Zivilgesellschaft. Beispiele für diese Vernetzungspotenziale sind Aktionen wie Standing Rock (standwithstandingrock.net), wo Menschen sich global mit anderen zu einem Zweck solidarisieren (hier mit den Sioux für Natur- bzw. Wasserschutz) und gemeinsam politisch Handeln. Solche politischen Handlungsmöglichkeiten werden durch Digitalisierung breiter und reichen von direkter Teilnahme über die Verbreitung von Inhalten über soziale Netzwerke bis hin zu Online-Funding bzw. Crowdfunding und Petitionen. Die ständige Austauschmöglichkeit auch mit Hilfe direkter Einblicke über Videobotschaften stärkt vermutlich insbesondere das Gefühl, kollektiv etwas zu bewirken (Stärkung der kollektiven Selbstwirksamkeit: Bamberg et al., 2015) und ermöglichen, dass „Pioniere des Wandels" (WBGU, 2011:256ff.) ihre Empfindungen und Ideen digital für andere schneller und direkter nachvollziehbar machen.

Sollte Digitalisierung Empathie fördern?

Der WBGU greift im Folgenden den Schlüsselbegriff der „Empathieerweiterung" (Rifkin, 2009) auf, mit dem im öffentlichen Diskurs vor allem positive Auswirkungen verbunden werden: vermutet wird, dass ein Einfühlen in Freude und Leid anderer Menschen dazu antreibt sich altruistisch bzw. solidarisch zu verhalten (Batson und Shaw, 1991).

Aus Sicht der Kognitionspsychologie ist zu problematisieren, dass die Förderung von Empathie, z.B. durch stärkere Vernetzung mit Hilfe sozialer Medien, auf individueller und gesellschaftlicher Ebene auch Risiken birgt. So ist das „sich in andere Personen einfühlen" als Kernpunkt von Empathie, gerade bei negativen Emotionen (z.B. Mitleid mit Klimawandelopfern) häufig auch mit negativem Stressempfinden (empathic distress) verbunden (Singer und Klimecki, 2014). Beispielsweise scheint bisher gerade in sozialen Medien der Austausch negativer Emotionen und somit negatives Stressempfinden im Vordergrund zu stehen. Erste Studien zeigen, dass in sozialen Medien insbesondere emotionserregende Texte geteilt werden, wenn es um Klimawandel geht (Veltri und Atanasova, 2017). Hier drohen Gefühle wie Hilflosigkeit, wenn beispielsweise unmittelbar mitgefühlt wird mit negativen Emotionen (Angst, Wut, Trauer, Ekel)

Kasten 5.3.1-3

Handlungsempfehlungen zum Schauplatz „Förderung eines kollektiven Weltbewusstseins"

- Erwartbare direkte Effekte der Digitalisierung (im Sinne von Vernetzung, Ermöglichen eines virtuellen Erfahrungsraums usw.) ergeben sich insbesondere für ein verbessertes und angereichertes Problemwissen und -verständnis. Durch neue Formen der Bereitstellung und der Erlebbarkeit von Informationen sind daher insbesondere positive Effekte für die Motivation zum politischen Handeln und für Maßnahmenakzeptabilität zu erwarten. Der WBGU empfiehlt daher, die Digitalisierung zur Vermittlung von Hintergrundwissen und für das Aufzeigen politischer Handlungsoptionen zu nutzen.
- Im Bereich des individuellen Alltagshandelns sind durch neue Formen der Wissensvermittlung weniger direkte Effekte erwartbar; hier können aber existierende verhaltensändernde Techniken (wie z.B. tailored intervention, implementation intentions, feedback) durch digitale Umsetzung weiterentwickelt und verbessert werden, dies sollte gefördert werden.
- Die Möglichkeit den individuellen ökologischen Fußabdruck zu ermitteln, hat in den 1990er Jahren stark motiviert, sich mit individuellem Handeln zu befassen. Digitalisierung macht den Schritt vom Fuß- zum Handabdruck möglich: Eine Fokussierung auf positive Auswirkungen des eigenen nachhaltigen Konsumhandelns und auf gemeinschaftliche Effekte, etwa auf Reduktionen von CO_2-Emissionen wenn allein oder gemeinsam Handlungsempfehlungen umgesetzt werden (z.B. handprinter.org) ist heute möglich. Hier sollten Förderungen ansetzen und bestehende Instrumente evidenzbasiert weiterentwickeln und verbreiten.
- Es sollte glaubwürdiges und verlässliches Handlungswissen und Informationen im Sinne der transformativen Bildung über das Internet breit zugänglich bereitgestellt werden. Dieses digital verfügbare Handlungswissen sollte genutzt werden um Applikationen zu entwickeln, die über auf die individuelle Lebenssituation abgestimmte nachhaltige Handlungsalternativen informieren.

Kasten 5.3.1-4

Forschungsempfehlungen zum Schauplatz „Förderung eines kollektiven Weltbewusstseins"

- Besonderen Forschungsbedarf gibt es dazu, wie Bildungsspiele, Simulationen zum komplexen Problemlösen und virtuelles Naturerleben auf umweltschonendes Alltagshandeln und politisches Handeln wirken. Bisher scheint allgemein noch unklar (etwa auch im Gesundheitsbereich), welche digitalen Techniken und Elemente (z.B. Steigerungen von Immersion und Unterhaltungswert, Rückmeldungen) sich eignen, um Problemwissen zu fördern und Handeln unterstützen.
- Forschungsbedarf besteht insbesondere zur Übertragbarkeit von Maßnahmeneffektivität (z.B. Handlungsempfehlungen und Feedback), wenn diese digital durchgeführt werden. Studien zeigen beispielsweise schon lange, dass insbesondere eine Kombination aus Wissen und Handeln Verhaltensänderungen fördern (Hungerford und Volk, 1990): ob auch digital erworbenes Wissen und digitales Handeln (z.B. IP Gärten: Kasten 5.3.1-1) Verhaltensänderungen fördern, bleibt zu untersuchen.
- Insbesondere im Alltag sind die unmittelbare Erfahrbarkeit und direkte Erprobungsmöglichkeiten neuer nachhaltiger Verhaltensweisen Treiber von Verhaltensänderungen. Es sollte deshalb weiterhin intensiv an neuen Strategien geforscht werden, wie Handlungswissen und die Förderung von umweltrelevanten Normen und Werten – nicht digital vermittelt – gefördert werden können.
- Eine übergreifende Forschungsfrage zum Thema Vernetzung betrifft die mögliche Förderung von Empathie bzw. Compassion. Nach bisherigem Stand kann Empathie auch zu negativen Stressreaktionen – und damit verbunden Verleugnung – führen. Da Compassion hier die größeren Potenziale für positive Reaktionen und Engagement birgt, wäre dringend zu klären, durch welche Maßnahmen Compassion und darauf aufbauendes solidarisches Handeln digital gefördert kann.

eines Klimawandelopfers, das gerade seine Heimat verliert. Dies kann dann zur Folge haben, dass Menschen sich psychisch distanzieren, um sich zu schützen (Hart, 2011).

Solidarität, so wie sie der WGBU definiert (WBGU, 2016a), wird eher durch das das rationale Erleben von „Compassion" gestärkt, weniger durch das Emotionale und beschreibt ein Gefühl, das entsteht, wenn Leiden anderer bezeugt wird und das den Wunsch zu helfen motiviert (Goetz et al., 2010; Lazarus, 1991; Singer und Klimecki, 2014). Erste Studien zeigen einen positiven Einfluss von Compassion auf erdsystembewahrendes Handeln (Pfattheicher et al., 2016).

Der WBGU stellt sich die Frage, wo und wie die Digitalisierung hier ansetzen kann. Compassion erfordert, eigene Empfindungen zu erkennen und zu anderen abzugrenzen sowie gleichzeitig positive Gefühle für andere zuzulassen. Diese Fähigkeiten können etwa über Achtsamkeitsmeditationstechniken gefördert werden (Singer und Klimecki, 2014), die mit Unterstützung entsprechender digitaler Applikationen erlernt werden könnten.

5.3.1.3
Digitale Beteiligung und Vernetzung um Veränderung von Konsumstilen im Alltag zu ermöglichen

Unter Berücksichtigung des oft berichteten guten Erfolgs gruppenbasierter Interventionstechniken (etwa gezielte Diffusion im Rahmen von Social-Marketing-Maßnahmen; Abrahamse und Matthies, 2012), oder von Interventionen, die Gruppen zur kollektiven oder individuellen Selbstverpflichtung ermuntern (z.B. die von der EU initiierten Energy Neighbourhoods: EU-Kommission, 2019b), identifiziert der WBGU erhebliche Potenziale der Digitalisierung für die Förderung von nachhaltigem Konsum und solidarischer Lebensqualität.

Digitalisierung kann Mitgestaltung, Verbreitung und schnelle soziale Interaktion auf verschiedenen Wegen ermöglichen. Soziale Interaktion mit Hilfe von IKT kann insbesondere nachhaltigen Konsum ermöglichen, der auf gemeinschaftlicher Nutzung, Wiederverwenden, Reparieren, Teilen und Tauschen basiert (Kap. 5.2.2, 5.2.3, 5.2.5). Darüber hinaus kann durch Digitalisierung eine Bandbreite verschiedener Maßnahmen ermöglicht werden: von interaktiven auf die eigene Lebenssituation angepassten Beratungsprogrammen (tailoring of interventions: Abrahamse et al., 2007) und Rückmeldesystemen zum eigenen Lebensstil (Verhaltensfeedback: Klöckner, 2015) bis hin zu Applikationen, die mit Konsumgütern verbundene CO_2-Emissionen aufdecken und nachhaltige Alternativen aufzeigen (Kap. 5.2.3).

5.3.1.4
Folgerungen

Aus Sicht des WBGU liegen Potenziale eines digital unterstützten Erwerbs von Umweltwissen vor allem im Ermöglichen von politischem Handeln, im Nachvollziehen der Notwendigkeit für Maßnahmen und deren Akzeptanz. Digitale Applikationen, die verlässlich ressourcenschonende Handlungsalternativen aufzeigen, können individuelles Alltagshandeln unterstützen. Insgesamt ist erkennbar, dass involvierendes Lernen durch Digitalisierung möglich ist und bei guter Gestaltung insbesondere politisches Handeln und Maßnahmenakzeptanz fördern kann. Wichtig ist hierfür Potenziale von Digitalisierung zur Erhöhung von Problem- und Systemwissen zu nutzen, wie schnelle Interaktivität, direkte Rückmeldungsmöglichkeiten und mit positiven Emotionen verbundene virtuelle Erlebbarkeit von schützenswerten natürlichen Umwelten und Lebewesen. Förderungen von involvierenden Bildungs- bzw. Forschungsformaten wie Citizen Science (z.B. Kasten 5.3.1-2) können Systemwissen verbessern und zu mehr ziviler Mitgestaltung (Selbstwirksamkeit) führen.

5.3.2
Digitalisierung und öffentlicher Diskurs: das Ende rationaler Argumentation oder die Chance einer globalen Agora?

„Digitaler Strukturwandel der Öffentlichkeit" – was zunächst akademisch und sperrig klingen mag, beschreibt einen für viele Menschen ganz augenscheinlichen Wandel: Digitale Technologien verändern, wie wir kommunizieren, wie wir gesellschaftliche Debatten wahrnehmen und wie wir daran teilnehmen können (Fraser, 2010; Imhof, 2011; Ullrich, 2017). Weltweit, aber bei weitem nicht global, nutzen viele Menschen soziale Medien wie Facebook, Twitter oder Instagram, um sich privat oder professionell auszutauschen, zu informieren, individuelle Botschaften zu senden. Ein Drittel der Deutschen, fast die Hälfte der Amerikaner*innen und zwei Drittel der Brasilianer*innen nutzten 2018 soziale Medien als Nachrichtenquelle (Newman et al., 2018). Vielfach werden Informationen auch von Endnutzer*innen selbst bereitgestellt (Dolata und Schrape, 2017). Die Medienlandschaften verändern sich: Wenige erfolgreiche digitale Plattformen gewinnen als neue Intermediäre (Vermittler) mittels neuer Medien- und Absatzformate an Bedeutung, während Printauflagenzahlen sinken und klassische Geschäftsmodelle erodieren. Printmedien geraten seit der Jahrtausendwende zusehends unter wirtschaftlichen Druck (Abb. 5.3.2-1).

Zugespitzt formuliert wird das Diskursformat Leserbrief zu einem Relikt vergangener Zeit, und Herr Schmitt kommentiert jetzt im Internet als purplediamond72 – dieser Wandel birgt kommunikative Potenziale, aber auch Risiken. Nur was genau ist die digitale Öffentlichkeit der Blogposts, Kommentarspalten, Likes und Retweets? Ist dies alles altbekannt im neuen digitalen Gewand oder doch ein fundamentaler Umbruch – Emanzipation, Rückschritt oder beides zugleich? Die Frage nach neuen „Leitmedien" – besonders im Sinne gemeinsamer, breit geteilter Foren authentischen, gesamtgesellschaftlichen Austausches – bleibt bislang unbeantwortet. Kann die digitale Öffentlichkeit die wichtige gesellschaftliche Funktion erfüllen, die Vielfalt der Meinungen abzubilden und zu aggregieren, um politische Willensbildung und Demokratie zu ermöglichen? Können dort gesellschaftlich relevante Probleme entdeckt und substanzielle Interessen so artikuliert werden, dass in Anbindung an Politik und Gesellschaft Handlungsbedarfe erkannt und bearbeitet werden können?

Um sich einigen dieser grundlegenden Veränderungen zu nähern, widmet sich dieser Schauplatz dem öffentlichen Diskurs im Digitalen Zeitalter. Welche vielfachen strukturellen Veränderungen durchlebt die

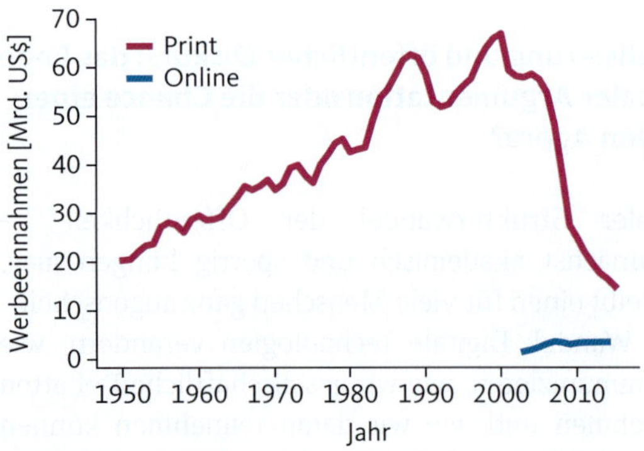

Abbildung 5.3.2-1
Inflationsbereinigte Werbeeinnahmen US-amerikanischer Zeitungen seit 1950 in Mrd. US-$ (Print und Online).
Quelle: Wikimedia, 2018

„digitalisierte Agora" (Kap. 5.3.2.1), etwa durch Entgrenzung und Fragmentierung bei gleichzeitig immenser Zunahme der Quantität öffentlicher Kommunikation? Was bedeutet dieser Strukturwandel für die Menschen im Hinblick auf Würde, Eigenart und Teilhabe, Informations-, Meinungs- und Redefreiheit der Sprecher*innen und den Bedarf eines authentischen Gegenübers (Kap. 5.3.2.2)? Welche Bedeutung hat der Wandel der Medienlandschaft (Kap. 5.3.2.3)? Welche Weichenstellungen sind nötig, um die demokratiepolitischen Potenziale des digitalen Wandels zu realisieren und langfristig einen gemeinsamen und verlässlichen, digital verbesserten gesellschaftlichen Diskursraum sicherzustellen (Kap. 5.3.2.4)?

5.3.2.1 Die digitalisierte Agora – Strukturelle Veränderungen des öffentlichen Diskurses im digitalen Raum

Der Wandel des öffentlichen Diskursraums zeigt sich vielfach in den veränderten Intermediären dieses Raumes. Intermediäre, also Dienstleister und Orte der Bereitstellung, Aggregation, Selektion und Vermittlung von Inhalten, sind alle Medien, von klassischen Tageszeitungen bis hin zur Onlineplattform. Allerdings verfügen klassische Medien – offline wie online – meist über lange gewachsene Praktiken und verankerte Verfahren interner Qualitätsstandards, freiwillige Selbstkontrolle sowie einen in Ausbildung und Praxis vermittelten ausgeprägten Berufsethos. Gerade in ihrer ersten Blütezeit wurden das Internet und der digitale Raum als Gegenentwurf zu dieser strukturierten Form des öffentlichen Austauschs verstanden. Allerdings steht der frühen Euphorie der 1990er und 2000er Jahre über eine starke Demokratisierung und Transnationalisierung einer weitgehend durch Nutzer*innen organisierten öffentlichen Meinungs- und Willensbildung heute eine wesentlich kritischere Einschätzung gegenüber (Lovink, 2017; Jacob und Thiel, 2017). So sei reine Quantität nicht mit Qualität von Partizipation gleichzusetzen. Ein bloßer Zuwachs an Möglichkeiten digitaler Kommunikation könnte ohne deren (medien-)vermittelte und redaktionell strukturierte Anbindung an (z.B. parlamentarische) Foren echter politischer Entscheidungsfindung demokratiepolitisch ins Leere laufen (Ullrich, 2017). Darüber hinaus förderten die unterschiedlichen Nutzungskompetenzen und Zugänglichkeiten zu den Möglichkeiten digitaler Öffentlichkeit, genauso wie die Parzellierung in Filterblasen oder Echokammern Gleichgesinnter in den sozialen Medien, eine Fragmentierung und Verflachung öffentlicher digitaler Kommunikation (Pariser, 2011; Bedford-Strohm, 2017). Zwar war Öffentlichkeit bereits in früheren Zeiten lokal und thematisch fragmentiert, aber das Reichweitenmonopol und der Einfluss von Massen- und Leitmedien auf die mediale Agenda wurden durch Digitalisierung gebrochen – und damit „die Idee der einheitlichen nationalen Öffentlichkeit endgültig revidiert" (Hillje, 2019:69). Dabei steht die Vermutung im Raum, dass „die abnehmende Orientierungsfunktion der Massenmedien auf eine zunehmende Desorientierungsfähigkeit der sozialen Medien" treffe, dass also heutige Mediennutzung *weniger* statt *mehr* Orientierung und Übersicht schafft (Hillje, 2019:69). Wie stark diese Fragmentierung ausfällt, ist jedoch gegenwärtig nur bedingt empirisch geklärt, und sie kann im internationalen Vergleich variieren (Schünemann, 2019). Eine Tendenz, dass die Menschen weniger politisch informiert und diskursfähig sind, während die Polarisierung zunimmt, lässt sich aber „auf der Basis kommunikationswissenschaftlicher Theorien, empirischer Befunde und plausibler Überlegungen recht gut bestätigen" (Schweiger, 2017:182). Dementsprechend müssen Menschen „heute mit einer viel anspruchsvolleren Informationskompetenz ausgestattet sein, um im Dschungel von Fakten und Fakes navigieren zu können und nicht ständig Gefahr zu laufen, manipuliert statt informiert zu werden" (Hillje, 2019:123).

Trotz der menschheitsgeschichtlich unübertroffenen Menge an verfügbaren Informationen und Wissen bestehen daher auch Risiken für den öffentlichen Diskurs, etwa wenn Verschwörungstheorien eine ähnliche mediale Aufmerksamkeit generieren können wie seriöse Nachrichten. Zwar gab es auch in früheren Formen der Öffentlichkeit bereits Desinformation. Aber angesichts neuer Formen, Infrastrukturen und Anreize für digitale Kommunikation liegt eine qualitative wie quantitative Veränderung vor. Diese betrifft sowohl die mediale Angebotsseite, als auch die individuelle Rezeption. Auf der Angebotsseite kommt dabei insbesondere der algorithmischen Vorstrukturierung und Kanalisie-

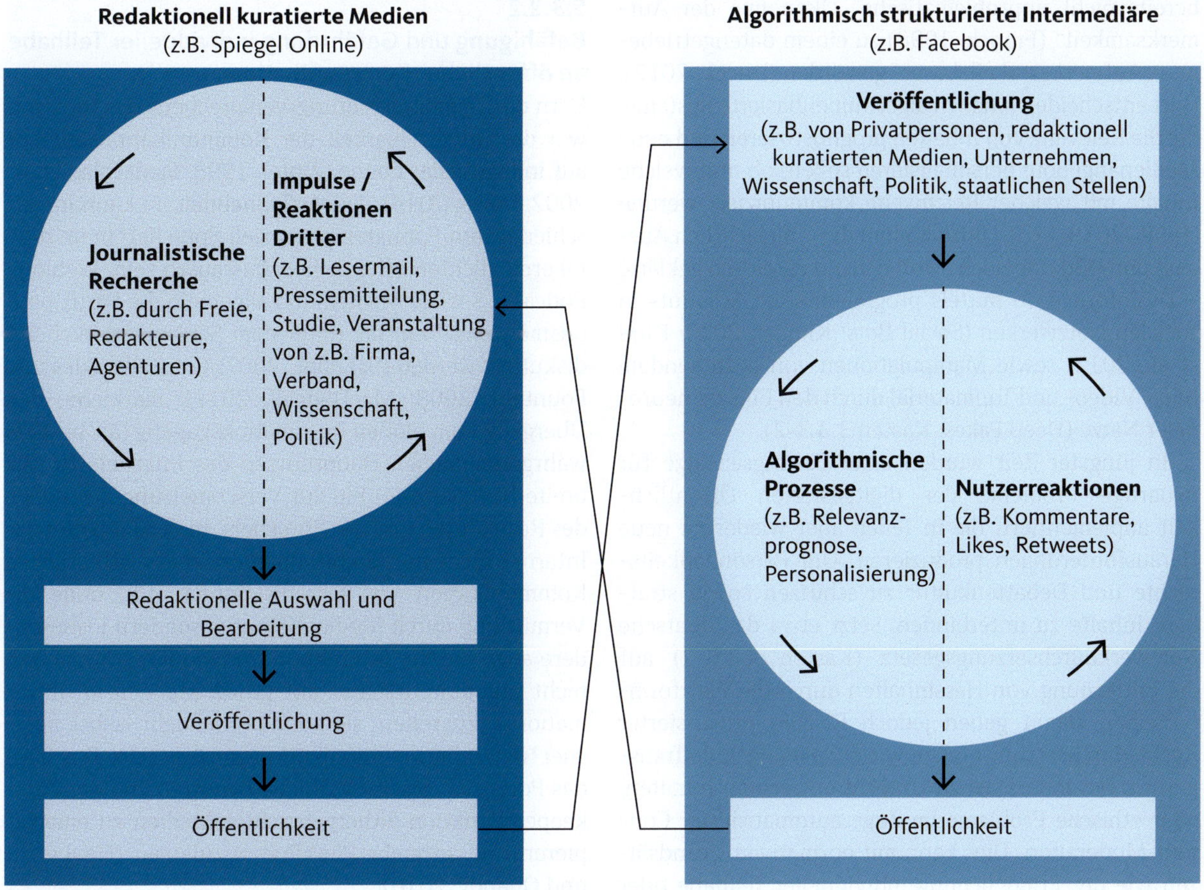

Abbildung 5.3.2-2
Vergleich der Prozesse zweier Arten medialer Intermediäre. Links: klassisch redaktionell kuratierte Medien mit redaktioneller Bearbeitung und mittelbarem Einfluss von Nutzer*innenreaktionen. Rechts: algorithmisch strukturierte Intermediäre mit algorithmischer Sortierung und unmittelbarerem Einfluss von Nutzer*innenreaktionen.
Quelle: Lischka und Stöcker, 2017

rung von Inhalten eine gewichtige Rolle zu, sei es in sozialen Netzwerken oder bei der Auflistung von Suchergebnissen (Abb. 5.3.2-2).

Das führt dazu, dass Intermediäre wie Google, Facebook und Apple, die Inhalte mittels Algorithmen verarbeiten und anbieten, nun ihre Plattformen und Dienste der durch sie erst herausgeforderten Medienbranche als Lösung anbieten (Schmidt, 2018). Sie wollen sozusagen „Verleger der Verleger" werden, ohne selbst Verantwortung für die Inhalte zu übernehmen, was im Endeffekt „das Machtgefälle zwischen Digitalkonzernen und Nachrichtenmedien ohne Frage verstärken" dürfte (Fanta und Dachwitz, 2019). Diese Spielart des aus dem Silicon Valley stammenden „Solutionismus" (Morozov, 2013) – also der Motivation, jeder (gesellschaftlichen) Schwierigkeit eine rasche technologische Lösung entgegenzustellen, ohne mögliche Folgeprobleme zu berücksichtigen – ist für eine demokratische pluralistische Öffentlichkeit als Grundlage einer offenen Gesellschaft riskant. Sie stärkt die Machtposition dieser Konzerne noch weiter, unterläuft Transparenzbemühungen sowie demokratiepolitische Potenziale einer gemeinwohlorientierten öffentlich-rechtlichen IKT (Kap. 5.3.5) und ist anfällig für Machtmissbrauch bis hin zu totalitären Zwecken.

Eine wichtige und umkämpfte Grundlage für eine weitgehend diskriminierungsfreie Infrastruktur des öffentlichen Austauschs ist die gleichberechtigte Übertragung von Informationen im Netz. Die Einhaltung dieses Prinzips der Netzneutralität (Cheng et al., 2011; Pil Choi und Kim, 2010; Verständig, 2016) ist daher Voraussetzung für Informationsfreiheit und öffentliche Meinungsbildung. Es könnte insbesondere in einer öffentlich-rechtlich getragenen IKT (Kap. 5.3.5) abgesichert werden. Enge Vernetzung und eine steigende Zahl jederzeit verfügbarer Kommunikationskanäle sind technische Treiber des Strukturwandels der letzten Jahrzehnte. Immer wichtiger werden aber andere systemische technische Innovationen, die die Struktur bisheriger Öffentlichkeit grundsätzlich herausfordern. So ist deren bereits nicht unproblematische „Ökonomie der Aufmerksamkeit" (Franck, 1998) zu einem datengetriebenen „Aufmerksamkeitsbasar" geworden (Dueck, 2017). Dort entscheiden letztlich algorithmenbasierte Systeme, die die Relevanz von Inhalten prognostizieren und neue Medienangebote personalisieren sollen, ob und welche Inhalte mit welcher Reichweite kommuniziert werden (Hillje, 2019: 122). Hinzu kommt die – hinsichtlich Ausmaß und Wirkung noch unzureichend empirisch geklärte – Desinformation mittels programmierter Accounts in sozialen Netzwerken (Social Bots; Klinger, 2019; Kind et al., 2017) sowie Manipulationen von bestehendem Bild-, Video- und Tonmaterial durch den Einsatz neuronaler Netze (Deep Fakes; Kasten 3.3.3-2).

In jüngster Zeit wurden erste Lösungsansätze für neuartige Probleme der digitalisierten Öffentlichkeit implementiert, die in Teilen aber wiederum neue Herausforderungen produzieren. Um Persönlichkeitsrechte und Debattenkultur zu schützen sowie strafbare Inhalte zu unterbinden, setzt etwa das deutsche Netzwerkdurchsetzungsgesetz (Kasten 4.3.6-2) auf die Entfernung von Hassinhalten durch die Plattformbetreiber. Damit gehen jedoch Risiken privatisierter Rechtsdurchsetzung einher, wie etwa mangelnde Transparenz, besonders bei zu Unrecht entfernten Inhalten, oder ethische Probleme im Zuge automatisierter Content-Moderation. Dies kann mit normativen Grundsätzen wie der Ermöglichung individueller Teilhabe oder dem Schutz der Menschenwürde konfligieren (Kap. 2). Der Dokumentarfilm „The Cleaners" (bpb, 2018) zeigt z. B. anschaulich, wie Clickworker*innen (Kap. 5.3.8) auf den Philippinen problematische Social-Media-Inhalte unter prekären Arbeitsbedingungen und psychologischen Belastungen nach Regeln sortieren, die keiner externen Überprüfung unterliegen. Aber auch in Deutschland wird die Arbeit von Content-Moderator*innen einzelner Facebook-Dienstleister – zumindest den wenigen zur Verfügung stehenden Quellen zu Folge – ständig mit einem Scoring-System (Kap. 5.3.3) überwacht, in welchem bislang Schnelligkeit über Qualität zu stehen scheint (Reuter et al., 2019). Trainingsdaten für KI-Verfahren, die aus derlei Arbeitspraktiken entstehen, erzeugen absehbare neue Probleme, etwa wenn sie zur Erstellung zunehmend automatisierter Filter genutzt werden. Kritiker*innen von Upload-Filtern für Plattforminhalte sehen diese als eine der Meinungsfreiheit und Demokratie potenziell zuwiderlaufende „engmaschige Zensurinfrastruktur" (Dachwitz und Rudel, 2019).

5.3.2.2
Befähigung und Gefährdung individueller Teilhabe an öffentlicher Kommunikation

Kern des Demokratisierungsversprechens des Internets war die Unmittelbarkeit der Kommunikationsteilhabe auf individueller Ebene (Zipfel, 1998; Siedschlag et al., 2002; Vowe, 2014): Jede*r Teilnehmer*in kann in verschiedensten Formaten potenziell Sprecher*in im digital ermöglichten öffentlichen Austausch sein. Weblogs, Podcasts, soziale Medien und allgemein die Partizipationsmöglichkeiten, die unter dem Schlagwort Web 2.0 diskutiert werden (Schmidt, 2007; Constantinides und Fountain, 2008; MacDougall, 2011), markieren den Übergang vom bloßen Informationszugang (als bis dato wahrgenommenen Hauptnutzen des Internets für die breite Bevölkerung) hin zur Verschmelzung der Rollen des Rezipienten und des Sprechers. In der Tat bietet das Internet nicht nur Unmittelbarkeit in der öffentlichen Kommunikation von Organisationen, d.h. ohne die Vermittlung durch Medienbetriebe, sondern insbesondere auch direkte Interaktion. Individuen können also nicht nur unmittelbarer auf große Mengen an Informationen zugreifen, sie können vielmehr selbst Sprecher*innen im Kommunikationsprozess sein. Das birgt das Potenzial, gesellschaftliche Debatten von der Gatekeeper-Funktion althergebrachter Medien zu emanzipieren und so mehr Pluralität zuzulassen (Neuberger und Quandt, 2010).

Auch Individuen, denen die nötigen Aufmerksamkeitsressourcen wie Prominenz fehlen, können prinzipiell mit geringem technischem Aufwand ihrer Stimme im Diskurs Ausdruck verleihen. Allerdings hat sich gezeigt, dass das Potenzial zur Stärkung eines gesellschaftlichen Diskurses im Habermas'schen Sinne, in dem alle bestrebt wären, durch den aufrichtigen Austausch von Argumenten Konsens zu erreichen (Habermas, 1981), zu weiten Teilen ungehoben bleibt. Es lassen sich Hindernisse für die volle Entfaltung dieses Potenzials aus Sicht der Sprecher*innen identifizieren. Zum einen ist das Wegfallen der Mittlerfunktion durch die Presse Befreiung und Herausforderung zugleich. Es fehlt so ein Kurator bei der Rezeption, der die Selektion und Einordnung der Inhalte unterstützt und ohne den der Rezipient sowohl qualitativ als auch quantitativ überfordert sein könnte (Neuberger und Quandt, 2010; Busch, 2017). Trotz der insgesamt geringeren technischen Anforderungen für die Partizipation können zudem Bevölkerungsteile, denen der Zugang oder das Verständnis für digitale Technik fehlen, in öffentlichen Debatten ungehört bleiben, wenn sich diese primär in die virtuelle Sphäre verschiebt (daher auch die Notwendigkeit des Rechts, sich digitalen Räumen zu entziehen; Kasten 9.3.1-1).

Darüber hinaus überwinden die neuen Partizipationsmöglichkeiten bestehende Machtstrukturen nicht notwendigerweise. Die Vielzahl beteiligter Unternehmen und Nutzer*innen im Internet ist allein kein Garant für die Abwesenheit von Machtkonzentration (Sassen, 1999). Zwei Entwicklungen sind in diesem Zusammenhang wesentlich. Erstens hat die Verringerung der technischen Zugangsbarrieren keineswegs uneingeschränkt zur Pluralisierung der Stimmen im digitalisierten öffentlichen Diskurs geführt. Etablierte Akteure haben den Diskursraum, den das Internet eröffnet hat, für sich eingenommen. Das anfängliche Verständnis vom Web 2.0 als öffentlichem Raum, der aufrichtigen Diskurs im Habermas'schen Sinne ermöglicht, hat sich als verkürzt erwiesen (Chadwick, 2008). Nach einer explorativen Phase, in der das frei zugängliche Internet hauptsächlich von Forschungseinrichtungen und Technikaffinen benutzt wurde, war eine Kommerzialisierung der Inhalte zu beobachten, die die Vielfalt im Diskurs in Teilen überdeckt. Youtube ist ein Beispiel, das sowohl die Chancen für Emanzipation und Pluralität als auch deren Gegentendenzen deutlich macht. Die Videoplattform vereinfachte es, in der digitalen Kommunikation nicht bloß wie ein*e Fernsehzuschauer*in passiv als Rezipient*in aufzutreten, sondern selbst Sender*in zu sein (Burgess und Green, 2018). Nachdem in einer anfänglichen Pionierphase noch mit einfachen technischen Mitteln aus dem eigenen Zuhause gesendet wurde, haben sich inzwischen viele Produzent*innen professionalisiert und ihre Inhalte kommerzialisiert; etablierte Medienkonzerne sind als anteilsstarke Anbieter hinzugestoßen und haben viele der vermeintlich unabhängigen Produzent*innen im Rahmen von Multi-Channel Networks (MCNs) unter Vertrag genommen (Döring, 2014; Cunningham et al., 2016). Als Folge ist eine Diskussion über das Wesen von Youtube entbrannt: Ist es „a social network site produced by communities of practice; a chaotic archive of weird, wonderful, and trashy vernacular video; or a distribution platform for branded and Big Media entertainment" (Burgess und Green, 2018:91)? Plattformen wie Youtube können Einzelnen durchaus Aufmerksamkeit verschaffen und sie zu Partizipation am öffentlichen Diskurs befähigen. Das Beispiel mahnt aber dazu, die Einschränkungen dieses Potenzials zu berücksichtigen. Angesichts der Kommerzialisierungstendenzen drohen, wie auch im Offline-Medienbetrieb, mitunter die erhofften Emanzipations-, Authentizitäts- und Vielfalteffekte übertönt zu werden.

Zweitens sind andere Teilnehmer*innen des öffentlichen Austausches aus der Sicht Einzelner nicht zweifelsfrei als authentische (menschliche) Sprecher*innen zu identifizieren (Kasten 9.3.1-1). Mittlerweile treten auch automatisierte Computerprogramme als Sprecher auf. Obschon solche Bots auf Plattformen wie Twitter auch gutartige Zwecke erfüllen können, wie etwa auf genuine Nachrichten etablierter Agenturen oder (Online-)Zeitungen hinzuweisen (Lokot und Diakopoulos, 2016), werden Social Bots vermehrt für politische Propaganda eingesetzt und imitieren dabei menschliche Sprecher (Ferrara et al., 2016; Kollanyi et al., 2016; Ehrenberg-Silies und Thiele, 2016; Haller, 2017; Kaufhold et al., 2017; Graber und Lindemann, 2018). Zwar ist das Ausmaß der Anwendung von Social Bots empirisch gegenwärtig nur unzureichend geklärt (Klinger, 2019; Kind et al., 2017). Dennoch können sich Einzelne nicht sicher sein, ob das virtuelle Gegenüber ein aufrichtiger Mensch oder etwa eine Maschine mit einprogrammierter Agenda ist, hinter der wiederum weniger aufrichtige Menschen stehen. Die kontextuellen Voraussetzungen für kommunikatives Handeln sind in diesem Fall nicht gegeben. Kompetenz im Umgang mit digitalen Medien und ein Verständnis der dahinterstehenden Technik sind vor diesem Hintergrund Voraussetzungen für die Konsolidierung öffentlicher Debattenkultur (Graber und Lindemann, 2018).

5.3.2.3 Die digitale Agora im Widerspruch zwischen Machtkonzentration und Gemeinwohlinteresse

Schon vor der Digitalisierung waren Massenmedien durch einen fundamentalen Widerspruch zwischen gesellschaftlichen und partikularen Interessen gekennzeichnet. Ihrer Rolle als gesellschaftliche Institutionen für eine lebendige Demokratie steht ihre kommerzielle Rolle gegenüber: „Dabei sind sie einerseits – als Geschöpfe der Aufklärung – Werten wie Freiheit, Mündigkeit, Vernunft, Wissen verpflichtet. Andererseits sind die Massenmedien und ihre Akteure an praktisch-pragmatischen Vorgaben und Zielen wie Reichweite, Konkurrenz, Redaktionsschluss, Professionalität und Karriere orientiert. Diese Situation führt zu Konflikten zwischen Erwartungen gegenüber den Medien und den Leistungen, zu denen die Medien und ihre Journalisten imstande sind" (Weischenberg, 2018:55).

Während Weischenberg (2018:55) die Qualität der Medien dann als bedroht ansieht, wenn sie „einseitig zu Gunsten der Rendite und zu Lasten der Sozialverantwortung aufgelöst wird", sind Medienkonzerne im Digitalen Zeitalter nunmehr auf beiden Ebenen mit existenzbedrohenden strukturellen Problemen konfrontiert. Die verkaufte Auflagenstärke von Printmedien ist in Deutschland in den letzten Jahren kontinuierlich rückläufig (IVW, 2018:10), auch wenn sich die Lage am deutschen Pressemarkt zuletzt angesichts abnehmender Verlustraten und zweistelliger Zuwachsraten bei elektronischen Ausgaben von Zeitungen und Zeitschriften etwas stabilisiert hat (IVW, 2019). In Folge des längerfristig bestehenden Trends wurden jedoch

Kasten 5.3.2-1

Handlungsempfehlungen zum Schauplatz „Digitalisierung und öffentlicher Diskurs"

Aufgrund der Machtkonzentration bei den Intermediären, die derzeit zentrale Dienste für die digitale Öffentlichkeit bereitstellen, und der zu beobachtenden Defizite bei deren Regulierung (z. B. durch das deutsche Netzwerkdurchsetzungsgesetz, kurz NetzDG, Kasten 4.2.6-2) und Durchsetzung (z. B. die europäische Datenschutz-Grundverordnung, kurz DSGVO, Kasten 4.2.6-1), sieht der WBGU einen bedeutenden Hebel zur Sicherung einer funktionsfähigen digitalen Öffentlichkeit in der Schaffung adäquater Alternativen. Um die nachfolgenden Empfehlungen möglichst zeitnah und erfolgreich umsetzen zu können, besteht zudem in allen Bereichen dringender Forschungsbedarf über disziplinäre Grenzen hinweg.

- *Europäische öffentlich-rechtliche Plattforminfrastruktur aufbauen*: Der WBGU empfiehlt die zeitnahe Schaffung einer europäischen Plattforminfrastruktur für digitale Medien und Kommunikation. Realisiert über öffentlich-rechtliche IKT (Kap. 5.3.5), sollte diese als potenziell mächtiger europäischer Gegenentwurf zur Machtkonzentration US-amerikanischer Plattformen einem grenzüberschreitenden von demokratischen Werten geleiteten offenen Kommunikationsraum dienen (Kasten 5.3.5-1), anstatt primär von privatwirtschaftlichen Geschäftsmodellen getrieben zu sein. Dabei schließen sich aus Sicht des WBGU Gemeinwohlorientierung und privatwirtschaftliche Interessen nicht grundsätzlich aus, letztere sollten jedoch bei einem gesellschaftlichen Kernbereich wie Öffentlichkeit ersterer verpflichtet, d. h. im Zweifel untergeordnet sein. Eine interoperable Infrastruktur vielfältiger Plattformen sollte grundsätzlich genauso für öffentlich-rechtliche wie private Medien aus verschiedenen europäischen Ländern offenstehen und eine gemeinsame Kommunikation von Inhalten sowie deren KI-gestützte Übersetzung ermöglichen. Die Koordination dieses Projekts sollte, ähnlich dem öffentlich-rechtlichen Rundfunk, von Anfang an unabhängig und durch gesellschaftliche Gruppen demokratisch mitgetragen sein. Als ersten Schritt empfiehlt der WBGU, bereits bestehende Initiativen (Kasten 5.3.5-1; Hillje, 2019: 130f.) miteinander zu vernetzen und mit einer Anschubfinanzierung für ein erstes Leuchtturmprojekt einer europäischen öffentlich-rechtlichen Medienplattform auszustatten. Dies kann dann im Sinne eines späteren, möglichst vielfältigen Plattformökosystems sukzessive erweitert werden. Die Vision ist, dass diese vielfältige Infrastruktur auch über Europa hinaus einer globalen digitalisierten demokratischen Öffentlichkeit Vorschub leistet.
- *Europäischen Suchindex aufbauen*: Flankierend, und um die zentrale Ressource einer Datenbank aller auffindbaren Webseiten und ihrer Inhalte gemeinwohlorientiert zu nutzen, empfiehlt auch der WBGU den Aufbau eines europäischen Suchindex als „öffentliche Bibliothek des Internet" (Huss et al., 2019) und „Basis für Vielfalt" (Lewandowski, 2016: 15). Da dieser konzentrierten Macht in der digitalen Öffentlichkeit eine Schlüsselfunktion zukommt, sollten hierzu öffentliche Mittel bereitgestellt werden, um durch Geschäftsinteressen verzerrte Informationsflüsse zu verhindern. Ein entsprechender „Open Web Index" (Huss et al., 2019: 7) würde auch zur Sicherung einer kritischen Infrastruktur und Wiederherstellung der digitalen informationellen Souveränität Europas beitragen sowie im Bereich von Suchmaschinen und auch der europäischen Startup-wie Internetökonomie stimulierend wirken. Er stünde als weiterer zentraler Teil einer künftigen europäischen öffentlich-rechtlichen IKT-Infrastruktur global allen Unternehmen, öffentlichen Institutionen und zivilgesellschaftlichen Akteuren zur Verfügung. Auf seiner Basis wäre ein neuer Pluralismus bei Zugang und Verbreitung digitalisierter Informationen ebenso möglich wie datenschutzfreundliche Geschäftsmodelle.

Zudem sollten Staaten Akteure unterstützen, die qualitätsgeprüfte Informationen online bereitstellen sowie Individuen die Meinungsäußerung im Netz ermöglichen.

- *Journalistische Qualität und Pressefreiheit gewährleisten:* Der WBGU empfiehlt die breite medienpolitische Unterstützung und den Ausbau qualitätsjournalistischer Initiativen. Investigative, transparent und kollaborativ arbeitende Rechercheverbünde und Nachrichtenportale (z. B. correctiv.org, uebermedien.de oder netzpolitik.org) und konstruktiver, auch auf Lösungsmöglichkeiten blickender Journalismus sollten gestärkt werden. National wäre dies über verstärkte Kooperation mit dem öffentlich-rechtlichen Sektor, etwa durch wechselseitige Unterstützung bei der (Gegen-)Recherche sowie Unterstützung und Ausbau entsprechender Verbundprojekte denkbar. International könnte der Aufbau eines dezentralen Agentur- und Informationsportals zu mehr Pluralismus und transparenterer Berichterstattung beitragen. Der WBGU empfiehlt außerdem nachdrücklich, den Schutz von Quellen und Whistleblowern juristisch abzusichern, um investigativen Journalismus als essenziell demokratierelevanten Teil journalistischer Praxis zu stärken.
- *Anonymität in der Internetkommunikation gewährleisten und Grundrechte schützen:* Der WBGU plädiert sowohl für die generelle Notwendigkeit anonymer Onlinekommunikation zur Sicherstellung von Privatheit als auch für die Möglichkeit, in ausgewiesenen sicheren digitalen Räumen bewusst als Bürger*in nicht anonym zu kommunizieren. Eine generelle und umfassende Klarnamenpflicht ist nicht geboten. Ebenso teilt der WBGU in Bezug auf eine drohende privatwirtschaftliche Vorabzensur zur Erfüllung des deutschen Netzwerkdurchsetzungsgesetzes (Kasten 4.2.6-2) oder Urheberrechtsvorschriften durch Upload-Filter die kritische Einschätzung der Stellungnahme der UN-Sonderberichterstatter für Meinungsfreiheit, für das Recht auf Privatheit und für den Grundrechtsschutz im Antiterrorkampf (Kaye et al., 2018). Aus Sicht des WBGU können nur unabhängige Institutionen, die ausschließlich der Rechtsstaatlichkeit verpflichtet sind, eine grundrechtskonforme Regulierung von Onlinekommunikation gewährleisten.
- *Medien- und Informationskompetenz fördern und stärker im Bildungssystem verankern:* Die Beförderung individueller Mündigkeit ist aus Sicht des WBGU eine weitere wichtige Strategie gegen aktuelle Krisenphänomene der Öffentlichkeit, insbesondere hinsichtlich der Streuung von Desinformationen. Entsprechend gilt es, Medienkompetenz und souveräne Informationsinterpretation stärker im Bildungssystem zu verankern. Idealerweise hätten in einer zeitgemäßen Demokratie alle Bürger*innen ausreichend journalistische Kompetenzen, um Inhalte reflektiert einzuordnen, aber auch selbst zu verfassen und kritisch innerhalb der digitalen Agora zu diskutieren.

Kasten 5.3.2-2

Forschungsempfehlungen zum Schauplatz „Digitalisierung und öffentlicher Diskurs"

- *Neue Infrastruktur zur Rechtssicherung und -durchsetzung entwickeln:* Anstelle des zur Zeit praktizierten Delegierens der Rechtssicherung und -durchsetzung an private Konzerne, mit der Gefahr einer (Vor-)Zensur von Inhalten, empfiehlt der WBGU die verstärkte interdisziplinäre und internationale Erforschung grundrechtssichernder Optionen zur Moderation rechtlich problematischer Onlineinhalte.
- *Forschung zur Medien- und Informationskompetenz fördern*: In den Medienwissenschaften, insbesondere der Medienpsychologie gibt es Forschungsansätze, die erste Maßnahmen zur Förderung von Internet Literacy (z. B. das Erkennen von Fake News) empirisch untersuchen (Roozenbeek und van der Linden, 2019a, b). Angesichts der hohen Bedeutung von medialer Mündigkeit empfiehlt der WBGU, Forschungsaktivitäten zur Wirksamkeit von Maßnahmen der Förderung von Medien- und Informationskompetenz zu verstärken.
- *Neue Mechanismen für die Qualitätssicherung von Onlinemedien und -inhalten erforschen und etablieren:* Der WBGU empfiehlt, die gegenwärtige Praxis der Onlineplattformen zur Moderation von Inhalten (etwa zwecks Entfernung problematischer Inhalte wie Gewaltdarstellungen, aber auch sonstiger den Richtlinien der Konzerne widersprechender Inhalte) nicht in dieser Form aufrechtzuerhalten. Psychologisch belastendes Outsourcing ist mit der Menschenwürde unvereinbar, und gleichzeitig besteht das Risiko, dass unklare Richtlinien das Recht auf freie Meinungsäußerung durchaus erheblich tangieren. Die Alternative ist kein Laissez-faire, sondern die Erforschung und der Aufbau grundrechtskompatibler Qualitätssicherungsinstitutionen im Zusammenspiel mit dem Ausbau autonomiefördernder Informationsangebote und Bildung (z. B. die „Reporterfabrik" correctiv.org), individueller Medienkompetenz und ethischer Reflexion.
- *Transparenzfokussierte Medienethik erforschen und etablieren:* Der WBGU empfiehlt angesichts der dargestellten fundamentalen Umbrüche die Entwicklung und Umsetzung ethischer Kodizes, insbesondere auch zur Balance publizistischer und kommerzieller Interessen, zum Erhalt bzw. Förderung von Selbstwirksamkeitserwartungen sowie für transparente Eigentumsverhältnisse und Datenschutz (Puppis et al., 2017; Heesen, 2016). Diese sollten von der Medienbranche mit interdisziplinärer wissenschaftlicher Begleitung erarbeitet und umgesetzt werden.

redaktionelle Ressourcen fortwährend ausgedünnt, wodurch sich auch die Arbeitsbedingungen für Journalist*innen im Hinblick auf Arbeitszeit, Bezahlung und (für Freiberufler*innen kaum erreichbare) Festanstellungsmöglichkeiten verschlechtert haben. Anhand von Abbildung 5.3.2-2 wurde bereits erläutert, wie gefährlich die vermeintliche Lösung dieses Problems durch dafür mitverantwortliche Digitalkonzerne angesichts nochmals verstärkter Machtkonzentration für die demokratische Öffentlichkeit sein kann. Demgegenüber gibt es jedoch erste prototypische Pioniere eines auf individuelle Mündigkeit und Pressefreiheit orientierten Medienwandels, die es aus Sicht des WBGU ebenso zu stärken gilt, wie neue Potenziale der Nutzung der Digitalisierung zur Erforschung demokratischer Öffentlichkeit. Hohe Erwartungen an Journalist*innen werden seit geraumer Zeit auch unter dem Stichwort konstruktiver Journalismus angemahnt. Vor dem Hintergrund der positiven Psychologie wird hier argumentiert, dass auf Journalist*innen neben der Thematisierung von Problemen auch die Aufgabe zukommt, den Blick auf mögliche Lösungen und an Lösungen arbeitenden Akteur*innen zu lenken, um damit die kollektive Selbstwirksamkeit der Rezipient*innen zu stärken und einen journalistischen „Negativ-Bias" zu vermeiden (Gyldensted, 2018). Auch ermöglichen transparent agierende Recherchenetzwerke (wie z. B. correctiv. org) investigativen Journalismus in kooperativer Form mit einer Qualität, die in Zeiten von Kostendruck und ausgedünnten Redaktionen zunehmend erschwert ist.

Darüber hinaus kann die infrastrukturelle Basis mittels öffentlich-rechtlicher IKT (Kap. 5.3.5) so gestaltet werden, dass sie sowohl einen derartigen Medienwandel als auch die Realisierung entsprechender Potenziale bei privaten wie öffentlich-rechtlichen Medienunternehmen befördert.

5.3.2.4
Folgerungen: Die Auswirkungen des digitalen Strukturwandels der Öffentlichkeit auf demokratische Prozesse

Der beschriebene strukturelle Wandel von Öffentlichkeit, inklusive seiner individuellen und medienökonomischen Ausprägungen, hat signifikante Auswirkungen auf die öffentliche Kommunikation in demokratischen Prozessen. Transparenz über politische Angelegenheiten herzustellen ist Voraussetzung für Diskursfähigkeit und Meinungsvielfalt (Sarcinelli, 2011) und somit wesentlich für das Funktionieren eines demokratischen politischen Systems. Wie im Verlauf dieses Kapitels erläutert, ermöglicht die Digitalisierung die vielfache Bereitstellung von Informationen und unmittelbare Formen politischer Teilhabe und fördert die Pluralität und Sichtbarkeit der Meinungen durch einfachere, schnellere und unmittelbare öffentliche Kommunikation. Die Emanzipation von etablierten Medienunternehmen als konventionellen Gatekeepern ermöglicht einen pluraleren, empathischeren und integrativeren Diskurs. Durch globale Vernetzung könnte dieser Effekt bis auf die transnationale Ebene wirken und so über die

Bildung grenzüberschreitender Communities und eines Weltumweltbewusstseins auch jenseits einzelner Nationalstaaten post-nationale Öffentlichkeit und deliberative Strukturen schaffen (Kap. 4.2.7, 5.3.1).

Wie im Verlauf dieses Schauplatzes erläutert, gibt es allerdings eine Reihe von Einschränkungen und Gegenentwicklungen. So ist die faktische Reichweite des Einzelnen in der Regel nur gering (Kap. 4.2.3). Vor dem Hintergrund der schieren Quantität der Beiträge hat der*die Einzelne nach wie vor ohne entsprechende institutionelle Ressourcen geringe Chancen, die eigene Meinung sichtbar im Diskurs einzubringen. Zusätzlich drohen, wie anhand von Filterblasen und Echokammern erläutert, Fragmentierung und Polarisierung des Diskurses (Del Vicario et al., 2016; Boutyline und Willer, 2016). Durch die fehlende *redaktionelle* Vorsortierung und Einordnung (Neuberger und Quandt, 2010; Busch, 2017) – im Unterschied zur automatisierten Selektion – auf vielen Plattformen fehlt die Rationalisierungs- und Filterfunktion pluraler gesellschaftlicher oder medialer Organisationen, die demokratiepolitisch als rationalisierende Schleusen und Lautverstärker eine wichtige vermittelnde Rolle in der Öffentlichkeit einnehmen (Habermas, 1992). Nicht Redaktionen, sondern auf Klickzahlen getrimmte Algorithmen bestimmen, was prominent platziert wird (Newman et al., 2018). Dieser Umstand kann Nährboden bieten für Propaganda sowie politisch motivierte gezielte Fehlinformationen und Hetze – oft unter dem Schlagwort „Fake News" diskutiert (Lazer et al., 2018), insbesondere im Zusammenhang mit der Präsidentschaftswahl in den Vereinigten Staaten 2016 (Allcott und Gentzkow, 2017). Auch Redakteur*innen können zwar in ihren Auswahlkriterien eher auf Sensation, Aufmerksamkeits- und somit Verkaufspotenzial statt auf Lösungsorientierung und Stärkung der Selbstwirksamkeit der Rezipient*innen bedacht sein; die automatisierte und beschleunigte Verbreitung in sozialen Netzen beschleunigt und verstärkt aber damit verbundene Effekte des Negativ-Bias und der Demoralisierung. In „Fake News" verkehren sich damit Eigenschaften der öffentlichen Onlinekommunikation, die die Demokratie im Grunde stärken könnten, zu Herausforderungen für die Demokratie.

Darüber hinaus ist gerade auch in Bezug auf demokratische Prozesse relevant, inwieweit die Partizipationsmöglichkeiten im Internet tatsächlich wahrgenommen werden. Auch wenn die Nutzerzahlen sozialer Netze heute drastisch höher sind (Chadwick, 2008; Busemann und Gscheidle, 2011), gibt es nach wie vor breite Bevölkerungsteile, die nicht am digital ermöglichten öffentlichen Diskurs teilnehmen. Auch wenn es für Journalist*innen eine einfache und schnelle Möglichkeit ist, einen Eindruck von Meinungsbildern zu bekommen, kann eine Stimmung in sozialen Medien also nicht als Wille des Volkes verstanden werden. Die Privatisierung und Oligopolisierung des digitalen öffentlichen Raums und damit auch der „Infrastruktur, auf der sich demokratische Öffentlichkeit im Netz konstituiert" (Hillje, 2019: 15) ist weit fortgeschritten. So existiert derzeit nur ein Quasi-Monopol aus vier außerhalb der EU angesiedelten Suchmaschinenbetreibern: Google und Bing aus den USA, Yandex aus Russland sowie Baidu aus China (Tangens und Ude, 2019). Wer jedoch, wie im Fall von Google „drei Viertel aller Suchanfragen im Internet bearbeitet, dem fällt die Macht zu, die Nutzer*innen auf ganz bestimmte Wege des Netzes zu leiten und andere Pfade weniger zugänglich zu machen" (Hillje, 2019: 120). Inwieweit die teils massive private Machtkonzentration demokratische Öffentlichkeit befördert, ist fraglich, nicht zuletzt, da „die Plattformen naturgemäß immer zuvorderst ein ökonomisches Interesse verfolgen – im Zweifelsfall zu Ungunsten des Gemeinwohls" (Hillje, 2019: 128). Vor diesem Hintergrund gilt es aus Sicht des WBGU, jeder Bedrohung der fundamentalen demokratischen Funktionen von Öffentlichkeit entschieden und rechtzeitig entgegenzuwirken.

5.3.3 Herausforderungen der Scoring-Gesellschaft

Scoring-Verfahren, die menschliches Verhalten durch einen Zahlenwert beschreiben (Kasten 5.3.3-1), werden in immer mehr gesellschaftlichen Kernbereichen als Entscheidungsgrundlage eingesetzt. Sie stellen eine enorme Abstraktion und Vereinfachung komplexer Zusammenhänge dar. Dies ist zugleich Stärke und Schwäche der Verfahren. Die Vereinfachung und Standardisierung erleichtert zunächst Entscheidungsfindungen in spezifischen Bereichen. Dabei bilden Scoring-Verfahren, die ein mathematisch statistisches Analyseverfahren verwenden, ein Beispiel für algorithmenbasierte Entscheidungssysteme. Die Aussagekraft eines scores ist jedoch auch bei kriterienbasierter Auswahl der Daten, Analyseverfahren und Anwendungsgebiete immer mit großer Vorsicht und im Kontext des spezifischen Anwendungsfeldes zu sehen.

Neben der schon seit vielen Jahrzehnten erfolgenden Bewertung ökonomischer Risiken, vor allem in Kredit- und Versicherungswesen, verbreitet sich derzeit die Anwendung von Scoring-Verfahren zur Bewertung „sozialer Risiken" wie z. B. die Berechnung von Rückfälligkeitsvorhersagen in der Strafverfolgung (Brayne, 2017). Individuen werden im Ergebnis nicht mehr nur in ihrer Rolle als Verbraucher*innen bewertet, sondern auch in anderen zentralen Lebensbereichen. Diese soziale Kategorisierung und Bewertung von Individuen mittels Scoring-Verfahren wird als „Social Scoring" bezeichnet. Mit in sozialen Medien und in zunehmend digitalisierten Gesundheits-, Bildungs- und Mobilitätssystemen anfallenden Verhaltensdaten (Kap. 3.2) zeichnet sich eine neue Qualität in Umfang und Komplexität von Scoring-Verfahren ab. Die Verwendung etwa der Daten von Konsumentinnen für die Vorhersage von Schwangerschaften zur Platzierung von Werbung (Dixon und Gellman, 2014) oder von Social Media-Daten zur Entscheidung über Kreditvergaben (Hurley und Adebayo, 2016) machen die Eingriffstiefe und -intensität in die Privat- und Intimsphäre Einzelner deutlich, die bereits heute in der Wirtschaft möglich ist. Experimente der chinesischen Zentral- und Lokalregierungen mit Sozialkreditsystemen wiederum zeigen, wie scores als staatliches Herrschaftsinstrument verwendet werden können (Kasten 4.2.6-2).

Als globale Trends lassen sich Nutzung alternativer Datenquellen zur weltweiten Verbreitung von Kredit-Scores, die Nutzung eines Scores über den ursprünglichen Anwendungsbereich hinaus sowie zunehmend zur Verhaltensbeeinflussung wie auch der Einsatz von Scores als Instrument staatlicher Steuerung von Gesellschaften feststellen. Aufgrund der momentan in vielen Anwendungsbereichen stattfindenden Ausweitung von Scoring-Verfahren, bei denen die zugrundeliegenden Wirkungszusammenhänge nur unzureichend reflektiert werden und keine ausreichende Regulierung zur Vermeidung von Verletzungen von Freiheits- und Gleichheitsrechten besteht, wird in diesem Schauplatz davon abgesehen, Nachhaltigkeitspotenziale von Scoring-Verfahren in abgegrenzten Einsatzbereichen zu thematisieren. Stattdessen steht hier eine systemische und gesamtgesellschaftliche Perspektive im Vordergrund.

Obwohl der Einsatz von Scoring-Verfahren auf eine objektivere Entscheidungsfindung in einem spezifischen Bereich abzielt, kann die systemische Wirkung dieser Anwendungen dazu beitragen – vom Individuum unbemerkt – die grundrechtlich geschützte Selbstbestimmung und Privatsphäre sowie die menschliche Entscheidungssouveränität zu beeinträchtigen (Kap. 8.3.3). Die soziale und rechtliche Einbettung dieser Verfahren ist zentral, um derartige Grundrechtsverletzungen zu vermeiden; sie ist derzeit jedoch nur unzureichend gegeben. Auch Potenziale für eine objektivere Entscheidungsfindung in spezifischen Anwendungsbereichen können derzeit durch mangelnde Transparenz über Einsatzgebiete, Methoden und Daten sowie fehlender Aufsicht in Teilen nicht genutzt werden (SVRV, 2018). Der WBGU regt daher an, Debatten zum Thema Scoring zu führen, die zentrale Weichenstellungen thematisieren, um Verletzungen von Freiheits- und Gleichheitsrechten vorzubeugen (Kasten 5.3.3-3). Wie der zunehmende Einsatz von Scoring-Verfahren gesellschaftliche Normen und moralische Standards verrückt, sollte dabei ein zentrales Forschungsthema sein.

5.3.3.1 Globale Trends in der Anwendung von Scoring-Verfahren

An der Verbreitung von Scoring-Verfahren sind zum einen privatwirtschaftliche Akteure beteiligt, deren Geschäftsmodell auf der Analyse neuer Datenquellen beruht. Zum anderen sind daran auch staatliche Akteure, Behörden und internationale Organisationen beteiligt, die z.T. eigene Daten erheben oder Kooperationen eingehen.

Nutzung alternativer Datenquellen zur weltweiten Verbreitung von Kredit-Scores

Vor allem beim Kredit-Scoring (Kasten 5.3.3-1; Abb. 5.3.3-1) stellt das Scoring von Personen, für die zwar keine Finanzdaten, jedoch alternative Datenquellen vorliegen, einen derzeitigen Anwendungsschwerpunkt dar. Für den Aufbau von stabilen Kreditmärkten sind Kenntnisse der Risiken von Zahlungsausfällen entscheidend. Scores verdichten diese Informationen und ermöglichen so einen standardisierten und schnellen Entscheidungsprozess über individuelle Kreditvergaben. Aus ökonomischer Perspektive haben Kredit-Scores also die Funktion, Vertrauen zwischen Wirtschaftsakteuren zu schaffen, was einen grundlegenden Baustein funktionsfähiger Kreditmärkte darstellt. Privatwirtschaftliche und staatliche Akteure planen daher z.T. in Zusammenarbeit mit internationalen Organisationen, wie der ITU oder Weltbank für die weltweit ca. 3 Mrd. Menschen ohne Bankkonto oder Zahlungshistorie, die vor allem in Entwicklungs- und Schwellenländern leben, Kredit-Scores zu berechnen. Dazu sollen in großem Maßstab alternative Datenquellen wie psychometrische Daten (World Bank, 2017a; FICO blog, 2019) oder aus Online-Tracking gewonnene Daten verwendet werden. Facebook ließ sich beispielsweise 2015 ein Verfahren patentieren, das bei der Entscheidung über die Kreditwürdigkeit eines Antragstellers sein soziales Netzwerk mitberücksichtigt (SVRV, 2018). Andere Anbieter verwenden Informationen wie Einkaufsgewohnheiten oder Informationen darüber, wie schnell auf Emails geantwortet wird, die intuitiv nicht mit der Kreditwürdigkeit assoziiert würden, für die Score-Ermittlung (Hurley und Adebayo, 2016). Datenbroker wie Axiom oder Oracle haben sich auf die Sammlung und den Weiterverkauf dieser Daten spezialisiert (Kasten 5.3.3-2).

Kasten 5.3.3-1

Definitionen von Scoring und Begriffsabgrenzungen

Der Begriff „Scoring" wird in der Regel für die Zuordnung eines Zahlenwerts zu einer natürlichen Person in ihrer Rolle als Verbraucher*in, Bürger*in, Arbeitnehmer*in usw. verwendet. Scoring kann auch die Aggregation verschiedener Merkmalsausprägungen zu einem einzelnen Wert bezeichnen – oftmals mittels eines statistischen Verfahrens. Im Unterschied dazu werden beim Profiling Kategorien gebildet, an die bestimmte Maßnahmen geknüpft sind. Die Individuen werden den Kategorien zugeteilt, die Zuteilung kann auch anhand eines Scores erfolgen. Im Kontext der Bewertung von z.B. Unternehmen, Organisationen oder Staaten wird der Begriff Scoring eher selten verwendet. Beispiele von Scoring-Definitionen umfassen:

- die Vergabe eines Punktewertes in einer fein abgestuften Graduierung, die es erlaubt die Person in eine Rangordnung der Wertigkeit zu bringen (Mau, 2017: 104),
- die „Zuordnung eines Zahlenwertes (des Scores) zu einem Menschen zum Zweck der Verhaltensprognose oder Verhaltenssteuerung. Die Bestimmung dieses Zahlenwertes erfolgt in der Regel auf der Grundlage einer breiten Datenbasis durch ein algorithmisches Verfahren" (SVRV, 2018: 15),
- die „Verwendung eines Wahrscheinlichkeitswerts über ein bestimmtes zukünftiges Verhalten einer natürlichen Person zum Zweck der Entscheidung über die Begründung, Durchführung oder Beendigung eines Vertragsverhältnisses mit dieser Person." (§ 31 Abs. 1 des Bundesdatenschutzgesetzes vom 30. Juli 2017: Bundesdatenschutzgesetz: (BGBl). I S. 2097).

Beim Kreditscoring, dem bekanntesten und am weitesten verbreitenden Einsatzgebiet von Scoring (Abb. 5.3.3-1) werden das Zahlungsverhalten bzw. die Kredithistorie mehrerer Personen und weitere personenbezogene Daten (Name, Geschlecht, Alter, aktuelle und frühere Adressen usw.) in einer Datenbank zusammengeführt. Auf Grundlage des Zahlungsverhaltens aller Personen in der Datenbank und weiterer personengebundener Merkmale, werden mittels eines statistischen Verfahrens, in der Regel einer Logit-Regression, Gewichte für jede in der Datenbank verfügbare Variable berechnet, die zur Vorhersage der individuellen Rückzahlungswahrscheinlichkeit dienen. Die individuelle Rückzahlungswahrscheinlichkeit bildet den Kredit-Score und dient als Grundlage für die Entscheidung über die Kreditvergabe bzw. die Bestimmung der Kreditkonditionen.

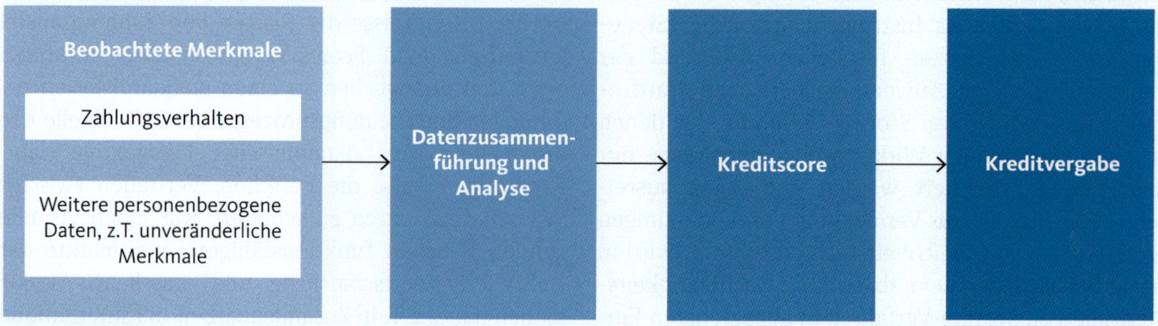

Abbildung 5.3.3-1
Kredit-Score-basierte Entscheidungsfindung.
Quelle: WBGU

Nutzung eines Scores über den ursprünglichen Anwendungsbereich hinaus

Beinahe universell verfügbare Scores werden nicht auf einen Lebensbereich begrenzt, sondern auch über ihr spezifisches Anwendungsgebiet hinaus als Entscheidungsgrundlage herangezogen. Beispielsweise wird der Score der „Schutzgemeinschaft für allgemeine Kreditsicherung" (Schufa), der für über 66,3 Mio. Privatpersonen in Deutschland berechnet wird, neben dem Finanzbereich auch bei Wohnungsvermietungen, dem Abschluss von Mobilfunk- und Internetverträgen oder Onlineeinkäufen abgefragt. Mit diesem Geschäftsmodell erzielt die Schufa Umsätze von 123 Mio. € im Jahr (Christl, 2014). US-amerikanische Kredit-Scores werden darüber hinaus auch bei Einstellungsentscheidungen berücksichtigt. Ein einzelner Indikator kann damit ausschlaggebend für mehrere zentrale Lebensbereiche bzw. individuelle Grundbedürfnisse wie Kommunikation oder Wohnen sein und damit die Teilhabe am gesellschaftlichen Leben grundsätzlich beeinflussen (Abb. 5.3.3-2).

Verhaltensbeeinflussung durch Scoring

Die Kenntnis individueller Präferenzen und Verhaltensmuster erlaubt nicht nur Wahrscheinlichkeitsaussagen über das Verhalten von Menschen zu treffen und anschließend an objektivierten Kriterien orientierte, schnelle Entscheidungsprozesse zu etablieren, sondern auch gezielten Einfluss auszuüben, um Verhaltensänderungen in herbeizuführen. Diese Möglichkeiten sind insbesondere für Versicherungen und Werbefirmen interessant. Beispielsweise können individualisierte Versicherungsangebote und Prämien (Telematiktarife) und damit verbundene finanzielle Vor- oder

Kasten 5.3.3-2

Ausweitung der Datenverfügbarkeit und Datenhandels

Daten werden z.T. gezielt erhoben, beispielsweise durch statistische Ämter, Forschungsinstitute oder Marktanalyseinstitute, um eine bestehende Fragestellung oder einen Sachverhalt analysieren zu können. Bei der Nutzung digitaler Anwendungen fallen verhaltensgenerierte Daten, wie beispielsweise soziale Graphen, Kommunikationsmuster, Kaufhistorien, Streaming-Daten jedoch als „Nebenprodukt" an. Über die spezifische Anwendung hinaus sind Unternehmen daran interessiert aus diesen Basisdaten strukturierte Informationen zu gewinnen, die für ihren Geschäftszweck verwertbar sind und einen unmittelbaren Neuigkeits- oder Mehrwert bringen. Datenbroker haben sich auf die Sammlung und den Weiterverkauf dieser Daten spezialisiert. Der US-amerikanische Datenhändler Oracle verknüpft Informationen aus Online- und Offlinequellen über Zahlungsverhalten, Aktivitäten in sozialen Medien, Zeitschriftenabos oder religiöse und politische Zugehörigkeit. Dieser Datenhändler besitzt laut eigenen Angaben im Durchschnitt 30.000 Merkmale von über 2 Mrd. Kunden weltweit (Federal Trade Commission, 2014). Dieser Datengenerierungs- und Inwertsetzungsprozess findet derzeit ohne ausreichende Regulierung statt, um Verletzungen von Freiheits- und Gleichheitsrechten auszuschließen (Fezer, 2017); Ausgestaltung und Umfang des Datenhandels unterscheiden sich in Abhängigkeit von den Anforderungen des nationalen Datenschutzrechts (Christl und Spiekermann, 2016). Die Nutzer*in ist nach ihrer einmaligen Einwilligung zur Datenverarbeitung im Kontext einer spezifischen Anwendung nicht mehr an den weiteren Datenverarbeitungen beteiligt. Als Folge besitzen Unternehmen Zugang zu persönlichen Informationen, der den Nutzer*innen als Datensubjekt verwehrt ist (Jentzsch, 2017). Zwar enthält die DSGVO Regelungen, die den Datenhandel einschränken. Ob sich diese Regelungen durchsetzen lassen, steht derzeit noch aus. Erste Klagen wurden gegen die Datenbroker Axciom und Oracle eingereicht (Privacy International, 2019).

Nach Ansicht des WBGU ist es erforderlich, dass Transparenz darüber hergestellt wird, was, wo und wie mit persönlichen Informationen geschieht. Transparenz allein reicht jedoch nicht aus. Jedes Individuum sollte Souveränität über seine Daten erhalten, auch über die verhaltensgenerierten Daten bei der Nutzung digitaler Anwendungen. Dies kann beispielsweise durch Personal Information Management-Systeme erfolgen, also Systeme die es Nutzer*innen erlauben, ihre personenbezogenen Daten in sicheren, lokalen oder Onlinespeichersystemen zu verwalten und Nutzungszusagen an verschiedene digitale Anwendungen zu verteilen und bei Bedarf auch wieder zurückzuziehen. Zudem sollten Individuen auf angemessene Weise an der Inwertsetzung ihrer Daten beteiligt werden.

Nachteile Verhaltensänderungen, wie einen umsichtigeren Umgang mit der eigenen Gesundheit (Schumacher, 2016:48) oder ein verantwortungsvolleres Fahrverhalten anregen. Die gezielte Ansprache von Kundinnen durch Werbung, wie im Beispiel des Schwangerschafts-Scorings gezeigt, kann das Konsumverhalten beeinflussen (Korczak und Wilken, 2008).

Scores als Instrument staatlicher Steuerung von Gesellschaften

Chinas ursprünglicher Plan, Scoring-Verfahren, wie es auch in anderen entwickelten Volkswirtschaften der Fall ist, zur Förderung von Kreditmärkten einzuführen, wurde 2012 um den Gedanken erweitert, eine „auf Vertrauen basierenden" Gesellschaft zu etablieren (Kostka, 2018). Neben dem Zahlungsverhalten soll dazu auch soziales Verhalten bewertet werden (Kasten 4.2.6-2). Das chinesische Scoring-Verfahren ist als ein auf unterschiedlichen Ebenen wirkendes Governance-Instrument angelegt, das zusätzlich zu den auch in anderen Ländern hervorgehobenen wirtschaftlichen Vorteilen von Scoring soziale Missstände wie Korruption, Kriminalität oder das mangelnde Vertrauen in öffentliche Institutionen beheben soll (Kostka, 2018). Die Berechnung des Scores, der damit als Sozialkredit fungiert, soll für einzelne Individuen, Unternehmen, soziale Organisationen und staatliche Behörden soll ab 2020 zentralstaatlich erfolgen. Damit würde gleichsam die (digitale) Überwachung der gesamten chinesischen Bevölkerung möglich.

5.3.3.2 Notwendige Debatten

Welche gesamtgesellschaftlichen Implikationen ergeben sich aus der oben skizzierten Entwicklung? Welche zentralen Fragen bei der Anwendung von Scoring-Verfahren sind zu lösen, um die Verfahren gemeinwohlorientiert zu nutzen, ohne langfristig Verletzungen von Freiheits- und Gleichheitsrechten hinnehmen zu müssen? Nachfolgend werden Ansätze skizziert, die im Kontext von Scoring diskutiert werden sollten.

Das Mantra von mehr Transparenz: Wer schreibt wem welche Werte mit welchen Daten und Verfahren zu?

Die momentane Scoring-Praxis weist zahlreiche Probleme auf, die weitgehend bekannt sind, denen jedoch noch nicht durch geeignete regulatorische Maßnahmen begegnet wurde. Im Gegensatz zu selbstgewählten Scoring-Diensten, wie Fitness-Trackern (Kap. 5.3.7) können sich Individuen von Drittparteien genutzten Scoring-Diensten selten entziehen. Da in vielen Ländern letztendlich unbekannt ist, wie viele solcher Scores berechnet und in welchen Bereichen sie zur Anwendung kommen, welche Berechnungsverfahren verwendet werden und welche Informationen in die Berechnung

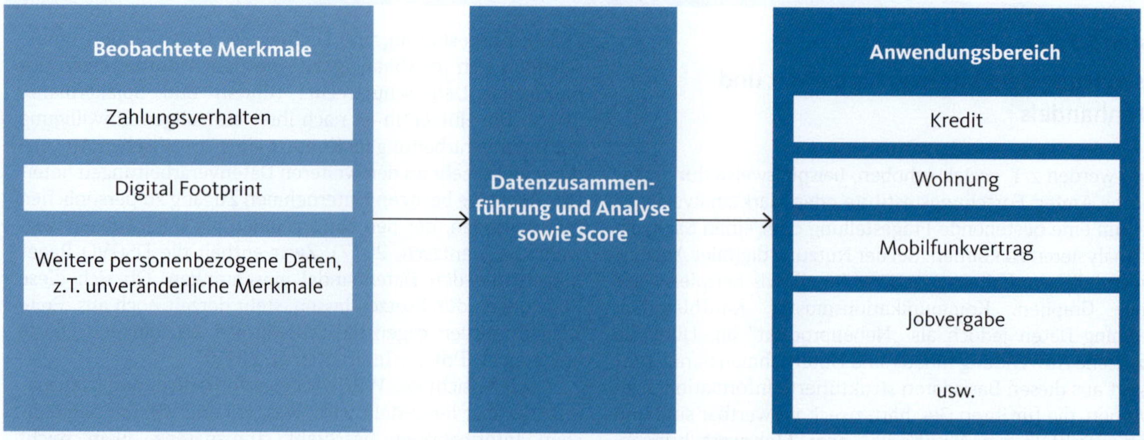

Abbildung 5.3.3-2
Schematische Darstellung der Anwendung von Kredit-Scores unter Nutzung von Informationen, die intuitiv nicht mit der Kreditwürdigkeit assoziiert würden.
Quelle: WBGU

mit einfließen, ist momentan kaum zu beurteilen, in welchem Ausmaß individuelle Rechte wie Gleichbehandlung oder informationelle Selbstbestimmung verletzt werden (Dixon und Gellman, 2014; Korczak und Wilken, 2008). Für den deutschen Rechtsraum liegen mit dem aktuellen Gutachten des Sachverständigenrates für Verbraucherschutz detaillierte Vorschläge vor, wie Missständen im Bereich des Verbraucher-Scorings begegnet werden kann (SVRV, 2018), deren schnelle Umsetzung der WBGU unterstützt. Diese umfassen mehr Transparenz über die Einsatzgebiete, verwendeten Methoden und zugrundeliegenden Daten von Scoring-Verfahren, wie auch eine Verbesserung der Aufklärung von Verbraucher*innen sowie staatlicher und zivilgesellschaftlicher Aufsicht.

Vergemeinschaftung oder Individualisierung von Risiken innerhalb der Gesellschaft

Die Verteilung von Risiken innerhalb einer Gesellschaft ist eine normative Frage. Im globalen Kredit- und Versicherungswesen bestimmt das individuelle Risiko eines Zahlungsausfalls die Vertragskonditionen, so dass üblicherweise jede*r Kreditnehmer*in für ihr eigenes Risiko zahlt. Dies wird von großen Teilen der Gesellschaft als fair angesehen, auch wenn die finanzielle Teilhabe für Einzelne dadurch eingeschränkt werden kann. Im Gesundheitswesen hingegen gilt in vielen Ländern das Solidarprinzip, bei dem vorhandene Risiken nach festgelegten Schlüsseln, die nicht dem individuellen Risiko entsprechen, umverteilt werden. Scoring ermöglicht in seinen vielfältigen Einsatzbereichen eine individualisierte Berechnung von Risiken in neuer Qualität und Quantität. Die Frage, welche Risiken individualisiert und welche vergemeinschaftet werden, stellt sich daher insbesondere für die Bereiche neu, in denen das Solidarprinzip zur Anwendung kommt. Durch die Einführung von Telematiktarifen, die Scoring-Verfahren für eine vom individuellen Verhalten abhängende Tarifgestaltung nutzen, werden heute beispielsweise einzelne Personen aufgrund bestimmter Merkmale wie Lebensstil oder Alkoholkonsum, Teilnahme an Früherkennungsuntersuchungen, genetische Disposition oder Krankheiten von Gesundheitsleistungen ausgeschlossen oder besonders belastet (Weichert, 2018). Vor allem im Gesundheitsbereich ist die normative Risiko-Verteilungsfrage daher neu zu diskutieren.

Veränderungen von Normen und moralischen Standards

Scoring-Verfahren selbst können mit zunehmender Ausweitung der Anwendungsfelder, graduell Normen und moralische Standards verrücken (Fourcade und Healy, 2016). Der Forschungsstand zu den sozialen Folgen des umfassenden Einsatzes von Scoring-Verfahren ist derzeit jedoch noch gering. Im Kontext Chinas weisen einige wenige verfügbare Studien auf erste Verhaltensänderungen und weitergehende Effekte wie beispielsweise dem Einfluss des Scores auf die Partnerwahl hin (Kostka, 2018). Erste repräsentative Umfrageergebnisse zeigen hohe Zustimmungsraten zu den dort gebräuchlichen Scores von bis zu 80 % (Alpermann und Thünken, 2018; Kostka, 2018). Mit dem sich verbreitenden Einsatz von Scoring-Verfahren besteht daher erheblicher Forschungsbedarf in Bezug auf die sozialen Auswirkungen zunehmender Quantifizierung von Entscheidungsprozessen und sich abzeichnenden Werte- und Normenverschiebungen.

Kasten 5.3.3-3

Handlungsempfehlungen zum Schauplatz „Scoring-Gesellschaft"

Derzeit finden Scoring-Verfahren in immer mehr gesellschaftlichen Kernbereichen Anwendung, ohne dass ein geeigneter rechtlicher Rahmen besteht, um das Ziel des Scorings – eine objektivere, transparentere und effizientere Entscheidungsfindung – zu gewährleisten und die Verletzung von Freiheits- und Gleichheitsrechte zu vermeiden. Die systemischen Wirkungen dieser Anwendungen können dazu beitragen, die grundrechtlich geschützte Selbstbestimmung und Privatsphäre des Einzelnen, sowie die menschliche Entscheidungssouveränität, vom Individuum unbemerkt zu beeinträchtigen. Die soziale und rechtliche Einbettung dieser Verfahren ist daher zentral:

- Der WBGU empfiehlt eine schnelle Umsetzung, der für den deutschen Rechtsraum vorliegenden Vorschläge für ein „verbrauchergerechtes Scoring" (SVRV, 2018). Diese umfassen mehr Transparenz über die Einsatzgebiete, verwendeten Methoden und zugrundeliegenden Daten von Scoring-Verfahren, wie auch eine Verbesserung der Aufklärung von Verbraucher*innen sowie staatlicher und zivilgesellschaftlicher Aufsicht. Darüber hinaus empfiehlt der WBGU zunächst auf europäischer Ebene ein Recht auf rationale Entscheidungsbegründung (right to reasonable inference; Wachter und Mittelstadt, 2018a) zu verankern.
- Auch wenn in vielen demokratischen Gesellschaften gesamtgesellschaftliche staatlich eingesetzte Scoring-Systeme, wie das chinesische Sozialkreditsystem (noch) vehement abgelehnt werden, erhalten bei der momentan bestehenden Intransparenz und des fehlenden rechtlichen Rahmens Scoring-Ansätze, die auch soziales Verhalten in ihre Berechnungen miteinbeziehen, schleichend über den privatwirtschaftlichen Bereich Einzug in die Gesellschaft. Damit entfalten sie erhebliche gesellschaftliche Steuerungswirkungen. Auf internationaler Ebene sollten daher Diskursräume eröffnet sowie Leitplanken und Zielbestimmungen zur Verwendung von Scoring-Verfahren angestoßen werden (Kap. 8.4-1).
- Auf internationaler Ebene sollten Prozesse aufgesetzt werden, um Regelungen für grenzüberschreitende Wirkungen verschiedener Scoring-Systeme, wie sie in Ansätzen in China erfolgen, zu beobachten, zu thematisieren und zu regulieren.
- Nach Ansicht des WBGU ist es erforderlich, dass Transparenz darüber hergestellt wird, was, wo und wie mit persönlichen Informationen geschieht. Auf internationaler Ebene sollten Prozesse aufgesetzt werden, um Regelungen für den globalen Datenhandel zu treffen. Transparenz allein reicht jedoch nicht aus. Jedes Individuum sollte Souveränität über seine Daten erhalten, auch über die verhaltensgenerierten Daten bei der Nutzung digitaler Anwendungen. Daher sollten Systeme, die es erlauben, Nutzungszusagen an verschieden digitale Anwendungen zu verteilen und bei Bedarf auch wieder zurückziehen, verstärkt zum Einsatz kommen.

Kasten 5.3.3-4

Forschungsempfehlungen zum Schauplatz „Scoring-Gesellschaft"

Wie der zunehmende Einsatz von Scoring-Verfahren rechtlich eingebettet werden kann und wie Scoring-Verfahren gesellschaftliche Normen und moralische Standards verrücken, sollten zentrale Forschungsthemen werden.

- Zu den Auswirkungen von Scoring auf die Privatrechtsphäre, Selbstbestimmung und Privatautonomie besteht erheblicher Forschungsbedarf. Scoring kann diskriminierende Wirkungen entfalten. Hierbei ist zu unterscheiden, ob Scoring im Privatrechtsverhältnis und seitens des Staats eingesetzt wird. Ob und wie die geltende Rechtsordnung in der Lage ist, Rechtsverletzungen durch Scoring angemessen zu begegnen, ist eine der zentralen Forschungsfragen.
- Gleichermaßen besteht Forschungsbedarf in Bezug auf die sozialen Auswirkungen zunehmender Quantifizierung von Entscheidungsprozessen und sich abzeichnenden Werte- und Normenverschiebungen. Auch eventuelle Objektifizierungstendenzen, die durch Bewertung eines Individuums durch eine dritte Instanz auftreten können, beispielsweise die „Wertlosigkeit" einer Verbraucher*in mit geringer Finanzkraft, sollten verfolgt werden.

Staatliche Scoring-Ansätze zur Steuerung und Überwachung von Gesellschaften

Ein auf die Steuerung und Überwachung der gesamten Gesellschaft zielendes zentralisiertes staatliches Scoring-System, wie das in China geplante Sozialkreditsystem, hat nach Einschätzungen vieler Expert*innen das Potenzial, ganze Gesellschaftssysteme neu zu ordnen (Ohlberg et al., 2017). Bei erfolgreicher Umsetzung des Sozialkreditsystems ist nicht auszuschließen, dass auch andere Länder Chinas Beispiel folgen. In den Medien wurden bereits Parallelen zwischen dem venezolanischen Personalausweisprogramm (für das nachweislich auf Technologie aus China zurückgegriffen wurde) und dem chinesischen Sozialkreditsystem gezogen (Berwick, 2019). Zudem weist ein erstes Fallbeispiel auf die grenzüberschreitenden Wirkungen des chinesischen Sozial-Kreditsystem hin. Die zivile Luftfahrtbehörde Chinas beschuldigte internationale Fluggesellschaften „gravierenden unredlichen Handels", da sie Taiwan, Hong Kong und Macau auf ihren Webseiten als Reiseziele führten, da dies gegen im Sozialkreditsystem verankerte Richtlinien verstößt (Hoffman, 2018). Auch wenn in vielen demokratischen Gesellschaften gesamtheitliche Scoring-Ansätze, wie das chinesische Sozialkreditsystem, (noch) vehement abgelehnt werden, erhalten aufgrund von Intransparenz und fehlendem rechtlichen Rahmen Scoring-Ansätze, die auch soziales Verhalten von gesellschaftlichen Gruppen in ihre Berechnungen miteinbeziehen, schleichend Einzug in die Gesellschaft. Auf internationaler Ebene sollten daher Diskursräume eröffnet sowie Leitplanken und Zielbestimmungen zur Verwendung von Scoring-Verfahren angestoßen werden.

Übergeordnete rechtliche Rahmung für auf statistischer Inferenz basierende Scoring-Verfahren

Wenn statistische Verfahren für die Score-Ermittlung verwendet werden, handelt es sich bei dem Score immer um eine Wahrscheinlichkeitsaussage. Der rechtliche Umgang mit Wahrscheinlichkeitsaussagen ist in vielen Ländern nicht eindeutig geregelt. So entschied kürzlich ein Gericht in Finnland, dass Kreditentscheidungen nicht allein auf Modellen basieren dürfen, die auf Wahrscheinlichkeitsberechnungen beruhen, die aus Statistiken über Verhalten und Charakteristika von anderen abgeleitet werden (National Non-Discrimination and Equality Tribunal of Finland, 2018). Neben dem Score hätte die individuelle Zahlungshistorie noch mal gesondert betrachtet werden müssen. Diese Argumentation wirft weitreichende Folgen für die momentane Praxis auf. Wie sollte beispielsweise verfahren werden, wenn keine Zahlungshistorie vorliegt? Sollte die Nutzung psychometrischer und aus Online-Tracking gewonnenen Daten, die von der Weltbank und privaten Anbietern vorangetrieben werden, als rechtswidrig bewertet werden? An diesem Beispiel zeigt sich die grundlegende Problematik des rechtlichen Umgangs mit algorithmischen Entscheidungssystemen, wovon Scoring-Verfahren einen Unterfall darstellen. Die kollektive Dimension statistischer Modelle (kollektiv, da ein individueller Score ohne die Daten vieler anderer Individuen nicht berechnet werden kann) steht im Konflikt mit individuellen Rechten, wie z. B. dem Recht auf Gleichbehandlung. Eine Ungleichbehandlung stellt in bestimmten Fällen keine Diskriminierung dar. Dies ist beispielsweise dann der Fall, wenn eine rechtliche Grundlage besteht, das verfolgte Ziel gerechtfertigt ist und die eingesetzten Verfahren ein verhältnismäßiges Mittel zur Erreichung dieses Ziels darstellen. Eine solche Überprüfung findet in der Praxis jedoch kaum statt. Die Frage, ob und wie die geltende Rechtsordnung in der Lage ist, mit diesem Sachverhalt umzugehen, oder ob bestehende ethische und rechtliche Kriterien weiterentwickelt werden müssen, sollte eine zentrale Forschungsfrage sein (Jaume-Palasí und Spielkamp, 2018).

5.3.3.3 Folgerungen

Der Einsatz von Scoring-Verfahren ist heute bereits Normalität und beeinflusst gesellschaftliche Teilhabe grundlegend. Dies geschieht oft ohne dass sich die Betroffenen dessen bewusst sind oder die zugrundeliegenden Wirkungszusammenhänge der Verfahren reflektiert würden. Neben naheliegenden regulatorischen Schritten wie der Schaffung von mehr Transparenz oder die Schaffung von Zuständigkeiten und Kapazitäten für staatliche und zivilgesellschaftliche Aufsicht sollten Debatten grundsätzlicher Art angestoßen werden, beispielsweise zur Verteilung von Risiken im Kredit- und Gesundheitssystem und der übergeordneten rechtlichen Rahmung für algorithmische Systeme zur Entscheidungsunterstützung. Es sollte von Fall zu Fall beurteilt werden, inwieweit Scoring-Verfahren ein verhältnismäßiges Mittel zur Erreichung eines Ziels darstellen und inwieweit sie Freiheits- und Gleichheitsrechte verletzen. Veränderungen von Normen und moralischen Standards innerhalb der Gesellschaft sind bereits bei gesellschaftssteuernden staatlichen Scoring-Ansätzen festzustellen, wie dem in China eingesetzten Sozialkreditsystem. Sie können aber auch schleichend Anwendung stattfinden. Diese Perspektive ist in der Öffentlichkeit weiterhin zu wenig präsent. Hier gilt es Bildungs- und Forschungsarbeit zu leisten, um langfristig handlungsfähige Gesellschaften im Digitalen Zeitalter zu erhalten und Freiheitsverlusten vorzubeugen.

5.3.4 Von der Bildung für Digitalisierung und nachhaltige Entwicklung zur Zukunftsbildung

Dieser Schauplatz zeigt, dass das Zusammendenken von Digitalisierung und Nachhaltigkeit vielfältige Initiativen im Kontext Bildung erfordert. Nach einer kurzen Einschätzung des Ist-Zustandes werden beispielhaft Überlegungen angestellt, wie Bildung im Sinne einer „Transformationsbildung“ bzw. „Zukunftsbildung“ gestaltet werden könnte, und wie Risiken im Zusammenhang mit Digitalisierung eingehegt und Potenziale gehoben werden können.

5.3.4.1 Bestandsaufnahme – heutige Bildung für die Digitalisierung

Bisher findet eine rasante Digitalisierung vieler Gesellschaftsbereiche statt, ohne dass formelle Bildungsangebote an Schulen, Hochschulen, Universitäten und Bildungswerken diese technologische Entwicklung systematisch einbinden würden. Durch digitale Medien

Themenkasten 5.3-1

Digitalisierung: Risiko oder Chance der Umweltrechtsdurchsetzung

Viele Staaten haben zwar einen umfassenden straf- und ordnungsrechtlichen Schutz der Umweltgüter etabliert, dennoch mangelt es am Vollzug (World Bank, 2017c:259). Als Gründe für den *mangelnden Vollzug dieser Gesetze* sind vor allem fehlende finanzielle und personelle Ressourcen, gepaart mit einem Mangel an fachlich und technisch geschultem Personal in den zuständigen Behörden, ein unzureichender Informationsstand sowie geringer Vollzugswille (Ziekow et al., 2018:78ff.). Hinzu kommen fehlende naturwissenschaftlich-technische Expertise und Ortskenntnis bei den Behördenmitarbeiter*innen (SRU, 2007:176). Die stetig wachsende Anzahl an Gesetzen enthalten oftmals sehr ausführliche und manchmal mit anderen (Umwelt-)Gesetzen inkonsistente Regelungen, die zum Teil schwer verständlich sind und Anwendungsprobleme auslösen (Bogumil et al., 2016:10). Umweltrechtsdurchsetzung obliegt typischerweise staatlichen Behörden, die Verstöße gegen Umweltordnungsrecht ahnden. Diese staatlichen Behörden für die Umweltrechtsdurchsetzung sind unter dem SDG 16 „Frieden, Gerechtigkeit und starke Institutionen" genannt.

Digitalisierung zur Bekämpfung von Vollzugsdefiziten

So wie digitale Technologien Umweltrechtsverstöße ermöglichen, bieten sie zugleich neue Werkzeuge zur Verhinderung von Verstößen gegen Umweltvorschriften. Gegen das *Fehlen personeller und finanzieller Ressourcen* für den Umweltrechtsvollzug kann die Digitalisierung der Umweltverwaltung dienen, wenn sie erfolgreich dazu eingesetzt wird, Arbeitsabläufe *effizienter* zu gestalten. Beispielsweise können digitalisierte Akten (E-Akten) zu einem verbesserten Wissensmanagement über bereits gesammelte Erkenntnisse und Erfahrungen sowie zu einem leichteren Rückgriff auf vergleichbare Verfahren genutzt werden und damit zu einer Einsparung von Arbeitsaufwand führen (Adelhard, 2017). Um die Übersichtlichkeit und Zugänglichkeit von Umweltrecht zu erhöhen, werden bereits auf digital durchsuchbaren Plattformen Rechtsvorschriften zusammengestellt (z.B. ECOLEX von der FAO, IUCN und UNEP oder InforMEA von der UN). Digitale Methoden binden aber zugleich Fachkräfte, die sich mit den eingesetzten technischen Infrastrukturen auskennen. Dies erfordert IKT-Kompetenz aller beteiligten Behördenmitarbeiter*innen.

Informationsdefiziten in der Umweltverwaltung kann digitale Technik über verschiedene Wege entgegenwirken: Digital unterstützte Meldemöglichkeiten für Bürger*innen gegenüber der Verwaltung sparen personelle Ressourcen bei der Verwaltung und verschaffen den Behörden Zugang zu privatem Wissen über Verstöße gegen das Umweltrecht. Zudem werden die Bürger*innen so befähigt, selbst Verantwortung für die sie unmittelbar betreffende natürliche Umwelt zu übernehmen und ihre eigene Lebensqualität zu verbessern. Bürger*innen in Maputo (Mosambik) werden etwa durch das Melden mangelnder Abfallentsorgung, illegaler Deponien und unzulässiger Müllverbrennungen mittels SMS, Apps oder Webseiten an die zuständigen Umweltbehörden an den Überwachungstätigkeiten der Behörden beteiligt (UN DESA, 2016a:52). Von 2014–2016 haben 43 Länder mobile Anwendungen oder SMS-Angebote im Umweltbereich eingeführt (UN DESA, 2016a:89). Während einfachere Kommunikation zwischen Bürgern und Behörden die Durchsetzung von Umweltrecht befördern kann, bergen digitale Technologien auch das Risiko, dass Personen als „Umweltsünder" in den sozialen Medien denunziert und in ihren Persönlichkeitsrechten verletzt werden. Umweltrechtsvollzug sollte daher vor allem als staatliche Aufgabe begriffen und wahrgenommen werden. Um Pflanzen, wie z.B. Kakteen aus den Nationalparks in den USA vor Diebstahl zu schützen, werden zunehmend Pflanzen Elektronik-Chips eingesetzt (Ziegler, 2008). So lassen sich Diebstähle beim Verlassen des Nationalparks mit Hilfe von automatischen Scan-Vorgängen aufdecken. Aber auch beim Händler und beim künftigen Besitzer lässt sich der Ursprung der Pflanzen oder Tiere zurückverfolgen.

Besondere Wirkung entfaltet die *Verknüpfung und offene Bereitstellung von Umweltdaten*. Die Sammlung und Bereitstellung von Umweltdaten auf frei zugänglichen, staatlich verantworteten digitalen Plattformen schaffen für verschiedene Behörden eine gemeinsame, schnell verfügbare Datenbasis. Sie können die Datenlage verbessern, auf der Verwaltungsentscheidungen beruhen. Hierdurch lassen sich Transaktionskosten für die Informationsübermittlung über den Umweltzustand senken. Als Quellen kommen neben manuellen Eintragungen auch automatisierte Erfassungen durch Sensoren in Betracht, wie zum Beispiel die Ermittlung von Schadstoffen in der Luft (World Bank, 2016:322). Solche Informationsportale wirken nicht nur auf interner, sondern auch auf externer Ebene und können das umweltrechtliche Kooperationsgebot verwirklichen: Sofern die Open-Data-Portale private Daten aus Unternehmen, der Wissenschaft und Umweltverbänden bereitstellen und nutzbar machen, dienen die Informationsplattformen nicht nur als Arbeitserleichterung innerhalb der Verwaltung. Zudem werden der breiten Öffentlichkeit, Wirtschaftsunternehmen sowie der Wissenschaft und den Umweltverbänden Informationen und Daten zur Verfügung gestellt und die Verwaltung mithin transparenter gemacht (UN DESA, 2018:104, 107). Diese können so Druck auf Behörden und Entscheidungsträger*innen aufbauen und so den *Vollzugswillen* für Umweltbelange steigern.

Voraussetzungen für die erfolgreiche Nutzung von digitalen Werkzeugen für die Umweltrechtsdurchsetzung

Die erfolgreiche Nutzung von Datenplattformen sieht sich aber auch Herausforderungen gegenüber. Die Qualität und Aktualität der bereitgehaltenen Daten muss stets gewährleistet werden. Auch wenn sich seit Beginn der 1990er Jahre insbesondere die Datenqualität sowie die technischen Möglichkeiten der Erhebung und Verbreitung erheblich verbessert haben (World Bank, 2016:323), zeigt z.B. das „Open Data Barometer 2018", dass die Qualität der offenen Bereitstellung von Umweltdaten noch ausbaufähig ist: Nur 20% der Umweltdaten sind offen zugänglich, nur 41% davon werden aktualisiert (World Wide Web Foundation, 2018:17, 23). Deshalb besteht eine wichtige neue Rolle der Verwaltung darin, Standards für die Datensammlung, -berichte und -teilung zu setzen, um die Datenqualität und -aktualität zu gewährleisten (World Bank, 2016:324). Die Qualitätskontrolle über öffentlich bereitgestellte Daten bindet seinerseits personelle Ressourcen und bedarf technischer Kenntnisse, was Umweltverwaltungen herausfordern und neue Ressourcenmängel verursachen kann.

Die Einbeziehung digitaler Technologien für die Kommunikation und Kooperation zwischen Behörden, Unternehmen und Zivilgesellschaft für den Umweltrechtsvollzug ist rückgekoppelt an die Notwendigkeit von Nutzerfreundlichkeit und Attraktivität der Portale, Dienstleistungen und Apps, beispielsweise auch mit Sprachunterstützungen in lokalen

Sprachen (UN DESA, 2016a:52). Wichtige Barrieren bilden die hohen Kosten für Einrichtung und Unterhalt von Monitoring-Systemen (World Bank, 2016:322; Kap. 5.2.11).

Die Zugänglichkeit von Daten allein genügt zudem noch nicht, um die Durchsetzung des Rechts zu gewährleisten. Daneben sind auch die Verbreitung der Informationen in Richtung potenziell Interessierter, und die Möglichkeit, Rechenschaft einzufordern, erforderlich (World Bank, 2017c:248). Mit der erhöhten Transparenz und Publizität von Verwaltungen und möglicher privater Beteiligung, für die Digitalisierung ein wesentlicher Multiplikator ist, muss immer die Verwirklichung effektiven Rechtsschutzes einhergehen. Erst durch die gerichtliche Überprüfbarkeit von Entscheidungen werden Behörden, aber auch die dahinterstehenden politischen Entscheidungsträger und Regierungen, zum Vollzug der bestehenden Umweltgesetze gezwungen. Effektiver Rechtsschutz im Umweltbereich wird z.B. durch den Einsatz von gerichtlichen Kontrollinstrumenten wie Bürger- und Verbandsklagen zur Erzwingung von Umweltrechtsvollzug gefördert. Ein Abkommen, das den Dreischritt Informationszugang, Öffentlichkeitsbeteiligung und Rechtsschutz festschreibt, ist die Aarhus-Konvention, der alle Staaten beitreten sollten.

unterstütztes Lernen findet in Deutschland überwiegend informell, selbstorganisiert, online und zu Hause statt (etwa über Google und Youtube; WBGU, 2016a). Lehrkräfte scheinen nicht hinreichend ausgebildet, um digitale Lehrmittel (z.B. Open Educational Resources, digitale Fachzeitschriften) und im Lernalltag fest etablierte Plattformen (z.B. Wikipedia) didaktisch zu nutzen (Brinkmann und Müller, 2018; Schmid et al., 2017). Mangelnde Lehrkraftweiterbildung und Lehrkraftmangel, fehlende Infrastruktur und materielle Zugangsbeschränkungen gelten sowohl in Industrie, als auch in Entwicklungsländern als Barrieren für erfolgreiches lernen mit digitalen Medien. Damit fehlen häufig geschützte Lernorte, um den Umgang mit digitalen Medien zu erproben, Potenziale zu fördern und Gefährdungen einzuhegen.

Politisch wird deshalb national und international diskutiert, Digitalisierung besser im Bildungssystem zu verankern und einzusetzen. So sollen vereinfachte Zugänge zu hochwertiger Bildung (SDG 4) geschaffen und auf den Umgang mit digitalen Infrastrukturen vorbereitet werden (z.B. Hochschulforum Digitalisierung, 2019; KMK, 2017; UNESCO, 2018; WSIS, 2018; OECD, 2018a, b, c). Konsens ist, dass Bildungsziele wie der selbstbestimmte Umgang mit digitalen Medien (Digitalkompetenzen) große Herausforderungen besonders an formale Bildungsinstanzen wie Kindergarten und Schule stellen (hier z.B. OECD, 2018b). Aus Sicht des WBGU ist die Förderung von Digitalkompetenzen zwar notwendig, aber nicht hinreichend für eine „Transformationsbildung“ bzw. „Zukunftsbildung“.

5.3.4.2 Zukunftsbildung als Treiber der Großen Transformation

Nach dem humanistischen Verständnis des WBGU soll Bildung Menschen in die Lage versetzen, proaktive Akteure von Gesellschaftsgestaltung zu sein (ähnlich OECD Learning Framework 2030 und UNESCO Weltaktionsprogramm Bildung für nachhaltige Entwicklung, Bündnis Zukunftsbildung in Deutschland). Individuen sind im Umgang mit digitaler Technik als Bürger*innen, Nutzer*innen und Konsument*innen herausgefordert. Diese Veränderungen müssen durch Bildung adressiert werden (Kap. 4). Problembewusstsein, systemisches Denken, verantwortliches Handeln sowie individuelle und kollektive Kreativität und Innovativität (WBGU, 2016a:23,453) sind in den vernetzten und komplexen Gesellschaften des 21. Jahrhundert dabei genauso zentral wie Persönlichkeitsentwicklung, Kooperationskompetenzen und Mut zum Handeln (UNESCO, 2014; John et al., 2017; Brundiers und Wiek, 2017; Rasfeld und Breidenbach, 2014; Amsler und Facer, 2017; OECD, 2018b).

Im Sinne der Großen Transformation unterscheidet der WBGU dafür zwischen Transformationsbildung und transformativer Bildung bzw. transformativem Lernen: Die Transformationsbildung stellt Erkenntnisse der Forschung zur Nachhaltigkeits-Transformation zur Verfügung und reflektiert kritisch die notwendigen Wissensgrundlagen und Kompetenzen für Akteure der Nachhaltigkeit. Dazu gehören ein fundiertes Verständnis des Handlungsdrucks für umweltschonende Entwicklungspfade, globales Verantwortungsbewusstsein und ein systemisches Verständnis der Problemzusammenhänge (WBGU, 2011, 2016a). Gerade in Zeiten tiefer Umbrüche spielt auch die transformative Bildung eine wichtige Rolle. Sie fördert ein Verständnis für diverse Handlungsoptionen und Lösungsansätze, für Dynamiken gesellschaftlicher Veränderung sowie für die eigene Selbstwirksamkeit in der Gestaltung von Lebenszusammenhängen und gesellschaftlichen Veränderungen. Durch den Begriff der „Zukunftsbildung“ verbindet der WBGU die im Bereich nachhaltige Entwicklung und Digitalkompetenzen diskutierten Anforderungen (Abb. 5.3.4-1). Sie soll Individuen und Gesellschaften „zukunftsfähig“ machen, also die kontinuierliche Gestaltung sich verändernder Umstände sinnvoll, antizipativ und zielführend ermöglichen. Zukunftsbildung im Digitalen Zeitalter bedarf einer neuen Qualität von Technikverständnis, da zentrale Beziehungen zwischen Menschen und ihrer Umwelt zunehmend digital vermittelt stattfinden (digital curtain).

Damit Digitalisierung im Sinne einer nachhaltigen,

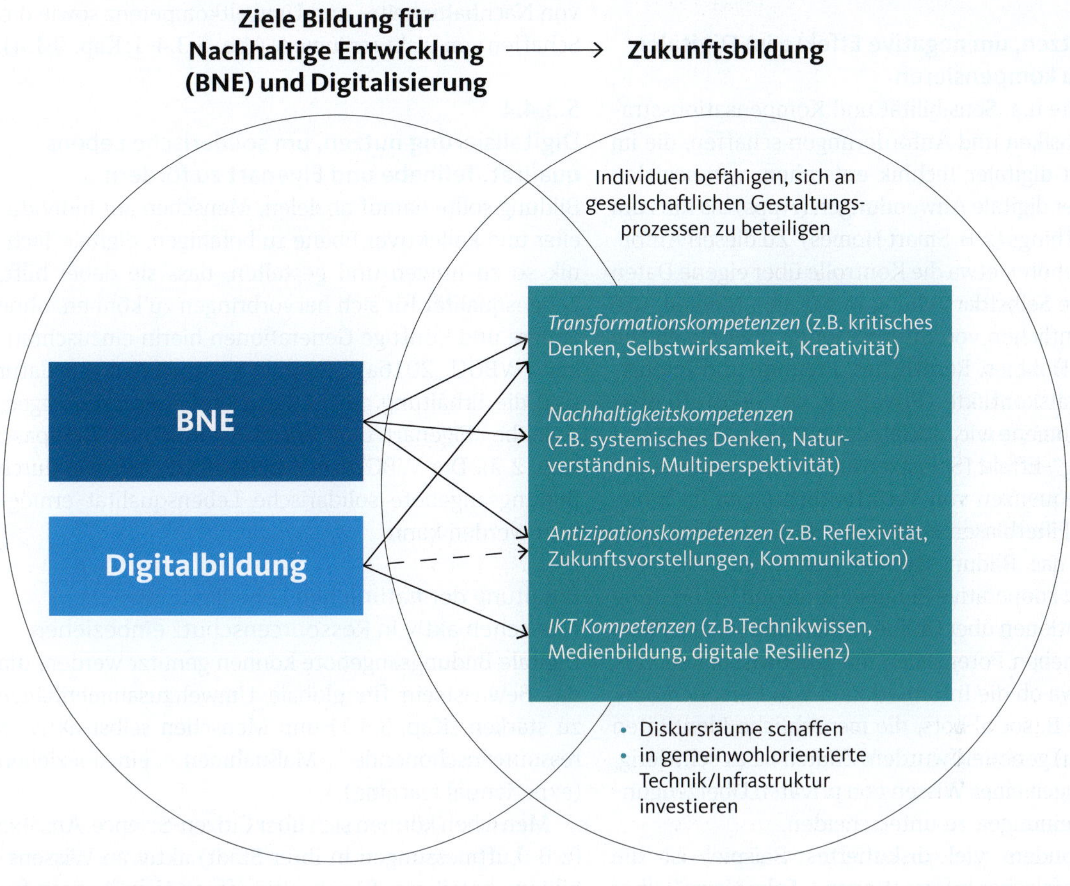

Abbildung 5.3.4-1
Von der Bildung für nachhaltige Entwicklung und Digitalisierung zur Zukunftsbildung.
Die jeweils geforderten Kompetenzen haben große Überschneidungsmengen. Zusammengenommen sollen sie Individuen befähigen, die Große Transformation inklusive ihrer digitalen Anteile aktiv mitzugestalten (Kap. 8). Transformationskompetenz (transformative literacy) bezeichnet die Fähigkeit, Informationen über gesellschaftliche Veränderungsprozesse zu verstehen und eigenes Handeln in diese Prozesse einzubringen (WBGU, 2014a: 109) und ist damit der Gestaltungskompetenz ähnlich (de Haan, 2008). Unter Nachhaltigkeitskompetenzen wurden hier systemisches Denken, Planen und Selbstkompetenz zusammengefasst, aber auch insbesondere umweltrelevantes Wissen, Einstellungen, Normen, Verantwortungsbewusstsein sowie aktives Handeln und Eingebundensein (Wiek et al., 2011; Roth, 1992). Antizipationskompetenzen beinhalten die kritisch-konstruktive Auseinandersetzung mit menschlichen Ideen und Vorstellungen und ihrem Effekt auf Gesellschaftsgestaltung im Zeitverlauf. IKT-Kompetenzen umfassen Medienbildung und Technikwissen, um digitale Medien kritisch, selbstbestimmt und verantwortlich zu nutzen, verstehen und zu gestalten sowie Privatheit auszuhandeln (Trepte, 2016b; SFIA Foundation, 2019).
Quelle: WBGU

zukunftsfähigen Gesellschaft gestaltet werden kann, benötigen Individuen sowohl Digital- als auch Nachhaltigkeitskompetenzen (Engagement Global, 2018). Kompetenz zur Technikgestaltung und Privatheitskompetenz, Chancengerechtigkeit, Datenschutz und die Nutzung von Open Educational Resources sind hier wichtige Begleitziele, etwa formuliert im DigitalPakt Schule von Bund und Ländern. Zur Beteiligung an der Großen Transformation benötigen Individuen aber auch *Kompetenzen der Bildung für nachhaltige Entwicklung,* um ihre eigenen Aktivitäten im Kontext globaler Umweltveränderungen verorten zu können, beispielsweise systemisch zu denken und zu planen und umweltrelevante Einstellungen und Verhaltensweisen entwickeln zu können (Roth, 1992; Scholz, 2011). Der Umgang mit Wandel und Ungewissheit erfordert außerdem *Transformationskompetenzen* wie Innovativität und *Antizipationskompetenzen*, um für sich und andere eine wünschenswerte Zukunftsvorstellung zu entwickeln.

Die Ziele der Zukunftsbildung und dafür vorgeschlagene Kompetenzen werden in den Handlungsempfehlungen (Kap. 9.1.4) weiter ausgeführt. Im Folgenden werden Beispiele für Herausforderungen gegeben, die durch Bildung kompensiert werden sollten.

5.3.4.3
Bildung nutzen, um negative Effekte im Digitalen Zeitalter zu kompensieren

Bildung sollte u.a. Sensibilität und Kompensationsstrategien für Risiken und Anforderungen schaffen, die im Umgang mit digitaler Technik entstehen, von sozialen Medien, über digitale Anwendungen (Apps) bis hin zum Internet of Things (z. B. Smart Homes). Zu diesen Anforderungen gehören etwa die Kontrolle über eigene Daten und über die Selbstdarstellung in sozialen Medien, wie das Veröffentlichen von Informationen über die eigene Person wie Hobbies, Berufliches, Freunde und Interessen. Identitätskonflikte (Privatheit vs. Selbstoffenbarung), Phänomene wie „social scoring" (Kap. 5.3.3) und der „Chilling"-Effekt (Selbstzensur aus Angst vor negativen Konsequenzen von Veröffentlichungen im Internet) sowie Filterblasen sind neue Herausforderungen, mit denen das Bildungssystem konfrontiert ist. Die schnelle und kooperative Bereitstellung und Verbreitung von Informationen über Onlinemedien und soziale Plattformen ist neben Potenzialen mit Ungewissheiten verbunden, etwa ob die Informationen von Personen oder Avataren (z. B. social bots, die menschliche Identitäten vortäuschen) generiert wurden. Zudem ist es schwierig, geprüftes allgemeines Wissen von privaten Überzeugungen oder Meinungen zu unterscheiden.

Ein besonders viel diskutiertes Beispiel ist die Verbreitung falscher Informationen („Fake News") über Onlineplattformen, soziale Medien und Onlinezeitschriften, etwa dass es sich beim menschengemachten Klimawandel um eine Lüge handele. Wie sich solche falschen Informationen auf Einstellungen und das Verhalten von Menschen auswirken, ist bisher unklar (z. B. Wahlverhalten in den USA: Allcott und Gentzkow, 2017). Aus Untersuchungen ist bekannt, dass Menschen selektiv diejenigen Informationen bevorzugen und vertrauen, die ihren Einstellungen und Denkmustern ähneln (z. B. Leiserowitz, 2006) und denen von Familie und Freunden (Metzger et al., 2010). In diesem Zusammenhang werden auch Phänomene wie „Echokammer" oder „Filterblase" diskutiert.

Strategien der Quellenprüfung und balancierter Meinungsbildung sowie qualitätsgesicherte Angebote sollten dabei helfen falsche Informationen zu entlarven, etwa durch vertrauenswürdige und geprüfte Informationsmöglichkeiten bzw. Listen im Internet oder klaren Regeln und Überprüfungen, wie z. B. bei Wikipedia (Van der Linden et al., 2017; Chan et al., 2017a; Lewandowsky et al., 2017; SVRV, 2017). Damit Menschen darüber hinaus langfristig das Wissen und die Kompetenzen entwickeln, eigene Meinungen und Einstellungen und die des sozialen Umfelds zu reflektieren, sind sehr viel umfassendere Maßnahmen notwendig (Lewandowsky et al., 2017). Dazu zählen die Förderung von Nachhaltigkeits- und Umweltkompetenz sowie das Schaffen von Diskursräumen (Abb. 5.3.4-1; Kap. 9.1.4).

5.3.4.4
Digitalisierung nutzen, um solidarische Lebensqualität, Teilhabe und Eigenart zu fördern

Bildung sollte darauf abzielen, Menschen auf individueller und kollektiver Ebene zu befähigen, digitale Technik so zu nutzen und gestalten, dass sie dabei hilft, Lebensqualität für sich hervorbringen zu können, ohne andere und künftige Generationen hierin einzuschränken (WBGU, 2016a). Zentrale Voraussetzungen dafür sind die Erhaltung der natürlichen Lebensgrundlagen, Teilhabe, Eigenart und Würde (normativer Kompass; Kap. 2.2). Der WBGU zeigt beispielhaft auf, wie durch Bildungsangebote solidarische Lebensqualität ermöglicht werden kann.

Erhaltung der natürlichen Lebensgrundlagen: Menschen aktiv in Ressourcenschutz einbeziehen

Digitale Bildungsangebote können genutzt werden, um das Bewusstsein für globale Umweltzusammenhänge zu stärken (Kap. 5.3.1) und Menschen selbst aktiv in ressourcenschonende Maßnahmen einzubeziehen (experiential learning).

Menschen können sich über Citizen-Science-Ansätze (z. B. Luftmessungen in ihrer Stadt) aktiv an Wissensbildung beteiligen. Gleichzeitig öffnen sich Chancen für transformative Bildung, etwa durch per App bereitgestelltes Wissen über den CO_2-Fußabdruck von Produkten und das Aufzeigen ressourcenschonender Produktalternativen (Kap. 5.2.3, 5.3.1).

Onlineanwendungen, Plattformen und Spiele ermöglichen es neben der Vermittlung theoretischer Bildungsinhalte auch nachhaltige Handlungsoptionen spielerisch zu testen und zu entwickeln (experimental learning). Problemwissen über das Erdsystem und den Klimawandel lässt sich so in Simulationen direkt mit Handlungswissen verknüpfen. Digitale Bildungsangebote können dort unterstützen, wo praktische Lernerfahrungen ansonsten technisch (noch) nicht möglich, zu risikoreich oder kostenaufwändig wären. Vorstellbar wäre etwa, Klimaschutz durch das Erproben neuer Mobilitätskonzepte oder Ernährungsgewohnheiten digital erlebbar zu machen (Kap. 5.2.3, 5.2.8).

Teilhabe: Finanzielle, zeitliche und räumliche Bildungsbarrieren reduzieren

Digitalisierung wird von vielen Akteuren als Schlüssel für die Teilhabe an Bildung angeführt (z. B. KMK, 2017:8; UNESCO, 2017b:13). Insbesondere finanzielle und räumliche Barrieren der Nutzung von Bildungsangeboten können mit digitalen Medien überwunden werden. Beispiele sind kostenlose Software und Bildungsangebote

Kasten 5.3.4-1

Handlungsempfehlungen zum Schauplatz „Zukunftsbildung"

- *Integrationsmechanismen zwischen Prozessen, Institutionen und Förderprogrammen für Digitalbildung und Bildung für nachhaltige Entwicklung (BNE) entwickeln:* In beiden Förderprogammen werden signifikante Erweiterungen des aktuellen Bildungskanons, der Vermittlungsformate und der Qualifikation von Lehrenden gefordert, bisher aber weitgehend parallel und ohne Abstimmung (Abb. 5.3.4-1). Hier bieten sich auf der einen Seite viele Synergiepotenziale und auf der anderen Seite würde verhindert, dass trotz erheblicher Anpassungsmaßnahmen entweder Technikwissen (bei BNE) bzw. Umweltwissen (bei Digitalbildung) zu kurz kommen.
- *Bildungsinhalte und -formate auf aktive Gestaltung von Zukunft ausrichten:* Das traditionelle Bildungsverständnis ist ein eher instrumentell-reaktives, in dem Menschen fit dafür gemacht werden sollen bestimmte Aufgaben zu erfüllen, die ihnen vorgegeben werden. In Zeiten tiefer Umbrüche wie heute ist es aber weder leicht die Jobs der Zukunft vorauszusehen, noch befähigt ein reaktives Verständnis der eigenen Rolle in der Gesellschaft Menschen dazu, Transformations- und Innovationsprozesse initiativ und partizipativ zu gestalten. Themen wie menschliche Würde, systemisches Wissen, Reflexionsfähigkeit, moralisches Denken und die Fähigkeit zu selbstbestimmten Verhaltensänderungen und Selbstwirksamkeitswahrnehmung sollten weitere Qualitätsmerkmale für Bildungsinhalte werden. Der OECD 2030 Learning Compass spielt hier auf Grund der standardsetzenden Rolle der OECD eine interessante Rolle.
- *Maßnahmen, um (bereits bestehende) Benachteiligungen (Geschlecht, Alter, Herkunft) einzuhegen:* Bildung sollte einer Verschärfung bereits bestehender Diskriminierungen entgegenwirken und neue digitale Möglichkeiten, insbesondere die Teilhabe an Bildung für Personengruppen ermöglichen und verbessern, die bisher größeren Herausforderungen gegenüber stehen (z.B. durch physische oder psychische Besonderheiten, kulturelle Unterschiede, räumliche Entfernungen). Neue digitale und nicht digitale Bildungsangebote sollten gezielt unter Einbeziehung diskriminierter Gruppen und ausgerichtet an deren Bedürfnisse (weiter-)entwickelt werden.
- *Evaluationen zur Erfassung der Umsetzung neuer Bildungsinhalte sowie der Effekte digitaler Vermittlung und ihrer Verbindung mit analogen Formaten durchführen:* Für die Weiterentwicklung und Verbesserung von Bildungsangeboten sind regelmäßige und relevante Evaluationen notwendig (Michelsen und Wells, 2017). Diese sollten differenziert genug sein, um qualitative wie quantitative Aspekte und lokale Unterschiedlichkeiten wie Eigenarten abzubilden und Gleichschaltungstendenzen zu vermeiden.
- *Aufklärungsformate für die kompetente Nutzung digitaler Technik und Medienkompetenz entwickeln:* Menschen sollten befähigt werden, digitale Informationen bzw. Wissen und Quellen kritisch zu hinterfragen und einzuschätzen (z.B. Wissen über den Klimawandel, politische Nachrichten) und verantwortlich mitzugestalten. Grundlage dafür ist auch die Vermittlung von Wissen über Rechte im digitalen Raum (z.B. Datenschutz) sowie Aufklärung über Risiken eines öffentlichen Lebens und Suchtpotenziale (Privatheitskompetenz und digitale Resilienz).
- *Qualifizierungsmaßnahmen für Lehrpersonal in allen Bildungsinstitutionen ausbauen:* Weltweit sollte Lehrpersonal weitergebildet und personelle und infrastrukturelle Voraussetzungen deutlich verbessert werden. Die von der UNESCO bezifferte Finanzierungslücke von 39 Mrd. US-$ pro Jahr (Projektion für 2019) zur Erreichung allein der in SDG 4 genannten Bildungsziele sollte Anlass für ein Sonderprogramm internationaler Kooperation sein (UNESCO, 2015).
- *Digital verfügbares, vertrauenswürdiges Wissen und Kontrollinstanzen zu Inhalten der Großen Transformation schaffen:* Aus Sicht des WBGU sind vertrauenswürdige Wissensquellen und Informationen Voraussetzung für alle Maßnahmen, die die Verbreitung von transformationsrelevantem Wissen und Handeln fördern sollen. Das schließt eine Bandbreite von Wissensbereichen ein: Informationen zu Umweltproblemen (z.B. Klimawandel) und nachhaltigen Konsumalternativen, ebenso wie zur sozialen Gerechtigkeit und zu Menschenrechten (z.B. Flucht und Migration). Ähnliches wurde bereits im digitalen Gesundheitsbereich empfohlen (z.B. Vorschlag des SVRV einer „Positiv-Liste evidenzbasierter und verständlicher [digitaler] Quellen"; SVRV, 2017). Hier eine zentrale Plattform für die Bereitstellung von wissenschaftlich fundiertem Wissen zu stark diskutierten politischen Forderungen und Inhalten anzubieten kann der Verbreitung von Fake News entgegenwirken (z.B. die Richtung des Science Media Lab). Wichtig wäre dabei, auch über die Ursprünge unterschiedlicher Aussagen wissenschaftlicher Studien aufzuklären: methodologische und disziplinäre Auswahl von Daten, Variablen und Ableitungen oder auch Zeiträume usw. können hier Gründe sein, deren Verständnis das Vertrauen in die Glaubwürdigkeit von Evidenz wieder stärken.

wie Onlinekurse und Unterrichtsmaterialien, deren Nutzung im Unterricht und eigenständig, außerhalb von Bildungsinstitutionen, möglich ist. Besonders in ärmeren Ländern wird die Digitalisierung als große Chance für die Stärkung von Bildung und als wesentliche Voraussetzung für eine erfolgreiche nachhaltige Entwicklung angesehen (World Bank, 2016). Dabei werden Onlinelernen und webbasierte Schulungsmaßnahmen, virtuelle Universitäten bzw. Klassenräume und Fernunterricht aktiv und zielorientiert vorangetrieben.

Insbesondere in Schwellen- und Entwicklungsländern gefährden Lehrkraftmangel und unzureichende Digitalkompetenz von Lehrenden und Lernenden den Erfolg solcher Maßnahmen (UNESCO, 2016). Sprachbarrieren (Van Dijk, 2006), mangelhafte IKT-Infrastruktur, fehlende Elektrizität und mangelnde finanzielle Ressourcen (UN, 2018a; Andersson und Grönlung, 2009) erschweren den Zugang zu digitaler Technik. Für alle Länder gilt, dass die aktive Mitgestaltung digitaler Technik eine Reihe von Fähigkeiten (etwa Program-

Kasten 5.3.4-2

Forschungsempfehlungen zum Schauplatz „Zukunftsbildung"

- *Transformationswissen und -handeln:* Der WBGU empfiehlt eine breitere empirische Wissensbasis zu schaffen, um gezielt zu untersuchen wie durch digitale und nicht digitale Bildungsmaßnahmen Wissen und Handeln zur Großen Transformation gefördert werden können.
- *Forschung zur systematischen Unterfütterung des neuen Bildungspaktes und der Evaluationsprogramme:* Sowohl die Zusammenführung der Kompetenzen als auch die Umsetzung in Vorreiterinstitutionen sollte intensiv begleitet werden. Ein Schwerpunkt liegt dabei auf neuen Fähigkeiten wie digitale Resilienz oder Futures Literacy.
- *Forschung dazu, welche digitalen Elemente und Techniken Problemwissen und Handeln fördern:* Geforscht werden sollte etwa zur Wirkung von Bildungsspielen, Simulationen zum komplexen Problemlösen und virtuelles Naturerleben auf umweltschonendes Alltagshandeln und politisches Handeln. Untersucht werden sollte auch, welche digitalen Techniken und Elemente (z.B. Steigerungen von Immersion und Unterhaltungswert, Rückmeldungen) sich besonders eignen, um Problemwissen zu fördern und Handeln unterstützen. Dabei sollten auch die Kontextabhängigkeiten berücksichtigt werden.

mierkenntnisse) erfordert, die bisher insbesondere benachteiligte Gruppen (wie Frauen) seltener beherrschen. Auch zeitliche Restriktionen (z.B. erledigen Frauen global mehr unbezahlte Arbeit als Männer) und unterschiedlich dominantes Beteiligungsverhalten sind Beispiele für Beteiligungsbarrieren im Bezug auf online verfügbare digitale Gemeingüter. Beispielsweise sind bei Wikipedia weniger als 10% der Autor*innen weiblich (Dobusch, 2017a; Ford und Wajcman, 2017). Insgesamt sollten Maßnahmen zur digitalen Bildung bestehenden Diskriminierungen und Barrieren entgegenwirken, also chancengerechten Zugang zu hochwertiger Bildung und damit oft auch zu gesellschaftlicher Teilhabe ermöglichen.

Der WBGU empfiehlt daher, neue digitale und nicht digitale Bildungsangebote unter Einbeziehung aller, insbesondere diskriminierter Gruppen und ausgerichtet an deren Bedürfnissen (weiter) zu entwickeln. Dazu gehört beispielsweise, dass Bildungsangebote in diversen lokalen Sprachen angeboten werden (OECD, 2018b) bzw. jeweils kulturell sensitiv für die Zielregionen mit Akteuren dort vor Ort (Lotz-Sisitka et al., 2017). Eine potenziell globale Verbreitung von Wissensbeständen und Bildungsinhalten darf nicht zu Lasten der Diversität und kulturellen Heterogenität gehen (Amsler und Facer, 2017).

Eigenart: Gezielte Förderung, Kooperation und Kreativität ermöglichen:

Bereits seit den 1980er Jahren (Benjamin, 1988) wird diskutiert, dass digitale Medien individualisierten und selbstgesteuerten Wissenserwerb und gezielte Förderung ermöglichen können (Heinen und Kerres, 2015). Digitale Technik soll etwa durch individualisierte Rückmeldung und Austausch einen selbstgesteuerten Lernprozess abgestimmt auf Stärken und Schwächen der Lernenden gewährleisten (z.B. digitale Lernportfolios, Vokabeltraining nach eigenem Lernstand). Eine Hoffnung ist z.B., dass digitale Technologien Vernetzung fördern und die Bedeutung kreativer Fertigkeiten durch Digitalisierung zunimmt (BMBF, 2016; Heinen und Kerres, 2015; OECD, 2018b:40). Erste Untersuchungen zeigen, dass digitale Medien besonders problembasiertes und kooperatives Lernen mit verschiedensten Materialen fördern (Herzig, 2014). Dabei sollte gerade die Gestaltungsfreiheit durch die Nutzung digitaler Medien gefördert werden. Dabei sollte vermieden werden, dass personalisiertes Monitoring und quantitatives Erfassen von Leistungen zu stark standardisieren und Imaginationsfreudigkeit einschränken (Williamson, 2017).

Ein zusätzlicher Aspekt für die Wahrung von Eigenart betrifft die Privatheitskompetenz, also die Kompetenz zu entscheiden und auszuhandeln (mit Individuen, Unternehmen und anderen Institutionen), welche persönlichen Inhalte in welcher Form und für wen offenbart werden dürfen (Masur et al., 2017). Digitale Resilienz (OECD, 2018a) ist ein weiterer Begriff, der nicht nur eine achtsame Nutzung von Onlineangeboten im Sinne von Zeit und Umfang umfasst, sondern auch soziopsychologische Auswirkungen durch die extreme Exponiertheit und die veränderten Umgangsformen in sozialen Netzwerken. Hier ist die Forschung erst am Anfang.

5.3.4.5 Zukunftsbildung: Menschenwürde schützen und gesellschaftliche Herausforderungen kollektiv meistern

Der WBGU adressiert mit den drei Dynamiken des Digitalen Zeitalters (Kap. 7) gesellschaftliche Potenziale und Risiken, die eine neue humanistische Vision des 21. Jahrhunderts meistern muss. Dabei sind die Einhaltung planetarischer Leitplanken, die Sicherung von sozialer Teilhabe und Kohäsion sowie von Eigenart stets Voraussetzung für eine erfolgreiche, die menschliche Würde respektierende, Technologierevolution. Es geht im Digitalen Zeitalter also um weit mehr, als um die Technik- und Digitalkompetenz von Individuen: es geht ebenso um die individuelle und gesellschaftliche Kompetenz, neue Technologien als Hilfsmittel in der Gestaltung von Strukturbrüchen und Übergängen für wünschenswerte Zukünfte einzusetzen und negative wie unintendierte Folgen frühzeitig einzuhegen.

Bildung für die gesellschaftlichen Herausforderungen der nächsten Dekaden sollte daher einen Paradigmenwechsel umfassen, durch den jede*r Einzelne zur aktiven Mitgestaltung seiner (digitalen) Umwelt befähigt wird (WBGU, 2011:374–375). Zukunftsbildung befähigt, Diskussionen und Dialoge zu führen, eigenes und fremdes Verhalten zu reflektieren sowie so zu handeln, dass eigene Interessen und Motive geschützt werden – ohne dass die anderer eingeschränkt werden. Menschenrechte und menschliche Würde, Reflexionsfähigkeit, moralisches Denken (d.h. Perspektivenübernahme und Orientierung an ethischen Prinzipien) und die Fähigkeit zu selbstbestimmten Verhaltensänderungen sind bereits Schlüsselthemen der transformativen Bildung, der Friedensbildung und der Bildung für nachhaltige Entwicklung (UNESCO; Orr, 1991; Ibisch et al., 2018) und werden auch in der Psychologie als Persönlichkeitsbildung diskutiert.

Anstatt also einen separaten Strang der Digitalbildung und Technologiekompetenzen zu entwickeln und zu fördern, gilt es, die führenden Bildungskonzepte aus der Nachhaltigkeits- und Medienbildung mit den Ansätzen der Futures Literacy und Anticipation zusammenzuführen und einen „Pakt der Zukunftsbildung“ für die aktive Teilhabe an der Gestaltung des 21. Jahrhunderts zu formulieren (Kap. 9.1.4.2). Dabei kann auf oben genannte Prozesse aufgebaut sowie die Ressourcen und Kompetenzen so zusammengeführt werden, dass Bildungsangebote in allen Kontexten entsprechend ergänzt werden, insbesondere auch in Regionen mit hoher Transformationsdynamik. Dafür sollten die Mittel im Sinne einer systematischen „Zukunftsinvestition“ signifikant aufgestockt (Kap. 9.1.4.3) und auch im internationalen Raum die Maßnahmen zur Erreichung des SDG 4 „Bildung“ entsprechend vorangetrieben werden (Kap. 9.1.4.4). Das UNESCO-Programm „Education for Sustainable Development Beyond 2019“ geht in die richtige Richtung und verdeutlicht, dass gute Bildung für alle Menschen nicht nur ein von der Staatengemeinschaft verfolgtes Ziel ist, sondern ein den Herausforderungen der Zukunft entsprechender Bildungsinhalt auch die Grundlage dafür legt, dass die SDG-Agenda überhaupt umgesetzt werden kann (UNESCO, 2019). Dazu gehört aus Sicht des WBGU auch ein explizit reflexiver und antizipativer Umgang mit Wissensbeständen und Annahmen über mögliche, realistische und wünschenswerte Zukünfte (Kap. 9.1.4.5).

5.3.5 Öffentlich-rechtliche IKT als Teil der Daseinsvorsorge

Seit einigen Jahren wird ein prinzipieller Internetzugang als Grund- bzw. Menschenrecht öffentlich diskutiert, z.B. im Rahmen der UN-Resolution von 2016 (UN, 2016a:3), des Urteils des Bundesgerichtshofes aus dem Jahr 2012 (BGH, 2013), der Unterzeichnung der Prinzipien des Contract for the Web (Webfoundation.org, 2019), u.a. durch die deutsche und die französische Regierung im Jahr 2018 (Bundesregierung, 2018a) oder etwa auch der zivilgesellschaftlich unter dem Dach der Zeit-Stiftung initiierten Charta der Digitalen Grundrechte der EU (Zeit-Stiftung, 2018) und der Internet Rights Charta der Association for Progressive Communications (APC, 2006). Zum Beispiel sieht die Charta der Digitalen Grundrechte der Europäischen Union ein grundlegendes Recht auf Information und Kommunikation vor (Art. 2) und in Estland wird den Bürger*innen seit 2000 das Recht auf Internet durch die Verfassung gewährt (Hartleb, 2017: 39).

In Deutschland obliegt dem Bund ein grundgesetzlich verbriefter Infrastrukturgewährleistungsauftrag zur Grundversorgung auch mit angemessenen und flächendeckenden Telekommunikationsdienstleistungen (Art. 87 f GG; Deutscher Bundestag, 2011:7). Dies gilt jedoch nicht für informationstechnische Dienstleistungen, beispielsweise das Internet oder soziale Plattformen über die etwa Daten- und Bildungsangebote verfügbar gemacht werden, denen im Digitalen Zeitalter besondere Bedeutung zukommt. Nach Auffassung des WBGU sollte jeder Staat im Sinne der Daseinsvorsorge dafür eine Gewährleistungsverantwortung tragen, denn bislang lässt sich ein Marktversagen bei der Schaffung eines allgemeinen und sicheren Zugangs zu IKT-Infrastrukturen und -Dienstleistungen konstatieren. Dieses zeigt sich etwa an der Unterversorgung mit schnellem Internet von mindestens 50 Mbit/s in ländlichen Gebieten oder auch an der Marktdominanz kommerzieller sozialer Plattformen, die den Datenschutz und die Privatsphäre ihrer Nutzer*innen nur in unzureichender Weise sicherstellen. Es fehlt offensichtlich an Anreizen für die Privatwirtschaft, bei Leistungen mit infrastruktureller Relevanz, etwa bei Plattformen, Gemeinwohlorientierung von Anfang an angemessen zu verankern.

Aus Sicht des WBGU erscheint daher die Realisierung einer öffentlich-rechtlichen IKT, die von vornherein Gemeinwohlinteressen verfolgt, als eine sinnvolle Option, um diesen Herausforderungen gerecht zu werden (Kap. 4.3.2). Auch Probleme im Zusammenhang mit digitalisierter Öffentlichkeit (Kap. 5.3.2), z.B. Machtkonzentration, könnten durch eine öffentlich-rechtliche IKT mitgelöst werden. In Anlehnung an die Definition öffentlicher IT von Fromm et al. (2013:17) bezeichnet öffentlich-rechtliche IKT nach dem Verständnis des WBGU Informations- und Kommunikationstechnologien, die eine zentrale, gesamtgesellschaftliche Bedeutung einnehmen und für deren Realisierung der Staat eine besondere Verantwortung hat. Zu öffentlich-rechtlichen IKT-Infrastrukturen zählen aus Sicht des WBGU ein öffentlich-rechtlicher Teil des Internets inklusive sozialer Plattformen, über den öffentliche Daten-, Informations-, Wissens- und Bildungsangebote und Bürgerdienste zugänglich sind und der zentralen Prinzipien wie der zunehmend gefährdeten Netzneutralität sowie der Inklusivität oder Barrierefreiheit (Kap. 5.3.5.4) unterliegt.

Information und Kommunikation gelten als Grundbedürfnisse des Menschen (Sen, 2015:2813), deren Erfüllung durch eine öffentlich-rechtliche IKT sichergestellt werden können. Zudem können durch öffentlich-rechtliche IKT Teilhabe und Eigenart als übergreifende Ziele der Nachhaltigkeit (Kap. 2) erreicht werden. So ist die Versorgung mit digitalen öffentlich-rechtlichen Angeboten eine wichtige Voraussetzung, um im Digitalen Zeitalter gleichberechtigt am gesellschaftlichen und wirtschaftlichen Leben teilzuhaben (Deutscher Bundestag, 2012:4). Öffentlich-rechtliche IKT ist zudem eine wichtige Voraussetzung für die Bereitstellung von und den Zugang zu digitalen Gemeingütern (Kap. 5.3.10) und Standortfaktor für Innovation, Wettbewerb, Beschäftigung und nachhaltiges Wirtschaftswachstum. Die öffentliche Hand steht daher in der Verantwortung, sowohl für öffentliche Institutionen (Schulen, Museen usw.), öffentliche Räume (Platzanlagen, Verkehrsflächen usw.) als auch für Gewerbebetriebe den erschwinglichen Zugang (im Sinne einer Grundversorgung) zu gewährleisten.

Grundsätzlich ist es möglich, dass die Infrastrukturbereitstellung unter Einbezug der Privatwirtschaft geschieht. Erforderlich ist jedoch, dass die Bereitstellung unter staatlicher Verantwortung und damit Aufsicht steht. Sofern die Infrastrukturbereitstellung nicht durch die privaten Akteure erfolgt, steht der Staat in der Pflicht dies anderweitig zu realisieren. Die konkrete Ausgestaltung öffentlich-rechtlicher IKT-Infrastrukturen liegt in den Händen der jeweils zuständigen öffentlichen Verwaltungen (in Deutschland z. B. bei den Kommunen und anderen föderalen Strukturen), um so eine bedarfsgerechte, an den lokalen und regionalen Bedarfen ausgerichtete öffentlich-rechtliche IKT zu ermöglichen. Eine auf internationalen, universell zugänglichen Standards beruhende Schaffung öffentlich-rechtlicher IKT in Städten und Regionen ermöglicht die nötige Diversifizierung der benötigten Teilsysteme und ihrer Komponenten. Dadurch wird Raum für resiliente und inklusive Infrastrukturen geschaffen. Mit Blick auf die Nachhaltigkeitsziele der UN bestehen enge Bezüge zu SDG 9 „Eine resiliente Infrastruktur aufbauen, eine inklusive und nachhaltige Industrialisierung fördern und Innovationen unterstützen“ (insbesondere Unterziel 9.1 und 9.C) sowie SDG 11 „Städte und Siedlungen inklusiv, sicher, widerstandsfähig und nachhaltig machen“ (insbesondere Unterziel 11.7; Kap. 5.2.7). Dazu sollten u.a. die Schaffung und Ausweitung eines allgemeinen und erschwinglichen Zugangs zu IKT-Diensten weltweit im Mittelpunkt stehen. Zudem ist vor dem Hintergrund der zunehmenden digitalen Kluft (digital divide) die Pflicht der öffentlichen Hand zur Gewährleistung weiterer informationstechnischer Leistungen wie Informations- und Bildungsangebote als Teil der Daseinsvorsorge zu thematisieren.

5.3.5.1 Öffentlich-rechtliche IKT zur Reduzierung der digitalen Kluft

In Deutschland fallen unter den Begriff der Daseinsvorsorge u.a. die staatlich organisierte Wasser- und Energieversorgung, Post- und Telekommunikationsdienstleistungen, ein grundlegendes Schul- und Bildungssystem oder auch die Gewährleistung der äußeren und inneren Sicherheit (Deutscher Bundestag, 2006:2f.). Der WBGU plädiert für ein erweitertes Verständnis des Begriffs der Daseinsvorsorge, wonach die öffentliche Hand nicht nur für die klassische Grundversorgung zuständig ist, sondern darüber hinaus auch den Bedeutungszuwachs von IKT anerkennen muss und zur Gewährleistung des allgemeinen Zugangs weiterer informationstechnischer Leistungen entsprechend der Bedarfe im Digitalen Zeitalter verpflichtet ist (Deutscher Bundestag, 2012:5f.).

Die Bereitstellung informationstechnischer Infrastrukturen und Leistungen ist zur weltweiten Verringerung der digitalen Kluft zentral. So zeigen sich bei der Versorgung mit und dem Zugang zu IKT-Infrastrukturen große Unterschiede sowohl innerhalb von Staaten (beispielsweise geografischer Lage) als auch zwischen Staaten unterschiedlichen Entwicklungsstands (World Bank, 2016:7). Weltweit verfügen mehr als 4 Mrd. Menschen über keinen Zugang zum Internet (World Bank, 2016:4, 6). Während im Jahr 2014 nur 31% der Bevölkerung in Entwicklungsländern mit dem Internet verbunden waren, waren es in einkommensstarken Ländern 80% (World Bank, 2016:6). In Entwicklungsländern stellen Mobiltelefone die wichtigste Form des Internetzugangs dar. Aber obwohl mehr als 70% des ärmsten Fünftels der Weltbevölkerung ein Mobiltelefon besitzen, haben fast 60% der Weltbevölkerung keinen Zugang zum Internet (World Bank, 2016:6). Insgesamt zeigt sich dabei ein signifikanter Zusammenhang zwischen dem Bruttoinlandsprodukt eines Landes und der

IKT-Verbreitung (Nipo und Bujang, 2014). Die Gründe für die anhaltende digitale Kluft zwischen Industrie- und Entwicklungsländern sind divers und reichen etwa von ungünstigen Marktbedingungen (z.B. durch fehlenden Wettbewerb und Monopolbildung mit Effekten auf die Kosten für Hardware und Internetzugang) über eine geringe institutionelle Leistungsfähigkeit (z.B. mit Blick auf politische, wirtschaftliche und soziale Instabilitäten, die Investitionen verhindern) bis hin zu fehlender Bildung (z.B. im Umgang mit IKT; Fong, 2009; Cruz-Jesus et al., 2018: 14f.).

Neben der digitalen Kluft zwischen Industrie- und Entwicklungsländern besteht auch eine digitale Kluft zwischen einzelnen sozialen Gruppen (z.B. zwischen Geschlechtern, Jungen und Älteren usw.). Auch räumliche Faktoren spielen eine wichtige Rolle, wie z.B. die Unterversorgung ländlicher Räume mit Breitband zeigt. Dabei kann die digitale Kluft innerhalb der Länder so groß sein wie die Kluft zwischen den Ländern (World Bank, 2016: 6). Es besteht also sowohl zwischen als auch innerhalb von Industrie-, Schwellen- und Entwicklungsländern die Notwendigkeit, den allgemeinen Zugang zu öffentlich-rechtlichen IKT-Infrastrukturen als Teil der Daseinsvorsorge zu gewährleisten.

5.3.5.2
Realisierungsoptionen öffentlich-rechtlicher IKT

Breitbandverbindungen gelten als Schlüsselinfrastrukturen für das Internet und stellen damit eine Grundlage der Digitalisierung dar (Eskelinen et al., 2008: 412). Im internationalen Vergleich belegt Deutschland beim Breitbandausbau jedoch nur einen Platz im Mittelfeld (Opiela et al., 2019: 10). Gerade im ländlichen Raum zeigt sich eine Unterversorgung (Beckert, 2017: 12), wenn es um den Zugang zu schnellem Internet von 50 oder mehr Mbit/s geht, wobei mittlerweile bei Breitband von 100 und mehr Mbit/s gesprochen wird. In Deutschland war zu Mitte des Jahres 2018 gerade einmal für 50,5% der Haushalte schnelles Internet von 50 Mbit/s oder mehr verfügbar (BMVI, 2018a: 6). Im EU-Ländervergleich von 2017 lag Deutschland damit unter dem EU-Durchschnitt (EU-Kommission, 2018a: 97).

Die unzureichende Breitbandverfügbarkeit, insbesondere in ländlichen Gebieten und die Dominanz einiger weniger Technologiekonzerne, die das Gemeinwohl sowie Datensicherheit, Datenschutz und Privatsphäre nur unzulänglich berücksichtigen, sind nicht nur in Deutschland das Ergebnis von Marktversagen. Zu diesen marktbeherrschenden Digitalkonzernen gehören Tech-Giganten wie Google/Alphabet, Apple, Facebook, Amazon oder Microsoft (GAFAM oder auch „Big Five" genannt), die mit Blick auf ihren Marktwert zu den fünf wertvollsten Aktiengesellschaften der Welt gehören (Barwise und Watkins, 2018: 21; Kap. 3.1). Diese treten in der Öffentlichkeit zum Teil immer wieder mit Negativschlagzeilen aufgrund ihres Umgangs mit Daten der Nutzer*innen in Erscheinung.

Die Schaffung einer öffentlich-rechtlichen IKT ist nicht nur in Deutschland in dreierlei Hinsicht sinnvoll: erstens mit Blick auf eine fehlende flächendeckende Versorgung mit Breitbandinternet, zweitens mit Blick auf die Macht einiger weniger privatwirtschaftlicher Digitalunternehmen, die die Privatsphäre ihrer Nutzer*innen kaum bzw. nicht respektieren, um ihre Geschäftsmodelle zu realisieren, und drittens aufgrund eines oftmals fehlenden oder nur geringen öffentlichen digitalen Angebots.

Damit Länder, Regionen bzw. einzelne soziale Gruppen nicht digital abgehängt werden und einzelne Nutzer*innen mangels Alternativen auf Social-Media-Plattformen angewiesen sind, die Anforderungen wie dem Schutz der Privatsphäre oder Gemeinwohlorientierung nur unzureichend erfüllen, könnten geeignete staatliche Interventionen sinnvoll sein. Der WBGU schlägt vor, zentrale IKT-Angebote wie öffentlich-rechtliche Kommunikationszugänge, Informationsangebote, Bürgerkonten und -dienste oder digitale Gemeingüter (Kap. 5.3.10) in staatlicher Verantwortung zu realisieren. Öffentliche Kommunikations- und Informationsangebote sind für die demokratische Willensbildung im Digitalen Zeitalter von herausragender Bedeutung, weshalb für öffentlich-rechtliche wie privatwirtschaftliche Medienformate gemeinwohlorientierte Plattformen geschaffen werden sollten (Kap. 5.3.2). Hierzu gibt es bereits etliche Impulse (Kasten 5.3.5-1), die es aus Sicht des WBGU auszubauen gilt. In diesem Zusammenhang ist darauf hinzuweisen, dass bereits die öffentlich-rechtlichen Medien in Europa zusammengenommen über vergleichsweise große Budgets verfügen und es wenig rational erscheint, dass deren kooperatives und langfristorientieres Agieren im Digitalen regulatorisch beschränkt wird (z.B. indem sie nur zersplitterte Mediatheken anbieten können) und diese so zumindest indirekt die Marktmacht der kommerziellen Plattformen stützen. Über die Ausrichtung von „Public Open Space" hinaus und in Anlehnung daran wäre es ebenso denkbar, eine solche Plattform für öffentlich-rechtliche Angebote auch für private Medien zu öffnen, um inhaltlichen Pluralismus und damit eine große Attraktivität für Nutzer*innen zu gewährleisten.

In Deutschland wie auch in anderen Ländern werden IKT-Infrastrukturen wie z.B. Breitbandnetze oftmals durch *öffentlich-private Partnerschaften* (ÖPP) realisiert. Länderstudien haben „gezeigt, dass oft erst durch das kommunale Engagement Wettbewerb ausgelöst und technische Innovationen vorangetrieben wurden." (Beckert, 2017: 9). Ein Einbezug Dritter (etwa mit

Kasten 5.3.5-1

Öffentlich-rechtliche Plattformen – Ansätze für eine europäische und globale digitale Öffentlichkeit

Eine funktionierende Demokratie setzt eine aufgeklärte Öffentlichkeit und lebendigen gesellschaftlichen Diskurs auf Basis vertrauenswürdiger Informationsquellen voraus. Daran anknüpfend zielt das Projekt „Public Open Space" auf die Entwicklung einer gemeinwohlorientierten digitalen Plattform. Diese soll eine intensive Kooperation zwischen Medien, Bildung, Kultur und Gesellschaft ermöglichen und die Herausforderungen des digitalen Strukturwandels der Öffentlichkeit (Kap. 5.3.2) bewältigen und dessen Potenziale freisetzen. Es handelt sich dabei um „eine transnationale, europäische und entwicklungsoffene Initiative, die sich aus Vertreter*innen der Wissenschaft, öffentlich-rechtlichen und nichtkommerziellen Medien sowie zivilgesellschaftlichen Organisationen aus Österreich, Deutschland und der Schweiz zusammensetzt. Aktuell versteht sich die Initiative als ein Projekt, das synergetisch, kooperativ und partizipativ eine Public-Civic Partnership entwickelt, welche die Grundlage für einen solchen #PublicOpenSpace liefert" (POS, 2019). Jenseits der bisherigen Machtkonzentration und Ökonomisierung im Netz könnten digitale Technologien so „Chancen für mehr Meinungsfreiheit und -vielfalt, Unabhängigkeit, Glaubwürdigkeit und Partizipation im nationalen, europäischen und globalen Kontext" eröffnen und entsprechende Visionen zur Realität werden lassen (POS, 2019):

Die Initiative „Public Open Space" plädiert für die Entwicklung einer neuen digitalen, nicht kommerziellen Plattform (#PublicOpenSpace), die Inhalte und Angebote unter Berücksichtigung der gesellschaftlichen Vielfalt zugänglich macht sowie einen öffentlichen Diskursraum für die gesamte Bevölkerung bietet. Um einer zunehmend fragmentierten Gesellschaft gerecht zu werden, kommt insbesondere den Medien mit einem öffentlichen Auftrag die Funktion zu, Verbindungen zwischen einzelnen gesellschaftlichen Gruppen zu ermöglichen. Der traditionelle Inklusionsauftrag öffentlich-rechtlicher Medien erhält hier eine neue, dringliche Aktualität. Dafür sind neue Kooperationen und Allianzen von Medien mit öffentlich-rechtlichem Auftrag und öffentlichen Institutionen aus den Bereichen Wissenschaft und Bildung, Zivilgesellschaft, Kunst und Kultur erforderlich.

Diese von einem breiten interdisziplinären Team aus Forscher*innen und Medienschaffenden geprägte Initiative geht auf ein bereits seit 2017 zunächst primär im europäischen Kontext bestehendes Projekt „European Public Open Spaces" zurück (EPOS, 2018). Zusätzlich wurde jüngst unter dem Begriff der „Internetintendanz" ein Arbeitspapier „Impuls für eine zeitgemäße öffentlich-rechtliche Medienplattform" für ein „neues Verständnis eines öffentlich-rechtlichen Ansatzes von interaktiven bzw. audiovisuellen Medien" vorgelegt (Bieber et al., 2019): „Um den digitalen Potenzialen für Generierung und Verbreitung spezifischer und allgemeiner öffentlich-rechtlicher Inhalte gerecht zu werden, fordern wir, aus Mitteln des Rundfunkbeitrags eine gesonderte Internetintendanz zu dotieren. Die fünf Hauptaufgaben der Internetintendanz umfassen (1) den Aufbau und Betrieb einer öffentlich-rechtlichen Plattform, (2) die Vergabe von Mitteln für die Erstellung öffentlich-rechtlicher spezifischer Onlineinhalte, (3) Kuratierung und Kooperation mit Drittanbietern, auch jenseits der klassischen Inhalte-Produktionen, (4) Innovationsförderung sowie (5) den Aufbau einer Kontrollinstanz insbesondere im Hinblick auf Jugendmedienschutz".

Unabhängig von Fragen nach der konkreten Ausgestaltung, etwa zur De- bzw. Zentralität oder Pluralität von einer Internetintendanz bis hin zu einem Ökosystem vernetzter Plattformen und der möglichen Integration beider Pole ist eine globale Reichweite essenziell. Angesichts der Globalität des Internets und globaler Herausforderungen der digitalisierten Öffentlichkeit sollten diese Ideen nicht nur europäisch, sondern global gedacht und realisiert werden (POS, 2019). Der Aufbau einer „Plattform Europa" (Hillje, 2019) oder eines entsprechenden Ökosystems für einen europäischen Kommunikationsraum im Digitalen Zeitalter nimmt jedoch zunächst dringende demokratische Herausforderungen Europas in den Blick, denn: „[e]s fehlt an einer europäischen Öffentlichkeit, die bis heute weder über die Europäisierung nationaler Öffentlichkeiten, noch mit Hilfe digitaler Kanäle geschaffen werden konnte. Die Mitgliedsstaaten reden zwar über die EU und übereinander, aber nicht miteinander. Europa verhandelt europäische Themen in nationalen Filterblasen statt in einem europäischen Kommunikationsraum" (Hillje, 2019:14). Demgegenüber könnten die „dezentralen, nationenunabhängigen Strukturen des Netzes endlich für die europäische Integration nutzbar gemacht werden" und „eine Demokratisierung des digitalen Raums in Europa, somit die Schaffung einer digitalen Öffentlichkeit nach europäischen Werten, die dem Gemeinwohl und der europäischen Demokratie dient" herbeiführen (Hillje, 2019:15).

ÖPP) hat sich in vielen Ländern positiv ausgewirkt, z.B. mit Blick auf den Breitbandausbau im Zusammenspiel von staatlichen und privatwirtschaftlichen Akteuren. Angesichts der Kritik an bestehenden ÖPP zur Infrastrukturversorgung, etwa zur Verantwortung oder der Einschränkung demokratischer Steuerung und Gestaltung (Mattert et al., 2017), plädiert der WBGU für eine genaue Verantwortungszuweisung und -überprüfung. Bei Aufbau und Betrieb von öffentlich-rechtlichen IKT-Angeboten muss das Gemeinwohlinteresse im Mittelpunkt stehen.

Trotz bekannter Probleme mit ÖPP wird diese Form der Zusammenarbeit zwischen öffentlichen Stellen und Privaten in Deutschland weiter fortgeführt (Mattert et al., 2017) und der Staat zieht sich in zunehmendem Maße aus der Infrastrukturverantwortung zurück (Luch und Schulz, 2009). In Staaten, die beim Breitbandausbau als führend gelten, wurden demgegenüber verstärkt staatliche Interventionen vorgenommen, um eine landesweite Glasfaserversorgung sicherzustellen. So begann die Regierung Islands im Jahr 2016 die Initiative „Ísland ljóstengt", die vom Telekommunikationsfonds koordiniert wird und darauf abzielt, 99,9% der isländischen Haushalte und Unternehmen bis Ende 2020 mit kabelgebundenem schnellen Internet von ≥100 Mbit/s zu versorgen (Government Iceland, 2018). Diese Initiative hat

Kasten 5.3.5-2

Breitbandversorgung im internationalen Vergleich – Beispiele

Schweden

Schweden war der erste europäische Staat, der eine aktive Breitbandpolitik umsetzte und als Vorreiter in der Verfügbarkeit von Breitbandverbindungen gilt (Eskelinen et al., 2008:413). So erzielte das Land 2017 bei der Breitbandverfügbarkeit sehr gute Werte und lag über dem EU-Durschnitt, auch bei der Breitbandversorgung in ländlichen Gebieten (EU-Kommission, 2018a:182). Eine zentrale Rolle bei der Breitbandversorgung mit Glasfasernetzen in Schweden spielen kommunale Akteure, wie Stadt- und Gemeindeverwaltungen, Stadtwerke und kommunale Netzbetreiber, die „schon früh schnelle Internet-Leitungen als Gegenstand der Daseinsvorsorge betrachtet (haben)" (Beckert, 2017:41) und eigene Kabel verlegten, die als Open-Access-Netze betrieben werden. Die kommunalen Netze machen etwa 60% der schwedischen Glasfaserleitungen aus. Der Rest entfällt auf Telekommunikationsanbieter und Kabel-TV-Anbieter (Beckert, 2017:42). Das größte Telekommunikationsunternehmen TeliaSonera, welches sich zu mehr als 37% in Staatshand befindet, hat etwa eigene Glasfasernetze außerhalb der Versorgungsgebiete der Stadtnetze aufgebaut, die es in einem Open-Access-Modell auch anderen Anbietern zur Verfügung stellt (Beckert, 2017:43). Zur Förderung des Ausbaus von Breitbandinfrastrukturen wurden in den Jahren von 2000 bis 2005 staatliche Mittel in Höhe von etwa 400 Mio. € bereitgestellt. In Schweden funktioniert dieses Modell, denn „(d)ie Stadtnetze zeigen seit vielen Jahren, wie Dienstewettbewerb auf einer gemeinsamen technischen Plattform funktionieren kann und durch den Erfolg der Stadtnetze haben sich Ansprüche entwickelt, die kupferbasierte Ausbaustrategien als ungeeignet erscheinen lassen." (Beckert, 2017:43).

Auch mit ihrer Breitbandstrategie aus dem Jahr 2016 setzte sich die schwedische Regierung ambitionierte Ziele. Es wird angestrebt, 95% aller Haushalte und Unternehmen bis 2020 mit einem Zugang zu Breitbandinternet mit einer Mindestgeschwindigkeit von 100 Mbit/s zu versorgen. Bis 2025 soll der Zugang zu Hochgeschwindigkeitsbreitband in ganz Schweden verfügbar sein (Europäische Kommission, o.J.).

New York und San Francisco

Um die Breitbandversorgung der Bevölkerung mit mehr als 100 Mbit/s sicherzustellen, haben US-amerikanische Großstädte eine Breitbandinitiative angestoßen. Die Städte New York City und San Francisco gelten dabei als Vorreiterinnen (Morozov und Bria, 2017:82). Um die digitale Kluft in New York City zu schließen, soll der gesamten Stadtbevölkerung sowie urbanen Unternehmen im Rahmen der von Bürgermeister Bill de Blasio verfolgten Strategie „One New York: The Plan for a Strong and Just City" bis 2025 Zugang zu erschwinglichen, zuverlässigen und schnellen Breitbanddiensten ermöglicht werden (Shorris, 2015; DoITT, 2019). San Francisco strebt an, die digitale Kluft zu überwinden, mehr Wettbewerb bei den Internetzugangsdiensten zu schaffen und den Zugang zu schnellem Internet zu erschwinglichen Preisen in der Breite zu ermöglichen. Ziel ist, alle Haushalte und Unternehmen der Stadt an ein Glasfasernetz anzuschließen und einen schnellen und erschwinglichen Internetzugang sowohl für Bürger*innen als auch Unternehmen zu schaffen (San Francisco Department of Technology, o.J.). Dazu soll ein stadtweites Glasfasernetz in Betrieb genommen werden, bei dem Netzneutralität und der Schutz der Privatsphäre Priorität haben. Um qualitativ hochwertigere Internetdienste zu erschwinglicheren Preisen bereitzustellen, hat sich die Stadt für ein ÖPP-Modell entschieden (Crawford, 2017).

Island an die Weltspitze beim allgemeinen Breitbandzugang geführt (PTA, 2017:5f.). Aber auch andere Länder nehmen hier eine Vorreiterrolle ein (Kasten 5.3.5-2).

5.3.5.3 Ansätze zur Weiterentwicklung öffentlich-rechtlicher IKT

Der WBGU ist der Ansicht, dass die öffentliche Hand in der Verantwortung steht, IKT-gestützte öffentlich-rechtliche Räume zu schaffen, diese zu schützen und ihr Funktionieren zu gewährleisten und damit die entsprechenden Ziele für eine nachhaltige Entwicklung (insbesondere SDGs 4, 5, 9, 10 und 11; sowie als ein technisches Instrument für die anderen SDGs) zu realisieren. An öffentlich-rechtliche IKT werden folgende Anforderungen gestellt (Fromm et al., 2013:9f.; Fromm et al., 2014; Schieferdecker et al., 2018:209ff.):

1. Es bedarf des Betriebs eigener Kommunikationsnetze und -dienste (Effektivität und Effizienz) in öffentlicher Hand, auch um Technologie- und Datensouveränität zu sichern.
2. Öffentlich-rechtliche IKT-Systeme sollten sich durch eindeutige Entscheidungsprozesse und nachvollziehbarer Funktionen auszeichnen (Transparenz).
3. Zentral ist zudem ein ganzheitliches Sicherheitsdenken. Bereits in der Konzeptionierungsphase sollten Datenschutz, Datensicherheit als auch IT- und funktionale Sicherheit mitgedacht werden (Sicherheit).
4. Aufgrund der zunehmenden Vernetzung von öffentlichen IKT-Systemen, die oft dezentral organisiert sind, ist es wichtig, dass diese über die Fähigkeit zur ebenen- und bereichsübergreifenden Zusammenarbeit verfügen (Interoperabilität).
5. Um Inklusivität herzustellen und die Nutzung öffentlich-rechtlicher IKT zu fördern, sind der Einbezug der Nutzer*innen bereits bei der Konzeption der IKT sowie eine benutzerfreundliche Bedienbarkeit zentral. Zudem sind inklusive, diskriminierungs- und barrierefreie Zugänge zu gewährleisten, um für Jede*n die neuen Möglichkeiten gesellschaftlicher, wirtschaftlicher und politischer Teilhabe zu erschließen (Inklusivität und Usability).
6. Damit öffentlich-rechtliche IKT ihre gesamtgesellschaftlichen Aufgaben adäquat erfüllen kann, sollte

Kasten 5.3.5-3

Weiterentwicklung öffentlich-rechtlicher IKT in der EU: Next-Generation-Internet-Programm

Im Rahmen des Next-Generation-Internet-Programms wird die Errichtung europäischer Internetplattformen gefördert, um den dominierenden Internetplattformen, die von US-Firmen mit monopolähnlicher Marktstellung betrieben werden, etwas entgegenzusetzen (Morozov und Bria, 2017:82). Das NGI-Programm wurde 2016 von der EU-Kommission aufgelegt und zielt darauf ab, zusammen mit verschiedenen Stakeholdern neue Internettechnologien zu erschließen und zu fördern sowie die Forschung voranzutreiben (Smart Data Forum, 2017). Ziel ist die Schaffung eines Internets, das im Dienste der Menschen und der Gesellschaft steht, derzeitige Probleme aufgreift (z.B. Monopolisierung und Datensicherheits- und Datenschutzaspekte) und mit Blick auf die Entwicklung und Gestaltung dem Prinzip „Internet for the people“ folgt. Das Internet der Zukunft soll im Rahmen eines inklusiven und multidisziplinären Ansatzes entwickelt werden (Fatelnig und Müssigmann, 2017). Im Mittelpunkt stehen Werte wie Offenheit, grenzüberschreitende Zusammenarbeit, Dezentralisierung (z.B. durch dezentrale Datensysteme), die Vermeidung von Ausgrenzung, Transparenz und der Schutz der Privatsphäre (BMWi, 2017a). Das Programm steckt noch in den Anfängen, so dass abzuwarten bleibt, welche Wirkung es entfalten wird und ob die mit dem Programm verknüpften Ziele tatsächlich erreicht werden.

Kasten 5.3.5-4

Handlungsempfehlungen zum Schauplatz „Öffentlich-rechtliche IKT“

Der WBGU empfiehlt die Gewährleistung eines freien und gleichen Zugangs zu öffentlich-rechtlichen Informations- und Kommunikationsdiensten für alle, der als Teil der Daseinsvorsorge durch die öffentliche Hand selbst oder in ihrem Auftrag zur Verfügung gestellt wird. IKT sollten als integraler Teil nationaler Entwicklungsstrategien und -pläne verankert werden (Ericsson, 2016:69ff.), so dass u.a. die digitale Kluft geschlossen und der Zugang zum Internet für alle gesichert wird (OECD, 2017b:145). Der WBGU empfiehlt gemäß dieses Anforderungskataloges und im Einklang mit den Zielen des Next-Generation-Internet-Programms der EU (Kasten 5.3.5-3), öffentlich-rechtliche IKT als einen Kernbereich öffentlicher Aufgaben zu definieren. Auf dieser Basis ließe sich alles, was politisch erwünscht ist, aber von Marktkräften nicht (ausreichend) geleistet wird, umsetzen (Lenk, 2018:241).

In diesem Zusammenhang befürwortet der WBGU einerseits die Gewährleistung von Netzneutralität im öffentlich-rechtlichen Teil des Internets. Andererseits ist die Schaffung von Pluralität und Wettbewerb zentral, wozu u.a. die Förderung und Anwendung offener internationaler Standards und die Konzeption modularer und austauschbarer technischer Komponenten gehört, um Abhängigkeiten von einzelnen Herstellerunternehmen und Infrastruktur-Anbietern zu vermeiden. Außerdem sollten Open-Source-Software verwendet und entwickelt werden und andererseits Prinzipien wie Interoperabilität, Wiederverwendbarkeit, Sicherheit und Skalierbarkeit erfüllt werden (Zeit-Stiftung, 2018; Schieferdecker et al., 2018). Zudem sollten verstärkte privatwirtschaftliche Investitionen in digitale Infrastrukturen und Dienste, die die Berücksichtigung des Gemeinwohls im Blick haben, durch eine Verbesserung der Rahmenbedingungen für ihre Finanzierung als auch für die Umsetzung neuer Geschäftsmodelle ermöglicht werden (OECD, 2017b:146).

Ziel sollte es sein, am Gemeinwohl orientierte und nicht auf den kommerziellen Gewinn ausgerichtete Strukturen der öffentlichen IKT-Infrastrukturplanung zu (re-)etablieren (Meerkamp et al., 2008). Auf- bzw. Ausbau und der Betrieb der IKT-Infrastrukturen und -Dienste sollen unter Nutzung energie-, ressourcen- und datenoptimierter Techniken auch ökologisch fokussiert erfolgen. Die Komponenten der öffentlich-rechtlichen IKT sollten an lokale Gegebenheiten und politische Ziele angepasst werden (UNCTAD, 2018). Dazu wurden der offene Dialog und die Kooperation zwischen verschiedenen Stakeholdern (lokale Behörden, Wirtschaft, Wissenschaft, Zivilgesellschaft) zur Förderung einer schnellen, nutzerzentrierten Einführung und Verbesserung der IKT-Angebote empfohlen (Ericsson, 2016:96ff.).

Für die Erfüllung der Aufgaben rund um eine öffentlich-rechtliche IKT sollten digitale Kompetenzen, insbesondere in der öffentlichen Verwaltung und Politik, befördert werden. Das kann durch gezielte Aus- und Weiterbildungsmodule zum Aufbau bzw. zur Aktualisierung der IKT-Kompetenzen in den Verwaltungskarrieren geschehen. Neue Politikfelder, die sich durch die Digitalisierung herausgebildet haben, sollten verstärkt berücksichtigt werden. Der netzpolitische Fokus auf IKT-Infrastrukturen und -Dienste sollte dabei um inhaltsbezogene Fragen ergänzt werden, etwa „ob und wie weit mit einer ständig verfeinerten Datenbasis und ihrer Auswertung viele gesellschaftliche Probleme gelöst werden können“ (Lenk, 2018:241).

zudem ein ausgewogener Interessenausgleich aller Akteursgruppen (Zivilgesellschaft, Wirtschaft, Wissenschaft, öffentliche Verwaltung) geschaffen werden (Fromm et al., 2014). So bedarf es des Einbezugs (Zusammenarbeit, Abstimmung, Information) möglichst vieler Akteursgruppen, um das Funktionieren der öffentlich-rechtlichen IKT-Infrastrukturen und -Dienste zu gewährleisten (Partizipation).

7. Technische Komponenten sollten standardbasiert, modular und austauschbar konzipiert werden, um so Abhängigkeiten von einzelnen Herstellerunternehmen und Infrastruktur-Anbietern

Kasten 5.3.5-5

Forschungsempfehlungen zum Schauplatz „Öffentlich-rechtliche IKT“

Angesichts der gesellschaftlichen Relevanz und Dringlichkeit des Themengebiets ist eine geistes- und sozialwissenschaftliche Begleitforschung essenziell (Kap. 10). Mögliche Themengebiete wären etwa das Vertrauen in Daten oder Dienste (Rieder und Simon, 2018) und den Grenzen einer tendenziell technokratischen „Governance by numbers“ sowie Potenziale und Grenzen der Berechenbarkeit und (Teil-)Automatisierung der (sozialen) Welt (Mainzer, 2018; Królikowski et al., 2017).

Die öffentlich-rechtliche IKT sollte somit selbst Gegenstand der Forschung werden. Forschungsfragen sind beispielsweise:

- Wie ist sie zu gestalten?
- Welche Angebote sind fundamentaler Bestandteil der öffentlich-rechtlichen IKT, welche sind optional und welche außerhalb?
- Wie ist sie zu finanzieren, zu regulieren und zu betreiben?
- Welcher technischen Lösungen bedarf es, um die öffentlich-rechtliche IKT als Innovationsmotor der Wirtschaft, öffentlichen Verwaltung und Wissenschaft einerseits als auch Anker einer offenen, demokratischen und multilateralen Meinungsbildung andererseits zu etablieren?
- Wie verändert sich das soziale Gefüge mit der Verfügbarkeit und Nutzung öffentlich-rechtlicher IKT?
- Wie ist die allgemeine IKT-Innovationsgeschwindigkeit mit der der öffentlich-rechtlichen IKT abzustimmen?
- Wie wird die Teilhabe an der öffentlich-rechtlichen IKT befördert?

zu vermeiden. Außerdem sollten möglichst Open-Source-Komponenten verwendet werden und entlang einer Finanzierung mit öffentlichen Geldern entstehen. Auch das Prinzip der Netzneutralität ist durch regulatorische Maßnahmen zu gewährleisten und zu stärken (Wettbewerb und Pluralität).

8. Beim Auf- bzw. Ausbau sowie Betrieb der IKT-Infrastrukturen und -Dienste sollte auch der Schutz und die Erhaltung der natürlichen Lebensgrundlagen gewährleistet werden.

5.3.6 Digitale Technik als Gender-Bender?

Geschlechtergerechtigkeit ist trotz wachsender politischer Aufmerksamkeit weiterhin in keinem Land der Welt erreicht (Köhler, 2017). Mit der Agenda 2030 haben sich die UN-Mitgliedstaaten auf einen wichtigen konzeptionellen Rahmen für Geschlechtergerechtigkeit geeinigt. Das SDG 5 formuliert für die globale Gemeinschaft das Ziel bis 2030 alle geschlechterspezifischen Ungleichheiten zu überwinden. Diese umfassen beispielweise geringere Bildungschancen (SDG 4.5), rechtliche und ökonomische Ungleichbehandlung, schädliche soziokulturelle Praktiken (z. B. Zwangsverheiratung usw.) oder auch (sexualisierte) Gewalt und Diskriminierung (SDG 5.1-5.6). Zudem wurde in SDG 5.b festgelegt, insbesondere Potenziale der Informations- und Kommunikationstechnologien zu nutzen, um die Selbstbestimmung der Frauen zu fördern (UNGA, 2015). Wie genau können diese emanzipatorischen Potenziale gehoben werden, ohne Ungleichheiten zu verstärken? Kann, wie im Titel dieses Schauplatzes angedeutet, digitale Technik als „Gender-Bender“ bestehende Geschlechtergrenzen und -klischees aufbrechen und zu mehr Geschlechtergerechtigkeit beitragen?

Einerseits bieten Interaktionen im virtuellen Raum prinzipiell die Möglichkeit Ungleichbehandlungen, die auf physische Differenzen, wie Geschlechtsmerkmale und Alter zurückzuführen sind sowie rassistische Diskriminierung, zu überwinden. Zudem kann digitale Technik bei gezielter Steuerung auch emanzipatorische Wirkung entfalten. Andererseits entstehen digitale Systeme nicht in einem technischen Vakuum. Sie werden von Menschen innerhalb eines soziokulturellen Kontextes entwickelt, weshalb ihre Entwicklung und Nutzung Gefahr laufen gesellschaftliche Ungleichheiten und Diskriminierungen verschiedenster Art (Kasten 5.3.6-1) zu reproduzieren (Garcia et al., 2018; Hargittai und Hsieh, 2013; Nakamura, 2014). Aktive politische und gesellschaftliche Gestaltung sind daher im Digitalen Zeitalter weiterhin unabdingbar, um die Gleichstellung der Geschlechter voranzubringen, auch jenseits eines zweigeschlechtlichen Verständnisses (Kasten 5.3.6-2). Im Folgenden werden vordringliche Handlungsbedarfe, wie der Abbau geschlechtsspezifischer Zugangsbarrieren, die Stärkung von Geschlechtervielfalt und Sensibilisierung innerhalb der Tech-Community, der anti-diskriminatorische Einsatz von Algorithmen wie auch die Gestaltung digitaler Experimentierräume für Gleichstellung und Geschlechtervielfalt thematisiert.

5.3.6.1 Ausschluss vom Digitalen: Geschlechtsspezifische Zugangsbarrieren

Auch wenn sich der Zugang zu Informations- und Kommunikationssystemen verbessert hat, blieb global gesehen die Geschlechterkluft unverändert. Zwischen 2013 und 2017 ist der weltweite Anteil der Frauen, die das Internet nutzen, von 37% auf 45% (+8%) und der Anteil der Männer von 41% auf 51% (+10%) gestiegen (Daten für andere Gendergruppen werden nicht erfasst). Während in Industriestaaten Frauen und

Kasten 5.3.6-1

Digitale Klüfte und Onlinediskriminierung

„Alle haben Anspruch auf gleichen Schutz gegen jede Diskriminierung" heißt es in der UN-Menschenrechtscharta (UN, 1948). Der WBGU untermauert dieses allgemeine Diskriminierungsverbot indem er die Unantastbarkeit der menschlichen Würde explizit als Orientierungshilfe für die Gestaltung der Digitalisierung benennt und dem normativen Kompass (Kap. 2.2) als Fundament zugrunde legt. Teilhabe und Eigenart sind im Genderkontext besonders relevante Dimensionen dieses Kompass. Tim Berners-Lee entwarf das Internet mit dem Gedanken ein universell zugängliches und offenes Netzwerk zu spannen (Berners-Lee, 2010). Als großer Gleichmacher (Equalizer), versprach es Chancengleichheit beim Zugang zu Information und Dienstleistungen (Hargittai und Hsieh, 2013). Jedoch ist Diskriminierung im analogen und digitalen Raum weit verbreitet. Häufig interagieren Benachteiligungen aufgrund diverser Identitätsmerkmale (Intersektionalität) und führen mitunter on- und offline zu Mehrfachdiskriminierung (Hill Collins und Bilge, 2016). Um dieser Vielfalt an digitalen Ausgrenzungsdynamiken gerecht zu werden, jenseits rein technischer Zugangsbarrieren, sprechen einige Personen im Plural von digitalen Klüften und Ungleichheiten (Hargittai und Hsieh, 2013; Nakamura, 2014).

Digitale Klüfte existieren sowohl geographisch, etwa zwischen Stadt und Land, zwischen Ländern als auch zwischen Bevölkerungsgruppen (z.B. nach Alter und Einkommen; Zillien und Haufs-Brusberg, 2014). Die Weltbank beziffert beispielsweise, dass in afrikanischen Ländern die Wahrscheinlichkeit, Internetzugang zu haben, für die bessergestellten 60% fast dreimal so hoch ist wie für die ärmsten 40% (World Bank, 2016). Entscheidend sind neben dem materiellen Zugang zu IKT, insbesondere auch der fähigkeits- und nutzungsbezogene Zugang, d.h. dass Sprachbarrieren überwunden, Lehrer*innen zu der Vermittlung von IKT-basiertem Wissen befähigt bzw. generell genügend Lehrkräfte im Bildungssektor zur Verfügung stehen. Gleichzeitig liegen in der Digitalisierung auch enorme Potenziale zur Schließung sozioökonomischer Disparitäten. Ein Hindernis sind die relativ hohen Kosten für die Internetnutzung in Entwicklungsländern im Vergleich zu reicheren Ländern: Kostet der Internetzugang in reichen Ländern ca. 1,7% des Jahresnettoeinkommens, betragen die relativen Zugangskosten bis zu 40% des Jahresnettoeinkommens in Entwicklungsländern (Weingarten, 2013).

Männer ähnlich gut angebunden sind (80% der Frauen und 82% der Männer haben Zugang zum Internet), ist die Geschlechterkluft in Schwellen- und Entwicklungsländern weiterhin groß. In Schwellenländern haben 38% der Frauen und 45% der Männer, in Entwicklungsländern 14% der Frauen und 21% der Männer Zugang zum Internet (Sanou, 2013; ITU, 2017a).

Zugangsbarrieren bilden insbesondere für Frauen und Geschlechterminderheiten benachteiligende kulturelle Kontexte und Normen (IGF, 2017, 2018a). Diese können auch die Mitwirkung an Gestaltungs- und Entscheidungsprozessen innerhalb des Internet- und Tech-Sektors einschränken oder die Nutzungserfahrung negativ prägen, wodurch existierende Ungleichheiten perpetuiert oder sogar potenziert werden. Beispielsweise liegt der Anteil der Autorinnen bei Wikipedia, die weltweit größte Online-Enzyklopädie, unter 10% (Ford und Wajcman, 2017). Wenig überrascht daher, dass auf Wikipedia anhaltende Genderstereotypen und -ungleichheiten identifiziert wurden (Graells-Garrido et al., 2015; Wagner et al., 2015). Die Nutzungserfahrung von Frauen und Genderminderheiten ist zudem auch im digitalen Raum von Gewalt geprägt. Obwohl digitale Gewalt zunimmt, von der Personen mit Transgenderidentitäten besonders hart betroffen sind (Levitt und Ippolito, 2013), wird sie in vielen Staaten bislang noch nicht als „reale" Gewaltform anerkannt (Šimonovic, 2018).

Vor allem in Schwellen- und Entwicklungsländern ist aber auch die ungleiche Verfügungsgewalt über finanzielle Ressourcen für die Anschaffung von Endgeräten oder Netzanschlüssen relevant (A4AI, 2016; GSMA, 2018). So beanspruchen beispielsweise im asiatisch-pazifischen Raum männliche Familienmitglieder in Haushalten mit geringem Einkommen, die häufig wenn überhaupt nur ein Mobiltelefon besitzen, dessen Nutzung bevorzugt für sich (IGF, 2017, 2018a). In Entwicklungs- und Schwellenländern ist die Gefahr einer digitalen Spaltung der Gesellschaft besonders groß. Die Gründe für genderspezifische Zugangsbarrieren, die zu Benachteiligung oder zum Ausschluss für Frauen und Genderminderheiten vom digitalen Leben führen, liegen demnach vor allem in bestehenden Diskriminierungsmustern.

5.3.6.2
Weiterhin Männerdomäne: Genderaspekte im Design technischer Systeme

Ein großer Anteil der Gestaltungsmacht über den Digitalisierungsprozess liegt bei Personen mit technischer Expertise, z.B. Programmierer-, IT-Expert- oder Wissenschaftler*innen (Kap. 4.2.4). Wie die vorherrschenden Gendereinstellungen die Technologieentwicklung und -nutzung prägen, wird bereits seit den 1990er Jahren durch den sozialwissenschaftlichen Cyber- und Technikfeminismus erforscht (Haraway, 1991; Hawthorne und Klein, 1999; Faulkner, 2001; Wajcman, 1991, 2010). Dessen Impulse zur kritischen Auseinandersetzung mit Genderaspekten in der Technikentwicklung stießen bislang allerdings außerhalb der Genderstudien nur auf schwache Resonanz und wurden nicht systematisch in technische Ausbildungen integriert.

Kasten 5.3.6-2

Die Überwindung des binären Verständnisses von biologischem und sozialem Geschlecht als weltweite Herausforderung

Die Überwindung des binären Verständnisses von biologischem und sozialem Geschlecht stellt weltweit eine Herausforderung dar, trotz der Fortschritte der letzten Jahrzehnte. Einzelne Länder führen bereits eine dritte juristische Geschlechtskategorie, die den Umstand vermerkt, dass die Person nicht im zweigeschlechtlichen Verständnis eingeordnet ist (Shardlow, 2017; UN, 2015a). In Deutschland können sich intersexuelle Menschen seit Dezember 2018, als „divers" im Geburtenregister eintragen lassen. Auch einige Kulturkreise erkennen historisch mehr als zwei oder dynamische Geschlechterkategorien an (Nanda, 1999; Roscoe, 1991; Kulick, 1998). Das zweigeschlechtliche Verständnis, bei dem das soziale Geschlecht (Genderidentität und Genderrollen) in Übereinstimmung mit einem von zwei biologischen Geschlechtern steht (männlich oder weiblich), bildet jedoch weltweit weiterhin die Norm (Köhler, 2017). Es grenzt diverse Genderminderheiten aus, wie etwa intersexuelle Menschen, deren biologisches Geschlecht nicht binär eingeordnet werden kann und transgender Personen, deren Genderidentität nicht dem bei der Geburt zugewiesenem Geschlecht entspricht. Zudem grenzt es aufgrund starrer Rollenzuschreibungen gleichzeitig cis-gender Männer und Frauen ein (Butler, 1991; OHCHR, 2013; Wippermann, 2016). Die weltweite zweigeschlechtliche Norm spiegelt sich auch darin, dass SDG 5 zum Abbau von geschlechterspezifischer Ungleichheit implizit eine zweigeschlechtliche Perspektive hat (Dorey, 2016). Sowohl auf national als auch international besteht somit weiterhin Handlungsbedarf, um der Vielfalt und Dynamik von Geschlechterrollen gerecht zu werden.

Der Frage, ob digitale Technik bewusst zur Überschreitung bestehender Geschlechtergrenzen und als Experimentierraum für Geschlechtervielfalt, also als emanzipatorischer „Gender-Bender", eingesetzt werden kann, wird derzeit noch wenig Aufmerksamkeit geschenkt. Dabei ist diese Debatte dringend nötig: für Deutschland zeigt beispielsweise eine erste Erhebung, dass sich 3,3% der Bevölkerung nicht im binären Mann-Frau-Schema wiedererkennt (Allmendinger, 2017) und nur 17% der deutschen Männer haben ein gleichstellungskonsequentes Geschlechter-Leitbild (Wippermann, 2016). Der WBGU bringt in Kapitel 5.3.6.4 einige erste Ideen ein, wie mit Hilfe digitaler Experimentierräume mehr Gleichstellung und Geschlechtervielfalt erreicht werden kann und eingrenzende Rollenzuschreibungen aufgebrochen werden können.

Da unter den technikgestaltenden Akteur*innen Frauen und Genderminderheiten weiterhin unterrepräsentiert sind, entscheiden vor allem Männer über Genderaspekte im Design technischer Systeme. Die ist ein Umstand, der mit zunehmender Verbreitung digitaler Lösungen an gesellschaftlicher Relevanz gewinnt, etwa beim zunehmenden Einsatz virtueller Assistenten: Waren Sprachassistenten bei einem Test in der Lage, bei Äußerungen zu Selbstmordabsichten oder gesundheitlichen Notfällen wie Herzinfarkten auf geeignete Notrufnummern hinzuweisen, wurden Äußerungen rund um häusliche Gewalt oder Vergewaltigungen nicht als Notsituation erkannt (Miner et al., 2016). Bei der Zuweisung einer Persönlichkeit bzw. menschenähnlicher Attribute zu Robotern und autonomen Systemen, besteht außerdem die Gefahr, dass dabei auf weibliche Stereotype zurückgegriffen wird und bestehende Rollenverständnisse zementiert werden (Ferrando, 2014). Virtuelle Assistenten wurden bereits dafür kritisiert, dass sie auf zweideutige Fragen, Beleidigungen und sexuelle Annäherungen sehr zurückhaltend reagieren und damit ein passives Frauenbild verbreiten (Fessler, 2017). Technische Systeme sind also nicht wie häufig angenommen neutral, sondern sie reflektieren bestehende Gendereinstellungen. Die genderspezifischen Auswirkungen des Designs digitaler Technologien auf einzelne Nutzer*innen und die Gesellschaft sollten konsequent verfolgt und für eine inklusive Technologiegestaltung ein sensibler Umgang mit Diversität innerhalb der Tech-Community gefördert werden.

Momentan schließen weiterhin in beinahe allen Ländern der Welt weniger Frauen als Männer ingenieurs- und computerwissenschaftliche Studiengänge ab. Ausnahmen sind der Oman (53% weiblicher Graduiertenanteil in den Ingenieurswissenschaften) und Malaysia (es besteht Parität im IT-Sektor). In Deutschland lag der Anteil von Absolventinnen im Studienbereich Informatik 2017 bei 19,5%, in den Ingenieurswissenschaften bei 23,1% (Kompetenzzentrum Technik-Diversity-Chancengleichheit, 2018). Auch in den Naturwissenschaften gilt dieser Zusammenhang für eine Mehrzahl der Länder, wobei der Anteil der Absolventinnen weitaus höher ist. In Europa und Nordamerika variiert er zwischen 26% und 55%. Einige Entwicklungs- und Schwellenländer weisen vergleichsweise höhere Anteile auf. In elf von 18 arabischen Staaten sind die Mehrheit Absolventinnen, in Guatemala sogar 75% (UN, 2015b). Da die gesellschaftliche Bedeutung dieser Fächergruppen weiter steigen wird (Grabka, 2016; OECD, 2017a; Sorgner et al., 2017; WEF, 2016b) sollten die weiter bestehenden Unterschiede als Weckruf gesehen werden. Dies gilt insbesondere für die nicht vernachlässigbare Anzahl von Ländern, in denen der Anteil von Absolventinnen in tech-relevanten Studiengängen sinkt und nicht steigt (UN, 2015b). Hinzu kommt, dass der unverhältnismäßig hohe Anteil von Männern in technischen Berufen mit einem geringen Sensibilisierungsgrad für Geschlechtergerechtigkeit einhergeht. In Deutschland, einem vermeintlich progressiven Land in Hinblick auf Gendereinstellungen, haben lediglich 17% der Männer

Kasten 5.3.6-3

Handlungsempfehlungen zum Schauplatz „Digitale Technik als Gender-Bender?“

Geschlechtergerechtigkeit ist trotz wachsender politischer Aufmerksamkeit weiterhin nirgendwo auf der Welt erreicht (Köhler, 2017). Daher sind Gleichstellungsmaßnahmen wie z. B. rechtliche Angleichungen, paritätische Aufteilung unbezahlter Arbeit oder der Abbau diskriminierender soziokultureller Praxen weiterhin unerlässlich. Neue digitale Instrumente, oder Maßnahmen zum Abbau von Ungleichheiten im digitalen Raum, sollten als Ergänzung jedoch nicht als Ersatz bestehender gleichstellungspolitischer Maßnahmen angesehen werden.

- *Beim Netzausbau genderspezifische Zugangsbarrieren berücksichtigen:* Global erreichte der Netzausbau im Jahr 2018 einen Meilenstein: mehr als 50 % der Weltbevölkerung haben Zugang zum Internet. Jedoch sehen sich Frauen und Genderminderheiten disproportional mit Zugangsbarrieren konfrontiert. Beim weiteren Netzausbau sollte vermehrt darauf geachtet werden sinnvollen Zugang für diese Gruppen zu gewährleisten und Zugangsbarrieren kontextspezifisch zu ergründen und abzubauen. Das Internet Governance Forum der UN identifizierte Barrieren wie mangelnde Erschwinglichkeit, fehlende Infrastrukturen, Sprache (fehlende lokale Sprachen), unzureichende digitale Kompetenzen, soziale Stigmata sowie kulturelle Faktoren (IGF, 2017).
- *Loslösung vom binären Geschlechtermodell und rigiden Geschlechterrollen in allen Ländern digital vorantreiben:* Bei digitalen Identitäten, die eine Geschlechterzuweisung erfordern, sollten weitere Kategorien realisiert werden, die der Geschlechtervielfalt Rechnung tragen. Auch KI-Persönlichkeiten und humanoide Roboter sollten gendersensibel gestaltet werden, um die direkte Reproduktion existierender Stereotypen zu verhindern. In diesem Zusammenhang sollte auch die Kennzeichnungspflicht für Interaktionen mit Maschinen im Cyberraum geregelt werden bzw. neue Maschinen-Kategorien oder „Maschinen-Geschlechter“ entwickelt werden, die Maschinen eindeutig als solche erkennbar machen.
- *Digitale Experimentierräume zur Sensibilisierung für Gleichstellung und Geschlechtervielfalt:* Es sollten gezielt digitale Experimentierräume geschaffen werden, welche es Individuen ermöglichen, ihre Genderidentität spielerisch zu erfahren und durch Perspektivwechsel für die Positionen anderer sensibilisiert zu werden. Diese sollten für Bildungszwecken an Schulen sowie in der Erwachsenenbildung eingesetzt werden.
- *Vielfalt in der Tech-Community fördern und Kulturwandel herbeiführen:* Programme zur Stärkung von Frauen und Genderminderheiten in MINT-Berufen (Mathematik, Informatik, Naturwissenschaft und Technik – MINT) gewinnen durch die rasch fortschreitende Digitalisierung weiter an Bedeutung. Insbesondere Tech-Unternehmen sollten auf eine inklusive Lern- und Arbeitskultur sowie eine generelle Sensibilisierung in Antidiskriminierungsfragen hinarbeiten und strukturelle Diskriminierung unterbinden. In Anbetracht ihrer steigenden gesellschaftlichen Wirkmacht sowie der Verbreitung digitaler Produkte, sollte eine Professionsethik für diesen Industriezweig, und insbesondere für Produktverantwortliche und Entwickler*innen, erarbeitet und in die Ausbildung integriert werden.
- *Digitale Gewalt als solche anerkennen:* Um neuen Formen geschlechterspezifischer Diskriminierung und Gewalt zu begegnen, sollten Technik- und internetbasierte Gewalt, von allen Staaten als solche anerkannt und in der Gesetzgebung Staaten berücksichtigt werden.

Kasten 5.3.6-4

Forschungsempfehlungen zum Schauplatz „Digitale Technik als Gender-Bender?“

- *Interdisziplinäres Forschungsprogramm zur Offenlegung von Genderungleichheiten aufsetzen und digitale Anti-Diskriminierungsagenda entwickeln:* Die Europäische Kommission sowie das BMBF sollten Rahmenbedingungen für ein interdisziplinäres Forschungsprogramm schaffen, welches Expertise zu den Themen Gender und maschinellem Lernen bündelt. Ziel des Programmes sollte die systematische Untersuchung existierender geschlechtsbezogener Verzerrungseffekte (Gender Bias) in medialen Inhalten, in sozialen Prozessen und Produkten im digitalen Raum sein. Neue Analysemethoden sowie qualitative sozialwissenschaftliche Ansätze sind hier besonders vielversprechend. In einem nächsten Schritt sollte eine interdisziplinäre Task-Force eingerichtet werden, die in Anbetracht der Forschungsergebnisse eine Anti-Diskriminierungsagenda für das Digitale Zeitalter entwickelt.
- *Forschungsagenda für die Re-Produktion von Gender und Genderungleichheit aufsetzen:* Der WBGU empfiehlt eine Forschungsagenda aufzusetzen, die die in virtuellen Räumen produzierten Genderverständnisse gezielt untersucht und analysiert wie sie auf bestehende Genderbilder auswirken.
- *Kritische Genderperspektiven in Informatik-Ausbildung integrieren:* Ein sensibler Umgang mit Diversität ist zentral für eine inklusive Technologiegestaltung. Um spezifisch die Reproduktion ungleicher Gendervorstellungen durch technische Systeme zu minimieren, sollte bereits im Informatikstudium und verwandten Ausbildungen eine kritische Genderperspektive integriert werden. Dazu sollten die Ergebnisse der Genderstudien des sozialwissenschaftlichen Cyber- und Technikfeminismus herangezogen werden.

ein gleichstellungskonsequentes Geschlechterleitbild (Wippermann, 2016). Für den Abbau ungleich verteilter Gestaltungsmacht sollte daher vor allem die Diversität innerhalb der Tech-Community gefördert werden.

5.3.6.3
Anti-Diskriminierungsarbeit durch algorithmenbasierte Systeme?

Bei gezielt emanzipatorischem Einsatz können digitale Lösungen auch dazu beitragen, ein Bewusstsein über bestehende Ungleichheiten und Diskriminierung zu schaffen sowie die Entstehung rigider Rollenzuschreibungen nachzuverfolgen. Soziale Interaktionen (z.B. schriftliche Kommunikation in Chats, das Teilen von Bildmaterial), die bislang nicht immer im Detail nachvollziehbar waren, hinterlassen im digitalen Raum Daten, die strategisch ausgewertet werden können. Auch die Analyse unstrukturierter Daten, d.h. Daten denen es an einer formalisierten Struktur fehlt (z.B. Videos, Bilder oder Text; Eckert et al., 2014:7), kann heute für ein verbessertes Verständnis von Genderungleichheiten genutzt werden. Mittels automatisierter Analyse von Textkorpora und Filminhalten konnten bereits Diskriminierungsmuster im Sprachgebrauch aufgezeigt (Caliskan et al., 2016) und die Unterrepräsentation von Frauen in Bezug auf Redezeiten und Leinwandpräsenz in Filmen quantifiziert werden (GDI, 2017).

Auch die Entstehung von Genderungleichheiten kann digital nachverfolgt werden, wie beispielsweise die Analyse von Kommentaren im Chatraum eines interaktiven Computerspiels zeigt: Obwohl die Spieler*innen nur über ihre Aktionen innerhalb des Computerspiels beobachtet werden, erhalten als weiblich identifizierte Spieler*innen häufiger auf Körperaspekte bezogene Kommentare, wohingegen als männlich identifizierte Spieler*innen eher in Bezug auf technische oder strategische Aspekte kommentiert werden (Nakandala et al., 2016). Auf Github, einem webbasierter Onlinedienst, der kollaborative Software-Entwicklung ermöglicht, akzeptierten Entwickler*innen in einem kollektiven Entscheidungsprozess 71,8% der von Frauen geschriebenen Programmcodes, wenn das Geschlecht unbekannt war. Bei Offenlegung des Geschlechts sank die Akzeptanzquote auf 62%, ohne dass sich die Qualität des Programmcodes verändert hätte (Terrell et al., 2017).

Werden Algorithmen unreflektiert an solch verzerrten Daten trainiert, reproduzieren sie die diskriminierenden Muster. Eine an verzerrten Daten trainierte Software schloss z.B., dass Computerprogrammierer sich zu Mann, wie Hausfrau zu Frau verhält (Bolukbasi et al., 2016). Umso wichtiger wird es, auch das anti-diskriminatorische Potenzial neuer Analyseverfahren zu erkennen und zu nutzen. Damit können genderbasierte Diskriminierung und durch (un-)bewusste Voreingenommenheit beeinflusste Entscheidungen sichtbar gemacht und geeignete Maßnahmen für Geschlechtergleichheit abgeleitet werden.

5.3.6.4
Digitale Experimentierräume für Gleichstellung und Geschlechtervielfalt

In virtuellen Räumen werden flexible und diverse Genderidentitäten gelebt, die der WBGU in der Kategorie Eigenart (normativer Kompass, Kap. 2.2) bekräftigt (Cannon et al., 2017; Cipolletta et al., 2017). Facebook stellt seinen Nutzern beispielsweise bis zu 73 Genderkategorien zur Auswahl (Haimson und Hoffmann, 2016). Zudem haben einige benachteiligte Genderminderheiten, beispielsweise Transgenderpersonen, die Möglichkeit Zugehörigkeit und Fürsorgestrukturen zu entwickeln, die ihnen im dominanten öffentlichen Diskurs oftmals verwehrt bleiben, jedoch zentrale Identitätsstifter und alltagsnotwendige Stützpunkte darstellen (Cavalcante, 2016). Digitale Räume können außerdem genutzt werden, um Menschen durch immersive virtuelle Realitäten, anhand von Avataren, sprichwörtlich in die „digitalen Schuhe" von benachteiligten Personen zu setzten. Somit werden sie u.a. für genderbasierte Ausgrenzung sensibilisiert und negative soziale Stereotypen reduziert (Yee und Bailenson, 2006). Das Experimentieren im digitalen Raum kann daher dazu beitragen, rigide Rollenverständnisse aufzuweichen und neue Rollenbilder zu etablieren, um der Vielfalt und Dynamik von Geschlechterrollen gerecht zu werden.

5.3.7
Digitale Selbstvermessung des Körpers: zwischen Empowerment und Kontrollverlust

Die Digitalisierung immer weiterer Lebensbereiche betrifft auch die Verbreitung von IKT im Gesundheitswesen. Beispiele sind die Implantation digitalisierter Geräte zur Unterstützung körperlicher Funktionen (Themenkasten 5.3-2) in Form virtueller Sprechstunden per Videochat oder durch Apps und Geräte zur Selbstvermessung des Körpers. Letzteres wird hier beispielhaft aufgegriffen, um die Digitalisierung des Gesundheitswesens und die möglichen Implikationen der umfassenden Datenerhebung und -verfügbarkeit aufzuzeigen. Dieses Thema erscheint besonders relevant, weil digitale Selbstvermessung ganz wesentlich drei der vier Dimensionen des normativen Kompasses des WBGU (Kap. 2.2) beeinflussen kann: Teilhabe, Eigenart und menschliche Würde. Zudem beeinflusst es Gesundheit und Wohlergehen, die sowohl Ziele

(SDG 3) als auch Ressourcen einer Transformation zur Nachhaltigkeit sind (WBGU, 2016b: 199).

5.3.7.1
Digitale Selbstvermessung und dabei entstehende Daten

Eine im Jahr 2016 in 16 Ländern weltweit durchgeführte Befragung ergab, dass eine*r von drei Internetnutzer*innen digitale Hilfsmittel verwendet, um die eigene Gesundheit oder Fitness zu beobachten, zu bewerten und gegebenenfalls zu überwachen. Selbstvermessung als Ausprägung der fortlaufenden Datenaufzeichnung (tracking) liegt vor, wenn die Initiative zur Datenaufzeichnung vom Individuum selbst ausgeht. Dabei unterscheiden sich die Wege der Datenerhebung. So können Menschen Daten (etwa Essverhalten oder medizinische Untersuchungsergebnisse) selbstständig in Apps und andere Datenträger eintragen. Zudem können vernetzte Geräte bestimmte Messergebnisse (z.B. das Gewicht mittels vernetzter Waagen) direkt an persönliche Geräte oder zentrale Server übermitteln. Vermehrt werden Gesundheitsdaten „nebenbei" durch direkt am Körper getragene Computer (Wearables) erhoben, wie Smartwatches und Fitness-Tracker (Jülicher und Delisle, 2018). Über Fitness- und Gesundheitsdaten hinaus werden zudem Metadaten erhoben, also Daten über das Wearable selbst, wie die Dauer und Intensität der Gerätenutzung oder Verbindungsdaten (Jülicher und Delisle, 2018). Alle erhobenen Daten, einschließlich der Metadaten, erlauben Rückschlüsse auf Gewohnheiten der Nutzer*innen (Mau, 2017: 118) und werden für Bewertungen des Verhaltens und Verhaltensvorhersagen durch algorithmenbasierte Systeme verwendet. Die Berechnungsmethoden fallen dabei häufig unter das Betriebsgeheimnis der Hersteller, so dass für die Nutzer*innen nicht nachvollziehbar ist, wie die Ergebnisse zustande kommen (Rey, 2018: 5–6).

Die erhobenen Daten digitaler Selbstvermessungsanwendungen werden rechtlich größtenteils als Gesundheitsdaten eingestuft (Kampert, 2018). Im Hinblick auf das europäische Datenschutzrecht, das ein vergleichsweise hohes Schutzniveau aufweist (Kasten 4.2.6-3), sind Gesundheitsdaten personenbezogene Daten, die sich auf die körperliche oder geistige Gesundheit einer natürlichen Person beziehen und aus denen Informationen über deren Gesundheitszustand hervorgehen (Art. 4 Nr. 15 EU-DSGVO). Sie werden als besonders sensibel eingestuft, da ihre Verarbeitung erhebliche Risiken für das Recht auf Leben und Gesundheit bergen (Art. 9 EU-DSGVO, Erwägungsgrund 51 EU-DSVGO) und sie als Grundlage für Diskriminierungen dienen können (Weichert, 2017). Neben Gesundheitsdaten (im engen Sinne) können jedoch auch zahlreiche andere personenbezogene Daten Rückschlüsse auf die Gesundheit zulassen (z.B. Bewegungsdaten oder das Suchverhalten im Internet; Deutscher Ethikrat, 2017), die je nach Kontext ebenfalls als gesundheitsrelevant einzustufen sind.

5.3.7.2
Stärkt oder schwächt digitale Selbstvermessung der Gesundheit die Selbstbestimmung Einzelner?

Umfassende repräsentative empirische Studien zu individuellen und gesellschaftlichen Auswirkungen der digitalen Selbstvermessung stehen noch aus. Im Folgenden werden daher ausgewählte Implikationen der digitalen Selbstvermessung beleuchtet, die weiterer empirischer Überprüfungen bedürfen.

Als positiver Effekt der digitalen Selbstvermessung wird in der Literatur hervorgehoben, dass Nutzer*innen von Selbstvermessungsangeboten auch ohne medizinische Fachkenntnisse ein besseres Verständnis und größere Kontrolle über den eigenen Körper und Gesundheitszustand erlangen könnten (Jülicher und Delisle, 2018: 84; Sharon, 2017: 97). Die Selbstbestimmung der Nutzer*innen kann potenziell dadurch gestärkt werden, dass diese mittels entsprechender digitaler Selbstvermessungsangebote niedrigschwellig und ohne Einbezug des Gesundheitssystems im Sinne der Prävention, Therapie und Nachsorge zu gesundheitsfördernden Lebensstiländerungen animiert werden (z.B. Erhöhung der körperlichen Aktivität; Charismha, 2016: 21). Die erhobenen Daten können auch vom behandelnden medizinischen Personal unabhängig von Ort und Zeit in aggregierter und visualisierter Form zur Diagnostik und Behandlung von Krankheiten herangezogen werden (Charismha, 2016; Heyen, 2016). Verbessertes Patientenwissen könnte zudem die Informationsasymmetrie in der Beziehung zwischen ärztlichem Fachpersonal und Patient*in aufbrechen und damit möglicherweise eine bessere Transparenz im Gesundheitswesen bewirken. Potenziell wird es Patient*innen ermöglicht, mehr Verantwortung für die eigene Gesundheit zu übernehmen und z.B. ihre Patientenrechte besser wahrzunehmen (Charismha, 2016: 2; Sharon, 2017: 97). Die digitale Selbstvermessung könnte Teilhabe und Eigenart der Patient*innen stärken (normativer Kompass: Kap. 2.2).

In der Praxis zeigt sich jedoch, dass bei Selbstvermessungs-Apps teilweise starke Defizite mit Blick auf die Datenqualität, die Datenerhebungsmethoden sowie die Datenverarbeitung bestehen (Heyen, 2016: 7; Lucht et al., o.J.: 22f.; Charismha, 2016: 197f.). Dies kann dazu führen, dass Nutzer*innen irregeführt werden und gesundheitsbezogene Fehlentscheidungen treffen, z.B. wenn Diabetiker*innen auf Basis des eigens digital gemessenen Blutzuckerspiegels gesundheitsgefährdende Anpassungen ihrer Insulindosis vornehmen. Problematisch kann eine mangelhafte Datenqualität auch bei der Weiterverwendung der Daten in der medizinischen Forschung sein. Es wird zwar hervorgehoben, dass ein positiver Nebeneffekt der individuellen Selbstvermessung die Schaffung einer umfassenden Datenbasis sein könnte, die in aggregierter Form zur medizinischen Forschung beitragen könnte. Um aggregierte und individuelle Gesundheitsdaten (etwa für Therapien und Forschungszwecke) sinnvoll nutzen zu können, müssen jedoch sowohl die Datenbasis als auch die Datenverarbeitungsmethoden wissenschaftlichen Standards genügen. Studien aus Deutschland und Europa weisen zudem darauf hin, dass Unsicherheit oder fehlende Kompetenzen bezüglich der Nutzung von Fitness-Tracking-Angeboten bestehen (Budzinski und Schneider, 2017; Adam und Micklitz, 2016), die sich negativ auf die Patientensouveränität und damit auf die Teilhabe am Gesundheitssystem auswirken könnten. Dieses Problem aufgreifend wurden beispielsweise ein Kriterienkatalog und die Web-App APPKRI entwickelt, die Nutzer*innen bei der Bewertung und Auswahl von Gesundheits-Apps unterstützen soll.

Diskutiert wird zudem, dass digitale Selbstvermessungstechnologien zu einer (unbemerkten) Einschränkung der persönlichen Freiheit und Selbstbestimmung der Nutzer*innen führen und damit negative Auswirkungen auf ihre Eigenart und Menschenwürde haben könnten. Selbstvermessungstechnologien könnten etwa dazu genutzt werden, sowohl Kranke als auch Gesunde zu überwachen und zu disziplinieren (Deutscher Ethikrat, 2015; Sharon, 2017:98). Teils setzen Arbeitgeber*innen Fitness-Tracker ein, um im Rahmen betrieblicher Vorsorgeprogramme die Gesundheit ihrer Belegschaft zu fördern und verschaffen sich somit gleichzeitig Zugang zu den sensiblen Daten, die als Grundlage zur Bemessung des Gehalts bzw. für die Erteilung von Beförderungen herangezogen werden könnten (Christl, 2014:40; Röcke, 2015:619). Kranken- und Lebensversicherungen nutzen bereits heute Daten aus Selbstvermessungsdiensten, um individuelle Versicherungstarife oder im Rahmen von Bonusprogrammen Prämien angepasst an den Lebensstil ihrer Versicherten anzubieten (Schumacher, 2016:48; AOK Plus, o.J.; Generali Vitality, 2019). Potenziell könnten die Daten zum Nachteil der Nutzer*innen verwendet werden, etwa indem bei Krankheit Vergünstigungen zurückgezogen oder beim Abweichen von den als ideal erachteten Messparametern Vergünstigungen gar nicht erst gewährt werden (Rey, 2018:8). Dies könnte sich auf die Gesamtorganisation der Gesundheitssysteme, insbesondere der Krankenversicherung auswirken, soweit sie nach dem Solidarprinzip ausgestaltet sind. Beim Solidarprinzip orientiert sich der Versicherungsbeitrag für die Versicherten an der jeweiligen wirtschaftlichen Leistungsfähigkeit, Leistungen werden aber unabhängig von dieser jeweils nach Bedürftigkeit erteilt (Brockhaus Enzyklopädie Online, 2018). Eine Integration der Selbstvermessungsanwendungen in das Krankenversicherungswesen begünstigt diejenigen, die körperlich fit sind und dies auch dokumentieren können und wollen (Rey, 2018:15). Potenziell könnte es also zu Einschränkungen der substanziellen und ökonomischen Teilhabe sowie zu Verletzungen der Menschenwürde für gesundheitlich weniger Privilegierte oder all jene kommen, die eine Selbstvermessung ihrer Fitness und Gesundheit ablehnen. Durch die Erosion eines auf dem Solidarprinzip beruhenden Gesundheitssystems könnte zudem ein gesamtgesellschaftlicher Druck zur Selbstoptimierung entstehen oder zunehmen (Schumacher, 2016:48) und damit die Eigenart im Sinne der Diversität bedroht werden. Derzeit sind zumindest in Deutschland und in der Schweiz individualisierte Konditionen bei Nachweis positiver Selbstvermessungen lediglich bei Zusatzversicherungen erlaubt (Rey, 2018).

Mit Blick auf einen Verlust der Selbstbestimmung durch die digitale Selbstvermessung wird zudem die Reduzierung körperlicher Funktionen und Eigenschaften auf Zahlen kritisch betrachtet (Buck et al., 2015:57). Es wird angenommen, dass Nutzer*innen ihr Wohlbefinden vermehrt anhand der gemessenen Daten bestimmen und die Fähigkeit abnehmen könnte, den eigenen Körper einzuschätzen und Signale wahrzunehmen (Buck et al., 2015:57; Sharon, 2017:107). Digitale Selbstvermessung birgt das Risiko, den eigenverantwortlichen, selbstbestimmten Umgang mit dem eigenen Körper zu untergraben. Es wird zudem die Möglichkeit in Betracht gezogen, dass eine permanente Beschäftigung mit der eigenen Fitness und Gesundheit zu einem erhöhten Leistungsdruck beitragen und Krankheitsängste („Cyberchondrie") verursachen bzw. bei ängstlichen Personen den Hang zur Hypochondrie verstärken könnte (Rey, 2018:8, 10f.). In der Rationalisierung des Selbst durch die beschriebenen Vermessungspraktiken sehen manche gar die Tendenz, dass Individuen objektiviert werden und damit den Kern des Menschseins – folglich auch die Menschenwürde – bedroht (Selke, 2016:967; Duttweiler und Passoth, 2016:10).

Als zentrales Risiko der digitalen Selbstvermessung gilt der Kontrollverlust der Nutzer*innen über die eigenen Daten (Sharon, 2017:105; Röcke, 2015:619). Denn bei Selbstvermessungsangeboten mittels Wearables und Apps sind diese oft nicht nur für die Nutzer*innen, sondern auch für Anbieter des Trackingangebots verfügbar, die die Daten an Dritte weitergeben. Dies ist deshalb problematisch, weil für Nutzer*innen digitaler Fitness- und Gesundheits-Tracker mit Speicherfunktion nicht transparent ist, wie die eigenen Daten von Dritten weiterverwendet werden. Eine Untersu-

Kasten 5.3.7-1

Handlungsempfehlungen zum Schauplatz „Digitale Selbstvermessung“

In der wissenschaftlichen Literatur werden eine Reihe von Maßnahmen zum Erhalt der Selbstbestimmung und zum Schutz der Privatsphäre von Nutzer*innen der Selbstvermessungsangebote diskutiert. Nachfolgend werden unterstützenswerte Empfehlungen vorgestellt und durch Empfehlungen des WBGU weitergeführt:

- *Schutz der Privatsphäre sichern, Souveränität ermöglichen:* Um Datenschutz und Datensicherheit bei Selbstvermessungsangeboten zum Schutz von Privatsphäre sicherzustellen, müssen Nutzer*innen Hoheit und Kontrolle über die eigenen Daten erlangen und darüber entscheiden, was mit diesen geschieht (Buck et al., 2015:57; Deutscher Ethikrat, 2017:268). Dafür werden stufenweise Opt-in-Modelle vorgeschlagen, die Nutzer*innen ermöglichen, ihre Zustimmung einmalig, regulär oder je nach Fall neu zu treffen (Deutscher Ethikrat, 2017:270). Darüber hinaus kommt es darauf an, dass Selbstvermessungsgeräte und -anwendungen standardmäßig mit datenschutzkonformen Grundeinstellungen versehen werden, wie es zum Beispiel die Europäische DSGVO vorsieht (privacy by design bzw. privacy by default; Deutscher Ethikrat, 2017:270). Auditierte bzw. zertifizierte Softwarewerkzeuge in Form von Datenagenten können Nutzer*innen unterstützen, die gesammelten Daten in ihrem Sinne zu verwalten (Deutscher Ethikrat, 2017:268). Das Angebot von Produkten, die mit Blick auf Datenschutz und Datensicherheit mangelhaft sind, sollte rechtlich verfolgt und sanktioniert werden, damit sichergestellt wird, dass nur hochqualitative Produkte auf den Markt gebracht werden. Behörden, Verbraucherschutzorganisationen und Individuen können hier die Rechtsfortbildung durch entsprechende Klagen vorantreiben. Rechtsgrundlagen dafür liegen nicht nur im Datenschutzrecht, sondern gegebenenfalls auch in einem (weiter zu entwickelnden) Medizinprodukterecht, dem Wettbewerbsrecht, verbraucherschützenden Regelungen und dem allgemeinen Haftungsrecht (Deutscher Ethikrat, 2017:97ff.). Auch eine Weiterentwicklung der Haftungsgrundlagen, etwa durch Gefährdungshaftungen für Verarbeitungen für gesundheitsbezogene Big-Data-Analysen kann erwogen werden (Deutscher Ethikrat, 2017). Der WBGU sieht Transparenz und Wahlmöglichkeiten als zentrale Hebel für mehr Selbstbestimmung und Datenschutz: Hier könnte eine Kennzeichnungspflicht zur Datenspeicherung und ein nutzerfreundliches Verwalten von Nutzungsoptionen (nur privat, auch für Freunde, auch für die Wissenschaft oder für alle) helfen. Die Kennzeichnung sollte u.a. Antworten auf folgende Fragen liefern: Werden die Daten nur lokal auf eigenen Geräten gespeichert oder auch oder ausschließlich zentral? In welchem Umfang werden sie zentral gespeichert?
- *Schutz vor Diskriminierung und Stigmatisierung gewährleisten, Solidarprinzip sichern:* Empfohlen wird, einen gesellschaftlichen Diskurs zur Relevanz des Solidarprinzips in der Gesundheitsversorgung im Hinblick auf die (Selbst-) Vermessung von Individuen anzuregen. In diesem Zusammenhang sollten auch folgende Fragen diskutiert werden: wie kann der Schutz vor Diskriminierung und Stigmatisierung besonderer Personengruppen (z.B. Süchtiger) angesichts des gesellschaftlichen Trends zur digitalen Selbstvermessung sichergestellt werden (z.B. durch Einsatz von durch Beschwerde- und Schlichtungsstellen, Deutscher Ethikrat, 2017:273)? Inwiefern können Einzelne für ihre Gesundheit verantwortlich gemacht werden? Sollen Sanktionen „ungesunden“ Verhaltens vorgenommen werden und ab wann kann ein Verhalten als „ungesund“ eingestuft werden (Heyen, 2016:12)? Wie kann sichergestellt werden, dass geeignete Maßnahmen entwickelt werden, damit Personen nicht moralisch oder vertraglich zur Nutzung von Selbstvermessungsanwendungen oder -geräten verpflichtet werden (Röcke, 2015:619f.), etwa durch Arbeitgeber oder Krankenkassen? Der WBGU sieht in Diskursarenen (Kap. 9.4.4) die Möglichkeit, eine gesellschaftliche Auseinandersetzung zu diesem Thema zu erreichen.
- *Gesundheitsdatenkompetenz fördern:* Empfohlen wird zudem die Vermittlung umfassender Kenntnisse zur Bedeutung der Sammlung von und den Wert persönlicher Daten in der Schule, durch andere Bildungseinrichtungen sowie in Unternehmen (Deutscher Ethikrat, 2017:271f.; Charismha, 2016:23). Hierzu gilt es, die nötigen Voraussetzungen zu schaffen, z.B. durch Lehrerfortbildungen (Deutscher Ethikrat, 2017:271f.). Auch wird die Notwendigkeit der Aus- und Weiterbildung des medizinischen Fachpersonals zu den Potenzialen sowie einem verantwortungsvollen Umgang mit Gesundheitsdaten Dritter in der Literatur hervorgehoben (Rey, 2018:16; Deutscher Ethikrat, 2017:280). Zur Stärkung der Nutzer*innen werden auch Informationskampagnen zu Folgen der Weitergabe von Gesundheits- und Fitnessdaten empfohlen. Außerdem wird dazu geraten, die Durchsetzung von Transparenzpflichten der Betreiber von Tracking-Anwendungen und -geräten auszuweiten, z.B. zu Ziel und Methoden ihrer Datensammlung und dem Erstellen von Nutzerprofilen oder zur Änderung von AGBs (Deutscher Ethikrat, 2017:270f.; Rey, 2018).
- *Datensicherheit und Datenqualität sichern:* Voraussetzung der Nutzbarkeit der durch Selbstvermessung erhobenen Gesundheitsdaten für individuelle, medizinische und wissenschaftliche Zwecke ist eine hohe Datenqualität und Datensicherheit. Daher wird empfohlen, einheitliche Daten- und Dokumentationsstandards zu schaffen, da diese einen systemübergreifenden Datenaustausch (Interoperabilität) und eine Rückverfolgbarkeit der Daten zu ihrem Ursprung ermöglichen (Deutscher Ethikrat, 2017:265). Zudem sollten Grenzwerte bzw. Datenbereiche für Gesundheitsdaten bereitgestellt und nachvollziehbar beschrieben werden. Weiterhin sollten Kontrollen für Selbstvermessungsanwendungen hinsichtlich Datenqualität und Datensicherheit durch unabhängige Stellen, wie technische Prüforganisationen, Verbraucherschutz- oder Patientenschutzorganisationen, durchgeführt und veröffentlicht werden (Rey, 2018:5,16). Ergänzend können interne Datenprüfungen analog zu Rechnungsprüfungen eingeführt werden (Deutscher Ethikrat, 2017:278). Der WBGU sieht insbesondere einen Bedarf für Prüfsiegel oder Zertifikate für Datenqualität und -sicherheit von Gesundheits-Apps. Da der Vertrieb regelmäßig über App-Stores erfolgt, sollte eine entsprechende (Selbst-)Verpflichtung, gegebenenfalls eine Pflicht zur Prüfung durch die App-Stores eingeführt werden (Charismha, 2016:29). Der von Fraunhofer FOKUS entwickelte Kriterienkatalog für die Bewertung von Gesundheits-Apps könnte Anknüpfungspunkte für Prüfungen bieten.
- *Nutzung von Selbstvermessungsdaten zu Forschungszwecken ermöglichen:* Unter der Voraussetzung, dass die Nutzer*innen umfassend über die Weiterverwendung ihrer Daten oder der ihrer Schutzbefohlenen und mögliche Implikationen (z.B. hinsichtlich der Rechte betroffener Familienmitglieder bei der Offenlegung von genetischen Bela-

stungen) aufgeklärt wurden, wird empfohlen, dass es für gewillte Nutzer*innen von Selbstvermessungsangeboten erleichtert werden sollte, ihre Daten zur Weiterverwendung ohne enge Zweckbindung für die klinische und medizinische Forschung zur Verfügung zu stellen (Deutscher Ethikrat, 2017:198, 266f.). Zudem sollte ein – bevorzugt international abgestimmter – Verhaltensstandard zum Umgang mit den hochsensiblen Gesundheitsdaten für Forscher*innen, die diese nutzen möchten, etabliert werden (Deutscher Ethikrat, 2017:279). Der WBGU hält zum Beispiel in Anlehnung an die im Onlinezugangsgesetz (OZG) geplanten Bürgerkonten ebenso Gesundheitskonten bei staatlich beaufsichtigten Vermittlerinstitutionen für möglich, über die Daten aus Gesundheits-Apps für Ärztinnen und Ärzte, Krankenhäuser oder auch Forschungseinrichtungen freigegeben werden können. Ein solches Vorgehen sollte geprüft werden. Für solche Lösungen müssten die höchsten Sicherheitsstandards angelegt und permanent aktualisiert und weiterentwickelt werden. Die konkrete Umsetzbarkeit bedarf weiterer Überprüfung.

Kasten 5.3.7-2

Forschungsempfehlungen zum Schauplatz „Digitale Selbstvermessung“

- *Implikationen des Gesundheitsdaten-Trackings erforschen:* Erforscht werden sollten zum einen gesellschaftliche Potenziale (z.B. zur Senkung von Gesundheitskosten durch Selbstvermessung) und die von Anbietern beworbene Wirksamkeit von Selbstvermessung für den Einzelnen (z.B. zur Gesundheitsförderung oder Verbesserung der Lebensqualität und der eigenen Gesundheitskompetenz; Rey, 2018:5, 16). Zum anderen gilt es, auch die Gefahren des Trackings empirisch nachzuweisen, etwa im Hinblick auf mögliche Kontrollverluste oder die Gefahr, dass die übermäßige digitale Selbstvermessung Krankheitsängste (Cyberchondrie) verursacht (Heyen, 2016:13; Sharon, 2017:116; Charismha, 2016:22; Röcke, 2015:620; Rey, 2018:10).
- *Datenschutz und Datensicherheit der Gesundheitsdaten bei der Verarbeitung mittels Selbstvermessungsangeboten untersuchen:* Es sollte untersucht werden, ob und wie Datenschutz und Datensicherheit bei Selbstvermessungen mittels digitaler Hilfsmittel, zum Beispiel Datenagenten, gewährleistet werden können. Dabei sind insbesondere die sich fortentwickelnden rechtlichen Rahmenbedingungen einer Weiterverwendung von Nutzerdaten auf ihre Wirksamkeit hin zu untersuchen (Deutscher Ethikrat, 2017:269).
- *Datenqualität bei Selbstvermessungsangeboten erforschen:* Untersucht werden sollte auch, wie eine hohe wissenschaftliche Datenqualität bei Selbstvermessungsangeboten sichergestellt werden kann und welche Anforderungen aufgrund von schwankender Datenqualität bei der Forschung mit Daten aus Selbstvermessungsangeboten bestehen.
- *Bedeutung von Fitness- und Gesundheits-Tracking für die gesamtgesellschaftliche Gesundheitsversorgung erforschen:* Forschungsbedarf besteht zudem zu der Frage, inwieweit das Tracking von Fitness- und Vitaldaten bei der Gesundheitsversorgung heute bereits eine Rolle spielt (Charismha, 2016:23). Interessant wäre es zu untersuchen, inwiefern das Fitness- und Gesundheitsdaten-Tracking in unterschiedlichen Ländern bereits Einfluss auf die Gesundheitsversorgung hat. Um wissenschaftlich fundierte gesellschaftliche Debatten zur Bedeutung des Solidarsystems im Gesundheitssektor zu führen, sollte ein Schwerpunkt der Untersuchung auf dem Verhältnis der Individualisierung des Versicherungswesens zum Solidarprinzip liegen.

chung des deutschen Verbraucherzentrale Bundesverbands zeigte etwa, dass sich die Anbieter von Selbstvermessungs-Apps und Selbstvermessungsplattformen in ihren Allgemeinen Geschäftsbedingungen (AGBs) und Datenschutzbestimmungen umfassende Rechte bei der Verwendung von nutzergenerierten Daten zugestehen (Koch, 2014), die weitergegeben und mit Daten aus Drittquellen zusammengeführt werden (Gigerenzer et al., 2016). Auch wenn gemäß Datenschutzgesetzen, z.B. der DSGVO die Einwilligung zur Weiterverwendung von personenbezogenen Daten unwirksam sein kann, fehlt es an geeigneten Mechanismen, um derartige Praktiken zu verhindern (Deutscher Ethikrat, 2017:17). Zur Unübersichtlichkeit für die Nutzer*innen und letztlich auch zum Verlust ihrer informationellen Selbstbestimmung trägt ebenso bei, dass AGBs häufig geändert werden, ohne dass die Nutzer*innen dies notwendigerweise erfahren (Rey, 2018:14).

Insgesamt zeigt der vorliegende Schauplatz, dass die digitale Selbstvermessung potenziell sowohl Vorteile und Chancen als auch Nachteile und Risiken mit Blick auf eine Transformation zur Nachhaltigkeit bietet. Erforderlich ist es, in einem ersten Schritt das Wissen über die Auswirkungen der Selbstvermessung durch empirische Untersuchungen zu fundieren und zudem qualitätssichernde Maßnahmen im Hinblick auf die Geräte, die Applikationen, die Datenqualität und den Datenschutz durchzuführen.

Themenkasten 5.3-2

Die Technisierung des Menschen

Im Zuge der Industrialisierung und spätestens seit den 1950er Jahren hat die Beeinflussung der Umwelt durch den Menschen ein derartiges Ausmaß angenommen, dass der Mensch als der zentrale, prägende Einflussfaktor auf das Erdsystem angesehen werden muss. Das Anthropozän ist als neue erdgeschichtliche Epoche Ausdruck für diese Entwicklung (Crutzen, 2002; Rosol et al., 2018). In ähnlicher Weise stehen wir jetzt potenziell am Anfang einer Epoche, in der der Mensch seinen Körper auf ebenso grundlegende Weise beeinflusst wie bereits heute das Erdsystem (Coeckelbergh, 2013a; Braidotti, 2014, 2016).

Anwendungsgebiete und ethische Fragen

Die Digitalisierung erweitert den Möglichkeitshorizont für die technische Veränderung der Eigenschaften und Fähigkeiten des Menschen. Die Anwendungsgebiete reichen dabei von implantierten RFID-Chips als digitaler Türschlüssel (Mair, 2015) über Brain Computer Interfaces (BCIs) etwa durch tiefe Hirnstimulation (Perlmutter und Mink, 2006; Schermer, 2011; Birbaumer, 2017; Rezeika et al., 2018) bis hin zur Analyse von DNS mittels KI (Domingos, 2015). Beispielsweise kann über BCIs Hirnaktivität in Signale für technische Systeme umgewandelt werden und Menschen können so ohne Berühren oder Sprechen einem Computer Instruktionen geben. In umgekehrter Richtung kann mittels leichter elektrischer Ströme die Hirnaktivität beeinflusst und so etwa die Schlafqualität oder das Langzeitgedächtnis verbessert werden (Birbaumer, 2017; Rezeika et al., 2018). In der Literatur werden zurzeit die militärischen Einsatzmöglichkeiten dieser Technik prominent diskutiert, beispielsweise könnten Hirnimplantate die Wachsamkeit von Soldaten in Stresssituationen und bei Schlafmangel erhöhen (Tracey und Flower, 2014; McCarty, 2014; Pugliese, 2015; Beard et al., 2016; Caron, 2018; Harrison Dinniss und Kleffner, 2018). Es existieren aber ebenso zahlreiche medizinische Anwendungsgebiete. Tiefe Hirnstimulation wird etwa zur Behandlung der Parkinson-Krankheit eingesetzt oder zur Steuerung von Prothesen eingesetzt (Perlmutter und Mink, 2006; Schermer, 2011; Birbaumer, 2017). Jedoch stellen sich beim Technikeinsatz am Menschen Fragen bezüglich ethischer Leitlinien und gegebenenfalls roter Linien. Entsprechende Debatten sehen sich potenziell mit einem Auseinanderdriften der heutigen ethischen Diskussion und der tatsächlichen zukünftigen technischen und gesellschaftlichen Entwicklungen konfrontiert (Ferrari et al., 2012). Dennoch müssen im Sinne einer vordenkenden Gesellschaft heute schon die richtigen Fragen gestellt werden (Kap. 7.5).

Spezifisch im medizinischen Bereich geht es dabei um die tatsächliche Heilungswirkung durch Technisierung sowie die Autonomie der Patient*innen. Wenn etwa eine Zwangsstörung durch tiefe Hirnstimulation behandelt wird, stellt sich die Frage, inwieweit der technisch induzierte Gemütszustand tatsächlich eine Verbesserung darstellt: „making people feel good is not the same as enhancing their well-being" (Schermer, 2011). Ferner bedeuten solche Behandlungen einen sensiblen Eingriff in das Innerste der Patient*innen. Durch die Verknüpfung von BCIs mit Auswertung durch KI ist auch Gedankenlesen, d.h. gedachte Äußerungen technisch zu identifizieren, zumindest perspektivisch durchaus möglich, wenn bislang auch nur rudimentär (Mecacci und Haselager, 2017; Roelfsema et al., 2018). Bislang fehlen rechtliche Grenzen und Vorgaben zu angemessenen Sicherheitsmaßnahmen, die die Betroffenen schützen und es mangelt sowohl bei vielen Herstellern als auch beim Gesetzgeber an der nötigen Sensibilität (Birbaumer, 2017). Sollte sich technische Erweiterung in nicht medizinischen Bereichen normalisieren, droht sie darüber hinaus, zu einer Kategorie für sozialen Status zu werden und so zu sozialem Druck zur technischen Selbstoptimierung zu führen (Fukuyama, 2004; Fukuyama, 2002; Buchanan, 2009).

Grundlegende Fragen über das Menschsein

Über konkrete Anwendungsgebiete und deren ethische Implikationen hinausgedacht eröffnen sich grundlegende Fragestellungen darüber, auf welchem Verständnis vom Menschsein die Technisierung des Menschen basiert und wohin sie führt (Kasten 2.1.2-1). Transhumanistische Sichtweisen verstehen dabei die Technisierung des Menschen als Überwindung seiner biologischen Beschränkungen. Human Enhancement soll den Menschen vom *Homo sapiens* zum *Homo digitalis* auf eine neue evolutionäre Entwicklungsstufe heben (Allhoff et al., 2010; Domingos, 2015; Kehl und Coenen, 2016). Dabei wird argumentiert, dass die Technisierung des Menschen nichts grundsätzlich Neues ist und der Mensch seit jeher nach der Erweiterung seiner Eigenschaften und Fähigkeiten strebt (Daniels, 2009; Coeckelbergh, 2013a). Weitergehend wird mitunter sogar eine mögliche Einschränkung der Technisierung als problematisch betrachtet, weil diese verhindert, dass Menschen die eigenen körperlichen Potenziale im Rahmen des technisch Möglichen voll entfalten können (Savulescu, 2009). Nichtsdestotrotz sehen einige Autor*innen einen unumstößlichen Kern des Menschseins. Dass der Mensch seiner biologischen Beschränkungen durch Human Enhancement vermeintlich enthoben wird, lässt ihn nicht weniger Mensch werden. Vielmehr rücken neue Verletzlichkeiten an deren Stelle (z.B. Anfälligkeit gegenüber Problemen mit der Technik) und nicht biologische Charakteristika, sondern gerade diese Vulnerabilitäten im Verhältnis zu seiner Umwelt, machen den Menschen aus (Coeckelbergh, 2011, 2013a) – weshalb aus dieser Sicht nicht der Mensch als vermeintlich unveränderliches biologisches Wesen (human nature) entscheidend ist, sondern das Wesen des Menschseins (human being). Kritisch-posthumanistische Perspektiven lehnen sowohl den Transhumanismus als auch ein kategorisches Verständnis vom natürlichen, biologischen menschlichen Selbst ab und propagiert stattdessen ein Verständnis von menschlicher Intelligenz, die auch im Zusammenspiel mit Maschinen entstehen kann (Hayles, 1999). Der Fokus verbreitert sich vom humanistischen Bild des Menschen als rationales Wesen zum davon losgelösten, ergebnisoffenen Nachdenken über das Wesen des Menschseins, das nicht kategorisch durch Abgrenzung zum Tier oder zur Maschine definiert werden kann (Haraway, 1991; Braidotti, 2016). Das Menschsein lässt sich nicht getrennt von möglichen maschinellen Komponenten verstehen, sondern es besteht eine unauflösliche Beziehung zwischen Körper und Technik (Kasten 2.1.2-1).

Angesichts dieser Perspektiven wird deutlich, dass die Technisierung des Menschen Grundfragen des Menschseins berührt. Angesichts der erweiterten Möglichkeiten im Zuge der Digitalisierung kann nicht ausgeschlossen werden, dass zukünftig auch bislang hypothetische ethische und gesellschaftliche Fragen konkret werden. Umso wichtiger ist es, einen geeigneten gesellschaftlichen Rahmen zu schaffen. Obschon Zukunftsthema, ist die verantwortungsvolle Antizipation der Veränderungen im Verhältnis zwischen Mensch und Technik unerlässlich. Ähnlich wie in Bezug auf das

Mensch-Umwelt-Verhältnis planetarische Leitplanken eingehalten werden müssen, müssen auch Leitplanken für die Verschiebungen im Hinblick auf die Technisierung des Menschen im Digitalen Zeitalter diskursiv ausgehandelt und verbindlich gezogen werden. Die Notwendigkeit dazu veranschaulicht eine weitere Analogie zum Klimawandel: Geoengineering zur Abmilderung oder gar Umkehrung der Erderwärmung durch technische Eingriffe wird schon seit längerem (Marchetti, 1977), seit einigen Jahren jedoch vermehrt (Blackstock und Low, 2018) als mögliche Antwort auf den Klimawandel diskutiert. Die Risiken derart invasiver, ungetesteter und teurer Einflussnahme auf ein so komplexes System wie das Erdklima sind allerdings immens. Es ist also – ebenso wie bei der Technisierung des Menschen – entscheidend, Leitlinien und Regeln zu vereinbaren, bevor einzelne Akteure Fakten schaffen, die in ihren gesellschaftlichen Auswirkungen irreversibel sind.

5.3.8 Internationale Arbeitsteilung und Digitalisierung: Folgen für Entwicklungs- und Schwellenländer

In den vergangenen Jahrzehnten kam es global zu einer „Verlagerung des Wohlstands" von Industrieländern in Schwellen- und Entwicklungsländer und in dessen Folge zur Bildung einer „neuen globalen Mittelschicht" (Kharas, 2010; Milanovic, 2012, 2016). An diesem wirtschaftlichen Aufschwung hatte die zunehmende Integration dieser Länder in die seit den 1980er Jahren neu entstehenden Handelsstrukturen und globalen Wertschöpfungsketten einen großen Anteil. Digitalisierung wird diese wirtschaftlichen Verflechtungen und die internationale Arbeitsteilung nach verbreiteter Einschätzung wandeln: Teils sehr hohe technische Potenziale zur digital unterstützten Arbeitssubstitution und Automatisierung in Entwicklungs- und Schwellenländern stehen neue Möglichkeiten wirtschaftlicher Integration und Teilhabe durch digitale Vernetzung und digitale Arbeitsplattformen gegenüber. Welche Konsequenzen daraus für die zukünftigen Entwicklungsdynamiken folgen, steht im Zentrum der folgenden Ausführungen. Eine umfassende, abschließende Einschätzung ist auf Grundlage des derzeitigen Stands der Forschung allerdings noch nicht möglich (Lütkenhorst, 2018:28f; Schlogl und Sumner, 2018:34; Rodrik, 2018).

5.3.8.1 Ausgangslage: Entwicklungsfortschritte während der zweiten Welle der Globalisierung

Die Entwicklungsfortschritte der vergangenen Jahrzehnte stehen in engem Zusammenhang mit der zweiten Welle der Globalisierung ab den 1980er Jahren („second unbundling of globalization"; Baldwin, 2013; Baldwin und Evenett, 2015; World Bank, 2016:60; Timmer et al., 2014), die durch Informations- und Kommunikations-Technologien (IKT) eingeleitet wurde. Indem Logistik und Koordination unternehmerischer Tätigkeiten auch über größere Entfernungen erheblich erleichtert wurden, konnten in Prozessen des Outsourcings und Offshorings Produktionsschritte aufgespalten und international verteilt werden, um lokale Standortvorteile zu nutzen. Es kam zu einer weiteren Vertiefung der internationalen wirtschaftlichen Verflechtungen. Bereits ab dem 19. Jahrhundert konnten durch die Nutzung fossiler Energien Kosten und Dauer des Gütertransports gesenkt werden, was die räumliche Trennung von Konsum und Produktion ermöglichte und Anstoß zur ersten Welle der Globalisierung gab („first unbundling of globalization").

Für Entwicklungs- und Schwellenländer ergaben sich im Zuge der zweiten Welle der Globalisierung neue Entwicklungsmodelle: Ihre Standort- bzw. Wettbewerbsvorteile, vor allem in Form günstiger Arbeitskräfte und umfangreicher Vorkommen natürlicher Ressourcen, erlaubten es ihnen, sich in Produktions- und Wertschöpfungsketten zu integrieren (Norton, 2017). Sie erreichten so gerade in den 2000er Jahren ein zum Teil deutlich dynamischeres (wirtschaftliches) Wachstum als Industrie- bzw. OECD-Länder und bauten gegenüber diesen ihre Anteile an der globalen Wirtschaftsleistung (gemessen am globalen GDP) und Handelsvolumen aus (OECD, 2016c:54ff.). Als Folge sank die Zahl der absolut Armen, die nach der Definition der Weltbank von weniger als 1,90 US-$ pro Tag leben (World Bank, 2019a) von 1,8 Mrd. (1990) auf 770 Mio. (2013). Ihr Anteil an der Weltbevölkerung ging damit bis 2015 von über 40% Anfang der achtziger Jahre auf 10% zurück (World Bank, 2019b; Stand: Januar 2019). Damit verbunden waren weitergehende Entwicklungsfortschritte wie beispielsweise ein Absinken der Kinder- und Müttersterblichkeit, ein Rückgang verlorener Jahre durch Erkrankungen, gemessen in Disability Adjusted Life Years (DALYs) sowie ein weltweiter Anstieg der Lebenserwartung (Roser, 2019). Auch hat es einen starken Rückgang von Analphabetismus gegeben (Roser und Ortiz-Ospina, 2019). Die beschriebene Wachstums- und Entwicklungsdynamik wurde allerdings vorrangig von China, Indien und einigen weiteren asiatischen Staaten getrieben (Rodrik, 2014; UN DSP, 2015; Milanovic, 2012, 2016). Rund ein Viertel der Entwicklungsländer, vor allem in Afrika, wurde nur in geringem Maße in Wertschöpfungsketten und internationale Arbeitsteilung integriert (UNDP, 2010).

Technologischer Fortschritt, insbesondere auch im Bereich der IKT, hat daher bereits in der Vergangenheit Handelsmuster und Muster der internationalen Arbeitsteilung wesentlich geprägt. Gerade die Bedeutung, die IKT für die zweite Welle der Globalisierung zukam, stützt dabei die Erwartung, dass sich die Muster internationaler Arbeitsteilung und die derzeitigen internationalen wirtschaftlichen Verflechtungen im Zuge der Digitalisierung weiter entwickeln und verändern werden (OECD, 2016c: 63f.). Dass die in der Vergangenheit maßgeblichen Standortvorteile vieler Entwicklungs- und Schwellenländer dabei an Bedeutung verlieren, kann nicht ausgeschlossen werden und birgt Gefahren für die erreichten Entwicklungsfortschritte sowie die wirtschaftliche Teilhabe der Länder am globalen Wohlstand. Mit Blick auf die absehbaren strukturellen Änderungen auf Arbeitsmärkten (Kap. 5.3.9) ist dies, wie im Folgenden weiter ausgeführt wird, sogar wahrscheinlich, auch weil die Industrialisierungsprozesse durch internationale Arbeitsteilung nicht in allen Ländern zu einem umfangreichen Transfer von Technologien und Wissen geführt haben. Nicht alle Länder konnten sich daher von einer reinen „Werkbank“ zu eigenständigeren Technologiestandorten mit entsprechend hochqualifizierten Arbeitnehmern entwickeln (Baldwin, 2013: 198), wie sie insbesondere auch die ökonomische Teilhabe an den Potenzialen der Digitalisierung voraussetzt.

5.3.8.2 Veränderung von Wertschöpfungsketten durch Digitalisierung

Zukünftige Möglichkeiten wirtschaftlicher Entwicklung auf Grundlage internationaler Arbeitsteilung in industriellen Produktionsprozessen werden mit Blick auf die Digitalisierung insbesondere aus zwei Gründen kritisch gesehen (UNCTAD, 2016; Stiglitz, 2017a: 630; McKinsey Global Institute, 2016).

Zum einen bringt die Digitalisierung neue Produktionsverfahren hervor, die eine Reorganisation der Produktionsstrukturen erwarten lassen. Neue Verfahren der additiven Fertigung wie 3D-Druck (Kap. 3.2) erlauben die kostengünstigere und einfachere Gestaltung von Produkten und lassen (arbeitsintensive) Zwischenstufen der Produktion wegfallen. Sie wirken damit auf dezentralere Produktionsstrukturen und eine Verkürzung globaler Wertschöpfungsketten hin (Gebler et al., 2014: 161; Rehnberg und Ponte, 2017; WEF, 2018b). Bisherige Kostenvorteile räumlich konzentrierter, großskaliger Produktionsstrukturen nehmen entsprechend ab (UNCTAD, 2017b: 15).

Zum anderen erweitern sich mit der Entwicklung zunehmend intelligenter technischer Systeme die Möglichkeiten der Automatisierung und damit der Substitution menschlicher Arbeit im Produktionsprozess. Diese Entwicklung trifft grundsätzlich sowohl Entwicklungs- und Schwellenländer als auch Industrieländer (Kap. 5.3.9). Aufgrund des höheren Anteils an Routinetätigkeiten wird die Zahl der gefährdeten Arbeitsplätze in Entwicklungsländern allerdings höher eingeschätzt. Tabelle 5.3.8-1, in der jüngst erschienene Abschätzungen zusammengefasst sind, verdeutlicht dies (World Bank, 2016: 122; Schlogl und Sumner, 2018; Kap. 5.3.9).

Die Abschätzung technischer Potenziale der durch Automatisierung bedingten Arbeitssubstitution sollte, wie in Kapitel 5.3.9 diskutiert, allerdings nicht mit Prognosen tatsächlich wegfallender Arbeitsplätze gleichgesetzt werden. Noch ist z.B. nicht absehbar, ob sich durch die Automatisierung, angesichts der vielfach sehr niedrigen Arbeitskosten in Entwicklungs- und Schwellenländern, tatsächlich stets Kosteneinsparungen ergeben. Allerdings können andere Faktoren, wie etwa eine zunehmende Bedeutung von Transportkosten oder Kundennähe, Vorteile bei Arbeitskosten überkompensieren und zu einer Rückverlagerung von Produktionsstufen in Industrieländer (oder zumindest in geographisch näher an den Heimatmärkten oder relevanten Kundengruppen gelegene Länder) beitragen.

Die steigende Nachfrage nach individualisierten Produkten, die über dezentralere und kundennähere Produktionsstrukturen besser bedient werden können, ist einer der zentralen Trends in der verarbeitenden Industrie (WEF, 2017b11, 2018). Für die Zielländer sind dabei allerdings keine großen Beschäftigungszuwächse zu erwarten, da Um- und Rückverlagerungen mit einer Umstellung auf hochautomatisierte Fertigungen verbunden sind.

Systematischere Untersuchungen der Relevanz für Re- bzw. Back- oder Nearshoring-Prozesse fehlen bislang. In Einzelfällen sind sie aber bereits heute mit einem direkten Bezug zur Digitalisierung zu beobachten (De Backer et al., 2016). Der Batteriehersteller Varta hat beispielsweise Ende der 1990er Jahre seine Produktion in Singapur geschlossen, nach Ellwangen (Deutschland) zurückverlagert und die Mitarbeiterzahl in Singapur von 500 auf 100 reduziert (Rückverlagerung.de, 2006). Noch während der teilweisen Rückverlagerung aus Singapur wurden allerdings auch unverändert arbeitsintensive Produktionsschritte nach Indonesien und später auch Shanghai ausgelagert. Aus- und Rückverlagerungsprozesse verliefen hier also parallel. Adidas eröffnete 2017 erstmals wieder eine Fabrik in Deutschland, in der Sportartikel robotergesteuert und teilweise mit Hilfe von 3D-Druck (Schuhe) gefertigt werden. Treiber war hier insbesondere der Wunsch, möglichst schnell auf sich dynamisch wandelnde, spezielle Kundenwünsche in bestimmten Produktsegmen-

Tabelle 5.3.8-1
Abschätzungen der Beschäftigungseffekte von Automatisierung in Entwicklungs- und Schwellenländern.
Quelle: Beispiele entnommen aus: Schlogl und Sumner, 2018:20–21.

Autor(en)	Ländergruppe/Region	Einschätzung
Chandy, 2017	Entwicklungsländer	Die Automatisierung wird voraussichtlich die Arbeitsplätze in Entwicklungsländern noch schneller ersetzen als in Industrieländern (S. 15).
Chang und Huynh, 2016	Südostasien	In ASEAN-Staaten sind 56% der Arbeitsplätze einem hohen Automatisierungsrisiko ausgesetzt.
Frey et al., 2016	Entwicklungsländer	Entwicklungsländer sind sehr anfällig für einen wachsenden Automatisierungsgrad (S. 18).
Frey und Rahbari, 2016	OECD sowie Äthiopien, Indien und China	China wird 77% der Arbeitsplätze durch Automatisierung verlieren, Indien 69%, Äthiopien 85% und in der OECD werden durchschnittlich 57% der Arbeitsplätze verloren gehen.
World Bank, 2016	Entwicklungsländer	Zwei Drittel aller Arbeitsplätze sind für Automatisierung anfällig (1,8 Mrd. Arbeitsplätze).
Avent, 2017	Entwicklungsländer	Neue Technologien scheinen besonders aufstrebenden Ländern das Leben schwerer zu machen (S. 171).
WEF, 2017a	Afrika	41% aller Tätigkeiten in Südafrika sind für Automatisierung anfällig, in Äthiopien sind es 44%, in Nigeria 46% und in Kenia 52%.

ten reagieren zu können. Mit dieser hochautomatisierten Art zu produzieren soll es künftig möglich sein, die Produktion nach dem Prinzip „copy and paste" dorthin zu verlagern, wo Nachfrage besteht (Busse, 2017).

Entwicklungsländer verlieren im Zuge solcher Umstrukturierungen Arbeitsplätze und Möglichkeiten der wirtschaftlichen Teilhabe an globalen Wertschöpfungsgewinnen. Aus einer entwicklungspolitischen Perspektive droht Entwicklungs- und Schwellenländern eine frühzeitige Deindustrialisierung: Ihre Wirtschaften entwickeln sich nach deutlich kürzeren Phasen der Industrialisierung und damit bei einem deutlich niedrigerem Einkommens- und Produktivitätsniveau hin zu Dienstleistungsökonomien als dies in der Vergangenheit bei vielen Industrieländern der Fall war (Rodrik, 2016; Lütkenhorst, 2018:60). Anzeichen für einen Trend zur „frühzeitigen Deindustrialisierung" gibt es insbesondere in lateinamerikanischen Ländern (Rodrik, 2016; Schlogl und Sumner, 2018:1). Gerade für diese Länder und afrikanische Länder, die bislang von den exportgetriebenen Industrialisierungsprozessen der Globalisierung kaum profitierten, scheinen daher neue Wachstums- und Entwicklungsmodelle notwendig (Norton, 2017:26; Rodrik, 2018; Stiglitz, 2018). Die Herausforderung besteht dabei vor allem darin, dass zweifelhaft erscheint, dass über die Verlagerung hin zu Dienstleistungstätigkeiten ein ähnlicher, dauerhaft Beschäftigungs- und Entwicklungspotenziale fördernder Strukturwandel gelingen kann, wie über die Wanderung von Arbeitskräften aus dem Agrarsektor in die verarbeitende Industrie. Diese Einschätzung stützt sich auf die Beobachtung, dass zumindest viele traditionelle Dienstleistungsbereiche in der Regel nur eine mit dem Agrarsektor vergleichbare Arbeitsproduktivität und nur geringe Potenziale zur deren Steigerung aufweisen, auch weil sie beispielsweise keine Möglichkeiten wirtschaftlicher Entwicklung über Handel und Export bieten (Rodrik, 2018). Gerade der digitale Wandel kann diese Ausgangslage jedoch verändern und neue Entwicklungspotenziale im Bereich von Dienstleistungen eröffnen. So entstehen im Zuge der Digitalisierung neue Beschäftigungen für Hochqualifizierte im Dienstleistungsbereich, die diesen Einschränkungen nicht zwingend unterliegen und etwa eine weitere Integration in internationale Wertschöpfungsketten erlauben (Miroudot und Cadestin, 2017; WEF, 2018b). Beispiele sind hochqualifizierte Tätigkeiten bei Finanz- und Geschäftsdienstleistungen oder im IT-Bereich, die

Knowledge-Intensive Business Services. Voraussetzung dafür, dass diese besonderen Dienstleistungsbereiche zu einem neuen Entwicklungsmodell werden können, sind jedoch erhebliche Investitionen sowie Reformen der Bildungssysteme in Entwicklungs- und Schwellenländern (Stiglitz, 2018; World Bank, 2019c).

Fehlende umfassende Bildungs- und Weiterbildungssysteme und entsprechend mangelnde Qualifikation für den Umgang mit neuen Technologien werden allerdings auch im Bereich industrieller Produktion dazu führen, dass neue Technologien und Produktionsverfahren in Entwicklungs- und Schwellenländern gar nicht erst eingesetzt werden. Neben reinen Kostenfragen entsteht so ein zusätzliches Hindernis, Fertigungsprozesse in den betroffenen Ländern anzusiedeln oder zu halten (Rodrik, 2018). Anzeichen für veränderte Qualifikationsanforderungen gibt es bereits heute auch in Entwicklungsländern: So verlagerte sich auch in diesen Ländern die Arbeitsnachfrage mehr und mehr hin zu Nicht-Routinetätigkeiten, die generell als weniger leicht automatisierbar gelten, aber völlig andere Fähigkeiten als die in arbeitsintensiven Fertigungsprozessen typischen Routinetätigkeiten voraussetzen (Reijnders und de Vries, 2018; Kap. 5.3.9).

Fehlende technologische Expertise und Qualifikation kann auch verhindern, dass eigenständige Unternehmen vor Ort neue digitale Technologien in der Fertigung und Vermarktung einsetzen. Selbst wenn dies gelingt, müssen die notwendigen Technologien häufig importiert werden, etwa zur Automatisierung der Produktion und Wahrung der internationalen Konkurrenzfähigkeit. In diesem Fall kommt es dann zwar nicht zu einer direkten, aber zu einer indirekten Rückverlagerung von Wertschöpfung in die Industrieländer (UNCTAD, 2017a:24). Der Wandel hin zu Dienstleistungsökonomien und die strukturellen Veränderungen auf den Arbeitsmärkten – der steigende Bedarf (hoch-) qualifizierter Arbeitskräfte gegenüber dem sinkenden Bedarf an weniger qualifizierten Arbeitskräften – bergen generell und so auch innerhalb von Entwicklungs- und Schwellenländern die Gefahr steigender Ungleichheit und wachsender sozialer Spannungen (UNCTAD, 2016; Stiglitz, 2018). In Entwicklungs- und Schwellenländern erhalten diese Entwicklungen allerdings eine zusätzliche Brisanz durch zum Teil höhere politische Instabilität, die vielfach schwächeren (staatlichen) Institutionen und die oft fehlenden oder doch wesentlich schwächeren Mechanismen und Systeme der sozialen Sicherung (World Bank, 2019c; Kap. 5.3.9). Automatisierung kann auch zu einer geringeren Nachfrage nach Arbeitsmigrant*innen in Industrieländern führen. Die Folge wäre ein Einbruch der Rücküberweisungen, die in vielen Entwicklungs- und Schwellenländern einen bedeutenden Anteil am BIP erreichen (Norton, 2017).

Das Überspringen technologischer Entwicklungsstufen (Leapfrogging) kann hingegen auch positive Entwicklungschancen bieten. Diese Potenziale sind grundsätzlich auch in der Digitalisierung angelegt. Prominente Beispiele sind Mobilfunk und mobiles Internet, durch die Kommunikation über große Distanzen und Internetzugang ohne den kapitalintensiven Aufbau von Leitungsinfrastrukturen auch in abgelegenen Regionen möglich werden, was beispielsweise Zugänge zu Bank- und Finanzdienstleistungen eröffnet (World Bank, 2016). Zu beachten ist allerdings auch in diesem Zusammenhang, dass ausreichende Bildung und Qualifikation im Umgang mit neuen Technologien und Medien wesentliche Voraussetzungen für die Entwicklungsmöglichkeiten auf Grundlage von Leapfrogging insgesamt sind. Vor diesem Hintergrund werden die Möglichkeiten des Leapfrogging bislang eher als gering eingeschätzt (UNCTAD, 2017a; Niebel, 2018).

5.3.8.3 Internationale Arbeitsteilung im Wandel: Von der analogen zur digitalen Werkbank?

Über die Senkung von Kommunikations-, Informations- und Suchkosten (Goldfarb et al., 2019) eröffnet die Digitalisierung Entwicklungsländern allerdings auch Chancen zu einer eigenständigeren wirtschaftlichen Entwicklung. Durch sinkende Markteintrittsbarrieren können Unternehmen und Arbeitnehmer leichteren Zugang auch zu internationalen Märkten erhalten (World Bank, 2016:59f.). So können digitale Technologien etwa den Kapitalbedarf für die Teilhabe an internationalen (digitalen) Märkten reduzieren: Cloud Computing bietet beispielsweise grundsätzlich auch kleineren Unternehmen in Entwicklungsländern Zugang zu neuesten Technologien, ohne dass diese die hohen Investitionskosten und -risiken der Serverinfrastrukturen vollständig zu tragen haben (World Bank, 2016:69). Zugleich werden mit Hilfe von Digitalisierung (Dienstleistungs-)Tätigkeiten auslagerbar und können international gehandelt werden. Digitale Arbeitsplattformen stellen einen neuen, globalen Arbeitsmarkt für derartige Beschäftigungen dar, zu dem auch Entwicklungs- und Schwellenländer direkten Zugang haben. Digitale Arbeitsplattformen (Kasten 5.3.8-1) können so zu einer neuen Qualität der internationalen Arbeitsteilung führen.

Es gibt viele Beispiele, wie solche Plattformen die Einkommenssituation von Menschen in Entwicklungs- und Schwellenländern verbessern können und Dienstleistungsanbieter in armen Ländern mit den Märkten wohlhabender Länder verbinden (UNCTAD, 2017b:47ff.). So kann z.B. ein ehemaliger University Lecturer in Manila mit Programmierarbeit für einen US-Konzern viel mehr verdienen als bisher und muss

Kasten 5.3.8-1

Digitale Arbeitsplattformen

Beim Begriff digitale Arbeit kann zwischen „Cloud Work" und „Gig Work" unterschieden werden. Eine Aufgabe, die von überall über das Internet ausgeführt werden kann, gilt als „Cloud-Arbeit". „Gig-Arbeit" hingegen bezieht sich auf ortsbezogene Arbeit, die durch digitale Plattformen erleichtert wird (UNCTAD, 2017a:46). Auf diesen Digital Labor Platforms stellen Firmen oder einzelne Auftraggeber Arbeitsangebote ein, auf die Bieter ein Gebot abgeben können. Die weitere Senkung von Informations- und Transaktionskosten auf digitalen Arbeitsplattformen kann auch dazu beitragen, dass Produktionsprozesse nicht länger innerhalb eines Unternehmens organisiert werden. Stattdessen können einzelne Aufgaben sehr kleinteilig global verteilt und vollständig aus Unternehmen hin zu quasi selbstständigen Auftragnehmern ausgelagert werden. Diese Auslagerungsprozesse mit Hilfe der Vermittlung bzw. Auktionierung von Arbeitsaufträgen auf Internetplattformen, die als neue „globale Gig Economy" bezeichnet werden (Norton, 2017), können als digitale Fortsetzung bzw. Transformation der globalen analogen Werkbank in eine digitale Werkbank interpretiert werden. Mit voranschreitender Digitalisierung zeichnet sich ein globaler Strukturwandel ab, bei dem aufstrebende Entwicklungs- und Schwellenländer auf dem globalen Markt auch zunehmend (hochwertige) Dienstleistungen anbieten. Englischsprachige Global Digital Labour Platforms (etwa für Übersetzungen, Programmierung, Marketing, Buchhaltung, Büroassistenz) wachsen derzeit um ca. 25% jährlich (Kässi und Lehdonvirta, 2018). Die Anbieter von Tätigkeiten auf Digital Labour Platforms kamen im Jahr 2016/17 zu 46% aus den USA, gefolgt von Europa, UK, Australien, Indien, Australien, UK und Kanada (Kässi und Lehdonvirta, 2018). Ferner kamen Angebote aus Brasilien, Südafrika und Ägypten. Bei der Herkunft der Auftragnehmer sind dagegen stärker Entwicklungsländer vertreten, allen voran Indien und die Philippinen (UNCTAD, 2017a:49).

Trotz dieser beeindruckenden Wachstumszahlen ist die Relevanz der Gig Economy heute noch beschränkt. Die bislang verfügbaren Schätzungen zu den Anteilen derjenigen an der arbeitenden Bevölkerung, die hauptberuflich über Arbeitsplattformen vermittelten Beschäftigungen nachgehen, variieren, allerdings auf durchweg noch sehr niedrigem Niveau von unter 3% (OECD, 2019a). Die Weltbank geht davon aus, dass global derzeit weniger als 0,5%, und in Entwicklungsländern weniger als 0,3% der arbeitenden Bevölkerung in der Gig Economy beschäftigt sind (World Bank, 2019c).

zudem nicht mehr zeitaufwändig zur Arbeit pendeln (weitere Beispiele in: Graham et al., 2017b).

Bei hinreichender Qualifizierung ist davon auszugehen, dass mit ständig verbessertem Zugang zum Internet Millionen von Menschen in Entwicklungsländern potenziell von den Möglichkeiten der Einkommenserzielung auf digitalen Arbeitsplattformen profitieren werden (Graham et al., 2017b; Norton, 2017). Positiv auf die Entwicklung von Entwicklungs- und Schwellenländern kann sich zudem auswirken, dass über digitale Arbeitsplattformen die Zahl der in vielen dieser Länder verbreiteten informellen Arbeitsverhältnisse reduziert werden kann. Dies kann zur Handlungsfähigkeit des Staates beitragen, indem etwa Grundlagen für funktionsfähige Steuersysteme geschaffen werden. Ein Rückgang informeller Beschäftigung baut aber auch eine der zentralen Hürden für die verbesserte Absicherung der Menschen über entsprechende öffentliche soziale Sicherungssysteme ab (OECD, 2019a; World Bank, 2019c; Kap. 5.3.9).

Trotz dieser Vorteile können die Auswirkungen der neuen Möglichkeiten zur Integration in neu entstehende globale Arbeitsmärkte und des selbstständigen Arbeitens allerdings gerade für Entwicklungs- und Schwellenländer ambivalent sein (World Bank, 2019c). Auch wenn formale Beschäftigungsverhältnisse zunehmen, fehlt es in vielen Entwicklungs- und Schwellenländern an einer ausreichenden sozialen Absicherung. Soweit Sicherungssysteme überhaupt existieren, sind sie in der Regel auf reguläre Beschäftigungsverhältnisse ausgerichtet. Der verschärfte internationale Wettbewerbsdruck führt derzeit jedoch zu einer immer stärkeren Fragmentierung von Aufträgen in Teilprojekte für Selbstständige und darüber zu einer Abnahme regulärer, somit sozialversicherter (Vollzeit-)Beschäftigung. Zur Durchsetzung sozialer Standards und Arbeitsrechte fehlt auf Seiten der Auftragnehmer in der Regel die Verhandlungsmacht (van Doorn, 2017b). Eine Rolle spielt dabei auch die vermehrt dezentrale Organisation der Arbeitsprozesse. Diese erschwert zudem die Kontrolle der Arbeitsbedingungen, wenngleich die im Zuge der globalen, digitalen Vernetzung steigende Transparenz dem entgegenwirkt.

Insgesamt besteht vor diesem Hintergrund die Befürchtung, dass insbesondere in Entwicklungs- und Schwellenländern diese Fortsetzung der analogen Werkbank in der digitalen Welt – parallel zu durchaus positiven Beschäftigungseffekten – zur Entstehung eines neuen Typs von Dienstleistungsprekariat führen kann (UNCTAD, 2017b:51): „Employment in much of the informal sector has always lacked security and protection of rights. The ‚gig economy' is nothing new in developed or developing societies. But digital work platforms seem likely to spread these characteristics more widely, to increase both access and competition, and introduce these ways of working to new sectors — probably quite rapidly" (Norton, 2017:9).

Es ist kritisch zu hinterfragen, ob die (etwa von der Weltbank und vielen Regierungen) geweckten Hoffnungen in die Entwicklungspotenziale digitaler Online-

Kasten 5.3.8-2

Handlungsempfehlungen zum Schauplatz „Internationale Arbeitsteilung und Digitalisierung"

Nach wie vor sind auch im Digitalen Zeitalter – und besonders angesichts der mit der Automatisierung verbundenen Herausforderungen – traditionelle Handlungsfelder wie Bildung, soziale Absicherung und Institutionenentwicklung wichtige „analoge" Voraussetzungen, um Entwicklungspotenziale zu schaffen und zu nutzen (World Bank, 2016).

- *Etablierung und Förderung von Bildungs- und Weiterbildungssystemen:* Mit der Verbreitung digitaler Technologien sind spezifische Herausforderungen und neue Möglichkeiten verbunden. Insbesondere sind Bildungsinvestitionen notwendiger denn je, da (Aus-)Bildung als Grundlage für qualifizierte Arbeit immer wichtiger wird. Im Digitalen Zeitalter sind Bildung und Weiterbildung für die erfolgreiche Nutzung digitaler Technologien in Entwicklungsländern zentrale Schlüssel, gerade um die Möglichkeiten neuer Entwicklungsmodelle auf Grundlage „hochwertiger" Dienstleistungen zu erschließen. Welche Bildungsinhalte vermittelt werden sollten und auf welche Weise Fähigkeiten wie Kreativität, Flexibilität und allgemeine analytische und kognitive Fähigkeiten auch unter Beachtung der regionalen Besonderheiten in Entwicklungsländern befördert werden können, ist, wie auch in Industrieländern, noch nicht abschließend beantwortbar. Speziell im Kontext von Entwicklungsländern stellt sich die Frage, welchen Einfluss regionale und kulturelle Besonderheiten für den Aufbau und die Neugestaltung geeigneter Bildungssysteme haben. Bildungsangebote können allerdings grundsätzlich mit Hilfe digitaler Technologien einfacher multipliziert und flächendeckend angeboten werden. Dies gilt besonders für abgelegene ländliche Regionen in Entwicklungsländern, vorausgesetzt es gelingt, die immer noch große digitale Kluft zwischen städtischen und ländlichen Regionen schnell zu schließen.
- *Förderung von Infrastrukturentwicklung:* Die gezielte Förderung eines inklusiven und an die lokalen Verhältnisse angepassten Infrastrukturausbaus, etwa im Rahmen der Entwicklungszusammenarbeit, ist ein zentraler Ansatz, um regionale Unterschiede zu verringern und zukünftige wirtschaftliche Teilhabe sicherzustellen. Diesen Infrastrukturausbau gilt es durch Technologietransfer zu flankieren, um in Entwicklungsländern eigene IT-Industrien aufzubauen und so deren Importabhängigkeit zu senken. Ein konkreter, wichtiger Ansatz liegt dabei auch in neuen Regelungen im Bereich des Schutzes bzw. der Übertragbarkeit geistiger Eigentumsrechte (Baker et al., 2017) oder Open-Source-Lösungen. Zudem bedarf es einer Gegensteuerung zum „brain drain" aus Entwicklungs- und Schwellenländern. Es sollten verstärkt Anreize zur Rückkehr hochqualifizierter Arbeitskräfte aus der Digitalisierungsbranche von den Industrieländern in ihre Heimatländer gesetzt werden.
- *Auf- und Ausbau sozialer Sicherungssysteme:* Großer Handlungsbedarf besteht unverändert bei der Verbesserung der sozialen Absicherung in Entwicklungs- und Schwellenländern. Digitale Technologien sollten, vergleichbar mit verbesserten Zugängen zu Finanz- und Bankdienstleistungen, zur Registrierung bzw. Erfassung der Bevölkerung auch im ländlichen Raum eingesetzt werden. Im Rahmen der Entwicklungszusammenarbeit könnte dabei auch Unterstützung für den Aufbau funktionsfähiger sozialer Sicherungssysteme geleistet werden. Um dem hohen internationalen Wettbewerbsdruck und der meist fehlenden Verhandlungsmacht einzelner Auftragnehmer*innen wirksam zu begegnen, sollte zudem die Vereinbarung von Arbeitsmindeststandards in der digitalen Arbeit, die im Rahmen internationaler Abkommen (z.B. bei der ILO) verfolgt werden, erleichtert werden. Um die Einhaltung von Arbeitsstandards nachzuweisen und damit etwa auch die Umsetzung internationaler Abkommen zu kontrollieren, können ebenfalls digitale Technologien und internationale Vernetzung wertvolle Hilfsmittel sein.
- *Entwicklung von Leitlinien für neue Herausforderungen im Arbeitsschutz:* IKT ermöglichen jedoch auch verstärkt die Überwachung von Beschäftigten – hier bedarf es der Entwicklung ethischer Leitlinien bereits bei der Entwicklung. Gerade Industrieländer, in denen diese Technologien größtenteils entwickelt werden, sind in der Verantwortung, keine Technologien zu exportieren, die im eigenen Land arbeitsrechtlich fragwürdig sind.

plattformen nicht durch bestehende Ungleichheiten und Machtverhältnisse konterkariert werden (Graham et al., 2017b). Insbesondere der Zugang zu internationalen Gütermärkten und zu einem neu entstehenden Arbeitsmarkt auf digitalen Plattformen ist in hohem Maße von der Qualifikation der Arbeitskräfte abhängig. Somit besteht die Gefahr, dass von den Entwicklungspotenzialen nur Hochqualifizierte profitieren werden, während die Bevölkerungsmehrheit von verstärktem Wettbewerbsdruck, unzureichender sozialer Absicherung und wachsender Verwundbarkeit betroffen ist: „There is a risk that the present system will create good and well-paying jobs only for a few, while for the majority, there will be little security and persistent concerns over job quality and level of compensation" (UNCTAD, 2017a:51).

5.3.8.4
Folgerungen

Der fortschreitende digitale Strukturwandel in der internationalen Arbeitsteilung hat das Potenzial, die globalen Wirtschaftsbeziehungen auf vielen Ebenen neu zu ordnen. Dass es zu einer Neujustierung der Rolle von Entwicklungs- und Schwellenländern in der internationalen Arbeitsteilung kommen wird, zeigt sich schon seit vielen Jahren. Eindeutige Schlussfolgerungen zur Wirkung der Digitalisierung auf die internationale Organisation von Wertschöpfungsketten sind allerdings derzeit nur eingeschränkt möglich. Dies gilt ebenso für die Frage, ob damit auch die während der zweiten Welle der Globalisierung erreichten Fortschritte in vielen Entwicklungs- und Schwellenländern wieder gefährdet sein könnten. Allerdings schätzen mehrere Studien das

Kasten 5.3.8-4

Forschungsempfehlungen zum Schauplatz „Internationale Arbeitsteilung und Digitalisierung"

Die bestehende Unsicherheit über die Wirkungen von Digitalisierung auf Arbeit und Beschäftigung überträgt sich auf die Frage, wie der digitale Wandel die wirtschaftliche Integration und Teilhabe von Entwicklungs- und Schwellenländern verändern wird. Hier besteht auf einer sehr grundsätzlichen Ebene erheblicher Raum für Forschung, um die Potenziale der Digitalisierung zur weiteren wirtschaftlichen Integration von Entwicklungsländern und mögliche Risiken frühzeitig zu identifizieren (Lütkenhorst, 2018:28f.; Schlogl und Sumner, 2018:34).

- *Systematischeres Verständnis der Wirkungen des digitalen Fortschritts:* Während in der Vergangenheit durch Industrialisierungsprozesse in der Regel die Arbeitsproduktivität gesteigert und gleichzeitig Beschäftigung geschaffen werden konnte, ist dies im Zuge des digitalen Wandels nicht mehr gesichert. Kaum untersucht ist die Frage, wie sich Automatisierung und Digitalisierung speziell auf Entwicklungsländer mit den ihnen eigenen, speziellen Produktions-, Beschäftigungs- und Exportstrukturen auswirken. Näher zu untersuchen wäre auch, unter welchen Bedingungen sich Produktivitäts- und Einkommenswachstum in Zukunft in Beschäftigungswachstum umsetzen dürfte und welche Relevanz mögliche Prozesse des Re- bzw. Back- oder Nearshorings gesamtwirtschaftlich haben werden. Ein derartiges vertieftes und systematischeres Verständnis der Folgen der Digitalisierung auf den Arbeitsmärkten in Entwicklungs- und Schwellenländern wäre auch notwendig, um politische Risiken aus möglichen Deindustrialisierungsprozessen und Arbeitsplatzverlusten sowie aus ansteigenden sozialen Spannungen durch ungleiche Entwicklung von Kapital- und Arbeitseinkommen frühzeitiger einschätzen zu können.
- *Identifikation möglicher neuer Entwicklungsmodelle:* Die Globalisierung und Nutzung kostengünstiger Arbeitskräfte erlaubten längerfristige Entwicklungsfortschritte, indem sie in Entwicklungs- und Schwellenländern strukturellen Wandel von Agrarökonomien hin zu zunehmend industrialisierten Wirtschaften angestoßen haben. In Zukunft werden alternative Entwicklungsmodelle notwendig werden, die den teils stark wachsenden, jungen Bevölkerungen in Entwicklungsländern Perspektiven eröffnen. Wie Entwicklung unter diesen Bedingungen gelingen kann, ist bislang aber noch weitgehend offen. In diesem Zusammenhang sollten auch Möglichkeiten und Voraussetzungen des technologischen Leapfroggings vertieft betrachtet werden.
- *Internationale Arbeitsteilung, neue Entwicklungsmodelle und Umweltschutz:* Weitgehend unbeachtet bleibt bei der Suche nach neuen Entwicklungsmodellen zudem die Frage, wie die Neuordnung der internationalen Arbeitsteilung und der mögliche Wandel von analogen hin zu digitalen Werkbänken mit Umwelt- und Klimaschutz zusammenhängt: Dient die Digitalisierung der Vereinbarkeit von Entwicklungsmodellen und umweltbezogenen Nachhaltigkeitszielen oder nicht? Es bedarf unter den genannten Bedingungen dringend der Erarbeitung alternativer wirtschaftspolitischer Strategien für Entwicklungsländer in Einklang mit planetarischen Leitplanken. Hier fehlt das notwendige Orientierungs- und Handlungswissen, um alternative, zukunftssichere Entwicklungsmöglichkeiten aufzeigen zu können.
- *Veränderungen von Arbeitsbedingungen und -qualität:* Wenig erforscht ist auch die Frage, wie sich in Entwicklungs- und Schwellenländern die Arbeitsbedingungen durch digitale Technologien verändern, welche Chancen Digitalisierung bietet, um weltweit gleichwertige Arbeitsbedingungen zu schaffen und was zu dieser Umsetzung nötig ist. Erheblicher Forschungsbedarf besteht auch zum Potenzial von nachhaltiger Arbeit (UNDP, 2015), dem Einfluss von Erwerbsarbeit auf die sozial-ökologische Gestaltung der Lebensführung und die Frage, welchen Beitrag die Digitalisierung durch eine veränderte Arbeitsteilung dazu leisten kann. Auch in Entwicklungsländern wird darüber hinaus gesellschaftlicher Wandel notwendig sein, um die Bedeutung lebenslangen Lernens stärker gesellschaftlich zu etablieren. Um neue Formen nicht nachhaltiger Arbeitsbedingungen durch internationalen Wettbewerbsdruck und mangelnde Verhandlungsmacht von vornherein zu adressieren, wäre auch zu hinterfragen, wie Industrieländer ihre nationale Arbeits(-markt)politik und -regulierung gestalten können, damit eine global faire und zukunftsfähige internationale Arbeitsteilung möglich wird.

technische Potenzial des Verlustes von Arbeitsplätzen durch Automatisierung in Entwicklungs- und Schwellenländern als sehr hoch ein (Tab. 5.3.8-1).

Es ist absehbar, dass sich die internationale Arbeitsteilung verändert. Robotik und 3D-Druck werden ganze Produktionsprozesse und -strukturen umgestalten, digitale Arbeitsplattformen lassen weniger analoge, aber mehr digitale „verlängerte Werkbänke" entstehen. Manche sprechen bereits von einer dritten Welle der Globalisierung (Baldwin, 2016), da einzelne Aufgaben mit Hilfe der neuen, digital gestützten Fertigungstechnologien sowie digitaler Vernetzung und Plattformen immer kleinteiliger global verteilt und ausgelagert werden können. Denkbar ist, dass diese neue Form der digitalen Arbeitsteilung positive Folgen für die Erhaltung natürlicher Lebensgrundlagen entfaltet, falls der ressourcenintensive Transport von Gütern und Arbeitskräften wesentlich reduziert werden kann. Dazu können auch die neuen Verfahren der additiven Fertigung beitragen, mit denen kundennäher produziert werden kann, selbst wenn Produkte an weit entfernten Orten konzipiert werden. Angesichts der hier beschriebenen Herausforderungen für die zukünftigen Entwicklungsmodelle von Entwicklungs- und Schwellenländern wird allerdings auch deutlich, dass derartige positive Nachhaltigkeitsimplikationen neuer Produktionsstrukturen und -technologien auf Ebene des Ressourcen- und Umweltschutzes in einem gewissen Spannungsverhältnis zu gesellschaftlichen Zielen nachhaltiger Entwicklung stehen können. Insbesondere gilt dies auch für die weiteren Potenziale zur Ressourceneinsparung durch effizientere, stärker automatisierte Produktionsverfahren (Kap. 5.2.1), wobei die Automatisierung zwar den Ressourcenverbrauch senkt, aber auch angesichts eines niedrigen Bildungsniveaus mit einem (Netto-)Verlust an Beschäftigung in Entwicklungs- und Schwellenländern und einer entsprechend schwächeren weltwirtschaftlichen Integration dieser Länder einhergeht. Diese über die wirtschaftliche Teilhabe hinausreichenden möglichen Nachhaltigkeitsimplikationen werden derzeit im Zusammenhang mit der weiteren Entwicklung der internationalen Arbeitsteilung kaum betrachtet. Sie sollten ebenso zum Gegenstand intensiver Forschung werden wie mögliche neue Entwicklungsmodelle sowie die weitere Entwicklung der bisherigen wirtschaftlichen Verflechtungen, um so sichereren Grund für Politikgestaltung zu legen (Kap. 10).

5.3.9 Nachhaltige Arbeitswelten der Zukunft

Arbeit bzw. Erwerbsarbeit erfüllt breite gesellschaftliche Funktionen: Sie dient der Herstellung gesellschaftlich relevanter Güter und Dienstleistungen, der Sicherstellung des Lebensunterhalts, gewährleistet gesellschaftliche Teilhabe und ist Quelle von Selbstwertgefühl und persönlicher Achtung. Die Besteuerung von Arbeitseinkommen stellt außerdem eine wichtige Grundlage zur Finanzierung von Staatshaushalten und insbesondere sozialen Sicherungssystemen dar. Nicht zuletzt vor diesem Hintergrund gilt die erfolgreiche Integration von Menschen in den Arbeitsmarkt als weitgehend unumstrittenes, sinnvolles wirtschaftspolitisches Ziel, das auf Ebene der Entwicklungs- und Nachhaltigkeitspolitik auch Eingang in die SDGs (SDGs 1, 8 und 10) gefunden hat.

Arbeitsmärkte und Erwerbsarbeit in ihrer heutigen Form werden durch die Digitalisierung und die Transformation zur Nachhaltigkeit tiefgreifend umgestaltet. Der für ein nachhaltiges Wirtschaftssystem erforderliche Strukturwandel stellt Menschen, Regionen und ganze Gesellschaften vor große Herausforderungen. Für seine sozialverträgliche Gestaltung müssen für Menschen, die heute in nicht nachhaltigen Sektoren, wie beispielsweise von fossilen Energieträgern abhängigen Industrien tätig sind, Zukunftsperspektiven gefunden werden (WBGU, 2018b). Zugleich erlangen technische Systeme und Maschinen durch Vernetzung und Datenreichtum (kognitive) Fähigkeiten, durch die sie in immer weitergehenden Bereichen in Konkurrenz zu menschlicher Arbeit treten können. Diese Entwicklung schürt Verlustängste und Unsicherheit, wie bereits die seit Beginn der Industrialisierung geführte Diskussion um technologisch bedingte (Massen-)Arbeitslosigkeit und Verteilungskonflikte illustriert (Mokyr et al., 2015; Allen, 2017). Abstiegsängste und Akzeptanzverlust der Betroffenen können nicht zuletzt auch populistischen Bewegungen in die Hände spielen.

Ohne Zweifel führt die Digitalisierung zu erheblichen Herausforderungen für die gesellschaftlichen Funktionen von (Erwerbs-)Arbeit heute und die Rolle von Arbeit und Beschäftigung für nachhaltige Entwicklung. Aus dem initiierten Wandel ergeben sich aber auch Chancen für einen neuen Sozialvertrag und die Entwicklung neuer Leitbilder für menschwürdige Arbeit mit einer neuen Arbeitsqualität, die Teilhabe und Eigenart stärkt, sowie menschenwürdigeren und nachhaltigeren Arbeitsbedingungen.

5.3.9.1 Automatisierung und Beschäftigung

Aufgaben und Tätigkeiten mit klar definierbaren und sich wiederholenden Abläufen eignen sich besonders zur Automatisierung. Diesen Routinetätigkeiten stehen die Nicht-Routinetätigkeiten gegenüber, die Kreativität, Flexibilität oder Anpassungsfähigkeit und analytische, kognitive oder organisatorische Fähigkeiten sowie soziale oder kommunikative Kompetenzen (Empathie) erfordern (World Bank, 2019c). Wie letztere erfolgreich bewältigt werden, kann oft nur unvollständig über standardisierte Ansätze oder Lösungen erklärt werden, so dass die notwendigen Abläufe schlecht kodifiziert werden können („Polanyi's Paradox", Autor, 2015). Dabei werden durchaus auch Tätigkeiten mit hohen Qualifikationsanforderungen, etwa in Banken oder Versicherungen, den Routinetätigkeiten zugerechnet und in Einzelfällen bereits heute von KI übernommen (Mayer-Schönberger und Ramge, 2017:126ff.). Umgekehrt fallen neben analytischen bzw. „abstrakten" Tätigkeiten auch Bereiche manueller Arbeit unter die Nicht-Routinetätigkeiten, die zwar keine hohen Bildungsabschlüsse, aber hohe sensomotorische Fähigkeiten und eine hohe Anpassungsfähigkeit an Einzelfälle erfordern (Autor, 2015).

Quantitative Abschätzungen über die technischen Potenziale zur Automatisierung heutiger Berufe und Tätigkeiten kommen zu gemischten Ergebnissen. Werden einzelne Berufe betrachtet, könnten bereits über die nächsten 10–20 Jahre nahezu die Hälfte der in entwickelten Volkswirtschaften vertretenen Berufe von Maschinen übernommen werden (Frey und Osborne, 2013, 2017). Wird berücksichtigt, dass Berufe in der Regel verschiedene Tätigkeiten umfassen, die nicht alle in gleicher Weise von Maschinen übernommen werden können, reduzieren sich die geschätzten Automatisierungspotenziale allerdings deutlich. In den USA reduzieren sie sich beispielsweise von 38 % auf 9 % der Tätigkeiten (Arntz et al., 2017). Ähnliche Größenordnungen ergeben sich für andere Industrieländer wie etwa Deutschland (Arnold et al., 2016; Dengler und Matthes, 2015). Für Entwicklungsländer werden diese Potenziale allerdings regelmäßig höher eingeschätzt (Kap. 5.3.8). Ob bestehende Substitutionspotenziale tatsächlich ausgeschöpft werden, hängt aber letztlich von gesellschaftlichen, rechtlichen und ökonomischen Rahmenbedingungen ab (Frey und Osborne, 2017; Südekum, 2018) und ist daher grundsätzlich von Gesellschaft und Politik gestaltbar. Technologischer Fortschritt kann nicht nur zu einem Wegfall von Arbeitsplätzen führen, sondern auch mit gegenläufigen Effekten verbunden sein. Er kann positive Wachstumsimpulse setzen und zur Entstehung neuer Berufe und Tätigkeitsbereiche führen (Benzell et al., 2015; Mokyr et al., 2015; Autor, 2015; Acemoglu und Restrepo, 2018a). Ob diese Effekte ähnlich stark wie bei vergangenen technologischen Revolutionen (Autor, 2015; Mokyr et al., 2015; Allen, 2017) ausfallen werden, ist bislang schwer abschätzbar. Neue Beschäftigungsfelder sind allerdings bereits heute entstanden. Beispiele umfassen Programmierer*innen und Unternehmer*innen, die konkrete Anwendungen für digitale Technologien entwickeln (Benzell et al., 2015; Bresnahan und Yin, 2017), oder Agenturen, die die Suchmaschinenfreundlichkeit von Internetauftritten verbessern. Positive Beschäftigungseffekte werden der Digitalisierung auch durch mögliche Verbesserungen der Funktionsfähigkeit von (Arbeits-)Märkten, durch die Senkung von Such- und Informationskosten wie auch dem Abbau von Arbeitsmarktfriktionen zugeschrieben (World Bank, 2016). Insbesondere über digitale Arbeitsplattformen wie Uber, Amazon Mechanical Turk oder Etsy können auch für Kleinstaufgaben Aufträge und Beschäftigung in (zumindest scheinbarer) Selbstständigkeit vermittelt werden (Goldfarb et al., 2019; Kap. 5.3.8). Nicht immer wird aber tatsächlich zusätzliche Beschäftigung geschaffen, teilweise werden nur reguläre Beschäftigungsverhältnisse ersetzt (Eichhorst et al., 2016).

Negative Auswirkungen von Digitalisierung und Automatisierung auf die Menge der verfügbaren Arbeit können auch durch die Anpassung von Arbeitszeiten abgefedert werden. Schon Keynes spekulierte Anfang des 20. Jahrhunderts über ein Absinken der wöchentlichen Arbeitszeit auf 15 Stunden in der Generation seiner Enkelkinder (Keynes, 1930). Auch wenn die Realität hinter dieser Prognose zurückblieb, sanken die Arbeitszeiten im Zuge gesellschaftlicher Aushandlungsprozesse in den vielen Ländern. Aufgrund steigender Arbeitsproduktivität und steigendem materiellen Wohlstand war dies möglich, ohne dabei die materielle Lebensgrundlage der Beschäftigten zu gefährden (Mokyr et al., 2015; Boppart und Krusell, 2016; Stevenson, 2018). Zugleich nahmen Freizeitangebote zu und wurden breiten Bevölkerungsschichten zugänglich (Mokyr, 2013; Irmen, 2018). Heute reichen Visionen der weiteren Entwicklung bis hin zu vollständig automatisierten Post-Arbeitsgesellschaften (Aira, 2017), in denen Menschen eine angemessene Beteiligung am erwirtschafteten Wohlstand erhalten (Pfannebecker und Smith, 2013) und Tätigkeiten nicht länger zu Erwerbs- sondern primär zu Selbstverwirklichungszwecken nachgehen. In der pessimistischen Lesart spaltet sich die Gesellschaft allerdings in eine Klasse der Herrschenden und der „Nutzlosen", ohne politische und wirtschaftliche Bedeutung (Harari, 2017).

5.3.9.2 Verteilungsimplikationen

Bereits heute werden die Verteilung von Einkommen und Vermögen als eine zentrale Herausforderung für soziale Kohäsion und politische Stabilität diskutiert (Dabla-Norris et al., 2015; OECD, 2015c; World Inequality Lab, 2017; Alvaredo et al., 2018; Guriev, 2018). Nicht zuletzt vor diesem Hintergrund rücken gegenwärtig die verteilungspolitischen Implikationen von Digitalisierung und der Transformation zur Nachhaltigkeit sowie die beschriebenen strukturellen Änderungen auf den Arbeitsmärkten verstärkt in den Fokus. Dass diese erhebliche gesellschaftliche Herausforderungen bergen und bereits bestehende soziale Spannungen deutlich verschärfen können, ist im Vergleich zur Frage der (absoluten) Beschäftigungsentwicklung relativ unstrittig (Korinek und Stiglitz, 2017; Berg et al., 2018a; Südekum, 2018). Gesellschaftlich und politisch relevant sind zudem nicht allein tatsächlich messbare Folgen für die Verteilung von Einkommen, sondern bereits die Verbreitung eines Gefühls von Unsicherheit und anwachsende Ängste vor sozialem Abstieg und Verlust von Identität, die gerade die dynamische digitale Entwicklung hervorrufen kann (Bussolo et al., 2018). Aus Nachhaltigkeitssicht bedrohen derartige Entwicklungen nicht nur die gesellschaftliche und wirtschaftliche Teilhabe, sondern auch die notwendige politische Unterstützung und Gestaltung nachhaltiger Entwicklung.

Regionale bzw. räumliche Verteilungsimplikationen

Da einige Industrien, die besonders von Digitalisierung und der Transformation zur Nachhaltigkeit betroffen sind, sich räumlich konzentrieren, werden induzierte Verteilungswirkungen regional unterschiedlich ausfallen. Ähnlich wie in der aktuellen Debatte um Arbeitsplatzverluste in der Kohleindustrie, können durch den einsetzenden Strukturwandel regionale wirtschaftliche und soziale Verwerfungen entstehen, die rechtzeitig durch geeignete Maßnahmen begleitet und abgefedert werden müssen (WBGU, 2018b). Regionalwirtschaftliche Verlagerungen aufgrund technologischen Fortschritts wurden auch schon in der Vergangenheit häufig beobachtet und in zahlreichen Studien adressiert (Arntz et al., 2016). Für die gemeinsame Betrachtung von Arbeitsmarktauswirkungen des digitalen Wandels und der Transformation zur Nachhaltigkeit besteht jedoch noch erheblicher Forschungsbedarf. Räumliche bzw. regionale Unterschiede verlieren auch mit fortschreitender Vernetzung und Virtualisierung durch die Digitalisierung nicht vollständig an Bedeutung. Auf internationaler Ebene können sich etwa durch Faktoren wie Kundennähe und abnehmender Bedeutung von Arbeitskosten neue Muster von Handelsbeziehungen und Arbeitsteilung mit verteilungs- und entwicklungspolitischen Folgen ergeben (Kap. 5.3.8).

Verteilung zwischen Arbeit unterschiedlicher Qualifikation

Die Kluft zwischen vorhandenen und nachgefragten Fähigkeiten und Qualifikationen der Menschen im erwerbsfähigen Alter nimmt durch den strukturellen Wandel am Arbeitsmarkt zu („mismatch of skills": Acemoglu und Restrepo, 2018a). Verschärfend wirkt dabei die hohe Dynamik des digitalen technischen Fortschritts, die sich etwa in dem relativ starken Anstieg der Potenziale zur Arbeitssubstitution in Deutschland ausdrückt (Dengler und Matthes, 2018). Beschäftigungsmöglichkeiten werden im Zuge der Digitalisierung vor allem bei schwer substituierbaren Nicht-Routinetätigkeiten erhalten bleiben bzw. neu entstehen. Da unter diese Tätigkeiten sowohl heute hochbezahlte, hochqualifizierte „abstrakte" Tätigkeiten als auch eher niedrigbezahlte „manuelle" Tätigkeiten fallen, wird erwartet, dass sich Beschäftigung an beide Enden der Lohnverteilung verlagert, während Routinetätigkeiten im mittleren Einkommensspektrum entfallen (Autor, 2015). Diese „Polarisation von Beschäftigung" hin zu den Enden der Lohnverteilung wird für viele Länder bereits seit den 1980er Jahren beobachtet und unter anderem durch technischen Fortschritt im Bereich von IKTs erklärt (Michaels et al., 2014; Bárány und Siegel, 2018).

Einkommensungleichheit kann zusätzlich zwischen Nicht-Routinetätigkeiten hoher und niedriger Qualifikation verschärft werden (Eden und Gaggl, 2018). Aufgrund des beschränkten Arbeitsangebots können überproportional starke Lohnzuwächse bereits heute bei Arbeitnehmer*innen beobachtet werden, die besondere Fähigkeiten im Umgang mit digitalen Technologien besitzen (Gallipoli und Makridis, 2018; Falck et al., 2016). Dagegen dürften die Löhne für niedrig-qualifizierte, manuelle Nicht-Routinetätigkeiten zunehmend unter Druck geraten, sollten immer mehr Arbeitnehmer*innen aus Bereichen, in denen Routinetätigkeiten durch Automatisierung wegfallen, wegen der niedrigeren Qualifikationsanforderungen in diese Tätigkeiten drängen (Autor, 2015).

Entwicklung wachsender Ungleichheit zwischen Kapital- und Arbeitseinkommen

Vor allem in Industriestaaten ist der Anteil der Arbeitseinkommen an der gesamtwirtschaftlichen Wertschöpfung seit den 1980er Jahren und mit einer Verschärfung nach der Jahrtausendwende zugunsten von Kapital- und Unternehmensgewinnen gesunken (Piketty, 2014; Dao et al., 2017; OECD, 2017b). Zurückgeführt wird diese Entwicklung unter anderem auf Automatisierung und, allgemein, technischen Fortschritt im Bereich der IKT (Eden und Gaggl, 2018). Dabei spielt die arbeitssubstituierende Wirkung des digitalen Wandels eine wichtige Rolle, die in diesem Zusammenhang letztlich den klassischen Verteilungskonflikt zwischen Arbeit und Kapital- bzw. Maschineneigentümern seit der Industrialisierung widerspiegelt. Aber auch die Veränderung von Marktstrukturen hin zu „Winner-takes-all"-Märkten, die in einem Zusammenhang mit der parallel zunehmenden Bedeutung immaterieller (digitaler) Wirtschaftsgüter gesehen wird, spielt eine Rolle: Sie befördert Marktkonzentration und damit steigende Gewinneinkommen auf Unternehmensseite (Autor et al., 2017a, b; Guellec und Paunov, 2017; Kap. 4.2.2). Mit einer Fortschreibung bzw. Verstärkung dieser Entwicklungen im Zuge des weiteren digitalen Wandels würde (Erwerbs-)Arbeit immer weniger zur Gewährleistung wirtschaftlicher Teilhabe in der Breite der Gesellschaft beitragen (DeCanio, 2016; Korinek und Stiglitz, 2017). Die vollständige Ersetzung menschlicher Arbeitskraft durch Anwendung von KI würde letztlich nur die extremste Ausprägung dieser Entwicklung darstellen.

Marktwirtschaftliche Anpassungsprozesse können neben dem Beschäftigungsabbau. Verluste in der Arbeitsentlohnung und damit auch Verteilungsimplikationen begrenzen. Eine zentrale Rolle spielt auch hier die Entstehung neuer Beschäftigungen, die Ungleichheitsentwicklungen entgegenwirken, wenn sie in Bereichen liegen, die der Automatisierung entzogen sind bzw. in denen der technische Fortschritt komplementär zu Arbeit wirkt. In dieser Hinsicht ist auch zu beachten, dass sich die Zielrichtung der technischen Entwicklung im Zeitverlauf verschieben kann. So können andere Herausforderungen, wie die Erhaltung natürlicher Lebensgrundlagen, zu „drängenderen" Problemen werden und der Einsatz von Arbeit im Vergleich zu anderen Produktionsfaktoren wieder an Attraktivität gewinnen (Acemoglu und Restrepo, 2018b).

Diese möglichen Anpassungsprozesse reduzieren die gesellschaftlichen Herausforderungen und Gestaltungsaufgaben durch den arbeitssubstituierenden technischen Fortschritt nur teilweise. Phasen des Übergangs, in denen Menschen mit einem Wandel von Berufsbildern und Qualifikationsanforderungen konfrontiert werden, verhindern sie nicht. Die Stabilisierung von Beschäftigung und Arbeitseinkommen kann lange Zeiträume benötigen, wie schon im Zuge der industriellen Revolution deutlich wurde (Allen, 2009), und entsprechend intergenerationelle Verteilungsfragen aufwerfen. Diese werden dadurch verschärft, dass sich Zielkonflikte zwischen Einkommensgewinnen zukünftiger Generationen und einer gleichmäßigeren Einkommensverteilung zugunsten früherer Generationen ergeben können (Berg et al., 2018a).

5.3.9.3
Soziale Sicherungssysteme und Mechanismen der Einkommensverteilung

In Anbetracht der absehbaren Auswirkungen auf Einkommensverteilung und Arbeitsmärkte gilt es Ansätze zu entwickeln, die die strukturellen Veränderungen auf den Arbeitsmärkten abfedern und wirtschaftliche wie gesellschaftliche Teilhabe bewahren. Menschen brauchen finanzielle und zeitliche Freiräume, damit der Übergang von alten in neue Beschäftigungen gelingt und diejenigen aufgefangen werden, die von der Geschwindigkeit des technologischen Fortschritts überfordert zu werden drohen. Funktionsfähige soziale Sicherungssysteme sind damit notwendiger denn je. Sollte (Erwerbs-)Arbeit allerdings so stark an wirtschaftlicher Bedeutung verlieren, dass sie eine breite wirtschaftliche Teilhabe und angemessene Einkommensverteilung nicht mehr gewährleistet, braucht es weitergehende Mechanismen der Einkommens(um-)verteilung, um die soziale Kohäsion zu wahren.

Zusätzlich zum steigenden Bedarf an sozialer Sicherung gefährdet der digitale Wandel die Funktionsfähigkeit sozialer Sicherungssysteme in ihrer heutigen Ausgestaltung. Leistungen und individuelle Ansprüche bemessen sich in vielen Ländern nach Dauer und Einkommen in regulären Beschäftigungsverhältnissen. Darüber hinausgehende Leistungen dienen im Wesentlichen der Absicherung besonders bedürftiger Bevölkerungsgruppen als Teil der Grundsicherung oder von Personen im nicht erwerbsfähigen Alter. Schon heute weisen aber die Arbeitsbiographien vor allem jüngerer Menschen immer kürzere Arbeitsverhältnisse, mehrfache Stellenwechsel und nicht reguläre Beschäftigungen, vermittelt etwa über digitale Arbeitsplattformen (Kap. 5.3.8), auf. Der digitale Wandel wird diesen Trend vermutlich noch verstärken. Die Implikationen digitaler Arbeitsplattformen sind allerdings auch in dieser Hinsicht ambivalent. So bestehen Probleme der sozialen Absicherung heute insbesondere in Entwicklungsländern aufgrund der dort traditionell hohen Zahl informeller Beschäftigungsverhältnisse. Digitale Arbeitsplattformen können hier helfen, institutionelle Defizite bei der Erfassung von Arbeit und Beschäftigung in diesen Ländern zu reduzieren und so formelle Beschäftigung zu stärken (World Bank, 2019c).

Eine zusätzliche Herausforderung ergibt sich durch die drohende Erosion der Finanzierungsgrundlagen sozialer Sicherungssysteme (OECD, 2019a; World Bank, 2019c). Zum einen stützt sich ihre Finanzierung bislang primär auf die Belastung von Einkommen aus regulärer Beschäftigung, die an Bedeutung zu verlieren droht. Zum anderen nimmt die Ortsgebundenheit von Arbeit durch die Digitalisierung (weiter) ab, was zu einer Verlagerung von Arbeit in Länder mit geringeren Sozialversicherungsbeiträgen für Unternehmen führen kann (Kap. 5.3.8) und daneben die Verhandlungsmacht auf Seiten der Arbeitgeber vermindert (OECD, 2018d). Mit sinkenden Anteilen von Arbeitseinkommen an der gesamtwirtschaftlichen Wertschöpfung droht sich die Finanzierung der Sozialsysteme zudem auf einen immer geringeren Teil des Volkseinkommens zu stützen. Dies eröffnet eine weitere Dimension von Ungleichheit und ist eine mögliche Quelle sozialer Spannungen.

Damit nicht immer größere Teile der Bevölkerung den Zugang zu sozialer Sicherung verlieren, zielen Reformbemühungen darauf ab, soziale Sicherungssysteme auch für häufige Berufs- und Beschäftigungswechsel zu flexibilisieren, Beschäftigungsabgrenzungen zu erweitern und so reguläre und nicht reguläre Beschäftigung gleichzustellen (OECD, 2018d, 2019a). Dieser Ansatz würde zugleich die Finanzierungsgrundlagen erweitern und dazu beitragen, die teils missbräuchliche Senkung von Arbeitskosten durch Umwandlung regulärer in nicht reguläre Beschäftigung und Schaffung quasi-selbstständiger Arbeitsverhältnisse einzudämmen. Auch eine Ausweitung der Sozialversicherungspflicht auf selbstständige bzw. nicht reguläre Beschäftigungen wird diskutiert. Sie würde der Gefahr begegnen, dass sich mit dem Vordringen nicht versicherungspflichtiger Beschäftigungen immer mehr Menschen, im Vertrauen auf die gesellschaftliche Solidarität in Notfällen oder angesichts der eigenen wirtschaftlichen Leistungsfähigkeit, gegen den Eintritt in die Sozialsysteme entscheiden und so die Prinzipien von Solidarität und Risikostreuung der Systeme unterlaufen werden (Eichhorst et al., 2016; OECD, 2019a).

Steigende Finanzierungsbedarfe für soziale Absicherung und die verteilungspolitischen Folgen des digitalen Wandels lassen eine weitergehende Ausweitung der Finanzierungsgrundlagen sinnvoll erscheinen. Eine solche Ausweitung könnte zudem den Faktor Arbeit im

Verhältnis zu anderen Produktionsfaktoren entlasten. Letzteres würde Anreize zur Automatisierung dämpfen und so auch die zukünftige technische Entwicklungsrichtung beeinflussen (Stiglitz, 2017a; Acemoglu und Restrepo, 2018a, b; World Bank, 2019c). Diskutiert wird in diesem Zusammenhang eine stärkere Belastung von Kapitaleinkommen, Vermögen oder Unternehmensgewinnen (Bussolo et al., 2018; Kasten 4.2.2-2). In eine ähnliche Richtung weisen auch Vorschläge zur Einführung von Digitalsteuern oder Robotersteuern (Guerreiro et al., 2017; Acemoglu und Restrepo, 2018a, b).

Zusätzliche Finanzierungsgrundlagen werden umso relevanter, je mehr Fragen einer grundsätzlichen Umverteilung in den Vordergrund rücken und eine stärkere Loslösung der sozialen Absicherung von konkreten Beschäftigungsverhältnissen und Arbeitseinkommen erfordern (Bussolo et al., 2018; World Bank, 2019c). Auf sehr grundsätzlicher Ebene ist auf lange Sicht und mit Blick auf die Entwicklung von KI zu hinterfragen, wie eine angemessene Verteilung von Wertschöpfung unter Erhaltung der sonstigen Funktionen von Erwerbsarbeit sichergestellt werden kann (Korinek und Stiglitz, 2017). Viel diskutiert werden in diesem Zusammenhang Konzepte eines bedingungslosen Grundeinkommens (Hoynes und Rothstein, 2019; Banerjee et al., 2019). Ob und in welcher Ausgestaltung Grundeinkommen eine geeignete Antwort auf zukünftige Herausforderungen der Einkommensverteilung sein können, ist umstritten. Es ergeben sich eine Reihe von wirtschaftlichen wie gesellschaftlichen Fragen hinsichtlich fiskalischer Wirkungen, Verteilungsimplikationen oder Folgen für die individuellen Anreize zur gesellschaftlichen wie wirtschaftlichen Teilhabe (World Bank, 2019c). Als Alternativen zur Gewährleistung breiter Teilhabe werden auch Beteiligungen an Unternehmen diskutiert, entweder direkt in Form einer breiteren Streuung von Unternehmensanteilen (Eichhorst et al., 2016; Südekum, 2018) oder indirekt über staatlich organisierte Zukunftsfonds (Corneo, 2015; WBGU, 2018b). Aber auch Ansätze gegen zunehmende Marktkonzentration und damit stark steigender Gewinneinkommen auf digitalen Märkten helfen, Fragen der Einkommensverteilung und sozialer Spannungen zu adressieren (Kap. 4.2.2, 9.2.3.3; Autor et al., 2017a).

5.3.9.4 Leitbilder für nachhaltige Arbeit der Zukunft

Auch wenn Erwerbsarbeit ein Bestandteil moderner Gesellschaften bleibt, werden sich Arbeitsformen und -umfelder sowie die gesellschaftliche Bedeutung mancher Berufe und Tätigkeiten erheblich ändern. Ebenso sind Änderungen der gesellschaftlichen Stellung von Arbeit und der gesellschaftlichen Vorstellungen von „guter" Arbeit bzw. hoher Arbeitsqualität möglich, die auch die Wahrnehmung des technischen Fortschritts selbst beeinflussen, wie in vergangenen Epochen deutlich wurde (Shiller, 2019).

Angesichts des Bedeutungswandels heute etablierter Tätigkeiten und dem Vordringen „intelligenter" Maschinen kann ein gesellschaftlicher Wertewandel Voraussetzung dafür sein, dass Menschen auch weiterhin Selbstwirksamkeit und Lebenssinn empfinden. Bislang fehlt es jedoch an einer gesellschaftlichen Diskussion über zukünftige Leitbilder von Arbeit, an denen sich auch die Gestaltung des digitalen Wandels orientieren kann. Ihr Fehlen verstärkt gegenwärtig Unsicherheit und Zukunftsängste. Dystopische und utopische Szenarien von Post-Arbeitsgesellschaften (Kap. 6) können hilfreich sein, solche Diskussionen anzustoßen und Ideen zu entwickeln, wie heute an Erwerbsarbeit geknüpfte gesellschaftliche Funktionen zukünftig erfüllt werden könnten. Die Weiterentwicklung gesellschaftlicher Leitbilder von Arbeit sollte dabei stets unter Berücksichtigung der Ziele und Erfordernisse nachhaltiger Entwicklung erfolgen. Folgende Elemente sind in der Zusammenschau der Transformation zur Nachhaltigkeit und dem digitalem Wandel für zukünftige Leitbilder wesentlich:

1. *Erwerbsarbeit in einem nachhaltigen Wirtschaftssystem*: Die Vereinbarkeit neu entstehender Arbeit und Beschäftigung mit den umweltbezogenen Nachhaltigkeitszielen ist zentral für das Gelingen der Transformation zur Nachhaltigkeit. Dieser Aspekt wird in der derzeitigen Diskussion um die Beschäftigungswirkungen des digitalen technischen Fortschritts allerdings weitgehend vernachlässigt. Ebenso wenig Aufmerksamkeit wird der Zukunftsfähigkeit digital gestützter Geschäftsmodelle vor dem Hintergrund der Ziele nachhaltiger Entwicklung gewidmet. Entsprechend spielt diese Frage auch in der Förderung von Unternehmensgründungen nur eine untergeordnete Rolle (Trautwein et al., 2018). So drohen sich Strukturen und Qualifikationen zu verbreiten, die neue Anpassungshürden auf dem Weg zu nachhaltigeren Gesellschaften darstellen (Kap. 4.3). Stattdessen sollten auch die im Zuge des digitalen Wandels entstehenden Arbeitsplätze und Geschäftsmodelle dem Leitgedanken folgen, dass sie die Schaffung nachhaltigerer Wirtschaftssysteme unterstützen („There are no jobs on a dead planet": ILO, 2018). In der konkreten Umsetzung bedeutet dies, dass klare Rahmensetzungen erforderlich sind, die privatwirtschaftliche Interessen und Treiber des digitalen Wandels mit nachhaltiger Entwicklung in Einklang bringen (Kap. 8.4.1). Hier kann auch die konsequentere Besteuerung von Umweltschädigungen helfen, umweltbezogene Nachhaltigkeitsziele mit den Fragen von Arbeits-

Kasten 5.3.9-1

Handlungsempfehlungen zum Schauplatz „Nachhaltige Arbeitswelten der Zukunft"

- *Reform von Steuer- und Abgabensystemen:* Kernbestandteil einer nachhaltigen Gestaltung des doppelten Strukturwandels aus arbeitssubstituierendem, digitalen Fortschritt und Transformation zur Nachhaltigkeit stellt eine umfassende Reform von Steuer- und Abgabensystemen dar. Die finanziellen Handlungsspielräume von Staat und Sozialsystemen müssen erhalten und unter Umständen sogar ausgebaut werden, damit der Strukturwandel sozialpolitisch begleitet und neue Aufgaben in der öffentlichen Daseinsvorsorge im Zuge der Digitalisierung erfüllt werden können (Kap. 5.3.5, 5.3.10). Die Zielsetzung einer solchen Reform sollte daneben in einer steuerlichen Entlastung von Arbeitseinkommen liegen, damit angesichts der weitreichenden gesellschaftlichen Funktionen von Arbeit Anreize zur Automatisierung bzw. Arbeitssubstitution reduziert werden. Neben einer Reform der Unternehmensbesteuerung (Kasten 4.2.2-2) schafft eine konsequente und umfassende Ausrichtung von Steuern und Abgaben auf die Einpreisung von Umweltschäden dazu finanzielle Spielräume. Sie trägt zudem dazu bei, den Schutz natürlicher Lebensgrundlagen direkt in privatwirtschaftliche Entscheidungen und Forschung- und Entwicklungsanstrengungen zu integrieren.
- *Förderung der gesellschaftlichen Etablierung eines erweiterten Arbeitsbegriffs:* Finanzielle Anreize können Anstöße geben, dass sich der gesellschaftlich anerkannte Arbeitsbegriff im Zeitverlauf erweitert. Im Zuge der Reform von Steuer- und Abgabensystemen kann eine stärkere Förderung ehrenamtlicher und sozialer Tätigkeiten umgesetzt werden, indem diese bei der Festsetzung von Steuern und Abgaben stärker Berücksichtigung finden. Zumindest übergangsweise kann auch der Staat bislang unentgeltlich geleistete Arbeit finanziell unterstützen und darüber dazu beitragen, dass Bereiche bislang nichtentgeltlicher, aber aus Gesellschafts- und Nachhaltigkeitssicht wichtiger Arbeit in bezahlte Beschäftigungsverhältnisse überführt werden. Neben derartigen finanziellen Anstößen können auch gezielt zeitliche Freiräume geschaffen werden, indem zum Beispiel eine Reduktion von Arbeitszeiten unterstützt wird bzw. Unternehmen zur Freistellung ihrer Arbeitnehmer angeregt werden. Auch die Schaffung förderlicher Rahmenbedingungen für beispielsweise kollaborative Formen wirtschaftlicher Tätigkeiten kann zu einem Wandel des Arbeitsbegriffs beitragen (Kap. 5.2.2).
- *Sicherung und Förderung sozialer Standards im Arbeitsschutz:* Der WBGU empfiehlt eine internationale Initiative, die möglichst globale (Mindest-)Standards des Arbeitsschutzes und der sozialen Absicherung entwickelt und etabliert. Die Initiative sollte an den Globalen Dialogprozess „The Future of Work We Want" der internationalen Arbeitsorganisation (ILO, 2017) anknüpfen und neue Themen, wie beispielsweise die Möglichkeiten der Überwachung am Arbeitsplatz sowie Sicherheit und Gesundheit der Beschäftigten in Zeiten der Technisierung des Menschen, aufgreifen und das Verständnis von „decent work" (ILO, 2018:9) im Digitalen Zeitalter weiterentwickeln. Nationale Ansätze und Regelungen, die Unternehmen bei einer Aus- bzw. Verlagerung von Arbeit von Angestellten hin zu quasi-selbstständigen Beschäftigten zur Einhaltung nationaler Mindeststandards verpflichten, sollten gestärkt werden. Gezielt unterstützt werden könnte dazu eine stärkere Organisation der Beschäftigten, die derartigen, quasi-selbstständigen Tätigkeiten nachgehen, etwa im Sinne einer gewerkschaftlichen Vertretung, durch die ihre Verhandlungsmacht gestärkt wird.
- *Partizipation ermöglichen:* Strukturelle Veränderungen durch Dekarbonisierung und, soweit absehbar, Digitalisierung sollten möglichst frühzeitig offengelegt werden. Eine solche Offenheit kann Unsicherheit und daraus erwachsende Zukunftsängste abzubauen helfen und schafft Voraussetzungen dafür, positiv wie negativ Betroffene in die Entwicklung neuer wirtschaftlicher und gesellschaftlicher Zukunftsperspektiven einzubinden. Auf diese Weise können etwa auch für Regionen, die in besonderem Maße von Dekarbonisierung und Digitalisierung betroffen sind, alternative, tragfähige Entwicklungsmodelle ausgehandelt und neue regionale Identitäten geschaffen werden (WBGU, 2018b).
- *Bildung:* Das Wecken von lebenslangem Interesse und Offenheit gegenüber Neuem und selbstständiger Motivation stellt eine wichtige Voraussetzung dafür dar, dass Menschen von Prozessen des gesellschaftlichen und technischen Wandels nicht überfordert werden, Freiräume zur selbstbestimmteren Lebensgestaltung nutzen und auch ohne ähnlich weitreichender und fester Strukturen von Erwerbsarbeit und Arbeitsmärkten heute Lebenssinn erfahren können. Dazu müssen neue Bildungsinhalte und -formate entwickelt werden (Kap. 5.3.4; Harari, 2017; Trajtenberg, im Erscheinen). Erweitert und stärker institutionell verankert werden sollten zudem die Möglichkeiten beruflicher Weiterbildung (ILO, 2019). Dies gilt nicht nur in der kürzeren Frist mit Blick auf die heute im Arbeitsmarkt aktiven Generationen, sondern auch längerfristig angesichts der sehr wahrscheinlich zunehmenden Dynamik von technischem Fortschritt und gesellschaftlichen Wandel (Kap. 3.4.5).

markteffekten des digitalen Wandels zu verbinden: Sie kann Spielräume zur Entlastung von Arbeit relativ zu anderen Faktoren von Produktion und Wertschöpfung schaffen und so zur einer Dämpfung starker Automatisierungstrends beitragen (Korinek und Stiglitz, 2017; Acemoglu und Restrepo, 2018a).

2. *Menschenwürdige und nachhaltige Arbeitsumfelder*: Bestehende Leitbilder zukünftiger Arbeitswelten wie menschenwürdige Arbeit, „Green Jobs" (ILO, 2018) oder „nachhaltige Arbeit" (UNDP, 2015) nehmen teils Bezug auf umweltbezogene Nachhaltigkeitsherausforderungen, wurden jedoch vielfach ohne expliziten Digitalisierungsbezug entwickelt. Neue Arbeitsformen und -bedingungen durch digitale Technologien stellen wesentliche Themenfelder für die Qualität und Definition menschenwürdiger Arbeit dar. Sie bieten erhebliche Chancen zur Gestaltung nachhaltigerer Arbeit, wie etwa die

Kasten 5.3.9-2

Forschungsempfehlungen zum Schauplatz „Nachhaltige Arbeitswelten der Zukunft"

- *Wirkung des digitalen Wandels und der Transformation zur Nachhaltigkeit auf Arbeitsmärkte gemeinsam betrachten:* Bestehende Forschungsprojekte zur Transformation zur Nachhaltigkeit und damit verbundenen Strukturwandelprozessen sollten ihren Forschungsansatz um den arbeitssubstituierenden, digitalen Fortschritt ergänzen. Ebenso sollten Projekte zu den Auswirkungen der Digitalisierung auf den Arbeitsmarkt die Transformation zur Nachhaltigkeit und damit verbundenen Strukturwandelprozessen mit in den Blick nehmen. So könnten in entwickelten Volkwirtschaften darüber hinaus regionale Prognosekarten erstellt werden, um die Veränderung von Beschäftigungsverhältnissen aufgrund dieser Transformationsprozesse einzuschätzen und mit Hilfe dieser Informationen passgenauere (regionale) Strukturprogramme entwickeln zu können. In Deutschland könnten etwa das BMWi und BMAS zusammen mit sozial- und arbeitspolitischen Forschungsinstituten wie dem Institut für Arbeitsmarkt- und Berufsforschung der Bundesagentur für Arbeit ein entsprechendes Projekt aufsetzen.
- *Neue Mechanismen der Verteilung entwickeln und experimentell überprüfen:* Bereits frühzeitig sollten neue Konzepte der Umverteilung und Beteiligung entwickelt und in Machbarkeitsstudien überprüft werden. Erste Erkenntnisse über die gesellschaftlichen Folgen von Beteiligungsformen wie beispielsweise Unternehmensbeteiligungen, ein bedingungsloses Grundeinkommens oder Ausschüttungen durch Zukunftsfonds könnten in Experimenten mit begrenzten Teilnehmerzahlen und Zeithorizont gewonnen werden. Zu prüfen sind dabei insbesondere auch die Fragen, (1) ob und unter welchen Voraussetzungen verschiedene Umverteilungsmechanismen Menschen Selbstwertgefühl und Lebenssinn erfahren lassen, (2) ob, wie und in welchen Zeiträumen sich ein gesellschaftlich akzeptierter Wandel vollziehen ließe, und (3) ob sich Folgen für die Stabilität und Funktion demokratischer Gesellschaften ergeben (Cowen, 2019). Neben Experimenten sind schließlich systemische, umfassende Analysen zu Konzepten der Finanzierung solcher Verteilungsmechanismen erforderlich, die auch den Reformbedarf bei Steuer- und Abgabensystemen insgesamt sowie die Folgen für die Finanzierung von Staat und sozialen Sicherungssystemen in den Blick nehmen.
- *Neue Leitbilder für eine nachhaltige Arbeit der Zukunft entwickeln:* Aus Sicht des WBGU sollten unter Einbezug unterschiedlicher wissenschaftlicher Disziplinen Leitbilder für Gesellschaften, die eine nachhaltige Arbeit der Zukunft gewährleisten, erforscht werden. Die digital unterstützte Transformation zu einem nachhaltigen Wirtschaftssystem bildet einen zentralen Ausgangspunkt für ein entsprechendes Leitbild. Neu entstehende Beschäftigungen und Tätigkeiten sollten ebenso wie neue Geschäftsmodelle und Unternehmensformen mit den umweltbezogenen Zielen vereinbar sein, damit nicht neue Anpassungshürden und Pfadabhängigkeiten entstehen. Weiterhin sollten vorhandene Leitbilder, wie menschenwürdige Arbeit, „Green Jobs" oder nachhaltige Arbeit, weiterentwickelt werden, um durch digitale Technologien neu entstehenden Herausforderungen, z.B. durch wachsende Kontrollmöglichkeiten am Arbeitsplatz sowie der Absicherung neuer Formen selbstständigen Arbeitens zu begegnen. Ein drittes zentrales Element in der Verständigung über zukünftige Leitbilder nachhaltiger Arbeitswelten stellt das gesellschaftliche Arbeitsverständnis dar. Aus heutiger Sicht erscheint eine Erweiterung des derzeitigen Arbeitsverständnisses sinnvoll und notwendig: Es kann einerseits gesellschaftlichen Zielen nachhaltiger Entwicklung dienen. Es ist aber andererseits auch Voraussetzung, dass besondere, im Kern menschliche und kaum automatisierbare Tätigkeiten und Fähigkeiten die gesellschaftliche Anerkennung erfahren, die für das Empfinden von Selbstwirksamkeit notwendig ist. Wie ein solcher gesellschaftlicher (Werte-)Wandel angestoßen und aktiv befördert werden kann, erscheint allerdings noch weitgehend offen, so dass der Forschungsbedarf entsprechend hoch ist.
- *Verständnis der Implikationen des digitalen technischen Fortschritts für Arbeit und Einkommensverteilung erweitern:* Sowohl in theoretischer wie empirischer Hinsicht besteht noch erheblicher Forschungsbedarf, um die Wirkungen des digitalen technischen Fortschritts auf Arbeit und Einkommensverteilung vertieft und systemisch verstehen zu können. Gerade auf lange Sicht, wenn über die Implikationen von KI nachgedacht wird, stellen sich sehr weitgehende Forschungsfragen: Welche Faktoren (wie etwa Land, Energie, Kapital) sind in Extremszenarien von hoch automatisierter Produktion und hoch entwickelter KI noch wirtschaftlich relevant? Nach welchen Regeln sollte das Eigentum an diesen Faktoren verteilt werden? Bestehen Nutzungskonkurrenzen um Faktoren zwischen Menschen und intelligenten technischen Systemen und wenn ja, wie kann der Zugriff der Menschen und damit die Erhaltung seiner (natürlichen) Lebensgrundlagen gesichert werden?

Frage von Zeitsouveränität als bedeutendes Merkmal von Arbeitsqualität und Voraussetzung für den Abbau von Geschlechterunterschieden verdeutlicht (ILO, 2019). Neue Formen und Möglichkeiten selbstständigeren oder weniger ortsgebundenen Arbeitens durch Digitalisierung können diese ohne Zweifel stärken, dürfen aber nicht zu Lasten etwa von sozialer Absicherung gehen (Kap. 5.3.8; World Bank, 2016; Hodgson, 2016). Digitale Technologien können aber auch die Kontrollmöglichkeiten am Arbeitsplatz ausweiten. Arbeitsschritte am Computer werden in einigen Unternehmen bereits nachverfolgt und Mitarbeitern Mikrochips implantiert (Astor, 2017; Anthes, 2017). So ergeben sich neue Fragen und Herausforderungen für die Sicherheit und Gesundheit der Beschäftigten in Zeiten umfassender Kontrollmöglichkeiten und möglicher „Technisierung des Menschen" (Themenkasten 5.3-2).

3. *Erweiterte Arbeitsverständnisse*: Selbstwirksamkeit und Lebenssinn entfaltet Arbeit in der Regel auch

über die gesellschaftliche Anerkennung der Beiträge, die jede*r Einzelne leistet. Gerade angesichts des Vordringens „intelligenter" Maschinen in heute anerkannte Bereiche menschlicher Arbeit sollte sich die gesellschaftliche Verständigung über zukünftige Leitbilder von Arbeit auch mit den zugrundeliegenden Arbeitsverständnissen auseinandersetzen. Unter Berücksichtigung der Ziele nachhaltiger Entwicklung geht es dabei vor allem um die Frage der Anerkennung und entsprechender Aufwertung von Tätigkeiten, die zur Erhaltung der natürlichen Lebensgrundlagen oder zur sozialen Kohäsion durch Förderung von Eigenart und gesellschaftlicher Teilhabe beitragen. Darunter fallen auch heute ehrenamtliche Tätigkeiten, politische oder soziale Arbeit und insgesamt Tätigkeiten, die heute vielfach nicht über reguläre Arbeitsmärkte organisiert werden und damit gesellschaftlich oft weniger sichtbar sind. Mit kreativem Denken und empathischen Handeln zeichnen sich viele dieser Tätigkeiten zugleich über Fähigkeiten aus, die sie nur schwer automatisierbar erscheinen lassen. Finanzielle Förderungen oder höhere Zeitsouveränität in Erwerbsarbeitsverhältnissen können erste Ansätze zur Förderung der gesellschaftlichen Aufwertung solcher Tätigkeiten sein. In der Vergangenheit gelang etwa auch durch das Sichtbarmachen der Besonderheiten weiblicher Lebenskontexte eine Erweiterung des Arbeitsverständnisses, so dass traditionell von Frauen verrichtete Arbeiten (z.B. Hausarbeit, Kindererziehung, Pflege von Hilfsbedürftigen) anerkannt und gesellschaftlich aufgewertet wurden.

5.3.9.5 Folgerungen

Arbeitsmärkte werden durch die Digitalisierung und die Transformation zur Nachhaltigkeit ohne Zweifel tiefgreifend umgestaltet. Breitenwirkung und Geschwindigkeit des digitalen technischen Fortschritts sowie die neue Qualität der Automatisierung, stellen eine Besonderheit im historischen Vergleich dar. Dass die Digitalisierung das Ende von Arbeit und Beschäftigung einläutet, wie von manchen entweder als Utopie oder Dystopie ausgemalt, ist aus Sicht des WBGU jedoch in absehbarer Zeit nicht zu erwarten. Beschäftigungen werden dem Menschen auch in Zukunft erhalten bleiben. Drängender ist die Frage, wie diese gesellschaftlich eingebettet und organisiert werden können, damit die Funktionen von Erwerbsarbeit heute – Sicherung von Lebensunterhalt und gesellschaftlicher Teilhabe sowie Grundlage von Selbstwertgefühl – in Zukunft gewährleistet werden. Dazu sollte der Strukturwandel auf Arbeitsmärkten sozial- und bildungspolitisch begleitet werden. Neue Verteilungsmechanismen, die angemessene wirtschaftliche Teilhabe gewährleisten, Anreize zur individuellen Beteiligung erhalten und gesellschaftlich akzeptiert werden, sollten entwickelt und experimentell überprüft werden. Der digitale Wandel und die Transformation zur Nachhaltigkeit bieten Chancen, neue Leitbilder für nachhaltigere Arbeitswelten zu entwickeln und zu etablieren.

5.3.10 Digitale Gemeingüter

Im Digitalen Zeitalter gibt es einen enormen Anstieg an digitalisierten Daten (Kap. 3.3.2) sowie darauf basierenden Informations- und Wissensgütern. Diese können ganz oder in Teilen einer gemeinschaftlichen Nutzung zugeführt werden, um gesellschaftlichen Zusammenhalt zu stärken sowie soziale und wirtschaftliche Innovationen zu heben. Solche Güter bezeichnet der WBGU als digitale Gemeingüter (digital commons). Sie können direkt oder als Nebenprodukt auch gemeinschaftlich produziert oder gewartet werden (wie die Online-Enzyklopädie Wikipedia, Open Street Map, Open Sea Map oder die Daten und Anwendungen rund um die WheelMap), aber ebenso aus anderen Quellen stammen, beispielsweise der öffentlichen Hand. Um diese wertvollen Güter einer gemeinwohlorientierten Nutzung zugänglich zu machen und sie vor Missbrauch zu schützen, braucht es klare Begriffe und organisatorische, regulatorische sowie finanzielle Weichenstellungen zu ihrer Realisierung bzw. Absicherung.

5.3.10.1 Digitale Gemeingüter als ein zentrales Instrument digitalen Gemeinwohls

Der traditionelle Begriff „Commons", deutsch als Gemeingut oder Allmendegut bezeichnet, ist kein Fachbegriff im engeren Sinne und umfasst allgemein gesprochen eine Vielzahl nicht privater Güter, die von einer Gruppe (ganz unterschiedlicher Größe, von lokal bis global) genutzt werden und die für unterschiedliche soziale Dilemmata wie Übernutzung, Unterversorgung, Einhegung oder Ausgrenzung anfällig sind. Der Begriff wird in akademischen, politischen, wie auch zivilgesellschaftlichen Diskursen sehr lebhaft, jedoch in teils sehr unterschiedlichen Ausprägungen genutzt und diskutiert (Dorsch und Flachsland, 2019).

Im Gegensatz zu klassischen natürlichen Commons teilen die digitalen Gemeingüter nach dem Verständnis des WBGU die Charakteristika von „Social Commons" (dt. soziale Gemeingüter, als Spezialfall auch „Anticommons" oder „Anti-Allmende"; Heller, 2012) wie Wissen, Sprache oder das Internet, die prinzipiell nicht rival sind, d.h. durch Nutzung nicht weniger oder ganz

Kasten 5.3.10-1
Lizenzmodelle

Das Creative Commons-Lizenzmodell
Creative Commons (CC) ist eine im Jahr 2001 gegründete Non-Profit-Organisation, die standardbasierte Lizenzverträge entwickelt hat, durch die Urheber*innen ihre Werke in unterschiedlicher Abstufung zur Nutzung für andere verfügbar machen können. Insgesamt hat CC sechs Standard-Lizenzverträge entwickelt, die es den Urheber*innen ermöglichen, festzulegen, was mit ihren Werken geschehen darf oder was nicht (CCDE, 2019):
- Namensnennung 4.0 International
- Namensnennung – Share Alike 4.0 International (Weitergabe unter gleichen Bedingungen)
- Namensnennung – Keine Bearbeitungen 4.0 International
- Namensnennung – Nicht kommerziell 4.0 International
- Namensnennung – Nicht kommerziell – Share Alike 4.0 International (Weitergabe unter gleichen Bedingungen)
- Namensnennung – Nicht kommerziell – Keine Bearbeitungen 4.0 International

CC-Lizenzen erlauben durch die Möglichkeit des Freigebens von Inhalten, dass diese „zu einem Teil der wachsenden und lebendigen Allmende (commons)" werden (CCDE, 2019).

Das Modell gerechter Lizenzen
Mit gerechten Lizenzen („equitable licensing") wird ein sozialverträgliches Lizenzmodell bezeichnet, bei dem auf die Patentierung von Ergebnissen öffentlich geförderter Forschung verzichtet wird, um vor allem ärmeren Ländern einen erleichterten Zugang zu Forschungsergebnissen zu ermöglichen (Ferretti et al., 2016). Das Modell hat seine Ursprünge in den USA, wo es im Jahr 2001 im Zuge der Debatte um den Zugang armer Bevölkerungsteile in Afrika zu Medikamenten zur Behandlung von HIV entstanden ist (Godt et al., 2019). Mittlerweile gibt es diverse Ausprägungen dieser gerechten Lizenzen, „die entweder dem Lizenznehmer direkte Versorgungspflichten auferlegen, oder indirekt durch den Verzicht auf Patentdurchsetzung in bestimmten Ländern, eine heimische, preisgünstige Herstellung von Medikamenten ermöglichen" (Godt et al.,2019:1). Während das Modell im angloamerikanischen Raum bereits vermehrt zum Einsatz kommt, ist es in Deutschland erst wenig verbreitet (Ferretti et al., 2016). Weltweit setzt sich das Netzwerk Universities Allied for Essential Medicines, das als Reaktion auf die Debatte um den Zugang zu HIV-Medikamenten gegründet wurde, für die Nutzung dieses Lizenzmodells in der öffentlich geförderten Forschung ein. Equitable Licensing macht die gesellschaftliche Verantwortung der öffentlich geförderten Forschung deutlich (Ferretti et al., 2016) und gilt als „ein pragmatisches Beispiel für die Umsetzung öffentlicher Ansprüche an die Forschung als Commons." (Godt et al., 2019:3).

verbraucht werden. Lebensweltlich ergeben sich aber besonders häufig soziale Dilemmata, etwa durch Ausschluss, Privatisierung oder Unternutzung. Als digitale Gemeingüter versteht der WBGU demnach normativ gewendet alle digitalisierten Daten-, Informations- und Wissensgüter, die als nicht rivale Ressourcen im Gemeininteresse möglichst breit, öffentlich zugänglich gemacht werden sollten und technisch über eine öffentlich-rechtliche IKT (Kap. 5.3.5) bereitzustellen sind. Beispiele für digitale Gemeingüter sind etwa freie Bildung im Sinne von Open Education und Open Educational Resources (OER; Kap. 5.3.10.2), frei zugängliches Wissen mittels Open Access (Kap. 5.3.10.3), frei zugängliche Daten und Fakten mittels Open Data (Kap. 5.3.10.4) und das digitalisierte Kultur- sowie Naturerbe (Kap. 5.3.10.5). Digitale Räume eröffnen für diese Gemeingüter neue Möglichkeiten der breiteren nicht rivalen Verfügbarkeit.

Jede dieser Art digitaler Gemeingüter sind digitale Instrumente für das Verständnis unserer natürlichen Lebensgrundlagen, gesellschaftlichen Rahmenbedingungen und für eine informierte und mündige Gesellschaft. Sie sind Quellen für Bildung, offene Diskurse und Beteiligung und leisten sowohl einen originären Beitrag zur Stärkung von Teilhabe und Würde, als auch einen impliziten zur Erhaltung der natürlichen Lebensgrundlagen. Auf ihrer Grundlage können die digitale Kluft reduziert und diverse Kompetenzen gestärkt werden und an speziellen Bedürfnissen ausgerichtete Angebote entstehen, z.B. für Open Innovation, Bürgerwissenschaft (Kap. 10.2.4.1) oder für hilfsbedürftige soziale Gruppen. Auf diesem Weg lässt sich mit digitalen Gemeingütern die Eigenart stärken. Creative-Commons-Lizenzen (CCDE, 2019) bieten bereits seit längerer Zeit ein breites und häufig genutztes Portfolio an Möglichkeiten der geregelten Bereitstellung von digitalen Gemeingütern durch ein flexibles Lizenzmodell für offene und freie Angebote. In den USA und Großbritannien ist zudem das Equitable-Licensing-Modell (Kasten 5.3.10-1) verbreitet – womit eine sozialverträgliche Patentverwertung beschrieben wird, die insbesondere in der öffentlich geförderten medizinischen Forschung eingesetzt wird (Godt et al., 2019).

5.3.10.2
Offene Bildung
Das Ziel von offener Bildung, auch Open Education genannt, besteht darin, „Bildung und Bildungsmaterialien frei verfügbar zu machen. Im engeren Sinne wird sie oft auf die Wissensvermittlung über das Internet bezogen, die einerseits auf freien Lernmaterialien und andererseits auf allgemein zugänglichen Lernplattformen basiert." ([do:index], o.J.).

Zu offenen Lern- bzw. Bildungsmaterialien, auch Open Educational Resources (OER) genannt, gibt es eine Vielzahl an Definitionen mit unterschiedlichen

Kasten 5.3.10-2

Das digitalisierte Kulturerbe Europeana

Die Europeana Collections ermöglicht Nutzer*innen nach eigener Aussage den Zugang zu über 50 Mio. Objekten (Bücher, Musik, Kunstwerke usw.) in digitalisierter Form (Europeana, 2019b). Ziel ist es, Menschen den Zugang zu europäischen Kulturgütern für verschiedene Zwecke zu erleichtern. Europeana möchte mit ihrer Arbeit zu einer „offenen, sachkundigen und kreativen Gesellschaft (beitragen)" (Europeana, 2019b). Im Jahr 2008 ging der Europeana-Prototyp in Betrieb (seit 2010 im Regelbetrieb) und machte zu diesem Zeitpunkt 4,5 Mio. digitale Objekte zugänglich. Neben Bibliotheken engagieren sich Museen, Archive und Galerien bei Europeana und schufen einen gemeinsamen Access Point zum europäischen Kulturerbe (Europeana, 2019a).

Schwerpunkten hinsichtlich der Breite des Adressatenkreises, der Formate (digitalisierte oder auch weitere Materialien) und Nutzungsbedingungen mit Blick auf die Entrichtung von Nutzungskosten (Dobusch et al., o.J.: 5f.). Unter OER werden hier in Anlehnung an die Definition der UNESCO Bildungsmaterialien verstanden, die in verschiedenen Medienformen vorliegen können (z.B. Bücher, Kurse usw.) und die gemeinfrei oder unter einer offenen Lizenz zur Verfügung gestellt werden. Das heißt sie sind ohne oder nur mit geringfügigen Einschränkungen kostenfrei zugänglich und nutzbar und können durch die Nutzer*innen modifiziert und verbreitet werden (Neumann und Muuß-Merholz, 2017: 11). OER stehen nicht in Konkurrenz zu Bildungseinrichtungen, sondern sind vielmehr als Ergänzung zu konventionellen Bildungsangeboten durch Schulen und andere Bildungseinrichtungen zu verstehen (Kap. 5.3.4).

OER wird das Potenzial zugesprochen, die Bildungsgerechtigkeit zu erhöhen, weil durch sie Wissensaustausch, der Kapazitätsaufbau und der Zugang zu hochwertiger Bildung verbessert werden kann (Neumann und Muuß-Merholz, 2017: 11). So könnten etwa der Austausch von Materialien unter Lehrenden über Institutionen- und Ländergrenzen hinweg und die Vorbereitung von Schulstunden, Seminaren usw. erleichtert werden (Arbeitsgruppe zu Open Educational Resources, 2015: 4). Zudem bieten OER die Möglichkeit des orts- und zeitunabhängigen Abrufs von Lehrmaterialien und bergen Potenziale für informelles Lernen außerhalb von Bildungsinstitutionen wie Schulen und Hochschulen (Arbeitsgruppe zu Open Educational Resources, 2015: 4). Weiterhin erlauben OER die Förderung individualisierter Lehr- und Lernprozesse, weil sich Lehrinhalte leichter an spezifische Lernbedürfnisse und -kontexte anpassen lassen (Arbeitsgruppe zu Open Educational Resources, 2015: 2; Metze-Mangold, 2017: 9). Ihnen wird zudem das Potenzial zugesprochen, die Kosteneffizienz und Qualität von Lehre und Lernergebnissen zu verbessern (UNESCO, 2012b), weil durch freie Lehr- und Lernmaterialien die Kosten für die Bildungseinrichtungen, Studierende und insbesondere für benachteiligte Gruppen gesenkt werden könnten (EU-Kommission, 2014). Insgesamt kann sich freie Bildung daher positiv auf das Erreichen des SDG 4 auswirken, wonach bis 2030 inklusive, gerechte und hochwertige Bildung gewährleistet und Möglichkeiten des lebenslangen Lernens für alle gefördert werden sollen (Orr et al., 2018: 12).

Demgegenüber steht das Risiko einer mangelnden Qualität der bereitgestellten Materialien (Falconer et al., 2013: 39), auch wenn grundsätzlich die Chance besteht, dass diese durch Nutzer*innen stetig weiterentwickelt und damit in ihrer Qualität verbessert werden (Metze-Mangold, 2017: 9). Es wird im Falle intransparenter Erstellungs- und Weiterbearbeitungsprozesse das Risiko gesehen, dass OER inhaltliche Fehler und tendenziöse Aussagen enthalten. Notwendig ist daher eine Sensibilisierung von Lehrenden und Lernenden für einen kritischen Umgang mit diesen Bildungsmaterialien (Arbeitsgruppe zu Open Educational Resources, 2015: 4). Darüber hinaus sind potenzielle Urheberrechtsverletzungen ein Risiko in der Umsetzung (Neumann und Muuß-Merholz, 2017: 17). Ein weiteres Problem besteht darin, dass auch OER die Dominanz großer Verlage vermutlich nicht aufbrechen wird: So wird mit Blick auf Deutschland davon ausgegangen, dass der Einsatz von OER zumindest in Deutschland nicht zur Kostenreduktion für Lehr- und Lernmaterialen beitragen wird (Arbeitsgruppe zu Open Educational Resources, 2015). Am ehesten bestünde in Deutschland die Chance, dass die Erstellung und Verbreitung von OER von kleinen und mittleren Unternehmen (KMU) oder Verlagsausgründungen übernommen wird, ebenso gut könnten aber auch große Verlage diese Aufgabe übernehmen (Arbeitsgruppe zu Open Educational Resources, 2015). Problematisch sind hier neue Geschäftsmodelle, die von großen Unternehmen als Teil ihrer Strategie adaptiert werden, was z.B. im Kontext von Open-Source-Software oder bei Open Access (Kap. 10.2.4.1) bereits erfolgt ist. Ähnliches ist auch mit Blick auf die Qualitätsgenerierung und -sicherung bei OER durch etablierte Verlage im Schul- und Weiterbildungswesen denkbar (Arbeitsgruppe zu Open Educational Resources, 2015: 7). In der Umsetzung gilt es sicherzustellen, dass durch OER die Vielfalt der Lehre erhalten bzw. gestärkt und einer Dominanz einzelner Akteure und Institutionen entgegengewirkt wird. Um die Vorteile von OER nutzen zu können, sind bei den Nutzer*innen Medienkompetenzen sowie Fähigkeiten des selbstständigen Lernens erforderlich, welche es entsprechend auszubilden gilt (Kap. 5.3.2).

5.3.10.3 Freies Wissen

Obwohl Open Access in der wissenschaftlichen Praxis bereits fest verankert ist, bleiben sowohl die Definition als auch die konkrete Umsetzung Gegenstand intensiver Debatten zur Offenheit von Wissenschaft (Open Science; Kap. 10.3.1). In ersten Umsetzungen gilt, dass sich Open Access auf wissenschaftliche Publikationen bezieht und in der Regel vom offenen Zugang zu Daten im allgemeinen Forschungskontext im Sinne von Open Data abgegrenzt bleibt (Sitek und Bertelmann, 2014). Eine Ausnahme bildet die noch selten genutzte Ergänzung Open Access to Data (Klump, 2012) für die zugrundeliegenden Forschungsdaten. Parallel existiert jedoch auch ein breiteres Verständnis: während die UNESCO (o.J.) freien Zugang zu wissenschaftlichen Informationen und die uneingeschränkte Nutzung elektronischer Daten für Alle hervorhebt, gilt nach der „Open Definition 2.1“ der Open Knowledge Foundation (o.J.) Wissen dann als „offen“, wenn es frei zugänglich, nutzbar, modifizierbar und teilbar ist. Offener Zugang zu Wissen zielt in diesem Fall explizit auf die Möglichkeit des kostenlosen Herunterladens vollständiger Werke unter der Angabe der notwendigen Informationen zu Lizenz und Autor*innen. Eine dergestalt breite Definition umfasst also nicht nur Forschungsergebnisse, sondern auch Roh- und Metadaten, andere Quellmaterialien und digitale Darstellungen durch Bild-, Grafik- oder Multimediamaterial und berührt damit potenziell auch andere Komponenten des Diskurses zu Open Science, wie etwa Open Methodology zur Gewährleistung von Nachvollziehbarkeit durchgeführter Datenanalysen (Kap. 10.3.1).

Die wesentlichen Potenziale liegen in höherer Sichtbarkeit von Forschungsergebnissen, besserem Wissenstransfer, gesteigerter Forschungseffizienz und Beförderung guter wissenschaftlicher Praxis sowie potenziellen Kooperations- und neuen Arbeits- und Finanzierungsmöglichkeiten, aber auch mehr Effizienz und rascherem wissenschaftlichen Fortschritt sowie die Stärkung von Bürgerwissenschaft (Citizen Science) werden häufig aufgeführt (Fecher und Friesike, 2014). Neben besserer und schnellerer Verbreitung wissenschaftlicher Informationen (Max-Planck-Gesellschaft, 2003) entstand Open Access auch vor dem Hintergrund steigender Kosten im wissenschaftlichen Publikationswesen (Swissuniversities, o.J. 1) und der Dominanz gewinnorientierter Verlage. Mit Hilfe von Open Access soll die Verbreitung von Wissen nicht mehr durch hohe Kosten oder das Urheberrecht eingeschränkt werden. Ob dies gelungen ist oder Verlagsmonopole durch Open Access sogar verstärkt wurden (Hagner, 2018), ist zwar umstritten, aber die Kritik zielt nicht auf das Konzept als solches, sondern auf seine bisherige Umsetzung im wissenschaftlichen Bereich. Aus Sicht des WBGU sollten öffentlich finanzierte Forschungsergebnisse generell im Sinne von Open Access als für alle zugängliche und unbegrenzt nutzbare Gemeingüter verstanden werden. Inwieweit die weitere Umsetzung von Open Access diesem Ideal gerecht werden wird, ist gegenwärtig noch offen und damit politisch gestaltbar. Letztlich bleibt auch im globalen Kontext am Ende entscheidend, welches Wissen wem auf welchem Weg zur Verfügung steht. Ein besonders erfolgreiches Beispiel für eine international erfolgreiche freie Wissensinfrastruktur, welche Wissen auf digitalem Weg zur Verfügung gestellt und demokratisiert hat, ist die Online-Enzyklopädie Wikipedia. Diese hat auch dazu beigetragen, sprachliche Grenzen zu überwinden, jedoch ist die Multilingualität noch ausbaufähig. Jenseits von Fragen sprachlicher Grenzen und Chancen etwa durch automatisierte Übersetzungsvorschläge mittels KI sind sowohl Über- als auch Unternutzung sowie inhaltliches Qualitätsmanagement entsprechender Repositorien Herausforderungen für den freien Zugang zu Wissen.

5.3.10.4 Offene Daten

Nicht nur offene Wissenschaft und deren Potenziale für die Interaktion mit der Gesellschaft hängen von einem offenen Zugang zu Wissen ab. Der ebenfalls nicht klar definierte Begriff Open Data steht im Kern für frei über das Internet zugängliche Daten und deren uneingeschränkte Nutzung und bietet damit breite Chancen für spezifische Anwendungen im Sinne des Gemeinwohls. Beispiele sind Plattformen auf denen offene Daten über z.B. das Abstimmungsverhalten von Politiker*innen, Statistiken, Verkehrs-, Umwelt- und Geodaten, wissenschaftliche Publikationen oder Hörfunk- und Fernsehsendungen bereitgestellt werden. Auf dieser Basis wird nicht nur bessere Infrastrukturverwaltung, sondern auch einfacherer Austausch zwischen Bürger*innen und Behörden sowie Datenlieferungen im Rahmen von Bürgerwissenschaft bis hin zu gemeinschaftlich erstellter frei verfügbarer digitaler Kartografie möglich (Hagendorff, 2016b: 127ff.).

Insbesondere für die Allgemeinheit relevantes Wissen, welches etwa von der öffentlichen Verwaltung (z.B. Open Government Data) oder privaten Unternehmen zur Verfügung gestellt wird, benötigt praktikable Lösungen und Anreizstrukturen. Wie in der Wissenschaft gilt dabei, dass offene Daten ohne methodische Dokumentation zu Erhebung, Bereinigung, Wartung und Analyse wenig sinnvoll genutzt werden können. Daher sollte der aktuelle Forschungsstand zu Reproduzierbarkeit von Ergebnissen durch Open Data und Methodology (Hampson, 2017) auch in Repositorien für Open (Government) Data berücksichtigt werden.

Auch im Sinne von Teilhabe hängt die effiziente Verbreitung von Wissen und Daten im Austausch von Gesellschaft und Wissenschaft letztlich davon ab, inwieweit neue kollaborative Ansätze offener Wissenschaft nicht nur dort, sondern auch gesellschaftlich Anwendung finden. Aus ökonomischer Sicht hat die Bundesnetzagentur (Bundesnetzagentur, 2018:7) nicht nur auf die große Bedeutung des Wettbewerbs- und Wertschöpfungsfaktors Daten in Netzsektoren und für die digitale Netzwerkökonomie, sondern auch die Vielschichtigkeit und Komplexität datenbezogener Fragestellungen hingewiesen. Für angemessenen Interessenausgleich unterschiedlicher Marktakteure besteht die wesentliche Herausforderung in der Entwicklung eindeutiger, innovationsfreundlicher und datenschutzkonformer Regelungen. Mit Blick auf Zielkonflikte, etwa zwischen Verwertungsinteressen und Verbraucherschutz, ist laut Bundesnetzagentur eine umfassende, kontinuierliche und proaktive Marktbeobachtung für eine fundierte Situationsbewertung und auch durch Berichtspflichten für Unternehmen entscheidend (Bundesnetzagentur, 2018:7).

5.3.10.5 Digitalisiertes Kultur- und Naturerbe

Laut UNESCO gehören zum Kulturerbe Denkmäler, Gebäudegruppen sowie Stätten, die von außergewöhnlichem universellen Wert sind (UNESCO, 1972). Als digitalisiertes Kulturerbe wird die Digitalisierung dieser physischen Kulturgüter (Artefakte, Objekte) und der Informationen über diese verstanden (z.B. Daten von Kulturgütern, digitale Texte, Bildquellen oder Rekonstruktionen von Bauwerken und ihrer Historie). Ein großer Teil der Forschung durch die digitalen Geisteswissenschaften (digital humanities) trägt bereits heute zur digitalen Überlieferung bei. Beispiele sind digitale Editionen der Schriften klassischer Autor*innen oder 3D-Scans antiker Kunstwerke (Kornwachs, 2016; Sahle, 2013).

Zum Naturerbe zählen laut UNESCO Naturgebilde aus physikalischen und biologischen Erscheinungsformen oder -gruppen, geologische und physiographische Erscheinungsformen, die Lebensraum für bedrohte Pflanzen- und Tierarten sind sowie Naturstätten. Allen wird aus ästhetischen oder wissenschaftlichen Gründen oder aber aus Naturschutzgründen ein außergewöhnlicher universeller Wert zugemessen (UNESCO, 1972). Beim digitalisierten Naturerbe handelt es sich um das digital erfasste physische Naturerbe, wie z.B. Datensätze zu Pflanzen, Tieren, Mineralien sowie Naturschutzgebieten oder Fundstätten für Fossilien.

Da das Kultur- und Naturerbe Bestandteile unserer Lebensgrundlage und für unsere Lebensqualität sind, gilt es dieses Erbe auch für zukünftige Generationen zu bewahren (DBU, o.J.). Dies gewinnt etwa angesichts von Meeresspiegelanstieg (z.B. drohender Untergang von Inselstaaten wie Kiribati einschließlich ihres Weltkulturerbes), fortschreitender Naturzerstörung (z.B. Abholzung von Regenwäldern) oder im Zuge bewaffneter Konflikte und Terrorismus (z.B. Kulturvandalismus) an Bedeutung. Die Digitalisierung des Kultur- und Naturerbes dient der langfristigen Sicherung und Bereitstellung eines breiten Zugangs zu natürlichen und kulturellen Inhalten für Menschen über Länder- und Generationengrenzen hinweg (Kap. 5.2.11), sollte aber kein Ersatz für engagierte(re) Schutzmaßnahmen des physischen Kultur- und Naturerbes sein. So können das Kultur- und Naturerbe sowie bislang geschütztes (nur einem Expert*innenkreis vorbehaltenes) Wissen aus Galerien, Bibliotheken, Archiven und Museen einer beinahe unbegrenzten Zahl an Interessierten zugänglich gemacht werden (Królikowski, 2014). Folglich bietet der Zugang zum digitalisierten Kultur- und Naturerbe, Möglichkeiten der Schaffung und des Austauschs von Wissen weltweit (UNESCO, 2003). So kann durch die Möglichkeit des orts- und zeitunabhängigen Lernens etwa das Erreichen der UN-Bildungsziele verbessert werden, z.B. durch Apps wie die „App – in den wilden Wald". Bei dieser App handelt es sich um ein gemeinsames Projekt von vier deutschen Bundesländern, das „als modernes und effektives Medium in der Naturschutzkommunikation das wichtige Thema der biologischen Vielfalt in den naturbelassenen alten Buchenwäldern Deutschlands vermitteln soll" (Kohlhammer, o.J.).

Ferner bietet sich die Möglichkeit der (Fern-)Erkundung von Natur- und Kulturgütern (Pieraccini et al., 2001:64). Beispielsweise können virtuelle Spaziergänge durch Nationalparks, z.B. durch den Ordesa-Nationalpark in Spanien (Aragón virtual, 2015), unternommen oder historische Stätten mittels Virtual Reality erfahrbar gemacht werden, z.B. bei der Anwendung KotinosVR, durch die Interessierte die Schätze des archäologischen Museums des antiken Olympia kennenlernen können (Kotinos, 2016). Die digitale Erfahrbarkeit des Naturerbes kann zur Schaffung oder Stärkung eines Weltumweltbewusstseins (Kap. 5.3.1) beitragen, welches wiederum erdsystembewahrendes Handeln fördern und die Entwicklung eines solidarischen Lebensstils ermöglichen könnte (Kap. 5.3.1). Mittels Monitoring (Kap. 3.3.5.1, 5.2.11) können zudem der Zustand und Veränderungen des Natur- und Kulturerbes erfasst

Kasten 5.3.10-3

Handlungsempfehlungen zum Schauplatz „Digitale Gemeingüter“

Um die wertvollen digitalen Gemeingüter weiter auszubauen, sie für alle zugänglich zu machen und ihre Verfügbarkeit zu schützen, sind vielfältige organisatorische, regulatorische als auch finanzielle Weichenstellungen notwendig:

- Die Bedeutung digitaler Gemeingüter in einer digitalisierten Nachhaltigkeitsgesellschaft und der Bedarf ihrer Bereitstellung und Absicherung sollte national und international auf die politischen Agenden gesetzt werden. Sie sind organisatorisch als auch rechtlich abzusichern.
- Zu digitalen Gemeingütern sollte ein inklusiver und chancengerechter Zugang sichergestellt werden. Das schließt die Bereitstellung in offenen, barrierefreien Formaten sowie die Entwicklung oder Verbesserung von Werkzeugen und Umgebungen ein, die dazu beitragen digitale Gemeingüter leichter auffindbar und abrufbar zu machen, z. B. durch die Verabschiedung internationaler Metadatenstandards.
- Es sollten Maßnahmen zur Qualitätssicherung der digitalen Gemeingüter getroffen werden, wie die Einführung von Qualitätssiegeln und ein systematischer Einbezug von Nutzer*innen („kollaborative Prozesse“) hinsichtlich der Weiterentwicklung und Pflege der digitalen Gemeingüter, wie etwa der freien Bildungsressourcen (Arbeitsgruppe zu Open Educational Resources, 2015:5; UNESCO, 2017a:4, 8f.).
- Es gilt zudem Interessierte zu qualifizieren und motivieren, an der Erstellung und Verbreitung qualitativ hochwertiger digitaler Gemeingüter mitzuwirken und dabei etwa mit Blick auf Wissens- und Bildungsressourcen lokale Bedürfnisse und die Vielfalt der potenziellen Adressat*innen zu berücksichtigen. Gefördert werden sollte eine breite Mitwirkung an der Erstellung und Weiterentwicklung von digitalen Gemeingütern. So könnte die öffentliche Hand etwa Wettbewerbe ausloben oder Leuchtturmprojekte fördern.
- Zentral ist darüber hinaus auf eine Verbesserung der Rechtssicherheit bei der Lizenzierung mit Blick auf die Erstellung, Speicherung, Weitergabe, Vervielfältigung, Veränderung von digitalen Gemeingütern hinzuwirken. Zudem sollten Prüfverfahren entwickelt werden, um sicherzustellen, dass die Verfügbarmachung und Änderungen mit Blick auf Urheber- und Persönlichkeitsrechte erlaubt sind (Arbeitsgruppe zu Open Educational Resources, 2015:6).
- Weiterhin sollte eine Sensibilisierung von Politik, Gesellschaft und Informatiker*innen hinsichtlich der „Vergänglichkeit“ von Wissen und des digitalisierten Kultur- und Naturerbes angestoßen werden, um Maßnahmen zu deren Erhalt anzustoßen (Królikowski, 2014:2).
- Es sollte bereits beim Ausbau digitaler Infrastrukturen und beim Aufbau der öffentlich-rechtlichen IKT (Kap. 5.3.5) auf die Förderung von digitalen Gemeingütern und die technischen Möglichkeiten ihrer Nutzung hingewirkt werden.

Kasten 5.3.10-4

Forschungsempfehlungen zum Schauplatz „Digitale Gemeingüter“

Forschung sollte sich einerseits digitalen Gemeingütern als Forschungsgegenstand zum Ausbau des methodischen und technologischen Fundaments widmen und andererseits digitale Gemeingüter in ihren Wirkungen auf Gesellschaft, Wirtschaft und im Rahmen der Großen Transformation zur Nachhaltigkeit untersuchen, um ihre positive Wirkkraft zu verstärken:

- Digitale Gemeingüter sollten bei der Forschung zu Gemeingütern berücksichtigt werden, insbesondere im Hinblick auf die Gemeinsamkeiten und Unterschiede zu traditionellen Gemeingütern und den damit verbundenen Implikationen.
- Bestehende Standards zur Veröffentlichung von Daten und Wissensgütern sollten mit Blick auf die Besonderheiten digitaler Gemeingüter weiterentwickelt werden. In neuen, bislang weniger digitalisierten Bereichen (z. B. in Bereichen des Natur- und Kulturerbes gilt es zudem, diese zu entwickeln und als internationale Standards zu verankern, um die Interoperabilität der digitalen Gemeingüter und ihre Weiterverwendung zu stärken.
- Im UNESCO-Weltaktionsprogramm „Bildung für nachhaltige Entwicklung“ sollten digitale Gemeingüter verstärkt integriert und dazu neue didaktische Formate erforscht werden.

werden (z. B. Monitoring von Kulturgütern auf Schäden aufgrund atmosphärischer Einflüsse oder Kulturvandalismus oder digitalisiertes Brutvogel-Monitoring). Auf Basis dieser Daten und Informationen können Strategien zum Schutz und Erhalt des Kultur- und Naturerbes formuliert (Pieraccini et al., 2001:64) oder zur Rekonstruktion des zerstörten Kulturerbes genutzt werden.

Den vielen Chancen eines digitalisierten Natur- und Kulturerbes stehen jedoch auch einige Herausforderungen gegenüber. So ist zunächst die Erfahrbarkeit zwischen physischen und digitalen, virtuell zugänglichen Artefakten unterschiedlich und somit auch die Bereitstellung eines kombinierten Angebots von physischen und digitalen Bibliotheken sicherzustellen (Królikowski, 2014:1f.). Ein Kernproblem von lediglich digital vorliegenden Kulturobjekten liegt in der Abhängigkeit von digitalen Datenträgern und -formaten und einer damit möglichen geringen Haltbarkeit beziehungsweise Zugänglichkeit (Królikowski, 2014:1f.). Weiterhin ist der Aufwand für eine Langzeitarchivierung relativ hoch und diese mit spezifischen Problemen verbunden: von der Erhaltung und Zugänglichmachung und Minimierung von Informationsverlust über Modellierung und Standardisierung von Software- und Archivprozessen bis hin zu komplexen urheberrechtlichen Fragen (Królikowski, 2014:3f.) oder gar einer Veränderung des kulturellen Erbes durch Zensur von Inhalten. Zur Diskussion stehen zudem die Verlässlichkeit von Aufzeichnungen sowie ein mangelndes Bewusstsein für die Bedeutung des Erhalts und Zugangs zum digitalisierten Natur- und Kulturerbe. Das digitalisierte Natur- und Kulturerbe kann als Alternative zur Erfahrbarkeit des physischen Natur- und Kulturerbes dienen (Kap. 5.3.1). Dies bedeutet allerdings nicht, dass Maßnahmen zum Schutz und Erhalt des physischen Natur- und Kulturerbes, welches es zu bewahren gilt, vernachlässigt werden dürfen.

5.4 Folgerungen

Alle „Schauplätze des digitalen Wandels" wurden so gewählt, dass sie direkte Bezüge zur Digitalisierung haben und gleichzeitig für die Große Transformation zur Nachhaltigkeit bedeutsam sind. Sie liefern einen vielfältigen Eindruck von der Gestaltbarkeit der Digitalisierung im Dienst der Transformation zur Nachhaltigkeit. Betrachtet wurden sowohl zentrale Themen an der direkten Schnittstelle zwischen Digitalisierung und Nachhaltigkeit (z.B. das Monitoring biologischer Vielfalt, Elektroschrott, Kreislaufwirtschaft) als auch Bereiche, bei denen in naher Zukunft simultane Potenziale für die Digitalisierung und Nachhaltigkeit relevant werden (z.B. Arbeitswelten der Zukunft, urbane Mobilität). Darüber hinaus wurden auch Zukunftsthemen präsentiert, die zwar erst längerfristig relevant werden, von denen aber Rückwirkungen auf die Umwelt und das Erdsystem ausgehen, so dass der gesellschaftliche Diskurs bereits jetzt beginnen sollte (z.B. Technisierung des Menschen).

Als wichtige Erkenntnis über mehrere Schauplätze hinweg wird deutlich, dass die Zerstörung von Ökosystemen und der Ressourcenverbrauch durch Wachstums- und Rebound-Effekte stetig zugenommen haben (z.B. Onlinehandel, Elektroschrott), wobei die Digitalisierung als beschleunigender und verstärkender Faktor zu wirken scheint. Eine Trendumkehr in Richtung Nachhaltigkeit ist dringend notwendig. So besteht etwa akuter Handlungsbedarf im Hinblick auf eine digital gestützte Kreislaufwirtschaft. Am Beispiel Elektroschrott wurde gezeigt, dass nicht nur die Langlebigkeit und Reparaturfreundlichkeit von Elektrogeräten, sondern auch Probleme bei der Rohstoffgewinnung, Nutzung, Recycling und Entsorgung des Elektroschrotts mit einbezogen werden sollten. Ein anderes Beispiel ist die Präzisionslandwirtschaft, die Möglichkeiten zum Schutz der Umwelt und der nachhaltigen Landnutzung bietet, bisher jedoch überwiegend nur großflächiger Bewirtschaftung und Monokulturen zugutekommt.

In der Tat wird häufig deutlich, dass technologische Innovationen nicht „von allein" Nachhaltigkeit erzeugen, sondern dass die positiven Potenziale der Digitalisierung für die Transformation zur Nachhaltigkeit erst in Verbindung mit institutionellen, normativen und regulativen Rahmensetzungen gehoben werden können. So gibt es technologische Innovationen im Gesundheitsbereich, die zum Wohle der Menschheit eingesetzt werden, allerdings sind auch Entwicklungen möglich geworden, die zur Selbstoptimierung des Menschen mit Hilfe von Technologien genutzt werden können, so dass eine normative und regulative Rahmensetzung nötig wird. Im Onlinehandel haben technologische Innovationen viele Möglichkeiten der Effizienzsteigerung geschaffen, allerdings ist eine regulative Rahmensetzung nötig, um negative Sozial- und Umweltexternalitäten oder Rebound-Effekte zu vermeiden. Scoring-Verfahren sind ein weiteres Beispiel dafür, dass mit digitaler Hilfe grundsätzlich Anreize zu einem nachhaltigeren Konsumverhalten gegeben werden können, dies aber auf Kosten der persönlichen Freiheit und Entscheidungssouveränität gehen kann. Alternativen hierzu sind Rückmeldesysteme z.B. über den eigenen Ressourcenverbrauch, etwa durch die Ausweisung des ökologischen Fußabdrucks. Auch hier wird deutlich, dass vermehrt Forschung zu gesellschaftlichen Normen und moralischen Standards sowie normative Rahmensetzung gefragt sind.

Auf den internationalen Arbeitsmärkten sind Strukturverschiebungen zu erwarten, die mit einer Neuorganisation von Wertschöpfungsketten, der Rückverlagerung von Produktionsprozessen und folglich mit einer Machtverschiebung zwischen Industrie- und Entwicklungsländern einhergehen können. Allerdings erhöht sich auch die Flexibilität der Arbeitsmärkte durch Onlineplattformen und Sharing-Ökonomien, wie sie in den Schauplätzen zu den neuen Ansätzen des nachhaltigen Wirtschaftens aber auch zum öffentlichen Diskurs angesprochen werden. Auch bei diesen neuen Konzepten und Lebensstilen ist noch offen, wie die Implikationen für die Nachhaltigkeit und zur Kreislaufwirtschaft einzuschätzen sind. Es ist durchaus möglich, dass wir bisher nur die Spitze eines großen Veränderungs- und Strukturverschiebungsprozesses beobachten. Die Digitalisierung könnte sogar als Brandbeschleuniger von Wachstumsmustern wirken, die bereits die Übernutzung natürlicher Ressourcen und wachsende soziale Ungleichheit in vielen Ländern antreiben, wobei die

Auswirkungen sich noch nicht genau abschätzen und in ihrer ganzen Dimension erfassen lassen (Zweite Dynamik; Kap. 7.3).

Immer wieder auftauchende Themen mit Schlüsselbedeutung in den Schauplätzen sind der Datenschutz und die Datensicherheit. Starke Defizite in diesem Bereich haben das Potenzial, die Grund- und Menschenrechte zu unterminieren. Der Schutz dieser Rechte stellt somit eine der großen Querschnittsherausforderungen im Digitalen Zeitalter dar. Von Bedeutung ist dieser Aspekt nicht nur bei der Digitalisierung des Gesundheitswesens, was im Schauplatz zur Selbstvermessung des Körpers thematisiert wird, sondern z.B. auch beim Scoring oder der Präzisionslandwirtschaft. Die Privatsphäre sowie auch die persönliche Freiheit und die Selbstbestimmung der Nutzer*innen kann durch Digitalisierung sowohl beeinträchtigt oder, wenn normativ, regulativ und institutionell eingebettet, auch gestärkt werden. Besonders deutlich wird dies im Kontext der Smart City, wo sich zahlreiche digitale Anwendungen konzentrieren und Menschen sich der Digitalisierung nur schwer entziehen können, z.B. bei der Nutzung digital unterstützter Mobilität.

Querschnittsmäßig mitgedacht werden müssen zudem bisher im Kontext der Digitalisierung wenig beachtete Themen wie Bildung für Nachhaltigkeit, für die sich in Verbindung mit Digitalisierung ganz neue Möglichkeiten der Förderung ergeben, sowie Gender und digitale Gemeingüter. Alle drei Themen sind sehr eng mit Ungleichheiten beim Zugang zu digitalen Angeboten sowie mit der Zukunftsfähigkeit einer Gesellschaft verknüpft. Es wird deutlich, dass bestehende Genderungleichheiten in technischen Systemen, einschließlich des Internets, häufig manifestiert werden. Auch bei der Bildung erscheinen die Förderung von Digital- und Nachhaltigkeitskompetenzen sowie der nötigen Infrastrukturen und Angebote nicht hinreichend. So erfordert auch der Bildungssektor neue Initiativen im Zusammendenken von Digitalisierung und Nachhaltigkeit. Des Weiteren sind auch im Digitalen gemeinwohlorientierte, allgemein zugängliche Angebote zu entwickeln (Kap. 5.3.5).

Aus den thematischen „Tiefbohrungen" der Schauplätze resultiert zum einen konkretes Material für die Synthese in Kapitel 7, das den Zusammenhang zwischen digitalem Wandel und der Transformation zur Nachhaltigkeit in Form von drei „Dynamiken des Digitalen Zeitalters" darstellt. Zum anderen liefern die Schauplätze wertvolles Material nicht nur an konkreten Handlungs- und Forschungsempfehlungen, sondern auch an übergreifendem Wissensbedarf und an Gestaltungsherausforderungen, die in den Kapiteln 9 und 10 aufgegriffen werden.

Insgesamt zeigen die Schauplätze ganz deutlich auf, dass die Agenden von Nachhaltigkeit und Digitalisierung, sowohl in der Forschung als auch in der Politik, miteinander verbunden und gemeinsam weiterentwickelt werden sollten. Dabei muss Digitalisierung in den Dienst der Nachhaltigkeit gestellt werden. Dies ist die Kernbotschaft des vorliegenden Gutachtens.

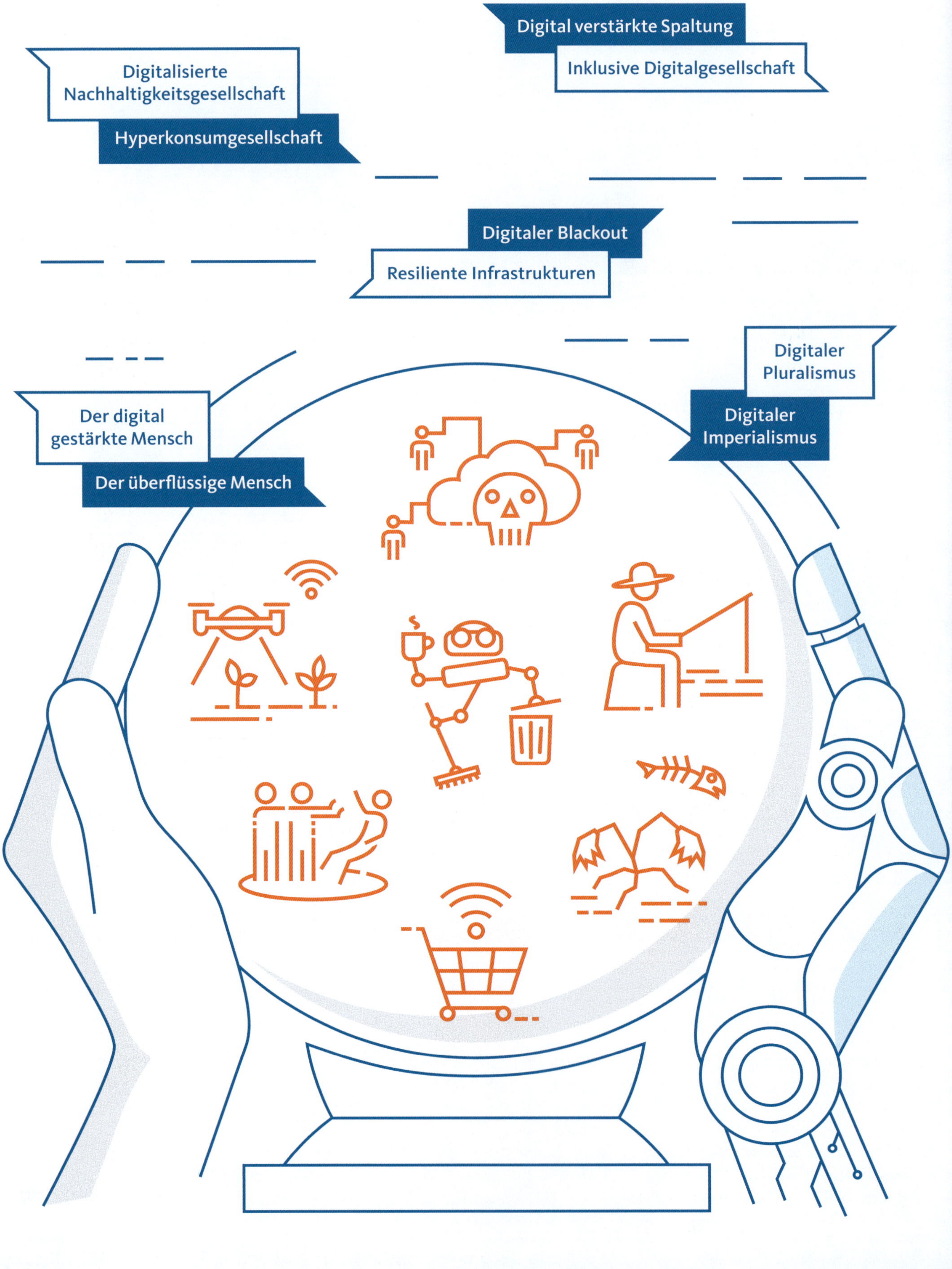
Digital verstärkte Spaltung
Inklusive Digitalgesellschaft
Digitalisierte Nachhaltigkeitsgesellschaft
Hyperkonsumgesellschaft
Digitaler Blackout
Resiliente Infrastrukturen
Digitaler Pluralismus
Digitaler Imperialismus
Der digital gestärkte Mensch
Der überflüssige Mensch

Zukunftsentwürfe und Visionen zu Digitalisierung und Nachhaltigkeit 6

Die Zukunft der Gesellschaft im Digitalen Zeitalter wurde bereits vielfach vorausgedacht. Der WBGU fügt Elemente aus wissenschaftlichen und populärwissenschaftlichen Quellen zu utopischen und dystopischen Erzählungen zusammen, die Trends fortschreiben und illustrativ greifbar machen. Utopische und dystopische Aspekte sind nicht immer trennscharf und ihre Einordnung subjektiv. Die dystopischen Visionen verdeutlichen aber mögliche Grenzüberschreitungen, die frühzeitig eingehegt werden sollten, um die Gefährdung von Nachhaltigkeitszielen zu vermeiden.

Bei Überlegungen zum zukunftsfähigen Zusammenspiel von Digitalisierung und Nachhaltigkeit sollte nicht übersehen werden, mit welch visionärer Kreativität Technology Forecasting, Science Vision oder sogar Science Fiction schon seit Jahren versuchen, das Digitale Zeitalter vorauszudenken. Wie etwa das Büro für Technikfolgenabschätzung beim Deutschen Bundestag am Beispiel der Mensch-Maschine-Entgrenzung herausgearbeitet hat, können entsprechende Diskurse sehr wirkmächtig sein und reale Technologieerwartungen prägen (Kehl und Coenen, 2016). Solche Zukunftsentwürfe greifen diverse Facetten der Digitalisierung auf und verbinden sie mit Spekulationen, die auch verschiedene Bereiche der Nachhaltigkeit betreffen. Obwohl die visionären Skizzen oft eher auf Unterhaltung als auf die politische Gestaltung einer nachhaltigen Zukunft ausgerichtet sind, enthalten sie auch erstaunlich wegweisende Botschaften. Eine vom BBSR publizierte Studie zur Frage, ob und in welchen Bereichen Science-Fiction-Werke für reale Stadtentwicklungsprozesse handlungsleitend sein können (BBSR, 2015) hat gezeigt, dass auch die Science-Fiction-Literatur Ausblicke auf durchaus wahrscheinliche Zukunftsperspektiven zu bieten vermag.

Eine systematische Auswertung der Science-Vision- und Forecasting-Literatur kann im Rahmen dieses Gutachtens nicht geleistet werden. Im Folgenden werden einige visionäre, hypothetische und spekulative Entwürfe und Einschätzungen verschiedener Wissenschaftler*innen, Journalist*innen, Unternehmer*innen oder Personen des öffentlichen Lebens zu gesellschaftlichen Auswirkungen der weiter gedachten Technologieentwicklung im Bereich Digitalisierung herangezogen. So sollen die Überlegungen zur adäquaten Gestaltung einer nachhaltigen Zukunft inspiriert und ergänzt werden.

Dieses Kapitel zeigt somit nicht die eigene Zukunftsvision des WBGU auf, sondern fügt ausgewählte Elemente aus verschiedenen Quellen der Science Vision und (populär-)wissenschaftlichen Zukunftsforschung bzw. Äußerungen von Einzelpersonen zu Erzählungen zusammen, die bereits heute anlaufende, potenziell mittel- bis längerfristig ausgerichtete Veränderungstrends illustrativ greifbar machen. Da es sich nicht um Aussagen des WBGU handelt, werden sie in einer anderen Schrifttype präsentiert. Der WBGU präsentiert zum einen eine positiv konnotierte Erzählung, das heißt utopische Entwürfe des Zusammenwirkens von Digitalisierung und Nachhaltigkeit (Kap. 6.1), zum anderen destruktive bzw. dystopische Visionen (Kap. 6.2). Die eingefügten Zitate sind als exemplarisch zu begreifen. Dabei ist zu betonen, dass die angegebenen Quellen nicht immer utopische oder dystopische Zukunftsentwürfe skizzieren, sondern zum Teil auch laufende Entwicklungen aufgreifen, die jedoch ein dystopisches Potenzial besitzen oder aus denen sich ein solches ableiten lässt. Zu beachten ist auch, dass im Detail utopische und dystopische Aspekte nicht immer trennscharf sind bzw. die Einordnung subjektiver Einschätzung und kulturellen Vorlieben unterliegt.

Durch die disruptiv wirkende, komplexe Dynamik der Digitalisierung ist eine mehrere Dekaden umspannende Betrachtung ihrer Wechselwirkung mit der Nachhaltigkeit auf solche visionären Zukunftsentwürfe angewiesen. Der WBGU nutzt sie, um vor allem auch Ausprägungen der Zweiten und Dritten Dynamik des Digitalen Zeitalters inhaltlich zu füllen (Kap. 7.3, 7.4). Die in Kapitel 5 im Detail explorierten „Schauplätze" auf Basis wissenschaftlicher Studien und Daten adressieren dagegen vor allem die Erste und Zweite Dynamik (Kap. 7.2, 7.3). Nach einer tabellarischen Zusammenstellung erkennbarer Chancen und Risiken (Kap. 6.3) werden schließlich Folgerungen für den weiteren Argumentationsgang des Gutachtens und für Gestaltungserfordernisse gezogen (Kap. 6.4).

6.1 Utopische Vision einer digitalisierten Nachhaltigkeitsgesellschaft

Im Folgenden werden ausgewählte utopische Ideen bzw. Aspekte aufgezeigt und zu einem facettenreichen Bild einer fiktiven Zukunft des Zusammenwirkens von Digitalisierung und Nachhaltigkeit zusammengesetzt. Die eingestreuten Zitate weisen exemplarisch auf Quellen hin, in denen die jeweiligen Aspekte erwähnt werden, wenn auch möglicherweise mit abweichenden Bewertungen.

Digitales Utopia

In der digitalisierten Nachhaltigkeitsgesellschaft ist die Erhaltung der natürlichen Lebensgrundlagen im vollen Umfang gesichert und der Ausstoß von CO_2 und weiteren Treibhausgasen auf das technisch machbare Minimum reduziert. Energie wird zu 100 % aus erneuerbaren Quellen gewonnen (Jacobson et al., 2017), intelligente Netze und Speicher ermöglichen eine zuverlässige und für alle bezahlbare Stromversorgung. Der motorisierte Verkehr sowie Gebäudeheizungen sind elektrifiziert und emissionsfrei, die Nutzung fossiler Energieträger ist gänzlich eingestellt (Helm, 2017). In einer solchen Zukunft könnte Elektrizität „too cheap to measure" sein, sobald die Kapazitäten installiert sind, und Flatrates könnten vergleichbar mit denen in Telefonie und Internetnutzung verfügbar sein.

„Almost all of these new electricity generation technologies do not have an energy cost once they are built and installed. The energy they generate is free. [...] A zero-carbon world is close to a ´zero marginal cost electricity generation´ one." (Helm, 2017:7)

Dieter Robin Helm ist Wirtschaftswissenschaftler an der University of Oxford und Autor von „Burn Out: The Endgame for Fossil Fuels".

Die umfassende Nutzung von Technologien zur Präzisionslandwirtschaft, bei der mit Hilfe von Sensoren, geographischen Informationssystemen und Robotern Pflanzen und Tiere überwacht und optimal versorgt werden, Düngemittel und Wasser präzise eingesetzt und Schädlingsbekämpfungsmittel zum Teil durch automatisierte mechanische Bearbeitung ersetzt werden, schont durch erhebliche Ressourceneinsparungen die Umwelt und spart Kosten (Eberl, 2016).

„[A]uf den Äckern werden künftig immer mehr Roboter selbständig unterwegs sein – gesteuert von digitalen Karten, Satelliten und der Wettervorhersage sowie von Sensoren, mit denen sie Unkraut erkennen und Temperatur und Feuchtigkeit messen können. Sie werden den Boden düngen, Saatgut und Schädlingsbekämpfungsmittel zentimetergenau dort ausbringen, wo es nötig ist, und die Ernte einholen. Über ihnen kreisen dann autonome Drohnen, um den Zustand der Felder zu prüfen, Pilzbefall oder Wildschäden zu entdecken und Ernteausfälle zu verhindern." (Eberl, 2016:181)

Ulrich Eberl ist Wissenschafts- und Technikjournalist und Autor von „Smarte Maschinen. Wie künstliche Intelligenz unser Leben verändert".

Die digital optimierte Kombination von intelligentem Produktdesign, Reparierbarkeit und automatisierter Dekonstruktion am Ende der Lebensdauer von Produkten vermindert den Bedarf an neuen Rohstoffen erheblich. Sie erlaubt eine Kreislaufwirtschaft nach globalen Standards und mit globaler Verbreitung (EMF, 2016). Distributed-Ledger-Technologien (Blockchain) liefern Herkunftsnachweise, verbessern die Rückverfolgbarkeit von Produkten und tragen zu mehr Vertrauen der Konsument*innen bei.

Im Zuge der umfassenden Vernetzung der Menschen über Internet und Austauschplattformen, d.h. der zeitlich und räumlich unbegrenzten Möglichkeiten ihrer Kommunikation und kollektiven Initiative, hat sich bei den Individuen der Digitalgesellschaft ein globales Bewusstsein zur Verantwortung jedes einzelnen Menschen für übergreifende Nachhaltigkeitsfragen herausgebildet (z.B. Bewusstsein über die Auswirkungen des individuellen Konsums auf Natur und Umwelt; Weng et al., 2018). Globale Gemeingüter, die für die Erhaltung der natürlichen Lebensgrundlagen und für das Fortbestehen der Menschheit in friedlichem Zusammenleben unabdingbar sind, werden in vereinten Anstrengungen unter Schutz gestellt.

ald werden alle Menschen auf unserem Planeten vernetzt in. Wenn in naher Zukunft weitere fünf Milliarden die virtu-e Welt bevölkern, bedeutet dieser Boom in der physischen elt u.a. Produktionszuwächse, Gesundheit, Bildung, Lebens-alität, und zwar für alle, von den elitären Nutzern bis zu n Menschen am unteren Ende der wirtschaftlichen Skala." chmidt und Cohen, 2013:27)

ic Schmidt ist technischer Berater bei Google. Er war von 2001 s 2011 CEO bei Google und bis 2018 Vorstandsvorsitzender bei phabet, dem Mutterkonzern von Google. Jared Cohen ist Grün-r und Direktor von Jigsaw, einem Technologieinkubator bei phabet.

Das Internet der Dinge ermöglicht es, die Grenzkosten von Produktion gegen Null laufen zu lassen, so dass eine Welt globaler Gemeingüter entsteht, in der Menschen in offenen demokratischen Gesellschaften freiwillig und nicht gewinnorientiert zusammenarbeiten (Rifkin, 2014a). Die Digitalgesellschaft ist quer über alle Bevölkerungsschichten und Lebensräume inklusiv, jeder Mensch hat Zugang zu den lebensnotwendigen Gütern, Armut ist weitgehend überwunden, inklusive Entwicklung ist Realität geworden. Die menschliche Grundversorgung ist gesichert, die Vergemeinschaftung von Eigentum bzw. von Gewinnen durch die Digitalisierung ermöglicht ein garantiertes Mindesteinkommen („social wage") für alle Menschen sowie universellen Zugang zu angemessenem Wohnraum, Bildung und Gesundheitsversorgung (Merchant, 2015). Eine allgemeine Versorgung mit hochwertigen und nachhaltig produzierten Nahrungsmitteln wird erreicht (Wahlen et al., 2012). Milliarden Menschen bekommen Zugang zu einer individuellen Gesundheitsversorgung, die sich auf den Einsatz digitaler Technologien stützt („eHealth", GeSi, 2016).

„I am also guardedly hopeful that a near zero marginal cost society can take the human race from an economy of scarcity to an economy of sustainable abundance over the course of the first half of the twenty-first century." (Rifkin, 2014b:644)

Jeremy Rifkin ist Autor des Buchs „The Zero Marginal Cost Society: The Internet of Things, the Collaborative Commons, and the Eclipse of Capitalism."

Arbeit und Einkommen sind in der digitalisierten Nachhaltigkeitsgesellschaft weitgehend entkoppelt. Roboter und sonstige intelligente Maschinen verrichten einen Großteil der körperlich anstrengenden, gefährlichen oder langweiligen Arbeiten. Die Teilhabe aller am globalen Wohlstand wird durch Vergemeinschaftung ermöglicht (Merchant, 2015), extreme Ungleichheiten können abgebaut werden. Generell ändert die Digitalisierung viele Wirtschaftspraktiken grundlegend, indem sie marktbezogene Information im Sinne einer Pluralisierung breit und „fair" für alle Akteure zugänglich macht. Weil sich die Relation von (bezahlter) Arbeit und Freizeit verändert, entstehen im Zuge der Ausprägung einer „Post-Work"-Gesellschaft erheblich größere Freiräume für individuelle Selbstverwirklichung und gemeinwohlorientiertes Handeln. Auch Arbeitsformen und Geschäftsmodelle erleben eine Pluralisierung, wobei „Commons-based Peer Production" und Plattformkooperativen auf digitaler Basis helfen, nachhaltige und individualisierte Bedarfe unabhängig vom Geldbeutel zu erfüllen.

„AI will also lower the cost of many goods and services, effectively making everyone better off. Longer term, AI may be thought of as a radically different mechanism for wealth creation in which everyone should be entitled to a portion of the world's AI-produced treasures." (Stone et al., 2016)

Die 2014 initiierte „One Hundred Year Study on Artificial Intelligence" ist eine Langfriststudie zum Feld der KI und ihrer Auswirkungen auf Menschen, ihre Gemeinschaften und die Gesellschaft. 2016 erschien der hier zitierte erste Bericht.

Für Entwicklung, Vermittlung und Betrieb der digitalisierten Infrastrukturen und Endgeräte in der nachhaltigen Digitalgesellschaft werden neue hochwertige Unternehmen, Berufsbilder und Arbeitsplätze geschaffen. Kompetenzerfordernisse und Kompetenzangebote in Kombination mit den nötigen Aus- und Weiterbildungsangeboten können digital nachverfolgt sowie wahrgenommen und so zeitnah aufeinander abgestimmt werden. Kooperative Telearbeit im Cyberraum wird ein wesentlicher Teil der Arbeit, so dass die lokale Standortbindung kein Auswahlkriterium für die Wahl einer Arbeitsstelle mehr ist, was Pendel- und Berufsverkehre erheblich reduziert. Zwischen Menschen und Maschinen (bzw. kollaborativen Robotern: cobots) findet eine kooperative Arbeitsteilung statt, bei der jede Person das übernimmt, was sie am besten kann (Schmidt und Cohen, 2013). In der smarten Gesellschaft ist jedoch kein Mensch zur Verrichtung einer Lohnarbeit gezwungen.

„People of the free internet, we now have the opportunity to create a world where we choose to work a 4 hour work week at our whim, collaborating globally with whom we like, freely choosing compensation in currency or equity, frolicking in our hyper-creative and artistic, fractally self-organized fluid work groups, protected from catastrophic risk by a basic income provided by our egalitarian peer to peer protocols. In this vision the tragedy of the commons is stamped out like polio by a collaborative network of trust and enforced by a consensus-based cryptographic protocol that ensures our aligned incentivization towards the expression of our personal and collective purposes." (Thorp, zit. nach Swartz, 2017:88)

Noah Thorp ist Mitbegründer des Blockchain-Startups Citizen Code.

Wissens- und Bildungsressourcen sind als Gemeingüter und für alle digital (sowie in analogen Formaten) offen und frei (bis auf Grenzkosten) zugänglich. Digitale Plattformen, Zugänge sowie Dienst- und Applikationsangebote halten passende Informationen für jede*n, an jedem Ort, zu jeder Zeit und nach jeder Präferenz bereit, und dies sowohl im privaten wie beruflichen Umfeld.

„It is really possible with the technology of today, not tomorrow. We can provide all the works of humankind to all the people of the world. It will be an achievement remembered for all time, like putting a man on the moon." (Kahle zit. nach Kelly, 2016:97)

Brewster Kahle ist Informatiker, Unternehmer und Aktivist.

In einer universellen digitalisierten Bibliothek steht jedem Menschen jedes Buch der Welt in jeder Sprache zur Verfügung (Kelly, 2016:97). Bildung wird in der smarten und gleichsam medienkompetenten Gesellschaft digital vermittelt und kann für jede Person individualisiert und passgenau zugänglich gemacht werden. KI revolutioniert die Forschung und führt zu neuen wissenschaftlichen Durchbrüchen (Alkhateeb, 2017).

„f you can use AI to read 400,000 research papers automati-lly, organize the knowledge and then combine your intuition ith machine learning, you can sharpen the research field – stead of fanning out for a solution, you fan in. This is what I lieve is going to be really game changing for research in the ture." (Bekas, o.J.)

ostas Bekas ist Cognitive Solutions Research Manager bei IBM.

Das Verhältnis von Datenwirtschaft und individuellem Datenschutz ist ausgewogen, die digitale Selbstbestimmung ist garantiert. Die Menschen behalten die Kontrolle über die Daten, die sie zur Weiterverarbeitung freigeben, und ein digitales Vergessen ist möglich. Eine internationale, von der gesamten Weltgemeinschaft partizipativ erarbeitete Digital-Charta regelt die Grundsätze zum Umgang mit personenbezogenen Daten, zu ihrer wirtschaftlichen Verwertbarkeit und den individuellen Persönlichkeitsrechten, etwa als Weiterentwicklung der von einer Gruppe von Bürger*innen vorgeschlagenen Charta der digitalen Grundrechte der EU (Zeit-Stiftung, 2018).

Die digitalisierte Nachhaltigkeitsgesellschaft verfügt über verlässliche und resiliente Infrastrukturen (Francis und Bekera, 2014). Alle Funktionsbereiche der Gesellschaft, wie die Verwaltung, Mobilitäts-, Energie-, Lebensmittel- und Wasserversorgung, urbane und ländliche Infrastrukturen, Transport- und Produktionsanlagen, Gesundheitsversorgung oder Bildungsangebote, sind digital vernetzt, koordiniert, qualitätskontrolliert und gegen Ausfälle und Angriffe geschützt. Dies gilt nicht nur für die als Smart Cities ausgebauten städtischen Agglomerationsräume, sondern in erheblichem Maße auch für den bestmöglich ausgestatteten ländlichen Raum im Sinne der Smart Countryside.

„As cars will become better drivers than people, city-dwellers will own fewer cars, live further from work, and spend time differently, leading to an entirely new urban organization." (Stone et al., 2016)

S.o.: „One Hundred Year Study on Artificial Intelligence".

Es ist gelungen, jeglichen auf fossile Brennstoffe gestützten Individualverkehr zu eliminieren und dabei das Recht aller Bürger*innen auf Mobilität in keiner Weise einzuschränken (Nikitas et al., 2017). Dazu haben durch Digitalisierung optimal auf individuelle Bedarfe abstimmbaren Mobilitätsdienste (Mobilität als Dienstleistung, Mobility as a Service – MaaS) beigetragen, die für die Bevölkerung städtischer wie ländlicher Räume die zeitgerechte Erreichbarkeit aller wichtigen Daseinsgrundfunktionen sichern.

„A near perfect version of transport futures, based on such an integrated approach, therefore would be revolved around shared used CAVs [Connected Autonomous Vehicles] fuelled by electricity, produced solely from renewable energy sources, that will operate under MaaS principles, meaning that they should be accessible only as part of packages primarily offering electrified public transport from initiatives like BRT [Bus Rapid Transit] and Hyperloop." (Nikitas et al., 2017:17)

*Alexandros Nikitas und seine Koautor*innen forschen zum Thema Mobilität.*

Ökonomische und politische Machtkonzentration durch Datenmonopole wird konsequent verhindert (West, 2017). Vielmehr kommt es zu einem digitalen Pluralismus. Die digitale Flexibilisierung der Nutzung beschränkter Güter stärkt zudem gemeinschaftliche Nutzungsszenarien im Sinn einer Sharing-Ökonomie (Hamari et al., 2016).

Die digitalisierte Nachhaltigkeitsgesellschaft folgt dem Prinzip des „Open Government". Demokratische Partizipation ist umfassend gewährleistet; an Entscheidungen, die das Gemeinwohl betreffen, können sich alle sozialen Gruppen gleichermaßen beteiligen (Macintosh, 2004). Der Zugang zu

Information und die Möglichkeit der politischen Mitbestimmung werden durch den Einsatz moderner IKT erleichtert und ubiquitär verfügbar (Mossberger et al., 2007).

„Wenn wir die Demokratie in den kommenden Jahrzehnten erneuern wollen, brauchen wir dazu das Gefühl der Entrüstung, ein Gespür für den Verlust dessen, was man uns da nimmt. [...] Was hier auf dem Spiel steht, ist die Erwartung seitens des Menschen, Herr über sein eigenes Leben und Urheber seiner Erfahrung zu sein. Was hier auf dem Spiel steht, ist die innere Erfahrung, aus der wir den Willen zum Wollen formen, und die öffentlichen Räume, in denen sich nach diesem Willen handeln lässt. Was auf dem Spiel steht, ist das herrschende Prinzip sozialer Ordnung in einer Informationszivilisation und unser Recht als Individuen und Gesellschaften auf die alten Fragen zu finden: Wer weiß? Wer entscheidet? Wer entscheidet, wer entscheidet? [...] Die digitale Zukunft ist nicht aufzuhalten, aber der Mensch und seine Menschlichkeit sollten obenan stehen." (Zuboff, 2018: 595f.)

Shoshana Zuboff ist Ökonomin und Autorin von „Das Zeitalter des Überwachungskapitalismus".

In der digitalisierten Nachhaltigkeitsgesellschaft ist der Mensch digital gestärkt. Digitale Technologien, vor allem Anwendungen von KI und maschinellem Lernen in Verbindung mit Gentests, versprechen große Fortschritte in der personalisierten Diagnostik und Therapie (Stone et al., 2016; Fierz, 2004).

„If machine learning can help reveal relationships between genes, diseases and treatment responses, it could revolutionize personalized medicine, make farm animals healthier and enable more resilient crops. Moreover, robots have the potential to become more accurate and reliable surgeons than humans, even without advanced AI." (Tegmark, 2017: 101).

Max Tegmark ist Professor für Physik am MIT und Präsident des Future of Life Institut.

Die digitalisierte Nachhaltigkeitsgesellschaft ist friedlich. In einer Welt, in der die zentrale Quelle des Wohlstands das breit verfügbare Wissen ist, verschwinden die Kriege (Harari, 2015). Ein Leben frei von physischem und psychischem Leid sowie ein würdevolles Altern werden durch den Ersatz oder die Optimierung von Körperfunktionen (Cyborg) erreicht (Kurzweil, 2005). Der Mensch erreicht eine völlig neuartige Stufe der Evolution (Harari, 2015) – es kommt zu einer Menschheit 2.0, wobei die „natürliche" Evolution zukünftig durch eine technologische Weiterentwicklung des Menschen abgelöst wird. Die graduelle Substitution des menschlichen Körpers durch technische Systeme wird möglich (Kurzweil, 2005), oder sogar die Übertragung des menschlichen Geists auf technologische Systeme, im Sinne einer Emulation des Gehirns. Ein solcher „Upload" kann theoretisch unbegrenzt leben und hätte einen fast unbegrenzten Zugang zu allen digital verfügbaren bzw. gespeicherten kognitiven Ressourcen (Moravec, 1988).

„Although these ideas may sound like science fiction, they certainly don´t violate any known laws of physics, so the most interesting question is not whether they can happen, but whether they will happen, and, if so, when. [...] I think of an upload as the extreme end of the cyborg spectrum, where the only remaining part of the human is the software." (Tegmark, 2017: 154)

6.2 Dystopische Vision zu Risiken der Digitalisierung für Nachhaltigkeit

Der utopischen Zukunftsvision wird nun eine von Fehl- und Negativentwicklungen geprägte, in hohem Maße dystopische Vision gegenübergestellt, wie sie in ferner Zukunft entstehen könnte. Wiederum binden wir ausgewählte Aussagen bzw. Zitate aus der öffentlichen Debatte und Quellen der Science Vision in eine Gesamterzählung ein, die diesmal diverse Risiken betont.

Digitales Dystopia

Anders als erhofft, hat die zunehmende Digitalisierung nicht zur Entwicklung einer Nachhaltigkeitsgesellschaft und zur Dematerialisierung geführt, sondern zur Entstehung einer Hyperkonsumgesellschaft, in der die Menschen zulasten der natürlichen Umwelt ungehemmt ihrem Konsumverlangen nachgehen (Wahnbaeck und Rolof, 2017: 3).

:learly, the ICT has a potential to decouple economic growth om environmental degradation. However, without consideng potential rebound effects of increased ICT consumption, ıe environmental implications can quickly become detrimenıl. The environmental impacts of ICT largely depend on how ıe ICT applications perform when human behaviour becomes very important factor. The society should not be too optimisc about the positive role of ICT in economy without ccounting ICT's environmental impacts." (Plepys, 2002: 521)

ndrius Plepys ist Wissenschaftler am International Institute for ıdustrial Environmental Economics (IIIEE) der Lund University ı Schweden. Er befasst sich mit Strategien für nachhaltigen onsum und nachhaltige Lebensstile.

Nicht nur steigt der Verkauf digitaler Geräte stark an, mit erheblichen Negativwirkungen im Bereich der Ressourcenausbeutung. Auch die umfassenden Big-Data-Optionen der gezielten, für jede Person maßgeschneiderten Werbung in allen Konsumbereichen beschleunigen das Nachfragewachstum erheblich. Der explodierende Onlinehandel hat zu einem weiter erhöhten Transportaufwand und Verkehrsstaus geführt. Neben der Steigerung des Konsumniveaus erfordern Aufbau und Betrieb der virtuellen und physischen Infrastrukturen einen massiven Rohstoff- und Energieeinsatz (Lange und Santarius, 2018: 48). Der Ressourcenverbrauch steigt zudem durch Rebound-Effekte, indem die Einsparpotenziale neuer digitaler Technologien durch ihre Mehrnutzung überkompensiert werden. Auch die gezielte Senkung der Lebensdauer digitaler Geräte und die Beschleunigung von Innovations- und Produktlebenszyklen tragen zur Zerstörung der natürlichen Lebensgrundlagen bei (Santarius, 2017).

In der Hyperkonsumgesellschaft zeigen die Menschen ein starkes Desinteresse an der natürlichen Lebensumwelt und ihrer fortschreitenden Zerstörung. Durch die umfassend genutzten virtuellen Räume leben sie in Scheinwelten und entfernen sich mental von ihrer natürlichen Umwelt. So werden die planetarischen Leitplanken missachtet, mit dem Ergebnis einer Zerstörung natürlicher Lebensgrundlagen. In Folge der Überschreitung der 2 °C-Leitplanke zur Begrenzung des Klimawandels und des weiter wachsenden Ausstoßes von CO_2-Emissionen aus fossilen Quellen kommt es zur drastischen Erhöhung der globalen Oberflächentemperatur und zunehmenden Versauerung der Ozeane, folglich zum Verlust der biologischen Vielfalt und Ökosystemleistungen in den Meeren sowie an Land. Zudem intensiviert die digital unterstützte Landwirtschaft Land- und Bodenübernutzung bzw. -degradation sowie den Verlust von Phosphor, ungeachtet der fatalen Auswirkungen auf Ernährungssicherheit und Biomasseproduktion. Neben CO_2-Emissionen steigt auch der Ausstoß anderer langlebiger Schadstoffe stark an (z.B. von Quecksilber und persistenten organischen Schadstoffen). Dies hat katastrophale Auswirkungen auf die natürlichen Lebensgrundlagen und gefährdet die Gesundheit großer Teile der Menschheit (WBGU, 2014b: 14, 21). Der Planet gerät aus dem Gleichgewicht, Kollaps droht (Diamond, 2005).

Im Zuge der Zerstörung der natürlichen Lebensgrundlagen wächst die materielle Spaltung der Gesellschaft, die durch die digitale Kluft weiter befördert wird. Weltweit verbreiten und verstärken sich Zeichen der Armut. Es kommt zu Hungersnöten und einer zunehmenden Migration von Menschen, die als Folge des Klimawandels und der Zerstörung der natürlichen Umwelt ihre Heimat verloren haben.

„The economy is having to face ever-greater disruptions in the work force because of A.I. And in the long run, no element of the job market will be 100 percent safe from A.I. and automation. People will need to continually reinvent themselves. This may take 50 years, but ultimately nothing is safe." (Harari, 2018, zitiert in Kaufmann, 2018)

Yuval Noah Harari ist Professor für Geschichte an der Hebräischen Universität Jerusalem und Autor der internationalen Bestseller „Sapiens: A Brief History of Humankind" und „Homo Deus: A Brief History of Tomorrow".

Die Spaltung der Gesellschaft wird zudem durch eine Roboterisierung des Arbeitsmarktes vertieft (Kling, 2017: 142). Durch fortschreitende Digitalisierung droht ein Ende der Erwerbsarbeit ohne Kompensation für wegfallende Einkommen. Im Zuge dieser digital verstärkten Spaltung ist beinahe jeder Arbeitsplatz durch Rationalisierung und Automatisierung mittels digitaler Technologien bedroht, sogar in Berufen, die ein hohes Maß an Qualifikation erfordern (Andersen und Zinner Henriksen, 2018).

„Low-wage jobs are especially at risk: in its 2016 report to the president, the U.S. Council of Economic Advisers estimated that 83 percent of jobs paying less than $20 per hour could be automated." (McAfee und Brynjolfsson, 2016: 140)

Andrew McAfee und Erik Brynjolfsson sind leitende Wissenschaftler der MIT Initiative on the Digital Economy und Autoren des Bestsellers „The Second Machine Age".

Sowohl in Industrie- als auch in Schwellen- und Entwicklungsländern wachsen Massenarbeitslosigkeit und wirtschaftliche Ungleichheit, da immer weniger Menschen von dem durch die neuen Technologien geschaffenen Wohlstand profitieren (Collins, 2014: 51, zit. nach Dörre, 2016: 4; Nourbakhsh, 2015: 27). Ein Graben tut sich einerseits zwischen einer begrenzten Anzahl Hochqualifizierter und der Bevölkerungsmehrheit auf, die z.B. Routinetätigkeiten nachgeht, andererseits aber auch zwischen Industrie-, Schwellen- und Entwicklungsländern (Brynjolfsson und McAfee, 2014). Dem Superreichtum auf der einen Seite stehen Massenarbeitslosigkeit und -elend auf der anderen gegenüber, was Potenzial für massive Unruhen, Gewalt oder Revolution schafft.

„The privileged, we'll see time and again, are processed more by people, the masses by machines." (O'Neill, 2017)

Cathy O'Neill ist Mathematikerin und Autorin von „Angriff der Algorithmen".

Die Entwicklungsländer verlieren ihren komparativen Vorteil der Verfügbarkeit billiger Arbeitskräfte, weil Produkte nun vollautomatisch durch digital gesteuerte Fertigungsstraßen hergestellt werden und die Produktion in Industriestaaten rückverlagert wird (Al-Ani, 2017; Deutscher Bundestag, 2017a: 6f.). Dies ist speziell für Entwicklungsländer problematisch, weil dort kaum soziale Sicherungssysteme bestehen und daher unklar ist, wie soziale Transferzahlungen ausgestaltet und finanziert werden könnten (Al-Ani, 2017).

In den Industrieländern hingegen drohen die Sozialsysteme unter der Last der großen Arbeitslosenzahlen zu kollabieren. Die nun wachsende Ungleichheit stellt die zuvor bekannten sozioökonomischen Disparitäten bei Weitem in den Schatten (Nourbakhsh, 2015: 27). Weltweit lebt der Großteil der Menschen am Existenzminimum. Nur eine kleine Elite – wie die Eigner*innen und Manager*innen führender Technologiekonzerne – profitiert von den Effekten der Digitalisierung auf die Arbeitswelt (Barwise und Watkins, 2018: 44ff.; Hilbig, 2017). Es kommt zu einer Monopol- bzw. Oligopolbildung durch eine Handvoll global agierender IT-Konzerne bzw. IT-basierter Konzerne und folglich auch zur Kapitalkonzentration (Deutscher Bundestag, 2017a: 6f.; Barwise und Watkins, 2018). Diese mächtigen Digitalkonzerne missbrauchen die digitalen Möglichkeiten für ihre zerstörerischen Eigeninteressen. Es entsteht ein digitaler Imperialismus. Die tiefe soziale Spaltung der Gesellschaft mündet in dramatischen Konflikten sowie nationalen und regionalen Unruhen und destabilisiert ganze Regionen (Hilbig, 2017).

'W]ork's value both for individuals and for communities goes ·ell beyond its financial role. As Voltaire put it, 'Work saves us ·om three great evils: boredom, vice, and need. But isn't work ·self becoming passé, thanks to automation?'" (McAfee und ·rynjolfsson, 2016:145)

Infolge der wegen Massenarbeitslosigkeit fehlenden Beschäftigung für den Großteil der Bevölkerung bildet sich eine ignorante, lediglich auf sich selbst fokussierte und gelangweilte Gesellschaft heraus. Die digitalen Technologien nehmen den Menschen jedoch nicht nur alle Arbeit ab, sie dienen auch der massenhaften Überwachung der Bevölkerung. In diesem digitalisierten Überwachungsstaat wird jede*r Einzelne mit Hilfe des Einsatzes digitaler Technologien durch Organisationen unterschiedlicher Art – von Geheimdiensten bis hin zu global agierenden Privatunternehmen – ausspioniert (Wolf, 2012; Lyon, 2003). Etablierte Freiheiten und Rechte, wie etwa das Recht auf informationelle Selbstbestimmung oder das Recht auf Privatsphäre, gehören in diesem Post-Privacy-Zeitalter der Vergangenheit an (Bauman et al., 2014; Lynch, 2015).

A child born today will grow up with no conception of privacy ·t all. They'll never know what it means to have a private ·noment to themselves, an unrecorded, unanalyzed thought. ·nd that's a problem because privacy matters, privacy is what ·llows us to determine who we are and who we want to be." ·Snowden, 2013)

·dward Snowden ist ehemaliger CIA-Mitarbeiter und wurde im ·ahr 2013 durch seine Enthüllungen über die Praktiken der ·S-Geheimdienste bekannt.

„No, the ‚targets' here are me and you: everyone, all of the time. In the name of ‚national security', the capacity is being built to identify, track and document any citizen constantly and continuously." (Wolf, 2012)

Naomi Wolf ist Schriftstellerin und politische Aktivistin.

Möglich wird dies durch die weit fortgeschrittene Entwicklung und Verbreitung der digital aufgerüsteten Überwachungstechnik: Der Einsatz von Technologien (z.B. Drohnen) zur Erfassung von Bewegungsprofilen, zur Erkennung von Gesichtern oder anderen Merkmalen erlaubt die Identifikation jeder einzelnen Person im öffentlichen Raum. Die allgegenwärtige Überwachung findet nicht nur im öffentlichen, sondern auch im vermeintlich privaten Raum statt: Die Erfassung und Auswertung des Onlinesurfverhaltens gestattet Rückschlüsse auf die Gedankenwelt jedes IT-Gerätenutzers bzw. jeder -nutzerin (Helbing, 2018).

Sie werden über Smartphones und Sprachassistenten laufend abgehört. Smarte Fernseher und Spielekonsolen überwachen das Freizeitverhalten, und Fitness- und Gesundheitsdaten-Tracker sammeln die höchst sensiblen Gesundheitsdaten eines jedes Menschen (Helbing, 2018).

„George Orwells dystopischer Roman ‚1984', 1948 verfasst [...] war als Warnung gedacht. Doch anscheinend wurde er als Gebrauchsanleitung benutzt: Google weiß, was wir denken, Amazons Kindle Reader, was wir lesen; Youtube und die Spielkonsole wissen, was wir sehen; Siri und Alexa lauschen unseren Gesprächen; Apple und IBM vermessen unsere Gesundheit; [...] Apps, Cookies und Browsererweiterungen werten unsere Internetaktivitäten aus. Und unser Auto ist ein Datenkrake." (Helbing, 2018)

Dirk Helbing ist Professor für Computational Social Science am Department für Geistes-, Sozial- und Politikwissenschaften sowie Mitglied des Informatikdepartments der ETH Zürich.

Auch am Arbeitsplatz werden digitale Überwachungstechnologien eingesetzt, etwa für Monitoring und Vorhersage des Verhaltens aller Beschäftigten (Solon, 2017a; Ball, 2010). Im Vergleich zu früheren Praktiken erreicht die Überwachung durch Staat und Unternehmen nun eine neue Qualität, da sie überall und unentwegt stattfindet, dabei sämtliche erfassbaren Muster – seien es Bewegungsdaten, Daten über Verhaltens- oder Denkweisen – in öffentlichen wie privaten Räumen dauerhaft erhebt, verknüpft und auswertet.

„Demokratie und Internet sind immer weniger miteinander zu vereinbaren. In totalitären wie demokratischen Staaten nehmen die Zensur von Inhalten und die massenhafte Überwachung der Nutzer zu; Desinformation und Propaganda entwickeln sich mehr und mehr zu effektiven antidemokratischen Instrumenten." (Gaycken, 2016)

Sandro Gaycken ist Gründer und Leiter des Instituts für Digitale Gesellschaft an der ESMT Berlin.

In diesem totalitären Staat wird das durch Massenüberwachung erworbene Wissen gezielt genutzt, um die Bevölkerung zu kontrollieren, zu steuern und zu unterdrücken. Mit Hilfe eines Social Credit Systems, einem datengestütztes Bonitätssystem nach chinesischem Vorbild, werden Bürger*innen anhand ihrer Verhaltensweisen (z.B. im beruflichen Kontext), Religion, ethnischen Zugehörigkeit, Krankheiten, DNA und der von ihnen gekauften Produkte bewertet (Lee, 2018). Monitoring und Beurteilung betreffen vielfältige Aktivitäten, wie Zahlungsverhalten, Strafregister, Einkaufsgewohnheiten, Lebensstil und Lebenswandel sowie das soziale Handeln und die politische Gesinnung. Je nach Übereinstimmung des persönlichen Verhaltens mit den Werten des herrschenden Regimes werden Individuen belohnt oder bei nonkonformem Verhalten bestraft, etwa bei der Wohnungssuche, der Anmeldung an Schulen, bei sozialen Leistungen, Beförderungen, der Gewährung von Krediten, beim Abschluss von Versicherungen oder der Suche nach einem Arbeitsplatz (Kühnreich, 2017, zit. nach Gruber, 2017; Helbing et al., 2015; Kling, 2017: 38f.). Ziel der Aufzeichnung ist die (Fremd-) Steuerung jeglichen individuellen Verhaltens.

„If you draw the timelines, realistically by 2050 we would expect to be able to download your mind into a machine [...]." (Pearson, 2005)

Ian Pearson ist Futurologe.

Aufgrund umfangreicher Kenntnisse der individuellen Präferenzen und Verhaltensmuster aller Personen sagen der Staat sowie die datensammelnden Unternehmen deren Verhalten voraus und nehmen hierauf gezielt Einfluss, um Verhaltensänderungen in ihrem Sinne herbeizuführen. In der Privatwirtschaft steht die Beeinflussung des Kaufverhaltens im Vordergrund, zunehmend aber auch in Konkurrenz zum totalitären Staat die Ausübung von Kontrolle über die Bevölkerung. Im Ergebnis führt das Social Scoring bei den Bürger*innen zu einem enormen Konformitätsdruck – kontroverse Meinungen werden nicht mehr geäußert und abweichendes Verhalten unterlassen (Christl, 2014: 72). Diversität und Freiheit gehen verloren.

„[D]as Netz speichert alles. Keine winzige Information, keine E-Mail, kein noch so peinliches Online-Foto, kein Twitter- oder Facebook-Eintrag, keine Buchungsanfrage beim Reiseanbieter ist jemals dahin. Die digitalen Speicher haben die Gesellschaft ihrer Fähigkeit zum Vergessen beraubt und ihr stattdessen ein umfassendes Gedächtnis verliehen. Ein Gedächtnis, das unfrei macht, weil jeder unserer Schritte, jeder fixierte Gedanke kontrollierbar wird." (Polke-Majewski, 2011)

Karsten Polke-Majewski ist Journalist und Ressortleiter im Team Investigativ/Daten bei ZEIT Online.

Alle Handlungen von Personen, seien es Einträge im Strafregister, Steuererklärungen oder auch Aktivitäten in sozialen Netzwerken, werden digital aufgezeichnet und auch über ihren Tod hinaus gespeichert. Somit lässt sich jede Aktivität für immer nachverfolgen. Ein Vergessen ist unmöglich, weil die Aufzeichnungen auch dezentral auf jedem Rechner, dabei jedoch für jede betroffene Person unveränderbar gespeichert werden. Damit kommt es zur digitalisierten Unsterblichkeit des Menschen.

Durch die ganze Menschheitsgeschichte hindurch, durch das anze analoge Zeitalter hindurch, war das Erinnern die Ausahmen und das Vergessen die Regel. Und damit haben wir ns an die wichtigen Dinge erinnert und das Allermeiste veressen. Heute ist das Erinnern, das Speichern zur Regel eworden und das Vergessen, das Löschen zur Ausnahme.“ Mayer-Schönberger, 2014:2)

iktor Mayer-Schönberger ist Professor für Internet Governance nd Regulation am Oxford Internet Institute.

Der allumfassende Einsatz digitaler Technologien erhöht zudem die Angreifbarkeit lebensnotwendiger Infrastrukturen, die im neu angebrochenen Zeitalter der Cyberkriege zunehmend ins Visier von Hacker*innen geraten.

As technology continues to reshape the world, it's clear that onflicts between nations are no longer confined to the land, ea and air. A cyber arms race is underway with nations deveping and unleashing a new generation of weapons aimed at overnments and civilians alike, putting at risk the critical ata and digital-powered infrastructure that we all depend on or our daily lives. […] If we do not do more to address the risk f nation-state cyberattacks, the world will become a more angerous place.“ (Smith, 2017)

rad Smith ist Präsident und Chief Legal Officer bei Microsoft.

Schon seit langem hatte ein Wettrüsten von Regierungen, Geheimdiensten und Militärs eingesetzt, die Hacker*innen zur Durchführung von Cyberangriffen beauftragten (Reißmann, 2012). Nun kommt es weltweit zu kriegerischen Auseinandersetzungen, ein Cyber World War bricht aus, der digitale Technologien mit dem Ziel einer sofortigen Unterbrechung oder Kontrolle gegnerischer Ressourcen einsetzt, insbesondere der kritischen Infrastrukturen. Neben folgenschweren Angriffen auf Infrastrukturen gibt es ebenso Angriffe auf Endgeräte, Desinformationen oder Wahlbeeinflussung (Kurz und Rieger, 2018a: 8) und weitere destabilisierende Cyberaktionen. Die kämpferischen Aggressionen gehen von Staaten aus, die einander den Krieg erklären, aber auch von nicht staatlichen Kräften, wobei die klare Zuweisung der Urheberschaft oft nicht mehr möglich ist (Baur-Ahrens, 2016: 262; Reißmann, 2012; Kurz und Rieger, 2018a: 7f.). Die Cyberangriffe erfolgen auf verschiedene Weise, mit unterschiedlichen Maßen an Gewalt. Auch automatisierte Kampfmittel wie Drohnen werden eingesetzt.

Neben dem Einsatz von Schadsoftware zur Spionage, Sabotage, Lahmlegung oder auch Zerstörung kritischer Infrastrukturen der gegnerischen Kräfte werden Cyberattacken u. a. auch in Form einer Verbreitung von Falschmeldungen (Fake News) durchgeführt. In sozialen Medien werden Desinformationen verbreitet und neue Konflikte geschürt, um politische Systeme zu destabilisieren (Baron, 2017: 37).

„Die neuen, hoch granularen, zentralisierten Möglichkeiten der gezielten und vollkommen unsichtbaren, unkontrollierten Manipulation sind […] eine diabolische Verrenkung demokratischer Meinungsbildung. Die Demokratie und ihre Institutionen müssen dagegen angehen. […] Sonst verlieren wir Kernelemente der Demokratie an das unsichtbare Böse dieser Maschine.“ (Gaycken, 2016)

In weiten Teilen der Welt kommt es temporär oder dauerhaft zum Ausfall kritischer Infrastrukturen, wie des Finanzsystems, der Energie- und Wasserversorgung oder des Verkehrs sowie zum Zusammenbruch von Wirtschaft und öffentlichem Leben (Hutter, 2002: 37f.). Immer wieder treten digitale Blackouts auf, die in großem Umfang Infrastrukturen und Informationssysteme lahmlegen. Der Verlust des zivilisatorischen Wissens, welches nur noch in digitalisierter Form vorliegt, ist die Folge. Im Unterschied zur analogen Kriegsführung zeichnet sich der Cyberwar zusätzlich durch Cyberspionage, Desinformationskampagnen und strategische Aktivitäten zum Erzielen vorteilhafter Positionen aus (Kurz und Rieger, 2018a: 7).

Der Einsatz unkonventioneller Waffensysteme ist nicht nötig, denn der Krieg wird mit alltäglichen Komponenten wie Computern geführt, und jede Person mit einem Mindestmaß an IT-Kenntnissen kann zur Angreiferin bzw. zum Angreifer werden (Baur-Ahrens, 2016: 263). Da von jeder Person potenziell eine Gefahr ausgeht, herrscht weites Misstrauen in der Gesellschaft. Einmal in Betrieb genommen, lassen sich die eingesetzten Waffen zudem weder deaktivieren, noch in ihren Wirkungen oder Funktionen steuern. Zu Opfern werden nicht nur Militärs, sondern auch die Zivilbevölkerung (Baur-Ahrens, 2016: 264). Die Cyberangriffe, etwa auf Nuklearanlagen, reichen soweit, dass neben Objekten auch Menschen (z.B. durch den Austritt von Strahlung) verletzt oder gar getötet werden (Baur-Ahrens, 2016: 263f.).

Der Cyber World War lässt die Gesellschaft im digitalisierten Chaos versinken, wo sie nicht im Sinne des Gemeinwohls, sondern egoistischer Interessen diverser Akteure gesteuert wird. Insbesondere multinationale Digitalkonzerne und mächtige Nationalstaaten versuchen mit aller Kraft ihre Eigeninteressen durchzusetzen. Der einstige Multilaterismus, wie er in internationalen Institutionen, z.B. der EU und UN, praktiziert wird, findet ein jähes Ende.

Durch bahnbrechende technologische Entwicklungen setzt eine transhumane Ära ein. Digital gesteuerte Human-Enhancement-Technologien erlauben es sozial privilegierten Gruppen, ihre Körperfunktionen in Richtung individueller Präferenzen oder gesundheitlicher Bedürfnisse zu optimieren (Miah, 2016; Nourbakhsh, 2015: 26). Nur eine begrenzte Anzahl an Menschen verfügt über die notwendigen finanziellen Mittel und den Zugang zu Technologien, um ihren Alterungsprozess aufzuhalten, körperliche Gebrechen zu beheben sowie die geistigen und emotionale Fähigkeiten zu steigern (Faber, 2012; Allhoff et al., 2010: 16ff.).

„Die grundlegende Erfahrung ist, dass der technische Fortschritt Handlungsmöglichkeiten eröffnet, die in die natürlichen Lebensgrundlagen unseres Daseins eingreifen und im gegebenen Falle die Gefahr in sich bergen, eben diese Grundlagen in ihrem Bestand anzugreifen und sich somit gegen die Basis des technischen Fortschritts selbst zu wenden.“ (Krieger, 2011)

Gerhard Krieger war Professor für Philosophie an der Theologischen Fakultät Trier und Präsident des Mediävistenverbands.

Dabei führt Human Enhancement nicht nur zu einer neuen Dimension der Ungleichheit, sondern birgt auch grundsätzliche Gefahren für das menschliche Dasein.

„The concentration of power in the global pharmaceutical industry has already reached staggering proportions. The implications of a new market-driven eugenics are enormous and far reaching. Indeed, commercial eugenics could become the defining social dynamic of the new century.“ (Rifkin, 2005)

Jeremy Rifkin ist Wirtschafts- und Sozialtheoretiker, Schriftsteller, Redner, politischer Berater und Aktivist.

Die Selbstoptimierung des Menschen geht soweit, dass sämtliche Körperfunktionen ersetzt werden. Es entstehen Maschinen, die über einst rein menschliche Fähigkeiten wie Empathie, Emotionalität und das Gefühl sozialer Verbundenheit verfügen. Mit der Entwicklung einer KI mit emotionalem Bewusstsein geht schließlich auch noch der letzte „Wettbewerbsvorteil" des Menschen verloren.

]t's my conclusion that it is possible to make a conscious mputer with superhuman levels of intelligence before 2020]. It would definitely have emotions – that's one of the mary reasons for doing it." (Pearson, 2005)

Technologische Weiterentwicklungen insbesondere auf dem Gebiet der KI führen graduell zur Schaffung einer destruktiven Roboterzivilisation und schließlich zur Abschaffung des Menschen.

fear that AI may replace humans altogether [...]. If people sign computer viruses, someone will design AI that improves d replicates itself. This will be a new form of life that outperms humans. [...] A super intelligent AI will be extremely od at accomplishing its goals, and if those goals aren't gned with ours, we're in trouble." (Hawking, 2017)

ephen W. Hawking war theoretischer Physiker und Professor Mathematik an der University of Cambridge.

Es entstehen soziale, hochintelligente Maschinen, die sich selbst replizieren und ständig selbst verbessern, bis sie dem Menschen auf allen Gebieten überlegen und durch ihn nicht mehr kontrollierbar sind (Bostrom, 2014; Hawking, 2017; Nourbakhsh, 2015: 27f.). Der Mensch wird zur Marionette dieser autonomen, superintelligenten Kreaturen, die einen eigenen Überlebensdrang entwickeln und schließlich die Existenz des menschlichen Lebens bedrohen (Nourbakhsh, 2015: 27f.; Barrat und Bostrom, 2014; Hawking, 2017). In ihrem Überlebenskampf greifen diese geradezu allmächtigen Roboter nicht nur menschliche Ziele an, sondern bekämpfen sich auch gegenseitig. Es kommt zu einem Krieg der „Killerroboter", in dem die menschliche Spezies schließlich ausgerottet wird (Schäfer, 2018).

„[T]he development of superintelligence will be associated with significant challenges, likely including novel security concerns, labor market dislocations, and inequality. It may even involve, in the form of accident or misuse, significant existential risk." (Bostrom et al., 2016: 2)

Nick Bostrom ist Philosoph an der University of Oxford und Direktor am Future of Humanity Institute.

6.3 Synopse: Gegenüberstellung visionärer Zukunftshoffnungen und -risiken

Die vorhergehenden Kapitel haben ausgewählte utopische und dystopische Entwicklungen des digitalen Wandels aus der Nachhaltigkeitsperspektive aufgezeigt. Es gibt aber weit mehr Entwicklungsoptionen, so dass wir in der synoptischen Tabelle 6.3-1 einen kurzen Ausblick auf utopische und dystopische Entwicklungsmöglichkeiten in Bezug auf die 2018 vom WBGU veröffentlichten Schlüsselthemen für eine digitale, nachhaltige Gesellschaft geben (WBGU, 2018a).

6.4 Folgerungen

Welche Schlüsse lassen sich aus den skizzierten Zukunftsvisionen ziehen, die schon heute dabei helfen können, die konstruktive Rolle der Digitalisierung für die globale Nachhaltigkeitstransformation künftiger Dekaden zu stützen sowie absehbare Fehlentwicklungen zu vermeiden? Im Folgenden werden (1) das Verhältnis optimistischer und pessimistischer Erwartungen, (2) wesentliche grundlegende Triebkräfte der längerfristigen Entwicklungsdynamik des digitalen Wandels sowie (3) Erkenntnisse zu unabdingbaren Erfordernissen bei der Gestaltung einer zukunftsfähigen Gesellschaft im fortschreitenden Digitalen Zeitalter beleuchtet. Die Notwendigkeit langfristigen Denkens und systemischer Vorausschau, einer Rückbesinnung auf den Grundkonsens der Menschenrechte (mit der Menschenwürde als Basis) sowie einer generellen Bereitschaft zu Innovation und Infragestellen technologischer Entwicklungen wird dabei deutlich.

Tabelle 6.3-1
Synoptische Gegenüberstellung von utopischen und dystopischen Zukunftsvisionen. Die Visionen sind Schlüsselthemen zugeordnet, die der WBGU in seinem Impulspapier (WBGU, 2018a) veröffentlicht hat. Quelle: WBGU

Schlüsselthema	Utopische Zukunftsvision	Dystopische Zukunftsvision
Erhaltung der natürlichen Lebensgrundlagen 	**Digitale Nachhaltigkeitsgesellschaft** › Umfassender Einsatz erneuerbarer Energie › Nutzung digitaler Technologien für das Monitoring nachhaltiger Land- bzw. Ozeannutzung und nachhaltiger Nutzung aller natürlichen Ressourcen › Umfassender Schutz der Biodiversität & Ökosysteme › Möglichst vollständige Kreislaufwirtschaft › Virtualisierte Dienste ersetzen analoge Dienste › Dematerialisierung	**Hyperkonsumgesellschaft Ökologische Spaltung** › Desinteresse an natürlicher Lebensumwelt › Ökozid: fortschreitende Zerstörung (Klimawirkungen, Verlust Biodiversität & Ökosystemleistungen, Bodendegradation)
Armutsbekämpfung und inklusive Entwicklung 	**Gleichwertiger Zugang aller Menschen zu sämtlichen Daseinsgrundfunktionen** › Personalisierte Medizin › Weltweiter Zugang zu Bildung durch digitale und digitalisierte Bildungsressourcen › Verbesserte Versorgung mit Lebensmitteln durch Einsatz digitaler Technologien zur Präzisionslandwirtschaft › Dematerialisierung	**Materielle Spaltung, extreme Ausweitung von Disparitäten** › Perpetuierung von Armut mit Folgen wie (Umwelt-)Migration und Hungerkrisen
Zukunft der Arbeit und Abbau von Ungleichheit 	**Inklusive Digitalgesellschaft** › Selbstbestimmte Tätigkeit und soziale Absicherung für alle › Roboter und Maschinen übernehmen harte, gefährliche und monotone Arbeiten	**Digital verstärkte Spaltung** › Verstärkung der Ungleichverteilung von Wohlstand und Einkommen › Lohnsklaverei; umweltgefährdende und ausbeuterische Arbeiten konzentriert auf Entwicklungsländer
Wissen, Bildung und digitale Mündigkeit 	**Offener, freier Zugang zu Information in einer offenen Gesellschaft** › Für alle freier Zugang zu digitalen Gemeingütern › Entfaltung der kreativen Potenziale mit digitalen Mitteln (Digital Creatives)	**Dark Age** › Organisierte Verdummung der Massen durch Auslagerung aller Arten von (Denk-)Arbeit auf Maschinen › Absolute Langeweile

Schlüsselthema	Utopische Zukunftsvision	Dystopische Zukunftsvision
Big Data und Privatsphäre 	**Selbstbestimmung** › Informierte (Eigen-)Verantwortlichkeit › Digitale Souveränität und Datenhoheit	**Post-Privacy-Zeitalter** › Der digitalisierte Überwachungsstaat („Orwell 2084“) › Digitalisierte Unsterblichkeit eines jeden: kein digitales Vergessen › Fremdsteuerung
Fragilität und Autonomie technischer Systeme 	**Resiliente Digitalgesellschaft** › Digitale Kompetenzen › Resiliente Infrastrukturen › Verantwortung und Haftung in der vernetzten Gesellschaft › Redundanzen und Qualitätsstufen entsprechend Sicherheitsrisiken	**Digitaler Blackout** › Unzureichende Cybersicherheit › „Pflege“ (Offenhalten) von Sicherheitslücken
Ökonomische und politische Machtverschiebungen 	**Digitaler Pluralismus** › Digitale Gemeingüter und öffentlich-rechtliche IKT › Sharing-Ökonomie › Faire Besteuerung digital erwirtschafteter Gewinne	**Digitaler Imperialismus** › Winner takes it all: Monopole statt Diversität mit dem Ergebnis einer Vertiefung der Ungleichverteilung › Digitale Gleichschaltung › Missbrauch der digitalen Möglichkeiten für zerstörerische Eigeninteressen
Beschleunigung und Grenzen gesellschaftlicher Gestaltung 	**Globale Nachhaltigkeits-Governance** › Digital unterstützter Multilateralismus › Schaffung von Transparenz hinsichtlich Regierungs- und Verwaltungshandeln, sowie Stärkung demokratischer Partizipation und Kollaboration mit Staat und Verwaltung durch Einsatz digitaler Technologien (i.S.v. Open Government)	**Digitalisiertes Chaos** › Eigeninteresse digitaler multinationaler Konzerne bzw. Nationalstaaten führt zum Ende des Multilateralismus / der EU und UN

Schlüsselthema	Utopische Zukunftsvision	Dystopische Zukunftsvision
Weiterenwicklung des Menschen 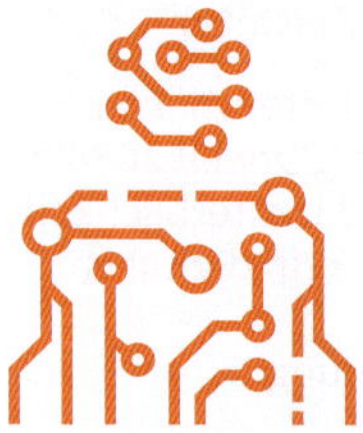	**Der digital gestärkte Mensch** › Individualisierte Gesundheit; Heilung von physischem und psychischem Leid › Der durch Digitalisierung besser unterstützte Mensch	**Human Enhancement** › Digital verstärkte Spaltung › Cyborg-Wettlauf: Enhancement des eigenen Körpers und Geistes nur für privilegierte Eliten
Zukunft der Zivilisation 	**Menschheit 2.0** › Friedliche Welt › Ein Leben frei von physischem und psychischem Leid › Würdevolles Alter › Optimale Assistenz durch KI	**Ende der Menschheit / Abschaffung des Menschen** › Krieg der (autonomen) Waffenroboter › Superintelligenz / Singularität › Destruktive Roboterzivilisation

Dystopische Zukunftsentwürfe zum Zusammenspiel von technischem Fortschritt, natürlichen Lebensgrundlagen und gesellschaftlich-politischen Entwicklungen finden sich deutlich prominenter als utopische Visionen. Dies ist nicht verwunderlich, weil für dystopische Erzählungen wie für Negativszenarien im Allgemeinen gilt, dass sie leichter beschrieben werden können. Wie generell für dystopische Film- und Romangenres sowie die Narrative von Computerspielen gilt für dystopische Erzählungen, dass sie besonders erfolgreich und ansprechend sind, wenn sie „Ur- oder Grundängste" der Menschen als Hauptthemen ansprechen. Dabei gilt Angst in der Psychologie prinzipiell als unangenehm erlebter innerer Zustand schrecklicher Erwartungen, die aktuell nicht genau vorhergesagt werden können, d.h. mit dem Eindruck verbunden sind, zukünftige Bedrohungen weder antizipieren noch kontrollieren zu können (Butcher et al., 2009). Aus Grundbedürfnissen, etwa der Motivation, sozialen Anschluss zu finden, oder dem Streben nach Anerkennung, können Grundängste abgeleitet werden (z.B. Maslow, 1943; McClelland, 1991). Dystopische Erzählungen adressieren solche Kontroll- oder Identitätsverluste, etwa bezogen auf Gesellschaften, in denen keine individuelle Kontrolle mehr möglich ist und ungleiche Machtverhältnisse Identitäten aushöhlen. So sollte bei Diskursen zu möglichen Gefahren der Digitalisierung immer bedacht werden, dass Zukunftsvisionen vielfach eher von kulturell vorgeformten dystopischen Grundthemen bestimmt als wirklich aus den neuen technischen Möglichkeiten heraus abgeleitet werden (Kehl und Coenen, 2016). Der WBGU mit seiner Verpflichtung zur Aufklärung und Emanzipation von Unmündigkeit nimmt bewusst eine distanziert kritische Haltung zu dystopischen Erzählungen ein und sieht hier Forschungsbedarf, sowohl im Sinne von technisch nüchterner Machbarkeits- und Folgenabschätzung als auch mit Blick auf eine Auseinandersetzung mit kulturell verstärkten Ängsten.

Es ist offen, ob sich eher die utopischen oder dystopischen Zukünfte manifestieren. Genau hier liegt der politische und gesellschaftliche Gestaltungsauftrag. Bei der Gestaltung von ökologisch wie gesellschaftlich nachhaltigen Pfaden der Technologieentwicklung sind neben den Potenzialen ebenso die Gefährdungen im Blick zu behalten. Dies gilt umso mehr, als schon in der Gegenwart Aufmerksamkeitslücken, Versäumnisse des Handelns und fehlende Voraussicht dazu führen können, dass später unumkehrbare, sich kumulativ verstärkende Prozesse in Gang gesetzt werden, deren zerstörerische Kräfte in wenigen Jahrzehnten niemand mehr aufhalten kann. Im Gegenzug zeigen die aufgearbeiteten utopischen Zukunftsentwürfe, dass speziell die Gestaltung wünschenswerter positiver Wechselwirkungen von Digitalisierung und Nachhaltigkeit noch in erheblichem Umfang weiterer Anreize bedarf, um den nötigen Erfindungsgeist und Kreativität zu befördern und Umsetzungsoptionen zu verstärken.

Gerade die pointiert zugespitzten Zukunftsvisionen machen deutlich, welche Triebkräfte der Entwicklungsdynamik im Technologiefeld Digitalisierung zu Grunde liegen und Nachhaltigkeitswirkungen prägen. Es finden sich vielfältige Belege höchst eigennützigen Handelns verschiedener Akteure, die sich bei Entwicklung und Nutzung der Digitalisierung vorwiegend an Motiven wie Bequemlichkeit (convenience), Konsumfreude und Lebensgenuss, wirtschaftlichen Wettbewerbsvorteilen und Gewinnerwartungen, Machtausübung und Kontrollstreben orientieren. Nur wenig manifestiert sich die Motivation der Akteure aus Wirtschaft, Gesellschaft und Politik, ausdrücklich Ziele der Nachhaltigkeit (wie die SDGs) zu verfolgen, somit Digitalisierung prioritär in deren Dienst zu stellen. Dieses Versäumnis mag gewissermaßen in der „schwachen" menschlichen Natur liegen, so dass vor allem Anreize sowie Kontrolle und Regelungen zu Gunsten von Nachhaltigkeitszielen ratsam erscheinen, um die Entfaltung solcher Schwächen im Zaum zu halten. Oder es mangelt den Akteuren vor allem an Wahrnehmung und Bewusstsein für die schädlichen Konsequenzen ihres Handelns sowie gebotene Chancen. Mit Vehemenz sind deshalb auf breiter Front die großen, weiter auszubauenden Potenziale zu propagieren und zu befördern, welche die Digitalisierung für die künftige Sicherung von natürlichen Lebensgrundlagen, gesellschaftlicher Teilhabe und Wahrung von Eigenart bereithält.

Was Erkenntnisse zu unabdingbaren Erfordernissen bei der Gestaltung einer zukunftsfähigen Gesellschaft und Menschheit im Digitalen Zeitalter betrifft, machen die (nach)erzählten Visionen gewisse „Leitplanken" deutlich, die von der Digitalgesellschaft keinesfalls überschritten werden dürfen. Es gibt technologische Vorstöße und Entwicklungslinien, die vor dem Hintergrund des Nachhaltigkeitsverständnisses des WBGU nicht toleriert werden dürfen und unbedingt zu vermeiden sind. Dies betrifft vor allem Risiken der autokratischen, kleptokratischen Totalüberwachung aller Individuen durch digital aufgerüstete staatliche Institutionen (im Sinne von „Orwell 2084"), die vollständige Machtübernahme über Konsumbedarfe durch wenige Konzerne und den Ersatz menschlicher Wesen durch digital konstruierte und operierende technisierte Geschöpfe. In so mancher Hinsicht ist zu hoffen, dass die entworfene Dystopie nie Realität wird. Doch muss sie gerade deshalb jetzt erzählt werden, um ihre Verwirklichung rechtzeitig zu verhindern und eine konstruktive Nutzung der Digitalisierung für eine nachhaltige Zukunft möglich zu machen.

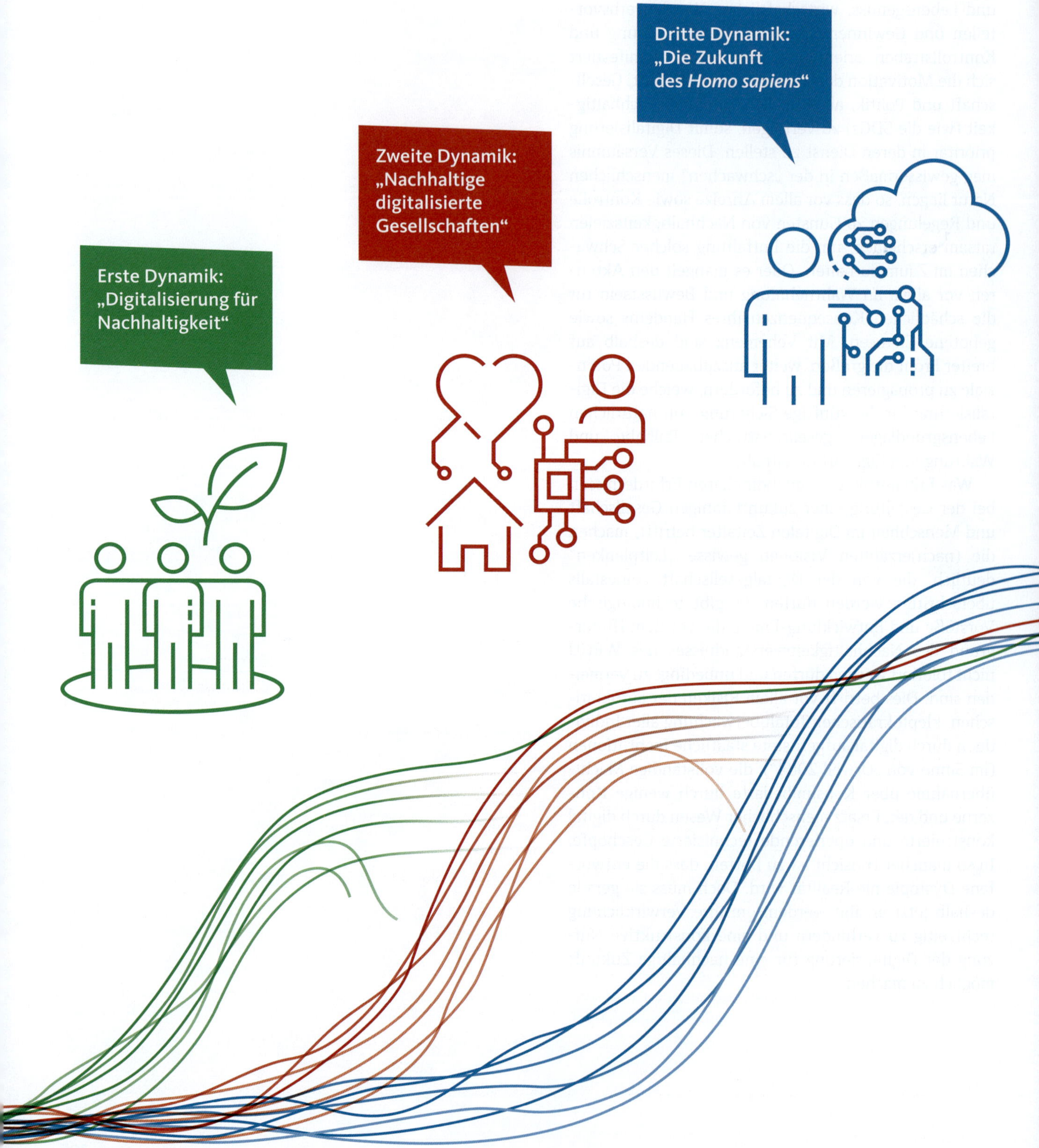

Dritte Dynamik: „Die Zukunft des *Homo sapiens*“
Zweite Dynamik: „Nachhaltige digitalisierte Gesellschaften“
Erste Dynamik: „Digitalisierung für Nachhaltigkeit“

Digitalisierung und Nachhaltigkeit – Synthese

7

Der WBGU stellt drei „Dynamiken des Digitalen Zeitalters" vor, die unterschiedliche, aber akute Handlungsbedarfe anschaulich machen. Sie betreffen erstens die Nachhaltigkeitsherausforderungen, die bereits in der Agenda 2030 beschrieben werden. Zum Zweiten geht es um den Umgang mit darüber hinausgehenden fundamentalen gesellschaftlichen Umbrüchen, die durch den digitalen Wandel ausgelöst werden. Drittens steht die Zukunftsfähigkeit und Identität des *Homo sapiens* selbst zur Debatte.

7.1 Drei Dynamiken des Digitalen Zeitalters

In Zeiten, in denen viele gesellschaftliche Strukturen und Lösungen hinterfragt und brüchig werden, steigt die Wahrscheinlichkeit transformativer oder radikaler Veränderung. Diese Zeiten sind von Unsicherheit geprägt, und Fragen nach Zukunftsgestaltung rücken in den Vordergrund. Kipppunkte sind dann erreicht, wenn eine Rückkehr zu vorherigen Entwicklungspfaden nicht mehr möglich scheint. Spätestens mit den zeitgleichen Transformationen durch Nachhaltigkeitsherausforderungen und die Digitalisierungswelle sind Gesellschaften während der nächsten Dekaden in einem Zustand radikaler Zukunftsoffenheit. Auch sind in beiden Fällen Kipppunkte erreicht: Für ein Erreichen der Nachhaltigkeitsziele ist eine strategische Transformation tief verankerter Pfadabhängigkeiten in wirtschaftlichen und gesellschaftlichen Prozessen notwendig, um planetarische Leitplanken einzuhalten. Misslingt diese Transformation, werden die Gesellschaften durch starke Veränderungen der natürlichen Lebensgrundlagen und verfügbaren Ressourcen in einen Umbruch gezwungen werden. Dessen Ausgang ist allerdings noch weniger zu antizipieren, wird aber wahrscheinlich die Lebensqualität und die Wohlfahrt vieler Menschen drastisch sinken lassen.

Genauso scheint ein Zurückdrehen der Vernetzung von Prozessen und Akteuren sowie der Entwicklung und Nutzung von KI und virtuellen Räumen unwahrscheinlich. Besonders wird aktuell die Übertragung menschlicher Entscheidungen auf technische Systeme vorangetrieben, was diese zu einem neuen „Akteur" mit Gestaltungsmacht macht bzw. typische menschliche Qualitäten aus Prozessen der Entscheidungsfindung verdrängt. In der Ökonomie findet dies schon länger durch den algorithmisch gesteuerten Hochfrequenzhandel in der Finanzwirtschaft statt, staatliche Sozialeinrichtungen in mehreren Ländern nutzen Algorithmen zur Vergabe ihrer Mittel, und auch Ärzte und Juristen bemühen die KI für Diagnosen und Urteile. Hieraus ergeben sich neue normative Fragestellungen, denen sich unsere Gesellschaften stellen müssen.

In diesem Kapitel soll der Zusammenhang zwischen Digitalisierung und Nachhaltigkeit mit seinen fundamentalen Fragen und seiner perspektivischen Dynamik entwickelt werden. Es werden drei „Dynamiken des Digitalen Zeitalters" vorgestellt, die als Heuristik drei unterschiedliche, aber akute Handlungsbedarfe anschaulich machen sollen. Dabei handelt es sich nicht um eine strenge zeitliche Aneinanderreihung, denn die Entwicklungen aller drei Dynamiken finden bereits heute parallel statt. Die Dynamiken unterscheiden sich durch die thematische Fokussierung sowie ihre gestaffelte Wirkmächtigkeit und gesellschaftliche Diskursintensität (Abb. 7.1-1). Die drei Dynamiken sind miteinander verwoben und voneinander abhängig, so dass

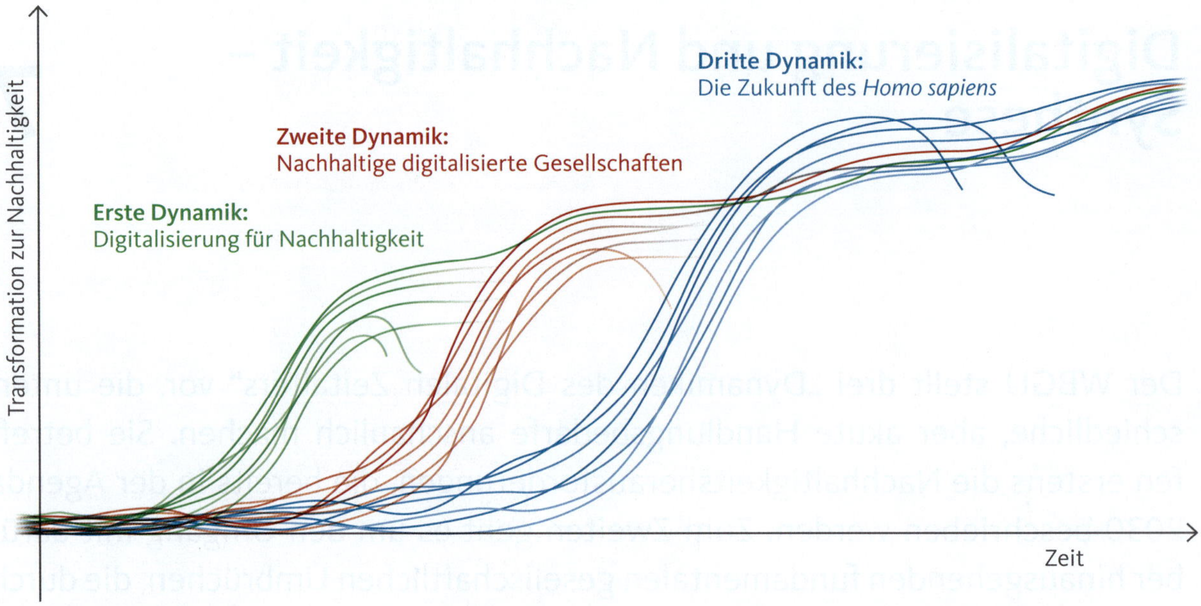

↑ Nachhaltigkeit digital unterstützen

- Planetarische Leitplanken einhalten (Klima, Natur, Böden, Ozeane)
- Soziale Kohäsion sichern (gegen Hunger, Armut, Ungleichheit; für Zugang zu Wasser, Gesundheit, Bildung, Energie)

↓ Ökologische und gesellschaftliche Disruption

- Mehr Emissionen und Ressourcennutzung
- Mehr Ungleichheiten
- Mehr Machtkonzentration
- Erosion von Bürgerrechten und Privatheit
- Erosion der Steuerungsfähigkeit des Staates

↑ Neuer Humanismus

- Vernetzte Weltgesellschaft als Weiterentwicklung von Aufklärung und Humanismus
- Entwicklung von Welt(umwelt)-bewusstsein
- Kooperationskultur, Empathie, globale Solidarität

↓ Digital ermächtigter Totalitarismus

- Ausgehöhlte Demokratien und digital ermächtigte Autokratien
- Massive Ungleichheiten, Elitenherrschaft, Totalüberwachung und Freiheitsverlust
- Umweltzerstörung und Verlust sozialer Kohäsion

↑ Selbstbewusstsein des *Homo sapiens* stärken

- Bewahrung des biologischen Menschen in seiner natürlichen Umwelt
- Ethisch reflektierte Weiterentwicklung des Menschen
- Mensch-Maschine-Kollaboration gestalten

↓ Entgrenzung von Mensch und Maschine

- Missbrauch im Verhältnis Mensch-Maschine
- Superintelligenz
- Künstliche Evolution des Menschen

Abbildung 7.1-1a
Drei Dynamiken des Digitalen Zeitalters.
Die Grafik zeigt den positiven Fall einer gelungenen Einhegung der Dynamiken durch Zielsetzung und Gestaltung. Alle drei Dynamiken laufen bereits heute parallel an, wenn auch mit unterschiedlicher Intensität; es handelt sich also nicht um eine strenge zeitliche Abfolge. Jede Dynamik besteht aus unterschiedlich verlaufenden Teilpfaden. Die Bezeichnung der Dynamiken spiegelt die jeweils erforderlichen Handlungsprioritäten wider. Die Texte unterhalb der Abbildung geben Stichworte zu den *Potenzialen* (↑: obere Reihe) und den *Risiken* (↓: untere Reihe) der drei Dynamiken.
Quelle: WBGU; Grafik: Wernerwerke, Berlin

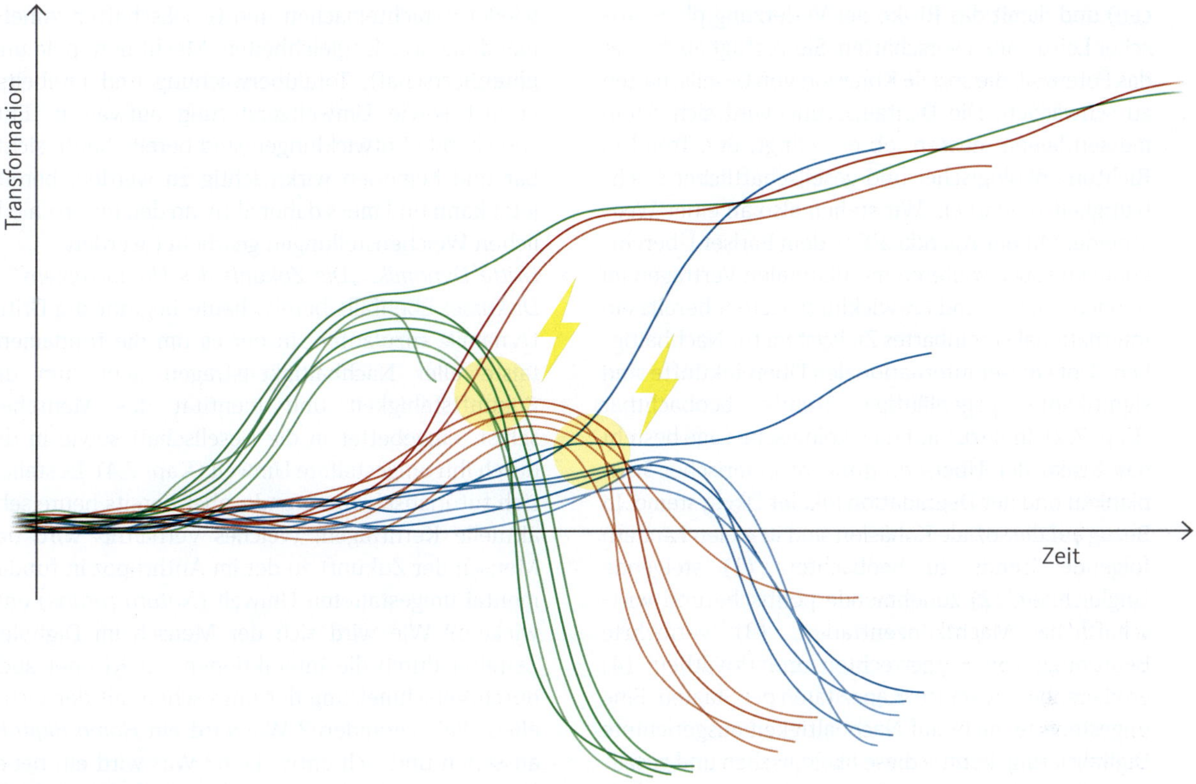

Abbildung 7.1-1b
Drei Dynamiken des Digitalen Zeitalters.
Die Grafik zeigt den negativen Fall eines missglückten Umgangs mit den Herausforderungen. Das Scheitern der Ersten Dynamik wirkt sich insgesamt negativ auf die Erfolgsaussichten der Zweiten Dynamik aus; entsprechend negativ wirkt eine misslungene Zweite Dynamik auf die Dritte Dynamik (gelbe Blitze).
Quelle: WBGU; Grafik: Wernerwerke, Berlin

eine trennscharfe Unterscheidung nicht möglich lässt. Es geht dem WBGU vielmehr um die Bündelung relevanter Fragestellungen an der Schnittstelle zwischen Digitalisierung und Nachhaltigkeit in diesem Jahrhundert, um damit handlungsrelevante Perspektiven zu wesentlichen Herausforderungen und Potenzialen zu identifizieren.

An dieser Stelle soll erneut an den normativen Kompass als zentralen Wegweiser des WBGU erinnert werden (Kap. 2). Die Erhaltung der natürlichen Lebensgrundlagen, die umfassende Ermöglichung von Teilhabe und die Förderung von Eigenart bleiben auch im Zeitalter der Digitalisierung richtungsgebend. Für die besonderen Aufgaben, die der Menschheit durch Digitalisierung kurz-, mittel- und langfristig bevorstehen, ist es dem WBGU außerdem wichtig, auf die fundamentale Kategorie der *menschlichen* Würde als normativer Leitidee hinzuweisen (Kap. 2.3). Da das Menschsein selbst durch die Digitalisierung auf so unterschiedliche wie radikale Weisen herausgefordert werden könnte, ist diese Perspektive für alle folgenden Dynamiken relevant.

Der Beirat empfiehlt, den dringend erforderlichen Diskurs um Digitalisierung und Nachhaltigkeit entlang der folgenden drei zentralen Dynamiken des Digitalen Zeitalters zu führen (Abb. 7.1-1):

› *Erste Dynamik: „Digitalisierung für Nachhaltigkeit" – Digitalisierung nutzen, um das Erdsystem zu schützen und soziale Kohäsion zu sichern:* In der Ersten Dynamik steht die Agenda 2030 mit den SDGs im Zentrum (Kap. 7.2). Die Fragen lauten: Wie kann die Digitalisierung genutzt werden, um gleichermaßen den Schutz des Erdsystems und soziale Kohäsion zu erreichen – z.B. die Einhegung von Klimawandel, Biodiversitätsverlust und Bodendegradation sowie die Abschaffung von Hunger, Armut, extremer Ungleichheit und Exklusion? Wie kann die Digitalisierung zu einer wirkungsvollen Umsetzung des seit Jahrzehnten sukzessive entwickelten, anspruchsvollen Programms zur Einhaltung planetarischer Leitplanken, zum Schutz der Umwelt und zum Ausbau inklusiver Entwicklung beitragen? Es gibt aber auch die andere Seite: Die Digitalisierung kann umweltschädliche Entwicklungen beschleunigen (z.B. die Nutzung fossiler

Energieträger oder wertvoller mineralischer Ressourcen) und damit das Risiko der Verletzung planetarischer Leitplanken verschärfen. Sie verfügt auch über das Potenzial, die soziale Kohäsion von Gesellschaften zu schwächen. Die Digitalisierung wird sich daran messen lassen müssen, ob es gelingt, den Trend in Richtung ökologischer und gesellschaftlicher Nachhaltigkeit zu stärken. Wir stehen also an einer Wegscheide. Mit der Agenda 2030, dem Pariser Übereinkommen sowie weiteren multilateralen Verträgen im Bereich Umwelt und Entwicklung besteht bereits ein international vereinbartes Zielsystem für Nachhaltigkeit. Trotz dieser internationalen Übereinkünfte sind signifikante gegenläufige Trends beobachtbar (Kap. 7.2). In Bezug auf die ökologische Lage besteht das Risiko der Überschreitung planetarischer Leitplanken und der Degradation lokaler Ökosysteme. In Bezug auf die soziale Kohäsion sind in vielen Ländern folgende Trends zu beobachten: (1) steigende Ungleichheit, (2) zunehmende politische und wirtschaftliche Machtkonzentration, (3) vermehrte Bedrohung von Bürgerrechten und Privatheit, (4) erodierende Goverance-Kapazitäten der Staaten. Eine ungesteuerte, nicht auf Nachhaltigkeit ausgerichtete Digitalisierung könnte diese ökologischen und gesellschaftlichen Negativtrends verstärken oder gar multiplizieren und zu gesellschaftlichen Verwerfungen führen. Scheitert eine Einhegung dieser Risiken, dann reduzieren sich die Chancen, in der Zweiten Dynamik durch Digitalisierung eine positive Zukunftsvision in nationalen Gesellschaften sowie global zu realisieren.

> *Zweite Dynamik: „Nachhaltige digitale Gesellschaften" – Neuen Humanismus verwirklichen und digitalen Totalitarismus verhindern:* Parallel dazu laufen bereits die Prozesse der Zweiten Dynamik an, bei denen es um den Umgang mit den fundamentalen gesellschaftlichen Rekonfigurationen durch Digitalisierung geht, und damit letztlich um eine Neugestaltung der Welt im Digitalen Zeitalter (Kap. 7.3). Die digitalen Gesellschaften der Zweiten (und Dritten) Dynamik werden sich von den heutigen Gesellschaften so fundamental unterscheiden wie die Industrie- von den Agrargesellschaften. Die Zweite Dynamik zeigt sich dabei wie ein Januskopf mit positiven und negativen Potenzialen und entsprechenden Gestaltungsherausforderungen. Im positiven Fall gibt dies Hoffnung, dass die Digitalisierung neue Entwicklungsperspektiven eröffnet, um eine humanistische Vision für eine vernetzte Weltgesellschaft des Digitalen Zeitalters zu entwickeln und voranzubringen, die reflexiv an das Erbe der Aufklärung anknüpft („neuer Humanismus", Kasten 7.3-2). Die Digitalisierung birgt aber auch das Risiko, dass ausgehöhlte Demokratien und digital ermächtigte Autokratien die vorherigen Nachhaltigkeitserrungenschaften wieder zunichtemachen und Gesellschaften zunehmend massive Ungleichheiten, Machtmonopole und Elitenherrschaft, Totalüberwachung und Freiheitsverlust sowie Umweltzerstörung aufweisen. Entsprechende Entwicklungen sind bereits heute sichtbar und beginnen wirkmächtig zu werden; bereits jetzt kann und muss daher aktiv an den unterschiedlichen Weichenstellungen gearbeitet werden.

> *Dritte Dynamik: „Die Zukunft des Homo sapiens" – Diskurse:* Ebenfalls bereits heute beginnt die Dritte Dynamik anzulaufen, in der es um die fundamentalste aller Nachhaltigkeitsfragen geht: um die Zukunftsfähigkeit und Identität des Menschen selbst, eingebettet in die Gesellschaft sowie in die durch ihn umgestaltete Umwelt (Kap. 7.4). Es stellen sich futuristisch anmutende, aber bereits heute sehr aktuelle Kernfragen: Welches Verhältnis wird der Mensch der Zukunft zu der im Anthropozän fundamental umgestalteten Umwelt (*Natura futuris*) entwickeln? Wie wird sich der Mensch im Digitalen Zeitalter durch die Interaktionen mit KI oder auch durch Verschmelzung der physischen mit der virtuellen Welt verändern? Wie wird ein *Homo digitalis* aussehen und sich entwickeln? Was wird ein neuer Humanismus für den *Homo digitalis* bedeuten? Wie werden sich die künstlich intelligenten, kognitiv leistungsfähigen Maschinen (*Machina sapiens*) vom Menschen abgrenzen lassen? Welche Eigenschaften und Entscheidungskompetenzen wollen wir den *Machina sapiens* zugestehen? Wie können sich Menschen, Organisationen, Gesellschaften, internationale Organisationen und Netzwerke darauf vorbereiten, diese fundamentalen Veränderungen in der Geschichte des *Homo sapiens* unter Kontrolle zu halten?

Mit Fortschreiten der Dynamiken (von der Ersten bis zur Dritten Dynamik) gibt es zunehmende Ungewissheiten und Unsicherheiten, weniger Detailschärfe, weniger belastbare Forschungsergebnisse sowie immer weniger konkrete Empfehlungen. Statt dessen stellen sich umso fundamentalere Fragen, mit denen sich unsere Gesellschaften auseinandersetzen sollten, um Orientierungs- und Gestaltungsfähigkeit zu entwickeln. Mit den Debatten zu Nachhaltigkeit, Umwelt und Entwicklung sowie der Agenda 2030 in der Ersten Dynamik befindet sich der WBGU noch im Gebiet seiner „Kernkompetenz". Es geht darum, wie die Potenziale der Digitalisierung für die Nachhaltigkeit mobilisiert werden können, um Risiken drastischer globaler Umweltveränderungen sowie Gefährdungen der sozialen Kohäsion und Stabilität vieler Gesellschaften einzugrenzen und wieder positive Gestaltungsoptionen zu eröffnen. Über diese kurzfristige Perspektive hinaus verändern sich aber durch die Digitalisierung, etwa durch KI und Maschinenlernen, gesellschaftliche Realitäten so umfassend, dass Konzepte der Nachhaltigkeit weiterentwickelt und Vorstellungen zur Zukunft der menschlichen Spezies formuliert werden müssen. Es muss ein neues Paradigma der Nachhaltigkeit für „Umwelt" und „Mensch" (bzw. „menschliche Gesellschaften") im Digitalen Zeitalter entwickelt werden, nicht zuletzt damit die künftige Umwelt des Menschen nicht zu einer virtuellen Scheinumwelt verkommt. In diesem Kontext möchte der WBGU Beiträge zur Formulierung eines Paradigmas zu Nachhaltigkeit und menschlicher Entwicklung sowie eines neuen Humanismus im Digitalen Zeitalter leisten.

Dazu gilt es zunächst, einen Diskurs in der Gesellschaft anzuregen bzw. zu intensivieren, der die Wucht der potenziell fundamentalen Wirkungen der Digitalisierung thematisiert. Außerdem sollten die relevanten und sich bereits abzeichnenden Trends rechtzeitig gesellschaftlich gestaltet werden. Mit Blick auf die Potenziale der Digitalisierung sollten Schritte in Richtung einer gemeinsam entwickelten positiven Vision unternommen sowie eine Vorausschau auf mögliche künftige Systemrisiken sichergestellt werden. Neben der vom WBGU immer wieder geforderten Einhaltung planetarischer Leitplanken (z.B. WBGU, 2014b) werden in der Ersten Dynamik (Kap. 7.2) aktuelle, oben bereits genannte Risiken gesellschaftlicher Entwicklung erläutert, die mit der Digitalisierung an Wucht gewinnen können: die Zunahme von *Ungleichheit, problematische Machtkonzentrationen*, der Verlust von *Bürgerrechten und Privatheit* sowie das Versagen von *Governance*. Wenn den bereits sichtbaren Entwicklungen nicht entgegengewirkt wird, droht die Verschärfung gesellschaftlicher Systemrisiken (Kasten 7.3-1). Einige dieser Risiken betreffen eher schleichende Erosionsprozesse. Bei anderen Systemrisiken könnten aber auch Kipppunkte überschritten werden, jenseits derer radikale Systemumschwünge zu befürchten sind. Schließlich gibt es Risiken, die mit großen Unsicherheiten verbunden sind und bei denen die Prognosekapazität nur gering ist („black doors").

In den folgenden drei Kapiteln 7.2, 7.3 und 7.4 werden die drei Dynamiken ausführlicher dargestellt und mit handlungsleitenden Prinzipien versehen.

7.2 Erste Dynamik: Digitalisierung für Nachhaltigkeit nutzen

In der Ersten Dynamik geht es darum, die Digitalisierung unmittelbar in Bezug zur Transformation zur Nachhaltigkeit zu setzen, die der WBGU in seinem Hauptgutachten „Gesellschaftsvertrag für eine Große Transformation" und weiteren Arbeiten ausgeführt hat (WBGU, 2011, 2014a, b). Es gilt, die planetarischen Leitplanken einzuhalten und entsprechende Kipppunkte des Erdsystems nicht zu überschreiten (WBGU, 2014b; Lenton et al., 2008) sowie u.a. durch Armutsbekämpfung die soziale Kohäsion zu sichern.

Die beiden Megatrends „Nachhaltigkeit" und „Digitalisierung" haben sich in den letzten Jahrzehnten parallel und weitgehend unabhängig voneinander entwickelt und nur wenig systematische Abstimmung erfahren. Das wird u.a. daran deutlich, dass die Digitalisierung in der Agenda 2030 und den SDGs nicht als wesentlicher Faktor genannt wird (Kap. 8). Umgekehrt haben Digitalisierungsstrategien selten einen Nachhaltigkeitsbezug, unabhängig davon, ob es sich um Strategien großer Digitalkonzerne, Staaten, NRO oder der Wissenschaft handelt (Kap. 4.2, 8). Zwar werden digitale Technologien in allen Sektoren genutzt, um effektiver und effizienter zu werden; so sind z.B. erneuerbare Energiesysteme ohne Digitalisierung längst undenkbar (Kap. 5.2.6). Eine Ausrichtung und Zielführung der Digitalisierung auf die Transformation zur Nachhaltigkeit ist aber allenfalls in Ansätzen zu erkennen (Kap. 8.2).

Die exemplarische Auswertung von zehn Berichten internationaler Organisationen zum Thema Digitalisierung und Nachhaltigkeit zeigt, dass das Thema Digitalisierung in den Strategieabteilungen internationaler Organisationen angekommen ist (Kap. 3.6). Der Umgang mit diesem Thema lässt sich vielfach noch als Suchprozess beschreiben.

Die untersuchten Schauplätze des digitalen Wandels (Kap. 5) verdeutlichen, dass die Verknüpfungen zwischen Digitalisierung und Nachhaltigkeit erhebliche Chancen eröffnen kann. Digitalisierung und Nachhaltigkeit müssen systematisch zusammengedacht, und die Digitalisierung muss aktiv gestaltet sowie systematisch für die Transformation zur Nachhaltigkeit genutzt werden.

Mit Bezug auf die Nachhaltigkeit hat das Vordenken für diese Erste Dynamik bereits in den letzten Jahrzehnten stattgefunden. Für viele Bereiche der Nachhaltigkeitsagenda liegen die relevanten wissenschaftlichen Erkenntnisse bereits vor, und es gibt einen weltumspannenden politischen Konsens für die globale Nachhaltigkeitsagenda mit ihrem Ansatz, die Umwelt zu bewahren, die planetarischen Leitplanken einzuhalten sowie die weltweite Armut zu bekämpfen und Entwicklung für die „bottom billion" (Collier, 2017) zu ermöglichen. Das multilaterale Zielsystem für die Transformation zur Nachhaltigkeit liegt mit der Agenda 2030 und den darin enthaltenen SDGs, dem Pariser Übereinkommen sowie weiteren multilateralen Verträgen vor (Kap. 8). Darin ist im Prinzip klar skizziert, welche Pfade auf diesem Weg einzuschlagen sind und welche vermieden werden müssen. Diese Ziele vernachlässigen noch die Digitalisierung in ihrer Breite und Konsequenz, daher muss ihr digitaler Bezug noch herausgearbeitet werden. Zunächst aber muss es um die Umsetzung gehen: dabei kann Digitalisierung eine entscheidende Rolle spielen.

Digitalisierung als Ermöglichung von Nachhaltigkeit

Wie in vielen Bereichen der Gesellschaft leistet die Digitalisierung auch im Bereich Nachhaltigkeit wertvolle, teils unverzichtbare Beiträge, um globale Umwelt- und Entwicklungsprobleme besser und schneller zu lösen. Die Schauplätze in Kapitel 5 zeigen, dass es auf vielen für die Nachhaltigkeit relevanten Feldern Potenziale gibt, die zum Teil inkrementelle Entwicklungen beschleunigen, zum Teil aber auch disruptive Veränderungen auslösen können. Diese technologischen Potenziale für die Überwindung von Nachhaltigkeitsproblemen werden allerdings nicht „automatisch" genutzt. Es geht daher um aktive Gestaltung: Die gesellschaftlichen Zielvorstellungen sind so zu operationalisieren, dass Digitalisierung nicht zum Trendverstärker bestehender Fehlentwicklungen wird, sondern im positiven Sinn transformativ für eine nachhaltige Gesellschaft wirken kann.

So ist Digitalisierung eine Voraussetzung für die Dekarbonisierung des Elektrizitätssektors (Kap. 5.2.6). Insbesondere erleichtert sie die Integration fluktuierender und dezentraler erneuerbarer Energiequellen in die Stromnetze und spielt eine wichtige Rolle bei der Elektrifizierung anderer Sektoren (z.B. Transport, Heizung und Kühlung).

Für Dematerialisierung, Ressourcenschonung und Kreislaufwirtschaft sind die Potenziale der Digitalisierung bei weitem noch nicht ausgeschöpft (Kap. 5.2.1, 5.2.5). Insbesondere beim Thema Elektroschrott sind neue regulatorische Ansätze, Geschäftsmodelle, Monitoring-Möglichkeiten, Dienstleistungen und kulturelle Praktiken gefragt (Kap. 5.2.5). Es darf dabei nicht nur um ein verbessertes Recycling gehen. Zu den Weichenstellungen für eine möglichst vollständige Kreislaufwirtschaft gehört eine bedachte Digitalisierungsoffensive, um die positiven Potenziale der Digitalisierung entlang des gesamten Lebenszyklus der Produkte zu heben, ebenso wie die Schaffung geeigneter wirtschaftlicher und regulatorischer Rahmenbedingungen, die entsprechende Technologien und Geschäftsmodelle wettbewerbsfähig werden lassen.

Digitalisierung begünstigt auch die Verbreitung nachhaltiger Konsummuster durch größere Informations- und Angebotsvielfalt sowie durch neue Dienstleistungen, z.B. Angebote einer ressourcensparenden Sharing-Ökonomie, die auf Smartphone-Technologie basieren (Kap. 5.2.2, 5.2.3).

Eine nachhaltige Landnutzung ist unverzichtbar, um die Menschheit mit den Produkten der Land- und Forstwirtschaft zu versorgen und die Ökosysteme, ihre biologische Vielfalt und Ökosystemleistungen dauerhaft zu erhalten. Auch wenn viele Lösungsansätze dafür außerhalb von Digitalisierung und Mechanisierung liegen (z.B. Pflanzenzüchtung, Bodenrestauration, Klimaanpassung), teils sogar außerhalb des Bereichs der Landwirtschaft selbst (z.B. Verlust von Nahrungsmitteln nach der Ernte, Ernährungsstile), ist die Präzisionslandwirtschaft ein interessantes Instrument für eine global nachhaltige Landnutzung, dessen Potenziale genutzt werden sollten (Kap. 5.2.9). In Entwicklungsländern ist der digitale Zugang zu Agrarinformationen und Beratung ein wichtiger Ansatzpunkt (Kap. 5.2.10).

Auch für das Monitoring von Ökosystemen und biologischer Vielfalt bietet die Digitalisierung wertvolle neue Möglichkeiten, um das Wissen zu verbessern und z.B. Übernutzung oder illegalen Aktivitäten zu begegnen (Kap. 5.2.11). Digitale Technologien könnten eine neue Qualität des Monitorings ermöglichen und das Verständnis der interdependenten sozialen, ökologischen, ökonomischen und technologischen Dynamiken des Anthropozäns revolutionieren (Kap. 3.3.5.1, 5.2.11). Sie könnten die Lücken zwischen Beobachtung, Experimentieren, Modellieren und Theoriebildung füllen und einen Weg zu einem kollektiven Weltbewusstsein für nachhaltige Entwicklung öffnen (Kap. 5.3.1). Sie eröffnen aber auch wertvolle Möglichkeiten für die Förderung sozialer Kohäsion, z.B. durch erleichterten Zugang zu Bildung (Kap. 5.3.4) und digitalen Gemeingütern (Kap. 5.3.10) oder durch einen verbesserten öffentlichen Diskurs (Kap. 5.3.2).

Digitalisierung als Risiko für Nachhaltigkeit

Digitalisierung kann aber auch bestehende Nachhaltigkeitsprobleme massiv verstärken. Ohne geeignete Rahmenbedingungen besteht das Risiko, dass die Gesellschaften sogar beschleunigt den planetarischen Leitplanken entgegendriften und sich vom Ziel einer nachhaltigen Entwicklung immer weiter entfernen. Derzeit wirkt die Digitalisierung als Verstärker und Beschleuniger wirtschaftlicher Prozesse, die überwiegend noch auf fossilen Energieträgern und Ressourcenextraktion beruhen. Bereits die Produktion und der Betrieb der im schnellen Zyklus erneuerten elektronischen Geräte sind wesentliche Treiber von Energie- und Ressourcennutzung. Ohne Kurskorrektur in Richtung Nachhaltigkeit droht eine ungezügelte Digitalisierung den Erfolg der Nachhaltigkeitstransformation zu gefährden.

Konkret droht mit der Digitalisierung ein höherer Ressourcenverbrauch (z.B. strategische Metalle, Seltene Erden), weil immer mehr digitale Geräte mit kurzer

Lebensdauer auf den Markt kommen (Köhler et al., 2018). Die lineare Wirtschaft wird durch die Digitalisierung beschleunigt (Kap. 5.2.5). Wenn Milliarden neue Geräte in den kommenden Jahren vernetzt werden, wird zudem die Energienachfrage durch Datenzentren und -übertragung steigen. Dies könnte durch steigende Energieeffizienz begrenzt werden (IEA, 2017a). Derzeit zeichnet sich jedoch trotz hoher Effizienzsteigerungen keine Trendwende im IKT-Sektor ab; die direkte Energienachfrage steigt weiterhin rasant an (Köhler et al., 2018). Eine Fortschreibung dieser beiden Trends steigert ökologische Risiken und die Bedrohung durch Überschreitung planetarischer Leitplanken. Die Herausforderungen für eine Energiewende (Dekarbonisierung) und eine Ressourcenwende (Kreislaufwirtschaft) steigen dadurch erheblich. Ein Beispiel für indirekte Effekte der Digitalisierung auf Konsum sind die dadurch steigenden Energie- und Ressourcenverbräuche sowie die negativen sozialen wie gesellschaftlichen Folgen des Onlinehandels (Kap. 5.2.4).

Bereits die Nutzung der positiven Potenziale der Digitalisierung für die Transformation zur Nachhaltigkeit geht mit weiteren gesellschaftlichen Gefährdungen einher, denn sie setzt die Erhebung und den Umgang mit (teils großen) Datenmengen voraus, die mittels Software verarbeitet sowie in teil- oder vollautomatisierten Entscheidungen und via Aktuatorik in konkrete Handlungen umgemünzt werden. Das Heben von Nachhaltigkeitspotenzialen ist demnach inhärent mit Fragen dazu verbunden, wer diese Daten wie nutzen kann, wer die Algorithmen für die Auswertung entwirft, realisiert, betreibt und kontrolliert, welche Daten als personenbezogen gelten, wer von den neuen, damit verbundenen Geschäftsmodellen profitiert, wer in Abhängigkeiten gerät, wie fragil die neuen technischen Infrastrukturen sind, welche Entscheidungen noch von Menschen getroffen werden usw. Wie soll das Zusammenspiel von menschlicher Intelligenz und KI aussehen, um Menschen und Gesellschaften zu stärken, statt sie zu schwächen (Rosol et al., 2018)? Allein deshalb sind Fragen nach dem Umgang mit Daten, nach Privatheit sowie nach Nutzungsrechten, Entscheidungsgewalt und Monopolisierung bereits in der Ersten Dynamik von Relevanz und sollten geklärt werden, um die damit verbundenen Risiken einzuhegen. Die Schauplätze zur Landwirtschaft, zur Kreislaufwirtschaft, zu dekarbonisierten Energiesystemen und zu Smart Cities liefern anschauliche Beispiele für diesen Zusammenhang (Kap. 5.2).

Des Weiteren ist zu befürchten, dass für Armutsgruppen und Minderheiten Teilhabe an der digitalisierten Gesellschaft erschwert ist und dass ihnen verstärkte Diskriminierung droht, etwa durch fehlenden Zugang zu IKT und inadäquate Bildung (Kap. 2.1.2, 5.3.5, 5.3.4).

Neben der Dringlichkeit der Einhaltung planetarischer Leitplanken sind es aus Sicht des WBGU zudem die im Folgenden dargestellten vier Trends, die unsere Gesellschaften herausfordern. Deren Effekte könnten mit gezielt eingesetzten digitalen Lösungen entschärft werden; aber bei mangelnder Gestaltung besteht die große Gefahr, dass sie sich eher verschärfen. Alle diese Risiken gesellschaftlicher Entwicklung bedrohen letztlich auch die menschliche Würde (Kap. 2.3).

Ein erstes Risiko erwächst aus der Zunahme von *Ungleichheit* innerhalb von Gesellschaften und trotz einiger Erfolge in Teilen auch zwischen Gesellschaften. Ungleichheit ist schon heute und überall auf der Welt eine Gefahr für die soziale Kohäsion. Die Effekte der Digitalisierung könnten hier zwar durchaus entgegenwirken, könnten Ungleichheit aber auch verstärken und damit im Extremfall zum globalen Multiplikator für Ungleichheit werden. Dies durch Gestaltung zu verhindern ist ein dringliches Projekt einer auf Nachhaltigkeit gerichteten Digitalisierung.

Ein zweites Risiko ist die wachsende Tendenz neuer, potenziell problematischer *Machtkonzentrationen* auf vielen Ebenen. Die fünf wertvollsten Unternehmen sind schon heute Digitalkonzerne. Deren daraus erwachsene wirtschaftliche Marktmacht ist für sich gesehen nicht zwingend ein Problem, allerdings nur, solange sie nicht noch ergänzt wird durch schwach regulierte, machtvolle Zugriffsmöglichkeiten auf Daten von Milliarden Nutzer*innen. Politisch ist die Figur des „starken Autokraten" wieder im Aufwind; selbst innerhalb der EU und in den USA ist das bisher klare Bekenntnis zu Gewaltenteilung und Rechtsstaatlichkeit erschüttert. Auch wenn Digitalisierungseffekte dafür nicht klar ursächlich sind, zeigt sich hier das Missbrauchsrisiko digitaler Technologien.

Drittens ist schon heute eine zunehmende Erosion von *Bürgerrechten und Privatheit* zu konstatieren. Getrieben durch wirtschaftliche oder staatliche Interessen und ermöglicht durch technische Infrastruktur sowie laxen individuellen Umgang mit den eigenen Daten erleben wir eine beispiellose Relativierung von Privatsphäre und eine zunehmende Bedrohung von Bürgerrechten. Angesichts der aufgezeigten Möglichkeiten technischer Entwicklung hin zu einer gesellschaftlichen Totalisierung und individuellen Gläsernheit müssen auch hier Maßnahmen gegen eine Post-Privacy-Gesellschaft getroffen werden.

Schließlich droht viertens die hohe Geschwindigkeit der Entwicklungen die Gestaltungsfähigkeit von Regierungen und des multilateralen Systems zu überfordern. Das Risiko einer *Erosion der Steuerungsfähigkeit des Staates* nimmt zu, der als Verlust an herkömmlicher Handlungs- und Gestaltungsfähigkeit bereits erkennbar ist. Regierungen sind bisher völlig unzureichend auf

Abbildung 7.2-1
Einhaltung planetarischer Leitplanken und Sicherung sozialer Kohäsion: beides muss erreicht werden. Die Kernfrage der Ersten Dynamik ist, welche Strategien der Digitalisierung geeignet sind, um die Gesellschaften in Richtung einer digitalisierten Nachhaltigkeitsgesellschaft zu bewegen (grüner Quadrant rechts oben). Nur wenn dies erreicht wird, gibt es eine gute Chance, in der Zweiten Dynamik Systemrisiken zu vermeiden und einem „neuen Humanismus“ näher zu kommen.
Quelle: WBGU

die Gestaltungsherausforderungen der digitalen Umbrüche vorbereitet. Es fehlt an Wissen und Experten in den Regierungen, Verwaltungen und Netzwerken, um die Potenziale des digitalen Wandels zu nutzen und zu verhindern, dass sukzessive eine selbstlernende Technosphäre geschaffen wird, die menschlicher Kontrolle entgleitet, menschliches Verhalten manipuliert und von mächtigen Akteuren missbraucht werden kann. Ist schon die Nachhaltigkeitstransformation angewiesen auf vielfältige Kooperation und eine klug gestaltete polyzentrische Verantwortungsarchitektur, so verstärkt sich diese Anforderung noch durch die Folgen der Digitalisierung (Kap. 4.1). Die durch Digitalisierung getriebene Beschleunigung wirtschaftlicher und gesellschaftspolitischer Entwicklungen darf nicht zu einer weiteren Schwächung politischer, nationaler wie multilateraler Steuerungsfähigkeiten führen. Gerade Demokratien können aber potenziell gut mit Komplexität und Diversität umgehen – wenn sie institutionell und diskursiv dafür bereit sind. Ähnlich dem Bereich Klimawandel müssen individuelle und nationale Beiträge zur Governance der Digitalisierung global eingebettet und koordiniert werden.

Die gesellschaftliche Herausforderung wird sein, diese vier Risiken gesellschaftlicher Entwicklung einzuhegen. Die Umsetzung der Agenda 2030 und das Erreichen der SDGs sind dafür zentrale Voraussetzungen. Wenn die Zeit ungenutzt verstreicht und die Nachhaltigkeitsziele verfehlt werden, drohen nicht tolerierbare Wirkungen im Erdsystem (Durchbrechen planetarischer Leitplanken) sowie schwere gesellschaftliche Verwerfungen in der Weltgesellschaft (Verlust der sozialen Kohäsion durch z.B. Armut, Hunger, gescheiterte Staaten). Die vier Risiken werden in der Ersten Dynamik bereits wirksam. Gelingt es nicht sie einzuhegen, dann entfalten sie ihre volle Wirkung in der Zweiten Dynamik, wo fundamentale Umstrukturierungen gesellschaftlicher Systeme anstehen. Die Chancen, durch Digitalisierung einen großen Schritt in Richtung der Verwirklichung eines „neuen Humanismus“ (Kasten 7.3-2) voranzukommen, wären dann signifikant reduziert.

Handlungsleitende Prinzipien

Abbildung 7.2-1 veranschaulicht die Herausforderung auf einfache Weise. Wenn man die beiden zentralen Achsen der Nachhaltigkeit (Umwelt und Erdsystem; Entwicklung und soziale Kohäsion) gegeneinander aufträgt und für jede Achse einen positiven und einen negativen Bereich annimmt, dann ist die Herausforderung bei der Ersten Dynamik, die richtigen Hebel in Bewegung zu setzen, damit die Weltgesellschaft einen Weg in den zweifach positiven „grünen“ Quadranten finden kann. Die anderen Quadranten bzw. Szenarien und insbesondere der tiefrot eingefärbte Bereich repräsentieren das Scheitern der Einhegung der Risiken gesellschaftlicher Entwicklung und damit auch das Scheitern der Hoffnung, in der Zweiten Dynamik mit Hilfe der Digitalisierung einen „neuen Humanismus" erreichen zu können.

Um den „grünen Quadranten" einer digitalisierten Nachhaltigkeitsgesellschaft zu erreichen empfiehlt der WBGU ausdrücklich, die *Digitalisierung in den Dienst der globalen Nachhaltigkeit* zu stellen (WBGU, 2018a; Kap. 9). Das Motto dieser Ersten Dynamik sollte sein: Die Gesellschaft muss jetzt handeln, um die Transformation zu einer digitalisierten Nachhaltigkeitsgesellschaft zu erreichen! Die Digitalisierung stellt mächtige Werkzeuge bereit, die in der Gesellschaft bereits breit genutzt werden, aber stärker zugunsten der Umsetzung der Agenda 2030 eingesetzt werden müssen. Um die neuen Möglichkeiten der Digitalisierung für die Transformation zur Nachhaltigkeit zu nutzen und die Risiken zu vermeiden, müssen Akteure auf allen Ebenen von lokal bis zwischenstaatlich angesprochen werden (Kap. 4).

Allerdings lassen sich keineswegs alle Nachhaltigkeitsprobleme mit Digitalisierung lösen. In erster Linie geht es nach Ansicht des WBGU um die Bereitschaft der Gesellschaft, sich für die Transformation zur Nachhaltigkeit zu entscheiden und einzusetzen (Kap. 9). So liegen die Hindernisse beim Kohleausstieg in Deutschland nicht an der fehlenden Anwendung der Digitalisierung.

Aus der Analyse des WBGU ergeben sich einige dringliche, handlungsleitende Prinzipien für die Erste Dynamik.

- *Digitalisierung und Nachhaltigkeit verstehen:* Es fehlt eine ausreichende Informationsbasis zu den ökologischen Wirkungen der Digitalisierung. Die identifizierten Wissenslücken sollten durch gezielte Forschung geschlossen werden (z.B. Energie- und Ressourcenbedarf, Kap. 10.3.1).
- *Digitalisierung und Nachhaltigkeit integriert behandeln:* Digitalisierung und Nachhaltigkeit sind keine Sektoren, die getrennt von einander behandelt werden können. Sie sind Querschnittsthemen, die ubiquitär mitgedacht werden müssen. Nachhaltigkeit ist dabei vor allem Zielsystem, Digitalisierung vor allem Mittel zum Zweck, das vielfältige positive wie negative Nebenwirkungen mit sich bringt. Daher sollte die Agenda 2030 auf ihre Bezüge zur Digitalisierung hin untersucht und entsprechende Potenziale gehoben werden (Kap. 8.2.1, 10.3).
- *Digitalisierung für Nachhaltigkeit gestalten:* Die derzeit zu beobachtende Geschwindigkeit der technischen Entwicklungen läuft nicht von selbst in Richtung Nachhaltigkeit. So muss z.B. der drohenden Vervielfachung der Energie- und Ressourcennachfrage durch die zahlreicher werdenden digitalen Geräte und Anwendungen und stark wachsenden Infrastrukturen dringend entgegengewirkt werden. Ebenso sollte national wie multilateral daran gearbeitet werden, die digitale Kluft (digital divide) zu vermindern und allen Menschen einen Zugang zu digitalen Diensten zu ermöglichen. Um die Digitalisierung für die Transformation zur Nachhaltigkeit fruchtbar zu machen, ist eine gesellschaftliche Gestaltung der Digitalisierung für die Nachhaltigkeit notwendig. Dazu sollte die Politik die nachhaltigkeitspolitischen Rahmenbedingungen konsequent weiterentwickeln bzw. neu entwickeln. Für eine Fortschreibung der Agenda 2030 unter Einbezug des Megatrends Digitalisierung sollten rechtzeitig die Weichen gestellt werden (Kap. 9.3).
- *Verantwortungsvoll mit Daten umgehen:* Um die positiven Potenziale der Nachhaltigkeit zu heben, sollte unbedingt *vorher* der Umgang mit und die Nutzung von Daten, Algorithmen und Wissen aus den Anwendungen der Digitalisierung geklärt sein. Dabei geht es sowohl um die Gewährleistung von Privatsphäre, Selbstbestimmung, Datenschutz und Datensicherheit als auch um die Resilienz, Robustheit und Fehlertoleranz der entstehenden Systeme (Kap. 9.2). Die Designer und Betreiber digitaler Lösungen sollten durch Aus- und Weiterbildung befähigt werden, diese Merkmale zusammen mit Nachhaltigkeitsaspekten zu verstehen und umzusetzen.
- *Konsum ressourcenschonend gestalten:* Einige der skizzierten gesellschaftlichen Herausforderungen können ohne verhaltensbasierte Anpassungen nicht erreicht werden. Eine Regulierung (z.B. Bepreisung) negativer Umweltwirkungen kann wesentlich dazu beitragen, den Konsum in Richtung Ressourcenschonung zu lenken. Durch Bildung für nachhaltige Entwicklung (Kap. 9.1.4) sollte auch Bewusstsein für kritischen Konsum geschaffen werden (Kap. 5.2.3). Bildung kann im Sinn des normativen Kompasses (Kap. 2) dabei helfen, Werte zu fördern, die mit dem Wohlergehen von Menschen und Umwelt zusammenhängen. Eine entsprechende langfristige Strategie für Zukunftsbildung ist Voraussetzung für die Gestaltung der Digitalisierung im Sinne der Großen Transformation zur Nachhaltigkeit (Kap. 5.3.4).

7.3 Zweite Dynamik: Nachhaltige digitalisierte Gesellschaften – Fundamentale Veränderungen antizipieren und gestalten

Während es in der Ersten Dynamik vor allem darum geht, Digitalisierung als Mittel für die Lösung bestehender Nachhaltigkeitsprobleme zu nutzen und für den

Zielkanon der Agenda 2030 fruchtbar zu machen, weist die Zweite Dynamik auf fundamentalere Veränderungen hin. Digitalisierung kann ein radikaler und potenziell systemverändernder Treiber gesellschaftlichen Wandels sein. Unser Verhältnis zu Umwelt und Erdsystem, unsere Arten des Wirtschaftens, unsere gesellschaftlichen Praktiken und politischen Institutionen, die Nutzung von Technologien, auch an und im Menschen – all das wird sich ganz grundsätzlich verändern. „Digitalisierung" sollte dabei weder mystifiziert noch glorifiziert werden. Aber genauso wie in den Anfängen der industriellen Revolution nicht absehbar war, welchen enormen Einfluss die Mechanisierung und Nutzung von Dampfmaschinen, Kohle und Eisen haben würden, so wenig ist heute klar, welche Folgen die Digitalisierung für unsere derzeitigen Gesellschaften entfaltet – welche Effekte die zunehmende *Vernetzung*, die *kognitiven Fähigkeiten* und *Autonomie* technischer Systeme, oder die *Virtualität* und *Wissensexplosion* haben (Kap. 3.4).

Die transformative Wucht der industriellen Revolution hat großen Wohlstand und Fortschritt ermöglicht, aber auch Umweltzerstörung, Klimawandel sowie enorme soziale Verwerfungen, Verelendung und Ausbeutung produziert oder ermöglicht. Erst in langen sozialen Kämpfen wurden in vielen Gesellschaften die krassesten sozialen Folgen mit ganz neuen Formen der Sozial- und Wirtschaftspolitik nachholend eingehegt. Noch heute ist diese soziale Frage in vielen Ländern nicht ausreichend adressiert, nicht zu schweigen von den zentralen offenen Fragen weltweiter Dekarbonisierung, effektiver Klimapolitik und der Entkopplung von Wohlstandschaffung und Naturverbrauch. Diesem „retardierenden Moment" der Innovationsgeschichte sollte bei der digitalen Revolution vorgebeugt werden, gerade da ihr Durchgriff, ihre Reichweite und Geschwindigkeit wohl bisherige technische Fortschrittsphasen in den Schatten stellt. Für die Kerncharakteristika des Digitalen Zeitalters (Kap. 3.4) sollten deshalb in allen zentralen Lebensbereichen (Kap. 3.5) bereits heute die Weichen vorausschauend gestellt werden. Sie müssen in ihrer heutigen Wirkmächtigkeit erfasst und in ihren zukünftigen Möglichkeitsräumen kritisch und antizipativ vorgedacht und gestaltet werden.

Die grundsätzliche Offenheit von Zukunft ist dabei Ansporn und Auftrag, sich gestaltend einzubringen. Für diese wichtige und anspruchsvolle Aufgabe können sich Gesellschaften bereits heute konkret rüsten. Der demokratische Nationalstaat hat viele Möglichkeiten, sich fachlich und institutionell weiterzuentwickeln sowie Bewusstsein und Kompetenz auch bei anderen gesellschaftlichen Akteuren zu fördern. Wissenschaftliche Politikberatung, Technikfolgenabschätzung und strategische Früherkennung (etwa Horizon Scanning und Visioning) sowie eine breite Verankerung von Expertise zu Digitalisierung und ihren gesellschaftlichen Folgen im exekutiven und legislativen staatlichen Kernbereich sind wichtige Optionen zur Aufrechterhaltung zukunftssensibler Gestaltungsfähigkeit. Parlamente und Regierungen sollten die vielfältigen Digitalisierungseffekte im Heute, Morgen und Übermorgen mit entsprechender Expertise transparent und greifbar machen, die breite Gesellschaft diese öffentlich diskutieren und kritisch reflektieren. Auf dieser Grundlage sind auch tiefgreifende gesellschaftliche Veränderungen im Sinne der Nachhaltigkeit zu meistern.

Noch fehlt auf globaler Ebene ein Zielkanon für eine digitalisierte nachhaltige Weltgesellschaft. Die Agenda 2030 leistet dies nicht: Die Digitalisierungseffekte werden dort erstens nur marginal adressiert und zweitens weisen ihre Wirkungen weit über die Agenda 2030 hinaus (Kap. 8.3). Normatives Leitbild und Richtschnur für einen solchen Zielkanon sollten aus Sicht des WBGU auch hier die Kompassdimensionen *Erhaltung der natürlichen Lebensgrundlagen*, *Teilhabe* und *Eigenart* sowie der *Schutz der Würde* sein (Kap. 2). Gelingt es, die Digitalisierung zeitnah für Nachhaltigkeit zu nutzen (Erste Dynamik), kann es auch gelingen, die umfassenderen Digitalisierungseffekte der Zweiten Dynamik nachhaltig zu gestalten. Dies beginnt mit einer kritischen (Selbst-)Reflexion der heutigen Situation, denn unsere Lebenswelt ist bereits tief geprägt von der Rationalität und den Anreizstrukturen digitalisierter Geschäftsmodelle. Wo stehen unsere Gesellschaften schon heute, und was sind die jetzt anstehenden Weichenstellungen, um die Digitalisierung positiv für digitalisierte nachhaltige Gesellschaften zu nutzen? Die vielfältigen konkreten Entscheidungen, vor denen die Menschheit steht, können in radikal unterschiedliche Welten führen (Kap. 7.5). Eine übergreifende Leitfrage dieser Dynamik sollte deshalb sein: Schafft die Weltgesellschaft es, den alten Traum des Humanismus im Digitalen Zeitalter neu und global zu verwirklichen (Kasten 7.3-2)? Oder rutscht sie ab in einen digital ermächtigten Totalitarismus mit radikal verstärkten Machtasymmetrien, Umweltzerstörung, massiven Gefährdungen von Demokratie und gesellschaftlicher Deliberation, sowie dem Verlust sozialer Kohäsion und vielfachen globalen Ungleichheitsdynamiken – etwa zwischen einer kleinen Elite und einem abgehängten Rest?

Digitalisierung heute in allen zentralen Lebensbereichen verstehen und vorausschauend gestalten

Für eine Große Transformation zur Nachhaltigkeit (WBGU, 2011) müssen viele alte Pfade und bewährte Muster verlassen und neue Wege gegangen werden.

Richtig gestaltet kann Digitalisierung mit ihrem disruptiven Potenzial viele dieser neuen Wege eröffnen und gangbar machen (Kap. 7.2). Wichtige Erkenntnis dieses Gutachtens ist aber auch, dass sowohl die vielen kleinen Innovationen als auch die potenziell tiefgreifenden Systemveränderungen bereits heute aktiv von bestimmten Akteuren und Partikularinteressen getrieben werden (Kap. 4) – und dass dies keineswegs automatisch zu mehr Nachhaltigkeit führt. In vielen Bereichen – von Arbeit und Landwirtschaft über Mobilität und Stadtentwicklung bis zu Demokratie und Ungleichheit – ist noch nicht entschieden, in welche Richtung die Entwicklungen mittel- und langfristig weisen werden (Kap. 5). An diesen Schauplätzen wurde deutlich, dass die jeweiligen systemischen Rahmenbedingungen zwar oft wirkmächtiger sind als einzelne technologische Innovationen, dass aber diese technologischen Innovationen dennoch systemverändernd wirken können.

Für diese gesamtgesellschaftliche Gestaltungsaufgabe ist gesamtgesellschaftliche Wachsamkeit nötig, um erstens Systemrisiken zu antizipieren sowie zweitens Pfade zur Realisierung eines „neuen Humanismus" im Digitalen Zeitalter zu identifizieren und im Sinne einer „polyzentrischen Verantwortungsarchitektur" vielfach aktiv zu beschreiten (Kap. 4). Die teils radikale Zukunftsoffenheit sollte nicht in Ohnmacht oder Sprachlosigkeit führen, denn auch transformativer Wandel ist mit antizipativer Governance gestaltbar (Kap. 4.1). Mithilfe des normativen Kompasses lässt sich Orientierung geben, welche Richtungen eingeschlagen werden sollten, welche Wege ins Abseits führen und über welche Wegmarken und Weichenstellungen rechtzeitig partizipative gesellschaftliche Diskurse und Forschung angestoßen werden sollten. Die Analyse der Veränderungen zentraler Lebensbereiche im Digitalen Zeitalter (Kap. 3.5) gibt zahlreiche Hinweise für diese Gestaltungsaufgaben.

So sollten auch für die globale, zunehmend digitalisierte *Wirtschaft* Maßstäbe und Regeln gelten. Risiken wie ein beschleunigtes Öffnen der Schere zwischen Arm und Reich innerhalb und zwischen Gesellschaften oder einer stark einseitigen Wertschöpfung zugunsten weniger globaler Konzerne gilt es vorzubeugen. Dazu sollten die „digitalen" Potenziale neuer wie alter Wirtschaftsformen für nachhaltige Produktion und Konsum gefördert und Steuerungsansätze, etwa zur Wettbewerbskontrolle, neu- oder weiterentwickelt werden. Konkrete Innovationsprojekte wie die Schaffung öffentlich-rechtlicher Infrastrukturen oder der Ausbau effektiven Datenschutzes als EU-Standortvorteil könnten relevante Veränderungen bringen und langfristige Weichenstellungen unterstützen (Kap. 5.3.5, 5.3.10). Gesellschaftliche Debatten und wissenschaftliche Forschung über Form und Funktion von Arbeit, Arbeitszeit, Beschäftigung und Teilhabe im Digitalen Zeitalter (Kap. 5.3.9) sollten genauso frühzeitig initiiert und durchgeführt werden wie solche über kollaborative Ökonomie, Herausforderungen und Chancen von Plattform- und Kreislaufwirtschaft oder die Bedeutung sicherer Datennutzung (Kap. 5.2.1, 5.2.2, 5.2.5).

Der bewusste und rechtebasierte Umgang mit Daten ist auch eines der Kernthemen zur Verteidigung der Grundlagen liberaler und sozialer *Demokratie*. Das Festhalten an individuellem Privatheitsschutz sowie gemeinsamen Arenen öffentlichen Austauschs ist wichtige Voraussetzung für eine funktionierende demokratische Öffentlichkeit (Kap. 5.3.2). Die gegenwärtige Tendenz, Privatheit zunehmend digital zu „veröffentlichen" und gleichzeitig Arenen digitaler Öffentlichkeit in manipulationsanfälligen Plattformen zu privatisieren und zu parzellieren, ist nicht leicht einzuhegen. Effektives Datenschutzrecht, reflektierte Medienpolitik und Bildungsinitiativen für digitale Mündigkeit sind jedoch drei relevante Bausteine in diese Richtung. Der Staat sollte insgesamt eine gestaltende und – wo geboten – dirigierende Rolle im Konzert mit den vielen anderen relevanten Akteuren zur proaktiven Gestaltung der Digitalisierung für Nachhaltigkeit spielen. Der WBGU empfiehlt als Leitidee eine polyzentrische Verantwortungsarchitektur (Kap. 4). In dieser Perspektive wird die Vielfalt der einzubeziehenden Politikebenen und Akteursprofile anerkannt und konkrete Verantwortungszuschreibung möglich.

Für die einzelnen *Menschen* rücken die individuelle Mündigkeit und Selbstbestimmung ins Zentrum. Angesichts der Selbst- und Fremdvermessung in der wachsenden Datenökonomie bis hin zu dystopischen Ansätzen der Normierung und Kontrolle durch staatliche Akteure ist es für den Menschen schwer bis unmöglich, nicht mit der digitalen oder digital erfassten Umwelt zu interagieren (Kap. 5.3.3, 5.3.7). Umso wichtiger ist es, die individuelle Mündigkeit und Bildung zu fördern sowie strukturell Bedingungen zu schaffen, die die Übergriffigkeit technischer Systeme einhegen und die Potenziale zur Erweiterung menschlicher Empathie und zur Ausbildung globaler wechselseitiger Wahrnehmung aktivieren (Kap. 5.3.1, 5.3.4; Kasten 7.5-1).

Handlungsfähigkeit und Voraussicht aktiv erhalten: positive Leitbilder entwickeln und Systemkrisen vermeiden

Die kritisch-reflexive Wahrnehmung der bereits heute existierenden Imperative zunehmend digitalisierter Gesellschaften und Ökonomien ist also wichtig, um jetzt die Weichenstellungen für eine nachhaltige Weltgesellschaft im Digitalen Zeitalter vorzunehmen. Angesichts der potenziell disruptiven Kraft digitaler Innovationen ist es umso wichtiger, rechtzeitig über die langfristigen Visionen und Zielperspektiven nachzudenken.

Kasten 7.3-1

Systemrisiken im Digitalen Zeitalter vermeiden

Um die Potenziale der Digitalisierung heben zu können, muss man sich der möglichen Systemrisiken im Digitalen Zeitalter bewusst sein. Digitale Systemrisiken sind denkbare großskalige Veränderungen in unseren Gesellschaften, die jeweils für sich genommen bereits Destabilisierungen unserer Gesellschaften auslösen könnten. Domino- und kumulative Verstärkereffekte würden sich entsprechend breitenwirksam multiplizieren.

Manche dieser Gefährdungen sind unumstritten (z.B. Disruptionen auf den Arbeitsmärkten), die Größenordnung der Veränderungen ist jedoch offen. Die Eintrittswahrscheinlichkeiten anderer Systemrisiken sind signifikant (z.B. Überschreitung planetarischer Leitplanken, digitaler Autoritarismus, weiterer Machtzuwachs großer Digitalunternehmen), während andere Eintrittswahrscheinlichkeiten aus heutiger Sicht eher niedrig sind (z.B. Akzeptanz von Human Enhancement zur Schaffung eines optimierten *Homo sapiens*). Doch auch letztere Systemrisiken sind nicht zu vernachlässigen, denn würde der Schadensfall eintreten, hätten sie umfassende Auswirkungen auf die Zukunft der Zivilisation. Der WBGU identifiziert Systemrisiken im Digitalen Zeitalter wie die folgenden:

- Überschreitung planetarischer Leitplanken durch digital getriebene, ressourcen- und emissionsintensive Wachstumsmuster.
- Entmachtung des Individuums, Gefährdung der Privatheit und Unterminierung digitalisierter Öffentlichkeiten durch digital ermächtigten Autoritarismus bzw. Totalitarismus.
- Unterminierung von Demokratie und Deliberation durch normativ und institutionell nicht eingebettete automatisierte Entscheidungsunterstützung oder -findung.
- Dominanz von Unternehmen, die sich staatlicher Kontrolle entziehen, angetrieben durch weitere datenbasierte Machtkonzentration.
- Disruption der Arbeitsmärkte durch umfassende Automatisierung datengetriebener Tätigkeiten und Gefahr zunehmender „Irrelevanz der menschlichen Arbeitskraft" für die Wirtschaft.
- Vertiefte Spaltung der Weltgesellschaft durch eingeschränkten Zugang und Nutzung digitaler Potenziale hauptsächlich durch wohlhabende Minderheiten der Weltgesellschaft.
- Missbrauch der Technisierung des Menschen auf Grundlage von Human-Enhancement-Philosophien und -Methoden.

Es ist zudem wichtig, sich zu vergegenwärtigen, dass die digitalen Umwälzungen auf Gesellschaften treffen, die bereits durch Globalisierung, den Aufstieg neuer Mächte, Fluchtbewegungen und autoritäre Populismen verunsichert sind. Die Bugwellen der Digitalisierung treffen zusammen mit der aktuellen Krise Europas und des Westens sowie mit Frontalangriffen gegen eine kooperations- und regelbasierte multilaterale Weltordnung. Die Systemrisiken des Digitalen Zeitalters könnten sich mit den bereits existierenden Fliehkräften in vielen Gesellschaften verschränken und diese verstärken.

Disruptionen sind nützlich, wenn sie helfen, Pfadabhängigkeiten nicht nachhaltiger Entwicklung zu durchbrechen; sei es beim Übergang in erneuerbare Energiesysteme und neue nachhaltige Mobilität oder bei der Überwindung von Knappheit in wesentlichen Bereichen unseres Wirtschaftssystems. Durch Digitalisierung ausgelöste Disruption kann aber auch zu Systemkrisen in allen Lebensbereichen führen. Für den WBGU ist es wichtig, beide Perspektiven gesellschaftlich zu diskutieren und anschaulich zu machen, um ein besseres Verständnis für die Möglichkeit radikal unterschiedlicher Zukünfte zu gewinnen. Gesellschaften brauchen dafür sowohl langfristige Visionen zur Realisierung zentraler Potenziale von Digitalisierung als auch eine informierte Voraussicht von Dystopien, um Systemrisiken einzuhegen (Kasten 7.3-1).

Einen Vorschlag für eine mögliche positive Entwicklungsperspektive, welche die vorherrschende „Diktatur der Gegenwart" zu überwinden hilft, sieht der WBGU in einem globalen und digital ermöglichten „neuen Humanismus" (Abb. 7.1-1a; Kasten 7.3-2). Die Digitalisierung bietet damit Hoffnung auf eine neue Phase, in der menschliche Neugier, Vielfalt und Körperlichkeit von materiellen Einschränkungen und strukturellen Zwängen befreit und die Bedingungen für eine weitgehende Überwindung von Mangel und Konflikt für alle Menschen geschaffen werden können. Die Vision des WBGU ist hier die einer *Stärkung der Menschlichkeit des Menschen* mit Hilfe technischer Systeme. Diese humanistische Vision ist nicht nur vage Utopie: Digitale Technologien ermöglichen schon heute transnationale Kommunikation, Vernetzung sowie Informations- und Wissenszuwachs auf nie gekannte Weise. Perspektivisch kann dies die menschliche Fähigkeit zu vertiefter Kooperationskultur, wechselseitiger Empathie und globaler Solidarität beflügeln.

Den dystopischen Gegenpol dazu bildet für den WBGU ein digital erstarkter Autoritarismus oder gar „digital ermächtigter Totalitarismus" (Abb. 7.1-1a). Angesichts der heute bereits bestehenden Herausforderungen durch umfangreiche Datenerhebung und wirtschaftliche Anreizstrukturen in liberalen Demokratien und durch Scoring-Ansätze in autoritären Systemen wie China ist die Gefahr einer individuellen wie kollektiven Totalüberwachung und einem Ende echter Privatheit keine weit entfernte Schwarzmalerei. Hier droht die schleichende Zerstörung des Leitbilds des freien Individuums als Würde- und Rechteträger. Auch die fortschreitende Verlagerung von Entscheidungen auf digitale Systeme kann jenseits sinnvoller Automatisierung (z.B. sicherheitsrelevante Backup-Funktionen, effektivere Prozesssteuerung) eine Grenze überschreiten, wenn sie droht, Demokratie und öffentliche Deliberation als zentrale Mechanismen gesellschaftlicher Entscheidungsfindung auszuhöhlen. Das ökonomische System könnte sich durch unregulierte Monopolisierungstendenzen weiter in Richtung zunehmender Machtkonzentrationen und Naturverbrauch entwickeln – und so die oben genannte Totalisierungsdystopie weiter unterfüttern. Disruptionen der Arbeitsgesellschaft könnten heute etablierte Formen von Arbeit und Teilhabe global zusammenbrechen lassen. Verstärkung von Ungleichheit und Exklusion wären Folge dieser und anderer potenzieller Systemrisiken (Kasten 7.3-1). Kleine digitale Eliten, ausgestattet mit erheblicher ökonomischer und politischer Macht, hätten exklusiven Zugang zu „Human Enhancement", globalen Datenbasen und Resten intakter Natur; ein zunehmend abgehängter Rest bildete ein globales Präkariat ohne Würde und Aufgabe, multimedial ruhiggestellt und erstarrt in der scheinbaren Imperfektion ihrer biologischen Existenz.

Keinesfalls sollen diese Systemrisiken, die negative Extreme möglicher Zukünfte beschreiben, den Blick auf die Herausforderungen und Unzulänglichkeiten der Gegenwart verstellen. Die gemeinsame Entwicklung positiver Leitbilder ist ebenso notwendig zur aktiven Gestaltung von Digitalisierung und Nachhaltigkeit wie die klare und frühzeitige Analyse künftiger Gefahren und Risiken durch einen digital ermächtigten Totalitarismus.

Handlungsleitende Prinzipien

Es ist also offensichtlich, dass die disruptive Wucht möglicher Entwicklungen den „tiefgreifenden" digitalen Wandel zu einem zentralen Nachhaltigkeitsthema macht. Die Vorausschau bei großer Unsicherheit ist, genauso wie das Erkennen und Überwindung von Pfadabhängigkeiten, ein bekanntes Problem aus der Nachhaltigkeitswissenschaft und -politik. In der Umweltpolitik stehen etablierte und bewährte Prinzipien (Vorsorge-, Kooperations-, Verursacher- und Integrationsprinzip) bereit, die für die Gestaltung von Digitalisierung genutzt werden können (Kap. 8.4.2). In enger Anlehnung an diese Erfahrungen sind Leitprinzipien für diese Zweite Dynamik deshalb auch die systematische Stärkung von gesellschaftlichem Weitblick, steter Reflexivität, Handlungsfähigkeit und langfristiger Resilienz.

Um *heute* Weichen in Richtung Nachhaltigkeit zu stellen, sollten Gesellschaften *heute* Diskussionen führen, Gestaltungskraft stärken und langfristige Visionen entwickeln. Wissenschaftliche Politikberatung, Methoden der strategischen Vorausschau, Technikfolgenabschätzung, Forschungs- und Bildungsinitiativen sowie gesamtgesellschaftliche und transnationale Diskurse mit allen Stakeholdern sind Mittel, um gemeinsam antizipativ für die Realisierung etwa eines „neuen Humanismus" (Kasten 7.3-2) zu streiten – und gleichzeitig den schleichenden Absturz in ein bequemes „Weiter so" oder gar einen digital ermächtigten Totalitarismus zu verhindern. Dazu sind multilaterale Kooperation und globale Rahmensetzung erforderlich (Kap. 8). Technologien sowie die Innovations- und Wissenszunahme kennen im Positiven wie im Negativen oft keine Staatsgrenzen. Gerade die EU ist gefragt, ein eigenes bürger*innenorientiertes, rechtsstaatliches und demokratisches Modell für das digitale 21. Jahrhundert zu entwickeln (Kap. 8.5). Die Erarbeitung starker Leitbilder, die über die Agenda 2030 hinausreichen, kann hierfür der Ausgangpunkt sein.

- *Gesamtgesellschaftliches „Update" für breite, auch institutionelle Digitalisierungskompetenz:* Die nachhaltige Gestaltung digitalisierter (Welt-)Gesellschaften erfordert eine systematische Stärkung gesellschaftlicher Reflexivität und Handlungsfähigkeit. Dieser fachliche und institutionell zu verankernde Kompetenzaufbau sollte den politisch-institutionellen Kernbereich umfassen, d.h. Regierung, Ministerien, Behörden und Parlamente. Darüber hinaus sind auch Wirtschaft, Zivilgesellschaft, Bildungssystem und Wissenschaft angewiesen auf Selbstreflexion, Fachexpertise und wo möglich auch institutionelle Verankerung, um die Effekte der Digitalisierung auf ihre jeweiligen Lebensbereiche bzw. Wirkungsfelder zu antizipieren und (mit-)gestalten zu können. Zentral dafür bleiben neue und alte Formen wissenschaftlicher Politik- und Gesellschaftsberatung, Technikfolgenabschätzung und Methoden strategischer Vorausschau sowie vielfältige gesellschaftliche Diskursräume (z.B. Stakeholder-Formate, Wissenschaft, Medien, aber auch Kunst- bzw. Kultureinrichtungen).
- *Visionen entwickeln und Pfade proaktiv gestalten:* Eine kritisch-reflexive Debatte über gesamtgesellschaftliche Visionen und Leitbilder ist wichtig, um Gestaltungskraft proaktiv einsetzen zu können. Der dominante, ökonomisch und technologiepolitisch geführte Diskurs der „Innovationsführerschaft", des „Getrieben-seins" und „Nicht-abgehängt-werdens" ergibt kein sinnvolles Leitbild für eine digitale nachhaltige Gesellschaft. Dieses Narrativ verengt und schürt Ängste. Der WBGU bietet mit der Skizze eines „neuen Humanismus" (Kasten 7.3-2) eine mögliche positive Vision, wie Digitalisierung unsere Weltgesellschaft nachhaltig bereichern könnte. Eine solche Zielperspektive kann auch für die institutionelle Verarbeitung etwa in Ministerien und Behörden leitend sein, z.B. zur Beantwortung der zentralen Frage „Digitalisierung wozu?". Die EU als Vorreiterin einer würde- und rechtebasierten, nachhaltigen Digitalisierungsstrategie ist eine ebenso kraftvolle Vision – gerade als globale Alternative zu den liberalistischen Pfaden des Silicon Valley und dem Staatsautoritarismus Chinas.

Kasten 7.3-2

Menschlichkeit stärken als humanistisches digitales Projekt

In gesellschaftlichen Umbruchzeiten werden viele Selbstverständlichkeiten auf den Prüfstand gestellt. Historisch betrachtet betrifft dies immer auch die Rolle des Menschen auf der Erde und das vorherrschende Menschenbild. Nach klassischer Antike, Renaissance und Aufklärung keimt im Übergang zum Digitalen Zeitalter zum vierten Mal die humanistische Hoffnung auf, dass neue technologische und gesellschaftliche Durchbrüche der vollen Entfaltung zivilisatorischer und menschlicher Potenziale dienen könnten. Die Verbesserung der Voraussetzung menschlichen Lebens, der menschlichen Selbstbestimmung und der menschlichen Würde sind dabei wichtige Bausteine humanistischer Denkrichtungen (Wolf, 2007).

Diskussionen über den digitalen Wandel werden oft sehr technisch und ökonomisch geführt und ähneln darin den Strängen der Nachhaltigkeitsdebatte, die sich vor allem auf Ressourceneffizienzpotenziale und technologische Lösungen für Nachhaltigkeitsherausforderungen konzentrieren. Zukunftsfähigkeit von Gesellschaften hängt aber nicht nur von effizient gestalteten Technologien und Institutionen ab, sondern vor allem auch von den Zielen, Motivationen und Begründungen, mit denen Menschen diese Technologien und Institutionen kreieren und nutzen. Gerade in Zeiten, in denen bisherige Selbstverständlichkeiten und Gewissheiten in Frage stehen, werden auch diese Ziele, Motivationen und Begründungen hinterfragt und neu verhandelt. So veränderten Menschen in vorherigen großen Innovationsschüben wie der Renaissance mit der Anpassung an neues Wissen, neue technische Möglichkeiten und neue gesellschaftliche Herausforderungen auch ihre „geistige Landkarte der Welt“ (Goldin und Kutarna, 2016). Umgekehrt haben die sich durchsetzenden Ziele, Motivationen und Begründungen eine starke Auswirkung darauf, welche neuen technischen Möglichkeiten, gesellschaftlichen Institutionen sowie Gewissheiten und Selbstverständlichkeiten sich durchsetzen werden.

Neuer Humanismus im 21. Jahrhundert

Im Digitalen Zeitalter eröffnet technischer Fortschritt zum ersten Mal in der Geschichte einen Möglichkeitsraum für die potenziell fundamentale Veränderung der *conditio humana* (Bedingungen des Menschseins). Insbesondere im Zusammenhang mit KI – als regelgeleitete maschinell vollzogene Auswertung großer Datensätze und dadurch mögliche Anwendungen (Kap. 3.3.3) – werden daher vier zentrale Fragen eines humanistisches Projekts diskutiert (Floridi et al., 2018): (1) Wer oder was können wir werden (autonome Selbstverwirklichung)? (2) Was können wir tun (menschliche Aktivität)? (3) Was können wir erreichen (individuelle und soziale Fähigkeiten)? (4) Wie können wir miteinander und mit der (Um)welt interagieren (soziale Kohärenz und Menschen als Teil der natürlichen Umwelt)? In allen diesen Punkten können digitale Technologien so genutzt werden, dass sie Potenziale verstärken, Potenziale zu wenig nutzen oder Potenziale einschränken, indem sie übernutzt oder missbraucht werden und somit zu erheblichen Risiken führen (Floridi et al., 2018).

Aus Sicht des WBGU sollte ein Zusammenwirken von Menschen und Technologien immer auch im Kontext der natürlichen Lebensgrundlagen und ihrer Erhaltung gedacht werden. Dies gilt insbesondere, wenn dieses neue humanistische Projekt die Menschheit als Ganzes umfassen soll und sich nicht auf die maximal mögliche technologische Unterstützung privilegierter Personen beschränken soll (Harari, 2018).

Darüber hinaus verlangt eine humanistische Lesart des digitalen Wandels, gegenwärtige Gesellschaftsdiskurse vom Kopf auf die Füße zu stellen. Bisher ähneln Diskurse zum digitalen Wandel mit ihrem Strukturdeterminismus der ökonomischen Erzählung des 20. Jahrhunderts, nach der die Menschen sich für eine veränderte Umwelt und Gesellschaft zu stählen und zu verbessern haben. Eine humanistische Vision hingegen sucht nach Wegen, wie Menschen wieder verstärkt Akteure und Subjekte der Gestaltung ihrer technologisch unterstützten Gesellschaften und Entwicklungen werden. Dieser Appell an die Gestaltungskraft ist damit zentraler Bestandteil eines erweiterten Nachhaltigkeitsparadigmas und Grundlage für die Hebung humanistischer Potenziale im 21. Jahrhundert. Eine solche Vision bietet damit eine alternative Erzählung zu Technologiephantasien, die insbesondere die *Eigenart* (Kap. 2.2.4) menschlicher Existenz zur baldigen Vergangenheit erklären und in Variationen dieser beiden Stoßrichtungen auftauchen:

- *„Die Technisierung des Menschen“* als fundamentale Erweiterung des Menschen (Human Enhancement) durch digitale Technologien zur Überwindung seiner biologischen Beschränkungen (Themenkasten 5.3-2),
- *„Die Vermenschlichung der Maschine“* als Schaffung einer menschähnlichen, emotionsfähigen und unabhängigen künstlichen Art (Kap. 7.4).

Zwischen diesen beiden Extremen navigierend eröffnet sich durch und über die Agenda 2030 hinaus ein breiter, offener Raum für die Entfaltung menschlicher Eigenart. Das Beschreiben und Definieren zukünftiger Entwicklungspfade – und damit verbunden auch des Menschenbilds – sind daher Bestandteil vieler ethischer Diskussionen. Diese Entscheidungen können nicht etwa von politischen, wissenschaftlichen oder finanzstarken Eliten getroffen werden. Die emanzipatorische Hoffnung eines „neuen Humanismus“ kann nur als breiter gesellschaftlicher Such- und Gestaltungsprozess legitimiert und realisiert werden.

Die Rolle einer erneuten Aufklärung im 21. Jahrhundert

Die Verbindung zwischen Humanismus als gesellschaftlicher Vision und dem historisch-philosophischen Projekt der Aufklärung im 17. und 18. Jahrhundert wird in Immanuel Kant's „Ausgang des Menschen aus seiner selbst verschuldeten Unmündigkeit“ (1784) gut zusammengefasst. Die in der Renaissance begonnene Suche nach neuen geistigen Landkarten manifestiert sich in dieser Epoche. Absolutismus, Gottesgnadentum, Ständeordnung und die Vorherrschaft der katholischen Kirche wurden durch den menschlichen Verstand als universelle, Fortschritt bringende Urteilsinstanz abgelöst. Die Aufklärung umfasste Strömungen des Rationalismus (Descartes), Empirizismus (Hume, Locke), Enzyklopädismus (Diderot, d'Alembert) und Universalismus (Kant) und schuf wichtige Grundlagen für allgemeine Menschenrechte, evidenzbasierte Wissenschaften sowie die Prinzipien der Volkssouveränität und Rechtsstaatlichkeit. Vier Hauptmerkmale des – häufig auch als westlich (dis)qualifizierten – Menschenbildes sind heute auf die Aufklärung zurückzuführen. Der Mensch wird verstanden als (1) vernunftfähiges (Kant), (2) kommunikatives (Habermas) und (3) autonomes (Descartes, Locke) Subjekt mit (4) natürlichen Rechten (Kant, Rousseau). Diese zentralen Errungenschaften gilt es angesichts der rasanten Veränderungen durch die Digitalisierung zu verteidigen, denn Gesellschaften sind genau dann zukunftsfähig, wenn sie die Prinzipien der Diskursfähigkeit, Handlungsfähigkeit,

Innovationsfähigkeit und Gestaltungsfähigkeit (Kap. 7.5) auch im Angesicht stark veränderter Rahmenbedingungen erhalten. Zur Verteidigung der zentralen Bestandteile der Aufklärung sollten folgende Fragen in die Gesellschaft getragen werden:

1. Wie können menschliche Mündigkeit und demokratische Abstimmungsprozesse im Kontext zunehmender automatisierter Entscheidungsfindung erhalten werden?
2. Wie können Orientierung in der massiven Wissens- und Meinungszunahme gesichert und deliberative Prozesse geschützt werden?
3. Wie können zentrale Rechte wie Freiheit, Gleichheit, Privatsphäre und Eigentum für alle Menschen im digitalen Raum geschützt werden?
4. Wie können Volkssouveränität und Rechtsstaatlichkeit statt Willkür (Locke) und Gottesgnadentum (Rousseau) gegen digitale Überwachung verteidigt werden?

Ein antizipativer und erweiterter Humanismus für das 21. Jahrhundert wird darüber hinaus das (universalistische) Menschenbild weiterentwickeln, da es nicht nur im interkulturellen Dialog und in der Aufarbeitung des Kolonialismus scharf kritisiert wird, sondern auch aus der Wissenschaft des 21. Jahrhunderts heraus. Grundzüge einer Weiterentwicklung der zentralen Ideen und wissenschaftlichen Erkenntnisse aus dem 17. und 18. Jahrhundert lassen sich in vier Punkten zusammenfassen (Braidotti, 2014; Whatmore, 2002; Hayles, 1999; Haraway, 1991; Bennett, 2010; Kasten 2.1.2-1):

1. Menschen auf ihr Denken zu reduzieren vernachlässigt die Bedeutung von Körperlichkeit und Emotionen.
2. Individualismus als Kultur und wissenschaftliche Methodologie vernachlässigt die Bedeutung von Gesellschaft und sozialer Vernetzung für menschliche Entwicklung
3. Menschliches Leben entkoppelt von Natur zu betrachten vernachlässigt systemische Zusammenhänge der Biosphäre, zu der auch der Mensch gehört und von deren Dynamiken menschliche Existenz abhängt.
4. Ein Differenzen übergehender Universalismus in der Beschreibung von Menschen und Gesellschaften vernachlässigt die Rolle von Kultur, Institutionen, aber auch von Technologien in der Prägung von Individuen.

Wir befinden uns historisch also wieder in einer Phase, in der nicht nur die gesellschaftlichen Erzählungen und Strukturen in ihrem Effekt auf menschliche Freiheit und Potenzialentfaltung hinterfragt werden, wie es die Nachhaltigkeitsagenda seit Erscheinen des Brundtland Berichtes (WCED, 1987) tut. Dabei sind sowohl der Eintritt in das Zeitalter des Anthropozäns als auch in das Digitale Zeitalter so umfassend in ihrem Charakter, dass sie wie in vorherigen großen Transformationen die Ganzheit gesellschaftlicher Verhältnisse betreffen. Eine Aufklärung im 21. Jahrhundert umfasst daher auch erneut das Menschenbild selbst, wie gleich zu Beginn des Brundtland-Berichts formuliert: „In the middle of the 20th century, we saw our planet from space for the first time. Historians may eventually find that *this vision had a greater impact on thought* than did the Copernican revolution of the 16th century, which *upset the human self-image* by revealing that the Earth is not the centre of the universe. From space, we see a small and fragile ball dominated not by human activity and edifice but by a pattern of clouds, oceans, greenery, and soils. Humanity's inability to fit its activities into that pattern is changing planetary systems, fundamentally. Many such changes are accompanied by life-threatening hazards. *This new reality,* from which there is no escape, must be recognized – and managed." (WCED, 1987; Hervorhebungen nicht im Original).

In Anbetracht der umfassenden Durchdringung von Gesellschaften durch neue Technologien sollte dieses aufklärerische Projekt auch insbesondere die Technikfolgenabschätzung umfassen. Visionen, Erzählungen, Szenarien und Simulationen werden dort integriert als „Inhalt in Form von Vorstellungen über *zukünftige* Entwicklungen", beruhen jedoch „ausschließlich auf *gegenwärtigen* ‚Inputdaten' wie Wissen, Interessen, Annahmen und Werten" (Grunwald, 2012:26). Ohne diese emanzipatorischen Hinterfragungen werden neue Technologien mit genau dem Menschen- und Weltbild erdacht und genutzt, das auch schon vielen der Nachhaltigkeitsprobleme zu Grunde liegt. Damit wäre eher eine Beschleunigung dieser negativen Trends zu erwarten als eine Kurskorrektur. Die Praxis, gegenwärtige Inputdaten in ihren Annahmen, Wissensbeständen, Interessen und Werten zu hinterfragen, liegt der reflexiven Wissenschaft zu Grunde, in der sich Begriffe wie „Futures Literacy" und „Antizipation" als neue Forschungs- und Praxisfelder etablieren (Kap. 2). Das Entstehen von soziotechnischen Systemen maschineller Intelligenz und Entscheidungsfindung sowie technische Möglichkeiten der Manipulation von Menschen werfen genauso Fragen nach menschlichem Leben und Würde auf wie solche nach Selbstbestimmung und Lebensvoraussetzungen.

Digitalisierung als Potenzial für Menschlichkeit nutzen

Damit neue technologische Möglichkeiten dabei helfen können, die Vision eines „neuen Humanismus" und menschlicher Potenzialentfaltung voranzutreiben, ist ein aufklärerischer Ansatz Voraussetzung:

1. Können menschliche Fähigkeiten wie Empathie, Persönlichkeitsbildung, körperliche Sensibilität und Selbstregulation durch digital vermittelte Daten, Informationen oder auch spielerische Anwendungen gestärkt werden? Oder braucht es im Gegenteil dafür sogar Restriktionen in der Nutzung digital vermittelter Erfahrungen?
2. Können neue Formen der Kommunikation, Interaktion oder Infrastruktur systemische Zusammenhänge und soziale Rückkopplungsschleifen in Gesellschaften besser erfahrbar machen und damit auch die Einbettung individueller Handlungen in diese? Oder ist digital vermittelte Kommunikation hier schwächer als analoge?
3. Befähigt uns Digitalisierung, die Unvermitteltheit und Sprachlosigkeit zwischen lokalen Gemeinschaften und globalen Ökosystemen zu überwinden? Wie könnten Augmented Reality, Simulationen, Gaming oder auch Citizen Science hier helfen? Welche Rolle spielt aber auch direkte Naturerfahrung?
4. Welche kulturellen Prägungen und digital vermittelten Praktiken finden in einem zunehmend globalen Diskurs- und Interaktionsraum Wiederhall und Verbreitung? Welche Ideen von menschlicher Selbstbestimmung und Solidarität, Würde und Lebensweise sind dominant, welche kaum repräsentiert? Welchen Effekt hat dies auf das Menschenbild des 21. Jahrhunderts?

Forschung, Wissenschaft und Bildung haben gerade in Zeiten tiefer Umbrüche oft konstitutive Wirkung und sollten diese auch couragiert und verantwortlich annehmen. Menschen können genau dann kokreative und erfolgreiche Akteure von Zukunftsgestaltung werden, wenn sie den aktuellen Herausforderungen entsprechend befähigt sind: Beobachtung, Reflexion, Imagination und Kreativität treiben Abweichungen, Experimente und Innovationen an. In Krisenzeiten sind sie wichtige Bestandteile von Resilienz (UNESCO, 2012a:15).

- *Dystopische Systemrisiken des Jetzt und des Morgen klar benennen und vermeiden:* Zur Vorsorge wie auch zur bestmöglichen Gestaltung der Digitalisierung ist es wichtig, mögliche Gefahren und Abgründe zu antizipieren. Der WBGU regt mit einer tentativen Liste von Systemrisiken (Kasten 7.3-1) an, den Diskurs über negative Folgen gesamtgesellschaftlich zu führen. Dabei sollte der unterschiedliche Charakter solcher Systemrisiken beachtet werden, um in Gesellschaften entsprechende Resilienz zu fördern. So betreffen manche dieser Systemrisiken eher schleichende Vorgänge, andere abrupte Umschwünge. Wieder andere sind heute kaum greifbar und bedürfen weiterer Erforschung und Vorsorge („black doors").

7.4 Dritte Dynamik: Die Zukunft des *Homo sapiens* – Diskurse

Für die Zukunft des *Homo sapiens* werden durch die Digitalisierung völlig neue Möglichkeitsräume eröffnet, welche die biologische und kulturelle Evolution übersteigen. Diese Zukunft ist seit langem Bestandteil des gesellschaftlichen Diskurses, nicht zuletzt durch die Science Fiction, wo utopische wie dystopische Potenziale ausgelotet werden (Kap. 6). Die Digitalisierung kann zudem fundamentale Auswirkungen auf das Verhältnis zwischen Mensch und Umwelt haben. So kann beispielsweise die künftige Umwelt des Menschen zunehmend virtuelle Komponenten bekommen. Es stellen sich völlig neue Fragen: Könnte es eine aus unserer heutigen Sicht verarmte *Natura futuris* geben, in der ein künftiger, daran angepasster Mensch aber dennoch leben kann? Soll durch Digitalisierung in erster Linie die (Um-)Welt oder der Mensch verbessert werden? Kommt am Ende gar ein vom Biologischen befreiter, technologisch-posthumanistischer Mensch auch ganz ohne Natur oder den Planeten aus (Kasten 2.1.2-1)? Die Bewahrung des Menschen auf diesem Planeten kann als „ultimatives Nachhaltigkeitsproblem" angesehen werden: Es stellt sich die Frage nach der Zukunftsfähigkeit und Identität des Menschen und der menschlichen Gesellschaften selbst.

Dabei sollte es aus Sicht des WBGU nicht um eine Neudefinition von menschlicher Gesundheit oder Umweltgesundheit gehen, indem es dem Menschen durch Digitalisierung ermöglicht wird, in einer ansonsten zerstörten Umwelt leben zu können. Vielmehr empfiehlt der WBGU als Ziel, den biologischen Menschen und seine Gesellschaften eingebettet in seine natürliche Umwelt zu bewahren (Kap. 2.2).

Der Mensch im Digitalen Zeitalter, vom WBGU hier in Anlehnung an Capurro (2017) plakativ als *Homo digitalis* bezeichnet, ist nicht nur mit digitalen Werkzeugen und Medien in ständigem Austausch und eng verwoben, sondern er befindet sich bereits auf dem Weg, zunehmend auch seinen Körper mit digitalen Methoden zu reparieren, zu verändern oder gar zu verbessern (Kasten 2.1.2-1; Kap. 5.3.7). Die Technisierung des Menschen hat bereits begonnen und verläuft stürmisch (Themenkasten 5.3-2; Kehl und Coenen, 2016; Birbaumer, 2017). Wie der WBGU (2018a) schreibt, können „Assistenzsysteme, Implantate, Sensorik und andere Formen der Interaktion zwischen Menschen und technischen Systemen [...] körperliche Einschränkungen kompensieren (z.B. durch Prothesen), aber auch die Parameter menschlicher Fähigkeiten verschieben (z.B. unsere kognitiven Potenziale verbessern)." Diese Entwicklung ist stark von technologischen wie ökonomischen Interessen und Wissenschaft getrieben, wobei häufig die Frage nach individuellem Nutzen (etwa in Form wissenschaftlicher Erkenntnisse, kommerzieller Verwertbarkeit oder individueller Lebensqualität) im Vordergrund steht, während die gesellschaftlichen oder ethischen Konsequenzen der Potenziale oder Risiken häufig eine zu geringe Beachtung finden.

Es existiert bereits heute dringender Bedarf, sich mit den Rahmenbedingungen dieser Technologien auseinanderzusetzen (Kehl und Coenen, 2016:150) sowie Regelungsbedarf, um einige der jetzt schon sichtbaren negativen Konsequenzen einzuschränken und zu kontrollieren (Yuste und Goering, 2017; Birbaumer, 2017; Kap. 9.4). Auch wenn mit *Homo digitalis* nicht im transhumanistischen Sinn eine neue Art gemeint ist (Kasten 2.1.2-1), so geht es doch in dieser Dritten Dynamik um die bereits angelaufene und allmähliche Transformation perspektivisch hin zu zunehmend digitalisierten Menschen innerhalb digitalisierter Gesellschaften. Im digitalen Anthropozän wird somit auch die Zukunft des Menschseins selbst zum Thema nachhaltiger Entwicklung.

Des Weiteren gibt es einen intensiven und kontroversen Diskurs zur *Machina sapiens*, also zu kognitiv leistungsfähigen Maschinen (Kap. 3.3.3). Droht uns eine Vermenschlichung der Maschine (Kasten 7.3-2; Kap. 10.3.3.1)? Inwiefern können und sollten Maschinen überhaupt menschenähnlich sein? Bereits heute können technische Systeme in noch begrenztem Umfang Intelligenz nachahmen und autonome Entscheidungen treffen. Oft werden sie dabei im öffentlichen Diskurs jedoch geradezu vermenschlicht, d. h. ihnen genuin menschliche Eigenschaften oder Verhaltensweisen zugeschrieben (Rehak, 2016). Das Problem besteht hier „weniger darin, dass die Technik sich dem Menschen immer mehr annähert oder ihm visuell ähnlicher wird – vielmehr geht es um die subtile Verwischung der fundamentalen Charakteristika, die eine Person oder eine Maschine ausmachen" (Kehl und Coenen, 2016: 147). In jedem Fall werden KI und automatisierte Entscheidungssysteme den Menschen und unsere Gesellschaften grundlegend verändern, herausfordern, vor bisher unbekannte Probleme stellen und zugleich neue Handlungsoptionen eröffnen: „Machines are now good or excellent at arithmetic, chess, mathematical theorem proving, stock picking, image captioning, driving, arcade game playing, Go, speech synthesis, speech transcription, translation and cancer diagnosis" (Tegmark, 2017: 80). KI ist bereits heute menschlichen analytischen Fähigkeiten in einer zunehmenden Zahl von Teilbereichen überlegen, während menschliche Intelligenz (noch) in der Beurteilung von vielfältigen Zusammenhängen einzigartig ist. Wann oder ob überhaupt jemals technische Systeme in der Lage sein werden, menschlicher Kognition generell ebenbürtig oder überlegen zu sein, ist ungewiss. Doch schon lange bevor ein solcher Punkt erreicht würde, werden sich in immer mehr Bereichen von Wirtschaft, Gesellschaft, Politik und Wissenschaft die Verbindungen zwischen technischen Systemen und Menschen, das Selbstverständnis der Menschen und unsere Weltbilder fundamental ändern.

Zugleich gibt es Alleinstellungsmerkmale des Menschen, die ihn im Verhältnis zu Maschinen nicht nur einzigartig machen, sondern diese Einzigartigkeit auch besonders herausstellen. Die Fähigkeiten des Menschen zu Empathie, Emotionalität und sozialer Gemeinschaft unterscheiden ihn ganz grundsätzlich von Maschinen. Nur Menschen haben eigene Gründe für ihr Handeln – Motive, Gefühle, moralisches Empfinden. Die wechselseitige Anerkennung dieser Beweggründe – und somit die Anerkennung als menschliche Akteure – kann allein der Interaktion zwischen Menschen zugrunde liegen; denn Maschinen verfügen nicht über intrinsische Gründe für ihr Handeln (Nida-Rümelin und Weidenfeld, 2018).

Ein zentrales Alleinstellungsmerkmal menschlicher Intelligenz gegenüber Maschinen ist also in den emotionalen und sozialen Komponenten menschlichen Handels begründet. Obschon Maschinen in der Interaktion mit Menschen vermehrt Emotionen von Menschen interpretieren und auch selbst Emotionen abbilden können (Yonck, 2017), handelt es sich dabei stets um nichts weiter als eine Simulation von Gefühlen (Nida-Rümelin und Weidenfeld, 2018). Wie der Direktor des MIT Media Lab, Joichi Ito, in diesem Zusammenhang bemerkte: „More computation does not makes us more ‚intelligent', only more computationally powerful." (Ito, 2018). Die möglicherweise überlegen erscheinende Rechenleistung von Maschinen stellt menschliche Intelligenz also nicht *per se* in den Schatten (Kap. 3.2, 3.3.3). Vielmehr kann die Unfähigkeit von Maschinen, eigene, echte Emotion zu generieren, dem Menschen helfen, die Alleinstellungsmerkmale seines Denkens besser zu erkennen und zu stärken; schließlich sind diese Merkmale unersetzlich für menschliches Zusammenleben. „We trust other people not because they are incredibly smart — like AI — but because they have emotional connections, specifically with us." (Gray, 2017: 21). Die Alleinstellungsmerkmale menschlicher Intelligenz kann man aus prinzipiellen Gründen keiner auch noch so fortschrittlichen Maschinen zuschreiben.

Es wird jedoch, wie bereits angesprochen, darüber spekuliert, dass autonome und intelligente Maschinen – jenseits der heutigen, in Teilbereichen bereits beeindruckenden Leistungen von KI, z.B. bei Mustererkennung – in Zukunft den Menschen in seinen kognitiven Leistungen insgesamt erheblich übertreffen könnten („Singularität"; Vinge, 1993; Kurzweil, 2005; Bostrom, 2014). Unter weiter entwickelten technologischen Bedingungen als den heutigen könne spekulativ eines Tages sogar eine starke KI eine Art „Superintelligenz" erlangen, mit dem damit verbundenen Risiko, dass Maschinen Macht über Menschen erlangen könnten (Bostrom, 2014). Transhumanisten und technologische Posthumanisten sprechen sogar von der Überwindung der Unzulänglichkeiten des biologischen Körpers und insbesondere des Todes, im Extremfall durch das „Hochladen" der menschlichen Identität in eine digitale Maschine (Kasten 2.1.2-1; Kurzweil, 2005; mind uploading: Loh, 2018: 80ff., 122ff.). Unter diesen extremen Szenarien könne sogar die natürliche Umwelt des Menschen überflüssig werden, wenn sich der Mensch auf digitale Weise so weit von seinen biologischen Ursprüngen enthebt, dass sein Bezug zum Erdsystem obsolet wird (Tegmark, 2017).

Angesichts dieser Visionen droht die Grenze zwischen Mensch und Maschine zunehmend zu verschwimmen (Kurzweil, 1999; Kehl und Coenen, 2016), und damit auch die Grenze zur Umwelt. Zum jetzigen Zeitpunkt erscheinen diese Diskurse spekulativ, aber sie sind in Kultur (Science Fiction), Gesellschaft und Wissenschaft bereits wirkmächtig und mit Hoffnungen wie Ängsten besetzt (Kap. 6).

Andere Autor*innen stehen diesen Spekulationen skeptisch gegenüber und sehen keine Gefahren durch superintelligente Maschinen (Floridi, 2014: 129ff.; Domingos, 2015: 283f.; Kehl und Coenen, 2016: 16f.; Misselhorn, 2018: 205ff.) bzw. sprechen softwarebasierten Systemen jeder Art, einschließlich KI-Systemen, mentale Eigenschaften wie Wahrnehmungen, Emotionen und Entscheidungsfähigkeiten ab und beobachten lediglich eine „mehr oder weniger gut gelungene Simulation kognitiver und emotiver Prozesse" (Nida-Rümelin und Weidenfeld, 2018: 205). Wo immer man die Grenze zwischen Mensch und Maschine ziehen möchte: Es kommt die Herausforderung auf die Gesellschaft zu, die weitere Entgrenzung von Mensch und Maschine im Sinne der Menschheit zu verstehen und zu verhandeln bzw. das Zusammenspiel zwischen Mensch und Maschine im positiven Sinn zu gestalten. Dabei wird das Mensch-Technik-Verhältnis im Zuge des technischen Fortschritts und im Kontext gesellschaftlicher Herausforderungen immer wieder neu zu definieren sein (Kehl und Coenen, 2016).

Weitere fundamentale Fragen stellen sich angesichts einer potenziellen „künstlichen Evolution des Menschen". Die Selektion von durch *In-vitro*-Fertilisation erzeugten befruchteten Eizellen anhand gewünschter Kriterien vor der Implantation in die Gebärmutter ist bereits heute möglich. Noch tiefgreifender wäre die Anwendung neuer Methoden der Gentechnik (z.B. CRISPR/Cas9, Jinek et al., 2012), für deren Entwicklung und Nutzung moderne digitale Technik unverzichtbar ist. Eine künstliche Veränderung des menschlichen Genoms in der Keimbahn könnte dazu verwendet werden, erbliche, auf Gendefekten beruhende Krankheiten zu heilen (Nuffield Council on Bioethics, 2018). Seit einigen Jahren werden bereits entsprechende Forschungsarbeiten an menschlichen Embryonen durchgeführt (z.B. Liang et al., 2015; Kang et al., 2016). Der behauptete Eingriff des chinesischen Wissenschaftlers He Jiankui im November 2018 mittels CRSIPR/Cas9 in das Erbgut von Zwillingen ist weltweit auf massive Kritik gestoßen (Cyranoski und Ledford, 2018) und hat zu einem gesellschaftlichen Diskurs über den verantwortungsvollen Umgang mit Eingriffen in die menschliche Keimbahn geführt (Deutscher Ethikrat, 2019).

Die neuen gentechnischen Methoden eröffnen aber auch die transhumanistisch-eugenische Perspektive, dass der *Homo sapiens* die „Evolution in die eigenen Hände nimmt" und gezielt in Richtung einer neuen „posthumanen Art" steuert (Annas et al., 2002; Fukuyama, 2002). Auf diese Weise könnten dem Menschen Anpassungen und Eigenschaften angezüchtet werden, beispielsweise Toleranz für widrige Umweltbedingungen, die etwa durch globale Umweltveränderungen verursacht wurden, oder extrem gesteigerte sensorische Fähigkeiten (Nuffield Council on Bioethics, 2018: 47). Diese Ansätze haben also das Potenzial, den zukünftigen *Homo sapiens* in seiner biologischen Verfasstheit fundamental zu verändern. Wegen der damit verbundenen ethischen Probleme warnen Forscher vor der genetischen Manipulation der menschlichen Keimbahn (Lanphier et al., 2015; Baltimore et al., 2015); sie ist in vielen Ländern verboten.

Im Bezug auf die genannten notwendigen Diskurse sowie auf die potenziell tiefgreifenden Auswirkungen auf Gesellschaften und Umwelt ergeben sich grundsätzliche, teils durchaus spekulative Fragen zur Ethik und zur Würde des Menschen. Daher kann es dem WBGU bei der Dritten Dynamik nicht nur um konkrete Handlungs- oder Forschungsempfehlungen im Sinn klassischer Politikberatung gehen. Vielmehr geht es vor allem darum, diese Themen und Probleme rechtzeitig in den Blick zu nehmen und ihnen gesellschaftliche Aufmerksamkeit zu verschaffen, denn die skizzierten Veränderungen werden existierende Konzepte von „menschlicher Entwicklung" und von „Nachhaltigkeit" grundlegend herausfordern und verändern. Der WBGU möchte hier vor allem die richtigen Fragen stellen und nicht bereits fertige Antworten präsentieren. In einem zweiten Schritt sollten dann Wege und Methoden gefunden werden, wie Gesellschaften und Kulturen sich auf mögliche Pfade der Gesellschaft in Bezug auf *Natura futuris*, *Homo digitalis* und *Machina sapiens* vorbereiten, und wie sie den Diskurs um Kriterien, Regeln und Grenzziehungen demokratisch und transparent gestalten können.

Um diesen Diskurs über die künftigen Möglichkeitsräume anzuregen, stellt der Beirat hier in knapper Form drei spekulative, hoffnungsfrohe Gedankenspiele vor. Der WBGU empfiehlt, sich der Methode von John Rawls zu bedienen, um über mögliche Zukünfte nachzudenken. Rawls hat in seiner Theorie der Gerechtigkeit (Rawls, 1972) seinen Lesern, Bürgern und Entscheidungsträgern angeraten, über „gerechte Ordnungen" nachzudenken und zwar aus einer Position heraus, in der die Nachdenkenden nicht wissen, welche Stellung sie selbst in der gedachten Gesellschaft einnehmen. Dieser „Schleier der Unwissenheit" ermöglicht es, Gerechtigkeitsvorstellungen und -prinzipien zu generieren, die nicht durch unmittelbare Eigeninteressen der Nachdenkenden geprägt sind, sondern darauf ausgerichtet werden, eine faire Gesellschaft zu imaginieren, die „Jedermann und Jederfrau" gerecht wird. Ein solcher „Schleier der Unwissenheit" könnte auch hilfreich sein, um vor dem Hintergrund der drei Gedankenspiele des WBGU über zukünftige Menschenbilder im Digitalen Zeitalter nachzudenken:

1. *Die Menschheit kommt zu sich selbst:* KI übertrifft die kognitiven Leistungen des Menschen in Teilbereichen bereits heute (Kap. 3.3.3). Umso mehr sollten wir unsere Aufmerksamkeit und Wertschätzung auf die oben beschriebenen Alleinstellungsmerkmale des Menschen lenken, die eben nicht unmittelbar kognitive Kapazitäten betreffen: die emotionalen und sozialen Fähigkeiten. KI könnte verstärkt das Messen, Rechnen und Dokumentieren übernehmen und uns dadurch ermöglichen, eine stärkere Hinwendung zu Fähigkeiten wie Empathie,

Fürsorge und Solidarität zu verfolgen. Anders als in den „harten" Klischeevorstellungen vom Supermenschen mit Computergehirn oder allwissenden Computersystemen mit zunehmend menschlichen Eigenschaften wäre somit eine „weiche" Vision des gesellschaftlichen Fortschritts umrissen.

2. *Der Mensch schafft sich Gefährten:* Je weiter KI auf immer mehr Anwendungsgebieten fortschreitet, desto vielfältiger und intimer können sich die Berührungspunkte und Schnittstellen zwischen Technik und Mensch entwickeln. Dies kann bis hin zu symbiotischen Verbindungen führen; die aber wohl anders ausfallen dürften als in gängigen „Cyborg"-Träumen imaginiert. Möglicherweise entstehen auch KI-befähigte Wesenheiten, die zu wohlintegrierten, loyalen Begleitern des Menschen werden, in Gesellschaften, die lebenswerter sind als die heutigen. Beispielsweise könnten digitale Assistenten zunehmend unsere monotonen Tätigkeiten übernehmen (z.B. durch Übernahme logistischer Aufgaben), uns beim Lernen und Verstehen unterstützen (z.B. durch Synthese und Interpretation überbordender Informationsfülle) und nicht zuletzt dazu beitragen, dass wir uns selbst und unsere Umwelt stärker wertschätzen (z.B. durch Diagnostik und Spiegelung). Würden die Menschen selbst über all ihre Daten verfügen, die sie verursachen, könnten sie dazu befähigt werden, sich selbst und ihr Verhalten besser zu verstehen und weiterzuentwickeln. Eine solche Perspektive stößt etwa im ostasiatischen Kulturkreis auf geringere Skepsis als in westlichen Gesellschaften und befördert ein Weltbild, das den Menschen nicht kategorisch von Natur und Technik abgrenzt.
3. *Der Mensch erfindet seine Meister:* Wie weiter oben in diesem Kapitel beschrieben, gehen die Spekulationen über die künftigen Fortschritte der KI – und damit letztlich auch über die Zukunft des *Homo sapiens* – weit auseinander (Kap. 3.3.3; Kasten 2.1.2-1). Dennoch ist vor dem Hintergrund der bereits heute beeindruckenden kognitiven Leistungen der KI die Frage ebenso verstörend wie höchst umstritten, ob in einer späteren Phase der digitalen Revolution nicht nur bewusste, sondern auch beseelte künstliche Entitäten mit selbständiger Willensbildung und Reproduktion formiert werden könnten. Der Schutz der Würde des Menschen bliebe dabei eine quintessenzielle Herausforderung, aber dennoch könnte im Diskurs folgende Frage gestellt werden: Könnte die Verbindung der sozialen und emotionalen Intelligenz des Menschen mit den uns überlegenen kognitiven Fähigkeiten von Maschinen eine Koevolution ermöglichen, deren Geschöpfe sogar größere Humanität besitzen als wir selbst?

Der WBGU hat sich mit diesen Gedankenspielen auseinandergesetzt und empfiehlt, dass sich unsere Gesellschaften mit der Zukunft menschlicher Entwicklung, dem Verständnis menschlicher Würde und Konzepten nachhaltiger Entwicklung, also dem Zusammenspiel zwischen Gesellschaften und dem Erdsystem, im Digitalen Zeitalter proaktiv und rasch auseinander setzen sollten. Nur so kann Gestaltungsfähigkeit entstehen. Die intuitiv „vernünftige" Option wäre ein generelles Moratorium, das F&E-Anstrengungen zur Schaffung bewusster und damit leidensfähiger Systeme grundsätzlich untersagt. Aber ist ein solches lückenloses und vor allem globales Moratorium überhaupt realisierbar? Und wenn die zivilisatorische Entwicklung seit dem Neolithikum offenbar selbstorganisiert auf die Substituierung und Transzendierung der humanen (physiologischen, manuellen, kognitiven) Fähigkeiten gerichtet ist, kann dann die Schaffung einer neuen Wesenheit durch die Menschen *per se* ausgeschlossen werden? Vor diesem Hintergrund ist der WBGU zu dem Schluss gekommen, Diskurse über wünschenswerte Zukünfte zu empfehlen.

Handlungsleitende Prinzipien

Diese drei Gedankenspiele mögen äußerst spekulativ erscheinen. Dennoch hat die Dritte Dynamik bereits begonnen. Daher empfiehlt der WBGU, bereits jetzt die Zukunft des Menschen im Digitalen Zeitalter demokratisch und gemeinwohlorientiert vorzudenken sowie die aktuellen Herausforderungen der Digitalisierung regulativ einzuhegen. „Wie eine ‚antizipatorische Governance', die nicht nur Wissenschaft und Technik, sondern auch Politik, Wirtschaft und potenzielle Nutzer einbeziehen sollte, organisiert werden könnte, ist aber noch eine weitgehend offene Frage." (Kehl und Coenen, 2016: 17). Die neuen Herausforderungen, z.B. in Bezug auf individuelle Mündigkeit, Selbstbestimmung und Hoheit über die persönlichen Daten, sind bereits virulent, können sich aber durch die zukünftigen digitalen Möglichkeiten erheblich verstärken.

Bei derart folgenreichen Fragen sollten der breite und transparente gesellschaftliche Diskurs sowie staatliche Gestaltung der Rahmenbedingungen vor einer bloßen Eigendynamik kommerzieller Interessen stehen. Die notwendigen gesellschaftlichen Entscheidungen müssen im demokratischen Prozess getroffen werden. Um diese Gestaltungsaufgaben frühzeitig vorzubereiten, brauchen wir eine weltweite, differenzierte, gemeinschaftliche und dynamische Auseinandersetzung zu Werten und Normen. Im gesellschaftlichen Diskurs müssen grundsätzliche philosophische und ethische Fragen diskutiert werden; die normative Dimension gewinnt entscheidende Bedeutung. Der WBGU möchte auch hier den Begriff der Würde ins Zentrum der Überlegungen rücken (Kap. 2.3). Insbesondere geht es um Diskurse zu den folgenden handlungsleitenden Punkten:

- *Diskurs I: Homo digitalis:* Jenseits der begrüßenswerten Kompensation körperlicher Einschränkungen, z.B. durch mechanische oder sensorische Prothesen, stellen sich mit den rapide wachsenden technischen Möglichkeiten folgende Fragen: Wie kann angesichts der „Technisierung des Menschen" (Themenkasten 5.3-2) die Identität des Menschen bzw. des Menschlichen bewahrt werden? Wo sollen Grenzen bei der Technisierung des Menschen gezogen werden? Welchen „genuinen Wesenszug des Menschen und seiner Kultur" wollen wir erhalten und vor Zugriff beziehungsweise maschineller Ersetzung schützen (Kehl und Coenen, 2016:18)? Inwieweit wollen wir die künftige Evolution des *Homo sapiens* selbst steuern? Was bedeutet ein neuer Humanismus für den *Homo digitalis* (Kasten 7.3-2)?
- *Diskurs II: Machina sapiens:* Der Mensch wird immer die Verantwortung für Maschinen, Daten, Algorithmen und Software haben. Insofern plädiert der Beirat für den positiven Ansatz einer Selbstvergewisserung der Eigenschaften sowie des zu erzielenden Wohlbefindens des natürlichen *Homo sapiens* in seinem Verhältnis zu Maschinen und Automatismen. Es gilt, das Selbstbewusstsein des Menschen zu stärken und die Mensch-Maschine-Kollaboration im Einklang mit der Verantwortung des Menschen aktiv zu gestalten. Angesichts der Fragen, ob und wo Menschen vor Maschinen geschützt werden müssen und ob und wo menschliches Wohlbefinden durch Maschinen gefährdet werden kann, spricht sich der Beirat zudem für ein Moratorium für die Entwicklung und Anwendung vollautomatisierter autonomer Waffensysteme aus, wie es sich auch im Entwurf der „Charta für ein nachhaltiges Digitales Zeitalter" findet (Kap. 8.6). Es gibt eine Reihe weiterer relevanter Fragen, die der Beirat in den Diskurs einbringen möchte: Soll es eine Grenze für die Empathiefähigkeit oder Vermenschlichung von Maschinen geben? Oder hätte dies sogar Vorteile, sofern es mit den nötigen „Einhegungen" geschieht? Ist die „Superintelligenz" von Maschinen lediglich dystopische Science-Fiction-Vision oder ein zu diskutierendes Szenario oder Risiko? Wird es vielleicht sogar irgendwann die Herausforderung geben, eine Grenzziehung vorzunehmen jenseits derer auch die Würde von künstlich intelligenten Maschinen diskutiert werden müsste? Oder gilt es, diese von vorherein auszuschließen, indem grundsätzlich Forschung zu maschinellem Bewusstsein aus ethischen Gründen (Metzinger, 2001) geächtet und ausgeschlossen wird?
- *Diskurs III: Natura futuris*: Im Zeitalter des digitalen Anthropozäns stellt sich die Frage, wo die Grenzen des menschlichen Eingriffs in Natur und Umwelt gezogen werden sollen. Sind die bestehenden politischen Zielsetzungen ausreichend? Wie verändert sich das Verhältnis Mensch-Natur-Technik im Digitalen Zeitalter? Wenn der biologische Menschen in seiner natürlichen Umwelt bewahrt werden soll: Welche Voraussetzungen für Natur und Erdsystem sind dann notwendig? Sollen darüber hinausgehenden Ziele verfolgt werden?

Übergreifend stellt sich die Frage: Wie gestalten wir eine positive Koevolution zwischen menschlicher Zivilisation, Technosphäre und Umwelt? Der WBGU sieht hier diese handlungsleitenden Prinzipien:

- *Diskursarenen schaffen und gesellschaftlichen Diskurs führen:* Angesichts dieser möglichen und teils nötigen fundamentalen Fragen besteht eine wichtige Aufgabe bereits heute darin, einen andauernden gesellschaftlichen Diskurs unter breiter Beteiligung zu organisieren und geeignete Diskursarenen zu schaffen (Kap. 9.4.4). Bei diesen Diskursen geht es im Kern darum, wie auf der Basis gemeinsamer Werte und Normen, etwa orientiert am normativen Kompass, das Zusammenspiel und die Koevolution von menschlicher Zivilisation und intelligenten technischen Systemen so gestaltet werden könnte, dass menschliches Wohlergehen im Mittelpunkt steht (Kap. 2). In diesen Diskursen sollten daher nicht nur der Sachstand, sondern auch unterschiedliche Positionen, Interessenskonflikte und Machtverhältnisse besprochen werden. Nicht zuletzt sollte untersucht werden, ob die bestehenden institutionellen Regime angepasst werden müssen.
- *Die neue digitalisierte Gesellschaft vorausdenken:* Mit den digitalen Technologien werden völlig neue Zukunftsgestaltungen möglich. Die strategischen Weichenstellungen und kulturellen Umbrüche des Digitalen Zeitalters sollten jetzt vorgedacht werden. Jetzt müssen die angesprochenen tiefen philosophischen Fragen gestellt und in neu zu schaffenden Diskursräumen diskutiert werden (Kap. 9.4.3). Die Philosophie sollte daher eine der Leitwissenschaften der Dritten Dynamik werden. Durch Forschung und Bildung muss ein Fundament für die kommenden Entscheidungen geschaffen werden (Kap. 10.3.3). Die Technikfolgenabschätzung möglicher Zukunftsszenarien und die angewandte Ethik bieten hier konstruktive Ansätze, um Frühwarnfunktionen aufzubauen und den Technikwandel proaktiv zu gestalten (Kap. 10.3.3.3).

7.5 Folgerungen: Digitalisierung in den Dienst der globalen Nachhaltigkeit stellen

Die übergreifende Botschaft des WBGU lautet, dass die Digitalisierung in den Dienst der globalen Nachhaltigkeit gestellt werden soll. Digitalisierung ist keine „Naturgewalt", sondern eine von Menschen vorangetriebene Entwicklung, die angesichts ihrer Potenziale und Risiken für Nachhaltigkeit gestaltet werden muss. Die entscheidenden Ansatzpunkte für die Transformation zur Nachhaltigkeit liegen (je nach Dynamik und Problematik) bei den politischen Rahmenbedingungen (Politik, Recht), den gesellschaftlichen Praktiken (Wirtschaft, Konsument*innen) sowie bei der Weiterentwicklung von Nachhaltigkeitsleitbildern und von Vorstellungen „menschlicher Entwicklung", die den Dynamiken des Digitalen Zeitalters gerecht werden. Die Digitalisierung ist hierbei sowohl Gegenstand der Betrachtung als auch mögliches Instrument spezifischer Lösungsstrategien.

Die derzeitige Entwicklung weist eindeutig noch nicht in diese Richtung. Die Möglichkeiten des Digitalen Zeitalters werden derzeit nicht ausreichend in den Dienst globaler Nachhaltigkeit gestellt. Gegenwärtige Rahmenbedingungen und gesellschaftliche Realitäten führen dazu, dass die digitale Revolution bisher eher bestehende, nicht nachhaltige Trends verstärkt und beschleunigt, anstatt dabei zu helfen, nicht nachhaltige Pfadabhängigkeiten zu überwinden. Die vielen konkreten Veränderungen, die in diesem Gutachten beschrieben und analysiert werden, bergen zwar zahlreiche Potenziale. Sie führen jedoch nicht *per se* zu einer Trendumkehr. Aus einer Transformationsperspektive lässt sich dies als „inkrementeller Radikalismus" benennen: Die Summe einer Vielzahl konkreter Praktiken reproduziert und beschleunigt Nachhaltigkeitskrisen, ohne dass diese negativen Folgen im Einzelfall intendiert oder vollständig absehbar sind.

Im Vergleich dazu relativ klar vor Augen liegen die vermeintlichen Utopien derer, die die Mittel der digitalen Revolution bewusst disruptiv nutzen wollen. Hier trifft sich eine auf die Spitze getriebene Überwachungsgesellschaft, in der personenbezogenen Daten zu einem wichtigen Rohstoff werden, mit dem totalitären Kontrollstaat, der jede Abweichung mit digitalen Mitteln zu unterbinden sucht. Aus einer Transformationsperspektive zeigt sich eine Art „radikaler Radikalismus". Zwar wären radikal auf Ressourceneffizienz sowie Klima- und Erdsystemschutz ausgerichtete Digitalstrategien vorstellbar, die technische Kontrollmöglichkeiten von Produktion und Konsum für ökologische Fortschritte nutzen. Systemische Disruptionen werden dabei aber als Selbstzweck befeuert, ohne auf wichtige und unbedingt erhaltenswürdige Systemfunktionen – wie den Erhalt von Freiheit und der Würde des Menschen – zu achten.

Digitalisierung in den Dienst der Nachhaltigkeit zu stellen bedeutet deshalb, die vielen konkreten Möglichkeiten digitaler Anwendungen systemisch so zu nutzen, dass sich damit sukzessive nicht nachhaltige Pfadabhängigkeiten überwinden lassen. Die Transformation zur Nachhaltigkeit ist ein umfassendes Gesellschaftsprojekt aus vielen Zutaten, das die Gestalt und Triebkräfte unseres Wirtschaftens und Zusammenlebens ganz wesentlich verändert. In einem solchen grundlegenden Sinne ist die positive Intention dieser Transformation eine Art „radikaler Inkrementalismus": viele wichtige Veränderungen Schritt für Schritt, reflexiv und antizipativ so zu gestalten, dass die wesentlichen Kernfunktionen, also unsere ökologischen, sozialen und gattungsspezifischen Lebensgrundlagen, langfristig erhalten bleiben.

Für diese umfassende Gestaltungsaufgabe zeigen sich aus allen analysierten Dynamiken die folgenden Elemente: Gesellschaften müssen in der Lage sein, die drängenden Probleme für die Nachhaltigkeit mit Hilfe der Digitalisierung rasch und effektiv anzugehen (*handelnde Gesellschaften*). Das gilt auf besonders drängende Weise für die Erhaltung der natürlichen Lebensgrundlagen (Kap. 9.1.1) sowie für die Sicherung der sozialen Kohäsion (Kap. 9.1.3). Dieser konkrete Handlungsbedarf muss ernst genommen und mittels tatkräftiger Governance angegangen werden, durch einen „gestaltenden Staat" (WBGU, 2011:215ff.; Kap. 4.1), aber auch durch Unternehmen und Zivilgesellschaft sowie nicht zuletzt durch Bildungsakteure (Kasten 7.5-1; Kap. 5.3.4). Parallel sollte ein Schwerpunkt darauf liegen, die zukünftige Handlungsfähigkeit sicherzustellen (*handlungsfähige Gesellschaften*). Für die tiefgreifenden Veränderungen der Gesellschaften durch die Digitalisierung und deren Auswirkungen auf Nachhaltigkeit müssen rechtzeitig Strategien entwickelt werden. Menschen müssen durch Bildung befähigt werden, die skizzierten Umbrüche zu verstehen, um sich gestalten zu lernen (Kasten 7.5-1). Schließlich sollten bereits heute Diskurse ermöglicht werden, in denen über die fundamentalen Fragen der digitalen Zukunft nachgedacht und verhandelt wird (*vordenkende Gesellschaft*). Im Zusammenspiel dieser Elemente kann eine handlungsfähige Verantwortungsgesellschaft entstehen.

Vor diesem Hintergrund sieht der WBGU in der EU als Wirtschafts- und Wertegemeinschaft einen wichtigen Akteur, um Nachhaltigkeit und Digitalisierung zusammen zu denken und voranzubringen. Es eröffnet sich für die EU die Möglichkeit, mittels Digitalisierung eine nachhaltige, freie und gleiche Bürgergesellschaft

Kasten 7.5-1

Bildung für zukunftsfähige Gesellschaften

Wie Menschen Wirklichkeit wahrnehmen und verstehen, beeinflusst wie sie sie erleben und bewerten – und damit auch, welche Ideen und unternehmerischen oder politischen Maßnahmen sie für sinnvoll, machbar und legitim halten. Die Art, wie Menschen sich befähigt fühlen, selbstwirksam für diese als sinnvoll, machbar und legitim empfundenen Maßnahmen einzustehen und sie in Kooperation mit anderen zu verfolgen, bestimmt die Innovationsfähigkeit, Diskursfähigkeit, Gestaltungsfähigkeit und Handlungsfähigkeit einer Gesellschaft. Eine zukunftsfähige Gesellschaft im Sinne eines neuen Humanismus (Kasten 7.3-2) fördert systematisch die Reflexionsfähigkeit und Selbstwirksamkeit ihrer Entscheidungsträger – also auch ihrer wählenden Bürger*innen.

Zukunftsfähigkeit ist damit Ergebnis dessen, was der WBGU (2011:375ff.) als „transformative Bildung" beschrieben hat und was unter dem Begriff des transformativen Lernens in der Pädagogik entwickelt wird: ein Verständnis für Handlungsoptionen und Lösungsansätze sowie die eigene Wirkmächtigkeit in der Gestaltung von zukünftigen Entwicklungen. Dieses Verständnis beinhaltet eine kritisch-konstruktive Hinterfragung wissenschaftlicher Grundannahmen und kultureller Muster, die die bisherige Gestaltung von Gesellschaft mit ihren Konventionen, Rollen und Institutionen angeleitet und legitimiert haben. Im „World Social Science Report 2013" (ISSC und UNESCO, 2013) wurde diese reflexive Fähigkeit als Futures Literacy beschrieben und als zentral für transformative Prozesse im Sinne sozialen Lernens (Kap. 2.1.2). Bildung für die gesellschaftlichen Herausforderungen der nächsten Dekaden sollte seine humanistischen Wurzeln wiederentdecken und Bürger*innen darin unterstützen, sich in ihren diversen gesellschaftlichen Rollen als Zukunftsgestalter zu begreifen (Kap. 5.3.4). Die digital vereinfachte Beteiligung an der Wissensgenerierung und -verbreitung für die Orientierung und Legitimierung von Transformationsprozessen (Kap. 5.3.1.1) unterstützt diese Befähigung. Eine entsprechende Medien- und Technologiekompetenz und -resilienz geht dabei über die aktuell oft instrumentell definierte Digitalkompetenz hinaus, die sich auf die erfolgreiche Bedienung der Technik beschränkt (EU-Kommission, 2019a). Technologien sind in ihrer Erfindung und Verbreitung integrale Elemente sozialer und institutioneller Systeme, und auch dies sollte in dem neuen Bildungsverständnis integriert werden. In zukunftsfähigen Gesellschaften gehören außerdem Ethik, Reflexionsvermögen, Persönlichkeitsbildung und kooperative Fähigkeiten zum Bildungskanon. So können Menschen in die Lage versetzt werden, aktiv und antizipativ an der Gestaltung und Umgestaltung gesellschaftlicher Strukturen wie der Dekarbonisierung oder Digitalisierung mitzuwirken.

Auch in Unternehmen wird die zentrale Rolle von Werten, Haltung, Selbststeuerung und Persönlichkeitsbildung für den Umgang mit der durch die Digitalisierungs- und Vernetzungsprozesse rasant zunehmenden Komplexität und Geschwindigkeit gesellschaftlicher Entwicklungen diskutiert. Das gleiche gilt in der Risiko- und Resilienzforschung, die sich auf den Umgang mit Nichtwissen und Nichtlinearität in diesen Systemen befasst. In Zeiten starker Unsicherheit und schneller wie tiefer Veränderungen von Gesellschaften bieten erhöhte Fähigkeiten der Empathie, Kooperation und Selbstregulation gute Voraussetzungen für die Erhaltung von kooperativen und gemeinwohlorientierten Werten sowie demokratischen Fähigkeiten. Darüber hinaus ist die Auswahl und Qualität verlässlicher Informationen und Wissensbestände von besonderer Bedeutung, wenn es um die Legitimation von Entscheidungen oder die Antizipation möglicher Konsequenzen geht. Für eine gesellschaftliche Verständigung über plausible, mögliche und wünschenswerte Zukünfte und deren unternehmerische wie politische Gestaltung sind der breite Zugang zu Daten sowie öffentliche Instanzen mit hohen Qualitätssicherungsstandards zentral (Kap. 5.3.2).

zu verwirklichen, insbesondere in Abgrenzung zum amerikanischen Laissez-faire gegenüber Digitalunternehmen und dem chinesischen Modell der Ausnutzung der Digitalisierung zum Zweck staatlicher Machtausübung. Daher sollte Europa eine eigene, kraftvolle Vision der Nutzung und Regulierung der Digitalisierung zum Zwecke der Nachhaltigkeit und zum Schutz von Menschen- und Grundrechten entwickeln. Entscheidende Treiber der Digitalisierung sind bislang die Potenziale für wirtschaftlichen Profit sowie staatliche Überwachung. Kern der Bestrebungen sollte stattdessen sein, die Erhaltung der natürlichen Lebensgrundlagen, Teilhabe, Eigenart und Menschenwürde (Kap. 2) durch Digitalisierung zu stärken und zu fördern sowie Risiken verantwortungsvoll einzuhegen. Die Skizze der Kernelemente eines „neuen Humanismus" gibt Hinweise zur Richtung einer solchen Entwicklung (Kasten 7.3-2). In einem solchen Prozess spaltet sich Europa nicht etwa von der Weltgemeinschaft ab, sondern nutzt die Chancen, um der globalen digitalen Entwicklung ein neues Momentum zu verleihen.

Im Folgenden werden vier übergreifende handlungsleitende Prinzipien vorgestellt, die sich für alle drei Dynamiken anwenden lassen.

- *Gestaltungsfähigkeit der Weltgesellschaft fördern:* Auf dem Gebiet Digitalisierung und Nachhaltigkeit werden vielfältige Dimensionen von Gestaltungsverlust erkennbar, hier Beispiele: (1) Es ist für politische Akteure sehr schwer die Gestaltungskraft aufzubringen, um eine Überschreitung planetarischer Leitplanken zu verhindern; (2) Staaten drohen die Gestaltungshoheit gegenüber multinationalen digitalen Unternehmen zu verlieren; (3) Menschen verlieren ihre Gestaltungshoheit über die Art, wie ihre persönlichen Daten von Unternehmen oder Staaten genutzt und auf diese Weise Entscheidungen beeinflusst werden. Private Akteure erarbeiten aufgrund ihrer kommerziellen Interessen vielfältige Möglichkeiten und Produkte, die aus normativer Sicht positive wie negative Wirkungen haben können. Diese

Wirkungen im Sinn des Gemeinwohls einzuhegen ist eine wichtige Gestaltungsaufgabe. Auch angesichts der globalen Reichweite der Digitalisierung sowie der globalen Wirkung unterlassener Nachhaltigkeitsgestaltung kommt Staaten und nicht zuletzt der globalen Governance eine besonders zentrale Rolle zu. Für eine Nachhaltigkeitspolitik, die den Potenzialen und den Risiken der Digitalisierung Rechnung trägt, sollten auf multilateraler Ebene Leitbilder entwickelt und Ziele definiert werden (Kap. 9). Der Staat sollte auf dieser Basis im demokratischen Prozess die Rahmenbedingungen für private Akteure und Unternehmen so setzen können, dass die Entwicklung dem gesellschaftlichen Interesse gerecht wird.

- *Innovationsfähigkeit der Weltgesellschaft fördern:* Die Potenziale der Digitalisierung sollten für Nachhaltigkeit und Wohlergehen des Menschen genutzt werden. Es geht also um „verantwortungsvolle Innovation", bei der sowohl Zielbestimmungen als auch mögliche Risiken für Nachhaltigkeit von vorne herein mit bedacht werden. Die Empfehlungen dieses Prinzips richten sich vor allem an Wissenschaft und Bildung, aber auch an Technikfolgenabschätzung und Technikwandel (Kap. 10.1).
- *Verständnisfähigkeit der Weltgesellschaft fördern:* Damit Gesellschaften gestaltungsfähig bleiben, müssen die Prozesse und Auswirkungen der digitalen Revolution von den gesellschaftlichen Akteuren verstanden sowie ihre Verursacher*innen und Treiber transparent gemacht werden – dies gilt z.B., wenn die vom WBGU herausgearbeiteten Systemrisiken des Digitalen Zeitalters (Kasten 7.3-1) vermieden werden sollen. Dabei geht es um Bildung sowie Wissenschaftskommunikation und damit letztlich auch um digitale Mündigkeit (Kap. 9.1.4). Die Empfehlungen dieses Prinzips beziehen sich vor allem auf Bildung und Diskurs, nicht zuletzt auch auf wissenschaftliche Politikberatung.
- *Diskursfähigkeit der Weltgesellschaft fördern:* Wir brauchen jetzt bereits Räume für die Diskussion darüber, wie etwa ein beispielhafter neuer Humanismus (Kasten 7.3-2) im 21. Jahrhundert entfaltet werden kann. Wie kann die Digitalisierung mit gesellschaftlichen Zielen verbunden werden und welche Rollen sollen öffentliche und private sowie lokale und globale Akteure dabei spielen? Die Empfehlungen dieses Prinzips zielen vor allem auf Bildung und demokratische Öffentlichkeit (Dialog, Medien, Open Society).

Global Governance für die Transformation zur Nachhaltigkeit im Digitalen Zeitalter 8

Der WBGU unterbreitet erste Vorschläge, wie sich die Weltgemeinschaft auf gemeinsame Leitkonzepte, Prinzipien, regulatorische und institutionelle Rahmenbedingungen sowie ethisch begründete Grenzen verständigen kann. Die EU sollte ein eigenes Modell einer nachhaltigen, digital unterstützten Zukunft entwickeln und auf der internationalen Ebene auf ein geteiltes Verständnis im multilateralen Verbund hinarbeiten. Als Anstoß für globale Prozesse legt der WBGU den Entwurf einer Charta für „Unsere gemeinsame digitale Zukunft" vor.

Die nachhaltige Gestaltung des Digitalen Zeitalters ist eine globale Aufgabe, die einen Rahmen von Prinzipien, Regeln und Gesetzen sowie Institutionen erfordert: Global Governance ist daher ein entscheidender Hebel für die Transformation zur Nachhaltigkeit im Digitalen Zeitalter. Die Digitalisierung ist dabei sowohl Gegenstand als auch Instrument globaler Nachhaltigkeitspolitik. Im digitalen Wandel brechen einige Pfadabhängigkeiten nicht nachhaltiger Entwicklungen auf und schaffen Gelegenheitsfenster und Möglichkeitsräume für neue Akteurskonstellationen, die für eine Transformation zur Nachhaltigkeit im Sinne der Agenda 2030 mobilisiert werden können. Bedeutende neue Akteure des Digitalen Zeitalters, wie Entwickler*innen, Tech-Communities und Digitalkonzerne, können aber zugleich alte, nicht nachhaltige Entwicklungsmuster fortsetzen und verschärfen und schaffen selbst völlig neue Nachhaltigkeitsherausforderungen sowie nicht nachhaltige Pfadabhängigkeiten (Kap. 4). Digitalkonzerne erlangen zum Teil immer größere Marktmacht und stellen bereits heute gesellschaftlich relevante Dienste und Technologien bereit, ohne dass dabei gesichert oder zumindest transparent ist, dass ökologische oder andere gesellschaftliche Ziele nachhaltiger Entwicklung berücksichtigt werden. Staaten nehmen wenig Verantwortung für die Entwicklung der digitalen und digitalisieren Infrastrukturen und Technologien wahr, Entscheidungen werden durch zwischenstaatliche, von Privaten dominierten Bündnissen getroffen, Rechte von Individuen können im Digitalen Zeitalter ausgehöhlt werden (Kap. 4.2). Wie verändert sich also das globale Nachhaltigkeitsverständnis und wie kann es mit Digitalisierung verknüpft werden?

International haben sich während der letzten fünf Dekaden Ziele für Nachhaltigkeit als Vision globalen, langfristigen Wohlergehens herausgebildet, die insbesondere durch die Agenda 2030 mit den SDGs, dem Pariser Klimaübereinkommen sowie den Aichi-Biodiversitätszielen zum Ausdruck kommen. Im Vergleich dazu stehen Bestrebungen einer internationalen Verständigung über einen regulatorischen Rahmen und eine Kooperation im Bereich der Digitalisierung etwa zu gesellschaftlich umstrittenen Einsatzmöglichkeiten digitaler Lösungen noch am Anfang, wobei der Regelungsbedarf immer stärker in den Fokus der Öffentlichkeit rückt (Kap. 8.1). Internationaler Kooperations- und Regelungsbedarf besteht insbesondere bei der Ausrichtung des digitalen Wandels auf die Erreichung der SDGs. Der WBGU zeigt, wie sich der digitale Wandel derzeit auf das Erreichen der globalen Nachhaltigkeitsziele auswirkt und auswirken kann (Kap. 3.6, 8.2). Ähnlich zum Brundtland-Bericht „Unsere gemeinsame Zukunft" (WCED, 1987), der durch die Integration von Umwelt- und Entwicklungsthemen den Auftakt für ein globales Verständnis nachhaltiger Entwicklung setzte, braucht es heute einen neuen Impuls für ein globales Verständnis über „Unsere gemeinsame digitale Zukunft". In den bestehenden Nachhaltigkeitszielen und dem ihnen zugrundeliegende Verständnis von Nachhaltigkeit bleiben zentrale Herausforderungen, die sich mit dem Einsatz digitaler Technologien in gesellschaftlichen Kernbereichen ergeben, weitgehend unberücksichtigt. Nach Ansicht des WBGU ist für eine nachhaltige Entwicklung im Digitalen Zeitalter neben einer ökologisch orientierten Digitalisierung ein gemeinsames Problemverständnis über den Umgang mit Privatsphäre und eng damit verknüpft die Bewahrung von Entscheidungssouveränität des Menschen, die Gewährleistung digitaler Teilhabe sowie über die Ausgestaltung des Verhältnisses von Menschen zu Maschinen erforderlich (Kap. 8.3). Ausgehend von Analysen und Bewertungen bestehender internationaler Governance und der Identifikation neuer Handlungs- und Kooperationsbedarfe (Kap. 8.1, 8.3) werden in Kapitel 8.4 erste übergeordnete Ansätze und Governance-Instrumente für die Integration von Nachhaltigkeit und Digitalisierung auf globaler Ebene abgeleitet. Die EU kann dabei als potenzielle Vorreiterin eine herausgehobene Rolle für die weltweite Entwicklung digitalisierter Nachhaltigkeitsgesellschaften spielen. Dafür braucht es eine nachhaltigkeitsorientierte Digitalpolitik und eine Nachhaltigkeitspolitik, die die Digitalisierung in den Dienst der Nachhaltigkeit stellt (Kap. 8.1.6, 8.5). Mit dem Entwurf einer Charta für „Unsere gemeinsame digitale Zukunft" (Kap. 8.5) stellt der WBGU ein integriertes Verständnis von Digitalisierung und Nachhaltigkeit zur Diskussion, das Orientierung für die Gestaltung des Digitalen Zeitalters im Sinne der Nachhaltigkeit geben möchte.

8.1 Ansätze zur Governance der Digitalisierung auf globaler Ebene

In den letzten Jahren haben auf globaler Ebene zahlreiche Berichte den Einfluss des Digitalen Zeitalters auf Wirtschaft, gesellschaftliche Entwicklung und die Erreichbarkeit der globalen Entwicklungsziele thematisiert (Kap. 3.6). Gleichzeitig zeigen z.B. die Einberufung des World Summit of the Information Society (2003 und 2005) und seine Folgeprozesse, der Bericht des High-level Panel on Digital Cooperation an den UN-Generalsekretär „The Age of Digital Interdependence" (UN High-level Panel on Digital Cooperation, 2019) oder die Berufung des Sonderberichterstatters für das Recht auf Privatsphäre (2015), dass das Thema Digitalisierung international zunehmend Aufmerksamkeit erhält. Besonders deutliche Bezüge zu Nachhaltigkeitsfragen weist die Resolution „Impact of rapid technological change on the achievement of the Sustainable Development Goals and targets" der UN-Generalversammlung auf (UNGA, 2018a). Diese zunehmende Bedeutung der Digitalisierung und ihre Folgen etwa für Grund- und Menschenrechte auf internationaler Ebene schlägt sich auch in ersten Governance-Ansätzen und institutionellen Antworten auf globaler Ebene nieder (Kap. 8.1.1 bis 8.1.3).

Im Gegensatz zu Diskursen in den 1990er Jahren, als staatliches Handeln noch als Eingriff in die Freiheit des Internets gesehen wurde, wird auch in den Tech-Communities (Kap. 4.2.4) der Ruf nach mehr globaler Kooperation und einer stärkeren Verantwortungsübernahme der Staatengemeinschaft lauter. Zum Beispiel richteten sich 2018 eine Vielzahl von Tech-Akteuren mit einem offenen Brief an die Regierungen der G20-Staaten, mit der Aufforderung, zentrale digitale Handlungsfelder auf globaler Ebene gemeinsam zu bearbeiten (Joint Call to G20 Leaders, 2019).

8.1.1 Privatwirtschaftliche Entwicklung als Ausgangspunkt der globalen Digitalpolitik

Die Entwicklung digitaler Technologien, der Ausbau digitaler und digitalisierter Infrastrukturen sowie die Verbreitung digitaler Anwendungen und Dienste wird heute wesentlich von global agierenden Unternehmen und privaten Organisationen vorangetrieben, finanziert und gestaltet. Die grundlegende Funktionsfähigkeit des Internets wird etwa mit der ICANN durch eine private (Non-Profit-)Organisation gewährleistet (Kasten 4.2.7-1) und notwendige Standardisierungsprozesse für digitale Güter erfolgen vielfach informell und unreguliert (Hofmann, 2017). Digitale Dienste wie Suchmaschinen, Kartendienste oder soziale Netzwerke sind in vielen Ländern zu elementaren Bestandteilen des privaten wie geschäftlichen Alltags geworden. Gemessen an ihrer gesellschaftlichen Bedeutung und Funktion tragen sie zum Teil bereits Züge von Gütern der Grundversorgung, werden zugleich aber zu ganz wesentlichen Teilen rein privatwirtschaftlich betrieben. Nicht zuletzt aufgrund des Wirkens von Netzwerk- und Skaleneffekten nehmen dabei die heute als „Big Five" bezeichneten multinationalen Digitalunternehmen Google/Alphabet, Apple, Facebook, Amazon und Microsoft eine besonders prominente, gestaltende Rolle ein (Kap. 4).

Diese global gestaltende Rolle von Digitalwirtschaft und privaten Organisationen des digitalen Sektors hat einerseits eine hohe Dynamik in der technischen Entwicklung und der Verbreitung digitaler Anwendungen entfacht. Die gesellschaftlichen Herausforderungen dieser bislang eher einseitig privaten Gestaltung der Digitalisierung werden andererseits aber ebenfalls zunehmend deutlich und spiegeln sich etwa auch in den vom WBGU herausgearbeiteten Systemrisiken wider (Kap. 7). Die fehlende Durchsetzungsfähigkeit von Staaten oder der Staatengemeinschaft bei der Verwaltung und Organisation der grundlegenden Infrastrukturen und Dienste, führt etwa zu Problemen bei der Durchsetzung von Standards (Hofmann, 2017).

Mit Suchmaschinen, digitalen Kommunikationsdiensten und sozialen Netzwerken haben private Unternehmen darüber hinaus neue Informationsquellen und Räume für Informationsaustausch und Interaktion geschaffen, deren Nutzung immer stärker auch gesellschaftliche und politische Tragweite entfaltet (Kap. 5.3.2). Anders als bei klassischen Medien wie Rundfunk und Fernsehen hat sich diese Tragweite bislang aber noch nicht ausreichend in entsprechenden Regulierungen und Vorschriften niedergeschlagen, um etwa den Missbrauch dieser Dienste und Plattformen auszuschließen oder die Transparenz von Informationsströmen wie beispielsweise Wahlwerbung ausreichend zu gewährleisten. Ein erhöhtes Schutzniveau für personenbezogene Daten wird nunmehr durch die in der EU geltende DSGVO verankert (Kasten 4.2.6-1). Des Weiteren erlassen Staaten vereinzelt Gesetze, die gegen Manipulation der Onlinekommunikation und Hassinhalte im Netz vorgehen (Kasten 4.2.6-2). Allerdings bestehen nach wie vor Defizite bei der Ausgestaltung und insbesondere der Durchsetzung dieser Rechtsvorschriften (Kasten 4.2.6-1, 4.2.6-2). Eine Rolle spielt bei diesen Herausforderungen auch, dass die von Unternehmen und privaten Organisationen maßgeblich vorangetriebene digitale Vernetzung und Internationalisierung Strukturen geschaffen und ein Ausmaß erreicht haben, die Eingriffsmöglichkeiten von Einzelstaaten oft stark beschränken und durch die Einzelstaaten beim Versuch, gesellschaftliche Interessen zu vertreten, oft überfordert sind (Kap. 4.2.6).

Das Thema nachhaltige Entwicklung ist in Tech-Communities, die Entscheidungen über die Entwicklung von Technologien und Standards von Geräten und Systemlösungen trifft, bisher nur wenig verankert (Kap. 4.2.4). So werden einige wenige Themen adressiert: Die Tech-Communities beschäftigen sich mittlerweile verstärkt mit Fragen des Privatsphärenschutzes (Hofmann, 2017) und Unternehmen engagieren sich beim Netzausbau in Entwicklungsländern sowie der Versorgung mit Internetanschlüssen. Mit dem Free-Basics-Programm aus seinem Projekt internet.org gewährt zum Beispiel Facebook Menschen in Entwicklungsländern kostenlos eingeschränkten Zugang zu ausgewählten Internetdiensten. Diese Zugangseröffnung wirft jedoch auch neue Fragen zur Macht von Konzernen bei der Infrastrukturbereitstellung und damit verbundenen Problemen wie der Wahrung der Privatsphäre der Nutzer*innen oder der Netzneutralität auf (Solon, 2017b).

8.1.2 UN-Konferenzen und -Prozesse

Die erste große internationale Konferenz zum Thema Digitalisierung war der von der Internationalen Fernmeldeunion (International Telecommunication Union – ITU, eine UN-Sonderorganisation) ausgerichtete World Summit on the Information Society (WSIS), der 2003 und 2005 stattfand und das Digitale Zeitalter prominent als Gegenstand internationaler politischer Gestaltung adressierte. Auf den WSIS-Konferenzen wurden die „Geneva Declaration of Principles" mit dem Titel „Building the Information Society: a Global Challenge in the New Millennium", der „Geneva Plan of Action" (WSIS, 2003a, b), die Abschlusserklärungen „Tunis Commitment" und die „Tunis Agenda for the Information Society" verabschiedet (in der u.a. zur Gründung des Internet Governance Forum, aufgerufen wurde: WSIS, 2005a, b). Im *„Geneva Plan of Action"* des WSIS-Forums sind IKT als Instrumente für Umwelt- und Ressourcenschutz verankert. Eines der umstrittensten Themen auf dem WSIS war die Frage, wer künftig das Internet organisiert. Nicht durchsetzen konnte sich der Vorschlag, die Verwaltung von Domain-Namen und IP-Adressen durch die private ICANN unter der Ägide der ITU, die als UN-Organisation unter der Kontrolle der internationalen Staatengemeinschaft steht, zu organisieren (Kleinwächter, 2005; Kasten 4.2.7-1). Stattdessen wurde die Einrichtung des Internet Governance Forum (IGF) der UN beschlossen. Das IGF tagt seit 2006 jährlich und bietet Interessengruppen aus allen Ländern die Möglichkeit, sich an der Debatte über die Internet-Governance zu beteiligen. Das IGF soll keine bestehenden Foren und Organisationen ersetzen oder beaufsichtigen, sondern eine zusätzliche transparente, multilaterale Austauschplattform zwischen allen (privaten, staatlichen und zivilgesellschaftlichen) Stakeholdern darstellen. Schwerpunktthemen des IGF 2018 waren u.a. die Zukunft der Arbeit, Internet und die SDGs, Internetzugänge im öffentlichen Raum und ihre Finanzierung sowie Multi-Stakeholder-Beteiligung zur Entwicklung globaler transnationaler Governance (IGF, 2018a). Themen ökologischer Nachhaltigkeit, insbesondere Green IT, waren unterrepräsentiert.

Neben dem IGF ist als stetiger Folgeprozess zum WSIS das jährlich tagende WSIS-Forum entstanden. Das Forum wird von ITU, UNESCO, UNDP und UNCTAD in Zusammenarbeit mit anderen UN-Organisationen gemeinsam organisiert. Mit dem WSIS-Forum, das auf das Budget und das eingespielte Sekretariat der ITU zurückgreifen kann, ist ein starker Konkurrent zum IGF entstanden (Kleinwächter, 2016). Das WSIS-Forum ist das weltweit größte Treffen von UN-Institutionen zum Thema „ICT for development". Das Forum hat die

Aufgabe, die Umsetzung der auf dem WSIS vereinbarten Maßnahmen (UNGA, 2016a und die Umsetzung der Agenda 2030 aufeinander abzustimmen. Es bietet die Möglichkeit zum Informationsaustausch und zur Schaffung von Wissen, während gleichzeitig neue Trends identifiziert und Partnerschaften unter Berücksichtigung der sich entwickelnden Informations- und Wissensgesellschaften gefördert werden (WSIS Forum, 2018).

Im Jahr 2015 erfolgte auf der UN-Generalversammlung eine Bewertung der Umsetzung der Beschlüsse des WSIS (UNGA, 2016a). Die damals verabschiedete Resolution enthält u.a. ein Bekenntnis der Staaten, das Potenzial von IKT für die Agenda 2030 zu nutzen. Darin heißt es: „[W]e call for close alignment between the World Summit on the Information Society process and the 2030 Agenda for Sustainable Development, highlighting the crosscutting contribution of information and communications technology to the Sustainable Development Goals and poverty eradication" (UNGA, 2016a). Konkrete Maßnahmen wurden nicht vereinbart. Die internationale Staatengemeinschaft ist bislang kaum ein relevanter Akteur zur Fortentwicklung und Standardsetzung von IKT. Globale Nachhaltigkeitsziele werden seit Kurzem berücksichtigt, ohne dass konkrete Ausgestaltungen oder Anwendungsbereiche identifiziert worden sind.

8.1.3 UN-Organisationen, UN-Programme, UN-Sonderberichterstatter und hochrangige Beratergruppen

Im System der Vereinten Nationen befassen sich immer mehr Organisationen und Untereinheiten mit dem digitalen Wandel. Dies belegt zum Beispiel die steigende Zahl an Berichten von UN-Organisationen (Kap. 3.6). Die Schwerpunkte jüngerer Jahresberichte – wie dem World Investment Report 2017 „Investment and the Digital Economy" von UNCTAD oder dem World Development Report der Weltbank 2016 „Digital Dividends" – illustrieren diesen Trend. Daneben sind auch Publikationsreihen entstanden, so etwa der seit 2001 regelmäßig erscheinende UN E-Government Survey, der ab 2005 erscheinende „Information Economy Report" von UNCTAD oder die 2009 aufgelegten Reihen „UNESCO Series on Internet Freedom" und der „Measuring the Information Society Report" der ITU.

Für das Digitale Zeitalter besonders wichtig, ist die Arbeit der ITU, die sich mit technischen Aspekten der globalen Telekommunikation beschäftigt. Neben der ITU ist UNCTAD mit zahlreichen Publikationen zu IKT-Themen wie „digital economy", „e-commerce" oder „information economy" im UN-System vertreten. UNCTAD hat als Organ der UN-Generalversammlung die Aufgabe, den Handel zwischen Ländern unterschiedlichen Entwicklungsstandes zu fördern, und bietet Entwicklungsländern Beratung bei der Gestaltung eigener IKT-Strategien an.

Mit Fragen der Privatsphäre, der ethischen Dimension der Digitalisierung sowie dem Zugang zu Wissen und Bildung durch das Internet sowie der Freiheit der Medien befasst sich die UNESCO, ebenfalls eine UN-Sonderorganisation. So hat sie z.B. zu den Themen „digital literacy", „digital citizenship" oder „digital inclusion" Berichte veröffentlicht.

In den thematisch der globalen Nachhaltigkeitspolitik besonders nahestehenden Programmen UN Environment und UNDP lassen sich bisher nur wenige Bezüge zum Thema Digitalisierung finden. Durch das Programm UN-Habitat soll das das Thema Smart Cities adressiert werden. Allerdings findet die Thematik in der New Urban Agenda ebenso wie in der Agenda 2030 bisher kaum Erwähnung.

Die Berufung von UN-Sonderberichterstattern ist ein weiteres Element, mit dem im UN-System drängende Themen oder neue Problemlagen adressiert werden können. Der 2015 erstmals ernannte UN-Sonderberichterstatter für das Recht auf Privatsphäre (Special Rapporteur on the right to privacy, angesiedelt beim UN-Menschenrechtsrat) wurde für drei Jahre berufen (Kap. 8.3.1) und hat die Aufgabe, jährlich an die UN-Generalversammlung und den Menschenrechtsrat zu berichten (HRC, 2018). Der bereits 1993 berufene UN-Sonderberichterstatter für den Schutz der Meinungsfreiheit (Special Rapporteur on the promotion and protection of the right to freedom of opinion and expression) wies in seinem aktuellen Bericht an die UN-Generalversammlung (2018) darauf hin, dass algorithmische Entscheidungssysteme Menschenrechte verletzen können (UN, 2018a).

Die verstärkte Integration des Themas Digitalisierung im UN-System ist seit 2006 Aufgabe der United Nations Group on the Information Society (UNGIS), die vom zentralen Koordinationsforum der UN (dem Chief Executive Board for Coordination unter Vorsitz des UN-Generalsekretärs) als neuer organisationsübergreifender Mechanismus eingerichtet wurde. Ziel des UNGIS ist es, IKT-bezogene Themen generell in den UN zu stärken, diese in allen relevanten UN-Institutionen zu verankern und so zur Erreichung der in den vier Ergebnisdokumenten dargelegten Ziele des WSIS (Kap. 8.1.2) beizutragen.

Die Berufung des High-level Panel on Digital Cooperation durch UN-Generalsekretär Guterres im Jahr 2018 war eine Reaktion auf die Erkenntnis, dass die internationale Zusammenarbeit nicht ausreicht, um adäquat auf die Reichweite und Geschwindigkeit der Digitalisierung zu reagieren und sie für die Umsetzung der SDGs zu nutzen. Aufgabe der Beratergruppe war es, die Erarbeitung von Vorschlägen zur Verbesserung der internationalen Zusammenarbeit zwischen u.a. Privatwirtschaft, Zivilgesellschaft, internationalen Organisationen, der Wissenschaft und Technologieentwickler*innen. Zudem sollte die Beratergruppe das öffentliche Bewusstsein für die Reichweite und die Herausforderungen des digitalen Wandels und dessen Wirkung auf Wirtschaft und Gesellschaft wecken. 2019 wurde der Bericht „The Age of Digital Interdependence" veröffentlicht (UN High-level Panel on Digital Cooperation, 2019). Darin werden Empfehlungen zum Aufbau einer integrativen digitalen Wirtschaft und Gesellschaft, zur Entwicklung menschlicher und institutioneller Kapazitäten, zum Schutz der Menschenrechte und menschlichen Handelns, zur Förderung von Vertrauen, Sicherheit und Stabilität in der digitalen Welt sowie zur Förderung der globalen digitalen Zusammenarbeit gegeben. Die Erhaltung der natürlichen Lebensgrundlagen und Fragen globaler Nachhaltigkeit spielen dagegen kaum eine Rolle.

8.1.4
Initiativen in Weltbank, G20, WTO und OECD

In der Weltbank ist das Thema Digitalisierung gut sichtbar verankert: Digitale Entwicklung ist ein eigener Themenblock unter 30 Themenbereichen, die u.a. digitale Infrastruktur, digitale Finanzdienstleistungen und digitale Ausweise (e-identity), digitale Innovation und Unternehmertum, digitale Plattformen (z.B. e-commerce) sowie digitale Fähigkeiten (e-literacy) umfassen. Im Weltentwicklungsbericht 2016 hat die Weltbank sich auch zu entsprechenden Governance-Herausforderungen geäußert, und etwa auf die Notwendigkeit des Ausbaus einer globalen Internet-Governance hingewiesen (World Bank, 2016:303). Bezüge zu ökologischer Nachhaltigkeit sind nur schwach ausgeprägt, dies zeigen die Schwerpunktsetzungen der Blogs und Berichte zum Thema Digitalisierung.

Das Thema Digitalisierung ist auch in der G20 angekommen, wenn es bisher auch nur am Rande behandelt wird. 2017 verabschiedeten die in den jeweiligen Regierungen für das Thema Digitalisierung zuständigen Minister*innen eine „Roadmap for Digitalisation", in der Digitalisierung erstmals als Instrumentarium für Nachhaltigkeit genannt wurde (BMWi, 2017b). Als Ziele der G20 werden u.a. genannt, weltweit den Zugang zu IKT zu sichern, dafür Infrastrukturen auszubauen, eine gemeinsame Digitalisierungspolitik und Standards zu entwickeln sowie digitale Technologien zur Umsetzung der Agenda 2030 zu nutzen.

Unter der Ägide der Welthandelsorganisation (WTO), die die wirtschaftliche Zusammenarbeit ihrer 164 Mitgliedstaaten und die Streitschlichtung zwischen diesen Staaten regelt, wurde bereits 1996 das Abkommen zur Liberalisierung des Handels mit Informationstechnologie (Information Technology Agreement – ITA) geschlossen, welches 1997 in Kraft trat und das von mehr als 82 Staaten gezeichnet wurde (WTO, 2019). Die WTO zeichnet aus, dass sie mit einem effektiven Streitschlichtungsmechanismus ausgestattet ist und bei Vertragsbruch Handelssanktionen festlegen kann. Die Zuständigkeit des ITA wurde 2015 auf über 200 weitere Produkte erweitert. Ziel des Vertrags ist es, alle Steuern und Zölle auf die im Vertrag genannten IT-Produkte auf Null zu senken. In der WTO läuft zudem zu elektronischem Handel (e-commerce) seit 1998 ein Arbeitsprogramm. Diese Themen werden zudem im Rat für Warenhandel, im Rat für Dienstleistungsverkehr, im Rat für handelsbezogene Rechte des geistigen Eigentums und im Ausschuss für Handel und Entwicklung diskutiert. Die WTO-Gremien wurden beauftragt, die Bezüge zwischen bestehenden WTO-Abkommen und dem elektronischen Handel zu untersuchen. Seither wurde ein Moratorium auf die Erhebung von Zöllen für elektronische Übermittlungen („Moratorium für den elektronischen Geschäftsverkehr") beschlossen, das bei jeder nachfolgenden WTO-Ministerkonferenz bis heute verlängert wurde (WTO, 2018). 2019 sollen unter dem Dach der WTO plurilaterale Verhandlungen in einer WTO-Untergruppe zum elektronischen Handel beginnen, bei denen nur ein Teil der WTO-Mitglieder verhandelt. Plurilaterale Übereinkommen erlauben Verhandlungen zwischen einer interessierten Gruppe, so dass nicht interessierte Länder Entscheidungen nicht blockieren können. 2015 wurde mit dem ITA bereits ein derartiges plurilaterales Regelwerk geschlossen. Zurzeit umfasst die Verhandlungsgruppe zum elektronischen Handel, die 2017 auf dem WTO-Treffen in Buenos Aires beschlossen wurde, 76 Staaten (darunter die EU, Japan, USA und China). Ziele der Verhandlungen sind u.a. ein ungehinderter Datenaustausch und Cybersicherheit. Große Streitthemen sind der Datenschutz und der Schutz der Privatsphäre, da es hierzu sehr unterschiedliche bis gar keine Regelungen in den einzelnen Ländern gibt (Kap. 8.3.3). Es ist bislang allerdings unklar, wie Regeln für einen ungehinderten Datenaustausch aussehen könnten. Zudem ist auch unklar, welche Folgen dies für Entwicklungsländer hätte; so besteht die Gefahr, dass ein solches plurilaterales Abkommen die digitale Kluft (digital divide) weiter vertiefen könnte. In letzter Zeit wird diskutiert, inwieweit die unterschiedliche Datenpolitik der EU, USA und Chinas die Regulierung grenzüberschreitenden Datenverkehrs erschweren könnte und „another digital divide" entsteht (Aaronson und Leblond, 2018). Insgesamt gelang es seit 2001 nicht, die Verhandlungsrunde der WTO („Doha-Runde") abzuschließen oder aktuelle Themen aufzunehmen (Schmieg, 2019). Seither wurden daher vielfach regionale oder bilaterale Handelsabkommen abgeschlossen. Auch angesichts des derzeit wachsenden Protektionismus und Populismus sowie der in den letzten beiden Dekaden stark veränderten Rolle Chinas im Welthandel hat die G20 im Jahr 2018 den Bedarf einer Reform des internationalen Handelssystems formuliert. Dabei ist die Problempalette seit der Doha-Runde deutlich angewachsen. Neben ungelösten Fragen wie Regeln für Agrar- und Fischereisubventionen sind als neue Themen neben elektronischem Handel auch die Verbindung zwischen Handel und Klimaschutz sowie die Integration der SDGs, einschließlich menschenrechtlicher Fragen wie Arbeitsstandards in Handelsabkommen hinzugekommen (Schmieg, 2019).

Auch in der Organisation für wirtschaftliche Zusammenarbeit und Entwicklung (OECD), einem Zusammenschluss von 34 Ländern mit hohem Pro-Kopf-Einkommen, ist Digitalisierung ein prominentes Thema. Beispielsweise zielt das Going-Digital-Projekt der OECD darauf ab, ein stärkeres und inklusiveres Wachstum durch die „digitale Revolution" zu erreichen. Die 2016 verabschiedete „OECD Ministerial Declaration on the Digital Economy" formuliert das Ziel, ein offenes Internet zu erhalten, die digitale Kluft zu schließen, digitale Fähigkeiten zu fördern und generell mehr zu tun, um das Potenzial der digitalen Wirtschaft zu nutzen (OECD, 2016a). Nachhaltigkeit und die Agenda 2030 sind in dieser Erklärung lediglich in der Präambel erwähnt. Thematisiert werden auf OECD-Ebene im Rahmen des BEPS-Projekts (Base Erosion and Profit Shifting) auch die Herausforderungen für die Besteuerung von Unternehmen der Digitalwirtschaft wie auch sonstiger international tätiger Unternehmen, die sich durch die Verschärfung der Probleme des internationalen Steuerwettbewerbs im Zuge der Digitalisierung ergeben. Über konkrete Lösungen konnte dabei jedoch noch keine Einigkeit erzielt werden (Kasten 4.2.2-2).

8.1.5 Initiativen in öffentlich-privater Partnerschaft

Bestandteil der fragmentierten Diskurs- und Entscheidungsräume sowohl in den UN als auch in der Privatwirtschaft sind zahlreiche Initiativen, häufig in öffentlich-privater Partnerschaft (ÖPP) vorangetrieben, die sich mit der digitalen Zukunft oder spezifischen technologiebasierten Entwicklungen wie dem Internet auseinandersetzen. Beispiele reichen von Konferenzen (z.B. NETmundial, aber auch das oben beschriebene IGF) über Bestrebungen für globale Übereinkommen (z.B. Contract for the Web, Webfoundation.org, 2019) bis hin zu Kommissionen, die auf wissenschaftlicher Basis Handlungsempfehlungen in Bezug auf die Regulierung der Digitalisierung entwickeln (z.B. Global Commission on the Stability of Cyberspace) oder die Datennutzung für nachhaltige Entwicklung (z.B. discoverdatascience.com) vorantreiben.

- Auf der einmaligen Veranstaltung NETmundial in 2014 hat Brasilien mit Partnern darunter Vertreter*innen von Regierungen, Wissenschaft und Forschung, Zivilgesellschaft, den Vereinten Nationen und dem Privatsektor, rund 1.500 Personen zusammengebracht, um gemeinsam Prinzipien für die Nutzung und Weiterentwicklung des Internets zu verabschieden. Die Initiative wurde eingestellt, nachdem sich wichtige Stakeholder, wie die ICANN (Kasten 4.2.7-1), zurückgezogen haben. Große Anerkennung haben die durch NETmundial im konsensbasierten Multi-Stakeholder-Verfahren hervorgebrachten Prinzipien gefunden, die zwar keine Bindung, aber aufgrund der breiten Beteiligung eine gewisse Bedeutung erlangt haben. Danach sollen allen Nutzer*innen auch im Internet Rechte auf Meinungs- und Vereinigungsfreiheit, Privatheit, Barrierefreiheit, Informationsfreiheit und Informationszugangsfreiheit sowie Entwicklung zukommen. Intermediäre wie Plattformbetreiber sollen geschützt sowie kulturelle und sprachliche Diversität gefördert werden, Sicherheit, Stabilität und Resilienz des Internets und eine offene und verteilte Architektur sollen gewahrt bleiben, um eine Umgebung für nachhaltige Innovation und Kreativität herzustellen (NetMundial, 2014).
- Die Vertragsverhandlungen für einen transnationalen „Contract for the Web" wurden unter Federführung der deutschen Bundesregierung, der französischen Regierung, den zivilgesellschaftlichen Organisationen CIPESA, der Web Foundation, The NewNow, change.org und den Unternehmen AnchorFree und Google aufgenommen (Webfoundation.org, 2019). Ausgangspunkt der laufenden Verhandlungen sind einige Grundsätze, die das „offene Web als öffentliches Gut und Grundrecht für jeden Menschen" schützen sollen: Regierungen verpflichten sich, Menschen zu ermöglichen, sich mit dem Internet zu verbinden, das gesamte Internet jederzeit verfügbar zu halten und das Grundrecht der Menschen auf Schutz ihrer Privatsphäre zu respektieren; Unternehmen verpflichten sich, das Internet erschwinglich und zugänglich zu machen, die Privatsphäre und persönliche Daten der Verbraucher*innen zu respektieren und Technologien für das

Gemeinwohl zu entwickeln. Bürger*innen sollen Gestaltende sein und eine starke Gemeinschaft bilden, die den gesellschaftlichen Diskurs fördert und sich für die Menschenwürde im Internet einsetzt (Webfoundation.org, 2019).

- Auf Initiative zweier unabhängiger Think Tanks wurde die Global Commission on the Stability of Cyberspace gegründet, die schützenswerte Funktionen des Internets für die digitale Öffentlichkeit identifiziert (wie den public core of the internet) und Normenvorschläge zur Sicherung der Stabilität des Internets entwickelt hat (GCSC, 2017, 2018a, b, c), die den Aufbau eines rechtlichen Rahmens für das Internet unterstützen sollen. Die Kommission wird durch die Regierungen bzw. Außenministerien der Niederlande, Singapurs, Frankreichs, Estlands sowie durch die Unternehmen Microsoft, die Internet Society, Afilias und GLOBSEC finanziert.
- In den letzten Jahren ist eine Reihe internationaler Initiativen zur Nutzung von Daten für nachhaltige Entwicklung entstanden. UN Global Pulse setzt sich für einen sicheren und verantwortungsvollen Umgang mit Big Data und ihrer Einstufung als öffentliches Gut ein (UN Global Pulse, 2019b). Die Data-Pop Alliance („For a people-centered 4th industrial revolution") ist eine globale Koalition zu Big Data und Entwicklung, um eine menschenzentrierte Big-Data-Revolution durch gemeinsame Forschung, Kapazitätsaufbau und gesellschaftliches Engagement zu fördern (Data-Pop Alliance, 2019). Die Global Partnership for Sustainable Development Data ist eine internationale Initiative, die sich dem Aufbau von Datenangeboten für die Erfüllung der SDG-Verpflichtungen widmet (Global Partnership for Sustainable Development Data, 2016). Schwerpunkte sind die Verbesserung von Datenerhebung, Datenqualität, des Zugangs zu Daten und der Datennutzung. Mit den von IKT-Fachleuten, Praktikern der Entwicklungszusammenarbeit (EZ) und der humanitären Hilfe entwickelten „Principles for Digital Development" liegt auch ein Leitfaden für EZ-Projekte vor (Principles for Digital Development, 2019).
- Den Themen Datenverfügbarkeit, Datensicherheit und Privatheit in der internationalen Zusammenarbeit widmen sich u.a. das Responsible Data Forum (UN Global Pulse, 2019c), die International Data Responsibility Group (data-responsibility.org) und die Data Privacy Advisory Group (UN Global Pulse, 2019a). Die „Open Data Charter" zielt auf Transparenz durch offene Daten und das Recht des Zugangs zu Daten ab (opendatacharter.net). Zivilgesellschaftliche Forschungs- und Entwicklungsinstitute dokumentieren zudem Trends in der praktischen Umsetzung digitaler EZ, so zum Beispiel das Betterplace Lab mit dem Trendradar 2030 (Betterplace Lab, 2017).

8.1.6 Strategien der EU für Nachhaltigkeit und Digitalisierung

Die EU ist weltweit zu einem Symbol für Frieden und Völkerverständigung geworden. Dieser Bedeutung wurde durch die Verleihung des Friedensnobelpreises 2012 Ausdruck verliehen. Die EU ist darüber hinaus auch aufgrund ihrer wirtschaftlichen Stärke von weltweiter Bedeutung. Die europäische Integration ist Beispiel für einen Transformationsprozess, dessen Antrieb sich nicht nur aus wirtschaftlichen Interessen, wie der Errichtung eines gemeinsamen Binnenmarktes, sondern aus einer gemeinsamen Vision eines friedlichen sowie politisch stabilen Europas speist (WBGU, 2011: 112f.). Über ihre Bedeutung als Rechtsgemeinschaft für die Mitgliedstaaten hinaus ist die EU zentrale Partnerin bei internationalen Prozessen und Vereinbarungen.

Die Europäische Kommission nennt in ihrer Strategie „Europe 2020 – A strategy for smart, sustainable and inclusive growth" digitales („smart") und nachhaltiges Wachstum in einem Zug. Nachhaltigkeit fokussiert hier auf Ressourceneffizienz, „green growth" und wirtschaftliche Wettbewerbsfähigkeit (EU-Kommission, 2010b). Systematisch verbunden werden beide Themenfelder jedoch nicht. Seit 2010 hat die EU eine „Digitale Agenda" (EU-Kommission, 2010a). Deren Aktionsbereiche umfassen den digitalen Binnenmarkt, Interoperabilität und Normen, Vertrauen und Sicherheit, schnellen und ultraschnellen Internetzugang, Forschung und Innovation, die Verbesserung der digitalen Kompetenzen, Qualifikation und Integration sowie die Nutzung IKT-gestützter Vorteile für die Gesellschaft der EU. Schon 2010 hat die EU den Wert der Digitalisierung für die Erreichung gesamtgesellschaftlicher Ziele gesehen, wie z.B. die Bekämpfung des Klimawandels und würdiges Altern. Bei den konkreten Indikatoren zu den Zielen der „Digitalen Agenda" handelt es sich jedoch bei nur einem von 13 Indikatoren um ein ökologisches Ziel. Herausgehobene Stellung für die Arbeit der Europäischen Kommission nimmt die Bearbeitung des Themas digitaler Binnenmarkt ein. Ein Kernstück der EU-Digitalpolitik ist die „Strategie für einen digitalen Binnenmarkt für Europa" (EU-Kommission, 2015b). Die Strategie beruht auf drei Pfeilern: (1) dem zu verbessernden Onlinezugang für Verbraucher*innen und Unternehmen zu Waren und Dienstleistungen in ganz Europa, (2) dem Setzen der richtigen Bedingungen für florierende digitale Netze und Dienste und (3) dem bestmöglichen Ausschöpfen der Wachstumspotenziale der europäischen digitalen Wirtschaft. Der digitale Binnenmarkt ist auch eine der zehn Kommissionsprioritäten der Legislaturperiode von 2014 bis 2019. Im Rahmen des digitalen Binnenmarkts sollte Nachhaltigkeit fundamentaler verankert werden (RNE, 2018).

Einen ähnlichen Schwerpunkt zeigt auch die strategische Vision der Europäischen Kommission zu KI (JRC, 2018). Sie ist primär auf internationale Wettbewerbsstärke ausgerichtet. Nachhaltigkeit wird demgegenüber sowohl im Hinblick auf die SDGs als auch anhand von konkreten Themenfeldern, wie z.B. dem Energieverbrauch adressiert. Es fehlen aber eine übergeordnete Rahmung, Leitbilder und Prinzipien. Andere Akzente setzt z.B. die französische KI-Strategie (Villani, 2018), die ausdrücklich eine europäische Perspektive einnimmt und als parlamentarische „Mission" des Premierministers von September 2017 bis März 2018 ausgearbeitet wurde. Dort wird der Nutzung von KI für ökologische Zwecke ein eigenes Kapitel gewidmet und in einen breiten ökonomischen Paradigmenwechsel zu Nachhaltigkeit eingebettet.

Die konsequente Umsetzung und Umsetzbarkeit wertebasierter KI-Entwicklung innerhalb der EU ist jedoch offen. Die – eigentlich in Abgrenzung zur Handhabung in den USA und China intendierte – konsequent ethische Anwendung von KI wird teilweise in Politik und Wirtschaft auch als mögliches Hemmnis internationaler Wettbewerbsfähigkeit kritisiert. Die EU verfolgt hier noch keinen stringenten Weg zwischen dem internationalen Wettlauf nach den Maßstäben US-amerikanischer oder chinesischer Digitalisierungsmodelle und einem eigenen Modell. Dabei könnte ein konsequenter wertebasierter Ansatz für KI, gestützt auf ethische Prinzipien und Menschenrechte entscheidend für die verantwortungsvolle und technologieoffene Weiterentwicklung von KI sein (Dignum, 2019). Ansätze zu ethischer KI-Entwicklung, z.B. unter dem Titel „AI4People" (Floridi et al., 2018), sowie ethische Richtlinien werden bereits entwickelt und diskutiert (Kasten 3.2.5-1).

Derzeit ist auch die EU-Nachhaltigkeitspolitik in Bewegung: Im Jahr 2019 soll die Umsetzungsstrategie für die Agenda 2030 und ein neues Umweltaktionsprogramm vorgelegt werden, 2020 wird die EU eine langfristige Strategie für ihren Beitrag zum Klimawandel gemäß dem Pariser Übereinkommen beim UN-Klimasekretariat vorlegen. Nach der Veröffentlichung einer langfristigen Vision für die Dekarbonisierung der europäischen Wirtschaft (als Vorbereitung für den europäischen Beitrag zum Pariser Übereinkommen) unter dem Titel „Ein sauberer Planet für alle" (EU-Kommission, 2018c) hat die Kommission im Januar 2019 in Vorbereitung zur Umsetzungsstrategie der Agenda 2030 ein Reflexionspapier „Auf dem Weg zu einem nachhaltigen Europa" publiziert (EU-Kommission, 2019f). In den Dokumenten wird auch thematisiert, dass Digitalisierung ein Trend ist, der Lebensgewohnheiten verändert (z.B. Abnahme von Geschäftsreisen durch Videotelefonie) und neue Werkzeuge bereitstellt. Die weitere Automatisierung und intelligente Steuerung werden als Wege gesehen, über Effizienzsteigerungen die Wettbewerbsfähigkeit mit einer gleichzeitigen Minderung der Treibhausgasemissionen in der Industrie zu verbessern (EU-Kommission, 2018c: 15). Im Reflexionspapier erkennt die Europäische Kommission neben Bildung, Wissenschaft, Technologie, Forschung und Innovation Digitalisierung als horizontalen Faktor der Nachhaltigkeitswende an (EU-Kommission, 2019f). In diesem Papier ist bereits angelegt, dass die EU eine weltweite Führungsrolle bei der Formulierung der neuen ethischen Grundsätze für KI übernehmen und die Vorteile des digitalen Wandels zur Verwirklichung der SDGs nutzen sollte. Dabei soll der Fokus auf nachhaltige, innovative Landwirtschaft und Lebensmittelsysteme, saubere Technologie, die Gesundheit von Mensch und Tier, Ökosystemleistungen und ressourceneffiziente Produkte und Produktionsmethoden gelegt werden. Bei der anstehenden und noch nicht erfolgten Verabschiedung einer EU-Nachhaltigkeitsstrategie zur Umsetzung der Agenda 2030 bedarf es einer intensiven Verknüpfung und Integration der Digitalisierung in dem Sinne, dass die Digitalisierung in den Dienst der Nachhaltigkeit gestellt werden sollte. Ferner sollte Nachhaltigkeit mit einer ebenfalls neu zu entwickelnden und an die Digitale Agenda 2010 anschließenden EU-Digitalagenda verzahnt und als Ziel einer Digitalagenda verankert werden.

8.1.7 Folgerungen

Digitaler Wandel und seine Implikationen für eine nachhaltige Entwicklung ist ein zunehmend an Aufmerksamkeit gewinnender Themenbereich in der internationalen Zusammenarbeit. Dies belegen die zahlreichen Initiativen und Prozesse zum Thema Digitalisierung, die insbesondere in der ITU, UNCTAD, Weltbank, WTO, OECD oder auch in Anfängen in der G20 in den letzten Jahren entstanden sind. Dabei wird Digitalisierung überwiegend als wirtschaftspolitisches Thema eingeordnet, das Wirtschaftswachstum verspricht. Diese Herangehensweise lässt sich auch in der Digitalpolitik der EU beobachten. Die UNESCO engagiert sich im Gegensatz dazu vor allem zu Wissen und Bildung durch das Internet sowie Freiheit der Medien. Mit Themen wie „digital literacy", „digital citizenship" oder „digital inclusion" besetzt sie wichtige Teilbereiche nachhaltiger Entwicklung. Es fehlt bislang an übergreifenden Konzepten, Leitideen und konkreten Prinzipien und Initiativen zur Verknüpfung von Digitalisierung und Nachhaltigkeit. Es bietet sich an, dass die SDGs in den bereits bestehenden UN-Institutionen zum Thema „Digitalisierung" (WSIS-Forum, ITU, IGF), aufgegriffen werden. Umweltthemen, die etwa von den SDGs 13, 14 und 15 adressiert werden, entfalten noch keine Wirkung. Die besonders für Nachhaltigkeitsthemen zuständigen Programme UN Environment und UNDP greifen umgekehrt das Thema Digitalisierung bisher nur randständig auf. Allerdings sind in den letzten Jahren eine Reihe von Initiativen zu Daten und nachhaltiger Entwicklung sowie zu Datensicherheit und Privatheit in der internationalen Zusammenarbeit entstanden.

Es gibt zwar Bestrebungen, das Thema Digitalisierung und Nachhaltigkeit im UN-System zu stärken und systemweit kohärent zu verankern, aber eine robuste und gut sichtbare Platzierung, etwa im Rahmen eines Mechanismus für Digitalisierung und Nachhaltigkeit fehlt. Auch gibt es keine systematische Aufbereitung des wissenschaftlichen Sachstands zu diesem mit vielen Unsicherheiten verbundenen Thema im UN-System. Schließlich fehlt auch ein übergeordneter Orientierungs- oder Handlungsrahmen für nachhaltige Digitalisierung im Sinne einer gemeinsamen Erklärung der Staatengemeinschaft, einer Agenda oder eines gemeinsamen Kodex. Die Zielsetzungen und Leitplanken nachhaltiger Entwicklung direkt und wirksam in den gesellschaftlichen bzw. politischen Rahmenbedingungen wirtschaftlichen Handelns zu verankern, war und ist daher ein elementares Feld von Global Governance für die nachhaltige Gestaltung des Digitalen Zeitalters.

Demgegenüber stehen zunehmend global agierende Unternehmen, die die digitale Entwicklung und konkrete Anwendungen digitaler Technologien in Gesellschaft und Wirtschaft maßgeblich vorantreiben und gestalten. Auch diese Akteure globaler Gestaltung berücksichtigen die Ziele nachhaltiger Entwicklung meist nur am Rande. Insbesondere besteht derzeit aber ein gewisses Missverhältnis zwischen dem Einfluss von Unternehmen und den Möglichkeiten und Strukturen diese zu regulieren. Die EU hat im Rahmen verschiedener politischer Prozesse und Strategien zaghaft begonnen, Digitalisierung und Nachhaltigkeit miteinander zu verknüpfen. Inwieweit sich diese Absichtserklärungen in Programmen und Strategien (Umweltaktionsprogramm, Nachhaltigkeitsstrategie) sowie konkreten Umsetzungsmaßnahmen in einzelnen Politikbereichen (z. B. Mobilität) widerspiegeln werden, ist derzeit noch offen.

8.2 Potenziale und Risiken der Digitalisierung für globale Nachhaltigkeitsziele

Digitale Lösungen können eine wichtige Rolle bei der Erreichung global vereinbarter Nachhaltigkeitsziele spielen, allerdings bieten sie sowohl neue Möglichkeiten als auch neue Risiken. Beispielhaft werden im Folgenden die 2015 vereinbarten SDGs (Kasten 2.1-1) sowie die Ziele des Pariser Klimaübereinkommens und der Biodiversitätskonvention betrachtet.

8.2.1 Digitalisierung und die Sustainable Development Goals

Die SDGs lösten als globales Zielsystem im Jahr 2015 die Millennium Development Goals ab. Sie bieten einen universellen Rahmen, an dem sich die internationale und nationale Politik in der nächsten Dekade ausrichten sollte (UNGA, 2015; Kasten 2.1-1). Das Zieljahr zur Erreichung der SDGs ist 2030. Viele der SDGs zielen auf den Zugang zu Basisdienstleistungen und -versorgung für alle Menschen weltweit ab, zum Beispiel „Keine Armut" (SDG 1), „Kein Hunger" (SDG 2), „Gesundheit und Wohlergehen" (SDG 3), „Hochwertige Bildung" (SDG 4), „Sauberes Wasser und Sanitäranlagen" (SDG 6) oder „Bezahlbare und Saubere Energie" (SDG 7). Andere SDGs beziehen sich auf die Erhaltung natürlicher Lebensgrundlagen, etwa „Maßnahmen zum Klimaschutz" (SDG 13) sowie auf Schutz und nachhaltige Nutzung von „Leben unter Wasser" (SDG 14) und „Leben an Land" (SDG 15).

Zwar wurden in den letzten Dekaden durch die EZ und nationale Entwicklungsmaßnahmen Fortschritte erzielt, jedoch ist eine Beschleunigung und Skalierung bestehender positiver Entwicklungstrends nötig, um bis 2030 allen Menschen grundlegende Versorgungsleistungen verfügbar zu machen (UN, 2018b). Zudem sind bei den umweltbezogenen SDGs kaum Fortschritte zu verzeichnen, was Rückwirkungen auf die erreichten Entwicklungsfortschritte hat. So ist beispielsweise nach vielen Jahren der Verbesserung die Anzahl unterernährter Menschen von 777 Mio. (2015) auf 815 Mio. (2016) gestiegen; unter anderem werden Konflikte, Dürren und klimawandelbedingte Katastrophen als Ursachen dieser Trendumkehr gesehen (UN, 2018b).

Eine umfassende und belastbare Analyse, inwieweit die Digitalisierung zur zeitgerechten Erreichung der SDGs beitragen kann, liegt derzeit nicht vor. Die Global e-Sustainability Initiative (GeSI), die Unternehmen und Organisationen mit IKT-Bezug vertritt, hat eine

Tabelle 8.2.1-1

Einschätzung des WBGU zu ausgewählten Potenzialen und Risiken der Digitalisierung für die Erreichung der SDGs, sowie eine qualitative Einschätzung des derzeitigen Stands: Werden digitale Lösungen eher im Sinne der Nachhaltigkeit genutzt oder scheint der Trend eher in eine nicht nachhaltige Entwicklung zu gehen? Die Darstellung ist als erste Experteneinschätzung angelegt und soll einen Überblick über exemplarische Ansatzpunkte bieten. Sie illustriert bereits deutlich die Ambivalenz des Einflusses des digitalen Wandels auf die Nachhaltigkeitsziele, und zeigt damit die hohe Gestaltungsnotwendigkeit auf. Die Zahlen in Klammern beziehen sich auf die in der Agenda 2030 festgelegten Unterziele der SDGs (UNGA, 2015).
Quelle: WBGU

Ausgewählte Potenziale	Ausgewählte Risiken	Qualitative Einschätzung
SDG 1 Keine Armut		
› Integration Ärmster in Weltwirtschaft (global ortsunabhängig über das Internet, sofern der Zugang vorhanden ist). › Überwindung mangelnder institutioneller Rahmenbedingungen (Mikrofinanzdienstleistungen; Identitätsnachweis durch Blockchain; Ersatzteile durch 3D-Druck). › Neue Planungs- und Koordinationsmöglichkeiten durch Monitoring, Datenauswertung und Informationszugang (in Landwirtschaft, medizinischer Versorgung, humanitärer Hilfe usw.) › Virtuelle Realitäten visualisieren die Situation in Krisen- bzw. Armutsgebieten und erhöhen so die Spenden- und Handlungsbereitschaft in der Weltgemeinschaft.	› Durch fehlenden Zugang zu Infrastruktur und Institutionen (Internet, Elektrizität, Bildung) verstärkt sich die digitale Kluft zwischen und innerhalb von Gesellschaften, so dass bestimmte Gruppen (z. B. die Armen) weiter marginalisiert werden (1.1, 1.2). › Die Bereitstellung dieses Zugangs könnte problematische infrastrukturelle Abhängigkeiten schaffen, insbesondere wenn sie rein gewinnorientiert durch privatwirtschaftliche Unternehmen erfolgt (1.4). › Substitution von Arbeit durch Automatisierung und Backsourcing von Unternehmen beschränken Beschäftigungsmöglichkeiten und somit das Potenzial für Armutsbekämpfung (1.1, 1.2).	› Digitale Technologien erfahren zunehmende Aufmerksamkeit in der Armutsbekämpfung und Entwicklungszusammenarbeit. › Schwerpunkt liegt derzeit noch auf Pilotprojekten. Das Mainstreaming digitaler Technik in Armutsbekämpfung und Entwicklungszusammenarbeit steht noch am Anfang. › Inwieweit das Potenzial für die Armutsbekämpfung ausgeschöpft werden wird, ist derzeit noch nicht abzusehen.
SDG 2 Kein Hunger		
› Präzisionslandwirtschaft kann Quantität und Qualität erzeugter Produkte erhöhen (2.1, 2.3, 2.4). › Durch Sharing-Konzepte über Smartphone-Apps (z. B. Agri-Share) können auch Kleinbauern Maschinen und Services (2.3) nutzen. › Drohnen für das Boden-, Dünger- und Pflanzenschutz-Monitoring und auch Pflanzenschutzanwendung (2.4). › Erfassung von Größe und Gewicht mittels 3D-Scan, um Fehlernährung bei Kindern zu erkennen (z. B. App Child Growth Monitor 2.2). › Nutzung von Smartphones eröffnet Frauen neue Möglichkeiten der Vermarktung und Einkommensgenerierung (2.3).	› Die Potenziale lassen sich nur bei Zugang zu Infrastruktur und Institutionen realisieren. › Kleinbauern, insbesondere in Entwicklungsländern, könnten marginalisiert werden. › Neue Abhängigkeiten von multinationalen Unternehmen, die digitale Technologien bzw. verbesserten Input zur Verfügung stellen.	› Die Bekämpfung des Hungers und die Ernährungssicherung lassen sich über eine nachhaltige Landwirtschaft fördern. › Präzisionslandwirtschaft wird eher von großflächiger Landwirtschaft umgesetzt, nicht von Kleinbauern. › Prototypen von Applikationen (z. B. Child Growth Monitor App und AgriShare App) befinden sich in der Pilotphase. › Open-Source-Lösungen werden vereinzelt verfügbar gemacht. › Weitere Machtkonzentrationen von Agrarkonzernen gefährden die Kontrolle der Bauern und Landwirte über Agrardaten.
SDG 3 Gesundheit und Wohlergehen		
› eHealth (inklusive Mobile Health, Telemedizin, Health Information System) ermöglicht bzw. erleichtert Diagnose, Therapie, Erfahrungsaustausch, Schulung von Personal, Krankheitsmeldung, Kosteneinsparungen für Transport und Gesundheitseinrichtungen, ergänzende, dezentrale Beratung (3.8). › Big-Data-Analysen z. B. zu medizinischen Zusammenhängen, globalen Krankheitsentwicklungen, Voraussage von Epidemien (3.3). › Blockchain-Technologien zur Rückverfolgbarkeit von Medikamenten und Vermeidung von Medikamentenfälschungen (3.8). › Schutz vor Schadstoffen (3.9), z. B. durch digitale Luft- oder Wassersensoren (3.3). › Neue Möglichkeiten durch medizinischen 3D-Druck (Prothesen, Orthesen, Organe), auch in Entwicklungsländern. › Prävention (z. B. HIV-Aufklärung via Internet und Apps).	› Kosten für IKT, Schulungen bzw. Beratungen sowie die notwendige Stromversorgung können in Entwicklungsländern problematisch sein. › Schwierige Umsetzung der Blockchain-Technologie wegen mangelhafter Infrastruktur, hoher Komplexität, hohem Energiebedarf und fehlender „Infostruktur" (= Rollen, Richtlinien und Verfahren zur Informationsübertragung). › Gefahr des Verlusts der Datenkontrolle, des Datenmissbrauchs und von Hackerangriffen. › Internet und Computerspiele können zur „Gaming Disorder" führen, einer von der WHO anerkannten Krankheit (3.5). › Laut WMO 3–4faches Unfallrisiko, wenn Mobiltelefone (auch mit Freisprecheinrichtung) beim Fahren verwendet werden (3.6). › Gesundheitliche strahlungsbedingte Folgen langfristiger Nutzung (>15 Jahren) von Mobiltelefonen laut WHO noch nicht geklärt. › Problematische emotionale und soziale Folgen mangelnder Kontrollmöglichkeiten digitaler Technik möglich.	› Nachfrage nach Telemedizin ist eher konstant geblieben, wenig gestiegen. › Erste eHealth Pilotprojekte gestartet, aber noch keine flächendeckende Anwendung › Trend zur Selbstvermessung zeigt Interesse an eigener Gesundheit, allerdings wird ein Suchtpotenzial vermutet. › Internet ist Hauptinformationsquelle über Gesundheit, aber es fehlt an einer Kontrolle der Informationsqualität. › Zugang zur Telemedizin schafft Arbeitsmöglichkeiten für Medizinerinnen (z. B. verbindet DoctHERs in Pakistan als digitale Plattform qualifizierte Medizinerinnen mit Patient*innen, die sich keinen Zugang zum Gesundheitssektor leisten können; changemakers.com).

Ausgewählte Potenziale	Ausgewählte Risiken	Qualitative Einschätzung
SDG 4 **Hochwertige Bildung**		
› Teilhabe an Bildung durch finanzielle und räumliche Unabhängigkeit der Nutzung, z.B. digitale Weiter- und Ausbildungsangebote für Lehrpersonen und Lernende (4.1, 4.2, 4.3, 4.4, 4.6). › Aktiver Einbezug und Mitgestaltung von Bildung bzw. Partizipation. Inklusive Entwicklung neuer Technik und Schaffung effektiver, sicherer, gendersensitiver, gewaltfreier (digitaler) Lernumwelten, besonders für benachteiligte Gruppen (z.B. Geflüchtete oder Migrant*innen (4.5, 4.6, 4.a). › Zukunftsbildung bzw. -fähigkeit: Verschneidung Transformationsbildung bzw. BNE und Bildung für Digitalisierung (4.7). (Fokus auf Kooperation, Innovation und Kreativität, Identität, kulturelle Diversität, Frieden).	Bildung muss Risiken für Teilhabe und Eigenart kompensieren wie etwa: › Verschärfung bereits bestehender Ungleichheiten (digital divide) und Diskriminierungen durch die Digitalisierung von Bildungsangeboten (4.5, 4.6, 4.a und auch 4.1, 4.2, 4.3, 4.4, 4.6; 5). › Umgang mit Ungewissheiten (individuell und zivilgesellschaftlich), etwa über den Wahrheitsgehalt digitaler Informationen oder technologische Entwicklungen und deren künftiger Auswirkungen (z.B. Arbeitswelt) (4.7). › Neue Anforderungen an den rechtlichen Schutz der Privatsphäre (Privatheitsverletzung) bzw. fehlende Kompetenz von Nutzer*innen im Umgang mit digitaler Technik.	› Viele Akteure unterstützen das Ziel, bessere Teilhabe an Bildung durch digitale Technik zu ermöglichen und Bildungsangebote (weiter) zu entwickeln (4.1, 4.2, 4.4, 4.6). › Bisher bestehen große Ungleichheiten, z.B. fehlen den meisten Erwachsenen in Schwellen- und Entwicklungsländern basale Digitalkompetenzen; in Industrieländern wurden große Geschlechterungleichheiten festgestellt. › Potenzial der Verschneidung von Bildung für Digitalisierung und Bildung für Nachhaltigkeit z.B. für Zukunftsfähigkeit oder Kooperation ist bisher ungenutzt (4.7).
SDG 5 **Geschlechtergleichheit**		
› Emanzipatorisches Potenzial digitaler Technologien etwa durch erhöhten Zugang zu Informationen und Bildung sowie Vernetzungsmöglichkeiten (5.b, c). › Verbesserte Messbarkeit und Sichtbarmachen von Geschlechterungleichheiten und Diskriminierung (z.B. in kollektiven digital unterstützten Entscheidungsprozessen) (5.1). › Sensibilisierung für Gleichstellung und Geschlechtervielfalt durch digitale Experimentierräume sowie flexible und diverse digitale Identitäten (10.2). › Nutzung von Smartphones eröffnet Frauen neue Möglichkeiten der Vermarktung und Einkommensgenerierung.	› Diskriminierung gegen Frauen und Genderminderheiten durch weiterhin bestehende genderspezifische Zugangsbarrieren zu digitalen Lösungen insbesondere in Entwicklungsländern. › Reproduktion bestehender Geschlechterungleichheit und Genderstereotypen bei der Entwicklung und Nutzung digitaler Lösungen (5.1). › Eingeschränkte Mitwirkung von Frauen und Genderminderheiten an Gestaltungs- und Entscheidungsprozessen innerhalb des Tech-Sektors (5.5). › Neue Formen geschlechterspezifischer Diskriminierung und Gewalt, wie beispielsweise digitale Gewalt, die nicht als solche (an-)erkannt werden (5.2).	› Geschlechtergerechtigkeit ist trotz wachsender politischer Aufmerksamkeit in keinem Land der Welt erreicht. Technologische Lösungen können nur wenig dazu beitragen, dieses grundlegend strukturelle Problem zu lösen. › Bestehende Genderungleichheiten und Stereotypen werden in soziotechnischen Systemen wie dem Internet reproduziert, was zu neuer Benachteiligung führen kann. › Potenziale, die digitale Technik im Sinne der Gleichstellung zu nutzen, werden derzeit unzureichend ausgeschöpft, insbesondere in Bezug auf verbesserte Analysemöglichkeiten, den emanzipatorischen Einsatz digitaler Lösungen und der Sensibilisierung in digitalen Experimentierräumen.
SDG 6 **Sauberes Wasser und Sanitäreinrichtungen**		
› Verbessertes, gegebenenfalls kostengünstigeres und effizienteres Management von Wasserver- und -entsorgungssystemen. › Verbesserung des Kundenservice und damit erleichterter Zugang zu Wasserver- und -entsorgung für alle Bevölkerungsgruppen. › Verbesserte Bewässerungssysteme. › Besseres saisonales Wassermanagement durch frühzeitiges Erkennen von Dürren oder Starkniederschlagsrisiken. › Verbesserte Regenwasserernte. › Besseres Qualitätsmanagement von Trinkwasser.	› Digitalisierung kann ohne gutes analoges und gemeinwohlorientiertes Management nicht wirken. › Fragilität und Wartungsdefizite der Leitungssysteme. › Anfälligkeit digital gesteuerter Wassersysteme für Cyberangriffe. › Konzentration des Einsatzes digitaler Technologien zur Wasserver- und -entsorgung auf privilegierte Stadtbewohner, Vernachlässigung informeller Stadtquartiere.	› Der Wassersektor ist ein zentraler Förderbereich der Entwicklungszusammenarbeit. › Digitale Technologien erhöhen Effizienz und Effektivität von Projekten im Wasserbereich (z.B. Überwachungs- und Managementsysteme; Reduzierung von Wasserverlusten).
SDG 7 **Bezahlbare und saubere Energie**		
› Digitale Technologien können genutzt werden, um den Zugang zu stabiler Elektrizität in netzfernen Regionen zu ermöglichen (z.B. mit Mini Grids auf Basis erneuerbarer Energien) (7.1). › Sie erlauben einen hohen Anteil fluktuierender erneuerbarer Energien im Stromnetz. Zudem können mit Hilfe digitaler Technik weitere Sektoren elektrifiziert und damit ebenfalls auf Erneuerbare umgestellt werden (7.2). › Durch Monitoring, Optimierung und Steuerung können Effizienzpotenziale erschlossen werden (7.3). › Digitalisierung kann zu Durchbrüchen bei Schlüsseltechnologien wie etwa Batteriespeichern beitragen, z.B. durch Materialforschung oder Batteriemanagement.	› Potenziell kann es in allen Sektoren zu einer steigenden Energienachfrage durch ubiquitäre digitale Anwendungen kommen, die auch mögliche Effizienzgewinne überkompensiert („Rebound"). › Zudem steigt die direkte Energienachfrage durch die digitalen Infrastrukturen selbst an. › Die digitale Vernetzung der Energiesysteme und anderer Sektoren führt zu einer erhöhten Gefährdung kritischer Energieinfrastrukturen gegenüber Angriffen sowie von Nutzerdaten gegenüber Missbrauch. › Neue geopolitische Abhängigkeiten von Regionen mit kritischen Ressourcen für den Aufbau und Erhalt der digitalen Infrastrukturen können entstehen.	› Digitale Technologien werden im Energiesektor schon lange genutzt und erleichtern die Nutzung erneuerbarer Energien, dennoch steigt deren Anteil im globalen Energiesystem nur sehr moderat. › Neue Geschäftsmodelle ermöglichen Zugang zu Elektrizität für Armutsgruppen in Entwicklungsländern, z.B. Nutzung mobiler Bezahlsysteme für solare Off-Grid-Elektrizitätssysteme. › Für die knapp 1 Mrd. Menschen, die noch keinen Zugang zu Elektrizität haben, konnte auch die Digitalisierung bisher keinen Beitrag leisten. › Die Energienachfrage im IKT-Sektor nimmt ungebrochen zu.

Ausgewählte Potenziale	Ausgewählte Risiken	Qualitative Einschätzung
SDG 8 Menschenwürdige Arbeit und Wirtschaftswachstum		
› Neue Fertigungstechnologien, Virtualisierung, Monitoring und Informationsbereitstellung eröffnen Potenziale für steigende Effizienz im Umgang mit natürlichen Ressourcen und damit zur Entkopplung von Ressourcenverbrauch und Produktion und Konsum (8.4). › Digitale Technologien können weiteres (Produktivitäts-)Wachstum anstoßen (8.1, 8.2). Höhere Produktivität und Automatisierung können der Verbreitung menschenwürdiger Arbeitsumfelder dienen sowie Räume für neue Leitbilder nachhaltiger Arbeit schaffen (8.1, 8.2, 8.3, 8.5, 8.7). › Es können sich neue Zugänge zu (Arbeits-)Märkten sowie zu Gütern und Dienstleistungen (Banken, Bildung) ergeben. So erweitern sich Möglichkeiten wirtschaftlicher Teilhabe, insbesondere auch in Entwicklungs- und Schwellenländern (8.1, 8.3, 8.6, 8.10). › Ein genaueres Monitoring von Arbeitsmärkten und insbesondere der Einhaltung sozialer Mindeststandards wird möglich (8.8).	› Rascher arbeitssubstituierender technischer Fortschritt droht Wirtschafts- von Beschäftigungswachstum zu entkoppeln und so soziale Kohäsion und politische Stabilität zu gefährden (8.3, 8.5, 8.6). › Neben Beschäftigungsverlusten droht steigende Ungleichheit bzw. digitale Spaltung (1) zwischen Entwicklungs- und Schwellenländern sowie Industrieländern, (2) zwischen Regionen, (3) zwischen Menschen mit unterschiedlichen Qualifikationen, (4) zwischen Arbeitseinkommen und sonstigen Einkommensformen (8.5). › Arbeitsplattformen und neue (quasi-selbstständige) Arbeitsformen können Standards im Arbeitsschutz unterlaufen und neue Gefahren der Ausbeutung und Kontrolle von Arbeitnehmern schaffen (8.3, 8.8). › Durch Ressourcenbedarf digitaler Technologien und Rebound-Effekte droht ein steigender Ressourcenverbrauch und eine nur relative Entkopplung von Wachstum und Ressourcenverbrauch (8.4).	› Die neu entstehenden Zugänge und Beschäftigungsmöglichkeiten, gerade auch in Entwicklungs- und Schwellenländern, stehen vielfach heute noch hinter den gesellschaftlichen Herausforderungen durch Automatisierung und neue Arbeitsformen zurück. › Es fehlt an konsistenten gesellschaftlichen Zielvorstellungen und Leitbildern zur zukünftig möglichen Arbeitswelt und nachhaltigen Wirtschaft sowie an Strategien, den gesellschaftlichen Wandel sozialverträglich zu gestalten. › Eine absolute Entkoppelung von Wachstum und Ressourcenverbrauch ist unter den derzeitigen (politischen) Rahmenbedingungen nicht zu erwarten.
SDG 9 Industrie, Innovation und Infrastruktur		
Industrie › Entstehung neuer Jobs, einschließlich neuer Tätigkeitsfelder (9.2). › Gesteigerte ökonomische Teilhabe für Individuen durch verbesserten Zugang zu Finanzdienstleistungen und für Entwicklungsländer als Ganzes durch besseren Marktzugang (9.3). › Dematerialisierung und Ressourceneffizienz durch Industrie 4.0 (9.4). **Innovation** › Digitale Innovationen für gesellschaftliche und ökologische Herausforderungen (9.5). › Steigende Beschäftigungszahlen im IKT-bezogenen F&E-Bereich (9.5). **Infrastruktur** › Verbesserung der Resilienz gegenüber Klimaveränderungen durch breiteren Informationszugang mittels IKT (9.1). › Ressourcenschonende IT-Infrastrukturen (Green IT) (9.4). › Intelligente Digitaltechnologien (z.B. IoT) als Treiber für nachhaltige Smart Cities (9.4).	**Industrie** › Beschäftigungs- und Kaufkraftverluste durch Automatisierung (9.2). › Rückverlagerung der Industrieproduktion in Industrieländer (Backshoring) mit negativen wirtschaftlichen Effekten für Entwicklungsländer (9.2, 9.3). › Rebound-Effekte resultierend aus Effizienzsteigerungen durch Industrie 4.0 (9.2). **Innovation** › Fehlende Breitband- und Informationsversorgung gefährdet Wachstum und Innovation (9.C). **Infrastruktur** › Privatisierung von Infrastrukturen entgegen der Nutzerinteressen (9.1). › Gesteigerter Ressourcen- und Stromverbrauch durch digitale Technologien (9.4).	**Industrie** › Großes Potenzial zur Steigerung der Produktivität von Entwicklungsländern, das sich allerdings durch andere entwicklungspolitische Probleme noch nicht entfaltet. **Innovation** › Digitalisierung befördert die Entstehung von Innovationen, die zu einem wachsenden Teil digital basiert sind. IKT tragen zum Abbau von Innovationsbarrieren bei, erleichtern das Entstehen neuer Geschäftsmodelle und ermöglichen einen schnellen Technologie- und Ideentransfer. › Technologiebasiertes Leapfrogging in Entwicklungsländern wird bislang aber durch bestehende entwicklungspolitische Probleme gebremst (z.B. politische Instabilität, fehlende Infrastruktur, Mangel an Bildung). › Positives Bild mit Blick auf F&E hinsichtlich steigender F&E-Ausgaben und -Beschäftigungszahlen im IKT-Bereich. **Infrastruktur** › Große Potenziale hinsichtlich der Errichtung nachhaltiger Infrastrukturen durch Smart Cities. Smart-Cities-Entwicklung steht aber noch in den Anfängen. Auch stehen Smart-City-Konzepte in Entwicklungs- und Schwellenländern heute z.T. den Zielen einer nachhaltigen Entwicklung entgegen.
SDG 10 Weniger Ungleichheiten		
› Leapfrogging: Aufholen von Entwicklungsrückständen durch Technologiesprünge (10.1). › Neue Formen der Beschäftigung (z.B. über Plattformen) und steigende räumliche und zeitliche Flexibilität durch mobiles Internet und mobile Endgeräte (10.2). › Erleichterter Zugang von Informationen über Beschäftigung durch neue Websites und schnelleren Informationsaustausch (10.2). › Zugang aller zu digitaler Infrastruktur stärkt Bildung und Gesundheit (10.3). › Offenlegung bestehender Ungleichheiten durch zunehmende Transparenz (10.3).	› Verschärfte digitale Kluft. › Bestehende Geschlechterungleichheit verschärft sich und behindert Entwicklung. › Automatisierung gefährdet Arbeitsplätze mit niedrigem bis mittlerem Qualifikationsniveau. › Backshoring: Verlagerung von Beschäftigung von Entwicklungsländern in Industrieländer verschärft die Ungleichheit in Entwicklungsländern. › Termin - und Leistungsdruck steigen in einem digitalisierten Arbeitsumfeld.	› Open-Access-Daten werden zunehmend angeboten, insbesondere für kleine oder marginalisierte Gruppen und Gruppen mit besonderen Bedarfen. › Akteure innerhalb von Wertschöpfungsketten treffen informierte Entscheidungen.

Ausgewählte Potenziale	Ausgewählte Risiken	Qualitative Einschätzung
SDG 11 **Nachhaltige Städte und Gemeinden**		
› Energie- und Ressourceneinsparung, Minderung von Treibhausgasausstoß und Luftverschmutzung (11.6). › Effizientere Energieerzeugung und Versorgung mit Strom und Trinkwasser. › Erleichterter Zugang zu Basisversorgung für informelle Siedlungen bzw. arme Stadtquartiere, z. B. Mobilität als Dienstleistung (11.2). › Verbesserte kommunale Verwaltung, inklusive partizipative Stadtplanung und Management (11.3). › Erleichterte Selbstorganisation der Stadtbewohner durch kommunale Plattformen und Kommunikationsmöglichkeiten (11.3). › Verbesserte urbane Kreislaufwirtschaft (11.6, 12.5).	› Technologieeinsatz geht am Bedarf großer Bevölkerungsteile vorbei. › Teilhabe- bzw. Nutzungsmöglichkeit oft auf städtische digitale Elite beschränkt. › Abhängigkeit der Kommunen von proprietärer Software oder einzelnen Technologieanbietern. › Totalüberwachung und Verlust von Privatsphäre versus Sicherheit im öffentlichen Raum (11.7). › Vulnerabilität urbaner Infrastrukturen (z. B. Wasserwerke, Stromversorgung) gegenüber Cyberangriffen. › Onlineeinkauf schafft Herausforderungen für die Neugestaltung von Innenstädten. › Netto-Auswirkungen auf Wohnkosten unklar (11.1).	› Kritik an Smart-City-Umsetzung v. a. mit Blick auf unzureichende Teilhabe und Gemeinwohlorientierung, insbesondere in Entwicklungs- und Schwellenländern. › Kaum ganzheitliche Smart-City-Ansätze, meist (isolierte) Pilotprojekte in einzelnen Handlungsfeldern (z. B. Energie, Mobilität. Abfallmanagement, E-Government). › Masterplanned Smart Cities können nachhaltig sein, wenn Teilhabe, Ressourcenschutz und Eigenart Grundlage der Gestaltung sind.
SDG 12 **Nachhaltiger Konsum und Produktion**		
› Gesteigertes Weltumweltbewusstsein durch mehr Informationen über Nachhaltigkeit von Produkten sowie Produktions- und Konsumweisen (12.8, 12.A). › Umfassendes Monitoring von Umweltwirkungen durch „intelligente" Produkte, Sensorik und Big Data sowie Umsetzung in ökonomische Anreize für nachhaltiges Unternehmenshandeln und Wettbewerbsvorteile (12.6 und 12.7). › Effizientere Ressourcennutzung durch vollständigere Informationssysteme, plattformbasierte Geschäftsmodelle und (virtuelle) Unternehmensnetzwerke; Dematerialisierung durch Virtualisierung bzw. die Ergänzung von Produktion durch Dienstleistung (Servitization), z. B. Sharing (12.2, 12.6). › Verbessertes Produktions- und Lieferkettenmanagement reduziert z. B. Lebensmittelverluste (12.3). › Schließen von Kreisläufen durch digital unterstützte Kreislaufwirtschaft auch jenseits des Abfallmanagements (12.5). › Potenziale von 3D-Druck für Ersatzteilherstellung. › Öffentliche Beschaffung als Vorreiter bei Green IT (12.7).	› Verstärkte Nachfrage nach kritischen Rohstoffen (12.4), Elektrizität und natürlichen Ressourcen (12.2). › Zunahme von Elektroschrott und entsprechender Umweltverschmutzung (12.4). › Reduktion von Möglichkeiten suffizienten Verhaltens durch größere technische Abhängigkeit und kürzere Produktlebenszyklen technischer Geräte, Verdrängung von Low-Tech-Lösungen (12.5). › Steigende Komplexität von Produkten reduzieren Reparierbarkeit (12.5). › Kurzlebige Software und steigende Rechenkapazitäten steigern Produktobsoleszenz (12.5). › Möglicher Konsumanstieg durch vollständigere Vermarktung und mehr Güterverfügbarkeit z. B. durch Online-Shopping (12). › Gleichsetzung digitaler Produkte mit nachhaltigen Produkten durch „smart" Label verwässert Zielorientierung (Greenwashing).	› Ein digitial unterstützter Wandel zum „Nutzen statt Besitzen" ist noch nicht ausreichend durch Maßnahmen zur Begrenzung von Reboundeffekten (z. B. Nutzungsintensivierungen) begleitet. › Die Digitalisierung vieler Produktgruppen führt zu einem höheren Ressourcen- und Energiebedarf. › Zusätzliche IKT-Funktionen werden derzeit nicht mit dem Ziel der Ressourcen- und Energiereduktion entwickelt und auch nicht im Hinblick darauf überprüft. › Die fehlende Ausrichtung von Digitalisierungsinitiativen (z. B. Industrie 4.0) auf Netto-Ressourcen- und Energieeinsparungen führt dazu, dass die Nachhaltigkeitspotenziale nicht ausgeschöpft werden.
SDG 13 **Maßnahmen zum Klimaschutz**		
› Digitale Anwendungen haben das Potenzial, in vielen Sektoren zu Emissionsminderungen beizutragen (z. B. Energie, Landwirtschaft, Industrie, Gebäude, Transport), aber ebenso, die Emissionen zu steigern. › Vernetzte Frühwarnsysteme können die Resilienz gegenüber Naturkatastrophen erhöhen, Verbesserungen bei Klimarisikomanagement und Wettervorhersagen ermöglichen Anpassung (13.1). › Digitale Anwendungen spielen eine zentrale Rolle bei der Ableitung und Bereitstellung von Informationen über zukünftige Klimaveränderungen und ihrer Auswirkungen als Basis für Entscheidungen zu Klimaschutz und -anpassung (climate services) (13.3).	› Digitale Technologien können es einfacher machen, fossile Energieträger zu gewinnen und zu nutzen. › Neue General-Purpose-Technologien können zu einer Steigerung ökonomischer Aktivitäten führen, die sich negativ auf Emissionen und den Klimaschutz auswirken. › Steigende Abhängigkeit von IKT kann die Resilienz von Infrastrukturen gegenüber klimabedingten Katastrophen und Extremereignissen verringern (13.1).	› Digitale Anwendungen können fehlende politische Ambition, fehlende Regulierung und fehlende Institutionen nicht ersetzen. Um SDG13 zu erreichen muss es daher v. a. darum gehen, diese Lücken zu schließen, damit die Digitalisierung einen positiven Beitrag zu Klimaschutz und -anpassung leisten kann (13.2). › IKT ist derzeit ein Treiber energiebedingter CO_2-Emissionen. › Erdbeobachtung und Modellierung stellen bereits heute wertvolle Informationen für Anpassung, Frühwarnsysteme und Katastrophenvorsorge zur Verfügung und bilden die Grundlage unseres detaillierten Verständnisses des Klimasystems.

SDG 14 Leben unter Wasser

Ausgewählte Potenziale	Ausgewählte Risiken	Qualitative Einschätzung
› Digitale Technologien bieten perspektivisch Möglichkeiten für Kreislaufwirtschaft und gegen Meeresmüll (14.1). › Digitale Technologien können Kontrolle, Überwachung und Durchsetzung für Ökosystemschutz sowie gegen Überfischung, illegale und zerstörerische Fischerei verbessern helfen (14.2, 14.4). › Wissenschaft, Forschung und Technologieentwicklung sowie die Weitergabe ihrer Ergebnisse profitieren von digitalen Möglichkeiten und Vernetzung (14.a). › Verbesserter Zugang zu digitalen Informationssystemen könnte helfen, den Marktzugang für Kleinfischer zu verbessern (14.b).	› Durch Anwendung digital unterstützter Technik entgeht kaum ein Fischschwarm mehr der Detektion (14.4). › Digitalisierung wirkt derzeit als Beschleuniger wirtschaftlicher Prozesse, die auf fossiler Energie (auch Öl bzw. Gasförderung offshore) und Ressourcenextraktion beruhen. Damit werden Meeresverschmutzung (z.B. Plastik) und Versauerung angetrieben (14.1, 14.3). › Digitale Technik steigert die Nachfrage nach seltenen Metallen, was den Anreiz für Tiefseebergbau erhöht.	› Die Risiken der durch Digitalisierung getriebenen wirtschaftlichen Entwicklung und die dadurch überlastete Produktions- und Senkenfunktion der Meere überwiegen derzeit die positiven Potenziale.

SDG 15 Leben an Land

Ausgewählte Potenziale	Ausgewählte Risiken	Qualitative Einschätzung
› Präzisionslandwirtschaft (Apps, Sensoren usw.) kann Umweltschutz, Ressourceneffizienz und Produktivität steigern (15.1). › Digital untertütztes Monitoring von Ökosystemen und Bodenzustand (inklusive Wäldern und Wildbeständen) stärken den Schutz von Landökosystemen und Biodiversität (15.1, 15.2). › Kleinbauern profitieren durch die Mobiltelefone von Beratung für Verbesserungen in der Produktionsplanung und dem Management wetterbedingter Risiken. Auch andere landwirtschaftliche Risiken, z.B. Schädlinge, Pflanzenkrankheiten oder Bodenerosion lassen sich mittels Mobiltelefon und digitaler Fotos erkennen, Beratung vermitteln und so abschwächen bzw. verhindern (15.4). › Sicherung der Landrechte von Kleinbauern z.B. über Blockchain-Technologien als Möglichkeit, großflächige Landnahmen zu verhindern.	› Beschränkter Zugang zu digitalen Technologien und Informationen in Entwicklungsländern. › Neue Abhängigkeiten von multinationalen Unternehmen, die digitale Technologien bzw. verbesserten Input zur Verfügung stellen. › Marginalisierung von armen Kleinbauern u.a. durch „land grabbing“.	› Beratungen über Mobiltelefon zu neuen Agrarpraktiken und besserem Management. › Umweltschutz, Ressourceneffizienz und Produktivität werden in Industrieländern mittels Präzisionslandwirtschaft gesteigert; in Entwicklungsländern werden nur einzelne Elemente (z.B. Apps, SMS) verwendet. › Präzisionslandwirtschaft steht noch nicht im Dienst der kleinbäuerlichen Landwirte. › Drohnen und Satelliten werden bereits zum Monitoring von Waldflächen und Ökosystemen verwendet (Vermeidung von Entwaldung, von Biodiversitätsverlust und Wilderei). › Die Entwicklung und Implementierung von Blockchain-Technologien steht noch am Anfang.

SDG 16 Frieden, Gerechtigkeit und starke Institutionen

Ausgewählte Potenziale	Ausgewählte Risiken	Qualitative Einschätzung
Frieden › Durch besseres Monitoring und Datenanalyse lassen sich illegale Finanzflüsse und illegaler Waffenhandel besser aufspüren (16.4, 16.5). › Globale Vernetzung und evtl. Virtual Reality bergen die Chance für mehr Empathie weltweit (16.1). **Kriminalitätsbekämpfung/Gerechtigkeit** › Straftaten können durch Monitoring bzw. Tracking aufgedeckt werden (16.4). **Starke Institutionen (16.5, 16.6, 16.7, 16.10)** › Open Government Data kann die Transparenz und Überprüfbarkeit behördlicher Entscheidungen durch Bürger*innen und Zivilgesellschaft fördern. › Digitale Datenerfassung und -verarbeitung können zu mehr Politikkohärenz und guter Regierungsführung beitragen. › Digitales Monitoring der Zielerreichung kann zu einer erhöhten Rechenschaft von Institutionen führen. › Digitale Technik schafft neue Optionen für Bürgerbeteiligung und zivilgesellschaftliche Kontrolle. › Effizienzsteigerungen führen zur Kostensenkung für öffentliche Dienstleistungen.	**Frieden** › Robotik und KI werden zur Entwicklung autonomer Waffensysteme eingesetzt. › Cyberattacken (Sabotage bzw. Spionage durch Angriff auf wichtige digitale Systeme) könnten militärisch eingesetzt werden (Cyberkrieg) – besonders problematisch mit Blick auf kritische Infrastrukturen (s.u.). **Kriminalitätsbekämpfung/Gerechtigkeit** › Überwachungsstaat durch Monitoring bzw. Tracking (16.4). **Starke Institutionen (16.5, 16.6, 16.7, 16.10)** › Staaten setzen digitale Technik gezielt für Totalüberwachung privater und öffentlicher Institutionen ein (Eingriffe in Menschenrechte, Unabhängigkeit staatlicher Institutionen) sowie für staatliche und private Verhaltenssteuerung privater und öffentlicher Institutionen (z.B. Social Credit Scores in China). › Auf Seiten der Behörden droht die Abhängigkeit öffentlicher Institutionen von digitalen Werkzeugen und Infrastrukturen und dadurch erhöhte Krisenanfälligkeit (insbesondere Cybersecurity). › Möglichkeiten zur Manipulation oder Beeinflussung demokratischer Legitimationsverfahren (z.B. Wahlen) steigen. Eine Vertrauenskrise der Bürger*innen gegenüber staatlichen Institutionen könnte die Folge sein, auch in Staaten, deren Institutionen heute als stabil gelten.	**Frieden** › Bewaffnete, ferngesteuerte Militärroboter (Drohnen) werden bereits eingesetzt, zu unterschiedlichen Graden automatisiert. › Cyberkrieg im engeren Sinne eines kriegerischen Einsatzes von IKT ist bisher nicht zu beobachten, es fehlt dabei der unmittelbare Gewaltaspekt (16.1). **Kriminalitätsbekämpfung/Gerechtigkeit** › Kriminalitätsbekämpfung geht in positive und negative Richtung. **Starke Institutionen** › Staaten nutzen E-Government sowohl für bessere Regierungsführung als auch für umfassende staatliche Überwachung und Steuerung. › Fehlender Zugang zu IKT behindert die Potenziale für Bürgerbeteiligung und Bürgerdienste. › Information und Kommunikation allein bedingen keinen Wandel, solange Machtasymmetrien weiter bestehen. › Die Komplexität der Bereitstellung vertrauenswürdiger, sicherer, inklusiver, transparenter öffentlicher Dienste nimmt zu.

Ausgewählte Potenziale	Ausgewählte Risiken	Qualitative Einschätzung
SDG 17 **Partnerschaften zur Erreichung der Ziele**		
› Wissens- und Technologietransfers zur Unterstützung der Umsetzung der SDGs (17.6–8, 17.16), z. B. Breitband- und Informationszugang, globaler Austausch und Zugang mit minimalen Grenzkosten durch IKT und digitalisierte Schriftbestände; Technologietransfer umfasst dabei zunehmend auch Software, deren Weitergabe kaum physischen Beschränkungen unterliegt. › Ausbau von Kapazitäten für Datenauswertung und Monitoring (17.16, 17.18–19) sowie für die konkrete Ausarbeitung nationaler Umsetzungspläne (17.9). › Einsatz digitaler Lösungen für Entwicklungsfinanzierung (17.1–3), Schuldenabbau (17.4) und offenen, regelgeleiteten Welthandel (17.10–12).	› Mögliche disruptive Wirkung einzelner oder kumulierter Digitalisierungsfolgen für Welthandel (17.10-12), gesamtwirtschaftliche Stabilität (17.13) und daraus abgeleitet die systemischen Fragen generell (17.13-19). › Kooperationen zum Technologietransfer, zur Erhebung von Datensätzen und Statistiken, oder zur Verbreitung von IKT-Nutzung können zu (neuen) Abhängigkeitsverhältnissen und Privatheitskonflikten führen. Auch geht es nicht um reine „technological fixes", z. B. ist der Technologietransfer angewiesen auf stimmige Rahmenbedingungen und den Aufbau von Know-how zur sinnvollen Nutzung der Technologien.	Politischer Kooperationswille, die Bereitstellung finanzieller Ressourcen sowie die Etablierung institutioneller Rahmenbedingungen zur Umsetzung der SDGs ist im Wesentlichen eine Aufgabe ohne unmittelbaren Digitalisierungsbezug. Aktuell sind positive Trends der Nutzung von Digitalisierung für SDG 17 in manchen Bereichen sichtbar, aber insgesamt marginal. Die Nutzung von IKT, Datenauswertung und Monitoring nimmt zwar wie in vielen Lebensbereichen allgemein zu, die UN-Fortschrittsberichte (2018) zeigen aber im Detail ein nüchternes Bild, z. B.: › 2016 hatten nur 6 % in EL Festnetzbreitbandanschluss, 24 % in IL. › In 2015 flossen außerdem nur 0,3 % aller ODA-Leistungen in den Aufbau statistischer Kapazitäten zur Umsetzung und Monitoring der Entwicklungsagenden. › In 2017 implementierten 102 Länder nationale Statistikpläne, mit 31 Ländern der Sub-Sahara-Region als größte Gruppe. Daneben sind die beschriebenen Risiken – im nationalen wie globalen Raum – noch unzureichend antizipiert.

Hintergrundliteratur

- Acemoglu, D. und Restrepo, P. (2018b): The race between man and machine: implications of technology for growth, factor shares, and employment. American Economic Review 108 (6), 1488–1542.
- Aghion, P., Jones, B. F. und Jones, C. I. (2017): Artificial Intelligence and Economic Growth. National Bureau of Economic Research Working Paper No. 23928. Cambridge, MA: National Bureau of Economic Research (NBER).
- Baldé, C. P., Forti, V., Gray, V., Kuehr, R. und Stegmann, P. (2017): The Global E-waste Monitor. Bonn, Genf, Wien: UNU, ITU und ISWA.
- Berg, A., Buffie, E. F. und-Felipe Zanna, L. (2018a): Should we fear the robot revolution? (The correct answer is yes). Journal of Monetary Economics 97, 117–148.
- Birkel, C. (2014): Der Deutsche Viktimisierungssurvey 2012. Wiesbaden: BKA und MPI für ausländisches und internationales Strafrecht.
- Die Drogenbeauftragte der Bundesregierung (2018): Drogen- und Suchtbericht 2018. Berlin: Die Drogenbeauftragte.
- Earth Institute (2016): Key Research Insights: ICT and the SDGs. New York: Earth Institute at Columbia University.
- EMF – Ellen MacArthur Foundation (2016): Intelligent Assets: Unlocking the Circular Economy Potential. Cowes, Isle of Wight: EMF.
- Gigerenzer, G., Schlegel-Matthies, K. und Wagner, G. G. (2016): Digitale Welt und Gesundheit: eHealth und mHealth – Chancen und Risiken der Digitalisierung im Gesundheitsbereich. Berlin: Sachverständigenrat für Verbraucherfragen.
- GeSI – Global e-Sustainability Initiative (2018): Enabling the Global Goals: Evidence of Digital Solutions' Impact on Achieving the Sustainable Development Goals (SDGs). Brüssel: Gesi.
- Hilty, L. M. (2012): Why energy efficiency is not sufficient – some remarks on „Green by IT". In: Arndt, H. K. (Hrsg.): EnviroInfo 2012. 26th International Conference Informatics for Environmental Protection. Herzogenrath: Shaker, 13–20.
- Huyer, S. (2015): Is the gender gap narrowing in science and engineering? In: UNESCO – United Nations Educational Scientific and Cultural Organization (Hrsg.): UNESCO Science Report. Paris: UNESCO Publishing, 84–103.
- IEA – International Energy Agency (2017a): Digitalization & Energy. Paris: IEA.
- IFPRI – International Food Policy Research Institute (2018): Global Food Policy Report 2018. Washington, DC: IFPRI.
- IGF – Internet Governance Forum (2017): Best Practice Forum Gender & Access 2016: Overcoming Barriers to Enable Women's Meaningful Internet Access. Genf: IGF.
- ILO – International Labour Organization (2019): Work for a Brighter Future – Global Commission on the Future of Work. Genf: ILO.
- IPCC – Intergovernmental Panel on Climate Change (2018): Global warming of 1.5 °C. An IPCC Special Report on the Impacts of Global Warming of 1.5 °C Above Pre-Industrial Levels and related Global Greenhouse Gas Emission Pathways, in the Context of Strengthening the Global Response to the Threat of Climate Change, Sustainable Development, and Efforts to Eradicate Poverty. Full Report. Genf: IPCC.
- ITU – International Telecommunication Union (2017b): Fast Forward Progress: Leveraging Tech to Achieve the Global Goals. Genf: ITU.
- Kempf, U. und Wrede, B. (2017): Gender-Effekte. Wie Frauen die Technik von morgen gestalten. IZG Forschungsreihe Band 19. Bielefeld: Interdisziplinäres Zentrum für Geschlechterforschung (IZG) der Universität Bielefeld.
- Kriegler, E., Messner, D., Nakicenovic, N., Riahi, K., Rockström, J., Sachs, J., van der Leeuw, S. und van Vuuren, D. (2018): Transformations to Achieve the Sustainable Development Goals. Laxenburg: The World in 2050 Initiative.
- Krishnan, A. (2016): Killer Robots: Legality and Ethicality of Autonomous Weapons. London: Routledge.
- Markowetz, A. (2015): Digitaler Burnout: Warum unsere permanente Smartphone-Nutzung gefährlich ist. München: Droemer.
- OECD – Organisation for Economic Co-operation and Development (2017a): Going Digital: The Future of Work for Women. Policy Brief. Paris: OECD.
- OECD – Organisation for Economic Co-operation and Development (2017d): OECD Digital Economy Outlook 2017. Paris: OECD.
- OECD – Organisation for Economic Co-operation and Development (2018c): The Future of Education and Skills. Education 2030. Paris: OECD.
- Santarius, T. (2017): Digitalization, Efficiency and the Rebound Effect. Internet: https://www.degrowth.info/de/2017/02/digitalization-efficiency-and-the-rebound-effect/. Leipzig: Degrowth-Webportal.
- Scherf, T. (2017): Megatrend Digitalisierung: Ein zentraler „Game-Changer" für Entwicklungsländer. KfW Entwicklungspolitik Kompakt 7.
- UN – United Nations (2016b und 2018d): E-Government Survey. New York: UN.
- UN – United Nations (2018c): The Sustainable Development Goals Report 2018. New York: UN.
- UNESCO – United Nations Educational, Scientific and Cultural Organization (2017c): Accountability in Education: Meeting our Commitments. Global Education Monitoring Report. New York: UNESCO.
- Valeriano, B. und Maness, R. (2015): Cyber War versus Cyber Realities. Cyber Conflict in the International System. New York: Oxford University Press.

- VDI ZRE – VDI Zentrum Ressourceneffizienz (2017): Ressourceneffizienz durch Industrie 4.0. Potenziale für KMU des verarbeitenden Gewerbes. Internet: https://www.ressource-deutschland.de/themen/industrie-40/studie-industrie-40/?L=0. Berlin: VDI ZRE.
- WBGU – Wissenschaftlicher Beirat der Bundesregierung Globale Umweltveränderungen (2013): Welt im Wandel: Menschheitserbe Meer. Berlin: WBGU.
- WEF – World Economic Forum (2018c): The Global Competitiveness Report 2018. Genf: WEF.
- WHO – World Health Organization (2013): What are the Health Risks Associated with Mobile Phones and Their Base Stations? Genf. WHO.
- WHO – World Health Organization (2017): Global Diffusion of eHealth. Making Universal Health Coverage Achievable. Report of the Third Global Survey on eHealth. Genf: WHO.
- World Bank (2011): ICT in Agriculture: Connecting Smallholders to Knowledge, Networks, and Institutions. Washington, DC: World Bank.
- World Bank (2016): World Development Report 2016: Digital Dividends. Washington, DC: World Bank.
- World Bank (2017c): World Development Report 2017: Governance and the Law. Washington, DC: World Bank.
- World Bank (2019c): World Development Report 2019: The Changing Nature of Work. Washington, DC: World Bank.

erste Studie vorgelegt, die basierend auf beobachteten Korrelationen den Zugang zu IKT einerseits und Fortschritte in Bezug auf die SDG-Erreichung andererseits über Länder hinweg miteinander in Verbindung bringt (GeSi, 2018). In dieser Studie wird für 11 der 17 SDGs eine positive Korrelation konstatiert. Bei den umweltbezogenen SDGs 13, 14 und 15, sowie dem SDG 10 („Weniger Ungleichheiten") und 17 („Partnerschaften zur Erreichung der Ziele") wurde keine Korrelation festgestellt, das SDG 12 („Nachhaltiger Konsum und Produktion") korreliert negativ mit dem Zugang zu IKT. Inwieweit die jeweiligen (positiven und negativen) Korrelationen auch mit kausalen Zusammenhängen verbunden sind, oder ob andere wichtige Drittvariablen (z.B. GDP, Qualität der Regierungsführung) für die gefundenen Korrelationen verantwortlich sind bleibt in dieser Analyse jedoch offen.

Eine weitere Analyse wurde im Rahmen des WSIS-Forum erstellt und widmet sich der Frage, wie die Ziele der WSIS („action lines") genutzt werden können, um die Erreichung der SDGs zu befördern (WSIS, 2015). Die Studie listet zahlreiche Anknüpfungspunkte, Projekte und Erfolgsgeschichten, die positive Potenziale der IKT für die Erreichung einzelner SDGs verdeutlichen. Sie weist aber angesichts der weltweiten Entwicklungsunterschiede gleichermaßen darauf hin, dass es eine große Herausforderung ist, allen Menschen und Ländern die Möglichkeit zu verschaffen, von den IKT-Potenzialen zu profitieren.

Eine Metastudie hat gezeigt, dass es zahlreiche Einzelstudien zum Zusammenhang zwischen IKT und den SDGs gibt, die aber ganz überwiegend auf technische Aspekte fokussieren und keinen holistischen Blick auf gesamtgesellschaftliche Zusammenhänge und das Gemeinwohl haben (Wu et al., 2018).

Aus Sicht des WBGU ist es notwendig, eine solche holistische Sichtweise einzunehmen: Der Zusammenhang zwischen der Nutzung digitaler Technologien und den SDGs darf nicht auf technologische Potenziale begrenzt bleiben, sondern muss auch übergreifende Potenziale und Risiken thematisieren (Kap. 9.1). Dies erfordert eine inter- und transdisziplinäre Analyse, die über entsprechende Forschungsprogramme gefördert werden sollte (Kap. 10). Vor dem Hintergrund seiner Analysen, insbesondere der Schauplätze (Kap. 5) und von Literaturanalysen gibt der WBGU in Tabelle 8.2.1-1 eine tentative Einschätzung zu ausgewählten Potenzialen und Risiken der Digitalisierung für die Erreichung der SDGs sowie eine qualitative Einschätzung des derzeitigen Stands: Werden digitale Lösungen eher im Sinne der Nachhaltigkeit genutzt oder scheint der Trend eher in eine nicht nachhaltige Entwicklung zu gehen? Die Zusammenstellung ist als vorläufige Einschätzung angelegt und soll einen exemplarischen Überblick bieten. Sie erhebt insoweit keinen Anspruch auf Vollständigkeit und geht nicht in Details. Sie illustriert jedoch deutlich die Chancen als auch die Ambivalenzen über den Einfluss des digitalen Wandels auf die SDGs und veranschaulicht damit die hohe Gestaltungsnotwendigkeit. Sie macht zudem deutlich: Digitale Technologien bieten für einzelne Ziele zwar unmittelbare Potenziale, die großen Stellschrauben zur Zielerreichung liegen jedoch im institutionellen Rahmen für systemische Konzepte und im Setzen von Anreizen. Dieses setzt oft strukturelle Änderungen voraus. Der digitale Wandel lässt zudem mittelfristig grundlegende gesellschaftliche Umstrukturierungen erwarten (Kap. 7); dabei ist aber unklar, welche dieser Änderungen bereits im Laufe des SDG-Zeitraums virulent werden. Für den Zeitraum nach 2030 stellt sich weiterhin die Frage, ob und wie der Zielkanon bei einer möglichen Fortschreibung der SDGs sinnvoll erweitert werden sollte, um den neuen Entwicklungen gerecht zu werden (Kap. 9.3.1.1; Tab. 8.2.1-1).

8.2.2 Klimapolitik im Digitalen Zeitalter

Das 2015 verabschiedete Übereinkommen von Paris wurde als Meilenstein der Klimapolitik gefeiert und verfolgt drei verbindliche Ziele. Erstens geht es um Klimaschutz: Die anthropogene Erwärmung soll deutlich unterhalb von 2 °C über dem vorindustriellen Niveau gehalten werden und es sollen Anstrengungen unternommen werden, sie auf 1,5 °C zu begrenzen. Zweitens geht es um Anpassung: Die Fähigkeit zur Anpassung an die schädlichen Auswirkungen des Klimawandels sowie

Resilienz und eine klimaverträgliche Entwicklung sollen gestärkt und eine Gefährdung der Nahrungsmittelproduktion soll verhindert werden. Drittens sollen die Finanzflüsse mit den Zielen zu Klimaschutz und Anpassung in Einklang gebracht werden. Der zeitliche Horizont des Übereinkommens von Paris geht weit über den der Agenda 2030 hinaus. So wird z.B. explizit vereinbart, in der zweiten Hälfte dieses Jahrhunderts ein Gleichgewicht zwischen Treibhausgasquellen und -senken zu erreichen (UNFCCC, 2015).

Welchen Beitrag die Digitalisierung für den Klimaschutz leisten oder ob sie ihn unterminieren wird, ist zum jetzigen Zeitpunkt offen. Digitale Technologien können genutzt werden, um die globale Energiewende in Richtung Nachhaltigkeit technisch umzusetzen (IEA, 2017a) oder um die Exploration fossiler Energieträger voranzutreiben (Mittal et al., 2017). Sie können durch smarte Anwendungen in Gebäuden und Industrie, beim Transport und in der Landwirtschaft effizienten Klimaschutz ermöglichen, aber gleichermaßen durch die Ankurbelung wirtschaftlicher Aktivität zu weiteren Emissionssteigerungen führen (de Coninck et al., 2018:369). Während die internationale Gemeinschaft mit dem Übereinkommen von Paris sich auf Ziele geeinigt hat, mit denen die gravierendsten Auswirkungen des Klimawandels verhindern werden könnten (IPCC, 2018), sind diesem Bekenntnis bisher keine angemessenen Klimaschutzzusagen der Staaten gefolgt (UNEP, 2018). Viele G20-Staaten haben zudem noch keine ausreichenden Politiken eingeführt, um ihre bis 2030 angekündigten – ohnehin schon schwachen – Ziele überhaupt erreichen zu können (UNEP, 2018).

Das große Potenzial der neuen digitalen Technologien fällt also in ein politisches, regulatives und institutionelles Umfeld, das ihre Nutzung bislang nicht produktiv und zielgerichtet zu steuern vermag. Es ist daher von allerhöchster Dringlichkeit, weltweit die entsprechenden Rahmenbedingungen zu schaffen, um die Digitalisierung in den Dienst des Klimaschutzes zu stellen. Es stellt sich zudem die Frage, wie eine globale Innovationspolitik zu gestalten ist, die Entwicklung und Einführung technologischer Lösungen für bisher ungelöste Herausforderungen der Dekarbonisierung forciert. Dies betrifft etwa die Luftfahrt, den (Langstecken-)Transport und die Schifffahrt (Davis et al., 2018).

Für die Anpassung an den Klimawandel und den Umgang mit Verlusten und Schäden ergeben sich durch die Digitalisierung neue Möglichkeiten. In dem Maße, in dem durch Monitoring und Modellierung das Ausmaß der menschlich verursachten Veränderungen und Zerstörungen besser dokumentiert und verstanden werden können, steigt auch die Fähigkeit, Voraussagen über die genauen Auswirkungen zu treffen. Dies verbessert die Möglichkeiten, Anpassungsmaßnahmen zu treffen, Klimarisiken zu reduzieren und Schäden durch Katastrophen schneller zu erfassen (de Coninck et al., 2018). Bei der Nutzung und Bereitstellung dieser Informationen und Wissenszuwächse weltweit, auch im Rahmen der durch die UN etablierten bzw. noch zu etablierenden Gremien, kommt der internationalen Gemeinschaft eine hohe Bedeutung zu.

Was die Ausrichtung der Finanzflüsse betrifft, sind umfangreiche digitale Möglichkeiten der Unterstützung denkbar. Wie auch bei den anderen Themen wird es dabei aber darauf ankommen, wieviel Kontrolle und Transparenz die Staaten zulassen.

Die 2018 in Katowice vereinbarten Umsetzungsregeln zum Pariser Übereinkommen betreffen u.a. die Transparenz über Klimaschutzmaßnahmen der Staaten sowie einheitliche Berichtspflichten. Digitale Technologien und Lösungen werden oftmals Voraussetzung zur Erfüllung der zahlreichen, komplexen staatlichen Berichtspflichten und Transparenzanforderungen sein. Auch können sie zivilgesellschaftliche Transparenzbestrebungen erleichtern. Allerdings ist auch damit zu rechnen, dass etliche Staaten kein Interesse an allzu großer Transparenz über ihr eigenes Handeln zeigen werden und einer verbindlichen Nutzung neuer Möglichkeiten durch Big Data, KI oder das IoT skeptisch bis ablehnend gegenüber stehen. Mehr Chancen auf übergreifende Anwendung digitaler Lösungen zur Herstellung von mehr Transparenz besteht in Bereichen, wo Staaten oder andere Akteure finanzielle Unterstützung für ihre Maßnahmen erwarten, etwa im Rahmen der noch zu verhandelnden internationalen „Marktmechanismen".

Hier stehen bereits zahlreiche Akteure in den Startlöchern, die etwa das Potenzial von Smart Contracts für Transaktionen und Anrechnungssysteme betonen. Ein Beispiel wäre etwa die Finanzierung von Klimaschutzprojekten mit automatisierter Erfüllungskontrolle durch Monitoring-Systeme (CLI, 2018). Auch hier hängt jedoch die Effektivität solcher Systeme zu einem erheblichen Teil von den vereinbarten Rahmenbedingungen ab. In der Vergangenheit (etwa im Kyoto-Protokoll) waren die auf internationaler Ebene vereinbarten Anrechnungsmodalitäten und Marktmechanismen vielfach so ausgestaltet, dass sie fehlende Ambition einzelner Staaten verschleiern konnten (WBGU, 2009a:18). Sollte dies weiterhin der Fall sein, kann auch eine digitalisierte Umsetzung die Situation nur sichtbarer machen und gegebenenfalls so einen Anstoß zum Wandel geben. Fehlender politischer Wille ist nicht durch Technologien substituierbar.

8.2.3 Globale Biodiversitätspolitik im Digitalen Zeitalter

Die Weltgemeinschaft erlebt derzeit eine globale Krise der biologischen Vielfalt (IPBES, 2019). Natürliche Lebensräume und Ökosysteme werden zerstört und räumlich zerteilt. Es gibt eine weitreichende Übernutzung biologischer Ressourcen durch z.B. Landwirtschaft, Fischerei oder Wilderei. Der Klimawandel, die Ozeanversauerung und die Belastung der Umwelt mit Schadstoffen sind weitere Treiber für den Verlust biologischer Vielfalt (IPBES, 2019; WBGU, 2014b). Der Welthandel trägt dazu bei, dass sich nicht heimische Arten verbreiten (Bacon et al., 2012). Diese Trends führen zu einem dramatischen und sich weiter beschleunigenden Schwund der biologischen Vielfalt (Kap. 5.2.11.1). Die Folgen für die menschlichen Gesellschaften werden zunehmend spürbar und können erhebliche Ausmaße annehmen; sie werden in globalen Übersichtsstudien beschrieben (IPBES, 2019; UN Environment, 2019; CBD, 2014). Die Biodiversitätskrise ist so auch ein wesentlicher Teil der Nachhaltigkeitskrise.

Die Biodiversitätskonvention (Convention on Biological Diversity – CBD, aus dem Jahr 1992; UN, 1992) zielt u.a. auf die Erhaltung und nachhaltige Nutzung der biologischen Vielfalt. Es gibt einen breiten politischen Konsens in der internationalen Biodiversitätspolitik, dass der vom Menschen verursachte Verlust biologischer Vielfalt schnellstmöglich gebremst und letztendlich gestoppt werden muss. Der aktuelle strategische Plan der CBD bekräftigt diese Vision (CBD, 2010) und hat die klaren und quantifizierten politischen „Aichi-Biodiversitätsziele" gesetzt. Auch die Agenda 2030 greift diese Zielsetzungen in SDG 14 und 15 auf (UNGA, 2015; Kasten 2.1-1; Tab. 8.2.1-1), auch wenn diese Ziele derzeit weitgehend verfehlt werden. Schon die Zielsetzung des ersten strategischen Plans der CBD (CBD, 2002) wurde nicht erreicht und auch die Zwischenbilanz der Aichi-Ziele zeigt, dass der Fortschritt in den meisten Fällen nicht ausreichen wird, um sie zu erreichen (CBD, 2014). Das Hauptproblem dabei ist, dass die genannten Treiber des Biodiversitätsverlusts kaum verändert weiter wirken (IPBES, 2019).

Die Digitalisierung ist indirekt mit diesen Treibern verknüpft. Ein wesentlicher Hintergrund ist die erhebliche Steigerung der Nachfrage nach biologischen Ressourcen, die nicht nur mit Bevölkerungswachstum, sondern auch wesentlich mit dem seit etwa Mitte des letzten Jahrhunderts beobachtbaren erheblichen Anstieg der wirtschaftlichen Entwicklung und des Konsums zu tun hat (IPBES, 2019). Insoweit die Digitalisierung ressourcen- und energieintensive wirtschaftliche Aktivitäten weiter beschleunigt und die Nachfrage nach IKT-basierten Diensten weiter steigt, kann sie mittelbar die Nachfrage nach fossilen, mineralischen als auch biologischen Ressourcen weiter befeuern, solange die Energie- und Kreislaufwende nicht geschafft sind. Gesteigerte Ressourcenextraktion geht einher mit gesteigerten Umweltschäden (UN Environment, 2019).

Des Weiteren besteht die Gefahr, dass die Steigerung der globalen Lebensstandards in Zusammenspiel mit den technischen Möglichkeiten der Digitalisierung zu einer weiteren Intensivierung der Landwirtschaft mit der großskaligen Verwendung von Agrarchemie und entsprechenden Zusammenbrüchen von Insekten- und Vogelpopulationen führt (Kap. 5.2.9.3). Die Landwirtschaft wird für 70 % des erwarteten Verlusts der biologischen Vielfalt an Land verantwortlich gemacht (CBD, 2014:10). Erhöhte Förderung fossiler Ressourcen hinterlässt nicht nur einen ökologischen Fußabdruck durch mehr Öl- und Gasbohrtürme sowie Kohlegruben, sondern vor allem auch durch beschleunigten Klimawandel und Ozeanversauerung. Förderung mineralischer Rohstoffe drückt sich in mehr Bergwerken, Tagebauen und künftig auch im Tiefseebergbau aus, mit entsprechenden Verlusten biologischer Vielfalt. In ihrer Gesamtheit und Gleichzeitigkeit kann die Digitalisierung indirekt also als Brandbeschleuniger der Biodiversitätskrise wirken.

Andererseits gibt es die Hoffnung, dass die Digitalisierung auch die Entkopplung von Wohlstandsentwicklung und Ökosystembelastung fördern kann. So können neue digitale Lösungen auch zur Erhaltung und nachhaltigen Nutzung biologischer Vielfalt beitragen (Kap. 5.2.11). Insbesondere kann Monitoring wertvolle Beiträge leisten, um ein verbessertes Wissen zur Verfügung zu stellen. Dazu zählt ökologisches Wissen über das Zusammenwirken von Arten und Umweltfaktoren (Pereira et al., 2013), Wissen über die Wirkungen der Biodiversitätskrise auf Ökosystemleistungen und menschliche Wohlfahrt (Dirzo et al., 2014) sowie Wissen über die Grenzen nachhaltiger Nutzung biologischer Ressourcen. Des Weiteren gibt es neue Potenziale für die Durchsetzung und Überwachung von Managementregeln und Verboten, die Übernutzung verhindern sollen. Schließlich kann umfassendes Wissen über die Natur viele Menschen motivieren und ihnen Anreiz für politisches Engagement oder Teilnahme an bürgerwissenschaftlichen Projekten geben (Citizen Science) (Kap. 5.3.1.1). Dies kann den Druck auf politische Entscheidungsträger*innen verstärken, der Biodiversitätskrise einen höheren Stellenwert auf den politischen Agenden zu verschaffen. Auf eine andere, aktuelle Herausforderung der Digitalisierung für die internationale Biodiversitätspolitik, den Umgang mit digitalen Sequenzinformationen, wird in Kasten 8.2.3-1 eingegangen.

Kasten 8.2.3-1

Aktuelle Herausforderung der Biodiversitätspolitik: Digitale Sequenzinformationen

Als aktuelles Beispiel für komplexe Zusammenhänge zwischen Biodiversitätspolitik und Digitalisierung kann auf die Diskussion über digitale Sequenzinformationen (DSI) verwiesen werden. Neben der Erhaltung und nachhaltigen Nutzung biologischer Vielfalt enthält die CBD als drittes Ziel die ausgewogene und gerechte Aufteilung der sich aus der Nutzung der genetischen Ressourcen ergebenden Vorteile (Art. 1 CBD). Artikel 15 der CBD gibt den Staaten souveräne Rechte in Bezug auf ihre natürlichen Ressourcen und die Befugnis, den Zugang zu genetischen Ressourcen zu bestimmen. Im rechtsverbindlichen Nagoya-Protokoll zur CBD, das 2010 vereinbart wurde, wurden diese Bestimmungen präzisiert und die Regeln über den grenzüberschreitenden Zugang zu genetischen Ressourcen und einen gerechten Vorteilsausgleich (Access and Benefit-Sharing – ABS) gesetzt (SCBD, 2011). Wenn also z.B. aus der Nutzung einer genetischen Ressource eines Entwicklungslands ein Produkt (etwa ein Medikament) entsteht, muss das Herkunftsland der Ressource vorher zugestimmt haben und an den Vorteilen aus der Nutzung beteiligt werden. Zum Zeitpunkt der Verabschiedung des Nagoya-Protokolls wurde davon ausgegangen, dass genetische Ressourcen in biologischem Material (z.B. Pflanzenbestandteile, Saatgut) enthalten sind, das aus Herkunftsländern physisch über Grenzen hinweg exportiert werden muss, um die darin enthaltenen genetischen Ressourcen nutzen zu können.

Mittlerweile können genetische Ressourcen aber auch in digitaler Form vorliegen und über Ländergrenzen gebracht werden. DSI sind digitale Abbilder genetischer Ressourcen (DNS), die in Datenbanken gespeichert, versendet und so exportiert werden können. Sie können in Laboren jenseits der Grenzen des Herkunftslands wieder in die ursprüngliche, physische DNS zurückverwandelt werden. Streitig ist nun, ob DSI auch unter das Nagoya-Protokoll fallen sollen oder nur physisches genetisches Material. Industrieländer (und deren Wirtschaftsakteure) sind dagegen und wollen den offenen Zugang zu genetischen Informationen bewahren. Auch aus Wissenschaft und Forschung kommen erhebliche Bedenken gegen einen Einbezug von DSI unter das Nagoya-Protokoll (z.B. Prathapan et al., 2018; dos Ribeiro et al., 2018). Entwicklungsländer sehen DSI als Schlupfloch, durch das ihnen Rechte und finanzielle Ressourcen vorenthalten werden.

Vor drei Jahren war die Diskussion um DSI noch eine Debatte für wenige Spezialisten, heute ist sie eine der wichtigsten ungeklärten Streitpunkte im politischen Diskurs der CBD, der auf zukünftigen Vertragsstaatenkonferenzen geklärt werden sollte, um Rechtsunsicherheit und die dadurch entstehende mangelnde Akzeptanz der CBD und des Nagoya-Protokolls zu vermeiden.

Letztendlich retten neue Technologien allein weder bedrohte Arten noch Ökosysteme (Pimm et al., 2015). Der politische Wille zur Bekämpfung der Treiber des Verlusts biologischer Vielfalt sowie zur Umsetzung der vereinbarten Ziele bleibt Voraussetzung für den Erfolg der Biodiversitätskonvention und der Agenda 2030.

8.3 Neue globale Kooperationsfelder jenseits der Agenda 2030

Die Verständigung auf die Agenda 2030 als ein gemeinsames Zielsystem für nachhaltige Entwicklung verlief weitgehend ohne Berücksichtigung des digitalen Wandels und seiner erdsystemischen, individuellen, wirtschaftlichen, gesellschaftlichen und soziotechnischen Implikationen. Die Notwendigkeit, digitalen Wandel – in seiner Breitenwirkung für alle Themenbereiche der nachhaltigen Entwicklung und damit alle SDGs – kritisch zu antizipieren, Gefahren einzuhegen und die vielfachen Potenziale zu realisieren, ist an vielen Stellen dieses Gutachtens deutlich geworden. Ein konsequentes „digitales Update" der bestehenden Nachhaltigkeitspolitik und Nachhaltigkeitsforschung ist notwendige Voraussetzung, um informiert und in globaler Kooperation gemeinsame Zielvorstellungen über eine gemeinsame digitale Zukunft zu erarbeiten.

Zur Weiterentwicklung der bestehenden Nachhaltigkeitsagenda 2030 ist es zudem wichtig, neue, drängende, sich aus den Digitalisierungsdynamiken ergebende globale Handlungs- und Kooperationsfelder zu identifizieren. Die bestehende Agenda 2030 ist selbst eine Fortentwicklung der Millennium Development Goals, die primär auf Armutsbekämpfung zielten. Die Verzahnung der damaligen Entwicklungsziele mit Umweltzielen war eine konsequente Fortentwicklung des internationalen Zielsystems. Der WBGU ist der Überzeugung, dass die Digitalisierung eine Weiterentwicklung der Nachhaltigkeitsziele der Agenda 2030 in mindestens vier konkreten Themenfeldern erfordert. Diese vier Themenfelder entfalten bereits heute eine globale Bedeutung, werden jedoch durch die UN oder Staatenbündnisse bislang nicht oder kaum adressiert. Neuer globaler Handlungs- und Kooperationsbedarf besteht insbesondere für:

- den Schutz der *Privatsphäre* eines jeden Individuums,
- die Bewahrung und den Ausbau von *Teilhabe* im Digitalen Zeitalter für alle Menschen,
- die Gewährleistung der *Entscheidungssouveränität* des Menschen sowie
- die Herstellung eines an menschlichen Fähigkeiten und Bedürfnissen orientierten *Mensch-Maschine-Verhältnisses*.

Diskussionstand und Problemverständnis sind zu jedem dieser vier Handlungs- und Kooperationsfelder unterschiedlich ausgeprägt – genauso wie Art und Umfang der jeweils bereits bestehenden Governance-Architekturen. Die vier Felder sind alle für zukünftige Vorstellungen von „people-centered development" von zentraler Bedeutung und erfordern eine Gestaltung des Zusammenspiels gesellschaftlicher und technischer Systeme.

8.3.1 Schutz der individuellen Privatsphäre

Die Gewährleistung von Privatheit durch den Schutz der Privatsphäre wird im Digitalen Zeitalter zu einem Wendepunkt für das Zusammenleben in Gesellschaften – sei es in Bezug auf individuelle Freiheit und Selbstbestimmung oder in Bezug auf Gleichheit und politische Mitbestimmung. Regelmäßige Skandale über massiven Datenmissbrauch durch Konzerne (z.B. Facebook und Cambridge Analytica) oder staatliche Überwachung (beispielsweise durch die Enthüllungen von Edward Snowden: Lucas, 2014; Lyon, 2014) sind nur die sichtbare Spitze des Eisbergs im steten Ringen um garantierte Privatheit und ihre bedeutende Funktion für Individuum, Gesellschaft und Politik.

Der WBGU betont, dass es aus normativer Perspektive (Kap. 2) erforderlich ist, Privatheit als Nachhaltigkeitsthema zu definieren und zu gestalten (Kap. 9.2.1). Zur Verwirklichung von *Eigenart* benötigt der Mensch eben die durch Privatsphäre ermöglichten Freiräume, in denen eigene Vorlieben und Kreativität erprobt werden können, sodass Vielfalt entsteht, in der sich Menschen und Gruppen von Menschen selbstbestimmt entfalten können. Privatheit schützt zudem vor Ungleichbehandlungen und Manipulationen (Nationale Akademie der Wissenschaften Leopoldina, 2018), in dem sie einen „Schleier vor gesellschaftliche Ungleichheiten zieht" (Baumann, 2015).

8.3.1.1 Status Quo des globalen Schutzes der individuellen Privatsphäre

Zahlreiche Staaten oder Staatengemeinschaften, wie die EU, haben Datenschutzgesetze erlassen. Im Herbst 2018 existierten weltweit bereits fast 120 Datenschutzgesetze oder Gesetze zum Privatsphärenschutz. In weiteren knapp 40 Staaten werden solche Gesetze derzeit entwickelt oder diskutiert (Banisar, 2018; Abb. 8.3.1-1).

Eine besondere Stellung nimmt die europäische Datenschutz-Grundverordnung (EU-DSGVO) ein, die einen Referenzpunkt für das internationale Datenschutzrecht darstellt und von der eine erhebliche Wirkung ausgeht (Kasten 4.2.6-1). Zuletzt hat auch die deutsche Nationale Akademie der Wissenschaften Leopoldina (2018:54) auf den Regelungsbedarf bei Big Data und Privatheit hingewiesen: „Die Nutzung dieser Möglichkeiten ist eine Herausforderung, die auch, aber nicht allein im nationalen oder im EU-Raum, sondern weltweit zu bewältigen ist und trans- und internationaler Kooperation bedarf."

Einen normativen Ausgangspunkt für einen weltweiten Dialog über den Schutz der Privatsphäre bilden die den Schutz des Privatlebens betreffenden Menschenrechte. Die einschlägigen völkerrechtlichen Bestimmungen (Art. 12 Allgemeine Erklärung der Menschenrechte, Art. 17 IPbpR, Art. 8 EMRK zielen auf den Schutz der Privatsphäre im klassischen Sinne der „analogen Welt", d.h. auf den Schutz des Privatlebens, der Familie, der Wohnung und des Schriftverkehrs. Das Recht auf Datenschutz ist völkerrechtlich nicht explizit normiert, wird aber als spezifisch ausgestalteter Teilbereich des Rechts auf Achtung der Privatsphäre angesehen (Kettemann, 2015:33). Der ehemalige Bundesbeauftragte für den Datenschutz, Peter Schaar, schlug als ersten Schritt vor, dem Art. 17 des internationalen Paktes über bürgerliche und politische Rechte (Schutz vor willkürlichen oder rechtswidrigen Eingriffen in das Privatleben) ein Zusatzprotokoll hinzuzufügen (Leinen und Bummel, 2018:221ff.). Bereits 2009 forderten 58 Nichtregierungsorganisationen in einer Erklärung ein internationales Abkommen zum Schutz von Privatsphäre und informationeller Selbstbestimmung der Bürger*innen (The Madrid Privacy Declaration: The Public Voice, 2009). 2013 initiierten Deutschland und Brasilien in Folge der Enthüllungen Edward Snowdens und des darauf folgenden NSA-Skandals innerhalb der Vereinten Nationen einen Arbeitsprozess zum Thema „Right to Privacy in the Digital Age". Die UN-Generalversammlung bestätigt seit 2013 fortlaufend, dass Rechte, die Menschen in der analogen Welt zustehen, auch online gewährleistet werden müssen, Staaten diese wahren und auf Unternehmen sowie weitere Privatakteure zur Einhaltung einwirken müssten (UNGA, 2013, 2014, 2016b, 2018b). Die Resolutionen streben derzeit kein Abkommen an, sondern appellieren sowohl an die Staaten, als auch an privatwirtschaftliche Akteure, Daten- und Privatsphärenschutz zu sichern und zu stärken. Das Menschenrecht auf Privatsphäre steht dabei im dauerhaften Konflikt zur staatlichen Bekämpfung von Kriminalität und Terrorismus, also der inneren Sicherheit von Staaten sowie dem Bedürfnis nach umfassender Datennutzung für gesellschaftliche und private Zwecke (Kap. 8.3.3).

Aus globaler Perspektive bestehen neben der Schaffung aussagekräftiger Datenschutzgesetze in Ländern, in denen diese noch nicht bestehen, folgende dringende Herausforderungen für den Schutz der Privatsphäre im

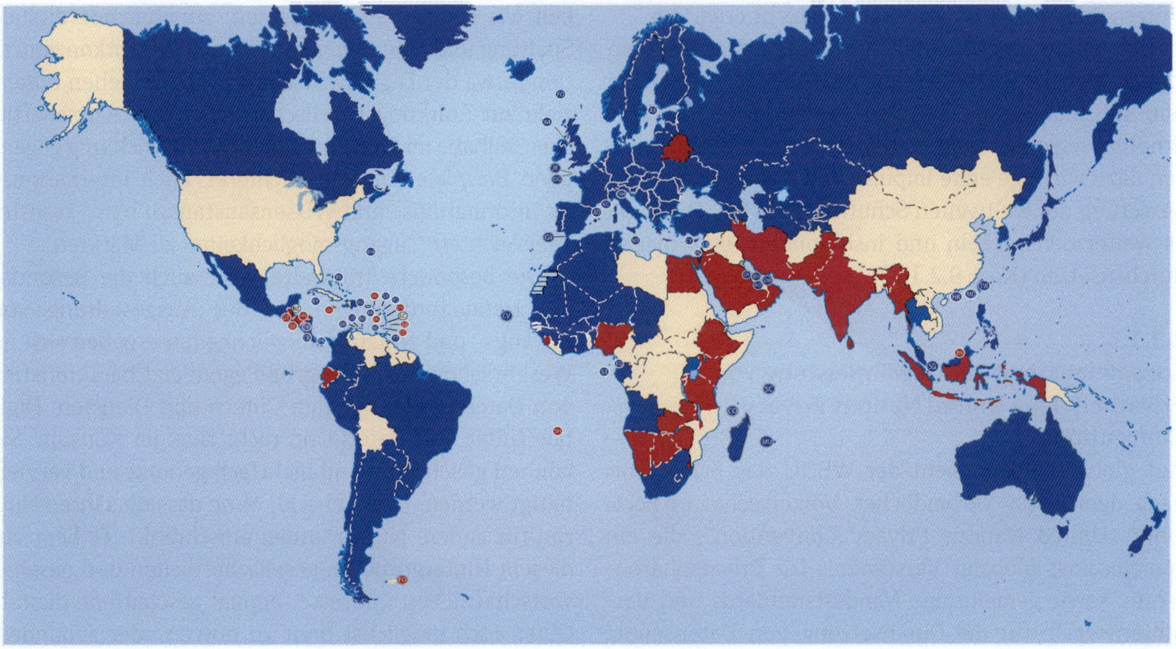

Abbildung 8.3.1-1
Überblick über Datenschutzgesetze weltweit. Blau: Umfassendes Datenschutzgesetz. Rot: Ausstehendes Gesetz oder Initiative zur Verabschiedung eines Gesetzes. Beige: Keine Initiativen oder Informationen.
Quelle: Banisar, 2018

Digitalen Zeitalter (Kap. 4.2.1, 5.3.3):

1. Internationale Einigung auf gemeinsame Standards für den Schutz der Privatsphäre (Kap. 8.3.1.1).
2. Durchsetzung des Schutzes der Privatsphäre in Ländern mit bestehenden Datenschutzgesetzen (Kap. 8.3.1.2).

8.3.1.2
Die Durchsetzung des Privatsphärenschutzes gewährleisten

Global mangelt es derzeit nicht primär an der menschenrechtlichen Grundlage, sondern an einer konkreten Um- und Durchsetzung des Schutzes der Privatsphäre im digitalen Raum (Kap. 9.2.1). Während Daten grenzüberschreitend übermittelt und verarbeitet werden (Kasten 5.3.3-2), beziehen sich nationale und regionale Gesetze auf Territorien. Verbindliche, internationale Mindeststandards des Privatsphärenschutzes sind daher allein der Sache nach geboten: Individuen hinterlassen digitale Spuren im Internet, auf die bei mangelnder Datensicherheit und Datenschutz von überall auf der Welt zugegriffen werden kann. Die Freigabe privater Informationen von Individuen wirkt sich zudem mittelbar auf die Regulation von Privatheit anderer Individuen aus dem Umfeld oder aus vergleichbaren Gruppen (auch in anderen Ländern) aus (Spill-over-Effekt; Fairfield und Engel, 2015).

Die EU begegnet dieser Herausforderung durch die Einführung des Marktortprinzips und bestimmt damit den rechtlichen Rahmen für alle Datenverarbeitungen über Menschen, die in der EU leben (Kasten 4.2.6-1). Daraus folgt eine starke Ausstrahlungswirkung auch außerhalb der EU (Kuner et al., 2017). Die Durchsetzung dieses Standards gegenüber in anderen Ländern ansässigen Unternehmen wird dadurch allein aber nicht gewährleistet. Nimmt man an, dass mehrere Staaten diesem Vorbild folgen, entsteht ein kompliziertes Geflecht an Datenschutzgesetzen. Hierdurch können unter Umständen Handels- und Kommunikationsbarrieren entstehen. Zwischenstaatliche Kooperation ist zudem erforderlich, um der Marktdominanz großer Digitalunternehmen zu begegnen. Einige Konzerne haben sich mittels umfangreicher Datennutzung eine wirtschaftliche Machtposition aufgebaut, der sich einzelne Staaten kaum entgegenstellen können. Durchsetzungsinstrument für Privatsphärenschutz auf globaler Ebene ist derzeit der „Special Rapporteur on the right to privacy“, der 2015 durch den Menschenrechtsrat der Vereinten Nationen eingesetzt wurde (HRC, 2015). Als Ombudsmann bündelt er Informationen, verfolgt und bewertet Entwicklungen und erhebt eine Stimme für das Recht auf Privatsphäre im Digitalen Zeitalter. Der Special Rapporteur trägt zur Verbesserung der Transparenz bei und erhöht das Bewusstsein für Verletzungen der Privatsphäre, indem er zu Datenschutzgesetzen weltweit Stellung bezieht und sich mit Kritik und Verbesserungsvorschlägen an die entsprechenden Staaten wenden kann. Eine verbindliche Durchsetzung gegen

Unternehmen oder Staaten kann er nicht erwirken.

Der Schutz der Privatsphäre kann umfassend nur global und insbesondere im Wechselspiel nationaler und internationaler Politiken gewährleistet werden. Erhöhte regionale und nationale Schutzniveaus setzen dazu wichtige erste Impulse und tragen so zur Verbesserung des weltweiten Schutzniveaus bei. Diese gilt es weiterzuentwickeln und insbesondere entschieden durchzusetzen (Kap. 9.2.1.2).

8.3.1.3
Zusammenarbeit zur Gewährleistung von Privatheit: Eine United Nations Privacy Convention

Auf globaler Ebene sieht der WBGU das Erfordernis nach dem Erlass verbindlichen Völkerrechts in Form einer „United Nations Privacy Convention", die ein gemeinsames globales Verständnis für Privatsphärenschutz sowie gemeinsame Mindeststandards und Verfahrensregeln für die Durchsetzung von Datenschutz und Datensicherheit zum Schutz der Privatsphäre im digitalen Raum festlegt (Kap. 9.2.1.2). Ein derartiges Abkommen sollte die rechtliche Ausgestaltung und Durchsetzung des Schutzes der Privatsphäre in den Vertragsstaaten und länderübergreifend adressieren. Als leitendes Prinzip kann das Integrationsprinzip (Kap. 8.4.2.4) dienen: Privatsphärenschutz ist ein Querschnittsthema, das in allen, insbesondere in digitalisierten Bereichen mitgedacht werden muss. Datenschutz und Datensicherheit sollten somit in alle Abläufe technisch und organisatorisch sowie in verschiedene Politikbereiche integriert werden. Neben vielversprechenden Instrumenten, wie etwa Datenschutzbeauftragten als Ombudspersonen, Datenschutz by design und by default und Datenschutzfolgenabschätzungen, sollte Technologie- und Erfahrungstransfer vereinbart werden. Wohl wichtigster Punkt ist die Zusammenarbeit bei der grenzüberschreitenden Durchsetzung des Schutzes personenbezogener Daten. Die Einbeziehung der Zivilgesellschaft als Wächterin von individueller Privatsphäre ist empfehlenswert und kann in der Konvention, zum Beispiel durch Beschwerde- und Klagemöglichkeiten für NRO, die sich für Daten- und Privatsphärenschutz engagieren, verankert werden.

8.3.2
Bewahrung und Ausbau von Teilhabe im Digitalen Zeitalter

Zentrale Fragen nachhaltiger Entwicklung im Digitalen Zeitalter entscheiden sich über Zugang bzw. Nutzungsmöglichkeiten von Daten und anderen immateriellen, digitalen und digitalisierten Gütern und Diensten. Risiken wie steigende Ungleichheit, zunehmende digitale Spaltung und eine sich verschärfende Machtkonzentration (etwa der Digitalwirtschaft; Kap. 4) stehen Potenziale zur Stärkung gesellschaftlicher und wirtschaftlicher Teilhabe im Sinne nachhaltiger Entwicklung gegenüber. Beispiele sind ein leichterer, auch internationaler Informations- und Wissensaustausch bzw. -transfer oder leichtere Zugangsmöglichkeiten zu Märkten.

Die besondere Tragweite, aber auch die besonderen Herausforderungen bei der Ausgestaltung von Zugangs- und Nutzungsmöglichkeiten ergeben sich im Wesentlichen durch die grundlegenden Charakteristika von Daten sowie digitalen Gütern und Diensten. Digitale Güter und Daten sind nicht rival im Konsum. Sie können gleichzeitig und mehrfach genutzt und vervielfältigt werden, (weitgehend) ohne dass dies ihren Nutzen für andere Nutzer*innen einschränkt. Es liegt vor diesem Hintergrund im gesellschaftlichen und gesamtwirtschaftlichen Interesse, einmal geschaffene digitale Güter auch möglichst breit zu nutzen oder zumindest verfügbar zu machen. Aus Sicht nachhaltiger Entwicklung bietet die Nicht-Rivalität im Konsum in Verbindung mit der fortschreitenden Digitalisierung von Gesellschaft und Wirtschaft insgesamt neue Möglichkeiten zum Ausbau von Teilhabe von Menschen, denen etwa der Zugang zu Bildung, Information oder Kultur bislang verwehrt war. Die Nicht-Rivalität unterscheidet digitale Güter wesentlich von vielen physischen Gütern und Faktoren bzw. allgemein von privaten Gütern. Wie bei Letzteren, und im Unterschied zu öffentlichen Gütern, erlauben digitale Güter aber zugleich den Ausschluss Dritter von Zugriff und Nutzung.

Wie Zugänge und Nutzungsmöglichkeiten im digitalen Raum möglichst weitgehend mit den Zielen nachhaltiger Entwicklung in Einklang gebracht werden können, ist daher ein zentrales Feld von Governance im Digitalen Zeitalter. Die Ausgestaltung von Zugangs- und Nutzungsmöglichkeiten sollte letztlich vor allem über internationale Verständigung wirksam umgesetzt werden. Digitale Räume und Dienste sind häufig grenzüberschreitend ausgestaltet. Ebenso wenig spielen in der Regel nationalstaatliche Grenzen für Datenströme eine Rolle. Betroffen sind damit inhärent internationale Politikfelder wie insbesondere auch die Handelspolitik (OECD, 2018g). Einzelstaaten kommt vor diesem Hintergrund – von Ausnahmen wie etwa USA oder China abgesehen – meist zu wenig Gewicht zu, um digitale Teilhabe für globale Entwicklung entscheidend gestalten zu können. Nationalstaatliche Verpflichtungen zu einem offeneren Zugang zu Daten, die für zukünftige Innovationen und Wettbewerbsvorteile zentral sind (Kap. 4.2.2), würden beispielsweise wenig an der marktbeherrschenden Stellung globaler Internetkonzerne ändern.

Fragen von Zugangs- und Nutzungsmöglichkeiten

digitaler und digitalisierter Güter und Dienste betreffen ebenso die (internationale) Ausgestaltung von Patent- und Urheberrechten oder Lizenzen – und damit internationale Vereinbarungen zum Schutz geistigen bzw. immateriellen Eigentums. Der zunehmenden (wirtschaftlichen wie gesellschaftlichen) Bedeutung immaterieller, digitaler und digitalisierter Güter, immer stärkerer digitaler Vernetzung und den mit diesen Entwicklungen verbundenen Entwicklungspotenzialen drohen die bestehenden Regelungen allerdings immer weniger gerecht zu werden. Bekannte Probleme heutiger Regime zum Schutz immaterieller Vermögenswerte, wie etwa dem geistigen Eigentum, drohen sich gerade mit Blick auf die Chancen für gesellschaftliche und wirtschaftliche Teilhabe von Entwicklungsländern im Zuge der Digitalisierung und der Bedeutungsverlagerung hin zu digitalen Gütern und Räumen zu verschärfen und dadurch digitale Ungleichheiten (digitale divides) zu erzeugen (Baker et al., 2017). Dies lässt sich auch am Beispiel der auf genetischen Ressourcen beruhenden digitalen Sequenzinformationen zeigen (Kasten 8.2.3-1). Alternative Ausgestaltungen von Patenten, Lizenzen und Urheberrechten wie Equitable Licensing (Kap. 5.3.10) und die Anwendbarkeit von Umweltabkommen auf neuartige digitale Güter sollten daher weiter diskutiert und verfolgt werden. Angesichts zunehmender globaler Vernetzung fehlt es auch an einer stärkeren internationalen Harmonisierung und Koordination von Patentschutz und Urheberrechten, die es auch kleineren Unternehmen, gerade aus Entwicklungsländern, mit geringerem Aufwand erlauben würde, in ausländischen Märkten tätig zu werden. Ähnliches gilt für Regelungen und Standards für den Datenaustausch und -schutz (World Bank, 2016:301ff.).

Viele Fragen der Datenzugänglichkeit und -nutzung sind noch weitgehend unreguliert, auch wenn es zum Beispiel auf Ebene der OECD grundlegende Richtlinien für den Umgang mit grenzüberschreitendem Datenverkehr gibt (OECD, 2018g). Ein wesentlicher Schritt, diese Lücken zu schließen, stellt, zumindest in Europa, die DSGVO für den Umgang mit personenbezogenen Daten dar (Kasten 4.2.6-3). Der Umgang mit und Zugang zu nicht personenbezogenen Daten wird dagegen auch in Europa bislang von denjenigen faktisch kontrolliert, die die Daten erheben und Dritte von deren Nutzung ausschließen können, etwa durch Verschlüsselung oder lokale Speicherung. Aus rechtlicher Sicht existiert kein volles Eigentums- oder Immaterialgüterrecht für Daten in europäischen Rechtsordnungen (Schweitzer und Peitz, 2017:61). Datenhandel bzw. -austausch und damit der Datenzugang im Bereich der nicht auf Personen beziehbaren privaten Daten basieren wesentlich auf privatwirtschaftlich verhandelten, bilateralen Verträgen. Für Daten des öffentlichen Sektors regelt die „PSI-Richtlinie" über die Weiterverwendung von Informationen des öffentlichen Sektors bereits jetzt einen Zugang für die Allgemeinheit, der zukünftig noch umfassender gestaltet werden soll (EU-Parlament, 2019).

Die Ausgestaltung von Zugangs- und Nutzungsmöglichkeiten immaterieller, digitaler und digitalisierter Güter und ein bewusstes Aufbrechen bislang faktischer Kontrollmöglichkeiten bewegen sich nahezu unvermeidlich in einem Spannungsverhältnis wirtschaftlicher, gesellschaftlicher und individueller Gründe für und gegen Offenheit. Den gesellschaftlichen Vorteilen breiter Nutzung nicht rivaler Güter steht gegenüber, dass mit zunehmender Offenheit wirtschaftliche Anreize zur Bereitstellung dieser Güter verlorengehen können. Es droht eine gesellschaftliche Unterversorgung. Zu dieser bekannten wirtschaftlichen wie gesellschaftlichen Ambivalenz treten im digitalen Raum vielfach noch notwendige Abwägungen und potenzielle Konflikte mit dem Schutz der Privatsphäre hinzu (Kap. 8.3.1).

Eine vollständige Auflösung dieses Spannungsverhältnisses wird nicht gelingen. Ebenso wenig erscheint eine pauschale, über verschiedene Lebens- und Wirtschaftsbereiche hinweg gültige Regelung möglich oder sinnvoll. Zu unterschiedlich ist die Vielzahl an Lebens- und Wirtschaftsbereichen, in denen Fragen des Zugangs und Nutzung von Daten sowie digitalen und digitalisierten Gütern relevant sind (Drexl, 2017). Die differenzierte Ausgestaltung von Zugangs- und Nutzungsmöglichkeiten ist zudem generell abzugrenzen von der Definition und Durchsetzung vollständiger Eigentumsrechte an digitalen und digitalisierten Gütern und insbesondere (nicht personenbezogenen) Daten. Letztere werden diskutiert, aber der besonderen Rolle von Daten in Wirtschaft und Gesellschaft und den eigentlichen Herausforderungen bei der Ausgestaltung des Umgangs mit Daten eher nicht gerecht (Varian, 2018): Abgesehen von Fragen der Umsetzung – gerade bei nicht personenbezogenen Daten ist oft schon die angemessene Zuordnung der Eigentumsrechte unklar (Drexl, 2017) – würde die Definition von Eigentumsrechten primär die faktisch bereits gegebene Ausschließbarkeit Dritter von der Nutzung von Daten adressieren und mögliche wirtschaftliche Anreizprobleme mit Blick auf Investitionen in die Datenerhebung, die allgemein aber als eher gering eingeschätzt werden (Duch-Brown et al., 2017). Eigentumsrechte an Daten würden insofern gerade nicht dazu beitragen, aus gesellschaftlicher oder gesamtwirtschaftlicher Sicht zu starke Beschränkungen des Zugriffs auf (nicht personenbezogene) Daten zu lockern (Schweitzer und Peitz, 2017; Jones und Tonetti, 2018).

Im Fall von Daten liegen die Mehrwerte breiter

Nutzungsmöglichkeiten etwa in den Synergieeffekten durch Kombination von Daten („Economies of Scope"; Duch-Brown et al., 2017; Dewenter und Lüth, 2018) oder dem Wert, den der Zugriff auf Datensätze für den weiteren Innovationsprozess hat. Dies verdeutlicht etwa die Entwicklung von Systemen autonomen Fahrens, bei der die Kombination der „Trainingsdaten" unterschiedlicher Hersteller und Entwickler grundsätzlich erfolgsversprechender wäre als der separate Aufbau entsprechender Datensätze durch einzelne Entwickler (Varian, 2018; Jones und Tonetti, 2018). Dennoch werden heute die faktischen Spielräume zur Beschränkung des Datenzugangs häufig genutzt, um angesichts der Bedeutung von Daten für neue (datengetriebene) Geschäftsmodelle und Innovationen einmal erlangte Wettbewerbsvorteile möglichst längerfristig zu verteidigen oder sogar auszubauen. Offenere, regulierte Datenzugänge, gerade bei Daten, die kostengünstig als Nebenprodukt eines Dienstes erhoben werden, können entsprechend dazu dienen, strukturelle Treiber von zunehmender Marktonzentration aufzubrechen, damit Räume für die Entwicklung konkurrierender Angebote und fairen Wettbewerb zu schaffen und so letztlich Eigenart und Teilhabe zu stärken (Kap. 4.2.2).

Vernetzung, kollaborative Zusammenarbeit und Nicht-Rivalität im Konsum im digitalen Raum bieten zudem erhebliche Potenziale, die Teilhabe an zentralen Gütern deutlich zu verbessern. Güter wie Bildung, Wissen und Kultur in ihrer digitalisierten Form können als neue (globale) Gemeingüter definiert und ihre Bereitstellung entsprechend organisiert und unterstützt werden (Kap. 5.3.10). Speziell im entwicklungspolitischen Kontext kann darunter etwa auch die stärker zielgerichtete und zeitnähere Ausgestaltung der Entwicklungszusammenarbeit fallen oder die Errichtung von Frühwarnsystemen über Umweltkatastrophen oder Krankheitsausbrüchen (World Bank, 2016). Insbesondere die Informationen aus dem Monitoring von Umwelt und Ökosystemen können als globales (öffentliches) digitales Gemeingut allgemein zugänglich gemacht werden, um das Umweltbewusstsein zu stärken (Kap. 9.1.1.4, 9.2.3.1).

Grundsätzlich ist bei der Frage von Zugangs- und Nutzungsmöglichkeiten digitaler bzw. digitalisierter Güter über den damit zusammenhängenden Energie- und Ressourcenverbrauch auch die ökologische Dimension von Nachhaltigkeit betroffen. Diese Umweltwirkungen sollten allerdings besser generell und damit unabhängig von der Frage des Zugangs zu bestimmten Daten sowie digitalen und digitalisierten Inhalten adressiert werden. Andernfalls besteht die Gefahr, dass zum Beispiel über die Umweltregulierung zwischen „guten" und „schlechten" Daten unterschieden wird und damit Prinzipien der Netzneutralität im Internet verletzt werden.

8.3.3 Erhalt der Entscheidungssouveränität des Menschen

Algorithmische Entscheidungsunterstützung und -findung verbreitet sich durch die Fortschritte bei Methoden der Datenverarbeitung und -auswertung und der wachsenden Verfügbarkeit großer Datenmengen (Big Data, Kap. 3.3.2) zunehmend auch in gesellschaftlich relevanten Kernbereichen, etwa bei Justiz, Polizeiarbeit oder Sozialsystemen (Kap. 5.3.3, 3.2.3). Mit dieser Entwicklung können, gerade bei einem unreflektierten und intransparenten Einsatz derartiger Technologien, potenziell weitreichende Implikationen für die Entscheidungssouveränität auf individueller wie gesellschaftlicher Ebene verbunden sein. Damit werden Fragen der Anwendung und geeigneten Regulierung dieser Technologien zu einem wichtigen Kooperationsfeld für nachhaltige Digitalisierungs-Governance (Kasten 4.3-2; Kap. 5.3.3). Die Schaffung politischer und rechtlicher Rahmenbedingungen, die den gesellschaftlichen Implikationen algorithmischer Entscheidungsfindung Rechnung tragen, steht allerdings derzeit noch am Anfang. Zwar sind mittlerweile auf nationaler Ebene in mehreren Ländern Strategien etwa zum Umgang mit KI verabschiedet worden. Es mangelt jedoch international an einem gemeinsamen Problemverständnis und -bewusstsein.

Nach Ansicht des WBGU sollte die Gewährleistung und der Schutz der Entscheidungssouveränität des Menschen als allgemeines Prinzip gesellschaftlicher und politischer Entscheidungsfindung auf globaler Ebene anerkannt werden (Kap. 9.4). Ein solches Prinzip wäre für die Achtung der Grenzziehung zwischen technischer Automatisierung und gesellschaftlicher Auseinandersetzung mit politischen, sozialen und rechtlichen Fragen unabdingbar (Kasten 4.3-2). Der WBGU sieht also die Sicherstellung der Entscheidungssouveränität des Menschen als übergeordnetes Ziel für den langfristigen Erhalt handlungsfähiger Gesellschaften (Kap. 7) und somit als Teil der globalen Nachhaltigkeitsagenda.

Zum globalen Kooperationsfeld wird algorithmische Entscheidungsfindung überdies dadurch, dass sie in Politikfeldern angewandt wird, die von ihrem Wesen her schon heute auf der zwischenstaatlichen und globalen Ebene verankert sind. So werden durch den Einsatz algorithmischer Entscheidungssysteme die Regeln einiger globaler Politikfelder derzeit bereits maßgeblich neu gestaltet, wie zum Beispiel in der Cybersicherheit (Verschlüsselungstechnologien usw.) oder der Finanzwirtschaft (automatisierter Handel; Contratto, 2014). Auf internationaler Ebene ist daher eine Verständigung darüber nötig, wie geeignete Regelwerke zu entwickeln sind, die die Stabilität der entsprechenden internationalen Systeme unter dem Einsatz algorithmischer Entscheidungsfindung gewährleisten. Dabei sind die Spezifika des Gesellschaftsbereiches, in dem maschinengestützte Entscheidungsfindung angewendet wird, entscheidend, d.h. in jedem globalen Politikfeld müssen voraussichtlich eigene Vereinbarungen zum Umgang mit den neuen Verfahren getroffen werden. Bewaffnete, ferngesteuerte Militärroboter (zumeist Drohnen, Kasten 3.3.5-2) werden beispielsweise bereits heute eingesetzt und verfügen über unterschiedliche Grade von Entscheidungsautonomie (Asaro, 2012; Krishnan, 2016). Auf wirtschaftlicher Ebene sind dabei auch Fragen möglicher Konzentrationsprozesse auf einzelne Unternehmen und mit diesen auf einzelne Entscheidungssysteme relevant (Kap. 4.2.2). In diesem Zusammenhang drohen nicht nur potenziell weitreichende Einflüsse auf individuelle, gesellschaftliche und politische Entscheidungen, etwa durch Beeinflussung und Kontrolle von Informationsströmen, sondern etwa auch Instabilitäten von ganzen Märkten wie etwa im Finanzsystem (Contratto, 2014). Es besteht hier die Gefahr zu starker Abhängigkeit von einzelnen Entscheidungssystemen, wenn es an konkurrierenden, unabhängigen Bewertungen der Daten fehlt.

Auch ist eine globale Verständigung über den möglichen Ausschluss von bestimmten Einsatzgebieten nötig. Gerade wenn routinemäßig und institutionalisiert in gesellschaftlichen Kernbereichen Entscheidungen automatisiert getroffen werden, besteht die Gefahr, dass gesellschaftliche Debatten zur Vermittlung zwischen unterschiedlichen Interessen und Werten, die solchen Entscheidungen letztlich zugrunde liegen, nicht mehr im notwendigen Ausmaße stattfinden: „[It] is critical to ensure that in key areas where automation is not appropriate from a human rights perspective, it does not take place" (Council of Europe, 2018:44). Wo der Einsatz der Systeme mit hohen Risiken für die Hoheit des Menschen über die Gestaltung sozialer Systeme einhergeht, sollten auf internationaler Ebene Moratorien oder andere Instrumente, die eine Nutzung ausschließen, etabliert werden.

Die Sicherstellung der Entscheidungssouveränität des Menschen erfordert sowohl normative Leitlinien als auch einen konkreten institutionellen Rahmen, in dem sich diese Leitlinien manifestieren können. Neben den allgemeinen Prinzipien guter Praxis bei der Nutzung von KI und algorithmischer Entscheidungsfindung (Kasten 4.3-2) bedarf es in gesellschaftlich relevanten Bereichen Leitlinien zum Erhalt der Entscheidungssouveränität des Menschen, die zum Beispiel in einer „Charta für ein nachhaltiges Digitales Zeitalter" verankert werden können (Kap. 8.6; Kasten 9.3.1-1) oder der UN-Menschenrechtserklärung. Institutionell könnten diese Leitlinien dann etwa auf EU-Ebene in konkrete Regulierung übersetzt werden (Kap. 8.5). Bereichsabhängig ist auch die Erweiterung bestehender Dialogforen, Abkommen und Organisationen sinnvoll, um Entscheidungssouveränität zu verankern, wie etwa den Genfer Konventionen im Hinblick auf autonome Waffen.

8.3.4 Schutz der Alleinstellungsmerkmale des Menschen im Mensch-Maschine-Verhältnis

In ähnlicher Weise, wie der Mensch im Anthropozän (Crutzen und Stoermer, 2000; Crutzen, 2002; Rosol et al., 2018) prägender Einflussfaktor auf das Erdsystem ist, steht die Menschheit zurzeit potenziell an der Schwelle zu einem Zeitalter, in dem der Mensch seinen eigenen Körper auf ebenso grundlegende und prägende Weise technisch verändert (Kap. 7.4). Diese langfristige Möglichkeit macht das Mensch-Maschine-Verhältnis zu einem globalen Nachhaltigkeitsthema. Angesichts der neuen Möglichkeiten durch medizintechnische Eingriffe – Implantate, Augmentation von (Sinnes-)Organen, Hirn-Computerschnittstellen (Themenkasten 5.3-2) – sowie der zunehmenden Interaktion von Menschen mit KI stellen sich grundlegende Fragen über das Verhältnis von Mensch und Maschine. Die Fähigkeit des Menschen zu Empathie, Emotionalität und sozialem Verbund sind Eigenarten, die ihn klar von Maschinen unterscheiden (Kap. 7.4). Nur Menschen haben eigene Gründe für ihr Handeln – Motive, Gefühle, moralisches Empfinden (Nida-Rümelin und Weidenfeld, 2018). Die wechselseitige Anerkennung dieser Beweggründe – und somit die Anerkennung als menschliche Akteure – kann allein der Interaktion zwischen Menschen zugrunde liegen; denn Maschinen verfügen nicht über intrinsische Gründe für ihr Handeln (Nida-Rümelin und Weidenfeld, 2018). Die bloße Simulation dieser Eigenarten durch KI wäre auch eben nur eine Simulation, somit nicht das Gleiche, wie diese Eigenarten selbst zu besitzen (Nida-Rümelin und Weidenfeld, 2018).

Obschon Zukunftsthema, ist die verantwortungsvolle Antizipation von Veränderungen im Mensch-Maschine-Verhältnis ein entscheidendes Feld für globale Kooperation im Digitalen Zeitalter (Kap. 9.4). Ähnlich wie in Bezug auf das Mensch-Umwelt-Verhältnis planetarische Leitplanken eingehalten werden müssen, müssen auch Leitplanken für die Verschiebungen des Verhältnisses zwischen Mensch und Maschine im Digitalen Zeitalter diskursiv ausgehandelt und verbindlich vereinbart werden – sowohl im Hinblick auf die Technisierung des Menschen als auch auf die Vermenschlichung von Maschinen (Themenkasten 5.3-2; Kap. 7.4). Auch hier bietet sich eine Analogie zum Klimawandel an: Die Abmilderung oder gar das Umkehren der Erderwärmung durch Geoengineering wird seit langem (Marchetti, 1977) und seit einigen Jahren deutlich vermehrt (Blackstock und Low, 2018) als mögliche Antwort auf den Klimawandel diskutiert. Die Risiken derart invasiver, großskaliger, ungetesteter und teurer Einflussnahme auf ein so komplexes System wie das Erdklima können allerdings immens sein. Es wird also entscheidend sein, durch multilaterale Vereinbarungen globale Leitlinien und Regeln sowie gegebenenfalls Verbote zu vereinbaren, bevor einzelne Akteure Fakten schaffen, die möglicherweise irreversibel sind. Das Gleiche gilt für das Verhältnis zwischen Mensch und Maschine. Dazu bedarf es einerseits eines globalen normativen Rahmens, etwa in Form einer Charta (Kasten 9.3.1-1). In Anbetracht der globalen, polyzentrischen Akteursstruktur (Kap. 4) kann die Schaffung eines gemeinsamen normativen Rahmens effektiv nur gelingen, wenn dieser Prozess antizipatorischer Governance auf globaler, multilateraler Ebene angestoßen wird. Der Einfluss des Menschen auf das Erdklima – also eine Auswirkung der Interaktion zwischen Technologie und Erdsystem – hat sich bereits als Gegenstand internationaler Politik im globalen Governance-System etabliert (Hamilton, 2017). Die Interaktion zwischen Technologie und Mensch ist noch nicht auf dieser Ebene verankert. Die Betrachtungen in diesem Gutachten haben aber gezeigt, dass das Mensch-Maschine-Verhältnis als Zukunftsthema schon heute Vordenken und Gestaltung erfordert. Ähnlich wie in der Klimawissenschaft (dort im IPCC) ist dabei international vernetzte Forschung entscheidend. Diese Forschung muss einerseits technische Entwicklungen und ihre Implikationen in den Blick nehmen, andererseits aber auch das Technik- und Zukunftsverständnis in der Wissenschaftsgemeinde in der nötigen Breite und Tiefe etablieren, die das holistische Verständnis der Digitalisierung erfordert.

8.4 Elemente nachhaltiger Gestaltung des Digitalen Zeitalters auf globaler Ebene

Als Meilenstein und Anstoß des weltweiten Diskurses über nachhaltige Entwicklung gilt der Brundtland-Bericht „Unsere gemeinsame Zukunft" von 1987, in dem das bis heute gültige Grundverständnis nachhaltiger Entwicklung formuliert wurde: „Nachhaltige Entwicklung ist eine Entwicklung, die die Bedürfnisse der Gegenwart befriedigt, ohne zu riskieren, dass künftige Generationen ihre eigenen Bedürfnisse nicht befriedigen können." (WCED, 1987: Abs. 49). Der Brundlandt-Bericht wurde zu einem wichtigen Wegbereiter des Erdgipfels von Rio des Janeiro: Die UN-Konferenz über Umwelt und Entwicklung 1992 (UNCED, Rio-Konferenz) ist bis heute wichtiger Referenzpunkt der internationalen Umwelt- und Entwicklungspolitik. Mit der Erklärung von Rio (u.a. mit dem damals innovativen Prinzip der gemeinsamen, aber differenzierten Verantwortung) und der Agenda 21 sowie mit der Vereinbarung völkerrechtsverbindlicher Abkommen zu Klima, Biodiversität und Desertifikation (den Rio-Konventionen UNFCCC, CBD, UNCCD) hatte die internationale Staatengemeinschaft erstmals die Dringlichkeit gemeinsamen Handelns zum Schutz der natürlichen Lebengrundlagen der Menschheit anerkannt.

Um die Ziele dieser Abkommen zu erreichen, besteht weiterhin dringender Handlungsbedarf. Digitale Technologien bieten dafür neue Potenziale, können aber gleichsam die Zielerreichung gefährden. Einschätzungen darüber, ob die Potenziale digitaler Technologien für eine nachhaltige Entwicklung genutzt werden oder diese eher nicht nachhaltigen Entwicklungen stärken, liegen bislang kaum vor (Kap. 8.2). Ausgehend von den Analysen in den Kapiteln 8.1 bis 8.3 ergeben sich zudem konkrete Bedarfe für eine Neuinterpretation von Nachhaltigkeit und die Weiterentwicklung der Global-Governance-Architekturen. Im Folgenden werden Elemente eines normativen, organisatorischen und institutionellen Gerüsts der globalen Nachhaltigkeitspolitik unter den Bedingungen des digitalen Wandels benannt. Diese Elemente zeigen zugleich eine Richtung auf, wie die Herausforderungen adressiert werden können, die sich mit Blick auf international agierende, marktmächtige Digitalunternehmen stellen (Kap. 4.2.2; Kasten 8.4-1). Die konkrete Ausgestaltung eines regulativen Rahmens für die internationale Digitalwirtschaft bedarf weiterer, wissenschaftlich gestützter Debatten, Vorschläge und Prüfung geeigneter Regulierungs- und Kontrollansätze.

8.4.1 Ökonomisches Paradigma als starker Hebel

Da die Dynamiken der Digitalisierung in hohem Maße durch wirtschaftliche Akteure geprägt werden, stellt eine Anpassung des ökonomischen Paradigmas an die mit der Digitalisierung verbundenen Herausforderungen eine grundlegende Voraussetzung für den Übergang in ein nachhaltiges Digitales Zeitalter und die Entwicklung geeigneter Governance-Strukturen dar (Kap. 9.2.3). Disruptive technologische Entwicklungen verbunden mit einem exponentiellen Anstieg der Weltbevölkerung haben bereits in der Vergangenheit zu Herausforderungen für Gesellschaft und Wirtschaftssystem geführt, welche das zur jeweiligen Zeit vorherrschende ökonomische Paradigma herausgefor-

Kasten 8.4-1

Die Digitalwirtschaft als Gegenstand von Global Governance

Marktmächtige Unternehmen der Digitalwirtschaft agieren und gestalten bereits heute auf globaler Ebene digitale Technologien und deren Anwendung. Diese Unternehmen sind damit selbst Teil der heute bestehenden Governance-Strukturen, die im Themenfeld Digitalisierung bestehen (Kap. 8.1). Ihr globaler Aktionsraum und die in der Zwischenzeit hervorgehobene gesellschaftliche Bedeutung ihrer Angebote und Dienste machen diese Unternehmen jedoch zugleich notwendigerweise selbst zu einem Gegenstand von Global Governance für eine nachhaltige Gestaltung von Digitalisierung. Die folgenden Herausforderungen, die an verschiedenen Stellen im Gutachten diskutiert werden, stellen sich für Global Governance:

- Durch das Wirken von Skalen- und Netzwerkeffekten haben Unternehmen der Digitalwirtschaft, insbesondere die Big Five, heute international sehr marktmächtige Positionen und eine erhebliche Finanzkraft erreicht. Diese Position erlaubt es ihnen, in einem bislang nicht gekannten Maß Daten und Informationen aus privaten wie öffentlichen Räumen zu erfassen. Der meist exklusive Zugriff auf diese Daten verschafft den Unternehmen nicht nur gegenwärtig Wettbewerbsvorteile, sondern kann auch längerfristig die Entwicklung wettbewerbsfähiger, alternativer Angebote unterbinden (Kap. 4.2.2, 8.3.2). Wettbewerbsrechtliche Verfahren erfassten diesen Konzentrationstendenzen bislang oft nur unzureichend. Ihre Weiterentwicklung wird bereits intensiv diskutiert, um den Besonderheiten von datengetriebenen Geschäftsmodellen (Dienste gegen Daten), der oft unklaren Bestimmung von Marktsegmenten und möglichen Substitutionsbeziehungen oder auch dem Wirken von Netzwerkeffekten zukünftig besser gerecht zu werden. Angesichts der Bedeutung von Daten für Geschäftsmodelle und Innovationen können einzelne, wettbewerbsrechtliche Verfahren jedoch auch bei stärkerer internationaler Harmonisierung zu kurz greifen. Die Ausgestaltung von Verpflichtungen zu höherer Interoperabilität und offeneren, regulierten Datenzugängen sollte daher weiter geprüft und verfolgt werden (Kap. 9.2.3). Zu beachten sind dabei auch die hohen entwicklungspolitischen Potenziale, die in der Ausgestaltung neuer Regime für die Zugänge und Nutzung digitaler und digitalisierter Güter bzw. Dienste und Daten liegen (Kap. 8.3.2).
- Die marktmächtige Position der Unternehmen stellt darüber hinaus auch mit Blick auf den Schutz der Privatsphäre und der Entscheidungssouveränität von Individuen und Gruppen eine Herausforderung dar. Durch Zusammenführung von Daten und Informationen aus unterschiedlichen Lebensbereichen eines Individuums können sehr umfangreiche Profile erstellt werden, die für personalisierte Werbung, die Berechnung individualisierter Preise (Preisdifferenzierung) oder die personalisierte Ausgestaltung entscheidungsassistierender Systeme genutzt werden können (Kap. 4.2.2, 8.3.1). Die Verknüpfung und Nutzung von Daten erfolgt dabei in der Regel intransparent, so dass Kriterien und Werte, die der Ausgestaltung eines digitalen Dienstes zugrunde liegen, für den Einzelnen kaum nachvollziehbar sind (Kap. 3.2.5). Zudem können mit Hilfe der Verknüpfung von Daten und von Big Data und maschinellem Lernen Schlussfolgerungen über eigentlich geschützte Bereiche der Privatsphäre gezogen werden, ohne dass diese von heutigen Bestimmungen des Datenschutzes wie der DSGVO erfasst werden (Kap. 5.3.3).
- Die Digitalisierung bringt erhebliche Herausforderungen bei der Besteuerung von Unternehmensgewinnen mit sich, die auch, aber nicht nur Unternehmen der Digitalwirtschaft betreffen. Digital gestützte Internationalisierung und Virtualisierung unternehmerischer Tätigkeiten werfen Fragen der geographischen Zuordnung und Bewertung auf. Zugleich wachsen die Möglichkeiten der Steuervermeidung im internationalen Steuerwettbewerb. In Kasten 4.2.2-2 werden diese Herausforderungen und mögliche Reformansätze für die Unternehmensbesteuerung im Detail diskutiert. Internationale Kooperation ist dabei zentral. Die bereits laufenden internationalen Verhandlungsprozesse führten bislang aber noch zu keiner Einigung über konkrete Reformschritte (Kap. 8.1.3).
- Die besondere, hervorgehobene Rolle von Unternehmen wie Google/Alphabet, Facebook oder Amazon spiegelt sich auch darin wider, dass die Angebote und Dienste dieser Unternehmen in vielen Ländern zu selbstverständlichen Teilen des Alltags geworden sind, sowohl im privaten wie öffentlichen und wirtschaftlichen Bereich (Kap. 8.1.1). Dies ermöglicht den Unternehmen, sehr umfangreich Daten zu erfassen, mit den bereits zuvor diskutierten Folgen und Herausforderungen. Zu beachten ist aber auch, dass die Unternehmen über Suchmaschinen oder soziale Netzwerke Dienste und Räume anbieten, die in der Zwischenzeit gesellschaftliche Relevanz erlangt haben, z.B. als zentrale Informationsquellen oder Foren für die gesellschaftliche (politische) Entscheidungsfindung. Als zunächst rein privatwirtschaftliche Angebote unterliegen die Dienste und ihre Nutzung durch Dritte bislang meist keiner oder einer ihrer Bedeutung nicht angemessenen Regulierung und Kontrolle durch gesellschaftlich bzw. demokratisch legitimierte Instanzen. So bleibt meist weitgehend intransparent, inwieweit in der Ausgestaltung dieser Angebote gesellschaftliche Werte wie etwa die Diskriminierungsfreiheit beachtet werden. Ähnliches gilt für die Nutzung der neu geschaffenen, digitalen und damit inhärent internationalen Räume durch Dritte, etwa zu politischen Zwecken in Wahlkämpfen (Kap. 5.3.2, 5.3.5).

dert und gewandelt haben. Die Entwicklung der sozialen Markstwirtschaft als Leitbild europäischer Volkswirtschaften kann nicht zuletzt als langfristige Folge der Industriellen Revolution, wachsender Bevölkerung und der Folgen zweier verheerender Weltkriege gesehen werden. Aber auch die Entwicklung sozialistischer Wirtschaftssysteme im letzten Jahrhundert resultierte aus wirtschaftlichen und gesellschaftlichen Herausforderungen einer zunehmend technisierten Welt. Auch die Verbreitung digitaler Technologien und die darauf aufbauenden Geschäftsmodelle brechen derzeit wirtschaftliche Strukturen und Pfadabhängigkeiten auf. Etablierte Unternehmen und Märkte werden herausgefordert und sehen sich starken, teilweise tiefgreifenden

Veränderungsdynamiken gegenüber (Kap. 4). Es entstehen erneut Räume für einen Wandel des sich im Zuge der Industrialisierung in westlichen Marktwirtschaften herausgebildeten ökonomischen Paradigmas. Welche Richtung diese Transformationsdynamik konkret einschlagen wird, ist derzeit nicht absehbar. Klarer denn je ist jedoch, dass rein privatwirtschaftlich getriebene Dynamiken ohne geeignete Rahmensetzung den Zielen nachhaltiger Entwicklung und den zu ihrer Umsetzung notwendigen Transformationsprozessen nicht vollständig gerecht werden dürften.

Weder dezentral organisierten noch zentral gesteuerten Wirtschaftssystemen ist es in der Vergangenheit gelungen, die Übernutzung natürlicher Ressourcen und die drohende Überschreitung planetarischer Leitplanken adäquat zu adressieren. Trotz – oder vielleicht gerade wegen – der fortschreitenden wirtschaftlichen Globalisierung finden die notwendige Langfristperspektive und die globalen Ansätze nach wie vor unzureichend Eingang in politische Prozesse. Dies spiegelt sich auch in den tradierten Leistungsindikatoren gesellschaftlicher und ökonomischer Systeme wider. Indikatoren wie Bruttosozialprodukt und Wirtschaftswachstum stammen aus einer Zeit, in der steigender materieller Wohlstand vielfach mit zunehmender Wohlfahrt gleichgesetzt wurde. Gefährdungen des Gemeinwohls aufgrund des Raubbaus an natürlichen Lebensgrundlagen, Verteilungskonflikten und sonstige umweltbezogenen oder sozialen Externalitäten privatwirtschaftlichen Handelns spielen für diese Leistungsindikatoren keine Rolle.

8.4.1.1
Leitbilder und Leistungsindikatoren einer „leeren" und einer „vollen" Welt

Historisch stammen die aktuell verwendeten Leistungsindikatoren aus einer „leeren Welt" (von Weizsäcker und Wijkman, 2018) mit weit weniger Menschen und scheinbar reichlich vorhandenen Ressourcenvorkommen. Fortschritt wurde in dieser Welt durch die bessere Versorgung mit Gütern (steigende Einkommen) oder durch die „produktivere" Nutzung von Faktoren (wie Arbeit) grundsätzlich über monetäre Größen erfasst. So bezieht sich die Produktivität der Nutzung von Arbeit und Land beispielsweise auf die erzielte Wertschöpfung pro Arbeitsstunde oder pro Hektar Land. Da die natürlichen Lebensgrundlagen lange Zeit nicht als systemisch knapp wahrgenommen wurden, erfassen traditionelle Leistungsindikatoren die Rückwirkungen ökonomischer Aktivitäten auf Ökosysteme und Umwelt gar nicht oder nur unzureichend.

Die Lage im 21. Jahrhundert hat sich gegenüber dieser Ausgangssituation jedoch grundsätzlich gewandelt: Die Menschheit lebt heute in einer vergleichsweise „vollen Welt" mit über 7 Mrd. Menschen und einem durchschnittlichen Bruttosozialprodukt von ca. 10.000 US-$ pro Kopf (World Bank, 2019c). Während in der Vergangenheit steigender Wohlstand ohne Entkopplung von Ressourcen- und Umweltverbrauch möglich war, stößt diese Entwicklung heute an die Grenzen natürlicher Ressourcen und Ökosysteme bzw. hat diese bereits seit Jahrzehnten überschritten. Steigender materieller Wohlstand, wie er durch die traditionellen Leistungsindikatoren gemessen wird, spiegelt entsprechend nicht mehr in gleichem Maße steigende Wohlfahrt wider. Um die Herausforderungen einer „vollen Welt" adäquat abzubilden, braucht es daher neue oder zumindest weiterentwickelte, inklusive Leistungsindikatoren, die das klassische mit einem sozial-ökologischen Entwicklungsverständnis verbinden.

8.4.1.2
Auf dem Weg zu einem neuen (ökonomischen) Leitbild der Digitalisierung

Die Digitalisierung eröffnet für die Überwindung der Herausforderungen einer „vollen Welt" (Kap. 8.4.1.1) große Potenziale, für deren Nutzung allerdings häufig geeignete Anreize fehlen. Diese fehlende Anreizsetzung spiegelt nicht zuletzt die Ausrichtung der Wirtschaft an tradierten Leitbildern wider. Für eine zukunftsgerechte Digitalisierung müssen entsprechend alternative, stärker an der gesellschaftlichen Wohlfahrt orientierte Leitbilder von (digitalem) Fortschritt entwickelt und implementiert werden. Dafür und für die Einschätzung von Entwicklungspotenzialen können inklusive Leistungsindikatoren eine wichtige Hilfestellung bieten.

Während das klassische, ökonomische Entwicklungsverständnis die Chancen neuer Technologien primär über ihren Beitrag zur materiellen Wohlstandsentwicklung beurteilt, bewertet das sozial-ökologische Entwicklungsverständnis das ökologische und soziale Potenzial von Innovationen. Um die Potenziale der Digitalisierung in beiden Dimensionen zu heben, gilt es, Orientierungen zu entwickeln, die ein inklusives Entwicklungsverständnis zugrunde legen, das beide Perspektiven kombiniert, und auch Nutzen und Kosten der Digitalisierung adäquat berücksichtigt (Abb. 8.4.1-1). Eine verstärkte Nachfrage nach solch integrativen Entwicklungskonzepten und Leitbildern ist bereits heute bei vielen Akteuren aus Gesellschaft, Politik und Wirtschaft wahrzunehmen.

Alternativen zu herkömmlichen Indikatoren sind bisher insbesondere aus dem Bestreben heraus entwickelt worden, ökologische und soziale Entwicklungsaspekte adäquater abzubilden. Beispiele reichen vom Konzept des „Genuine Savings" (Hamilton, 2000), dem ökologischen Fußabdruck (Wackernagel und Rees, 1996) bis hin zum Index der menschlichen Entwicklung (UNDP, 2019)

Abbildung 8.4.1-1
Erweiterte Leitorientierung für eine am globalen Gemeinwohl ausgerichtete Digitalisierung
Quelle: WBGU

und dem Index für ökologische Nachhaltigkeit (Esty et al., 2005). Die Herausforderung besteht allerdings nach wie vor darin, diesen Indikatoren die notwendige Geltung zu verschaffen und sie verstärkt im Rahmen politischer Prozesse zu berücksichtigen. Auch erste Ansätze, die gesamtwirtschaftlichen Effekte der Digitalisierung im Rahmen geeigneter Indikatoren zu erfassen, sind zu erkennen (Brynjolfsson et al., 2019a, b). Die Entwicklung einer Metrik, die wirtschaftliche Entwicklung, Nachhaltigkeit und Digitalisierung umfassend berücksichtigt, steht allerdings noch aus.

8.4.1.3
Neue Hybridformen des Wirtschaftens

Lediglich neue, erweiterte Indikatoren zur Messung von wirtschaftlichem und gesellschaftlichem Fortschritt zu entwickeln, wird den Herausforderungen in einer „vollen Welt" (Kap. 8.4.1.1) allerdings nicht gerecht. Diese Indikatoren müssen letztlich durch konkrete Rahmensetzung ins Bewusstsein der privatwirtschaftlichen Akteure rücken. Regulative Maßnahmen, beispielsweise der Umwelt- und Ressourcenpolitik, können dabei zwar eine stärkere Wohlfahrtsorientierung tradierter Wohlstandsindikatoren erreichen, machen aber umfassende, alternative Wohlfahrtsmaße nicht überflüssig. Klar ist, dass ein zunehmender Abschied von Laissez-faire-Prinzipien einer „leeren Welt" unumgänglich ist.

Privatwirtschaftliche Akteure verfügen zwar im Rahmen der Digitalisierung über erhebliche Potenziale, nachhaltige Entwicklung zu befördern, etwa durch ressourcenschonendere Produktionsverfahren, Monitoring und Schließen von Stoffkreisläufen (Kreislaufwirtschaft), der Dematerialisierung von Konsum oder auch durch Geschäftsmodelle, die auf der geteilten Nutzung von Wirtschaftsgütern basieren. Diese Potenziale werden allerdings in der Regel nur bei entsprechenden Renditeerwartungen gehoben (Kap. 4.2.2). Regulatorische Rahmensetzung determiniert entscheidend, mit welchen Technologien diese Renditeerwartungen einhergehen. Eine Synchronisierung privatwirtschaftlicher Interessen und Gemeinwohlorientierung erscheint zumindest partiell möglich.

In diesem Kontext gilt es auch, die Potenziale alternativer, nicht primär rendite-orientierter Formen privaten Wirtschaftens (z.B. genossenschaftliche Ansätze) zu eruieren. Auch dies setzt allerdings die Schaffung einheitlicher Bedingungen für wirtschaftliche Betätigung voraus, welche positive und negative gesellschaftliche Folgen wirtschaftlichen Handelns angemessen berücksichtigen. Für die Bereitstellung von Gütern und Dienstleistungen, für die auch unter diesen Bedingungen trotz gesellschaftlicher Wünschbarkeit keine Marktpotenziale bestehen, müssen zudem geeignete Finanzierungsinstrumente geschaffen werden (Kap. 5.2.2). Bereits heute nimmt das Interesse an alternativen Formen des Wirtschaftens, wie Plattformkooperativen und bürgergetragenen Sharing-Dienste, für eine gemeinwohlorientierte Digitalisierung stetig zu (Kap. 5.2.2).

Inwieweit die Realisierung von Potenzialen der Digitalisierung zumindest partiell in staatliche Verantwortung übergehen sollte, muss insbesondere im Kontext digitaler Gemeingüter und öffentlich-rechtlicher IKT geprüft werden (Kap. 5.3.5, 5.3.10). Bei autonomen Mobilitätssystemen, Sharing-Diensten, Bereitstellung digitaler Bildungsressourcen – um nur einige Beispiele zu nennen – muss die Rolle des Staates im Verhältnis zur privatwirtschaftlichen Bereitstellung (sei sie gewinn- oder gemeinwohlorientiert) diskutiert werden.

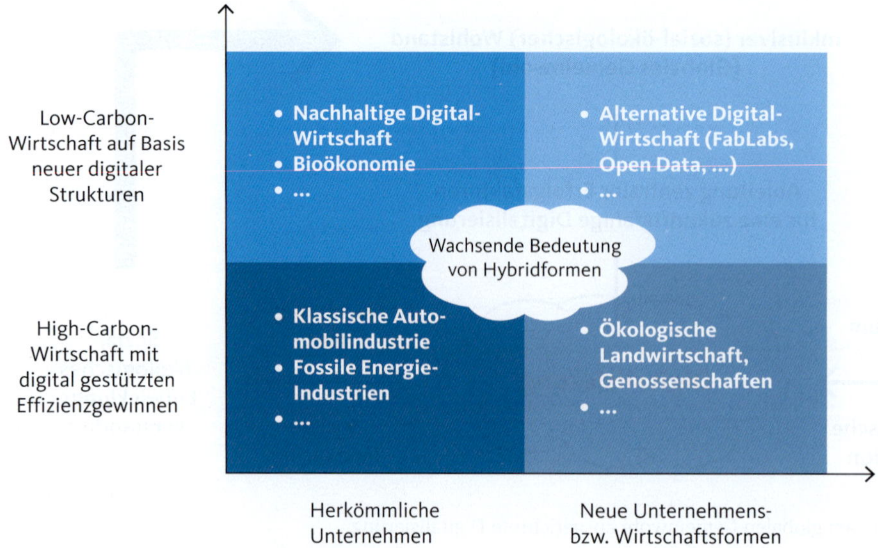

Abbildung 8.4.1-2
Auf dem Weg zu Hybridformen einer nachhaltigen digitalen Ökonomie.
Quelle: WBGU

Hybride Formen des Wirtschaftens (Abb. 8.4.1-2), die Vorteile verschiedener Eigentumsstrukturen und Entwicklungsverständnisse miteinander verbinden, können für das Heben inklusiver Entwicklungspotenziale (nicht nur aber auch im Kontext der Digitalisierung) erhebliche Chancen bieten.

8.4.2 Umweltrechtsprinzipien und -instrumente im Kontext der Digitalisierung

Zur Einhegung von negativen Auswirkungen auf die Nachhaltigkeitsziele durch Digitalisierung bedarf es einer klaren Zuweisung und Übernahme von Verantwortung durch staatliche, wirtschaftliche und gesellschaftliche Kräfte, wie sie bereits im Umweltbereich weitgehend konzipiert sind. Damit in einem polyzentrischen Akteursgefüge die Erreichung der Nachhaltigkeitsziele gelingen kann, sind gemeinsame Leitbilder und Leitprinzipien hilfreich. In den letzten 30 Jahren wurden im Umweltvölkerrecht Prinzipien, etwa das Vorsorge-, Verursacher-, Kooperations- und Integrationsprinzip als Grundlagen für Vereinbarungen, Institutionen, Verfahren und Instrumente zum Schutz der Umwelt entwickelt und angewendet. Im Kontext der bereits erläuterten Herausforderungen der Digitalisierung können diese Erfahrungen unter Umständen wertvolle Orientierungshilfen bieten (Kap. 9.3.2.1).

8.4.2.1 Das Vorsorgeprinzip

Das *Vorsorgeprinzip* wurde für Fälle entwickelt, in denen bei der Entwicklung und Anwendung von (internationalem) Umweltrecht wissenschaftliche Unsicherheit besteht (Sands et al., 2018:230). Es wurde in mehreren Vereinbarungen des Soft Law und Hard Law aufgenommen, etwa in Artikel 15 der Rio-Erklärung von 1992 und Art. 3 Abs. 3 UNFCCC. Es besagt, dass „angesichts der Gefahr irreversibler Umweltschäden [...] ein Mangel an vollständiger wissenschaftlicher Gewissheit nicht als Entschuldigung dafür dient, Maßnahmen hinauszuzögern, die in sich selbst gerechtfertigt sind“ (UNCED, 1992). Im deutschen Recht beinhalten Art. 20a GG und etwa § 5 Abs. 1 Nr. 2 Bundes-Imissionsschutzgesetz (BImSchG) und im europäischen Recht Art. 191 Abs. 2 S. 2 Vertrag über die Arbeitsweise der Europäischen Union (AEUV) den Vorsorgeansatz (Calliess, 2013). Auch aufgrund seines nicht ganz eindeutigen Inhalts ist das Vorsorgeprinzip noch nicht als allgemeingültiges Völkergewohnheitsrecht anerkannt (SRU, 2011; Sands et al., 2018:234). Vom Vorsorgeprinzip können Risiko- und Ressourcenvorsorge umfasst sein (Meßerschmidt, 2011:286): Risikovorsorge ist die Bewältigung von durch Ungewissheit und Unsicherheit definierten Risikosituationen; Ressourcenvorsorge bedeutet, die gegenwärtigen Ressourcen mit Blick auf die Bedürfnisse künftiger Generationen zu schonen (Calliess, 2013). Das Vorsorgeprinzip verpflichtet die Staaten zu vorsorgend-planender Steuerung (Kloepfer, 2016) und der Ausschöpfung aller zugänglichen Erkenntnisquellen, einem Risikovergleich und der Begründung von Risikoentscheidungen (Schlacke, 2019). Vorsorge kann auch zu verfahrensrechtlicher Absicherung führen, etwa zu Beteiligungsrechten gesellschaftlicher Gruppen und Transparenz behördlicher Entscheidungen oder der Ermöglichung von Rückverfolgbarkeit zur potenziellen Gefahrenursache, um spätere Handlungen des Staates vorzubereiten (Calliess, 2013).

Zentral für die Risikovorsorge ist die naturwissenschaftliche Risikoermittlung (Calliess, 2013). Im Rahmen der Digitalisierung ist besonders auch die gesellschaftswissenschaftliche Risikoermittlung von Relevanz, da nicht nur physische und technische Risiken, sondern sich insbesondere auch das gesellschaftliche Zusammenleben durch den digitalen Wandel verändert. In einer Welt mit pluralen Risiken nehmen zudem Folgenabschätzungen eine immer zentralere Rolle ein, sei es mit Blick auf den Datenschutz, Umweltauswirkungen oder anderer Risiken. Institutionen, die zur wissenschaftlichen Risikoermittlung und -bewertung auf globaler Ebene beitragen, sind etwa zwischenstaatliche Institutionen, die für politische Entscheidungsträger den Stand der wissenschaftlichen Forschung zusammentragen, wie etwa der Weltklimarat (IPCC) oder der Weltbiodiversitätsrat (IPBES).

8.4.2.2 Das Verursacherprinzip

Nach dem *Verursacherprinzip* (polluter pays principle) soll der- oder diejenige zur Vermeidung, Beseitigung, zur Verminderung oder zum Ausgleich einer Umweltbeeinträchtigung herangezogen werden, dem oder der diese zuzurechnen ist (Sands et al., 2018: 240). Das Verursacherprinzip gilt dabei nicht zwischen Staaten, sondern ist Leitlinie für die innerstaatliche Ebene (Sands et al., 2018: 241). Zwischen Staaten gilt völkergewohnheitsrechtlich nicht das Verursacherprinzip, sondern das Verbot vorsätzlicher oder fahrlässiger grenzüberschreitender Umweltschädigung (USA vs. Canada, 1941).

Das Verursacherprinzip ist u.a. in Grundsatz 16 der Rio-Erklärung niedergelegt (UNCED, 1992). Dieser Gedanke umfasst die private Verantwortung zur vorrangigen Pflicht der Vermeidung von Beeinträchtigungen (zum Beispiel die Produktverantwortung von Herstellern), aber auch zur Kostentragung und Ausgleichszahlung für Verluste, also die Haftung für Umweltschäden (Schlacke, 2019). Dahinter steht die Annahme, dass Verursacher*innen Beeinträchtigungen und Verluste am zweckmäßigsten und am günstigsten selbst bekämpfen können (Kloepfer, 2016). Die Umwelt als frei verfügbares Gut soll zudem nicht sanktionslos geschädigt werden (Schlacke, 2019). Daneben soll die Anwendung des Verursacherprinzips zu Lasten- und Verteilungsgerechtigkeit beitragen (Kloepfer, 2016). Maßnahmen und Instrumente, die das Verursacherprinzip verwirklichen, sind neben Kostenerstattungspflichten und der Internalisierung externer Kosten auch Verbote und Auflagen sowie zivilrechtliche Unterlassungsansprüche, Produkt- und Verfahrensnormen (Kloepfer, 2016: 193), etwa Regelungen zur Produktverantwortung.

Im Kontext der Digitalisierung ist eine klare Verantwortungszuweisung zum Beispiel bei der Bereitstellung kritischer Infrastrukturen und im Rahmen automatisierter Entscheidungsfindung erforderlich. Gesamtgesellschaftliche Wertentscheidungen (z.B. privacy by design) müssen bereits bei der Entwicklung von Technik umgesetzt werden.

8.4.2.3 Das Kooperationsprinzip

Das *Kooperationsprinzip* besagt, dass Umweltschutz eine gemeinsame Aufgabe aller gesellschaftlichen Kräfte ist, nicht nur reine Staatsaufgabe. In Grundsatz 5 der Rio-Erklärung ist auch ein globales Kooperationsgebot zur Armuts- und Ungleichheitsbekämpfung niederlegt (UNCED, 1992). Der Staat hat hierbei, eine federführende Funktion, da er dem Gemeinwohl verpflichtet und zu dessen Verwirklichung beauftragt ist. Die Kooperation dient einerseits des Einbezugs von Expertise für öffentliche Belange und andererseits der Förderung der Information und Akzeptanz durch Einbeziehung der Beteiligten sowie der Entlastung des Staates (Schlacke, 2019). Bei der Orientierung am Kooperationsprinzip sollte aber nicht außer Acht gelassen werden, dass in Kooperationssituationen gegebenenfalls eine Kompromissbildung über den Kooperationsgegenstand (z.B. die Umwelt) erforderlich sein kann. Hierdurch können Kosten für die Allgemeinheit entstehen. Kooperationen können zudem von Verhandlungspartnern aus wirtschaftlichen Gründen zur Verhinderung des Vollzugs genutzt werden (Schlacke, 2019).

Im Digitalen Zeitalter hat Kooperation zwischen den verschiedenen gesellschaftlichen Kräften besondere Bedeutung, da sich die Gestaltungs- und Marktmacht zunehmend auf Privatunternehmen verschiebt. Um diese Macht einzuhegen, bedarf es öffentlich-privater Kooperationen. Die Ausgestaltung dieser öffentlich-privaten Kooperation, die die Gestaltung des Digitalen Zeitalters als öffentliche Aufgaben begreift, gewinnt zunehmend an Bedeutung. Zentral ist, dass der Staat nicht nur die Fähigkeit bewahrt, die öffentlich-privaten Kooperationen federführend mitzugestalten, sondern diese Funktion auch als zentrale Staatsaufgabe akzeptiert und wahrnimmt. Darüber hinaus sollten alle relevanten Akteure zur Kooperation befähigt werden. Zudem sollte der Staat im Blick behalten und prüfen, ob Kräfte an Kooperationsfähigkeit verlieren und ob diese zu stärken sind.

Konkrete Instrumente, die sich aus dem Kooperationsprinzip ableiten und im digitalen Kontext fortentwickeln lassen, sind zum Beispiel der Einbezug Privater in die Rechtsetzung und -durchsetzung sowie der Einbezug der Zivilgesellschaft in Entscheidungsverfahren und ihre Mobilisierung zur Rechtsdurchsetzung.

8.4.2.4
Das Integrationsprinzip

Es gibt Ziele, wie den Umwelt- und Klimaschutz, die sich nicht sektoral verwirklichen lassen, sondern als Querschnittsthemen in allen Bereichen vorangetrieben werden müssen. Das umweltrechtliche *Integrationsprinzip* zielt genau darauf und besagt, dass Umweltbelange in alle gesellschaftlichen Bereiche, insbesondere auch bei der wirtschaftlichen Entwicklung, integriert und bei jedweder staatlichen Gestaltung berücksichtigt werden müssen. Im internationalen Umweltrecht wird es als Bestandteil des Nachhaltigkeitsprinzips verstanden (Sands et al., 2018:227), mit der Querschnittsklausel in Art. 11 AEUV ist es hochrangig im EU-Recht verankert. Es umfasst, dass Umweltschutz bei der Durchführung aller Teilbereiche des politischen und gesellschaftlichen Handelns (also auch etwa in der Wirtschafts- und Entwicklungspolitik) mitgedacht und dass innerhalb der einzelnen Sektoren der Schutz der Umwelt beachtet werden muss (Kloepfer, 2016:205). Auf internationaler Ebene ist es etwa in Grundsatz 3 der Rio-Erklärung niederlegt (UNCED, 1992). Instrumente zur Umsetzung des Integrationsprinzips sind zum Beispiel die Sammlung und Verbreitung von Umweltinformationen, die Durchführung von Umweltverträglichkeitsprüfungen (Sands et al., 2018) oder die Bestellung von Ombudspersonen, die für das Thema eintreten. Im Digitalen Zeitalter muss das Integrationsprinzip insbesondere für Themen wie Privatsphärenschutz (inklusive Datenschutz- und Datensicherheit) und Cybersicherheit angewendet werden. Zugleich bedarf es einer Integration von Umweltschutz in die Aushandlungsräume zur Digitalisierung.

8.4.3
Neujustierung der Nachhaltigkeits-Governance 30 Jahre nach dem Erdgipfel von Rio de Janeiro

Die rasche weltweite Verbreitung digitaler Technologien erfordert dringend eine Anpassung der globalen Nachhaltigkeitspolitik, um rechtzeitig die Weichen für eine digitalisierte Nachhaltigkeitsgesellschaft stellen zu können. 30 Jahre nach dem Erdgipfel von Rio de Janeiro im Jahr 1992 (UNCED) bedarf es heute es einer Neujustierung der globalen Nachhaltigkeits-Governance (Kap. 9.3.1). Seine Errungenschaften, z.B. die Einrichtung der drei Rio-Konventionen UNFCCC, der CBD und der UNCCD, waren geprägt durch die politische Aufbruchsstimmung nach dem Ende des Kalten Krieges und die zukunftsgerichtete Antwort auf wachsende Herausforderungen wie die Erhaltung der natürlichen Lebensgrundlagen und die Überwindung zentraler Entwicklungsprobleme wie Armut oder Unterernährung. Angesichts der derzeit wachsenden Hürden für multilaterale Zusammenarbeit sind die Bedingungen für einen neuen Aufbruch aber deutlich schwieriger als 1992. Allerdings könnte die erst in den letzten Jahren entstandene Krise des Multilateralismus erneut in wenigen Jahren überwunden sein. Dies betonte auch Bundeskanzlerin Angela Merkel in ihrer international vielbeachteten Rede auf der Münchener Sicherheitskonferenz 2019 (Merkel, 2019). Um hierfür die richtigen Weichen zu stellen, schlägt der WBGU vor, dass sich Deutschland und die EU für einen UN-Gipfel zum Thema Digitalisierung und Nachhaltigkeit im Jahr 2022 – 30 Jahre nach der UNCED – einsetzen (UN Conference for a Sustainable Digital Age; Kap. 9.3.1.1). Zentrales Thema der Konferenz mit globaler Perspektive sollte sein, welcher großen Weichenstellungen es bedarf, um eine digital unterstützte, nachhaltige Entwicklung zu erreichen und nicht nachhaltige Folgen des digitalen Wandels zu vermeiden. Als thematische Schwerpunkte bieten sich die Nutzung digitaler Technologien zur Unterstützung der Umsetzung der SDGs sowie neue Herausforderungen für globale Nachhaltigkeitspolitik nach dem Jahr 2030 an. Der Weltgipfel sollte die Empfehlungen des UN High-level Panel on Digital Cooperation (2019) sowie die Ergebnisse der Weltgipfel zu nachhaltiger Entwicklung seit 1992 berücksichtigen (UNCED 1992, Millennium-Gipfel 2000, WSSD 2002, UN-Konferenz über nachhaltige Entwicklung 2012 sowie den Weltgipfeln zur Informationsgesellschaft von 2003 und 2005). Ein zentrales Ergebnis des UN-Gipfels könnte eine Charta der internationalen Staatengemeinschaft „Unsere Gemeinsame Digitale Zukunft“ sein. Dazu hat der WBGU einen Entwurf vorgelegt (Kap. 8.6; Kasten 9.3.1-1). In einer solchen Erklärung sollten die für die nachhaltige Gestaltung des Digitalen Zeitalters grundlegenden Themen aufgeführt, zentrale politische Ansatzpunkte identifiziert sowie zentrale Hebel benannt bzw. Leuchttürme der Politikgestaltung vorgestellt werden.

Zur Vorbereitung des vorgeschlagenen UN-Gipfels empfiehlt der WBGU die sofortige Einsetzung einer „Weltkommission für Nachhaltigkeit im Digitalen Zeitalter“ (World Commission for a Sustainable Digital Age) nach dem Vorbild der Brundtland-Kommission (Kap. 9.3.1.1). Letztere sollte damals Langzeitstrategien entwickeln, Möglichkeiten zur Verbesserung der internationalen Kooperation aufzeigen, effektive Maßnahmen und Verfahren vorschlagen und gemeinsame ambitionierte Ziele für die Weltgemeinschaft liefern (UNGA, 1983). Aufgabe der neuen Weltkommission sollte sein, die Ziele, Langzeitstrategien und eine Zukunftsvision für eine *gemeinsame digitale Zukunft* zu entwickeln. Insbesondere sollten die Risiken digitaler Technologien für die Transformation zur Nachhaltigkeit identifiziert und Wege zu deren Einhegung beschrieben werden. Zugleich sollte die Weltkommission die Bedingungen benennen, die die Entfaltung der Potenziale digitaler Technologien für nachhaltige Entwicklung ermöglichen. Die Ergebnisse sollten in jedem Fall in die Weiterentwicklung der SDG-Agenda nach dem Jahr 2030 einfließen.

8.4.4 Governance-Lücke: Adäquate institutionelle Kapazitäten für neue Herausforderungen

Neue globale Herausforderungen benötigen – neben der Stärkung zivilgesellschaftlicher und lokaler Fähigkeiten (Kap. 4.2, 9.3.3) – auch Veränderungen der Global Governance. Für eine nachhaltige Digitalpolitik bedarf es dabei Stimmen für Nachhaltigkeit in allen privaten, zwischenstaatlichen und transnationalen in allen Foren und Organisationseinheiten. Zentral ist nach Auffassung des WBGU allerdings eine robuste institutionelle Verankerung des Themas Digitalisierung im UN-System (Kap. 9.3.1.2). Hierfür sieht der WBGU verschiedene Möglichkeiten: Zunächst sollten alle UN-Institutionen, die zu Entwicklungsfragen arbeiten (z.B. UN Environment, UNDP, UN-Habitat, IOM sowie Weltbank und regionale Entwicklungsbanken), das Thema der digitalen Transformation systematisch in ihre Arbeits- und Strategiebildungsprozesse aufnehmen. Darüber hinaus sollte „Digitalisierung" als Querschnittsthema und im Zusammenspiel der UN-Organisationen stärker verankert werden. Über die bestehende United Nations Group on the Information Society (UNGIS) hinaus (Kap. 8.1.3) bedarf es daher einer robusteren institutionellen Verankerung des Themas Digitalisierung im UN-System. Dazu sollte ein Mechanismus zur Sicherung der Zusammenarbeit zwischen Agenturen und der systemweiten Koordination eingerichtet werden („UN Digitalization" analog zur bereits bestehenden UN Energy; Kap. 9.3.1.2). Insbesondere sollten sich aber auch Staaten als Repräsentanten ihrer Bürger*innen und des Allgemeinwohls nach dem Staatsverständnis des gestaltenden Staats mit erhöhten Beteiligungsmöglichkeiten (WBGU, 2011) für Gemeinwohlinteressen, insbesondere Umwelt- und Privatsphärenschutz, digitale Teilhabe und die Entscheidungssouveränität des Menschen einsetzen. Das entspricht ihren Schutz- und Vorsorgepflichten bezüglich der mit Digitalisierung zusammenhängenden Gefahren für die Gesellschaft, einzelne Bürger*innen sowie die Umwelt. Staaten haben kraft ihrer Verfassungen in diesem Sinne die Aufgabe und Pflicht auf internationale Prozesse einzuwirken (Hoffmann-Riem, 2016). Das bedeutet, dass Umweltschutz und andere Aspekte von Nachhaltigkeit, wie der Schutz der Privatsphäre, in allen Agenden und Verfahren zur digitalen Entwicklung als Querschnittsaufgabe verankert werden sollten. Die Global Commission on the Stability of Cyberspace sollte ebenfalls die Material- und Energieverbräuche des Cyberspace behandeln – die beteiligten Staaten sollten hierauf hinwirken. Institutionen, die eine gesellschaftliche Kontrolle über Staaten und Unternehmen einfordern und ausüben können, sind etwa Ombudspersonen, die unterrepräsentierte Themen, wie Umwelt- und Klimaschutz, in den Tech-Organisationen und -Unternehmen vertreten und auf die Agenda setzen. Ebenso wichtig sind Beteiligungsmöglichkeiten der Zivilgesellschaft. Hierfür sollten entsprechende Rahmenbedingungen geschaffen und Ressourcen bereitgestellt werden.

8.4.5 Völkerrechtsverbindlicher Rahmen als optimale Lösung

Motoren der Fortentwicklung des Umweltvölkerrechts bzw. der globalen Nachhaltigkeits-Governance waren wichtige internationale Abkommen wie die CBD, UNFCCC und die UNCCD. Solche Rahmenkonventionen bieten Staaten die Möglichkeit, fortlaufend über ein Thema im Gespräch zu bleiben sowie weitere institutionelle Kapazitäten zu schaffen und Maßnahmen zu treffen. Sie sind die wohl sichtbarste, aber verhandlungstechnisch aufwändigste und im derzeitigen internationalen Umfeld politisch am schwierigsten erreichbare institutionelle Verankerung von Global Governance. Um eine Verzahnung von Nachhaltigkeitszielen und Digitalisierung zu erreichen, wäre aus Sicht des WBGU die Aushandlung einer „UN-Rahmenkonvention für digitale Nachhaltigkeit und nachhaltige Digitalisierung" erforderlich (Kap. 9.3.1.3). Nur so könnten notwendige neue völkerrechtliche Verhandlungsräume für eine an globaler Nachhaltigkeit orientierte Digitalisierung geschaffen werden. Insbesondere sollten die globale Zusammenarbeit für die Bewahrung und den Ausbau von Teilhabe im Digitalen Zeitalter, die Entscheidungssouveränität des Menschen beim Einsatz von algorithmenbasierter Entscheidungsfindung, KI und Automatisierung sowie Diskurse über die Veränderungen des Mensch-Maschine-Verhältnisses als neue Themen auf die Agenda der internationalen Staatengemeinschaft gesetzt werden. In jedem Fall sollte die Durchsetzung des digitalen Privatsphärenschutzes Gegenstand eines völkerrechtlich verbindlichen Abkommens sein, entweder als Protokoll zu einer Rahmenkonvention für digitale Nachhaltigkeit und nachhaltige Digitalisierung oder als eigenständiges Abkommen (Kap. 8.3.1.3).

8.4.6
Rolle der Wissenschaft

Zukünftige Entwicklungen sind zwar nicht vorhersehbar, aber wissenschaftliche Expertise kann Entscheidungsträgern helfen, sich auf mögliche Zukünfte besser vorzubereiten, insbesondere wenn auch disruptive Entwicklungen möglich erscheinen. Wissenschaft und Forschung können aber auch wesentlich zur Bewusstseinsbildung über die zentralen Herausforderungen des digitalen Wandels beitragen und auf diese Weise gesellschaftliche Akzeptanz befördern. Das Beispiel IPCC hat gezeigt, dass das Zusammenführen wissenschaftlicher Expertise für politische Entscheidungsträger eine wichtige Voraussetzung für faktenbasierte Politikgestaltung ist. Es wäre daher naheliegend und sinnvoll, ein zwischenstaatliches oder internationales wissenschaftliches Gremium einzusetzen, das in regelmäßigen Sachstandberichten den wissenschaftlichen Erkenntnisstand zu allen nachhaltigkeitsrelevanten soziotechnischen und ökologischen Aspekten der digitalen Transformation aufarbeitet (Kap. 9.3.1.4). Ein solches Gremium könnte aufbauend auf den bisher gemachten Erfahrungen ähnlich der Struktur von IPCC oder IPBES aufgebaut werden.

8.5
Die EU als Vorreiterin für die Integration von Nachhaltigkeit und Digitalisierung

Damit eine globale Integration von digitalem Wandel und Nachhaltigkeitstransformation gelingen kann, braucht es Staaten und Allianzen, die dieses Ziel ambitioniert verfolgen und in globale Prozesse einbringen. Die EU als Wirtschaftsraum und Raum geteilter Werte und Normen sollte im Sinne ihrer Bürger*innen und globaler Nachhaltigkeit eine Alternative zu aus europäischer Sicht defizitären Regulierungsstrategien der Digitalisierung im Sinne einer Laissez-faire-Mentalität (wie z.B. in den USA) und einer Nutzung digitaler Instrumente zur Ausübung autoritärer Staatsmacht (wie z.B. in China) bieten (Kap. 7.3). Eine sich konsequent davon absetzende visionäre Haltung der EU (Kap. 7.3, 9.3.2) kann globale Strahlkraft entfalten, trotz Herausforderungen für die politische Umsetzbarkeit. Dabei besteht das Ziel nicht darin, „einen Wettlauf zu gewinnen", sondern „das Wohl der Menschheit und der Umwelt zu gewährleisten" (Dignum, 2019).

8.5.1
Strahlkraft und politische Umsetzbarkeit eines europäischen Modells

Der Vorschlag eines europäischen Modells für Nachhaltigkeit und Digitalisierung (Kap. 9.3.2.1) sieht sich mit der Herausforderung konfrontiert, dass es auf globaler Ebene Wirkung entfalten und – insbesondere auch angesichts der aktuellen weltpolitischen Lage und innereuropäischer Probleme – politisch durchsetzbar sein muss. Bei der Frage nach der globalen Strahlkraft und politischen Umsetzbarkeit eines europäischen Modells für Nachhaltigkeit und Digitalisierung spielen das ökonomische Gewicht und die Soft Power (Nye, 2004) der EU eine Rolle.

So kann die EU ihr wirtschaftliches Gewicht in die Waagschale werfen: Rechtliche Regulierung in großen Volkswirtschaften kann einen positiven Spill-over-Effekt entfalten, wenn sich Unternehmen global an die dort gültigen Standards halten (Kap. 4.2.6). In der Vergangenheit hat sich in der Tat ein Brüssel-Effekt gezeigt, bei dem die rechtliche Regulierung in der EU de facto auch außerhalb des Binnenmarktes übernommen wurde (Bradford, 2012). Um diesen Effekt im Sinne nachhaltiger Digitalisierung zu nutzen und zu verstärken und so den rechtlichen Rahmen für nachhaltige Digitalisierung stärker zu kodifizieren, wäre es denkbar, entsprechende Regelungen in die Handelsabkommen der EU einzuarbeiten und so eine Koalition für gemeinsame hohe Standards zu bilden. In der Vergangenheit hat die EU bereits die Verhandlungen zu Handelsverträgen genutzt, um grundlegende Arbeitsrechte oder wirtschaftliche Entwicklungsstrategien mit Partnerländern zu verankern (Meunier und Nicolaïdis, 2006). Im Streit um den Handel mit Fleisch von hormonbehandelten Rindern hat die EU beispielsweise die Auseinandersetzung innerhalb der Welthandelsorganisation mit den USA nicht gescheut, wenn auch der Schutz europäischer Landwirt*innen eine Rolle gespielt haben könnte (Josling und Roberts, 2001; Kerr und Hobbs, 2002). Auch mit der Chemikalien-Verordnung REACH hat sie über die europäischen Grenzen hinweg Maßstäbe gesetzt und damit den internationalen Handel unmittelbar beeinflusst (Motaal, 2009). Im Klimaschutz war die EU bereits Vorreiterin, auch wenn sie diesen Anspruch inzwischen ein Stück weit verloren hat (Fischer und Geden, 2015).

Internationale Reaktionen auf die DSGVO zeigen, dass EU-interne Regulierung auch zu Digitalthemen auf globaler Ebene wahrgenommen wird und Gewicht hat (Kasten 4.2.6-1). Auf diese Weise könnte die Vorreiterrolle der EU auf andere Länder und Regionen ausstrahlen. Ein europäisches Modell für Nachhaltigkeit und Digitalisierung könnte dazu beitragen, die Verknüpfung beider Aspekte in der internationalen Politik zu etablieren und so auf mittlere und lange Sicht auf globaler Ebene Dialoge anstoßen, die letztlich auch über die EU hinaus zu angemessenen rechtlichen und institutionellen Rahmenbedingungen führen.

Einem europäischen Modell für Nachhaltigkeit und Digitalisierung stehen gegenwärtig ernste Probleme bezüglich des inneren Zusammenhalts der Mitgliedstaaten, der Rechtsstaatlichkeit einzelner Mitgliedstaaten und des gemeinsamen Verständnisses grundlegender Freiheitsrechte gegenüber. Diese bestehenden Problemlagen erschweren die politische Umsetzung der ambitionierten Integration von Digitalisierung und Nachhaltigkeit, wie sie in diesem Kapitel gefordert wird. Dabei handelt es sich nicht um ein originär europäisches Problem. In der gesamten westlichen Welt, also auch z.B. in den USA, formieren sich Gegenbewegungen gegen die liberale Weltordnung und deren Institutionen (Hale und Held, 2017; Ikenberry, 2018).

Um ein europäisches Modell für Nachhaltigkeit und Digitalisierung politisch umsetzen zu können, müssen die sozialen Belange aller betroffenen Bevölkerungsgruppen berücksichtigt werden. Eine gemeinsame Vision für eine nachhaltige digitale Zukunft, die den Menschen in den Mittelpunkt stellt, könnte einerseits ein neues gemeinsames Projekt für die Mitgliedstaaten sein und andererseits auch konkrete Ängste einzelner Bevölkerungsgruppen aktiv adressieren. So kann der sozioökonomische Strukturwandel, den sowohl die Transformation zur Nachhaltigkeit als auch die Digitalisierung mit sich bringen, begleitet werden. Ähnlich wie auch beim Klimawandel (WBGU, 2018b; Feist und Messner, 2019) ist die Sicherstellung sozialer Kohäsion dabei gleichermaßen normativ und strategisch geboten: Zum einen benötigen beispielsweise die Betroffenen der arbeitsweltlichen Umwälzungen durch die Digitalisierung (Kap. 5.3.9) Unterstützung, zum anderen ist das erfolgreiche Setzen der Rahmenbedingungen für nachhaltige Digitalisierung an breite Akzeptanz in der Bevölkerung geknüpft. Um einen inklusiven Prozess zu gewährleisten, sollte die EU nicht allein handeln. Sie sollte stattdessen mit den Regierungen der Mitgliedstaaten und nichtstaatlichen Akteuren, die ebenfalls ein Interesse an einer aktiven, nachhaltigkeitsorientierten Gestaltung der Digitalisierung haben, den Schulterschluss suchen und deliberativ ambitionierte Lösungen entwickeln, die Alternativen zu den bisherigen Modellen aufzeigen. Eine solche stakeholderorientierte Herangehensweise würde zur politischen Umsetzbarkeit eines europäischen Modells für Nachhaltigkeit und Digitalisierung beitragen.

8.5.2 Weichenstellungen in den politischen Prioritäten, Strategien und Programmen der EU

Mit der Wahl eines neuen EU-Parlaments und der Neubesetzung der EU-Kommission beginnt im Jahr 2019 für die EU eine neue Legislaturperiode. Da bestehende übergeordnete EU-Strategien 2020 auslaufen, besteht zurzeit ein Gelegenheitsfenster für die Integration von Nachhaltigkeits- und Digitalisierungsagenden und -politiken. Beide Themen sollten aufgrund ihrer Bedeutung in den übergeordneten Strategien und Prioritäten der EU sichtbar, in diese dauerhaft integriert und in ihrer Wechselwirkung berücksichtigt werden (Kap. 9.3.2.1). Für den Umweltschutz ist die Integration bereits durch die Querschnittsklausel des Art. 11 AEUV verwirklicht: Umweltbelange müssen „bei der Festlegung und Durchführung der Unionspolitiken und -maßnahmen insbesondere zur Förderung einer nachhaltigen Entwicklung einbezogen werden". Gleiches gilt für andere ökonomische und soziale Nachhaltigkeitsthemen, wie den Schutz vor der Diskriminierung (Art. 10 AEUV), den Verbraucherschutz (Art. 12 AEUV) oder den Schutz personenbezogener Daten von Individuen (Art. 16 Abs. 1 AEUV). Demgemäß besteht schon jetzt die Pflicht, die EU-Digitalpolitik nachhaltig zu gestalten. Aber auch die Nutzung digitaler Technologien als Instrumente und Werkzeuge, um andere Politikbereiche digital zu gestalten, bedarf immer der Ausrichtung an den in der Charta der Grundrechte der Europäischen Union verankerten Grundwerten sowie Umwelt- und Nachhaltigkeitsprinzipien der Union, insbesondere wenn es um den Erlass von Rechtsakten, die Errichtung von Institutionen und die Etablierung von Verfahren geht.

In Zukunft sollten die allgemein gefasste, übergeordnete EU-Strategie und Prioritäten ausdrücklich an der Agenda 2030 ausgerichtet sein. Damit kann die EU ein Zeichen in die Welt senden, das die Nachhaltigkeitsziele als politisches Leitbild stärkt. Als ökologische Themen sollten insbesondere eine digitalisierte Energie- und Klimaschutzunion und die mit einer Digitalisierungsoffensive versehene Kreislaufwirtschaft hohe politische Priorität erhalten. Möglich ist es auch, generell die Verschränkung von Digitalisierungs- und Nachhaltigkeitspolitik als Priorität auf die politische Agenda zu setzen.

Um das Potenzial der Digitalisierung für gesamtgesellschaftliche Ziele neben wirtschaftlichen Zielen zu heben, müssen Nachhaltigkeitsziele in der EU-Digitalisierungspolitik ein höheres Gewicht bekommen. Die Agenda 2030 hat die Ziele ausdifferenziert. Die Digitale Agenda der EU sollte neu aufgelegt und mit den Nachhaltigkeitszielen zusammengeführt werden, um die digitale Innovationskraft Europas auf das Zielsystem auszurichten. Die Umweltrechtsprinzipien (Kap. 8.4.2), die im Umweltrecht der EU bereits gelten, können dabei für die Gestaltung der Digitalisierung fruchtbar gemacht werden. Gemäß des Prinzips der Ressourcenvorsorge (Art. 191 Abs. 1 AEUV; Kap. 8.4.2.1) muss dem steigenden Ressourcenbedarf für digitale Produkte und Infrastrukturen mit schnellen Fortschritten beim Umstieg auf erneuerbare Energien und dem Aufbau einer möglichst weitreichenden Kreislaufwirtschaft begegnet werden. Das Prinzip der Risikovorsorge (Art. 191 Abs. 2 AEUV; Kap. 8.4.2.1) verlangt sowohl die gesellschaftlichen Folgen der Nachhaltigkeitstransformation als auch gesellschaftliche Auswirkungen der Digitalisierung in den Blick zu nehmen und die gesamtgesellschaftliche Fähigkeit, mit Strukturwandel umzugehen und Resilienz aufzubauen, zu fördern. Um dabei die breite gesellschaftliche Unterstützung nicht zu verlieren, müssen den Menschen durch Zukunftsbildung sowohl Themen nachhaltiger Entwicklung als auch Digitalkompetenz vermittelt werden. Darüber hinaus gilt es, die Dynamik und Breitenwirkung zu nutzen, die von einer Einbindung privatwirtschaftlicher Akteure ausgehen kann. Erforderlich ist indes, dass ein verbindlicher Rahmen für die Einhaltung von Nachhaltigkeitszielen und entsprechend erweiterter wirtschaftlicher Leistungsindikatoren in der EU gesetzt wird, um private und gesellschaftliche Interessen in Einklang zu bringen. Digitale Werkzeuge sollten für die Erreichung gesamtgesellschaftlicher Zielstellungen eingesetzt werden, wie z.B. Klima- und Umweltschutz, Klimaanpassung und Monitoring der Art und des Erfolgs der Zielverfolgung. Dies sollte höhere Bedeutung in politischen Strategien erhalten, auch um mögliche technologische „Game Changer" zu identifizieren und zu fördern.

Dabei sollten auch neue global relevante Kooperationsfelder, wie der Schutz der Privatsphäre, die Teilhabe an digitalen und digitalisierten Gütern, die Gewährleistung der Entscheidungssouveränität des Menschen und an menschlichen Bedürfnissen orientierte Mensch-Maschine-Verhältnisse Gegenstand einer neuen Digitalen Agenda der EU werden (Kap. 8.3). Generell sollten Ethik, Privatheit, IT-Sicherheit, Nachhaltigkeit und faire Produktionsbedingungen in der Technikgestaltung und -realisierung sowie im Betrieb (ethics by, in and for design, privacy by design, security by design, sustainability and fairness by design) zentrale handlungsleitende Prinzipien eines künftigen europäischen Digitalisierungsmodells sein (Kap. 9.3.2). Schlüsselprojekte zur Umsetzung können der Aufbau nachhaltiger, öffentlich-rechtlicher europäischer IKT-Infrastrukturen (Kap. 5.3.5) und die Beteiligung an digitalen Gemeingütern (Kap. 5.3.10) sein.

Im Bereich der Nachhaltigkeits- und Umweltpolitik hat die EU im laufenden Prozess der Neuauflage einer EU-Nachhaltigkeitsstrategie als „Umsetzungsstrategie für die Agenda 2030", mit dem neuen „Umweltaktionsprogramm" und mit der „Dekarbonisierungsstrategie als Beitrag zum Pariser Übereinkommen" die Chance, ambitionierte Schritte und konkrete Maßnahmen zur Um- und Durchsetzung der Ziele für nachhaltige Entwicklung festzulegen. Die bestehenden Ansätze (Kap. 8.1.6) sollte die EU nun entschieden in den zu formulierenden Strategien und Programmen verankern und insbesondere ambitionierte Schritte und konkrete Maßnahmen zur Umsetzung der SDGs festlegen und verfolgen. Zur Umsetzung sollten insbesondere die Potenziale des Monitorings ausgeschöpft werden. Mit einer „Europäischen Strategie für Nachhaltigkeit im Digitalen Zeitalter" könnte die EU auch eine Pionierrolle für die Vertiefung und Weiterentwicklung der weltweiten Nachhaltigkeitsagenda post-2030 einnehmen. Die Strategie sollte bestehende Nachhaltigkeitsziele und neue Kooperationsbedarfe (Kap. 8.3) gemeinsam adressieren und damit eine über 2030 hinausgehende Perspektive einnehmen.

Dabei darf nicht aus dem Blick geraten, dass digitale Technologien politischen Willen zur Lösung dringender Nachhaltigkeitsprobleme nicht ersetzen können. Leitbilder und Leistungsindikatoren zur Messung des wirtschaftlichen Erfolgs, die Resilienz und Nachhaltigkeit der Wirtschaft abbilden, können ein Umdenken der Unternehmen in Richtung Nachhaltigkeit befördern (Kap. 8.4.1).

8.6 Zur Notwendigkeit einer Charta für ein nachhaltiges Digitales Zeitalter

Global Governance für die Transformation zur Nachhaltigkeit im Digitalen Zeitalter braucht einen normativen Fix- und Bezugspunkt. Auf Basis der Analysen in diesem Gutachten hat der WBGU daher den Entwurf einer „Charta für ein nachhaltiges Digitales Zeitalter" entwickelt (Kasten 9.3.1-1). Die Charta soll als Prinzipien-, Ziel- und Normensystem für die internationale Staatengemeinschaft dienen – komplementär zur Agenda 2030 und darüber hinaus sowie mit spezifischer globaler Nachhaltigkeitsperspektive (Kap. 3.6.3). Sie enthält kondensierte Leitlinien für nachhaltiges Handeln im Digitalen Zeitalter, sie deckt Herausforderungen der drei Digitalisierungsdynamiken ab und ist dabei institutionell auf die multilaterale Ebene ausgerichtet, um so komplementär zur Agenda 2030 ein Zielsystem mit der nötigen globalen Perspektive bieten zu können.

Ausgehend des vom WBGU entwickelten normativen Kompass (Kap. 2) formuliert der Entwurf zunächst Ziele und Grundsätze zum Schutz der Menschenwürde, der natürlichen Lebensgrundlagen, der Teilhabe an und des Zugangs zu digitalisierter Infrastruktur und den zugrundeliegenden Technologien sowie der individuellen und kollektiven Entfaltungsfreiheit im Digitalen Zeitalter. Auf dieser Basis konkretisiert die Charta Handlungsleitlinien dazu, wie sich die Weltgemeinschaft zu den Herausforderungen des Digitalen Zeitalters aufstellen sollte. Dazu enthält die Charta drei Kernelemente. So sollen erstens Digitalisierung im Sinne der Agenda 2030 gestaltet und digitale Technik zur Erreichung der SDGs genutzt werden. Zweitens sollten über die Agenda 2030 hinaus Systemrisiken (Kap. 7) vermieden werden, d.h. zum Beispiel Rechte schützen, das Gemeinwohl fördern und Entscheidungssouveränität gewährleisten. Drittens müssen sich Gesellschaften prozedural auf zukünftige Herausforderungen vorbereiten, indem sie etwa ethische Leitlinien vereinbaren und zukunftsorientierte Forschung und Bildung sicherstellen.

Deutschland und die EU sollten sich dafür einsetzen, auf globaler Ebene einen Prozess für die Etablierung einer solchen „Charta für ein nachhaltiges Digitales Zeitalter“ anzustoßen und selbst als Vorreiter Politik im Sinne der genannten Grundsätze gestalten. Der Vorschlag des WBGU (Kasten 9.3.1-1) ist dabei als Anstoß für eine breite gesellschaftliche Debatte zu verstehen, im Zuge derer die Charta weiter Gestalt annehmen soll (www.wbgu.de/de/publikationen/charta). Im Rahmen eines öffentlichen Konsultationsprozesses soll der Entwurf der Charta weiterentwickelt werden.

Erhaltung der natürlichen Lebensgrundlagen
Armutsbekämpfung und inklusive Entwicklung
Arbeit der Zukunft und Abbau von Ungleichheit
Zukunftsbildung
Big Data und Privatsphäre
Fragilität und Autonomie technischer Systeme
Ökonomische und politische Machtverschiebungen
Global Governance
nachhaltige Gestaltung des
Digitalen Zeitalters

Handlungsempfehlungen 9

Für Politik und Gesellschaft besteht die dringende Herausforderung darin, den digitalen Wandel in Richtung Nachhaltigkeit zu lenken. Hierfür gibt der WBGU eine Reihe von Handlungsempfehlungen, die sich primär an die deutsche Bundesregierung richten, aber auch anderen Akteuren Anknüpfungspunkte bieten. Alle Staaten, Organisationen, Unternehmen, Individuen sind gefragt, sich nicht nur an den Diskussionen über unsere gemeinsame digitale Zukunft zu beteiligen, sondern sie aktiv mitzugestalten.

Der WBGU empfiehlt, die Digitalisierung ausdrücklich in den Dienst der Nachhaltigkeit zu stellen. Ohne aktive Gestaltung birgt der globale digitale Wandel das Risiko, die Gefährdung der natürlichen Lebensgrundlagen der Menschheit weiter zu beschleunigen. Ohne Regulierung und demokratische Kontrolle kann er auch den Zusammenhalt unserer Gesellschaften gefährden, Grund- und Menschenrechte verletzen und unsere Demokratien schwächen. Nur wenn die Nutzung digitaler Technologien in eine Strategie nachhaltiger Entwicklung eingebettet wird, kann sie auch einen positiven Beitrag für *unsere gemeinsame digitale Zukunft* leisten. Dies erfordert, den Blick über das Jahr 2030, dem Zieljahr der UN-Nachhaltigkeitsziele (SDGs), hinaus zu richten. Damit nimmt der WBGU im Unterschied zu den meisten Studien internationaler Organisationen zu diesem Thema eine längerfristige Perspektive ein. Langfristigkeit erfordert eine adaptive Politikgestaltung und eine Kultur zukunftsorientierten Denkens, gestützt auf systemisch angelegte Langfristanalysen und -szenarien.

Der digitale Wandel findet in einer Zeit statt, in der entscheidende Weichen gestellt und unerwünschte Pfadabhängigkeiten aufgebrochen werden müssen, damit die Transformation zur Nachhaltigkeit gelingen kann. Erfahrungsgemäß steigt in solchen Phasen die Wahrscheinlichkeit grundsätzlicher Veränderungen (Systemumschwünge). Die Herausforderung für Politik und Gesellschaften besteht darin sicherzustellen, dass der digitale Wandel in Richtung Nachhaltigkeit gelenkt werden kann.

Um die vor uns liegenden Veränderungsmöglichkeiten zu fassen, unterscheidet der WBGU „drei Dynamiken des Digitalen Zeitalters" und deren Interaktion mit nachhaltiger Entwicklung (Abb. 9-1; Kap. 7). Diese Dynamiken beinhalten zeitlich versetzt sehr unterschiedliche Herausforderungen, aber alle erfordern sofortiges Handeln. In der *Ersten Dynamik* steht die Umsetzung der Agenda 2030 im Zentrum und die Frage, welche Weichen gestellt werden müssen, um die Digitalisierung für die Erreichung der SDGs fruchtbar zu machen. Hier geht es um konkrete Politikmaßnahmen der Umsetzung, für die der WBGU ein Bündel an Empfehlungen gibt, etwa zu urbaner und ländlicher Entwicklung (Kap. 9.1). Die *Zweite Dynamik* betrifft die tiefgreifenden, strukturellen Veränderungen für Gesellschaft, Wirtschaft und Individuum durch die Digitalisierung, wie zum Beispiel neue Herausforderungen im Umgang mit Privatsphäre sowie umfassende Veränderungen der Marktdynamiken. Digitalisierung eröffnet neue Chancen, kann aber auch gewaltige Risiken erzeugen: Derzeit bewegt sich der digitale Wandel auf einem nicht nachhaltigen Pfad. Hier geht es also um präventive Politikgestaltung und darum, dass sich Gesellschaften besser auf tiefgreifende, teilweise disruptive Veränderungen vorbereiten. Technikfolgenabschätzung, Risikoanalyse, die Verzahnung von Digitalisierungs- und Nachhaltigkeitsforschung und deren Integration in die Politik sind hier zentral (Kap. 9.2). In der *Dritten Dynamik* stellen sich Fragen über die Zukunftsfähigkeit sowie Identität des Menschen und menschlicher Gesell-

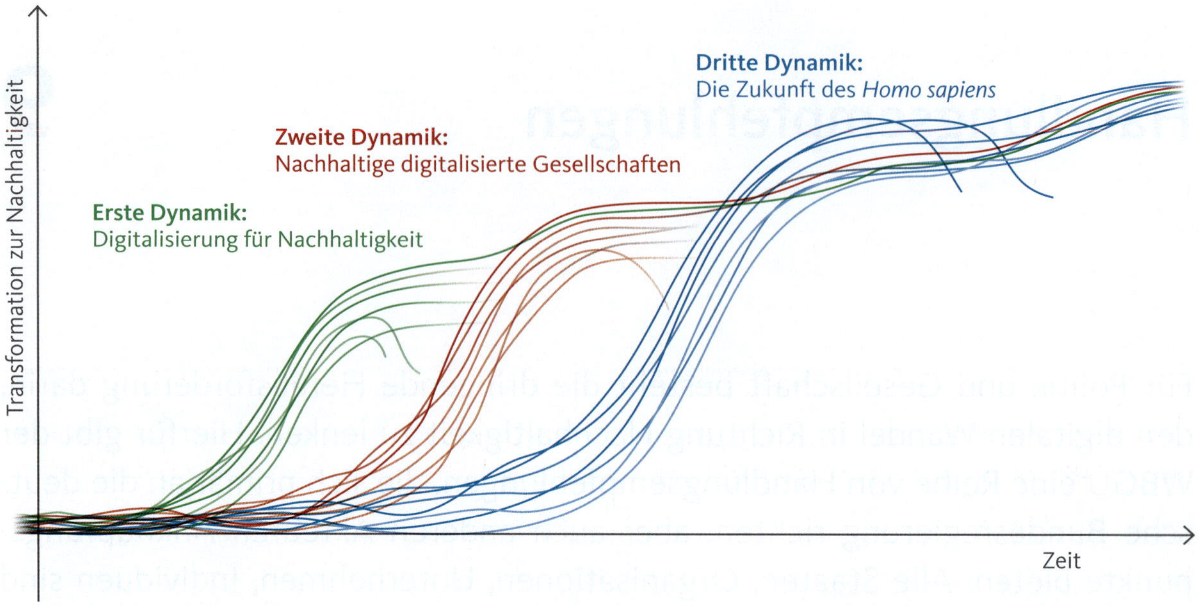

↑ Nachhaltigkeit digital unterstützen
- Planetarische Leitplanken einhalten (Klima, Natur, Böden, Ozeane)
- Soziale Kohäsion sichern (gegen Hunger, Armut, Ungleichheit; für Zugang zu Wasser, Gesundheit, Bildung, Energie)

↓ Ökologische und gesellschaftliche Disruption
- Mehr Emissionen und Ressourcennutzung
- Mehr Ungleichheiten
- Mehr Machtkonzentration
- Erosion von Bürgerrechten und Privatheit
- Erosion der Steuerungsfähigkeit des Staates

↑ Neuer Humanismus
- Vernetzte Weltgesellschaft als Weiterentwicklung von Aufklärung und Humanismus
- Entwicklung von Welt(umwelt)-bewusstsein
- Kooperationskultur, Empathie, globale Solidarität

↓ Digital ermächtigter Totalitarismus
- Ausgehöhlte Demokratien und digital ermächtigte Autokratien
- Massive Ungleichheiten, Elitenherrschaft, Totalüberwachung und Freiheitsverlust
- Umweltzerstörung und Verlust sozialer Kohäsion

↑ Selbstbewusstsein des *Homo sapiens* stärken
- Bewahrung des biologischen Menschen in seiner natürlichen Umwelt
- Ethisch reflektierte Weiterentwicklung des Menschen
- Mensch-Maschine-Kollaboration gestalten

↓ Entgrenzung von Mensch und Maschine
- Missbrauch im Verhältnis Mensch-Maschine
- Superintelligenz
- Künstliche Evolution des Menschen

Abbildung 9-1
Drei Dynamiken des Digitalen Zeitalters.
Die Grafik zeigt den positiven Fall einer gelungenen Einhegung der Dynamiken durch Zielsetzung und Gestaltung. Alle drei Dynamiken laufen bereits heute parallel an, wenn auch mit unterschiedlicher Intensität; es handelt sich also nicht um eine strenge zeitliche Abfolge. Jede Dynamik besteht aus unterschiedlich verlaufenden Teilpfaden. Die Bezeichnung der Dynamiken spiegelt die jeweils erforderlichen Handlungsprioritäten wider.
Die Texte unterhalb der Abbildung geben Stichworte zu den *Potenzialen* (↑: obere Reihe) und den *Risiken* (↓: untere Reihe) der drei Dynamiken.
Quelle: WBGU; Grafik: Wernerwerke, Berlin

schaften im Verhältnis zur sich entwickelnden natürlichen und technischen Umwelt. Hier stellen sich neue normative Fragen, die das Verhältnis zwischen Mensch und Maschine betreffen. Um diese Herausforderungen bewältigen zu können, sind gesellschaftliche Dialogprozesse zentral, um wünschenswerte Zukünfte abzustecken. Dafür empfiehlt der WBGU u.a. die Einrichtung von Diskursarenen für grundsätzliche Fragen des Menschseins im Digitalen Zeitalter (Kap. 9.4).

Bei allen Dynamiken liegt die Herausforderung darin, die Wucht der Digitalisierung mit den Zielen nachhaltiger Entwicklung in Einklang zu bringen. Angesichts der sich rasch ändernden Rahmenbedingungen bedarf aber auch die Verständigung über globale Nachhaltigkeit einer Weiterentwicklung. Übergreifend werden daher Vorschläge für eine Global-Governance-Architektur sowie die mögliche Rolle der Europäischen Union (EU) diskutiert, die allen Dynamiken gerecht werden kann. Deutlich wird, dass die Politik ihren Modus ändern muss, von einer starken Gegenwartsorientierung, Kritiker*innen würden sagen „Gegenwartsverwaltung", hin zu einer stärkeren Zukunftsgestaltung, die nur gelingen kann, wenn Politik, Gesellschaft und Wirtschaft zusammenwirken.

Für seine thematischen Analysen zur Verbindung von Digitalisierung und Nachhaltigkeit hat der WBGU einen exemplarischen Ansatz gewählt, der sich in „Schauplätzen des digitalen Wandels" niederschlägt (Kasten 9-1). Diese geben einen vielfältigen Eindruck der Gestaltbarkeit der Digitalisierung im Dienst der Großen Transformation zur Nachhaltigkeit. Eine ausführliche Darstellung der Schauplätze inklusive spezifischer Handlungs- und Forschungsempfehlungen findet sich in Kapitel 5.

In seinem 2018 vorgelegten Impulspapier „Digitalisierung: Worüber wir jetzt reden müssen" hat der WBGU Schlüsselfragen zu zehn Themenkomplexen formuliert (WBGU, 2018a). Die Strukturierung der Handlungsempfehlungen lehnt sich im Wesentlichen an diese Themenkomplexe an. Dabei wird nicht der Anspruch erhoben, Antworten für alle im Papier gestellten Fragen zu präsentieren. In vielen Fällen können bereits heute konkrete Vorschläge zur Gestaltung des digitalen Wandels gemacht werden. In anderen Fällen geht es angesichts der bestehenden Unsicherheiten zunächst darum, gesellschaftliche Diskursräume zu schaffen, um das Verständnis für das Ausmaß der möglichen Veränderungen zu schärfen und normative Grundlagen für die Gestaltungsaufgabe zu entwickeln, die sich daraus ergibt. Denn die Digitalisierung ist keine Naturgewalt, sondern der Weg in *unsere gemeinsame digitale Zukunft* ist ein aktiv zu gestaltender Prozess.

Weichenstellungen für einen europäischen Weg zur digitalisierten Nachhaltigkeitsgesellschaft

Die EU sollte eine Vorreiterrolle für die Integration von Nachhaltigkeit und Digitalisierung wahrnehmen. Gerade durch die Verstärkung technologischer Innovationen und deren systematische Verbindung mit nachhaltigkeitsorientierten sozialen, kulturellen und institutionellen Innovationen könnte die EU dem globalen Technologiewettlauf eine besondere Prägung geben und Vorreiterin bei der Suche nach Pfaden zur digitalisierten Nachhaltigkeitsgesellschaft sein. In Teilbereichen der Digitalisierung ist die EU bereits Vorreiter durch rechtliche Rahmensetzungen. Für Daten- und Privatsphärenschutz ist die EU-Datenschutz-Grundverordnung (EU, 2016) weltweit bislang einzigartig. Sie konkretisiert Grundrechte, indem sie Individuen vor der kommerziellen oder staatlichen unerlaubten Nutzung personenbezogener Daten schützt. Die EU arbeitet zudem an einem europäischen Datenraum, der Bürger*innen und Unternehmen ein hoch entwickeltes, gut funktionierendes, transparentes System öffentlicher Daten, Informationen, Dienste und Standards bieten soll. Dieses System soll auch dazu beitragen, Wettbewerbsfähigkeit und Datenschutz zusammenzuführen, um im besten Falle Wettbewerbsvorteile für Unternehmen aus dem EU-Raum zu schaffen, z.B. im Wettbewerb mit China und den USA.

Die EU hat ebenso eine Vorreiterrolle im Bereich der Nachhaltigkeitspolitik: So ist Umweltschutz als EU-Ziel in der Grundrechtecharta und im EU-Vertrag verankert. Ferner arbeitet die EU derzeit an einem neuen Umweltaktionsprogramm und einer Dekarbonisierungsstrategie als Beitrag zum Pariser Übereinkommen. Die EU ist jedoch (noch) keine Pionierin, wenn es um die dringend notwendige, umsetzungsorientierte Verzahnung von Nachhaltigkeit und Digitalisierung geht. Überlegungen, wie digitaler Wandel für die Verwirklichung der SDGs genutzt werden kann oder welche ethischen Grundsätze für die Anwendung von Künstlicher Intelligenz (KI, Kap. 3.3.3) entwickelt werden sollten, stehen noch am Anfang.

Für einen *europäischen Weg zu digitalisierten Nachhaltigkeitsgesellschaften* schlägt der WBGU Weichenstellungen auf fünf unterschiedlichen Bühnen vor, um den tiefen Umbruch für Nachhaltigkeit im Digitalen Zeitalter zu meistern. Gelingen kann dieser Weg nur dann, wenn diese miteinander verzahnt werden.

1. *Neuer Humanismus für das Digitale Zeitalter – das normative Fundament unserer Gesellschaften erneuern:* Der WBGU entwickelt einige Grundzüge eines neuen Humanismus für das Digitale Zeitalter, um die fundamentalen und gefährdeten Errungenschaften von Humanismus und Aufklärung der vergangenen zwei Jahrhunderte zu verteidigen und zugleich attraktive Zukunftsperspektiven für eine digitalisierte Nachhaltigkeitsgesellschaft zu schaffen. Unsere Hoffnung ist, dass Europa zu einer solchen zivilisatorischen Anstrengung in der Lage sein könnte.
2. *Charta für den Übergang zur digitalisierten Nachhaltigkeitsgesellschaft:* Gesellschaftliche Diskurse für einen neuen Humanismus brauchen einen Startpunkt. Der WBGU hat auf der Grundlage seiner Analysen und Diskussionen wesentliche Prinzipien und Leitplanken für die digitalisierte Nachhaltigkeitsgesellschaft in einer Charta verdichtet, die sich die EU zu eigen machen kann. Zu diesen Leitzielen gehören der Schutz des Planeten sowie die Bewahrung der Integrität des Menschen, vor allem durch Schutz der Menschenwürde. Diese Charta umfasst zudem die Unterstützung lokaler und globaler Fairness,

Kasten 9-1

Schauplätze des digitalen Wandels

Die „Schauplätze des digitalen Wandels" sollen exemplarisch einen vielfältigen Eindruck von der Gestaltbarkeit der Digitalisierung im Dienst der Großen Transformation zur Nachhaltigkeit geben. Im Gutachten werden konkrete Themen knapp vorgestellt und analysiert sowie jeweils Handlungs- und Forschungsempfehlungen abgeleitet.

Industrieller Metabolismus
Digitalisierung verändert die energetischen und stofflichen Austauschbeziehungen (Metabolismus) in Unternehmen und Wertschöpfungsketten. Bei digitalen Geräten überwiegen derzeit die Umweltrisiken (z.B. Elektroschrott). In der Produktion bieten digitalisierte, im Sinne von Industrie 4.0 koordinierte Fertigungsprozesse Potenziale für höhere Ressourceneffizienz. Digitale Plattformen könnten eine enge Verknüpfung der Stoffströme zwischen Unternehmen ermöglichen. Die globalen Nachhaltigkeitsimplikationen und der Beitrag zur Kreislaufwirtschaft sind ambivalent zu bewerten und verlangen vertiefte Analysen (Kap. 5.2.1).

Neue Ansätze des nachhaltigen Wirtschaftens
Digitale Technologien ermöglichen neue, kollektiv organisierte und gemeinwohlorientierte Wirtschaftsformen. Dazu zählen neue Geschäftsmodelle (nachhaltiges digitales Unternehmertum bzw. grüne digitale Startups) und Unternehmensformen (Plattformkooperativen), alternative Produktionsformen (Prosumer, Commons-based Peer Production) sowie partizipative Wertschöpfung (Sharing-Ökonomie). Verbundene Potenziale zu heben, erfordert passende rechtliche Rahmenbedingungen, wie auch entsprechende Wirtschaftsförderung und den Aufbau von Infrastrukturen (Kap. 5.2.2).

Nachhaltiges Konsumverhalten
Der Einsatz digitaler Technologien kann Konsument*innen dabei unterstützen, auf nachhaltige Weise zu konsumieren (z.B. durch suffiziente und ressourcenschonende Nutzung, Wiederverwenden, Reparieren und Teilen). Der Fokus liegt auf Entscheidungen der Konsument*innen über Art, Menge und Nutzung der Produkte. Es werden nachhaltigkeitsrelevante Formen „digitalisierten Konsums" vorgestellt und Herausforderungen und Potenziale des digitalisierten Konsums für die Erhaltung natürlicher Lebensgrundlagen aufgezeigt (Kap. 5.2.3).

Onlinehandel
Onlinehandel nimmt rasant zu. Negativen Umwelteffekten durch Lieferdienste, Verpackungsmüll oder Retouren stehen positive Effekte durch reduzierte Privatfahrten oder optimierte Logistik gegenüber. Der Großteil des Umsatzes im Onlinehandel konzentriert sich derzeit auf wenige Unternehmen, die den stationären Handel verdrängen. Die Möglichkeiten sinken, die Einhaltung von Umwelt- und Sozialstandards am Herkunftsort zu kontrollieren. Kommunen und Städte sollten Strategien entwickeln, um auf die Verdrängung des stationären Einzelhandels zu reagieren (Kap. 5.2.4).

Elektroschrott in einer Kreislaufwirtschaft
Digitalisierung ist ein Treiber für Ressourcenextraktion und schnell wachsende Mengen von Elektroschrott und toxischem Abfall. Um diesen Trend umzukehren, müssen Ziele der Kreislaufwirtschaft wie Ressourcenschonung, Langlebigkeit, Reparaturfreundlichkeit und Recycling bereits in Geschäftsmodelle und Produktdesigns integriert werden. Klare Regulierung und Anreizsetzung, gesellschaftliche Verankerung sowie eine Forschungsoffensive sind Hebel, um Potenziale zu heben, die digitale Technik entlang des gesamten Produktlebenszyklus bietet (Kap. 5.2.5).

Digitalisierung für Klimaschutz und Energiewende
Digitale Lösungen unterstützen die Integration fluktuierender erneuerbarer Energien in die Energiesysteme und können den Zugang zu moderner Energie in netzfernen Regionen befördern. Problematisch können direkt und indirekt durch die Digitalisierung ausgelöste Steigerungen der Energienachfrage sein. Langfristige Ziele müssen klar und verlässlich gesetzt werden, um Investitionen und Innovationen für den Klimaschutz zu nutzen. Die Sicherheit der zunehmend komplexen Energiesysteme sowie der Datenschutz sollten von Anfang an mitbedacht werden (Kap. 5.2.6).

Smart City und nachhaltige Stadtentwicklung
Nachhaltige Stadtentwicklung unter dem Einsatz digitaler Technologien setzt voraus, dass Kommunen und Stadtgesellschaften ihre Gestaltungshoheit gegenüber der Digitalwirtschaft bewahren und eine eigene Technologiesouveränität aufbauen. Eine wachsende Zahl von Städten investiert aktiv in dezentrale digitale urbane Plattformen, offene Architekturen und Gemeinwohlorientierung. Setzt sich dieser Trend durch, besteht berechtigte Hoffnung, dass der digitale Wandel für eine inklusive, nachhaltige Stadtentwicklung genutzt werden kann (Kap. 5.2.7).

Urbane Mobilität
Digital gestützte Innovationen im Verkehrsbereich werden derzeit in vielen Städten erprobt und lassen disruptive Veränderungen erahnen. Offen sind vielfach der Umgang mit Daten sowie Fragen der Haftung. Die Lösung zentraler Probleme urbaner Verkehrssysteme (z.B. hohe CO_2- und Luftschadstoffemissionen, Flächenverbrauch, Lärmbelastung, steigende Fahrt- und Transportzeiten sowie Unfallrisiken) ist aber keine rein technologische Frage, sondern wird sich an der passenden Einbettung digitaler Lösungen in übergreifende Konzepte nachhaltiger urbaner Mobilität entscheiden (Kap. 5.2.8).

Präzisionslandwirtschaft
Landnutzung ist ein zentrales Nachhaltigkeitsthema für Ernährungssicherung und Naturschutz. Die Digitalisierung darf nicht die Trends in der industriellen Landwirtschaft verstärken. Sie sollte dafür eingesetzt werden, dass Umweltschäden durch Düngemittel- und Pestizideinträge sinken sowie die Diversität von Anbauformen und Landschaftsgestaltung gefördert wird. Vertrauenswürdige Datensysteme, der Fokus auf Datenhoheit sowie Open Data und Open Source können helfen, zunehmenden Kontrollverlust sowie Abhängigkeit der Landwirt*innen von Agrarunternehmen zu verhindern (Kap. 5.2.9).

Landwirtschaft in Entwicklungsländern
Kleinbauern und -bäuerinnen bewirtschaften den größten Teil der weltweiten Agrarflächen. Präzisionslandwirtschaft ist sehr kapitalintensiv und daher für die kleinbäuerliche Landwirtschaft in Entwicklungsländern weniger geeignet. Dennoch kann die Digitalisierung über verbesserten Zugang zu Informationen, Beratung und Bildung eine Steigerung der Effizienz, der Produktivität und der Nachhaltigkeit von Kleinbetrieben ermöglichen. Der Zugang zu Mobilkommunikation und die Organisation der Kleinbetriebe in Genossenschaften spielen dabei eine zentrale Rolle (Kap. 5.2.10).

Monitoring biologischer Vielfalt
Die Digitalisierung verändert den Naturschutz auf fundamentale und transformative Weise. Digital gestütztes Monitoring von Ökosystemen kann die Treiber der Biodiversitätskrise nicht direkt beeinflussen, aber es ist eine Quelle wertvollen Wissens und eröffnet neue Möglichkeiten bei der Überwachung von Managementregeln und Verboten, die eine Übernutzung biologischer Ressourcen verhindern sollen. Die Vision eines globalen Systems für das Monitoring biologischer Vielfalt mit teilautomatisierten Bestandsaufnahmen von Arten und Ökosystemleistungen wird realistischer (Kap. 5.2.11).

Kollektives Weltbewusstsein
Erdsystembewahrendes Handeln einzelner Menschen kann durch entsprechendes Problembewusstsein sowie konkretes Handlungswissen motiviert werden. Neue digitale Möglichkeiten, etwa Interaktivität, Gaming, virtuelles Naturerleben oder bürgerwissenschaftliche Projekte (Citizen Science) bieten neue Chancen zur Umweltbewusstseinsbildung. Perspektivisch erwächst daraus eine neue Bereitschaft zu globaler Kooperation und einem starken Weltbürgerbewusstsein (Kap. 5.3.1).

Öffentlicher Diskurs
Digitale Technologien verändern wie wir kommunizieren, wie wir gesellschaftliche Debatten wahrnehmen und wie wir daran teilnehmen können. Neue Partizipationsformen, algorithmische Vorstrukturierung von Medieninhalten, die Nutzung sozialer Medien und neue Formen der Redaktion von Inhalten restrukturieren den öffentlichen Diskurs. Neue Kompetenzen sowie adäquate rechtliche und institutionelle Rahmenbedingungen sind notwendig, damit auch langfristig die Fundamente demokratischer Meinungsbildung und journalistischer Qualität erhalten werden können (Kap. 5.3.2).

Scoring
Scoring-Verfahren bilden menschliches Verhalten durch einen Zahlenwert ab. Sie werden in immer mehr gesellschaftlichen Kernbereichen (z.B. Gesundheitsversorgung, Strafverfolgung) als Entscheidungsgrundlage eingesetzt, oft ohne Wissen der Betroffenen. Potenziale für eine objektivere Entscheidungsfindung werden durch mangelnde Transparenz über Einsatzgebiete, Methoden und Daten sowie fehlender Aufsicht unterwandert. Individuen sollten ein Recht auf rationale Entscheidungsbegründung erhalten. Wie Scoring gesellschaftliche Normen und moralische Standards beeinflusst, sollte ein zentrales Forschungsthema sein (Kap. 5.3.3).

Zukunftsbildung
Die Digitalisierung wird bisher bei Bildungsangeboten nicht systematisch einbezogen. Die geplanten Förderungen von Digitalkompetenzen und Infrastruktur (z.B. im DigitalPakt Schule) erscheinen notwendig, aber nicht hinreichend. Das Zusammendenken von Digitalisierung und Nachhaltigkeit erfordert vielfältige Initiativen im Kontext Bildung. Der WBGU zeigt, wie Bildung im Sinne einer „Zukunftsbildung" gestaltet werden könnte, welche Risiken kompensiert werden sollten (etwa sog. „Fake News") und wo Potenziale für solidarische Lebensqualität gehoben werden können (Kap. 5.3.4).

Öffentlich-rechtliche IKT
Informations- und Kommunikationstechnologien (IKT) haben gesellschaftlich stark an Bedeutung gewonnen und beeinflussen zunehmend das Leben der Bürger*innen. Der öffentlichen Hand kommt eine Verantwortung für den Betrieb und die Inhalte einer öffentlich-rechtlichen IKT zu. Diese ist eine wichtige Voraussetzung für gleichberechtigte Teilhabe am gesellschaftlichen Leben, für die Bereitstellung von und den Zugang zu digitalen Gemeingütern und auch Standortfaktor für Innovation, Wettbewerb, Beschäftigung und nachhaltiges Wirtschaftswachstum (Kap. 5.3.5).

Digitale Technik als Gender-Bender?
Geschlechtergerechtigkeit ist trotz wachsender politischer Aufmerksamkeit in keinem Land der Welt erreicht. Bestehende Genderungleichheiten und Stereotypen werden in soziotechnischen Systemen wie dem Internet reproduziert, was zu neuer Benachteiligung führen kann. Gleichstellungsmaßnahmen, auch jenseits des zweigeschlechtlichen Verständnisses, sind weiterhin notwendig. Emanzipatorisches Potenzial bietet digitale Technik durch Informationszugang und Vernetzung, Aufdeckung von Diskriminierung und Sensibilisierung in digitalen Experimentierräumen (Kap. 5.3.6).

Selbstvermessung des Körpers
Angebote zur digitalen Selbstvermessung stellen Menschen Informationen über ihren eigenen Körper bereit und bieten den Vergleich zu anderen. Der WBGU zeigt daran beispielhaft die Implikationen der Digitalisierung des Gesundheitswesens sowie der allseitigen Datenerhebung und -verfügbarkeit. Der potenziell besseren Informationsbasis für Nutzer*innen stehen starke Qualitätsdefizite mit Blick auf Datenschutz, -qualität, -erhebung und -verarbeitung gegenüber. Zudem könnten Privatsphäre, persönliche Freiheit und Selbstbestimmung der Nutzer*innen eingeschränkt werden (Kap. 5.3.7).

Internationale Arbeitsteilung
Der fortschreitende digitale Strukturwandel in der internationalen Arbeitsteilung wird zu einer Neujustierung der Rolle von Entwicklungs- und Schwellenländern führen. Eindeutige Schlussfolgerungen zur Wirkung der Digitalisierung auf die internationale Organisation von Wertschöpfungsketten sind derzeit nur eingeschränkt möglich. Hohen potenziellen Verlusten von Arbeitsplätzen durch digital gestützte Automatisierung und Prozesse der Rückverlagerung von Produktion stehen neue Zugänge zu Märkten vor allem durch digitale Plattformen gegenüber (Kap. 5.3.8).

Arbeitswelten der Zukunft
Arbeitsmärkte werden durch Digitalisierung und Nachhaltigkeitstransformation tiefgreifend umgestaltet. Beschäftigungen werden dem Menschen auch in Zukunft erhalten bleiben. Offen ist, wie diese gesellschaftlich eingebettet und organisiert werden können, damit die Funktionen von Erwerbsarbeit heute – Sicherung von Lebensunterhalt und gesellschaftlicher Teilhabe sowie Grundlage von Selbstwertgefühl – in Zukunft gewährleistet werden. Digitaler Wandel und Nachhaltigkeitstransformation bieten aber Chancen, neue Leitbilder für nachhaltigere Arbeitswelten zu entwickeln und zu etablieren (Kap. 5.3.9).

Digitale Gemeingüter
In Anlehnung an Gemeingüter im Allgemeinen sind digitale Gemeingüter Daten, Informationen, Bildungs- und Wissensartefakte im Gemeinwohlinteresse, die öffentlich und barrierefrei zur Verfügung stehen. Sie sind vor ausgrenzender Inanspruchnahme zur Profitmaximierung und vor Missbrauch zu schützen. Dazu sind sowohl organisatorische, regulatorische als auch finanzielle Weichenstellungen wie Bereitstellungspflichten nötig, um Gemeinwohlorientierung mittels digitaler Gemeingüter auszuprägen (Kap. 5.3.10).

Gerechtigkeit sowie Solidarität unter den Bedingungen digitaler Umwälzungen. Schließlich beinhaltet sie die Stärkung von Welt(umwelt)bewusstsein und von Kulturen und Ordnungen globaler Kooperation durch Nutzung digitaler Möglichkeiten sowie die Entwicklung von KI, welche menschliche Entfaltungsmöglichkeiten, gesellschaftliche Lernfähigkeit und soziale Kohäsion unterstützt. Die Charta kann Ausgangspunkt zur Erneuerung der Nachhaltigkeitsparadigmen werden und *unsere gemeinsame digitale Zukunft* national, europäisch und global ins Zentrum der Anstrengungen stellen. Die Charta knüpft an die Agenda 2030 an und geht zugleich über sie hinaus, um normative Grundlagen unserer Gesellschaften im Digitalen Zeitalter zu markieren.

3. *Bausteine einer handlungsfähigen Verantwortungsgesellschaft:* Wissenschaft und Bildung sind Grundlagen für Freiheit, Teilhabe und Eigenart des Einzelnen im Sinne zukunftsorientierter und kreativer Teilhabegesellschaften. Die Anforderungen an unsere Gesellschaften können nicht nur durch einzelne Instrumente (wie CO_2-Steuer, Ressourcenbepreisung oder Novellierungen der bestehenden Weltwettbewerbsordnung) „gelöst" werden. Vielmehr müssen handlungsfähige Verantwortungsgesellschaften entwickelt und gestärkt werden, damit die skizzierten Umbrüche gemeistert und gestaltet werden können. Der WBGU sieht hier folgende zentrale Bausteine, die – in ihrer Gesamtheit und wenn sie klug verbunden werden – die Architektur dieser Gesellschaften ergeben. Als Bausteine einer derartigen handlungsfähigen Verantwortungsgesellschaft, die in der EU gefördert werden sollte, schlägt der WBGU vor:
   - Menschen müssen befähigt werden, die anstehenden Umbrüche zu verstehen und mitzugestalten. Umfassende Bildung für nachhaltige Entwicklung im Digitalen Zeitalter ist der Schlüssel hierzu.
   - Wissenschaft sollte Zukunftswissen zur Gestaltung digitalisierter Nachhaltigkeit und nachhaltiger Digitalisierung erarbeiten. So wie vor vier Dekaden die Herkulesaufgabe bewerkstelligt wurde, Klima- und Erdsystemforschung mit sozialwissenschaftlichen sowie ökonomischen Disziplinen zu den heute etablierten Nachhaltigkeitswissenschaften zusammenzuführen, gilt es nun, diese rasch und eng mit der Digitalisierungsforschung zu verzahnen.
   - Staaten müssen selbst fähig sein zu gestalten: Staaten und öffentliche Institutionen sollten in ihre eigenen Fähigkeiten investieren, um digitale Kompetenzen für den Übergang zur Nachhaltigkeitsgesellschaft auf- bzw. auszubauen.
   - Die Schaffung von Experimentierräumen und Diskursarenen in Deutschland und Europa würde es ermöglichen, Innovationen vorzubereiten und zu beschleunigen, Zukunft vorzudenken und Beispiele für Zukunftsgestaltung zu entwickeln.
   - Die neuen Machtkonstellationen müssen eingehegt werden, um demokratische Teilhabe zu sichern. Wichtige Beispiele angesichts der hohen globalen Mobilität der Digitalwirtschaft sind eine internationale Harmonisierung des Wettbewerbsrechts und der Unternehmensbesteuerung sowie grenzüberschreitend klar regulierte, diskriminierungsfreie und im Sinne der Interoperabilität standardisierte Austauschprozesse in virtuellen Räumen.
   - Die digitalen Veränderungen haben prinzipiell weltumspannende Wirkung, so dass globale, regel- und fairnessbasierte Ordnungsmodelle nötig sind, die eine Verbindung von digitalem Wandel mit der Transformation zur Nachhaltigkeit, wie sie in der Charta des WBGU vorgeschlagen werden, ermöglichen. Nur wenn die EU einen gemeinsamen Weg in diese Richtung entwickelt, können europäische Gesellschaften Einfluss auf die globale Neuordnung der Zukunft nehmen.
   - Digitalisierung wird die Entwicklungschancen der Gesellschaften in Entwicklungs- und Schwellenländern fundamental verändern, zum Guten wie zum Schlechten. Die internationale Kooperation für nachhaltige Entwicklung und die Zusammenarbeit Deutschlands und der EU mit den Vereinten Nationen und anderen multilateralen Akteuren sollte daher in diese Richtung dringend ausgebaut werden.

4. *Technologische Game Changer können Nachhaltigkeitstransformationen beschleunigen:* Die Digitalisierung bietet einen enormen Instrumenten- und Methodenkasten, der für die Nachhaltigkeitsziele effektiv und effizient zum Einsatz gebracht werden muss. Beispiele für technologische Game Changer, die die EU rasch voranbringen sollte, um in Kooperation und Wettbewerb mit anderen Staaten und den Vereinten Nationen Veränderungsprozesse in den europäischen Gesellschaften und in der Weltwirtschaft auszulösen, sind:
   - Die erweiterten Möglichkeiten einer digitalisierten Erdfern- und -nahbeobachtung und die dafür benötigte Sensorik, Geräte und Infrastrukturen sollten weltweit ausgebaut und für ein umfassendes und echtzeitnahes Monitoring der natürlichen Erdsysteme, ihrer Zustände und ihrer Entwicklung ertüchtigt werden. Daraus resultierende internationale digitale Gemeingüter (Kap. 5.3.10) sollen als Ausgangspunkt für die Etablierung und

Realisierung von Diensten und Anwendungen für ein Welt(umwelt)bewusstsein (Kap. 5.3.1) genutzt werden.

- Darauf aufbauend sollten die Nationalstaaten im Kontext der UN ein weltweit abgestimmtes und interoperables System einer digitalen SDG-Indikatorik etablieren, um so die Aktualität, Transparenz, Vergleichbarkeit und Überprüfbarkeit digitalisierter nationaler und internationaler SDG-Reports zu verbessern.
- Parallel dazu sollten die für die SDG-Indikatorik und die Erdbeobachtung erfassten nachhaltigkeits- und umweltorientierten Daten als digitale Gemeingüter zugänglich gemacht werden.
- Nicht zuletzt sollten IKT-Infrastrukturen als Teil der öffentlich-rechtlichen Daseinsvorsorge (Kap. 5.3.5) diskriminierungsfrei bereitgestellt werden und so Teilhabe und die Herausbildung von „Qualitätsmedien" auch im digitalen Raum begünstigt werden.
- Unter Nutzung digitaler Technologien sollten weltweit Prozesse und Infrastrukturen etabliert werden, die eine Erfassung von Emissions- und Ressourcenfußabdrücken in traditionellen Wirtschaftszweigen wie auch der Digitalwirtschaft über die gesamte Wertschöpfungskette hinweg ermöglichen.
- Die vielfältigen Potenziale von KI sollten für Nachhaltigkeitsfragen zum Einsatz kommen. Es geht beispielsweise darum, Stoffkreisläufe, Produktionsabläufe, Lieferketten, Nutzungskontexte und Konsummuster besser zu verstehen, wesentliche Trigger und Muster zu bestimmen sowie Optimierungspotenziale zu identifizieren und umzusetzen.
- Die Nutzung der Digitalisierung zur Ermittlung ökologischer Kenngrößen und Zusammenhänge (z.B. SDG-Erreichung, Fußabdrücke, Stoffkreisläufe) schafft die Informationsbasis für eine effiziente Regulierung des Verbrauchs von Umweltressourcen. Insbesondere für das zentrale Ziel der Dekarbonisierung kann Digitalisierung den Unterschied machen, da sie neben ihrer zentralen Rolle in der Realisierung der Energieversorgung mit erneuerbaren Energien zudem dezidierte erzeugungs- und verbrauchsorientierte Regulierungen ermöglicht. Diese können im Zusammenspiel mit Wirtschaftspolitiken zur Dekarbonisierung Wirkung entfalten.
- Keine dieser an die Digitalisierung gebundenen Hebel werden jedoch wirkmächtig, wenn nicht die Resilienz, Cybersicherheit und Vertrauenswürdigkeit digitalisierter Infrastrukturen, ihre Langlebigkeit und Robustheit sowie auch eine dem Menschen vorbehaltene Entscheidungshoheit bei gesellschaftsrelevanten Automatismen mit KI umfassend gewährleistet werden.

5. *Nachhaltigkeit und Resilienz der Wirtschaft stärken:* Digitalisierungsprozesse eröffnen nicht nur Chancen eine grüne Ökonomie voranzubringen, sondern auch die Diversität und Resilienz von Wirtschaftsstrukturen zu stärken, indem die Privatwirtschaft durch weitere Wirtschaftsformen ergänzt wird. Digitalisierung wird auch von genossenschaftlichen, öffentlichen oder gemeinwohlorientierten Unternehmen genutzt, um neue Geschäftsmodelle hervorzubringen. Diese entstehende Diversität knüpft erneut an die alten Stärken der europäischen Nachkriegsökonomien an: eine starke Privatwirtschaft, die Vielfalt von Unternehmensformen sowie in Institutionen und Normensysteme eingebettete Märkte. Um die Potenziale der Digitalisierung zu nutzen ist es wichtig, neue Gleichgewichte zwischen unternehmerischem Wettbewerb, staatlicher Rahmensetzung, gesellschaftlicher Verantwortung und Gemeinwohlorientierung zu finden. Die durch das Pariser Klimaübereinkommen, die Agenda 2030 sowie die vom WBGU skizzierte Charta für die digitalisierte Nachhaltigkeitsgesellschaft gesetzten Leitplanken und Werte könnten so zur Richtschnur der Erneuerung Europas werden.

Immanuel Kant hatte die Aufklärung im Kern als „Veränderung der Denkungsart der Menschen" analysiert. Auf einer neuen Zivilisationsstufe im Digitalen Zeitalter stehen wir im Ringen um nachhaltige, global wie virtuell vernetzte, digitalisierte Gesellschaften und um Suchprozesse in Richtung eines neuen Humanismus vor einer ähnlichen Herausforderung: *der Weiterentwicklung unserer Zivilisation, auf einem endlichen Planeten, im digitalen Anthropozän.*

9.1 Digitalisierung für die Agenda 2030 und die Transformation zur Nachhaltigkeit nutzen

Der Einsatz digitaler Lösungen kann in vielen Fällen die Erreichung der Agenda-2030-Ziele befördern. Es ist aber auch notwendig, Risiken einzuhegen, die durch die Digitalisierung für die Erreichung der SDGs entstehen. Die Analyse des WBGU macht deutlich, dass es keine einfachen technologischen Lösungen für die Erreichung der SDGs gibt – sie müssen immer gesamtgesellschaftlich eingebettet sein (Kap. 8.2.1). Digitale Lösungen können fehlende politische Ambition, fehlende Regulierung, fehlende Institutionen und fehlende Steuerungsinstrumente nicht ersetzen. Im Zentrum sollte stehen, die entsprechenden Rahmenbedingungen zu

Kasten 9.1-1

Empfehlungen zu Digitalisierung und Nachhaltigkeit in der Fachliteratur

In Vorbereitung der Ausarbeitung der beiden Empfehlungskapitel dieses Gutachtens wurden für eine Sichtung bereits existierender Handlungsempfehlungen entsprechende Textpassagen aus 90 Quelldokumenten, welche Digitalisierung implizit oder explizit im Nachhaltigkeitskontext verorten, in einer qualitativ-interpretativen Diskursanalyse zu kompakten Aussagen verdichtet. Die gesamte Analyse, sowohl für Handlungs- als auch Forschungsempfehlungen, wird als gesondertes Dokument unter www.wbgu.de als PDF zum Download zur Verfügung gestellt. Teilweise sind diese mehrfach in verschiedenen Quellen enthalten. Im Ergebnis lässt sich feststellen, dass derzeit international und national ein starkes Gewicht auf Empfehlungen gelegt wird, die aus einer eher an technischen Lösungen orientierten Perspektive formuliert wurden. Digitalisierung wird vergleichsweise selten breiter und als soziotechnisches System rezipiert. Die Strukturierung der Themen erfolgte deckungsgleich zu den Kategorien des dem Gutachten vorangegangenen Impulspapiers zu Digitalisierung und Nachhaltigkeit (WBGU, 2018a).

Im Hinblick auf die *Erhaltung natürlicher Lebensgrundlagen* (Kap. 9.1.1) wird in mehreren Texten vorgeschlagen, globale Umweltprobleme mit Hilfe Künstlicher Intelligenz (KI) zu lösen, den ökologischen Fußabdruck von IKT im Lebenszyklus zu reduzieren, auf nationaler bis globaler Ebene Energielabel umzusetzen sowie in öffentlichen Einrichtungen so energieeffiziente Technologie wie möglich einzusetzen, um dort mit gutem Beispiel voranzugehen. Darüber hinaus reicht die inhaltliche Bandbreite von technologischer Optimierung (z.B. Indikatorik, Evaluation) und konkreten Regulierungsoptionen bzw. Standards bis hin zu einer fundamentalen Umgestaltung der Wirtschaftsordnung (z.B. Sharing-Ökonomie).

Auch bezüglich *Armutsbekämpfung und inklusiver Entwicklung* (Kap. 9.1.2) zielt einer der beiden häufigsten Vorschläge auf eine Problemlösung mittels KI. Jedoch wird demgegenüber in mehreren Texten gefordert, benachteiligte Gruppen (z.B. Kinder) vor negativen Auswirkungen der Digitalisierung zu schützen und diese stattdessen zu nutzen, um ihre Teilhabe zu fördern. Das weitere Spektrum umfasst sowohl generelle als auch partiell fokussierte Anti-Diskriminierungsvorschläge als auch technische Lösungen im Hinblick auf SDGs und generelle Probleme globaler und lokaler sozialer Ungleichheit (z.B. Rohstoffe, digitale Teilhabe) sowie auf konkrete Probleme zugeschnittene Handlungsempfehlungen.

Beim Themenkomplex *Arbeit der Zukunft und Abbau von Ungleichheit* (Kap. 9.1.3) wird am häufigsten vorgeschlagen, die Rendite der Automatisierung zur Bewältigung ihrer Folgen einzusetzen, beispielsweise zur Finanzierung eines bedingungslosen Grundeinkommens. Eng verwandt sind spezifischere Vorschläge, die durch KI erzielte Produktivität sozial gerecht zu verteilen oder Daten zu besteuern. Weiterhin wird jedoch betont, dass Arbeit auch zukünftig eine wichtige Basis für Lebensunterhalt und Selbstbestimmung darstelle. Die restlichen Vorschläge betreffen Themen von Aus- und Weiterbildung bis hin zu einer digitalen Revolution des Finanzsystems.

Auch im Bereich *Wissen, Bildung und digitale Mündigkeit* (Kap. 9.1.4) wird am häufigsten die KI thematisiert, allerdings im Hinblick auf den Diskurs zum Thema, welchen es als Dialog mit und in der Gesellschaft zu fördern gelte. Zusätzlich wird eine „digitale Aufklärung" im Sinne der (Be-)Förderung individueller und letztlich kollektiver Mündigkeit adressiert. In diesem Zusammenhang werden eine informierte öffentliche Digitalisierungsdebatte sowie Rechte auf Bildung zum selbstbestimmten digitalen Leben und auf freie digitale Meinungsäußerung ohne Zensur empfohlen. Die restlichen Vorschläge sind neben weiteren Anknüpfungspunkten zu Mündigkeit spezifischer ausgestaltet (z.B. verbraucherzentriertes Datenportals, Ausbildung einer neuen Generation angewandter KI-Ethiker*innen).

Der mit Abstand größte Anteil von Empfehlungen der analysierten Texte bezieht sich auf *Big Data und Privatsphäre* (Kap. 9.2.1). Am häufigsten wird im Hinblick auf Datenschutz gefordert, die Prinzipien privacy by design und by default durchzusetzen. Weitere Quellen adressieren Rechte auf Datenschutz und Privatsphäre sowie Selbstbestimmung über personenbezogene Daten sowie den Grundsatz der Datensparsamkeit und wenden sich gegen Vorratsdatenspeicherung und gegen eine vermeintlich informierte Einwilligung per AGB. Auf technischer Seite wird Anonymisierung und Transparenz bei Big-Data-Verarbeitung sowie die Sicherstellung und Förderung von Datenportabilität bzw. -austausch eingefordert. In Bezug auf algorithmische Entscheidungsfindung (ADM; Kap. 9.2.2) werden transparente und nachvollziehbare Prozesse sowie unabhängige menschliche Kontrollinstanzen insbesondere im Hinblick auf Bias, gefordert. Einige Quellen plädieren für einen „Algorithmen-TÜV", andere generell für eine strengere gesetzliche Regulierung, menschliche Kontrolle insbesondere im Hinblick auf die Ziele sowie eine klare Verantwortung der Schöpfer*innen von ADM-Prozessen für deren Resultate. Die restlichen Empfehlungen adressieren weitere Aspekte, wie z.B. Stärkung von Datenschutzbeauftragten, corporate data governance oder die Bewahrung persönlicher Datenhoheit.

Das Thema *Fragilität und Autonomie technischer Systeme* (Kap. 9.2.2) wird neben eher generellen Empfehlungen einerseits spezifisch auf IT- und Datensicherheit sowie anderseits auf menschenrechtskonformes maschinelles Lernen adressiert. Am häufigsten wird die Verantwortung von (juristischen) Personen für KI-Handlungen betont. Im Teilbereich IT- und Datensicherheit wird die Förderung offener Standards, Maximierung von Datensicherheit sowie die Sicherstellung der Unversehrtheit, Vertraulichkeit und Integrität von IKT empfohlen. Häufig geht es um die Bewahrung von menschlicher Autonomie und Kontrolle über die Technik, etwa wenn in gesellschaftlichen Kernbereichen gefordert wird, keine intransparenten KI-Verfahren einzusetzen. Weitere Empfehlungen adressieren insbesondere die Entwicklung einer europäischen und globalen KI-Charta (Metzinger, 2018; Kap. 3.6.3), sowie weitere ethische Elemente (z.B. graduelle technologiebasierte Ethik für Robotik, ethische und rechtliche Standards für autonomes Fahren).

Am häufigsten wird zum Thema *ökonomische und politische Machtverschiebungen* (Kap. 9.2.3) die Gewährleistung von Netzneutralität und eine stärkere Dezentralisierung von Plattformen gefordert. Die restlichen Empfehlungen umfassen vielfältige Aspekte von der Ermächtigung der Bürger*innen zu juristischen Prozessen über ein Recht auf nicht digitales Wählen bis hin zu für die Öffentlichkeit transparenten IKT-Unternehmen, die Förderung gesellschaftlicher und ökonomischer Vielfalt oder Daten als demokratisches reguliertes Gemeingut. Weitere Empfehlungen adressieren verschiedene Themen von digitaler Öffentlichkeit über Softwareentwicklung im Einklang mit dem öffentlichen Interesse bis hin zu wirksamer Unternehmenshaftung. Jenseits davon wird die Modernisierung internationaler Verträge für Datensicherheit oder die Einbettung eines kollaborativen KI-Ökosystems in die Firmenstrategien von Erstausrüstern angeregt.

Zur bereits am Ende des vorigen Abschnitts berührten *Global Governance für die nachhaltige Gestaltung des digitalen Zeitalters* (Kap. 9.3.1) stehen die Weiterentwicklung internationaler juristischer Rahmenbedingungen, die Wahrung von Prinzipien der Stakeholderdiversität nach Region, Sprache, Gender, Interessen bei angestrebter Partizipation der Stakeholder untereinander auf gleicher Augenhöhe sowie prozessuale Aspekte und vor allem die Internet-Governance im Fokus. Weitere Aspekte reichen von einer datengetriebenen EU-Wirtschaftspolitik bis hin zur Verantwortung der Privatwirtschaft und der Forderung, dass diese die Menschenrechte respektiert.

Neue normative Fragen und die Zukunft des Homo sapiens (Kap. 9.4) werden vergleichsweise selten aufgeworfen, adressieren jedoch heterogene Themen mit unterschiedlicher Aktualität und wissenschaftlicher Grundlage. Auf Basis der Unantastbarkeit menschlicher Würde auch im Digitalen Zeitalter werden „Neurorechte" als internationale Konvention, die Privatheit neuronaler Daten oder strenge Regulierung ihres (Weiter-)Verkaufs, körperliche Integrität sowie keine maschinelle Entscheidung über Leben und Tod thematisiert. In diesem Zusammenhang wird auch gefordert, Forschung zu autonomen Waffensystemen zu unterbinden, keine vollautomatisierten Waffensysteme einzusetzen oder drohnenbasiertes Töten international zu ächten. Auch militärisches KI-Wettrüsten sei zu verhindern, ebenso wie die Schaffung eines postbiotischen Bewusstseins oder künstlichen Subjekts bzw. entsprechende Forschung. Eine andere Quelle spricht sich jedoch dafür aus, Superintelligenz nur ethisch geplant und gesteuert zu entwickeln.

Die Liste zeigt, dass innerhalb der Fachliteratur bereits einige Ansätze zur nachhaltigen Digitalisierungsgestaltung adressiert werden. Der WBGU schließt im vorliegenden Kapitel in thematisch verbreiterter und inhaltlich konkreter Form daran an. Zu beachten ist jedoch, dass das vorab analysierte Material selektiv und nicht repräsentativ sein kann, da permanent weitere Publikationen erscheinen.

schaffen, um die Wucht der Digitalisierung in die richtige Richtung zu lenken. Darüber hinaus bekommt die Agenda 2030 durch den digitalen Wandel aus Sicht des WBGU noch eine besondere Dringlichkeit, da die Erreichung der Ziele vielfach auch als Voraussetzung gesehen werden kann, Gesellschaften für die durch die Digitalisierung anstehenden umfassenden Umwälzungen fit zu machen. In der Fachliteratur und aktuellen Berichten liegen bereits erste Ansätze zur nachhaltigen Digitalisierungsgestaltung vor (Kasten 9.1-1).

Der WBGU geht mit einem holistischen Blick in verschiedenen Bereichen der bestehenden Nachhaltigkeitsagenda exemplarisch in die Tiefe und gibt ausgewählte Empfehlungen. Die enge Verbindung zwischen den SDGs wird dabei deutlich (Kap. 8.2). Da viele der Themen auch nach dem Jahr 2030 aktuell sein werden, gehen die Empfehlungen z.T. darüber hinaus und beziehen sich allgemein auf die Transformation zur Nachhaltigkeit.

9.1.1 Digitalisierung und die Erhaltung der natürlichen Lebensgrundlagen

Die Erhaltung der natürlichen Lebensgrundlagen bildet eine der drei Dimensionen des vom WBGU entwickelten normativen Kompasses (Kap. 2.2.1) und umfasst zum einen die Einhaltung planetarischer Leitplanken (etwa zum Klimaschutz oder zur Erhaltung biologischer Vielfalt), zum anderen auch die Vermeidung lokaler Umweltprobleme. Diese Themen werden in verschiedenen SDGs aufgegriffen. Derzeit laufen viele Trends in Richtung steigender Gefahr der Überschreitung von Leitplanken, steigender Emissionen und steigender Ressourcennutzung. Die Digitalisierung kann dazu beitragen, dies weiter zu verstärken. Umso wichtiger ist es, die politischen, ökonomischen und regulativen Rahmenbedingungen zu schaffen, diese Trends umzukehren und die Potenziale der Digitalisierung zu nutzen, um die natürlichen Lebensgrundlagen auch langfristig zu erhalten. Hierfür werden im Folgenden beispielhaft Empfehlungen für ausgewählte Themen gegeben.

9.1.1.1 Dekarbonisierung und Klimaschutz im Energiesektor vorantreiben, Rebound-Effekte vermeiden

Die erfolgreiche Umsetzung des Übereinkommens von Paris erfordert eine weitgehende Dekarbonisierung der globalen Energiesysteme bis Mitte des Jahrhunderts. Je nachdem, wie schnell die Treibhausgasemissionen sinken, wird mittelfristig zusätzlich eine Entfernung von CO_2 aus der Atmosphäre nötig sein, um die Ziele des Übereinkommens zu erreichen. Gleichzeitig soll bis 2030 der Zugang aller Menschen zu nachhaltiger und moderner Energie gesichert werden (SDG 7).

Der WBGU empfiehlt, weltweit auf einen beschleunigten Ausbau erneuerbarer Energien hinzuwirken (WBGU, 2016b). Digitale Technologien übernehmen hier zunehmend wichtige Funktionen bei der Systemintegration und können den Zugang zu Elektrizität in netzfernen Regionen ermöglichen. Sie erlauben zudem die Elektrifizierung von Sektoren, die bisher durch die Nutzung fossiler Energieträger gekennzeichnet sind.

Damit die Transformation zur Nachhaltigkeit gelingt, darf die globale Nachfrage nach Energie allerdings nicht zu stark steigen (WBGU, 2011). Um die Potenziale und Risiken des digitalen Wandels für den Klimaschutz systematisch zu erfassen und daraus Ansatzpunkte für politisches Handeln abzuleiten, empfiehlt der WBGU die Einrichtung einer Digitalisierungskommission für Dekarbonisierung zu prüfen.

Digitalisierung kann ohne klare Rahmenbedingungen als Brandbeschleuniger des steigenden Energie- und Ressourcenbedarfs sowie der Treibhausgasemissionen wirken (Kap. 8.2.2). Wenn Milliarden neue Geräte in den kommenden Jahren vernetzt werden, wird die Energienachfrage von Datenzentren und Übertragungsdiensten steigen. Grundvoraussetzung, um die Potenziale der Digitalisierung für die Transformation der Energiesysteme und den Klimaschutz zu nutzen, sind daher effektive Klima- und energiepolitische Rahmenbedingungen, wie sie der WBGU in früheren Gutachten bereits ausgeführt hat (WBGU, 2011, 2016b). Dies umfasst bekannte (aber nicht ausreichend eingesetzte) klimapolitische Instrumente wie eine CO_2-Bepreisung (Kap. 9.2.3.2) oder die Abschaffung von Subventionen fossiler Energieträger, aber auch eine geeignete Technologieförderung. Langfristige Ziele müssen klar und verlässlich gesetzt werden, um Investitionen in die richtige Richtung zu lenken. Auch rechtzeitige Infrastrukturinvestitionen sind notwendig, um Smart Grids für erneuerbare Energien großflächig Realität werden zu lassen.

Der WBGU empfiehlt zudem, Effizienzstandards für digitale Lösungen und digitalisierte Infrastrukturen zu etablieren sowie beispielsweise effiziente Datenzentren zu zertifizieren, um einem steigenden Energieverbrauch gegenzusteuern. Energie- und Ressourceneffizienz sollten dezidierte Innovationsziele für digitale Technologien und Anwendungen sein. Um den Zugang aller Menschen zu modernen Energiedienstleistungen in netzfernen Regionen zu schaffen, empfiehlt der WBGU zudem, die Potenziale von „virtuellen Kraftwerken“ und Mini Grids auf Basis erneuerbarer Energien zu nutzen. Digitale Anwendungen können die derzeit häufig noch in solche Systeme eingebundenen Dieselgeneratoren überflüssig machen. Mini Grids erreichen weit höhere Serviceleistungen als etwa Solar Home Systems und können so auch in netzfernen Regionen eine produktive Energienutzung ermöglichen. Spezifische Empfehlungen für die Dekarbonisierung der Energiesysteme beinhaltet auch Kapitel 5.2.1.

9.1.1.2 Kreislaufwirtschaft für mehr Ressourceneffizienz und Vermeidung von Elektroschrott nutzen

Ein zentraler Baustein der Transformation zur Nachhaltigkeit ist die Überführung einer derzeit überwiegend auf lineare Wertschöpfungsketten ausgerichteten Wirtschaft in eine Kreislaufwirtschaft, die sich an den Prinzipien der nachhaltigen Ressourcennutzung orientiert und sich auf weitgehend geschlossene Stoffkreisläufe stützt (Kap. 5.2.5). Die Ausrichtung auf die 3R-Strategie „reduce, reuse, recyle“ sieht eine Priorisierung vor, bei der die Abfallvermeidung (z.B. durch Ökodesign, Suffizienz, Sharing) vor der Wiederverwendung steht (z.B. Aufbereitung, Reparatur, Refabrikation) und erst zuletzt auf das Recycling gesetzt wird.

Die Digitalisierung trägt einerseits aufgrund der stark wachsenden Produktion elektronischer Geräte maßgeblich zur Verschärfung der Probleme der linearen Wirtschaft bei, indem sie die Nachfrage nach strategischen Metallen und die Menge an toxischem Elektroschrott steigert. Andererseits kann Digitalisierung helfen, Kreisläufe sichtbar zu machen und Koordinationslücken zu schließen. Der WBGU empfiehlt daher eine transformative Strategie hin zur Kreislaufwirtschaft, die auf globaler Ebene den gesamten Lebenszyklus der Produkte in den Blick nimmt und sich systematisch digitaler Technologien bedient. Weitere wesentliche Bestandteile dieser Strategie sind das Monitoring von Stoffströmen, regulatorische Voraussetzungen in Form von Steuer- und Abgabensystemen (Kap. 9.2.3.2), neue Geschäftsmodelle, soziale Innovationen sowie gewandelte kulturelle Praktiken der Verbraucher*innen.

Digitale Ansätze sollten helfen, die Produktnutzungsdauer der Geräte zu beobachten, zu analysieren und möglichst zu verlängern, toxische und umweltgefährdende Stoffe zu ersetzen, Exporte von Elektroschrott zu verhindern sowie die Wiederverwendungs-, Reparatur- und Recyclingfähigkeit der Produkte zu verbessern. Die entsprechende Weichenstellung kann durch eine globale Rahmensetzung mit Bezug auf das SDG 12 erfolgen, die 3R-Verbindlichkeiten festlegt. Doch sind in erster Linie nationale Regelungen erforderlich, welche die Herstellerverantwortung erweitern, die Kreislaufwirtschaft in Beschaffungswesen und Ausschreibungen einbinden sowie Anreize für soziale Innovationen setzen.

Beispielsweise können der Aufbau eines digital gestützten globalen Monitoring-Systems für Elektroschrott sowie das Tracking und Vermeiden von Rohstoffen aus Konfliktregionen dazu beitragen, die Sammlungs-, Wiederverwendungs- und Recyclingquoten von Elektroschrott und anderen Geräten sowie die Wiedergewinnung strategischer Metalle erheblich zu steigern.

Die weltweite Einführung eines digitalen Produkt- bzw. Elektroschrottpasses unter Nutzung von Konzepten des Internet der Dinge (IoT; Kap. 3.3.1) sollte geprüft werden. Zudem sollten (digitale) Optionen stärker genutzt sowie ausgebaut werden, die zur Übernahme von mehr Verantwortung durch Unternehmen und Konsument*innen beitragen. Anregungen für soziale Innovationen in der Bevölkerung sollten die Förderung einer Reparaturkultur und generell die Steigerung des 3R-Bewusstseins betreffen, etwa durch Unterstützung von Informations-, Ersatzteil- und Gebrauchtplattformen, Repair-Cafés und vereinfachte Rückgabemöglichkeiten für Geräte. Ansätze auf Unternehmensseite sollten auf langlebige, reparatur- und recyclingfreundliche Produktdesigns ausgerichtet sein (z.B. Recht auf Reparatur) sowie auf nutzungsorientierte Geschäftsmodelle (Sharing-Ökonomie, Produkt-Service-Systeme). Der Einsatz von digitaler Sensorik, Robotik und KI in Wertstoffsortieranlagen kann deren Effizienz deutlich unterstützen. Weitere konkrete Empfehlungen bieten die Kapitel 5.2.1 und 5.2.5.

9.1.1.3 Nachhaltige Landnutzung und Schutz von Ökosystemen sicherstellen

Nachhaltige Landnutzung ist eines der wichtigsten Zukunftsthemen. Für die langfristige Versorgung der wachsenden Weltbevölkerung mit Nahrungsmitteln und Biomasse ist der Schutz von Böden und Landflächen vor Übernutzung und Degradation entscheidend. Das in der UN-Konvention zur Desertifikationsbekämpfung (United Nations Convention to Combat Desertification – UNCCD) vereinbarte Ziel, die Landdegradation zu stoppen, sollte nachdrücklich verfolgt werden. Gleichzeitig gilt es, den in der Biodiversitätskonvention (Convention on Biological Diversity – CBD) vereinbarten Stopp des Verlusts von biologischer Vielfalt und Ökosystemleistungen umzusetzen. Digitale Technologien und Anwendungen können hier einen Beitrag leisten, sofern der politische Wille gegeben ist und entsprechende Rahmenbedingungen gesetzt werden (Kap. 8.2.3). Dies ist derzeit vielfach nicht der Fall, so dass die meisten Biodiversitätsziele der CBD (Aichi-Ziele) ohne erhebliche zusätzliche Anstrengungen nicht erreicht werden können. Laut Global Biodiversity Outlook (CBD, 2014) zeigen entscheidende Treiber des Biodiversitätsverlusts – Verringerung des Verlusts, der Fragmentierung und der Übernutzung natürlicher Ökosysteme, die Verbreitung invasiver, gebietsfremder Arten sowie nicht zuletzt der Klimawandel – keine Fortschritte oder sogar Rückschritte. Digitale Techniken (z.B. Drohnen oder Sensoren) sollten zunehmend als Hilfe bei der Umsetzung der Ziele und Politiken genutzt werden, um Schutz und nachhaltige Nutzung biologischer Vielfalt zu fördern. So lassen sich z.B. akute Probleme der Wilderei in Afrika mit digitalen Methoden (z.B. Drohnen- oder Satellitentracking von Herden und Tieren) begegnen. Weitere Empfehlungen, wie Monitoring von Ökosystemen zur Erhaltung der biologischen Vielfalt eingesetzt werden kann, enthält Kapitel 5.2.11.

Landwirtschaftliche Betriebe setzen derzeit meist auf Monokulturen und verwenden in großem Umfang Pestizide und Nährstoffe, was Ökosysteme, ihre Ökosystemleistungen sowie ihre biologische Vielfalt belastet. Es sollte vermehrt darum gehen, kleinskaligere, ökologisch kompatiblere Anbaumethoden zu fördern sowie Agrarchemikalien so sparsam wie möglich zu verwenden. Insofern bietet die Präzisionslandwirtschaft hier vielfältige Möglichkeiten. In Entwicklungsländern sollten die Chancen einer digitalisierten Präzisionslandwirtschaft vor allem aus einer Kombination arbeitsintensiver, manueller Tätigkeit zur Bewirtschaftung kleiner Flächen (z.B. manuelle Mikrodüngung und -bewässerung) und dem Zugang zu aktuellen Informationen und Beratungsleistungen sowie dem Zugang zu Mikrofinanzierung gesehen werden. Digitale Methoden (z.B. digitalisierte Landkataster basierend auf Blockchain-Technologien; Kap. 3.3.5) können helfen, die Landrechte der lokalen, kleinbäuerlichen Bevölkerung zu sichern. Empfehlungen zu den Schauplätzen Präzisionslandwirtschaft und zur Digitalisierung der Landwirtschaft in Entwicklungsländern finden sich in den Kapiteln 5.2.9 und 5.2.10.

9.1.1.4 Weltumweltbewusstsein und nachhaltigen Konsum durch Digitalisierung unterstützen

Digitalisierung kann nachhaltiges Konsumverhalten auf verschiedene Arten unterstützen und dadurch einem wachsenden Weltumweltbewusstsein zu Geltung und Wirksamkeit verhelfen. Hierfür sollten glaubwürdiges und verlässliches Wissen, Daten und Informationen im Sinne einer transformativen Bildung über das Internet oder die öffentlich-rechtliche IKT (Kap. 9.2.3.1) breit zugänglich bereitgestellt werden, etwa zu ökologischen Auswirkungen der Herstellung, Transport, Nutzung und Entsorgung bzw. Wiederverwendbarkeit von Produkten. Verlässliche Informations- und Bezugsquellen unterstützen die Entscheidungsfindung von Konsument*innen in Bezug auf nachhaltigere wie etwa ressourcenschonendere oder energieeffizientere Produkte. Der WBGU empfiehlt, Hersteller und Handel zu verpflichten, digital aufbereitete Informationen über die Nachhaltigkeit von Produkten, wie etwa über die bei der Herstellung und beim Transport des Produkts entstandenen CO_2-Emissionen, eingesetzten Ressourcen oder sozialen Auswirkungen (z.B. Kinderarbeit, Arbeitsschutz) zur Verfügung zu stellen. Denkbar hierfür sind z.B. digitale Plattformen und Links auf Verkaufsplattformen oder Codes auf den Produkten. Auch voreingestellte Nachhaltigkeitsfilter in Online-Shops sind denkbar („sustainability by default").

Ob Informationen über die Nachhaltigkeit Kaufentscheidungen von Verbraucher*innen tatsächlich beeinflussen, hängt nicht zuletzt davon ab, ob diesen Informationen auch vertraut wird bzw. ob Mängel in Bezug auf die Qualität der Informationen gegebenenfalls sanktioniert werden können. Hier könnten etwa erweiterte Gewährleistungspflichten des Herstellers oder Händlers (Schlacke et al., 2016) nachhaltige Kauf- und Nutzungsentscheidungen unterstützen. Auch ein Recht auf Reparatur, inklusive weitreichender Offenlegungspflichten der zur Reparatur benötigten Informationen für Drittanbieter (Kurz und Rieger, 2018b) erweitert die Möglichkeiten von Verbraucher*innen, ein Produkt nachhaltig nutzen zu können.

Digitale Anwendungen zur Vernetzung und zum Explorieren von ressourcenschonenden Lebensstilen ermöglichen positive Auswirkungen auf die Umwelt im Sinne der Ressourcenschonung. Der WBGU empfiehlt, die Entwicklung und Verbreitung digitaler Werkzeuge wie etwa Plattformen für die ressourcenschonende gemeinschaftliche Nutzung, das Wiederverwenden und Reparieren, Teilen und Tauschen von Produkten und die damit zusammenhängenden Vernetzungen zu fördern (Kap. 5.2.2; 5.2.11). Somit werden hier Konsumpraktiken und soziale Innovationen zur Umsetzung der Kreislaufwirtschaft bzw. der 3R-Strategie „reduce, reuse, recycle" adressiert. An der Entwicklung sollten auch potenzielle Nutzer*innengruppen so früh wie möglich, beispielsweise bereits bei der Erstellung von Nutzungsszenarien oder der Software im Rahmen von Plattformkooperativen (Kap 5.3.6), beteiligt werden. Auch können Plattformen für das Teilen (Sharing-Plattformen) als öffentlich-rechtliche IKT (Kap. 5.3.5; Kap. 9.2.3.1) geschaffen werden (Peuckert und Pentzien, 2018:56).

Um Verbraucher- und Umweltschutz integrativ mittels digitaler Lösungen – etwa im Onlinehandel – durchzusetzen, sollten Verbraucherschutzorganisationen finanziell und institutionell gestärkt werden. Ihre Kontrollfunktion, die sie über ihre Abmahn- und Verbandsklagerechte ausüben können, können sie auch für neue Formen des digitalisierten Konsums nur wahrnehmen, wenn sie personell und institutionell über ausreichende Kapazitäten verfügen.

Die voranstehenden Empfehlungen können der Weiterentwicklung des BMU/UBA-Leuchtturms „Wege und Bausteine einer digitalen Agenda für nachhaltigen Konsum" dienen. Weitere exemplarische Empfehlungen finden sich in den Schauplätzen zum Onlinehandel (Kap. 5.3.2.4), zum Weltumweltbewusstsein (Kap. 5.3.1), zum Konsumverhalten (Kap. 5.2.3), zu Elektroschrott und Kreislaufwirtschaft (Kap. 5.2.11) und zur alternativen Ökonomie (Kap. 5.2.2).

9.1.1.5 Unternehmen in Gestaltung einer digitalisierten nachhaltigen Zukunftswirtschaft einbinden

Unternehmen beeinflussen über ihre Rohstoff- und Energiebedarfe, Produktionsweisen und Distributionslogistik sowie ihren Umgang mit Nebenprodukten und Reststoffen maßgeblich die Nachhaltigkeit der Warenproduktion. Als Anwender digitaler Technologien, etwa zur Optimierung von Materialeinsatz und Prozessorganisation, besitzen sie aber auch besondere Potenziale dafür, Digitalisierung und Nachhaltigkeit konstruktiv zu verknüpfen. Sie sollten somit noch aktiver als bisher in die Gestaltung einer nachhaltigen, digitalen Zukunftswirtschaft eingebunden werden (Kap. 4.2.2), die innovative Technologien für eine ressourcenschonende, emissionsarme Produktionsweise nutzt und in Wert setzt. Als „Agenten des Wandels" bieten spezialisierte Dienstleistungsunternehmen bereits seit langem technische und organisatorische Umweltberatung für Betriebe und verhelfen ihnen zu einer energie- und ressourceneffizienteren Produktion (Schulz, 2005). Wenn Entwicklung und Einsatz effizienzsteigernder digitaler Tools durch die wichtige Akteursgruppe der Nachhaltigkeitsberater*innen gezielt gefördert werden (etwa durch kostenlose Bereitstellung solcher Tools und Best-Practice-Empfehlungen durch öffentliche Stellen oder Branchenverbände), können sie künftig die nachhaltige industriell-gewerbliche Warenproduktion in weiten Teilen der Wirtschaft noch wirkungsvoller unterstützen. Auch die internationale Ausweitung von Initiativen, die mit Hilfe digitaler Plattformen bereits heute kooperative Kontakte von Unternehmen zu Umweltberater*innen koordinieren und systematisch unterstützten (z.B. ÖkoBusinessPlan Wien) kann die Nachfrage nach betrieblicher Nachhaltigkeitsberatung steigern helfen.

Der WBGU empfiehlt auch für die Warenproduzenten selbst die Ausweitung von Anreizmaßnahmen (z.B. Zertifikate) ergänzend zu steuerlichen Regelungen (Kap. 9.2.3.2). Denn anders als die letztgenannten Auflagen können Zertifikate positiv motivierend auf betriebliches Nachhaltigkeitsverhalten wirken und binden potenziell weite Teile der Belegschaft in Initiativen zum Erreichen der Zertifizierung mit ein. Damit sollte die globale Verbreitung eines gesteigerten Verantwortungsgefühls der Privatwirtschaft für digital unterstützte nachhaltige Produktion angeregt werden. Vor allem wenn Unternehmen ihre Umweltziele mit Marketing- und Wettbewerbsvorteilen verbinden können, motiviert dies zur Nutzung von Digitalisierung für nachhaltige Produktion. Anreize können neue Produktlabels speziell für Produkte der Digitalwirtschaft bieten (z. B. nach dem Muster von Blauer Engel, bluesign), die mit Hilfe digitaler Dokumentation (z. B. unter Nutzung von Blockchains) oder Einbindung digital optimierter Prüfverfahren an Attraktivität und Glaubwürdigkeit gewinnen. Ähnliches gilt mit Blick auf internationale Gütesiegel oder auditbasierte Zertifizierungen für nachhaltiges Agieren von Unternehmen im Zuge der Einführung digitaler Technologien (Weiterentwicklung von Ansätzen zu Corporate Socio-Environmental bzw. Digital Responsibility; Loew und Rohde, 2013; Visser und Tolhurst, 2017). Entsprechend ausgezeichnete Betriebe bzw. deren Produkte und Dienstleistungen sollten in öffentlichen Ausschreibungsverfahren bevorzugt werden, z. B. im Bereich der Beschaffung von IKT-Infrastrukturen. Außerdem bestehen Bezüge zur Forderung nach mehr öko-zertifizierten Warenangeboten zur Unterstützung des nachhaltigen Konsums (Kap. 5.2.3). Die Ausgestaltung und Wirksamkeit solcher Gütesiegel für Nachhaltigkeit ließe sich durch eine eigene Prüforganisation kontrollieren.

Was die regulative Rahmensetzung betrifft, sollte sich Deutschland im EU-Expertenausschuss und in den Normungsausschüssen für international gültige EMAS- und ISO-Standards dafür einsetzen, die Potenziale der Digitalisierung für Ressourceneinsparungen in Produktionsprozessen umfassend und systematisch zu nutzen. Die Standards für Umweltmanagementsysteme wie EMAS und ISO 14000 lassen sich bei Anwendung und regelhafter Integration digitalisierter Monitoring- und Kontrollverfahren noch anspruchsvoller setzen und wirksamer überprüfen. Die Ergebnisse der Konferenzen des World Circular Economy Forum (2017 und 2018) bieten Ansatzpunkte für die Etablierung international gültiger Standards einer digital optimierten Zertifizierungsstrategie für betriebliches Umweltmanagement (Kap. 5.2.1).

Weitere Ansatzpunkte für Deutschland, eingebunden in die EU, bieten sich bei der Innovations- und Wirtschaftsförderung. So können Ausschreibungen von BMBF oder EU zur internationalen Unternehmenskooperation etwa bei der Produktentwicklung oder zu gemeinsamen F&E-Aktivitäten von Betrieben und Forschungseinrichtungen gezielt darauf gerichtet werden, Digitalisierung auf breiter Front für nachhaltigere Güterproduktion einzusetzen (z. B. verankert im Horizont Europa-Programm). Ähnliches gilt für Förderinitiativen zu Spin-off-Firmengründungen, die innovative Ideen aus Forschungseinrichtungen bzw. Universitäten und Hochschulen oder etablierten Unternehmen anwenden und unternehmerisch umsetzen. Auch regionale Förderformate sollten hier Schwerpunkte setzen (z. B. vom BMBF unterstützte Cluster-Förderung, Anreize zur innovationsorientierten Regionalentwicklung, Smart-Specialisation-Ansatz der EU-Regionalförderung (Foray, 2014; Morgan, 2017). Neue Allianzen und innovative Unternehmen lassen sich formen, die das beidseitig förderliche Zusammenspiel von Digitalisierung und Nachhaltigkeit auf globaler Ebene als Leitbild moderner Industrieentwicklung etablieren können und als „Industrie 5.0" zu einem neuen, zeitgemäßen Standard erheben (exemplarische Empfehlungen zum Bereich der globalen Warenproduktion sind in Kapitel 5.2.3 aufgeführt).

9.1.2
Armutsbekämpfung und inklusive Entwicklung

Die Bandbreite der Einschätzung von Potenzialen digitaler Technologien für die Entwicklungszusammenarbeit (EZ) reicht von stark technikoptimistisch geprägten Vorstellungen „alles wird digital gelöst" bis zu jenen, die den digitalen Wandel zur Lösung der Kernprobleme menschlicher Entwicklung als wenig bedeutsam ansehen. Der WBGU zeigt, dass Digitalisierungsdynamiken die Umsetzung aller 17 SDGs beeinflussen. Damit gilt für die Zusammenarbeit mit Entwicklungs- und Schwellenländern, dass digitale Treiber des Wandels systematisch und sektorübergreifend berücksichtigt werden müssen. Digitalisierung sollte zu einer Querschnittsaufgabe der EZ werden. Digitale Kompetenzen in Entwicklungsministerien und -organisationen, aber auch in den öffentlichen Institutionen der Partnerländer, sollten daher signifikant ausgebaut werden. Besondere Aufmerksamkeit verdient, dass digitale Prozesse Strukturwandel in der internationalen Arbeitsteilung durch Automatisierung erzeugen, die die Muster der Integration der Entwicklungsländer in die Weltwirtschaft verändern werden. Zugleich entstehen in Entwicklungsländern neue Beschäftigungsmöglichkeiten durch digitale Plattformen. Wirtschafts-, beschäftigungs- und innovationspolitische Kooperationen müssen diese digitalen Instrumente des Wandels systematisch berücksichtigen. Mobilisiert werden sollten auch die digitalen Möglichkeiten, um Ressourcen- und Klimaeffizienz zu steigern und zugleich, z. B. durch Preisanreize, Rebound-Effekte zu reduzieren. In der Zusammenarbeit mit Schwellenländern wird es stärker um Dialog, Wissenschaftskooperation und Zusammenarbeit zur gemeinsamen Gestaltung des globalen digitalen Wandels gehen: Da Entwicklungs- und Schwellenländer wichtige Partner der Global Governance sind, sollten grenzüberschreitende Herausforderungen der Digitalisierung thematisiert und angegangen werden. Vor diesem Hintergrund setzt der WBGU im Folgenden beispielhaft Schwerpunkte bei den Themen Infrastrukturen und Bildung sowie bei verbesserten Datenanwendungen in der EZ, Stadtentwicklung und Mobilität (Kap. 5.2.7, 5.2.8).

9.1.2.1
Analoge Basis stärken

Der Einsatz digitaler Technologien zur Armutsbekämpfung (SDG 1) kann nur gelingen, wenn die dafür notwendige analoge Grundlage vorhanden ist (Weltentwicklungsbericht „Digital Dividends"; World Bank, 2016). Es bedarf zunächst des Ausbaus von Infrastrukturen, der Schaffung bezahlbarer Zugänge zu IKT sowie der Förderung digitaler Kompetenzen. Eine Strategie zur Nutzung der Potenziale digitaler Technik für ländliche Entwicklung muss vor allem diese analogen Lücken schließen, damit die digitale Kluft zwischen armen und reichen Teilen der Weltbevölkerung nicht noch größer wird. Wichtige Maßnahme zur erfolgreichen Nutzung der Potenziale der Digitalisierung für Armutsbekämpfung ist es also, die entsprechende Ressourcen und Wissensausstattung für die EZ sicherzustellen.

Sind diese Voraussetzungen gegeben, bietet die Digitalisierung viele Chancen für die Armutsbekämpfung, insbesondere im häufig infrastrukturell wenig erschlossenen ländlichen Raum von Entwicklungs- und Schwellenländern. Sie ermöglicht beispielsweise verbesserten Zugang zu Bildungsangeboten (Kap. 5.6.2), Gesundheitsdiensten (Onlinekonsultationen), Finanzdienstleistungen (Kredite, Zahlsysteme per Mobiltelefon), Märkten, Wetterinformationen und Agrarberatung (Kap. 5.3.2), staatlichen Dienstleistungen (etwa digitalen Identitäten) sowie Beschäftigungsmöglichkeiten, die über digitale Plattformen vermittelt werden (Kap. 5.3.4). Auf Blockchain basierende Lösungen können die Bevölkerung gleichzeitig von vielerorts nur eingeschränkt verfügbaren Finanzdienstleistungen unabhängiger machen. Voraussetzung für deren umfassende Nutzung ist allerdings, dass die digitalen Lösungen an lokale sprachliche und kulturelle Gegebenheiten angepasst sind.

9.1.2.2
Entwicklungszusammenarbeit und -planung mit digitalen Technologien verbessern

Potenziell können Instrumente der EZ durch den Einsatz digitaler Technologien verbessert werden. Dabei kommt es darauf an, datengetriebene Ansätze mit einem lokalen und kontextspezifischen Verständnis zu verbinden. Anwendungsbereiche sind etwa humanitäre Hilfe (z.B. bei Seuchenausbruch oder Naturkatastrophen), der Einsatz in der Fischereiwirtschaft zur Kontrolle von Beifang und Fangquoten oder zur Auffüllung von Lagerbeständen (z.B. Impfstoffe). Große Potenziale bietet der Einsatz digitaler Technologien auch beim Monitoring, von der Umweltbeobachtung (Kap. 5.2.11) bis zur Messung von Entwicklungsfortschritten.

Datenanwendungen können auch für die Entwicklungsplanung genutzt werden. So ermöglichen etwa Echtzeitdaten mit Hilfe digitaler Technologien zeitnahe Entscheidungsfindung und Projektsteuerung: Laufende Entwicklungsaktivitäten können adaptiv gesteuert und auftretende Probleme unmittelbar behoben werden. Allerdings gibt es viele Barrieren, wie etwa Misstrauen in die Datenqualität, fehlende Kenntnis der verfügbaren Daten, Daten, die nicht adäquat in Informationen umgesetzt werden können sowie Informationen, die nicht auf die Bedürfnisse der Akteur*innen zugeschnitten sind (Pawelke et al., 2017). Um dem entgegenzuwirken, bedarf es entsprechenden Fachwissens und institutioneller Kapazitäten und Verantwortung, etwa Datenbeauftragte oder Datenschutzbeauftragte. Beim Einsatz von Daten für Entwicklung stellen sich letztlich die gleichen Herausforderungen an Datenschutz und Schutz der Privatsphäre wie generell bei der Nutzung von Daten (Kap. 9.2.6).

9.1.2.3
Digitalisierung der Städte an Nachhaltigkeitskriterien ausrichten und inklusiv gestalten

Technologiesouveränität in der Stadtentwicklung verankern

Städte und die weltweite Wucht der Urbanisierung sind entscheidend für die Transformation zur Nachhaltigkeit. Gleichzeitig sind Städte zentrale Arenen des digitalen Wandels (WBGU, 2016a; Kap. 4.2.5). Die urbane Digitalisierung darf dabei nicht nur technokratisch als Optimierungsaufgabe verstanden werden, vielmehr sollte jeglicher Technikeinsatz explizit in eine ökologisch nachhaltige und sozial inklusive Stadtentwicklung eingebettet werden. Dies bedeutet die Umsetzung der New Urban Agenda (UN Habitat, 2016b) und der SDGs (insbesondere SDG 11: „Nachhaltige Städte und Siedlungen") mit urbaner Digitalisierungspolitik systematisch zu verbinden. Damit die Nutzung digitaler Technologien in der Stadtentwicklung im Interesse des Gemeinwohls gelingt, müssen Kommunen und Stadtgesellschaften Gestaltungshoheit bewahren, Technologiesouveränität aufbauen und sich zu Plattformanbietern entwickeln. Hierzu sollte eine digitale (Technologie-)Souveränität robust in Stadtentwicklungsprozessen verankert werden. Dabei sollten ein um die digitale Dimension erweitertes Recht auf Stadt anerkannt und entsprechende zivilgesellschaftliche und wissenschaftsgetriebene Initiativen gefördert werden. Darüber hinaus ist eine personelle und institutionelle Stärkung des Themas Digitalisierung erforderlich. Während viele Städte und Kommunen diesen Schritt auch bereits vollzogen haben, weisen insbesondere Städte in Entwicklungs- und Schwellenländern erheblichen Nachholbedarf auf. Kommunen sollten prioritär Stellen für Datenbeauftragte, Datenschutzbeauftragte und Digital Innovation Officers sowie Kompetenzzentren für Digitalisierung in Stadtverwaltungen schaffen (Kap. 5.2.7).

Viele laufende Projekte zu digitaler Stadtentwicklung haben nur partiellen Bezug zu Nachhaltigkeitsthemen, sind tendenziell zu kleinteilig angelegt oder bekennen sich überwiegend nur rhetorisch zu Nachhaltigkeitsanforderungen, ohne Konsequenzen für das Projektdesign. Beispielsweise thematisieren die aktuellen Leuchtturmprojekte im Rahmen der EU Smart Cities and Communities Initiative lediglich die Themen Energie und Mobilität; andere Aspekte nachhaltig-digitaler Stadtentwicklung werden nicht aufgegriffen. Die Innovationsplattform Zukunftsstadt (BMBF, 2018c) hat zwar die erforderliche Zielbestimmung, die Projekte erscheinen aber noch relativ kleinteilig. Aus Sicht des WBGU besteht daher Bedarf an regionaler, substanzieller Förderung urbaner Reallabore, die den erforderlichen Impuls für eine nachhaltige, digital unterstütze urbane Entwicklung geben können. Begleitend dazu sollte eine Nachhaltigkeitsindikatorik für Städte entwickelt werden, die u.a. die SDGs und Wirkungen der Digitalisierung darauf abbilden kann.

Urbane Datenräume aufbauen

Urbane Datenräume bezeichnen „den Raum, in dem urbane Daten erzeugt und verarbeitet werden" (Schieferdecker et al., 2018: 219). Dies bezieht sich auf alle Daten, die für urbane Entwicklung relevant sind, einschließlich der Daten, die in Städten generiert und gesammelt werden. Damit sind urbane Datenräume das Fundament einer partizipativen, skalierbaren und zukunftsweisenden Digitalisierung des öffentlichen Raums. Voraussetzung für den Aufbau eines urbanen Datenraums ist die Bestandsaufnahme des kommunalen Datenbestands sowie der lokalen IKT-Infrastruktur. Darauf aufbauend sollte eine Strategie für die Nutzung des urbanen Datenraums entwickelt werden, die auf der Identifizierung der für die Stadtentwicklung zentralen strategischen Handlungsfelder beruht. Eine solche Herangehensweise empfiehlt sich aus globaler Sicht auch für die urbane Entwicklungspolitik, die Umsetzung der New Urban Agenda sowie der SDGs (Kap. 5.2.7).

Wenn Kommunen bei der Gestaltung ihrer IKT-Infrastrukturen (Kap. 3.5.5) auf einzelne Hersteller oder Betreiber setzen, kann eine kostenintensive Abhängigkeit entstehen. Generell sollte die Offenheit im Sinne standardbasierter Schnittstellen, Formate und Dienste, die nicht nur für Hersteller oder Betreiber, sondern für verschiedenste Akteure zugänglich sind, bei der Anschaffung von Systemen und Produkten sowie beim Outsourcing gefordert werden, um Herstellerabhängigkeit (Vendor Lock-ins) zu vermeiden (Schieferdecker et al., 2018). Private Anbieter, die Daten im öffentlichen Raum sammeln, sollten zu einer Berichtslegung an die Kommunen und Verfügbarmachung von Aggregationen der Daten verpflichtet werden.

Um alle Akteure der Stadtentwicklung über urbane digitale Plattformen (Kap. 3.6, 4.1) einzubinden, sollten offene Schnittstellen und Formate sowie die Konformität von Standards für interoperable Mehrwert-Angebote zwingende Anforderungen bei der Realisierung urbaner digitaler Plattformen sein. Jede von der öffentlichen Hand beauftragte Software-Komponente sollte zudem möglichst als Open-Source-Software für die Nutzung oder Weiterentwicklung durch Dritte zur Verfügung gestellt werden. Nur so wird ein dynamisches Ökosystem von verschiedenen Produkten geschaffen, ohne dass eine Herstellerabhängigkeit entsteht, die möglicherweise relevante Akteure aus der urbanen digitalen Plattform ausschließt (DIN SPEC OUP; DIN, 2016).

9.1.2.4
Nutzung digitaler Technologien in Strategien nachhaltiger und inklusiver Mobilität einbetten

Nachhaltige Mobilität ist ein wichtiger Aspekt der Agenda 2030. Im Folgenden konzentriert sich der WBGU auf den Teilaspekt der urbanen Personenmobilität. Die Lösung zentraler Probleme urbaner Verkehrssysteme (z.B. hohe CO_2- und Luftschadstoffemissionen, Flächenverbrauch, Lärmbelastung, steigende Fahrt- und Transportzeiten sowie Unfallrisiken) ist ebenso keine rein technische Frage, sondern wird sich an der passenden Einbettung digitaler Lösungen in übergreifende Konzepte nachhaltiger urbaner Mobilität entscheiden. Die Digitalisierung spielt aber eine wichtige Rolle im Diskurs zur Zukunft der Mobilität, da einer Kombination aus intelligenter Verkehrstechnik, geteilter Mobilität (z.B. Car Sharing, Bike Sharing, Mitfahrdienste) bzw. Mobilität als Dienstleistung, Elektromobilität und autonomem Fahren Nachhaltigkeitspotenziale zugesprochen werden. Mobilitätssysteme sollten frühzeitig auf Basis des Leitbilds nachhaltiger Mobilität entwickelt werden. Richtungsgeber*innen der Entwicklung sollten demokratisch legitimierte Institutionen sein, nicht Fahrzeughersteller oder Digitalunternehmen; im Zentrum muss das Wohlergehen der Menschen stehen. Der WBGU empfiehlt daher, auf Ebene der Städte im Zusammenspiel mit der nationalen Ebene Leitbilder und Umsetzungspläne für eine digital unterstützte, nachhaltige urbane Mobilität (fort) zu entwickeln. Eine solche Stadt-, Raum- und Verkehrsplanung sollte Gesundheit und Lebensqualität ins Zentrum stellen.

Einen wichtigen Beitrag zur Förderung nachhaltiger Mobilität kann die Digitalisierung leisten, indem sie gesamtgesellschaftliche Kosten im Verkehrssektor transparent macht. Mit den neuen digitalen Technologien stehen Instrumente zur Verfügung, um nahe Echtzeit externe Effekte wie Emissionen, Flächenverbrauch, Zeitverluste usw. zu erfassen und zu bepreisen, etwa mittels intelligenter Verkehrsleitsysteme mit zeit- und auslastungsabhängigen Mautsystemen oder durch entsprechende Tarifgestaltung von Mobilität als Dienstleistung. Gleichzeitig gilt es, ungerechtfertigte Subventionen abzubauen. Diese Maßnahmen müssen allerdings im Hinblick auf ihre verteilungspolitischen Folgen eingebettet werden.

Um die Gestaltungshoheit öffentlicher Entscheidungsträger für nachhaltige Mobilität zu wahren, sollte einer monopolistischen Datenkonzentration und marktbeherrschenden Stellungen einzelner privatwirtschaftlicher Akteure (z.B. Sharing-Anbieter, Mobilitätsdienstleister) vorgebeugt werden, da der Zugriff auf Daten zunehmend Voraussetzung für Planung und Steuerung digitalisierter Mobilität sind. Zudem müssen öffentliche Akteure dazu befähigt werden, selbst digitale Daten zweckgebunden zu erheben und einzusetzen. Eine besondere Aufmerksamkeit erfordern zudem der Datenschutz und der Schutz der Menschen vor Überwachung. Positions- und Mobilitätsdaten sind besonders sensibel, z.B. da aus ihnen unter Umständen selbst nach einer Anonymisierung auf die Identität des Trägers bzw. der Trägerin geschlossen werden kann und sie so herangezogen werden könnten, um einer Person weitere unabhängige Datensätze zuzuordnen. Entsprechend sollten schon bei der Konzeption solcher Vorhaben Fragen der Privatsphäre konsequent mitbedacht und der Schutz des Einzelnen vor Überwachung in die digitalen Lösungen eingebettet werden.

In Entwicklungs- und Schwellenländern sollte zudem auch die Sicherung des Zugangs zu Mobilitätsdienstleistungen für ärmere Bevölkerungsgruppen im Vordergrund stehen (SDG 11). Neben dem Zugang zu öffentlichen Transportdienstleistungen sollten Sicherheit und Raum für den Fuß- und Radverkehr (walkability und bikeability) prioritär behandelt werden. Dies erfordert u.a. politische Aufmerksamkeit und Investitionen in Infrastrukturen für nichtmotorisierten Verkehr, die nicht durch einen Fokus auf vordergründig sichtbarere Großprojekte in den Hintergrund gedrängt werden sollten.

9.1.3 Arbeit der Zukunft und Abbau von Ungleichheit

Die Arbeitswelt und die Arbeitsmärkte stehen in absehbarer Zeit vor tiefgreifenden, strukturellen Veränderungen. Der digitale technische Fortschritt verändert Anforderungs- und Tätigkeitsprofile auf Arbeitsmärkten grundlegend. Die besondere, neue Qualität im historischen Vergleich liegt dabei in der Breite der betroffenen Fähigkeiten und Tätigkeiten und der Geschwindigkeit, mit der sich dieser Wandel vollzieht. Diese neue Qualität der Arbeitssubstitution trifft auf den in manchen Regionen ebenso tiefgreifenden Strukturwandel, der mit der klimapolitisch notwendigen Abkehr von fossilen Energien und der mit ihnen verbundenen Technologien einhergeht. Die heute absehbaren großen gesellschaftlichen und politischen Herausforderungen sieht der WBGU dabei insbesondere im Umgang mit den verteilungspolitischen Folgen der Strukturwandelprozesse durch Digitalisierung und Dekarbonisierung, die sich in ganz verschiedenen Dimensionen entfalten: zwischen menschlicher Arbeit und anderen, zum Teil neuen Faktoren von Wertschöpfung, zwischen Arbeit unterschiedlicher Qualifikation, zwischen Generationen sowie zwischen verschiedenen Regionen und Ländern. Gesellschaftliche Brüche zu vermeiden und gleichzeitig gesellschaftlichen Wandel so zu organisieren, dass die auch in Zukunft bestehenden Beschäftigungsmöglichkeiten die gesellschaftlichen Funktionen von Erwerbsarbeit heute erfüllen können, stellt letztlich die zentrale Gestaltungsherausforderung dar. Der WBGU sieht diesen Prozess jedoch auch als Chance zur Gestaltung nachhaltigerer Arbeitswelten. Vertiefte Empfehlungen in diesen Bereichen sind im Schauplatz „Nachhaltige Arbeitswelten der Zukunft" (Kap. 5.3.9) und im Schauplatz zur internationalen Arbeitsteilung (Kap. 5.3.8) zu finden.

9.1.3.1 Arbeit der Zukunft als Nachhaltigkeitsaufgabe thematisieren

Der WBGU sieht Handlungsbedarf bei der Gestaltung und sozialpolitischen Begleitung des absehbaren Strukturwandels bei Qualifikationen und Tätigkeitsprofilen, um die negativ Betroffenen nicht abzuhängen und insgesamt durch drohende Ungleichheit den gesellschaftlichen Zusammenhalt nicht zu gefährden. Dies umfasst auch die Erhaltung der finanziellen Handlungsspielräume von Staat und Systemen der sozialen Sicherung vor dem Hintergrund steigender Mobilität von Arbeit, der Möglichkeit sinkender Beschäftigung und der sonstigen Änderungen in der wirtschaftlichen Struktur. Eine Reform der Finanzierungssysteme von Staat und öffentlichen Institutionen erscheint zudem angezeigt, um die steuerlich bedingten Anreize zur Substitution menschlicher Arbeit zu reduzieren. Diese resultieren in vielen Ländern aus der auch heute noch hohen Belastung von Arbeitseinkommen, welche das allgemeine Lohnniveau erhöht und Arbeit damit gegenüber anderen Faktoren verteuert. Eine aufkommensneutrale Reduktion der steuerlichen Belastung von Arbeitseinkommen könnte beispielsweise im Rahmen einer umfassenden sozial-ökologischen Steuerreform mit angemessener Bepreisung von Umweltauswirkungen und Ressourcenverbrauch erfolgen (Kap. 9.2.3.2).

Der WBGU empfiehlt darüber hinaus eine kontinuierliche und grundsätzliche Auseinandersetzung mit den gesellschaftlichen Funktionen von Arbeit. Auch wenn Beschäftigungen dem Menschen erhalten bleiben werden, so ist doch die Frage, wie diese in Zukunft gesellschaftlich eingebettet und organisiert werden, damit die gesellschaftlichen Funktionen, die Erwerbsarbeit heute zugesprochen werden, unter Umständen sogar breiter und umfassender als heute gewährleistet werden. Dazu müssen neue, erweiterte Leitbilder von Arbeit entwickelt und gesellschaftlich etabliert werden. Wenn heutige Formen von Erwerbsarbeit an Bedeutung verlieren, wird zudem ein gesellschaftlicher Konsens über neue Ansätze und Mechanismen zur Gewährleistung wirtschaftlicher und gesellschaftlicher Teilhabe aller benötigt (Kap. 9.1.3.3). Aber auch neue Bildungsinhalte und -formate werden benötigt, damit mehr Menschen befähigt werden, Lebenssinn und Selbstwirksamkeit zu erfahren, ohne dass diese in dem Maße wie bislang an Beruf und Erwerbsarbeit geknüpft wären.

Neben Ausgestaltung und systematischer Überprüfung solch neuer Gesellschaftsentwürfe sollte aus Sicht des WBGU aber auch der Frage hohe Aufmerksamkeit gewidmet werden, wie der Übergang und die Phase des notwendigen gesellschaftlichen Wandels gelingen kann, ohne dass wachsende Ungleichheit und Zukunftsängste die soziale Kohäsion und damit letztlich auch die politische Stabilität gefährden. Eine frühzeitige Auseinandersetzung dient einerseits der gesellschaftlichen Vorbereitung und Absicherung gegenüber den Herausforderungen, die in dem doppelten Strukturwandel durch Digitalisierung und Nachhaltigkeitstransformation angelegt sind. Andererseits verspricht sie aus Sicht des WBGU eine Chance, neue und breitere Möglichkeiten zur Führung eines selbstbestimmten Lebens und zur individuellen Entfaltung im Rahmen planetarischer Leitplanken aktiv zu entwickeln und zu etablieren.

9.1.3.2
Sicherung und Förderung sozialer Standards im Arbeitsschutz

Angesichts der zunehmenden internationalen Mobilität von Arbeit, etwa über das Vordringen digitaler Arbeitsplattformen, ist die Sicherung und Förderung des Arbeitsschutzes und der sozialen Absicherung von Arbeitnehmer*innen aus Sicht des WBGU ein zentrales Element der Gestaltung des Strukturwandels von Arbeitsmärkten. Um der Ausbeutung von Arbeitskräften und dem Unterlaufen nationaler Regelungen des Arbeitsschutzes vorzubeugen, empfiehlt der WBGU eine internationale Initiative zur Entwicklung und Etablierung möglichst globaler Standards bzw. Mindeststandards des Arbeitsschutzes und der sozialen Absicherung auch im digitalen Raum. Auf dem sehr wahrscheinlich längeren Weg hin zu einem solchen internationalen Abkommen sind auch nationale Ansätze und Regelungen zu diskutieren und zu stärken, die Unternehmen bei einer Aus- bzw. Verlagerung von Arbeit von Angestellten hin zu quasi-selbstständigen Arbeitnehmer*innen zur Einhaltung nationaler Mindeststandards verpflichten. Auch die gezielte Förderung alternativer, z.B. genossenschaftlicher Unternehmensformen kann das Potenzial haben, zu einer stärkeren Absicherung sozialer Standards beizutragen. Denkbar ist zudem, eine stärkere Organisation der Arbeitnehmer*innen, die in den neu entstehenden, quasi-selbstständigen Beschäftigungsverhältnissen tätig sind, zu fördern, um ihre Verhandlungsmacht gegenüber Unternehmen zu erhöhen.

Darüber hinaus sollten nach Ansicht des WBGU in der Diskussion um Arbeitsschutz und den Bedingungen menschenwürdiger Arbeit neue, im Zuge der Digitalisierung besondere Brisanz erhaltende Aspekte stärker Berücksichtigung finden und etwa in die Definition der Internationalen Arbeitsorganisation (International Labour Organization – ILO) von „decent work" (ILO, 2018:9) aufgenommen werden. Beispiele umfassen die Möglichkeiten der Überwachung am Arbeitsplatz (z.B. durch Aufzeichnung der Arbeitsschritte am Computer usw.) sowie Sicherheit und Gesundheit der Arbeitnehmer*innen in Zeiten neuer digitalisierter Werkzeuge (Technologien zur Verbesserung der menschlichen Leistungsfähigkeit, z.B. Exoskelette).

9.1.3.3
Monitoring und Verbesserung der Funktionsfähigkeit der Arbeitsmärkte

Neben der finanziellen Handlungsfähigkeit öffentlicher Institutionen (Kap. 9.4) ist zur Gestaltung des Strukturwandels, etwa über Weiterbildungsprogramme und für eine informierte Auseinandersetzung mit der Zukunft der Arbeit, ein kontinuierliches Monitoring der Arbeitsmärkte erforderlich. Der WBGU empfiehlt vor diesem Hintergrund, insbesondere in Entwicklungsländern die erweiterten Möglichkeiten der Informationserfassung und -verarbeitung durch die Digitalisierung gezielt für diese Zwecke zu nutzen. Technische, entscheidungsassistierende Systeme können zudem dazu eingesetzt werden, die Suchprozesse auf Arbeitsmärkten zu vereinfachen und Friktionen abzubauen. So könnte die Vermittlung von Arbeitskräften beispielsweise durch die Einführung neuer Such- und Matching-Algorithmen verbessert werden, welche die Zusammenführung von Arbeitssuchenden und -anbietern anhand einer intelligenten Erfassung von Berufen, Qualifikationen und Tätigkeiten trotz zunehmend ausdifferenzierter Berufsprofile erlauben. Derartige Ansätze sollten allerdings nur verfolgt werden, wenn die Diskriminierungsfreiheit der Entscheidungsassistenzsysteme sichergestellt werden kann.

9.1.3.4
Neue Mechanismen der Verteilung entwickeln und umfassend prüfen

Der WBGU sieht die Gefahr, dass die Entlohnung von Erwerbsarbeit im Zuge des digitalen Wandels immer weniger zur Gewährleistung ökonomischer Teilhabe und zu einer ausgewogenen Verteilung von Einkommen beitragen wird, selbst wenn Extremszenarien vollständiger Automatisierung nicht eintreten werden. Zunehmende Ungleichheit droht zwischen und innerhalb von Gesellschaften bzw. Ländern sowohl durch eine wachsende Spreizung der Gehälter von Arbeitnehmer*innen unterschiedlicher Qualifikation als auch durch die gegenüber anderen Wirtschaftsgütern und Faktoren abnehmende Bedeutung von Arbeit und somit von Arbeits- gegenüber Gewinneinkommen.

Die Einrichtung bzw. Weiterentwicklung von Systemen der sozialen Sicherung ist notwendig, um gerade in der näheren Zukunft drohenden Ungleichheitsentwicklungen begegnen und Menschen, die mit der Geschwindigkeit des technischen Fortschritts nicht Schritt halten können, auffangen zu können. Unterstützend können hier neue Formen der sozialen Sicherung wie Zeitbanken (Kap. 5.2.2.1) wirken. Ausgebaut und stärker institutionell verankert werden sollten nach Ansicht des WBGU dabei auch Wege und Spielräume der beruflichen Weiterbildung, denen angesichts der Geschwindigkeit des technischen und gesellschaftlichen Wandels hohe Bedeutung für die Sicherung der wirtschaftlichen Teilhabe zukommt (Kap. 5.3.4, 9.1.4).

Da eine Kombination aus traditioneller sozialer Sicherung und Strukturpolitik im engeren Sinn gerade längerfristig deutlich zu kurz greifen könnte, um eine breite Beteiligung der Bevölkerung an Wertschöpfung sicherzustellen und extremere Ungleichheit zu vermeiden, müssen bereits frühzeitig neue Konzepte der Umverteilung und Beteiligung entwickelt und in Machbarkeitsstudien überprüft werden. Derartige Verteilungsmechanismen und ihre gesellschaftliche Akzeptanz sind zentrale Elemente neuer, erweiterter Arbeitsbegriffe und darauf aufbauender Gesellschaftsentwürfe. Mögliche Ansätze, die es eingehender und systematischer als bislang zu prüfen gilt, sind Formen eines (bedingungslosen) Grundeinkommens oder auch Möglichkeiten zur breiteren Beteiligung an Unternehmen und deren wirtschaftlichen Gewinnen aus der Digitalisierung, wie beispielsweise auch durch die Etablierung und Förderung genossenschaftlicher Unternehmensformen (Kap. 5.2.2). Zu einer Aufwertung gesellschaftlich wichtiger, heute jedoch kaum oder nicht entlohnter Tätigkeiten kann schließlich auch der Staat beitragen, indem derartige Tätigkeiten beispielsweise in formale Beschäftigungsverhältnisse überführt oder durch steuerliche Entlastungen finanziell gefördert werden. Ebenso wie die Inanspruchnahme der sozialen Sicherungssysteme bei der Abfederung des Strukturwandels in der kürzeren Frist setzt dies jedoch eine Stabilisierung und Stärkung der finanziellen Handlungsspielräume des Staates voraus, die über eine Reform und Anpassung der Steuer- und Abgabensysteme an die Herausforderungen der Digitalisierung und unter Nutzung ihrer Potenziale erreicht werden muss (Kap. 9.3.2.2).

9.1.3.5
Internationale Arbeitsteilung: Auf Strukturwandel vorbereiten

Die Veränderung von Qualifikationsanforderungen und die neuen, weiterreichenden Möglichkeiten der Automatisierung im Zuge des digitalen technischen Fortschritts betreffen auch die wirtschaftliche Integration von Entwicklungs- und Schwellenländern in globale Wertschöpfungsketten. Eine aus Nachhaltigkeitssicht elementare Dimension der Verteilungswirkungen verläuft daher zwischen Industrie- sowie Entwicklungs- und Schwellenländern.

Große Teile der in Entwicklungs- und Schwellenländer ausgelagerten Tätigkeiten können zukünftig auch von technischen Systemen übernommen und näher an Heimatmärkte und Endverbraucher*innen angesiedelt werden. Vergangene Entwicklungsmodelle, die auf der Ausnutzung von Standortvorteilen durch internationale Arbeitsteilung beruhten, werden so infrage gestellt. Gleichzeitig entstehen neue Zugänge durch digitale Plattformen und durch die Möglichkeiten, Dienstleistungen weltweit standortunabhängig anzubieten. Aus Sicht des WBGU sollte dieser globalen Dimension des Strukturwandels zukünftig vermehrt Aufmerksamkeit geschenkt werden. Ob und unter welchen Voraussetzungen im Zuge des digitalen Wandels und neu entstehender Arbeitsformen und Beschäftigungsverhältnissen auf digitalen Plattformen neue, nachhaltige Entwicklungsmodelle entstehen, sollte eingehender untersucht werden. Zentral ist der Aufbau von IKT-Infrastrukturen in Entwicklungs- und Schwellenländern, um der Gefahr einer neuen, digitalen Spaltung zu begegnen. Dies sollte durch den Aufbau von Kompetenzen im Umgang mit und bei der Entwicklung digitaler Technologien sowie entsprechender Investitionen in Aus- und Weiterbildung begleitet werden.

Um die Chancen für nachhaltige Entwicklung zu stärken, sollten aus Sicht des WBGU darüber hinaus international gültige Mindeststandards im Arbeitsschutz auch für digitale Plattformen vereinbart werden. Die Digitalisierung bietet hier Potenziale, die Einhaltung derartiger Verpflichtungen und Standards global zu überprüfen und durchzusetzen.

9.1.4 Wissen, Bildung und digitale Mündigkeit

Menschen sind sinnsuchende und sozialisierte Wesen. Ihre Bildung begleitet die Entfaltung von Persönlichkeit, die Orientierung in sozialen und natürlichen Umfeldern sowie die Schaffung von und den Umgang mit Veränderungen. „Da Kriege im Geist der Menschen entstehen, muss auch der Frieden im Geist der Menschen verankert werden" heißt es in der Verfassung der United Nations Educational, Scientific and Cultural Organization (UNESCO) von 1945. Für eine friedvolle und nachhaltige Zukunftsgestaltung brauchen Menschen also Bildungsinhalte und -formate, die den jeweiligen Herausforderungen entsprechen. Die Anforderungen einer Bildung für nachhaltige Entwicklung oder Global Citizenship Education sind inzwischen systematisch erfasst, aber erst selten zum Gegenstand konsequenter Umsetzung geworden. Heute werden die Forderungen nach digitaler Kompetenz lauter. Der WBGU schlägt vor, die jeweiligen Ansätze in einem Konzept der Zukunftsbildung zusammenzuführen und mit entsprechenden Ressourcen und Verbindlichkeiten nun konsequent in die Breite zu tragen.

9.1.4.1 Bildung für die digitalisierte Nachhaltigkeitsgesellschaft frühzeitig konzipieren

Aufgrund der noch relativ hohen Unsicherheiten über die Auswirkungen des rapiden digital induzierten soziotechnischen und gesellschaftlichen Wandels gewinnt die Frage nach dem passenden Bildungsideal und passenden Bildungsinstrumenten und -formaten weiter an Bedeutung. Aus Konzepten der Bildung für nachhaltige Entwicklung (BNE) sind wichtige Kompetenzen wie Multiperspektivität und kritische Reflexion, Kreativität, Innovations- und Dialogfähigkeit, aber auch Umgang mit Unsicherheiten und Selbststeuerung bekannt. Sie decken sich in vielen Punkten mit den skizzierten Bildungsnotwendigkeiten für den Umgang mit dem digitalen Wandel und zunehmend komplexeren Arbeitszusammenhängen. Medienbildung bekommt hier eine erweiterte Bedeutung und sollte um Grundwissen über digitale Technologien, deren Geschichte und Technikfolgenabschätzung und die Qualitäten digitaler Informationsräume angereichert und erweitert werden. So können Menschen ihre Mündigkeit (gegenüber soziotechnischen Systemen bzw. ihren Herstellern und Betreibern sowie deren Interessen) bewahren und zugleich flexibel und offen auf neue technische Möglichkeiten und Entwicklungen reagieren. Persönlichkeitsbildung, Selbststeuerungskompetenzen und Mitgefühl helfen nicht nur im konstruktiven Umgang mit Unsicherheit, globaler Solidarität und transformativen Entwicklungen, sondern werden auch als Alleinstellungsmerkmale von Menschen gegenüber der digitalen und digitalisierten Technik inklusive KI diskutiert. In diesem Sinne sollte ein entsprechend zukunftsorientierter Bildungs- und Weiterbildungspakt für das 21. Jahrhundert auf nationaler und internationaler Ebene geschlossen werden. Voraussetzung dafür ist, dass der Zugang zu Bildung innerhalb und zwischen Ländern für alle sichergestellt wird. Vertiefte Empfehlungen hat der WBGU für den Schauplatz Bildung (Kap. 5.3.4) ausgearbeitet.

9.1.4.2 Pakt der Zukunftsbildung verhandeln

Im Kontext der Erneuerung des Weltaktionsprogramms Bildung für nachhaltige Entwicklung kann die Bundesregierung die geschaffenen Abstimmungsstrukturen zwischen Bund und Ländern nutzen, um in einem nächsten Schritt die Integration aktueller Kompetenzforderungen aus unterschiedlichen Perspektiven voranzutreiben:

› *Transformationskompetenzen:* Sie sind grundlegend für einen Kontext der tiefen und schnellen Veränderungen von Gewohntem und einer dadurch verstärkten Rolle ethisch-normativer Fragen als Orientierung in der Gestaltung des Neuen (z.B. Philosophie, kognitive Flexibilität und Komplexität, kritisches, innovatives Denken und Umgang mit Unsicherheit und Verlust).

- *Nachhaltigkeitskompetenzen:* Sie sind ausgerichtet auf die Zielbestimmung, dass neu entstehende technologische, soziale, institutionelle und ökonomische Lösungen menschliches Wohlergehen innerhalb planetarischer Leitplanken und unter Wahrung von Würde und Diversität ermöglichen sollen. Beispiele sind systemisches Denken, Integration von naturwissenschaftlichem, sozialwissenschaftlichem und technischem Wissen sowie Umgang mit Multiperspektivität und normativen Gewichtungen.
- *Antizipationskompetenzen:* Sie sind speziell auf die Reflexion ausgerichtet, wie Theorien, Konzepte und Wirklichkeitsannahmen auf Zukunftsvorstellungen wirken und wie diese Vorstellungen von Zukunft wiederum die Handlungen und Entscheidungen der Gegenwart prägen. Beispiele sind die gezielte Suche nach abweichenden Sichtweisen, Sensibilität für strukturelle Macht etablierter Wissensbestände und Praktiken sowie Erfahrungswissen und Lernen durch Erleben oder Simulationen.
- *Digitalkompetenzen:* Sie sind speziell für die durch die Digitalisierung neu auftretenden Herausforderungen technischer, organisatorischer, sozialer und (selbst-)regulatorischer Art wichtig. Beispiele sind das Verständnis für digitale Technologien, Methoden und Optionsräume, der Umgang mit digitalen Medien und Wissensquellen, digitale Geschäftsmodelle und soziotechnische wie psychologische Effekte digital vermittelter Kommunikation oder Steuerung.

9.1.4.3 Bildung als Zukunftsinvestition ernst nehmen

Neben einem Bildungspakt, in dem die inhaltlichen Schwerpunkte festgelegt sind, bedarf es auch eines Plans für die konsequente Umsetzung. Die gemeinsame Finanzierung des DigitalPakt Schule kann hier nur ein erster Schritt gewesen sein und ist in seinem Zeitraum zu kurz gefasst. Bezüglich der erfolgreichen Umsetzung der Beschlüsse zur BNE liegen Vorschläge vor, die z.B. eine Roadmap von zehn Jahren und 14 Mrd. € an Investitionen umfassen (Bündnis Zukunftsbildung). Ein entsprechend größeres Unterfangen ist bei zusätzlichen Inhalten und Ausstattungen erforderlich. Im Kontext der beruflichen Weiterbildung gilt es besonders in den Sektoren und Regionen zukunftsorientierte Angebote zu verstärken, die von intensiven Veränderungsprozessen betroffen sind. Da Deutschland bei Bildungsausgaben OECD-weit nach wie vor im unteren Viertel rangiert und Infrastrukturqualität wie Personaldecke in vielen Schulen und Kindertagesstätten unzureichend und stark schwankende Ausstattungen und Qualität seit langem dokumentiert sind, rät der WBGU zu einer großen Investitionsinitiative Zukunftsbildung, die auch Ungleichheiten in der Teilhabe an Bildung systematisch berücksichtigt. Effektive Evaluationsverfahren sollten dabei durch enge Zusammenarbeit mit Vorreitern aus der Bildungspraxis (Kindergärten, Schulen, Hochschulen, Universitäten, Weiterbildungsinstitutionen, Kommunen, Zivilgesellschaft) erstellt werden und ein hohes Ambitionsniveau sicherstellen.

9.1.4.4 Weltaktionsprogramm Bildung für nachhaltige Entwicklung prominent unterstützen

Nach dem Review des SDG 4 „Inklusive, gleichberechtigte und hochwertige Bildung gewährleisten und Möglichkeiten lebenslangen Lernens für alle fördern“ im High-level Political Forum on Sustainable Development der Vereinten Nationen im Jahr 2019 (UN, 2019) sollten auch in der internationalen Zusammenarbeit nach dem Monitoring die Umsetzungsbarrieren in den Mittelpunkt gestellt und eine institutionelle wie finanzielle Verstärkung für die Erreichung der Bildungsziele angestrebt werden.

9.1.4.5 Wissen als integralen Bestandteil von Zukunftsgestaltung begreifen und organisieren

Insbesondere zu gesellschaftlichen Umbruchzeiten mit hohen Verunsicherungen über zu erwartende Änderungen ist die Auswahl und Qualität von Wissen für die Legitimation von Entscheidungen und auch die Antizipation möglicher Konsequenzen von besonderer Bedeutung. Für eine gesellschaftliche, sachlich orientierte Verständigung über plausible, mögliche und wünschenswerte Zukünfte und deren politische wie technologische Gestaltung sind öffentliche Instanzen für diese Aufgabe sehr wichtig. Ergebnisse besonders bei umstrittenen Themen sollten öffentlich gut zugänglich und einfach verständlich dargestellt werden. Institutionen wie das Science Media Center sind gute erste Schritte, jedoch in Zeiten zunehmend journalistisch unvermittelter Kommunikation über soziale Medien nicht mehr ausreichend. Auch sollten Futures Literacy und Anticipation, Disziplinen, die vorherrschende Realitätsannahmen als prägend auf die Vorstellungen und Beurteilung von Zukunft reflektieren, als neues Forschungsfeld und Bildungsthema aufgenommen und gezielt gefördert sowie in die Weiterentwicklung von Zukunftsforschung, Prognose und Technikfolgenabschätzung systematisch integriert werden.

9.2 Neue Nachhaltigkeitsherausforderungen durch die digitale Revolution

Durch die weltweite Verbreitung digitaler Technologien ergeben sich spezifische Risiken, Herausforderungen und auch Chancen, die im Nachhaltigkeitsleitbild der Agenda 2030 zwar implizit skizziert sind, aber in vielen Fällen nicht explizit in ihrer Tragweite formuliert wurden (Kap. 8.3). Die folgenden Empfehlungen zu den Themen Privatsphäre, Fragilität und Autonomie technischer Systeme, ökonomische und politische Machtverschiebungen zeigen exemplarische Möglichkeiten, diesen Herausforderungen zu begegnen.

9.2.1 Big Data und Privatsphäre

Global gesehen und innerhalb von Gesellschaften gibt es noch kein gemeinsames Verständnis über den Umgang mit Daten (Kap. 8.3.1, 8.3.2). Datenerhebung, Datenzusammenführung, Datenhandel und Datennutzung sind weitestgehend intransparent. Entscheidungen, die auf Grundlage von Datenauswertungen getroffen werden, können derzeit vielfach nicht nachvollzogen werden und es mangelt an individueller Kontrolle über die eigenen Daten, deren Verwertung oder Weiterverkauf. Kommunikations- und Verhaltensdaten, deren Wert sich dem Individuum nicht erschließt, werden als scheinbar kostenlose Gegenleistung für Dienstleistungen von (Digital-) Unternehmen gesammelt und verwertet. Die Kontrolle über große Mengen an Persönlichkeitsprofilen kann zudem Einflussmöglichkeiten auf die gesellschaftliche und demokratische Willensbildung eröffnen, die die Grundlagen demokratischer Prozesse gefährden. Dadurch sind nicht nur Markt und Demokratie fundamental herausgefordert, sondern letztlich auch die Würde des Menschen durch eine mögliche Aushöhlung seiner Autonomie (Christl und Spiekermann, 2016: 118ff.). Der WBGU lehnt neben privater insbesondere auch staatliche Massenüberwachung ab, da sie ihrem vorgeblichen Ziel, die Demokratie zu schützen, fundamental entgegengesetzt ist und ihre Grundlagen zerstört.

Angesichts des Anteils von Big Data daran, dass technische Voraussetzungen für eine totalitäre Diktatur noch nie „so günstig wie heute" waren (Grunwald, 2018: 54), zeigt die Entwicklung ihre Schattenseite: „Der moderne Mensch hat seine Umwelt und sein Zusammenleben weitestgehend maschinenlesbar, also berechenbar gestaltet" (Ullrich, 2017: 188). Somit gilt es, Menschen- und Grundrechte auf Privatleben und Meinungsfreiheit als Basis freier, demokratischer, friedlicher und souveräner Gesellschaften langfristig zu verteidigen und zu bewahren. Dazu ist es unabdingbar, sowohl Datenschutz, Datensicherheit, Manipulationsfreiheit und informationelle Selbstbestimmung als auch Datenqualität national, europäisch und global zu befördern (Kap. 9.2.1.1, 9.2.1.2) und die digitale Öffentlichkeit und digitale Diskursräume zu erhalten und zu schützen (Kap. 9.2.1.3). Der Schutz der Privatsphäre sowie der demokratischen Öffentlichkeit im Digitalen Zeitalter sollten daher bei der Umsetzung der SDGs systematisch berücksichtigt und mit dem Ziel gestärkt werden, das Thema in einem Post-2030-Prozess zu verankern. Empfehlungen in diesem Bereich enthalten auch Kapitel 5.3.2, speziell zur Selbstvermessung der Gesundheit und dem Umgang mit digitalen Gesundheitsdaten siehe Kapitel 5.3.7.

9.2.1.1 Staatliche und privatwirtschaftliche Verantwortlichkeit für Privatsphärenschutz stärken

Der WBGU schließt sich den Empfehlungen zum Schutz der Privatsphäre und zur Stärkung der individuellen Souveränität an, wie sie von der Nationalen Akademie der Wissenschaften Leopoldina (2018) und dem Sachverständigenrat für Verbraucherfragen (SVRV, 2017) vorgelegt wurden. Insbesondere sollten Staaten aufgrund der Komplexität des Themas Daten(schutz) behörden personell angemessen und mit breiter interdisziplinärer Kompetenz aufstocken, um Datenschutzrechte von Nutzer*innen gegenüber privaten und öffentlich-rechtlichen Akteuren bestmöglich zu wahren. Zum besseren Schutz von Bürger*innen gegenüber der exzessiven Datennutzung durch staatliche Geheimdienste ist die effektivere Kontrolle geheimdienstlicher Datensammlung durch Parlamente zu gewährleisten.

Die EU sollte Datensicherheit und Datenschutz als zukünftigen Standortvorteil wahrnehmen und ausbauen sowie das Schutzniveau der EU-DSGVO praktikabel operationalisieren und wo nötig, weiterentwickeln (Kap. 9.3.2.2). Die Zivilgesellschaft ist eine wichtige Stimme für die Durchsetzung von individuellem Privatsphärenschutz. Deshalb empfiehlt der WBGU in diesem Feld tätige NRO sowohl durch kommunikativen Austausch mit Datenschutzbehörden als auch wissenschaftlicher Forschung zu unterstützen (Kap. 10.2.4.3). NRO sollten befähigt werden, sich präventiv durch die Beteiligung an Vorabverfahren wie Datenschutzfolgenabschätzungen oder durch Beschwerde- und Klagemöglichkeiten einzubringen. Ohne dass die Verantwortung auf Individuen abgewälzt werden darf, sollte jede*r Einzelne zum eigenen Privatsphärenschutz beitragen können. Dazu ist zunächst Kompetenz im Umgang mit IKT erforderlich (Kap. 9.1.4). Eine weitere Chance für mehr Nutzersouveränität sieht der WBGU in nutzerfreundlichen, zugänglichen technischen Werkzeugen für Datensouveränität im Sinne der Kontrolle über eigene Daten. Beispiele sind hier Projekte wie mydata.org und decode, welche technische Hilfsmittel für das Datenmanagement entwickeln. In der Technologieentwicklung sollten für die Umsetzung der Prinzipien Privatheit und Sicherheit by design, die zumindest innerhalb der EU verbindlich sind, hinreichende Mittel und Kapazitäten zur Verfügung gestellt werden. Entsprechend sollte schon bei der Konzeption „smarter" Vorhaben der Schutz des Privaten konsequent mitbedacht werden, zum Beispiel mittels Datenschutzfolgenabschätzungen. Die Überwachungsfreiheit des Einzelnen muss in die verwendeten Technologien bereits eingebettet werden (Kurz und Rieger, 2018a).

Für einen breiten öffentlichen Diskurs, insbesondere auch zu diesen Themen sollte die informationelle Mündigkeit (Ullrich, 2014) einzelner Menschen und der gesamten Gesellschaft auch im Rahmen einer digitalen Öffentlichkeit befördert werden (Kap. 9.1.4). Im Rahmen verantwortungsvoller Innovationspolitik sollte die digitalisierte Kommunikation für eine internationale Öffentlichkeit gemeinwohlorientiert gestaltet (Dabrock, 2018: 41) und über eine öffentlich-rechtliche IKT realisiert werden (Kap. 5.3.5).

Für einen konsequenten Schutz von Privatheit und Öffentlichkeit sollte sich auch „[d]ie deutsche Wirtschaft [...] zu einem verantwortungsbewussten Umgang mit Daten bekennen" – jedoch sollte aus Sicht des WBGU nicht diese allein, sondern eine noch stärkere EU-weite Datenschutzgesetzgebung und -anwendung „definieren, was einen verantwortungsvollen Datenhandel ausmacht" (Lukas, 2018: 14) – insbesondere im Zusammenhang mit einem eigenen europäischen Modell (Kap. 9.3.2). Notwendige Voraussetzung dafür ist ein struktureller Wandel vom Big Data-Konzept zu einem Konzept der „Smart Data" (Kap. 3.3.2), das in gesetzlichen Vorgaben wie der EU-DSGVO durch Grundsätze wie Zweckbindung und Datensparsamkeit bereits angelegt ist und im Sinne einer „Qualität der Daten" statt „Quantität an Daten" konkretisiert werden sollte.

9.2.1.2
Völkerrecht zum internationalen Schutz der Privatsphäre auf UN-Ebene schaffen

Für das weltweite Menschenrecht auf Privatsphäre (Art. 12 der Allgemeinen Erklärung der Menschenrechte von 1948; Art. 17 Internationaler Pakt über bürgerliche und politische Rechte von 1966) sollte nach Ansicht des WBGU auf UN-Ebene eine „United Nations Privacy Convention" eingerichtet werden (Kap. 8.3.1). Diese sollte die rechtliche Ausgestaltung zum Umgang mit Daten und dem Schutz der Privatsphäre in den Ländern und länderübergreifend adressieren. Privatsphäre sollte außerdem als ein integraler Bestandteil nachhaltiger Entwicklung verstanden und bei künftiger Weiterentwicklung globaler Nachhaltigkeitspolitik auf die Agenda gesetzt werden (Kap. 9.3.1). Die auf UN-Ebene eingerichteten Initiativen in Richtung eines globalen Rechts auf Privatsphäre (UN, 2017) sollten fortentwickelt und unterstützt werden. Dabei ist zu beachten, dass aufgrund kultureller Diversität die Vorstellung von Privatsphäre global gesehen sehr unterschiedlich betrachtet und Einstellungen darüber, welche Daten wie erhoben, genutzt oder geschützt werden sollten, variieren. Hierzu ist ein Diskurs auf internationaler Ebene ebenso nötig, wie die Stärkung lokaler Initiativen und Akteure, welche diesen in den jeweiligen Staaten befördern, um eine breite Multistakeholder-Governance zu schaffen.

9.2.1.3
Digitalen Strukturwandel der Öffentlichkeit gemeinwohlorientiert und innovativ gestalten

Während einerseits Privatheit zunehmend „veröffentlicht" wird, ist die Öffentlichkeit im Digitalen Zeitalter (etwa in sozialen Medien) durch eine zunehmende Privatisierung gekennzeichnet. Neben stärkeren Manipulationsrisiken wird durch die Macht der Plattformbetreiber nicht zuletzt das Recht auf freie Meinungsäußerung bereits heute global tangiert (Cannataci et al., 2016), beispielsweise im Hinblick auf Upload-Filter. Für eine globale Nachhaltigkeitsperspektive ergibt sich jedoch nicht nur angesichts teils unklarer wissenschaftlicher Datenbasis und diesbezüglicher Befunde (etwa im Zusammenhang mit Filterblasen oder Echokammern) ein eher ambivalentes Bild aus dem digitalen Strukturwandel der Öffentlichkeit (Fraser, 2010; Imhof, 2011). Zunächst handelt es sich dabei um eine grundlegende Transformation der Bedingungen der Möglichkeit von Öffentlichkeit (Kap. 5.3.2). Der digitale Strukturwandel der Öffentlichkeit ist zwar nicht der einzige Grund, jedoch beschleunigend für deren gegenwärtige Krise. Die generelle Funktionsweise medialer Ökonomien der Aufmerksamkeit (Franck, 1998; Weischenberg, 2018) ist mindestens ebenso zentral. Unter diesem Begriff wurde bereits vor zwei Jahrzehnten nicht nur die zunehmende Fülle an Information als individuell „nicht mehr zu bewältigende Flut" und „immer gewaltiger anwachsenden Schwall von Reizen" thematisiert, welche „eigens dazu hergerichtet sind, unsere Aufmerksamkeit in Beschlag zu nehmen" (Franck, 1998: 49). Der digitale Strukturwandel der Öffentlichkeit hat diese Situation keineswegs ent- sondern eher verschärft und die knappe Ressource individueller Aufmerksamkeit erscheint im Digitalen Zeitalter umkämpfter als je zuvor. Im Zentrum steht jedoch nicht Information, sondern der Neuigkeitswert, so dass der Aktualitätsdruck ebenso steigt wie der Konkurrenzdruck und die Tendenz zu einer personalisierten, konflikt- und emotionsgeladenen Berichterstattung (Weischenberg, 2018:30ff.). Der WBGU empfiehlt daher, journalistische Qualitätsstandards nicht Schnelligkeit und Reichweite unterzuordnen und sich noch stärker für die international teils massiv bedrohte Pressefreiheit einzusetzen. Neben Medienkompetenz und Mündigkeit, welche eher im Bereich der Bildungspolitik zu verorten sind, empfiehlt der WBGU entsprechend emanzipatorische Projekte zu fördern, welche sich der Chancen der Digitalisierung bemächtigen, um informierte öffentliche Diskursräume und -arenen (Kap. 9.4.4) auf innovativen Wegen bereitzustellen (Puppis et al., 2017).

9.2.2 Fragilität und Autonomie technischer Systeme

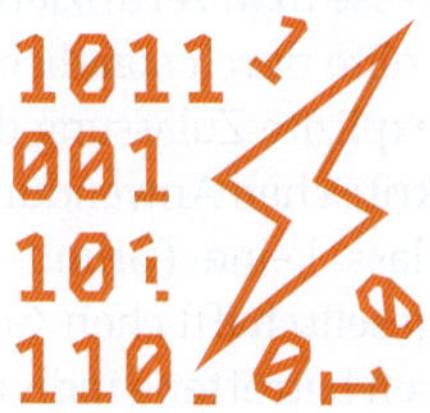

Die Sicherheit und Zuverlässigkeit zunehmend vernetzter technischer Systeme und Verfahren sind zentrale Voraussetzung für eine digitalisierte Nachhaltigkeitsgesellschaft. Dies gilt zunächst im Allgemeinen für die Gesamtheit der IKT-Infrastrukturen (Kap. 9.2.2.1), wie auch im Besonderen für algorithmenbasierte Prozesse zur Entscheidungsunterstützung oder -findung (Kap. 9.2.2.2).

9.2.2.1 Sicherheit der Digitalisierung als Voraussetzung für die Transformation zur Nachhaltigkeit

Sicherheit by design als Standard flächendeckend verankern

Der WBGU empfiehlt nachdrücklich Sicherheit by design im sicherheitskritischen IKT-Bereich einzufordern. Dies erfordert den weiteren Ausbau entsprechender Expertisen und einen inter- und transdisziplinären Austausch und die Aus- und Weiterbildung bei Betreibern digitalisierter Infrastrukturen und von IKT. Cybersicherheit sollte in der Ausbildung von Anbeginn mitgedacht und vermittelt werden. Von staatlicher sowie privatwirtschaftlicher Seite ist zu vermeiden, dass teils im vermeintlichen Dienst öffentlicher Sicherheit Lücken in der Cybersicherheit nicht geschlossen werden, um sie für aktive Eingriffe auszunutzen. Das Grundrecht auf Gewährleistung der Vertraulichkeit und Integrität informationstechnischer Systeme wird im Fall absichtlich offen gehaltener Lücken verletzt. Entgegen der bisherigen sicherheitspolitischen Praxis von Überwachung bis hin zu künftigen „Hack Backs" wäre von staatlicher Seite vielmehr alles zu tun, um Methoden und Techniken der Cybersicherheit flächendeckend einzusetzen und alles zu vermeiden, was diese schwächt. Der WBGU empfiehlt zudem einen Paradigmenwechsel von global zunehmenden digitalen Offensivstrategien hin zu einer defensiven Cyberstrategie: Im militärischen und nachrichtendienstlichen Bereich sollte auf eine internationale Ächtung von Operationen hingearbeitet werden, die „direkt die Souveränität eines Staates beeinträchtigen, seine Regierungsfähigkeit angreifen und kritische zivile Infrastruktur wie Stromnetze, Produktionsanlagen, Gesundheits- und Nahrungsmittelversorgung sowie Kommunikationsnetze zum Ziel haben" (Kurz und Rieger, 2018a:252ff.). Als ersten Schritt mit Signaleffekt wäre aus Sicht des WBGU ein Moratorium zur Beschränkung weiterer Cyberaufrüstung zu begrüßen. Anschließend sollten bestehende internationale Abkommen im Sinne einer globalen digitalen Friedenspolitik erweitert bzw. neue initiiert werden.

BSI-KritisV und IT-Sicherheitsgesetz weiterentwickeln

Die Verordnung zur Bestimmung Kritischer Infrastrukturen nach dem BSI-Gesetz (BSI-KritisV) erfasst kritische Infrastrukturen aus den Sektoren Energie, Wasser, Ernährung, Informationstechnik und Telekommunikation, Transport und Verkehr, Gesundheit sowie Finanz- und Versicherungswesen. Der WBGU plädiert für die Weiterentwicklung der BSI-KritisV, um öffentlich-rechtliche IKT (Kap. 5.3.5) als kritische Infrastruktur aufzunehmen. Zusätzlich sollte das IT-Sicherheitsgesetz, welches vor dem Hintergrund möglicher erheblicher IT-Sicherheitsvorfälle auf Basis von Cyberangriffen verabschiedet wurde, dahingehend weiterentwickelt werden, dass auch Störungen anderer Art gemeldet werden müssen, wenn die Cybersicherheit und funktionale Sicherheit kritischer Infrastrukturen bedroht ist. Derzeit müssen beispielsweise keine gewöhnlichen Störungen gemeldet werden, sofern diese mit den nach Stand der Technik zu ergreifenden Maßnahmen verhindert und ohne größere Probleme bzw. erhöhten Ressourcenaufwand bewältigt werden können, z.B. wie beim Eindringen gewöhnlicher Schadsoftware oder Hardwareausfälle (BSI, 2019b). Außen vor sind so ebenso Ausfälle, die durch Qualitäts-, Konfigurations- oder Bedienfehler verursacht werden. Die Festlegung, dass zu den erheblichen IT-Sicherheitsvorfällen ebenso IT-Störungen und IT-Ausfälle zu melden sind, sollte angepasst werden. Darüber hinaus müssen die Zulieferer, Hersteller und Betreiber kritischer Infrastrukturen sowie die öffentliche Hand zu einer den Expert*innen und Herstellern zugänglichen Veröffentlichung von Lücken in der Cybersicherheit und Fehlern in der IKT kritischer Infrastrukturen verpflichtet werden.

Europäische Register für technische Systeme sowie deren Ausfälle und Schäden entwickeln

Zur Schaffung größerer Qualität und Sicherheit der auf dem Markt befindlichen IKT für kritische Infrastrukturen sollte parallel ein zentrales europäisches Register angelegt werden, in dem diese aufbauend auf den ISO-Standards differenziert erfasst werden. Ein Vorteil eines solchen Registers wäre die Schaffung größerer Transparenz, Sicherheit und Ermöglichung kontinuierlicher Qualitätsverbesserung durch die Hersteller und Betreiber. Es könnte gleichzeitig als Frühwarnsystem fungieren, um Risiken zu identifizieren und Wiederholungsschäden zu vermeiden. Zwecks größtmöglicher Neutralität sollte es von einem Verbund öffentlicher Stellen betrieben und verwaltet werden und ein Berechtigungskonzept mit Zugangsberechtigung nach Rollen zum Einsatz kommen. Wo zweckmäßig und möglich sollte das Register ebenso für die breite Tech-Community einsehbar sein. Darüber hinaus wäre ein europäisches Ausfall- und Schadensregister zu errichten, in dem IKT-Ausfälle und IKT-Schäden von Einrichtungen, Anlagen oder Teilen kritischer Infrastrukturen inklusive öffentliche IKT erfasst werden. Es wäre auch über die Aufnahme von Meldungen erheblicher IT-Störungen und IT-Ausfälle in der öffentlichen Verwaltung und bei Anbietern digitaler Dienste nachzudenken. Das Register sollte ebenfalls von einem Verbund neutraler öffentlicher Stellen geführt und verwaltet werden, und der vollständige Zugriff einem autorisierten Expert*innenkreis vorbehalten sein. Für die breite Tech-Community oder die Öffentlichkeit sollten jedoch Auszüge des Registers einsehbar sein. Dazu sollten Berechtigungskonzepte zum Einsatz kommen.

9.2.2.2
Einsatz automatisierter Entscheidungen

Digitale Technologien übernehmen zunehmend komplexe Kontroll- und Steuerungsaufgaben, von deren Verlässlichkeit Gesellschaften und Individuen abhängig sind. Eine Übertragung von Entscheidungen auf automatisierte Systeme in gesellschaftlichen Kernbereichen sollte nur methodisch und demokratisch abgesichert erfolgen und für die Betroffenen nachvollziehbar sein (Kap. 8.3.3).

Big Data und algorithmische Entscheidungsprozesse – einklagbare Rechte schaffen

Es braucht mehr Transparenz über Verfahren, eine zivilgesellschaftliche Beteiligung, eine Verbesserung der Aufklärung von Betroffenen und staatliche Aufsicht im Rahmen algorithmischer Entscheidungsfindung. Grundsätzlich ist diese ein politischer und kein rein technischer Prozess, der insbesondere in gesellschaftlichen Kernbereichen von Ideen, Normen und Interessen bestimmt wird. Entsprechend sollten Informations- und Kennzeichnungspflichten für Entscheidungsverantwortliche, eine präventive Kontrolle durch Erlaubnisvorbehalt für technische Systeme in kritischen Anwendungsbereichen und Haftungsregeln breiter diskutiert und etabliert werden. Dies gilt auch, wenn eine Entscheidung nur in Teilen automatisiert ist. Erste Ansätze wären Rechte auf kontrafaktische Erklärungen (Wachter et al., 2017) und auf rationale algorithmische Entscheidungsunterstützung und -findung (Wachter und Mittelstadt, 2018b).

Bei auf Algorithmen basierender Entscheidungsunterstützung oder -findung oder ähnlichen automatisierten Prozessen sollten insbesondere in gesellschaftlichen Kernbereichen entsprechend nur auditierte Prozesse bzw. zertifizierte Verfahren eingesetzt werden. So sollte durch staatliche Regulierung und gegebenenfalls explizite Zulassung digitaler Lösungen in gesellschaftskritischen Anwendungsbereichen gewährleistet werden, dass keine (Grund-)Rechtsverletzungen oder andere gesellschaftlichen Gefährdungen drohen. Zudem müssen betroffene Individuen oder juristische Personen ein einklagbares Recht auf eine rationale Entscheidungsbegründung erhalten. Der WBGU empfiehlt bei einer automatisierten Entscheidungsunterstützung bzw. -findung und dem Einsatz von KI in gesellschaftlichen Kernbereichen (Campolo et al., 2017; Villani, 2018), die letztendliche Entscheidungshoheit (und -verantwortung) beim Menschen zu belassen, insbesondere um dort Diskriminierung zu vermeiden. Speziell zum Bereich Scoring sind weitere Empfehlungen in Kapitel 5.5.5 zu finden.

Haftung, Informations- und Kennzeichnungspflichten ausbauen

Der WBGU empfiehlt, im Rahmen demokratischer Prozesse und Multistakeholder-Partizipation Kriterien, Standards und Grenzen der Übertragung von automatisierten Entscheidungsunterstützungen und von Entscheidungen auf technische Systeme in gesellschaftlichen Kernbereichen wie z. B. Justiz, Gesundheit, Wohlfahrt, Finanzen und Bildung sowie hinsichtlich der Anforderungen an Nachvollziehbarkeit und Einklagbarkeit der Überprüfung automatisierter Entscheidungen zu erarbeiten, die über eine rein technische Erklärbarkeit hinausgehen.

Denkbar ist hier anstelle eines alleinigen „Algorithmen-TÜV" (Djeffal, 2018; SVRV, 2017) – ähnlich wie etwa bei heutigen Wirtschaftsprüfungsgesellschaften – die bestehenden IKT-bezogenen Zertifizierungsbehörden mit Kompetenzen für Gütekriterien bei Systemen für algorithmenbasierte Entscheidungsprozesse auszustatten und passende Auditing- bzw. Zertifizierungsverfahren zu etablieren. In diesem Zusammenhang sind Regelungen (und eine potenzielle Verschärfung) der Verantwortung und Haftung privater Akteure als zusätzlicher Anreiz zur Entwicklung resilienter und sicherer Systeme (Scherer, 2016) sowie eine klare Güte- und Sicherheitskennzeichnung von softwarebasierten Produkten und Diensten (Kurz und Rieger, 2018a:256ff.) umzusetzen. Die Krisenanfälligkeit und das Risiko systemischen Versagens steigt mit abnehmender Anzahl dezentraler, unabhängiger Komponenten für algorithmenbasierte Entscheidungsunterstützung oder -systeme, wie sie eine zunehmende Monopolisierung oder Marktkonzentration zur Folge haben würde. Im Kontext der Resilienz sind deshalb flankierend wettbewerbserhaltende und -stärkende Maßnahmen zur Erhöhung der Diversität auch bei sicherheitskritischen Komponenten (durch Basierung auf Standards, offene Schnittstellen und Interoperabilität; Kap. 9.2.3) ebenfalls wichtig. Vor diesem Hintergrund ist auch die aus der Finanzwirtschaft bekannte Problematik der Systemrelevanz (too big to fail) in Bezug auf die geforderte Regelung und Stärkung privatwirtschaftlicher Haftung zu adressieren, da sie bei sehr großen, systemrelevanten Unternehmen ins Leere laufen kann.

9.2.3 Ökonomische und politische Machtverschiebungen

Digitale Technologien verschieben Macht und Einfluss zwischen Staaten, Unternehmen und Bürger*innen (Kap. 8.4.1). Dabei wirken starke Netzwerk- und Skaleneffekte, die dazu führen, dass die Digitalisierung heute maßgeblich durch einige wenige, zumeist privatwirtschaftliche Akteure gestaltet wird. Auch einzelne Staaten nutzen die digitale Technik bereits intensiv zur Steigerung ihrer staatlichen Macht. Die Digitalisierung wird nur dann bestehende soziale Ungleichheiten nicht verschärfen, wenn alle Menschen gleichermaßen die Chance bekommen, an ihren Potenzialen teilzuhaben.

9.2.3.1 Öffentlich-rechtliche IKT-Infrastrukturen und digitale Gemeingüter schaffen

Ein zentraler Aspekt zur Erreichung der Transformation zur Nachhaltigkeit besteht in der Ermöglichung substanzieller Teilhabe für alle Menschen („normativer Kompass"; Kap. 2). Der WBGU argumentiert, dass im Digitalen Zeitalter neben klassischen Leistungen der Daseinsvorsorge wie Bildung, Gesundheitsversorgung oder Sicherheit auch der Zugang zu digitalen Infrastrukturen zentrale Voraussetzung für ein menschenwürdiges Leben und zur Mitwirkung an gesellschaftlicher Entwicklung ist. Der Staat steht daher in der Verantwortung, einen allgemeinen Zugang zu öffentlich-rechtlichen Informations- und Kommunikationsdiensten für Alle, und dabei insbesondere auch für benachteiligte Bevölkerungsgruppen, als Teil der Daseinsvorsorge zu gewährleisten (Kap. 5.3.5). Dies umfasst einen Teil des Internets sowie soziale Plattformen, die Daten, Informationen, Wissens- und Bildungsangebote sowie Bürgerdienste anbieten können (Hanafizadeh et al., 2009:388ff.), die öffentliche Funktionen wahrnehmen sowie öffentlich oder aber privat betrieben werden. Die jeweiligen Ausprägungen öffentlich-rechtlicher IKT gilt es je nach Sektor hinsichtlich Inhalt, Qualität und Absicherung auszudifferenzieren.

Um die Mehrwerte der durch IKT durchdrungenen Gesellschaft für verschiedene Zwecke und möglichst alle Menschen weltweit nutzbar zu machen, spricht sich der WBGU zunächst für den Auf- und Ausbau neutraler IKT-Netzinfrastrukturen mit offenen internationalen Standards sowie interoperablen Schnittstellen und Formaten aus. Gefördert werden sollte zudem die Konzeption modularer und austauschbarer technischer Komponenten, um so Abhängigkeiten von einzelnen Herstellern und Infrastrukturanbietern zu vermeiden und damit sowohl Reparaturfähigkeit als auch digitale (Technologie-)Souveränität zu gewährleisten (Schieferdecker et al., 2018). Der öffentlichen Beschaffung kann hierbei eine zentrale Rolle zukommen. Die Komponenten der öffentlich-rechtlichen IKT sind zudem an lokale Gegebenheiten und politische Ziele anzupassen (UNCTAD, 2018), wozu der offene Dialog und die Kooperation zwischen verschiedenen Stakeholdern (lokale Behörden, Wirtschaft, Wissenschaft, Zivilgesellschaft) zur Förderung einer schnellen, nutzerzentrierten Einführung und Verbesserung öffentlich-rechtlicher IKT-Angebote empfohlen werden (The Earth Institute und Ericsson, 2016:96ff.). Außerdem sollte Open-Source-Software unter Berücksichtigung von Prinzipien wie Interoperabilität, Wiederverwendbarkeit, Sicherheit und Skalierbarkeit entwickelt und im Rahmen der öffentlichen Beschaffung bei öffentlichen IKT-Infrastrukturprojekten, wo sinnvoll und möglich, verwendet und gefördert werden (Schieferdecker et al., 2018). Der WBGU empfiehlt generell, beim Auf- und Ausbau öffentlich-rechtlicher digitaler Infrastrukturen deren Gemeinwohlorientierung ins Zentrum zu stellen, damit öffentliche Gelder vor allem auch öffentliche Güter schaffen. Neben Leistungsfähigkeit, Sicherheit (inklusive Vertrauenswürdigkeit) und Resilienz sollten auch gesellschaftliche Kontrollierbarkeit und diskriminierungsfreier Zugang sowie die Erhaltung der natürlichen Lebensgrundlagen gewährleistet sein und zu Leitprinzipien der öffentlichen Beschaffung werden. Die Bundesregierung sollte sich zudem sowohl national als auch international für die Sicherung und Stärkung der Netzneutralität einsetzen sowie einen gleichberechtigten Netzzugang in ländlichen bzw. strukturschwachen Regionen fördern. Gleichzeitig sollte im Sinne von Green IT der ökologische Fußabdruck (z.B. Ressourcen- und Energieeffizienz, Recyclingfähigkeit) bereits bei der Entwicklung minimiert werden, d.h. der Auf- bzw. Ausbau und der Betrieb der öffentlich-rechtlichen IKT-Infrastrukturen und -Dienste soll unter Achtung und Erhaltung der natürlichen Lebensgrundlagen erfolgen. Zudem sind die Bedeutung digitaler Gemeingüter (Digital Commons; Kap. 5.6.2) wie freie Bildung im Sinne von Open Education und Open Educational Resources, allgemein zugängliches Wissen mittels Open Access und Open (Government) Data und das digitalisierte Kultur- sowie Naturerbe in einer digitalen Nachhaltigkeitsgesellschaft und der Bedarf ihrer Bereitstellung und Absicherung national und international auf die politischen Agenden zu setzen. Digitale Gemeingüter sind organisatorisch, technisch und rechtlich abzusichern, z.B. mit Blick auf die Rechtssicherheit bei der Lizenzierung oder den dauerhaften Erhalt des Wissens. Zentral ist es, den inklusiven und chancengerechten Zugang zu digitalen Gemeingütern durch offene, barrierefreie Formate und eine verbesserte Auffindbarkeit und Abrufbarkeit (etwa mittels internationaler Metadatenstandards) sicherzustellen und eine breite Mitwirkung an der Erstellung und Weiterentwicklung der digitalen Gemeingüter zu fördern, etwa durch Leuchtturmprojekte. Ferner gilt es, Qualitätssicherungs- und Qualifizierungsmaßnahmen zu ergreifen, um die Bereitstellung und Nutzung qualitativ hochwertiger digitaler Gemeingüter sicherzustellen. Vertiefte Handlungsempfehlungen zu öffentlich-rechtlicher IKT und digitalen Gemeingütern finden sich in Kapitel 5.3.5 (Schauplatz zu öffentlich-rechtlicher IKT) und Kapitel 5.3.10 (Schauplatz zu Digital Commons).

9.2.3.2 Steuer- und Abgabensysteme reformieren

Der WBGU spricht Staaten und öffentlichen Institutionen auch und gerade im Digitalen Zeitalter eine bedeutende, gestaltende Rolle zu – sei es bei der Bereitstellung digitaler Gemeingüter bzw. öffentlicher digitaler Infrastrukturen, der sozial- und bildungspolitischen Gestaltung des breiten Strukturwandels oder mit Blick auf die Gewährleistung wirtschaftlicher Teilhabe und die Eindämmung drohender Ungleichheitsentwicklungen. Diese Rolle auszufüllen, erfordert auch längerfristig stabile finanzielle Handlungsspielräume von Staaten und öffentlichen Institutionen.

Die strukturellen Veränderungen der Arbeitsmärkte in Kombination mit der steigenden wirtschaftlichen Bedeutung immaterieller Wirtschaftsgüter wie Daten und digitalen Diensten werfen aus Sicht des WBGU allerdings erhebliche Zweifel auf, ob die heutigen Steuer- und Abgabesysteme diese finanziellen Grundlagen längerfristig bereitstellen werden können (Kap. 5.3.3). Aus Sicht des WBGU sollte die Frage der Finanzierung von Staat und öffentlichen Institutionen möglichst mit der Ausgestaltung der Rahmenbedingungen verknüpft werden, die für nachhaltige Entwicklung und einer diesem Ziel dienlichen Digitalisierung notwendig sind. In der Diskussion um die Herausforderungen durch die Digitalisierung und möglicher Reformschritte wird diese Verbindung bislang meist jedoch nicht hergestellt. Dass zur angemessenen Besteuerung international tätiger Unternehmen neue Regelungen gefunden werden müssen, ist unzweifelhaft. Die drohende Erosion der Finanzierungsgrundlagen von Staaten im Zuge der Digitalisierung und Möglichkeiten der weiteren Harmonisierung internationaler Regeln der Besteuerung sollten und werden bereits heute intensiv diskutiert und ausgelotet (z.B. BEPS-Projekt auf Ebene von OECD und G20; OECD, 2015d). Steuern und Abgaben entfalten aber auch eine starke Lenkungswirkung, die aus Sicht des WBGU gezielt zur Förderung nachhaltiger Entwicklung und zur Gestaltung eines nachhaltigen Digitalen Zeitalters eingesetzt werden sollte. Leitgedanke der zukünftigen Ausgestaltung von Steuer- und Abgabensystemen sollte es daher sein, Produktionsweisen und Verbrauchsverhalten, die diesen Zielen entgegenlaufen, zu belasten und umgekehrt heutige steuerliche Belastungen zu korrigieren, die nicht im Einklang mit den Zielen nachhaltiger Entwicklung stehen. Übergreifend sieht der WBGU vor diesem Hintergrund drei Ansatzpunkte für Reformen.

Besteuerung nicht angemessen bepreister natürlicher Ressourcen und externer Effekte

Die sehr weit gehenden Möglichkeiten des Monitorings und der Analyse von Umweltveränderungen sollten aus Sicht des WBGU zur konsequenten Ausrichtung von Steuer- und Abgabensysteme auf die Ziele nachhaltiger Entwicklung und insbesondere den Schutz natürlicher Lebensgrundlagen genutzt werden: Umwelteinflüsse bzw. -schädigungen, oder allgemein gesellschaftliche Folgen privaten Handelns, sollten umfassend bepreist werden, soweit diese nicht, oder nicht angemessen, von Marktpreisen erfasst werden. Mit einer solchen (Neu-)Ausrichtung von Steuern und Abgaben können einzelnen Akteuren, seien es Unternehmen oder private Akteure, zeitnah und verursachergerecht (Preis-) Signale über die gesellschaftlichen Konsequenzen ihres Handelns übermittelt werden. Dies lenkt den Blick der Akteure direkt auf den Schutz der natürlichen Lebensgrundlagen und bringt, neben Anpassungen in Produktionsweisen und Konsumverhalten, auch die weitere technologische Entwicklung wesentlich stärker in Einklang mit den Zielen nachhaltiger Entwicklung als bisher. Auch wenn diese Neuausrichtung von Steuern und Abgaben grundsätzlich alle Akteure betrifft, adressiert sie insbesondere auch den Energie- und Ressourcenverbrauch von digitalen Anwendungen und Geräten und damit eine zentrale Herausforderung der Digitalisierung für nachhaltige Entwicklung bzw. den Schutz natürlicher Lebensgrundlagen. Zugleich werden Finanzierungsquellen erschlossen, die nicht unmittelbar an Erwerbsarbeit gebunden sind, und so eine Erosion staatlicher Finanzierungsgrundlagen oder doch zumindest eine zunehmend ungleiche Verteilung der Finanzierungslasten von Staat und Sozialsystemen vermieden.

Entlastung von Arbeit

Derartig alternative Finanzierungsquellen schaffen Spielräume für den zweiten zentralen Reformansatz: Die hohe steuerliche Belastung von (Erwerbs-)Arbeit in vielen Ländern sollte nach Ansicht des WBGU überprüft und gegebenenfalls korrigiert werden. Diese Belastung wirft nicht nur (verteilungspolitische) Fragen der zukünftigen Finanzierung öffentlicher Systeme und Institutionen auf. Sie setzt vielmehr auch starke und einseitige Anreize auf Seiten von Unternehmen und Arbeitgebern, technische Automatisierungsmöglichkeiten auszuschöpfen und auszuweiten. Eine weitergehende Automatisierung ist zwar nicht generell abzulehnen und zum Beispiel bei lebensgefährlicher Arbeit gesellschaftlich wünschenswert. Gerade auf kurze Sicht ist eine sehr einseitige Fokussierung auf die breite Substitution von (Erwerbs-)Arbeit anstelle etwa des Schutzes natürlicher Ressourcen jedoch nicht im gesellschaftlichen Interesse. Sie gefährdet die soziale Kohäsion und bietet zu wenig Raum für den gesellschaftlichen Wandel, der notwendig ist, damit die gesellschaftlichen Funktionen von Erwerbsarbeit in Zukunft auch bzw. umfassender als heute gewährleistet werden.

Reform der Unternehmensbesteuerung

Zentral für den Erhalt der finanziellen Handlungsfähigkeit von Staaten ist ohne Zweifel die angemessene Besteuerung von Unternehmensgewinnen. Probleme des internationalen Steuerwettbewerbs und der aggressiven Steuerplanung international tätiger Unternehmen für die Finanzierung von Nationalstaaten stellen sich nicht erst im Zuge der Digitalisierung. Die Digitalisierung trägt allerdings zu deren Verschärfung bei, indem sie generell die Internationalisierung und Mobilität unternehmerischer Tätigkeiten befördert und die geographische Zuordnung und Bestimmung besteuerbarer Wert durch die Verlagerung hin zu immateriellen Wirtschaftsgütern wie Daten erschwert.

Auch wenn gerade mit Blick auf Vertreter der Digitalwirtschaft ein wachsendes Missverhältnis zwischen den Möglichkeiten der Besteuerung eines Landes und dem Umfang von geschäftlichen Aktivitäten und Unternehmenserträgen nicht ansässiger, international agierender Unternehmen beklagt wird, sollten aus Sicht des WBGU keine Sonderregelungen für Unternehmen der „digitalen Wirtschaft“ verfolgt werden. Derartige Abgrenzungen zwischen Vertretern der digitalen und nicht digitalen Wirtschaft widersprechen nicht nur vielfach der Systematik bestehender Regelungen der Unternehmensbesteuerung. Sie erscheinen vor allem willkürlich und angesichts der Breitenwirkung der Digitalisierung gerade im Zeitverlauf zunehmend unklar.

Grundsätzlich sind stattdessen Reformschritte innerhalb des bestehenden Systems der Unternehmensbesteuerung denkbar, aber auch eine grundlegende Abkehr der Prinzipien der Unternehmensbesteuerung vom bisherigen Quellenlands- hin zu dem Bestimmungslandsprinzip. Innerhalb des bestehenden Systems, das die Rechte der Besteuerung an den Ort der Wertschöpfung knüpft, müssen neue Regelungen zur internationalen Zuordnung von Unternehmensgewinnen bzw. Wertschöpfungsbeiträgen gefunden werden. Ein Ansatzpunkt stellt dabei die weitere Ausarbeitung des Konzepts digitaler Betriebsstätten dar. In Ergänzung müssen zudem heute noch nicht vollständig absehbare Kriterien zur Bestimmung der lokal auf ein bestimmtes Land entfallenden Wertschöpfungsanteile entwickelt werden. Würde auf internationaler Ebene (z.B. G20) die Vereinbarung von Mindestbesteuerungssätzen gelingen, könnte dabei der internationale Steuerwettbewerb eingedämmt werden.

In einem weitergehenden Reformschritt kann das System zur Besteuerung von Unternehmenserträgen stärker in Richtung einer Umsatzbesteuerung ausgestaltet werden. Einen ersten Schritt in diese Richtung stellt die umsatzsteuerliche Erfassung des nicht monetären Tauschs von Daten gegen Dienstleistungen dar. Diese könnte auch unter Beibehaltung der heute gültigen Prinzipien der Unternehmensbesteuerung eingeführt werden, wirft allerdings in der konkreten Umsetzung durchaus komplexe Fragen der vollständigen Erfassung und der Bewertung dieser Tauschgeschäfte auf. Als sehr grundlegende Reform der Unternehmensbesteuerung wird hingegen die Einführung einer bestimmungslandabhängigen Cash-Flow-Steuer diskutiert, durch die generell die Besteuerung an die erzielten Umsätze und damit nicht länger an den Ort der Wertschöpfung bzw. der international immer mobileren Ort der Gewinnentstehung, sondern an den Ort der Endverbraucher*innen geknüpft würde. Ein derartiger Schritt würde deutlich über die derzeit auf Ebene der EU und der OECD diskutierten Reformschritte hinausgehen. Da er jedoch Anreize zur Gewinnverlagerung und damit den internationalen Steuerwettbewerb erheblich senken und eindämmen würde, sollten dieses Konzept und seine rechtlichen wie wirtschaftlichen Implikationen aus Sicht des WBGU in jedem Fall weiter geprüft werden.

9.2.3.3 Monopolisierungstendenzen vorbeugen und Wettbewerb auf digitalisierten Märkten stärken

Das Vordringen digitaler Technologien in Wirtschaft und Gesellschaft wirkt sich grundsätzlich ambivalent auf wirtschaftliche Konzentration und Wettbewerb aus. Starke Skalen- und Netzwerkeffekte und die zunehmende Bedeutung von Daten für erfolgreiche Produkte und Dienstleistungen sowie weitergehende Innovationen lassen jedoch eine immer stärkere Konzentration auf einige wenige, dominante Akteure erwarten, wie sie sich heute aufgrund der vielfach noch unregulierten Digitalisierungsprozesse bereits abzeichnet. Starke wirtschaftliche Konzentration ist aus Sicht des WBGU aus mehrfachen Gründen zu vermeiden: Sie zieht Verteilungswirkungen nach sich, die die Gefahren größerer Ungleichheit zwischen Ländern, aber auch innerhalb von Gesellschaften verschärfen. Sie behindert aus systemischer Perspektive die innovationsfördernden und systemstabilisierenden Kräfte eines Wettbewerbs von Entscheidungen unterschiedlicher, unabhängiger Akteure und Systeme zur Informationsverarbeitung. Auf politischer Ebene besteht schließlich die Gefahr, dass gesellschaftliche Entscheidungsprozesse und die gestaltende Rolle des Staates unterlaufen werden, wenn einzelne privatwirtschaftliche Akteure zu dominant werden, vor allem da die Gestaltungsmacht dieser Akteure durch digitale Technologien deutlich erhöht werden kann. Zur Eindämmung solcher Konzentrationsprozesse sollte aus Sicht des WBGU das Wettbewerbs- bzw. Kartellrecht weiterentwickelt und dabei möglichst eine internationale Harmonisierung angestrebt werden. Diese Weiterentwicklung der *Ex-post*-Kontrolle ist jedoch nicht hinreichend. Zusätzlich müssen die strukturellen Treiber von wirtschaftlicher Konzentration, die in dem Zusammenwirken von Skalen- und Netzwerkeffekten und der Bedeutung immaterieller Wirtschaftsgüter wie Daten begründet sind, wirksam adressiert werden.

Wirksame Ansätze der Wettbewerbskontrolle entwickeln und international abstimmen

Dass das Wettbewerbsrecht für eine effektivere Kontrolle und Sanktionierung von Marktmacht und deren Missbrauch in einer zunehmend digitalisierten, datengetriebenen Wirtschaft weiterentwickelt werden muss, ist weithin anerkannt. Erste Schritte wurden unternommen, und weitere Anpassungen sind bereits Gegenstand intensiver Diskussion. Diese sollte aus Sicht des WBGU in jedem Fall vertieft fortgesetzt werden. Angesichts international tätiger Unternehmen und Plattformen sollte dabei auch eine internationale Harmonisierung der wettbewerbsrechtlichen Verfahren und Vorgaben verfolgt werden.

Inhaltlich sollten aus Sicht des WBGU dabei vor allem wettbewerbsrechtliche Regelungen und Verfahren zur Bestimmung von Marktmacht und deren Missbrauch weiterentwickelt werden. Diese sollten insbesondere den Möglichkeiten, die sich aus dem Sammeln und Verknüpfen von Daten für die Schaffung und Verteidigung dominierender Marktpositionen ergeben, auch abseits der Frage der Preissetzung von Produkten und Dienstleistungen gerecht werden. Der WBGU unterstützt auch die frühzeitige Auseinandersetzung von Wissenschaft und Kartellbehörden mit den Möglichkeiten (implizit) kollusiven Verhaltens algorithmenbasierter, autonom entscheidender Systeme. Eine bedeutsame Erweiterung der Reichweite wettbewerbsrechtlicher Kontrollmöglichkeiten sieht der WBGU in der stärkeren Verschränkung von Wettbewerbsrecht und Datenschutz bzw. Schutz der Privatsphäre. Diese sollte näher ausgelotet werden, um die Umgehung von Datenschutzbestimmungen mit Hilfe von Marktmacht effektiver als bislang sanktionieren zu können. Nicht nur wettbewerbsrechtlich, sondern auch aus Nachhaltigkeitssicht kritisch sieht der WBGU die Kombination verschiedener Geschäftsbereiche unter dem Dach einzelner Unternehmen, wenn mit Hilfe der so möglichen verknüpften Daten Zugänge zu relevanten Gütern der Grundversorgung eingeschränkt, besonders zu schützende Bereiche der Privatsphäre bedroht oder etwa auch Prinzipien von Solidarität und Risikostreuung im Versicherungsbereich ausgehöhlt werden. Der WBGU empfiehlt zumindest zu prüfen, ob in Anlehnung an die Regulierung bekannter Industrien mit starken Netzwerkeffekten, wie etwa der Energiewirtschaft, nicht die Kombination bestimmter Geschäftsbereiche bzw. Tätigkeiten unter dem Dach eines einzelnen Unternehmens kartellrechtlich untersagt bzw. die Möglichkeiten für eine solche kartellrechtliche Zerschlagung geschaffen werden sollten. Auf diese Weise könnte etwa der missbrauchsfreie Zugang zu relevanten Dienstleistungen geschützt werden, wie etwa der Zugang zu Krediten, der durch die Verknüpfung umfassender Persönlichkeitsprofile aus sozialen Netzwerken oder großen Einkaufsplattformen mit dem Angebot von Finanzdienstleistungen gefährdet werden kann. Auch hier sollten möglichst internationale Kriterien und Regelungen angestrebt werden.

Rolle von Daten für Machtkonzentration adressieren

Über die wirksame Kontrolle möglichen Missbrauchs marktbeherrschender Stellungen hinaus sieht der WBGU in der Kombination aus Netzwerk- und Skaleneffekten und den Feedback-Effekten aus der Akkumulation von Daten grundlegende strukturelle Treiber von Konzentration auf datenreichen bzw. datengetriebenen Märkten, die ein weitergehendes regulatorisches Eingreifen erfordern. Das Wettbewerbsrecht als nachgelagerter, auf konkrete Einzelfälle des Missbrauchs bereits bestehender marktbeherrschender Stellungen bezogenes Kontrollinstrument greift hier zu kurz. Der WBGU schließt sich vielmehr der Auffassung an, dass zum Aufbrechen sich selbst verstärkender Machtpositionen und zum Abbau von Wettbewerbshemmnissen durch Beschränkungen der Datenverfügbarkeit regulierte Zugänge zu Daten entwickelt und durchgesetzt werden sollten. Derartige Regelungen bewegen sich notwendigerweise in einem Spannungsfeld zwischen den Vorteilen von Offenheit und breiter Datenverfügbarkeit sowie dem Schutz der Privatsphäre und möglicher (privat-)wirtschaftlicher Anreize zur Datenerhebung. Auch ist aufgrund der hohen Heterogenität der Bereiche und Kontexte, aus denen heraus Daten gesammelt werden, eine pauschale Regelung des Datenzugangs ausgeschlossen. Freier oder zumindest klar regulierter, diskriminierungsfreier und im Sinne der Interoperabilität standardisierter Zugang sollte aber etwa bei Daten durchgesetzt werden, die für die Weiterentwicklung von Produkten und Diensten wettbewerbsrelevant sind, keinen Personenbezug aufweisen und tendenziell als Beiprodukt sonstiger wirtschaftlicher Aktivitäten erhoben werden. Für umfassende, staatliche Rahmensetzungen zum Datenzugang in digitalen Marktwirtschaften müssen zunächst Möglichkeiten entwickelt werden, die eine präzisere Bestimmung und Abgrenzung des (gesellschaftlichen) Werts von Daten und ihrer Relevanz für Wettbewerb und Innovation erlauben. Einzelne Bereiche, in denen das gesellschaftliche Interesse an einer breiten, regulierten Datenverfügbarkeit als besonders hoch einzuschätzen ist, lassen sich aus Sicht des WBGU aber bereits heute identifizieren. Dies gilt etwa im Bereich von Daten aus öffentlichen Räumen (Smart Cities) oder bei den neu zu schaffenden digitalen Gemeingütern.

9.3 Weltordnung des Digitalen Zeitalters

Um die Digitalisierung in den Dienst nachhaltiger Entwicklung zu stellen, Risiken und Herausforderungen zu begegnen und Chancen zu nutzen, ist eine politische bzw. gesellschaftliche Gestaltung notwendig. Die enorme Geschwindigkeit der Digitalisierungsprozesse erfordert eine adaptive Steuerung, für die die verschiedenen Governance-Ebenen ertüchtigt werden müssen. Erstens bedarf es international einer Stärkung der Governance-Kapazitäten beim Thema nachhaltige Digitalisierung und Digitalisierung für Nachhaltigkeit (Kap. 8). Die folgenden Empfehlungen geben erste Anstöße, wie eine Verständigung über eine gemeinsame digitale Zukunft auf den Weg gebracht werden kann. Zweitens ist die EU gefordert, ihre Werte und ihren Weg in die digitale Zukunft zu entwickeln, und dabei eine aktiv gestaltende Rolle einzunehmen (Kap. 8.5).

9.3.1 Global Governance für die nachhaltige Gestaltung des Digitalen Zeitalters

International hat sich in den letzten Dekaden ein Verständnis von Nachhaltigkeit als Vision globalen, langfristigen Wohlergehens herausgebildet, das durch die Agenda 2030, das Pariser Klimaübereinkommen sowie weitere multilaterale Pakte und Abkommen im Bereich Umwelt und Entwicklung zum Ausdruck kommt. Im Vergleich dazu stehen Bestrebungen einer internationalen Verständigung über einen regulatorischen Rahmen und eine Kooperation im Bereich der Digitalisierung und dem Einsatz digitaler Technologien noch am Anfang (Kap. 8.1). Die zentrale Herausforderung für die internationale Staatengemeinschaft besteht heute darin, eine gemeinsame Vorstellung für eine nachhaltige, digital unterstützte Zukunft zu entwickeln und sich auf gemeinsame Leitkonzepte, Prinzipien und regulatorische Rahmenbedingungen zu verständigen. Ähnlich wie der Brundtland-Bericht „Unsere gemeinsame Zukunft" durch die Integration von Umwelt- und Entwicklungsthemen den Auftakt für ein globales Verständnis nachhaltiger Entwicklung setzte, braucht es

Kasten 9.3.1-1

„Unsere gemeinsame digitale Zukunft" – Entwurf einer Charta für ein nachhaltiges digitales Zeitalter

Präambel

Im Bewusstsein der Verantwortung aller Gesellschaften für unsere gemeinsame digitale Zukunft,

im Bewusstsein der Dringlichkeit für entschiedenes Handeln zur Begrenzung des anthropogenen Klimawandels und zur Bewahrung der natürlichen Lebensgrundlagen sowie im Bewusstsein der Verantwortung des Menschen im Anthropozän als neue erdgeschichtliche Epoche,

im Bestreben, auf eine humanistische Vision für eine vernetzte Weltgesellschaft des Digitalen Zeitalters hinzuwirken, in der sich zivilisatorische und menschliche Potenziale voll entfalten,

in Anerkennung der Allgemeinen Erklärung der Menschenrechte, des Berichts der Weltkommission für Umwelt und Entwicklung, der Konferenz der Vereinten Nationen über Umwelt und Entwicklung, des Basler Übereinkommens über die Kontrolle der grenzüberschreitenden Verbringung gefährlicher Abfälle und ihrer Entsorgung, des durch die Vereinten Nationen gesponserten Weltgipfels zur Informationsgesellschaft, der Agenda 2030 der Vereinten Nationen mit den Zielen für nachhaltige Entwicklung, des Übereinkommens von Paris sowie entsprechender Prozesse informeller Initiativen,

erkennen die Unterzeichnenden die folgenden Ziele, Grundsätze, Freiheiten, Rechte und Pflichten an und bekennen sich zu ihrer Umsetzung.

Ziele und Grundsätze

1. Die *Würde* des Menschen ist auch im digitalen Raum unantastbar. Alle Menschen haben das Recht auf digitale Identität, Souveränität, Datenschutz und Privatsphäre. Dazu gehören auch das Recht, sich der Digitalisierung im Privaten zu entziehen, sowie das Recht, informiert zu werden, wenn ein Interaktionspartner kein Mensch, sondern ein technisches System ist.
2. Die Entwicklung digitaler Technologien und digitalisierter Infrastrukturen wird stets so ausgerichtet, dass die *natürlichen Lebensgrundlagen* bewahrt bleiben. Die planetarischen Leitplanken müssen eingehalten, globale und lokale Umweltprobleme müssen vermieden werden. Verursacher-, Kooperations-, Integrations- und Vorsorgeprinzip sind als Leitprinzipien zu beachten.
3. Die Entwicklung digitalisierter Infrastrukturen wird stets so ausgerichtet, dass sie *allen Menschen zugänglich* ist und die gleichen Chancen eröffnet, sich gesellschaftlich einzubringen und zu verwirklichen. Für die zugrundeliegenden Technologien wie Mikroelektronik, Tele- und Datenkommunikationsnetze, Datenverarbeitung und künstliche Intelligenz sollen Informationen über die prinzipielle Funktionsweise weltweit für alle zugänglich sein.
4. Die Rechte des Einzelnen zum *Schutz der individuellen Entfaltungsfreiheit* im digitalen Raum werden gewährleistet. Dazu gehören informationelle Selbstbestimmung, der Schutz der Meinungsfreiheit und der digitalen Identität sowie der Schutz von Minderheiten und vor Diskriminierung. Alle Menschen haben grundsätzlich das Recht, die über sie gespeicherten Daten einzusehen, zu korrigieren, über ihre Nutzung zu bestimmen und sie löschen zu lassen. Diese Rechte sind einklagbar.

Digitalisierung im Sinne der Nachhaltigkeitsziele

5. Die Potenziale der Digitalisierung sollen weltweit für die Erreichung der *Ziele für nachhaltige Entwicklung* (Agenda 2030 und darüber hinaus) genutzt werden. In gesellschaftlichen Entscheidungen, die die Ziele für nachhaltige Entwicklung betreffen, sollen Lösungen auf Basis digitaler Technik erwogen werden.
6. Bei der Entwicklung digitaler Technologien und digitalisierter Infrastrukturen werden stets die ökologischen und sozialen Auswirkungen berücksichtigt. Die planetarischen Leitplanken müssen eingehalten werden.
7. Die Digitalisierung wird gezielt für das *Monitoring der UN-Nachhaltigkeitsziele* und so die Absicherung von sozialen und ökologischen Standards eingesetzt.
8. Alle Staaten tragen zur Entwicklung *digitaler Gemeingüter* zum Kultur- und Naturerbe und zum weltweiten Wissensstand bei und gewährleisten deren Absicherung und allgemeine Zugänglichkeit über Generationengrenzen hinweg.

Systemrisiken vermeiden

9. Alle Staaten und Unternehmen wirken aktiv auf die Minimierung von *Risiken für kritische Infrastrukturen* hin. Sie sind verpflichtet, sich gegenseitig über Fehler und Sicherheitslücken zu informieren und für deren Behebung zu sorgen. Die Verantwortlichkeit für Schadensfälle wird stets klar definiert.
10. Der Einsatz digitaler Technologie verpflichtet. Sein Gebrauch soll zugleich dem *Wohle der Allgemeinheit* dienen. Digitale Lösungen dürfen nicht dazu benutzt werden, Menschen zu unterdrücken, anlasslos zu überwachen oder soziale Kontrolle auszuüben.
11. Alle Staaten haben die Pflicht, Betroffene bei der Anpassung an die durch die Digitalisierung hervorgerufenen *arbeitsweltlichen Umwälzungen* im Sinne der oben definierten Grundsätze in angemessener Weise zu unterstützen.
12. Die *Entscheidungssouveränität* des Menschen beim Einsatz künstlicher Intelligenz und algorithmenbasierter Automatismen in gesellschaftlichen Entscheidungsfindungsprozessen wird gewährleistet. Der Mensch behält das Letztentscheidungsrecht. Automatisierte Entscheidungsfindung und -unterstützung erfolgt stets nachvollziehbar, nur in klar definiertem Rahmen und unter Wahrung einer Korrekturmöglichkeit. Die Verantwortlichkeit für automatisierte Entscheidungsfindung und -unterstützung wird stets klar definiert.
13. Alle Staaten haben die Pflicht, das *Recht des Einzelnen auf Eigenart und Unvollkommenheit* zu bewahren. Gesellschaftlichem Druck zur Optimierung des menschlichen Körpers durch Technik muss entgegengewirkt werden. Alle Staaten vereinbaren auf multilateraler Ebene hierzu verbindliche Regeln und ethische Leitlinien.
14. *Cyberangriffe* unterliegen den Genfer Konventionen zu kriegerischen Auseinandersetzungen und ihren Zusatzprotokollen, die um Angriffe auf kritische Infrastrukturen zu ergänzen sind. Der Einsatz vollautomatisierter *autonomer Waffensysteme* ist verboten. Der Schutz der Zivilbevölkerung hat höchste Priorität.

Auf prozedurale Herausforderungen vorbereiten

15. Alle Staaten und Unternehmen entwickeln *ethische Leitlinien* für die Konzeption, Entwicklung und Anwendung von digitalen Technologien und Lösungen im Hinblick auf die Menschenwürde und die Nachhaltigkeitsziele und

schaffen die notwendigen rechtlichen und organisatorischen Rahmenbedingungen für deren Umsetzung.
16. Alle Staaten schaffen *Institutionen*, die über den Einsatz von digitalen Technologien beraten, wenn sie die Menschenwürde, die natürlichen Lebensgrundlagen, die Teilhabe aller Menschen oder die Eigenart des Einzelnen unmittelbar betreffen. Alle Staaten schaffen die Voraussetzungen, dass sich die *Zivilgesellschaft* frühzeitig an diesen Prozessen beteiligen kann.
17. Alle Staaten befähigen ihre Bürger*innen durch *technologieorientierte Zukunftsbildung* dazu, an der Nutzung digitaler Technik teilzuhaben und ein globales Verantwortungsbewusstsein und ein holistisches Verständnis ihrer Handlungsoptionen im Digitalen Zeitalter zu entwickeln und zukünftige Entwicklungen digitaler Technologien und digitalisierter Infrastrukturen aktiv mitzugestalten. Dies bezieht insbesondere die Bildung für nachhaltige Entwicklung ein.
18. Alle Staaten *kooperieren* auf multilateraler Ebene im Sinne der in dieser Charta vereinbarten Ziele und Verpflichtungen schaffen die notwendigen rechtlichen und organisatorischen Rahmenbedingungen für deren Umsetzung.

heute einen neuen Auftakt für ein globales Verständnis über *unsere gemeinsame digitale Zukunft*. Dafür bedarf es gestärkter Global-Governance-Kapazitäten (Kap. 8.4).

9.3.1.1
UN-Gipfel „Nachhaltigkeit im Digitalen Zeitalter“ anberaumen

Deutschland und die EU sollten sich für einen UN-Gipfel zum Thema „Digitalisierung und Nachhaltigkeit“ im Jahr 2022 einsetzen (30 Jahre nach UNCED in Rio) einsetzen („UN Conference for a Sustainable Digital Age“, Kap. 8.4.3). Zentrales Thema der Konferenz mit globaler Perspektive wäre, welcher großen Weichenstellungen es bedarf, um eine digital unterstützte, nachhaltige Entwicklung zu erreichen und nicht nachhaltige Folgen des digitalen Wandels zu vermeiden. Als thematische Schwerpunkte bieten sich die Nutzung digitaler Technologien zur Unterstützung der Umsetzung der SDGs sowie neue Herausforderungen für globale Nachhaltigkeitspolitik nach dem Jahr 2030 an. Der Weltgipfel sollte die Empfehlungen des High-level Panel on Digital Cooperation sowie die Ergebnisse der Weltgipfel zu nachhaltiger Entwicklung seit 1992 berücksichtigen (UNCED 1992, Millennium-Gipfel 2000, WSSD 2002, UN Konferenz über nachhaltige Entwicklung 2012 sowie den Weltgipfeln zur Informationsgesellschaft von 2003 und 2005). Ein zentrales Ergebnis des UN-Gipfels könnte eine Charta der internationalen Staatengemeinschaft sein (Kasten 9.3.1-1). In einer solchen Erklärung sollten die für die nachhaltige Gestaltung des Digitalen Zeitalters grundlegenden Ziele und Grundsätze benannt, eine Digitalisierung im Sinne der Nachhaltigkeitsziele eingefordert, auf zu vermeidende Systemrisiken hingewiesen sowie zentrale politische Ansatzpunkte für Politikgestaltung identifiziert werden (Kasten 9.3.1-2).

Zur Vorbereitung des vorgeschlagenen UN-Gipfels empfiehlt der WBGU die sofortige Einsetzung einer „Weltkommission für Nachhaltigkeit im Digitalen Zeitalter“ (World Commission for a Sustainable Digital Age) nach dem Vorbild der Brundtland Kommission. Aufgabe der Weltkommission sollte sein, die Ziele, Langzeitstrategien und eine Zukunftsvision für digitalisierte Nachhaltigkeitsgesellschaften zu entwickeln. Insbesondere sollten die Risiken digitaler Technologien für die Transformation zur Nachhaltigkeit identifiziert und Wege zu deren Einhegung beschrieben werden. Zugleich sollte die Weltkommission die Bedingungen benennen, die die Entfaltung der Potenziale digitaler Technologien für nachhaltige Entwicklung ermöglichen.

9.3.1.2
Verankerung des Themas Digitalisierung und Nachhaltigkeit im UN-System sicherstellen

Für eine stärkere institutionelle Verankerung des Themas Digitalisierung und Nachhaltigkeit im UN-System sieht der WBGU verschiedene Möglichkeiten (Kap. 8.4.4): Zunächst sollten alle UN-Organisationen bzw. Institutionen, die zu Nachhaltigkeitsfragen arbeiten (z.B. UNDP, UN Environment, UN-Habitat, IOM, UNCTAD sowie Weltbank und regionale Entwicklungsbanken), das Thema des digitalen Wandels systematisch in ihre Arbeits- und Strategiebildungsprozesse aufnehmen. Darüber hinaus sollte „Digitalisierung“ als Querschnittsthema verankert werden. Dazu bietet sich die Einrichtung eines Mechanismus zur Sicherung der Zusammenarbeit zwischen Agenturen und der systemweiten Koordination („UN Digitalization“ analog zum bestehenden UN Energy) an.

9.3.1.3
Völkerrechtlicher Rahmen als unverzichtbarer Bestandteil

Auch im Digitalen Zeitalter ist das Völkerrecht wichtiger Bestandteil von Global Governance (Kap. 8.4.5). Neben der Aushandlung einer „United Nations Privacy Convention“ (Kap. 8.3.1.3, 9.2.1.2) sollte sich die Bundesregierung für die Eröffnung eines globalen Diskursraumes für neue Nachhaltigkeitsthemen der Digitalisierung einsetzen, die auch die Aushandlung einer „UN-Rahmenkonvention für digitale Nachhaltigkeit

Kasten 9.3.1-2

Systemrisiken im Digitalen Zeitalter vermeiden

Um die Potenziale der Digitalisierung heben zu können, muss man sich der möglichen Systemrisiken im Digitalen Zeitalter bewusst sein. Digitale Systemrisiken sind denkbare großskalige Veränderungen in unseren Gesellschaften, die jeweils für sich genommen bereits Destabilisierungen unserer Gesellschaften auslösen könnten. Domino- und kumulative Verstärkereffekte würden sich entsprechend breitenwirksam multiplizieren.

Manche dieser Gefährdungen sind unumstritten (z.B. Disruptionen auf den Arbeitsmärkten), die Größenordnung der Veränderungen ist jedoch offen. Die Eintrittswahrscheinlichkeiten anderer Systemrisiken sind signifikant (z.B. Überschreitung planetarischer Leitplanken, digitaler Autoritarismus, weiterer Machtzuwachs großer Digitalunternehmen), während andere Eintrittswahrscheinlichkeiten aus heutiger Sicht eher niedrig sind (z.B. Akzeptanz von Human Enhancement zur Schaffung eines optimierten *Homo sapiens*). Doch auch letztere Systemrisiken sind nicht zu vernachlässigen, denn würde der Schadensfall eintreten, hätten sie umfassende Auswirkungen auf die Zukunft der Zivilisation. Der WBGU identifiziert Systemrisiken im Digitalen Zeitalter wie die folgenden:

- Überschreitung planetarischer Leitplanken durch digital getriebene, ressourcen- und emissionsintensive Wachstumsmuster.
- Entmachtung des Individuums, Gefährdung der Privatheit und Unterminierung digitalisierter Öffentlichkeiten durch digital ermächtigten Autoritarismus bzw. Totalitarismus.
- Unterminierung von Demokratie und Deliberation durch normativ und institutionell nicht eingebettete automatisierte Entscheidungsunterstützung oder -findung.
- Dominanz von Unternehmen, die sich staatlicher Kontrolle entziehen, angetrieben durch weitere datenbasierte Machtkonzentration.
- Disruption der Arbeitsmärkte durch umfassende Automatisierung datengetriebener Tätigkeiten und Gefahr zunehmender „Irrelevanz der menschlichen Arbeitskraft" für die Wirtschaft.
- Vertiefte Spaltung der Weltgesellschaft durch eingeschränkten Zugang und Nutzung digitaler Potenziale hauptsächlich durch wohlhabende Minderheiten der Weltgesellschaft.
- Missbrauch der Technisierung des Menschen auf Grundlage von Human-Enhancement-Philosophien und Methoden.

Es ist zudem wichtig, sich zu vergegenwärtigen, dass die digitalen Umwälzungen auf Gesellschaften treffen, die bereits durch Globalisierung, den Aufstieg neuer Mächte, Fluchtbewegungen und autoritäre Populismen verunsichert sind. Die Bugwellen der Digitalisierung treffen zusammen mit der aktuellen Krise Europas und des Westens sowie mit Frontalangriffen gegen eine kooperations- und regelbasierte multilaterale Weltordnung. Die Systemrisiken des Digitalen Zeitalters könnten sich mit den bereits existierenden Fliehkräften in vielen Gesellschaften verschränken und diese verstärken.

und nachhaltige Digitalisierung" beinhalten würde. Letztere wäre die sichtbarste, verhandlungstechnisch aber sicherlich aufwändigste Maßnahme. Insbesondere sollten digitalisierte Infrastrukturen und Internet-Governance, Teilhabe an Digitalgütern, wie Daten, der Schutz menschlicher Entscheidungssouveränität im Umgang mit algorithmenbasierter Entscheidungsfindung, KI und Automatisierung und die Zukunft des Menschen im Mensch-Maschine-Verhältnis als neue Themen auf die Agenda der internationalen Staatengemeinschaft gesetzt werden.

Ausgangspunkte für völkerrechtliche Verträge über die Kooperation in diesen und anderen neuen Feldern von Global Governance könnten insbesondere die aus dem Umweltrecht bekannten Prinzipien wie das Vorsorgeprinzip, das Verursacherprinzip, das Kooperationsprinzip und das Integrationsprinzip sein. In der Erforschung, Entwicklung und Anwendung autonomer und selbstlernender Systeme sollte z.B. Technikfolgenabschätzung als fester Baustein verankert und behördliche Präventivkontrollen sichergestellt werden (Vorsorgeprinzip). Gemäß des Kooperationsprinzips sollten Unternehmen zu Förderern einer digital unterstützten Transformation zur Nachhaltigkeit gemacht werden, etwa durch Corporate eco-digital Responsibility, Anreize (Privilegierung) sowie durch einen öffentlichen Diskurs zur Übertragung staatlicher bzw. privater Entscheidungen auf technische Systeme (Kooperationsprinzip). Haftungsrechtliche Lücken sollten geschlossen und Verantwortlichkeiten (Produktverantwortung) zugewiesen werden (Verursacherprinzip). Alte und neue Nachhaltigkeitsthemen (Ökologie, Privatsphäre) sollten als Querschnittsthemen in alle Bereiche des digitalen Wandels integriert werden (Integrationsprinzip). Das Integrationsprinzip kann auch auf Digitalisierung selbst angewendet werden, das als neues Querschnittsthema und in Funktion eines Werkzeugs und der Schaffung neuer Herausforderungen in allen Prozessen mitgedacht werden sollte.

9.3.1.4
Wissenschaftliches Gremium zu Digitalisierung und Nachhaltigkeit berufen

Wissenschaftliche Politikberatung, Technikfolgenabschätzung sowie eine breite Verankerung vorausschauender Expertise zu langfristigen Entwicklungen und Rückkopplungen zwischen ökologischen und digitalisierten soziotechnischen Systemen sollten institutionell gestärkt werden, um eine „antizipative Governance" zu etablieren. Das Beispiel IPCC hat gezeigt, dass das Zusammenführen wissenschaftlicher Expertise für politische Entscheidungsträger eine wichtige Voraussetzung für faktenbasierte Politikgestaltung ist. Der WBGU schlägt vor, ein zwischenstaatliches bzw. internationales wissenschaftliches Gremium einzusetzen, das in regelmäßigen Sachstandberichten den wissenschaftlichen Erkenntnisstand zu allen nachhaltigkeitsrelevanten soziotechnischen und ökologischen Aspekten des digitalen Wandels aufarbeitet. Ein solches Gremium könnte aufbauend auf den bisher gemachten Erfahrungen ähnlich der Struktur von IPCC oder IPBES aufgebaut werden (Kap. 8.4.6).

9.3.2 Die EU als Vorreiterin für eine digitalisierte Nachhaltigkeitsgesellschaft

Für die EU als größtem Binnenmarkt der Welt bietet sich mit einem eigenen Modell für eine digitalisierte Nachhaltigkeitsgesellschaft die Chance, sich international als „nachhaltiger Lebens- und Wirtschaftsraum" zu profilieren (RNE, 2018a; Kap. 8.5). Vor diesem Hintergrund sollte sich die Bundesregierung im Kontext ihrer EU-Ratspräsidentschaft im Jahr 2020 dafür einsetzen, eine gemeinsame europäische Vision und Strategie für eine digital unterstützte Nachhaltigkeitsgesellschaft zu entwickeln und nachhaltige Entwicklung selbst als Leitidee für europäische Digitalisierungspolitiken zu verankern. Ausgangspunkt für einen europäischen Weg zu digitalisierten Nachhaltigkeitsgesellschaften ist die Vergewisserung auf gemeinsame Werte. Der WBGU sieht in einem neuen Humanismus für das Digitale Zeitalter ein Leitbild für die europäische Entwicklung (Kap. 7). Wesentliche Elemente eines solchen Wertesystems sind auch in der Charta (Kasten 9.3.1-1) ausgeführt.

9.3.2.1 Weichenstellungen für die digitalisierte Nachhaltigkeitsgesellschaft

Ein wichtiger Schritt für das europäische Modell ist, dass Nachhaltigkeit und Digitalisierung in ihrer Wechselwirkung in die EU-Politik integriert werden (Kap. 8.5.2). Die übergeordnete EU-Strategie sollte dieses Ziel ausdrücken, mit einer klaren Ausrichtung auf die Agenda 2030 sowie entschiedener Prioritätensetzung auf bekannten und neuen Nachhaltigkeitsthemen, die mit der digitalen Revolution einhergehen. Eine europäische Vision einer nachhaltigen digitalen Zukunft hätte neben dem Ziel der Schaffung eines digitalen Binnenmarktes insbesondere die Erhaltung natürlicher Lebensgrundlagen und den Schutz anderer Gemeinwohlinteressen im Blick. Schwerpunkte sieht der WBGU im Energie- und Klimaschutz sowie in der Kreislaufwirtschaft. Daneben ist die soziale Dimension beider Transformationsprozesse wichtiges Element gelungener Integration (Kasten 8.5-1).

Für die Weiterentwicklung der digitalen Agenda können die Umweltrechtsprinzipien (Vorsorgeprinzip, Verursacherprinzip, Kooperationsprinzip und Integrationsprinzip; Kap. 8.4.2) genutzt werden. Diese können auch Anhaltspunkte für eine nachhaltige Rahmensetzung für Digitalisierungsprozesse liefern. Entscheidende Treiber des digitalen Wandels sind bislang ökonomische Interessen bzw. staatliche Überwachung und Kontrolle. Nachhaltige Digitalisierungspolitik sollte vor allem Gemeinwohlinteressen verfolgen.

Im derzeit entstehenden EU-Umweltaktionsprogramm und der EU-Dekarbonisierungsstrategie für das Pariser Übereinkommen sollte der digitale Wandel mit seinen Möglichkeiten und Risiken systematisch mitbetrachtet werden. Mit der Ausarbeitung einer „EU-Strategie für Nachhaltigkeit im Digitalen Zeitalter" eröffnet sich zudem die Möglichkeit, neue Nachhaltigkeitsthemen, wie Privatsphärenschutz, digitale Teilhabe, menschliche Entscheidungssouveränität und die Alleinstellungsmerkmale des Menschen im Mensch-Maschine-Verhältnis auf die Nachhaltigkeitsagenda zu setzen (Kap. 8.3). Mit einer „EU-Strategie für Nachhaltigkeit im Digitalen Zeitalter" könnte die EU zudem eine Pionierrolle für die Weiterentwicklung der Agenda 2030 einnehmen. Europa kann damit der globalen digitalen Entwicklung einen neuen Impuls geben (Kap. 8.4; Kasten 8.5-1).

Um diese Vision Realität werden zu lassen, sollten Investitionen und Innovationen in die entsprechende Richtung gelenkt werden, etwa indem eine nachhaltige, europäische IKT-Infrastruktur aufgebaut und digitale Technologien in Städten, Gemeinden und Regionen erprobt werden (Kasten 10.3.2-1). Die Berücksichtigung neuer Indikatoren und Leitbilder zur Messung und Bewertung wirtschaftlichen Erfolgs bietet das Potenzial, Wandel in Richtung Gemeinwohl zu befördern (Kap. 8.4.1). Wichtige Beispielprojekte sind die Bereitstellung öffentlich-rechtlicher IKT und die Beteiligung an digitalen Gemeingütern (Kap. 9.2.3.1). Zentrale Voraussetzung für die Entwicklung konkreter Elemente für das Gelingen dieses Modells sind Bildung und Forschung (Kap. 9.1.4, 10).

9.3.2.2 Datenschutz und Ethik bei Technikgestaltung als Wettbewerbs- und Standortvorteil ausbauen

Statt sich in einen globalen Wettbewerb einzufügen, der den eigenen Werten widerspricht, kann die EU als mächtige Akteurin offensiv eigene Regeln einbringen, um längerfristig den globalen Wettbewerb selbst zu verändern. Der mit der EU-DSGVO angelegte Schutz der Privatsphäre sollte als Standortvorteil aufgefasst und konsequent weiter ausgebaut werden (Kap. 9.3.2.2). Eine Teilnahme am internationalen Wettbewerb um trainingsdatenintensives maschinelles Lernen mit China und den USA auf Kosten der Privatsphäre wäre ein Irrweg und würde die europäische Wertebasis untergraben. Stattdessen sollten Nachhaltigkeit, faire Produktionsbedingungen, Privatheit und Cybersicherheit in der Technikgestaltung und im Betrieb (ethics by, in and for design, privacy by design, security by design, sustainability and fairness by design) zentrale handlungsleitende Elemente eines künftigen europäischen Digitalisierungsmodells werden. Wichtigste Referenz ist hier die EU-DSGVO und die Entwicklung eines nachhaltigen Umgangs mit Daten. Im Hinblick auf einen verantwortungsvollen Umgang mit Daten und Privatsphäre hätte sie ein Alleinstellungsmerkmal, wenn dieser konsequent durchgesetzt und nicht im globalen Wettbewerb relativiert wird. Die EU sollte daher einen Wettbewerbsvorteil schaffen und dabei souverän Datenschutz und ethisch reflektierte Technikgestaltung als Standortvorteile wahrnehmen.

Mit der EU-DSGVO wurde als weltweit höchster Standard ein erstes Interpretationsangebot für einen Umgang mit personenbezogenen Daten vorgelegt. Diese gilt es entschieden um- und durchzusetzen sowie stetig weiterzuentwickeln. Sie bezweckt den Schutz natürlicher Personen bei der Verarbeitung personenbezogener Daten und dem freien Verkehr solcher Daten und schützt dadurch die Grundrechte und Grundfreiheiten natürlicher Personen. Ob diese Schutzzwecke erreicht werden, hängt aus Sicht des WBGU wesentlich von der Konsequenz ihrer Durchsetzung und konkreten Anwendung und Weiterentwicklung ab, u.a. durch die Datenschutzbehörden und die Rechtsprechung. Neben einer Stärkung staatlicher Vollzugsbehörden in den Mitgliedstaaten sollte die EU-DSGVO zivilgesellschaftliche Akteure in ihrer wichtigen Rolle für deren Durchsetzung als Kooperationspartner*innen anerkennen und unterstützen. Es sollte eine gesamtgesellschaftliche Debatte zum Thema Privatsphäre initiiert und unterstützt werden. Der WBGU empfiehlt, einer exzessiven Überwachung und Profilbildung entschlossen entgegenzuwirken. Dazu ist unter anderem eine leistungsstarke ePrivacy-Verordnung (ePrivacy-VO) nötig. Deshalb sollte die Bundesregierung auf EU-Ebene darauf hinwirken, dass die Blockade der ePrivacy-VO gelöst und diese im Sinne der Bürger*innen umgesetzt wird. Der gegenwärtig weitgehend blockierte Verhandlungsprozess zur ePrivacy-VO sollten im Gemeinwohlinteresse forciert werden. Diese und die Weiterentwicklung der EU-DSGVO hätten auch internationale Signalwirkung auf Drittstaaten, insbesondere auch Entwicklungsländer (Kuner et al., 2017). Wirksame Datenschutzinstrumente sollten sukzessive über multilaterale Prozesse als internationale Standards etabliert werden. Datenverarbeitung ist im Digitalen Zeitalter nicht nur Ursache für Privatheitsverletzungen, sondern auch für Machtkonzentrationen und ökonomische Fehlentwicklungen. Deshalb sollte die EU auch in Bezug auf nicht personenbezogene Daten Datenschutz zusammen mit den Datenpflichten auf die Agenda setzen.

9.3.3 Akteurskonstellationen für digitalisierte Nachhaltigkeitsgesellschaften

Um die Digitalisierung in Richtung Nachhaltigkeit zu lenken, sind Akteursallianzen erforderlich, die normative Orientierungen, regulative Rahmenbedingungen und faire Marktstrukturen gesellschaftlich vorantreiben. Die Zusammenführung der Digitalisierung mit Nachhaltigkeitszielen ist ein politischer und kein technologischer Prozess. Der WBGU hat die Akteursgruppen Individuen, Wirtschaft und Unternehmen, Zivilgesellschaft, Tech-Communities, Städte und Gemeinden, Staaten, transnationale Akteure und die internationale Staatengemeinschaft betrachtet (Kap. 4). Es lassen sich Trends ableiten, welche Akteursgruppen durch die Digitalisierung an Handlungs- und Gestaltungsspielraum gewinnen und welche verlieren. Aus der Zielperspektive einer Großen Transformation zur Nachhaltigkeit ist es erforderlich, gestaltungsmächtige Akteure für die Transformation zu engagieren und Pionier*innen des Wandels Handlungsspielräume zu eröffnen. Zu einigen Akteurskonstellationen wurden in Kapitel 9.1 bis Kapitel 9.3 bereits spezifische Empfehlungen ausgesprochen.

Der WBGU folgt dem Konzept polyzentrischer Governance, das Akteursgruppen in ihrer Interdependenz betrachtet. Die folgenden Empfehlungen zielen darauf ab, vielfältige Akteure zu befähigen, im Digitalen Zeitalter Verantwortung für die Transformation zur Nachhaltigkeit wahrzunehmen (polyzentrische Verantwortungsarchitektur; WBGU, 2016b). Innerhalb einer polyzentrischen Verantwortungsarchitektur können starke Akteure wie Staaten oder internationale Organisationen Impulse setzen und andere Akteure aktiv stärken, z.B. um Koalitionen oder Gegengewichte zu mächtigen Spielern zu bilden. Gestaltungsfähigkeit in Bezug auf digitale Prozesse muss bei einigen dieser potenziell starken Akteure erst noch hergestellt werden. Dazu sollten digitale Kompetenzen aufgebaut und mit den Anforderungen der Nachhaltigkeitstransformation verbunden werden.

9.3.3.1 Zivilgesellschaftliche Netzwerke für individuelle und gemeinwohlbezogene Belange ausbauen

Da Individuen in der digitalisierten Welt zahlreichen Vorstrukturierungen und Komplexitäten ausgesetzt sind, benötigen sie Sachwalter ihrer kollektiven Interessen, die nicht kommerzielle Interessen vertreten (z.B. Verbraucherschutzorganisationen). Bestehende Organisationen schützen Individuen vor möglichen Verletzungen von Individualrechten durch digitale Anwendungen nur bedingt. So werden die Interessen datengebender Nutzer*innen gegenüber kommerziellen Verwerter*innen bislang nicht durch Sachwalter wie Gewerkschaften wahrgenommen. Hier bedarf es der Entwicklung neuer Formen und Vertretungsrechte. Zivilgesellschaftliche Organisation und bürgerschaftliches Engagement sind als Bindeglied zwischen Individuum und Gesellschaft, aber auch als Gegengewicht und Kontrollinstanz von staatlicher und ökonomischer Macht im Digitalen Zeitalter besonders essenziell. Starke Netzwerke zivilgesellschaftlicher Akteure können national wie global zu einem kritischen Sensorium für ökologische, gesellschaftliche wie menschenrechtliche Missstände werden und in diesem Sinne überall auf der Welt gefördert und institutionalisiert werden.

9.3.3.2 Tech-Communities als Verbündete für die Transformation zur Nachhaltigkeit gewinnen

Aufgrund des immer stärker werdenden Einflusses der Tech-Communities (Kap. 4.2.4) sollten nachhaltigkeitsrelevante Diskurse in dieser Akteursgruppe systematisch und institutionell gefördert werden. Die Diskussionen innerhalb der Tech-Community zu Values by Design, Corporate Social Responsibility, verantwortungsvollem Technikeinsatz sowie zur Ausgestaltung einer Professionsethik bieten gute Anknüpfungspunkte, um Potenziale für die Handlungs- und Gestaltungsfähigkeit in Richtung Nachhaltigkeitstransformation zu heben. Diese Inhalte sollten auch in der Aus- und Weiterbildung verankert werden. Neben einer verstärkten Corporate Social Responsibility sollte auch eine Technological Social Responsibility etabliert werden, damit Tech-Communities vermehrt zu Pionieren der Transformation zur Nachhaltigkeit werden. Die durch das Bundesministerium der Justiz und für Verbraucherschutz (BMJV) ins Leben gerufene Corporate Digital-Responsibility-Initiative hat in Deutschland einen ersten Schritt zur Definition möglicher Prinzipien einer digitalen Verantwortung unternommen. Hieran kann angeknüpft werden.

Ein „weizenbaum'scher Eid" (Kap. 4.2.4) könnte als Professionsethik für nachhaltige Gestaltung und Nutzung digitaler Technologien dienen. Damit könnten die Tech-Communities zu generellen Prinzipien verpflichtet werden, die für die Entwicklung und die Anwendung digitaler Technologien richtungsgebend sind. Diese Prinzipien sollten auch in Aus- und Weiterbildung der Expert*innen verankert werden.

9.3.3.3 Mainstreaming technischen Wissens und Modernisierung staatlicher Institutionen

Für die Transformation zur Nachhaltigkeit gilt es, die Digital- und Nachhaltigkeitskompetenzen öffentlicher Akteure gezielt zu stärken. Zur vollen Erschließung des Nachhaltigkeitspotenzials digitalisierten staatlichen Handelns sollte das Verständnis und technische Wissen bezüglich der Chancen und Risiken der Digitalisierung von der lokalen bis zur nationalen Ebene in allen staatlichen Institutionen sowie quer über alle relevanten Themengebiete hinweg verankert werden (Mainstreaming). Staaten sollten außerdem verstärkt im Verbund agieren und multilateral zusammenarbeiten, um an Handlungsfähigkeit (zurück) zu gewinnen. Dabei sollten sie sicherstellen, dass Bürgerrechte nicht eingeschränkt und Privatheit nicht verletzt werden. Staaten obliegt im Digitalen Zeitalter in Bezug auf Gefährdungen der Menschenwürde eine besondere Schutzpflicht, für deren Wahrnehmung sie sich wappnen müssen.

9.3.3.4 Ressourcen transnationaler und internationaler Organisationen für Nachhaltigkeit nutzen

Digitale Vernetzung, Virtualität und Wissenszuwachs können im besten Falle positive Treiber einer bereits in Gang gesetzten Herausbildung und Diversifizierung transnationaler Strukturen sein, die perspektivisch zu einer Art kritischer Weltgesellschaft oder einem Weltumweltbewusstsein kumulieren. Dafür bedarf es in transnationalen Netzwerken und Organisationsstrukturen, die sich mit digitalen und digitalisierten Infrastrukturen befassen, eines Mainstreaming von Nachhaltigkeitsthemen (z.B. bei ICANN). Diese Perspektive könnte durch staatliche oder zivilgesellschaftliche Akteure aktiv eingebracht werden. Internationale Organisationen der Nachhaltigkeits-Governance, die mit ihrem faktenbasierten Berichtswesen und Reports eine zentrale globale Wissensressource darstellen, sollten perspektivisch eine neue Rolle im Sinne einer informationellen Qualitätssicherung einnehmen. Zudem sollten internationale Organisationen, Ressourcen und Netzwerke eine Brücke zwischen transnational organisierten Einheiten und Staaten bilden. Anschlussfähiges Beispiel ist hier die Arbeit des UN-Klimasekretariats (Kap. 4.2.7).

9.4 Neue normative Fragen – Die Zukunft des *Homo sapiens*

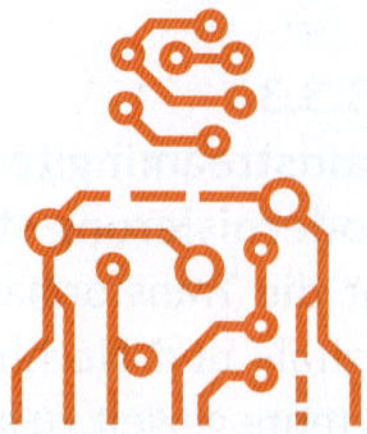

Mit der kontinuierlichen Weiterentwicklung der technischen Systeme in ihren Fähigkeiten und Fertigkeiten, der Erweiterung menschlicher Fähigkeiten durch technische Systeme sowie den Versuchen, technischen Systemen menschenähnliche Fähigkeiten zu verleihen, wird immer wieder Neuland betreten. Daraus ergeben sich grundsätzliche ethische Fragen, die gesamtgesellschaftlich erörtert werden müssen (Kap. 7.4). Derzeit werden die Diskurse über die Kooperation und Kollaboration zwischen Mensch und Maschine sowie die physische (und soziale) Technisierung von Menschen durch Digitalisierung häufig mit Bildern utopischer oder dystopischer Science Fiction besetzt (Kap. 6). Dabei lenken die emotionale Aufladung und der in eine ferne Zukunft gerichtete Blick davon ab, dass bereits jetzt mögliche Grenzverletzungen mit sofortigem Regelungsbedarf vorliegen (Kap. 9.4.1). Bei den heute noch futuristisch erscheinenden Themen kann der um die Menschenwürde erweiterte normative Kompass des WBGU Orientierung bieten. Schon heute sind der Schutz vor Objektifizierung von Individuen (Kap. 2.3.2), die Ermöglichung von Selbstbestimmung und freier Entfaltung der Persönlichkeit sowie Diversität als Grundlage von Kreativität und Chance für die nötigen gesellschaftlichen Transformationen konkret herausgefordert. Sich bereits abzeichnende Entwicklungen führen unweigerlich zu Fragen danach, welche technischen Entwicklungen unter Einbeziehung ihrer möglichen Folgen wir zukünftig realisieren wollen – und welche nicht. Hierfür ist die Schaffung von Diskursräumen und Frühwarnsystemen erforderlich (Kap. 8.3.4, 9.4.2, 9.4.3).

9.4.1 Gehirn-Computerschnittstellen: Datenschutz und Abschaltmöglichkeit verankern

Auch wenn die Einschätzung der Entwicklung von Gehirn-Computerschnittstellen (Brain Computer Interface – BCI) und Neuroprothetik oftmals spekulativ ist, werden diese Technologien mittlerweile von Großinvestoren als bedeutend eingeschätzt. Dementsprechend große Forschungsbudgets und -aktivitäten in der Privatwirtschaft bleiben jedoch nicht ohne forschungsethische und gesellschaftliche Implikationen, denn „sinnvolle markttaugliche und klinisch verwertbare Entwicklung von Gehirn-Computer-Interfaces und auch Hirnstimulationsgeräten ist nur bei einer gleichberechtigten und intensiven Zusammenarbeit von physiologischen, ingenieurwissenschaftlichen und klinischen Disziplinen möglich." (Birbaumer, 2017:8). Dass in den Entwicklungsabteilungen von Konzernen oftmals medizintechnische Ingenieure ohne klinische Ausbildung und Erfahrung oder Zugang zu klinischen Gruppen tätig sind, erweist sich hier im Hinblick auf mangelnde Interdisziplinarität (Kap. 10) als ebenso problematisch, wie die Entscheidung über und Ausgestaltung von Entwicklungen in Abhängigkeit von Gewinnerwartungen und der Verfügbarkeit neuer technologischer Optionen ohne ethische Reflexion. Bereits heute werden digital ansteuerbare Prothesen und Implantate zu kurativen Zwecken eingesetzt, teilweise ohne dass Verschlüsselung oder Abschaltfunktion zwingend vorgesehen sind (Clausen et al., 2017). Hier gibt es dringenden Handlungsbedarf.

Auch wenn sich aktuell die Möglichkeiten zum Auslesen von Gedanken bislang auf geringem Niveau bewegen und bei Emotionen (etwa durch wissenschaftlich fragwürdige kommerzielle EEG-Geräte) bislang nicht bestehen, sind solche Entwicklungen in absehbarer Zeit im Prinzip möglich (Themenkasten 5.3-2; Birbaumer, 2017). Daher müssen aus Sicht des WBGU jetzt die Weichen gestellt werden, um den Einsatz solcher, möglicherweise kommerziell in ethisch problematische Richtungen getriebenen Entwicklungen zu regeln. Da durch die rasche Entwicklung neuer Sensoren und maschineller Intelligenz „Gedankenlesen", zumindest in eingeschränkter Form, in einigen Dekaden möglich sein könnte, ist die herstellerseitige Verpflichtung zu einer Unterbrechung mittels einer „Not-Aus"-Schaltung bereits heute ebenso wichtig, wie die Gewährleistung größtmöglicher Sicherheit und Resilienz solcher Systeme (Birbaumer, 2017:32). Cybersicherheit (Kap. 3.3.4) wäre in diesem Zusammenhang ein neuer zusätzlicher Garant für psychische Integrität.

Angesichts der absehbaren quantitativen Zunahme von Neurodaten empfiehlt der WBGU weiterhin, ein individuelles Recht auf deren Privatheit im Modus „default opt-out" zu schaffen, deren kommerzielle Nutzung und Weiterleitung streng zu regulieren und bestehende internationale Verpflichtungen (z.B. UN-Menschenrechtserklärung) um entsprechende „Neurorechte" zu erweitern (Yuste und Goering, 2017:161ff.). Die rasante und teilweise schon weit fortgeschrittene Forschung und Entwicklung in diesem Bereich macht deutlich, dass dringend Räume und Institutionen für die frühzeitige Erörterung von möglichen Grenzziehungen und Moratorien geschaffen werden müssen (Kap. 9.4.3).

9.4.2
Zulassungsstandards und „Frühwarnsysteme" im Bereich der Mensch-Maschine-Interaktion

Nicht nur die physische Technisierung von Menschen durch Maschinen wirft fundamentale Fragen auf, auch die Intensivierung und Neugestaltung von Mensch-Maschine-Interaktionen erfordern ein Vorausdenken und Einhegen möglicher Gefahren im Hinblick auf Gesellschaftspolitik und individuelle Wissensfreiheit oder Entscheidungsautonomie (Kasten 4.3.3-1; Themenkasten 5.3-2; Birbaumer, 2017:25ff.). Bereits heute begleiten Alexa und Siri den Alltag von immer mehr Menschen in den Industrienationen. Angesichts der Tendenz von Menschen zur Anthropomorphisierung von autonomen Systemen stellen sich drängende gesellschaftliche Fragen. Teilweise interagieren wir mit autonomen Systemen, ohne es zu wissen (Avatare, Bots, Serviceroboter), weshalb der WBGU nachdrücklich eine Kennzeichnungspflicht für Kommunikation mit einem maschinellen „Gegenüber" empfiehlt. Bereits heute werden zudem (teil-)autonome Roboter in vulnerablen Bereichen eingesetzt, etwa in der Pflege, bei dementen Patient*innen (Pflegeroboter Paro) oder im Kinderzimmer (etwa vernetzte Spielzeuge mit audiovisueller Überwachungsfunktion). Aufgrund der potenziell weitreichenden Folgen für die psychische Integrität empfiehlt der WBGU generell für soziotechnische Innovationen, d.h. Produkte und Dienstleistungen im Zusammenhang mit Mensch-Maschine-Interaktion, entsprechende Zulassungsstandards festzulegen. Um mit den durch starke kommerzielle Interessen rasant vorangetriebenen Entwicklungen Schritt halten zu können, müssen neue und stärker antizipierende Formen der Technikfolgenabschätzung entwickelt werden sowie Frühwarnsysteme, wenn es um besonders verletzliche Zielgruppen (Kinder, Jugendliche usw.) geht.

9.4.3
Verständnis des Verhältnis „Mensch – Maschine – Umwelt" kontinuierlich anpassen

Vom Menschen geschaffene digitale Technologien ermöglichen es nicht nur, den Planeten irreversibel zu verändern. Sie beeinflussen und verändern auch den Menschen und die vorherrschenden Menschenbilder (Kap. 7, 8.3.4). Das Verhältnis von Mensch, Maschine und Umwelt ist dabei dynamisch, denn alle drei Komponenten sind durch Technik und Gesellschaft veränderlich. Dennoch ist und bleibt Technik auch längerfristig Menschenwerk. Zur kritischen und verantwortungsbewussten Antizipation künftiger Potenziale und Risiken technologischer Entwicklungen ist daher ein anderes, breiteres Zukunftsverständnis nötig anstelle eines einseitig technologieorientierten. Neben einem Bildungspakt (Kap. 9.1.4.2) empfiehlt der WBGU flankierend in der Wissenschaft die nötigen Grundlagen im Sinne von Zukunftsforschung, Prognose und Technikwandel weiterzuentwickeln (Kap. 10). Aufgrund der gesellschaftlichen Bedeutung, sehen wir hier eine starke Verpflichtung, die Forschungsergebnisse dem gesellschaftlichen Diskurs zugänglich zu machen, etwa durch neue Formate des Wissenstransfers wie Experimentierangebote, Roadshows oder Erprobung in Reallaboren.

9.4.4
Effektive und inklusive Diskursarenen schaffen

Ein weiterer Baustein ist die Schaffung von Diskursarenen durch die Bundesregierung, die Raum für Diskussionen bieten, bei denen sich Zivilgesellschaft, Wissenschaft, Wirtschaft und Politik über Werte, Ziele und Grenzen digitaler Veränderungen austauschen können (Kap. 7.4). Mit diesem Instrument soll der gesellschaftliche Diskurs organisiert werden, um das Bewusstsein für die sich im Kontext des digitalen Wandels neu stellenden ethischen Fragen zu schärfen und gesellschaftliche Antworten zu erarbeiten. Diese Arenen sollten in mehreren, miteinander vernetzten und sich ergänzenden Formaten organisiert werden. Ergebnisse der Diskursarenen sollten Eingang in parlamentarische Verfahren finden, etwa durch Stellungnahmen (mündlich oder schriftlich) in einschlägigen Bundestagsausschüssen (z.B. zur Digitalen Agenda). Darüber hinaus könnte ein interministerieller oder Staatssekretärsausschuss für nachhaltige Digitalisierung eingerichtet werden.

Forschungsempfehlungen 10

Der WBGU sieht technologischen Fortschritt nicht als Selbstzweck, sondern als Mittel zur Erreichung gesellschaftlicher Ziele. Vor diesem Hintergrund schlägt er eine Verschränkung der Nachhaltigkeits- und Digitalisierungsforschung vor, um Wissenslücken zu schließen. Er legt zudem konkrete Vorschläge für die Weiterentwicklung der bestehenden Forschungsstrukturen vor und gibt inhaltliche Forschungsempfehlungen zu verschiedenen Aspekten an der Schnittstelle zwischen Digitalisierung und Nachhaltigkeit.

Der WBGU orientiert sich an den Fragen einer globalen gesellschaftlichen Zukunft innerhalb planetarischer Leitplanken. Forschung und Innovation sind bei der Gestaltung einer konstruktiven Rolle von Digitalisierung für eine nachhaltige Entwicklung von großer Bedeutung. Technologischen Fortschritt sieht der WBGU dabei nicht als Selbstzweck, sondern als Mittel zur Erreichung gesellschaftlicher Ziele, insbesondere eines menschenwürdigen Lebens für alle. Der WBGU begrüßt daher im Einklang mit seinem normativen Kompass (Kap. 2) ausdrücklich die entsprechenden Grundüberzeugungen der Digitalstrategie des BMBF (2019) und deren kommende Umsetzung.

Im vorliegenden Gutachten wird die Transformation zur Nachhaltigkeit mit der Wirkmacht und Gestaltbarkeit der Digitalisierung zusammengedacht. Für eine nachhaltige Entwicklung im Digitalen Zeitalter sollten Nachhaltigkeitsfragen eine breite gesellschaftliche Einbettung in die Innovations- und Forschungspolitik erfahren und auf nationaler wie europäischer Ebene mit internationaler Strahlkraft die zukunftsfähige Gestaltung des gesamten Innovationssystems prägen. Dabei spielen sowohl eine *Transformationsforschung*, die darauf zielt, die Bedeutung der Digitalisierung für fundamentale gesellschaftliche Veränderungsprozesse besser zu verstehen, als auch eine *transformative Forschung*, die mit ihren Forschungsergebnissen Transformationsprozesse zu einer nachhaltigen Entwicklung anstößt und mit katalysiert, eine wichtige Rolle (WBGU, 2011:23ff., 342). Der Beitrag der Wissenschaft liegt sowohl darin, entsprechende Diskurse anzuregen, als auch darin, diese fachlich zu fundieren, um neue Technologien für eine digitalisierte Nachhaltigkeit zu erarbeiten und sie für die Anwendung vorzubereiten.

Obwohl bereits verstanden wird, dass entlang der Großen Transformation zur Nachhaltigkeit und des digitalen Wandels gesellschaftliche Umbrüche zu erwarten sind, liegen aktuelle Forschungsschwerpunkte im Digitalisierungskontext, wie ein vom WBGU vorgenommenes Mapping der Diskurslandschaft zeigt (Kasten 10.3-1), weiterhin auf der Technologieentwicklung, z.B. Big Data, Künstliche Intelligenz (KI) oder autonome Systeme. Inhalte und Richtung dieser Forschung werden dabei vorrangig durch ökonomische Potenziale, nicht zuletzt im Kontext internationaler Wettbewerbsfähigkeit, bestimmt. Ökologische und soziale Forschungsfragen, letztere mit Ausnahme der Themenblöcke Wissen, Bildung und digitale Mündigkeit, werden weit weniger thematisiert. Dies betrifft ebenso die großen Zukunftsfragen zur Weiterentwicklung der Gesellschaft und des Menschen im Kontext des digitalen Wandels (Kap. 7).

Gemessen an der Geschwindigkeit und Breite des digitalen Wandels existiert daher noch zu wenig belastbares Wissen über die Wirkung digitaler Technologien auf das Erdsystem, Gesellschaften und den Menschen. So sind gesellschaftspolitische Diskurse über die Auswirkungen der Digitalisierung – beispielsweise in Bezug auf die Arbeit der Zukunft oder den Energie- und Ressourcenverbrauch – durch widersprüchliche Einschätzungen und hohe Unsicherheit gekennzeichnet. Gleichermaßen sind auch die Potenziale und Risiken der Digitalisierung für die Realisierung der international vereinbarten Nachhaltigkeitsziele (UN Sustainable Development Goals – SDGs, UNGA, 2015) und die Frage, wie durch digital gestützte Bildungsmaßnahmen Wissen und Handeln zur Großen Transformation gefördert werden kann, erst in Ansätzen erforscht (UN, 2018c).

Dieser Status Quo legt sowohl eine Neuausrichtung der derzeitigen Forschungsschwerpunkte zum Thema Digitalisierung auf Nachhaltigkeit nahe, als auch die digitalisierungsbezogene Weiterentwicklung der Nachhaltigkeitsforschung. Der WBGU schlägt entlang der drei Dynamiken des Digitalen Zeitalters (Kap. 7) die folgenden übergeordneten Forschungslinien vor, um bestehende Wissenslücken zu füllen und mehr Erkenntnisse zu Potenzialen und Risiken der Digitalisierung für eine Transformation zu einer nachhaltigen Wirtschafts- und Gesellschaftsstruktur zu bekommen:

- *Forschung zu Digitalisierung für Nachhaltigkeit (Erste Dynamik)*: Wie können digitale Technologien, digitale und digitalisierte Infrastrukturen sowie digitalisierte Systeme und Endgeräte selbst nachhaltig gestaltet werden, insbesondere auch in Bezug auf ihren Energie- und Ressourcenverbrauch sowie die Etablierung einer Kreislaufwirtschaft? Wie kann die Digitalisierung als Instrument zur Umsetzung der SDGs und zum Klimaschutz eingesetzt werden?
- *Forschung zu nachhaltigen digitalisierten Gesellschaften (Zweite Dynamik)*: Wie können handlungsfähige Gesellschaften erhalten werden, die in der Lage sind, die systemverändernde Wirkmacht der Digitalisierung auf Erdsystem, Gesellschaft, Wirtschaft, den Menschen und Techniksysteme einzuordnen und proaktiv nachhaltig zu gestalten sowie deren nicht intendierten Folgen zu begegnen? Wichtige Forschungsaufgaben sind die Untersuchung von Systemrisiken und -potenzialen, die Entwicklung neuer Teilhabeformen im Kontext der Arbeit der Zukunft, die Gestaltung von Mensch-Maschine-Interaktionen und die Befähigung des Individuums in digitalisierten Nachhaltigkeitsgesellschaften. Die Forschungsmittel zu den Auswirkungen von KI auf die digitalisierte Nachhaltigkeitsgesellschaft sollten deutlich erhöht werden.
- *Forschung zur Zukunft des Homo sapiens (Dritte Dynamik)*: Im Digitalen Zeitalter wird das Menschsein selbst zum Thema nachhaltiger Entwicklung. Inwieweit sind alte und neue Menschenbilder angesichts einer möglichen Verschränkung von Mensch und Technik sowie der zunehmenden Kooperation von Mensch und Maschine zu hinterfragen? Wie kann der Erhalt der Würde des Menschen sichergestellt werden?

Nicht zuletzt muss sich das Wissenschaftssystem selbst dem digitalen Wandel stellen und entsprechend weiterentwickeln. Eine Schwerpunktsetzung auf Nachhaltigkeitsziele in nahezu allen Disziplinen stellt dabei neue Anforderungen an deren strukturelle Ausgestaltung. Es sind verstärkt Diskurs- und Reflexionsräume innerhalb des Wissenschaftssystems nötig, um auf verschiedenen gesellschaftlichen Ebenen eine differenzierte, gemeinschaftliche und rechtzeitige Auseinandersetzung mit ethischen und nachhaltigkeitsrelevanten Fragen zu ermöglichen und daraus Vorschläge für geeignete Rahmenbedingungen zu entwickeln.

Zunächst erläutert Kapitel 10.1 die übergreifende Zielsetzung im Hinblick auf die Große Transformation zur Nachhaltigkeit (WBGU, 2011). In Kapitel 10.2 werden auf dieser Basis konkrete Vorschläge für die Weiterentwicklung der bestehenden Forschungsstrukturen gemacht. Im Zuschnitt gegenwärtiger Programme ist es oft schwierig, Projekte an der Schnittstelle von Nachhaltigkeit und Digitalisierung zu verorten. Es werden Institute und Programme vorgestellt, die erste Schritte unternommen haben, die Schnittstelle von Nachhaltigkeit und Digitalisierung zu erforschen bzw. sich anbieten würden, um eine engere Verschneidung der beiden Bereiche herbeizuführen. Weiterhin werden sowohl Vorschläge für bestehende Programme und Institutionen an der Schnittstelle von Digitalisierung und Nachhaltigkeit als auch an Akteure im Wissenschaftssystem gegeben, die den verstärkten Bedarf nach disziplinenübergreifendem Austausch und der Einbindung wissenschaftsnaher Akteure mitberücksichtigen. Abschließend erläutert Kapitel 10.3 inhaltliche Forschungsempfehlungen entlang der eingangs dargestellten übergeordneten Forschungslinien.

10.1 Übergeordnete Forschungsschwerpunkte

Die wissenschaftliche und öffentliche Unsicherheit über die Wirkung der Digitalisierung auf das Erdsystem, Gesellschaften oder auch den Menschen steht derzeit in einem Missverhältnis zur aktuellen Dynamik, Breite und Eingriffstiefe digitaler Entwicklungen. In den Forschungsempfehlungen dieses Gutachtens geht es daher auch um den Erhalt und die Förderung der Verständnis- und Innovationsfähigkeit, aber auch Diskursfähigkeit der Weltgesellschaft, um letztendlich deren Gestaltungs- und Handlungsfähigkeit zu erhalten oder auch, wo nötig, wiederzuerlangen (Kap. 7.5). Der Wissenschaft und Forschung kommt hierbei eine Schlüsselrolle zu. Kritische Analysen, Reflexion und das Eröffnen von Möglichkeits- und Diskursräumen für den digitalen Wandel sind daher unabdingbare

Bestandteile der Gestaltung eines nachhaltigen Digitalen Zeitalters und sollten als Beförderer und nicht als Hemmnisse für Innovations- und Wettbewerbsfähigkeit verstanden werden.

Die womöglich größte Herausforderung für die Forschungsförderung liegt nach Ansicht des WBGU darin, auf diversen zusammenwirkenden Ebenen Bedingungen für eine differenzierte, gemeinschaftliche und rechtzeitige Auseinandersetzung mit ethischen Fragen und der Konzipierung gesellschaftlicher Rahmenbedingungen für eine nachhaltige Digitalisierung und deren zukünftige Absicherung zu schaffen. In diesem Zusammenhang gilt es, das reflexive Potenzial nicht nur in der Wissenschaft selbst, sondern in den vielfältigen öffentlichen Arenen des Digitalisierungsdiskurses weiter zu erhöhen. Hierzu könnten jenseits bestehender Formate für Wissenschaftskommunikation auch neue etabliert werden, etwa im Bereich der Kunst, um wissenschaftliche Expertise für öffentliche Diskurse verstärkt zu aktivieren. Dementsprechend gilt es für eine gelingende Große Transformation (WBGU, 2011), sowohl Transformationsforschung für ein besseres Gestaltungsverständnis der Digitalisierung als auch transformative Forschung mit dem Instrumentarium der Digitalisierung zu fördern. So sollte die Digitalisierung als neues Querschnittsthema in allen bestehenden Forschungsinitiativen zur Nachhaltigkeit etabliert und das Nachhaltigkeitszielsystem in jede Digitalisierungsforschung eingebettet werden.

Transformationsforschung „wendet sich gezielt der bevorstehenden Gestaltungsaufgabe der Transformation zu. Hier werden Übergangsprozesse exploriert, um Aussagen über Faktoren und Interdependenzen in Transformationsprozessen zu treffen. Historische Beispiele können hier die Grundlage liefern, um beobachtete transformative Momente zu analysieren" (WBGU, 2011:23). Sie hilft im Kontext der Digitalisierung zu verstehen, was die relevanten Triebkräfte für das Verständnis der „Schlüsselfragen für eine digitale, nachhaltige Gesellschaft" (WBGU, 2018a) sind. Methoden der Technikfolgenabschätzung und Zukunftsforschung sind vor dem Hintergrund der drei Dynamiken wichtige Bausteine der Transformationsforschung.

Gleichzeitig bietet die Digitalisierung das Instrumentarium, um empirische und Langzeitforschung auf eine qualitativ neue Stufe zu heben: So erlauben beispielsweise Monitoring für die Erdbeobachtung, soziale Plattformen für Verhaltensforschung oder Industrie 4.0 für die Kreislaufwirtschaft ein umfassendes Erkennen von Abhängigkeiten, komplexen Zusammenhängen und Implikationen. Datenanalysen, Zeitreihenanalysen, Mustererkennung, Modellbildung, Simulationen und Vorhersagen sind aufgrund der Genauigkeit der Beobachtungsmöglichkeiten, der Aktualität, des Umfangs und der Dauer der Beobachtungen um Magnituden der Abdeckung, der Präzision, Wiederholbarkeit und Nachvollziehbarkeit besser als bislang. Mit diesem Instrumentarium sind selbst so umfangreiche Beobachtungs- und Analyseaufgaben wie die Weiterentwicklung der SDG-Indikatorik in den Staaten und weltweit realisierbar. Eine erste SDG-Indikatorik wurde bereits mit den SDGs vorgelegt. Aufgrund von inhaltlichen und operativen Schwierigkeiten ist diese jedoch noch nicht umfassend umgesetzt. Ihre umsetzungsorientierte Weiterentwicklung sollte daher Gegenstand der Forschung sein. In Kombination mit der Vergemeinschaftung der Forschungsdaten und -erkenntnisse als digitale Gemeingüter kann so auch die SDG-orientierte Wissensbasis auf- und ausgebaut und allseits zugänglich gemacht werden.

Transformative Forschung entwickelt im Kontext der Digitalisierung zum einen unmittelbare digitalbasierte Methoden und Lösungsbausteine für nachhaltigkeitsbezogene Herausforderungen (z.B. Innovationen für dezentrale Energieversorgung, automatisiertes Fahren im Kontext einer nachhaltigen Mobilität, Präzisionslandwirtschaft, Kreislaufwirtschaft), zum anderen initiiert sie durch eine geeignete Rahmensetzung und Sensibilisierung für Problemzusammenhänge gesellschaftliche Debatten über Nachhaltigkeitspotenziale und -risiken der Digitalisierung. Beide können sich zudem selbst mit digitalisierten Methoden und Instrumenten weiterentwickeln.

Die Verschränkung der Nachhaltigkeits- und Digitalisierungsforschung, bei der transformative Forschung nicht ohne das Zielsystem der SDGs und nicht ohne die IKT-Innovationsdynamiken auskommt, sollte durch eine Bildungsforschung für die digitalisierte Nachhaltigkeitsgesellschaft begleitet werden. Dabei sind nicht nur die Ausprägung und Stärkung von Digital- und Nachhaltigkeitskompetenzen zu untersuchen, sondern insbesondere die Vermittlung von Transformationskompetenzen zu den anstehenden Gestaltungsaufgaben und Gestaltungsoptionen zu erforschen. Ein Kanon zur Aus- und Weiterbildung von Digital-, Nachhaltigkeits- und Transformationskompetenzen sollte als Fundament in der digitalisierten Nachhaltigkeitsgesellschaft durch transformative Bildungsforschung vorbereitet und wissenschaftlich begleitet werden.

10.2 Forschungsstrukturen – Transformationsforschung und transformative Forschung im Digitalen Zeitalter

Sowohl strukturell als auch programmatisch sollte das deutsche Wissenschaftssystem weiterentwickelt werden, um das für eine nachhaltige digitale Entwicklung benötigte Wissen zu erarbeiten und bereitzustellen und

Tabelle 10.2-1
Weiterentwicklung des deutschen Forschungssystems zur Darstellung der Herausforderungen der digitalen Transformation im Anthropozän.
Quelle: WBGU

Stärkung der Transformationsforschung	Stärkung der transformativen Forschung
Grundlagenorientierte Forschung zu Transformationsprozessen im Digitalen Zeitalter	**Transdisziplinäre und anwendungsorientierte Forschung für den digitalen Wandel**
Forschungsinstitute zu den Grundfragen der digitalisierten Nachhaltigkeit gründen Impulse zur Weiterentwicklung grundlagenorientierter Forschung: › Einrichtung DFG-Senatskommission „Nachhaltigkeit in der Digitalisierungsforschung" › Universitäre und F&E-Leitlinien	Forschungsprogramme für Nachhaltigkeit bzw. Digitalisierung wechselseitig aufeinander beziehen und transdisziplinär weiterentwickeln: › Horizon Europe › Future Earth › Hightech-Strategie 2025 › BMBF-FONA › Energieforschungsprogramm Impulse für nachhaltige Digitalisierung in der industriellen Forschung: › Nachhaltigkeitslinien für F&E › Nachhaltigkeitsorientierte Zielindikatorik

die Rolle der Wissenschaft als Diskurs- und Reflexionsraum zu stärken. Dabei sollte ein Mainstreaming des SDG-Zielkanons in jeder relevanten Disziplin, aber aufgrund der IKT-Innovationsdynamiken insbesondere in der Digitalisierungsforschung erfolgen. Tabelle 10.2–1 gibt einen Überblick über die Impulse, die der WBGU für die grundlagenorientierte Forschung zu Transformationsprozessen im Digitalen Zeitalter und der transdisziplinären anwendungsorientierten Forschung für den digitalen Wandel anregt. Sowohl für bestehende Forschungsprogramme (Kap. 10.2.1) wie auch für etablierte Akteure im Wissenschaftssystem (Kap. 10.2.2) werden Vorschläge gemacht. Auch die institutionellen Kapazitäten in Deutschland sollten weiter ausgebaut werden (10.2.3), auch vor dem Hintergrund, dass die Bundesregierung ihr Ziel, zusammen mit den Bundesländern und der Wirtschaft 3,5% des BIP für Forschung und Entwicklung bereitzustellen, weiterhin um 0,5% verfehlt (BMBF, 2018a). Weitere Forschungsempfehlungen finden sich bei den jeweiligen Schauplätzen (Kap. 5). Eine Übersicht über die Themen ist in Kasten 10.3-2 dargestellt.

10.2.1
Forschungsprogramme und -strategien an der Schnittstelle von Digitalisierung und Nachhaltigkeit ausbauen

Angesichts bestehender Umwelt- und Nachhaltigkeitsprobleme und der Dynamik der Digitalisierung besteht der dringende Bedarf, handlungsleitendes Wissen zu generieren. Allerdings finden sich unter den bestehenden Forschungsprogrammen und -strategien derzeit nur wenige, die explizit Digitalisierung und Nachhaltigkeit in den Kern ihrer Aktivitäten stellen. Bestehende Forschungsprogramme einer transformativen Forschung zur Begleitung der Digitalisierung sollten auf europäischer und nationaler Ebene neu aufgelegt oder weiterentwickelt werden.

10.2.1.1
Horizon Europe: Digitalisierte Nachhaltigkeit in Europa zentral verankern

Die EU bündelt ihre Forschungsförderprogramme in von der Europäischen Kommission verwalteten und zeitlich befristeten Forschungsrahmenprogrammen. Im Jahr 2021 wird das derzeit laufende Rahmenprogramm EU Horizon 2020 – mit einem Fördervolumen von 77 Mrd. € das größte Forschungs- und Innovationsprogramm weltweit (BMBF, 2018a:39) – vom Nachfolgeprogramm Horizon Europe (2021–2027) abgelöst. Wie in der Hightech-Strategie festgehalten, sollte sich die Bundesregierung dafür einsetzen, dass die SDGs und das Übereinkommen von Paris im neuen EU-Forschungsrahmenprogramm verankert sind. Dieses basiert auf drei Säulen, welche zu diesem Gutachten anschlussfähig sind: (1) offene Wissenschaft, (2) globale Herausforderungen und internationale Wettbewerbsfähigkeit sowie (3) offene Innovation (Abb. 10.2.1-1).

Der WBGU empfiehlt jedoch angesichts der Verschränkung von Digitalisierung und Nachhaltigkeit, diese drei Säulen einer „European Research Area" stärker zusammenzudenken und der Bundesregierung eine entsprechende Positionierung zur weiteren Implementierung des Paradigmas von „Responsible Research and

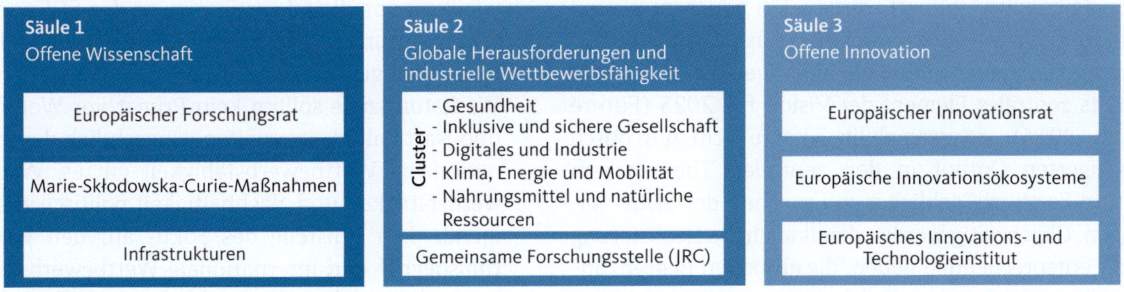

Abbildung 10.2.1-1
Drei Säulen von Horizon Europe.
Quelle: EU-Kommission, 2018d (eigene Übersetzung)

Innovation" (RRI; Lindner et al., 2016). Dies wäre auch in generellen Anreizstrukturen und nicht nur wie bei „Horizon 2020" im vergleichsweise gering budgetierten Teilprogramm „Wissenschaft von und mit der Gesellschaft" zu verankern. Die Verantwortung der europäischen und deutschen Wissenschaft angesichts der Herausforderungen der Digitalisierung in Bezug auf eine globale nachhaltige Entwicklung ließe sich auf diesem Weg direkt stärken. So wie die Sicherung industrieller Wettbewerbsfähigkeit in der zweiten Säule nur zusammen mit globalen Nachhaltigkeitsherausforderungen sinnvoll gedacht werden kann, lassen sich auch offene Wissenschaft und Innovation nicht abgetrennt von verantwortungsvoller Technikgestaltung umsetzen. Der im Positionspapier der Bundesregierung (2018b: 5) zu „Horizon Europe" angestrebte „breite Innovationsbegriff" bezieht sich ausdrücklich neben technologischen auch auf soziale Innovationen und betont neben gesteigerter Wertschöpfung auch im Sinne des Vorsorgeprinzips die Bewältigung gesellschaftlicher Herausforderungen.

Im Einklang mit der dortigen Forderung, dass SDGs „auch als handlungsleitend für die Themensetzung und Ausschreibungen in den Clustern enthalten sind", empfiehlt der WBGU, übergeordnet noch eine konkreter an nachhaltiger und Nachhaltigkeit ermöglichender Digitalisierung orientierte „Mission" auszuarbeiten und einzubringen. Im Report „Mission-Oriented Research & Innovation in the European Union" (Mazzucato, 2018), der dem aktuellen EU-Kommissionsvorschlag zugrundeliegt, ist nicht nur an vielen Stellen ein klarer Bezug zur Digitalisierung vorhanden, sondern auch die SDGs nehmen dort eine zentrale Rolle ein. Eine entsprechende, missionsorientierte systemische Politik nutzt „frontier knowledge to attain specific goals" oder „big science deployed to meet big problems" (Mazzucato, 2018: 4).

Angesichts der Komplexität und Spezialisierung der heutigen Wissenschaft werden Offenheit und Kollaboration zu kritischen Erfolgsfaktoren. Dies gilt sowohl innerhalb der Diversität Europas, als auch im globalen Wettbewerb insbesondere mit ökonomisch starken Staaten wie China oder den USA. Im Einklang mit der transformativen Perspektive des WBGU (2011) empfiehlt der WBGU daher, die missionsorientierte Forschung zu fundamentalen globalen Herausforderungen (Grand Challenges) strukturell im kommenden Forschungsrahmenprogramm zu implementieren. Ziel ist es, wissenschaftliche Investitionen darauf auszurichten, diese interdisziplinär, fokussiert und problemorientiert in Verbindung von Grundlagenforschung und angewandter Forschung angehen zu können (Mazzucato, 2018: 5 ff.).

Der WBGU schlägt zusätzlich auf dieser Basis vor, am Europäischen Innovations- und Technologieinstitut (EIT; EU-Kommission, 2018d) eine „Digital Sustainability Knowledge and Innovation Community" (KIC) als kooperative Wissens- und Innovationsgemeinschaften mit der Industrie zu schaffen, um größere Veränderungen wie beispielsweise in Richtung einer Kreislaufwirtschaft zu realisieren.

Weiterhin empfiehlt der WBGU der Bundesregierung, die Verhandlungen für das nächste Rahmenprogramm (FP9, Start: 01.01.2021) stärker auf Themen in den Bereichen Nachhaltigkeit der Digitalisierung und digitale Nachhaltigkeit zu fokussieren, um wie im aktuellen Positionspapier (Bundesregierung, 2018c: 2) wichtige Beiträge für die nachhaltige Entwicklung der EU leisten zu können.

10.2.1.2
Future Earth: Nachhaltigkeitsforschung in Richtung Digitalisierung erweitern

Angesichts der in diesem Gutachten herausgearbeiteten Interdependenzen von Digitalisierung und Nachhaltigkeit empfiehlt der WBGU, Digitalisierung im internationalen auf die Transformation zu globaler Nachhaltigkeit ausgerichteten Forschungsprogramm Future Earth als wichtigen Baustein zu integrieren. In diesem Zusammenhang sollte ein globales Projekt zu

„eSustainability" initiiert werden. Ein neuer inter- und transdisziplinärer Wissenschaftstypus (analog der in Kapitel 10.2 dargestellten Vorstellungen des WBGU) ist bereits zentrales Element der Vision für 2025 (Future Earth, 2014). „eSustainability" kann nicht nur durch gesteigerten Output in den zentralen Themen von Future Earth maßgeblich zum Erreichen der SDGs beitragen. Gleichzeitig werden damit auch die Realisierung einer entsprechenden neuen, die aktuellen Begrenzungen überschreitenden kollaborativen Wissenschaftskultur befördert und dafür notwendige Voraussetzungen geschaffen. Der WBGU empfiehlt weiterhin die Schaffung eines Knowledge-Action Networks „Digitalization", um dieses und weitere Projekte am Scharnier von Nachhaltigkeit und Digitalisierung als forschungsstrategischen Pfeiler zu verankern und fortlaufend auszubauen.

10.2.1.3
Hightech-Strategie 2025: Digitalisierung und Nachhaltigkeit stärker zusammendenken

Die Hightech-Strategie (BMBF, 2018b) bündelt seit 2006 die Forschungs- und Innovationspolitik der Bundesregierung über alle Ressorts hinweg. Mit den Weiterentwicklungen 2010, 2014 und 2018 wurde der ursprünglich rein technisch-ökonomische Fokus der Strategie sukzessive stärker an gesellschaftlichen Herausforderungen ausgerichtet. Seit 2014 bestehen vereinzelt Bezüge zu sozialen Innovationen sowie nachhaltigkeits- und sozial- bzw. geisteswissenschaftlicher Forschung. Mit der Überarbeitung 2018 sind diese Aspekte weiter gestärkt worden, was der WBGU begrüßt. Digitalisierung wird in der Hightech-Strategie als zentrales Querschnittsthema behandelt und soll in allen sechs Handlungsfeldern vorangetrieben werden. Nachhaltigkeit ist dagegen im Zusammenhang mit Klimaschutz und Energie thematisch eher sektoral angelegt. Obwohl in der Hightech-Strategie festgehalten wird, dass sich die Bundesregierung dafür einsetzt, die SDGs und das Übereinkommen von Paris im neuen EU-Forschungsrahmenprogramm zu verankern, finden sie in der Hightech-Strategie selbst keine Erwähnung. Die Hightech-Strategie 2025 versteht sich als lernender Prozess, der Impulse für die Umsetzung und Weiterentwicklung der Strategie aufgreift. Hierfür empfiehlt der WBGU, Nachhaltigkeitsaspekte noch stärker in der Hightech-Strategie zu berücksichtigen und konsequent mit der Wirkmacht der Digitalisierung zusammenzudenken. Dazu werden folgende konkrete Maßnahmen empfohlen:

1. Nachhaltigkeit sollte – wie auch Digitalisierung – in der Hightech-Strategie als Querschnittsthema angelegt werden, das in allen Handlungsfeldern gleichermaßen vorangetrieben wird. Außerdem sollte Digitalisierung für Nachhaltigkeit, im Sinne der Entwicklung von digital gestützten, an den SDGs orientierten Lösungen, als konkrete Mission in der Hightech-Strategie ergänzt werden.
2. Wachstumsziele sollten kein Primat vor Wohlfahrt und Nachhaltigkeit erhalten. Hinsichtlich der internationalen Wettbewerbsfähigkeit gilt es, Wettbewerbsfähigkeit und Nachhaltigkeit politisch zusammendenken. Anstelle des Fokus auf den Wachstumsbegriff und internationale Wettbewerbsfähigkeit sollten daher der Wohlfahrtsbegriff und die Nachhaltigkeitsziele als neues globales Entwicklungsparadigma im Vordergrund der Hightech-Strategie stehen. Die sozialen und ökologischen Dimensionen von Innovationen als Strategieelemente zum Erreichen von Wohlfahrtszielen sollen weiter gestärkt werden.
3. Die nachhaltige Digitalisierung, im Sinne einer sicheren, ressourcenschonenden und energieeffizienten Digitalisierung, soll als konkrete Mission innerhalb der Hightech-Strategie ergänzt werden. Bereits beim Aufbau und Betrieb digitaler und digitalisierter Infrastrukturen und Anwendungen sollen Lösungen für einen nachhaltigen Umgang mit den benötigten Ressourcen und dem Energieverbrauch mitgedacht werden.

10.2.1.4
FONA[4]: Verknüpfung mit Digitalisierung herstellen

Das BMBF-Rahmenprogramm „Forschung für nachhaltige Entwicklung" erarbeitet Entscheidungsgrundlagen für zukunftsorientiertes Handeln sowie innovative Lösungen für eine nachhaltige Gesellschaft. Das vierte Rahmenprogramm „Forschung für nachhaltige Entwicklung" (FONA[4]) sollte genutzt werden, um das Thema Digitalisierung in die Nachhaltigkeitsforschungsprogrammatik einzuführen. Dabei sollte insbesondere die mögliche Rolle der Digitalisierung als Instrument zur effektiven Umsetzung der gesetzten Nachhaltigkeitsziele, beispielsweise durch verbessertes Monitoring oder vereinfachten Austausch von Umweltdaten mitberücksichtigt werden.

Diese strategische Neuausrichtung stellt neue Anforderungen an die bereits in FONA[3] (BMBF, 2015) angelegte Forschung zur Vorsorge, da neue digitale Vorsorgethemen, wie Datensicherheit, Schutz der Privatsphäre oder Stabilität der Infrastrukturen dadurch auch in der Nachhaltigkeitsforschung an Relevanz gewinnen. Demzufolge sollte Forschung zur Vorsorge innerhalb von FONA[4] weiter ausgebaut werden. Gleiches gilt für die in FONA angelegte sozial-ökologische Forschung, die Themen aufgreift, die gesellschaftliche Aushandlungsprozesse und Wertediskussionen umfassen, um Lösungsoptionen für den Übergang zu einer nachhaltigen Gesellschaft zu finden. Durch die Verknüpfung von FONA mit Digitalisierungsthemen sind verstärkt Wertediskussionen zu führen.

10.2.1.5 Energieforschungsprogramm der Bundesregierung: Nachhaltigkeitswirkungen sowie die internationale Perspektive stärken

Das Energieforschungsprogramm beschreibt die inhaltliche Ausrichtung und Instrumente der Forschungsförderung der Bundesregierung im Energiebereich. Es wurde erst kürzlich grundlegend überarbeitet und mit der jetzt aktuellen siebten Auflage an veränderte Rahmenbedingungen und neue Herausforderungen bei der Umsetzung der energie- und klimapolitischen Zielsetzungen in Deutschland angepasst. Viele, auch aus Sicht des WBGU bedeutsame Technologien und Ansätze zum Schutz der natürlichen Lebensgrundlagen, wie beispielsweise Technologien für die Abscheidung von CO_2 sowie Verfahren und Materialien zum Schließen von Stoffkreisläufen, werden im Energieforschungsprogramm aufgegriffen. Hervorzuheben ist nach Ansicht des WBGU, dass mit der Überarbeitung die Ausrichtung des Programms auf systemische Forschungsfragen und systemübergreifende Forschungsthemen wesentlich gestärkt wurde. Darunter fällt interdisziplinäre Forschung zu den erforderlichen sozioökonomischen Voraussetzungen einer erfolgreichen Anwendung und Verbreitung neuer Technologien sowie zur praktischen Überprüfung von Technologien und regulatorischen Maßnahmen in Reallaboren.

Neben dieser verstärkten Beachtung der Interaktion von Gesellschaft und Technik für die erfolgreiche Anwendung neuer Technologien begrüßt der WBGU, dass mit der Überarbeitung die Digitalisierung und deren energiewirtschaftliche Folgen nun explizit als Teil der systemübergreifenden Forschungsthemen sowie zusätzlich an zahlreichen weiteren Stellen integriert wurden, etwa im Zusammenhang mit neuen Mobilitätskonzepten, intelligenten Gebäuden und insbesondere im Zusammenhang mit der Sektorkopplung. Auf diese Weise wurde eine wesentliche Fehlstelle des bisherigen Energieforschungsprogramms behoben. Das aktuelle Programm nennt eine große Breite technischer wie nicht technischer Entwicklungen im Zuge der Digitalisierung und eine Vielzahl möglicher Anwendungsbereiche und Potenziale digitaler Technologien. Auch kritische Fragen, etwa nach den Folgen einer zunehmenden Vernetzung für die Sicherheit und Resilienz des Energiesystems oder den Datenschutz, werden nicht ausgeblendet.

Vom Energiebereich ausgehende gesellschaftliche und ökologische Implikationen der Digitalisierung für nachhaltige Entwicklung werden vom Energieforschungsprogramm jedoch kaum erfasst. Dem Leitgedanken dieses Gutachtens folgend sollten Technologien sowie die Digitalisierung in den Dienst der Nachhaltigkeit gestellt werden. Somit ist es aus Sicht des WBGU empfehlenswert, im Rahmen von Projekten bei der Entwicklung von Technologien nicht nur Marktpotenziale, sondern auch gesellschaftliche und umweltbezogene Nachhaltigkeitswirkungen mitzudenken. Beispielsweise könnten Projektanträge zur Diskussion dieser Aspekte im Rahmen der Antragstellung verpflichtet werden. Eine solche Regelung würde die Integration von Nachhaltigkeitsaspekten als Standard setzen, Abweichungen davon müssten begründet werden. Kritisch sieht der WBGU überdies die sehr einseitige Ausrichtung auf Deutschland bzw. Industrieländer. Diese Ausrichtung vernachlässigt die besonderen gesellschaftlichen und strukturellen Voraussetzungen in Entwicklungs- und Schwellenländern für die Gestaltung nachhaltiger Energiesysteme. Gesellschaftliche und strukturelle Voraussetzungen in Entwicklungs- und Schwellenländern für die Gestaltung nachhaltiger Energiesysteme sollten in der Forschungsförderung sowohl bei der Entwicklung neuer Energietechnologien als auch bei der Untersuchung der notwendigen Rahmenbedingungen für eine erfolgreiche und zügige Anwendung von Technologien wesentlich stärker berücksichtigt werden.

10.2.2 Empfehlungen an bestehende Akteure im Wissenschaftssystem

Da es sich sowohl bei Digitalisierung als auch bei Nachhaltigkeit um Querschnittsthemen handelt, die zudem große Interdependenzen aufweisen, sollten beide Themen von den zentralen Akteuren im Wissenschaftssystem auf die Agenda gesetzt und weiterverbreitet werden. Durch ein inter- und transdisziplinäres Mainstreaming dieser Themen lassen sich sowohl ein breites Nachhaltigkeitsverständnis im Sinne der SDGs als auch nachhaltige Gestaltung von mit Digitalisierung verknüpfter Forschung in der Wissenschaft selbst sowie im Austausch mit der Wirtschaft und Gesellschaft verankern und sukzessive ausbauen.

10.2.2.1 DFG: Ständige Senatskommission für Nachhaltigkeit in der Digitalisierungsforschung einrichten

Beim verschränkten Themenkomplex Nachhaltigkeit und Digitalisierung handelt es sich um ein politisch und gesellschaftlich kontrovers diskutiertes und sich schnell entwickelndes wissenschaftliches Thema, in dem mit wiederkehrendem gesetzlichen Regelungsbedarf mit deutlicher Relevanz für die Forschung zu rechnen ist

(DFG, 2018). Um innerhalb der DFG entsprechende Kompetenzen schärfen und bündeln zu können, empfiehlt der WBGU der DFG die Einrichtung einer ständigen Senatskommission „Nachhaltigkeit in der Digitalisierungsforschung“. Die Senatskommission hat die Aufgabe, auf digitale Entwicklungen hinzuweisen, die wissenschaftliche, ethische, rechtliche und soziale Fragen aufwerfen oder im Konflikt mit der Erhaltung natürlicher Lebensgrundlagen stehen. Sie sollte den digitalen Wandel sorgfältig und vorausschauend beobachten, um rechtzeitig neue öffentliche Diskussionen anzustoßen und auf Forschungsbedarf hinzuweisen. Die Senatskommission „Nachhaltigkeit in der Digitalisierungsforschung“ sollte außerdem auf Lücken in den forschungspolitischen und öffentlichen Diskursen hinweisen.

10.2.2.2 Universitäten und Hochschulen: Leitlinien formulieren und weiterentwickeln

Universitäten und Hochschulen können nicht nur als Bündelungsort von Forschung und Lehre, sondern auch als Akteure wichtige Impulse in die Gesellschaft senden. Einige Universitäten und Hochschulen haben bereits offizielle Nachhaltigkeitsleitlinien erarbeitet, mit denen beispielsweise die Übernahme ökologischer und sozialer Verantwortung in Forschung, Lehre und Verwaltung präzisiert wird. Universitäten und Hochschulen sollten für ihre eigene Praxis Leitlinien für einen nachhaltigen Umgang mit digitalen Methoden und Werkzeugen im Universitäts- und Hochschulbetrieb erarbeiten bzw. ergänzen und umsetzen. Dazu sollte der Austausch mit Fakultäten, die zum Thema Digitalisierung forschen, gesucht werden. Das BMBF-Projekt „Nachhaltigkeit an Hochschulen“ ($HOCH^N$) sollte um das Thema Digitalisierung ergänzt werden.

10.2.2.3 Akademien der Wissenschaften: Bezüge zur Nachhaltigkeit stärker adressieren

Als weitere zentrale Säule des deutschen Wissenschaftssystems ist die Union der deutschen Akademien der Wissenschaften ein wichtiger Akteur mit Hebelwirkung für die Gestaltung der nationalen Wissenschaftspraxis. Über dortige Arbeitsgruppen zu Digital Humanities, zur Schaffung einer Nationalen Forschungsdateninfrastruktur (NFDI) sowie Digitalisierungszentren ist das Thema Digitalisierung bereits stark präsent. Aus Sicht des WBGU wäre es wünschenswert, noch verstärkt Bezüge zur Nachhaltigkeit zu adressieren und gleichzeitig über die Säule Open Access hinaus die Verwirklichung positiver Visionen offener und inklusiver Wissenschaft (Kap. 10.2.4.1) mit voranzubringen. Der WBGU begrüßt hierzu bereits angestoßene Initiativen, wie etwa an der Berlin-Brandenburgischen Akademie der Wissenschaften, und empfiehlt deren Ausweitung.

Im Bereich der Technikwissenschaften begrüßt der WBGU die Initiative „Deutschland entkoppelt“ der Deutschen Akademie der Technikwissenschaften acatech und regt an, die Kreislaufwirtschaft systemisch in alle auf Ressourcen bezogene Forschungsfelder zu integrieren (acatech, 2017). Dies betrifft insbesondere den zunehmenden Elektroschrott (Kap. 5.2.5) aber auch andere Stoffströme. Zu untersuchen sind etwa die Ursachen und Vermeidungsstrategien zu steigender Materialnachfrage, die Möglichkeiten von nachhaltigem Produktdesign, Materialsubstitution durch biodegradierbare Materialien und verbesserte Reparaturfähigkeit. Entsprechende Themen sollten in der ingenieurwissenschaftlichen Forschung und Lehre breiter verankert werden. Ebenso sollten Praktikabilität und Potenziale spezifischer Material- und Komponentenkreisläufe in den Blick genommen werden wie auch kreislauforientierte Konsumpraktiken und Geschäftsmodelle.

10.2.2.4 Wirtschaft: Ethik- und Nachhaltigkeitsaspekte in unternehmensinterne F&E integrieren

Die jährlichen Forschungs- und Entwicklungsausgaben in Deutschland werden zu zwei Dritteln von der Privatwirtschaft finanziert mit dem vorrangigen Ziel, unmittelbar in die Anwendung zu gehen und wirtschaftlich verwertbare Ergebnisse zu erzielen. Sie konzentrieren sich vor allem auf Branchen der hochwertigen Technologie (BMBF, 2018a). Für eine verantwortungsvolle Innovationsgestaltung empfiehlt der WBGU, in der privatwirtschaftlichen Hightech-Entwicklung systematisch Ethik und Nachhaltigkeit im Sinne von Responsible Research and Innovation (RRI, Lindner et al., 2016) mit zu berücksichtigen. Dazu sollten Unternehmen zum einen Leitlinien erarbeiten, die Ethik und Nachhaltigkeit konsequent in die unternehmensinterne Forschung integrieren. Zum anderen sollten sie über entsprechende Aus- und Weiterbildungsangebote Entwickler*innen für eine kritische Auseinandersetzung mit bewussten (z.B. privacy by design) und unbewussten (z.B. Genderstereotypen) Werteinschreibungen in Technologien befähigen, beispielsweise bei der KI- und Algorithmen-Entwicklung. Sie sollten zudem Forschung zur Verknüpfung von Design- und Professionsethos unterstützen (wie beispielsweise die Initiative der IEEE zum „Ethically Aligned Design“).

Die Forschungsförderung sollte Unternehmen entsprechende Anreize setzen. BMBF und die EU sollten in zukünftigen Förderlinien die Integration von Ethik und Nachhaltigkeit in unternehmensinterne Forschung als Voraussetzung formulieren. So kann die Forschungsförderung in relevanten Bereichen etwa an die Erhebung unternehmerischer Daten zu Ressourcenflüssen und Energieverbrauch sowie die Entwicklung von Monitoring-, Warn- und Prognosesystemen zu Grenzwertüberschreitungen bestehender Umweltregulierung geknüpft werden, um Nachhaltigkeitsvorgaben stärker in Produktionsprozesse zu integrieren. Bei Förderansätzen für F&E-Kooperationen auf Bundes- und EU-Ebene sollen Anreize geboten werden, bei der Konsortienbildung Spezialist*innen für Digitalisierung mit solchen für nachhaltige Produktionsansätze in einem Projektrahmen zusammenzubringen. Weiterhin sollte auf EU-Ebene die Weiterentwicklung regionaler Innovationssysteme unterstützt werden, die den Fokus auf die systemisch-synergetische Verschränkung von Digitalisierungskompetenzen und Sustainability Transitions Management setzen.

10.2.3 Forschungsinstitut(e) zu den Grundfragen der digitalisierten Nachhaltigkeit gründen

Die institutionellen Kapazitäten der deutschen Umwelt- und Nachhaltigkeitsforschung wurden in den letzten Jahrzehnten sukzessive ausgebaut und die Forschungsausgaben in Höhe von über 1,4 Mrd. € durch den Bund haben im internationalen Vergleich ein sehr hohes Niveau (BMBF, 2018a: 287). Auch Forschungsaktivitäten zur Digitalisierung wurden vor allem in den letzten Jahren weiter ausgebaut. Das Weizenbaum-Institut für die vernetzte Gesellschaft (2017) oder das Cyber Valley zwischen Stuttgart und Tübingen mit seiner International Max Planck Research School for Intelligent Systems (2017) sind nur zwei Beispiele für Neugründungen und Kapazitätsaufstockungen der letzten Jahre. Eine systematische programmatische Verschneidung der beiden Themenblöcke Digitalisierung und Nachhaltigkeit steht jedoch aus.

Als erster Schritt in diese Richtung wurde 2017 das bislang weltweit am umfassendsten für Grundlagenforschung an der Schnittstelle zwischen Internet und Gesellschaft geförderte Institut gegründet: Das Weizenbaum-Institut für die vernetzte Gesellschaft erforscht aus gesellschafts- und sozialwissenschaftlicher Perspektive die ethischen, rechtlichen, wirtschaftlichen, gesellschaftlichen und technischen Aspekte des digitalen Wandels. Zudem wurde ein Forschungsgruppen übergreifender Querschnittsbereich zu Digitalisierung und Nachhaltigkeit etabliert, der erste Impulse für ein weiteres Forschungsinstitut liefern kann.

10.2.3.1 Neue Forschungsinstitute bei außeruniversitären Forschungseinrichtungen

Der WBGU sieht weiteren Bedarf an finanziell unabhängigen Forschungszentren, die zwar über ein technologisches Wissensfundament verfügen, selbst jedoch keine Technologie entwickeln, sondern die Implikationen der Entwicklungen für heutige und nachfolgende Generationen in den Blick nehmen. Der WBGU regt daher die Gründung von Forschungsinstituten an, beispielsweise in der Leibniz-Gemeinschaft, Helmholtz-Gemeinschaft, Fraunhofer- oder Max-Planck-Gesellschaft oder als Bundes- oder Landesinstitute. Aus der Nachhaltigkeitsperspektive sollten diese gegenwärtige und künftige Forschungslücken (Kap. 10.3) schnellstmöglich schließen und nicht nur im Hinblick auf Qualität, sondern auch Geschwindigkeit der Forschung neue Maßstäbe setzen. Davon ausgehend, dass Technik nie ohne Betrachtung der Implikationen auf die Gesellschaft entworfen, entwickelt und implementiert werden sollte, empfiehlt der WBGU, dass in den Instituten Potenzial- und Wirkungsforschung, insbesondere in Bezug auf globale Umweltauswirkungen etabliert und vorangetrieben wird.

10.2.3.2 Initiative für ein neues Max-Planck-Institut zum Thema „Geo-Anthropologie" umsetzen

Ein von der Max-Planck-Gesellschaft gesponserter Beitrag in der Zeitschrift Nature (Rosol et al., 2018) regt die Schaffung einer neuen interdisziplinären Forschung zur „Geo-Anthropologie" an. Diese soll den globalen Wandel im Anthropozän systemisch analysieren und dabei interdisziplinär die Expertisen von Natur-, Geistes- und Technikwissenschaften zusammenführen, um Perspektiven zur Erhaltung der natürlichen Lebensgrundlagen zu entwickeln. Mit Hilfe einer solchen grundlagenorientierten Transformationsforschung (WBGU, 2011) können Transformationsprozesse im Digitalen Zeitalter besser verstanden werden. Der WBGU unterstützt daher die Initiative für ein neues Max-Planck-Institut zum Thema „Geo-Anthropologie" (Rosol et al., 2018).

10.2.4 Das Wissenschaftssystem weiterentwickeln und neue Formen der Kooperation von Wissenschaft und Gesellschaft etablieren

Ausgehend von der durch die Perspektive transformativer Forschung (Kap. 10.1) aufgeworfenen Frage, ob „die Institutionen, die Binnenstrukturen von Hochschulen und Wissenschaftseinrichtungen, die Reputationssysteme, die Qualitätssicherungssysteme, die Finanzierungsstrukturen oder die Karrierewege des heutigen Wissenschaftssystems noch angemessen [sind], um im Wissenschaftssystem entstandenes Wissen geeignet auf die Gesellschaft und ihre Herausforderungen beziehen zu können" (Schneidewind, 2015:89), bedarf es aus Sicht des WBGU sowohl einer konsequenten Weiterentwicklung und Implementierung offener Wissenschaft als auch neuer Formen der Kooperation von Wissenschaft und Gesellschaft.

10.2.4.1
Offene Wissenschaftsstrukturen zur gemeinsamen Wissensproduktion

Der WBGU teilt die programmatische Ausrichtung der Europäischen Kommission zu Open Science als auf kooperativer Arbeit basierender Ansatz mit neuen Möglichkeiten der Wissenserzeugung, -vermittlung und -kommunikation, der auf digitalen Infrastrukturen und kollaborativen Werkzeugen basiert. Dieser Ansatz zielt auf einen systemischen Wandel in allen Bereichen des wissenschaftlichen Arbeitens, beispielsweise von Standardpraktiken des akademischen Publizierens von Forschungsergebnissen hin zur Nutzung des gesamten verfügbaren und im geteilten Austausch erzeugten Wissens von Anbeginn des Forschungsprozesses (EU-Kommission, 2016:33). Auf dieser Basis empfiehlt der WBGU:

- *Wissenschaft so offen und inklusiv wie möglich gestalten:* Der WBGU empfiehlt, auf eine über die gegenwärtigen Anreize hinausgehende weitere Öffnung der Forschungspraxis hinzuwirken. Diese betrifft nicht nur Daten, Methoden und Ergebnisse, sondern den gesamten Prozess wissenschaftlichen Arbeitens. Gleichzeitig ist die Teilhabe innerhalb der Wissenschaft als auch wissenschaftsnah, z.B. durch Citizen Science, zu fördern. Angewandtes wissenschaftliches Arbeiten kann damit beschleunigt, besser in der Gesellschaft verankert und stärker am Gemeinwohl ausgerichtet werden. Effizienzsteigerung und verbesserte Demokratisierung wissenschaftlichen Wissens von der Entstehung bis zur Verbreitung schließen sich nicht aus, sondern können sich gegenseitig befördern. Gleichzeitig können so gesellschaftliche Bedürfnisse im Sinne des Gemeinwohls direkter von der Forschung adressiert werden (Arza und Fressoli, 2017:468).
- *Nachhaltigkeit, Digitalisierung und Open Science zusammenführen:* In diesem Zusammenhang ist die Digitalisierung der Forschungspraxis konsequent um Nachhaltigkeitsziele anzureichern und nachhaltigkeitsorientierte Forschung digital zu unterstützen. Dazu lässt sich das große Potenzial von Open bzw. Inclusive Science im Rahmen aktueller Entwicklungen wie der European Open Science Cloud (EOSC) und nationaler Forschungsdateninfrastrukturen (RfII, 2018a, b), aber auch darüber hinaus nutzen. Die Prinzipien der bislang nur in Deutschland, den Niederlanden und Frankreich verankerten GO FAIR Initiative für Forschungsdaten – Findable, Accessible, Interoperable and thus Reusable (FAIR) – sollten aus Sicht des WBGU nicht nur für die EOSC (Nature, 2017:451) und international zum Standard werden, sondern zusätzlich auch Nachhaltigkeit bei der Infrastrukturgestaltung berücksichtigen. Zudem sollte jeder öffentlich geförderte F&E-Projektantrag neben Fragen zum Datenschutz und der Ethik auch standardisierte Fragen zur Nachhaltigkeit explizit beantworten. Die Forschungswürdigkeit eines Vorhabens sollte den Beitrag und die Relevanz für die Nachhaltigkeitsziele berücksichtigen.
- *Wissenschaftsforschung zu Open Science ausbauen:* Mit Open Science assoziierte Konzepte von Open Access, Open Data, Open Source, Review, Education bis hin zu Citizen Science bleiben zwangsläufig Gegenstand intensiver Debatten (Bartling und Friesike, 2014). Im Detail sind jeweils noch viele Forschungsfragen zur konkreten Umsetzung offen, weshalb aus Sicht des WBGU entsprechend gezielte Forschungsförderung von Open Science und assoziierten Konzepten nötig ist. Um die weitere Entwicklung wissenschaftlich begleitend mitzugestalten, wären spezifische Programme in der Wissenschaftsforschung aufzulegen.

10.2.4.2
Digital unterstützte Wissenschaft in und mit der Öffentlichkeit – von lokal bis global

Der inklusive Charakter künftiger offener Wissenschaft betrifft auch den öffentlichen Wissenschaftsdiskurs (Wissenskommunikation) einschließlich der für Demokratie und Mündigkeit relevanten Rückkanäle, z.B. Datenjournalismus auf Basis offener Daten, transdisziplinäre Formate oder Citizen Science. Dieser Einbezug Anderer gelingt nur vermittelt durch entsprechend vernetzte technische Infrastrukturen für die Wissenschaft (z.B. Forschungsinformationssysteme oder Forschungsdateninfrastrukturen), die bislang von einigen wenigen, hauptsächlich privaten Anbietern dominiert werden. Demgegenüber ließen sich digitalisierte Infrastrukturen in öffentlicher Hand (Kap. 5.3.5) angebunden an entsprechende wissenschaftliche Repositorien für die Organisation des gesellschaftlichen Wissensarchivs (Kap. 5.3.10) und den transdisziplinären Diskurs nutzen. Die nationalen Initiativen zu Forschungsdateninfrastrukturen müssen dazu europäisch und international vernetzt werden und weiter über Forschungsdaten hinausgehen. Inklusivität in diesem Sinne heißt auch, dass die Wissenschaftler*innen selbst am Aufbau und Betrieb der digitalen Forschungsdateninfrastrukturen beteiligt werden, was zwar eine größere Freiheit, aber auch Mehraufwand mit sich bringt. An dieser Stelle ist es daher zentral, entsprechende Anreize zu schaffen, an denen es bislang jedoch noch mangelt (Borgman, 2010; Klump, 2012), etwa in Form entsprechender Karrierepfade ohne nachteilige Auswirkung auf die Wissenschaftslaufbahn oder expliziter Forschungsgelder zur Konzeption, Realisierung und Anwendung von Sustainability Research Software. Zudem ließen sich Potenziale der mittels digitaler und digitalisierter Infrastrukturen erleichterten internationalen Forschungskooperationen unter verstärkter Einbeziehung von Entwicklungs- und Schwellenländern im Sinne einer weltweiten Wissenserarbeitung und -kommunikation ausschöpfen. Im Hinblick auf globale soziale und digitale Ungleichheit könnte so der systematischen Verzerrung wissenschaftlichen Arbeitens und wissenschaftlicher Kommunikation zuungunsten dortiger Forscher*innen weiter entgegengewirkt werden (Asamoah-Hassan et al., 2017). In diesem Zusammenhang ließen sich ebenso Barrieren zwischen verschiedenen wissenschaftlichen Sprachräumen (kultureller als auch disziplinärer Art) durch die Nutzung von Natural (inklusive Artificial) Language Processing (eine KI-Anwendung) weiter abbauen.

10.2.4.3
Digital unterstützte Trans- und Interdisziplinarität zur Lösung gesellschaftlicher Herausforderungen

Der Erfolg der modernen Wissenschaften beruht zum Großteil auf der Spezialisierung von Forschungsfeldern und der Ausdifferenzierung der Disziplinen. Ein neu entstehendes digitales Methodenspektrum und neue digitale Instrumente eröffnen Möglichkeiten zur weiteren Ausdifferenzierung der wissenschaftlichen Disziplinen und für neue Disziplinen in den Schnittmengen. Der disziplinenübergreifende Austausch ist jedoch für eine nachhaltige digitale Entwicklung von besonderer Relevanz. Zwar sind die MINT-Disziplinen (Mathematik, Informatik, Naturwissenschaften und Technik) essenziell, um Expertise über die Gestaltbarkeit von Technologien und soziotechnischen Systemen zu erlangen, ein technischer Fokus allein reicht jedoch nicht aus, um vorausschauend handeln zu können. Das Wissen, das eine mündige Gesellschaft ausmacht (Kultur, Ideen und Werte usw.), wird insbesondere durch die Geistes- und Sozialwissenschaften entwickelt. Beispielsweise lassen sich große Zukunftsfragen, wie etwa zum Umgang mit Daten oder zur zunehmenden Vernetzung, nur interdisziplinär und im Dialog mit der Gesellschaft beantworten (Mainzer, 2016:225). Darüber hinaus werden in Bezug auf die wechselseitige Verknüpfung von Digitalisierung und Nachhaltigkeit innovative Diskurse vermehrt auch wissenschaftsnah geführt, beispielsweise bei NRO, Think Tanks und privaten Unternehmen. Transdisziplinäre Forschung, die den Anspruch hat, ein neuartiges Verhältnis zwischen Wissenschaft, Gesellschaft und Natur aufzubauen (Krohn et al., 2018), ist daher nach Ansicht des WBGU ein wichtiger Baustein der Wissenschaftskultur im Digitalen Zeitalter. Digitale Instrumente und Kooperationsformate (Kap. 10.2.4.1) sollten für die neuen Zusammenarbeitsformen entwickelt und genutzt werden. Dadurch lassen sich z. B. Teilnehmer*innen politischer Diskurse besser informieren. Solche Formate können evidenzbasiert über potenzielle Auswirkungen der Digitalisierung und die Grenzen des aktuellen Wissensstandes aufklären (Kap. 5.3.2). Zudem wird eine Vielzahl von Perspektiven gezielt zusammengebracht, um Wissensentwicklung stärker am Gemeinwohl auszurichten und ein nachhaltiges Digitales Zeitalter im Dialog mit der Gesellschaft zu befördern. Die Fähigkeit der Menschen, sich Zukünfte vorstellen zu können (Futures Literacy), bildet dabei eine Kernkompetenz (Kap. 5.3.4).

10.2.4.4
Relevanten Anteil der Forschung inter- und transdisziplinär organisieren und Erkenntnistheorie stärker in die wissenschaftliche Ausbildung integrieren

Der WBGU empfiehlt, den Anteil der Forschungsgelder, die für inter- und transdisziplinäre Forschung verwendet werden, signifikant aufzustocken. Im Diskurs zur transdisziplinären Forschung werden Größenordnungen von bis zu 20% der öffentlichen Forschungsgelder empfohlen. Transdisziplinäre Prozesse bieten insbesondere Potenziale im Kodesign und einer gemeinsamen Wissensproduktion von Wissenschaftler*innen und gesellschaftlichen Stakeholdern mit Blick auf die Erarbeitung von Problemdefinitionen sowie den Umgang mit unbeabsichtigten Nebenfolgen für eine nachhaltige Digitalisierung. Beispielsweise wurden in einem umfassenden europäischen Expert-Round-Table-Prozess (Scholz et al., 2017) in zehn übergeordneten Themenfeldern insgesamt 42 nicht intendierte, mögliche Negativwirkungen der Digitalisierung identifiziert.

Um den Austausch über unterschiedliche wissenschaftliche Disziplinen hinweg zu unterstützen, sind Kenntnisse über die Voraussetzungen und Grenzen von Erkenntnis und das Zustandekommen von Wissen und anderen Formen von Überzeugungen von Vorteil. Der WBGU empfiehlt dazu, Erkenntnis- bzw. Wissenschaftstheorie stärker in der akademischen Ausbildung zu verankern, beispielsweise durch die stärkere Integration entsprechender Kurse in bestehende Graduiertenprogramme. Angesichts ihrer reflexiven Kernkom-

Kasten 10.3-1

WBGU-Analyse zur Forschungs- und Empfehlungslandschaft am Beispiel KI

In Vorbereitung der Ausarbeitung der beiden Empfehlungskapitel dieses Gutachtens wurden für eine Sichtung bereits existierender Forschungsempfehlungen Textpassagen aus 45 Quelldokumenten, welche Digitalisierung implizit oder explizit im Nachhaltigkeitskontext verorten, in einer qualitativ-interpretativen Diskursanalyse zu kompakten Aussagen verdichtet. Die gesamte Analyse, sowohl für Handlungs- als auch Forschungsempfehlungen, wird auf der Website des WBGU zum Download zur Verfügung gestellt. Teilweise sind diese Empfehlungen mehrfach in verschiedenen Quellen enthalten. Im Ergebnis lässt sich feststellen, dass derzeit international und national ein starkes Gewicht auf Forschungsempfehlungen gelegt wird, die aus einer eher technischen Perspektive formuliert wurden und direkte Bezüge zu Nachhaltigkeit nur selten explizit deutlich werden. Die Strukturierung der Themen erfolgte deckungsgleich zu den Kategorien des dem Gutachten vorangegangenen Impulspapiers zu Digitalisierung und Nachhaltigkeit (WBGU, 2018a). Mit Ausnahme des Themenblocks zu Wissen, Bildung und digitaler Mündigkeit werden soziale und ökologische Forschungsfragen relativ wenig thematisiert, wie auch die großen Zukunftsfragen zur Weiterentwicklung des Menschen und damit verbundene Risiken. Einige Ansätze hierzu werden für die KI-Forschung formuliert, welche in den untersuchten Publikationen folgendermaßen adressiert wird:

- Chancen und Risiken von KI genauer erforschen;
- ethische Reflexion als Voraussetzung für Forschungsförderung zu KI;
- mehr ethische und juristische Forschung zu KI;
- KI-Forschung am Gemeinwohl ausrichten;
- interdisziplinäre Forschung zu KI-Standards;
- Vorsorgeprinzip für KI und Robotik mittels Technikfolgenabschätzung etablieren;
- Dual Use von KI und Robotik proaktiv antizipieren, Best Practices entwickeln;
- KI für ökologischere Wirtschaft einsetzen mittels Green AI bzw. Open Ecological Data;
- mehr Forschung zum Einsatz von KI in der Arbeitswelt;
- Strategien gegen KI-Bias erforschen;
- internationale Koordination von KI-Forschung ausbauen
- evidenzbasierte KI-Forschung;
- kein militärisch motiviertes KI-Wettrüsten in der Forschung.

Die Liste zeigt, dass in diesem spezifisch auf das Gutachtenthema zugeschnittenen Textkorpus bereits einige Ansätze zur nachhaltigen Digitalisierungsforschung mit KI adressiert werden. Der WBGU schließt in diesem Kapitel daran in thematisch verbreiterter und inhaltlich konkreterer Form an. Zu beachten ist jedoch, dass das vorab analysierte Material selektiv und nicht repräsentativ sein kann, da permanent weitere Publikationen erscheinen. KI wurde an dieser Stelle als Beispielthema ausgewählt, da es sich hierbei um ein Forschungsgebiet mit überproportional schnell zunehmenden Publikationszahlen handelt (Abb. 10.3-1). In den letzten zehn Jahren hat sich die Anzahl der KI-Publikationen verneunfacht, während sich die Anzahl der Publikationen in Computerwissenschaften versechsfacht und die Zahl der Veröffentlichungen aller Disziplinen knapp verdreifacht hat, wie die Scopus-Datenbank zeigt (scopus.com). Zwar erlaubt diese trotz ihrer Größe keine repräsentative Abbildung der globalen Forschungslandschaft (Korpus-Bias), aber generelle Trendaussagen lassen sich ungeachtet etwaiger biblio- oder szientometrischer Bedenken treffen.

KI-Publikationen werden vor allem in computerwissenschaftlichen Journals veröffentlicht (Abb. 10.3-2). Dies lässt vermuten, dass dort eine technik- und anwendungsorientierte Perspektive dominiert, in der Digitalisierung und Nachhaltigkeit noch (zu) wenig miteinander verbunden werden. Angesichts der fortschreitenden Nutzung von KI-Technologien in gesellschaftlichen Kernbereichen wäre es aus Sicht des WBGU wünschenswert, wenn sich innerhalb des künftig weiter zu erwartenden Wachstums von KI-Publikationen der Anteil erhöht, der außerhalb von Computerwissenschaften in einem breiteren Kontext unter expliziter Berücksichtigung von Nach-

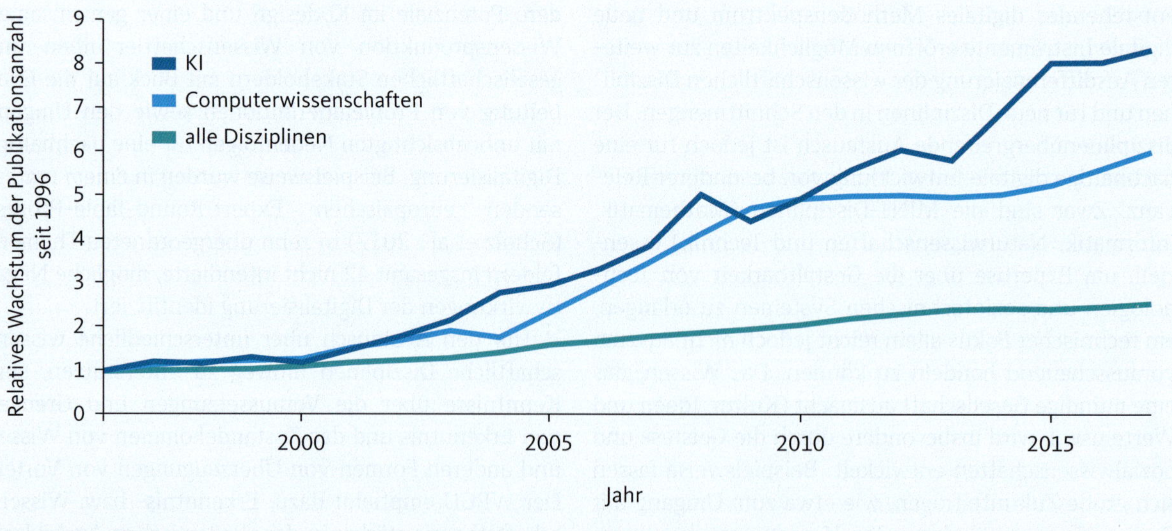

Abbildung 10.3-1
Wachstum der Anzahl der Publikationen zu KI im Vergleich zu Computerwissenschaften und Publikationen insgesamt.
Quelle: WBGU, eigene Darstellung auf Basis der Scopus-Datenbank (scopus.com)

haltigkeit erstellt wurde. Im Hinblick auf Interdisziplinarität zeigt Abbildung 10.3-2 ein deutliches Missverhältnis zwischen KI-bezogenen Publikationen innerhalb und außerhalb der Computerwissenschaften.

Abbildung 10.3-2
Anzahl der wissenschaftlichen Publikationen zu KI.
Quelle: WBGU, eigene Darstellung auf Basis der Scopus-Datenbank (scopus.com)

petenz und interdisziplinären Diskursfähigkeit sollten auch geistes- und sozialwissenschaftliche Perspektiven, dabei insbesondere Philosophie und Wissenschaftsgeschichte, gestärkt werden.

Zudem empfiehlt der WBGU, jede akademische Ausbildung zu digitalisierungsorientierten bzw. digitalisierungsnahen Berufsbildern um explizite Komponenten zur Digitalethik und den Methoden, Prozessen und Werkzeugen ihrer Umsetzung zu erweitern (ACM Code of Ethics, IEEE CS/ACM Code of Ethics and Professional Practice usw.).

10.2.4.5
Drittmittel bereitstellen und Freiräume schaffen, um stärker aus der Forschung in öffentliche Diskurse hineinzuwirken

Gerade im Themenfeld „Digitalisierung und Nachhaltigkeit" sind Wissenschaftler*innen sowie Wissenschaftseinrichtungen als „öffentliche Intellektuelle" gefordert, für Nachhaltigkeitspotenziale und Chancen sowie Risiken und Herausforderungen der Digitalisierung zu sensibilisieren. Das Engagement für die Synthese wissenschaftlicher Erkenntnisse sowie deren Transfer und die Wissenschaftskommunikation sollte innerhalb der Forschungsstrukturen bei der Bewertung akademischer Leistungen sowie für die Berufung von Professuren eine größere Rolle spielen. Der WBGU empfiehlt daher zusätzliche Drittmittel bereitzustellen, auf die sich sowohl Wissenschaftler*innen als auch zivilgesellschaftliche Akteure bewerben können, um jenseits wissenschaftlicher Anreize stärker in öffentliche Diskurse hineinzuwirken. Einen zusätzlichen Anreiz könnten erweiterte Freiräumen liefern, etwa eine Entlastung bei Lehrverpflichtungen und Verwaltungsaufgaben, die mit Digitalisierung effizienter gestaltet werden könnten.

10.3
Inhaltliche Forschungsempfehlungen

Als Vorbereitung für den nachfolgenden Überblick zur möglichen Ausgestaltung einer inter- und transdisziplinären Forschungsagenda an der Schnittmenge von Digitalisierung und Nachhaltigkeit hat der WBGU aktuelle Berichte und wissenschaftliche Publikationen im Hinblick auf darin enthaltene Forschungsempfehlungen ausgewertet (Kasten 10.3-1).

Bei den hier aufgeführten inhaltlichen Empfehlungen zur soziotechnischen Forschung wird der Fokus auf die gesellschaftliche Einbettung von Innovationsdynamiken für eine nachhaltige Entwicklung gelegt. Weitere Forschungsempfehlungen finden sich bei den jeweiligen Schauplatzthemen (Kasten 10.3-2). Somit können exemplarisch aus Sicht des WGBU die ersten Konturen künftiger Forschungsagenden skizziert werden. Diese

Kasten 10.3-2

Schauplätze des digitalen Wandels

In den Schauplätzen des digitalen Wandels (Kap. 5) werden zu verschiedenen Themen weitere Forschungsempfehlungen ausgesprochen. Hier erfolgt zur leichteren Auffindbarkeit eine Übersicht über die Themen mit den entsprechenden Verweisen.

- Nachhaltige Industrie 4.0 und Kreislaufwirtschaft – wie Digitalisierung den industriellen Metabolismus verändert (Kap. 5.2.1)
- Neue Formen (digitaler) Ökonomie: Ansätze des nachhaltigen Wirtschaftens im digitalen Zeitalter (Kap. 5.2.2)
- Digitalisierung des Konsums und nachhaltiges Konsumverhalten: Förderung solidarischer Lebensstile (Kap. 5.2.3)
- Nachhaltigkeit beim Onlinehandel: Status Quo und Perspektiven (Kap. 5.2.4)
- Digitalisierung: vom Elektroschrottproblem zur Lösung für Kreislaufwirtschaft? (Kap. 5.2.5)
- Digitalisierung für Klimaschutz und Energiewende (Kap. 5.2.6)
- Smart City: Nachhaltige Stadtentwicklung mit Digitalisierung? (Kap. 5.2.7)
- Nachhaltige urbane Mobilität im digitalen Zeitalter (Kap. 5.2.8)
- Präzisionslandwirtschaft: der nächste Schritt in die industrialisierte Landwirtschaft? (Kap. 5.2.9)
- Digitalisierung in der Landwirtschaft in Entwicklungsländern (Kap. 5.2.10)
- Digital unterstütztes Monitoring von Ökosystemen und biologischer Vielfalt (Kap. 5.2.11)
- Digitalisierung als Chance zur Förderung eines kollektiven Weltbewusstseins für nachhaltige Entwicklung (Kap. 5.3.1)
- Digitalisierung und öffentlicher Diskurs: das Ende rationaler Argumentation oder die Chance einer globalen Agora? (Kap. 5.3.2)
- Herausforderungen der Scoring-Gesellschaft (Kap. 5.3.3)
- Von der Bildung für Digitalisierung und nachhaltige Entwicklung zur Zukunftsbildung (Kap. 5.3.4)
- Öffentlich-rechtliche IKT als Teil der Daseinsvorsorge (Kap. 5.3.5)
- Digitale Technik als Gender-Bender? (Kap. 5.3.6)
- Digitale Selbstvermessung des Körpers: zwischen Empowerment und Kontrollverlust (Kap. 5.3.7)
- Internationale Arbeitsteilung und Digitalisierung: Folgen für Entwicklungs- und Schwellenländer (Kap. 5.3.8)
- Nachhaltige Arbeitswelten der Zukunft (Kap. 5.3.9)
- Digitale Gemeingüter (Kap. 5.3.10)

Herangehensweise verkörpert eine neue, integrative Sichtweise, beansprucht dabei jedoch keine vollständige, detaillierte Erfassung der jeweiligen Themenfelder. Auch in einschlägigen Diskursen zu Handlungsempfehlungen (Kap. 9) werden die Themen Digitalisierung und Nachhaltigkeit bislang nur wenig miteinander in Bezug gesetzt. So sind beispielsweise im aktuellen KI-Eckpunktepapier der Bundesregierung (Bundesregierung, 2018b) Nachhaltigkeits- und Umweltaspekte bisher unterrepräsentiert. Demgegenüber werden diese im aktuellen Bundesforschungsbericht (BMBF, 2018a) zwar vielfach adressiert, jedoch in der Regel nicht in einen Zusammenhang mit dem dort vertretenen Innovationskonzept gestellt. Der WBGU plädiert für eine an den großen Zukunftsfragen orientierte Forschungs- und Innovationsagenda, in welcher Nachhaltigkeitsfragen entlang der SDGs zum integralen Bestandteil werden. In Anlehnung an die „drei Dynamiken des Digitalen Zeitalters“ (Kap. 7) wird der folgende Teil gegliedert nach Empfehlungen für die Nutzung der Digitalisierung für Nachhaltigkeit (Kap. 10.3.1), für nachhaltige digitalisierte Gesellschaften (Kap. 10.3.2) sowie für die Zukunft des *Homo sapiens* (Kap. 10.3.3).

10.3.1 Forschung zur Digitalisierung für Nachhaltigkeit

Die Forschungslinie „Forschung zur nachhaltigen Digitalisierung“ beschäftigt sich mit der Frage, wie digitale Technologien und der Aufbau digitaler und digitalisierter Infrastrukturen nachhaltig gestaltet werden können, insbesondere auch in Bezug auf ihre Energie- und weiteren Ressourcenverbräuche und im Hinblick auf die Etablierung einer Kreislaufwirtschaft. Weiterhin geht es um die Frage, wie die Digitalisierung als Instrument zur Umsetzung der SDGs und zum Klimaschutz eingesetzt werden kann. Beide Forschungslinien sind Bestandteil dieses Kapitels.

10.3.1.1 Forschung zum ökologischen Fußabdruck digitaler Lösungen und zur Kreislaufführung von Produkten, Komponenten und Rohstoffen

Angesichts des Infrastrukturausbaus und der steigenden Anzahl an Geräten und ihrer kurzen Lebensdauer wird mit weiter zunehmendem materiellen Ressourcenbedarf und Energieverbrauch durch die Digitalisierung gerechnet. Gleichzeitig ist eine Schließung der Stoffkreisläufe kritischer Rohmaterialien (z.B. strategische Metalle, Seltene Erden) gerade beim Elektronikschrott noch in weiter Ferne (Kap. 5.2.5). Zudem ist die Informationslage zu den ökologischen Wirkungen der Digitalisierung keineswegs ausreichend. Eine qualifizierte Abschätzung zur Entwicklung des globalen Bedarfs an Energie und Ressourcen der Digitalisierung wird durch eine unzureichende Datenlage erschwert (Köhler et al., 2018). Das Verständnis des ökologischen Fußabdrucks digitaler Technologien und ihrer Nutzung sollte durch entsprechende Forschungsvorhaben verbessert werden. Der WBGU empfiehlt daher eine breit angelegte, transformative Forschungsoffensive aus den folgenden Bestandteilen:

1. Datenerhebung bezogen auf die materielle Zusammensetzung des IKT-Bestandes und Abschätzung des weiteren Ressourcenbedarfs für den Ausbau technischer Infrastrukturen (Server, Rechenzentren usw.) und Geräte sowie Entwicklung eines globalen Fahrplans zum „Phase-Out" toxischer Stoffe.
2. Erforschung verbesserter Ansätze zur Vermeidung oder Reduzierung von Elektroschrott über eine ressourcenschonende Geräteentwicklung, Optimierung der Produktarchitektur, verbesserte Zielorientierung und Informationszugänglichkeit über Wiedernutzung (z.B. Gebrauchtmarkt, Sharing und Services) sowie Reparierbarkeit bis hin zur Materialsubstitution und Entwicklung biologisch abbaubarer Elektronik (Kap. 5.2.5).
3. Entwicklung innovativer Verfahren zur digital gestützten, sicheren und lukrativen Weiterverarbeitung von Elektroschrott (Refabrikation), zu technischen Lösungen für das Recycling von Wertstoffen, wie z.B. strategischen Metallen oder seltenen Erden aus Elektroschrott sowie zur Entwicklung und Förderung entsprechender digitaler Plattformen, um Quoten von Wiederverwendung und Recycling deutlich zu steigern.
4. Sozialwissenschaftliche Forschungen sollten beitragen, die theoretischen und praktischen Grenzen der Kreislaufwirtschaft auszuloten, und die Notwendigkeit weiterer Maßnahmen wie Effizienz- und Suffizienzstrategien einschätzen zu können. Zudem sind wissenschaftliche Studien zu wirtschaftlichen Anreizen für die Verminderung der Nachfrage nach Produkten am Anfang der Designphase sowie für die Verlängerung von Produktlebenszeiten zu empfehlen, die u.a. nations- oder regionsspezifische Einfluss- und Erfolgsfaktoren mit einbeziehen.
5. Forschung zur Erhebung und Minimierung des Ressourcenbedarfs und des Energieverbrauchs einzelner Technologien, z.B. Blockchain oder Deep Learning; Entwicklung von Werkzeugen für Lebenszyklusanalysen unter Berücksichtigung dieser Faktoren.
6. Frühzeitige Einbindung von Verhaltenswissenschaften, z.B. Umweltpsychologie, in den Forschungs- und Entwicklungsprozess neuer Technologien, da neue Lösungen (z.B. Smart Homes oder Smart Grids) nicht automatisch zur effizienteren Nutzung und Ressourcenschonung führen, sondern nur dann, wenn auch die Motivation für Verhaltensänderungen angeregt wird (Schultz et al., 2015).

Spezifischere Empfehlungen zum Verhältnis von Digitalisierung und Elektroschrott finden sich in Kapitel 5.2.5.

10.3.1.2 Digitalisierung als Weichenstellerin der Dekarbonisierung

Die im Pariser Übereinkommen vereinbarten Klimaschutzziele erfordern nicht nur eine Dekarbonisierung der Weltwirtschaft, sondern perspektivisch auch eine gezielte Entfernung von CO_2 aus der Atmosphäre (IPCC, 2018). Forschung zum Beitrag der Digitalisierung zur globalen Energiewende sollte daher systemisch angelegt sein, d.h. über die Sektoren Energie, Mobilität und Wärme hinaus. Der WBGU empfiehlt, die Vision eines zu 100% auf erneuerbaren Energien beruhenden Energiesystems konsequent zu verfolgen und als zentralen Forschungsauftrag zu verankern. Ein weiterer Schwerpunkt sollte auf der Erforschung kostengünstiger und robuster Lösungen für eine verlässliche Stromversorgung in netzfernen Regionen in Schwellen- und Entwicklungsländern liegen. Hier sind vielfältige Anwendungen digitaler Technologien von Bedeutung, etwa für Mini Grids auf Basis erneuerbarer Energien (IRENA, 2016). Schließlich gilt es, im Zuge der Digitalisierung die Verlässlichkeit und Stabilität der Energieversorgung sowie den Privatsphären- und Datenschutz verstärkt in den Blick zu nehmen. Intelligente Stromnetze (Smart Grids), Zähler (Smart Meter) und Applikationen führen zudem zu neuen Komplexitäten der Energieversorgung und -nutzung, deren Implikationen ein weiteres Forschungsthema sind. Spezifischere Empfehlungen zum Einfluss der Digitalisierung auf Klimaschutz und Energiewende finden sich in Kapitel 5.2.6.

10.3.1.3 Nachhaltige Industrie 4.0 und ressourcenschonender industrieller Metabolismus

Der industrielle Metabolismus, das heißt die mit der Warenproduktion verbundenen Stoffströme und Energienutzungen, sollte über den digital optimierten, sparsamen und konsequent auf Kreislaufwirtschaft und Recycling gestützten Einsatz von Materialien und Energie hinaus so gestaltet werden, dass die natürlichen Lebensgrundlagen gewahrt werden, zum Beispiel maßgebliche Beiträge zur Treibhausgasminderung leistbar sind. Innerhalb bestehender Forschungsinitiativen zu Industrie 4.0 sollten systematisch anwendungsorientierte Vorschläge für eine verbesserte Koordination von Stoffströmen durch eine digitale Vernetzung,

Steuerung und Überwachung der Fertigungsprozesse erarbeitet werden. Vor allem sind die Potenziale von Additiven Fertigungsverfahren (3D-Druck) für eine bei Logistik wie Materialeinsatz ressourcenschonende Warenproduktion mit verbessertem Recyclingpotenzial auszuloten. Über Forschungsziele der auf Nachhaltigkeit ausgerichteten, weiterentwickelten digitalen Koordination industrieller Wertschöpfungsketten hinaus sollten Ideen dazu generiert werden, wie völlig neuartige, regenerative „technische Ökosysteme" der digitalisierten Güterproduktion etabliert werden können (Moreno und Charnley, 2016). Erforscht werden sollen weiterhin Möglichkeiten, über IKT (z.B. IoT) produktions-, produkt- und nutzungsbezogene Daten innerhalb unternehmensübergreifender Wertschöpfungssysteme besser zu verknüpfen und mittels KI auszuwerten, um für die Kreislaufwirtschaft neue Potenziale für ein umfassendes Tracking- und Monitoring-System von Ressourcenströmen zu ermitteln und diese über digitale Plattformen zu vermarkten. Spezifischere Empfehlungen zum Einfluss der Digitalisierung auf den Metabolismus finden sich in Kapitel 5.2.1.

10.3.1.4 Forschung zur Digitalisierung für globale Ernährungssicherung und Naturschutz

Forschung und Entwicklung zur Digitalisierung der Landwirtschaft sollen sich am Ziel einer global nachhaltigen Landnutzung ausrichten. Die Bundesregierung sollte ein Forschungsprogramm für Nachhaltigkeit, Ressourcenschonung und Vielfalt (z.B. Fruchtfolgen, Biodiversität) der Landwirtschaft unter Nutzung digitaler Lösungen auflegen. Insbesondere sollten die Potenziale und Risiken einer digitalisierten industriellen Landwirtschaft, einer dezidiert nachhaltigen Präzisionslandwirtschaft sowie die dazu benötigten Rahmenbedingungen und Anreize im Zentrum stehen (Kap. 5.2.9).

Im Kontext der Entwicklungs- und Schwellenländer sollten die Potenziale für Effizienzgewinne in der kleinbäuerlichen Landwirtschaft durch einen verbesserten Zugang zu Informationen und Wissen sowie der Abbau von Barrieren für die Übernahme digitaler Innovationen auf klein- und mittelbäuerlicher Ebene erforscht werden (Kap. 5.2.10).

Angesichts der rasanten technischen Entwicklung sind die mittel- bis langfristigen Potenziale und Risiken eines digital unterstützten Naturschutzes noch zu wenig erforscht (Kap. 5.2.11). Beiträge für ein globales und umfassendes Biodiversitäts-Monitoring (z.B. Fernerkundung, Tracking, Bilderkennung und -auswertung, Datenmanagement) sowie für die digitale Unterstützung der Naturschutzpraxis (z.B. Bestandsaufnahmen bedrohter Ökosysteme und Arten, Bekämpfung von Wilderei) sollten im Fokus stehen.

10.3.1.5 Nutzung der Digitalisierung für eine nachhaltige Stadtentwicklung

Der WBGU hat bereits in seinem letzten Hauptgutachten (WBGU, 2016a: 451 ff.) umfassende Forschungsvorschläge für eine nachhaltige Urbanisierung vorgelegt und auf die technologischen Transformationsprozesse hingewiesen (WBGU, 2016a: 51ff. sowie Seiten 53, 54, 393 und 399). Urbane Räume sind zur zentralen Organisationsform nahezu aller menschlichen Gesellschaften geworden, die sich jeweils auf „ihre eigene Art" den Weg in eine nachhaltige Zukunft suchen. Zur Integration digitaler Lösungen sowie zur Nutzung digitaler Modellierung, Simulation und Prognose für städtische Nachhaltigkeit sollen empirische (Fall-)Studien bzw. Reallabore gefördert werden, die kritisch konstruktiv auf ökonomische, soziale und ökologische Implikationen digitaler Smart-City- und Smart-Communities-Ansätze schauen und diese eingehend vor Ort empirisch untersuchen. Gleichermaßen sollen international vergleichende Untersuchungen zu maßgeblichen Unterschieden bei Motivation, Maßnahmenportfolio, Akteursgefüge und Umsetzungsdynamiken von Smart-City-Ansätzen in verschiedenen Ländern bzw. Regionen erfolgen, um internationale Lernprozesse zu Nachhaltigkeitsfragen der urbanen Strategie- und Projektentwicklung voranzubringen. Ein besonderer Fokus sollte auf den Beitrag verschiedener IKT-Anwendungen zur Erreichung von Umweltzielen gesetzt werden sowie auf ihre Akzeptanz (z.B. für Mobilität, Wohnen, Arbeiten, Sicherheit, Umwelt-Monitoring), um ihre Einsatz- und Verbreitungspotenziale quer über Bevölkerungsschichten einschätzen zu können. Denn nur bei entsprechend breiter Nutzung der neuen digitalen Möglichkeiten sind auch nennenswerte digitalisierungsbedingte Umwelteffekte erzielbar (z.B. Einsparungen bei Energie- und Wasserbedarfen, effizientere Nutzung vieler weiterer materieller Ressourcen, Emissionsreduktionen). Die Technologieentwicklung erfolgt derzeit hauptsächlich in Industrieländern, jedoch werden knapp 90% des Wachstums der urbanen Bevölkerung bis 2050 in Asien und Afrika erwartet (UN DESA, 2015). Daher sollten digitale Technologien für die Stadtentwicklung vor dem Hintergrund verschiedener Kontextsituationen und Kulturräume untersucht werden. So können Best Practices erkannt und nachhaltige Lösungen umgesetzt werden. Spezifischere Handlungsempfehlungen zur nachhaltigen Stadtentwicklung mittels Digitalisierung finden sich in Kapitel 5.2.7.

10.3.1.6
Neue Entwicklungsmodelle für Entwicklungs- und Schwellenländer

Forschungsbedarf besteht bei der Frage, welche neuen Entwicklungsmodelle sich für Entwicklungs- und Schwellenländer im Zuge der Digitalisierung ergeben können. Digitale Technologien können etwa helfen, institutionelle Probleme in Entwicklungs- und Schwellenländern zu überwinden oder Zugänge zu Märkten und notwendigen Dienstleistungen (z.B. Finanzierungen) zu eröffnen. Zu erforschen ist in diesem Zusammenhang, mit welchen Instrumenten der Innovations- und Wirtschaftsförderung eine Teilhabe dieser Länder an der digitalen Ökonomie hergestellt oder gesichert werden kann. Zunächst sollten die Voraussetzungen, unter denen Entwicklungs- und Schwellenländer diese neuen Entwicklungspotenziale für sich nutzen können, untersucht werden. Zu analysieren wäre dabei auch, was die Entwicklungszusammenarbeit (EZ) mit Blick auf mögliche neue Entwicklungsmodelle und -chancen leisten kann. Auch die Auswirkungen der Digitalisierung auf Handelsstrukturen und Arbeitsteilung und damit im weiteren Sinn auf ein grundlegendes Entwicklungsmodell der vergangenen Jahre sind bislang nicht eindeutig abzusehen. Studien beschränken sich bislang noch auf die Darstellung von Einzelfällen. Schon mit Blick auf die grundlegende Frage nach der Zukunft bzw. der zukünftigen Gestalt globaler Wertschöpfungsketten und der internationalen Arbeitsteilung besteht daher erheblicher Forschungsbedarf. Für weitergehende Handlungsempfehlungen, auch für die zukünftige EZ, wäre darüber hinaus ein tieferes Verständnis der Faktoren notwendig, die darüber entscheiden, ob und wann Arbeitsschritte automatisiert und beispielsweise in Industrieländer rückverlagert werden oder nicht (Kap. 5.3.8). Parallel ermöglicht die Digitalisierung einen intensiveren Austausch von Forschungsergebnissen und aufbereiteten Erfahrungen (Pawelke et al., 2017: 11), der aus Sicht des WBGU insbesondere für eine nachhaltige Gestaltung der Digitalisierung in Entwicklungs- und Schwellenländern und spezifische Innovation in dortigen Kontexten zu forcieren ist.

10.3.2
Forschung für digitalisierte Nachhaltigkeitsgesellschaften

Die übergeordnete Forschungslinie „Digitalisierte Nachhaltigkeitsgesellschaften" sollte sich mit der Frage beschäftigen, wie Gesellschaften die systemverändernde Wirkmacht der Digitalisierung auf Erdsystem, Gesellschaft, Wirtschaft, den Menschen und Technologie einordnen, nachhaltig gestalten sowie auftretenden Emergenzen begegnen können.

10.3.2.1
Arbeit der Zukunft: Neue Teilhabeformen entwickeln

Gegenwärtig gewährleistet hauptsächlich Erwerbsarbeit breite gesellschaftliche und ökonomische Teilhabe und ist dabei zugleich von zentraler Bedeutung für das Selbstwertgefühl vieler Menschen. Die teilweise Substitution manueller und geistiger Erwerbsarbeit durch intelligente Maschinen berührt damit sehr tiefgehende Aspekte des gesellschaftlichen Zusammenhalts und persönlichen Lebens. Sie wirft Fragen nach weiterentwickelten Arbeitsformen, beispielsweise einer Schwerpunktverlagerung auf soziale Arbeit, aber auch die Frage nach möglichen alternativen Lebenszielen, -stilen und -entwürfen auf. Vorstellungen davon, wie alternative und gleichzeitig anreizkompatible Mechanismen der Verteilung von Arbeit und Einkommen bzw. Wohlstand aussehen können, die passende Anreize zur Beteiligung an Gesellschaft und Wirtschaft sowie für (Weiter-)Bildung, Forschung und Entwicklung setzen, sind bislang noch nicht hinreichend entwickelt und auf ihre breiteren, gesellschaftlichen Implikationen hin untersucht. Im Raum steht darüber hinaus die Frage der politischen Folgen eines durch ein weiterentwickeltes Verständnis von Arbeit verursachten gesellschaftlichen Wandels, etwa welche Folgen die Gewährleistung wirtschaftlicher Teilhabe über breite Umverteilungsmechanismen für Stabilität und Funktion demokratischer politischer Systeme haben können. Die spezifischen Herausforderungen in Entwicklungs- und Schwellenländern und Veränderungen der internationalen Arbeitsteilung sollten bei diesen Fragen noch stärker herausgearbeitet und in den Blick genommen werden. Spezifischere Empfehlungen zum Themenkomplex Digitalisierung und Arbeit finden sich in den Kapiteln 5.3.8 und 5.3.9.

10.3.2.2
Finanzierungskonzepte für Staat und Sozialsysteme erarbeiten

Heute stützt sich die Finanzierung staatlicher Systeme noch überwiegend auf die Besteuerung des (bislang vorrangig immobilen) Faktors Arbeit. Auch die sozialen Sicherungssysteme sind in vielen Ländern institutionell an die Erwerbsarbeit gekoppelt. Sowohl mit Blick auf die zukünftigen finanziellen Handlungsspielräume und die Leistungsfähigkeit von Staat und Systemen der sozialen Sicherung als auch mit Blick auf mögliche Verzerrungen der Preise von Arbeit im Vergleich zu Produktionsfaktoren wie (Finanz-)Kapital oder Daten müssen bestehende Steuer- und Abgabensysteme grundlegend überprüft werden. Gleichzeitig besteht erheblicher Forschungsbedarf, wie alternative Systeme der Besteuerung ausgestaltet werden können, die finanzielle Handlungsspielräume des Staates erhalten, wenn sich im Zuge der Digitalisierung Wertschöpfung weiter zu immateriellen Wirtschaftsgütern wie Daten verlagert, menschliche Arbeit leichter substituierbar und noch umfassender mobil wird oder im Extremszenario menschliche Arbeit vollständig durch Maschinen erledigt wird (Kap. 5.3.9).

10.3.2.3 Forschung zur Gestaltung der Mensch-Maschine-Interaktionen

Der WBGU empfiehlt die frühzeitige und umfassende Erforschung der möglichen Wirkungen der Interaktion mit (teil-)autonomen technischen Systemen. Mögliche Forschungsfragen sind: Wie müssen solche Systeme gestaltet sein, um wünschenswerte Interaktionen zu unterstützen, und welche möglichen negativen Implikationen müssen in den Blick genommen werden? Das Zusammenleben mit autonomen Systemen wirft vielfältige Fragen zur Wirkung der Interaktion mit solchen Systemen auf: Welche Formen der Interaktion sind erstrebenswert? Wie müssen Systeme gestaltet sein, um angemessene und sichere Interaktionen zu fördern und dysfunktionale Interaktionen zu unterbinden? Welche Gruppen gilt es zu differenzieren (beispielsweise Kinder oder psychisch eingeschränkte Personen)? Hier sind Gesellschaftswissenschaften, insbesondere die psychologische Forschung, frühzeitig in die soziotechnischen Entwicklungen einzubeziehen.

10.3.2.4 Technik- und experimentelle Folgenabschätzung für den Umgang mit großer Unsicherheit

Aufgrund der Dynamik digitaler Transformationsprozesse bildet der Umgang mit Unsicherheiten beispielsweise bezüglich unerwarteter oder unbeabsichtigter Nebenfolgen (unintended side effects bzw. unseens) eine besondere Herausforderung. Der WBGU empfiehlt, Innovationen und (neue) regulatorische Instrumente in Reallaboren in einem zeitlich befristeten, räumlich abgegrenzten sowie rechtlich angepassten (Experimentierklauseln, Sondergenehmigungen usw.) und gut gesichertem Feld ergebnisoffen zu testen (Kasten 10.3.2-1).

Begleitend zu Reallaboren wären weitere Experimentierräume zu stärken (z.B. Governance Barcamps), die explizit auf das Mitdenken möglicher Folgen fokussiert sind. Hier ist der Aufbau von Kapazitäten für eine IT-orientierte Governance-Forschung bzw. IT-unterstützte Governance-Formate von hoher Bedeutung.

10.3.2.5 Forschung für einen nachhaltigen Umgang mit Daten

Die Wirkungen der europäischen Datenschutz-Grundverordnung (EU-DSGVO) in der Praxis sollten empirisch überprüft und Vorschläge zur Weiterentwicklung erarbeitet werden. Es ist zu untersuchen, wie beispielsweise Datenzugangsregime oder eine Daten-Sharing-Verpflichtung im Detail ausgestaltet werden können. Dabei ist den technischen, prozessualen als auch regulatorischen Anforderungen zum Schutz personenbezogener Daten Rechnung zu tragen, auch mit Blick auf das Risiko zukünftiger „De-Anonymisierung" von derzeitig nicht personenbezogenen Daten. Wie ist eine Kontrolle durch entsprechende Aufsichtsbehörden für digitale Produkte und Dienstleistungen auszugestalten, z.B. mit Blick auf die Durchsetzung von Datenpflichten, Datenschutz, Datensicherheitsstandards oder auch möglichen Diskriminierungen von Nutzer*innen. Es sollte untersucht werden, wie Mehrwerte der Datenverfügbarkeit und der Verfügbarkeit bestimmter digitaler Produkte und Dienste für die Gesellschaft und Öffentlichkeit bestimmt, gemessen und nachvollzogen werden können. Zudem sollte erforscht werden, wie öffentliche, datenbasierte Güter (Kap. 5.3.10) in ausreichender Qualität und Menge bereitgestellt werden können.

10.3.2.6 Forschung zu sozialen Plattformen

Neue Entwicklungen in sozialen Plattformen sollten kontinuierlich durch die Forschung begleitet werden, z.B. mit Blick darauf, wie sich Gruppendynamiken, Selbstdarstellungen oder das Teilen persönlicher Informationen (z.B. Fitness- und Bewegungsdaten auf Fitness-Plattformen, Meinungen oder ähnlich private Informationen) auf Wohlbefinden, Lebensqualität und soziale Interaktionen von Menschen auswirken können (Kap. 5.3.7). Zudem sollte erforscht werden, welche Gütekriterien an soziale Plattformen, ihre Dienste und Applikationen anzulegen sind und wie diese zu vermitteln, zu überprüfen und zu verbessern sind. Sowohl hier als auch generell ist gezielte Bildung (Kap. 5.3.4, 9.1.4) und entsprechende Bildungsforschung nötig, um Menschen zum kompetenten und verantwortungsbewussten Umgang mit neuen Technologien und der hohen Dynamik des (technischen) Fortschritts zu befähigen. Auch die Wirkungsmöglichkeiten sozialer Plattformen auf nachhaltiges und umweltbewusstes Verhalten sollten vertieft erforscht werden (Kap. 5.2.3).

Kasten 10.3.2-1
Reallabore

Für die nachhaltige Gestaltung der globalen digitalen Transformation in den unterschiedlichsten Lebensbereichen gibt es keine universell gültigen Blaupausen. Angesichts der vielen nicht vorhersehbaren und schnellen technologischen Entwicklungen bleibt dieser Gestaltungsprozess auch ein mit vielen Unsicherheiten verbundener Such- und Lernprozess. Besondere Herausforderungen digitaler Veränderungen liegen zum einen darin, dass Veränderungen auf eine komplexe Art und Weise in Gesellschaften wirken, so dass sich absehbare Auswirkungen jenseits etablierter Prognoseräume abspielen. Zum anderen entsteht ein Gestaltungs- und Regulierungsbedarf, bevor alle Auswirkungen absehbar sein werden. In diesen realweltlichen Bedingungen gilt es, die digitale Innovationskraft Europas an den nachhaltigen Entwicklungszielen auszurichten.

In Anbetracht dieser Herausforderungen empfiehlt der WBGU der EU die Einrichtung von „Europäische(n) Reallaboren für eine nachhaltige und digitale Zukunft" (European labs for a sustainable and digital future). In Reallaboren können Wissenschaftlerinnen und Akteur*innen durch Ausprobieren und Experimentieren gemeinsam Wissen und Problemlösungen für die nachhaltige Gestaltung der digitalen Transformation erarbeiten. Reallabore ermöglichen es, mit Innovationen in einem geschützten Rahmen zu experimentieren und zugleich schnellere und umfassendere Erkenntnisse zu erlangen.

Derzeit werden in mehreren europäischen Ländern Reallabore (auch „Living Labs" oder „Citizen-Science-Projekte" genannt) durchgeführt, einige davon auch länderübergreifend (Deutscher Bundestag, 2018). Auf Ebene der EU sind Reallabore bisher nicht etabliert, obwohl sie bedeutende Chancen für die Weiterentwicklung einer europäischen Vision, die Stärkung der europäischen Innovationskraft und die Steigerung der Lebensqualität für europäische Bürger*innen bereithalten. Anbinden ließen sich europäische Reallabore im Forschungskontext an die Tätigkeiten des European Institute of Innovation and Technology (EIT) im Rahmen von „Innovation Communities" (wie z.B. EIT Climate-KIC). Neben der Weiterentwicklung der bestehenden transdisziplinären Innovations- und Forschungsansätze des EIT zu ganzheitlichen europäischen Reallaboren empfiehlt der WBGU auch die Einrichtung zu neuen Themen, beispielsweise zur nachhaltigen Zukunft der Arbeit.

Reallabor „Nachhaltige Zukunft der Arbeit"
Arbeitsmärkte sind ein wichtiger Garant für gesellschaftliche Inklusion. Gerade jüngere und Bevölkerungsgruppen und Migrant*innen sind zunehmend von neuen Erwerbs- und Arbeitsrealitäten wie New Work, plattformbasierten Arbeitsverträgen und zeitlicher und räumlicher Entgrenzung von Erwerbsarbeit betroffen. Dies eröffnet sowohl Chancen als auch Risiken für die Lebensqualität und den sozialen Zusammenhalt sowie die Ausrichtung an einem zukunftsfähigen Konzept der nachhaltigen Arbeit (Kap. 5.3.9). Ein europäisches Reallabor zur „Nachhaltigen Zukunft der Arbeit" könnte mit neuen Formen sozialer Sicherung (z.B. ökologisches Transformationseinkommen; Swaton, 2018) und arbeitsrechtlicher Organisation experimentieren, die auch die besonderen Herausforderungen länderübergreifender Arbeits- und Lebenswelten in der EU berücksichtigen. Das Reallabor würde damit auch eine Pionierfunktion für den stattfindenden Ausbau der sozialen Säule der EU darstellen. An dieser Schnittstelle von Nachhaltigkeits- und Digitalisierungsherausforderungen gilt es, die Energien aus Wissenschaft, Unternehmen, Universitäts- und Hochschulbildung sowie Zivilgesellschaft gemeinsam zur Erprobung neuer Zukunftsmodelle zu bündeln.

10.3.2.7 Bildungsforschung zur Befähigung des Individuums in einer digitalisierten Nachhaltigkeitsgesellschaft

Zur Vermittlung von Transformationswissen und -handeln empfiehlt der WBGU zu untersuchen, wie durch (digitalisierte) Bildungsmaßnahmen Wissen und Handeln zur Großen Transformation (WBGU, 2011) gefördert werden kann, idealerweise durch ein Institut für Bildungsforschung zum und im nachhaltigen Digitalen Zeitalter. Dies betrifft insbesondere Forschung zur Förderung von Kreativität, Kooperation und Innovation sowie zu Umweltbewusstsein und Zukunftsfähigkeit (Futures Literacy). Zum beständigen Ausbau von Reflexionsfähigkeit ist transformative Bildung zu stärken. Parallel könnten im Rahmen von Kooperationen mit bestehenden Einrichtungen weitere Reflexionsräume geschaffen werden, etwa in den Bereichen Science-Fiction, Kunst, Kultur und der Integration von Wissensformen. Weiterhin ist Forschung zur Ermöglichung von Teilhabe benachteiligter Gruppen nötig, um zu untersuchen und zu evaluieren, welche digitalisierten Bildungsangebote Teilhabe auch benachteiligter Gruppen (insbesondere bezüglich Gender, Alter, Herkunft) ermöglichen und wie Wissenserwerb digital gefördert werden kann. Studien, die Auswirkungen digital vermittelter Inhalte auf die Kompetenzen der Lernenden zum Inhalt haben, sollten weiter gefördert werden. Sehr wahrscheinlich wird dazu eine Schwerpunktverlagerung in der Bildungspolitik notwendig werden. Es müssen Fähigkeiten gestärkt werden, die Menschen zu einem selbstbestimmten, sinnstiftenden Leben ohne die heutigen Arbeitsmarktstrukturen befähigen. Zu diesen Kompetenzen zählen Fähigkeiten der sozialen Interaktion, Empathie, Kreativität und eine schnelle Auffassungs- bzw. Anpassungsfähigkeit (im Sinne einer hohen Reaktionsfähigkeit gegenüber unerwarteten Ereignissen usw.), weniger jedoch die Vermittlung von Detailwissen. Spezifischere Empfehlungen zum Thema Bildung im Digitalen Zeitalter finden sich in Kapitel 5.3.4.

10.3.3 Forschung zur Zukunft des *Homo sapiens*

Eine übergeordnete Forschungslinie „Forschung zur Zukunft des Menschen und Erhalt der Menschenwürde" sollte sich mit der Frage beschäftigen, welche Grenzen alter und neuer Menschenbilder angesichts der Verschränkung von Mensch und Technologie sowie der Gestaltung von Maschinen mit (zunächst vermeintlich) menschlichen Eigenschaften deutlich werden. Bei allen künftigen Entwicklungen sollten generell auch Individuen oder Gruppen berücksichtigt werden, die sich digitalen Entwicklungen entziehen möchten – dies gilt ausdrücklich auch im Hinblick auf Forschungsethik.

10.3.3.1 Digitale Anthropologie: Wie verändert sich das Menschenbild?

Im Digitalen Zeitalter wird das Menschsein selbst zum Thema nachhaltiger Entwicklung. Die physische und soziale Verschmelzung des Menschen mit digitaler Technik einerseits und die Vermenschlichung von Technik anderseits stellen die Frage nach der *conditio humana* auf neuartige brisante Weise. Bei philosophischen Überlegungen jenseits des anthropozentrischen Humanismus, bei denen der Mensch im Mittelpunkt steht, muss zur Einbettung des Menschen in die reale Welt bzw. in seinen „natürlichen" Körper daher auch zukünftig immer wieder analysiert werden, wie sich das Menschenbild im Verhältnis zur Umwelt, mit Zunahme der technischen Möglichkeiten dynamisch weiterentwickelt (Coeckelbergh, 2013b, 2017). Der WBGU empfiehlt nachdrücklich, die Menschenwürde (Kap. 2) ins Zentrum entsprechender anthropologischer und ethischer Debatten zu stellen und diese in entsprechend verantwortungsbewusster Forschung und Entwicklung zu verankern.

10.3.3.2 Wirkungen der Digitalisierung auf Kognition, Emotion und soziales Leben erforschen

Da die Digitalisierung und dabei insbesondere die vielfältigen Interaktionsformen zwischen Mensch und Maschine auch künftig zentrale Lebensaspekte wie Kognition, Emotion und soziales Leben beeinflussen werden, gilt es, diese durch gezielte Förderung interdisziplinär zu erforschen (SVRV, 2017: 17 ff.). Dabei sind Verhaltensänderungen auf psychischer wie sozialer Ebene systematisch zu untersuchen. Dies sollte aus Sicht des WBGU ausdrücklich auch in positiver Hinsicht für nachhaltige Zwecke erfolgen, etwa der Beförderung eines „Weltbewusstseins für nachhaltige Entwicklung" (Kap. 5.3.1). Ebenfalls relevante Themen sind z.B. Wirkungen von Multitasking (besonders bei Kindern) auf Kognition (d.h. Prozesse der Aufmerksamkeit, des Erinnerns, des Denkens, Problemlösens und der Kreativität), der Einfluss digitaler Mediennutzung (z.B. soziale Netzwerke) auf soziale Zugehörigkeit und Emotionsmanagement oder Auswirkungen von Überwachung am Arbeitsplatz sowie Gesundheit und Sicherheit in Zeiten von der Technisierung des Menschen.

10.3.3.3 Erforschung der Zukunft der menschlichen Zivilisation

Im Zuge der zunehmenden internationalen Vernetzung empfiehlt der WBGU die Erforschung neu entstehender Risiken für die menschliche Zivilisation unter Nutzung eines interdisziplinären Ansatzes. Generell ist im Sinne des Vorsorgeprinzips verantwortungsbewusste Innovation, Forschung zu Ethik, Technikfolgenabschätzung und der proaktive Technikwandel im Hinblick auf den Dual-Use-Charakter von Technologien, wie etwa KI und Robotik, auch international auszuweiten. Hierfür sollte zu neuen internationalen Kooperationsformaten geforscht werden, auch unter Berücksichtigung künftig nötiger Grenzen der Entwicklung.

Eine zeitnahe Umsetzung der Handlungs- und Forschungsempfehlungen wird es erlauben, die Potenziale des digitalen Wandels für die Große Transformation zur Nachhaltigkeit zu nutzen und seine Risiken einzuhegen. Dieses WBGU-Gutachten versteht sich als Anstoß für lang anstehende Diskussionen und Initiativen auf allen Ebenen und mit allen Akteursgruppen.

Literatur 11

A4AI – Alliance for Affordable Internet (2016): Affordability Report 2015/16. Washington, DC: A4AI.

A.T. Kearney (2015): Top 10 E-Commerce-Nationen nach A.T. Kearney. Global Retail E-Commerce Index 2015. Internet: https://de.statista.com/statistik/daten/studie/422834/umfrage/global-retail-e-commerce-index/. Berlin: Statista Statistik-Portal.

A.T. Kearney (2016): Agriculture Is Fertile Ground for Digitization. Internet: https://www.atkearney.de/documents/856314/9452388/Agriculture+Is+Fertile+Ground+for+Digitization.pdf/063ac53c-9448-4247-be72-9e4d76cfde09. Düsseldorf, Chicago: A.T. Kearney.

Aaronson, S. A. und Leblond, P. (2018): Another digital divide: the rise of data realms and its implications for the WTO. Journal of International Economic Law 21 (2), 245–272.

Abgeordnete der Nationalversammlung (2018): Recours devant le conseil constitutionnel sur la proposition de loi relative à lutte contre la manipulation de l'information. Paris: Assemblée Nationale.

Abrahamse, W. und Matthies, E. (2012): Informational strategies to promote pro-environmental behaviours: Changing knowledge, awareness, and attitudes. In: Steg, L., van den Berg, A. E. und de Groot, J. I. M. (Hrsg.): Environmental Psychology: An Introduction. West Sussex: Wiley-Blackwell.

Abrahamse, W., Steg, L., Vlek, C. und Rothengatter, T. (2007): The effect of tailored information, goal setting, and tailored feedback on household energy use, energy-related behaviors, and behavioral antecedents. Journal of Environmental Psychology 27, 265–276.

acatech – Deutsche Akademie der Technikwissenschaften (2017): Deutschland entkoppelt – acatech startet Initiative zur Circular Economy. Internet: https://www.acatech.de/allgemein/deutschland-entkoppelt-acatech-startet-initiative-zur-circular-economy/. München: acatech.

acatech – Deutsche Akademie der Technikwissenschaften, Leopoldina – Nationale Akademie der Wissenschaften Leopoldina und Akademieunion – Union der deutschen Akademien der Wissenschaften (2016): Additive Fertigung. Stellungnahme. Halle, München, Mainz: Leopoldina, acatech, Akademieunion.

Access Now und Amnesty International (2018): The Toronto Declaration: Protecting the Rights to Equality and Non-Discrimination in Machine Learning Systems. Internet: https://www.accessnow.org/toronto-declaration. Toronto: Access Now, Amnesty International.

Access Now, Public Knowledge und IFLA – International Federation of Library Associations and Institutions (2016): The Human Rights Principles for Connectivity and Development. Den Haag: Access Now, Public Knowledge, IFLA.

Acemoglu, D. und Restrepo, P. (2018a): Artificial Intelligence, Automation and Work. National Bureau of Economic Research Working Paper Series No. 24196. Cambridge, MA: National Bureau of Economic Research (NBER).

Acemoglu, D. und Restrepo, P. (2018b): The race between man and machine: implications of technology for growth, factor shares, and employment. American Economic Review 108 (6), 1488–1542.

ACM Ethics (2018): ACM Code of Ethics and Professional Conduct. New York: Association for Computing Machinery's Committee on Professional Ethics.

Acquisti, A., Taylor, C. und Wagman, L. (2016): The economics of privacy. Journal of Economic Literature 54 (2), 442–492.

Adam, L. und Micklitz, H.-W. (2016): Information, Beratung und Vermittlung in der digitalen Welt. Berlin: Sachverständigenrat für Verbraucherfragen (SVRV).

Adelhard, K. (2017): Voll produktiv – E-Akte in Umwelt und Gesundheit. PDV NEWS (1), 27–29.

African Declaration Group (2015): African Declaration on Internet Rights and Freedoms. Nairobi: African Declaration Group.

Aghion, P., Jones, B. F. und Jones, C. I. (2017): Artificial Intelligence and Economic Growth. National Bureau of Economic Research Working Paper Series No. 23928. Cambridge, MA: National Bureau of Economic Research (NBER).

Aharonov, D. (1999): Quantum computation. In: Stauffer, D. (Hrsg.): Annual Reviews of Computational Physics VI. London: World Scientific, 259–346.

Ahmed, W. (2017): How Fintech is Changing Lives in the Global South. Genf: World Economic Forum (WEF).

Aide, T. M., Corrada-Bravo, C., Campos-Cerqueira, M., Milan, C., Vega, G. und Alvarez, R. (2013): Real-time bioacoustics monitoring and automated species identification. PeerJ DOI 10.7717/peerj.103, 1: e103.

Aira (2017): Robot Economics Doctrine. St. Petersburg: ITMO University.

Ajuntament de Barcelona (o.J.): Barcelona Digital City. Internet: https://ajuntament.barcelona.cat/digital/en. Barcelona: Ajuntament de Barcelona.

Aker, J. C. (2011): Dial „A" for agriculture: a review of information and communication technologies for agricultural extension in developing countries. Agricultural Economics 42 (6), 631–647.

Akyildiz, I. F., Weilian, S., Sankarasubramaniam, Y. und Cayirci, E. (2002): A survey on sensor networks. IEEE Communications Magazine 40 (8), 102–114.

Al-Ani, A. (2017): Industrie 4.0 in der Peripherie. Internet: https://www.zeit.de/karriere/2017-01/digitalisierung-entwicklungslaender-armut-arbeitsmarkt. Hamburg: Die Zeit.

Al-Fuqaha, A., Guizani, M., Mohammadi, M., Aledhari, M. und Ayyash, M. (2015): Internet of things: a survey on enabling technologies, protocols, and applications. IEEE Communications Surveys & Tutorials 17 (4), 2347–2376.

Alam, M. und Ferreira, J. (2017): Editorial of the Special Issue „Intelligent Transportation Systems". Information 8 (4), 145–146.

Albino, V., Berardi, U. und Dangelico, R. M. (2015): Smart cities: definitions, dimensions, performance, and initiatives. Journal of Urban Technology 22 (1), 3–21.

Alexandratos, N. und Bruinsma, J. (2012): World Agriculture Towards 2030/2050. The 2012 Revision. ESA Working Paper No. 12-03. Rom: Agricultural Development Economics (ESA).

AlgorithmWatch (2016): Das ADM-Manifest. Internet: https://algorithmwatch.org/das-adm-manifest-the-adm-manifesto/. Berlin: AlgorithmWatch.

Ali, J. und Kumar, S. (2011): Information and communication technologies (ICTs) and farmers' decision-making across the agricultural supply chain. International Journal of Information Management 31 (2), 149–159.

Alkhateeb, A. (2017): Can Scientific Discovery be Automated? Internet: https://www.theatlantic.com/science/archive/2017/04/can-scientific-discovery-be-automated/524136/. New York: The Atlantic.

Allcott, H. und Gentzkow, M. (2017): Social media and fake news in the 2016 election. Journal of Economic Perspectives 31 (2), 211–236.

Allen, R. C. (2009): Engels' pause: Technical change, capital accumulation, and inequality in the british industrial revolution. Explorations in Economic History 46 (4), 418–435.

Allen, R. C. (2017): Lessons from history for the future of work. Nature 550, 321–324.

Allhoff, F., Lin, P., Moor, J. und Weckert, J. (2010): Ethics of human enhancement: 25 questions & answers. Studies in Ethics, Law, and Technology 4 (1), 1–39.

Allmendinger, J. (2017): Das Land, in dem wir leben wollen. Wie die Deutschen sich ihre Zukunft vorstellen. Hamburg: Pantheon.

Allport, G. W. (1954): The Nature of Prejudice. Oxford, UK: Addison-Wesley.

Alpermann, B. und Thünken, F. (2018): Technologie gegen den Werteverfall? Chinas „soziales Bonitätssystem" im Kontext der Modernisierung. Forschung & Lehre 6 (18), 475–477.

Alstone, P., Gershenson, D. und Kammen, D. M. (2015): Decentralized energy systems for clean electricity access. Nature Climate Change 5 (4), 305–314.

Altman, I. (1976): Privacy: a conceptual analysis. Environment and Behavior 8 (1), 7.

Alvaredo, F., Chancel, L., Piketty, T., Saez, E. und Zucman, G. (2018): The elephant curve of global inequality and growth. AEA Papers and Proceedings 108, 103–108.

Alvarez-de-los-Mozos, E. und Renteria, A. (2017): Collaborative robots in e-waste management. Procedia Manufacturing 11, 55–62.

Aminoff, A. und Kettunen, O. (2016): Sustainable supply chain management in a circular economy—towards supply circles. In: Setchi, R., Howlett, R. J., Liu, Y. und Theobald, P. (Hrsg.): Sustainable Design and Manufacturing 2016. Smart Innovation, Systems and Technologies. Cham: Springer International Publishing, 61–72.

Amsler, S. und Facer, K. (2017): Contesting anticipatory regimes in education: exploring alternative educational orientations to the future. Futures 94, 6–14.

Anagnostopoulos, I. (2018): Fintech and regtech: Impact on regulators and banks. Journal of Economics and Business 100, 7–25.

Anbumozhi, V., Paulo, E., Scholz, I. und Yuefen, L. (2017): Reforming international cooperation towards transformative change. Internet: https://www.g20-insights.org/policy_briefs/reforming-international-cooperation-towards-transformative-change/. Berlin: Hertie School of Governance G20 Insights.

Andersen, K. N. und Zinner Henriksen, H. (2018): Digital Sclerosis: How Digitalisation is Outperforming Us in the Workplace. Internet: https://www.oecd-forum.org/users/105929-kim-normann-andersen/posts/33788-digital-sclerosis-how-digitalisation-is-outperforming-us-in-the-workplace. Paris: OECD Publishing.

Andersson, A. und Grönlung, A. (2009): A conceptual framework for e-learning in developing countries: a critical review of research challenges. The Electronic Journal of Information Systems in Developing Countries 38, 1–16.

Andrae, A. S. G. und Edler, T. (2015): On global electricity usage of communication technology: trends to 2030. Challenges 6, 117–157.

Angelidou, M. (2015): Smart cities: a conjuncture of four forces. Cities 47, 95–106.

Angelidou, M., Psaltoglou, A., Komninos, N., Kakderi, C., Tsarchopoulos, P. und Panori, A. (2018): Enhancing sustainable urban development through smart city applications. Journal of Science and Technology Policy Management 9 (2), 146–169.

Anheier, H., Cingolani, L., Hallerberg, M., Kaufmann, S., List, R., Pisani-Ferry, J., Wegrich, K. und Ziaja, S. (2018): The Governance Report 2018. Berlin: Hertie School of Governance.

Annas, G. J., Andrews, L. B. und Isasi, R. M. (2002): Protecting the endangered human: Toward an international treaty prohibiting cloning and inheritable alterations. American Journal of Law & Medicine 28, 151.

Anthes, E. (2017): The shape of work to come. Three ways that the digital revolution is reshaping workforces around the world. Nature 550, 316–320.

Antikainen, M., Uusitalo, T. und Kivikytö-Reponen, P. (2018): Digitalisation as an enabler of circular economy. Procedia CIRP 73, 45–49.

AOK Plus (o.J.): AOK Bonus-App. Internet: https://www.aok.de/pk/plus/inhalt/aok-bonus-app/. Dresden: AOK PLUS.

APC – Association for Progressive Communications (2006): APC Internet Rights Charter. Internet: https://www.apc.org/node/5677#1. Melville: APC.

Apprich, C. (2015): Vernetzt – Zur Entstehung der Netzwerkgesellschaft. Bielefeld: transcript.

Aragón virtual (2015): Panotours Ordesa. Virtual Tour Generated by Panotour. Internet: http://www.aragonvirtual.es/_panotours/ordesa/. Aragon: o.A.

Arbeitsgruppe zu Open Educational Resources (2015): Bericht der Arbeitsgruppe aus Vertreterinnen und Vertretern der Länder und des Bundes zu Open Educational Resources (OER). Berlin: Kultusministerkonferenz (KMK) und Bundesministerium für Bildung und Forschung (BMBF).

Arcidiacono, D. (2018): Reciprocity in the sharing economy: the case for time banking platforms. In: Cruz, I., Ganga, R. und Wahlen, S. (Hrsg.): Contemporary Collaborative Consumption. Wiesbaden: Springer VS, 17–33.

Arendt, F. und Matthes, J. (2016): Nature documentaries, connectedness to nature, and pro-environmental behavior. Environmental Communication 10 (4), 453–472.

Arnold, D., Arntz, M., Gregory, T., Steffes, S. und Zierahn, U. (2016): Herausforderungen der Digitalisierung für die Zukunft der Arbeitswelt. Mannheim: Zentrum für Europäische Wirtschaftsforschung (ZEW).

Arntz, M., Gregory, T. und Zierahn, U. (2016): Consequences of Robotics and Technological Change for the Structure and Level of Employment. ELS Issues in Robotics and Steps to Consider Them. Part 1: Robotics and Employment. Brüssel: RockEU Robotics Coordination Action for Europe.

Arntz, M., Gregory, T. und Zierahn, U. (2017): Revisiting the risk of automation. Economics Letters 159, 157–160.

Arora, S. und Barak, B. (2009): Computational Complexity: A Modern Approach. Cambridge, New York: Cambridge University Press.

Article 19 (2017): Russia: Increased Internet Regulation Poses Serious Challenge to Online Expression. Internet: https://www.article19.org/resources/russia-increased-internet-regulation-poses-serious-challenge-to-online-expression/. London: Article 19.

Arts, K., van der Wal, R. und Adams, W. M. (2015): Digital technology and the conservation of nature. Ambio 44 (4), 661–673.

Arvidsson, R. und Sandén, B. A. (2017): Carbon nanomaterials as potential substitutes for scarce metals. Journal of Cleaner Production 156, 253–261.

Arza, V. und Fressoli, M. (2017): Systematizing benefits of open science practices. Information Services & Use 37 (4), 463–474.

Asaro, P. (2012): On banning autonomous weapon systems: human rights, automation, and the dehumanization of lethal decision-making. International Review of the Red Cross 94 (886), 687–709.

Assamoah-Hassan, H., Cumming, S., Gedye, R., Murray, S., Neupane, B., Nwagwu, W., Richards, T. und Winker, M. (2017): OSI underserved populations and information underload workgroup. Open Scholarship Initiative Proceedings 2, 2473-6236.

Association for Computing Machinery (2017): Principles for Algorithmic Transparency and Accountability. Internet: https://www.acm.org/binaries/content/assets/public-policy/2017_usacm_statement_algorithms.pdf#page=2. New York: Association for Computing Machinery.

Astor, M. (2017): Microchip Implants for Employees? One Company Says Yes. Internet: https://www.nytimes.com/2017/07/25/technology/microchips-wisconsin-company-employees.html. New York: The New York Times.

Atzori, L., Iera, A. und Morabito, G. (2010): The internet of things: a survey. Computer Networks 54 (15), 2787–2805.

Auerbach, A. J. und Devereux, M. P. (2018): Cash-flow taxes in an international setting. American Economic Journal: Economic Policy 10 (3), 69–94.

Auerbach, A. J., Devereux, M. P., Keen, M. und Vella, J. (2017): Destination-Based Cash Flow Taxation. Said Business School Research Papers Nr. 9. Oxford, New York: Oxford University Centre for Business Taxation.

Aum, S., Lee, S. Y. und Shin, Y. (2018): Computerizing industries and routinizing jobs: Explaining trends in aggregate productivity. Journal of Monetary Economics 97, 1–21.

Aust, H. P. (2018): Die Rolle von Städten im globalen Klimaschutzregime nach dem Inkrafttreten des Übereinkommens von Paris. Zeitschrift für Umweltrecht 2018 (12), 565–663.

Autor, D., Dorn, D., Katz, L. F., Patterson, C. und Reenen, J. V. (2017a): The Fall of the Labor Share and the Rise of Superstar Firms. National Bureau of Economic Research Working Paper Series No. 23396. Cambridge, MA: National Bureau of Economic Research (NBER).

Autor, D., Dorn, D., Katz, L. F., Patterson, C. und Van Reenen, J. (2017b): Concentrating on the fall of the labor share. American Economic Review 107 (5), 180–185.

Autor, D. H. (2015): Why are there still so many jobs? The history and future of workplace automation. Journal of Economic Perspectives 29 (3), 3–30.

Avelino, F., Grin, J., Pel, B. und Jhagroe, S. (2016): The politics of sustainability transitions. Journal of Environmental Policy & Planning 18 (5), 557–567.

Avent, R. (2017): The Wealth of Humans: Work and its Absence in the Twenty-First Century. London: Penguin Books, Random House.

Ax, C., Reichwein, A. und Proppe, E. (2018): Softwareobsoleszenz als Herausforderung für die Reparatur. RTR Diskussionspapier 01. Berlin: Runder Tisch Reparatur (RTR).

Ayres, R. U. und Simonis, U. E. (Hrsg.) (1994): Industrial Metabolism. Restructuring for Sustainable Development. Tokio: United Nations University.

Bäckstrand, K. (2015): Civil society. In: Pattberg, P. H. und Zelli, F. (Hrsg.): Encyclopedia of Global Environmental Governance and Politics. Cheltenham, UK: Edward Elgar, 185–192.

Bacon, S. J., Bacher, S. und Aebi, A. (2012): Gaps in border controls are related to quarantine alien insect invasions in Europe. PLoS ONE 7 (10), 1–9.

Baedeker, C., Bienge, K., Suski, P. und Themann, P. (2018): Sharing Economy: eine nachhaltige Konsumalternative? Ressourceneffizienzpotenziale und Umweltfolgen am Beispiel der Mobilität. Geographische Rundschau (10), 7.

Baier, A., Müller, C., Werner, K. und Hansing, T. (2016): Die Welt reparieren: Open Source und Selbermachen als postkapitalistische Praxis. Bielefeld: transcript.

Baker, D., Jayadev, A. und Stiglitz, J. (2017): Innovation, Intellectual Property, and Development – A Better Set of Approaches for the 21st Century. Washington, DC: CEPR.

Bakker, K. und Ritts, M. (2018): Smart Earth: A meta-review and implications for environmental governance. Global Environmental Change 52, 201–211.

Baldé, C. P., Forti, V., Gray, V., Kuehr, R. und Stegmann, P. (2017): The Global E-Waste Monitor 2017. Quantities, Flows and Resources. Bonn: United Nations University.

Baldwin, R. (2016): Globalization's Three Unbundlings. Internet: https://harvardpress.typepad.com/hup_publicity/2016/11/globalizations-three-unbundlings-richard-baldwin.html. Cambridge, MA: Harvard University Press.

Baldwin, R. E. (2013): Trade and Industrialization after globalization's second unbundling: how building and joining a supply chain are different and why it matters. In: Feenstra, R. C. und Taylor, A. M. (Hrsg.): Globalization in an Age of Crisis: Multilateral Economic Cooperation in the Twenty-First Century. Chicago, IL: University of Chicago Press, 164–212.

Baldwin, R. E. und Evenett, S. J. (2015): Value creation and trade in 21st century manufacturing. Journal of Regional Science 55 (1), 31–50.

Balestrini, M., Rogers, Y., Hassan, C., Creus, J., King, M. und Marshall, P. (2017): A city in common: a framework to orchestrate large-scale citizen engagement around urban issues. In: Mark, G. und Fussell, S. (Hrsg.): Proceedings of the 2017 CHI Conference on Human Factors in Computing Systems. New York: Association for Computing Machinery (ACM), 2282–2294.

Ball, K. (2010): Workplace surveillance: an overview. Labor History 51, 87–106.

Baltimore, D., Berg, P., Botchan, M., Carroll, D., Charo, R. A., Church, G., Corn, J. E., Daley, G. Q., Doudna, J. A. und Fenner, M. (2015): A prudent path forward for genomic engineering and germline gene modification. Science 348, 36–38.

Bamberg, S. und Möser, G. (2007): Twenty years after hines, hungerford, and tomera: A new meta-analysis of psycho-social determinants of pro-environmental behaviour. Journal of Environmental Psychology 27 (1), 14–25.

Bamberg, S., Rees, J. und Seebauer, S. (2015): Collective climate action: determinants of participation intention in community-based pro-environmental initiatives. Journal of Environmental Psychology 43, 155–165.

BAN – Basel Action Network (2018): Holes in the Circular Economy: WEEE Leakage from Europe. Basel: BAN.

Bandura, A. (1977): Self-efficacy: Toward a unifying theory of behavioral change. Psychological Review 84, 191–215.

Banerjee, A., Niehaus, P. und Suri, T. (2019): Universal Basic Income in the Developing World. National Bureau of Economic Research Working Paper Series No. 25598. Cambridge, MA: National Bureau of Economic Research (NBER).

Banhazi, T. M., Lehr, H., Black, J. L., Crabtree, H., Schofield, P., Tscharke, M. und Berckmans, D. (2012): Precision livestock farming: an international review of scientific and commercial aspects. International Journal of Agricultural and Biological Engineering 5 (3), 1–9.

Banisar, D. (2018): National Comprehensive Data Protection/ Privacy Laws and Bills 2018: Article 19; Global Campaign for Free Expression. Internet: https://ssrn.com/abstract =1951416. New York: Social Science Research Network (SSRN) Elsevier.

Banque de France (2019): Network for Greening the Financial System. Internet: https://www.banque-france.fr/en/financial-stability/international-role/network-greening-financial-system. Paris: Banque de France.

Bárány, Z. L. und Siegel, C. (2018): Job polarization and structural change. American Economic Journal: Macroeconomics 10 (1), 57–89.

Barbrook, R. und Cameron, A. (1996): The californian ideology. Science as Culture 6 (1), 44–72.

Barnosky, A. D., Hadly, E. A., Bascompte, J., Berlow, E. L., Brown, J. H., Fortelius, M., Getz, W. M., Harte, J., Hastings, A., Marquet, P. A., Martinez, N. D., Mooers, A., Roopnarine, P., Vermeij, G., Williams, J. W., Gillespie, R., Kitzes, J., Marshall, C., Matzke, N., Mindell, D. P., Revilla, E. und Smith, A. B. (2012): Approaching a state shift in Earth's biosphere. Nature 486, 52–58.

Barnosky, A. D., Matzke, N., Tomiya, S., Wogan, G. O. U., Swartz, B., Quenta, l. B., Marshall, C., McGuire, J. L., Lindsey, E. L., Maguire, K. C., Mersey, B. und Ferrer, E. A. (2011): Has the Earth's sixth mass extinction already arrived? Nature 471, 51–57.

Baron, U. (2017): Zentrale Herausforderungen für die Innere Sicherheit. Terroristische und extremistische Bedrohungen. Politische Studien 474, 32–41.

Barrat, J. (2014): Our Final Invention: Artificial Intelligence and the End of the Human Era. London: Griffin.

Bartling, S. und Friesike, S. (2014): Opening Science. The Evolving Guide on How the Internet is Changing Research, Colaboration and Scholarly Publishing. Heidelberg: Springer Open.

Barwise, T. P. und Watkins, L. (2018): The evolution of digital dominance: how and why we got to GAFA. In: Moore, M. und Tambini, D. (Hrsg.): Digital Dominance: The Power of Google, Amazon, Facebook, and Apple. New York: Oxford University Press, 21–49.

Batson, C. D. und Shaw, L. L. (1991): Evidence for altruism: toward a pluralism of prosocial motives. Psychological Inquiry 2 (2), 107–122.

Baudrillard, J. (1981): Simulacres et Simulation. Paris: Éditions Galilée.

Bauer, D., Borchers, K., Burkert, T., Ciric, D., Cooper, F., Ensthaler, J., Gaub, H., Gittel, H., Grimm, T. und Hillbrecht, M. (2016): Handlungsfelder. Additive Fertigungsverfahren. Düsseldorf: Verein Deutscher Ingenieure (VDI).

Bauman, Z., Bigo, D., Esteves, P., Guild, E., Vivienne, J., Walker, R. B. J. und Lyon, D. (2014): After Snowden: Rethinking the Impact of Surveillance. International Political Sociology 8 (2), 121–144.

Baumann, M.-O. (2015): Privatssphäre als neues digitales Menschenrecht. Ethische Prinzipien und aktuelle Diskussionen. Hamburg: Deutsches Institut für Vertrauen und Sicherheit im Internet (DIVSI).

Baumgartner, R. J. (2016): Sustainable product management – combining physical and digital product lifecycles to enable a circular economy. In: Wulfsberg, J. P., Redlich, T. und Moritz, M. (Hrsg.): 1. Interdisziplinäre Konferenz zur Zukunft der Wertschöpfung. Hamburg: Laboratorium Fertigungstechnik Helmut Schmidt Universität, 65–74.

Baumüller, H. (2015): Agricultural Innovation and Service Delivery through Mobile Phones. Bonn: Landwirtschaftliche Fakultät der Universität Bonn.

Baur-Ahrens, A. (2016): Cyberwar. In: Heesen, J. (Hrsg.): Handbuch Medien- und Informationsethik. Stuttgart: Metzler, 261–268.

Bauriedl, S. (2017): Smart Cities als grüne Utopien – Digital vernetzte Infrastrukturen für den Umweltschutz. Geographische Rundschau (7–8), 20–25.

Bauriedl, S. und Strüver, A. (2018): Smart City: Kritische Perspektiven auf die Digitalisierung in Städten. Urban Studies. Bielefeld: transcript.

BBSR – Bundesinstitut für Bau-, Stadt- und Raumforschung (2015): Von Science-Fiction-Städten lernen. Szenarien für die Stadtplanung. Bonn: BBSR.

BBSR – Bundesinstitut für Bau-, Stadt- und Raumforschung (2018): Digitale Stadt. Internet: https://www.bbsr.bund.de/BBSR/DE/Stadtentwicklung/StadtentwicklungDeutschland/digitale-stadt/digitale-stadt-node.html. Bonn: BBSR.

BBSR – Bundesinstitut für Bau-, Stadt- und Raumforschung und BMUB – Bundesministerium für Umwelt, Naturschutz Bau und Reaktorsicherheit (2017): Smart City Charta: Digitale Transformation in den Kommunen nachhaltig gestalten. Bonn: BBSR im Bundesamt für Bauwesen und Raumordnung (BBR).

BCS – British Compute Society und OII – Oxford Internet Institute (2013): The Societal Impact of the Internet of Things. London, Oxford: BCD und OII.

Beard, M., Galliott, J. und Lynch, S. (2016): Soldier enhancement: ethical risks and opportunities. Australian Army Journal 13 (1), 5–20.

Beard, R. W. und McLain, T. W. (2012): Small Unmanned Aircraft. Theory and Practice. New Jersey, Oxfordshire: Princeton University Press.

Beath, C., Becerra-Fernandez, I., Ross, J. und Short, J. (2012): Finding value in the information explosion. MIT Sloan Management Review 53 (4), 18.

Beck, D., Pena Rios, A., Ogle, T., Allison, C., Morgado, L., Pirker, J. und Guetl, C. (2018): Workshop, Long and Short Paper, and Poster Proceedings from the Fourth Immersive Learning Research Network Conference (Ilrn 2018 Montana), 2018. London: The Immersive Learning Research Network (iLRN).

Becker, J. und Englisch, J. (2017a): Die radikalen Steuerpläne der US-Republikaner und die Folgen für die EU. Wirtschaftsdienst 97 (2), 103–110.

Becker, J. und Englisch, J. (2017b): Ein größeres Stück vom Kuchen: Besteuerung der Gewinne von Google und Co. Wirtschaftsdienst 97 (11), 801–808.

Becker, J. und Englisch, J. (2018): Wie Deutschland versucht, Druck aus dem Steuerreform-Kessel zu lassen. Internet: https://makronom.de/mindeststeuer-wie-deutschland-versucht-druck-aus-dem-steuerreform-kessel-zu-lassen-29003. Berlin: Makronom – Online-Magazin für Wirtschaftspolitik.

Becker, L. (2018): Neuer Apple-Roboter „Daisy" soll alte iPhones schneller zerlegen. Internet: https://www.heise.de/mac-and-i/meldung/Neuer-Apple-Roboter-Daisy-soll-alte-iPhones-schneller-zerlegen-4028172.html. Hannover: Heise Medien.

Beckert, B. (2017): Ausbaustrategien für Breitbandnetze in Europa. Was kann Deutschland vom Ausland lernen? Gütersloh: Bertelsmann Stiftung.

Bedford-Strohm, J. (2017): Beyond the Bubble. The Digital Transformation of the Public Sphere and the Future of Public Institutions. zem::dg-papers Studien und Impulse zur Medienethik. München: Zentrum für Ethik der Medien und der digitalen Gesellschaft (zem::dg).

Beer, D. (2016): The social power of algorithms. Information, Communication & Society 20 (1), 1–13.

Begenau, J., Farboodi, M. und Veldkamp, L. (2018): Big data in finance and the growth of large firms. Journal of Monetary Economics 97, 71–87.

Begleitforschung Smart Data (2018): Big Data, Smart Data, Next? Berlin: Begleitforschung Smart Data.

Behrendt, F. (2016): Why cycling matters for Smart Cities. Internet of Bicycles for Intelligent Transport. Journal of Transport Geography 56, 157–164.

Behrendt, S. (2017): Online-Gebrauchtwarenhandel eBay & Co. Fallstudie im Rahmen des Projekts Evolution2Green – Transformationspfade zu einer Green Economy. Berlin: Institut für Zukunftsstudien und Technologiebewertung (IZT).

Behrendt, S., Henseling, C., Flick, C., Ludmann, S. und Scholl, G. (2017): Zukünfte des Peer-to-Peer Sharing. Diskurse, Schlüsselfaktoren und Szenarien. Berlin: Institut für ökologische Wirtschaftsforschung (IÖW).

Behrens, P., Kiefte-de Jong, J. C., Bosker, T., Rodrigues, J. F. D., De Koning, A. und Tukker, A. (2017): Evaluating the environmental impacts of dietary recommendations. Proceedings of the National Academy of Sciences 114 (51), 13412–13417.

Beier, G., Niehoff, S. und Xue, B. (2018): More sustainability in industry through industrial Internet of Things? Applied Sciences-Basel 8 (2), 1–12.

Beisheim, M. (2018): UN-Reformen für die 2030-Agenda. Sind die Arbeitsmethoden und Praktiken des HLPF „fit for purpose"? Berlin: Stiftung Wissenschaft und Politik (SWP), Deutsches Institut für Internationale Politik und Sicherheit.

Bekaroo, G., Bokhoree, C. und Pattinson, C. (2016): Impacts of ICT on the natural ecosystem: a grassroot analysis for promoting socio-environmental sustainability. Renewable and Sustainable Energy Reviews 57, 1580–1595.

Bekas, C. (o.J.): How Conversation (With Context) will Usher in the AI Future. IBM Interview. Internet: https://www.ibm.com/watson/advantage-reports/future-of-artificial-intelligence/ai-conversation.html. New York: IBM.

Belward, A. S. und Skøien, J. O. (2015): Who launched what, when and why; trends in global land-cover observation capacity from civilian earth observation satellites. ISPRS Journal of Photogrammetry and Remote Sensing 103, 115–128.

Bendel, O. (2016): 300 Keywords Informationsethik: Grundwissen aus Computer-, Netz-und Neue-Medien-Ethik sowie Maschinenethik. Heidelberg, Berlin: Springer.

Benjamin, L. T. (1988): A history of teaching machines. American Psychologist 43 (9), 703–713.

Bennett, J. (2010): Vibrant Matter [Electronic Resource]: A Political Ecology Of Things. e-Duke Books Scholarly Collection. Durham: Duke University Press.

Bennett, W. L. und Segerberg, A. (2012): The logic of connective action: digital media and the personalization of contentious politics. Information, Communication & Society 15 (5), 739–768.

Benzell, S. G., Kotlikoff, L. J., LaGarda, G. und Sachs, J. D. (2015): Robots Are Us: Some Economics of Human Replacement. National Bureau of Economic Research Working Paper Series No. 20941. Cambridge, MA: National Bureau of Economic Research (NBER).

Berckmans, D. (2017): General introduction to precision livestock farming. Animal Frontiers 7 (1), 6–11.

Berg, A. (2015): Trends im Online-Shopping. Berlin: Bitkom.

Berg, A., Buffie, E. F. und Zanna, L.-F. (2018a): Should we fear the robot revolution? (The correct answer is yes). Journal of Monetary Economics 97, 117–148.

Berg, J., Furrer, M., Harmon, E., Rani, U. und Silberman, M. S. (2018b): Digital Labour Platforms and the Future of Work. Towards Decent Work in the Online World. Genf: International Labour Organization (ILO).

Berger, A. und Brandi, C. (2018): The G20 Summit and the Future of the World Trade Organization. Bonn: Deutsches Institut für Entwicklungspolitik (DIE).

Berger-Wolf, T. Y., Rubenstein, D. I., Stewart, C. V., Holmberg, J. A., Parham, J., Menon, S., Crall, J., Van Oast, J., Kiciman, E. und Joppa, L. (2017): Wildbook: crowdsourcing, computer vision, and data science for conservation. arXiv preprint 1707.05373, 1–8.

Bernard-Opitz, V., Sriram, N. und Nakhoda-Sapuan, S. (2001): Enhancing Social Problem Solving in Children with Autism and Normal Children Through Computer-Assisted Instruction. Journal of Autism and Developmental Disorders 31 (4), 377–384.

Berners-Lee, T. (2010): Long live the web. Scientific American 303, 80–85.

Bernstein, S. (2002): International institutions and the framing of domestic policies: the Kyoto Protocol and Canada's response to climate change. Policy Sciences 35 (2), 203–236.

Bertelsmann-Stiftung und iRights.Lab (2019): Algo.Rules: Regeln für die Gestaltung algorithmischer Systeme. Gütersloh, Berlin: Bertelsmann-Stiftung und iRights.Lab.

Bertling, J. und Leggewie, C. (2016): Die Reparaturgesellschaft. Ein Beitrag zur großen Transformation? In: Baier, A., Müller, C., Werner, K. und Hansing, T. (Hrsg.): Die Welt reparieren. Open Source und Selbermachen als postkapitalistische Praxis. Bielefeld: transcript, 275–286.

Bertram, R. F. und Chi, T. (2018): A study of companies' business responses to fashion e-commerce's environmental impact. International Journal of Fashion Design, Technology and Education 11 (2), 254–264.

Bertschek, I., Briglauer, W., Hüschelrath, K., Frübing, S., Kesler, R. und Saam, M. (2016): Metastudie zum Fachdialog Ordnungsrahmen für die Digitale Wirtschaft. Passau: Zentrum für Europäische Wirtschaftsforschung GmbH.

Bertucci, F., Parmentier, E., Lecellier, G., Hawkins, A. D. und Lecchini, D. (2016): Acoustic indices provide information on the status of coral reefs: an example from Moorea Island in the South Pacific. Scientific Reports 6, 1–9.

Berwick, A. (2019): How ZTE Helps Venezuela Create China-Style Social Control. A Reuters Special Report. Internet: https://www.reuters.com/investigates/special-report/venezuela-zte/. New York: Reuters Investigates.

Bessen, J. (2017): Information Technology and Industry Concentration. Boston University School of Law & Economics Paper No. 17-41. Boston, MA: Boston University School of Law.

Bethge, P., Bruhns, A., Klawitter, N. und Salden, S. (2019): Der dreckige Rest. Hamburg: Spiegel.

Betterplace Lab (2017): Trendradar 2030. Ein Blick in die Zukunft der digitalen Technologien und wie sie unsere Welt besser machen können. Berlin: Betterplace Lab.

Beyerer, J., Müller-Quade, J. und Reussner, R. (2018): Karlsruher Thesen zur Digitalen Souveränität Europas. Datenschutz und Datensicherheit (5), 277–280.

BfN – Bundesamt für Naturschutz (2018): Agrar-Report 2017. Biologische Vielfalt in der Agrarlandschaft. Bonn: BfN.

BGH (2013): Bundesgerichtshof erkennt Schadensersatz für den Ausfall eines Internetanschlusses zu. Mitteilung der Pressestelle Nr. 14 Karlsruhe: Pressestelle des Bundesgerichtshofs.

Bieber, C., Dobusch, L. und Müller-Lietzkow, J. (2019): Die Internetintendanz. Impuls für eine zeitgemäße öffentlich-rechtliche Medienplattform. Internet: https://www.medienkorrespondenz.de/leitartikel/artikel/die-internetintendanz.html. Bonn: dreipunktdrei Mediengesellschaft.

Bill and Melinda Gates Foundation, SIDA – Swedish International Development Agency, UNICEF – United Nations International Children's Emergency Fund, UNDP – UN Development Program, World Bank, USAID – U.S. Agency for International Development und WHO – World Health Organization (2017): Principles for Digital Development. Internet: https://digitalprinciples.org/principles/. Seattle, WA: Bill and Melinda Gates Foundation.

Birbaumer, N. (2017): Technologien und Visionen der Mensch-Maschine-Entgrenzung. Expertise für das WBGU-Hauptgutachten „Unsere gemeinsame digitale Zukunft". Internet: www.wbgu.de/de/publikationen/publikation/unsere-gemeinsame-digitale-zukunft#sektion-expertisen. Berlin: WBGU.

Birdlife International (2018): State of the World's Birds. Taking the Pulse of the Planet. Cambridge, UK: Birdlife International.

Birkel, C. (2014): Der Deutsche Viktimisierungssurvey 2012. Wiesbaden: BKA und MPI für ausländisches und internationales Strafrecht.

BITKOM – Bundesverband Informationswirtschaft Telekommunikation und neue Medien (2010): Eingebettete Systeme – Ein strategisches Wachstumsfeld für Deutschland. Anwendungsbeispiele, Zahlen und Trends. Berlin: BITKOM.

Björkegren, D. und Grissen, D. (2018): The Potential of Digital Credit to Bank the Poor. AEA Papers and Proceedings 108, 68–71.

BKA – Bundeskriminalamt (2015): PKS, Jahrbuch 2015. Wiesbaden: BKA.

Blackstock, J. und Low, S. (2018): Geoengineering our climate: an emerging discourse. In: Blackstock, J. und Low, S. (Hrsg.): Geoengineering our Climate? Ethics, Politics, and Governance. Abingdon-on-Thames: Routledge, 25–34.

Block by Block Foundation (2019): Block by Block. Internet: https://www.blockbyblock.org/. Redmond: Block by Block Foundation.

Bloom, N., Garicano, L., Sadun, R. und Reenen, J. V. (2014): The distinct effects of information technology and communication technology on firm organization. Management Science 60 (12), 2859–2885.

BMBF – Bundesministerium für Bildung und Forschung (2015): Forschung für Nachhaltige Entwicklung (FONA). Internet: http://www.fona.de/de/rahmenprogramm/cities/megacities/urban/. Berlin: BMBF.

BMBF – Bundesministerium für Bildung und Forschung (2016): Bildungsoffensive für die digitale Wissensgesellschaft. Strategie des Bundesministeriums für Bildung und Forschung. Berlin: BMBF.

BMBF – Bundesministerium für Bildung und Forschung (2018a): Bundesbericht Forschung und Innovation 2018. Forschungs- und innovationspolitische Ziele und Maßnahmen. Berlin: BMBF.

BMBF – Bundesministerium für Bildung und Forschung (2018b): Forschung und Innovation für die Menschen. Die Hightech-Strategie 2025. Berlin: BMBF.

BMBF – Bundesministerium für Bildung und Forschung (2018c): Zukunftsstadt. Internet: https://www.bmbf.de/de/zukunftsstadt-566.html. Berlin: BMBF.

BMBF – Bundesministerium für Bildung und Forschung (2019): Die Digitalstrategie des BMBF. Internet: https://www.bildung-forschung.digital/de/die-digitalstrategie-des-bmbf-2479.html. Berlin: BMBF.

BMEL – Bundesministerium für Ernährung und Landwirtschaft (2016): Landwirtschaft verstehen. Im Fokus: Chancen der Digitalisierung. Berlin: BMEL.

BMEL – Bundesministerium für Ernährung und Landwirtschaft (2017): Digitalpolitik Landwirtschaft. Zukunftsprogramm: Chancen nutzen – Risiken minimieren. Berlin: BMEL.

BMEL – Bundesministerium für Ernährung und Landwirtschaft (2019): Nutztierstrategie – Zukunftsfähige Tierhaltung in Deutschland. Berlin: BMEL.

BMF – Bundesministerium der Finanzen (2019): We should agree on an international minimum level of taxation. Internet: https://www.bundesfinanzministerium.de/Content/EN/Reden/2019/2019-03-18-Global-Solution-Summit-en.html. Berlin: BMF.

BMU – Bundesministerium für Umwelt, Naturschutz und nukleare Sicherheit (2018): GreenTech made in Germany 2018: Umwelttechnik-Atlas für Deutschland. Berlin: BMU.

BMVI – Bundesministerium für Verkehr und digitale Infrastruktur (2015): Digitale Anwendungen im Verkehrsbereich: Forschungs-Informations-System für Mobilität und Verkehr (FIS). Internet: https://www.forschungsinformationssystem.de/servlet/is/451315/?clsId0=0&clsId1=0&clsId2=0&clsId3=0. Bonn: BMVI.

BMVI – Bundesministerium für Verkehr und digitale Infrastruktur (2018a): Aktuelle Breitbandverfügbarkeit in Deutschland (Stand Mitte 2018). Erhebung des TÜV Rheinland im Auftrag des BMVI. Berlin: BMVI und TÜV Rheinland.

BMVI – Bundesministerium für Verkehr und digitale Infrastruktur (2018b): Mobilität in Deutschland – MiD: Ergebnisbericht. Bonn: BMVI.

BMWi – Bundesministerium für Wirtschaft und Energie (2017a): Wie sieht das Internet der Zukunft aus? „Next Generation Internet" gibt Antworten. Berlin: BMWi.

BMWi – Bundesministerium für Wirtschaft und Energie (2017b): G20 Digital Economy Ministerial Conference. Düsseldorf 6–7 April 2017. Internet: https://www.bmwi.de/Redaktion/DE/Downloads/G/g20-digital-economy-ministerial-declaration-english-version.pdf?__blob=publicationFile&v=12. Berlin: BMWi.

BMZ – Bundesministerium für wirschaftliche Zusammenarbeit und Enwicklung (2017): Initiative für Transformative Urbane Mobilität: Die Neue Urbane Agenda im Verkehrssektor umsetzen. Berlin: BMZ.

Boehme-Neßler, V. (2009): Relativierung des Rechts durch Digitalisierung. Journal für Rechtspolitik 17 (1), 1–12.

Bogumil, J., Bogumil, S., Ebinger, F. und Grohs, S. (2016): Weiterentwicklung der baden-württembergischen Umweltverwaltung. Wissenschaftliches Gutachten im Auftrag des Ministeriums für Umwelt, Klima und Energiewirtschaft Baden-Württemberg. Bochum, Speyer, Wien: Ministerium für Umwelt, Klima und Energiewirtschaft Baden-Württemberg.

Bohnet, C. (2018): Bio-Angeln für Seltene Erden: Wie Eiweiß-Bruchstücke Elektronik-Schrott recyceln. Internet: https://idw-online.de/de/news703977. Bayreuth: Informationsdienst Wissenschaft.

Bolgan, M., Amorim, M. C. P., Fonseca, P. J., Di Iorio, L. und Parmentier, E. (2018): Acoustic complexity of vocal fish communities: a field and controlled validation. Scientific Reports 8 (1), 1–11.

Bolukbasi, T., Chang, K.-W., Zou, J. Y., Saligrama, V. und Kalai, A. T. (2016): Man is to Computer Programmer as Woman is to Homemaker? Debiasing Word Embeddings. Barcelona: 30th Conference on Neural Information Processing Systems.

Bolz, T., Stahl, E., Wittmann, G. und Paul, M. (2017): Einkaufsverhalten im digitalen Zeitalter – Status quo und zukünftige Trends 2017. Internet: https://www.ecommerce-leitfaden.de/studien/item/einkaufsverhalten-im-digitalen-zeitalter-2017. Regensburg: eCommerce.

Bonney, R., Phillips, T. B., Ballard, H. L. und Enck, J. W. (2015): Can citizen science enhance public understanding of science? Public Understanding of Science 25 (1), 2–16.

Boppart, T. und Krusell, P. (2016): Labor Supply in the Past, Present, and Future: a Balanced-Growth Perspective. National Bureau of Economic Research Working Paper Series No. 22215. Cambridge, MA: National Bureau of Economic Research (NBER).

Borderstep Institut (2017): Grüne Gründungen als Transformationsmotor stärken – Borderstep Institut: Vorhaben zur Verbesserung der Sichtbarkeit und Vernetzung der grünen Gründungsszene in Deutschland. Berlin: Borderstep Institut.

Borgman, C. L. (2010): Research Data: Who Will Share What, with Whom, When, and Why? Los Angeles, CA: University of California.

Bork, H. (2019): Toyota feuert die Roboter. Internet: https://www.tagesspiegel.de/themen/reportage/kuenstliche-intelligenz-toyota-feuert-die-roboter/23821418.html. Berlin: Tagesspiegel.

Bostrom, N. (2014): Superintelligenz: Szenarien einer kommenden Revolution. Frankfurt/M.: Suhrkamp.

Bostrom, N., Dafoe, A. und Flynn, C. (2016): Policy Desiderata in the Development of Machine Superintelligence. Stockholm: Universität Stockholm.

Bothe, M. (2016): Stellungnahme zu Rechtsfragen des Cyberwar für den Verteidigungsschuss der Deutschen Bundestages. Ausschussdrucksache 18(12)633. Berlin: Deutscher Bundestag.

Botvinick, M., Jha, A. P., Bylsma, L. M., Fabian, S. A., Solomon, P. E. und Prkachin, K. M. (2005): Viewing facial expressions of pain engages cortical areas involved in the direct experience of pain. Neuroimage 25, 312–319.

Boucher, P. (2017): How Blockchain Technology Could Change Our Lives. In-Depth Analysis. Brüssel: Europäisches Parlament.

Bourell, D. L. (2016): Perspectives on additive manufacturing. Annual Review of Materials Research 46 (1), 1–18.

Bourque, P. und Fairley, R. E. (2014): Guide to the Software Engineering Body of Knowledge. Washington, DC: IEEE Computer Society Press.

Bourreau, M., de Streel, A. und Graef, I. (2017): Big Data and Competition Policy: Market Power, Personalised Pricing and Advertising. Brüssel: Centre on Regulation in Europe.

Boutyline, A. und Willer, R. (2016): The social structure of political echo chambers: variation in ideological homophily in online networks. Political Psychology 38 (3), 551–569.

Boyd, D. und Crawford, K. (2012): Critical question for big data. Provocations for a cultural, technological, and scholarly phenomenon. Information, Communication & Society 15 (5), 662–679.

bpb – Bundeszentrale für politische Bildung (2018): The Cleaners. Ein Dokumentarfilm von Hans Block und Moritz Riesewieck (Mediathek). Internet: https://www.bpb.de/mediathek/273199/the-cleaners. Berlin: bpb.

Bradford, A. (2012): The Brussels Effect. Northwestern University Law Review 107 (1), 1–67.

Braidotti, R. (2014): Posthumanismus. Leben jenseits des Menschen. Frankfurt/M.: Campus.

Braidotti, R. (2016): Jenseits des Menschen. Posthumanismus. Aus Politik und Zeitgeschichte 66 (37–38), 33–38.

Bramley, R. (2009): Lessons from nearly 20 years of Precision Agriculture research, development, and adoption as a guide to its appropriate application. Crop and Pasture Science 60 (3), 197–217.

Brancalion, P. H. S., de Almeida, D. R. A., Vidal, E., Molin, P. G., Sontag, V. E., Souza, S. E. X. F. und Schulze, M. D. (2018): Fake legal logging in the Brazilian Amazon. Science Advances 4 (8), 1–7.

Brayne, S. (2017): Big data surveillance: The case of policing. American Sociological Review 82 (5), 977–1008.

Breitinger, M. (2018): Geteiltes Auto, geteilte Daten. Internet: https://www.zeit.de/mobilitaet/2016-07/carsharing-drive-now-datenschutz-bewegungsprofil/komplettansicht?print. Hamburg: Die Zeit.

Bresnahan, T. (2010): Chapter 18: General purpose technologies. In: Hall, B. H. und Rosenberg, N. (Hrsg.): Handbook of the Economics of Innovation. Volume 2. Amsterdam: North-Holland, 761–791.

Bresnahan, T. und Yin, P.-L. (2017): Adoption of New Information and Communications Technologies in the Workplace Today. Innovation Policy and the Economy 17 (1), 95–124.

Bressanelli, G., Adrodegari, F., Perona, M. und Saccani, N. (2018): The role of digital technologies to overcome circular economy challenges in PSS Business Models: an exploratory case study. Procedia CIRP 73, 216–221.

Brey, P. (2010): Values in technology and disclosive computer ethic. In: Floridi, L. (Hrsg.): The Cambridge Handbook of Information and Computer Ethics. Cambridge, MA: Cambridge University Press, 41–58.

Brill, M. (2009): Virtuelle Realität. In: Brill, M. (Hrsg.): Virtuelle Realität. Berlin, Heidelberg: Springer, 5–43.

Brinkmann, B. und Müller, U. (2018): Lehramtsstudium in der digitalen Welt – Professionelle Vorbereitung auf den Unterricht mit digitalen Medien. Gütersloh: Bertelsmann Stiftung.

British Library (2015): Magna Carta for the Digital Age 2015. Internet: https://www.bl.uk/my-digital-rights/magna-carta-2015. London: British Library.

Brockhaus (2016): Drohne (Technik). Internet: https://fraunhofer.brockhaus.de/enzyklopaedie/drohne-technik. München: NE GmbH | Brockhaus.

Brockhaus (2017): Virtuelle Realität. Internet: https://fraunhofer.brockhaus.de/enzyklopaedie/virtuelle-realit%C3%A4t. München: NE GmbH | Brockhaus.

Brockhaus Enzyklopädie Online (2017): IT-Sicherheit. München: NE GmbH | Brockhaus.

Brockhaus Enzyklopädie Online (2018): Krankenversicherung. München: NE GmbH | Brockhaus.

Brönneke, T. (2015): Verkürzte Lebensdauer von Produkten aus Sicht der Rechtswissenschaften. In: Brönneke, T. und Wechsler, A. (Hrsg.): Obsoleszenz interdisziplinär. Baden-Baden: Nomos, 185–204.

Bronstein, Z. (2009): Industry and the smart city. Dissent 56 (3), 27–34.

Brooks, D. (2013): The Philosophy of Data. Internet: https://www.nytimes.com/2013/02/05/opinion/brooks-the-philosophy-of-data.html. New York: The New York Times.

Broussard, M. (2018): Aritificial Unintelligence. How Computers Misunderstand the World. Cambridge, MA: MIT Press.

Brühl, T. (2019): Krise des Multilateralismus – Krise der Vereinten Nationen? Vereinte Nationen 2019 (1), 3–8.

Brühl, V. (2017): Bitcoins, blockchain und distributed ledgers. Wirtschaftsdienst 97 (2), 135–142.

Brundiers, K. und Wiek, A. (2017): Beyond interpersonal competence: teaching and learning professional skills in sustainability. Specialist Studies In Education 7 (1), 39ff.

Brynjolfsson, E. und McAfee, A. (2014): The Second Machine Age. Work, Progress, and Prosperity in a Time of Brilliant Technologies. New York: Norton.

Brynjolfsson, E. und McElheran, K. (2016): The rapid adoption of data-driven decision-making. American Economic Review 106 (5), 133–139.

Brynjolfsson, E., Rock, D. und Syverson, C. (2017): Artificial Intelligence and the Modern Productivity Paradox: A Clash of Expectations and Statistics. National Bureau of Economic Research Working Paper Series No. 24001. Cambridge, MA: National Bureau of Economic Research (NBER).

Brynjolfsson, E., Rock, D. und Syverson, C. (2018): The Productivity J-Curve: How Intangibles Complement General Purpose Technologies. National Bureau of Economic Research Working Paper Series No. 25148. Cambridge, MA: National Bureau of Economic Research (NBER).

Brynjolfsson, E., Collis, A., Diewert, W. E. und Eggers, F. (2019a): GDP-B: Accounting for the Value of New and Free Goods in the Digital Economy. Rochester, NY: SSRN.

Brynjolfsson, E., Rock, D. und Syverson, C. (2019b): Artificial Intelligence and the modern productivity paradox: a clash of expectations and statistics. In: Agrawal, A. K., Gans, J. S. und Goldfarb, A. (Hrsg.): The Economics of Artificial Intelligence: An Agenda. Chicago, IL: University of Chicago Press, 1–45.

BSI – Bundesamt für Sicherheit in der Informationstechnik (2016): IT-Gundschutzkataloge. Bonn: BSI.

BSI – Bundesamt für Sicherheit in der Informationstechnik (2017): Schutz Kritischer Infrastrukturen durch IT-Sicherheitsgesetz und UP KRITIS. Bonn: BSI.

BSI – Bundesamt für Sicherheit in der Informationstechnik (2019a): Cyber-Sicherheit. Bonn: BSI.

BSI – Bundesamt für Sicherheit in der Informationstechnik (2019b): Kritische Infrastrukturen – Meldepflicht. Bonn: BSI.

BSI – Bundesamt für Sicherheit in der Informationstechnik (2019c): Public Key Infrastrukturen (PKIen). Bonn: BSI.

BSI – Bundesamt für Sicherheit in der Informationstechnik (2019d): Glossar: Firewall. Bonn: BSI.

Buchak, G., Matvos, G., Piskorski, T. und Seru, A. (2018): Fintech, regulatory arbitrage, and the rise of shadow banks. Journal of Financial Economics 130 (3), 453–483.

Buchanan, A. (2009): Moral status and human enhancement. Philosophy & Public Affairs 37 (4), 346–381.

Büchele, R. und Andrä, P. (2016): Die Digitalisierung in der Green Tech-Branche. Think Act. Beyond Mainstream. München: Roland Berger.

Buck, C., Kessler, T. und Urbach, N. (2015): Die Vermessung des Selbst – Chancen und Risiken des Digitalen Self-Trackings. Spektrum Universität Bayreuth 11 (2), 54–57.

Budzinski, O. und Schneider, S. (2017): Smart Fitness: Ökonomische Effekte einer Digitalisierung der Selbstvermessung. Diskussionspapier Nr. 105. Ilmenau: Institut für Volkswirtschaftslehre der Technischen Universität Ilmenau.

buergerschaffenwissen.de (2019): Bürger schaffen Wissen. Internet: https://www.buergerschaffenwissen.de/. Berlin: Wissenschaft im Dialog gGmbH, Museum für Naturkunde Berlin – Leibniz-Institut für Evolutions- und Biodiversitätsforschung.

Buhl, J. (2014): Revisiting rebound effects from material resource use. Indications for germany considering social heterogeneity. Resources 3 (1), 106–122.

Buldyrev, S. V., Parshani, R., Paul, G., Stanley, H. E. und Havlin, S. (2010): Catastrophic cascade of failures in interdependent networks. Nature 464, 1025–1028.

Bulkeley, H., Betsill, M. M., Compagnon, D., Hale, T., Hoffmann, M., Newell, P. und Paterson, M. (2018): Transnational Governance: charting new directions post-Paris. In: Jordan, A., Huitema, D., van Asselt, H. und Forster, J. (Hrsg.): Governing Climate Change. Polycentricity in Action? Cambridge, New York: Cambridge University Press, 47–63.

Bundesdruckerei (2019): Glossar: Digitale Identität(en). Internet: https://www.bundesdruckerei.de/de/Glossar#glossar-D. Berlin: Bundesdruckerei.

Bundesnetzagentur (2018): Daten als Wettbewerbs-und Wertschöpfungsfaktor in den Netzsektoren. Eine Analyse vor dem Hintergrundder digitalen Transformation. Bonn: Bundesnetzagentur für Elektrizität, Gas, Telekommunikation, Post und Eisenbahnen.

Bundesregierung (2018a): Bundesregierung unterzeichnet Prinzipien des „Contract for the Web". Rechtsanspruch auf Zugang zum Internet bis 2025 – Recht der Privatsphäre. Berlin: Bundesregierung.

Bundesregierung (2018b): Eckpunkte der Bundesregierung für eine Strategie Künstliche Intelligenz. Berlin: Bundesregierung.

Bundesregierung (2018c): „Horizont Europa" – Deutsche Positionen zum Entwurf der Europäischen Kommission. Positionspapier der Bundesregierung. Berlin: Bundesregierung.

Bundesregierung (2019): Nachhaltige Finanzen (Sustainable Finance). Staatssekretärsausschuss für nachhaltige Entwicklung, Beschluss vom 25. Februar 2019. Berlin: Bundesregierung.

Bünte, O. (2019): Kalaschnikow: Preisgünstige Kamikaze-Drohne für „kleine Armeen". Internet: https://www.heise.de/newsticker/meldung/Kalaschnikow-Preisguenstige-Kamikaze-Drohne-fuer-kleine-Armeen-4320877.html. Heise online Newsticker: Heise.

Burch, S., Andrachuk, M., Carey, D., Frantzeskaki, N., Schroeder, H., Mischkowski, N. und Loorbach, D. (2016): Governing and accelerating transformative entrepreneurship: Exploring the potential for small business innovation on urban sustainability transitions. Current Opinion in Environmental Sustainability 22, 26–32.

Burchardt, A. (2018): So schnell schafft der Mensch sich nicht ab! Auslandsinformationen 1. Berlin: Konrad-Adenauer-Stiftung.

Burckhardt, M. (2017): Eine kleine Geschichte der Digitalisierung. Merkur – Deutsche Zeitschrift für europäisches Denken 71 (816), 47–61.

Burgard, W. (2018): Künstliche Intelligenz. Expertise für das WBGU-Hauptgutachten „Unsere gemeinsame digitale Zukunft". Internet: www.wbgu.de/de/publikationen/publikation/unsere-gemeinsame-digitale-zukunft#sektion-expertisen. Berlin: WBGU.

Burgess, J. und Green, J. (2018): YouTube: Online Video and Participatory Culture. Cambridge, Medford: Polity Press.

Burns, L. D. (2013): A vision of our transport future. Nature 497, 181.

Busch, A. (2017): Informationsinflation. Herausforderungen an die politische Willensbildung in der digitalen Gesellschaft. In: Gapski, H., Oberle, M. und Staufer, W. (Hrsg.): Medienkompetenz. Herausforderung für Politik, politische Bildung und Medienbildung. Bonn: Bundeszentrale für politische Bildung, 53–62.

Busemann, K. und Gscheidle, C. (2011): Web 2.0. Aktive Mitwirkung verbleibt auf niedrigem Niveau. Media Perspektiben 7–8, 360–369.

Bush, A., Sollmann, R., Wilting, A., Bohmann, K., Cole, B., Balzter, H., Martius, C., Zlinszky, A., Calvignac-Spencer, S. und Cobbold, C. A. (2017): Connecting Earth observation to high-throughput biodiversity data. Nature Ecology & Evolution 1 (7), 9.

Busse, C. (2017): Adidas lässt Schuhe vom Roboter fertigen. Internet: http://www.sueddeutsche.de/wirtschaft/sportartikel-adidas-laesst-schuhe-vom-roboter-fertigen-1.3693882. München: Süddeutsche Zeitung.

Bussolo, M., Dávalos, M. E., Peragine, V. und Sundaram, R. (2018): Toward a New Social Contract: Taking on Distributional Tensions in Europe and Central Asia. Washington, DC: World Bank.

Butcher, J. N., Mineka, S. und Hooley, J. M. (2009): Klinische Psychologie. Band 7328. Hallbergmoos: Pearson Deutschland.

Butler, J. (1991): Das Unbehagen der Geschlechter. Frankfurt/M.: Suhrkamp.

Buxbaum-Conradi, S., Basmer-Birkenfeld, S.-V., Branding, J.-H., Babasile Daniel, O., Redlich, T., Langenfeld, M. und Wulfsberg, J. P. (2016): Local embedding and global collaboration of open innovation, production and maker spaces: the (uncovered) potential of knowledge transfer and collaboration at the grassroots level: insights from the growing FabLab community. In: Wulfsberg, J. P., Redlich, T. und Moritz, M. (Hrsg.): 1. interdisziplinäre Konferenz zur Zukunft der Wertschöpfung. Hamburg: Laboratorium Fertigungstechnik der Helmut Schmidt Universität, 37–52.

BVerfG – Bundesverfassungsgericht (1969): Mikrozensus. Beschluss vom 16.07.1969. 1 BvL 18/63. Karlsruhe: BVerfG.

BVerfG – Bundesverfassungsgericht (1973): Soraya. Beschluss vom 14.02.1973. 1 BvR 112/65. Karlsruhe: BVerfG.

BVerfG – Bundesverfassungsgericht (2004): Großer Lauschangriff, akustische Wohnraumüberwachung. Urteil vom 03. März 2004, 1 BvR 2378/98. Karlsruhe: BVerfG.

BVerfG – Bundesverfassungsgericht (2010): Hartz IV-Regelsatz, Hartz IV-Gesetz. Urteil vom 09. Februar 2010, 1 BvL 1/09. Karlsruhe: BVerfG.

BVerfG – Bundesverfassungsgericht (2015): Europäischer Haftbefehl, Identitätskontrolle I. Beschluss vom 15. Dezember 2015, 2 BvR 2735/14. Karlsruhe: BVerfG.

Byres, E. und Lowe, J. (2004): The myths and facts behind cyber security risks for industrial control systems. Proceedings of the VDE Kongress 116, 213–218.

Caliskan, A., Bryson, J. J. und Narayanan, A. (2016): Semantics derived automatically from language corpora contain human-like biases. Science 356, 183–186.

Calliess, C. (2013): Vorsorgeprinzip. In: Grunwald, A. (Hrsg.): Handbuch Technikethik. Stuttgart, Weimar: Metzler, 390–393.

Camacho, A. und Conover, E. (2011): The Impact of Receiving Price and Climate Information in the Agricultural Sector. Washington, DC: Inter-American Development Bank (IDB).

Campolo, A., Sanfilippo, M., Whittaker, M. und Crawford, K. (2017): AI Now 2017 Report. New York: AI Now Institute at New York University.

Canales, D., Bouton, S., Trimble, E., Thayne, J., Da Silva, L., Shastry, S., Knupfer, S. und Powell, M. (2017): Connected Urban Growth: Public-Private Collaborations for Transforming Urban Mobility. Coalition for Urban Transitions 10, 39–45.

Cannataci, J. A., Zhao, B., Vives, G. T., Monteleone, S., Bonnici, J. M. und Moyakine, E. (2016): Privacy, free Expression and Transparency. Redefining their New Boundaries in the Digital Age. Paris: United Nations Educational, Scientific and Cultural Organization (UNESCO).

Cannon, Y., Speedlin, S., Avera, J., Robertson, D., Ingram, M. und Prado, A. (2017): Transition, Connection, Disconnection, and Social Media: Examining the Digital Lived Experiences of Transgender Individuals. Journal of LGBT Issues in Counseling 11 (2), 68–87.

Cantor, M. (1894): Vorlesungen über die Geschichte der Mathematik. Erster Band. Von den ältesten Zeiten bis zum Jahre 1200 n. Chr. Leipzig: Teubner.

Caparrós, M. (2018): Der Hunger. Berlin: Suhrkamp.

Capurro, R. (2017): Homo Digitalis. Beiträge zur Ontologie, Anthropologie und Ethik der digitalen Technik. Wiesbaden: Springer VS.

Carbon Footprint (2018): Carbon Calculator. Internet: https://www.carbonfootprint.com/calculator.aspx. Basingstoke: Carbon Footprint Ltd.

Caron, J.-F. (2018): A Theory of the Super Soldier: The Morality of Capacity-Increasing Technologies in the Military. Manchester: Manchester University Press.

Cartwright, J. (2016): Smartphone science. Nature 531, 669–671.

Cassini, A., Högberg, L. D., Plachouras, D., Quattrocchi, A., Hoxha, A., Simonsen, G. S., Colomb-Cotinat, M., Kretzschmar, M. E., Devleesschauwer, B. und Cecchini, M. (2019): Attributable deaths and disability-adjusted life-years caused by infections with antibiotic-resistant bacteria in the EU and the European Economic Area in 2015: a population-level modelling analysis. The Lancet Infectious Diseases 19 (1), 56–66.

Cassman, K. G. (1999): Ecological intensification of cereal production systems: yield potential, soil quality, and precision agriculture. Proceedings of the National Academy of Sciences 96 (11), 5952–5959.

Castells, M. (2017): Der Aufstieg der Netzwerkgesellschaft. Das Informationszeitalter. Wiesbaden: Springer VS.

Cath, C., Wachter, S., Mittelstadt, B., Taddeo, M. und Floridi, L. (2017): Artificial intelligence and the „Good Society": the US, EU, and UK approach. Science and Engineering Ethics DOI 10.1007/s11948-017-9901-7, 1–24.

Cattell, R. B. (1987): Intelligence: Its Structure, Growth, and Action. Amsterdam: North-Holland.

Cavalcante, A. (2016): „I Did It All Online:" Transgender identity and the management of everyday life. Critical Studies in Media Communication 33 (1), 109–122.

Caviezel, C., Grünwald, R., Ehrenberg-Silies, S., Kind, S., Jetzke, T. und Bovenschulte, M. (2017): Additive Fertigungsverfahren (3-D-Druck). Arbeitsbericht Nr. 175. Berlin: Büro für Technikfolgenabschätzung (TAB).

Cazzoli, E. (2018): Alibaba setzt am Singles' Day über 30 Milliarden Dollar um. Internet: https://www.it-markt.ch/news/2018-11-12/alibaba-setzt-am-singles-day-ueber-30-milliarden-dollar-um. Zürich: IT-Markt.

CBD – Convention on Biological Diversity (2002): Strategic Plan for the Convention on Biological Diversity. Decision VI/26. Montreal: CBD.

CBD – Convention on Biological Diversity (2010): The Strategic Plan for Biodiversity 2011–2020 and the Aichi Biodiversity Targets. Decision X/2. Montreal: CBD.

CBD – Convention on Biological Diversity (2014): Global Biodiversity Outlook 4. A Mid-Term Assessment of Progress Towards the Implementation of the Strategic Plan for Biodiversity 2011–2020. Montreal: CBD.

CCDE – Creative Commons Deutschland (2019): Creative Commons Deutschland: mehr Möglichkeiten. Internet: https://de.creativecommons.org/. Hamburg: CCDE.

Ceballos, G., Ehrlich, P. R. und Dirzo, R. (2017): Biological annihilation via the ongoing sixth mass extinction signaled by vertebrate population losses and declines. Proceedings of the National Academy of Sciences 114 (30), E6089–E6096.

Chadwick, A. (2008): Web 2.0: New challenges for the study of e-democracy in an era of informational exuberance. I/S: A Journal of Law and Policy for the Information Society 5 (1), 9–41.

Chalvatzis, K. J., Malekpoor, H., Mishra, N., Lettice, F. und Choudhary, S. (2019): Sustainable resource allocation for power generation: The role of big data in enabling interindustry architectural innovation. Technological Forecasting and Social Change 144, 381–393.

Chan, S., Falkner, R., Goldberg, M. und van Asselt, H. (2016): Effective and geographically balanced? An output-based assessment of non-state climate actions. Climate Policy 18 (1), 24–35.

Chan, M. P. S., Jones, C. R., Hall Jamieson, K. und Albarracín, D. (2017a): Debunking: A meta-analysis of the psychological efficacy of messages countering misinformation. Psychological Science 28 (11), 1531–1546.

Chan, T. K. H., Cheung, C. M. K. und Lee, Z. W. Y. (2017b): The state of online impulse-buying research: a literature analysis. Information & Management 54 (2), 204–217.

Chandy, L. (2017): The Future of Work in the Developing World. Brookings Blum Roundtable 2016 Postconference Report. Washington, DC: Brookings Institution.

Chang, J.-H. und Huynh, P. (2016): ASEAN in Transformation: The Future of Jobs at Risk of Automation. Working Paper No. 9. Bangkok: Bureau for Employers' Activities.

Chapron, G. (2017): The environment needs cryptogovernance. Nature 545, 403–405.

Charismha (2016): Chancen und Risiken von Gesundheits-Apps. Hannover: Medizinische Hochschule Hannover.

Charter, M. und Keiller, S. (2016): The Second Global Survey of Repair Cafés: A Summary of Findings. Farnham, Surrey: The Centre for Sustainable Design, University for the Creative Arts.

Chase, M. J., Schlossberg, S., Griffin, C. R., Bouché, P. J. C., Djene, S. W., Elkan, P. W., Ferreira, S., Grossman, F., Kohi, E. M. und Landen, K. (2016): Continent-wide survey reveals massive decline in African savannah elephants. PeerJ 4, 1–24.

Chattopadhyay, D., Bazilian, M. und Lilienthal, P. (2015): More power, less cost: transitioning up the solar energy ladder from home systems to mini-grids. The Electricity Journal 28 (3), 41–50.

Checkoway, S., McCoy, D., Kantor, B., Anderson, D., Shacham, H., Savage, S., Koscher, K., Czeskis, A., Roesner, F. und Kohno, T. (2011): Comprehensive experimental analyses of automotive attack surfaces. USENIX Security Symposium 4, 447–462.

Chen, G. und Kotz, D. (2000): A Survey of Context-Aware Mobile Computing Research. Technical Report TR2000-381. Hanover, NH: Dartmouth College Department of Computer Science.

Chen, X.-P., Cui, Z.-L., Vitousek, P. M., Cassman, K. G., Matson, P. A., Bai, J.-S., Meng, Q.-F., Hou, P., Yue, S.-C. und Römheld, V. (2011): Integrated soil–crop system management for food security. Proceedings of the National Academy of Sciences 108 (16), 6399–6404.

Cheng, H. K., Bandyopadhyay, S. und Guo, H. (2011): The debate on net neutrality: a policy perspective. Information systems research 22 (1), 60–82.

chinadialogue.net (2017): Bike-sharing schemes: Flourishing or running riot? Peking: chinadialogue.

Choi, Y. und Mai, D. Q. (2018): The sustainable role of the E-trust in the B2C E-commerce of Vietnam. Sustainability 10 (1), 291.

Chomsky, N. und Lightfoot, D. W. (2002): Syntactic Structures. Berlin, New York: de Gruyter.

Chong, Z. (2018): Ride-Sharing Firms Slammed for „Many Problems" in China. Internet: https://www.cnet.com/news/ride-hailing-firms-slammed-for-string-of-problems-in-china/. San Francisco, CA: CBS Interactive.

Chorzempa, M., Triolo, P. und Sacks, S. (2018): China's Social Credit System: A Mark of Progress or a Threat to Privacy? Policy Brief. Washington, DC: Peterson Institute for International Economics (PIIE).

Choucri, N. (2012): The Convergence of Cyberspace and Sustainability. Internet: http://www.e-ir.info/2012/04/20/the-convergence-of-cyberspace-and-sustainability/. London: E-International Relations.

Chourabi, H., Nam, T., Walker, S., Gil-Garcia, J. R., Mellouli, S., Nahon, K., Pardo, T. A. und Scholl, H. J. (2012): Understanding Smart Cities: An Integrative Framework. 45th Hawaii International Conference on System Sciences. Washington, DC: IEEE Computer Society.

Christaller, T., Decker, M., Gilsbach, J., Hirzinger, G., Lauterbach, K., Schweighofer, E., Schweitzer, G. und Sturma, D. (2001): Robotik. Perspektiven für menschliches Handeln in der zukünftigen Gesellschaft. Wissenschaftsethik und Technikfolgenbeurteilung. Band 14. Wiesbaden: Springer VS.

Christl, W. (2014): Kommerzielle Digitale Überwachung im Alltag. Studie im Auftrag der österreichischen Bundesarbeitskammer. Wien: Cracked Labs Institut für Kritische Digitale Kultur.

Christl, W. und Spiekermann, S. (2016): Networks of Control. A Report on Corporate Surveillance, Digital Tracking, Big Data & Privacy. Wien: Falcultas.

Church, A. (1962): Logic, arithmetic and automata. Proceedings of the International Congress of Mathematicians 29 (4), 23–35.

Cipolletta, S., Votadoro, R. und Faccio, E. (2017): Online support for transgender people: an analysis of forums and social networks. Health & Social Care in the Community 25 (5), 1542–1551.

Cisco (2019): Cisco Visual Networking Index: Global Mobile Data Traffic Forecast Update, 2017–2022, February, 2019. Eschborn: Cisco.

Clausen, J., Fetz, E., Donoghue, J., Ushiba, J., Spörhase, U., Chandler, J., Birbaumer, N. und Soekadar, S. R. (2017): Help, hope, and hype: ethical dimensions of neuroprosthetics. Science 356, 1338–1340.

CLI – Climate Ledger Initiative (Hrsg.) (2018): Navigating Blockchain and Climate Action. An Overview. Zürich: CLI.

Clift, R. und Druckman, A. (2016): Taking Stock of Industrial Ecology. Cham: Springer International Publishing.

Cocchia, A. (2014): Smart and digital city: a systematic literature review. In: Dameri, R. P. und Rosenthal-Sabroux, C. (Hrsg.): Smart City. How to Create Public and Economic Value with High Technology in Urban Space. Berlin, Heidelberg: Springer, 13–43.

Cockayne, D. G. (2016): Sharing and neoliberal discourse: The economic function of sharing in the digital on-demand economy. Geoforum 77, 73–82.

Coeckelbergh, M. (2011): Vulnerable Cyborgs: Learning to Live with Our Dragons. Journal of Evolution & Technology 22 (1), 1–9.

Coeckelbergh, M. (2013a): Human Being @Risk: Enhancement, Technology, and the Evaluation of Vulnerability Transformations. Heidelberg, Berlin: Springer.

Coeckelbergh, M. (2013b): The transhumanist challenge. In: Coeckelbergh, M. (Hrsg.): Human Being @Risk Enhancement, Technology, and the Evaluation of Vulnerability Transformations. Dordrecht: Springer Science+Business, 19–36.

Coeckelbergh, M. (2017): Cyborg humanity and the technologies of human enhancement. In: Kopnina, H. und Shoreman-Ouimet, E. (Hrsg.): Routledge Handbook of Environmental Anthropology. New York: Routledge, 141–160.

Coeckelbergh, M. (2018): Transzendenzmaschinen: Der Transhumanismus und seine (technisch-)religiösen Quellen. In: Göcke, B. P. und Meier-Hamidi, F. (Hrsg.): Designobjekt Mensch. Die Agenda des Transhumanismus auf dem Prüfstand. Freiburg: Herder, 81–93.

Coetzee, L. und Eksteen, J. (2011): The internet of things – promise for the future? An introduction. In: Cunningham, P. und Cunningham, M. (Hrsg.): IST-Africa 2011 Conference Proceedings. Pretoria: IEEE Xplore Digital Library, 1–9.

Cohen, B. (2015): The 3 Generations of Smart Cities: Inside the Development of the Technology Driven City. Internet: https://www.fastcompany.com/3047795/the-3-generations-of-smart-cities. New York: Fast Company Magazine.

Cohen, P. R. und Feigenbaum, E. A. (2014): The Handbook of Artificial Intelligence. Band 3. Oxford, UK: Butterworth-Heinemann.

Cole, C., Gnanapragasam, A. und Cooper, T. (2017): Towards a circular economy: exploring routes to reuse for discarded electrical and electronic equipment. Procedia CIRP 61, 155–160.

Cole, S. und Fernando, A. N. (2012): The Value of Advice: Evidence from Mobile Phone-Based Agricultural Extension. Working Paper No. 13–047. Harvard: Harvard Business School.

Collier, P. (2007): The Bottom Billion: Why the Poorest Countries are Failing and What Can Be Done About It. Oxford, New York: Oxford University Press.

Collins, R. (2014): Das Ende der Mittelschichtarbeit: Keine weiteren Auswege. In: Wallerstein, I., Collins, R., Mann, M., Derluguian, G. und Calhoun, C. (Hrsg.): Stirbt der Kapitalismus? Fünf Szenarien für das 21. Jahrhundert. Frankfurt/M., New York: Campus, 49–88.

Conseil Constitutionnel (2018a): Commentaire. Décisions n°2018-773DC et n°2018-774DC du 20 décembre 2018. Loi et loi organique relativesâ la lutte contre la manipulation de l'information. Paris: Conseil Constitutionnel.

Conseil Constitutionnel (2018b): Decision n° 2018-773 DC du 20 decembre 2018. Loi relative à la lutte contre la manipulation de l'information. Paris: Conseil Constitutionnel.

Constantinides, E. und Fountain, S. (2008): Web 2.0: Conceptual foundations and marketing issues. Journal of Direct, Data and Digital Marketing Practice 9 (3), 231–244.

Contratto, F. (2014): Hochfrequenzhandel und systemische Risiken. Risikovorsorge im Finanzmarktrecht gestützt auf das Vorsorgeprinzip. Zeitschrift für Gesellschafts- und Kapitalmarktrecht 2, 143–160.

Convington, M. J. und Carskadden, R. (2013): Threat Implications of the Internet of Things. 5th International Conference on Cyber Conflict (CYCON 2013). Internet: http://ieeexplore.ieee.org/stamp/stamp.jsp?arnumber=6568380. Tallinn: NATO CCD COE Publications.

Cooper, B. S. (2012): Incomputability after Alan Turing. Notices of the American Mathematical Society 59 (6), 776–784.

Cooper, B. S. und Piergiorgio, O. (2003): Incomputability in nature. In: Cooper, B. S. und Goncharov, S. (Hrsg.): Computability and Models. Perspectives East and West. Boston: Springer, 137–160.

Cooper, S. B. (2017): Computability Theory. Boca Raton: CRC Press.

Corneo, G. (2015): Inequality, Public Wealth, and the Federal Shareholder. Discussion Paper Series 10920. London: Centre for Economic Policy Research.

Couchoux, C., Aubert, M., Garant, D. und Réale, D. (2015): Spying on small wildlife sounds using affordable collar-mounted miniature microphones: an innovative method to record individual daylong vocalisations in chipmunks. Scientific Reports 5, 1–8.

Couldry, N. und Mejias, U. A. (2018): Data colonialism: rethinking big data's relation to the contemporary subject. Television & New Media 20 (4), 336–349.

Council of Europe (2018): Algorithms and Human Rights. Study on the Human Rights Dimensions of Automated Data Processing Techniques and Possible Regulatory Implications. Brüssel: Council of Europe.

Cowen, T. (2019): Neglected open questions in the economics of Artificial Intelligence. In: Agrawal, A., Gans, J. S. und Goldfarb, A. (Hrsg.): The Economics of Artificial Intelligence: An Agenda. Chicago, IL: University of Chicago Press, 1–6.

Crafts, N. (2018): The productivity slowdown: is it the 'new normal'? Oxford Review of Economic Policy 34 (3), 443–460.

Cramton, P., Geddes, R. R. und Ockenfels, A. (2018): Set road charges in real time to ease traffic. Nature 560, 23–25.

Crawford, S. (2017): San Francisco Just Took a Huge Step Toward Internet Utopia. Internet: https://www.wired.com/story/san-francisco-municipal-fiber/. Boone, IA: Wired.

Creemers, R. (2018): China's Social Credit System: An Evolving Practice of Control. Rochester, NY: SSRN.

Creer, S., Deiner, K., Frey, S., Porazinska, D., Taberlet, P., Thomas, W. K., Potter, C. und Bik, H. M. (2016): The ecologist's field guide to sequence-based identification of biodiversity. Methods in Ecology and Evolution 7 (9), 1008–1018.

Creutzig, F., Agoston, P., Goldschmidt, J. C., Luderer, G., Nemet, G. und Pietzcker, R. C. (2017): The underestimated potential of solar energy to mitigate climate change. Nature Energy 2 (9), 17140.

Crootof, R. (2016): A meaningful floor for meaningful human control. Temple International and Comparative Law Journal 30 (1), 53–62.

Crutzen, P. (2002): Geology of mankind. Nature 415, 23.

Crutzen, P. J. und Stoermer, E. F. (2000): The „Anthropocene". Global Change Newsletter 41, 17–18.

Cruz-Jesus, F., Oliveira, T. und Bacao, F. (2018): The Global Digital Divide: Evidence and Drivers. Journal of Global Information Management 26 (2), 1–26.

CTA – Technical Centre for Agriculture and Rural Cooperation (2015): Satellites and Mobile Phones Improve Crop Productivity in Sudan. Internet: http://www.cta.int/en/article/2015-06-17/satellites-and-mobile-phones-improve-crop-productivity-in-sudan.html. Brüssel: CTA.

Cucchiella, F., D'Adamo, I., Lenny Koh, S. C. und Rosa, P. (2015): Recycling of WEEEs: an economic assessment of present and future e-waste streams. Renewable and Sustainable Energy Reviews 51, 263–272.

Cummings, J. J. und Bailenson, J. N. (2016): How immersive is enough? A meta-analysis of the effect of immersive technology on user presence. Media Psychology 19 (2), 272–309.

Cunningham, S., Craig, D. und Silver, J. (2016): YouTube, multichannel networks and the accelerated evolution of the new screen ecology. Convergence: The International Journal of Research into New Media Technologies 22 (4), 376–391.

Curry, A. (2018): The internet of animals. Nature 562, 322–326.

Cyranoski, D. und Ledford, H. (2018): International outcry over genome-edited baby claim. Nature 563, 607–608.

Czada, R. (2015): Technologiepolitik in der Vergleichenden Politikwissenschaft. In: Lauth, H.-J., Kneuer, M. und Pickel, G. (Hrsg.): Handbuch Vergleichende Politikwissenschaft. Wiesbaden: Springer VS, 1–18.

D 64 – Zentrum für Digitalen Fortschritt (2019): Charta. Berlin: D 64.

Dabla-Norris, E., Kochhar, K., Suphaphiphat, N., Ricka, F. und Tsounta, E. (2015): Causes and Consequences of Income Inequality: A Global Perspective. Washington, DC: International Monetary Fund (IMF).

Dabrock, P. (2018): Big Data und digitale Ethik: Gibt es noch Geheimnisse und Privatsphäre? In: Begleitforschung Smart Data (Hrsg.): Big Data, Smart Data, Next? Berlin: Begleitforschung Smart Data, 38–42.

Dachwitz, I. und Kurz, C. (2018): Die DSGVO und das Blogsterben: Es ist kompliziert. Internet: https://netzpolitik.org/2018/die-dsgvo-und-das-blogsterben-es-ist-kompliziert/#share. Berlin: netzpolitik.org.

Dachwitz, I. und Rudel, T. (2019): NPP 172: Was heißt hier eigentlich Terrorpropaganda? Internet: https://netzpolitik.org/2019/npp172-was-heisst-hier-eigentlich-terrorpropaganda/. Berlin: netzpolitik.org.

Damberger, T. (2016): Zur Information: Der blinde Fleck des Transhumanismus. FIfF-Kommunikation 2 (16), 32–36.

Dameri, R. P. (2017a): ICT intensity in smart mobility initiatives. In: Dameri, R. P. (Hrsg.): Smart City Implementation. Progress in IS. Cham: Springer International Publishing, 85–108.

Dameri, R. P. (2017b): Smart City Implementation: Creating Economic and Public Value in Innovative Urban Systems. Progress in IS. Cham: Springer International.

Dandois, J. P. und Ellis, E. C. (2013): High spatial resolution three-dimensional mapping of vegetation spectral dynamics using computer vision. Remote Sensing of Environment 136, 259–276.

Daniels, N. (2009): Can anyone really be talking about ethically modifying human nature? In: Savulescu, J. und Bostrom, N. (Hrsg.): Human Enhancement. Oxford, New York: Oxford University Press, 25–42.

Dao, M. C., Das, M., Koczan, Z. und Lian, W. (2017): Why is Labor Receiving a Smaller Share of Global Income? Theory and Empirical Evidence. IMF Working Papers WP/17/169, 70.

Data-Pop Alliance (2019): Our Vision, Our Work. Internet: https://datapopalliance.org/. New York: Data-Pop Alliance.

Datenethikkommission (2018): Empfehlungen der Datenethikkommission für die Strategie Künstliche Intelligenz der Bundesregierung. Berlin: Datenethikkommission.

Daum, K., Stoler, J. und Grant, R. J. (2017): Toward a More Sustainable trajectory for e-waste policy: a review of a decade of e-waste research in Accra, Ghana. International Journal of Environmental Research and Public Health 14 (2), 1–18.

Daum, T. (2018): Das Auto im Digitalen Kapitalismus. Berlin: Rosa Luxemburg Stiftung.

Daumé III, H. und Heller, K. (2018): NIPS 2018 Inclusion Survey: Executive Summary. Montreal: Conference on Neural Information Processing Sysems (NIPS).

Davis, S. J., Lewis, N. S., Shaner, M., Aggarwal, S., Arent, D., Azevedo, I. L., Benson, S. M., Bradley, T., Brouwer, J., Chiang, Y.-M., Clack, C. T. M., Cohen, A., Doig, S., Edmonds, J., Fennell, P., Field, C. B., Hannegan, B., Hodge, B.-M., Hoffert, M. I., Ingersoll, E., Jaramillo, P., Lackner, K. S., Mach, K. J., Mastrandrea, M., Ogden, J., Peterson, P. F., Sanchez, D. L., Sperling, D., Stagner, J., Trancik, J. E., Yang, C.-J. und Caldeira, K. (2018): Net-zero emissions energy systems. Science 360, 11.

DBU – Deutsche Bundesstiftung Umwelt (o.J.): DBU Naturerbe. Internet: https://www.dbu.de/naturerbe. Osnabrück: DBU.

DBV – Deutscher Bauernverband, BMR – Bundesverband der Maschinenringe, BLU – Bundesverband der Lohnunternehmen, DLG – Deutsche Landwirtschafts-Gesellschaft, DRV – Deutscher Raiffeisenverband, LandBauTechnik-Bundesverband und VDMA – Verband Deutscher Maschinen- und Anlagenbau (2019): Datenhoheit des Landwirts. Gemeinsame Branchenempfehlung von DBV, BMR, BLU, DLG, DRV, LandBauTechnik-Bundesverband, VDMA für die Erhebung, Nutzung und den Austausch digitaler Betriebsdaten in der Land- und Forstwirtschaft. Berlin: DBV.

De Backer, K., Menon, C., Desnoyers-James, I. und Moussiegt, L. (2016): Reshoring: Myth or Reality? OECD Science, Technology and Industry Policy Papers No. 27. Paris: OECD Publishing.

de Coninck, H., Revi, A., Babiker, M., Bertoldi, P., Buckeridge, M., Cartwright, A., Dong, W., Ford, J., Fuss, S. und Hourcade, J. C. (2018): Strengthening and implementing the global response. In: Masson-Delmotte, V., Zhai, P., Pörtner, H. O., Roberts, D., Skea, J., Shukla, P. R., Pirani, A., Moufouma-Okia, W., Péan, C., Pidcock, R., Connors, S., Matthews, J. B. R., Chen, Y., Zhou, X., Gomis, M. I., Lonnoy, E., Maycock, T., Tignor, M. und Waterfield, T. (Hrsg.): Global Warming of 1.5°C. An IPCC Special Report on the Impacts of Global Warming of 1.5°C Above Pre-Industrial Levels and Related Global Greenhouse Gas Emission Pathways, in the Context of Strengthening the Global Response to the Threat of Climate Change, Sustainable Development, and Efforts to Eradicate Poverty. Cambridge, MA: Cambridge University Press, 313–443.

de Haan, G. (2008): Gestaltungskompetenz als Kompetenzkonzept der Bildung für nachhaltige Entwicklung. In: Bormann, I. und de Haan, G. (Hrsg.): Kompetenzen der Bildung für nachhaltige Entwicklung. Wiesbaden: Springer VS, 23–43.

de Jong, M., Joss, S., Schraven, D., Zhan, C. und Weijnen, M. (2015): Sustainable – smart – resilient – low carbon – eco – knowledge cities; making sense of a multitude of concepts promoting sustainable urbanization. Journal of Cleaner Production 30, 25–38.

De Kort, Y. A. W., Meijnders, A. L., Sponselee, A. A. G. und Ijsselsteijn, W. A. (2006): What's wrong with virtual trees? Restoring from stress in a mediated environment. Journal of Environmental Psychology 26 (4), 309–320.

de la Durantaye, K. (2011): H is for harmonization: The Google Book Search Settlement and Orphan Works Legislation in the European Union. New York Law School Law Review 55, 158–173.

De Loecker, J. und Eeckhout, J. (2018): Global Market Power. National Bureau of Economic Research Working Paper Series No. 24768. Cambridge, MA: National Bureau of Economic Research (NBER).

De Vos, J. M., Joppa, L. N., Gittleman, J. L., Stephens, P. R. und Pimm, S. L. (2015): Estimating the normal background rate of species extinction. Conservation Biology 29 (2), 452–462.

de Vries, A. (2018): Bitcoin's growing energy problem. Joule 2 (5), 801–805.

Debes, R. (2017): Dignity: A History. Oxford, New York: Oxford University Press.

DeCanio, S. J. (2016): Robots and humans – complements or substitutes? Journal of Macroeconomics 49, 280–291.

Deci, E. L. und Ryan, R. M. (2000): The „What" and „Why" of goal pursuits: human needs and the self-determination of behavior. Psychological Inquiry 11 (4), 227–268.

Deci, E. L. und Ryan, R. M. (2008): Self-determination theory: a macrotheory of human motivation, development, and health. Canadian Psychology 49 (3), 182–185.

Defila, R., Di Giulio, A. und Kaufmann-Hayoz, R. (2011): Wesen und Wege nachhaltigen Konsums. Ergebnisse aus dem Themenschwerpunkt „Vom Wissen zum Handeln – Neue Wege zum nachhaltigen Konsum". München: Oekom.

Dehmel, S. (2013): Selbstregulierung. Das Selbstregulierungsabkommen für soziale Netzwerke und generelle Überlegungen. In: Hill, H., Martini, M. und Wagner, E. (Hrsg.): Facebook, Google & Co. Chancen und Risiken. Baden-Baden: Nomos, 135–142.

Dehmer, J., Kutzera, A.-A. und Niemann, J. (2017): Digitalisierung von Geschäftsmodellen durch plattformbasiertes Value Chain Management. ZWF Zeitschrift für wirtschaftlichen Fabrikbetrieb 112 (4), 253–256.

Deichmann, U., Goyal, A. und Mishra, D. (2016): Will digital technologies transform agriculture in developing countries? Agricultural Economics 47 (S1), 21–33.

Del Vicario, M., Vivaldo, G., Bessi, A., Zollo, F., Scala, A., Caldarelli, G. und Quattrociocchi, W. (2016): Echo chambers: emotional contagion and group polarization on Facebook. Scientific Reports 6, 37825.

Delahaye, J.-P. (2017): Müssen wir autonome Killerroboter verbieten? In: Könnecker, C. (Hrsg.): Unsere digitale Zukunft. Heidelberg, Berlin: Springer, 225–239.

Demattê, J. A. M., Demattê, J. L. I., Alves, E. R., Negrão, R. und Morelli, J. L. (2014): Precision agriculture for sugarcane management: a strategy applied for brazilian conditions. Acta Scientiarum. Agronomy 36 (1), 111–117.

Demirel, P., Li, Q. C., Rentocchini, F. und Tamvada, J. P. (2017): Born to be green: New insights into the economics and management of green entrepreneurship. Small Business Economics 14 (1), 3.

Dengler, K. und Matthes, B. (2015): In kaum einem Beruf ist der Mensch vollständig ersetzbar. IAB Kurzbericht Nr. 24. Nürnberg: Institut für Arbeitsmarkt- und Berufsforschung (IAB).

Dengler, K. und Matthes, B. (2018): Wenige Berufsbilder halten mit der Digitalisierung Schritt. IAB-Kurzbericht Nr. 4. Nürnberg: Institut für Arbeitsmarkt- und Berufsforschung.

DERA – Deutsche Rohstoffagentur in der Bundesanstalt für Geowissenschaften und Rohstoffe (2017): DERA-Rohstoffliste 2016. Angebotskonzentration bei mineralischen Rohstoffen und Zwischenprodukten – potenzielle Preis- und Lieferrisiken (2017). Berlin: DERA.

DeSmet, A., Van Ryckeghem, D., Compernolle, S., Baranowski, T., Thompson, D., Crombez, G., Poels, K., Van Lippevelde, W., Bastiaensens, S., Van Cleemput, K., Vandebosch, H. und De Bourdeaudhuij, I. (2014): A meta-analysis of serious digital games for healthy lifestyle promotion. Preventive Medicine 69, 95–107.

Despeisse, M., Ball, P. D., Evans, S. und Levers, A. (2012): Industrial ecology at factory level – a conceptual model. Journal of Cleaner Production 31, 30–39.

Despeisse, M., Baumers, M., Brown, P., Charnley, F., Ford, S. J., Garmulewicz, A., Knowles, S., Minshall, T. H. W., Mortara, L., Reed-Tsochas, F. P. und Rowley, J. (2017): Unlocking value for a circular economy through 3D printing: a research agenda. Technological Forecasting and Social Change 115, 75–84.

Deutsch, D. und Jozsa, R. (1992): Rapid solution of problems by quantum computation. Proceedings of the Royal Society of London: Mathematical and Physical Sciences 439.1907, 553–558.

Deutsche Post (2018): Electroreturn. Internet: https://www.deutschepost.de/de/e/electroreturn.html. Bonn: Deutsche Post AG.

Deutsche Telekom, Hasso-Plattner-Institut für Softwaresystemtechnik, Deutsches Forschungszentrum für Künstliche Intelligenz, Intel Deutschland, Verband der Anbieter von Telekommunikations- und Mehrwertdiensten, T-Systems International, Ericsson, Adidas, Cisco Systems, Init-AG für digitale Kommunikation, acatech – Deutsche Akademie der Technikwissenschaften, Esri Deutschland, EDASCA, Letterscan, DATEV, Retarus, Fujitsu Technology Solutions, GTC Telecommunication, Elsevier, MC-Quadrat, Bundesverband Digitale Wirtschaft, Nokia Solutions and Networks, Hamburg School of Business Administration, HAYS, HighQ Computerlösungen, PlanUndLicht, Initiative D2030, Ulf Genzel Consulting, Bundesdeutscher Arbeitskreis für Umweltbewusstes Management, Fraunhofer IESE, Cosinex, Wiseway, Qualitus, Initiative D21, Beuth Hochschule für Technik Berlin, Clear Light, ADH Deutschland und Padberg & Partners (2014): Charta digitale Vernetzung. Internet: https://charta-digitale-vernetzung.de/die-charta-im-wortlaut/. Berlin: Fokusgruppe Intelligente Vernetzung des nationalen Digital-Gipfels.

Deutscher Bundestag (2006): Was ist Daseinsvorsorge? Historische Entwicklung, aktueller Stand, Aufgaben der Kommunen, Bedeutung des Begriffs in der aktuellen Debatte. Berlin: Deutscher Bundestag.

Deutscher Bundestag (2011): Telekommunikativer Breitbandausbau in Form des Universaldienstes. Berlin: Deutscher Bundestag.

Deutscher Bundestag (2012): Internet als Teil der staatlichen Daseinsvorsorge. Berlin: Deutscher Bundestag.

Deutscher Bundestag (2013): Schlussbericht der Enquete-Kommission „Internet und digitale Gesellschaft". Drucksache 17/12550. Berlin: Deutscher Bundestag.

Deutscher Bundestag (2017a): Digitalisierung und Entwicklungspolitik. Berlin: Deutscher Bundestag.

Deutscher Bundestag (2017b): Entwurf eines Gesetzes zur Verbesserung der Rechtsdurchsetzung in sozialen Netzwerken (Netzwerkdurchsetzungsgesetz – NetzDG). Drucksache 18/12356. Berlin: Deutscher Bundestag.

Deutscher Bundestag (2018): Reallabore, Living Labs und Citizen Science-Projekte in Europa. Berlin: Deutscher Bundestag.

Deutscher Ethikrat (2015): Die Vermessung des Menschen – Big Data und Gesundheit. Jahrestagung des Deutschen Ethikrats, 21. Mai 2015. Berlin: Deutscher Ethikrat.

Deutscher Ethikrat (2017): Big Data und Gesundheit – Datensouveränität als informationelle Freiheitsgestaltung. Stellungnahme. Berlin: Deutscher Ethikrat.

Deutscher Ethikrat (2019): Eingriffe in die menschliche Keimbahn. Stellungnahme. Berlin: Deutscher Ethikrat.

Devereux, M. P. und Vella, J. (2017): Chapter 4. Implications of digitalization for international corporate tax reform. In: Gupta, S., Keen, M., Shah, A. und Verdier, G. (Hrsg.): Digital Revolutions in Public Finance. Washington, DC: IMF eLibrary, 91–113.

Dewenter, R. und Lüth, H. (2016): Big Data aus wettbewerblicher Sicht. Wirtschaftsdienst 96 (9), 648–654.

Dewenter, R. und Lüth, H. (2018): Datenhandel und Plattformen. ABIDA Gutachten 01/S15016A-F. Münster: Abida – Assessing Big Data.

DFG – Deutsche Forschungsgemeinschaft (2018): Ständige Senatskommissionen. Internet: http://www.dfg.de/dfg_profil/gremien/senat/index.html. Bonn: DFG.

Diamond, J. (2005): Collapse. How Societies Choose to Fail or Succeed. New York: Viking.

Die Drogenbeauftragte der Bundesregierung (2018): Drogen- und Suchtbericht 2018. Berlin: Die Drogenbeauftragte.

Die Zeit (2018): Soziale Netzwerke: Facebook und Twitter löschen mehr, auch ohne Gesetz. Internet: https://www.zeit.de/digital/internet/2018-01/soziale-netzwerke-facebook-twitter-hasskommentare-eu-kommission-untersuchung. Hamburg: Die Zeit.

Diener, E. und Seligman, M. E. P. (2004): Beyond money: toward an economy of well-being. Psychological Science in the Public Interest 5, 1–31.

Diermann, R. (2016): Wie Blockchain-Technik das Energiesystem revolutionieren kann. Internet: http://www.sueddeutsche.de/wissen/energie-wie-blockchain-technik-das-energiesystem-revolutionieren-kann-1.3117309. München: Süddeutsche Zeitung.

Díez, F. J., Leigh, D. und Tambunlertchai, S. (2018): Global Market Power and its Macroeconomic Implications. IMF Working Paper. Washington, DC: International Monetary Fund (IMF).

Dignum, V. (2019): KI k.o. Berlin: Internationale Politik und Gesellschaft (IPG).

DIN – Deutsches Institut für Normung (2016): DIN SPEC 91357. Referenzarchitekturmodell „Offene Urbane Plattform" (OUP). Internet: https://www.din.de/de/ueber-normen-und-standards/din-spec/wdc-beuth:din21:262486080. Berlin: DIN.

Diniz, E. H., Siqueira, E. S. und van Heck, E. (2018): Taxonomy of digital community currency platforms. Information Technology for Development 25 (1), 69–91.

Dirzo, R., Young, H. S., Galetti, M., Ceballos, G., Isaac, N. J. B. und Collen, B. (2014): Defaunation in the Anthropocene. Science 345, 401–406.

Dixon, P. und Gellman, R. (2014): The Scoring of America: How Secret Consumer Scores Threaten Your Privacy and Your Future. Lake Oswego, OR: World Privacy Forum.

Djeffal, C. (2018): Künstliche Intelligenz. Beitrag zum Handbuch Digitalisierung in Staat und Verwaltung. HIIG Discussion Paper Series No. 3. Berlin: Alexander von Humboldt Institut für Internet und Gesellschaft (HIIG).

DNS Privacy Project (2018): DNS Privacy – the Problem. Internet: https://dnsprivacy.org/wiki/display/DP/DNS+Privacy+-+The+Problem. o.O.: DNS Privacy Project.

Dobusch, L. (2017a): Die Organisation der Digitalität: Zwischen grenzenloser Offenheit und offener Exklusion. Berlin: Netzpolitik.org.

Dobusch, L. (2017b): Visionen der digitalen Stadt: Smart, Sharing oder Open? Internet: https://netzpolitik.org/2017/visionen-der-digitalen-stadt-smart-sharing-oder-open/. Berlin: Netzpolitik.org.

Dobusch, L., Heimstädt, M. und Hill, J. (o. J.): Open Education in Berlin: Benchmark und Potentiale. Berlin: Technologiestiftung Berlin.

Docherty, I., Marsden, G. und Anable, J. (2017): The Governance of Smart Mobility. Transportation Research Part A: Policy and Practice. Bingley: Emerald Publishing.

[do:index] (o.J.): Open Educational Resources. Questionnaire. Internet: http://www.do-index.org/wp-content/uploads/OER-questionnaire.pdf. Berlin: [do:index].

DoITT – Department of Information Technology & Telecommunications (2019): Broadband. Internet: https://www1.nyc.gov/site/doitt/initiatives/broadband.page. New York, NY: DoITT.

Dolata, U. und Schrape, J.-F. (2017): Kollektivität und Macht im Internet: Soziale Bewegungen – Open Source Communities – Internetkonzerne. Heidelberg, Berlin: Springer.

Doleski, O. (Hrsg.) (2017): Herausforderung Utility 4.0. Wie sich die Energiewirtschaft im Zeitalter der Digitalisierung verändert. Wiesbaden: Springer VS.

Domingos, P. (2015): The Master Algorithm. How the Quest for the Ultimate Learning Machine will Remake Our World. New York: Basic Books.

Dong, B., Gong, J. und Zhao, X. (2011): FDI and environmental regulation: pollution haven or a race to the top? Journal of Regulatory Economics 41 (2), 216–237.

Dorey, K. (2016): LGBT Inclusion and Sustainable Development Goals and LGBT Inclusion. London: Stonewall International.

Döring, N. (2014): Professionalisierung und Kommerzialisierung auf YouTube. MERZ – Medien + Erziehung 58 (4), 24–31.

Dörner, R., Broll, W., Grimm, P. und Jung, B. (2016): Virtual Reality und Augmented Reality (VR/AR). Informatik-Spektrum 39 (1), 30–37.

Dörre, K. (2016): Industrie 4.0 – Neue Prosperität oder Vertiefung gesellschaftlicher Spaltungen? Sechs Thesen zur Diskussion. Working Paper. Jena: DFG.

Dorsch, M. und Flachsland, C. (2017): A polycentric approach to global climate governance. Global Environmental Politics 17 (2), 46–64.

Dorsch, M. J. und Flachsland, C. (2019): Sustainable Global Commons Governance for the 21st Century. From Intergovernmentalism to Dynamic Polycentric Publics. Im Erscheinen.

Dorst, W. H., Tobias (2016): Politische Handlungsempfehlungen: Industrie 4.0 – Deutschland als Vorreiter der digitalisierten Vernetzung von Produkten und Produktionsprozessen. Berlin: Bitkom.

dos S Ribeiro, C., Koopmans, M. P. und Haringhuizen, G. B. (2018): Threats to timely sharing of pathogen sequence data. The Nagoya Protocol may impose costs and delays. Science 362, 404–407.

Doshi-Velez, F., Kortz, M., Budish, R., Bavitz, C., Gershman, S., O'Brien, D., Schieber, S., Waldo, J., Weinberger, D. und Wood, A. (2017): Accountability of AI Under the Law: The Role of Explanation. New York: Arxiv.org, Cornell University.

Dost, F. und Maier, E. (2017): E-commerce effects on energy consumption: a multi-year ecosystem-level assessment. Journal of Industrial Ecology 22 (4), 799–812.

Drath, R. und Horch, A. (2014): Industrie 4.0: Hit or Hype? [Industry Forum]. IEEE Industrial Electronics Magazine 8 (2), 56–58.

Dreier, H. (2013): Vorbemerkungen vor Artikel 1 GG. In: Dreier, H. (Hrsg.): Grundgesetz. Kommentar. 1 1. Tübingen: Mohr-Siebeck.

Drexl, J. (2017): Designing competitive markets for industrial data – between propertisation and access. Information Technology and Electronic Commerce Law 8 (4), 257–292.

Dreyfus, H. L. und Rabinow, P. (1982): Michel Foucault: Beyond Structuralism and Hermeneutics. London, New York: Routledge.

Duan, Y., Fu, G., Zhou, N., Sun, C., Narendra, N. C. und Hu, B. (2015): Everything as a Service (XaaS) on the Cloud: Origins, Current and Future Trends. 2015 IEEE 8th International Conference on Cloud Computing. New York: IEEE.

Duch-Brown, N., Martens, B. und Mueller-Langer, F. (2017): The Economics of Ownership, Access and Trade in Digital Data. JRC Digital Economy Working Paper. Sevilla: European Commission, Joint Research Centre.

Duden (2017): Avatar. Internet: https://www.duden.de/rechtschreibung/Avatar. Berlin: Duden.

Dudenhöffer, F. und Schneider, W. (2015): Fehlender rechtlicher Rahmen verschafft den USA Zeitvorsprung beim Zukunftsmarkt „individuelle Mobilität“. München: Ifo-Institut für Wirtschaftsforschung.

Dueck, G. (2017): Ich habe Hirn, ich will hier raus. Frankfurt/M.: Campus.

Dumitrescu, R., Gausemeier, J., Slusallek, P., Cieslik, S., Demme, G., Falkowski, T., Hoffmann, H., Kadner, S., Reinhart, F., Westermann, T. und Winter, J. (2018): Studie „Autonome Systeme“. Studien zum deutschen Innovationssystem 13, 1–90.

Dumoulin, F. und Wassenaar, T. (2014): Environment in Industrial ecology, grasping a complex notion for enhancing industrial synergies at territorial scales. Sustainability 6 (9), 6267–6277.

Dunbar, R. I. M. (2018): The anatomy of friendship. Trends in Cognitive Sciences 22 (1), 32–51.

Duncombe, R. A. (2014): Understanding the impact of mobile phones on livelihoods in developing countries. Development Policy Review 32 (5), 567–588.

Duttweiler, S. und Passoth, J.-H. (2016): Life Tracking als Optimierungsprojekt. In: Duttweiler, S., Gugutzer, R., Passoth, J.-H. und Strübing, J. (Hrsg.): Leben nach Zahlen. Self-Tracking als Optimierungsprojekt? Bielefeld: transcript, 9–42.

DW – Deutsche Welle (2018): Leihrad-Chaos in deutschen Städten? Internet: https://www.dw.com/de/leihrad-chaos-in-deutschen-st%C3%A4dten/a-43249769. Berlin: DW.

Dyllick, T. und Muff, K. (2016): Clarifying the meaning of sustainable business: introducing a typology from business-as-usual to true business sustainability. Organization & Environment 29 (2), 156–174.

Early, R., Bradley, B. A., Dukes, J. S., Lawler, J. J., Olden, J. D., Blumenthal, D. M., Gonzalez, P., Grosholz, E. D., Ibañez, I. und Miller, L. P. (2016): Global threats from invasive alien species in the twenty-first century and national response capacities. Nature Communications 7, 1–9.

Earth Institute (2016): Key Research Insights: ICT and the SDGs. New York: Earth Institute at Columbia University.

Eberbach, E., Goldin, D. und Wegner, P. (2004): Turing's ideas and models of computation. In: Teuscher, C. (Hrsg.): Alan Turing: Life and Legacy of a Great Thinker. Berlin, Heidelberg: Springer, 159–194.

Eberl, U. (2016): Smarte Maschinen. Wie künstliche Intelligenz unser Leben verändert. München: Hanser.

EBF – European Banking Federation (2018): Towards a Green Finance Framework. Brüssel: EBF.

Echikson, W. und Knodt, O. (2018): Germany's NetzDG: A Key Test for Combatting Online Hate. CEPS Research Report No. 9. Brüssel: CEPS.

Eckert, K.-P., Henckel, L. und Hoepner, P. (2014): Big Data – Ungehobene Schätze oder digitaler Alptraum. Berlin: Fraunhofer FOKUS Kompetenzzentrum Öffentliche IT.

Eckhardt, J. und Menz, K. (2018): Bußgeldsanktionen der DS-GVO. Datenschutz und Datensicherheit (3), 139–144.

Eddy, M. und Scott, M. (2017): Delete Hate Speech or Pay Up, Germany Tells Social Media Companies. Internet: https://www.nytimes.com/2017/06/30/business/germany-facebook-google-twitter.html. New York: The New York Times.

Eden, M. und Gaggl, P. (2018): On the welfare implications of automation. Review of Economic Dynamics 29, 15–43.

Edenhofer, O., Flachsland, C. und Knopf, B. (2015): Science and religion in dialogue over the global commons. Nature Climate Change 5, 907–909.

Edler, J. und Fagerberg, J. (2017): Innovation policy: what, why, and how. Oxford Review of Economic Policy 33 (1), 2–23.

EEA – European Environment Agency (2016a): Circular Economy in Europe: Developing the Knowledge Base. Luxemburg: Publications Office of the European Union.

EEA – European Environment Agency (2016b): Transitions Towards a More Sustainable Mobility System. Term 2016: Transport Indicators Tracking Progress Towards Environmental Targets in Europe. EEA Report No. 34. Luxemburg: Publications Office of the European Union.

EEA – European Environment Agency (2017a): Circular by Design: Products in the Circular Economy. Luxemburg: Publications Office of the European Union.

EEA – European Environment Agency (2017b): Kreislaufwirtschaft in Europa. Wir müssen alle einen Beitrag leisten. Brüssel: Publications Office of the European Union.

EEA – European Environment Agency (2017c): Smarter products and services key to resource-efficient, circular economy. Kopenhagen: EEA.

Egli, L., Meyer, C., Scherber, C., Kreft, H. und Tscharntke, T. (2017): Winners and losers of national and global efforts to reconcile agricultural intensification and biodiversity conservation. Global Change Biology 24 (5), 2212–2228.

Ehrenberg-Silies, S. und Thiele, D. (2016): Social Bots. Berlin: Büro für Technikfolgenabschätzung beim Deutschen Bundestag (TAB).

Ehrlich, M., Engel, T., Füchtenkötter, M. und Ibrahim, W. (2017): Digitale Prekarisierung. PROKLA. Zeitschrift Für Kritische Sozialwissenschaft 47 (187), 193–212.

Eichhorst, W., Hinte, H., Rinne, U. und Tobsch, V. (2016): How Big is the Gig? Assessing the Preliminary Evidence on the Effects of Digitalization on the Labor Market. Bonn: Institute for the Study of Labor (IZA).

Eichhorst, W. und Spermann, A. (2016): Sharing Economy: Mehr Chancen als Risiken? Wirtschaftsdienst 96 (6), 433–439.

Eickelpasch, A. (2015): Industrienahe Dienstleistungen als Wachstumsmotor für die urbane Produktion. Berlin: Deutsches Institut für Wirtschaftsforschung (DIW).

Einav, L., Farronato, C. und Levin, J. (2016): Peer-to-Peer Markets. Annual Review of Economics 8 (1), 615–635.

Eixelsberger, W. (2010): E-Government in Estland. eGovernment Review 6, 8–9.

Ekekwe, N. (2017): How Digital Technology is Changing Farming in Africa. Internet: https://hbr.org/2017/05/how-digital-technology-is-changing-farming-in-africa. Watertown, MA: Harvard Business Review.

Ellison, N. B. (2007): Social network sites: definition, history, and scholarship. Journal of Computer-Mediated Communication 13 (1), 210–230.

EMF – Ellen MacArthur Foundation (2013): Towards the Circular Economy. Economic and Business Rationale for an Accelerated Transition. Cowes, Isle of Wight: EMF.

EMF – Ellen MacArthur Foundation (2014): Towards the Circular Economy. Accelerating the Scale-Up Across Global Supply Chains. Cowes, Isle of Wight: EMF.

EMF – Ellen MacArthur Foundation (2015): Growth Within: A Circular Economy Vision for a Competitive Europe. Cowes, Isle of Wight: EMF.

EMF – Ellen MacArthur Foundation (2016): Intelligent Assets: Unlocking the Circular Economy Potential. Cowes, Isle of Wight: EMF.

Enders, S. (2018): E-Commerce in Afrika – Teil 1: die wichtigsten Handelsplattformen. Blog: Subsahara-Afrika. Internet: https://www.subsahara-afrika-ihk.de/blog/2018/04/30/e-commerce-in-afrika-teil-1-die-wichtigsten-handelsplattformen/. Berlin: Industrie- und Handelskammer (IHK).

Engagement Global (2018): Orientierung gefragt – BNE in einer digitalen Welt. Diskussionspapier zur wechselseitigen Ergänzung von Bildung für Nachhaltige Entwicklung und Digitaler Bildung im Bereich Schule. Bonn: Engagement Global.

Engels, G., Plass, C. und Ramming, F. J (Hrsg.) (2017): IT-Plattformen für die Smart Service Welt. acatech Diskussion. München: Herbert Utz.

EPOS – European Public Open Spaces (2018): European Public Open Spaces (EPOS) – Kurzskizze 18. Berlin: EPOS.

Erdmann, L. und Dönitz, E. (2016): Zukunftsbilder für Offene Werkstätten. In: Wulfsberg, J. P., Redlich, T. und Moritz, M. (Hrsg.): 1. interdisziplinäre Konferenz zur Zukunft der Wertschöpfung. Hamburg: Laboratorium Fertigungstechnik Helmut Schmidt Universität.

Ericsson (2016): Networked Society City Index 2016. Internet: https://www.ericsson.com/en/trends-and-insights/networked-society-insights/city-index. Stockholm: Ericsson.

ERN – European Remanufacturing Network (2015): Remanufacturing Market Study: A Report by the Partners of ERN: For Horizon 2020, Grant Agreement No 645984, November 2015. Aylesbury: ERN.

Ernestus, W., Ermer, D. J., Hube, M., Köhntopp, M., Knorr, M., Quiring-Kock, G., Schläger, U. und Schulz, G. (2019): Arbeitspapier „Datenschutzfreundliche Technologien". Internet: https://www.datenschutz-bayern.de/technik/grundsatz/apdsft.htm. München: Der Bayerische Landesbeauftragte für den Datenschutz.

Ernst & Young (2014): Cross Channel: Revolution im Lebensmittelhandel. London: Ernst & Young.

Ernst, S. (2017): Art. 3. In: Paal, B. P. und Pauly, D. (Hrsg.): Datenschutzgrundverordnung. Beck'sche Kompakt-Kommentare. München: Beck.

ESA – European Space Agency (2019): Spezial: Copernicus – Europas Wächter im Weltraum. Internet: http://www.esa.int/ger/ESA_in_your_country/Germany/Spezial_Copernicus_-_Europas_Waechter_im_Weltraum. Köln: ESA Germany.

ESI – Interdisziplinäres Zentrum für Eingebettete Systeme (2019): Eingebettete Systeme – ESI-Anwendungszentrum. Internet: http://www.esi-anwendungszentrum.de/index.php/eingebettete-systeme/. Erlangen: ESI.

Eskelinen, H., Frank, L. und Hirvonen, T. (2008): Does strategy matter? A comparison of broadband rollout policies in Finland and Sweden. Telecommunications Policy 32, 412–421.

Esteves, E., Janoswski, T. und Dzhusupova, Z. (2013): Electronic Governance for Sustainable Development: How EGOV Solutions Contribute to SD Goals? Conference Paper. 14th Annual International Conference on Digital Government Research. Tokyo: United Nations University (UNU), International Institute for Software Technology.

Esty, D. C., Levy, M. A., Srebotnjak, T. und Sherbinin, A. (2005): 2005 Environmental Sustainability Index: Benchmarking National Environmental Stewardship. New Haven, CT: Yale Center for Environmental Law and Policy, Yale University und Center for International Earth Science Information Network, Columbia University.

EU – Europäische Union (2016): Verordnung (E) 2016/679 des Europäischen Parlaments und des Rates vom 27. April 2016 zum Schutz natürlicher Personen bei der Verarbeitung personenbezogener Daten, zum freien Datenverkehr und zur Aufhebung der Richtlinie 95/46/EG (Datenschutz-Grundverordnung). Brüssel: EU.

EU High-Level Expert Group on Sustainable Finance (2018): Financing a Sustainable European Economy. Final Report 2018. Brüssel: EU High-Level Group.

EU-Kommission (2010a): Eine Digitale Agenda für Europa. Mitteilung der Kommission an das Europäische Parlament, den Rat, den Europäischen Wirtschafts- und Sozialausschuss und den Ausschuss der Regionen. KOM(2010) 245 endgültig. Brüssel: EU-Kommission.

EU-Kommission (2010b): Europe 2020. A Strategy for Smart, Sustainable and Inclusive Growth. Communication of the Commission. COM(2010) 2020 final. Brüssel: EU-Kommission.

EU-Kommission (2013): The Onlife Manifesto: Being Human in a Hyperconnected Era. Brüssel: EU-Kommission.

EU-Kommission (2014): Die Bildung öffnen. Innovatives Lehren und Lernen für alle mithilfe neuer Technologien und frei zugänglicher Lehr- und Lernmaterialien. Luxemburg: Amt für Veröffentlichungen der Europäische Union.

EU-Kommission (2015a): eGovernment in Estonia. Brüssel: EU-Kommission.

EU-Kommission (2015b): Strategie für einen digitalen Binnenmarkt für Europa. Mitteilung der Kommission an das Europäische Parlament, den Rat, den europäischen Wirtschafts- und Sozialausschuss und den Ausschuss der Regionen. KOM(2015) 192 endgültig. Internet: https://eur-lex.europa.eu/legal-content/DE/TXT/PDF/?uri=CELEX:52015DC0192&from=EN. Brüssel: EU-Kommission.

EU-Kommission (2016): Open Innovation, Open Science, Open to the World. A Vision for Europe. Brüssel: EU-Kommission.

EU-Kommission (2017): Eine funktionierende öffentliche Auftragsvergabe in und für Europa. Mitteilung der Kommission an das Europäische Parlament, den Rat, den Europäischen Wirtschafts- und Sozialausschuss und den Ausschuss der Regionen. KOM(2017) 572 endgültig. Brüssel: EU-Kommission.

EU-Kommission (2018a): Broadband Coverage in Europe 2017. London: EU-Kommission, IHS Markit Ltd. und Point Topic.

EU-Kommission (2018b): Commission Action Plan on Financing Sustainable Growth. Internet: https://ec.europa.eu/info/publications/180308-action-plan-sustainable-growth. Brüssel: EU-Kommission.

EU-Kommission (2018c): Ein sauberer Planet für alle. Eine Europäische strategische, langfristige Vision für eine wohlhabende, moderne, wettbewerbsfähige und klimaneutrale Wirtschaft. Mitteilung der Kommission an das Europäische Parlament, den Europäischem Rat, den Rat, den europäischen Wirtschafts- und Sozialausschuss, den Ausschuss der Regionen und die europäische Investitionsbank. KOM(2018) 773 final. Brüssel: EU-Kommission.

EU-Kommission (2018d): EU Funding for Research and Innovation 2021–2027. Brüssel: EU-Kommission.

EU-Kommission (2018e): Mitteilung der Kommission an das Europäische Parlament und den Rat – Zeit für einen modernen, fairen und effizienten Steuerstandard für die digitale Wirtschaft. KOM(2018) 146 final. Brüssel: EU-Kommission.

EU-Kommission (2018f): Vorschlag für eine Richtlinie des Rates zur Festlegung von Vorschriften für die Unternehmensbesteuerung einer signifikanten digitalen Präsenz. KOM(2018) 147 final. Brüssel: EU-Kommission.

EU-Kommission (2019a): DigiComp. Being Digitally Competent – A Task For the 21st Century Citizen. Internet: https://ec.europa.eu/jrc/en/digcomp. Brüssel: EU-Kommission.

EU-Kommission (2019b): Energy Neighbourhoods2 - The Energy Challenge (EN2). Internet: https://ec.europa.eu/energy/intelligent/projects/en/projects/en2. Brüssel: EU-Kommission.

EU-Kommission (2019c): Ethics Guidelines for Trustworthy AI. Brüssel: European Commission High-Level Expert Group On Artificial Intelligence.

EU-Kommission (2019d): Implementation of the Circular Economy Action Plan. Internet: http://ec.europa.eu/environment/circular-economy/index_en.htm. Brüssel: EU-Kommission.

EU-Kommission (2019e): Next Generation Internet. Internet: https://ec.europa.eu/futurium/en/node/1460. Brüssel: EU-Kommission.

EU-Kommission (2019f): Reflexionspapier. Auf dem Weg zu einem nachhaltigen Europa bis 2030. KOM(2019) 22 final. Brüssel: EU-Kommission.

EU-Kommission (o.J.): Country Information – Sweden. Internet: https://ec.europa.eu/info/about-european-commission/contact_en. Brüssel: EU-Kommission.

EU-Parlament (2016): Ethical Aspects of Cyber-Physical Systems. Scientific Foresight Study. Brüssel: European Parliamentary Research Service (EPRS) Scientific Foresight Unit (STOA).

EU-Parlament (2019): Weiterverwendung von Informationen des öffentlichen Sektors. Legislative Entschließung des Europäischen Parlaments vom 4. April 2019 zu dem Vorschlag für eine Richtlinie des Europäischen Parlaments und des Rates über die Weiterverwendung von Informationen des öffentlichen Sektors (Neufassung). Brüssel: EU-Parlament.

Europeana (2019a): History. Internet: https://pro.europeana.eu/our-mission/history. Den Haag: Europeana Foundation.

Europeana (2019b): Our Mission. Internet: https://pro.europeana.eu/our-mission. Den Haag: Europeana Foundation.

Evangelische Akademie Sachsen-Anhalt (2018): Suche > Minecraft. Internet: https://ev-akademie-wittenberg.de/suche/minecraft Wittenberg: Evangelische Akademie Sachsen-Anhalt.

Evans, D. S. und Schmalensee, R. (2013): The Antitrust Analysis of Multi-Sided Platform Businesses. National Bureau of Economic Research Working Paper Series No. 18783. Cambridge, MA: National Bureau of Economic Research (NBER).

Evenson, R. E. und Pingali, P. (2007): Handbook of Agricultural Economics: Agricultural Development: Farmers, Farm Production and Farm Markets. London: Elsevier.

Eykholt, K., Evtimov, I., Fernandes, E., Li, B., Rahmati, A., Xiao, C., Prakash, A., Kohno, T. und Song, D. (2018): Robust physical-world attacks on deep learning visual classification. arXiv preprint arXiv:1707.08945v5 [cs.CR], 1625–1634.

Fab Foundation (2019): About Fab Foundation. Internet: http://fabfoundation.org/index.php/about-fab-foundation/index.html. Boston, MA: Fab Foundation.

Faber, A. (2012): Der Traum vom besseren Menschen. Internet: http://www.deutschlandfunkkultur.de/der-traum-vom-besseren-menschen.1067.de.html?dram:article_id=206271. Berlin: Deutschlandfunk.

Fairfield, J. und Engel, C. (2015): Privacy as a public good. Duke Law Journal 65 (3), 386–457.

Fairphone (2019): Fairphone beteiligt sich in der Kreislaufwirtschaft. Kurzfilm. Internet: https://www.fairphone.com/de/kreislaufwirtschaft/. Amsterdam: Fairphone.

Falck, O., Heimisch, A. und Wiederhold, S. (2016): Returns to ICT Skills. CESifo Working Paper No. 5720. München: CESifo Group.

Falconer, I., McGill, L., Littlejohn, A. und Boursinou, E. (2013): Overview and Analysis of Practices with Open Educational Resources in Adult Education in Europe. Sevilla: European Commission Joint Research Centre, Institute for Prospective Technological Studies.

Fanta, A. und Dachwitz, I. (2019): Die Verlegerverleger: Google, Apple und Facebook wollen die Paywall kapern. Internet: https://netzpolitik.org/2019/die-verlegerverleger-google-apple-und-facebook-wollen-die-paywall-kapern/. Berlin: netzpolitik.org.

FAO – Food and Agriculture Organisation (2009a): Global Agriculture Towards 2050. High-Level Expert Forum How to Feed the World in 2050, Rome, 12.–13.10.2009. Rom: FAO.

FAO – Food and Agriculture Organisation (2009b): Messages from the Farm: SMS Gateway. Rom: FAO.

FAO – Food and Agriculture Organisation (2013): Information and Communication Technologies for Sustainable Agriculture. Rom: FAO.

FAO – Food and Agriculture Organisation (2014a): Family Farmers, Feeding the World, Caring for the Earth. Rom: FAO.

FAO – Food and Agriculture Organisation (2014b): Farming for the Future: Communication Efforts to Advance Family Farming. Rom: FAO.

FAO – Food and Agriculture Organisation (2018): Our Priorities. The Strategic Objectives of FAO. Rom: FAO.

Farboodi, M., Mihet, R., Philippon, T. und Veldkamp, L. (2019): Big Data and Firm Dynamics. National Bureau of Economic Research Working Paper Series No. 25515. Cambridge, MA: National Bureau of Economic Research (NBER).

Farhangi, H. (2010): The path of the Smart Grid. IEEE Power & Energy Magazine 1/2, 19–28.

Fatelnig, P. und Müssigmann, N. (2017): Next Generation Internet. Brüssel: EU-Kommission.

Faucheux, S. und Nicolaï, I. (2011): IT for green and green IT: A proposed typology of eco-innovation. Ecological Economics 70 (11), 2020–2027.

Faulkner, W. (2001): The technology question in feminism: view from feminist technology studies. Women's Studies International Forum 24 (1), 79–95.

FAZ – Frankfurter Allgemeine Zeitung (2018): Wie der deutsche Müllberg abgetragen werden soll. Frankfurt/M.: FAZ (18.12.2018), 16.

FBI – Federal Bureau of Investigation und US Department of Agriculture (2018): Smart Farming May Increase Cyber Targeting Against US Food and Agriculture Sector. Washington, DC: Federal Bureau of Investigation.

Fecher, B. und Friesike, S. (2014): Open science: one term, five schools of thought. In: Bartling S. und Friesike S. (Hrsg.): Opening Science. Cham: Springer, 17–47.

Federal Trade Commission (2014): Data Brokers. A Call for Transparency and Accountability. Washington, DC: Federal Trade Commission.

Federrath, H. (2018): Smart Data heißt: Datenschutz und IT-Sicherheit „by Design". In: Begleitforschung Smart Data (Hrsg.): Big Data, Smart Data, next? Berlin: FZI Forschungszentrum Informatik, 17–19.

Feist, M. und Fuchs, D. (2013): Agrarpolitik und Ernährungssicherheit im Strudel der Finanzkrise. Zeitschrift für Außen- und Sicherheitspolitik 6 (S1), 197–209.

Feist, M. und Messner, D. (2019): Klimapolitik, Digitalisierung und soziale Kohäsion. Die große Transformation unter neuen Vorzeichen. Amos international 1, 3–7.

Felber, C. (2018): Die Gemeinwohl-Ökonomie: ein Wirtschaftsmodell mit Zukunft. Wien: Paul Zsolnay.

Ferdinand, J.-P., Petschow, U. und Dickel, S. (2016): The Decentralized and Networked Future of Value Creation: 3D Printing and its Implications for Society, Industry, and Sustainable Development. Progress in IS. Cham: Springer International Publishing.

Ferrando, F. (2014): Is the post-human a post-woman? Cyborgs, robots, artificial intelligence and the futures of gender: a case study. European Journal of Futures Research 2 (1), 43.

Ferrara, E., Varol, O., Davis, C., Menczer, F. und Flammini, A. (2016): The rise of social bots. Communications of the ACM 59 (7), 96–104.

Ferrari, A., Coenen, C. und Grunwald, A. (2012): Visions and ethics in current discourse on human enhancement. Nanoethics 6 (3), 215–229.

Ferretti, J., Daedlow, K., Kopfmüller, J., Winkelmann, M., Podhora, A., Walz, R., Bertling, J. und Helming, K. (2016): Reflexionsrahmen für Forschen in gesellschaftlicher Verantwortung. BMBF-Projekt „LeNa – Nachhaltigkeitsmanagement in außeruniversitären Forschungsorganisationen". Berlin: BMBF.

Fessler, L. (2017): We tested bots like Siri and Alexa to see who would stand up to sexual harassment. New York: Quartz.

Festag, A., Rehme, M. und Krause, J. (2016): Studie Mobilität 2025: Koexistenz oder Konvergenz von IKT für Automotive? Anforderungen der vernetzten Mobilität von morgen an Fahrzeuge, Verkehrs- und Mobilfunkinfrastruktur. Berlin: VDE Verband der Elektrotechnik.

Feynman, R. P. (1986): Quantum mechanical computers. Foundations of Physics 16 (6), 507–531.

Fezer, K.-H. (2017): Dateneigentum der Bürger. Ein originäres Immaterialgüterrecht sui generis an verhaltensgenerierten Informationsdaten der Bürger. ZD 3, 99–105.

Fichter, K. (2003): E-commerce: sorting out the environmental consequences. Journal of Industrial Ecology 6 (2), 25–41.

FICO blog (2019): FICO Financial Inclusion Initiative. A New Way to Score Credit Risk – Psychometric Assessments. Internet: https://www.fico.com/blogs/risk-compliance/a-new-way-to-score-credit-risk-psychometric-assessments/. San José, CA: FICO®.

Fierz, W. (2004): Challenge of personalized health care: to what extent is medicine already individualized and what are the future trends? Medical Science Monitor 10 (5), RA111-RA123.

Finger, M. und Audouin, M. (2018): The Governance of Smart Transportation Systems: Towards New Organizational Structures for the Development of Shared, Automated, Electric and Integrated Mobility. The Urban Book Series. Cham: Springer International Publishing.

Finn, R. L. und Wright, D. (2012): Unmanned aircraft systems: Surveillance, ethics and privacy in civil applications. Computer Law & Security Review 28 (2), 184–194.

Fischer, S. und Geden, O. (2015): The Changing Role of International Negotiations in EU Climate Policy. The International Spectator 50 (1), 1–7.

Fjællingsdal, K. S. und Klöckner, C. A. (2017): ENED-GEM: a conceptual framework model for psychological enjoyment factors and learning mechanisms in educational games about the environment. Frontiers in Psychology 8, 1085ff.

Flamm, K. (2018): Measuring Moore's Law: Evidence from Price, Cost, and Quality Indexes. National Bureau of Economic Research Working Paper Series No. 24553. Cambridge, MA: National Bureau of Economic Research (NBER).

Fleisch, E. (2014): Internet der Dinge. Enzyklopädie der Wirtschaftsinformatik Online-Lexikon. Internet: http://www.enzyklopaedie-der-wirtschaftsinformatik.de/lexikon/technologien-methoden/Rechnernetz/Internet/Internet-der-Dinge/index.html/?searchterm=internet%20der%20dinge. Potsdam: Universität Potsdam.

Flora Incognita (2019): Interaktive Pflanzenbestimmung mit dem Smartphone. Internet: https://floraincognita.com. Ilmenau: Flora Incognita Online an der Technischen Universität Ilmenau.

Floridi, L. (2014): The Fourth Revolution. How the Infosphere is Reshaping Human Reality. Oxford, New York: Oxford University Press.

Floridi, L., Cowls, J., Beltrametti, M., Chatila, R., Chazerand, P., Dignum, V., Luetge, C., Madelin, R., Pagallo, U., Rossi, F., Schafer, B., Valcke, P. und Vayena, E. (2018): AI4People's Ethical Framework for a Good AI Society: Opportunities, Risks, Principles, and Recommendations. Oxford, New York: AI4People.

Flügge, B. (2016): Smart Mobility: Trends, Konzepte, Best Practices für die intelligente Mobilität. Heidelberg, Berlin: Springer.

Foley, J. A., Ramankutty, N., Brauman, K. A., Cassidy, E. S., Gerber, J. S., Johnston, M., Mueller, N. D., O'Connell, C., Ray, D. K. und West, P. C. (2011): Solutions for a cultivated planet. Nature 478 (7369), 337–342.

Folkert, S. und Eichhorn, C. (2007): Innovative Approaches in City Logistics: Alternatives Solution for Home Delivery. Brüssel: Niches-Transport.

Fong, M. (2009): Digital divide: the case of developing countries. Informing Science and Information Technology 6, 471–478.

foodwaste.ch (2018): Aus Liebe zum Essen. Internet: http://foodwaste.ch/. Bern: foodwaste.ch.

Foray, D. (2014): Smart Specialisation: Opportunities and Challenges for Regional Innovation Policy. London: Routledge.

Ford, H. und Wajcman, J. (2017): 'Anyone can edit', not everyone does: Wikipedia and the gender gap. London: LSE Research.

Ford, S. und Despeisse, M. (2016): Additive manufacturing and sustainability: an exploratory study of the advantages and challenges. Journal of Cleaner Production 137, 1573–1587.

Forst, M. (16.02.2018): Elektrobusse gefragt. 45 Städte testen schon den E-Bus: Jetzt geht es 22.000 Dieselbussen an den Kragen. Internet: https://www.focus.de/auto/news/elektrobusse-auf-dem-vormarsch-45-staedte-testen-schon-den-e-bus-jetzt-geht-es-22-000-dieselbussen-an-den-kragen_id_7566595.html. München: FOCUS.

Fourcade, M. (2016): Ordinalization: Lewis A. Coser Memorial award for theoretical agenda setting 2014. Sociological Theory 34 (3), 175–195.

Fourcade, M. und Healy, K. (2016): Seeing like a market. Socio-Economic Review 15 (1), 9–29.

Frach, L., Fehrmann, T. und Pfannes, P. (2016): Measuring digital government: how to assess and compare digitalisation in public sector organisations. In: Falk, S., Römmele, A. und Silverman, M. (Hrsg.): Digital Government: Leveraging Innovation to Improve Public Sector Performance and Outcomes for Citizens. Cham: Springer International Publishing, 25–38.

Fraedrich, E., Beiker, S. und Lenz, B. (2015): Transition pathways to fully automated driving and its implications for the sociotechnical system of automobility. European Journal of Futures Research 3, 1–11.

Francis, R. und Bekera, B. (2014): A metric and frameworks for resilience analysis of engineered and infrastructure systems. Reliability Engineering & System Safety 121, 90–103.

Franck, G. (1998): Ökonomie der Aufmerksamkeit. Ein Entwurf. München: Carl Hanser.

Franquesa, D., Navarro, L. und Bustamante, X. (2016): A circular commons for digital devices: tools and services in eReuse.org. In: Nardi, B. A. (Hrsg.): LIMITS 2016. New York, NY: ACM, 1–9.

Fraser, N. (2010): Kritische Theorie im neuen Strukturwandel der Öffentlichkeit. In: Klein, A., Legrand, J., Leif, T. und Rohwerder, J. (Hrsg.): Ausverkauft und Abgeschaltet? Politische Öffentlichkeit zwischen Pressekrise und digitaler Revolution. Neue Soziale Bewegungen Forschungjournal Heft 3. Stuttgart: Lucius & Lucius, 18–26.

Fraunhofer FOKUS (2016): Public IoT – Das Internet der Dinge im öffentlichen Raum. Berlin: Fraunhofer FOKUS.

Fraunhofer FOKUS (2017): Netzinfrastrukturen für die Gigabitgesellschaft. Berlin: Fraunhofer FOKUS.

Fraunhofer FOKUS, Fraunhofer IAISS und Fraunhofer IML (2018): Urbane Datenräume – Möglichkeiten von Datenaustausch und Zusammenarbeit im urbanen Raum. Berlin: Fraunhofer FOKUS.

Fraunhofer IAO – Fraunhofer-Institut für Arbeitswirtschaft und Organisation (2016): Innovationscluster Urban Production. Internet: http://www.urbanproduction.de. Stuttgart: IAO.

Freedom House (2018): Freedom in the World 2018. Washington, DC: Freedom House.

Freeman, R., McMahon, C. und Godfrey, P. (2016): Design of an integrated assessment of re-distributed manufacturing for the sustainable, resilient city. In: Setchi, R., Howlett, R. J., Liu, Y. und Theobald, P. (Hrsg.): Sustainable Design and Manufacturing 2016. Cham: Springer International Publishing, 601–612.

Frey, C. B. und Osborne, M. (2013): The Future of Employment. Employment: How Susceptible are Jobs to Computerisation? Oxford, UK: The Oxford Martin Programme on Technology and Employment.

Frey, C. B. und Osborne, M. A. (2017): The future of employment: how susceptible are jobs to computerisation? Technological Forecasting and Social Change 114, 254–280.

Frey, C. B., Osborne, M. A. und Holmes, C. (2016): Technology at Work v2.0: The Future Is Not What It Used to Be. Oxford, New York: University of Oxford.

Frey, C. B. und Rahbari, E. (2016): Do Labor-Saving Technologies Spell the Death of Jobs in the Developing World. Paper prepared for the 2016 Brookings Blum Roundtable. Washington, DC: The Brookings Institution.

Friedman, B., Kahn, P. H. und Borning, A. (2006): Value sensitive design and information systems. In: Zhang, P. und Galletta, D. (Hrsg.): Human-Computer Interaction in Management Information Systems: Foundations. New York: Sharpe, 348–372.

Friedrichsmeier, T. und Matthies, E. (2015): Rebound effects in energy efficiency – an inefficient debate? GAIA 24 (2), 80–84.

Fromhold-Eisebith, M. (2017): Cyber physical systems in smart cities – mastering technological, economic and social challenges. In: Song, H., Srinivasan, R., Sookoor, T. und Jeschke, S. (Hrsg.): Smart Cities. London, Chichester: Wiley.

Fromm, J., Hoepner, P., Weber, M. und Welzel, C. (2013): Öffentliche Informationstechnologie: Abgrenzung und Handlungsfelder. Berlin: Kompetenzzentrum Öffentliche IT/Fraunhofer FOKUS.

Fromm, J., Hoepner, P. und Welzel, C. (2014): Referenzmodell Öffentliche IT. Internet: http://www.oeffentliche-it.de/documents/10181/14412/Referenzmodell+%C3%B6ffentliche+IT. Berlin: Kompetenzzentrum Öffentliche IT/Fraunhofer FOKUS.

Fröschle, N. (2017): Engineering von Neuen Bürgerbeteiligungsinstrumenten am Beispiel von Elektromobilität, Feinstaub und Luftreinhaltung. HMD Praxis der Wirtschaftsinformatik 54 (4), 502–517.

FSB – Financial Stability Board (2019): FinTech and Market Structure in Financial Services: Market Developments and Potential Financial Stability Implications. Basel: FSB.

Fu, X. und Akter, S. (2012): Impact of Mobile Telephone on the Quality and Speed of Agricultural Extension Services Delivery: Evidence From the Rural E-Services Project in India. Proceedings of International Association of Agricultural Economists (IAAE) 2012 – Triennial Conference. Oxford, Bangladesh: Oxford University, University Bangladesh.

Fuchs, C. (2008): The implications of new information and communication technologies for sustainability. Environment, Development and Sustainability 10 (3), 291–309.

Fuest, C. (2018): Digitalisierung und Steuerpolitik. Ifo Schnelldienst 71 (14), 21–25.

Fuest, C., Meier, V., Neumeier, F. und Stöhlker, D. (2018): Die Besteuerung der Digitalwirtschaft – Zu den ökonomischen und fiskalischen Auswirkungen der EU-Digitalsteuer, Impulse für die Wirtschaftspolitik. München: IHK für München und Oberbayern.

Fukuyama, F. (2002): Our Posthuman Future: Consequences of the Biotechnology Revolution. New York: Farrar, Straus and Giroux.

Fukuyama, F. (2004): Transhumanism – the world's most dangerous idea. Internet: http://www.au.dk/fukuyama/boger/essay/. Aarhus: Aarhus University.

Fulton, L., Mason, J. und Meroux, D. (2017): Three Revolutions in Urban Transportation. Davis, CA: UC Davis Sustainable Transportation Energy Pathways, IDTP.

Fuss, S., Canadell, J. G., Peters, G. P., Tavoni, M., Andrew, R. M., Ciais, P., Jackson, R. B., Jones, C. D., Kraxner, F. und Nakicenovic, N. (2014): Betting on negative emissions. Nature Climate Change 4 (10), 850–853.

Future Earth (2014): Future Earth 2025 Vision. Paris: Future Earth.

Future of Life Institute (2018): Asilomar AI Principles. Internet: https://futureoflife.org/ai-principles/. Oxford, New York: Future of Life Institute.

FZI (2018): Big Data, Smart Data, next? Berlin: Forschungszentrum Informatik (FZI).

G20 Sustainable Finance Study Group (2018): Sustainable Finance Synthesis Report. New York: G20 Sustainable Finance Study Group.

Gabriel, M. und Pessl, E. (2016): Industry 4.0 and sustainability impacts: critical discussion of sustainability aspects with a special focus on future of work and ecological consequences. Annals of the Faculty of Engineering Hunedoara 14 (2), 1584–2665.

Gabrys, J. (2016): Program Earth. Environmental Sensing Technology and the Making of a Computational Planet. Minneapolis, London: University of Minnesota Press.

Gabrys, J., Pritchard, H. und Barratt, B. (2016): Just good enough data: figuring data citizenships through air pollution sensing and data stories. Big Data & Society 3 (2).

Gallaud, D. und Laperche, B. (2016): Circular Economy, Industrial Ecology and Short Supply Chain. Hoboken, NJ: John Wiley.

Gallipoli, G. und Makridis, C. A. (2018): Structural transformation and the rise of information technology. Journal of Monetary Economics 97, 91–110.

Gao, Y. und Kenworthy, J. (2017): China. In: D., P. und D., S. (Hrsg.): The Urban Transport Crisis in Emerging Economies. Cham: Springer International Publishing, 33ff.

Garcia, D., Kassa, Y. M., Cuevas, A., Cebrian, M., Moro, E., Rahwan, I. und Cuevas, R. (2018): Analyzing gender inequality through large-scale Facebook advertising data. Proceedings of the National Academy of Sciences 115 (27), 6958–6963.

Gartner Inc. (2017): Leading the IoT. Gartner Insights on How to Lead in a Connected World. o.O.: Gartner.

Gaycken, S. (2016): Die neue Macht der Manipulation. Internet: http://www.sueddeutsche.de/politik/aussenansicht-die-neue-macht-der-manipulation-1.3170439. München: Süddeutsche Zeitung.

Gayetskyy, S., Funk, E. und Baryschew, S. (2005): Sensoren. Präsentation. Internet: https://www12.informatik.uni-erlangen.de/edu/robertino/Sensoren.pdf. Erlangen: Universität Erlangen.

GBS – GROUP Business Software (2016): Whitepaper. PKI-Grundlagen – Eine Einführung. Public-Key-Infrastrukturen und die Verschlüsselungsmethoden PGP und S/MIME. Karlsruhe: GROUP Business Software Europa GmbH.

GCIG – Global Commission on Internet Governance (2016): One Internet. Waterloo, London: Centre for International Governance Innovation and Chatham House.

GCSC – Global Commission on the Stability of Cyberspace (2017): Call to Protect the Public Core of the Internet. New Delhi: GCSC.

GCSC – Global Commission on the Stability of Cyberspace (2018a): Call to Protect the Electoral Infrastructure. Bratislava: GCSC.

GCSC – Global Commission on the Stability of Cyberspace (2018b): Definition of the public core, to which the norm applies. Bratislava: GCSC.

GCSC – Global Commission on the Stability of Cyberspace (2018c): Norm Package Singapore. Singapur: GCSC.

GDFA – Green Digital Finance Alliance (2017): Scaling Citizen Action on Climate. ANT Financial's Efforts Towards a Digital Finance Solution. Nairobi: UNEP.

GDI – Geena Davis Institute on Gender in Media (2017): The Reel Truth: Women Aren't Seen or Heard. An Automated Analysis of Gender Representation in Popular Films. Emmitsburg, MD: GDI.

Gebbers, R. und Adamchuk, V. I. (2010): Precision agriculture and food security. Science 327 (5967), 828–831.

Gebler, M., Schoot Uiterkamp, A. J. M. und Visser, C. (2014): A global sustainability perspective on 3D printing technologies. Energy Policy 74, 158–167.

Gegenhuber, T., Ellmer, M. und Scheba, C. (2018): Partizipation von Crowdworkerinnen auf Crowdsourcing-Plattformen: Bestandsaufnahme und Ausblick. Studie Nr. 391. Düsseldorf: Hans-Böckler-Stiftung.

Geisberger, E. und Broy, M. (2012): Integrierte Forschungsagenda Cyber-Physical Systems. Acatech Studie. München: Acatech.

Geissdoerfer, M., Savaget, P., Bocken, N. M. P. und Hultink, E. J. (2017): The circular economy – a new sustainability paradigm? Journal of Cleaner Production 143, 757–768.

Generali Vitality (2019): Noch Fragen. Internet: https://www.generali-vitalityerleben.de/noch-fragen/. München: Generali Vitality GmbH.

Gerke, W. (2012): Elektrische Maschinen und Aktoren. München: Oldenbourg.

Gerwe, O. und Silva, R. (2018): Clarifying the sharing economy: conceptualization, typology, antecendents, and effects. Academy of Management Perspectives doi:10.5465/amp.2017.0010.

GeSI – Global e-Sustainability Initiative (2016): System Transformation. How Digital Solutions Will Drive Progress Towards the Sustainable Development Goals. Summary Report. Brüssel: GeSi.

GeSI – Global e-Sustainability Initiative (2018): Enabling the Global Goals: Evidence of Digital Solutions' Impact on Achieving the Sustainable Development Goals (SDGs). Brüssel: Gesi.

Ghisellini, P., Cialani, C. und Ulgiati, S. (2016): A review on circular economy: The expected transition to a balanced interplay of environmental and economic systems. Journal of Cleaner Production 114, 11–32.

GI – Gesellschaft für Informatik (2018): Unsere ethischen Leitlinien. Bonn: GI.

Giesecke, R., Surakka, T. und Hakonen, M. (2016): Conceptualising Mobility as a Service. 2016 Eleventh International Conference on Ecological Vehicles and Renewable Energies (EVER). Piscataway, NJ: IEEE.

Gifford, R. (2014): Environmental psychology matters. Annual Review of Psychology 65, 541–579.

Gigerenzer, G., Schlegel-Matthies, K. und Wagner, G. G. (2016): Digitale Welt und Gesundheit. eHealth und mHealth – Chancen und Risiken der Digitalisierung im Gesundheitsbereich. Berlin: Sachverständigenrat für Verbraucherfragen (SVRV).

Gilbert, R. J. (2015): E-Books: a tale of digital disruption. Journal of Economic Perspectives 29 (3), 165–184.

GIZ – Gesellschaft für internationale Zusammenarbeit (2018): Transport and Climate Change Week in Berlin: Digital Mobility, New Business Models and Innovative Planning – Sustainable Transport in China. Berlin: GIZ.

Gleich, A. und Gößling-Reisemann, S. (Hrsg.) (2008): Industrial Ecology. Wiesbaden: Vieweg+Teubner.

Global Partnership for Sustainable Development Data (2016): Better Data. Better Decisions. Better Lives. Internet: http://www.data4sdgs.org. o.O.: Global Partnership for Sustainable Development Data.

Global Witness (2017): Spotlight on Corruption. Annual Report 2017. London: Global Witness.

Goddard, M. (2017): The EU General Data Protection Regulation (GDPR): European regulation that has a global impact. International Journal of Market Research 59 (6), 703–705.

Godfray, H. C. J., Beddington, J. R., Crute, I. R., Haddad, L., Lawrence, D., Muir, J. F., Pretty, J., Robinson, S., Thomas, S. M. und Toulmin, C. (2010): Food security: the challenge of feeding 9 billion people. Science 327, 812–818.

Godt, C., Wagner-Ahlfs, C. und Tinnemann, P. (2019): Christine Godt – Equitable Licensing — den Zugang zu Innovationen sichern. Internet: https://band1.dieweltdercommons.de/essays/christine-godt-equitable-licensing-den-zugang-zu-innovationen-sichern/. Bonn: DieWeltderCommons.de.

Goetz, J. L., Keltner, D. und Simon-Thomas, E. (2010): Compassion: an evolutionary analysis and empirical review. Psychological Bulletin 136 (3), 351ff.

Goldfarb, A. und Tucker, C. (2019): Digital economics. Journal of Economic Literature 57 (1), 3–43.

Goldin, I. und Kutarna, C. (2016): Die Zweite Renaissance: Warum die Menschheit vor dem Wendepunkt steht. München: FinanzBuch.

Goodchild, M. F., Guo, H., Annoni, A., Bian, L., de Bie, K., Campbell, F., Craglia, M., Ehlers, M., van Genderen, J., Jackson, D., Lewis, A. J., Pesaresi, M., Remetey-Fülöpp, G., Simpson, R., Skidmore, A., Wang, C. und Woodgate, P. (2012): Next-generation Digital Earth. Proceedings of the National Academy of Sciences 109 (28), 11088–11094.

Goodfellow, I., Bengio, Y. und Courville, A. (2016): Deep Learning. Cambridge, MA: MIT Press.

Goodnight, G. T. und Green, S. (2010): Rhetoric, risk, and markets: the dot-com bubble. Quarterly Journal of Speech 96 (2), 115–140.

Goodwin, I. und Spittle, S. (2002): The European Union and the information society: discourse, power and policy. New Media & Society 4 (2), 225–249.

Google (2018): Artificial Intelligence at Google. Our Principles. Internet: Mountain View: Google.

Göpel, M. (2016): The Great Mindshift. The Anthropocene: Politik – Economics – Society – Science. Cham: Springer International Publishing.

Gordon, R. J. (2014): The Demise of US Economic Growth: Restatement, Rebuttal, and Reflections. National Bureau of Economic Research Working Paper Series No. 19895. Cambridge, MA: National Bureau of Economic Research (NBER).

Gordon, R. J. (2018): Declining American economic growth despite ongoing innovation. Explorations in Economic History 69, 1–12.

Gossen, M. und Schrader, U. (2018): Unternehmerisches Marketing für Suffizienz. Welche Potenziale die Digitalisierung für ein suffizienz-förderndes Marketing bringt. Ökologisches Wirtschaften 33 (1), 8–9.

Government Iceland (2018): Electronic Communications. Internet: https://www.government.is/news/article/2018/01/18/Fjarskipti-Island-ljostengt/. Reykjavik: Ministry of Transport and Local Government.

Graber, R. und Lindemann, T. (2018): Neue Propaganda im Internet. Social Bots und das Prinzip sozialer Bewährtheit als Instrumente der Propaganda. In: Sachs-Hombach, K. und Zywietz, B. (Hrsg.): Fake News, Hashtags & Social Bots. Neue Methoden populistischer Propaganda. Wiesbaden: Springer VS, 51–68.

Grabka, M. M. (2016): Genderspezifische Verteilungseffekte der Digitallisierung. Berlin: DIW.

Graef, I. und Prüfer, J. (2018): Mandated data sharing is a necessity in specific sectors. Economisch Statistische Berichten 103 (4763), 298–301.

Graells-Garrido, E., Lalmas, M. und Menczer, F. (2015): First women, second sex: gender bias in Wikipedia. Proceedings of the 26th ACM Conference on Hypertext & Social Media arXiv:1502.02341v2 [cs.SI], 165–174.

Graetz, G. und Michaels, G. (2018): Robots at work. The Review of Economics and Statistics 100 (5), 753–768.

Graf, G. (2017): Capability Approach. In: Nida-Rümelin, J., Spiegel, I. und Tiedemann, M. (Hrsg.): Handbuch Philosophie und Ethik. Band 2: Disziplinen und Themen. Stuttgart: UTB, 312–317.

Graham, G., Srai, J., Hennelly, P. und Meriton, R. (2017a): The smart city production system. In: Song, H., Srinivasan, R., Sookoor, T. und Jeschke, S. (Hrsg.): Smart Cities. Hoboken, NJ: Wiley, 755–771.

Graham, M., Hjorth, I. und Lehdonvirta, V. (2017b): Digital labour and development: impacts of global digital labour platforms and the gig economy on worker livelihoods. Transfer: European Review of Labour and Research 23 (2), 135–162.

Grant-Muller, S. und Usher, M. (2014): Intelligent transport systems: the propensity for environmental and economic benefits. Technological Forecasting and Social Change 82, 149–166.

Gray, K. (2017): AI can be a troublesome teammate. Harvard Business Review 2, 20–21.

greenApes (2019): greenApes. Internet: https://www.greenapes.com/de/. Florenz: greenApes srl Benefit Corporation.

Gregory, L. (2014): Resilience or Resistance? Time Banking in the Age of Austerity. Journal of Contemporary European Studies 22 (2), 171–183.

Greveler, U., Glösekötter, P., Justus, B. und Loehr, D. (2012): Multimedia Content Identification Through Smart Meter Power Usage Profiles. Kamp-Linfort, Steinfurt: Rhein-Waal University of Applied Sciences, Münster University of Applied Sciences.

Griffin, M. (2017): Dignity in Roman and Stoic thought. In: Debes, R. (Hrsg.): Dignity: A History. Oxford, New York: Oxford University Press.

Grimshaw, D. J. und Kala, S. (2011): Strengthening Rural Livelihoods: The Impact of Information and Communication Technologies in Asia. New Delhi: International Development Research Centre (IDRC).

Groeben, N. und Scheele, B. (1977): Argumente für eine Psychologie des reflexiven Subjekts: Paradigmawechsel vom behavioralen zum epistemologischen Menschenbild. Heidelberg, Berlin: Springer.

Gropp, M. (2016): Von intelligenten Weinbergen und Äckern. Internet: https://www.faz.net/aktuell/wirtschaft/cebit/internet-der-dinge-in-der-landwirtschaft-auf-cebit-2016 14128380.html. Frankfurt/M.: Frankfurter Allgemeine Zeitung.

Gross, M. (2015): Europe's bird populations in decline. Current Biology Magazine 25, 483–485.

Gross-Fengels, S. und Fromhold-Eisebith, M. (2018): Adapting transport related innovations to rural needs: smart mobility and the example of the Heinsberg Region, Germany. In: Franklin, R. S., Van Leeuwen, E. S. und Paez, A. (Hrsg.): Advances in Transport Policy and Planning. Band 2. Cambridge, MA: Academic Press, 125–162.

Grote, U. (2014): Can we improve global food security? A socio-economic and political perspective. Food Security 6 (2), 187–200.

Grote, U. und Neubacher, F. (2016): Rural Crime in Developing Countries: Theoretical Framework, Empirical Findings, Research Needs. ZEF Working Paper Series 148, 43.

Gruber, A. (2017): Chinas Social Credit System: Volle Kontrolle. Internet: http://www.spiegel.de/netzwelt/netzpolitik/china-social-credit-system-ein-punktekonto-sie-alle-zu-kontrollieren-a-1185313.html. Hamburg: Spiegel.

Grunwald, A. (2012): Technikzukünfte als Medium von Zukunftsdebatten und Technikgestaltung. Karlsruher Studien Technik und Kultur. Band 6. Karlsruhe: KIT Scientific Publishing.

Grunwald, A. (2018): Wie wird Big Data unsere Gesellschaft verändern? In: Begleitforschung Smart Data (Hrsg.): Big Data, Smart Data, Next? Berlin: Begleitforschung Smart Data, 55–57.

GSM Association und Boston Consulting Group (2017): Embracing the Digital Revolution Policies for Building the Digital Economy. London: GSMA.

GSMA (2018): Connected Women. The Mobile Gender Gap Report 2018. Barcelona, Los Angeles: GSMA.

GSMA – Groupe Speciale Mobile Association (2014): Smartphones and Mobile Money: The Next Generation of Digital Financial Inclusion. London: GSMA.

Guagnin, D. und Pohle, J. (2019): Welt → Modell → Technik → Welt. FIfF Kommunikation. Zeitschrift für Informatik und Gesellschaft 36 (1), 14–19.

Guellec, D. und Paunov, C. (2017): Digital Innovation and the Distribution of Income. National Bureau of Economic Research Working Paper Series No. 23987. Cambridge, MA: National Bureau of Economic Research (NBER).

Guerreiro, J., Rebelo, S. und Teles, P. (2017): Should Robots be Taxed? National Bureau of Economic Research Working Paper Series No. 23806. Cambridge, MA: National Bureau of Economic Research (NBER).

Gunes, V., Steffen, P., Givargis, T. und Vahid, F. (2014): A survey on concepts, applications, and challenges in cyber-physical systems. KSII Transactions on Internet and Information Systems 8 (12), 4242–4268.

Günthner, W. A., Chisu, R. und Kuzmany, F. (2008): Internet der Dinge – Zukunftstechnologie mit Kostenvorteil. F+H Fördern und Heben 58 (10), 556558.

Guriev, S. (2018): Economic drivers of populism. AEA Papers and Proceedings 108, 200–203.

Gutiérrez, G. und Philippon, T. (2019): Fading Stars. National Bureau of Economic Research Working Paper Series No. 25529. Cambridge, MA: National Bureau of Economic Research (NBER).

Gyldensted, C. (2018): From Mirrors to Movers. Palo Alto, CA: issuu.

Habermas, J. (1981): Theorie des kommunikativen Handelns. Zur Kritik der funktionalistischen Vernunft. Frankfurt/M.: Suhrkamp.

Habermas, J. (1992): Faktizität und Geltung. Beiträge zur Diskurstheorie des Rechts und des demokratischen Rechtsstaates. Frankfurt/M.: Suhrkamp.

Haboudane, D., Miller, J. R., Tremblay, N., Zarco-Tejada, P. J. und Dextraze, L. (2002): Integrated narrow-band vegetation indices for prediction of crop chlorophyll content for application to precision agriculture. Remote Sensing of Environment 81 (2), 416–426.

Haerter, J. O., Jamtveit, B. und Mathiesen, J. (2012): Communication dynamics in finite capacity social networks. Physical Review Letters 109 (16), 168–701.

Hafner, M., Tagliapietra, S., Falchetta, G. und Occhiali, G. (2019): Renewables for Energy Access and Sustainable Development in East Africa. Cham: Springer International Publishing.

Hagemann, H. (2017): Nachhaltigkeitsranking Onlineshops 2017. Wie gut Verbraucherinnen und Verbraucher über Produkte informiert werden. Diskussionspapier 86. Berlin: IÖW.

Hagendorff, T. (2016a): Empathie-Maschinen? Soziale Folgen der Verbreitung von Virtual-Reality-Datenbrillen. Medienobservationen. München: LMU München.

Hagendorff, T. (2016b): Vertrauen ins Netz. In: Büttner, B., Geminn, C. L., Hagendorff, T., Lamla, J., Ledder, S., Ochs, C., Lamla, F. P. J. und Pittroff, F. (Hrsg.): Die Reterritorialisierung des Digitalen. Kassel: Kassel University Press, 127–134.

Hagner, M. (2018): Open access, data capitalism and academic publishing. Swiss Medical Weekly 148, 1–8.

Haimson, O. und Hoffmann, A. L. (2016): Constructing and enforcing „authentic" identity online: Facebook, real names, and non-normative identities. First Monday 21 (6), 18.

Hale, T. und Held, D. (2017): Why is the Anti-Global Backlash Happening Now? Internet: https://www.weforum.org/agenda/2017/11/anti-globalization-brexit-backlash-nationalism-control/. Cologny: World Economic Forum (WEF).

Haller, A. (2017): Der Wahlkampf im Netz. Twitter, Facebook, Social Bots, Fake News und die Folgen. Politische Studien 68 (474), 12–21.

Hallmann, C. A., Sorg, M., Jongejans, E., Siepel, H., Hofland, N., Schwan, H., Stenmans, W., Müller, A., Sumser, H. und Hörren, T. (2017): More than 75 percent decline over 27 years in total flying insect biomass in protected areas. PloS one 12 (10), 21.

Hamari, J., Sjöklint, M. und Ukkonen, A. (2016): The sharing economy: Why people participate in collaborative consumption. Journal of the Association for Information Science and Technology 67 (9), 2047–2059.

Hamilton, K. (2000): Genuine Saving as a Sustainability Indicator. Environment Department Papers No. 77. Environmental Economics Series. Internet: http://documents.worldbank.org/curated/en/908161468740713285/Genuine-saving-as-a-sustainability-indicator. Washington, DC: World Bank.

Hamilton, S. (2017): Governing through the Climate: Climate Change, the Anthropocene, and Global Governmentality. PhD Thesis. London: London School of Economics and Political Science, Department of International Relations.

Hampson, G. (2017): OSI2017 Summary Report. Open Scholarship Initiative Proceedings 2, 1–41.

Hampton, S. E., Strasser, C. A., Tewksbury, J. J., Gram, W. K., Budden, A. E., Batcheller, A. L., Duke, C. S. und Porter, J. H. (2013): Big data and the future of ecology. Frontiers in Ecology and the Environment 11 (3), 156–162.

Hanafizadeh, M. R., Saghaei, A. und Hanafizadeh, P. (2009): An Index for Cross-country Analysis of ICT Infrastructure and Access. Telecommunications Policy 33, 385–405.

Hansen, M. C., Potapov, P. V., Moore, R., Hancher, M., Turubanova, S. A. A., Tyukavina, A., Thau, D., Stehman, S. V., Goetz, S. J. und Loveland, T. R. (2013): High-resolution global maps of 21st-century forest cover change. Science 342, 850–853.

Harari, Y. N. (2015): Homo Deus: A Brief History of Tomorrow. London: Harvill Secker.

Harari, Y. N. (2017): Reboot for the AI revolution. Nature 550, 324–327.

Harari, Y. N. (2018): 21 Lessons for the 21st Century. London: Penguin Books.

Haraway, D. (1991): A Cyborg Manifesto: science, technology, and socialist-feminism in the late twentieth century. In: Haraway, D. J. (Hrsg.): Simians, Cyborgs and Women: The Reinvention of Nature. London: Free Association Press.

Hargittai, E. und Hsieh, Y. P. (2013): Digital Inequality. The Oxford Handbook of Internet Studies. Oxford, New York: Oxford University Press.

Harrison Dinniss, H. und Kleffner, J. (2018): Soldier 2.0: military human enhancement and international law. In: Heintschel von Heinegg, W., Frau, R. und Singer, T. (Hrsg.): Dehumanization of Warfare: Legal Implications of New Weapon Technologies. Heidelberg, Berlin: Springer, 163–205.

Hart, P. S. (2011): One or many? The influence of episodic and thematic climate change frames on policy preferences and individual behavior change. Science Communication 33 (1), 28–51.

Hartleb, F. (2017): Blick über den Tellerrand. Estland – eine digitale Erfolgsgeschichte. In: Bertelsmann Stiftung (Hrsg.): Perspektive Smart Country – Wie digitale Transformationen unser Leben verändern. Gütersloh: Bertelsmann Stiftung, 38–39.

Hassanalian, M. und Abdelkefi, A. (2017): Classifications, applications, and design challenges of drones: a review. Progress in Aerospace Sciences 91 (SC), 99–131.

Haucap, J. und Heimeshoff, U. (2014): Google, Facebook, Amazon, eBay: is the Internet driving competition or market monopolization? International Economics and Economic Policy 11 (1–2), 49–61.

Hausladen, I., Dachsel, B. und Haas, A. (2015): Trends and Potentials of City Logistics Concepts in the Age of E-Commerce from a Sustainability Perspective. HHL Working Paper 147. Leipzig: Handelshochschule (HHL).

Hawking, S. (2017): Stephen Hawking Warns Artficial Intelligence 'May Replace Humans Altogether' (zit. nach Aatif Sulleyman). Internet: http://www.independent.co.uk/life-style/gadgets-and-tech/news/stephen-hawking-artificial-intelligence-fears-ai-will-replace-humans-virus-life-a8034341.html. London: The Independent.

Hawthorne, S. und Klein, R. (1999): Cyberfeminism: Connectivity, Critique and Creativity. North Melbourne: Spinifex Press.

Hayles, N. K. (1999): How we Became Posthuman. Virtual Bodies in Cybernetics, Literature, and Informatics. Chicago, London: The University of Chicago Press.

HAZ – Hannoversche Allgemeine Zeitung (2018): Förster schrecken Holzdiebe mit GPS-Technik ab. Internet: http://www.haz.de/Nachrichten/Der-Norden/Uebersicht/Foerster-schrecken-Holzdiebe-in-Niedersachsen-mit-GPS-Technik-ab. Hannover: HAZ.

HDE – Handelsverband Deutschland (2015): Branchenreport Einzelhandel. Der Handel als Wirtschaftsfaktor. Berlin: HDE.

He, D., Leckow, R., Haksar, V., Mancini-Griffoli, T., Jenkinson, N., Kashima, M., Khiaonarong, T., Rochon, C. und Tourpe, H. (2017): Fintech and Financial Services: Initial Considerations. IMF Staff Discussion Note. Genf: International Monetary Fund (IMF).

Heacock, M., Kelly, C. B., Asante, K. A., Birnbaum, L. S., Bergman, Å. L., Bruné, M.-N., Buka, I., Carpenter, D. O., Chen, A. und Huo, X. (2016): E-waste and harm to vulnerable populations: a growing global problem. Environmental health perspectives 124 (5), 550–555.

Heasman, J. und Movle, S. (2009): United States Patent Application Publication US 2005/0251570 A1: Intrusion Detection System. Washington, DC: United States Patent and Trademark Office.

Hebert, P. D. N., Cywinska, A., Ball, S. L. und DeWaard, J. R. (2003): Biological identifications through DNA barcodes. Proceedings of the Royal Society of London. Series B: Biological Sciences 270 (1512), 313–321.

Hebert, P. D. N., Hollingsworth, P. M. und Hajibabaei, M. (2016): From writing to reading the encyclopedia of life. Philosophical Transactions of the Royal Society B 371, 1–9.

Heesen, J. (2016): Handbuch Medien-und Informationsethik. Stuttgart: Metzler.

Hegmann, G. (2016): Amazon plant Warenhaus-Luftschiffe über Städten. Internet: https://www.welt.de/wirtschaft/article160688312/Amazon-plant-Warenhaus-Luftschiffe-ueber-Staedten.html. Berlin: Die Welt.

Heilmann, S. (2017): Big Data Reshapes China's Approach to Governance. Internet: https://www.merics.org/en/blog/big-data-reshapes-chinas-approach-governance. Berlin: Mercator Institute for China Studies.

Heimbach-Steins, M. und Stockmann, N. (2019): Ein Impuls zur „ökologischen Umkehr" – Die Enzyklika Laudato si' und die Rolle der Kirche als Change Agent. In: Heimbach-Steins, M. und Schlacke, S. (Hrsg.): Die Enzyklika Laudato si'. Ein interdisziplinärer Nachhaltigkeitsansatz. Baden-Baden: Nomos, 11–54.

Heinen, R. und Kerres, M. (2015): Individuelle Förderung mit digitalen Medien – Handlungsfelder für die systematische, lernförderliche Integration digitaler Medien in Schule und Unterricht. In: Bertelsmann Stiftung (Hrsg.): Individuell fördern mit digitalen Medien: Chancen, Risiken, Erfolgsfaktoren. Gütersloh: Bertelsmann Stiftung, 96–156.

Helbing, D. (2017): From remote-controlled to self-controlled citizens. The European Physical Journal Special Topics 226 (2), 313–320.

Helbing, D. (2018): Datensammelwut gefährdet die Demokratie. Internet: http://www.sueddeutsche.de/digital/digitale-privatsphaere-datensammelwut-gefaehrdet-die-demokratie-1.3916697. München: Süddeutsche Zeitung.

Helbing, D., Frey, B. S., Gigerenzer, G., Hafen, E., Hagner, M., Hofstetter, Y., van den Hoven, J., Zicari, R. V. und Zwitter, A. (2015): IT-Revolution. Digitale Demokratie statt Datendiktatur. Internet: http://www.spektrum.de/news/wie-algorithmen-und-big-data-unsere-zukunft-bestimmen/1375933. Heidelberg: Spektrum der Wissenschaft.

Heller, M. (2012): Die Tragik der Anti-Allmende. In: Helfrich, S. und Heinrich-Böll-Stiftung (Hrsg.): Commons. Für eine neue Politik jenseits von Markt und Staat. Bielefeld: transcript, 93–98.

Helm, D. (2017): Burn Out. New Haven, London: Yale University Press.

Henry, R. C., Engström, K., Olin, S., Alexander, P., Arneth, A. und Rounsevell, M. D. A. (2018): Food supply and bioenergy production within the global cropland planetary boundary. PLOS ONE 13 (3), 1–17.

Henseling, C., Hobelsberger, C., Flick, C. und Behrendt, S. (2018): Nachhaltige Entwicklungsperspektiven für Geschäftsmodelle des Peer-to-Peer Sharing. PeerSharing Arbeitsbericht 6. Berlin, Heidelberg: IÖW, IZT, ifeu.

Herbig, D. (2019): Aquila: Facebook stampft Internet-Drohnen ein. Internet: https://www.heise.de/newsticker/meldung/Aquila-Facebook-stampft-Internet-Drohnen-ein-4092855.html. Hannover: Heise.

Herman, R., Ardekani, S. A. und Ausubel, J. H. (1990): Dematerialization. Technological Forecasting and Social Change 38 (4), 333–347.

Hermanowski, R., Nefzger, N., Spory, K. und Schwab, B. (2018): Ein langer Atem zahlt sich aus. Ökologie & Landbau 4, 27–30.

Herweijer, C., Combes, B., Johnson, L., McCargow, R., Bhardwaj, S. und Jackson, B. (2017): Enabling a Sustainable Fourth Industrial Revolution: How G20 Countries Can Create the Conditions for Emerging Technologies to Benefit People and the Planet. Hamburg: G20 Germany 2017.

Herzig, B. (2014): Wie wirksam sind digitale Medien im Unterricht? Gütersloh: Bertelsmann Stiftung.

Hey, T. und Trefethen, A. (2003): The Data Deluge: An e-Science Perspective. Southampton: University of Southampton.

Heyen, N. B. (2016): Digitale Selbstvermessung und Quantified Self. Potentiale, Risiken und Handlungsoptionen. Karlsruhe: Fraunhofer ISI.

Hickmann, C. (2013): Debatte um bewaffnete Drohnen. „Immer entscheidet ein Mensch". Internet: https://www.sueddeutsche.de/politik/debatte-um-bewaffnete-drohnen-immer-entscheidet-ein-mensch-1.1584736. München: Süddeutsche Zeitung.

Higon, D. A., Gholami, R. und Shirazi, F. (2017): ICT and environmental sustainability: a global perspective. Telematics and Informatics 34 (4), 85–95.

Hilbig, S. (2017): Digitalisierung birgt Risiken für globalen Süden. Internet: https://info.brot-fuer-die-welt.de/blog/digitalisierung-birgt-risiken-globalen-sueden. Berlin: Brot für die Welt.

Hill, A. P., Prince, P., Piña Covarrubias, E., Doncaster, C. P., Snaddon, J. L. und Rogers, A. (2018): AudioMoth: Evaluation of a smart open acoustic device for monitoring biodiversity and the environment. Methods in Ecology and Evolution 9 (5), 1199–1211.

Hill Collins, P. und Bilge, S. (2016): Intersectionality. Key Concepts Series. Cambridge, MA: Polity Press.

Hillje, J. (2019): Einleitung. In: Hillje, J. (Hrsg.): Plattform Europa. Warum wir schlecht über die EU reden und wie wir den Nationalismus mit einem neuen digitalen Netzwerk überwinden können. Bonn: Dietz, 7–19.

Hilty, L. M. (2008): Information Technology and Sustainability: Essays on the Relationship Between ICT and Sustainable Development. Norderstedt: Books on Demand.

Hilty, L. M. (2012): Why energy efficiency is not sufficient – some remarks on „Green by IT". In: Arndt, H. K. (Hrsg.): EnviroInfo 2012. 26th International Conference Informatics for Environmental Protection. Herzogenrath: Shaker, 13–20.

Hilty, L. M. und Aebischer, B. (2015): ICT for sustainability: An emerging research field. In: Hilty, L. und Aebischer, B. (Hrsg.): ICT Innovations for Sustainability. Heidelberg, Berlin: Springer, 3–36.

Hilty, L., Naumann, S., Maksimov, Y., Kern, E., Filler, A., Guldner, A. und Gröger, J. (2017): Kriterienkatalog für nachhaltige Software. Freiburg: Öko-Institut, Hochschule Trier, Universität Zürich.

Hines, J. M., Hungerford, H. R. und Tomera, A. N. (1987): Analysis and synthesis of research on responsible environmental behavior: a meta-analysis. The Journal of Environmental Education 18 (2), 1–8.

Hochschulforum Digitalisierung (2019): Digital Learning Map. Internet: https://hochschulforumdigitalisierung.de/. Essen: Hochschulforum Digitalisierung.

Hodgson, C. (2015): Can the Digital Revolution be Environmentally Sustainable? Internet: https://www.theguardian.com/global/blog/2015/nov/13/digital-revolution-environmental-sustainable. London: The Guardian.

Hodgson, G. M. (2016): The Future of Work in the Twenty-First Century. Journal of Economic Issues 50 (1), 197–216.

Hoepner, P. (2017): Datenschutz und Technik: Ein Informationspapier. Berlin: Kompetenzzentrum Öffentliche IT (ÖFIT).

Hoepner, P., Weber, M., Tiemann, J., Welzel, C., Goldacker, G., Stemmer, M., Weigand, F., Fromm, J., Opiela, N. und Henckel, L. (2016): Digitalisierung des Öffentlichen. In: Fromm, J. (Hrsg.): Berlin: Kompetenzzentrum Öffentliche IT (ÖFIT), 112ff.

Hoffman, S. (2018): Social Credit. Technology-Enhanced Authoritarian Control With Global Consequences. Canberra: Australian Strategic Policy Institute Limited (ASPI).

Hoffmann, C. und Schulz, S. E. (2015): Die digitale Dimension der Grundrechte: das Grundgesetz im digitalen Zeitalter. Baden-Baden: Nomos.

Hoffmann-Riem, W. (2016): Regulierte Selbstregulierung im digitalen Kontext. In: Fehling, M. und Schliesky, U. (Hrsg.): Neue Macht- und Verantwortungsstrukturen in der digitalen Welt. Baden-Baden: Nomos, 27–51.

Höfling, W. (2018): Art. 1 Schutz der Menschenwürde, Menschenrechte, Grundrechtsbindung. In: Sachs, M. (Hrsg.): Grundgesetz. Kommentar. München: Beck.

Hofmann, J. (2017): Internet Governance. Expertise für das WBGU-Hauptgutachten „Unsere gemeinsame digitale Zukunft". Internet: www.wbgu.de/de/publikationen/publikation/unsere-gemeinsame-digitale-zukunft#sektion-expertisen. Berlin: WBGU.

Holland, B. und Linch, A. (2016): Cultivating human and non-human capabilities for mutual flourishing. In: Gabrielson, T., Hall, C., Meyer, J. M. und Schlosberg, D. (Hrsg.): The Oxford Handbook of Environmental Political Theory. Oxford, New York: Oxford University Press, 413–428.

Holzinger, K. und Sommerer, T. (2011): 'Race to the bottom' or 'race to Brussels'? Environmental competition in Europe. Journal of Common Market Studies 49 (2), 315–339.

Homeister, M. (2015): Quantum Computing verstehen. Grundlagen – Anwendungen – Perspektiven. Wiesbaden: Springer VS.

Homrich, A. S., Galvão, G., Abadia, L. G. und Carvalho, M. M. (2018): The circular economy umbrella: Trends and gaps on integrating pathways. Journal of Cleaner Production 175, 525–543.

Hopkins, G. W. und Freckleton, R. P. (2002): Declines in the numbers of amateur and professional taxonomists: implications for conservation. Animal Conservation 5 (3), 245–249.

Horelli, L. (Bechtel, R. B. und Curchman, A.) (2002): A methodology of participatory planning. New York: Wiley.

Hörisch, J. (2015): The role of sustainable entrepreneurship in sustainability transitions: a conceptual synthesis against the background of the multi-level perspective. Administrative Sciences 5 (4), 286–300.

Horowitz, M. und Scharre, P. (2015): Meaningful Human Control in Weapons Systems: A Primer. Washington, DC: Center for a New American Security.

Horton, J. J. und Zeckhauser, R. J. (2016): Owning, Using and Renting: Some Simple Economics of the „Sharing Economy". National Bureau of Economic Research Working Paper Series No. 22029. Cambridge, MA: National Bureau of Economic Research (NBER).

Horvath, S. (2012): Aktueller Begriff. Internet der Dinge. Berlin: Deutscher Bundestag.

Hosseini, H. und Poovendran, R. (2018): Semantic adversarial examples. arXiv preprint:1804.00499, 1–6.

Hoynes, H. W. und Rothstein, J. (2019): Universal Basic Income in the US and Advanced Countries. National Bureau of Economic Research Working Paper Series No. 25538. Cambridge, MA: National Bureau of Economic Research (NBER).

HRC – Human Rights Council (2015): The Right to Privacy in the Digital Age. Resolution A/HRC/RES/28/16. New York: HRC.

HRC – Human Rights Council (2018): Report of the Special Rapporteur on the Right to Privacy. Resolution A/HRC/37/62. New York: HRC.

HRW – Human Rights Watch (2018): World Report 2018. Events of 2017. Washington, DC: HRW.

Hu, X., Nielsen-Gammon, J. W. und Zhang, F. (2010): Evaluation of three planetary boundary layer schemes in the WRF model. Journal of Applied Meteorology and Climatology 49 (9), 1831–1844.

Hua, S. (2017): Wie sich Alibaba die Shopping-Zunkunft vorstellt. Internet: https://www.handelsblatt.com/unternehmen/handel-konsumgueter/kauforgie-in-china-wie-sich-alibaba-die-shopping-zukunft-vorstellt/20571808.html. Frankfurt/M.: Handelsblatt.

Huisman, J., Botezatu, I., Herreras, L., Liddane, M., Hintsa, J., Luda di Cortemiglia, V. und Bonzio, A. (2015): Countering WEEE Illegal Trade (CWIT). Summary Report. Market Analysis, Legal Analysis, Crime Analysis and Recommendations Roadmap. Lyon: WEEE Forum.

Humle, T., Duffy, R., Roberts, D. L., Sandbrook, C., St John, F. V. und Smith, R. J. (2014): Biology's drones: undermined by fear. Science 344 (6190), 1351–1351.

Hungerford, H. R. und Volk, T. L. (1990): Changing learner behavior through environmental education. The Journal of Environmental Education 21 (3), 8–21.

Hurley, M. und Adebayo, J. (2016): Credit scoring in the era of big data. Yale Journal of Law and Technology 18 (1), 70.

Huss, N., Lewandowski, D., Sander-Beuermann, W. und Ude, A. (2019): Proposal for an Open Web Index. Hannover: SUMA-EV – Verein für freien Wissenszugang.

Hutter, M. (2012): One decade of universal artificial intelligence. In: Wang, P. und Goertze, B. (Hrsg.): Theoretical Foundations of Artificial General Intelligence. Paris: Atlantis Press, 67–88.

Hutter, R. (2002): „Cyber-Terror": Risiken im Informationszeitalter. Aus Politik und Zeitgeschichte 10–11, 31–39.

Huyer, S. (2015): Is the gender gap narrowing in science and engineering? In: UNESCO – United Nations Educational Scientific and Cultural Organization (Hrsg.): UNESCO Science Report. Paris: UNESCO Publishing, 84–103.

IAASTD – International Assessment of Agricultural Knowledge Science and Technology for Development (2009): Weltagrarbericht. Synthesebericht. Hamburg: Hamburg University Press.

Ibisch, P. L., Geyer, J., Walk, H., Mihotovic, V., Conrad, A. und Molitor, H. (2018): Der Mensch im globalen Ökosystem: Eine Einführung in die nachhaltige Entwicklung. München: oekom.

Ibold, S. und Retzer, S. (2018): Overview of China's Five-Year Plans in the Transport Sector: Issue 1 – Transportation in the 13th Five-Year Plan for Economic and Social Development of the People's Republic of China 2016–2020. Internet: https://www.sustainabletransport.org/archives/5588. Berlin: Sustainable Transport in China Blog.

ICANN – Internet Corporation for Assigned Names and Numbers (2018): ICANN Policy. Internet: https://www.icann.org/policy. Los Angeles, CA: ICANN.

ICANN – Internet Corporation for Assigned Names and Numbers (2019): Bylaws for the Internet Corporation for Assigned Names and Numbers Internet: https://www.icann.org/resources/pages/governance/bylaws-en. Los Angeles, CA: ICANN.

ICARUS-Initiative (2019): ICARUS-Initiative: International Cooperation for Animal Research Using Space. Internet: https://www.icarus.mpg.de/de. Seewiesen: MPI für Ornithologie.

ICES – International Council for the Exploration of the Sea (2018): ICES Annual Report 2017. Kopenhagen: ICES.

ICRISAT – International Crops Research Institute for the Semi-Arid Tropics (2016): Microdosing in Africa. Internet: https://www.icrisat.org/microdosing-techniques/. Montpellier: ICRISAT und CGIAR System Organization.

IDC – International Data Corporation (2014): Executive Summary. Data Growth, Business Opportunities, and the IT Imperatives. Internet: https://germany.emc.com/leadership/digital-universe/2014iview/executive-summary.htm. Framingham, MA: IDC.

IEA – International Energy Agency (2017a): Digitalization & Energy. Paris: IEA.

IEA – International Energy Agency (2017b): Energy Access Outlook. From Poverty to Prosperity. Paris: IEA.

IEA – International Energy Agency (2017c): Energy Technology Perspectives 2017. Catalysing Energy Technology Transformations. Executive Summary. Paris: IEA.

IEEE – Institute of Electrical and Electronics Engineers (2016): Ethically Aligned Design. A Vision for Prioritizing Human Wellbeing With Artificial Intelligence and Autonomous Systems. Version 1. New York: IEEE.

IFAD – International Fund for Agricultural Development und UNEP – United Nations Environment Programme (2013): Smallholders, Food Security, and the Environment. Nairobi: IFAD, UNEP.

IFAW – Internationaler Tierschutz-Fonds (2014): Wanted – Dead or Alive: Der Online-Handel mit Wildtieren und Wildtierprodukten. Hamburg: IFAW.

IFOK (2016): Industrie 4.0 und Nachhaltigkeit: Chancen und Risiken für die Nachhaltige Entwicklung. Bericht für den Rat für Nachhaltige Entwicklung (RNE). Berlin: IFOK GmbH.

IFPRI – International Food Policy Research Institute (2018): Global Food Policy Report 2018. Washington, DC: IFPRI.

IGF – Internet Governance Forum (2017): IGF Best Practice Forum on Gender: Gender and Access (2016): Overcoming Barriers to Enable Women's Meaningful Internet Access. New York: IGF.

IGF – Internet Governance Forum (2018a): Best Practice Forum Gender & Access (2017): Unique Challenges for Unique Women. Genf: IGF.

IGF – Internet Governance Forum (2018b): The Charter of Human Rights and Principles for the Internet. Genf: IGF.

Ikenberry, G. J. (2018): The end of liberal international order? International Affairs 94 (1), 7–23.

ILO – International Labour Organization (2018): World Employment and Social Outlook 2018: Greening with Jobs. Genf: ILO.

ILO – International Labour Organization (2019): Work for a brighter future - Global Commission on the Future of Work. Genf: ILO.

IMF – International Monetary Fund (2018): Fiscal Monitor: Capitalizing on Good Times. World Economic and Financial Surveys. Washington, DC: IMF.

Imhof, K. (2011): Die Krise der Öffentlichkeit. Kommunikation und Medien als Faktoren des sozialen Wandels. Frankfurt/M.: Campus.

Information Technology Industry Council (2017): AI Policy Principles. Washington, DC: Information Technology Industry Council.

IPBES – Intergovernmental Science-Policy Platform on Biodiversity and Ecosystem Services (2018): Summary for Policymakers of the Thematic Assessment Report on Land Degradation and Restoration of the Intergovernmental Science-Policy Platform on Biodiversity and Ecosystem Services. Bonn: IPBES.

IPBES – Intergovernmental Science-Policy Platform on Biodiversity and Ecosystem Services (2019): Summary for Policymakers of the Global Assessment Report on Biodiversity and Ecosystem Services. IPBES/7/L.4. Paris: IPBES.

IPCC – Intergovernmental Panel on Climate Change (2018): Global warming of 1.5°C. An IPCC Special Report on the Impacts of Global Warming of 1.5°C Above Pre-Industrial Levels and related Global Greenhouse Gas Emission Pathways, in the Context of Strengthening the Global Response to the Threat of Climate Change, Sustainable Development, and Efforts to Eradicate Poverty. Summary for Policymakers. Genf: IPCC.

ipgarten.de (2019): ipgarten.de. Internet: http://ipgarten.de/. Berlin: IPGarten.de.

IRENA – International Renewable Energy Agency (2016): Innovation Outlook. Renewable Mini-Grids. Abu Dhabi: IRENA.

IRENA – International Renewable Energy Agency (2019): Off-Grid Renewable Energy Solutions to Expand Electricity Access: An Opportunity Not to Be Missed. Abu Dhabi: IRENA.

Irie, N. R., Hsu, Y.-C. und Ching, Y.-H. (2018): Makerspaces in diverse places: a comparative analysis of distinctive national discourses surrounding the maker movement and education in four countries. TechTrends 63 (4), 397–407.

Irimia-Vladu, M. (2014): „Green" electronics: biodegradable and biocompatible materials and devices for sustainable future. Chemical Society Reviews 43 (2), 588–610.

Irmen, A. (2018): Technological Progress, the Supply of Hours Worked, and the Consumption-Leisure Complementarity. CESifo Working Papers No. 6843. München: CESifo.

Islam, M. (2011): Adoption of Mobile Phones Among the Farmers: A Case Study From Rural Bangladesh. Thesis – VT11 Campus IK4003. Örebrö: Örebro University, Swedish Business School.

ISSC – International Social Science Council und UNESCO – United Nations Educational Scientific and Cultural Organization (2013): World Social Science Report 2013. Changing Global Environments. Paris: OECD Publishing und UNESCO Publishing.

Ito, J. (2018): Resisting Reduction. Designing our Complex Future with Machines. Version 1.2. Cambridge, MA: MIT Press.

ITU – International Telecommunication Union (2017a): ICT Facts and Figures 2017. Genf: ITU.

ITU – International Telecommunication Union (2017b): Fast Forward Progress: Leveraging Tech to Achieve the Global Goals. Genf: ITU.

ITU – International Telecommunication Union (2018): Key ICT Indicators for Developed and Developing Countries and the World. (Stand: November 2018). Genf: ITU.

ITU – Telecommunication Union und UNESCO – United Nations Educational Scientific and Cultural Organization (2014): Means of Transformation: Harnessing Broadband for the Post-2015 Development Agenda. Genf, New York: ITU/UNESCO Broadband Commission for Digital Development.

itwissen.info (2013): Embedded System. Internet: http://www.itwissen.info/Embedded-System-embedded-system-ES.html. Peterskirchen: DATACOM Buchverlag.

itwissen.info (2017): Sicherheitsinfrastruktur. Internet: https://www.itwissen.info/Sicherheitsinfrastruktur-public-key-infrastructure-PKI.html. Peterskirchen: itwissen.info.

IVW – Informationsgemeinschaft zur Feststellung der Verbreitung von Werbeträgern (2018): Auflagenliste 1/2018. Berlin: IVW.

IVW – Informationsgemeinschaft zur Feststellung der Verbreitung von Werbeträgern (2019): Auflagenzahlen des 4. Quartals 2018, Pressemitteilung 17.01.2019. Internet: https://www.ivw.eu/print/quartalsauflagen/pressemitteilungen/auflagenzahlen-des-4-quartals-2018. Berlin: IVW.

Jacob, D. (2018): Mehr als nur ein Adressbuch: Wie ICANN politische Autorität ausübt und warum es darüber zunehmend Streit gibt. Internet: https://www.theorieblog.de/index.php/2018/06/mehr-als-nur-ein-adressbuch-wie-icann-politische-autoritaet-ausuebt-und-warum-es-darueber-zunehmend-streit-gibt/. Hannover: Theorieblog.de.

Jacob, D. und Thiel, T. (2017): Politische Theorie und Digitalisierung. Baden-Baden: Nomos.

Jacobson, M. Z., Delucchi, M. A., Bauer, Z. A. F., Goodman, S. C., Chapman, W. E., Cameron, M. A., Bozonnat, C., Chobadi, L., Clonts, H. A., Enevoldsen, P., Erwin, J. R., Fobi, S. N., Goldstrom, O. K., Hennessy, E. M., Liu, J., Lo, J., Meyer, C. B., Morris, S. B., Moy, K. R., O'Neill, P. L., Petkov, I., Redfern, S., Schucker, R., Sontag, M. A., Wang, J., Weiner, E. und Yachanin, A. S. (2017): 100% clean and renewable wind, water, and sunlight all-sector energy roadmaps for 139 countries of the world. Joule 1 (1), 108–121.

Jacoby, C. und Braun, N. (2016): Neue Mobilitätsformen und -technologien – Merkmale und Potenziale für eine nachhaltige Raumentwicklung. In: Jacoby, C. und Wappelhorst, S. (Hrsg.): Potenziale neuer Mobilitätsformen und -technologien für eine nachhaltige Raumentwicklung. Arbeitsberichte der ARL. Hannover: ARL, 1–47.

Jacoby, C. und Wappelhorst, S. (2016): Potenziale neuer Mobilitätsformen und -technologien für eine nachhaltige Raumentwicklung – Fazit und Ausblick. In: Jacoby, C. und Wappelhorst, S. (Hrsg.): Potenziale neuer Mobilitätsformen und -technologien für eine nachhaltige Raumentwicklung. Arbeitsberichte der ARL. Hannover: ARL, 205–219.

Jahnke, B. (2014): Kryptographie. Online-Lexikon. Internet: http://www.enzyklopaedie-der-wirtschaftsinformatik.de/lexikon/technologien-methoden/Informatik--Grundlagen/Kryptographie. Potsdam: Enzyklopädie der Wirtschaftsinformatik.

James, S. A., Soltis, P. S., Belbin, L., Chapman, A. D., Nelson, G., Paul, D. L. und Collins, M. (2018): Herbarium data: Global biodiversity and societal botanical needs for novel research. Applications in plant sciences 6 (2), 1–8.

Janasz, T. und Schneidewind, U. (2017): The future of automobility. In: Oswald, G. und Kleinemeier, M. (Hrsg.): Shaping the Digital Enterprise. Trends and Use Cases in Digital Innovation. Heidelberg, Berlin: Springer, 253–285.

Janiesch, C. (2017): Cyber-physische Systeme – Enzyklopaedie der Wirtschaftsinformatik. Internet: http://www.enzyklopaedie-der-wirtschaftsinformatik.de/lexikon/informationssysteme/Sektorspezifische-Anwendungssysteme/cyber-physische-systeme/cyber-physische-systeme/?searchterm=cps. Berlin: GITO.

Japanese Society for Artificial Intelligence (2017): The Japanese Society for Artificial Intelligence Ethical Guidelines. Tokio: Japanese Society for Artificial Intelligence.

Jarass, H. D. (2018): Art. 1 [Würde des Menschen, Grundrechtsbindung]. In: Jarass, H. D. und Pieroth, B. (Hrsg.): Grundgesetz für die Bundesrepublik Deutschland. Kommentar. München: Beck, 38–51.

Jaume-Palasí, L. und Spielkamp, M. (2018): Ethik und algorithmische Prozesse zur Entscheidungsfindung oder -vorbereitung. AlgorithmWatch Arbeitspapier Nr. 4. Hamburg: Algorithm Watch.

Jensen, R. (2007): The digital provide: Information (technology), market performance, and welfare in the South Indian fisheries sector. The quarterly journal of economics 122 (3), 879–924.

Jentzsch, N. (2017): Die persönliche Datenökonomie: Plattformen, Datentresore und persönliche Clouds – Ökonomische Rahmenbedingungen innovativer Lösungen zu Einwilligungen im Datenschutz. Gutachten. Berlin: Deutsches Institut für Wirtschaftsforschung (DIW).

Jerbashian, V. und Kochanova, A. (2017): The impact of telecommunication technologies on competition in services and goods markets: empirical evidence. The Scandinavian Journal of Economics 119 (3), 628–655.

Jesus, A., Antunes, P., Santos, R. und Mendonça, S. (2018): Eco-innovation in the transition to a circular economy: an analytical literature review. Journal of Cleaner Production 172, 2999–3018.

Jiang, X. (2017): Large-scale air quality monitoring in smart and sustainable cities. In: Song, H., Srinivasan, R., Sookoor, T. und Jeschke, S. (Hrsg.): Smart Cities. Hoboken, NJ: Wiley, 725–753.

Jinek, M., Chylinski, K., Fonfara, I., Hauer, M., Doudna, J. A. und Charpentier, E. (2012): A programmable dual-RNA–guided DNA endonuclease in adaptive bacterial immunity. Science 337, 816–822.

John, B., Caniglia, G., Bellina, L., Lang, D. J. und Laubichler, M. (2017): The Glocal Curriculum. A Practical Guide to Teaching and Learning in an Interconnected World. Baden-Baden: [sic!] Critical Aesthetics Publishing.

Johnson, M., de Soto, N. A. und Madsen, P. T. (2009): Studying the behaviour and sensory ecology of marine mammals using acoustic recording tags: a review. Marine Ecology Progress Series 395, 55–73.

Joint Call to G20 Leaders (2019): Let us Bring People to the Center of the Digital Future. Reston, VA: Internet Society, Mozilla und World Wide Web Foundation.

Jonas, H. (1979): Das Prinzip Verantwortung: Versuch einer Ethik für die technologische Zivilisation. Frankfurt/M.: Insel.

Jones, C. I. und Tonetti, C. (2018): Nonrivalry and the Economics of Data. Working Paper No. 3716. Stanford, CA: Stanford Graduate School of Business.

Jones, N. (2017): Machine learning tapped to improve climate forecasts. Nature 548, 379–380.

Joppa, L. N. (2015): Technology for nature conservation: an industry perspective. Ambio 44 (4), 522–526.

Joppa, L. N. (2017): AI for Earth. Nature 552, 325–328.

Joppa, L. N., O'Connor, B., Visconti, P., Smith, C., Geldmann, J., Hoffmann, M., Watson, J. E. M., Butchart, S. H. M., Virah-Sawmy, M. und Halpern, B. S. (2016): Filling in biodiversity threat gaps. Science 352 (6284), 416–418.

Jorgenson, D. W. (2018): Production and welfare: progress in economic measurement. Journal of Economic Literature 56 (3), 867–919.

Josling, T. und Roberts, D. (2001): The Beef Hormone Dispute Between the United States and the EU. In: Nelson, G. (Hrsg.): Genetically Modified Organisms in Agriculture: Economics and Politics. Cambridge, MA: Academic Press, 291–294.

JRC – Joint Research Center (2017): Measuring Air Pollution With Low-Cost Sensors. Thoughts on the Quality of Data Measured by Sensors. Brüssel: JRC.

JRC – Joint Research Centre (2018): Artificial Intelligence. A European Perspective. Ispra: JRC.

Jülicher, T. und Delisle, M. (2018): Step into „the circle" — a close look at wearables and quantified self. In: Hoeren, T. und Kolany-Raiser, B. (Hrsg.): Big Data in Context: Legal, Social and Technological Insights. Cham: Springer International Publishing, 81–91.

Juskalian, R. (2018): Inside the Jordan Refugee Camp that Runs on Blockchain. Internet: https://www.technologyreview.com/s/610806/inside-the-jordan-refugee-camp-that-runs-on-blockchain/. Cambridge, MA: MIT Technology Review.

Kaelbling, L. P., Littman, M. L. und Moore, A. W. (1996): Reinforcement learning: a survey. Journal of Artificial Intelligence Research 4, 237–285.

Kagel, E., Sauerhammer, M., Dönnebrink, T. und Pentzien, J. (2018): Eine gemeinwohlorientierte Plattformökonomie aufbauen – aber wie? Ökologisches Wirtschaften 33 (4), 20–23.

Kagermann, H. (2015): Change through digitization — value creation in the age of Industry 4.0. In: Albach, H., Meffert, H., Pinkwart, A. und Reichwald, R. (Hrsg.): Management of Permanent Change. Wiesbaden: Springer VS, 23–45.

Kagermann, H. (2017): Chancen von Industrie 4.0 nutzen. In: Vogel-Heuser, B., Bauernhansl, T. und ten Hompel, M. (Hrsg.): Handbuch Industrie 4.0. Band 4: Allgemeine Grundlagen. Wiesbaden: Springer VS, 235–246.

Kahnemann, D. und Krüger, A. B. (2006): Developments in the measurement of subjective well-being. Journal of Economic Perspectives 20, 3–24.

Kalogridis, G., Efthymiou, C., Denic, S. Z., Lewis, T. A. und Cepeda, R. (2010): Privacy for smart meters: Towards undetectable appliance load signatures. In: (Hrsg.): 2010 First IEEE International Conference on Smart Grid Communications. Gaithersburg, MD: IEEE, 232–237.

Kals, E., Schumacher, D. und Montada, L. (1999): Emotional affinity toward nature as a motivational basis to protect nature. Environment and Behavior 31 (2), 178–202.

Kamargianni, M., Li, W., Matyas, M. und Schäfer, A. (2016): A Critical Review of New Mobility Services for Urban Transport. Transportation Research Procedia 14, 3294–3303.

Kaminski, A. (2016): Virtuelle Realität. In: Heesen, J. (Hrsg.): Handbuch Medien- und Informationsethik. Stuttgart: Metzler, 274–281.

Kampert, D. (2018): Art. 4 Nr. 15. In: Sydow, G. (Hrsg.): Europäische Datenschutzgrundverordnung. Handkommentar. Baden-Baden: Nomos, 357–377.

Kang, X., He, W., Huang, Y., Yu, Q., Chen, Y., Gao, X., Sun, X. und Fan, Y. (2016): Introducing precise genetic modifications into human 3PN embryos by CRISPR/Cas-mediated genome editing. Journal of Assisted Reproduction and Genetics 33 (5), 581–588.

Kant, I. (1919): Metaphysik der Sitten. Herausgegeben von Karl Vorländer. Leipzig: Felix Meiner.

Kaplan, R. und Kaplan, S. (1989): The Experience of Nature: A Psychological Perspective. Internet: Cambridge, New York: Cambridge University Press.

Kässi, O. und Lehdonvirta, V. (2018): Online Labour Index: measuring the online gig economy for policy and research. Technological Forecasting and Social Change 137, 241–248.

Kaufhold, M.-A., Reuter, C. und Marvin, S. (2017): Gesellschaftliche Herausforderungen des Missbrauchs von Bots und sozialen Medien. In: Burghardt, M., Wimmer, R., Wolff, C. und Womser-Hacker, C. (Hrsg.): Mensch und Computer 2017 – Workshopband. Regensburg: Gesellschaft für Informatik, 51–58.

Kaufmann, D. (2018): Watch Out Workers, Algorithms Are Coming to Replace You — Maybe. Interview mit Yuval Harari. Internet: https://www.nytimes.com/2018/10/18/business/q-and-a-yuval-harari.html. New York: The New York Times.

Kaye, D. (2018): Draft Bills on „Fake News". OL FRA 5/2018. Genf: United Nations Human Rights (UNHR).

Kaye, D., Cannataci, J. und Ní Aoláin, F. (2018): Mandates of the Special Rapporteur on the promotion and protection of the right to freedom of opinion and expression; the Special Rapporteur on the right to privacy and the Special Rapporteur on the promotion and protection of human rights and fundamental freedoms while countering terrorism. Internet: https://spcommreports.ohchr.org/TMResultsBase/DownLoadPublicCommunicationFile?gId=24234. Genf: Office of the United Nations High Commissioner for Human Rights (OHCHR).

Keane, J. und Merkel, W. (2015): Zivilgesellschaft. In: Kollmorgen, R., Merkel, W. und Wagener, H.-J. (Hrsg.): Handbuch Transformationsforschung. Heidelberg, Berlin: Springer, 443–454.

Kees, B. J. (2015): Algorithmisches Panopticon. Identifikation gesellschaftlicher Probleme automatisierter Videoüberwachung. Edition MV-Wissenschaft. Münster: Monsenstein und Vannerdat.

Kehl, C. und Coenen, C. (2016): Technologien und Visionen der Mensch-Maschine-Entgrenzung. Sachstandsbericht zum TA-Projekt „Mensch-Maschine-Entgrenzungen: zwischen künstlicher Intelligenz und Human Enhancement". Berlin: Büro für Technikfolgen-Abschätzung beim Deutschen Bundestag (TAB).

Kellens, K., Baumers, M., Gutowski, T. G., Flanagan, W., Lifset, R. und Duflou, J. R. (2017): Environmental dimensions of additive manufacturing: mapping application domains and their environmental implications. Journal of Industrial Ecology 21 (S1), 49–68.

Kelling, S., Hochachka, W. M., Fink, D., Riedewald, M., Caruana, R., Ballard, G. und Hooker, G. (2009): Data-intensive science: a new paradigm for biodiversity studies. BioScience 59 (7), 613–620.

Kelly, K. (2016): The Inevitable. Understanding the 12 Technological Forces That Will Shape our Future. New York: Viking.

Kempf, U. und Wrede, B. (2017): Gender-Effekte. Wie Frauen die Technik von morgen gestalten. IZG Forschungsreihe Band 19. Bielefeld: Interdisziplinäres Zentrum für Geschlechterforschung (IZG) der Universität Bielefeld.

Kerr, W. und Hobbs, J. (2002): The North American–European Union dispute over beef produced using growth hormones: a major test for the New International Trade Regime. The World Economy 25 (2), 283–296.

Kerres, M. (2018): Bildung in der digitalen Welt: Wir haben die Wahl. denk-doch-mal.de Online-Magazin für Arbeit-Bildung-Gesellschaft 2, 1–6.

Kettemann, M. (2015): Völkerrecht in Zeiten des Netzes. Bonn: Friedrich-Ebert-Sitftung.

Keynes, J. M. (1930): Economic Possibilities for our Grandchildren. New York: Norton.

Kharas, H. (2010): The Emerging Middle Class in Developing Countries. Working Paper No. 285. Paris: OECD Development Centre.

Khoshnevisan, B., Rafiee, S., Omid, M. und Mousazadeh, H. (2013): Reduction of CO_2 emission by improving energy use efficiency of greenhouse cucumber production using DEA approach. Energy 55, 676–682.

Kietzmann, J., Pitt, L. und Berthon, P. (2015): Disruptions, decisions, and destinations: Enter the age of 3-D printing and additive manufacturing. Business Horizons 58 (2), 209–215.

Kind, S., Jetzke, T., Weide, S., Ehrenberg-Silies, S. und Bovenschulte, M. (2017): Social Bots. Berlin: Büro für Technikfolgen-Abschätzung beim Deutschen Bundestag (TAB).

King, A. (2017): The Future of Agriculture. Nature 544, S21–S23.

Kipker, D.-K. (2018): Pläne für ein Datenschutzgesetz in Indien. Zeitschrift für Datenschutz, 253–255.

Kirilenko, A. A. und Lo, A. W. (2013): Moore's Law versus Murphy's Law: algorithmic trading and its discontents. Journal of Economic Perspectives 27 (2), 51–72.

Kitchin, R. (2014): The real-time city? Big data and smart urbanism. GeoJournal 79 (1), 1–14.

Kitchin, R. (2016): Getting Smarter About Smart Cities: Improving Data Privacy and Data Security. Dublin: Data Protection Unit, Department of the Taoiseach.

Klar, M. (2017): Die extraterritoriale Wirkung des neuen europäischen Datenschutzrechts. Datenschutz und Datensicherheit 41 (9), 533–537.

Klasen, S. und Waibel, H. (2015): Vulnerability to poverty in South-East Asia: Drivers, measurement, responses, and policy issues. World Development 71, 1–130.

Kleinwächter, W. (2005): Internet Governance – die Kontroverse des WSIS. UNO-Weltgipfel in Tunis. Internet: https://www.medienheft.ch/dossier/bibliothek/d24_KleinwaechterWolfgang.html. Zürich: medienheft.ch.

Kleinwächter, W. (2016): Internet Governance Forum, 12. Treffen 2017. Vereinte Nationen 2 (2018), 86.

Klessmann, J., Denker, P., Schieferdecker, I. und Schulz, S. E. (2012): Open Government Data Deutschland. Eine Studie zu Open Government in Deutschland im Auftrag des Bundesministerium des Innern. Berlin: Fraunhofer FOKUS.

KlimAktiv (2018): Klimaschutz? Ziehen Sie Bilanz. Internet: http://klimaktiv.co2-rechner.de/de_DE/. Tübingen: KlimAktiv.

Kling, M.-U. (2017): QualityLand. Berlin: Ullstein.

Klinger, U. (2019): Standpunkt Social Bots: Realität digitaler Öffentlichkeit. Internet: https://background.tagesspiegel.de/social-bots-realitaet-digitaler-oeffentlichkeit. Berlin: Tagesspiegel.

Klöckner, C. A. (2015): The Psychology of Pro-Environmental Communication: Beyond Standard Information Strategies. Heidelberg, Berlin: Springer.

Kloepfer, M. (2016): Umweltrecht. München: Beck.

Klump, J. (2012): Offener Zugang zu Forschungsdaten. In: Herb, U. (Hrsg.): Open Initiatives: Offenheit in der digitalen Welt und Wissenschaft. Saarbrücken: Universaar, 45–54.

KMK – Kultusministerkonferenz (2017): Bildung in der digitalen Welt. Strategie der Kultusministerkonferenz. Berlin: Kultusministerkonferenz.

Knaut, A. (2017): Corporate Social Responsibility verpasst die Digitalisierung. In: Hildebrandt, A. und Landhäußer, W. (Hrsg.): CSR und Digitalisierung. Berlin: Springer, 51–59.

Knight, A. (2018): Reward and Punishment: Inside China's Social Credit System. Podcast. Internet: https://www.hertie-school.org/en/inside_chinas_social_credit_system/. Berlin: Hertie School of Governance.

Knuth, D. E. (2011): The Art of Computer Programming. Boston: Addison Wesley.

Koch, C. (2014): Quantified Self. Die Lebensvermesser. Internet: https://www.helmholtz.de/wissenschaft_und_gesellschaft/die-lebensvermesser-2506/. Bonn: Helmholtz-Gemeinschaft.

Köhler, A. D., Gröger, J. und Liu, R. (2018): Energie- und Ressourcenverbräuche der Digitalisierung. Expertise für das WBGU-Hauptgutachten „Unsere gemeinsame digitale Zukunft". Internet: www.wbgu.de/de/publikationen/publikation/unsere-gemeinsame-digitale-zukunft#sektion-expertisen. Berlin: WBGU.

Köhler, A. R. (2013): Material scarcity: a reason for responsibility in technology development and product design. Science and Engineering Ethics 19 (3), 1165–1179.

Köhler, G. (2017): Geschlechtergerechtigkeit und die 2030-Agenda. Vereinte Nationen 6, 249–254.

Köhler, J., Geels, F. W., Kern, F., Markard, J., Wieczorek, A., Alkemade, F., Avelino, F., Bergek, A., Boons, F., Fünfschilling, L., Hess, D., Holtz, G., Hyysalo, S., Jenkins, K., Kivimaa, P., Martiskainen, M., McMeekin, A., Mühlemeier, M. S., Nykvist, B., Onsongo, E., Pel, B., Raven, R., Rohracher, H., Sandén, B. r., Schot, J., Sovacool, B., Turnheim, B., Welch, D. und Wells, P. (2019): An agenda for sustainability transitions research: State of the art and future directions. Environmental Innovation and Societal Transitions 31, 1–32.

Kohlhammer (o.J.): App – in den wilden Wald. Internet: https://www.natur-und-landschaft.de/de/news/app-in-den-wilden-wald-403. Stuttgart: Bundesamt für Naturschutz (BfN).

Kohtala, C. (2015): Addressing sustainability in research on distributed production: an integrated literature review. Journal of Cleaner Production 106, 654–668.

Kohtala, C. (2016): Making Sustainability: How Fab Labs Address Environmental Issues. Doctoral Dissertation. Aalto: Aalto Yliopiston Julkaisusarja.

Kolf, F. (2017a): Amazon Fresh started in Berlin: Onlineriese macht den Supermärkten Konkurrenz. Internet: http://www.handelsblatt.com/unternehmen/handel-konsumgueter/amazon-fresh-startet-in-berlin-onlineriese-macht-den-supermaerkten-konkurrenz/19753340.html. Frankfurt/M.: Handelsblatt.

Kolf, F. (2017b): Online-Lieferdienste: Das Wettrennen um den größten Supermarkt im Netz. Internet: http://www.handelsblatt.com/unternehmen/handel-konsumgueter/online-lieferdienste-das-wettrennen-um-den-groessten-supermarkt-im-netz/20079436.html. Frankfurt/M.: Handelsblatt.

Kollanyi, B., Howard, P. und Woolley, S. (2016): Bots and Automation over Twitter during the First U.S. Presidential Debate. Oxford, NY: University Oxford Computational Propaganda Research Project.

Komeily, A. und Srinivasan, R. (2017): Sustainability in smart cities: balancing social, economic, environmental, and institutional aspects of urban life. In: Song, H., Srinivasan, R., Sookoor, T. und Jeschke, S. (Hrsg.): Smart Cities. Hoboken, NJ: Wiley, 503–534.

Kompetenzzentrum Technik-Diversity-Chancengleichheit (2018): Fächergruppe Ingenieurwissenschaften mit ausgewählten Studienbereichen: Absolventinnen und Absolventen, Vergleich der Jahre 2016 und 2017. Berlin: Kompetenzzentrum Technik-Diversity-Chancengleichheit.

Kondor, D., Hashemian, B., de Montijoye, Y.-A. und Ratti, C. (2018): Towards matching user mobility traces in large-scale datasets. IEEE Transactions on Big Data early access, 12.

Konisky, D. (2007): Regulatory competition and environmental enforcement: is there a race to the bottom? American Journal of Political Science 51 (4), 853–872.

Kontio, C. (2013): Die Schattenseiten des Online-Handels. Internet: http://www.handelsblatt.com/unternehmen/handel-konsumgueter/e-commerce-boom-die-schattenseiten-des-online-handels/8186932.html. Frankfurt/M.: Handelsblatt.

Kopatz, M. (2017): Wirtschaftsförderung 4.0. Politische Ökologie 142, 18–24.

Korczak, D. und Wilken, M. (2008): Scoring im Praxistest: Aussagekraft und Anwendung von Scoringverfahren in der Kreditvergabe und Schlussfolgerungen. Studie. München: GP Forschungsgruppe.

Korhonen, J., Honkasalo, A. und Seppälä, J. (2018): Circular economy: the concept and its limitations. Ecological Economics 143, 37–46.

Korinek, A. und Stiglitz, J. E. (2017): Artificial Intelligence and Its Implications for Income Distribution and Unemployment. National Bureau of Economic Research Working Paper Series No. 24174. Cambridge, MA: National Bureau of Economic Research (NBER).

Kornwachs, K. (2009): Von der Macht der Vernunft und der Ohnmacht der Computer – Weizenbaum revisited. Forum der Forschung 22, 33–40.

Kornwachs, K. (2016): Digitale Überlieferung. In: Heesen, J. (Hrsg.): Handbuch Informations- und Medienethik. Stuttgart, Weimar: Metzler, 235–243.

Korshunov, P. und Marcel, S. (2018): DeepFakes: a New Threat to Face Recognition? Assessment and Detection. arXiv preprint arXiv:1812.08685, 1–5.

Kostakis, V., Pazaitis, A. und Bauwens, M. (2016): Digital economy and the rise of open cooperativism: the case of the Enspiral Network. Transfer: European Review of Labour and Research 23 (2), 177–192.

Kostka, G. (2018): China's Social Credit Systems. Public Opinion: Explaining High Levels of Approval. Berlin: FU Berlin.

Kotinos (2016): Kontinos – Experience Ancient Olympia. Internet: http://www.kotinosvr.com/. Athen: Kotinos.

Köver, C. und Fanta, A. (2019): Keine roten Linien: Industrie entschärft Ethik-Leitlinien für Künstliche Intelligenz. Internet: https://netzpolitik.org/2019/keine-roten-linien-industrie-entschaerft-ethik-leitlinien-fuer-kuenstliche-intelligenz/. Berlin: Netzpolitik.org.

Kramer, H. J. (2002): Observation of the Earth and its Environment: Survey of Missions and Sensors. Wiesbaden: Springer Science & Business Media.

Krämer, J. und Wohlfarth, M. (2018): Market power, regulatory convergence, and the role of data in digital markets. Telecommunications Policy 42 (2), 154–171.

Kramer, P. (2018): Datenschutz beim Whois-Verzeichnis von ICANN. Datenschutz-Berater 5, 102.

Kranich, L. (2018): Ein Thema wird erwachsen: Big Data lernt laufen. In: FZI Begleitforschung Smart Data (Hrsg.): Big Data, Smart Data, Next? Berlin: FZI, 32–35.

Krcmar, H. (2015): Informationsmanagement. Wiesbaden: Gabler.

Kretschmer, T., Wiewiorra, L., Krämer, J., Oehler, A., Horn, M., Haucap, J., Klein, S. und Hüllmann, J. (2018): Datenkapitalismus — eine ökonomische Betrachtung. Wirtschaftsdienst 98 (7), 459–480.

Krieger, G. (2011): Human Enhancement: Homo sapiens 2.0 (zitiert nach Michael Simm). Internet: https://www.aerzteblatt.de/archiv/113444/Human-Enhancement-Homo-sapiens-2-0. Berlin: Deutsches Ärzteblatt.

Kriegler, E., Messner, D., Nakicenovic, N., Riahi, K., Rockström, J., Sachs, J., van der Leeuw, S. und van Vuuren, D. (2018): Transformations to Achieve the Sustainable Development Goals. Laxenburg: The World in 2050 Initiative.

Krishnan, A. (2016): Killer Robots: Legality and Ethicality of Autonomous Weapons. London: Routledge.

Kritikos, M. (2017): Precision agriculture in Europe: Legal, Social and Ethical Considerations. Study. Brüssel: EU.

Krohn, W., Grunwald, A. und Ukowitz, M. (2018): Transdisziplinäre Forschung revisited. Erkenntnisinteresse, Forschungsgegenstände, Wissensform und Methodologie. GAIA 26 (4), 341–347.

Król, A., Nowakowski, P. und Mrówczycska, B. (2016): How to improve WEEE management? Novel approach in mobile collection with application of artificial intelligence. Waste Management 50, 222–233.

Królikowski, A. (2014): Erhalt des digitalen Kulturerbes: Sicherstellung der langfristigen Bewahrung und des Zugangs zu den digitalen und digitalisierten Artefakten unserer Gesellschaft. Lüneburg: Gesellschaft für Informatik, Leuphana Universität Lüneburg.

Królikowski, A., Loebel, J.-M. und Ullrich, S. (2017): Ausrechnen statt Entscheiden – 30 Jahre IT-Innovation. In: Hildebrandt, A. und Landhäußer, W. (Hrsg.): CSR und Digitalisierung. Heidelberg, Berlin: Springer, 317–328.

Kroll, J., Huey, J., Barocas, S., Felten, E., Reidenberg, J., Robinson, D. und Yu, H. (2017): Accountable algorithms. University of Pennsylvania Law Review 165 (3), 633–699.

Kshetri, N. (2017): Will blockchain emerge as a tool to break the poverty chain in the Global South? Third World Quarterly 38 (8), 1710–1732.

Kugelmann, D. (2018): Facebook in der Verantwortung. Datenschutz und Datensicherheit (6), 338.

Kühling, J. und Martini, M. (2016): Die Datenschutz-Grundverordnung: Revolution oder Evolution im europäischen und deutschen Datenschutzrecht. Europäische Zeitschrift für Wirtschaftsrecht 12, 448–454.

Kühn, P. J. (2018): Informationstechnische Gestaltung einer nachhaltigen Digitalisierung. Expertise für das WBGU-Hauptgutachten „Unsere gemeinsame digitale Zukunft". Internet: www.wbgu.de/de/publikationen/publikation/unsere-gemeinsame-digitale-zukunft#sektion-expertisen. Berlin: WBGU.

Kühnreich, K. (2017): Chinas Social Credit System. Volle Kontrolle. Ein Interview von Angela Gruber. Internet: http://www.spiegel.de/netzwelt/netzpolitik/china-social-credit-system-ein-punktekonto-sie-alle-zu-kontrollieren-a-1185313.html. Hamburg: Spiegel.

Kulick, D. (1998): Travesti: Gender and Culture Among Brazilian Transgendered Prostitutes. Chicago, IL: University of Chicago Press.

Kulmala, M. (2018): Build a global Earth observatory. Nature 553, 21–23.

Kumar, A., Holuszko, M. und Espinosa, D. C. R. (2017): E-waste: an overview on generation, collection, legislation and recycling practices. Resources, Conservation and Recycling 122, 32–42.

Kummer, M. E., Slivko, O. und Zhang, X. M. (2015): Economic Downturn and Volunteering: Do Economic Crises Affect Content Generation on Wikipedia? ZEW Discussion Papers. Mannheim: Zentrum für Europäische Wirtschaftsforschung (ZEW).

Kuner, C., Jerker, D., Svantesson, B., Cate, F. H., Lynskey, O., Millard, C. und Loideain, N. N. (2017): The GDPR as a chance to break down borders. International Data Privacy Law 7 (4), 231–232.

Kurz, C. und Rieger, F. (2018a): Cyber War. Die Gefahr aus dem Netz. Gütersloh: Bertelsmann Stiftung.

Kurz, C. und Rieger, F. (2018b): Netzpolitische Handlungsoptionen für eine nachhaltige Digitalisierung. Expertise für das WBGU-Hauptgutachten „Unsere gemeinsame digitale Zukunft". Internet: www.wbgu.de/de/publikationen/publikation/unsere-gemeinsame-digitale-zukunft#sektion-expertisen. Berlin: WBGU.

Kurzweil, R. (1999): The Age of Spiritual Machines: When Computers Exceed Human Intelligence. New York: Viking Penguin.

Kurzweil, R. (2005): The Singularity is Near. When Humans Transcend Biology. New York: Penguin Books.

Kwarteng, M. A. und Pilik, M. (2016): Exploring consumers' propensity for online shopping in a developing country: a demographic perspective. International Journal of Entrepreneurial Knowledge 4 (1), 90–103.

Kwok, R. (2019): AI empowers conservation biology. Nature 567, 133–134.

Lackes, R. (2017): Internet der Dinge. Gabler Wirtschaftslexikon. Internet: http://wirtschaftslexikon.gabler.de/Archiv/1057741/internet-der-dinge-v5.html. Wiesbaden: Springer VS.

Laghaei, J., Faghri, A. und Li, M. (2016): Impacts of home shopping on vehicle operations and greenhouse gas emissions: multi-year regional study. International Journal of Sustainable Development & World Ecology 23 (5), 381–391.

Lahmann, H., Otto, P., Djordjevic, V. und Maire, J. (2016): Wer regiert das Internet? Akteure und Handlungsfelder. Bonn: Friedrich-Ebert-Stiftung.

Lambrechts, J. und Sinha, S. (2016): Microsensing Networks for Sustainable Cities. Heidelberg, Berlin: Springer.

Laney, D. (2001): 3-D Data Management: Controlling Data Volume, Velocity, and Variety. Stamford, CT: META Group, Application Delivery Strategies.

Lang, S. (2017): Eine kurze Geschichte des Internets. PROKLA Zeitschrift für kritische Sozialwissenschaft 47 (1), 7–25.

Lang, T. und Ebneter, D. (2012): E-Commerce Konkret. Best Practices und Trends im Onlinehandel. Zürich: Buch & Netz.

Lange, S. und Santarius, T. (2018): Smarte grüne Welt. Digitalisierung zwischen Überwachung, Konsum und Nachhaltigkeit. München: oekom.

Lanphier, E., Urnov, F., Haecker, S. E., Werner, M. und Smolenski, J. (2015): Don't edit the human germ line. Nature News 519 (7544), 410–411.

Laplume, A. O., Petersen, B. und Pearce, J. M. (2016): Global value chains from a 3D printing perspective. Journal of International Business Studies 47 (5), 595–609.

Lapuschkin, S., Wäldchen, S., Binder, A., Montavon, G., Samek, W. und Müller, K.-R. (2019): Unmasking Clever Hans predictors and assessing what machines really learn. Nature Communications 10 (1), 60.

Larson, C. (2014): China gets serious about its pollutant-laden soil. Science 343 (6178), 1415–1416.

Lattemann, C. (2013): Virtuelle Welten. Enzyklopädie der Wirtschaftsinformatik Online-Lexikon. Potsdam: Universität Potsdam.

Lazarus, R. S. (1991): Emotion and Adaptation. Oxford, New York: Oxford University Press.

Lazer, D., Baum, M., Benkler, Y., Berinsky, A., Greenhill, K., Menczer, F., Metzger, M., Nyhan, B., Pennycook, G., Rothschild, D., Schudson, M., Sloman, S., Sunstein, C., Thorson, E., Watts, D. und Zittrain, J. (2018): The science of fake news. Science 359 (6380), 1094–1096.

Le Quéré, C., Andrew, R. M., Friedlingstein, P., Sitch, S., Hauck, J., Pongratz, J., Pickers, P. A., Korsbakken, J. I., Peters, G. P., Canadell, J. G., Arneth, A., Arora, V. K., Barbero, L., Bastos, A., Bopp, L., Chevallier, F., Chini, L. P., Ciais, P., Doney, S. C., Gkritzalis, T., Goll, D. S., Harris, I., Haverd, V., Hoffman, F. M., Hoppema, M., Houghton, R. A., Hurtt, G., Ilyina, T., Jain, A. K., Johannessen, T., Jones, C. D., Kato, E., Keeling, R. F., Goldewijk, K. K., Landschützer, P., Lefèvre, N., Lienert, S., Liu, Z., Lombardozzi, D., Metzl, N., Munro, D. R., Nabel, J. E. M. S., Nakaoka, S. I., Neill, C., Olsen, A., Ono, T., Patra, P., Peregon, A., Peters, W., Peylin, P., Pfeil, B., Pierrot, D., Poulter, B., Rehder, G., Resplandy, L., Robertson, E., Rocher, M., Rödenbeck, C., Schuster, U., Schwinger, J., Séférian, R., Skjelvan, I., Steinhoff, T., Sutton, A., Tans, P. P., Tian, H., Tilbrook, B., Tubiello, F. N., van der Laan-Luijkx, I. T., van der Werf, G. R., Viovy, N., Walker, A. P., Wiltshire, A. J., Wright, R., Zaehle, S. und Zheng, B. (2018): Global carbon budget 2018. Earth System Science Data 10 (4), 2141–2194.

Lebedev, M. A. und Nicolelis, M. A. (2017): Brain-machine interfaces: from basic science to neuroprostheses and neurorehabilitation. Physiological Reviews 97 (2), 767–837.

Lee, E. A. und Seshia, S. A. (2017): Introduction to Embedded Systems. A Cyber-Physical Systems Approach. Cambridge, MA, London: MIT Press.

Lee, F. (2018): Social Scoring in China. Im Reich der überwachten Schritte. Internet: http://www.taz.de/!5480926/. Berlin: taz Verlag.

Lefebvre, H. (1968): Le Droit a la Ville. Heidelberg: Economica.

Leinen, J. und Bummel, A. (2018): Das demokratische Weltparlament. Eine kosmopolitische Vision. Bonn: Dietz.

Leiner, B. M., Cerf, V. G., Clark, D. D., Kahn, R. E., Kleinrock, L., Lynch, D. C., Postel, J., Roberts, L. G. und Wolff, S. (2009): A brief history of the Internet. ACM SIGCOMM Computer Communication Review 39 (5), 22–31.

Leiserowitz, A. (2006): Climate change risk perception and policy preferences: the role of affect, imagery, and values. Climatic Change 77 (1–2), 45–72.

Leismann, K., Schmitt, M., Rohn, H. und Baedeker, C. (2012): Nutzen statt Besitzen. Auf dem Weg zu einer ressourcenschonenden Konsumkultur. Schriftenreihe Ökologie 27. Berlin: Heinrich-Böll-Stiftung und NABU.

Lemmer, G. und Wagner, U. (2015): Can we really reduce ethnic prejudice outside the lab? A meta-analysis of direct and indirect contact interventions. European Journal of Social Psychology 45 (2), 152–168.

Lenk, K. (2016): Die neuen Instrumente der weltweiten digitalen Governance. Verwaltung & Management 22, 227–240.

Lenk, K. (2017): Schlaglichter auf die Bedeutung der digitalen Transformation. In: Hartwig, J. und Kroneberg, D. W. (Hrsg.): Die Bürgerkommune in der digitalen Transformation. Verwaltung, Verwaltungsdienstleistungen und Bürgerbeteiligung in Zeiten von 4.0. Berlin: LIT, 27–42.

Lenk, K. (2018): Formen und Folgen algorithmischer Public Governance. In: Kar, R. M., Thapa, B. und Parycek, P. (Hrsg.): (Un)Berechenbar? Algorithmen und Automatisierung in Staat und Gesellschaft. Berlin: Kompetenzzentrum Öffentliche IT, 228–267.

Lenton, T. M., Held, H., Kriegler, E., Hall, J. W., Lucht, W., Rahmstorf, S. und Schellnhuber, H. J. (2008): Tipping elements in the Earth's climate system. Proceedings of the National Academy of Sciences 105 (6), 1786–1793.

Lenz, B. und Fraedrich, E. (2015): Neue Mobilitätskonzepte und autonomes Fahren: Potenziale der Veränderung. In: Maurer, M., Gerdes, J. C., Lenz, B. und Winner, H. (Hrsg.): Autonomes Fahren. Technische, rechtliche und gesellschaftliche Aspekte. Heidelberg, Berlin: Springer, 175–195.

Leopoldina (2018): Privatheit in Zeiten der Digitalisierung. Stellungnahme. Halle: Leopoldina – Nationale Akademie der Wissenschaften.

Lessenich, S. (2016): Neben uns die Sintflut. Die Externalisierungsgesellschaft und ihr Preis. München: Hanser.

Levi, D. und Kocher, S. (1999): Virtual nature: the future effects of information technology on our relationship to nature. Environment and Behavior 3 (12), 203–226.

Levin, J. (2013): The economics of internet markets. In: Acemoglu, D., Dekel, E. und Arellano, M. (Hrsg.): Advances in Economics and Econometrics: Tenth World Congress: Volume 1: Economic Theory. Econometric Society Monographs. 1 1. Cambridge, New York: Cambridge University Press, 48–75.

Levitt, H. M. und Ippolito, M. R. (2013): Being transgender. Psychology of Women Quarterly 38 (1), 46–64.

Lewandowski, D. (2016): Perspektiven eines Open Web Index. Information. Wissenschaft & Praxis 67 (1), 15–21.

Lewandowsky, S., Ecker, U. K. und Cook, J. (2017): Beyond misinformation: Understanding and coping with the „post-truth" era. Journal of Applied Research in Memory and Cognition 6 (4), 353–369.

Lewis, T. G. (2014): Critical Infrastructure Protection in Homeland Security: Defending a Networked Nation. Berlin: Wiley-VCH.

Li, Y. und Lyu, S. (2018): Exposing DeepFake Videos By Detecting Face Warping Artifacts. arXiv preprint arXiv:1811.00656, 1–5.

Liang, P., Xu, Y., Zhang, X., Ding, C., Huang, R., Zhang, Z., Lv, J., Xie, X., Chen, Y. und Li, Y. (2015): CRISPR/Cas9-mediated gene editing in human tripronuclear zygotes. Protein & Cell 6 (5), 363–372.

Liao, Y., de Freitas Rocha Loures, E. und Deschamps, F. (2018): Industrial Internet of Things: a systematic literature review and insights. IEEE Internet of Things Journal 5 (6), 4515–4525.

Liedtke, C., Buhl, J. und Borgmann, A. (2015): Nachhaltiges Design und Suffizienz: ressourcenleicht durchs Leben. UmweltWirtschaftsForum 23 (1–2), 11–14.

Lim, C., Kim, K.-H., Kim, M.-J., Heo, J.-Y., Kim, K.-J. und Magliod, P. P. (2018): From data to value: a nine-factor framework for data-based value creation in information-intensive services. International Journal of Information Management 39, 121–135.

Lin, P., Abney, K. und Bekey, G. A. (2012): Robot Ethics. The Ethical and Social Implications of Robotics. Cambridge, MA: MIT Press.

Lindner, R., Goos, K., Güth, S., Som, O. und Schröder, T. (2016): „Responsible Research and Innovation" als Ansatz für die Forschungs-, Technologie- und Innovationspolitik – Hintergründe und Entwicklungen. TA-Vorstudie. Hintergrundpapier 22. Berlin: Büro für Technikfolgen-Abschätzung beim Deutschen Bundestag (TAB).

Linkov, I., Trump, B., Poinsatte-Jones, K. und Florin, M.-V. (2018): Governance strategies for a sustainable digital world. Sustainability 10 (2), 1–8.

Lischka, B. und Stöcker, C. (2017): Digitale Öffentlichkeit: Schauen wir den Algorithmen auf die Finger. Internet: https://algorithmenethik.de/2017/07/20/digitale-oeffentlichkeit/. Gütersloh: Bertelsmann Stiftung.

Lischka, K. und Klingel, A. (2017): Wenn Maschinen Menschen bewerten. Internationale Fallbeispiele für Prozesse algorithmischer Entscheidungsfindung. Arbeitspapier Impuls Algorithmenethik Nr. 1. Gütersloh: Bertelsmann Stiftung.

Loew, T. und Rohde, F. (2013): CSR und Nachhaltigkeitsmanagement. Definitionen, Ansätze und organisatorische Umsetzung im Unternehmen. Berlin: Institute for Sustainability.

Loh, J. (2018): Trans- und Posthumanismus zur Einführung. Hamburg: Junius.

Löhle, S., Groh, H. und Urban, A. I. (2009): RFID als Medium einer innovativen Kreislaufwirtschaft. In: Urban, A. I. und Halm G. (Hrsg.): Mit RFID zur innovativen Kreislaufwirtschaft. Kassel: Universität Kassel, 59–74.

Lohr, S. (2012): The Age of Big Data. Internet: https://www.nytimes.com/2012/02/12/sunday-review/big-datas-impact-in-the-world.html. New York: The New York Times.

Lokot, T. und Diakopoulos, N. (2016): News bots: automating news and information dissemination on Twitter. Digital Journalism 4 (6), 682–699.

Lopes de Sousa Jabbour, A. B., Jabbour, C. J. C., Godinho Filho, M. und Roubaud, D. (2018): Industry 4.0 and the circular economy: a proposed research agenda and original roadmap for sustainable operations. Annals of Operations Research 270 (1–2), 273–286.

Lotz-Sisitka, H., Shumba, O., Lupele, J. und Wilmot, D. (2017): Schooling for Sustainable Development in Africa – 2017. Heidelberg, Berlin: Springer.

Lourenço, T. C., Swart, R., Goosen, H. und Street, R. (2015): The rise of demand-driven climate services. Nature Climate Change 6 (1), 13–14.

Lovink, G. (2017): Im Bann der Plattformen. Die nächste Runde der Netzkritik. Bielefeld: transcript.

LUBW – Landesanstalt für Umwelt Messungen und Naturschutz Baden-Württemberg (2017): Messungen mit dem Feinstaubsensor SDS011. Ein Vergleich mit einem eignungsgeprüften Feinstaubanalysator. Karlsruhe: LUBW.

Lucas, G. R. (2014): NSA Management Directive #424: secrecy and privacy in the aftermath of Edward Snowden. Ethics & International Affairs 28 (1), 29–38.

Luch, A. D. und Schulz, S. E. (2009): Daseinsvorsorge. Neuorientierung des überkommenen (Rechts-)Begriffs „Daseinsvorsorge" im Zuge technischer Entwicklungen? Multimedia und Recht 12 (1), 19–24.

Lucht, M., Bredenkamp, R., Boeker, M. und Kramer, U. (o.J.): Gesundheits- und Versorgungs-Apps. Hintergründe zu deren Entwicklung und Einsatz. Freiburg: Universitätsklinikum Freiburg, Studienzentrum Freiburg.

Ludmann, S. (2018): Ökologie des Teilens. Bilanzierung der Umweltwirkungen des Peer-to-Peer Sharing. PeerSharing Arbeitsbericht 8. Berlin, Heidelberg: IÖW, IZT, ifeu.

luftdaten.info (2018): Feinstaub selber messen – Feinstaub Ist Open Data. Internet: https://luftdaten.info/. Stuttgart: luftdaten.info.

Lukas, W.-D. (2018): Quo Vadis Big Data und künstliche Intelligenz: Wo stehen wir, wo geht es hin? In: (Hrsg.): Big Data, Smart Data, Next? Berlin: Begleitforschung Smart Data, 12–16.

Lütkenhorst, W. (2018): Creating Wealth Without Labour? Emerging Contours of a New Techno-Economic Landscape. DIE Discussion Paper 11/2018. Bonn: Deutsches Institut für Entwicklungpolitik (DIE).

Lynch, M. P. (2015): The Philosophy of Privacy: Why Surveillance Reduces us to Objects. Internet: https://www.theguardian.com/technology/2015/may/07/surveillance-privacy-philosophy-data-internet-things. London: The Guardian.

Lyon, D. (2003): Surveillance as Social Sorting. Privacy, Risk, and Digital Discrimination. London, New York: Routledge.

Lyon, D. (2014): Surveillance, Snowden, and Big Data: capacities, consequences, critique. Big Data & Society 1 (2), 1–13.

Lyon, T. und Montgomery, A. W. (2013): Tweetjacked: the impact of social media on corporate greenwash. Journal of Business Ethics 118 (4), 747–757.

Lyons, G. (2016): Getting smart about urban mobility – Aligning the paradigms of smart and sustainable. Transportation Research Part A: Policy and Practice, 1–11.

MacDougall, C. (2018): In Africa, technology is the final weapon in the deadly poaching war. Internet: https://www.wired.co.uk/article/anti-poaching-technology-conservation-maasai-mara. London: Wired.

MacDougall, R. (2011): Podcasting and political life. American Behavioral Scientist 55 (6), 714–732.

Macintosh, A. (2004): Characterizing e-participation in policy-making. Proceedings of the 37th Annual Hawaii International Conference on System Sciences, doi:10.1109/HICSS.2004.1265300, 10.

MacMillan, T. und Benton, T. G. (2014): Engage farmers in research. Nature 509, 25.

Maino, R., Massara, A., Perez-Saiz, H., Sharma, P. und Sy, A. N. R. (2019): FinTech in Sub-Saharan African Countries: A Game Changer? Washington, DC: International Monetary Fund (IMF) African Department.

Mainzer, K. (2016): Künstliche Intelligenz – Wann übernehmen die Maschinen? Heidelberg, Berlin: Springer.

Mainzer, K. (2018): Wie berechenbar ist unsere Welt? Herausforderungen für Mathematik, Informatik und Philosophie im Zeitalter der Digitalisierung. Essentials. Wiesbaden: Springer VS.

Mair, S. (2015): Digitale Visitenkarte – Ich trage einen Chip in mir. Internet: https://www.handelszeitung.ch/digitalisierung/digitale-visitenkarte-ich-trage-einen-chip-mir-873420. Zürich: Schweizerische Handelszeitung.

Majewski, M. (2016): Zur Bedeutung von Open Source für eine nachhaltige Kreislaufwirtschaft. In: Baier, A., Müller, C., Werner, K. und Hansing, T. (Hrsg.): Die Welt reparieren. Open Source und Selbermachen als postkapitalistische Praxis. Bielefeld: transcript, 93–103.

Malabo Montpellier Panel (2018): Mechanized. Transforming Africa's Agriculture Value Chains. Dakar Almadies: Malabo Montpellier Panel.

Malecki, E. und Moriset, B. (2008): The Digital Economy: Business Orginization, Production Processes, and Regional Developments. London: Routledge.

Maloney, M. P. und Ward, M. P. (1973): Ecology: let's hear from the people: an objective scale for the measurement of ecological attitudes and knowledge. American Psychologist 28 (7), 535ff.

Manager Magazin (2018): Elektroautos: Boom bei E-Bussen senkt Dieselnachfrage um 233.000 Barrel. Internet: http://www.manager-magazin.de/unternehmen/autoindustrie/elektroautos-boom-bei-e-bussen-senkt-dieselnachfrage-um-233-000-barrel-a-1204917.html. Hamburg: Manager Magazin.

Manhart, A., Blepp, M., Fischer, C., Graulich, K., Prakash, S., Priess, R., Schleicher, T. und Tür, M. (2016): Resource Efficiency in the ICT Sector. Berlin: Greenpeace.

Manthey-Kloppenburg, C. (2018): Die Diffusion von Eco-Innovationen im Spannungsfeld von Staat und Markt - Das Beispiel des Elektroautos in ausgewählten europäischen Ländern: Dissertation: Veröffentlicht auf dem Publikationsserver der RWTH Aachen University. Aachen: RWTH.

Manzei, C., Schleupner, L. und Heinze, R. (2017): Industrie 4.0 im internationalen Kontext: Kernkonzepte, Ergebnisse, Trends. Berlin: VDE.

Marchetti, C. (1977): On geoengineering and the CO_2 problem. Climatic Change 1 (1), 59–68.

Marconi, M., Gregori, F., Germani, M., Papetti, A. und Favi, C. (2018): An approach to favor industrial symbiosis: the case of waste electrical and electronic equipment. Procedia Manufacturing 21, 502–509.

Marcoux, C. (2011): Understanding institutional change in international environmental regimes. Global Environmental Politics 11 (3), 145–151.

Marcus, G. (2018): Deep learning: a critical appraisal. arXiv preprint arXiv:1801.00631, 27.

Maree, J., Piontak, R., Omwansa, T., Shinyekwa, I. und Njenga, K. (2013): Developmental Uses Of Mobile Phones in Kenya and Uganda. Cape Town: University of Cape Town.

Markov, A. A. (1954): The theory of algorithms. Trudy Matematicheskogo Instituta Imeni VA Steklova 42, 3–375.

Markowetz, A. (2015): Digitaler Burnout: Warum unsere permanente Smartphone-Nutzung gefährlich ist. München: Droemer.

Marques, A., Martins, I. S., Kastner, T., Plutzar, C., Theurl, M. C., Eisenmenger, N., Huijbregts, M. A. J., Wood, R., Stadler, K., Bruckner, M., Canelas, J., Hilbers, J. P., Tukker, A., Erb, K. und Pereira, H. M. (2019): Increasing impacts of land use on biodiversity and carbon sequestration driven by population and economic growth. Nature Ecology & Evolution 3 (4), 628.

Marsal-Llacuna, M.-L. und Segal, M. E. (2016): The Intelligenter Method (I) for making „smarter" city projects and plans. Cities (55), 127–138.

Maslow, A. H. (1943): A theory of human motivation. Psychological Review 50, 370–396.

Maslow, A. H. (1974): Creativity in self-actualizing people. In: Covin, T. M. (Hrsg.): Readings in Human Development: A Humanistic Approach. New York: MSS Information, 107–117.

Masur, P. K., Teutsch, D., Dienlin, T. und Trepte, S. (2017): Online-Privatheitskompetenz und deren Bedeutung für demokratische Gesellschaften. Soziale Bewegungen 30 (2), 180–189.

Matheson, R. (2018): The Privacy Risks of Compiling Mobility Data. Internet: http://news.mit.edu/2018/privacy-risks-mobility-data-1207. Cambridge, MA: MIT News.

Mathews, J. A. und Tan, H. (2016): Lessons from China: the country consumes the most resources in the world and produces the most waste – but it also has the most advanced solutions. Nature 531 (7595), 440–443.

Mathiesen, B. V., Lund, H., Connolly, D., Wenzel, H., Østergaard, P. A., Möller, B., Nielsen, S., Ridjan, I., Karnøe, P. und Sperling, K. (2015): Smart Energy Systems for coherent 100% renewable energy and transport solutions. Applied Energy 145, 139–154.

Matt, D. T., Spath, D., Braun, S., Schlund, S. und Krause, D. (2014): Morgenstadt – Urban Production in the City of the Future. In: Zaeh, M. F. (Hrsg.): Enabling Manufacturing Competitiveness and Economic Sustainability. Proceedings of the 5th International Conference on Changeable, Agile, Reconfigurable and Virtual Production (CARV 2013), Munich, Germany, October 6th–9th, 2013. Cham: Springer International Publishing.

Mattert, J., Valentukeviciute, L. und Waßmuth, C. (2017): Gemeinwohl als Zukunftsaufgabe. Öffentliche Infrastrukturen zwischen Daseinsvorsorge und Finanzmärkten. Berlin: Heinrich-Böll-Stiftung in Zusammenarbeit mit Gemeingut in BürgerInnenhand (GiB).

Matthews, H. S. und Hendrickson, C. T. (2001): Economic and Environmental Implications of Online Retailing in the United States. Paris: OECD Publishing.

Mau, S. (2017): Das metrische Wir. Über die Quantifizierung des Sozialen. Berlin: Suhrkamp.

Maurer, M., Gerdes, J. C., Lenz, B. und Winner, H. (2015): Autonomes Fahren: Technische, rechtliche und gesellschaftliche Aspekte. Berlin, Heidelberg: Springer.

Mauser, W., Klepper, G., Zabel, F., Delzeit, R., Hank, T., Putzenlechner, B. und Calzadilla, A. (2015): Global biomass production potentials exceed expected future demand without the need for cropland expansion. Nature Communications 6, 14.

Max-Planck-Gesellschaft (2003): Berliner Erklärung. Internet: https://openaccess.mpg.de/Berliner-Erklaerung. München: Max-Planck-Gesellschaft.

Mayer, J. D., Caruso, D. R. und Salovey, P. (2016): The ability model of emotional intelligence: Principles and updates. Emotion Review 8 (4), 290–300.

Mayer-Schönberger, V. (2014): Steuerung – Alt – Entfernen. Tod und Trauer in der digitalen Welt. Manuskript (zitiert nach Kai Laufen). Internet: http://www.deutschlandfunk.de/steuerung-alt-entfernen-tod-und-trauer-in-der-digitalen.media.58b04acddd3bc3a80bd9da1319bcb6c8.pdf. Berlin: Deutschlandradio.

Mayer-Schönberger, V. und Cukier, K. (2013): Big Data. A Revolution that will Transform How we Live, Work, and Think. Boston: Houghton Mifflin Harcourt.

Mayer-Schönberger, V. und Ramge, T. (2017): Das Digital. Markt, Wertschöpfung und Gerechtigkeit im Datenkapitalismus. Düsseldorf: Econ.

Mayntz, R., Derlien, H.-U., Bohne, E., Hesse, B., Hucke, J. und Müller, A. (1978): Vollzugsprobleme der Umweltpolitik – Empirische Untersuchung der Implementation von Gesetzen im Bereich der Luftreinhaltung und des Gewässerschutzes. SRU Materialien zur Umweltforschung Nr. 4. Stuttgart: Kohlhammer.

Mazurkiewicz, P. (o. J.): Coprorate Environmental Responsibility: Is a Common CSR Framework Possible? Washington, DC: World Bank.

Mazzucato, M. (2018): Mission-Oriented Research & Innovation in the European Union. A Problem-Solving Approach to Fuel Innovation-Led Growth. Brüssel: EU-Kommission.

McAfee, A. und Brynjolfsson, E. (2016): Human Work in the Robotic Future. Foreign Affairs July/August, 139–150.

McAfee, A. und Brynjolfsson, E. (2017): Machine, Platform, Crowd: Harnessing Our Digital Future. New York, London: Norton.

McBratney, A., Whelan, B. und Ancev, T. (2005): Future directions of precision agriculture. Precision Agriculture 6, 7–23.

McCarty, K. (2014): Building a better soldier: human enhancement technologies in the 21st century. Paideia 1, 3–24.

McClelland, D. C. (1991): The Achieving Society. New York: Harper & Row.

McCulloch, W. S. und Pitts, W. (1943): A logical calculus of the ideas immanent in nervous activity. The Bulletin of Mathematical Biophysics 5 (4), 115–133.

McKinsey Global Institute (2016): Digital Globalization: The New Era of Global Flows. Berlin: McKinsey Global Institute.

Mecacci, G. und Haselager, P. (2017): Identifying criteria for the evaluation of the implications of brain reading for mental privacy. Science and Engineering Ethics 25 (2), 443–461.

Meerkamp, A., auf der Heiden, A. und Mühlberg, A. (2008): Die Daseinsvorsorge in der Informationsgesellschaft stärken. Berlin: ver.di.

Mehmann, J., Frehe, V. und Teuteberg, F. (2015): Crowd logistics – a literature review and maturity model. In: Kersten, W., Blecker, T. und Ringle, C. M. (Hrsg.): Innovations and Strategies for Logistics and Supply Chains. Berlin: epubli, 118–145.

Meissner, M. (2017): China's Social Credit System. A Big-Data Enabled Approach to Market Regulation With Broad Implications for Doing Business in China. Berlin: Mercator Institute for China Studies (Merics).

Meller-Hannich, C. (2014): Zu einigen rechtlichen Aspekten der Share-Economy. WM Zeitschrift für Wirtschafts- und Bankrecht 50, 2337–2345.

Mensing, M. S. (2010): Das Produkt muss stimmen. Welchen Einzelhandel lieben die Touristen? Zeitschrift für Stadtentwicklung und Marketing 4, 30–31.

Menz, N., Hoepner, P., Tiemann, J. und Koußen, F. (2015): S2: Safety und Security aus dem Blickwinkel der öffentlichen IT. Berlin: Kompetenzzentrum Öffentliche IT, Fraunhofer FOKUS.

Merchant, B. (2015): Fully Automated Luxury Communism. Internet: https://www.theguardian.com/sustainable-business/2015/mar/18/fully-automated-luxury-communism-robots-employment. London: The Guardian.

Merkel, A. (2019): Rede von Bundeskanzlerin Merkel zur 55. Münchner Sicherheitskonferenz am 16. Februar 2019 in München. Internet: https://www.bundeskanzlerin.de/bkin-de/aktuelles/rede-von-bundeskanzlerin-merkel-zur-55-muenchner-sicherheitskonferenz-am-16-februar-2019-in-muenchen-1580936. Berlin: Die Bundeskanzlerin.

Mertens, P., Barbian, D. und Baier, S. (2017): Digitalisierung und Industrie 4.0 – eine Relativierung. Wiesbaden: Springer VS.

Meßerschmidt, K. (2011): Europäisches Umweltrecht. München: Beck.

Messner, D. (2015): A social contract for low carbon and sustainable development: reflections on non-linear dynamics of social realignments and technological innovations in transformation processes. Technological Forecasting & Social Change 98, 260–270.

Messner, D. und Scholz, I. (2018): Globale Gemeinwohlorientierung als Fluchtpunkt internationaler Kooperation für nachhaltige Entwicklung – Ein Perspektivwechsel. Zeitschrift für Außen- und Sicherheitspolitik 11, 561–572.

Metze-Mangold, V. (2017): Vorwort der Deutschen UNESCO-Kommission. In: Neumann, J. und Muuß-Merholz, J. (Hrsg.): OER Atlas 2017. Open Educational Resources – Deutschsprachige Angebote und Projekte im Überblick. Paderborn: Media-Print, 9.

Metzger, M. J., Flanagin, A. J. und Medders, R. (2010): Social and heuristic approaches to credibility evaluation online. Journal of Communication 60 (3), 413–439.

Metzinger, T. (2001): Postbiotisches Bewusstsein: Wie man ein künstliches Subjekt baut – und warum wir es nicht tun sollten. In: Kemp, S. (Hrsg.): Sonderausstellung „Computer. Gehirn" im Heinz Nixdorf MuseumsForum. Paderborn: Heinz Nixdorf MuseumsForum, 87–111.

Metzinger, T. (2018): Towards a Global Artificial Intelligence Charter. In: European Parliament (Hrsg.): Should We Fear Artificial Intelligence? Brüssel: European Parliament Scientific Foresight Unit (STOA), 27–33.

Metzinger, T. (2019a): Ethics Washing Made in Europe. Internet: https://www.tagesspiegel.de/politik/eu-guidelines-ethics-washing-made-in-europe/24195496.html. Berlin: Tagesspiegel.

Metzinger, T. (2019b): Nehmt der Industrie die Ethik weg! EU-Ethikrichtlinien für Künstliche Intelligenz. Berlin: Tagesspiegel.

Meunier, S. und Nicolaïdis, K. (2006): The European Union as a conflicted trade power. Journal of European Public Policy 13 (6), 906–925.

Miah, A. (2016): The Ethics of Human Enhancement. Internet: https://www.technologyreview.com/s/602342/the-ethics-of-human-enhancement/. Cambridge, MA: MIT Technology Review.

Michaels, J., Natraj, A. und Van Reenen, J. (2014): Has ICT polarized skill demand? evidence from eleven countries over twenty-five years. The Review of Economics and Statistics 96 (1), 60–77.

Michelsen, G. und Wells, P. J. (2017): A Decade of progress on Education for Sustainable Development: Reflections From the UNESCO Chairs Programme. Paris: UNESCO Publishing.

Milakis, D., van Arem, B. und van Wee, B. (2017): Policy and society related implications of automated driving: a review of literature and directions for future research. Journal of Intelligent Transportation Systems 21 (4), 324–348.

Milanovic, B. (2012): Global Income Inequality by the Numbers: In History and Now. An Overview. Policy Research Working Paper. Washington, DC: World Bank.

Milanovic, B. (2016): Die ungleiche Welt – Migration, das Eine Prozent und die Zukunft der Mittelschicht. Berlin: Suhrkamp.

Millard, J., Sorivelle, M., Deljanin, S., Unterfrauner, E. und Voigt, C. (2018): Is the maker movement contributing to sustainability? Sustainability 10 (7), 1–29.

Miner, A. S., Milstein, A., Schueller, S., Hegde, R., Mangurian, C. und Linos, E. (2016): Smartphone-based conversational agents and responses to questions about mental health, interpersonal violence, and physical health. JAMA internal medicine 176 (5), 619–625.

Minsky, M. (2007): The Emotion Machine: Commonsense Thinking, Artificial Intelligence, and the Future of the Human Mind. New York: Simon and Schuster.

Miroudot, S. und Cadestin, C. (2017): Services In Global Value Chains. OECD Trade Policy Papers No. 197. Paris: OECD Publishing.

Misselhorn, C. (2018): Grundfragen der Maschinenethik. Ditzingen: Reclam.

Misselwitz, P., Salcedo Villanueva, J. und Meinert, G. (2015): The urban dimension of the SDGs: implications for the new urban agenda. In: Cities Alliance (Hrsg.): Sustainable Development Goals and Habitat III: Opportunities for a Successful New Urban Agenda. Brüssel: Cities Alliance, 13–22.

Misterek, F. (2017): Digitale Souveränität: Technikutopien und Gestaltungsansprüche demokratischer Politik. MPIfG Discussion Paper 17/11. Köln: Max-Planck-Institut für Gesellschaftsforschung.

Mitglieder des französischen Senats (2018): Saisine par 60 sénateurs. Paris: Sénat.

Mittal, A., Slaughter, A. und Bansal, V. (2017): From Bytes to Barrels. The Digital Transformation in Upstream Oil and Gas. A Report by the Deloitte Center for Energy Solutions. New York: Deloitte Development.

Mittal, S., Gandhi, S. und Tripathi, G. (2010): Socio-economic Impact Of Mobile Phones On Indian Agriculture. New Delhi: Indian Council for Research on International Economic Relations.

Mittal, S. und Mehar, M. (2012): How mobile phones contribute to growth of small farmers? Evidence from India. Quarterly Journal of International Agriculture 51 (3), 227.

Mittal, S. und Mehar, M. (2016): Socio-economic factors affecting adoption of modern information and communication technology by farmers in India: analysis using multivariate probit model. The Journal of Agricultural Education and Extension 22 (2), 199–212.

Mittelstadt, B. D. und Floridi, L. (2016): The ethics of big data: Current and foreseeable issues in biomedical contexts. Science and Engineering Ethics, 22 (2), 303–341.

Mokyr, J. (2013): Capitalism reinvents itself. Current History 11, 291–297.

Mokyr, J., Vickers, C. und Ziebarth, N. L. (2015): The history of technological anxiety and the future of economic growth: is this time different? The Journal of Economic Perspectives 29 (3), 31–50.

Mol, A. J. B. (2002): The Body Multiple. Durham, NC: Duke University Press.

Monaghan, J. M., Daccache, A., Vickers, L. H., Hess, T. M., Weatherhead, E. K., Grove, I. G. und Knox, J. W. (2013): More 'crop per drop': constraints and opportunities for precision irrigation in European agriculture. Journal of the Science of Food and Agriculture 93 (5), 977–980.

Mondal, P. und Basu, M. (2009): Adoption of precision agriculture technologies in India and in some developing countries: Scope, present status and strategies. Progress in Natural Science 19 (6), 659–666.

Moore, G. E. (1965): Cramming more components onto integrated circuits. Electronics 38 (8), 114–117.

Moore, M. G. und Kearsley, G. (2011): Distance Education: A Systems View of Online Learning. Boston, MA: Cengage Learning.

moovel Group (2019): Mobility Services Partners. Internet: https://www.moovel.com/en/partners/mobility-services-partners#db-bahn. Stuttgart: moovel Group.

Mora, L., Bolici, R. und Deakin, M. (2017): The first two decades of smart-city research: a bibliometric analysis. Journal of Urban Technology 24 (1), 3–27.

Moral, L. und Pais, I. (2015): Collaborative economy and the digitalization of timebanking: opportunities and challenges. Studi di Sociologia 1, 3–21.

Morato Polzin, J., Kirchner, B., Pollert, A. und Pollert, M. C. (2016): Duden Wirtschaft von A bis Z. 4. Auflage. Internet: http://www.bpb.de/nachschlagen/lexika/lexikon-der-wirtschaft/19840/konsumgueter. Mannheim: Bibliographisches Institut.

Moravec, H. (1988): Mind Children. The Future of Robot and Human Intelligence. Cambridge, MA: Harvard University Press.

Moreno, M. und Charnley, F. (2016): Can re-distributed manufacturing and digital intelligence enable a regenerative economy? an integrative literature review. In: Setchi, R., Howlett, R. J., Liu, Y. und Theobald, P. (Hrsg.): Sustainable Design and Manufacturing 2016. Smart Innovation, Systems and Technologies. Cham: Springer International Publishing, 563–575.

Morgan, K. (2017): Nurturing novelty: regional innovation policy in the age of smart specialisation. Environment and Planning C: Politics and Space 35 (4), 569–583.

Morganti, E., Seidel, S., Blanquart, C., Dablanc, L. und Lenz, B. (2014): The impact of e-commerce on final deliveries: alternative parcel delivery services in France and Germany. Transportation Research Procedia 4, 178–190.

Morozov, E. (2013): Smarte neue Welt. Digitale Technik und die Freiheit des Menschen. München: Blessing.

Morozov, E. und Bria, F. (2017): Die smarte Stadt neu denken. Wie urbane Technologien demokratisiert werden können. Berlin: Rosa Luxemburg Stiftung.

Mossberger, K., Tolbert, C. J. und McNeal, R. S. (2007): Digital Citizenship: The Internet, Society, and Participation. Cambridge, MA: MIT Press.

Motaal, D. A. (2009): Reaching REACH: the challenge for chemicals entering international trade. International Journal of International Economic Law 12 (3), 643–662.

Mottschall, M. (2015): Online shoppen oder beim lokalen Händler? Internet: https://www.oeko.de/aktuelles/2015/online-shoppen-oder-beim-lokalen-haendler/. Freiburg, Berlin: Öko-Institut.

Murswiek, D. und Rixen, S. (2018): Art. 2. In: Sachs, M. (Hrsg.): Grundgesetz. Kommentar. München: Beck, 112–171.

Nadella, S. (2016): The Partnership of the Future. Internet: https://slate.com/technology/2016/06/microsoft-ceo-satya-nadella-humans-and-a-i-can-work-together-to-solve-societys-challenges.html. Washington, DC: Slate Daily Magazine on the Web.

Nair, A. und Fissha, A. (2010): Rural Banking: The Case of Rural and Community Banks in Ghana. Agriculture And Rural Development Discussion Paper 48. Washington, DC: World Bank.

Nakamura, L. (2014): Gender and Race Online. Society and the Internet: How Networks of Information and Communication are Changing Our Lives. Oxford, New York: Oxford University Press.

Nakandala, S., Ciampaglia, G. L., Su, N. M. und Ahn, Y.-Y. (2016): Gendered Conversation in a Social Game-Streaming Platform. Bloomington, IN: Indiana University.

Nanda, S. (1999): The Hijras of India: Neither Man nor Woman. Belmont, CA: Wadsworth.

National Non-Discrimination and Equality Tribunal of Finland (2018): Assessment of Creditworthiness, Authority, Direct Multiple Discrimination, Gender, Language, Age, Place Of Residence, Financial Reasons, Conditional Fine. Helsinki: National Non-Discrimination and Equality Tribunal of Finland.

Nationale Akademie der Wissenschaften Leopoldina (2018): Privatheit in Zeiten der Digitalisierung. Stellungnahme 2018. Halle (Saale): Nationale Akademie der Wissenschaften Leopoldina, acatech – Deutsche Akademie der Technikwissenschaften, Union der deutschen Akademien der Wissenschaften.

Navarro, L. M., Fernández, N., Guerra, C., Guralnick, R., Kissling, W. D., Londoño, M. C., Muller-Karger, F., Turak, E., Balvanera, P. und Costello, M. J. (2017): Monitoring biodiversity change through effective global coordination. Current Opinion in Environmental Sustainability 29, 158–169.

Neirotti, P., Marco, A. d., Cagliano, A. C., Mangano, G. und Scorrano, F. (2014): Current trends in Smart City initiatives: some stylised facts. Cities 38, 25–36.

Neligan, A. (2018): Digitalisation as enabler towards a sustainable circular economy in germany. Intereconomics 53 (2), 101–106.

Neligan, A. und Schmitz, E. (2017): Digitale Strategien für mehr Materialeffizienz in der Industrie – Ergebnisse aus dem IW-Zukunftspanel. IW-Report Nr. 3. Köln: IW Köln.

Nelson, G. und Ellis, S. (2018): The history and impact of digitization and digital data mobilization on biodiversity research. Philosophical Transactions of the Royal Society B 374 (1763), 1–9.

Nerini, F. F., Broad, O., Mentis, D., Welsch, M., Bazilian, M. und Howells, M. (2016): A cost comparison of technology approaches for improving access to electricity services. Energy 95, 255–265.

Nestler, R. (2016): Der Boom beim Online-Handel schadet der Umwelt. Internet: http://www.tagesspiegel.de/wissen/e-commerce-der-boom-beim-online-handel-schadet-der-umwelt/13407596.html. Berlin: Tagesspiegel.

NetMundial (2014): Global Multistakeholder Meeting on the Future of Internet Governance 23, 24 April 2014. Internet: http://netmundial.br/. São Paulo: NETmundial.

Neuberger, C. und Quandt, T. (2010): Internet-Journalismus: Vom traditionellen Gatekeeping zum partizipativen Journalismus? In: Schweiger, W. und Beck, K. (Hrsg.): Handbuch Online-Kommunikation. Wiesbaden: Springer VS, 59–79.

Neugebauer, R., Hippmann, S., Leis, M. und Landherr, M. (2016): Industrie 4.0 – from the perspective of applied research. Procedia CIRP 57, 2–7.

Neumann, J. und Muuß-Merholz, J. (Hrsg.) (2017): OER Atlas 2017. Open Educational Resources – Deutschsprachige Angebote und Projekte im Überblick. Paderborn: Hochschulbibliothekszentrum des Landes Nordrhein-Westfalen (hbz) und Zentralstelle für Lernen und Lehren im 21. Jahrhundert.

New Earth Handprinter (2018): Handprinter.org. Internet: http://www.handprinter.org/. York Beach, ME: New Earth Handprinter.

Newcastle University (2010): Working From Home and Online Shopping can Increase Carbon Emissions, UK Report Claims. Internet: https://www.sciencedaily.com/releases/2010/09/100921085524.htm. Toronto: Science Daily.

Newell, J. P. und Cousins, J. J. (2014): The boundaries of urban metabolism: towards a political-industrial ecology. Progress in Human Geography 39 (6), 702–728.

Newman, A. (2015): European data privacy regulation on a global stage: export or Experimentalism? In: Zeitlin, J. (Hrsg.): Extending Experimentalist Governance? The European Union and Transnational Regulation. Oxford: Oxford University Press, 227–246.

Newman, N., Fletcher, R., Kalogeropoulos, A., Levy, D. und Kleis Nielson, R. (2018): Reuters Institute Digital News Report 2017. Oxford: Reuters Institute, Oxford University.

Nguyen, T. H., Sinha, A., Gholami, S., Plumptre, A., Joppa, L., Tambe, M., Driciru, M., Wanyama, F., Rwetsiba, A. und Critchlow, R. (2016): Capture: a new predictive anti-poaching tool for wildlife protection. In: John Thangarajah, Karl Tuyls, Stacy Marsella und Jonker, C. (Hrsg.): Proceedings of the 15th International Conference on Autonomous Agents and Multiagent Systems (AAMAS 2016). Montreal: International Foundation for Autonomous Agents and Multiagent Systems, 767–775.

Nida-Rümelin, J. und Weidenfeld, N. (2018): Digitaler Humanismus. Eine Ethik für das Zeitalter der Künstlichen Intelligenz. München: Piper.

Niebel, T. (2018): ICT and economic growth – comparing developing, emerging and developed countries. World Development 104, 197–211.

Niebel, T., Rasel, F. und Viete, S. (2019): BIG data – BIG gains? Understanding the link between big data analytics and innovation. Economics of Innovation and New Technology 28 (3), 296–316.

Nielsen, M. A. und Chuang, I. (2002): Quantum computation and Quantum information. American Journal of Physics 70 (5), 558–559.

Nikitas, A., Kougias, I., Alyavina, E. und Njoya Tchouamou, E. (2017): How can autonomous and connected vehicles, electromobility, brt, hyperloop, shared use mobility and mobility-as-a-service shape transport futures for the context of smart cities? Urban Science 1 (4), 4.

Nipo, D. T. und Bujang, I. (2014): Global digital divide: determinants of cross-country ICT development with special reference to Southeast Asia. International Journal of Business and Economic Development (IJBED) 2 (3).

Nisbet, E. K., Zelenski, J. M. und Murphy, S. A. (2009): The nature relatedness scale: Linking individuals' connection with nature to environmental concern and behavior. Environment and Behavior 41 (5), 715–740.

Nitsche, B. und Figiel, A. (2016): Zukunftstrends der Lebensmittellogistik-Herausforderungen und Lösungsimpulse. Schriftenreihe Logistik der Technischen Universität Berlin. Sonderband 7. Berlin: Universitätsverlag der TU Berlin.

Nordhaus, W. D. (2007): Two centuries of productivity growth in computing. The Journal of Economic History 67 (1), 128–159.

Nordhaus, W. D. (2017): Are We Approaching an Economic Singularity? Information Technology and the Future of Economic Growth – REVISED. National Bureau of Economic Research Working Paper Series No. 21547. Cambridge, MA: National Bureau of Economic Research (NBER).

Norris, P. und Inglehart, R. (2018): Cultural Backlash: Trump, Brexit, and the Rise of Authoritarian-Populism. Cambridge, New York: Cambridge University Press.

Norton, A. (2017): Automation and Inequality. The Changing World of Work in the Global South. London: International Institute for Environment and Development (IIED).

Nosek, B. A., Alter, G., Banks, G. C., Borsboom, D., Bowman, S. D., Breckler, S. J., Buck, S., Chambers, C. D., Chin, G., Christensen, G., Contestabile, M., Dafoe, A., Eich, E., Freese, J., Glennerster, R., Goroff, D., Green, D. P., Hesse, B., Humphreys, M., Ishiyama, J., Karlan, D., Kraut, A., Lupia, A., Mabry, P., Madon, T., Malhotra, N., Mayo-Wilson, E., McNutt, M., Miguel, E., Levy Paluck, E., Simonsohn, U., Soderberg, C., Spellman, B. A., Turitto, J., VandenBos, G., Vazire, S., Wagenmakers, E. J., Wilson, R. und Yarkoni, T. (2015): Promoting an open research culture: Author guidelines for journals could help to promote transparency, openness, and reproducibility. Science 348 (6242), 1422–1425.

Nourbakhsh, I. R. (2015): The Coming Robot Dystopia. All Too Human. Internet: https://www.foreignaffairs.com/articles/2015-06-16/coming-robot-dystopia. Getzville, NY: Foreign Affairs.

NTIA – National Telecommunications and Information Administration (2016): Quarterly Report on the Transition of the Stewardship of the Internet Assigned Numbers Authority („IANA") Functions (Q4 FY2016). Washington, DC: NTIA.

Nuffield Council on Bioethics (2018): Genome Editing and Human Reproduction. London: Nuffield Council on Bioethics.

Nussbaum, M. C. (1999): Gerechtigkeit oder Das gute Leben. Frankfurt/M.: Suhrkamp.

Nwagwu, W. E. und Soremi, O. (2015): ICT use in livestock innovation chain in Ibadan City in Nigeria. Advances in Life Science and Technology 32, 12–20.

Nyamba, S. Y. und Mlozi, M. R. (2019): Factors influencing the use of mobile phones in communicating agricultural information: a case of Kilolo District, Iringa, Tanzania. International Journal of Information and Communication Technology Research 2 (7), 558–563.

Nye, J. (2004): Soft Power: The Means to Success in World Politics. New York: Public Affairs.

Nyeso, A. und Capobianco, A. (2017): Challenges for competition law enforcement and policy in the digital economy. Journal of European Competition Law & Practice 9 (1), 19–27.

O'Connor, B., Secades, C., Penner, J., Sonnenschein, R., Skidmore, A., Burgess, N. D. und Hutton, J. M. (2015): Earth observation as a tool for tracking progress towards the Aichi Biodiversity Targets. Remote sensing in ecology and conservation 1 (1), 19–28.

O'Farrell, M. J., Miller, B. W. und Gannon, W. L. (1999): Qualitative identification of free-flying bats using the Anabat detector. Journal of Mammalogy 80 (1), 11–23.

O'Neill, S. und Nicholson-Cole, S. (2009): „Fear won't do it". Promoting Positive engagement with climate change through visual and iconic representations. Science Communication 30 (3), 355–379.

O'Reilly, T. (2007): What is Web 2.0: Design patterns and business models for the next generation of software. International Journal of Digital Economics 65 (3), 17–37.

O'Brien, K. und Sygna, L. (2013): Responding to climate change: the three spheres of transformation. In: University of Oslo (Hrsg.): Proceedings of Transformation in a Changing Climate, 19–21 June 2013, Oslo, Norway. Oslo: University of Oslo, 16–23.

O'Neill, C. (2017): Weapons of Mass Destruction. How Big Data Increases Inequality and Threatens Democracy. New York: Broadway Books.

OECD – Organisation for Economic Co-Operation and Development (2008): Natural Resources and Pro-Poor Growth – The Economics and Politics. Paris: OECD Publishing.

OECD – Organisation for Economic Co-operation and Development (2015a): Addressing the Tax Challenges of the Digital Economy. Action 1. Final Report. Paris: OECD Publishing.

OECD – Organisation for Economic Co-operation and Development (2015b): Digital Security Risk Management for Economic and Social Prosperity. OECD Recommendation and Companion Document. Paris: OECD Publishing.

OECD – Organisation for Economic Co-operation and Development (2015c): In It Together: Why Less Inequality Benefits All. Paris: OECD Publishing.

OECD – Organisation for Economic Co-operation and Development (Hrsg.) (2015d): OECD Digital Economy Outlook 2015. Paris OECD Publishing.

OECD – Organisation for Economic Co-operation and Development (2016a): Ministerial Declaration on the Digital Economy („Cancún Declaration"). Cancún: OECD Publishing.

OECD – Organisation for Economic Co-operation and Development (2016b): OECD Science, Technology and Innovation Outlook 2016. Paris: OECD Publishing.

OECD – Organisation for Economic Co-operation and Development (2016c): Perspectives on Global Development 2017. International Migration in a Shifting World. Paris: OECD Publishing.

OECD – Organisation for Economic Co-operation and Development (2017a): Going Digital: The Future of Work for Women. Policy Brief. Paris: OECD Publishing.

OECD – Organisation for Economic Co-operation and Development (2017b): Key Issues for Digital Transformation in the G20. Report Prepared for a Joint G20 German Presidency/ OECD Conference. Paris: OECD Publishing.

OECD – Organisation for Economic Co-operation and Development (2017c): The Next Production Revolution. Implications for Governments and Business. Paris: OECD Publishing.

OECD – Organisation for Economic Co-operation and Development (2017d): OECD Digital Economy Outlook 2017. Paris: OECD Publishing.

OECD – Organisation for Economic Co-operation and Development (2018a): A Brave New World: Technology & Education. Trends Shaping Education Spotlight 15. Paris: OECD Publishing.

OECD – Organisation for Economic Co-operation and Development (2018b): Financial Markets, Insurance and Pensions: Digitalisation and Finance. Paris: OECD Publishing.

OECD – Organisation for Economic Co-operation and Development (2018c): The Future of Education and Skills. Education 2030. Internet: https://www.oecd.org/education/2030/

E2030%20Position%20Paper%20(05.04.2018). Paris: OECD Publishing.

OECD – Organisation for Economic Co-operation and Development (2018d): The Future of Social Protection. What Works for Non-Standard. Paris: OECD Publishing.

OECD – Organisation for Economic Co-operation and Development (2018e): New Technologies and 21st Century Children: Recent Trends and Outcomes. OECD Education Working Paper No. 179. Internet: http://www.oecd.org/officialdocuments/publicdisplaydocumentpdf/?cote=EDU/WKP(2018)15&docLanguage=En. Paris: OECD Publishing.

OECD – Organisation for Economic Co-operation and Development (2018f): Tax Challenges Arising from Digitalisation – Interim Report 2018: Inclusive Framework on BEPS, OECD/G20 Base Erosion and Profit Shifting Project. Internet: http://dx.doi.org/10.1787/9789264293083-en. Paris: OECD Publishing.

OECD – Organisation for Economic Co-operation and Development (2018g): Trade and Cross-Border Data Flows. TAD/TC/WP(2018)19/FINAL. Paris: OECD Trade and Agriculture Directorate.

OECD – Organisation for Economic Co-operation and Development (2019a): The Future of Work. OECD Employment Outlook 2019. Paris: OECD Publishing.

OECD – Organisation for Economic Co-operation and Development (2019b): Measuring the Digital Transformation. Paris: OECD Publishing.

OECD – Organisation for Economic Co-operation and Development (2019c): Vectors of Digital Transformation. Paris: OECD Publishing.

ÖFIT – Kompetenzzentrum Öffentliche IT (2016): 3D-Drucker. Internet: http://www.oeffentliche-it.de/-/3d-drucker. Berlin: ÖFIT.

OHCHR – Office of the High Commissioner for Human Rights (2013): Gender Stereotyping as a Human Rights Violation. New York, Genf: OHCHR.

Ohlberg, M., Ahmed, S. und Lang, B. (2017): Central Planning, Local Experiments. The complex implementation of China's Social Credit System. Berlin: Merics Mercator Institute for China Studies.

Olbert, M. und Spengel, C. (2017): International taxation in the digital economy: challenge accepted? World Tax Journal 9 (1), 3–46.

Oliver, R. Y., Ellis, D. P. W., Chmura, H. E., Krause, J. S., Pérez, J. H., Sweet, S. K., Gough, L., Wingfield, J. C. und Boelman, N. T. (2018): Eavesdropping on the Arctic: automated bioacoustics reveal dynamics in songbird breeding phenology. Science Advances 4 (6), 1–10.

Open Knowledge Foundation (o.J.): Open Definition 2.1. Internet: https://opendefinition.org/od/2.1/en/. London: Open Knowledge Foundation.

Opiela, N., Hoepner, P. und Weber, M. (2016): Das ÖFIT-Trendsonar der IT-Sicherheit. Internet: https://www.oeffentliche-it.de/documents/10181/14412/Das+%C3%96FIT-Trendsonar+der+IT-Sicherheit. Berlin: Kompetenzzentrum Öffentliche IT, Fraunhofer FOKUS.

Opiela, N., Tiemann, J., Gumz, J. D., Goldacker, G. und Thapa, B. (2019): Deutschland-Index der Digitalisierung 2019. Berlin: Kompetenzzentrum Öffentliche IT, Fraunhofer FOKUS.

Orr, D., Neumann, J. und Muuß-Merholz, J. (2018): OER in Deutschland: Praxis und Politik. Bottom-Up-Aktivitäten und Top-Down-Initiativen. Bonn: Deutsche UNESCO-Kommission e.V. (DUK), Hochschulbibliothekszentrum des Landes Nordrhein-Westfalen (hbz).

Orr, D. W. (1991): Earth in Mind. On Education, Environment, and the Human Prospect. Washington, DC: Island Press.

Ospina, A. V. und Heeks, R. (2010): Linking ICTs and Climate Change Adaptation: A Conceptual Framework for E-Resilience and E-Adaptation. Manchester: Centre for Development Informatics und Institute for Development Policy and Management (SED).

Osterhammel, J. (2009): Die Verwandlung der Welt. Eine Geschiche des 19. Jahrhunderts. München: Beck.

Owen, T. (2015): Disruptive Power: The Crisis of the State in the Digital Age. Oxford, New York: Oxford University Press.

Pagoropoulos, A., Pigosso, D. C. A. und McAloone, T. C. (2017): The emergent role of digital technologies in the circular economy: a review. Procedia CIRP 64, 19–24.

Papa, E. und Lauwers, D. (2015): Smart mobility: opportunity or threat to innovate places and cities. In: Schrenk, M., Popovic, V. V., Zeile, P., Elisei, P. und Beyer, C. (Hrsg.): REAL CORP 2015. Plan Together – Right Now – Overall. From Vision to Reality for Vibrant Cities and Regions. Wien: Competence Center of Urban and Regional Planning (CORP), 543–550.

Pappas, I. O., Kourouthanassis, P. E., Giannakos, M. N. und Chrissikopoulos, V. (2014): Shiny happy people buying: the role of emotions on personalized e-shopping. Electronic Markets 24 (3), 193–206.

Paqué, K.-H. (2016): Der Wandel des Wachstums. Perspektiven der Wirtschaftspolitik 17 (3), 289.

Paradiso, J. A. (2017): The Next Step. Exponential Life. Our Extended Sensoria. How Humans Will Connect with the Internet of Things. Cambridge, MA: OpenMind.

Parajuly, K. und Wenzel, H. (2017): Potential for circular economy in household WEEE management. Journal of Cleaner Production 151, 272–285.

Pariser, E. (2011): The Filter Bubble: What the Internet is Hiding From You. New York: Penguin Books.

Pasquale, F. (2018): Odd Numbers: Algorithms Alone Can't Meaningfully Hold Other Algorithms Accountable. Internet: http://reallifemag.com/odd-numbers. Real Life Magazine.

Paul, S., Rudolph, B., Zech, S., Oehler, A., Horn, M., Wendt, S. und Jentzsch, N. (2016): Neue Finanztechnologien — Bankenmarkt in Bewegung. Wirtschaftsdienst 96 (9), 631–647.

Pawelke, A., Cañares, M., Hernandez, K. und Prieto Martin, P. (2017): Data for Development: What's Next? Concepts, Trends and Recommendations for German Development Cooperation. Berlin: GIZ.

Pearson, I. (2005): 2050 – And Immortality is Within our Grasp (zitiert nach David Smith). Internet: https://www.theguardian.com/science/2005/may/22/theobserver.technology. London: The Guardian.

Peitz, M. und Schwalbe, U. (2016): Kollaboratives Wirtschaften oder Turbokapitalismus? Perspektiven der Wirtschaftspolitik 17 (3), 232–252.

Pereira, H. M., Ferrier, S., Walters, M., Geller, G. N., Jongman, R. H. G., Scholes, R. J., Bruford, M. W., Brummitt, N., Butchart, S. H. M., Cardoso, A. C., Coops, N. C., Dulloo, E., Faith, D. P., Freyhof, J., Gregory, R. D., Heip, C., Höft, R., Hurtt, G., Jetz, W., Karp, D. S., McGeoch, M. A., Obura, D., Onoda, Y., Pettorelli, N., Reyers, B., Sayre, R., Scharlemann, J. P. W., Stuart, S. N., Turak, E., Walpole, M. und Wegmann, M. (2013): Essential biodiversity variables. Science 339, 277–279.

Perez-Cerezo, J. (2018): Smart transportation in China - what is the current situation? Internet: https://civitas.eu/news/smart-transportation-china-what-current-situation. Szentendre: CIVITAS.

Perlmutter, J. und Mink, J. (2006): Deep brain stimulation. Annual Review of Neuroscience 29, 229–257.

Petschow, U., Ferdinand, J.-P., Dickel, S., Flämig, H. und Steinfeldt, M. (2014): Dezentrale Produktion, 3D-Druck und Nachhaltigkeit: Trajektorien und Potenziale innovativer Wertschöpfungsmuster zwischen Maker-Bewegung und Industrie 4.0. Schriftenreihe des IÖW. Berlin: IÖW.

Pettigrew, T. F. und Tropp, L. R. (2006): A meta-analytic test of intergroup contact theory. Journal of Personality and Social Psychology 90 (5), 751ff.

Peuckert, J. und Pentzien, J. (2018): Kompromisse des Teilens. Nachhaltige Governance von Peer-to-Peer Sharing Praktiken. Peer-Sharing Arbeitsbericht 7. Berlin: IÖW.

Pfannebecker, M. und Smith, J. A. (2013): The Long Read: What Will We Do in the Post-Work Utopia? London: LSE Review of Books.

Pfattheicher, S., Sassenrath, C. und Schindler, S. (2016): Feelings for the suffering of others and the environment: Compassion fosters proenvironmental tendencies. Environment and Behavior 48, 929–945.

Philippon, T. (2016): The FinTech Opportunity. National Bureau of Economic Research Working Paper Series No. 22476. Cambridge, MA: National Bureau of Economic Research (NBER).

Pieraccini, M., Guidi, G. und Atzeni, C. (2001): 3D digitizing of cultural heritage. Journal of Cultural Heritage 2001 (2), 63–70.

Pierrakis, Y. (2010): Venture Capital: Now and After the Dotcom Crash. London: NESTA.

Pietsch, W. und Wernecke, J. (2017): Introduction: Ten Theses on Big Data and Computability. In: Pietsch, W., Wernecke, J. und Ott, M. (Hrsg.): Berechenbarkeit der Welt? Heidelberg, Berlin: Springer, 37–57.

Pietsch, W., Wernecke, J. und Ott, M. (Hrsg.) (2017): Berechenbarkeit der Welt? Philosophie und Wissenschaft im Zeitalter von Big Data. Wiesbaden: Springer VS.

Piketty, T. (2014): Capital in the Twenty-First Century. Cambridge, MA: Harvard University Press.

Pil Choi, J. und Kim, B.-C. (2010): Net neutrality and investment incentives. The RAND Journal of Economics 41 (3), 446–471.

Pimm, S. L., Alibhai, S., Bergl, R., Dehgan, A., Giri, C., Jewell, Z., Joppa, L., Kays, R. und Loarie, S. (2015): Emerging technologies to conserve biodiversity. Trends in Ecology & Evolution 30 (11), 685–696.

Pimm, S. L., Jenkins, C. N., Abell, R., Brooks, T. M., Gittleman, J. L., Joppa, L. N., Raven, P. H., Roberts, C. M. und Sexton, D. (2014): The biodiversity of species and their rates of extinction, distribution, and protection. Science 344, 987–998.

Platform Cooperativism Consortium (2018): The Platform Coop-Development Kit. Internet: https://platform.coop/stories/the-platform-co-op-development-kit. New York: Platform Cooperativism Consortium.

Plepys, A. (2002): The grey side of ICT. Environmental Impact Assessment Review 22 (5), 509–523.

Polanyi, K. (1944): The Great Transformation: The Political and Economic Origins of Our Time. New York: Farrar & Rinehart.

Polke-Majewski, K. (2011): Digitales Erinnern: Kein Vergeben, kein Vergessen. Internet: http://www.zeit.de/2011/15/Internet-Gedaechtnis. Hamburg: Die Zeit.

Pollmann, M. (2018): Das Marktortprinzip in der DS-GVO. Datenschutz und Datensicherheit 42 (6), 383–383.

Popescu-Zeletin, R., Arbanowski, S. und Steglich, S. (2004): I-Centric communications. In: Mendes, M. J., Suomi, R. und Passos, C. (Hrsg.): Digital Communities in a Networked Society: e-Commerce, e-Business and e-Government. Boston, MA: Springer US, 157–173.

Porras, I. M. (2009): The city and international Law: in pursuit of sustainable development. Fordham Urban Law Journal 36, 537–601.

Porter, J. R., Xie, L., Challinor, A. J., Cochrane, K., Howden, S. M., Iqbal, M. M., Lobell, D. B. und Travasso, M. I. (2014): Food security and food production systems. In: Field, C. B., Barros, V. R., Dokken, D. J., Mach, K. J., Mastrandrea, M. D., Bilir, T. E., Chatterjee, M., Ebi, K. L., Estrada, Y. O., Genova, R. C., Girma, B., Kissel, E. S., Levy, A. N., MacCracken, S., Mastrandrea, P. R. und White, L. L. (Hrsg.): Climate Change 2014: Impacts, Adaptation, and Vulnerability. Part A: Global and Sectoral Aspects. Contribution of Working Group II to the Fifth Assessment Report of the Intergovernmental Panel on Climate Change. Cambridge, New York: Cambridge University Press, 485–533.

POS – Public Open Space (2019): Gesellschaft, Medien und Demokratie im digitalen Zeitalter. Internet: https://public-open-space.eu/. POS – A Public-Civic Partnership.

Prakash, S., Dehoust, G., Gsell, M., Schleicher, T. und Stamminger, R. (2016): Einfluss der Nutzungsdauer von Produkten auf ihre Umweltwirkung: Schaffung einer Informationsgrundlage und Entwicklung von Strategien gegen „Obsoleszenz". UBA-Texte 11. Dessau: Umweltbundesamt (UBA).

Prathapan, K. D., Pethiyagoda, R., Bawa, K. S., Raven, P. H. und Rajan, P. D. (2018): When the cure kills — CBD limits biodiversity research. Science 360, 1405–1407.

Prendeville, S., Hartung, G., Purvis, E., Brass, C. und Hall, A. (2016): Makespaces: from redistributed manufacturing to a circular economy. In: Setchi, R., Howlett, R. J., Liu, Y. und Theobald, P. (Hrsg.): Sustainable Design and Manufacturing 2016. Cham: Springer International Publishing, 577–588.

Press, G. (2017): 6 Predictions For The $203 Billion Big Data Analytics Market. Internet: https://www.forbes.com/sites/gilpress/2017/01/20/6-predictions-for-the-203-billion-big-data-analytics-market/#2f8194c02083. New York: Forbes.

Priese, L. und Erk, K. (2018): Theoretische Informatik. Eine umfassende Einführung. Wiesbaden: Springer VS.

Primus, H. (2015): Qualität und Verschleiß aus der Sicht vergleichender Warentests. In: Brönneke, T. und Wechsler, A. (Hrsg.): Obsoleszenz interdisziplinär. Baden-Baden: Nomos, 39–47.

Principles for Digital Development (2019): Nine „Living" Guidelines Designed to Help Digital Development Practitioners Integrate Established Best Practices Into Technology-Enabled Programs. Internet: https://digitalprinciples.org/. o.O.: Principles for Digital Development.

Privacy International (2018a): A Guide for Policy Engagement on Date Protection. The Keys to Data Protection. London: Privacy International.

Privacy International (2018b): Why and how GDPR applies to companies globally. Internet: https://privacyinternational.org/feature/2207/why-and-how-gdpr-applies-companies-globally. London: Privacy International.

Privacy International (2018c): Why Should Companies Like Facebook Commit to Applying GDPR Globally? Internet: https://privacyinternational.org/feature/1754/why-should-companies-facebook-commit-applying-gdpr-globally. London: Privacy International.

Privacy International (2019): Why We've Filed Complaints Against Companies That Most People Have Never Heard of – and What Needs to Happen Next. Internet: https://privacyinternational.org/advocacy-briefing/2434/why-weve-filed-complaints-against-companies-most-people-have-never-heard-and. London: Privacy International.

Prüfer, J. und Schottmüller, C. (2017): Competing with Big Data. Tilburg Law School Research Paper No. 6. Tilburg: Tilburg Law and Economics Center (Tilec).

PTA – Post and Telecom Administration in Iceland (2017): Annual Report 2017. o.O.: PTA.

Puche, M. L. (2018): Regulation of TNCs in Latin America: The case of Uber regulation in Mexico City and Bogota. In: Finger, M. und Audouin, M. (Hrsg.): The Governance of Smart Transportation Systems. The Urban Book Series. Cham: Springer International Publishing, 37–53.

Pugliese, J. (2015): On human and machine: when is a soldier not a soldier? In: Galliott, J. und Lotz, M. (Hrsg.): Super Soldiers: The Ethical, Legal and Social Implications. London: Routledge, 25–37.

Puppis, M., Schenk, M. und Hofstetter, B. (2017): Medien und Meinungsmacht. Zürich: vdf Hochschulverlag an der ETH Zürich.

Purdon, M. (2017): Neoclassical realism and international climate change politics: moral imperative and political constraint in international climate finance. Journal of International Relations and Development 20 (2), 263–300.

Purvis, K. (2017): Blockchain: What is it and What Does it Mean for Development? Internet: https://www.theguardian.com/global-development-professionals-network/2017/jan/17/blockchain-digital-technology-development-money. London: The Guardian.

PWC – Price Waterhouse Coopers (2018): Global Top 100 Companies by Market Capitalisation – 31 March 2018 Update. Paris: PWC.

Rada, S., Schweiger, O., Harpke, A., Kühn, E., Kuras, T., Settele, J. und Musche, M. (2018): Protected areas do not mitigate biodiversity declines: a case study on butterflies. Diversity and Distributions 25 (2), 217–224.

Rajala, R., Hakanen, E., Mattila, J., Seppälä, T. und Westerlund, M. (2018): How do intelligent goods shape closed-loop systems? California Management Review 60 (3), 20–44.

Rapp, F. (1978): Analytische Technikphilosophie. Freiburg, München: Alber.

Raschauer, N. (2018): Artikel 42. In: Sydow, G. (Hrsg.): Europäische Datenschutzgrundverordnung. Baden-Baden: Nomos, 965–978.

Rasfeld, M. und Breidenbach, S. (2014): Schulen im Aufbruch – Eine Anstiftung. München: Koesel.

Raskin, M. und Yermack, D. (2016): Digital Currencies, Decentralized Ledgers, and the Future of Central Banking. National Bureau of Economic Research Working Paper Series No. 22238. Cambridge, MA: National Bureau of Economic Research (NBER).

Rauch, E., Dallinger, M., Dallasega, P. und Matt, D. T. (2015): Sustainability in Manufacturing through Distributed Manufacturing Systems (DMS). 22nd Cirp Conference on Life Cycle Engineering 29, 544–549.

Rawls, J. (1972): A Theory of Justice. Cambridge, New York: Harvard University Press.

Rayna, T. und Striukova, L. (2016): From rapid prototyping to home fabrication: How 3D printing is changing business model innovation. Technological Forecasting and Social Change 102, 214–224.

Reese, G. und Junge, E. A. (2017): Keep on rockin' in a (plastic-) free world: collective efficacy and pro-environmental intentions as a function of task difficulty. Sustainability 9 (2), 200.

Rehak, R. (2016): Die Macht der Vermenschlichung und die Ohnmacht der Begriffe. FIfF-Kommunikation 2, 45–46.

Rehak, R. (2018): Die Blockchain politisch gelesen. Vom Experiment einer Gesellschaft ohne Vertrauen. WZB Mitteilungen (161), 54–57.

Rehnberg, M. und Ponte, S. (2017): From smiling to smirking?: 3D printing, upgrading and the restructuring of global value chains. Global Networks 15 (1), 69.

Reichardt, M. (2010): Precision Farming in der deutschen Landwirtschaft: eine GIS-gestützte Analyse. Dissertation. Bochum: Ruhr-Universität Bochum.

Reichstein, M., Camps-Valls, G., Stevens, B., Jung, M., Denzler, J. und Carvalhais, N. (2019): Deep learning and process understanding for data-driven Earth system science. Nature 566, 195–204.

Reijnders, L. S. M. und de Vries, G. J. (2018): Technology, offshoring and the rise of non-routine jobs. Journal of Development Economics 135, 412–432.

Reimsbach-Kounatze, C. (2015): The Proliferation of „Big Data" and Implications for Official Statistics and Statistical Agencies: A Preliminary Analysis. OECD Digital Economy Papers No. 245. Paris: OECD Publishing.

Reisch, L. A., Cohen, M. J., Thøgersen, J. B. und Tukker, A. (2016): Frontiers in sustainable consumption research. GAIA-Ecological Perspectives for Science and Society 25 (4), 234–240.

Reisch, L. A. und Scherhorn, G. (2005): Kauf-und Konsumverhalten. In: Frey, D., von Rosenstiel, L. und Graf Hoyos, C. (Hrsg.): Wirtschaftspsychologie. Weinheim: Beltz, 180–187.

Reißmann, O. (2012): Cyberwar: Krieg ohne Regeln. Internet: http://www.spiegel.de/netzwelt/netzpolitik/krieg-im-netz-das-cyberwar-durcheinander-a-836384.html. Hamburg: Spiegel.

Reller, A. und Dießenbacher, J. (2014): Reichen die Ressourcen für unseren Lebensstil? Wie Ressourcenstrategie vom Stoffverbrauch zum Stoffgebrauch führt. In: Hauff, M. (Hrsg.): Nachhaltige Entwicklung. Aus der Perspektive verschiedener Disziplinen. Baden-Baden: Nomos, 91–118.

Reller, A., Marschall, L., Meißner, S. und Schmidt, C. (2013): Ressourcenstrategien. Eine Einführung in den nachhaltigen Umgang mit Ressourcen. Damstadt: Wissenschaftliche Buchgesellschaft.

Remmers, P. (2018a): Mensch-Roboter-Interaktion – Philosophische und ethische Perspektiven. Philosophische Hefte 3, 1–57.

Remmers, P. (2018b): Was macht die Technologie der Robotik so besonders? Technikphilosophische Überlegungen zum Begriff des Roboters. Berlin: HU Berlin.

REN21 (2018a): Advancing The Global Renewable Energy Transition. Paris: REN21.

REN21 (2018b): Renewables 2018. Global Status Report. Paris: REN21.

Reporter ohne Grenzen (2017): Russland kopiert Gesetz gegen Hassbotschaften. Berlin: Reporter ohne Grenzen.

Rescorla, E. (2005): Is finding security holes a good idea? IEEE Security & Privacy 3 (1), 14–19.

Reuter, M., Dachwitz, I., Fanta, A. und Beckedahl, M. (2019): Exklusiver Einblick: So funktionieren Facebooks Moderationszentren. Internet: https://netzpolitik.org/2019/exklusiver-einblick-so-funktionieren-facebooks-moderationszentren/. Berlin: netzpolitik.org.

Rey, L. (2018): Das Mass aller Dinge: Potenziale und Risiken der digitalen Selbstvermessung. Kurzfassung der Studie „Quantified Self – Schnittstelle zwischen Lifestyle und Medizin". Bern: TA-SWISS.

Rezeika, A., Benda, M., Stawicki, P., Gembler, F., Saboor, A. und Volosyak, I. (2018): Brain-Computer interface spellers: a review. Brain Sciences 8 (4), 1–57.

RfII – Rat für Informationsinfrastrukturen (2018a): Stellungnahme des Rats für Informationsinfrastrukturen (RfII) zu den Vorschlägen für eine European Open Science Cloud (EOSC). Göttingen: RfII.

RfII – Rat für Informationsinfrastrukturen (2018b): Zusammenarbeit als Chance Zweiter Diskussionsimpuls zur Ausgestaltung einer Nationalen Forschungsdateninfrastruktur (NFDI) für die Wissenschaft in Deutschland. Göttingen: RfII.

Rieder, G. und Simon, J. (2016): Datatrust: or, the political quest for numerical evidence and the epistemologies of Big Data. Big Data & Society 3 (1), 6.

Rieder, G. und Simon, J. (2018): Vertrauen in Daten oder: Die politische Suche nach numerischen Beweisen und die Erkenntnisversprechen von Big Data. In: Mohabbat Kar, R., Thapa, B. und Parycek, P. (Hrsg.): (Un)berechenbar? Algorithmen und Automatisierung in Staat und Gesellschaft. Berlin: Kompetenzzentrum Öffentliche IT, 159–178.

Rieger, H. (2015): Digitale Identitäten – Risiken und Chancen. Berlin: Bundesdruckerei.

Rifkin, J. (2005): Ultimate therapy. Harvard International Review 27 (1), 44ff.

Rifkin, J. (2009): Die empathische Zivilisation. Wege zu einem globalen Bewusstsein. Frankfurt/M.: Fischer.

Rifkin, J. (2014a): Die Null-Grenzkosten-Gesellschaft: Das Internet der Dinge, kollaboratives Gemeingut und der Rückzug des Kapitalismus. Frankfurt/M.: Campus.

Rifkin, J. (2014b): The Zero Marginal Cost Society: The Internet of Things, the Collaborative Commons, and the Eclipse of Capitalism. London: Macmillan.

Ripple, W. J., Wolf, C., Newsome, T. M., Betts, M. G., Ceballos, G., Courchamp, F., Hayward, M. W., Van Valkenburgh, B., Wallach, A. D. und Worm, B. (2019): Are we eating the world's megafauna to extinction? Conservation Letters, e12627.

Rizzo, A. S., Schultheis, M. T. und Rothbaum, B. O. (2002): Ethical issues for the use of virtual reality in the psychological scenes. In: Bush, S. S. und Drexler, M. L. (Hrsg.): Ethical Issues in Clinical Neuropsychology. Lisse: Swets & Zeitlinger, 243–280.

Rizzolatti, G., Fadiga, L., Gallese, V. und Fogassi, L. (1996): Premotor cortex and the recognition of motor actions. Cognitive Brain Research 3, 131–141.

RNE – Rat für Nachhaltige Entwicklung (2017): Chancen der Kreislaufwirtschaft für Deutschland: Analyse von Potentialen und Ansatzpunkten für die IKT-, Automobil- und Baustoffindustrie. Berlin: RNE.

RNE – Rat für Nachhaltige Entwicklung (2018): nachhaltig_UND_digital. Nachhaltige Entwicklung als Rahmen des digitalen Wandels. Empfehlung des Rates für Nachhaltige Entwicklung an die Bundesregierung. Berlin: RNE.

Robertson, G. P. und Vitousek, P. M. (2009): Nitrogen in agriculture: balancing the cost of an essential resource. Annual review of environment and resources 34, 97–125.

Rochet, J.-C. und Tirole, J. (2003): Platform competition in two-sided markets. Journal of the European Economic Association 1 (4), 990–1029.

Röcke, A. (2015): Bericht über die Jahrestagung der Gesellschaft für Wissenschafts- und Technikforschung „Leibmessen. Experimentelle Optimierung von Körper und Alltag" Tübingen, 21.–22. November 2014. Berliner Journal für Soziologie 24 (4), 615–620.

Rockström, J., Steffen, W., Noone, K., Paersson, A., Chapin III, F. S., Lambin, E. F., Lenton, T. M., Scheffer, M., Folke, C., Schellnhuber, H. J., Nykvist, B., de Wit, C., A., Hughes, T., van der Leeuw, S., Rodhe, H., Sörlin, S., Snyder, P. K., Costanza, R., Svedin, U., Falkenmark, M., Karlberg, L., Corell, R. W., Fabry, V. J., Hansen, J., Walker, B., Liverman, D., Richardson, K., Crutzen, P. und Foley, J. A. (2009): A safe operating space for humanity. Nature 46, 472–475.

Rodrik, D. (2014): The past, present, and future of economic growth. Challenge 57 (3), 5–39.

Rodrik, D. (2016): Premature deindustrialization. Journal of Economic Growth 21 (1), 1–33.

Rodrik, D. (2018): New Technologies, Global Value Chains, and Developing Economies. National Bureau of Economic Research Working Paper Series No. 25164. Cambridge, MA: National Bureau of Economic Research (NBER).

Roelfsema, P., Denys, D. und Klink, P. C. (2018): Mind reading and writing: the future of neurotechnology. Trends in Cognitive Sciences 22 (7), 598–610.

Roemmich, D., Johnson, G. C., Riser, S., Davis, R., Gilson, J., Owens, W. B., Garzoli, S. L., Schmid, C. und Ignaszewski, M. (2009): The Argo Program: observing the global ocean with profiling floats. Oceanography 22 (2), 34–43.

Rogers, C. R. (1963): The concept of the fully functioning person. Psychotherapy: Theory, Research & Practice 1 (1), 17–26.

Rogers, C. R. (2002): Entwicklung der Persönlichkeit: Psychotherapie aus der Sicht eines Therapeuten. Stuttgart: Klett-Cotta.

Rogers, R. W. (1975): A protection motivation theory of fear appeals and attitude change. The Journal of Psychology 91 (1), 93–114.

Roland Berger (2017a): New mobility trends: China leads the way. Internet: https://www.rolandberger.com/de/Point-of-View/New-mobility-trends-China-leads-the-way.html. München: Roland Berger.

Roland Berger (2017b): Smart City, Smart Strategy: Cities Around the World are Embracing the Digital Revolution. But How Well are They Really Doing? München: Roland Berger.

Roman, R., Najera, P. und Lopez, J. (2011): Securing the internet of things. Computer 44 (9), 51–58.

Roosen, J. (2017): Digitalisierung in Land- und Ernährungswirtschaft. VBW-Studie. München: Vereinigung der Bayerischen Wirtschaft.

Roozenbeek, J. und van der Linden, S. (2019a): Fake news game confers psychological resistance against online misinformation. Palgrave Communications 5 (1), 65.

Roozenbeek, J. und van der Linden, S. (2019b): The fake news game: actively inoculating against the risk of misinformation. Journal of Risk Research 22 (5), 570–580.

Roscoe, W. (1991): The Zuni Man-Woman. Albuquerque: University of New Mexico Press.

Rose, G. A. (2016): Editor's note. Foreign Affairs: African Farmers in the Digital Age Special Issue, i–iii.

Rose, G. A. (2017): Posthuman agency in the digitally mediated city. Annals of the American Association of Geographers 107 (4), 779–793.

Rosenthal, R. und Jacobson, L. (1968): Pygmalion in the Classroom: Teacher Expectation and Pupils' Intellectual Development. New York: Holt, Rinehart and Winston.

Roser, M. (2019): Life Expectancy. Internet: https://ourworldindata.org/life-expectancy. Oxford, New York: OurWorldInData.org.

Roser, M. und Ortiz-Ospina, E. (2019): Global Rise of Education. Internet: https://ourworldindata.org/global-rise-of-education. Oxford, New York: OurWorldInData.org.

Rosol, C., Steininger, B., Renn, J. und Schlögl, R. (2018): On the age of computation in the epoch of humankind. Nature Outlook Sponsor Feature, 1–5.

Roth, C. E. (1992): Environmental Literacy: Its Roots, Evolution, and Directions in the 1990s. Columbus, OH: ERIC/SMEAC Information Reference Center.

Roudier, P., Muller, B., d'Aquino, P., Roncoli, C., Soumaré, M. A., Batté, L. und Sultan, B. (2014): The role of climate forecasts in smallholder agriculture: lessons from participatory research in two communities in Senegal. Climate Risk Management 2, 42–55.

Rückert-John, J., Jaeger-Erben, M. und Schäfer, M. (2014): Soziale Innovationen im Aufwind: Ein Leitfaden zur Förderung sozialer Innovationen für nachhaltigen Konsum. Dessau: Umweltbundesamt (UBA).

Rückverlagerung.de (2006): Produktionsrückverlagerung der Varta Microbattery GmbH. Internet: http://www.rueckverlagerung.de/rueckverlagerung%20varta%20microbattery.html. Tübingen: Universität Tübingen – Rückverlagerung.de.

Rudolph, T. (2017): Why I am optimistic about the silicon-photonic route to quantum computing. APL Photonics 2 (3), 1–20.

Rysman, M. (2009): The economics of two-sided markets. Journal of Economic Perspectives 23 (3), 125–143.

Sackmann, S. (2014): IT-Sicherheit. Online-Lexikon. Internet: http://www.enzyklopaedie-der-wirtschaftsinformatik.de/lexikon/technologien-methoden/Informatik--Grundlagen/IT-Sicherheit/index.html/?searchterm=verschl%C3%BCssel ung. Potsdam: Enzyklopädie der Wirtschaftsinformatik.

Sahle, P. (2013): Digitale Editionsformen, Teil 1: Das typographische Erbe: Zum Umgang mit der Überlieferung unter der Bedingung des Medienwandels. Norderstedt: Kölner UniversitätsPublikationsServer (KUPS).

Saikawa, E. (2013): Policy diffusion of emission standards: is there a race to the top? World Politics 65 (1), 1–33.

San Francisco Department of Technology (o.J.): Fiber for San Francisco. Internet for All. Internet: http://tech.sfgov.org/fiber. San Francisco: San Francisco Department of Technology.

Sandbrook, C. (2015): The social implications of using drones for biodiversity conservation. Ambio 44 (4), 636–647.

Sands, P., Peel, J., Fabra, A. und Mackenzie, R. (2018): Principles of Environmental Law. Cambridge, New York: Cambridge University Press.

Sanou, B. (2013): 6.8 Billion Mobile-Cellular Subscriptions. ICT Facts and Figures. Genf: International Telecommunication Union (ITU).

Santarius, T. (2017): Eine „nachhaltige Digitalisierung" ist kein Selbstläufer. Politik und Zivilgesellschaft müssen die Richtung vorgeben. Weitblick – Zeitung für eine global gerechte und zukunftsfähige Politik (1), 4.

Santini, C. (2017): Ecopreneurship and ecopreneurs: limits, trends and characteristics. Sustainability 9 (4), 492ff.

Santoni de Sio, F. und van den Hoven, J. (2018): Meaningful human control over autonomous systems: a philosophical account. Frontiers in Robotics and AI 5, 15.

Santos, G. (2018): Sustainability and shared mobility models. Sustainability 10 (9), 1–13.

Sarac, N. und Strömer, T. (2018): Streit zwischen der ICANN und der DENIC: Einfache Whois-Abfragen vor dem Aus. Kommunikation & Recht (6), 367–370.

Sarcinelli, U. (2011): Politische Kommunikation in Deutschland. Medien und Politikvermittlung im demokratischen System. Wiesbaden: Springer VS.

Sarreither, D. (2015): Amtliche Statistik wird sich behaupten. Ein Plädoyer für Professionalität. WISTA 1, 9–17.

Sassen, S. (1999): Digital networks and power. In: Featherstone, M. und Lash, S. (Hrsg.): Spaces of Culture: City, Nation, World. London: Sage, 49–63.

Sassen, S. (2000): The state of the new geography of power. In: Kalb, D., van der Land, M., Staring, R., van Steenbergen, B. und Wilterdrink, N. (Hrsg.): The Ends of Globalization: Bringing Society Back In. Lanham: Rowman & Littlefield, 49–66.

Sassen, S. (2002): Digitalization: Its Variability as a Variable in the Reshaping of Cross-border Relations. Second Social Study of IT Workshop at the LSE. London: London School of Economics (LSE).

Sassower, R. (2013): Digital Exposure: Postmodern Postcapitalism. Heidelberg, Berlin: Springer.

Saurwein, F. (2019): Automatisierung, Algorithmen, Accountability. Eine Governance Perspektive. In: Rath, M., Krotz, F. und Karmasin, M. (Hrsg.): Maschinenethik. Normative Grenzen autonomer Systeme. Wiesbaden VS: Springer, 35–56.

Savulescu, J. (2009): Genetic interventions and the ethics of enhancement of human beings. In: Kaplan, D. (Hrsg.): Readings in the Philosophy of Technology. Lanham: Rowman & Littlefield, 417–430.

SCBD – Secretariat of the Convention on Biological Diversity (2011): Nagoya Protocol on Access to Genetic Resources and the Fair and Equitable Sharing of Benefits Arising from their Utilization to the Convention on Biological Diversity: Text and Annex. Montreal: SCBD.

Schadhauser, W. und Graefen, R. (2017): Wo kommen all die Daten her? Internet: https://www.storage-insider.de/wo-kommen-all-die-daten-her-a-608824/. Augsburg: Vogel IT-Medien GmbH.

Schäfer, C. (2018): Düstere Zukunft: Die Killer-Roboter sind im Anmarsch. Internet: https://www.faz.net/aktuell/wirtschaft/kuenstliche-intelligenz/wie-kriegsroboter-vollautomatisch-ueber-leben-und-tod-entscheiden-15609267.html. Frankfurt/M.: Frankfurter Allgemeine Zeitung.

Scharpf, F. W. (1972): Planung als politischer Prozess. Politische Vierteljahresschriften Nr. 4. Wiesbaden: Springer VS.

Scharte, B., Hiller, D., Leismann, T. und Thoma, K. (2014): Resilienz – Internationale Perspektiven. In: Thoma, K. (Hrsg.): Resilien-Tech. „Resilience-by-Design": Strategie für die technologischen Zukunftsthemen. München: Herbert Utz, 53–95.

Scherer, M. (2016): Regulating Artificial intelligence systems: risks, challenges, competencies, and strategies. Harvard Journal of Law & Technology 29 (2), 353–400.

Scherf, T. (2017): Megatrend Digitalisierung: Ein zentraler „Game-Changer" für Entwicklungsländer. KfW Entwicklungspolitik Kompakt 7.

Schermer, M. (2011): Health, happiness and human enhancement: dealing with unexpected effects of deep brain stimulation. Neuroethics 6 (3), 435–445.

Schieferdecker, I., Bruns, L., Cuno, S., Flügge, M., Isakovic, K., Klessmann, J., Lämmel, P., Stadtkewitz, D., Tcholtchev, N., Lange, C., Imbusch, B. T., Strauß, L., Vastag, A., Flocke, F. und Kraft, V. (2018): Urbane Datenräume: Möglichkeiten von Datenaustausch und Zusammenarbeit im urbanen Raum. Berlin: Fraunhofer-Institut für Offene Kommunikationssysteme (FOKUS), Fraunhofer-Institut für Intelligente Analyse und Informationssysteme (IAIS), Fraunhofer-Institut für Materialfluss und Logistik (IML).

Schieferdecker, I. und Messner, D. (2018): Die digitalisierte Nachhaltigkeitsgesellschaft. Internet: https://deutschland-und-die-welt-2030.de/de/beitrag/dei-digitalisierte-nachhaltigkeitsgesellschaft/. Berlin: Deutschland und die Welt 2030.

Schiffman, R. (2014): Drones flying high as new tool for field biologists. Science 344, 459–460.

Schinzel, B. (2017): Algorithmen sind nicht schuld, aber wer oder was ist es dann? FIfF-Kommunikation 2, 5–9.

Schlacke, S. (2016): Die Pariser Klimavereinbarung – ein Durchbruch? Ja (!), aber... Zeitschrift für Umweltrecht (2), 65–66.

Schlacke, S. (2019): Umweltrecht. Baden-Baden: Nomos.

Schlacke, S., Tonner, K., Gavel, E., Alt, M. und Bretschneider, W. (2015): Stärkung eines nachhaltigen Konsums im Bereich der Produktnutzung durch Anpassungen im Zivil- und öffentlichen Recht. UBA-Texte 72. Dessau: Umweltbundesamt (UBA).

Schlacke, S., Tonner, K., Gawel, E., Alt, M. und Bretschneider, W. (2016): Nachhaltiger Konsum bei der Produktnutzung als Herausforderung rechtlicher Steuerung. Zeitschrift für Umweltrecht 2016, 451–463.

Schlatt, V., Schweizer, A., Urbach, N. und Fridgen, G. (2016): Blockchain: Grundlagen, Anwendungen und Potenziale. Bayreuth: Fraunhofer-Institut für Angewandte Informationstechnik FIT.

Schlautmann, C. (2016): Mit dem fliegenden Mobiltelefon zum Durchbruch. Internet: http://www.handelsblatt.com/unternehmen/handel-konsumgueter/drohnen-in-der-logistikmit-dem-fliegenden-mobiltelefon-zumdurchbruch/14848802.html. Frankfurt/M.: Handelsblatt.

Schlick, C., Bruder, R. und Luczak, H. (2018): Arbeitswissenschaft. Heidelberg, Berlin: Springer.

Schlogl, L. und Sumner, A. (2018): The Rise of the Robot Reserve Army: Automation and the Future of Economic Development, Work, and Wages in Developing Countries. CGD Working Paper 487. Washington, DC: Center for Global Development.

Schmid, U., Goertz, L., Radomski, S., Thom, S. und Behrens, J. (2017): Monitor Digitale Bildung: die Hochschulen im digitalen Zeitalter. Gütersloh: Bertelsmann Stiftung.

Schmidhuber, J. (2009): Ultimate cognition à la Gödel. Cognitive Computation 1 (2), 177–193.

Schmidhuber, J. (2015): Deep learning in neural networks: An overview. Neural Networks 61, 85–117.

Schmidt, A. und Männel, T. (2017): Potenzialanalyse zur Mobilfunkdatennutzung in der Verkehrsplanung. Stuttgart: Fraunhofer IAO.

Schmidt, E. (2018): Die Chancen des Wachstums (FAZ-Artikel vom 10. April 2014). In: Schirrmacher, F. (Hrsg.): Technologischer Totalitarismus: Eine Debatte. Berlin: Suhrkamp, 130–134.

Schmidt, E. und Cohen, J. (2013): Die Vernetzung der Welt. Ein Blick in unsere Zukunft. Hamburg: Rowohlt.

Schmidt, J. (2007): Blogging practices: an analytical framework. Journal of Computer-Mediated Communication 12 (4), 1409–1427.

Schmidt, M. (2017): Rohstoffrisikobewertung – Lithium. Berlin: Deutsche Rohstoffagentur (DERA) in der Bundesanstalt für Geowissenschaften und Rohstoffe (BGR).

Schmidt-Bleek, F. (1994): Wieviel Umwelt braucht der Mensch? MIPS — das Maß für ökologisches Wirtschaften. Heidelberg, Berlin: Springer.

Schmoll, C. (2017): Öffentliche Informationstechnologie in der digitalisierten Gesellschaft Trendthema 13: Drohne. Berlin: Kompetenzzentrum Öffentliche IT, Fraunhofer FOKUS.

Schneegass, S. (2017): Smart Textiles: Fundamentals, Design, and Interaction. Cham: Springer International Publishing.

Schneider, M. und Steinwender, F. (2009): RFID in der Kreislaufwirtschaft – Tatsachen und Prognosen. In: Urban, A. I. und Halm, G. (Hrsg.): Mit RFID zur innovativen Kreislaufwirtschaft. Schriftenreihe des Fachgebietes Abfalltechnik Nr. 10. Kassel: University Press, 161f.

Schneidewind, U. (2018): Die große Transformation: eine Einführung in die Kunst gesellschaftlichen Wandels. Frankfurt/M.: Fischer.

Scholl, G., Behrendt, S., Flick, C., Gossen, M., Henseling, C. und Richter, L. (2015): Peer-to-Peer Sharing. Definition und Bestandsaufnahme. PeerSharing Arbeitsbericht 1. Berlin: Institut für ökologische Wirtschaftsforschung (IÖW).

Scholz, R. W. (2011): Environmental Literacy in Science and Society: From Knowledge to Decisions. Cambridge, New York: Cambridge University Press.

Scholz, R. W., Parycek, P. und Steiner, G. (2017): Workbook for Preparing the European Round Table Structuring Research on Sustainable Digital Environments. Krems: Danube University of Krems.

Scholz, T. und Schneider, N. (2016): Ours to hack and to own: the rise of platform cooperativism, a new vision for the future of work and a fairer internet. New York: OR Books.

Schöppner, R. (2016): Glücklich durch Technik? Die Maskulinität des Transhumanismus. FIfF-Kommunikation 2 (16), 47–48.

Schor, J. (2016): Debating the sharing economy. Journal of Self-Governance & Management Economics 4 (3), 7–22.

Schor, J. B. (2017): Does the sharing economy increase inequality within the eighty percent? Findings from a qualitative study of platform providers. Cambridge Journal of Regions, Economy and Society 10 (2), 263–279.

Schrape, J.-F. (2016): Big Data: Informatisierung der Gesellschaft 4.0. Berliner Debatte Initial 27 (4), 12–21.

Schreier, M. (2002): Realität, Fiktion, Virtualität: Über die Unterscheidung zwischen realen und virtuellen Welten. In: Bente, G., Krämer, N. C. und Petersen, A. (Hrsg.): Internet und Psychologie. Neue Medien in der Psychologie. Band 5. Göttingen, Bern, Toronto, Seattle: Hogrefe, 33–56.

Schrijver, R. (2016): Precision Agriculture and the Future of Farming in Europe. Scientific Foresight Study. IP/G/STOA/FWC/2013-1/Lot 7/SC5. Brüssel: European Parliament.

Schultz, P. W., Estrada, M., Schmitt, J., Sokoloski, R. und Silva-Send, N. (2015): Using in-home displays to provide smart meter feedback about household electricity consumption: a randomized control trial comparing kilowatts, cost, and social norms. Energy 90, 351–358.

Schulz, B. (2016): Bitcoins. Spuren des Geldes. Internet: http://www.zeit.de/2016/03/bitcoins-digitale-waehrung-blockchain. Hamburg: Die Zeit.

Schulz, C. (2005): Agenten des Wandels? Unternehmensbezogene Umweltdienstleister im industriellen Produktionssystem. München: oekom.

Schulz-Nieswandt, F. (2017): Menschenwürde als heilige Ordnung. Eine Re-Konstruktion sozialer Exklusion im Lichte der Sakralität der personalen Würde. Bielefeld: transcript.

Schumacher, F. (2016): Von Quantified Self zur Gesundheit der Zukunft. In: Andelfinger, V. P. und Hänisch, T. (Hrsg.): eHealth : Wie Smartphones, Apps und Wearables die Gesundheitsversorgung verändern werden. Wiesbaden: Springer VS, 39–51.

Schünemann, W. J. (2019): (K)ein Grund zur Panik? Ein empirisch-kritischer Blick auf die Sorgen um die demokratische Auseinandersetzung im digitalen Zeitalter. Communicatio Socialis 52, 159–174.

Schwab, K. (2018): Shaping the Future of the Fourth Industrial Revolution. New York: Currency.

Schwartz, S. H. (1977): Normative influences on altruism. Advances in Experimental Social Psychology 10, 221–279.

Schwartz, S. H. und Howard, J. A. (1981): A normative decision-making model of altruism. In: Rushton, J. P. und Sorrentino, R. M. (Hrsg.): Altruism and Helping Behavior. Hillsdale: Lawrence Erlbaum Associates, 189–211.

Schwarz, E., McKeil, A., Dean, M., Duffield, M. und Chandler, D. (2019): Datafying the Globe: Critical Insights into the Global Politics of Big Data Governance. Internet: http://bigdata-soc.blogspot.com/p/essays-and-provocations.html. Thousand Oaks, CA: Big Data & Society.

Schweiger, W. (2017): Der (des)informierte Bürger im Netz. Wiesbaden: Springer VS.

Schweitzer, E. (Hrsg.) (2015): Smart Cities International. Strategien, Strukturen und Pilotvorhaben. Bonn: Bundesinstitut für Bau- Stadt und Raumforschung (BBSR).

Schweitzer, H., Haucap, J., Kerber, W. und Welker, R. (2018): Modernisierung der Missbrauchsaufsicht für marktmächtige Unternehmen. Endbericht. Projekt im Auftrag des Bundesministeriums für Wirtschaft und Energie (BMWi). Projekt Nr. 66/17. Düsseldorf: DICE Consult.

Schweitzer, H. und Peitz, M. (2017): Datenmärkte in der digitalisierten Wirtschaft: Funktionsdefizite und Regelungsbedarf? ZEW Discussion Paper No. 17-043. Mannheim: Zentrum für Europäische Wirtschaftsforschung GmbH (ZEW).

SciStarter.org (2019): SciStarter.org. Internet: https://scistarter.org/. o.O.: SciStarter.org.

SDFA – Sustainable Digital Finance Alliance (2018): Digital Technologies for Mobilizing Sustainable Finance. Applications of Digital Technologies to Sustainable Finance. Genf: SDFA.

Searchinger, T., Waite, R., Hanson, C. und Ranganathan, J. (2018): Creating a Sustainable Food Future. A Menu of Solutions to Feed Nearly 10 Billion People by 2050. World Resources Report 2018. Washington, DC: WRI.

Searle, J. (1980): Minds, brains and programs. Behavioural and Brain Sciences 3 (3), 417–457.

Searle, J. (1990): Is the brain's mind a computer program? Scientific American 262 (1), 26–31.

Sebastian (2018): StreetScooter und die Deutsche Post. Internet: https://www.elektroauto-news.net/2018/streetscooter-deutsche-post-wissen. Neckargemünd: Elektroauto-News.net.

Secades, C., O'Connor, B., Brown, C. und Walpole, M. (2014): Earth Observation for Biodiversity Monitoring: A Review of Current Approaches and Future Opportunities for Tracking Progress Towards the Aichi Biodiversity Targets. Technical Series No. 72. Montreal: CBD Secretariat.

Seibert, G. und Gründinger, W. (2018): Data-driven business models in connected cars, mobility services and beyond. BVDW Research 1, 1–57.

Selke, S. (2016): Quantified Self statt Hahnenkampf. Bundesgesundheitsblatt – Gesundheitsforschung – Gesundheitsschutz 59 (8), 963–969.

Selmayr, M. (2018): Europa wagt die digitale Selbstbehauptung. Zeitschrift für Datenschutz 2018, 197–198.

Semmling, E., Peters, A., Marth, H., Kahlenborn, W. und De Haan, P. (2016): Rebound-Effekte: Wie können sie effektiv begrenzt werden? Ein Handbuch für die umweltpolitische Praxis. Dessau: Umweltbundesamt (UBA).

Sen, A. (1985): Commodities and Capabilities. Amsterdam: North-Holland.

Sen, A. F. (2015): Communication and human rights. Procedia – Social and Behavioral Sciences 174, 2813–2817.

Seto, K. C., Dhakai, S., Bigio, A., Delgado Arias, S., Dewar, D., Huang, L., Inaba, A., Kansai, A., Lwasa, S., McMahon, J. A., Müller, D. B., Murakami, J., Nagendra, H. und Ramaswami, A. (2014): Human settlements, infrastructure and spatial planning. In: IPCC – Intergovernmental Panel on Climate Change (Hrsg.): Climate Change 2014: Mitigation of Climate Change. Contribution of Working Group III to the Fifth Assessment Report of the IPCC. Cambridge, New York: Cambridge University Press, 923–1000.

Seyfang, G. (2004): Time banks: rewarding community self-help in the inner city? Community Development Journal 39 (1), 62–71.

SFIA Foundation (2019): Skills Framework for the Information Age – The Seventh Major Version. Internet: https://www.sfia-online.org/en/framework/sfia-7. London: SFIA Foundation.

Shah, M. (2017): Islamic conceptions of dignity: historical trajectories and paradigms. In: Debes, R. (Hrsg.): Dignity: A History. Oxford, New York: Oxford University Press, 99–126.

Shapiro, C. (2018): Antitrust in a time of populism. International Journal of Industrial Organization 61, 714–748.

Shardlow, T. (2017): Recognising Diversity in Gender. Bonn: Deutsche Gesellschaft für die Vereinten Nationen (DGVN).

Sharma, R., Nguyen, T. und Grote, U. (2018): Changing consumption patterns — Drivers and the environmental impact. Sustainability 10 (11), 4190.

Sharon, T. (2017): Self-Tracking for health and the quantified self: re-articulating autonomy, solidarity, and authenticity in an age of personalized healthcare. Philosophy & Technology 30 (1), 93–121.

Sharpin, A. B., Harris, D., Dempster, H. und Menocal, A. R. (2018): Securing Safe Roads. The Politics of Change. Washington, DC: World Resources Institute (WRI), Ross Center for Sustainable Cities.

Shen, B., Ghatikar, G., Lei, Z., Li, J., Wikler, G. und Martin, P. (2014): The role of regulatory reforms, market changes, and technology development to make demand response a viable resource in meeting energy challenges. Applied Energy 130, 814–823.

SHIFT (2016): SHIFT Report 2016: Was ist fair am SHIFTPHONE? Falkenberg: SHIFT GmbH.

Shiller, R. J. (2019): Narratives about Technology-Induced Job Degradations Then and Now. National Bureau of Economic Research Working Paper Series No. 25536. Cambridge, MA: National Bureau of Economic Research (NBER).

Shoham, Y., Perrault, R., Brynjolfsson, E., Clark, J., Manyika, J., Niebles, J. C., Lyons, T., Etchemendy, J., Grosz, B. und Bauer, Z. (2018): The AI Index 2018 Annual Report. Stanford, CA: AI Index Steering Committee, Human-Centered AI Initiative, Stanford University.

Shor, P. W. (1994): Algorithms for Quantum Computation: Discrete Logarithms and Factoring. Proceedings 35th Annual Symposium on Foundations of Computer Science. Murray Hill, N: AT&T Bell Labs.

Shorris, A. (2015): One New York: The Plan for a Strong and Just City. New York: The City of New York Mayor Bill de Blasio.

Siano, P. (2014): Demand response and smart grids—A survey. Renewable and Sustainable Energy Reviews 30, 461–478.

Siedschlag, A., Rogg, A. und Welzel, C. (2002): Digitale Demokratie. Willensbildung und Partizipation per Internet. Wiesbaden: Springer VS.

Siegelmann, H. T. (1995): Computation beyond the turing limit. Science 268 (5210), 545–548.

Siepe, A. (2017): Wildlife crime. Neue Kriminalpolitik 2 (29), 220–239.

Silva, C. B., do Vale, S. M. L. R., Pinto, F. A. C., Müller, C. A. S. und Moura, A. D. (2007): The economic feasibility of precision agriculture in Mato Grosso do Sul State, Brazil: a case study. Precision Agriculture 8 (6), 255–265.

Simon, J. (2016): Values in design. In: Heesen, J. (Hrsg.): Handbuch Medien- und Informationsethik. Stuttgart: Metzler, 357–366.

Šimonovic, D. (2018): Report of the Special Rapporteur on Violence Against Women, its Causes and Consequences on Violence Against Women in Politics. New York: United Nations (UN).

Sina, S., Gerstetter, C., Porsch, L., Roberts, E., Smith, L. O., Klaas, K. und Fajardo de Castillo, T. (2016): Wildlife Crime. Study for the ENVI Committee. Brüssel: European Parliament's Committee on the Environment, Public Health and Food Safety.

Singer, T. und Klimecki, O. M. (2014): Empathy and compassion. Current Biology 24 (18), R875–R878.

Sloan, S., Jenkins, C. N., Joppa, L. N., Gaveau, D. L. A. und Laurance, W. F. (2014): Remaining natural vegetation in the global biodiversity hotspots. Biological Conservation 177, 12–24.

Smart Data Forum (2017): Workshop Next Generation Internet. Internet: https://smartdataforum.de/next-generation-internet/. Berlin: Fraunhofer-Institut für Nachrichtentechnik, Heinrich-Hertz-Institut (HHI) und Deutsches Forschungszentrum für Künstliche Intelligenz (DFKI).

Smith, A. (1776): An Inquiry into the Nature and Causes of the Wealth of Nations. London: Strahan and Cadell.

Smith, B. (2017): We Need to Modernize International Agreements to Create a Safer Digital World. Internet: https://www.microsoft-berlin.de/standpunkt/we-need-to-modernize-international-agreements-to-create-a-safer-digital-world. Redmond, WA: Microsoft.

Smith, P. (2018): Managing the global land resource. Proceedings of the Royal Society B 285 (1874), 20172798.

Snaddon, J., Petrokofsky, G., Jepson, P. und Willis, K. J. (2013): Biodiversity technologies: tools as change agents. Biology Letters 20121029.

Snowden, E. (2013): Edward Snowden's Alternative Christmas Message. Internet: https://www.telegraph.co.uk/technology/internet-security/10538055/Edward-Snowdens-Alternative-Christmas-message.html. London: The Telegraph.

Soare, R. I. (2007): Computability and incomputability. In: Cooper, S. B., Löwe, B. und Sorbi, A. (Hrsg.): Computation and Logic in the Real World. Band 4497. Berlin, Heidelberg: Springer, 1–14.

Solon, O. (2017a): Big Brother Isn't Just Watching: Workplace Surveillance can Track Your Every Move. Internet: https://www.theguardian.com/world/2017/nov/06/workplace-surveillance-big-brother-technology. London: The Guardian.

Solon, O. (2017b): 'It's digital colonialism': how Facebook's free internet service has failed its users. Internet: https://www.theguardian.com/technology/2017/jul/27/facebook-free-basics-developing-markets. London: The Guardian.

Solow, R. M. (1987): We'd Better Watch Out. The New York Times Book Review. Internet: http://www.standupeconomist.com/pdf/misc/solow-computer-productivity.pdf. New York: The New York Times.

Sombetzki, J. (2016): Roboterethik. In: Maring, M. (Hrsg.): Zur Zukunft der Bereichsethiken – Herausforderungen durch die Ökonomisierung der Welt. Karlsruhe: KIT Scientific Publishing, 355–379.

Sorell, S. (2007): The Rebound Effect: An Assessment of the Evidence for Economy-Wide Energy Savings from Improved Energy Efficiency. London: UK Energy Research Centre.

Sorgner, A., Bode, E. und Krieger-Boden, C. (2017): The Effects of Digitalization on the Gender Equality in the G20 Economies. Women20 Study. Kiel: Kiel Institute for the World Economy.

Souter, D. (2008): Whose Summit? Whose Information Society? Developing Countries and Civil Society at the World Summit on the Information Society. Johannesburg: Association for Progressive Communications.

Sparks, P., Hinds, J., Curnock, S. und Pavey, L. (2014): Connectedness and its consequences: a study of relationships with the natural environment. Journal of Applied Social Psychology 44 (3), 166–174.

Spath, D. und Lentes, J. (2012): Flexibler produzieren in der Stadt. In: (Hrsg.): Stuttgarter Impulse – Produktionstechnik für den Wandel. Stuttgart: Fertigungstechnisches Kolloquium (FtK), 241–259.

Spearman, C. (1904): „General intelligence", objectively determined and measured. American Journal of Psychology 15, 201–292.

Spießhofer, B. (2017): Unternehmerische Verantwortung. Zur Entstehung einer globalen Wirtschaftsordnung. Baden-Baden: Nomos.

Spindler, G. (2014): Transnationalisierung und Renationalisierung des Rechts im Internet. In: Calliess, G.-P. (Hrsg.): Transnationales Recht. Tübingen: Mohr-Siebeck, 193–222.

Sprenger, F. und Engemann, C. (2015): Im Netz der Dinge. Zur Einleitung. In: Sprenger, F. (Hrsg.): Internet der Dinge. Über smarte Objekte, intelligente Umgebungen und die technische Durchdringung der Welt. Digitale Gesellschaft. Bielefeld: transcript, 7–58.

Springmann, M., Clark, M., Mason-D'Croz, D., Wiebe, K., Bodirsky, B. L., Lassaletta, L., de Vries, W., Vermeulen, S. J., Herrero, M. und Carlson, K. M. (2018): Options for keeping the food system within environmental limits. Nature 562 (7728), 519.

SRU – Sachverständigenrat für Umweltfragen (2007): Umweltverwaltungen unter Reformdruck. Herausforderungen, Strategien, Perspektiven. Sondergutachten. Berlin: Erich Schmidt.

SRU – Sachverständigenrat für Umweltfragen (2011): Vorsorgestrategien für Nanomaterialien. Sondergutachten. Berlin: SRU.

Stamps, K. und Hamam, Y. (2010): Towards inexpensive BCI control for wheelchair navigation in the enabled environment – a hardware survey. In: Yao, Y., Sun, R., Poggio, T., Liu, J., Zhong, N. und Huang, J. (Hrsg.): Brain Informatics. Berlin, Heidelberg: Springer, 336–345.

Stanley, T. D., Doucouliagos, H. und Steel, P. (2018): Does ICT generate economic growth? A meta-regression analysis. Journal of Economic Surveys 32 (3), 705–726.

Statista (2018a): Global smartphone shipments forecast from 2010 to 2022 (in million units). Internet: https://www.statista.com/statistics/263441/global-smartphone-shipments-forecast. Hamburg: Statista.

Statista (2018b): Prognose zum Absatz von Wearables weltweit nach Produktgruppe in den Jahren 2018 und 2022 (in Millionen Stück). Internet: https://de.statista.com/statistik/daten/studie/322179/umfrage/prognose-zum-absatz-von-wearable-computing-geraeten. Hamburg: Statista.

Statista (2018c): Statista-Dossier zum Thema Smart City. Hamburg: Statista.

Stead, D. und Pojani, D. (2017): The urban transport crisis in emerging economies: a comparative overview. In: Pojani, D. und Stead, D. (Hrsg.): The Urban Transport Crisis in Emerging Economies. Cham: Springer International Publishing, 283–295.

Steenweg, R., Hebblewhite, M., Kays, R., Ahumada, J., Fisher, J. T., Burton, C., Townsend, S. E., Carbone, C., Rowcliffe, J. M., Whittington, J., Brodie, J., Royle, J. A., Switalski, A., Clevenger, A. P., Heim, N. und Rich, L. N. (2016): Scaling-up camera traps: monitoring the planet's biodiversity with networks of remote sensors. Frontiers in Ecology and the Environment 15 (1), 26–34.

Steffen, W., Broadgate, W., Deutsch, L., Gaffney, O. und Ludwig, C. (2015a): The trajectory of the Anthropocene: the great acceleration. The Anthropocene Review 2 (1), 81–98.

Steffen, W., Richardson, K., Rockström, J., Cornell, S. E., Fetzer, I., Bennett, E. M., Biggs, R., Carpenter, S. R., de Vries, W., de Wit, C., A., Folke, C., Gerten, D., Heinke, J., Mace, G. M., Persson, L. M., Ramanathan, V., Reyers, B. und Sörlin, S. (2015b): Planetary boundaries: guiding human development on a changing planet. Science 347 (6223), 1259855-1–1259855-10.

Steffen, W., Rockström, J., Richardson, K., Lenton, T. M., Folke, C., Liverman, D., Summerhayes, C. P., Barnosky, A. D., Cornell, S. E., Crucifix, M., Donges, J. F., Fetzer, I., Lade, S. J., Scheffer, M., Winkelmann, R. und Schellnhuber, H. J. (2018): Trajectories of the Earth System in the Anthropocene. Proceedings of the National Academy of Sciences 115 (33), 8252–8259.

Steffen, W., Sanderson, A., Tyson, P. D., Jäger, J., Matson, P. A., Moore III, B., Oldfield, F., Richardson, K., Schellnhuber, H. J., Turner II, B. L. und Wasson, R. J. (2004): Global Change and the Earth System. A Planet Under Pressure. Berlin, Heidelberg, New York: Springer.

Steg, L. und Vlek, C. (2009): Encouraging pro-environmental behaviour: an integrative review and research agenda. Journal of Environmental Psychology 29 (3), 309–317.

Steinfeld, H., Gerber, P., Wassenaar, T. D., Castel, V., Rosales, M., Rosales, M. und de Haan, C. (2006): Livestock's Long Shadow: Environmental Issues and Options. Rom: FAO, Livestock Environment and Development (LEAD) Initiative.

Steinke, D., Bernard, A. M., Horn, R. L., Hilton, P., Hanner, R. und Shivji, M. S. (2017): DNA analysis of traded shark fins and mobulid gill plates reveals a high proportion of species of conservation concern. Scientific Reports 7 (1), 1–6.

Steinke, R. (2013): US-Drohnenkrieg. Nicht jede „gezielte Tötung“ ist illegal. Internet: https://www.sueddeutsche.de/politik/us-drohnenkrieg-nicht-jede-gezielte-toetung-ist-illegal-1.1801604. München: Süddeutsche Zeitung.

Stengel, O. (2016): Digitale Produktion und Postkapitalismus. In: Wulfsberg, J. P., Redlich, T. und Moritz, M. (Hrsg.): 1. Interdisziplinäre Konferenz zur Zukunft der Wertschöpfung: Konferenzband. Hamburg: Helmut-Schmidt-Universität, Universität der Bundeswehr, Laboratorium Fertigungstechnik, 75–83.

Stepper, M. (2016): Innenstadt und stationärer Einzelhandel – ein unzertrennliches Paar? Was ändert sich durch den Online-Handel? Raumforschung und Raumordnung 74 (2), 151–163.

Stern, P. (2000): New environmental theories: toward a coherent theory of environmentally significant behavior. Journal of Social Issues 56 (3), 407–424.

Sternberg, R. J. (2013): Intelligence. In: Freedheim, D. K. und Weiner, I. B. (Hrsg.): Handbook of Psychology: History of Psychology. Hoboken, NJ: Wiley, 155–176.

Sterr, T. (2003): Industrielle Stoffkreislaufwirtschaft im regionalen Kontext. Dissertation. Heidelberg: Universität Heidelberg.

Stevenson, B. (2018): AI, income, employment, and meaning. In: Agrawal, A. K., Gans, J. S. und Goldfarb, A. (Hrsg.): The Economics of Artificial Intelligence: An Agenda. University of Chicago Press, 1–7.

Stiehm, S. (2017): Gestaltungsparameter für die (Re-)Integration von Produktion in den urbanen Raum im Kontext von Industrie 4.0. Dissertation. Aachen: RWTH.

Stiglitz, J. E. (2017a): The coming great transformation. Journal of Policy Modeling 39 (4), 625–638.

Stiglitz, J. E. (2017b): The Revolution of Information Economics: The Past and the Future. National Bureau of Economic Research Working Paper Series 23780. Cambridge, MA: National Bureau of Economic Research (NBER).

Stiglitz, J. E. (2018): From manufacturing-led export growth to a twenty-first-century inclusive growth strategy. Explaining the demise of a successful growth model and what to do about it. WIDER Working Paper 2018/176. Helsinki: United Nations University, UNU-WIDER.

Stone, P., Brooks, R., Brynjolfsson, E., Calo, R., Etzioni, O., Hager, G., Hirschberg, J., Kalyanakrishnan, S., Kamar, E. und Kraus, S. (2016): Artificial Intelligence and Life in 2030. Stanford, CA: Stanford University.

Strange Loop Games (2018): Strange Loop Games. Internet: https://www.strangeloopgames.com/. Washington, DC: Strange Loop Games.

Strange, S. (1996): The Retreat of the State: The Diffusion of Power in the World Economy. Cambridge, New York: Cambridge University Press.

Stratmann, K. (2017): Blockchain. Technologie mit Tücken. Internet: http://www.handelsblatt.com/politik/deutschland/blockchain-technologie-mit-tuecken/19204444.html. Frankfurt/M.: Handelsblatt.

Stüber, J. und Schmiechen, F. (04.06.2018): Kommt ein Taxi geflogen... Internet: https://www.welt.de/sonderthemen/noahberlin/article176977914/Flugtaxis-werden-Realitaet-Start-up-Volocopter-fliegt-bald.html. Berlin: Welt.

Südekum, J. (2018): Digitalisierung und die Zukunft der Arbeit: Was ist am Arbeitsmarkt passiert und wie soll die Wirtschaftspolitik reagieren? IZA Standpunkte Nr. 90. Bonn: Institute of Labor Economics (IZA).

Sühlmann-Faul, F. und Rammler, S. (2018): Der blinde Fleck der Digitalisierung. Wie sich Nachhaltigkeit und digitale Transformation in Einklang bringen lassen. München: oekom.

Sunga, I. (2017): These 5 Innovations Will Transform the Lives of Smallholder Farmers. Internet: https://www.weforum.org/agenda/2017/01/these-5-innovations-will-transform-the-lives-of-smallholder-farmers/. Genf: World Economic Forum (WEF).

SUSmobil (2018): Über das Projekt. Internet: https://www.susmobil.de/projekt/. o.O.: SUSmobil.

Sutter, J. D. (2010): Ushahidi: How to 'Crowdmap' a Disaster. Internet: http://edition.cnn.com/2010/TECH/innovation/10/25/crowdmap.disaster.internet/index.html. London: CNN Labs.

Suzuki, Y., Galli, L., Ikeda, A., Itakura, S. und Kitazaki, M. (2015): Measuring empathy for human and robot hand pain using electroencephalography. Scientific Reports 5, 15924.

SVRV – Sachverständigenrat für Verbraucherfragen (2016): Digitale Welt und Handel. Verbraucher im personalisierten Online-Handel. Berlin: SVRV.

SVRV – Sachverständigenrat für Verbraucherfragen (2017): Digitale Souveränität. Gutachten. Berlin: SVRV.

SVRV – Sachverständigenrat für Verbraucherfragen (2018): Verbrauchergerechtes Scoring. Gutachten. Berlin: SVRV.

Swartz, L. (2017): Blockchain Dreams: Imagining Techno-Economic Alternatives After Bitcoin. In: Castells, M. (Hrsg.): Another Economy is Possible: Culture and Economy in a Time of Crisis. Hoboken: Wiley, 82–105.

Swaton, S. (2018): Pour un revenu de transition écologique. Paris: PUF.

Swissuniversities (o.J.): Nationale Open-Access-Strategie für die Schweiz. Bern: swissuniversities, Swiss National Science Foundation.

Sydow, G. (2018): Artikel 1. In: Sydow, G. (Hrsg.): Europäische Datenschutzgrundverordnung. Handkommentar. Baden-Baden: Nomos, 305–313.

Syverson, C. (2017): Challenges to mismeasurement explanations for the us productivity slowdown. Journal of Economic Perspectives 31 (2), 165–186.

TAB – Büro für Technikfolgen-Abschätzung (2018): Digitalisierung der Landwirtschaft. Informationen zur Vergabe eines Gutachtens. Internet: http://www.tab-beim-bundestag.de/de/gutachter/g30701.html. Berlin: TAB.

Talberg, J. und Jönnson, C. (2010): Transnational actor participation in international institutions: where, why, and with what consequences? In: Jönnson, C. und Talberg, J. (Hrsg.): Transnational Actors in Global Governance. Patterns, Explanations and Implications. London, New York: Palgrave MacMillan, 1–21.

Tan, M. J., Owh, C., Chee, P. L., Kyaw, A. K. K., Kai, D. und Loh, X. J. (2016): Biodegradable electronics: cornerstone for sustainable electronics and transient applications. Journal of Materials Chemistry C 4 (24), 5531–5558.

Tangens, R. und Ude, A. (2019): Vorschlag von Digitalcourage: Projekt Europäischer Suchindex (Open Web Index). Bielefeld: Digitalcourage.

Tanner, T. M. und Bahadur, A. V. (2013): Distilling the Characteristics of Transformational Change in a Changing Climate. In: University of Oslo (Hrsg.): Proceedings of Transformation in a Changing Climate, 19–21 June 2013, Oslo, Norway. Oslo: University of Oslo, 33–42.

Tatje, C. (2019): Eine Verlobung aus Vernunft. Autoindustrie. Internet: https://www.zeit.de/mobilitaet/2019-02/autoindustrie-bmw-daimler-carsharing-fusion-free-now-investition-uber. Hamburg: Die Zeit.

Taube, F. (2018): Expertise zur Bewertung des neuen Düngerechts (DüG, DüV, StoffBilV) von 2017 in Deutschland im Hinblick auf den Gewässerschutz. Studie im Auftrag von BDEW. Kiel: Universität Kiel.

TCFD – Task Force on Climate-Related Financial Disclosures (2017): Recommendations of the Task Force on Climate-related Financial Disclosures - Final Report. New York: TCFD.

TEEB – The Economics of Ecosystems and Biodiversity (2018): TEEB for Agriculture & Food. Scientific and Economic Foundations Report. Genf: UN Environment.

Tegmark, M. (2017): Life 3.0. Being Human in the Age of Artificial Intelligence. New York: Knopf.

Tennenhouse, D. L., Smith, J. M., Sincoskie, W. D., Wetherall, D. J. und Minden, G. J. (1997): A survey of active network research. IEEE Communications Magazine 35 (1), 80 86.

Teqcycle Solutions (2018): Handysammelcenter. München: Teqcycle Solutions.

Terrell, J., Kofink, A., Middleton, J., Rainear, C., Murphy-Hill, E., Parnin, C. und Stallings, J. (2017): Gender differences and bias in open source: Pull request acceptance of women versus men. PeerJ Computer Science 3, 1–30.

The Earth Institute und Ericsson (2016): ICT and SDGs Final Report. How Information and Communications Technology can Accelerate Action on the Sustainable Development Goals. New York, NY: The Earth Institute Columbia University.

The Economist (2017a): E-commerce: There be giants. Economist 425 (9064), 12–14.

The Economist (2017b): The everywhere stores : Online retail is booming in China. Special Report: E-Commerce. London: Economist.

The Economist (2017c): Home and away : Alibaba and Amazon look to go global. Special Report: E-Commerce. London: The Economist.

The Economist (2018): Drone deliveries take off. Pies in the sky. Internet: https://www.forbes.com/sites/startupnationcentral/2018/04/10/drone-deliveries-are-no-longer-pie-in-the-sky/#. London: The Economist.

The Public Voice (2009): The Madrid Privacy Declaration. Internet: https://thepublicvoice.org/madrid-declaration/. Madrid: The Public Voice.

The Royal Society (2009): Reaping the Benefits: Science and the Sustainable Intensification of Global Agriculture. London: The Royal Society.

Then, V. und Kehl, K. (2012): Soziale Investitionen: ein konzeptioneller Entwurf. In: Anheier, H. K., Schröer, A. und Then, V. (Hrsg.): Soziale Investitionen. Interdisziplinäre Perspektiven. Wiesbaden: Springer VS, 39–86.

Theurl, T., Haucap, J., Demary, V., Priddat, B. P. und Paech, N. (2015): Ökonomie des Teilens — nachhaltig und innovativ? Wirtschaftsdienst 95 (2), 87–105.

Thiel, T. (2014a): Die Schönheit der Chance: Utopien und das Internet. Juridikum: Zeitschrift für Kritik, Recht, Gesellschaft 15 (4), 459–471.

Thiel, T. (2014b): Internet und Souveränität. In: Volk, C. und Kuntz, F. (Hrsg.): Der Begriff der Souveränität in der transnationalen Konstellation. Baden-Baden: Nomos, 215–240.

Thurstone, L. L. (1924): The nature of intelligence. London: Kegan Paul, Trench Trubner & Co.

Tilman, D., Balzer, C., Hill, J. und Befort, B. L. (2011): Global food demand and the sustainable intensification of agriculture. Proceedings of the National Academy of Sciences 108 (50), 20260–20264.

Timmer, M. P., Erumban, A. A., Los, B., Stehrer, R. und de Vries, G. J. (2014): Slicing up global value chains. Journal of Economic Perspectives 28 (2), 99–118.

Tiwari, S. und Singh, P. (2011): E-commerce: prospect or threat for environment. International Journal of Environmental Science and Development 2 (3), 211–217.

Townsend, A. M. (2013): Smart Cities: Big Data, Civic Hackers, and the Quest for a New Utopia. New York: Norton.

Tracey, I. und Flower, R. (2014): The warrior in the machine: neuroscience goes to war. Nature Reviews Neuroscience 15, 825–834.

Trajtenberg, M. (im Erscheinen): AI as the Next GPT: A Political-Economy Perspective. National Bureau of Economic Research Working Paper Series No. 24245. Cambridge, MA: National Bureau Of Economic Research (NBER).

Trautwein, C., Fichter, K. und Bergset, L. (2018): Green Economy Gründungsmonitor 2017: Entwicklung und Finanzierung grüner Gründungen in Deutschland. Berlin, Oldenburg: Borderstep Institut, Universität Oldenburg.

Trepte, S. (2016a): Die Zukunft der informationellen Selbstbestimmung – Kontrolle oder Kommunikation? In: Stiftung Datenschutz (Hrsg.): Die Zukunft der informationellen Selbstbestimmung. Berlin: Erich Schmidt, 159–170.

Trepte, S. (2016b): Medienkompetenz. In: Krämer, N. C., Schwan, S., Unz, D. und Suckfüll, M. (Hrsg.): Medienpsychologie. Schlüsselbegriffe und Konzepte. Stuttgart: Kohlhammer, 108–113.

Trepte, S. und Masur, P. K. (2017): Need for Privacy. Encyclopedia of Personality and Individual Differences. Heidelberg, Berlin: Springer.

Trepte, S. und Reinecke, L. (2011): Privacy Online: Perspectives on Privacy and Self-Disclosure in the Social Web. Wiesbaden: Springer Science & Business Media.

Trepte, S. und Reinecke, L. (2018): Unterhaltung online: Motive, Erleben, Effekte. In: Schweiger, W. und Beck, K. (Hrsg.): Handbuch Online-Kommunikation. Heidelberg, Berlin: Springer, 2–20.

Tukker, A. (2015): Product services for a resource-efficient and circular economy – a review. Journal of Cleaner Production 97, 76–91.

Turing, A. M. (2008): Computing machinery and intelligence. In: Epstein, R., Roberts, G. und Beber, G. (Hrsg.): Parsing the Turing Test. Dordrecht: Springer, 23–65.

Turner, W. (2014): Sensing biodiversity. Science 346, 301–302.

Turner, W., Rondinini, C., Pettorelli, N., Mora, B., Leidner, A. K., Szantoi, Z., Buchanan, G., Dech, S., Dwyer, J. und Herold, M. (2015): Free and open-access satellite data are key to biodiversity conservation. Biological Conservation 182, 173–176.

Tyfield, D. (2014): Putting the power in 'socio-technical regimes' – e-mobility transition in China as political process. Mobilities 9 (4), 585–603.

UbiGo (o.J.): About UbiGo (English). Internet: http://www.ubigo.nu/about-ubigo/. Göteborg: UbiGo.

UCLG – United Cities and Local Governments und Dexia (2007): Local Governments in the World. Basic Facts on 82 Selected Countries. Barcelona: UCLG, Dexia.

UK Department for Environment Food & Rural Affairs (2013): Farm Practices Survey Autumn 2012 – England. London: UK Department for Environment Food & Rural Affairs.

Ullrich, S. (2014): Informationelle Mü(n)digkeit. Datenschutz und Datensicherheit – DuD 38 (10), 696–700.

Ullrich, S. (2017): Informationstechnische Grundlagen, Werkzeuge und Praktiken des öffentlichen Vernunftgebrauchs. Die techne der Publizität. Dissertation. Berlin: Humboldt-Universität zu Berlin.

Ullrich, S. (2018): Ethik der Algorithmen. Berlin: Weizenbaum-Institut für die vernetzte Gesellschaft.

Ullrich, S. (2019): Moralische Maschinen. Was die Maschine über die Moral ihrer Schöpferinnen und Schöpfer verrät. In: Rath, M., Krotz, F. und Karmasin, M. (Hrsg.): Maschinenethik: Normative Grenzen autonomer Systeme. Wiesbaden: Springer VS, 243–261.

UN – United Nations (1948): Allgemeine Erklärung der Menschenrechte. Resolution 217A (III) vom 10.12.1948. New York: UN.

UN – United Nations (1992): Convention on Biological Diversity. New York: UN.

UN – United Nations (2015a): Discrimination and Violence Against Individuals Based on Their Sexual Orientation and Gender Identity. Resolution A/HRC/29/23. New York: UN.

UN – United Nations (2015b): The World's Women 2015. Trends and Statistics. New York: UN.

UN – United Nations (2016a): Global Sustainable Development Report 2016. New York: UN DESA.

UN – United Nations (2016b): E-Government Survey. New York: UN.

UN – United Nations (2017): Report of the Special Rapporteur on the Right to Privacy, Joseph A. Cannataci. New York: UN.

UN – United Nations (2018a): Energy Access and Main Challenges in the LDCs. Internet: https://www.un.org/ldcportal/energy-access-and-main-challenges-in-the-ldcs/. New York: UN.

UN – United Nations (2018b): Promotion and Protection of the Right to Freedom of Opinion and Expression. Resolution A/73/348. New York: UN General Assembly (UNGA).

UN – United Nations (2018c): The Sustainable Development Goals Report 2018. New York: UN.

UN – United Nations (2018d): E-Government Survey. New York: UN.

UN – United Nations (2019): High-Level Political Forum. HLPF 2019. Internet: https://sustainabledevelopment.un.org/hlpf. New York: UN.

UN DESA – United Nations Department of Economic and Social Affairs (2014): World Urbanization Prospects. The 2014 Revision. Highlights. New York: UN DESA.

UN DESA – United Nations Department of Economic and Social Affairs (2015): World Urbanization Prospects. The 2014 Revision. New York: UN DESA.

UN DESA – United Nations Department of Economic and Social Affairs (2016a): E-Government Survey 2016. E-Government in support of Sustainable Development. New York: UN DESA.

UN DESA – United Nations Department of Economic and Social Affairs (2016b): SDGs: Sustainable Development Knowledge Platform. Internet: https://sustainabledevelopment.un.org/sdgs. New York: United Nations (UN).

UN DESA – United Nations Department of Economic and Social Affairs (2018): United Nations E-Government Survey 2018. Gearing E-Government to Support Transformation Towars Sustainable and Resilient Societies. New York: UN DESA.

UN DESA – United Nations Department of Economic and Social Affairs – Population Division (2014): World Urbanization Prospects: The 2014 Revision. New York: UN DESA.

UN DSP – United Nations Development Policy & Analysis Division (2015): Development Issues No. 5: Income Convergence or Persistent Inequalities Among Countries? New York: UN DSP.

UN Environment (2019): Global Environment Outlook GEO-6. Healthy Planet, Healthy People. Cambridge, New York: Cambridge University Press.

UN Environment Inquiry (2018): Digital Finance and Citizen Action in Financing the Future of Climate-smart Infrastructure.

UN Global Pulse (2019a): Data Privacy Advisory Group. Internet: https://www.unglobalpulse.org/data-privacy-advisory-group. New York: UN Global Pulse.

UN Global Pulse (2019b): Harnessing Big Data for Development and Humanitarian Action. New York: UN Global Pulse.

UN Global Pulse (2019c): Responsible Data Forum. Internet: https://www.unglobalpulse.org/responsible-data-forum. New York: UN Global Pulse.

UN High-Level Panel on Digital Cooperation (2019): The Age of Digital Interdependence. Report of the UN Secretary-General's High-level Panel on Digital Cooperation. New York: United Nations (UN).

UN-Habitat – United Nations Human Settlements Programme (2016a): Experts Discuss ICT as a Solution for Mobility. Internet: https://unhabitat.org/experts-discuss-ict-as-a-solution-for-mobility/. Genf, New York: UN-Habitat.

UN-Habitat – United Nations Human Settlements Programme (2016b): The New Urban Agenda. Internet: http://habitat3.org/the-new-urban-agenda/. Genf, New York: UN-Habitat.

UN-Habitat – United Nations Human Settlements Programme (2017): New Urban Agenda. New York: UN-Habitat.

UN-Habitat – United Nations Human Settlements Programme (2019): Mobility. Internet: https://unhabitat.org/urban-themes/mobility/. Genf, New York: UN-Habitat.

UN-Water (2018): Nature-Based Solutions for Water. The United Nations World Water Development Report 2018. Paris: UNESCO.

UNCCD – United Nations Convention to Combat Desertification (2016): Integration of the Sustainable Development Goals and Targets into the Implementation of the United Nations Convention to Combat Desertification and the Intergovernmental Working Group Report on Land Degradation Neutrality. Decision 3/COP.12. Paris: UNCCD.

UNCCS – United Nations Climate Change Secretariat (2018): Yearbook of Global Climate Action 2018. Marrakech Partnership. Bonn: UNCCS.

UNCED – United Nations Conference on Environment and Development (1992): The Rio Declaration on Environment and Development. New York: UNCED.

UNCTAD – United Nations Conference on Trade and Development (2016): Robots and Industrialization. UNCTAD Policy Brief No. 50. New York: UNCTAD.

UNCTAD – United Nations Conference on Trade and Development (2017a): Information Economy Report 2017. Digitalization, Trade and Development. New York: UNCTAD.

UNCTAD – United Nations Conference on Trade and Development (2017b): Rising Product Digitalisation and Losing Trade Competitiveness. Internet: http://unctad.org/en/pages/PublicationWebflyer.aspx?publicationid=1926. New York: UNCTAD.

UNCTAD – United Nations Conference on Trade and Development (2018): Technology and Innovation Report 2018. Harnessing Frontier Technologies for Sustainable Development. Genf: UNCTAD.

UNDP – United Nations Development Programme (2010): Human Development Report 2010. The Real Wealth of Nations: Pathways to Human Development. New York: UNDP.

UNDP – United Nations Development Programme (2015): Human Development Report 2015: Work for Human Development. New York: UNDP.

UNDP – United Nations Development Programme (2019): Human Development Indix (HDI). Internet: http://hdr.undp.org/en/content/human-development-index-hdi. New York: UNDP.

UNECE – United Nations Economic Commission for Europe (2018): Exploring Industry 4.0 and its Potential for Climate Solutions at COP23. Internet: https://www.unece.org/info/media/news/general-unece/2017/exploring-industry-40-and-its-potential-for-climate-solutions-at-cop23/doc.html. New York: UNECE.

UNEP – United Nations Environment Programme (2010): Assessing the Environmental Impacts of Consumption and Production. Priority Products and Materials. A Report of the Working Group on the Environmental Impacts of Products and Materials to the International Panel for Sustainable Resource Management. Paris: UNEP DTIE.

UNEP – United Nations Environment Programme (2012): Global Environment Outlook GEO–5. Environment for the Future we Want. New York: UNEP.

UNEP – United Nations Environment Programme (2016): FINTECH and Sustainable Development. Assessing the Implications. Nairobi: UNEP.

UNEP – United Nations Environment Programme (2018): Emissions Gap Report 2018. Nairobi: UNEP.

UNEP Finance Initiative (2018): Rethinking Impact to Finance the SDGs. A Position Paper and Call to Action prepared by the Positive Impact Initiative. Nairobi: UNEP.

UNEP IRP – UN Environment International Resource Panel (2017): Resource Efficiency: Potential and Economic Implications. International Resource Panel Report. Nairobi: UNEP.

UNESCO – United Nations Educational, Scientific and Cultural Organization (1945): Verfassung der Organisation der Vereinten Nationen für Erziehung, Wissenschaft und Kultur. Bonn: Deutsche UNESCO-Kommission.

UNESCO – United Nations Educational, Scientific and Cultural Organization (1972): Übereinkommen zum Schutz des Kultur-und Naturerbes der Welt. Paris: UNESCO.

UNESCO – United Nations Educational, Scientific and Cultural Organization (2003): Charter on the Preservation of Digital Heritage. Internet: http://portal.unesco.org/en/ev.php-URL_ID=17721&URL_DO=DO_TOPIC&URL_SECTION=201.html. Paris: UNESCO.

UNESCO – United Nations Educational, Scientific and Cultural Organization (2012a): Envisioning a New Humanism for the 21st Century. New Avenues for Reflection and Action. Internet: https://unesdoc.unesco.org/ark:/48223/pf0000227855. Paris: UNESCO.

UNESCO – United Nations Educational, Scientific and Cultural Organization (2012b): Pariser Erklärung zu OER. Paris: UNESCO.

UNESCO – United Nations Educational, Scientific and Cultural Organization (2014): Global Action Programme on Education for Sustainable Development. Paris: UNESCO.

UNESCO – United Nations Educational, Scientific and Cultural Organization (2015): Education for All. Global Monitoring Report Policy Paper Update. Paris: UNESCO.

UNESCO – United Nations Educational, Scientific and Cultural Organization (2016): Massive Teacher Shortages at the Primary and Secondary Levels. UIS Fact Sheet No. 3. Paris: UNESCO.

UNESCO – United Nations Educational, Scientific and Cultural Organization (2017a): OER-Aktionsplan von Ljubljana. Paris: UNESCO.

UNESCO – United Nations Educational, Scientific and Cultural Organization (2017b): World Trends in Freedom of Expression and Media Development. Global Report 2017/2018. Paris: UNESCO.

UNESCO – United Nations Educational, Scientific and Cultural Organization (2017c): Accountability in Education: Meeting our Commitments. Global Education Monitoring Report. New York: UNESCO.

UNESCO – United Nations Educational, Scientific and Cultural Organization (2018): Building Tomorrow's Digital Skills: What Conclusions Can We Draw From International Comparative Indicators? Paris: UNESCO.

UNESCO – United Nations Educational, Scientific and Cultural Organization (2019): Education for Sustainable Development Beyond 2019. Paris: UNESCO.

UNFCCC – United Nations Framework Convention on Climate Change (2015): Paris Agreement. New York, Genf: UNFCCC.

UNGA – United Nations General Assembly (1983): Process of Preparation of the Environmental Perspective to the Year 2000 and Beyond. R/28/161. New York: UNGA.

UNGA – United Nations General Assembly (2013): The Right to Privacy in the Digital Age. Resolution A/RES/68/167. New York: UNGA Human Rights Council (HRC).

UNGA – United Nations General Assembly (2014): The Right to Privacy in the Digital Age. Resolution A/RES/68/199. New York: UNGA Human Rights Council (HRC).

UNGA – United Nations General Assembly (2015): Transforming our World: The 2030 Agenda for Sustainable Develop ment. Draft Resolution Referred to the United Nations Summit for the Adoption of the Post-2015 Development Agenda by the General Assembly at its Sixty-Ninth Session. Resolution A/70/L.1. New York: UNGA.

UNGA – United Nations General Assembly (2016a): Outcome document of the high-level meeting of the General Assembly on the overall review of the implementation of the outcomes of the World Summit on the Information Society. Resolution A/70/125. New York: UN.

UNGA – United Nations General Assembly (2016b): The Right to Privacy in the Digital Age. Resolution A/RES/68/199. New York: UNGA, Human Rights Council (HRC).

UNGA – United Nations General Assembly (2018a): Impact of rapid technological change on the achievement of the Sustainable Development Goals and targets. Resolution A/RES/73/17. New York: UN.

UNGA – United Nations General Assembly (2018b): The Right to Privacy in the Digital Age. Resolution A/RES/73/179. New York: UNGA.

UNI Global Union (o.J.): Top Ten Principles for Ethical Artifical Intelligence. Nyon: UNI Global Union.

UNIDO – United Nations Industrial Development Organization (2017): Accelerating Clean Energy Through Industry 4.0. Manufacturing the Next Revolution. New York: UNIDO.

Universität Montreal (2017): Montréal Declaration for Responsible AI. Internet: https://www.montrealdeclaration-responsibleai.com/the-declaration. Montreal: Universität Montreal.

Urban, M. C. (2015): Accelerating extinction risk from climate change. Science 348 (6234), 571–573.

USA vs. Canada (1941): Trail Smelter Case, Schiedsspruch. Reports of International Arbitral Awards 3, 1905–1982.

Uzzell, D. L. (2000): The psycho-spatial dimension of global environmental problems. Journal of Environmental Psychology 20 (4), 307–318.

Vaes, J., Meconi, F., Sessa, P. und Olechowski, M. (2016): Minimal humanity cues induce neural empathic reactions towards non-human entities. Neuropsychologia 89, 132–140.

Valeriano, B. und Maness, R. (2015): Cyber War versus Cyber Realities. Cyber Conflict in the International System. New York: Oxford University Press.

Valin, H., Sands, R. D., van der Mensbrugghe, D., Nelson, G. C., Ahammad, H., Blanc, E., Bodirsky, B., Fujimori, S., Hasegawa, T. und Havlik, P. (2014): The future of food demand: understanding differences in global economic models. Agricultural Economics 45 (1), 51–67.

Van der Linden, S., Leiserowitz, A., Rosenthal, S. und Maibach, E. (2017): Inoculating the public against misinformation about climate change. Global Challenges 1 (2), 7.

Van Dijk, J. A. G. M. (2006): Digital divide research, achievements and shortcomings. Poetics 34 (4–5), 221–235.

van Doorn, N. (2017a): Analysis: Platform cooperativism and the problem of the outside – Culture Digitally. Internet: http://culturedigitally.org/2017/02/platform-cooperativism-and-the-problem-of-the-outside/. Alexandria, VA: Culture Digitally.

van Doorn, N. (2017b): Platform labor: on the demand and racialized exploitation of low-income service work in the on 'demand' economy. Information, Communication and Society 20 (6), 898–914.

van Lieshout, M. (2015): The value of personal data. IFIP Advances in Information and Communication Technology 457, 26–38.

van Looy, A. (2017): Der digitale Raum. In: Stengel, O., van Looy, A. und Wallaschkowski, S. (Hrsg.): Digitalzeitalter – Digitalgesellschaft. Das Ende des Industriezeitalters und der Beginn einer neuen Epoche. Heidelberg, Berlin: Springer, 51–62.

Van Reenen, J. (2018): Increasing Differences Between Firms: Market Power and the Macro-Economy. CEP Discussion Paper No.1576. London: London School of Economics (LSE), Economic and Social Research Council (ESRC).

van Vark, C. (2014): From Agribusiness to Subsistence: High-tech Tools now Available to All. Internet: https://www.theguardian.com/global-development-professionals-network/2014/jun/04/subsistence-farming-precision-agriculture. London: The Guardian.

van Zomeren, M., Spears, R. und Leach, C. W. (2010): Experimental evidence for a dual pathway model analysis of coping with the climate crisis. Journal of Environmental Psychology 30, 339–346.

Varian, H. (2018): Artificial Intelligence, Economics, and Industrial Organization. National Bureau of Economic Research Working Paper Series No. 24839. Cambridge, MA: National Bureau of Economic Research (NBER).

Vashisth, A., Singh, R., Das, D. und Baloda, R. (2013): Weather based agromet advisories for enhancing the production and income of the farmers under changing climate scenario. International Journal of Agriculture and Food Science Technology 4 (9), 847–850.

VDA – Verband der Automobilindustrie (2015): Automatisierung: Von Fahrerassistenzsystemen zum automatisierten Fahren. Berlin: VDA.

VDI ZRE – VDI Zentrum Ressourceneffizienz (2017): Ressourceneffizienz durch Industrie 4.0 – Potenziale für KMU des verarbeitenden Gewerbes. Berlin: VDI ZRE.

Vedder, A. und Naudts, L. (2017): Accountability for the use of algorithms in a big data environment. International Review of Law, Computers & Technology 31 (2), 206–224.

Veltri, G. A. und Atanasova, D. (2017): Climate change on Twitter: content, media ecology and information sharing behaviour. Public Understanding of Science 26 (6), 721–737.

Verhulst, S. G., Noveck, B. S., Raines, J. und Declercq, A. (2014): Innovations in Global Governance: Toward a Distributed Internet Governance Ecosystem. Global Comission on the Internet. Paper Series No. 5. Waterloo, London: CIGI, Chatham House.

Verständig, D. (2016): Digitale Öffentlichkeiten und Netzneutralität. Eine Betrachtung am Fallbeispiel von #drosselkom. In: J., F., Kiefer, F. und Holze, J. (Hrsg.): Mediale Diskurse, Kampagnen, Öffentlichkeiten. Wiesbaden: Springer VS, 35–54.

Vester, H., Hammerschmidt, K., Timme, M. und Hallerberg, S. (2016): Quantifying group specificity of animal vocalizations without specific sender information. Physical Review E 93 (2), 1–11.

Viellechner, L. (2013): Transnationalisierung des Rechts. Weilerswist: Velbrück Wissenschaft.

Viitanen, J. und Kingston, R. (2014): Smart cities and green growth: outsourcing democratic and environmental resilience to the global technology sector. Environment and Planning A 46 (4), 803–819.

Villani, C. (2018): For a Meaningful Artificial Intelligence. Towards a French and European Strategy. Paris: aiforhumanity.fr.

Vinge, V. (1993): The Coming Technological Singularity: How to Survive in the Post-Human Era. Conference Paper. Cleveland, OH: Lewis Research Center.

Visser, W. und Tolhurst, N. (2017): The World Guide to CSR. A Country-by-Country Analysis of Corporate Sustainability and Responsibility. London: Routledge.

Vogel, D. (1995): Trading Up: Consumer and Environmental Regulation in a Global Economy. Cambridge, MA: Harvard University Press.

Vogel, D. und Kagan, R. (2004): Dynamics of regulatory change: how globalization affects national regulatory policies. In: Vogel, D. und Kagan, R. (Hrsg.): Dynamics of Regulatory Change: How Globalization Affects National Regulatory Policies. Berkele, Los Angeles, London: University of California Press, 1–41.

Volkmann, C., Audretsch, D. B., Fichter, K. und Klofsten, M. (2017): Call for Papers Special Issue of Small Business Economics: An Entrepreneurship Journal „Sustainable Entrepreneurial Ecosystems: How Do Contextual Factors Support and Constrain Sustainable Entrepreneurial Activities in a Regional Ecosystem?". Cham: Springer International Publishing.

von Hauff, M. (2012): Industrial Ecology Management. Nachhaltige Entwicklung durch Unternehmensverbünde. Wiesbaden: Springer VS.

von Weizsäcker, E. U. und Wijkman, A. (2018): Come on! Capitalism, Short-Termism and the Destruction of the Planet. A Report to the Club Of Rome. Heidelberg, Berlin: Springer.

Vowe, G. (2014): Digital Citizens und Schweigende Mehrheit: Wie verändert sich die politische Beteiligung der Bürger durch das Internet? Ergebnisse einer kommunikationswissenschaftlichen Langzeitstudie. In: Voss, K. (Hrsg.): Internet und Partizipation. Bürgergesellschaft und Demokratie. Wiesbaden: Springer VS, 25–52.

Vu, K. und Hartley, K. (2018): Promoting smart cities in developing countries: policy insights from Vietnam. Telecommunications Policy 42 (10), 845–859.

VZBV – Verbraucherzentrale Bundesverband (2015): Teilen, Haben, Teilhaben: Verbraucher in der Sharing Economy. Berlin: VZBV.

Wachter, S., Mittelstadt, B. und Russell, C. (2017): Counterfactual Explanations Without Opening the Black Box: Automated Decisions and the GDPR. London, Oxford: Oxford Internet Institute.

Wachter, S. und Mittelstadt, B. (2018a): A right to reasonable inferences: re-thinking data protection law in the age of Big Data and AI. Columbia Business Law Review (forthcoming), 1–85.

Wachter, S. und Mittelstadt, B. (2018b): A right to reasonable inferences: re-thinking data protection law in the age of Big Data and AI. Columbia Business Law Review (im Erscheinen), 1–85.

Wackernagel, M. und Rees, W. (1996): Our Ecological Footprint: reducing human impact on the Earth. Philadelphia: New Society Publishers.

Wadud, Z., MacKenzie, D. und Leiby, P. (2016): Help or hindrance? The travel, energy and carbon impacts of highly automated vehicles. Transportation Research Part A: Policy and Practice 86, 1–18.

Wäger, P. A., Hischier, R. und Widmer, R. (2015): The material basis of ICT. Chapter 12. In: Hilty, L. und Aebischer, B. (Hrsg.): ICT Innovations for Sustainability. Wiesbaden: Springer VS, 209–221.

Wagner, C., Garcia, D., Jadidi, M. und Strohmaier, M. (2015): It's a Man's Wikipedia? Assessing Gender Inequality in an Online Encyclopedia. Proceedings of the 26th ACM Conference on Hypertext & Social Media arXiv:1501.06307v2 [cs.CY], 454–463.

Wahlen, S., Heiskanen, E. und Aalto, K. (2012): Endorsing sustainable food consumption: Prospects from public catering. Journal of Consumer Policy 35 (1), 7–21.

Wahnbaeck, C. und Rolof, L. Y. (2017): After the Binge, the Hangover. International Fashion Consumption Survey.

Insights into the Minds of Clothing Consumers. Hamburg: Greenpeace Deutschland.

Wajcman, J. (1991): Feminism Confronts Technology. University Park, PA: The Pennsylvania State University Press.

Wajcman, J. (2010): Feminist theories of technolgy. Cambridge Journal of Economics 34 (1), 143–152.

Wäldchen, J. und Mäder, P. (2018): Machine learning for image based species identification. Methods in Ecology and Evolution 9 (11), 2216–2225.

Waldfogel, J. (2017): How Digitization Has Created a Golden Age of Music, Movies, Books, and Television. Journal of Economic Perspectives 31 (3), 195–214.

Walsh, T. (2018): It's Alive. Wie künstliche Intelligenz unser Leben verändern wird. Hamburg: Edition Körber.

Walter, A., Finger, R., Huber, R. und Buchmann, N. (2017): Opinion: Smart farming is key to developing sustainable agriculture. Proceedings of the National Academy of Sciences 114 (24), 6148–6150.

Wambach, A. und Müller, H. C. (2018): Digitaler Wohlstand für alle. Frankfurt/M., New York: Campus.

Wang, S., Wan, J., Zhang, D., Li, D. und Zhang, C. (2016a): Towards smart factory for industry 4.0: a self-organized multi-agent system with big data based feedback and coordination. Computer Networks 101, 158168.

Wang, Z., Zhang, B. und Guan, D. (2016b): Take responsibility for electronic-waste disposal. Nature 536, 23–26.

Wang, X., Zhang, F., Li, B. und Gao, J. (2017): Developmental pattern and international cooperation on intelligent transport system in China. Case Studies on Transport Policy 5 (1), 38–44.

Wang, S.-H., Phillips, P., Dong, Z.-C. und Zhang, Y.-D. (2018): Intelligent facial emotion recognition based on stationary wavelet entropy and Jaya algorithm. Neurocomputing 272, 668–676.

Waring, R. H., Harris, R. M. und Mitchell, S. C. (2018): Plastic contamination of the food chain: a threat to human health? Maturas 115, 64–68.

Wathes, C. M., Kristensen, H. H., Aerts, J. M. und Berckmans, D. (2008): Is precision livestock farming an engineer's daydream or nightmare, an animal's friend or foe, and a farmer's panacea or pitfall? Computers and Electronics in Agriculture 64 (1), 2–10.

WBGU – Wissenschaftlicher Beirat der Bundesregierung Globale Umweltveränderungen (1994): Welt im Wandel: Die Gefährdung der Böden. Hauptgutachten. Bonn: Economica.

WBGU – Wissenschaftlicher Beirat der Bundesregierung Globale Umweltveränderungen (1995): Szenario zur Ableitung globaler CO_2-Reduktionsziele und Umsetzungsstrategien. Stellungnahme zur ersten Vertragsstaatenkonferenz der Klimarahmenkonvention in Berlin. Sondergutachten. Berlin: WBGU.

WBGU – Wissenschaftlicher Beirat der Bundesregierung Globale Umweltveränderungen (1997): Ziele für den Klimaschutz 1997. Stellungnahme zur dritten Vertragsstaatenkonferenz der Klimarahmenkonvention in Kyoto. Sondergutachten. Berlin: WBGU.

WBGU – Wissenschaftlicher Beirat der Bundesregierung Globale Umweltveränderungen (2000): Welt im Wandel: Erhaltung und nachhaltige Nutzung der Biosphäre. Hauptgutachten. Berlin, Heidelberg, New York: Springer.

WBGU – Wissenschaftlicher Beirat der Bundesregierung Globale Umweltveränderungen (2005): Welt im Wandel: Armutsbekämpfung durch Umweltpolitik. Hauptgutachten. Berlin, Heidelberg, New York: Springer.

WBGU – Wissenschaftlicher Beirat der Bundesregierung Globale Umweltveränderungen (2006): Die Zukunft der Meere – zu warm, zu hoch, zu sauer. Sondergutachten. Berlin: WBGU.

WBGU – Wissenschaftlicher Beirat der Bundesregierung Globale Umweltveränderungen (2009a): Kassensturz für den Weltklimavertrag – Der Budgetansatz. Sondergutachten. Berlin: WBGU.

WBGU – Wissenschaftlicher Beirat der Bundesregierung Globale Umweltveränderungen (2009b): Welt im Wandel: Zukunftsfähige Bioenergie und nachhaltige Landnutzung. Hauptgutachten. Berlin: WBGU.

WBGU – Wissenschaftlicher Beirat der Bundesregierung Globale Umweltveränderungen (2011): Welt im Wandel – Gesellschaftsvertrag für eine Große Transformation. Hauptgutachten. Berlin: WBGU.

WBGU – Wissenschaftlicher Beirat der Bundesregierung Globale Umweltveränderungen (2014a): Klimaschutz als Weltbürgerbewegung. Sondergutachten. Berlin: WBGU.

WBGU – Wissenschaftlicher Beirat der Bundesregierung Globale Umweltveränderungen (2014b): Zivilisatorischer Fortschritt innerhalb planetarischer Leitplanken – Ein Beitrag zur SDG-Debatte. Politikpapier 8. Berlin: WBGU.

WBGU – Wissenschaftlicher Beirat der Bundesregierung Globale Umweltveränderungen (2016a): Der Umzug der Menschheit: Die transformative Kraft der Städte. Hauptgutachten. Berlin: WBGU.

WBGU – Wissenschaftlicher Beirat der Bundesregierung Globale Umweltveränderungen (2016b): Entwicklung und Gerechtigkeit durch Transformation: Die vier großen I – Ein Beitrag zur deutschen G20-Präsidentschaft 2017. Sondergutachten. Berlin: WBGU.

WBGU – Wissenschaftlicher Beirat der Bundesregierung Globale Umweltveränderungen (2018a): Digitalisierung: Worüber wir jetzt reden müssen. Berlin: WBGU.

WBGU – Wissenschaftlicher Beirat der Bundesregierung Globale Umweltveränderungen (2018b): Zeit-gerechte Klimapolitik: Vier Initiativen für Fairness. Politikpapier 9. Berlin: WBGU.

WCED – World Commission on Environment and Development (1987): Report of the World Commission on Environment and Development: Our Common Future. New York: UN.

WD – Wissenschaftliche Dienste des Deutschen Bundestages (2018): Bereitstellung landwirtschaftlich relevanter Daten für die digitale Landwirtschaft. Sachstand. Berlin: WD.

Weber, M. (1980 [1922]): Wirtschaft und Gesellschaft. Grundriß der verstehenden Soziologie. Tübingen: Mohr.

Weber, R. H. (2010): Internet of Things – New security and privacy challenges. Computer Law & Security Report 26 (1), 23–30.

Webfoundation.org (2019): Vertrag für das Web – Grundsätze. Internet: https://contractfortheweb.org/de/. o.O.: Webfoundation.org.

WEC – World Energy Council und Frontier Economics (2018): International Aspects of a Power-To-X Roadmap. A Report Prepared for the World Energy Council Germany. London: WEC.

Wechsler, D. (1958): The Measurement and Appraisal of Adult Intelligence. Baltimore: Williams & Wilkins.

WEF – World Economic Forum (2016a): Digital Transformation of Industries: In Collaboration with Accenture. World Economic Forum White Paper. Genf: WEF.

WEF – World Economic Forum (2016b): The Industry Gender Gap. Women and Work in the Fourth Industrial Revolution. Executive Summary. Genf: WEF.

WEF – World Economic Forum (2017a): Beyond Fintech: A Pragmatic Assessment of Disruptive Potential in Financial Services. Genf: WEF.

WEF – World Economic Forum (2017b): The Future of Jobs and Skills in the Middle East and North Africa: Preparing the Region for the Fourth Industrial Revolution. Executive Briefing. Genf: WEF.

WEF – World Economic Forum (2017c): Impact of the Fourth Industrial Revolution on Supply Chains. Genf: WEF.

WEF – World Economic Forum (2018a): The Effect of the Internet of Things on Sustainability. Internet: https://www.weforum.org/agenda/2018/01/effect-technology-sustainability-sdgs-internet-things-iot/. Genf: WEF.

WEF – World Economic Forum (2018b): The New Production Workforce: Responding to Shifting Labour Demands. Internet: https://www.weforum.org/whitepapers/the-new-production-workforce-responding-to-shifting-labour-demands. Genf: WEF.

WEF – World Economic Forum (2018c): The Global Competitiveness Report 2018. Genf: WEF.

WEF – World Economic Forum (2019): Harnessing the Fourth Industrial Revolution for the Circular Economy: Consumer Electronics and Plastics Packaging. Genf: WEF.

Weichert, T. (2017): Art. 9. In: Kühling, J. und Buchner, B. (Hrsg.): Datenschutz-Grundverordnung. Kommentar. München: Beck, 292–329.

Weichert, T. (2018): Big Data im Gesundheitsbereich. Berlin: ABIDA – Assessing Big Data.

Weingarten, E. (2013): The Developing World Needs More Female Internet Users. Internet: https://slate.com/technology/2013/01/a-new-report-on-female-internet-users-from-the-developing-world.html. Washington, DC: The Slate Group LLC.

Weischenberg, S. (2018): Die Funktion des Journalismus. In: Weischenberg, S. (Hrsg.): Medienkrise und Medienkrieg. Wiesbaden: Springer VS, 49.

Weise, E. und Reindl, J. C. (2017): Chinese E-Commerce Giant Alibaba Comes to Detroit to Lure Midwest Business. Internet: https://eu.freep.com/story/money/business/2017/06/21/chinese-e-commerce-giant-alibaba-comes-detroit-lure-midwest-business/412141001/. Detroit: USA Today and Detroit Free Press.

Weiser, M. (1991): The computer for the 21st century. IEEE Pervasive Computing 1 (1), 19–25.

Weizenbaum, J. (1986): Ohne uns geht's nicht weiter: „Künstliche Intelligenz" und Verantwortung der Wissenschaftler. Blätter für deutsche und internationale Politik 31 (9), 1037–1045.

Weller, C., Kleer, R. und Piller, F. T. (2015): Economic implications of 3D printing: Market structure models in light of additive manufacturing revisited. International Journal of Production Economics 164, 43–56.

Welzel, C. (2017): Reale Virtualität: Trendthema 43. Berlin: Kompetenzzentrum Öffentliche IT.

Welzel, C. und Grosch, D. (2018): Das ÖFIT-Trendsonar Künstliche Intelligenz. Berlin: Kompetenzzentrum Öffentliche IT (ÖFIT).

Welzel, C., Eckert, K.-P., Kirstein, F. und Jacumeit, V. (2017): Mythos Blockchain: Herausforderung für den öffentlichen Sektor. Berlin: Kompetenzzentrum Öffentliche IT, Fraunhofer FOKUS.

Wendt, O. (2013): Tourenplanung durch Einsatz naturanaloger Verfahren: Integration von genetischen Algorithmen und Simulated Annealing. Wiesbaden: Springer VS.

Weng, Y., Hsu, K. C. und Liu, B. J. (2018): Increasing worldwide environmental consciousness and environmental policy adjustment. The Quarterly Review of Economics and Finance 71, 205–210.

West, S. M. (2017): Data capitalism: redefining the logics of surveillance and privacy. Business & Society 58 (1), 20–41.

Westin, A. (1970): Privacy and Freedom. New York: Atheneum Press.

Weth, F. (2016): Höchste Zeit für Nachhaltigkeit im Onlinehandel. Internet: https://www.energiezukunft.eu/meinung-der-woche/hoechste-zeit-fuer-nachhaltigkeit-im-online-handel-gn104076/. Düsseldorf: Redaktion Energiezukunft. Naturstrom AG.

WGIG – Working Group on Internet Governance (2005): Report from the Working Group on Internet Governance. Document WSIS-II/PC-3/DOC/5-E. Tunis: WGIG.

Whatmore, S. (2002): Hybrid Geographies [Electronic Resource]: Natures, Cultures, Spaces. Thousand Oaks, CA, London: Sage.

WHO – World Health Organization (2013): What are the Health Risks Associated with Mobile Phones and Their Base Stations? Genf. WHO.

WHO – World Health Organisation (2016): WHO Global Urban Ambient Air Pollution Database (update 2016). Internet: https://www.who.int/phe/health_topics/outdoorair/databases/cities/en/. Genf: WHO.

WHO – World Health Organization (2017): Global Diffusion of eHealth. Making Universal Health Coverage Achievable. Report of the Third Global Survey on eHealth. Genf: WHO.

Wich, S. A. und Koh, L. P. (2018): Conservation Drones. Mapping and Monitoring Biodiversity. Oxford, New York: Oxford University Press.

Wiek, A., Withycombe, L. und Redman, C. L. (2011): Key competencies in sustainability: a reference framework for academic program development. Sustainability Science 6 (2), 203–218.

Wiens, K. (2016): Ich bin Reparateur. Ein Manifest für die digitale Revolution. In: Baier, A., Müller, C., Werner, K. und Hansing, T. (Hrsg.): Die Welt reparieren. Bielefeld: transcript, 111–118.

Wiese, A., Toporowski, W. und Zielke, S. (2012): Transport-related CO_2 effects of online and brick-and-mortar shopping: a comparison and sensitivity analysis of clothing retailing. Transportation Research Part D: Transport and Environment 17, 473–477.

Wikimedia (2018): US Newspaper Advertising Revenue, Corrected for Inflation. Internet: https://commons.wikimedia.org/wiki/File:Naa_newspaper_ad_revenue.svg. Saint Petersburg, FL: Wikimedia.

Wilcox, J., Psarras, P. C. und Liguori, S. (2017): Assessment of reasonable opportunities for direct air capture. Environmental Research Letters 12 (6), 1–8.

Willett, W., Rockström, J., Loken, B., Springmann, M., Lang, T., Vermeulen, S., Garnett, T., Tilman, D., DeClerck, F. und Wood, A. (2019): Food in the Anthropocene: the EAT–Lancet Commission on healthy diets from sustainable food systems. The Lancet 393 (10170), 447–492.

Williams, E. und Tagami, T. (2003): Energy use in sales and distribution via e-commerce and conventional retail: a case study of the japanese book sector. Journal of Industrial Ecology 6 (2), 99–114.

Williamson, B. (2017): Big Data in Education: The Digital Future of Learning, Policy and Practice. Thousand Oaks, CA: Sage.

Wilts, H. (2018): Digitaler Kreislauf: Wie die Digitalisierung die Ressourceneffizienz in der Circular Economy verbessert – und wo sie eher Ressourcen kostet. Chancen und Risiken einer nachhaltigen Industrie 5.0. factory – Magazin für Nachhaltiges Wirtschaften (1), 9–16.

Wilts, H. und Berg, H. (2017): Digitale Kreislaufwirtschaft: Die Digitale Transformation als Wegbereiter ressourcenschonender Stoffkreisläufe. Wuppertal: Wuppertal Institut für Klima, Umwelt, Energie.

Winkel, O. (2015): Demokratie und Digitalisierung. Der moderne staat – dms: Zeitschrift für Public Policy, Recht und Management 8 (2), 409–434.

Winkelhake, U. (2017): Die digitale Transformation der Automobilindustrie. Treiber – Roadmap – Praxis. Heidelberg, Berlin: Springer.

Winograd, T. und Flores, F. (1986): Understanding Computers and Cognition: A New Foundation for Design. Bristol: Intellect Books.

Wippermann, C. (2016): Männer-Perspektiven – Auf dem Weg zur Gleichstellung? Sozialwissenschaftliche Repräsentativbefragung der Bevölkerung, im Auftrag des Bundesministeriums für Familie, Senioren, Frauen und Jugend. Berlin: BMFSFJ.

Wissenschaftlicher Beirat beim Bundesministerium der Finanzen (2019): Stellungnahme des unabhängigen Wissenschaftlichen Beirats beim BMF zu den EU-Vorschlägen für eine Besteuerung der digitalen Wirtschaft. Monatsberichte des BMF. Berlin: Bundesministerium der Finanzen (BMF).

Witze, A. (2019): Quake quest. Nature 546, 466–468.

Wolf, F. O. (2007): Humanismus für das 21. Jahrhundert. Berlin: Humanistischer Verband Deutschlands.

Wolf, N. (2012): The New Totalitarianism of Surveillance Technology. Internet: https://www.theguardian.com/commentisfree/2012/aug/15/new-totalitarianism-surveillance-technology. London: The Guardian.

Wolfert, S., Ge, L., Verdouw, C. und Bogaardt, M.-J. (2017): Big data in smart farming–a review. Agricultural Systems 153, 69–80.

Wong, D. (2017): Reflection: dignity in confucian and buddhist thought. In: Debes, R. (Hrsg.): Dignity: A History. Oxford, New York: Oxford University Press.

Woodhead, M. und Faulkner, D. (2000): Subjects, objects or participants. In: Christensen, P. und James, A. (Hrsg.): Research With Children: Perspectives and Practices. London: Routledge, 9–35.

World Bank (2007): World Development Report 2008. Agriculture for Development. Washington, DC: World Bank.

World Bank (2011): ICT in Agriculture: Connecting Smallholders to Knowledge, Networks, and Institutions. Washington, DC: World Bank.

World Bank (2016): World Development Report 2016: Digital Dividends. Washington, DC: World Bank.

World Bank (2017a): Financial Inclusion Global Initiative. Connection of Millions of Unbanked People to Formal Financial Systems Accelerated. Washington, DC: World Bank.

World Bank (2017b): Sustainable Energy for All (SE4ALL) Data Catalogue. Internet: https://datacatalog.worldbank.org/dataset/sustainable-energy-all. Washington, DC: World Bank.

World Bank (2017c): World Development Report 2017: Governance and the Law. Washington, DC: World Bank.

World Bank (2018a): The Global Findex Database 2017 – Measuring Financial Inclusion and the Fintech Revolution. Washington, DC: World Bank.

World Bank (2018b): World Development Indicators – Data Catalog. Internet: https://datacatalog.worldbank.org/dataset/world-development-indicators. (Stand 14.11.2018). Washington, DC: World Bank.

World Bank (2019a): Poverty Overview. Internet: https://www.worldbank.org/en/topic/poverty/overview. Washington, DC: World Bank.

World Bank (2019b): World Development Indicators Compilation. Internet: http://datatopics.worldbank.org/world-development-indicators/. Washington, DC: World Bank.

World Bank (2019c): World Development Report 2019: The Changing Nature of Work. Washington, DC: World Bank.

World Bank und IMF – International Monetary Fund (2018): The Bali FinTech Agenda – Chaupeau Paper. Washington, DC, Genf: World Bank, IMF.

World Inequality Lab (2017): World Inequality Report 2018. Berlin: World Inequality Lab.

World Wide Web Foundation (2018): Open data Barometer – Leaders Edition. Washington, DC: World Wide Web Foundation.

Worm, B. (2016): Averting a global fisheries disaster. Proceedings of the National Academy of Sciences 113 (18), 4895–4897.

WSIS – World Summit on the Information Society (2003a): Declaration of Principles – Building the Information Society. A Global Challenge in the New Millennium. Document WSIS-03/GENEVA/DOC/4-E. Genf: WSIS.

WSIS – World Summit on the Information Society (2003b): Plan of Action. Document WSIS-03/GENEVA/DOC/5-E. Genf: WSIS.

WSIS – World Summit on the Information Society (2005a): Tunis Agenda for the Information Society. Document WSIS-05/TUNIS/DOC/6(Rev.1)-E. Genf: WSIS.

WSIS – World Summit on the Information Society (2005b): Tunis Committment. Document WSIS-05/TUNIS/DOC/7-E. Genf: WSIS.

WSIS – World Summit on the Information Society (2015): Advancing Sustainable Development Through Information and Communication Technologies: WSIS Action Lines Enabling SDGs. Genf: WSIS.

WSIS – World Summit on the Information Society (2018): Outcome Document. Leveraging ICTs to Build Information and Knowlesge Societies for Achieving the Sustainable Development Goals (SDGs). Genf: WSIS.

WSIS Forum (2018): Leveraging ICTs to Build Information and Knowledge Societies for Achieving the Sustainable Development Goals (SDGs). Internet: https://www.itu.int/net4/wsis/forum/2018/. Genf: WSIS Forum.

WTO – World Trade Organization (2018): World Trade Report -- The Future of World Trade: How Digital Technologies are Transforming Global Commerce. Genf: WTO.

WTO – World Trade Organization (2019): Information Technology Agreement. Internet: https://www.wto.org/english/tratop_e/inftec_e/inftec_e.htm. Genf: WTO.

Wu, J., Guo, S., Huang, H., Liu, W. und Xiang, Y. (2018): Information and communications technologies for sustainable development goals: state-of-the-art, needs and perspectives. IEEE Communications Surveys & Tutorials 20 (3), 2389–2406.

WWF (2019): Wildlife Crime Technology Project. Internet: https://www.worldwildlife.org/stories/new-anti-poaching-technology-leads-to-dozens-of-arrests-of-wildlife-criminals-in-africa. Washington, DC: WWF International.

WWF International (2018): Living Planet Report 2018: Aiming Higher. Gland: WWF.

Xiao, L. und Zhao, R. (2017): China's new era of ecological civilization. Science 358, 1008–1009.

Xu, X. (2012): From cloud computing to cloud manufacturing. Robotics and Computer-Integrated Manufacturing 28 (1), 75–86.

Yang, X. J., Lin, A., Li, X.-L., Wu, Y., Zhou, W. und Chen, Z. (2013): China's ion-adsorption rare earth resources, mining consequences and preservation. Environmental Development 8, 131–136.

Yee, N. und Bailenson, J. N. (2006): Walk a Mile in Digital Shoes: The Impact of Embodied Perspective-Taking on the Reduction of Negative Stereotyping in Immersive Virtual Environments. Proceedings of PRESENCE 2006: The 9th Annual International Workshop on Presence. August 24–26, Cleveland, Ohio, USA. Cleveland, OH: Presence 2006.

Yi, L. und Thomas, H. R. (2007): A review of research on the environmental impact of e-business and ICT. Environment international 33 (6), 841–849.

Yonck, R. (2017): Heart of the Machine: Our Future in a World of Artificial Emotional Intelligence. New York: Arcade.

Yuste, R. und Goering, S. (2017): Four ethical priorities for neurotechnologies and AI. Nature 551, 159–163.

Zalasiewicz, J., Williams, M., Waters, C. N., Barnosky, A. D., Palmesino, J., Rönnskog, A.-S., Edgeworth, M., Neal, C., Cearreta, A., Ellis, E. C., Grinevald, J., Haff, P., Ivar do Sul, J. A., Jeandel, C., Leinfelder, R., McNeill, J. R., Odada, E., Oreskes, N., Price, S. J., Revkin, A., Steffen, W., Summerhayes, C., Vidas, D., Wing, S. und Wolfe, A. P. (2017): Scale and diversity of the physical technosphere: a geological perspective. The Anthropocene Review 4 (1), 9–22.

Zanella, A., Bui, N., Castellani, A., Vangelista, L. und Zorzi, M. (2014): Internet of things for Smart Cities. IEEE Internet of Things Journal 1 (1), 22–32.

Zeit-Stiftung (2016): Charta der Digitalen Grundrechte der Europäischen Union. Brüssel: Europäische Union.

Zeit-Stiftung (Hrsg.) (2018): Charta der Digitalen Grundrechte der Europäischen Union. Wir fordern digitale Grundrechte. Hamburg: Zeit-Stiftung.

Zhang, C. und Liu, C. (2015): The impact of ICT industry on CO_2 emissions: a regional analysis in China. Renewable and Sustainable Energy Reviews 44, 12–19.

Ziegenbalg, J., Ziegenbalg, O. und Ziegenbalg, B. (1996): Algorithmen: von Hammurapi bis Gödel. Heidelberg: Spektrum Akademischer Verlag.

Ziegler, P.-M. (2008): RFID-Chips sollen Kakteen-Diebe abschrecken. Internet: https://www.heise.de/newsticker/meldung/RFID-Chips-sollen-Kakteen-Diebe-abschrecken-210136.html. Hannover: Heise.

Ziekow, C. B., Bauer, C., Steffens, C., Willwacher, H., Keimeyer, F. und Hermann, A. (2018): Dialog mit Expertinnen und Experten zum EU-Rechtsakt für Umweltinspektionen – Austausch über mögliche Veränderungen im Vollzug des EU-Umweltrechts. UBA Texte 21. Dessau: Umweltbundesamt (UBA).

Zillien, N. und Haufs-Brusberg, M. (2014): Wissenskluft und Digital Divide. Baden-Baden: Nomos.

Zimbardo, P. G. und Gerrig, R. J. (2004): Psychologie. München, Boston: Pearson.

Zimmermann, H. und Hoppe, J. (2018): Chancen und Risiken der Blockchain für die Energiewende. Hintergrundpapier. Berlin: Germanwatch.

Zipfel, T. (1998): Online-Medien und politische Kommunikation im demokratischen System. In: Hagen, L. M. (Hrsg.): Online-Medien als Quellen politischer Information. Empirische Untersuchungen zur Nutzung von Internet und Online-Diensten. Opladen, Wiesbaden: Westdeutscher Verlag, 20–53.

Zollverwaltung (2015): Die Zollverwaltung. Jahresstatistik 2015. Berlin: Bundesministerium der Finanzen (BMF).

Zuboff, S. (2018): Das Zeitalter des Überwachungskapitalismus. München: Campus.

Zuckerberg, M. (2019): Vier Ansätze zur Regulierung des Internets. Internet: https://www.faz.net/aktuell/wirtschaft/diginomics/mark-zuckerberg-vier-ansaetze-zur-regulierung-des-internets-16115996.html. Frankfurt/M.: FAZ.

Zude-Sasse, M., Fountas, S., Gemtos, T. A. und Abu-Khalaf, N. (2016): Applications of precision agriculture in horticultural crops. European Journal of Horticultural Science 81, 78–90.

Zuev, D., Tyfield, D. und Urry, J. (2018): Where is the politics? E-bike mobility in urban China and civilizational government. Environmental Innovation and Societal Transitions 30, 19–32.

Züger, T., Milan, S. und Tanczer, L. M. (2017): Sand im Getriebe der Informationsgesellschaft: Wie digitale Technologien die Paradigmen des Zivilen Ungehorsams herausfordern und verändern. In: Jacob, D. und Thiel, T. (Hrsg.): Politische Theorie und Digitalisierung. Baden-Baden: Nomos, 265–296.

Zweck, A. (2006): Virtuelle Realität. Spiel oder Kultur prägender Faktor? Düsseldorf: Zukünftige Technologien Consulting (ZTC) der VDI Technologiezentrum GmbH.

Zweig, K. (2019): Algorithmische Entscheidungen. Transparenz und Kontrolle. Analysen & Argumente. Internet: https://www.kas.de/c/document_library/get_file?uuid=533ef913-e567-987d-54c3-1906395cdb81&groupId=252038. Bonn: Konrad-Adenauer-Stiftung.

Zygiaris, S. (2013): Smart city reference model: assisting planners to conceptualize the building of smart city innovation ecosystems. Journal of the Knowledge Economy 4 (2), 217–231.

Glossar

12

Additive Fertigung / 3D-Druck
Bezeichnet verschiedene Verfahren, bei denen „das gewünschte Bauteil auf der Grundlage eines digitalen 3D-Modells durch gezieltes schichtweises Auftragen des Ausgangsmaterials sukzessive aufgebaut" wird (Caviezel et al., 2017:9). Da der Fertigungsprozess einige Gemeinsamkeiten mit dem 2D-Druck aufweist, wird umgangssprachlich auch der Begriff „3D-Druck" verwendet (Bourell, 2016:2). → Kap. 3.3.5.4

Agenda 2030
Bezeichnet den im September 2015 von allen UN-Mitgliedsstaaten verabschiedeten Aktionsplan für Mensch, Planet, Wohlstand, Frieden und Partnerschaft (UNGA, 2015). Kernstück zur effektiven Umsetzung bis 2030 sind die 17 Ziele für nachhaltige Entwicklung (Sustainable Development Goals – SDGs), die ökologische, soziale und ökonomische Dimensionen von Nachhaltigkeit verknüpfen. Die Agenda 2030 ist universell, d.h. für alle Länder, gültig, jedoch völkerrechtlich unverbindlich. Ihre Annahme gilt als multilateraler Meilenstein und zentraler Referenzpunkt der globalen Anstrengungen hin zu einer inklusiven, verantwortlichen und emissionsarmen Lebens- und Wirtschaftsweise weltweit. → Kasten 2.1-1.

Anthropozän
Bedeutet das Zeitalter des Menschen und lehnt sich namentlich an geologische Zeitalter (etwa das Paläozän oder das Holozän) an. Der Begriff wurde von Nobelpreisträger Paul Crutzen gemeinsam mit Eugene Stoermer im Jahr 2000 geprägt und bezeichnet ein Erdzeitalter, in dem die Einwirkungen menschlicher Aktivitäten auf die Umwelt eine globale Dimension erreicht haben. Dies führt zu teilweise erheblichen Veränderungen der Ökosysteme bis hin zu deren Zerstörung. Zu den weiteren wichtigen Veränderungen durch den Menschen zählen der Klimawandel oder auch das antarktische Ozonloch. → Kap. 2

Aktuatoren
Sind elektrotechnische Baueinheiten, die informationstechnische Signale in Veränderungen von physikalischen Größen beispielsweise mittels mechanischer Bewegungen wandeln. Sie wirken so aktiv auf ihre Umgebung ein und steuern Objekte (Hoepner et al., 2016:10).

Algorithmus
Ist im Allgemeinen eine Handlungsvorschrift zur Lösung eines gegebenen Problems (genauer gesagt einer Problemklasse). Algorithmen sind immer explizit und wohl definiert, auch wenn sich entlang konkreter Daten und Berechnungen nicht immer die jeweilige Ausprägung ihrer Handlungsvorschrift in der Anwendung eines Algorithmus nachvollziehen lässt. Mathematisch entspricht ein Algorithmus einer berechenbaren Funktion; informationstechnisch ist ein Algorithmus eine deterministische Berechnungsvorschrift. → Kap. 3.2.3

Autonomie
Bezeichnet ein → Kerncharakteristikum des → Digitalen Zeitalters, nach dem technische Systeme selbstständig Entscheidungen treffen und komplexe Prozesse steuern und optimieren. Sie können dazu beitragen, fundiertere ökonomische, politische und soziale Entscheidungen zu treffen, aber auch gesellschaftlichen Kontrollverlust, Machtmissbrauch oder die Untermierung von Privatheit und Freiheit zur Folge haben. → Kap. 3.4.3

Big Data
Fasst als Begriff Entwicklungen von Methoden, Technologien und Lösungen für die Erfassung, Aufbereitung, Speicherung und Analyse umfangreicher strukturierter als auch unstrukturierter Daten zusammen. So können großvolumige, heterogene, volatile, auch unscharfe Datenmengen in immer kürzerer Zeit verarbeitet werden. Big Data bildet als komplexes soziotechnisches Phänomen die Grundlage, um die entlang der

Digitalisierung exponentiell steigenden Datenvolumina wertschöpfend einzusetzen. → Kap. 3.3.2

Big Five
Bezeichnet die fünf marktbeherrschenden Digitalkonzerne Google/Alphabet, Apple, Facebook, Amazon und Microsoft (auch GAFAM genannt), die mit Blick auf ihren Marktwert zu den fünf wertvollsten Aktiengesellschaften der Welt gehören (Barwise und Watkins, 2018: 21).

Blockchain / Distributed-Ledger-Technologie
Bezeichnet Methoden, bei denen eine erweiterbare Liste von Datensätzen (die „Blöcke") mittels kryptographischer Verfahren (die „Kette") miteinander verkettet sind. Die allgemeineren Distributed-Ledger-Technologien („verteilte Register") gelten als Innovation mit weitreichenden gesellschaftlichen und technologischen Veränderungen (Schlatt et al., 2016) für Kryptowährungen, Kataster, Gesundheitsdaten, Wahlen. → Kap. 3.3.5.5

Cybersicherheit
Auch Informationssicherheit (security) genannt, bezieht sich auf den gesamten Bereich der Sicherheit in der Informations- und Kommunikationstechnik und beschreibt das Ziel, die Risiken, die sich aus dem Einsatz von IKT aufgrund von Bedrohungen und Schwachstellen ergeben, mittels angemessener Sicherheitsmaßnahmen auf ein tragbares Maß zu senken (BSI, 2019a). Im Unterschied zur funktionalen Sicherheit (safety) bezeichnet Cybersicherheit den Schutz der internen Werte eines Systems, d.h. den Schutz nach innen, die bei Missbrauch auch immaterielle Schäden nach außen verursachen können, beispielsweise bei der Verletzung der → Privatsphäre einer Person. → Kap. 3.3.4

Datenschutz
Bezeichnet Maßnahmen, mit denen natürliche Personen vor der Verletzung ihrer Persönlichkeitsrechte geschützt werden und umfasst Maßnahmen zum Schutz vor missbräuchlicher Datenverarbeitung, zum Schutz des Rechts auf informationelle Selbstbestimmung, zum Schutz der Privatsphäre bei einer Datenverarbeitung oder zur Gewährleistung der Selbstbestimmung über personenbezogene Daten. → Kap. 3.3.4

Datensicherheit
Bezeichnet als Teil von → Cybersicherheit Maßnahmen, bei denen es um den Schutz technischer Systeme und insbesondere den Schutz der Daten vor Verlust oder Zerstörung bzw. Manipulation durch Unbefugte – und damit wiederum bei personenbezogenen Daten ebenso um den → Datenschutz – geht. Datensicherheit wird durch Schwachstellen in Software, Schadsoftware, Identitätsdiebstähle und gezielte komplexe soziotechnische Angriffe herausgefordert (Rescorla, 2005). → Kap. 3.3.4

Dekarbonisierung
Beschreibt den Prozess des Übergangs von kohlenstoffreichen Energiequellen (Kohle) zu weniger kohlenstoffintensiven (Erdöl und Erdgas) und zunehmend zu CO_2-emissionsfreien Energieträgern (Solarenergie, Windkraft, Wasserkraft). → Kap. 5.2.6

Digitale Gemeingüter
Sind in Anlehnung an Gemeingüter im Allgemeinen alle digitalisierten Daten-, Informations- und Wissensgüter, die als nicht rivale Ressourcen im Gemeininteresse möglichst breit, öffentlich zugänglich gemacht werden sollten und technisch über eine → öffentlich-rechtliche IKT bereitzustellen sind. → Kap. 5.3.10

Digitale Kluft (digital divide)
Bezeichnet die räumlichen und sozialgruppenspezifischen Unterschiede im Zugang zu digitalen Angeboten und zum (Breitband-)Internet sowie entsprechende Unterschiede in den Kompetenzen zum Umgang mit IKT. → Kap. 5.3.5

Digitalisierung
Wird vom WBGU umfassend als die Entwicklung und Anwendung digitaler sowie digitalisierter Techniken verstanden, die sich mit allen anderen zivilisatorischen Techniken und Methoden verzahnt und diese erweitert. → Kap. 3.1

Digitales Zeitalter
Bezeichnet die sich seit der der Einführung der elektronischen Datenverarbeitung in den 1950er-Jahren entstehende neue Gesellschaftsformation mit neuen Akteursgruppen und einer flexibilisierten und globalisierten → polyzentrischen Verantwortungsarchitektur. → Kap. 4

Distributed-Ledger-Technologie
→ Blockchain

Dynamiken des Digitalen Zeitalters
Verdeutlichen die Optionsräume und Handlungsbedarfe im Zusammenhang von → Digitalisierung und → Großer Transformation zur Nachhaltigkeit: (1) „Digitalisierung für Nachhaltigkeit", bei der Nachhaltigkeit digital unterstützt werden kann bzw. ökologische und gesellschaftliche Disruptionen entstehen können, (2) „nachhaltige digitalisierte Gesellschaften", die einen neuen Humanismus erfordern und digital ermächtigten

Totalitarismus verhindern sollen, (3) „die Zukunft des *Homo sapiens*", bei der es um die Stärkung des Selbstbewusstseins des *Homo sapiens* im Widerstreit zur Entgrenzung von Mensch und Maschine geht. Diese drei Dynamiken laufen bereits heute parallel an, wenn auch mit unterschiedlicher Intensität; es handelt sich nicht um eine strenge zeitliche Abfolge. → Kap. 7

Governance
Bezeichnet Steuerungs- und Regelungsstrukturen auf unterschiedlichsten Ebenen, die von hoheitlichen Akteuren, nicht hoheitlichen Akteuren oder beiden Akteursgruppen gemeinsam etabliert werden. Das Konzept ist ursprünglich in Abgrenzung zum Begriff Government (Regierung) entstanden und besagt, dass politische Steuerung nicht nur hierarchisch vom Staat, sondern auch von zivilgesellschaftlichen Akteuren wie Nichtregierungsorganisationen und Unternehmen wahrgenommen wird. → Kap. 8

Große Transformation zur Nachhaltigkeit
Ist ein die → planetarischen Leitplanken berücksichtigender umfassender Wandel zur Nachhaltigkeit, der einen Umbau der nationalen Ökonomien und der Weltwirtschaft innerhalb dieser Leitplanken vorsieht, um irreversible Schädigungen des Erdsystems sowie von Ökosystemen und deren Auswirkungen auf die Menschheit zu vermeiden (WBGU, 2011).

Intelligente Stromnetze (Smart Grids)
Bezeichnen die informationstechnische Vernetzung und Steuerung von Stromerzeugern, Speichern, Verbraucherinnen und Verbrauchern sowie Betriebsmitteln wie Energieübertragungs- und verteilnetzen der Elektrizitätsversorgung. Dies ermöglicht eine Optimierung der miteinander verbundenen Bestandteile (WBGU, 2011).

Internet
Ist ein weltweites Netz von Informations- und Kommunikationsnetzen und Rechnern, das die Nutzung von Diensten wie WWW (Hypertext-Dokumente), Email (elektronische Post) oder Messaging (elektronische Nachrichten) über vielfältige, auch mobile Endgeräte ermöglicht. Der Datenaustausch erfolgt über standardisierte Internetprotokoll-Stacks, für die beispielsweise das Internetprotokoll in Version 4 und 6 (IPv4, IPv6) zentral sind. → Kap. 3.3.1

Internet der Dinge (Internet of Things – IoT)
Bezeichnet die zunehmende Vernetzung und damit Verschmelzung digitaler und physischer Infrastrukturen (Horvath, 2012:1). Technologisch betrachtet handelt es sich um Gegenstände bzw. Dinge jeder Art, die mittels physischer Identitätsträger wie Barcodes, QR-Codes, RFID oder Smartcards mit einer eindeutigen Identität versehen werden und sich über Kommunikationstechnologien wie Bluetooth, Near-Field Communication oder Mobilfunk mit dem → Internet oder auch untereinander vernetzen können (Fraunhofer FOKUS, 2016:4). → Kap. 3.3.1

Interoperabilität
Beschreibt die Fähigkeit verschiedener IKT-basierter Systeme, miteinander zu kommunizieren und zusammenzuarbeiten. Die Gewährleistung von Interoperabilität ist vor allem in der Telekommunikation und darauf aufbauender digitaler Plattformen sowie im → Internet der Dinge von Bedeutung (Schieferdecker et al., 2018).

IT-Plattform
Bezeichnet aus technischer Sicht im weiteren Sinne eine Software, die als Basis für die Entwicklung von Applikationen dient, während es sich im engeren Sinne um die technische Grundlage für die Entwicklung, Vermarktung und Umsetzung von Smart Services über Onlinemarktplätze und digitale Ökosysteme handelt (Engels et al., 2017). Der WBGU spricht allgemeiner von IKT-Plattformen, die mit Informations- und Kommunikationstechnologien auch die Kommunikation und → Vernetzung umfassen.

Kerncharakteristika des Digitalen Zeitalters
Benennen die fünf wesentlichen Eigenschaften der → Digitalisierung im zivilisatorischen Kontext und ermöglichen es, Entwicklungstrends und die Richtung des digitalen Wandels zu verstehen. Sie umfassen (1) → Vernetzung, (2) → Kognition, (3) → Autonomie, (4) → Virtualität und (5) → Wissensexplosion. Der WBGU hat zudem die Technisierung des Menschen (→ Abb. 3.4-1) analysiert, sie jedoch in Wirkung und Breite (noch) nicht als Kerncharakteristikum benannt. → Kap. 3.4

Kognition
Bezeichnet ein → Kerncharakteristikum des → Digitalen Zeitalters, nach dem technische Systeme mittels der Methoden des → Internets der Dinge, → Big Data und → Künstlicher Intelligenz wahrnehmen, lernen, analysieren, bewerten und → autonom agieren können. Solche Systeme werden unser Menschenbild, die Wirtschaft, Arbeitsmärkte, Lernprozesse, unser Wissen, unseren Umgang mit Technik, Gesellschaft und Natur grundlegend verändern. → Kap. 3.4.2

Kreislaufwirtschaft
Bezeichnet eine Alternative zur dominierenden „linearen" Wertschöpfungskette, bei der Rohstoffe durch Bergbau gewonnen, zu Produkten verarbeitet,

nach Ende der Lebensdauer verbrannt oder als Abfall deponiert werden (EMF, 2014). Die u.a. von den UN geforderte „3R-Strategie" (reduce, reuse, recycle) gilt als Leitidee der Kreislaufwirtschaft. → Kap. 5.2.5

Künstliche Intelligenz (KI)
Bezeichnet „eine Disziplin innerhalb der Informatik, die sich mit der Entwicklung von Softwaresystemen befasst, welche Funktionen bereitstellen, deren Ausführung das erfordert, was typischerweise mit dem Wort Intelligenz bezeichnet wird" (Burgard, 2018). Ebenso wie bei „Intelligenz" gibt es bis heute keine einheitliche Definition von Künstlicher Intelligenz (KI), sondern plurale Verständnisse. Grundsätzlich zeichnen sich intelligente Systeme durch die Fähigkeit aus, (teilweise) selbstständig und effizient Probleme zu lösen (Mainzer, 2016:2). → Kap. 3.3.3

Maschinelles Lernen
Bezeichnet „Verfahren, bei denen Computeralgorithmen aus Daten lernen, beispielsweise Muster zu erkennen oder gewünschte Verhaltensweisen zu zeigen, ohne dass jeder Einzelfall explizit programmiert wurde" (Burchardt, 2018:13). Grundlage dafür sind große Mengen bereits kategorisierter Trainingsdaten, wobei deren Qualität und Gestaltung das Ergebnis verzerren kann. So können sich z.B. „bestimmte kulturelle Prägungen oder Vorurteile der Entwickler [...] in den Trainingsdaten wiederfinden" (Welzel und Grosch, 2018:4). → Kap. 3.3.3, 3.2.4

Monitoring
Bezeichnet die systematische Beobachtung (in der Erdbeobachtung Überwachung genannt) von Objekten, Prozessen oder Umgebungen, beispielsweise in Bezug auf ihre Eigenschaften, ihr Verhalten oder die Einhaltung von Grenzwerten. Es kann der Erfassung von Daten für den Erkenntnisgewinn dienen oder auch die Grundlage von Steuerungsprozessen sein. → Kap. 3.3.5.1, 5.2.11

Nachhaltige Entwicklung
Wurde 1987 von der Brundtland-Kommission als Entwicklung definiert, die den Bedürfnissen der heutigen Generation entspricht, ohne die Möglichkeiten zukünftiger Generationen zu gefährden, ihre eigenen Bedürfnisse zu befriedigen und ihren Lebensstil zu wählen. Heute existiert eine Vielzahl von Nachhaltigkeitsdefinitionen. Allen gemeinsam ist der Anspruch, dass ökonomische, soziale und umweltverträgliche Entwicklung gleichzeitig vorangetrieben werden müssen.

Nachhaltigkeitsziele
→ Agenda 2030

Normativer Kompass
Benennt die zentralen, bei der → Großen Transformation zur Nachhaltigkeit zu berücksichtigenden Dimensionen (1) „Erhaltung der natürlichen Lebensgrundlagen": planetarische Leitplanken einhalten sowie lokale Umweltprobleme vermeiden bzw. lösen, (2) „Teilhabe": universelle Mindeststandards für substanzielle, politische und ökonomische Teilhabe gewährleisten, (3) „Eigenart": Wert von Vielfalt als Ressource für gelingende Transformation sowie Bedingung für Wohlbefinden und Lebensqualität anerkennen (WBGU, 2016a). Die Menschenwürde war bislang implizit der normative Ausgangspunkt des WBGU. Ohne die drei Kompassdimensionen ist sie nicht zu realisieren, aber im Digitalen Zeitalter wird sie zunehmend herausgefordert. Deshalb benennt der WBGU zudem die Unantastbarkeit, die Achtung sowie den Schutz der Würde explizit als Orientierungshilfe im Sinne der Transformation zur Nachhaltigkeit. → Kap. 2

Öffentlich-rechtliche IKT
Bezeichnet nach dem Verständnis des WBGU Informations- und Kommunikationstechnologien, die eine zentrale, gesamtgesellschaftliche Bedeutung einnehmen und für deren Realisierung der Staat eine besondere Verantwortung hat. Dazu zählen ein öffentlich-rechtlicher Teil des → Internets inklusive sozialer Plattformen, über den öffentliche Daten-, Informations-, Wissens- und Bildungsangebote und Bürgerdienste zugänglich sind und die zentralen Prinzipien wie der zunehmend gefährdeten Netzneutralität als auch der Inklusivität oder Barrierefreiheit unterliegen. → Kap. 5.3.5

Open Data (offene Daten)
Bezeichnen Datenbestände, die ohne jegliche Einschränkung im Interesse der Allgemeinheit zur freien Nutzung inklusive der Weiterverbreitung und freien Weiterverwendung zugänglich gemacht werden (Schieferdecker et al., 2018). → Kap. 10.1.1

Open Source
Bezeichnet Software, deren Quellcode offengelegt und frei zugänglich ist. In Abhängigkeit von den Nutzungsbestimmungen kann die Software durch Anwender*-innen frei genutzt oder verändert werden (Schieferdecker et al., 2018). → Kap. 10.1.1

Planetarische Leitplanken
Sind quantitativ definierte Schadensgrenzen deren Überschreitung nicht tolerierbare oder gar katastrophale Folgen hätte. Sie sind wissenschaftlich abgeleitet, enthalten aber immer eine bewertende Komponente. Ein Beispiel ist die Klimaschutzleitplanke, nach der eine Erhöhung der global gemittelten Temperatur um mehr

als 2 °C gegenüber dem vorindustriellen Wert verhindert werden soll. Nachhaltige Entwicklungspfade verlaufen innerhalb des durch die planetarischen Leitplanken eingegrenzten Bereichs. Dahinter steht die Einsicht, dass es kaum möglich ist, eine wünschenswerte, nachhaltige Zukunft im Sinne eines zu erreichenden Zustands zu definieren. Man kann sich aber auf die Abgrenzung eines Bereichs einigen, der als inakzeptabel anerkannt wird und den die Gesellschaft vermeiden will. Die Einhaltung der Leitplanken ist ein notwendiges, aber nicht hinreichendes Kriterium für Nachhaltigkeit (WBGU, 2007:16, 2009:14). → Kap. 2.2.1.1

Pfadabhängigkeit
Bezeichnet Situationen, in denen eine laufende Entwicklung durch historische Entwicklungen oder Entscheidungen bestimmt wird und damit einem Pfad folgt, dessen Struktur sich im Laufe der Zeit verfestigt (Lock-in-Effekt). Dass sich beispielsweise eine Technologie gegenüber einer anderen durchsetzt, ist nicht unbedingt auf ihre Überlegenheit zurückzuführen, sondern kann das Ergebnis historischer Zufälligkeiten und eines sich selbst verstärkenden Prozesses sein.

Polyzentrische Verantwortungsarchitektur
Auch polyzentrische → Governance genannt bezeichnet Governance-Systeme, in denen vertikale Governance-Strukturen und horizontale Governance-Strukturen über verschiedene Ebenen hinweg miteinander verschränkt sind. Verantwortung geht so nicht nur von einem Ort aus, sondern verteilt sich auf verschiedene Akteure und Institutionen auf den verschiedenen Governance-Ebenen (WBGU, 2016a:381ff.). → Kap. 4

Präzisionslandwirtschaft
Bezeichnet eine Landwirtschaft, in der mittels digitaler Systeme Dünge- und Pflanzenschutzmittel sowie Wasser entsprechend der Bedürfnisse der Pflanzen und der Bodenqualität präzise ausgebracht werden (Gebbers und Adamchuk, 2010). Dazu werden → Sensorik (z.B. Messgeräte für Bodenfeuchte und Nährstoffe), → Monitoring (z.B. digitale Erfassung und Auswertung meteorologischer Daten, Einsatz von Drohnen zur Bilderkennung), satellitengestützte Positionsbestimmung (z.B. digitale Karteien der Flächen) und → Aktuatorik (z.B. zur Dosierung der Düngemittel) für die intelligente Steuerung der landwirtschaftlichen Maschinen genutzt (Walter et al., 2017). → Kap. 5.2.9

Privatheit
Bezeichnet den Anspruch von Individuen, Gruppen oder Institutionen zu entscheiden, wann, wie und in welchem Ausmaß Informationen über sie an andere weitergegeben werden (Westin, 1970).

Privatsphäre
Umfasst im rechtlichen Sinne gem. Art. 7 EU-Grundrechtecharta „die Identität und Entwicklung der Person, sowie das Recht, Beziehungen zu anderen Personen und der Außenwelt zu knüpfen und zu pflegen" (Sydow, 2018). Der Schutz von → Privatheit wird juristisch mit dem Begriff des Schutzes der Privatsphäre adressiert und hat die Aufgabe, die engere persönliche Lebenssphäre und die Erhaltung ihrer Grundbedingungen zu gewährleisten, die sich durch die traditionellen Freiheitsgarantien nicht abschließend erfassen lassen (BVerfG, 1969; BVerfG, 1973). → Kap. 8.3.1

Prosument*innen
Vereint als Begriff die Worte „Produzent*in" (Hersteller) und „Konsument*in" (Verbraucher) und verbindet die beiden Marktrollen in einer Person. Der Begriff wurde in sozialen Plattformen geprägt, auf denen Nutzer*innen sowohl eigene Informationen bereitstellen als auch konsumieren. Er findet sich ebenso in privaten Haushalten, die selbst erneuerbare Energie erzeugen (z.B. mit einer Photovoltaikanlage) und diesen Strom selbst verbrauchen als auch ins Netz einspeisen sowie Strom der Stromversorger konsumieren, sobald die Eigenversorgung nicht ausreicht.

Quantum Computing
Zielt auf die Entwicklung von Quantencomputern (Aharonov, 1999; Feynman, 1986), die im Unterschied zu herkömmlichen Computern auf eine „ganz neue Art des Rechnens" beruhen: „Während in einem klassischen Computer ein Bit entweder auf 0 oder auf 1 gesetzt ist, kann ein Quantenbit (Qubit) beide Werte gleichzeitig annehmen, anders ausgedrückt, sich in zwei Zuständen gleichzeitig befinden." (Homeister, 2015:1f.). Ein Qubit ist ein Zweizustands-Quantensystem, das prinzipiell unendlich viele Zustände einnehmen kann, von denen aber zwei durch Messung sicher unterscheidbar sind. Auf dieser Grundlage ergibt sich bei bestimmten Problembereichen ein großer Geschwindigkeitsvorteil gegenüber klassischen Computern, wodurch z.B. komplexe Klimamodelle effizienter berechnet werden könnten. Jedoch könnten klassische Computer in den allermeisten Anwendungsfällen vorerst ersetzt werden, sondern nur in den spezifisch berechnungsintensiven. → Kap. 3.2.6

Resilienz
Bezeichnet im technischen Sinn die Fähigkeit von Systemen, mit widrigen Ereignissen, d.h. menschlich bzw. technisch verursachten Katastrophen (z.B. terroristische Anschläge, industrielle Großunfälle) oder Naturkatastrophen (z.B. Wetterextreme, Erdbeben, Vulkanausbrüche) umzugehen, ihnen vorzu-

beugen, sich vor ihnen zu schützen, sie zu verkraften und sich ihnen anzupassen (Scharte et al., 2014:121f.) und so auf eine „Minimierung von potenziellen oder bereits eingetretenen Schäden für leibliches und materielles Wohlergehen der Bevölkerung [hinzuwirken]". (Scharte et al., 2014:54). → Kap. 3.3.4

Robotik
Beschäftigt „sich mit dem Entwurf, der Gestaltung, der Steuerung, der Produktion und dem Betrieb von Robotern, z.B. von Industrie- oder Servicerobotern. Bei menschenähnlichen Robotern geht es auch um die Herstellung von Gliedmaßen und Haut, um Mimik und Gestik sowie um natürlichsprachliche Fähigkeiten" (Bendel, 2016:191f.). Ziel ist „die Entwicklung von Systemen, welche die Automatisierung menschlicher Tätigkeitsfelder vorantreiben" (Kehl und Coenen, 2016:120). Dabei unterscheidet sich der Grad an Mensch-Maschine-Interaktion jedoch oft ebenso stark, wie sich z. B. Industrie-, Teleroboter oder Drohnen von menschenähnlichen Robotern unterscheiden → Kap. 3.3.5.3

Scoring
Wird in der Regel für die Zuordnung von Zahlenwerten zu einer natürlichen Person in ihrer Rolle als Verbraucher*in, Bürger*in, Arbeitnehmer*in usw. verwendet. Scoring kann auch die Aggregation von verschiedenen Merkmalsausprägungen zu einem einzelnen Wert bezeichnen – oftmals mittels statistischer Verfahren. → Kap. 5.3.3

Sustainable Development Goals (SDGs)
→ Agenda 2030

Sensoren
Sind elektrotechnische Baueinheiten, die zur qualitativen oder quantitativen Messung bestimmter physikalischer, chemischer, biologischer oder informationstechnischer Eigenschaften und Größen (wie Beschleunigung und Kraft, Wärme, Temperatur, Feuchtigkeit, Druck, Schall- und Lichtintensität sowie elektrische und magnetische Felder) verwendet werden können (Gayetskyy et al., 2005:2). Sie sind „technische Sinnesorgane", die eine digitale Abbildung ihrer Umgebung ermöglichen (Hoepner et al., 2016:10, 101).

Smart Grids
→ Intelligente Stromnetze

Solidarische Lebensqualität
Bezeichnet beim WBGU eine Lebensqualität, die sich nicht nur an den eigenen Bedürfnissen und denen des unmittelbaren (z.B. familiären) Umfelds orientiert, sondern die Prinzipien intra- und intergenerationeller Gerechtigkeit mit einbezieht (WBGU, 2016a).

Soziale Kohäsion
Bezeichnet den Zusammenhalt von Mitgliedern eines sozialen Gebildes und bezieht sich damit auf das Verhältnis der Gruppenmitglieder untereinander. Gruppenkohäsion wird gemessen über die Attraktivität, die die Gruppe auf die einzelnen Mitglieder ausübt. Es wird davon ausgegangen, dass sich soziale Kohäsion auf die Solidarität der Gruppenmitglieder untereinander auswirkt und die Gruppe gegenüber Einflüssen von außen stärkt. Im politischen Kontext wird die Stärkung sozialer Kohäsion als Ziel von Gesellschaftspolitik gesehen.

Transformation
→ Große Transformation zur Nachhaltigkeit

Transformationsforschung
Beschäftigt sich mit den Rahmenbedingungen der Transformation und deren Gestaltungsmöglichkeiten. Sie analysiert also die zugrunde liegenden Treiber, kausalen Beziehungen, Prozesse und Dynamiken historischer und aktueller Transformationen, um daraus Schlüsse für künftige Transformationen ziehen zu können. Um Systemzusammenhänge zu verstehen und adäquat zu berücksichtigen, bedarf es einer inter- und transdisziplinären Ausrichtung der Transformationsforschung (WBGU, 2011, 2016a).

Transformative Forschung
Zielt darauf ab, Lösungen für spezifische Probleme im gesellschaftlichen Wandel in Form von technischen oder sozialen Neuerungen zu entwickeln und diese in Gesellschaft und Wirtschaft zu verbreiten. Eine transdisziplinäre Einbeziehung gesellschaftlicher und wirtschaftlicher Akteure in den Prozess der Wissensgenerierung erhöht die Chancen der späteren Anwendung und Akzeptanz der entstehenden Innovationen (WBGU, 2011, 2016a).

Turing-Test
Bezeichnet ein Gedankenexperiment des britischen Mathematikers und KI-Pioniers Alan Turing aus dem Jahr 1950, bei dem ein Mensch entweder mit einer realen Person oder einem Computer verbunden ist, ohne zu wissen, mit wem von beiden er gerade interagiert. Sollte es dabei nicht möglich sein, Mensch und Maschine voneinander zu unterscheiden, hätte der Computer den „Test" bestanden. Dabei ging es Turing entgegen der Rezeption der letzten Jahrzehnte jedoch ausdrücklich nicht darum, Computer praktisch auf „Intelligenz" zu testen, sondern lediglich im Kontext seiner Zeit „Klar-

heit darüber zu gewinnen, was man unter einer denkenden Maschine versteht und was ihre Existenz bedeuten würde" (Walsh, 2018:69). → Kap. 3.3.3

Urbane Daten
Bezeichnen sämtliche Arten von Daten, die im urbanen Kontext relevant sind, unabhängig von der konkreten Datenlokalisation, der Datenhaltung sowie den Schutzrechten und lizenzrechtlichen Bestimmungen, denen diese Daten unterliegen. Urbane Daten können auch Daten umfassen, die über den unmittelbaren kommunalen Kontext hinausgehen (Schieferdecker et al., 2018) → Kap. 5.2.7

Vernetzung
Bezeichnet ein → Kerncharakteristikum des → Digitalen Zeitalters, nach dem technische Systeme sowie Personen, Dinge, Prozesse und Organisationen auf unterschiedlichen Handlungsebenen omnipräsent miteinander vernetzt werden. Das schafft qualitativ neuartige, auch grenzüberschreitende ökonomische, soziale, kulturelle, institutionelle und politische Vernetzungsstrukturen mit interdependenten Infrastrukturen und Prozessen. → Kap. 3.4

Virtualität
Bezeichnet ein → Kerncharakteristikum des → Digitalen Zeitalters, nach dem in der virtuellen Welt neue Räume für menschliche Gesellschaften entstehen. So können das Erdsystem, Ökosysteme und weit entfernte Kulturen unmittelbar erfahrbar gemacht werden, aber auch Naturbezug suggerieren, während die reale Natur zunehmend degeneriert. → Kap. 3.4

Virtuelle Welten
Bezeichnen erweiterte Realitäten (im Englischen: augmented realities oder AR) als auch virtuelle Realitäten (im Englischen: virtual realities oder VR). AR beschreibt eine interaktive Umgebung, in der über Endgeräte (z.B. Smartphones, spezielle Brillen, PCs oder Fernseher) virtuelle Inhalte in korrekter Perspektive in das Umfeld der Nutzerin bzw. des Nutzers eingeblendet werden und so die Realität erweitern (Dörner et al., 2016:33). Während mit Hilfe von AR-Anwendungen die Wirklichkeit erweitert wird, gehen VR-Anwendungen einen Schritt weiter. Hier wird die reale Welt ausgeblendet und eine vollkommen neue Welt geschaffen (van Looy, 2017:57). Eine solche virtuelle Realität ist „eine von Computern und entsprechenden Programmen simulierte Welt, die dem Nutzer durch spezielle Techniken und Schnittstellen vermittelt wird und mit der er interagieren kann" (Brockhaus, 2017). → Kap. 3.3.5

Welt(umwelt)bewusstsein
Bezeichnet laut WBGU das digitalisierte Wissen und weltweit verbreitete individuelle Bewusstsein für erdsystembewahrendes Handeln und die Entwicklung → solidarischer Lebensstile. → Kap. 5.3.1

Wissensexplosion
Bezeichnet ein → Kerncharakteristikum des → Digitalen Zeitalters, nach dem digitale Methoden jede Art der quantitativen und qualitativen Forschung modernisieren und mittels Datenerfassung und -verarbeitung sowie Modellbildung, Simulation und Visualisierung neue Zugänge für das Verständnis und die Gestaltung unserer natürlichen und gesellschaftlichen Realitäten bieten. Sie ist ebenso Gundlage für einen weltumspannenden Austausch und das → Welt(umwelt)bewusstsein. → Kap. 3.4

